शिखर की ढल

तरुण जे. तेजपाल

जन्म : 15 मार्च, 1963

तरुण तेजपाल पत्रकार, प्रकाशक और उपन्यासकार हैं। अपने पत्रकारिता-जीवन की शुरुआत उन्होंने 'इंडिया टुडे' से की और तत्पश्चात् 'आउटलुक' के प्रबन्ध सम्पादक रहे। मार्च, 2000 में आपने tehelka.com की शुरुआत की, जिसे जनहितकारी पत्रकारिता के लिए विश्व-भर में प्रसिद्धि मिली। 'इंडिया इंक' नाम से उन्होंने एक प्रकाशन भी शुरू किया, जिससे 1998 में अरुंधति रॉय का चर्चित उपन्यास 'गॉड ऑफ़ स्माल थिंग्स' प्रकाशित हुआ था।

पंजाब विश्वविद्यालय, चंडीगढ़ से अर्थशास्त्र में स्नातक तरुण तेजपाल को 2001 में 'बिजनिस वीक' पत्रिका ने 50 ऐसे लोगों में एक घोषित किया था जो एशिया में परिवर्तन को गति देने में अग्रणी रहे। सन् 2009 में इसी पत्रिका ने उन्हें भारत के सर्वाधिक शक्तिशाली 50 लोगों में शुमार किया, तो 2007 में 'द गार्जियन' ने माना कि भारत के नए अभिजात वर्ग की रचना में जिन 20 लोगों की मुख्य भूमिका रही, उनमें तरुण तेजपाल भी हैं।

'द अल्केमी ऑफ़ डिज़ायर' (2006) तरुण तेजपाल का पहला उपन्यास था जिसे फ्रांस का 'प्रिक्स मिलेपेजेज' पुरस्कार मिला। उनका दूसरा उपन्यास 'द स्टोरी ऑफ़ माय असेसिन्स' 2010 में प्रकाशित हुआ और 2011 में 'द वैली ऑफ़ मास्क्स' आया।

सम्प्रति : आप 'तहलका' के प्रमुख सम्पादक तथा प्रकाशक हैं और दिल्ली में रह रहे हैं।

आवरण : सोरित

इलाहाबाद में जन्म और शिक्षा। जनसत्ता (कलकत्ता) से पॉलिटिकल कार्टूनिस्ट की शुरुआत। दिल्ली में *आब्जर्वर, पायोनियर, सहारा टाइम्स, टाइम्स ऑफ इंडिया* में कार्टूनिस्ट, इलस्ट्रेटर के रूप में कार्य किया। वर्तमान में *आउटलुक* में बतौर इलस्ट्रेटर।

प्रकाशित कृतियाँ : 'द गेम' (ग्राफिक्स नॉवेल), महाश्वेता देवी का '19वीं धारा का अपराधी' (उपन्यास) का बांग्ला से हिन्दी में अनुवाद। राजकमल से बच्चों की किताबें प्रकाशित।

तरुण जे. तेजपाल

शिखर की ढलान

अंग्रेजी पुस्तक 'द अल्केमी ऑफ डिजायर' का अनुवाद
अनुवादक : देवेन्द्र कुमार

राजकमल पेपरबैक्स में
पहला संस्करण : 2013

राजकमल पेपरबैक्स : उत्कृष्ट साहित्य के जनसुलभ संस्करण

राजकमल प्रकाशन प्राइवेट लिमिटेड
1-बी, नेताजी सुभाष मार्ग, दरियागंज
नई दिल्ली-110 002
द्वारा प्रकाशित

शाखाएँ : अशोक राजपथ, साइंस कॉलेज के सामने, पटना-800 006
पहली मंजिल, दरबारी बिल्डिंग, महात्मा गांधी मार्ग, इलाहाबाद-211 001

वेबसाइट : www.rajkamalprakashan.com
ई-मेल : info@rajkamalprakashan.com

बी.के. ऑफसेट
नवीन शाहदरा, दिल्ली-110 032
द्वारा मुद्रित

मूल्य : ₹ 295

आवरण : सोरित

SHIKHAR KI DHALAN
Novel by Tarun J. Tejpal
Translated by Devender Kumar

ISBN : 978-81-267-2407-9

अनुक्रम

खंड : 1

प्रेम

ठंडी सुबह

दो जनों को आपस में मजबूती से जोड़े रखने में सबसे कारगर गोंद या प्यार नहीं सेक्स होता है।

स्कूल स्तरीय भौतिकी के नियम आपको बताएँगे कि ऊपर अथवा नीचे की तरफ से जोड़ी गई वस्तुओं की अपेक्षा उन्हें एक-दूसरे से अलग करना कहीं ज्यादा मुश्किल होता है जो बीच में जुड़ी हुई हों।

उससे अलग होते समय भी मैं उसके प्यार में दीवाना था, बस उसके लिए मेरी ललक मर चुकी थी। इतने वर्षों तक साथ-साथ रहते हुए, आपसी सुख-दुख में हिस्सेदारी करते, एक-दूसरे का ध्यान रखते हुए और नित नए रहस्यों का आविष्कार करते, साथ-साथ सफर से गुजरते रहकर भी मैं खुद को उससे दूर भागने से नहीं रोक पाया था।

शायद मुझे ठीक से याद नहीं। मैं गलत बोल गया। सही-सही कहूँ तो उसे मैंने नहीं छोड़ा था, फ़िज़ ही दूर चली गई थी मुझसे।

लेकिन सच यही है कि हमेशा की तरह तब भी उसने वही किया जैसा मैंने उससे करवाना चाहा था। और जो कुछ मैंने किया वह इसलिए कि खुद मेरी अपनी देह ही उसके स्पर्श के विरोध पर उतर आई थी। तन और मन की तरंगों को ठीक-ठीक जानने-पहचाननेवाला कोई भी आपको बता सकता है कि हर समय अनेक कामनाओं को अपने अन्दर समेटे रखनेवाली अगर कोई चीज है तो, देह है। जीवन को चलानेवाला इंजन है। विचार तो बस उसके लिए रास्ता बनाते हैं और जब कभी मार्ग नहीं सूझता तो इसे सदाचारवादी उपदेशों के शब्दाडम्बर की तसल्ली के भ्रमजाल में उलझाने लगते हैं।

सदाचारी और नैतिक गति-मतिवाले प्रलापी लोगों की आहें-कराहें हमें इसलिए सुननी पड़ती हैं क्योंकि उनके शरीर परमानन्द के मार्ग की खोज में विफल हो चुके हैं। जब भी मैं धर्म-पुरोहितों–हिन्दू, ईसाई, मुसलमान–को देह की सहज, नैसर्गिक वृत्तियों की निन्दा करते देखता हूँ तो उनमें मुझे उन पराजित, क्रोधित, क्षुब्ध लोगों की छवियाँ नजर आती हैं जो देह की भव्यता को खोजने में असफल हो चुके हैं। परमानन्द तक पहुँचानेवाला मार्ग न खोज पाने की अपनी हताशा में ही वे आनन्द-पथ के दूसरे पथिकों को भरमाने पर उतर आए हैं। जो लोग अपने अन्दर धड़कनेवाले काम-संवेगों को पढ़ना, पहचानना नहीं जानते, वही हमारे मन और देह को एक-दूसरे से लड़ाने में जुट गए हैं।

मैं मानता हूँ दुनिया में कुछ सच्चे अध्यात्मवादी भी हैं, वैसे ही जैसे दुनिया में एक सींगवाले गेंडे हैं। पर इनकी संख्या बहुत ही कम है और वे आसानी से पहचाने भी जा सकते हैं। लेकिन इनसे अलग, दुनिया के बाकी–हम जैसे लोगों के लिए तो देह ही मन्दिर है।

सच यह है कि देवत्व हमारे सामने सशरीर मौजूद है। हम उसे साफ-साफ देख सकते हैं। इसे सूँघा जा सकता है, इसके स्वाद का आनन्द उठाया जा सकता है और...और...इसमें प्रवेश किया जा सकता है।

उस सुबह नींद खुलने पर जब मैंने उसकी देह पर फिसलते हुए उसकी ख़ुशबू को खुद में भरने की ललक महसूस नहीं की तो तुरन्त जान गया कहीं कुछ गहरी गड़बड़ है, मैं मुश्किल में फँसने जा रहा हूँ।

हमेशा की तरह उस दिन भी हम उस छोटे कमरे में सो रहे थे, जहाँ से ज्योलीकोट घाटी का भरपूर नज़ारा लिया जा सकता था। बिदेशी लाल के दुबले-पतले कारीगर छोकरों ने चीड़ के हल्के पीले रंगवाले तख़्तों से हमारा पलंग एक ही दिन में ठोक-पीटकर तैयार कर दिया था। एकदम सीधी सटीक रेखाएँ, कहीं कैसी भी गुलकारी का आभास नहीं। कड़े। सख़्त। सालों तक तारों और प्लाईवुड से बने पलंगों पर सोते रहने के बाद इससे फूटता ठोस अहसास भला लग रहा था। उन पर लेटे हुए हम कम-से-कम उस समय खुद को फालतू उखड़े शहरियों जैसा महसूस नहीं कर रहे थे। हमारा पलंग सिंगल पीस में बना था। बढ़ई लोग इस तरह के पलंग को 'क्वीन बैड' कहते हैं—एक पूरा और आधा पलंग। वैसे किंग साइज पलंग हमें ज्यादा पसन्द आता। तब उस पर आनन्दमयी लुढ़क-पुढ़क के लिए ज्यादा जगह रहती। लेकिन कमरा छोटा था और वैसे भी हमें सदा एकदम पास-पास, देह से देह सटाकर सोने की आदत थी, तो ऐसे में इससे बड़ा कोई भी पलंग बेकार ही रहता।

हर सुबह की तरह उस दिन भी खिड़कियों के पीले परदे खिंचे हुए थे और भोर की पहली समरस उजास हौले से कमरे पर छा गई थी। ऐसा केवल पहाड़ों में देखने को मिलता है जब कमरे की सब खिड़कियाँ खुली हों और सुबह-सुबह सूरज उगने से पहले घंटे की उजास में अन्दर और बाहर का प्रकाश एक जैसा लगता है। सब ओर मछलीघर वाली ऐसी चरम चुप्पी छाई होती है, जब मछलियाँ एकदम शान्त, स्थिर दिखाई देती हैं।

दुनिया एक ही रंग में रँगी हुई है—यह तरल है और जमा हुआ भी।

खिड़की के बाहर खड़े बदरंग, टेढ़े-मेढ़े शाह बलूत पर कलंगीदार सफेद कपोलवाली बुलबुलें धीरे-धीरे हिल-डुल रही थीं। हाँ, अभी उनकी चूँ-चिरे में उतनी तेज़ी न थी। मैं खुरदुरी पथरीली दीवार के सहारे मुड़े तकिए की टेक लगाए बैठा खुली बड़ी खिड़कियों से सामनेवाले पर्वत की लहराती झलक देख रहा था। दो साल पहले हुआ भूस्खलन उस पर गहरे, भद्दे जख्म बना गया था। वहाँ अब हल्के हरे रंगवाली नई त्वचा उगने लगी थी। हाँ, जब आप अपनी भारी मिनोल्टा दूरबीन को थकी उँगलियों से धीरे-धीरे फोकस करते हुए उस पर दृष्टि टिकाते तो नवीनता का भद्दापन साफ उभर आता था। फ़र्न, घास और पौधे बाहर उभरते हुए अपने होने के पहले कमजोर दावे पेश कर रहे थे, न परतें, न कोई गहराई। वैसे ही जैसे नई बनी इमारतें, नया फर्नीचर, नए वस्त्र और नए-नए प्रेमी समय, इतिहास और पीड़ाओं से गुज़रकर अपने होने का अहसास कराने के अवसर की बाट जोह रहे हों। लेकिन इस नई हरी त्वचा ने इतना अवश्य कर दिया था कि आप पहाड़ को बिना मुँह बिचकाए ताक सकें। पिछले साल तो भूस्खलन का खुला घाव दृष्टि को अपनी ओर खींचते ही फिर झटके से धकेलकर परे भी कर देता था, जैसे आँख किसी भिखारी की देह के पके घाव पर पड़ जाए। पर दो मौसमों की तेज बरसात ने उस घाव पर मरहम-पट्टी सी कर दी थी।

वहाँ से नज़र हटाए बिना ही मैं घाटी की तलहटी से उठते जलावन के धूसर धुएँ के लहराते, बलखाते छल्लों को देख पा रहा था, जैसे किसी बच्चे के हाथों से बना पहाड़ी परिदृश्य का टेढ़ा-मेढ़ा, अस्थिर रेखांकन। और ज़रा सिर को घुमाते ही मैं फ़िज़ को हमेशा की तरह मुझसे कुछ परे गुड़ी-मुड़ी, नींद में डूबी देख सकता था।

उसने सिर्फ गोल गले की टी शर्ट पहनी हुई थी, जिसकी पीठ पर बड़े-बड़े अक्षरों में पेड़ बचाने का पर्यावरणी नारा उकेरा हुआ था। नारा लगाते अक्षरों की पृष्ठभूमि में पेड़ का कटा-फटा आकार एक डरावनी खोपड़ी में ढल गया था। अपनी बात को चतुराई से बखान करता रेखांकन। नारे में कहा गया था; 'किल अ ट्री, किल अ मैन'। जब कभी मैं धीमी उत्तेजना में उस पर सवारी गाँठता और टी शर्ट उसके ढलकते कन्धों पर नीचे खिसकती जाती तो ये शब्द धुँधलाने लगते और मैं बस 'किल...किल...' ही पढ़ पाता। यह होती वहशी, पागल बन जाने की ललकार, जो उस क्षण की उत्तेजना को और भी कई गुना बढ़ा देती।

टी शर्ट अब उसके उरोजों तले दबकर मुचड़ गई थी और ओढ़ी जानेवाली मोटी नीली रजाई को जरा ऊँचा करके मैं उसकी देह के भरपूर उठान, उभार और घुमावों को बखूबी देख सकता था। उसकी सँकरी कमर से नीचे फैलती चौड़ाई—यह उसकी देह का सबसे भरपूर हिस्सा था—मुझे पलक झपकते झकझोरकर उत्तेजित कर देती थी हमेशा।

बाएँ हाथ से रजाई को तम्बू की तरह ऊँचा करके मैं देर तक वहाँ नज़र गड़ाए रहा। उसकी नींद नहीं टूटी। उसकी देह रात या दिन में किसी भी पल मेरे हर चुलबुले खिलंदड़पन को ग्रहण करने की खूब अभ्यस्त हो चुकी थी, उस कुत्ते की तरह जो अपने परिचित नौकरों की पदचाप सुनकर भी नहीं सुनता। उसकी त्वचा ने मेरी दृष्टि की छुअन की चुभन को महसूस करना छोड़ दिया था। कभी-कभी तो यहाँ तक हो जाता कि गहराती जाती रात में जब मैं उसकी देह से हर तरह की खिलवाड़ करने में लगा होता तब भी उसकी नींद न टूटती। सुबह सोकर उठने पर भी इस बारे में उसे कोई अनुभूति न रहती। और फिर जब मैं उसे इस बारे में बतलाता तो हर बार वह बेतरह चौंक उठती कि रात में उसने एक ऐसे खेल में हिस्सेदारी की थी जिसके बारे में उसे खुद कुछ भी पता नहीं था।

उसके घुँघराले केश सफेद चादर पर लापरवाह काले गुच्छों में बिखरे थे। वह कभी तकिया नहीं लगाती थी—इसका कुछ सम्बन्ध उसकी गरदन के कोण और ठोढ़ी पर दोहरा बल पड़ जाने के डर से ज़रूर था। उसके केश खूबसूरत थे, और कभी ऐसा भी वक्त था जब उसकी फैली केशराशि में अपना चेहरा छिपाने भर से ही मुझ पर एक नशा तारी हो जाता था। कई साल पुरानी बात है—तब तक वह अठारह की नहीं हुई थी। हमने पहली बार 'वह' किया था और तूफान को गुज़रे हुए बस कुछ ही मिनट हुए थे। वह चंडीगढ़ में मेरे छोटे-से बाथरूम में वाश बेसिन के ऊपर लगे गन्दे-से दर्पण में देखती-सोचती खड़ी थी। मैं अचानक घुसपैठ करने का अचूक तरीका सोचता हुआ पीछे से आया और चेहरा उसके घने केशों में छिपा लिया। खुशबूदार शैम्पू और केशों के नीचे नम त्वचा की विचित्र गन्ध ने मेरे अन्दर अचानक झिंझोड़कर कुछ जगा दिया और पलक झपकते, न झपकते हम फिर से गद्दे पर थे—फर्श पर चारों ओर इखरी-बिखरी किताबों के बीच।

दूसरी बार यह पूरे जोर-शोर से चला था। पहली बार तो बस प्रवेश ही मिला था।

इस सबके बहुत बाद में जब हम इस विषय पर खुलकर चर्चा करने के आदी हो चले तो उसने इसे डबल ड्रिबल नाम दे डाला। तब मैं टेलीविजन पर बॉस्केट बॉल मैच देख रहा था। बीच-बीच में उसे खेल के नियम भी समझाता जा रहा था। बस उसने मेरी कमेंटरी में

से ये शब्द लपक लिए और फिर तो इनका प्रयोग करती ही रही। वह बोली, तुम्हें याद है न तुम्हारी पहली ग्रेट डबल ड्रिबल?

तब से वह मुझे इसका नाम लेकर छेड़ा करती थी। और कभी-कभी जब मैं थक-थुककर निढाल पड़ा होता लेकिन उसमें चुलबुलाहट मचलती होती तो वह खुद को अपने हाथों में बाँधती हुई कह उठती, क्यों डबल ड्रिबल का इरादा नहीं है क्या?

इसमें भला कहने और पूछने की जरूरत ही कहाँ होती थी। मैं तो सदा ही करने को मचलता रहता और बस खेल फिर से शुरू हो जाता।

लेकिन अब उसे देखते हुए भी मेरे अन्दर कोई सरसराहट नहीं हुई थी। उसके साथ बिताई गई जिन्दगी की ज्यादातर सुबहों को मैं जैसे ही जागता तो अपनी सख्ती को जगाकर उसकी नरमाई में धँसाते हुए। दिन का हर पल उसकी सुगन्धों की स्मृति में डूबा बीतता था। और नींद से बाहर आने के उन प्रथम पलों में मैं फिर से उन खुशबुओं की खोज में जुट जाता था।

उसकी देह पर ऊपर से नीचे और फिर नीचे से ऊपर फिर-फिर सफर करता हुआ उन खुशबुओं को अपने अन्दर भरता हुआ, सूँघता चला जाता, उनके गुप्त ठिकाने की खोज करता हुआ। इस बीच मेरे खून में बहती धक-धक हर पल तेज होते-होते जोर की आवाज़ के साथ फट पड़ती और इसके बाद धीमे-धीमे हाँफती हुई शान्ति छा जाती और सामने पड़ा होता पूरा दिन।

आज मुझे कैसी भी कोई भी अनुभूति नहीं हो रही थी। एक अस्पष्ट स्नेहिल भाव से उसकी कमर के निचले हिस्से पर पड़नेवाली दो गहराइयों को ताकता रहा, जो अब उसके तिरछे पोज़ के कारण दबकर चौरस लग रही थीं। उसकी रीढ़ के दोनों ओर दो छोटे गड्ढे—उसके भरेपूरेपन की गहराई में उतरने, डूबने का बुलावा देता एक दरवाजा।

मैं फ़िज़ को कभी आवेगरहित मन से नहीं देख पाया। शुरू में बहुत दिनों तक हमारे बीच एक कसक जगानेवाला प्यार रहा था जिसे मैं सही-सही नाम कभी नहीं दे पाया। वह प्यार जो और कुछ भी नहीं देखता।

और फिर सेक्टर नौ के अपने कमरे के फर्श पर डबल ड्रिबलवाली दोपहरी के बाद मुझ पर जैसे एक कभी शान्त न होनेवाली भूख छा गई थी, हर पल हावी होती जाती उसकी जरूरत। वह कामना जो कुछ और नहीं देखती।

उसी की तरह मैं भी टी शर्ट के नीचे नग्न था। लुंगी रात में ही कभी खुल गई थी। मैंने उँगलियों की हल्की छुअन से खुद को जैसे परखा, पर कहीं कुछ महसूस नहीं हुआ। रात ने एक बार फिर मुझे निचोड़कर रख दिया था। मैं सन्तुष्ट लेटा था। मन में न कोई ललक थी, न ही कुछ करने की ऊर्जा बची थी। अपने पूरे जीवन में ऐसी अनुभूति मुझे तूफान के गुजर जाने के तुरन्त बादवाले क्षणों में ही हुआ करती थी जब पूरी तरह थक चुकने के बाद कुछ शेष नहीं बचा होता था।

फ़िज़ ने उन पागल क्षणों को भी एक नाम दे डाला था। जब आप हर चोटी पर चढ़ने के बाद दूसरी तरफ जा गिरते हैं और होश खो बैठते हैं। उसने इस फीलिंग को चरम सन्तोष कहा था—आनन्द भोग के उत्तेजक क्षणों के बाद आपको आ घेरनेवाली लापरवाह बेखबरी।

बीती रात यह फिर हुआ था बिना किसी उकसावे के, मानो सब कुछ शून्य में घट गया था। और फिर पता नहीं कब मैं नींद में डूब गया था।

फ़िज़ ने नींद में ही करवट बदलकर एक हाथ मेरी कमर पर लपेट लिया। मन हुआ उसे परे धकेल दूँ पर मैंने उसके बालों पर हाथ रखा और उन्हें हौले से बिखरा दिया। उसके घुँघराले, काले गुच्छों को उठाया और फिर छोड़ दिया—उसकी बेदाग त्वचा की तरह उसके केश भी जीवन्त थे। मेरे हाथों में वे यों हिले जैसे बदले में मुझे भी सहला रहे हों।

फ़िज़ में कहीं भी कुछ उबाऊ, निस्तेज नहीं था, उसका पोर-पोर दमकता था। जब मैं पहली बार उससे मिला था तो लगा जैसे उसकी मुस्कान पूरी दुनिया को उजाला कर दे सकती है।

उसके केश सहलाने का शायद गलत सन्देश गया। यह एक ऐसी क्रिया थी जो हमेशा ही उसे अन्दर से जागृत कर देती थी। वह उत्तेजना से भर उठती थी। वह अपना हाथ नीचे ले गई, मुझे खोजती हुई, पर मैं वहाँ नहीं था। उसने मुझे उभारना चाहा। आज से पहले इस कोशिश में वह कभी फेल नहीं हुई थी। पर रात में मैं पूरी तरह खप चुका था और अब बनने-बनाने के लिए कुछ बचा न था।

आई लव यू—वह नींद में बुदबुदाई।

हर सुबह नींद खुलते ही हम आपस में सबसे पहले यही दोहराया करते थे।

आइ लव यू टू—मैंने कह दिया। उसके हाथ में ज्यादा चुस्ती भर गई। पर मेरे अन्दर कहीं कुछ भी तो नहीं हो रहा था। मैं उसकी उँगलियों की बढ़ती हैरानी को खूब समझ पा रहा था। वे ऊपर से नीचे होते हुए खींच रही थीं, झटके दे रही थीं, सदा की तरह उसे मेरी वैसी ही प्रतिक्रिया की प्रतीक्षा थी लेकिन...

लेकिन वह मुझसे प्यार नहीं करता—उसने कहा।

करता है—मैंने उसके बाल सहलाते हुए कह दिया। मेरा दूसरा हाथ अपने तकिए के पास पड़ी नोटबुक पर टिका था। गहरा ताम्बई चमड़ा छूने पर गरमाई और चिकनेपन की अनुभूति दे रहा था। मैं उसका कवर खोलकर उसमें डूब जाने से खुद को मुश्किल से रोके हुए था।

इसी तरह कुछ सम्मानपूर्ण दूरीवाले क्षण बीतने के बाद मैंने उसका कपोल चूम लिया और अपने नंगे पैरों को घुमाता हुआ पलंग से उतर गया। रजाई के नीचे दबी अपनी लुंगी बाहर खींची और गाँठ देकर उसे कमर पर कस लिया।

यहाँ आओ न।—वह बुदबुदाई।—मुझे इसे बताने दो न कि सारी दुनिया में इसकी जगह बस यहीं है।

मैं पेशाब करने जा रहा हूँ—मैंने कहा। और कमरे से निकलकर चरमर करते लकड़ी के तख्तों पर होता हुआ ऊपरी टैरेस की तरफ चल दिया। मैं फूलों की उस क्यारी के किनारे खड़ा था जिसमें फूल नहीं उगे थे, और अपने प्रिय सिल्वर ओक की जड़ों में पेशाब कर दिया। कद में वह अब मुझसे भी ऊँचा हो चला था। और फिर मैं नींद से जागती घाटी में देखने लगा।

बसें और ट्रक अपने गीयर बदलते हुए पहाड़ी रास्तों पर बढ़ चले थे। एक गहरी किरकिराहट, जोर की घूँ-घूँ और आपको पता चल जाता था कि पुराने टाटा ट्रक ने पहाड़ी सड़क का एक घुमाव और पार कर लिया है। बहुत नीचे घाटी के विस्तार में आप ज्योलीकोट बाजार में होनेवाली पहली हलचल महसूस कर सकते थे। लोग इधर-उधर आ-जा रहे थे, अँगीठियाँ धुँधुआने लग गई थीं। नम्बर एक पर—घाटी में अंग्रेजी के वाई आकार का एक घुमाव जहाँ से एक सड़क नैनीताल चली गई थी और दूसरी अल्मोड़ा की ओर बढ़ती हुई हम तक आती थी—यातायात

अभी कम था। ज्योलीकोट से ऊपर चढ़ती इक्की-दुक्की मारुति वाई जंक्शन पर कुछ देर के लिए ठहरती और फिर नैनीताल की ओर बढ़ जाती या हमारी ओर खिसक आती।

कुहरा अभी खामोशी से स्थिर था। साल में इस समय यह सदा ही देर से जागता था। दो घंटे और बीत जाने के बाद ही यह घाटी की तलहटी से उठना शुरू करेगा—शुरू में यह सफेद रुई के कुछ घनीभूत गोलों जैसा होगा जो आश्चर्यजनक रूप से अत्यन्त शुद्ध मालूम देंगे। और फिर तेजी से फैलकर यह पूरी घाटी को भर देगा। नौ बजे यह बीरभट्टी पहुँच जाएगा और फिर हमारे मकान की तरफ उठने लगेगा। साढ़े नौ बजते-बजते यह हमें पूरी तरह घेरकर दुनिया से जैसे काट देगा। कुहरा इतना घना होगा कि हमें अपना दरवाजा तक नज़र नहीं आएगा। उस समय हम अपनी अधूरी बनी स्टडी में शहद और टोस्ट खाते हुए स्क्रेबल खेलते और पढ़ाई के बीच में बहस कर रहे होंगे।

एकाएक मैंने ठंड महसूस की। मैं बिना शाल ओढ़े ही बाहर निकल आया था। और रात में गिरी भारी ओस में अपने पैर भिगो लिए थे। उजाला निखरता जा रहा था और दिन की पहली धूप-छाँही का आभास मिलने लगा था। मैंने घूमकर देखा तो दूसरी घाटी, भूमियाधार घाटी के घने चीड़ और शाहबलूत से ढँके ढलान अभी तक अपेक्षाकृत अन्धकार और खामोशी में खोए थे।

यह इसकी एक विशेषता थी। यह अत्यन्त भिन्न मिजाज़वाली दो घाटियों को बाँटनेवाले उठान पर स्थित था। दो भिन्न संसार। एक था हरा-भरा, वन्य, खामोशी में डूबा, ठंडा और अन्धकारमय और दूसरा था बस्तियों के शोर-शराबे से भरा हरा-भरा, गरम और उजला।

आप घाटी का अपने मूड से मिलान कर सकते थे। पर ज्यादातर तो हम ज्योलीकोट घाटी की ओरवाले छोर पर ही बैठा करते थे। जो ज्यादा ऊष्मावाली, ज्यादा उजली और अधिक शोरगुलवाली थी। यहाँ जब आप टैरेस पर बैठते तो एकदम नीचे पहाड़ का सीधा ढाल दिखाई देता और सारी घाटी एकदम जैसे आपकी आँखों में पूरी तरह खुल जाती। घूम-घुमौवल सड़कें, लाल छतवाले पुराने बँगले, यहाँ-वहाँ बनते कंक्रीट के ढाँचे, दूर सड़क किनारेवाली दुकानें, करीने से लिपे-पुते सरकारी संयंत्र, रेंगती हुई कारें, आड़ू और नाशपती के बाग, चीड़, शाहबलूत और सफेद देवदारु हमारा साथ देने लगते लेकिन दूर से, लगता था जैसे हम भी उस पूरी हलचल का हिस्सा बन गए हैं, लेकिन दूर से।

दूसरी ओर मकान की चहारदीवारी के ठीक नीचे अल्मोड़ा रोड हमें भूमियाधार घाटी से अलग करती हुई गुजरती थी, दृश्य और निकटता दोनों की अनुभूति में व्यवधान डालती हुई। यहाँ की दृश्यावली अपने में बन्द, अँधेरी और रहस्यमयी मालूम देती थी। चीड़ और शाहबलूत के घने वन ऊपर से अनजानी, अदृश्य तलहटी तक उतरते चले गए थे। कुछेक मकान और टैरेस कहीं-कहीं थे लेकिन सड़क के ठीक नीचे दबे, ठुँसे हुए। वे हमारे मकान से एकदम ही नहीं दिखाई देते थे। इसी घाटी के घने वनक्षेत्र से वन्य जीव, विशेषकर तेन्दुए, खामोशी से कभी-कभी ऊपर तक भी चले आया करते थे।

घाटी का दृश्य मुहम्मद रफी के किसी उदास गीत-सा अपनी तरफ़ नीचे की ओर खींचता चला जाता। शायद दृश्य अत्यन्त मोहक लगता लेकिन बस उसी समय एक घूँ-घूँ करता ट्रक आपके दृष्टिपथ में व्यवधान डालता, आपके मूड को तहस-नहस करता हुआ गुजर जाता जैसे पुराने, घिसे साउंड ट्रैक की भयानक किर-किर मुहम्मद रफी के गाने का आनन्द नष्ट कर दे। कई दिनों में, जब अभी-अभी बारिश थम चुकी होती, कुहरा अलग-अलग गुच्छों में तैरता होता और ढलती दोपहरीवाले सूरज की किरणें सब कुछ को विशेष कोण से थामकर एक विचित्र

परिदृश्य का निर्माण कर देतीं, तब भूमियाधार घाटी ज्योलीकोट से कहीं ज्यादा सुन्दर हो जाती। लेकिन ऐसा बस कभी-कभार ही होता था।

मैं टैरेस से पथरीले ढलान पर होता हुआ रसोईघर की तरफ चला। मैं काफी ठंड महसूस कर रहा था। चीड़ के खस्ताहाल दरवाजे को तब तक झकझोरता रहा जब तक अन्दरवाली कुंडी ढीली न हो गई। मैं अन्दर घुस गया और गैस जलाकर पैन में पानी उबालने के लिए रख दिया। बघीरा मेरे पीछे-पीछे आ गया। वह इधर से उधर घूम रहा था। राक्षस को हमारे इतनी सुबह जागने की उम्मीद नहीं थी। इसीलिए वह अभी तक आउट हाउस से ऊपर नहीं आया था। यह मुझे अच्छा लगा। मेरा मूड उसकी फालतू बातचीत अथवा उसे भजन गाते हुए सुनने का एकदम नहीं था।

मकान के खिड़कीबन्द अन्दरूनी भाग में प्रवेश करता हुआ मैं डाइनिंग रूम में ठिठक गया। ताकि आँखें वहाँ फैले नीम अँधेरे की अभ्यस्त हो जाएँ। जर्जर लिविंग रूम में मुझे फिर से ठिठकना पड़ा, क्योंकि यहाँ अँधेरा ज्यादा घना था। अधूरे, खुरदुरे फर्श की बजरी पर सँभलकर चलता हुआ मैं सीढ़ियों तक जा पहुँचा। और चरमराहट के बीच तीसरे, चौथे, पाँचवें पायदान पर चढ़ा, टूटे हुए छठे पायदान को फलाँगता हुआ खामोश चाल से ऊपरी लॉबी और बरामदे को पार करके, हौले से दरवाजा खोलकर अपने छोटे कमरे में जा पहुँचा।

देवदार की पुरानी भारी काली पेटी—न जाने कितना क्या अल्लम-गल्लम भरा था उसमें—दूरवाली दीवार के सहारे अचल भाव से टिकी थी। पेटी की बढ़िया लकड़ी के फट्टों को काँसे की पत्तियों ने जकड़ रखा था। उसके मुँह पर एक चमकता, खुला ताला लटक रहा था।

वह अभी तक नींद में थी। उसने अपनी बड़ी रजाई कसकर लपेट रखी थी। बस उसकी नाक और माथा भर बाहर झाँक रहे थे। बाकी देह केश और कपड़ों की उलझन में छिपी थी। कमरे का फर्श कंक्रीट का बना था—अधूरा बिना पालिशवाला। यह हमारा ही चुनाव था ताकि रात-दिन जिस क्षण हम चाहें फ्लोर बोर्ड्स की चरमर से बेखौफ आवाजें बाहर सुनाई देने के प्रति लापरवाह रहकर मनचाहा कर सकें।

मैं खामोशी से कमरे में घूम-घूमकर डोरियाँ ढीली करके परदे खोलता रहा, सलवटें सँवारता हुआ। दरारों को मिलाता हुआ। मैं जैकेट पहन रहा था कि वह जाग गई। उसने हाथ बढ़ाते हुए कहा—यहाँ आओ न प्लीज़!

मैं उसके पास गया और उसके रजाई से बाहर फैले हाथ को चूम लिया।

मैं एक मिनट में आया—चाय गैस पर रखी है।—मैंने कहा।

लेकिन मैं दोबारा ऊपर नहीं गया। अपने लिए एक बड़े मग में मीठी चाय उँड़ेली, ग्लूकोस बिस्किट का पैकेट उठाया और पिछले दरवाजे से निकलकर पथरीली पगडंडी पर होता हुआ टैरेस पर जा पहुँचा। मैं अपने बेचैन दिमाग को शान्त करना चाहता था। जो कुछ मेरे अन्दर चल रहा था वह सच में सच नहीं कुछ और ही था। अगर मैंने उस उलझन को जल्दी न सुलझाया तो यह मेरी जिन्दगी को तहस-नहस कर डालनेवाली थी। पिछली रात जैसी एक रात और गुजारनी पड़ती तो समझ लो मैं तो गया।

अचानक मुझे महसूस हुआ कि अपने और फ़िज़ के बीच फासला और बढ़ा देना चाहिए। मैं अगले टैरेस पर जा पहुँचा, यह मकान का सबसे ऊँचा हिस्सा था। वहाँ अस्सी साल पहले पानी की टंकी बैठाई गई थी—और वहाँ से आप नैनीताल के ऊपरी हिस्सों पर नजर डाल सकते थे, जो बेतरतीब निर्माण का फैलाव था, जो बड़ी मीनारों और लाल छतवाले सेंट जोसेफ स्कूल

तक पहुँचा हुआ था। हमने मकान खरीदने के बाद इस जगह लाल कोटा पत्थर की एक बैंच लगवा ली थी। यह इतनी चौड़ी थी कि दो लोग आराम से लेटकर खुले आकाश का दृश्य निहार सकते थे। इस समय बैंच रात में पड़ी ओस से भीगी हुई थी इसलिए मैंने उकड़ूँ बैठकर घुटनों को हाथों में कस लिया।

पिछले पन्द्रह वर्षों में मैंने खुद को फ़िज़ से इतना दूर कभी महसूस नहीं किया था। हमारे बीच जोरदार झड़पें हुईं, कई बार रिश्ते टूटने की नौबत तक आ गई, लेकिन एक-दूसरे के लिए हमारा आवेश बना रहा, दोनों को एक-दूसरे की जरूरत महसूस होती ही रही। इस अनुभूति ने हमें पागलपन की हद तक आपस में जोड़े रखा। कई बार ऐसा भी हुआ कि हम कई-कई दिन तक आपस में बात नहीं करते थे लेकिन ऐसे में भी दोनों के शरीर संवाद करते रहते। और उन तनाव भरे क्षणों में हल्की-सी छुअन भी पागलपन की चिंगारी को भड़का देती और फिर सारे गिले-शिकवे धुल-पुँछ जाते।

एक बार हम उसकी चाची के घर गए हुए थे और दो दिनों से हमने आपस में एक भी शब्द नहीं बोला था। कारण हमें खुद पता नहीं था। शायद बात कुछ भी न थी। लंच से पहले बाथरूम में हाथ धोते समय हम मिले। उसकी देह, गन्ध, दर्पण में दीखती एक झलक ने मुझे एकदम बेकाबू कर दिया। और हम एक-दूसरे को चूमने लगे। पलक झपकते ही मैंने उसे खींचकर दरवाजे से टिका दिया। मेरा एक हाथ कुंडा बन्द करने के लिए बढ़ रहा था तो दूसरा उसकी जीन्स की चेन में जा उलझा था और इधर वह अपने खास भूखे अन्दाज में मेरे होंठों को चबाए डाल रही थी और फिर सदा की तरह हम दो अबूझ पहेलियों जैसे एक-दूसरे में समा गए। गीलापन और सख्ती, खाल और बाल, प्यार और वासना सब एकमेव हो गए।

लेकिन कुछ देर बाद जब हम लंच करने बैठे तो पुरानी कड़वाहट फिर से लौट आई थी। उसकी चाची के हाथ में थमे नुकीले, तीखे चाकू जैसी जिससे वह आम छील रही थीं। हम खामोशी से घर लौट आए। उस बार वह उलझन सुलझा ली गई, उलट-पलटकर सारी सलवटें दूर कर ली गईं। हम आखिरी शिखर तब तक चढ़ते-उतरते रहे जब तक थककर दूसरी तरफ न गिरे—चरम आनन्द और सन्तोष के क्षण।

लेकिन इस बार कुछ ऐसा था जो मुझे हिलाए डाल रहा था।

न जाने क्यों इस बार की यात्रा शुरू से ही मुझे घबराहट से भरे दे रही थी जबकि पिछले दो सालों में मेरे लिए यहाँ आना दुनिया में सबसे प्यारे सफर पर निकलना रहा था। जब हम दिल्ली से चले तो मन में आशंका और चाहत के मिले-जुले भाव आ-जा रहे थे। आखिरी दो यात्राएँ अजीब रही थीं, इतनी विचित्र कि मैं खुद कुछ ठीक-ठीक समझ नहीं पा रहा था। फिर किसी और को बताया ही क्या जा सकता था। पिछली यात्रा के बाद से ही मेरा मन दो विपरीत विचारों की ऊहापोह में दो फाड़ हुआ जा रहा था। कभी मन में आता कि मुझे सब कुछ पहले जैसा ही कर देना चाहिए और तभी दूसरा मन कह उठता—नहीं, नहीं मुझे हमेशा के लिए दूर चले जाना चाहिए। आखिर मैंने इसका फैसला फ़िज़ पर ही छोड़ने का निश्चय किया। हाँ, वही पहल करे।

ड्राइव करते समय मेरा मन कहीं और भागता रहा था। और जब हम बिलासपुर के शेरे पंजाब ढाबे में नाश्ता कर रहे थे तो फ़िज़ ने पूछ ही लिया—किस बात की चिन्ता सता रही है तुम्हें?

मैंने एक पुराना फिकरा दोहरा दिया—'मुझे लगता है वह मर रहा है, मिट रहा है।'

'मैं बात कर लूँगी, समझा लूँगी उसे।' वह बोली।

हिन्दी में मैंने कहा–भाई! इस हिन्दी पट्टी में तुम्हें हिन्दी में बात करनी पड़ेगी।

वह बोली–लेकिन उसे तो हिन्दी समझ में आती नहीं, उसमें बूढ़े एजरा पाउंड का पुरानापन जो भरा हुआ है।

और फिर हम दोनों हँस पड़े थे।

पर इस हल्की बातचीत के बाद भी मेरे जी को तसल्ली नहीं थी। कल जैसे-जैसे रात घिरने, भीगने लगी थी तो फिर से वही डर और ललक का उफान खदबदाकर मुझे घेरने लगा। अपने पौधों की देख-रेख में लगी फ़िज़ को कहीं किसी बदलाव का आभास नहीं हुआ था। और तब भी नहीं जब दो-दो गरम व्हिस्की लेने के बाद हम पलंग पर जा लेटे थे।

हम बेतरह थके हुए थे। मुरादाबाद में भयानक ट्रेफिक जाम झेलना पड़ा था। और दोनों रेलवे क्रॉसिंगों पर हम देर-देर तक फँसे रहे थे। फ़िज़ मुझमें सिमट आई। उसका सिर मेरे बाएँ हाथ पर आ टिका और चेहरा मेरी ठुड्डी के घुमाव पर।

हमेशा की तरह मेरे हाथ उसकी देह पर हरकत में नहीं आए तो उसने कहा–क्या तुम चाहते हो मैं उससे बात करूँ। तुम्हें पता है मैं इससे हिन्दी में भी बात कर सकती हूँ।

मैं चुप रहा, बस गले से हाँ-ना की एक मिली-जुली हुँकार निकलती रही, फिर अगले ही पल वह नींद में चली गई, पर मैं जागता हुआ लेटा रहा। पहाड़ों पर धीरे-धीरे गुल होती आखिरी रोशनियाँ देखता हुआ। और फिर जल्दी ही केवल वेधशाला का चमकता प्रकाश शेष रह गया। और चौकोर खिड़कियों की चौखटों से झाँकते आकाश के काले टुकड़े जो टिम-टिम झलमलाते तारों की भीड़ से भरे थे। रह-रहकर टैरेस के नीचे उगी लेंटाना झाड़ियों में बसेरा करनेवाले नाइटजार चिड़िया की कर्णकटु टक-टक-टक सुनाई दे जाती थी। एक बार मैं उसकी खोज में घंटों तक झाड़ियों में देखता फिरा था पर वह नहीं दिखी। सचमुच कहीं बहुत अन्दर घर बना रखा था उसने।

कुछ देर बाद मैंने फ़िज़ के सिर के नीचे से अपना हाथ हटा लिया और वह हमेशा की तरह गुड़ी-मुड़ी होकर परे खिसक गई। मैं दीवार के सहारे उठंगकर उस ताम्बई कवरवाली नोटबुक को खोलकर उसमें डूब गया। हरिकेन लालटेन की मद्धिम पीली रोशनी में पढ़ते-पढ़ते जल्दी ही मेरी आँखें दर्द करने लगीं–पर फिर भी थमा नहीं, पढ़ता ही चला गया, न जाने क्यों मुझे लग रहा था अगर मैं जागता रह सकूँ तो मैं इस सबको अपने दिमाग से परे ठेल सकूँगा। आतंक का यह दानव पीछे हटकर खंड-खंड हो जाएगा और मैं बच सकूँगा; इस सबसे बाहर निकल आऊँगा। जरूर उस तरह अधबैठी स्थिति में ही मुझे झपकी आ गई होगी।

मैं रात में बहुत देर तक जागकर पढ़ता रहा था। और कई घंटे बाद जब मैंने खत्म किया तब तक मैं न जाने कितने शिखरों से फिसलकर नीचे गिरा था। मेरी समझ में नहीं आ रहा था कि टुकड़े-टुकड़े हो चुके खुद को कैसे समेटूँ।

बैठे-बैठे मेरे पैर टीसने लगे और उन्हें हिलाने-डुलाने के लिए मुझे बैंच से उतरना पड़ा। मैंने बाकी बची चाय ढाल पर लुढ़का दी। वह एकदम अन्दर समा गई। और फिर मेरी नजरें उस दृश्यावली पर जा टिकीं जिसे पहली बार देखते ही मैं पसन्द कर बैठा था।

इस मकान को होना था हमारा निर्वाण बिन्दु, हमारे प्यार और जीवित जीवन का सबसे बड़ा प्रमाण, लेकिन इधर मिल रहे संकेत शुभ नहीं थे। फ़िज़ के साथ बीते वर्षों में ऐसा पहली

बार हो रहा था कि वह मेरे सामने थी और फिर भी मन में कोई लालसा नहीं सुगबुगाई थी। वहाँ जैसे शून्य व्याप गया था। मेरी बगल में पसरी उसकी देह के प्रति मन में एक ठंडा अहसास था–बस...

सचमुच कुछ भयानक घटने जा रहा था और मैं अपनी शिरा-शिरा में, हवा में इसे अनुभव कर सकता था।

सुबह शीतल और तीखी थी पर बहुत कोशिश करने पर भी मैं अपने मन को स्थिर नहीं कर पा रहा था। मेरा सिर भारी ही रहा।

मेरी पिछली दाढ़ टीसने लगी। चलो कुछ तो था जो नहीं बदला था, अब भी वैसा ही था। मैंने आँखें मूँद लीं और जोर से दप-दप करती दर्द की लहर को धीमी पड़ जाने की प्रतीक्षा करने लगा।

मुझे इसका जरा भी आभास नहीं था कि मेरा जीवन कैसे टूटने-बिखरने जा रहा था। वह जीवन जो मेरे लिए सबकुछ था।

वेधशाला के पीछेवाले पर्वत शिखरों पर सूरज अभी तक महज चेतावनी देनेवाली चमक ही बना हुआ था।

आया तूफान

पूरे दिन पानी बरसता रहा था—बहुत तेजी से। और उस वक्त भी उसकी रफ्तार में कमी नहीं आई थी जब मैं मकान के निचले दरवाजे पर उसके साथ भुवाली से आनेवाली बस के इन्तजार में खड़ा था जो उसे नीचे काठगोदाम ले जानेवाली थी, शायद सदा के लिए। यह सब ठंडी सुबह के छह महीने बाद की बात थी।

कैसी विडम्बना थी। हम पत्थरों की जिस टूटी पटरी के पास खड़े थे वह वही थी जहाँ बैठकर हमने पहले-पहल उस मकान को देखा था। यह सेनिटोरियम से कुछ आगे सड़क के घुमाव पर बना था, और जब आप ज्योलीकोट से चढ़कर वहाँ पहुँचने पर नज़रों के सामने अपने-आपको खोलता हुआ लगता था। पटरी मकान से नीचे थी और वहाँ बैठकर आपकी आँखें एक ऐसे कोण से मकान पर पड़ती थीं कि मन रूमानियत से भर उठता था।

लेकिन अब पटरी बैठने लायक हालत में नहीं रह गई थी। उसमें जगह-जगह आड़ी-तिरछी नुकीली दरारें पड़ी हुई थीं और उसकी पूरी बनावट अपनी जगह से हिल चुकी थी। एक साल पहले एक बेकाबू ट्रक उससे आ टकराया था और बस पत्थरों की बनावट चूर-चूर हो गई थी, वे ढीले पड़ गए थे। बेकाबू ट्रक का एक पहिया खड्ड के ऊपर शून्य में कई दिन तक लटकता रहा था, फिर हल्द्वानी से आई क्रेन ने उसे पीछे खींचा था। उसके सिख मालिक ने ड्राइवर और क्लीनर की धुनाई करने के बाद लड्डू बाँटते हुए कहा था—वो तो रब मेहरबान था वरना ट्रक सीधा घाटी में गिर सकता था।

हम एक बड़ी हरी जे एंड बी छतरी के नीचे पास-पास खड़े थे कन्धे से कन्धा छू जाने से जरा बचते हुए। यह हमें दिल्ली में एक पोलो मैच देखते हुए उपहार में मिली थी। दिल्ली में वही अकेला मैच देखा था हमने। जब हम छतरी को अपने ऊपर खोलते तो जैसे कुछ हो जाता, हम कुछ अटपटा बोल उठते—शानदार चक्कर...क्या? और दफेदार इस्स पोनी का गाँड में थोड़ा जल्दी डालो।

लेकिन आज हम मकान से वहाँ तक एकदम खामोश चले आए थे। मैंने बार-बार कहा था कि मैं उसे रेलवे स्टेशन तक छोड़ दूँगा। पर उसने मेरा प्रस्ताव एकदम नहीं माना था, यह एक खतरनाक संकेत था, आज से पहले तो ऐसा कभी नहीं हुआ था। और तब मैं जान गया था कि मैंने स्थितियों को धकेलकर वहाँ पहुँचा दिया था जहाँ हमारे रिश्ते को तोड़ने या जोड़ने का विशेषाधिकार मुझसे छिन गया था। बाँध टूट चुका था। पानी अपनी सतह ढूँढ़ ही लेगा। उसके बहाव को रोकने या छोड़नेवाले कपाटों पर नियन्त्रण बेमानी हो गया था।

फ़िज़ के साथ बीते पन्द्रह सालों में एक बार भी ऐसा नहीं हुआ था जब मैंने उसे बस स्टेंडों, रेलवे स्टेशनों, सिनेमाघरों, दफ्तरों, अस्पतालों, हर कहीं, हर बार, छोड़ा न हो, या ठीक समय पर लेने न पहुँचा हूँ। उसकी चिन्ता, एक अजीब शंका, मुझे सदा घेरे रहती थी। हर पल यह अहसास मुझे दबाता रहता—उसे कहीं कुछ हो न जाए—हे भगवान, अगर कभी कुछ वैसा हुआ तो मेरी जिन्दगी एकदम टूट-बिखर जानेवाली थी।

एक बार, यह हमारा साथ-साथ पहला साल था और हम तब कॉलेज में ही थे। उसे एक परिवारिक शादी में शामिल होने के लिए नाहन जाना था। चंडीगढ़ से नाहन तक सड़क का तीन घंटे का सफर। मैं उसे अकेली जाने देने के लिए तो कतई तैयार न था। हमने हिमाचल राज्य परिवहन की एक खटारा बस पकड़ी। हम साथ-साथ बैठे पूरे सफर में बिना रुके बातें करते रहे थे—न जाने बस कितनी जगह रुकी थी, अल्सुबह का कुहरा हमें घेरे हुए था। मक्खियाँ, धूल और दूसरे मुसाफिरों की घूरती नजरें—हम सब से बेखबर बस खुद में डूबे थे।

एक जगह रास्ता सँकरी, ऊँघती, सुनसान छोटी सड़कों से गुजरता था। जगह-जगह कीकर, नीम और बरगद के पेड़। हम चमचमाते हरे-भरे धान के खेतों से गुजरे, जहाँ झक सफेद लम्बी टाँगोंवाले बगुले गोया जबरदस्ती पहरेदारी कर रहे थे और फिर एक मटमैले, घुमैले बादल ने हमें घेर लिया। बारिशवाली ठंडी हवा का थपेड़ा खटारा चूँ-चर्र करती बस की टूटी खिड़कियों में घुस आया, ठसाठस भरी बस की घुटन एक फव्वारे के नीचे घुलती रेत की तरह पलक झपकते बह गई, बदन का पसीना खुशबू में बदल गया। सब खामोश हो गए। बस के इंजन की घुर्र-घुर्र भी कहीं खो गई। फिर मानो किसी निर्देशक के इशारे पर हर चेहरा ऊपर उठ गया और आँखें मुँद गईं—सभी छुटकारा पाना चाह रहे थे जैसे।

एक नास्तिक के लिए यह एक धार्मिक पल था। मैंने उसका हाथ अपने हाथ में थाम लिया—उसके चमड़े के हैंड बैग की ओट में; और उसकी चमकती, अधखुली मुस्कान, तराशे हुए कपोलों से पीछे ऊपर उठे फहरते घने केशों को निहारता रह गया, एकदम चुप, खुशी से भरा हुआ।

आखिर हम नाहन पहुँच गए। मैं उसे घर के एकदम पास तक पहुँचाना चाहता था, जहाँ वह जा रही थी—ठीक ड्योढ़ी तक। हम उसकी मौसी के सरकारी बँगले तक ले जानेवाले ढलान पर चढ़ने लगे। हम बातों में इतना खोए हुए थे कि हमें तब तक उसकी मौसी का पता न चला था जब तक वह ठीक हमारे सामने न आ पहुँचीं और फिर फ़िज़ की नजर उन पर पड़ी और मैंने फ़िज़ को बीच में ही पुकारते सुना, 'ओह, हलो मासी'। वह भी हड़बड़ा गई थी।

और मैं फिर एक पल को भी नहीं रुका, तुरन्त उलटे पैरों मुड़ा और वापस ढाल पर उतरता हुआ बस अड्डे की तरफ चल दिया। मेरी हिम्मत न हुई कि मुड़कर एक बार तो उसे देख लूँ। वे एकदम शुरुआती दिन थे और वह बमुश्किल सत्रह की हुई थी। मैं एकदम नहीं चाहता था कि मुझे लेकर वह अपने परिवार के सामने किसी उलझन में पड़े। घर तक का तीन घंटे का सफर जैसे कभी न खत्म होनेवाली यात्रा बन गया और जब मैं अपने कमरे में दाखिल हुआ तो शाम एकदम अँधेरे में ढल चुकी थी और फर्श पर किताबों के ढेर मुझे ताना देती उँगलियों की तरह पसरे थे। उस रात एक अजीब बेचैनी अन्दर छटपटाती रही, मानो मुझे एक मनपसन्द फिल्म देखते हुए बीच में ही खींचकर कोई उठा लाया था।

अगली सुबह मैं दिन निकलने से पहले ही सेक्टर 17 के बस स्टैंड पार्किंग में साइकिल को लगा रहा था। मैं बस उसी के सपने देखता हुआ लिखता रहा था—उन दिनों मैं यही किया

करता था। वह मेरे पास नहीं थी और उसके बिना देहात की चक्करदार सड़कें मेरे तईं अपना जादू खो चुकी थीं। मैं ढाल पर चढ़कर ऊपर जा पहुँचा, जहाँ पहाड़ी मकानों की पाँतों में खुलती थी। मैं कोनेवाली चाय की दुकान में जा बैठा, एक आमलेट का ऑर्डर देकर उसके अंकल के मकान का पता बातूनी पहाड़ी मालिक से पूछने लगा, जो एकदम काली पड़ चुकी केतली में लगातार चाय उबालने में लगा था। एक नन्ही गौरैया के चहकने की तरह वह हर गोविन्द हर गोपाल! हर गोविन्द हर गोपाल! भजने में लगा था।

अपनी रटन्त के बीच ही उसने कहा–अच्छा वह मोटा इंजीनियर और उसकी मोटी बीवी–तब तो उनका इन्तजार करना पड़ेगा आपको क्योंकि वे दोनों तो नीचे मंडी गए हैं सस्ती से सस्ती सब्जियाँ खरीदने। आप तो जानते ही होंगे इन सरकारी नौकरों को जो हर चीज मुफ्त लेना चाहते हैं और कुछ भी करने से पहले वसूली करना जरूरी समझते हैं।

मैंने उसे बताया कि मैं वहाँ कुछ पहुँचाने आया हूँ।

उसने मेरी ओर देखा तो मैंने 'अ फेयरवेल टु आर्म्स' की प्रति दिखाई जिसे मैं पढ़ रहा था। उसने कहा, उस मकान के दरवाजे पर लगी पट्टी पर एक खूँखार कुत्ते का चित्र बना हुआ है। लेकिन आप तो बस सीधे अन्दर चले जाना। कुत्ता भी उन जैसा ही है–मोटा और आलसी। वह तभी किसी को काटेगा जब इसके लिए उसे कुछ दिया जाए।

मैंने तीन रुपए दरारों से भरी मेज पर टिकाए और कहा, तो तुम्हें मोटे लोग नापसन्द हैं।

वह बोला, नहीं साहब, बात बस इतनी सी है कि हर चीज अपनी जगह ठीक-ठीक फिट होनी चाहिए। जैसे आपका मकान आपके दिल से बड़ा नहीं होना चाहिए उसी तरह आपका पलंग आपकी नींद से बड़ा न हो। आपके भोजन में आपकी भूख से एक दाना भी ज्यादा न हो।

वह सूँ-सूँ करते स्टोव के पास अपनी जगह से कूदा–एकदम जैसे कोई परिन्दा हो–और झुककर मेज़ से पैसे उठाते हुए बोलता रहा–लोगों को इस धरती माँ पर जरूरत से ज्यादा रत्ती भर भी बोझ नहीं बढ़ाना चाहिए। यह बेचारी धरती तो पहले ही बोझ से दबी जा रही है–लोगों का बोझ, लालच और दुख के भारी बोझ से पिसी जा रही है–पलड़ा जरा झुका नहीं कि बस...आज दुनिया का यह हाल इसीलिए हुआ है कि लोग सही और गलत का भेद भुला बैठे हैं।

और यह सब कहते हुए उसने एक बार भी मेरी तरफ नहीं देखा था, बस अपना काम करता रहा, एक पाँत में सजे छोटे गिलासों और खरोंचें पड़ी प्लास्टिक की प्लेटों को पोंछता रहा और साथ ही निरन्तर खौलती चाय की केतली में और पानी, चीनी, दूध डालता रहा।

दोस्त, खामोशी से जाना और अपने दिल की आवाज़ सुनना, दिमाग की एकदम नहीं। यह दुनिया इसीलिए तो बरबाद हुई है क्योंकि वह दिमाग की आवाजों पर ज्यादा ध्यान देती है। हर गोविन्द हर गोपाल!

मैंने उसका मकान आसानी से ढूँढ़ लिया। बेधड़क अल्सेशियन से खबरदार करनेवाली टीन की गन्दी पट्टीवाले गेट को खोला और सीधा अन्दर दाखिल हो गया। बूढ़े चायवाले ने एकदम सही कहा था। बरामदे में सरकंडों से बनी मेज के नीचे एक मोटा सुनहरी बालोंवाला लैब्राडोर सो रहा था। उसका सिर उसके फैले पंजों पर टिका था। उसने प्रश्नभरी आँखों से मुझे ताका लेकिन जरा भी न हिला।

मैंने घंटी बजाई तो देर तक 'जिंगल बेल' की धुन गूँजती रही। एक शरारती, धृष्ट काले छोकरे ने दरवाजा खोला। वह नायलान की तंग निक्कर के ऊपर फीके पड़े रंगवाली ब्रूसली की टी शर्ट पहने था जिस पर किंग ऑफ कुंग फू छपा था।

क्या चाहिए? उसने पूछा और मुँह में चुभलाते च्युइंगम को दाएँ हाथ से बाहर निकालकर अपनी मोटी नाक के आगे खींचने लगा।

मैं फ़िज़ से मिलने आया हूँ।

क्यों? उसने भिंचे हुए दाँतों के बीच से पूछा। उसका हाथ च्युइंगम को और आगे तक खींचने में लगा रहा।

मैं उसे एक किताब देने आया हूँ।

मैंने किताब उसे दिखाई। आवरण पर नर्स की पोशाक में केथरीन बर्कले की छवि थी और उसके पीछे एक छोटी-सी एम्बुलेंस दिखाई दे रही थी।

क्या यह कहानियों की किताब है?

मैंने एम्बुलेंस की तरफ इशारा किया।

यह क्या है?

यह उन छोटे लड़कों के लिए है जो मुँह में च्युइंगम चबाते हुए उसे निगल जाते हैं और फिर डॉक्टरों को उनके साथ कुछ करना पड़ता है।

वह चुप खड़ा मुझे निरख रहा था।

जरा मुझे अपनी सूंडी दिखाओ? मैं बोला।

उसने बाएँ हाथ से ब्रूसली वाली टी शर्ट उठाई और दाएँ हाथ से च्यूइंगम को पीछे करके दोबारा मुँह में ले गया। उसकी सूंडी गन्दी और बाहर की तरफ उभरी हुई थी।

बस छह महीने और, मैंने कहा, इसके बाद तुम्हारे चूतड़ों को काटकर अन्दर चिपकी च्युइंगम को खुरचकर बाहर निकालेंगे।

उसका चेहरा बुझ गया।

अब जरा झटपट जाकर उसे बुला लाओ, और फिर मैं तुम्हें इस मुसीबत से बचानेवाली तरकीब बता दूँगा।

तभी फ़िज़ वहाँ चली आई। उसका चेहरा चमक रहा था।

मैं तुम्हारी किताब ले आया हूँ। कहते हुए मैंने हेमिंग्वे को दिखाया उसे।

उसका चेहरा मुस्कुराया–ऐसी मुस्कान जो दुनिया को रोशन कर दे। उसे मुस्कुराने के लिए कोशिश नहीं करनी होती थी–बस किसी प्रेरणा की त्वरित प्रतिक्रिंया की तरह एकदम चली आती थी होंठों पर मुस्कान। उसके पीछे मतलब नहीं छिपा रहता था, खामोश षड्यन्त्र, गुह्य संकेत–कुछ भी नहीं। जब वह किसी बात से खुश होती तो बस मुस्कुरा देती और पूरी दुनिया रोशन हो जाती।

तुम हो पागल! वह बोली।

अच्छा पागल? बुरा पागल? मैंने जानना चाहा।

सचमुच अच्छे पागल! कहते हुए वह मुस्कुरा दी।

यह दूसरी बार था जब मैं उसे इस तरह देख रहा था। वह कुरते-पाजामे में थी और शायद उसी में सो गई थी। ढीले-ढाले ढंग से बँधे केश कन्धों पर ढलके हुए और देह चमक भरी। लगता था वह परी कथाओं की उन सचित्र किताबों से निकलकर चली आ रही थी, जिन्हें हम बचपन में पढ़ा करते थे। बस लहराते सफेद गाऊन की जगह कुरते-पाजामे ने ले ली थी। वह कितनी खूबसूरत थी–उसे तारीफ के दायरे में बाँधना मुश्किल था।

कहाँ? मैंने पूछा।

पता है, मकान में ढेर सारे लोग हैं, बस वे जागकर नीचे आनेवाले ही होंगे।

वह बहुत शान्त लग रही थी। आनेवाले सालों में यह बात मुझे बखूबी जान लेनी थी। वह न कोई क्रान्तिकारी थी, न उसका स्वभाव नियम-कानून तोड़नेवाला था, बहुत लम्बी-चौड़ी हाँकती भी नहीं थी, बस अपने शान्त तौर-तरीके से बँधी-बँधाई बातों और दूसरों की राय को ठेलकर परे जरूर कर देती थी।

कोई न कोई खाली कमरा जरूर होगा, मैंने कहा और फिर लड़के पर नजर टिकाए हुए बोला—जहाँ मैं इस किताब के बारे में तुम्हें समझा सकूँ।

और यह? उसने लड़के की ओर इशारा किया।

ब्रूसली, यहाँ आओ, मैंने कहा।

मैं उसे कमरे के एक कोने में ले गया।

तो सुनो वह तरकीब। बस तुरन्त जाकर कमोड पर बैठ जाओ, दोनों कानों में अपनी उँगलियाँ धँसा लो और जोर-जोर से ली ई ई ई ई बोलना शुरू कर दो। इसे एक सौ एक बार दोहराओ और फिर देखो। अगर इसके बाद भी च्युइंगम बाहर न निकले तो यही बात दोबारा दोहराओ एक सौ एक बार।

वह च्युइंगम की गोली को वापस मुँह में डालकर वहाँ से चला गया।

तुमने उसे आखिर कहाँ भेज दिया? उसने पूछा।

कुंग फू की प्रेक्टिस करने।

मैंने नजर घुमाकर देखा। कमरा छोटी-छोटी सजावटी कलाकृतियों से भरा हुआ था जिनसे भारत के लगभग सारे मध्यवर्गीय परिवार ड्राइंग रूम में सजावट करते हैं—प्लास्टिक के फूल, सिरेमिक की देव मूर्तियाँ, कतार में गुजरते चन्दन की लकड़ी के हाथी। पुराने कवर्स से सजा फर्नीचर, अनगढ़ फ्रेमों में मढ़े पारिवारिक चित्र। मैंने बाहर जानेवाले दरवाजों की खोज में नजरें घुमाईं। कई दरवाजे थे। यह कमरा मकान के बीचोबीच था। हमें वहाँ से बाहर निकलना चाहिए था। मैं बेताब था उसे थामने के लिए, उसकी देह-गन्ध को नाक में भरने के लिए।

तुम्हारी मौसी का बेडरूम कहाँ है? मैंने कहा।

उसका मुँह लाल पड़ गया। पागल होने, बेबस कर देनेवाला क्षण पास आ पहुँचा था। हम दोनों जब एक-दूसरे के निकट होते तो सदा ऐसा ही होता था। इस दौरान हम मुश्किल से ही बोल पाते थे। एक-दूसरे में समाकर एक हो जाने की आवश्यकता जैसे बाकी सबकुछ का गला घोंट देती थी।

वहाँ। दूरवाली दीवार की ओर इशारा करते हुए वह बोली।

जैसे ही हम अन्दर पहुँचे मैंने दरवाजे की कुंडी चढ़ाई और उसे बाँहों में खींच लिया। कमरे में अँधेरा था और मेरा मुँह उसकी देह को हर कहीं छू रहा था। वह कड़क और पतली सूती पोशाक में थी और मेरे स्पर्श में थी, एक मजबूत पकड़। मैं प्यार में पागल था और वह गीलेपन से भीगी हुई और बेहद-बेहद खूबसूरत। हमारे हाथ कुम्हार बन गए थे और हमारा बदन गीली मिट्टी; फिर दरवाजे के बाहर आवाजें सुनाई दीं और वह पलंग के किनारे पर आ गई थी। मैं उसका प्यार सूँघ रहा था, मुँह में उसका स्वाद ले रहा था, मेरे कान उसके प्यार की आवाजें सुन रहे थे और मेरा प्यार उसका प्यार पाने के लिए मचल रहा था। और फिर मैं वहाँ पहुँच गया जिस पर मेरा अधिकार था, जो जगह मेरी अपनी थी, जहाँ मैं हमेशा रहना चाहता था और वहीं मरना भी। यह संसार त्वचा का एक खोल था, नहीं यह दुनिया त्वचा के दो खोल,

नहीं नहीं बस दुनिया सिर्फ त्वचा के खोलों में बदल गई थी, दुनिया सिर्फ एक तरल में बदल चुकी थी, यह अपने में कसी हुई, यह एक भट्टी थी। दुनिया फिसली जा रही थी। दुनिया में विस्फोट हो रहे थे और दुनिया खत्म होने जा रही थी, खत्म हो रही थी—और फिर दुनिया खत्म हो गई थी।

जब हम बाहर की आवाजें सुनने के काबिल हुए तो लगा कि कोई फ़िज़ को पुकार रहा था। हमें अन्दर आए बस कुछ ही मिनट बीते थे।

'इस तरफ से बाहर चले जाओ।' उसने एक जालीदार खिड़की खोलते हुए कहा। खिड़की के बाहर चौड़ी पटरी बनी थी।

मैं खिड़की के नीचे उगे छोटे-छोटे गुलाबों की क्यारी में जा कूदा और फिर पीछे देखें बिना, सहज भाव से दरवाजे की ओर बढ़ चला। जैसे ही मैंने दरवाजे की कुंडी हटाई, मकान से एक आवाज सुनाई दी—ली ई ई ई...

नीचे उतरते हुए मुझे मोटा इंजीनियर और उसकी पत्नी दिखाई दिए जो ढाल पर हाँफते हुए चढ़ रहे थे। हाथों में सब्जियों से भरी टोकरियाँ लटकाए। हरे-हरे पत्ते बाहर झूल रहे थे। उन्होंने मुझ पर ध्यान नहीं दिया और मैं जैसे हवा में तैरता हुआ सड़क पर नीचे उतरता गया, खुशी के झोंकों पर सवारी करता हुआ।

हमें इन्तजार करते एक घंटा बीत चुका था और भुवाली से आनेवाली बस का अब तक कोई अता-पता नहीं था। जे एंड बी छतरी बारिश के झपाटों से भीगने से नहीं बचा पा रही थी। घुटनों से नीचे हमारी पैंटें भीग चुकी थीं और दोनों की कमीजों की एक-एक बाँह भी। इतवार की शाम होने के कारण बस सर्विस भी धीमी पड़ गई थी और ऊपर से लगातार बारिश ने उसके इन्तजार को और भी लम्बा कर दिया था। वैसे रात में काठगोदाम से दिल्ली जानेवाली ट्रेन छूट जाने का कोई डर नहीं था क्योंकि यह नौ बजे चलती थी। अभी सिर्फ छह बजे थे लेकिन तेज बारिश के कारण अँधेरा समय से पहले ही घिर आया था। फ़िज़ ने जल्दी ही घर से निकलने पर जोर दिया था ताकि वह किसी भी कारण से लेट न हो।

बिजली गुल हो चुकी थी—तूफानी बारिश शुरू होते ही हमेशा ऐसा ही होता था। सड़क पार वह मकान धुँधली छायाओं से घिर गया था। आसपास की हर चीज से ऊँचा हमारे देवदार त्रिशूल का तना कुछ ज्यादा काला दिखाई दे रहा था। नीचे भूमियाधार घाटी में बहकर उतरती बारिश की आवाज डरावनी लग रही थी। उसे देखकर लगता था जैसे कोई भयानक प्रागैतिहासिक वन्य पशु झाड़-झँखाड़ से भरे जंगली रास्तों पर आपकी तरफ चढ़ता चला आ रहा हो।

पर धुआँधार पड़ती बारिश पहाड़ों में—ढलानों और हरियाली के बीच—एक विचित्र उल्लास का भाव भी जगाती है मन में। सब तरफ निष्क्रिय शान्ति और गहरा सन्नाटा था।

कितनी देर से हम आपस में एक भी शब्द नहीं बोले थे—मैं कुछ ऐसी साधारण, कोई दिल को रखनेवाली बात कहना चाह रहा था लेकिन शब्द मुँह से जैसे बाहर आने से इनकार कर रहे थे। असल में विचारों और भावनाओं की उथल-पुथल मन में इतनी देर से चल रही थी कि ठीक-ठीक कुछ कह ही नहीं पा रहा था—शब्द जमकर ठिठक गए थे।

उसका चेहरा भावहीन था। नुकीली ठोढ़ी, तराशी हुई नाक और सुन्दर होंठ—मानो शीशे की परत से खामोश थे। हाँ, लाल और सूजी हुई आँखें ज़रूर कुछ कह रही थीं। वह सोई नहीं थी और रोती रही थी।

कितनी अजीब बात थी—मैं सालों से उसे ताने देता आया था कि उसका रोना तभी सच होता था जब बारिश होने लगती—क्योंकि बात-बात पर आँसू बहाना जैसे उसकी आदत बन गई थी। कल शाम से पानी लगातार गिर रहा था और बूँदों के दस्ताबन्द सिपाही टीन की छतों पर और बिना शीशों की खिड़कियों से हर कहीं आ-जा रहे थे, गोलियाँ दागते हुए। और इस बीच वह लगातार सुबकती रही थी।

मैं सोचता था रोते-बरसते आसमान के नीचे वहाँ खड़े रहकर आखिर उसके आँसू सूख चुके थे।

चौबीस घंटों का समय काफी लम्बा होता है।

छह महीने—लम्बा समय।

छह महीने पहले की वह सुबह जब ज्योलीकोट घाटी में झाँकते हमारे कमरे में मेरी नींद खुली थी और मैंने अपना मन एकदम खाली पाया था, कहीं कैसी भी तड़प—चाहत नहीं थी।

मैं बीती रात के अनुभव से घबराया हुआ नीचे घाटी में देखता खड़ा था—हम दोनों के आनेवाले कल की घबराहट से भरा हुआ—हाँ, उस क्षण को भी छह महीने बीत चुके थे।

वे छह माह बुरे गुजरे थे। हमने अपने बीच दूरियाँ लम्बी कर ली थीं। पहले हमने सोचा भी नहीं था कि कभी ऐसा भी होगा।

हर झड़प के बाद हम दोनों चेनवाली बन्द जैकेट जैसे हो जाया करते थे। हम कभी-कभी टकराते और चेन आधी खुल जाती, फिर कोई-कोई दिन इतना खराब गुजरता कि चेन पूरी तरह ही खुल जाती नीचे तक, लेकिन फिर एकदम नीचे उसे बक्सुआ पूरी तरह खुलकर अलग हो जाने से रोके रहता और फिर चेन को ऊपर चढ़ाकर पूरी तरह बन्द करते जाने में बस थोड़ा ही वक्त लगता—गरम और कसी हुई। लेकिन पिछले छह महीने में हमने अपने रिश्तों की जैकेट को न सिर्फ पूरी चौड़ाई तक खोल दिया था, बल्कि एक कैंची से उसे दो एकदम अलग-अलग हिस्सों में काट भी डाला था।

मैं सच बोलूँगा—यह मेरी ही गलती थी।

हर गुजरते दिन के साथ मैं अपने अन्दर एक बदलाव महसूस करता आया था। हर दिन मेरी सूँघने की शक्तियाँ मुझसे दूर होती जा रही थीं। पिछले पन्द्रह बरसों में उसकी देह से फूटती खुशबुओं ने लगातार मेरी जिन्दगी को सँवारा था, उसे कोई मतलब दिया था। उसकी देह की परत से उभरती सुगन्ध मेरे अन्दर कुछ झिंझोड़कर जगा देती और तब मैं चाहे जो कुछ करता होता—पढ़ना, टी.वी. देखना, फोन पर बातचीत या ऐसा कोई भी काम—उससे मुझे परे खींच लेती।

पर छह माह पहलेवाली उस सुबह जब हम पहाड़ों से लौटे तो मेरी नाक जैसे बन्द हो गई। मैंने उसके बदन की खुशबू नाक में भरने का प्रयास किया। उसके कानों के पीछे, उसकी गरम कँटीली बगलों में, उसके उरोजों के नीचे पड़ती गीली चुन्नटों में, नाभि की गहराई में, उसके उदर के रोओं में, उसके पैरों के बीच उतरती सँकरी नलियों में, उसके नितम्बों के गहरे दर्रे में, उसके घुटने के पीछे, उसके पैरों की उँगलियों के बीच कसे घुमावों में, हर कहीं सूँघना चाहा मैंने उसे लेकिन...

और गड़बड़ सिर्फ सूँघने में नहीं आई थी। मेरी हर संवेदना को जैसे किसी ने खटाक से रोक दिया था। उसकी त्वचा को कहीं से भी चूमते-चूसते हुए, मुझ पर एक पागलपन हावी

हो जाया करता। ऐसा भी हुआ कि उसकी पिंडलियों को होंठों में भरते ही मैं जैसे पागल हो उठता। पर अब तो उसकी त्वचा एकदम जैसे बेस्वाद हो गई थी–च्युइंगम की खुशबू बीत जाने के घंटों बाद भी उसे चबाते-चुभलाते रहने की तरह। मेरी आँखें भी धोखा देने लगी थीं।

बड़ा होने के बाद से ही मेरा सबसे मनपसन्द शौक हो गया था, रात-दिन हर समय उसे कपड़े बदलते देखना। उसकी नंगी कमर या जाँघों पर नजर पड़ते ही मेरे अन्दर जैसे कुछ जाग उठता लेकिन अब सब बदल चुका था। जब वह हमारे बेडरूम में अपनी देह से एक-एक करके कपड़े उतारती अपनी जीन्स से पैंटी को अलग करते हुए दुर्गन्ध के लिए सूँघकर धुलनेवाले कपड़ों की टोकरी में फेंकती तो मैं उस समय खासतौर से नजरें कापियों में गड़ाए बैठा रहता।

ऐसा नहीं था कि उस अनुभूति के तुरन्त बाद से हमने आपस में 'वह सब' करना एकदम बन्द कर दिया था। यह कुछ-कुछ झूले जैसा था जो आखिरी बच्चे के उस पर से उतरने के बाद भी कुछ देर तक इधर से उधर आता-जाता रहता है, इतने वर्षों से साथ-साथ रहने से बनी आदत ने इतना तो कर ही दिया था कि मेरा शरीर उसकी देह की तरफ बढ़ता रहे। लेकिन हमारी देहों के मिलन में कोई आवेश, उत्तेजना नहीं बची थी। हाथ आगे बढ़ते, मुँह से मुँह मिलते और हाँ वही पुराने ढंग से अन्दर-बाहर आना-जाना। लेकिन शायद वे पुराने हम नहीं रह गए थे।

अब हमारा शिखरों से फिसलना, नीचे आ पड़ना बन्द हो गया था–असल में सच तो यह था कि अब हम न जाने कब से शिखरों पर चढ़ना बन्द कर चुके थे।

कुछ हफ्ते यों बीते और फ़िज़ के मन की चिन्ता चेहरे पर उभर आई। उसने जल्दी ही जान लिया कि अब पहल उसे करनी थी। और मैं तो बस जैसे इस सबके साथ-साथ घिसट रहा था। अतीत में हम ये खेल खेल चुके थे कि बारी-बारी से हममें से कोई एक हमलावर बनता लेकिन अब तो सब बदल गया था। पहले मुझ पर उसका मुँह सफर शुरू करता तो मैं शान्त नहीं रह पाता था लेकिन अब मुझे तैयार करने में उसे खासी मशक्कत करनी पड़ती थी। और फिर एक रात हुआ यह कि वह अपनी कोशिश में थककर हट गई और मैं पलंग के सहारे लेटा हुआ उसे कोशिश करते देखता रहा। लैम्प की रोशनी में उसके होंठ गीलेपन में चमक रहे थे। लेकिन ये उसकी आँखें थीं जिन्होंने मुझे बाँध लिया था। उनमें भ्रम और क्रोध साफ झलक रहा था।

माफ करना। मैंने कहा पर मैं उसकी तरफ नहीं देख रहा था।

आखिर यह हो क्या रहा है? और जब उसके होंठों ने यह कहा तो वह भी मेरी तरफ नहीं देख रही थी।

इसी तरह चलने दो। यह ठीक हो जाएगा। हम ठीक हो जाएँगे। मैं बोला।

मुझे नहीं लगता उस रात उसे नींद आई थी। वह हिल चुकी थी। यह सब उसके लिए एकदम नई बात थी। उसके लिए हमेशा धड़कती रहनेवाली मेरी चाहत हम दोनों के रिश्तों की एक शानदार सच्चाई थी। एक इसी सच्चाई ने उसके लिए, हमारे रिश्तों से अलग दूसरी हर बात को एक गहरा अर्थ प्रदान किया था–उसका अपना काम, उसकी दोस्तियाँ, अपने परिवार से उसके सम्बन्ध–मतलब उससे जुड़ी हर बात। जब इनमें से कोई भी बात उसे परेशान करती या वे रिश्ते टूटने को होते तो वह हमेशा ही मेरी अनन्त चाहत के सुरक्षा खोल के अन्दर आकर तसल्ली पा लेती थी। मैं इसे बखूबी जानता था कि उसके लिए लगातार मेरी चाहत ने उसे अन्दर-ही-अन्दर मजबूत बना दिया था। पर किसी की चाहत अपने में कुछ विचित्र होती है।

उस रात सच में वह तो नहीं सो पाई थी, पर मैं जरूर आराम से नींद की गोद में चला गया था। खतरनाक तरीके से मेरा आवेग ठंडा पड़ता जा रहा था। मेरे अन्दर का आवेग, आवेश लगातार कम और कम होता जा रहा था। और मेरे व्यवहार को लेकर वह मन ही मन कितनी परेशान हो रही है इस बारे में सोचकर भी मुझे जैसे कोई तकलीफ नहीं होती थी। मेरे अन्दर जो विचित्र दानव तूफान उठा रहे थे, मैं उन्हीं से जूझ रहा था।

जल्दी ही फ़िज़ ने फैसला कर लिया कि हमें कुछ दिनों के लिए ऊपर, एकदम शुरूवाले दिनों की तरफ जाना चाहिए। उसे उम्मीद थी कि शायद इस तरह सब कुछ फिर से पहले जैसा हो जाएगा। मैं जाने या न जाने के बारे में ठीक-ठीक कोई फैसला नहीं ले पा रहा था। सो उसके फैसले ने मेरी मुश्किल को आसान कर दिया। हम शनिवार की सुबह, मुँह अँधेरे ही निकल पड़े और पूरा सफर करीब-करीब खामोशी में बीता। ऊपर जाते हुए स्टीरियो पर शम्मी कपूर के मधुर गीत गूँजते रहे। मैं नहीं जानता कि उसके मन में क्या चल रहा था, पर सच तो यह था कि पूरे सफर में मैंने शायद ही उसके या हम दोनों के बारे में कुछ सोचा था। मैं पूरी तरह उस बारे में सोच रहा था जिससे हमारा सामना ऊपर पहाड़ी पर पहुँचकर होनेवाला था।

उस यात्रा ने सब कुछ उलट-पलट दिया। हम हमारी देहों के ताले खोलनेवाली खोई चाबी को नहीं ढूँढ़ सके। और तो और हमने जैसे आपस में संवाद के रास्ते भी खुद ही बन्द कर दिए थे। फ़िज़ ने अपनी तरफ से हर कोशिश की। उसने वह हर बात छेड़कर देखा जो हम दोनों को ही पसन्द थी–पेड़, परिन्दे, किताबें, सेक्स, फिल्में, आपसी रिश्ते, संगीत–सब कुछ। मैंने इसमें उसका साथ देने की कोशिश की लेकिन कर न सका।

मेरा मन तो कहीं और भटका हुआ था। और शनिवार की रात को फिर वही हो गया कुछ बड़ी विचित्रता से। और रविवार की सुबह जब मैं जागा तो मैं अपने अन्दर पहले से भी ज्यादा अलगाव महसूस कर रहा था।

मेरी बातें खतरनाक ढंग से इक्का-दुक्का शब्दों में सिमट गईं। फ़िज़ जैसे और भी ज्यादा अपने अन्दर सिमट गई, उदास। उसकी हर चन्द कोशिश के बाद भी मेरा लगातार यों रूठे रहना अब उसके अन्दर क्रोध के रूप में उभर रहा था।

और फिर वही हुआ जिसे होना ही था। बकरियों के बाड़े में हम और किसी बात पर नहीं, इस पर भिड़ गए कि दरवाजों में कितनी घटिया लकड़ी लगाई गई थी। नया देवदार जो इतनी जल्दी खराब होने लगा था। मैंने इसे उसकी गलती माना क्योंकि मेरी नजर से उसने कारीगरों को ठीक-ठीक निर्देश नहीं दिए थे। इस पर वह भी पीछे न रही। उसने मुझे आलसी, उलझे विचारोंवाला बताया। मैंने भी उसे घमंडी, सनकी कह डाला।

हम दोनों के इस वाक् युद्ध के बीच बढ़इयों के लिए काम करना सम्भव नहीं था, सो दोपहर के खाने की छुट्टी के बहाने वे जल्दी वहाँ से चले गए ताकि हमारी बातें उनके कानों तक न पहुँचें। खामोशी छा गई। आवाजें रह गईं राक्षस की, जो नल के पास काम करते हुए भजन गा रहा था।

हमें कार्यक्रम के हिसाब से सोमवार की सुबह वापस लौटना था, लेकिन हम रविवार की शाम को ही आ गए। लेकिन यह शायद ठीक हुआ, वरना इसी मूड में साथ-साथ बिताई गई एक और रात न जाने क्या गुल खिलाती। ऊपर जाते समय हमने कोई खास बातें नहीं की थीं लेकिन लौटते समयवाली चुप्पी तो और भी ज्यादा गहरी थी। स्टीरिओ पर रफी के दर्द भरे गीत गूँजते रहे। हम रात में काफी देर से दिल्ली लौटे। रास्ते में कुचलने पर उतारू लापरवाह

ड्राइवरों, खराब और खतरनाक सड़कों और शोर मचाते ट्रकों और बसों के बीच से गुजरते हुए। एक-दो बार मन में ऐसा आया कि लापरवाह होकर सब छोड़ दूँ और सामने से आती चमकती हैडलाइट्स में खो जाऊँ।

इससे सब कुछ एक शानदार ढंग से अन्त में समा जाता। कम-से-कम उस सारे तनाव से बचा जा सकता था जो धीरे-धीरे हमें अपनी जकड़ में बाँधता जा रहा था।

उस सफर के बाद से स्थितियाँ लगातार बिगड़ती गईं। वह दोपहर में अपने साक्षात्कारों से लौटती और मैं अपनी छोटी-सी स्टडी में टूटे सोफे पर पसरा हुआ नोटबुकों में फैले शब्दजाल को बूझने की कोशिश करता, नोट्स लेता हुआ। वह रसोई में जाकर हम दोनों के लिए चाय बनाती और मेरी चाय मेरी मेज पर छोड़कर अपनी चाय लेकर टैरेस पर चली जाती, पौधों की सार-सँभाल के लिए।

इंटरव्यू कैसा रहा?

ठीक था।

लंच?

महारानी बाग में कर लिया था।

और उस बुरी महारानी के साथ काम कैसा चल रहा है?

कुछ नहीं।

टिक टिक टिक। हाँ, किसी भी रिश्ते को बरबाद करने के लिए इतना काफी था।

हाँ, वह मुझसे मेरे काम के बारे में प्रश्न नहीं कर सकती थी। इसकी मनाही थी। इस बारे में उसे हमेशा ही मेरे कुछ कहने का इन्तजार करना पड़ता था। हमारे बीच यह नियम कभी नहीं बदला था। इसे कभी नहीं टूटना था। न तब जब हम आवेग-आवेश के शिखरों पर पहुँचे होते थे, और न तब जब हम अन्तरंगता की गुफाओं में खो जाते थे।

लेकिन इतना मुझे पता था कि मैं तब कुछ नहीं कर रहा हूँ, यह उसे मालूम है। मैंने उसे अपनी मेज पर यह देखते देखा कि मैंने क्या कुछ नया लिखा है? पर मैंने कुछ कहा नहीं था। इससे क्या फर्क पड़ता था। मेरे अन्दर कोई सुगबुगाहट न हुई। अगले पल ऐसा हुआ होता तो मैं गुस्से से फट पड़ा होता।

दिन बस जैसे-तैसे गुजर जाते थे। मुश्किल होती थी शाम और रातों में। हम शामों को जैसे छुए बिना ही उनसे गुजर जाते। हम कोई फिल्म देखने जाते या डिनर के समय दोस्तों के बीच रहने की कोशिश करते। हम दोनों ही ज्यादा पीने लगे थे। ज्यादातर रातों में वह व्हिस्की के तीन-चार पैग लेने लगी थी और मैं पाँच-छह तक पहुँचा था। हम दोनों के बीच बातें होतीं तो लेकिन निहायत सरसरे ढंग से। हम घर में दाँत साफ करते, अपने कपड़े उतारते-पहनते, इधर से उधर जैसे लड़खड़ाते आते-जाते रहते।

लेकिन मैं इससे खुश था। उस स्थिति में मैं कोई भी गम्भीर चर्चा नहीं कर सकता था और वह चर्चा तो हरगिज नहीं जो कहीं न कहीं अन्दर आकर कुछ प्रश्न उठा सकती थी। जब मैं किसी काम में लगा होता उस दौरान मेरी यही स्थिति रहती थी। मेरी आदत, उस पर फ़िज़ से कोई भी चर्चा करने से पहले उस काम के बारे में हर सूत्र को क्रम से, व्यवस्थित कर लेने की थी। और फिर मैं उसकी राय सुनने के बाद अपनी योजना को और माँजने में जुट जाता। लेकिन इस बार तो बात सिर्फ और सिर्फ अलगाव और विरक्ति की थी। मेरे दिमाग में उमड़ती-घुमड़ती बातों पर फ़िज़ की छाया शायद ही कभी पड़ती हो।

बड़ा विचित्र और दुख भरा समय था। और मैं उस दौर में बेहद अंटशंट व्यवहार कर रहा था। अपनी तरफ से वह पूरा प्रयास कर रही थी–अलगाव, क्षोभ और नाराजगी जैसे नुस्खे–और इस सब के बावजूद वह मुझमें कोई अन्तर नहीं ला सकी थी क्योंकि मैं तो जैसे किसी मछली की तरह ठंडा पड़ गया था–उसने अपनी कोशिशें फिर शुरू कर दीं। उसने मुझसे जुड़ने का प्रयास किया, मुझे किसी न किसी बात से हँसाना चाहा, मुझे अपनी तरफ ललचाना चाहा, वह समझने की कोशिश में थी कि आखिर यह सब क्या और क्यों हो रहा है। लेकिन इस बारे में जब मुझे ही कुछ पता नहीं था, तो भला वह कैसे जान सकती थी।

असल में इस सबसे स्थिति और ज्यादा बिगड़ गई। उसकी छटपटाहट, मेरे लिए उसकी प्रकट चाहत ने जीवन में जैसे मुझे उससे परे धकेल दिया था। कुछ महीने तक उसने मुझे अकेला रहने दिया। इस उम्मीद में कि मैं फिर से उसी तरह उसके पास जा पहुँचूँगा (बीते दिनों में तो मैं हर बार कुछ ही दिनों में ऐसा कर लिया करता था) लेकिन जब इस बार ऐसा कुछ न हुआ तो उसका साहस साथ छोड़ने लगा। मैं खुद को अकेला छोड़ देने के लिए उसका कृतज्ञ था। खाना पकाते, डस्टिंग करते, गुसलखाने की सफाई करते, फर्श पर पोंछा लगाते, पौधों में पानी देते, सातवें दशक के संगीत को सुनते हुए घर में इधर से उधर आते-जाते उसकी आहट मैं सुन सकता था।

टेलीविजन अकसर चलता रहता। हमेशा की तरह एकरस गम्भीर सुर में पढ़े जानेवाले समाचार कानों में पड़ते रहते। हम दोनों के बीच सदा चलनेवाला संवाद जैसे-जैसे ठप्प होता गया, उसे खबरों का उतना ही नशा चढ़ता गया। मानो अपने जीवन में एकाएक उभरनेवाली दरारों को वह दुनिया भर के कूड़े से पाटने की कोशिश कर रही थी। आधुनिक दुनिया के सन्दर्भ में अपने को हर चीज से जुड़ा महसूस करने के लिए समाचार चैनल को एक विवित्र माध्यम कहा जा सकता है। प्यूर्टोरिको में भूकम्प के समाचार जैसे मेरे जीवन को अर्थ प्रदान कर गए, एक पागल अमरीकी द्वारा टैक्सास में बच्चों को गोलियों से भून डालने की खबर–यह मेरे जीवन को कोई अर्थ दे जाती है। कुछ उदास राजनेता कैमरे के सामने एक-दूसरे पर कीचड़ उछालते हैं तो मेरी दिलचस्पी जाग उठती है। समाचार वाचक के स्वर की बनावटी गम्भीरता मुझे बहुत ज्यादा चिड़चिड़ा देती थी। फ़िज़ ने समाचार बुलेटिनों को तीरों भरे तरकस की तरह इस्तेमाल करके मेरे चुप्पी के कवच को भेदने का प्रयास किया था।

वह स्टडी रूम के सँकरे दरवाजे से धड़धड़ाती आती और कहती, वे पाकिस्तान के साथ सम्भावित युद्ध के बारे में बातें कर रहे हैं।

भारत ने सिर्फ...रन से मैच जीत लिया।

प्रधानमन्त्री पर रिश्वत के घोटाले में फँसे होने का आरोप लगाया गया है।

लेडी डायना का अपने बाडीगार्ड से कुछ है...

सुपरमैन तुम्हारी खिड़की के सामने से उड़ रहा है।

डेमी मूर ने बुलाया है तुम्हें।

टक टक टक

टक टक टक

दुनिया में ऐसा कोई तीर नहीं था जो मेरे ठंडेपन को, अलगाव को चीरकर मुझ तक पहुँच सकता। कभी-कभी मैं ताजी हवा खाने के इरादे से टैरेस की तरफ जाता तो वह मुझे सिटिंग रूम में लव सीट पर लटकी हुई संगीत सुनती नजर आती–खालीपन से न जाने कहाँ क्या देखती

हुई। और तब मुझे अपने अन्दर कुछ होता हुआ लगता। वह अपनी दुखी कातर आँखों से मुझे देखती। फिर वह क्षण बीत जाता–और मैं फिर से पहले जैसा हो जाता।

जैसे-जैसे उसकी निराशा बढ़ती जा रही थी, उसने सारी पुरानी चाबियाँ आजमाने का फैसला कर लिया था। आखिर वह कौन-सी चाबी थी जो बन्द दरवाजे को खोल सकती थी।

वह संगीत बजाती–बीट्ल्स, डोर्स, डायलन, लुई आर्मस्ट्रांग, इल्ला फिट्ज़ेराल्ड, नील डायमंड, सिमोन और गरफंकल, के.एल. सहगल, एस.डी. बर्मन, गीता दत्त, किशोर कुमार, मुकेश, रफी, आशा भोंसले, रैगटाइम, कव्वालियाँ, ब्रांडेनबुर्ग की संगीत रचनाएँ, बीथोवन की नौवीं, मोजार्ट की चालीसवीं।

उसने अलमारियों से किताबें निकालीं और हमारे पलंग के पास ढेर लगा दिया–काफ्का, जायस, ग्रीन, स्टीनबैक, मिलर, नायपाल, पाउंड, इलियट, लर्किन, आडेन। कैच-22, स्लाटर हाउस-फाइव, द ग्रेट गेट्सबाई, ऑल अबाउट एच. हैटर्र, द जिंजर मैन, जोरबा द ग्रीक।

वह जाकर किराए पर फिल्में ले आती–मैं कमरे में आता-जाता रहता और हमारे वीडियो प्लेयर पर फिल्में चलती रहतीं–रोमन हालिडे, बाइसिकिल थीव्स, द स्टिंग, चाइना टाउन, अमारकोर्ड, रैन, स्पैल बाउंड, गोपी गायेन, बाघा बायेन, अपराजितो, प्यासा, हाफ टिकट, जागते रहो, अभिमान, जाने भी दो यारो।

उसने अपना सफेद कुर्ता-पाजामा निकालकर पहना और अपने बाल खोल डाले।

सिर्फ टी शर्ट पहने हुए आई और मेरे सामने झुककर खड़ी हो गई।

उसने कपड़े उतारे और पलंग के किनारे पर बैठ गई–एकदम नग्न।

अपनी अलमारी के सामने एड़ियों के बल बैठ गई–उस वक्त भी उसके बदन पर कोई कपड़ा नहीं था।

पलंग पर लेटकर नैन्सी फ्राइडे पढ़ते-पढ़ते अपने दोनों हाथ पैरों के बीच ले गई।

उस दिन उतारी पैंटीज बेडरूम के दरवाजे के पीछे झूलती छोड़ दी।

बत्ती बन्द होते ही उसकी चादर सरसराने की आवाजें सुनाई देने लगतीं।

वह दर्पण के सामने अपने बाल छाँटती ताकि मैं देख सकूँ।

उसने गुसलख़ाने का दरवाज़ा अधखुला छोड़ दिया ताकि मैं उसे कमोड में धार करते सुन सकूँ।

लेकिन इस सबके बाद भी बन्द ताले में चाबी घूमने की आवाज़ नहीं सुनाई दी। शायद ऐसी कोई चाबी अब हमारे पास रह ही नहीं गई थी।

अगर मैं कहूँ कि मेरी ओर से कोई कोशिश नहीं हुई तो अपने साथ अन्याय कर रहा होऊँगा। मैंने अपनी तरफ से कोशिश जरूर की लेकिन शायद बेतरतीब ढंग से। लेकिन यह ललक भी बहुत विचित्र होती है। अगर यह मन में मौजूद नहीं है तो बस नहीं है–और आप किसी भी जादू से इसे अपने अन्दर पैदा नहीं कर सकते। और सबसे बुरी बात यह है कि, और इसे मैंने बखूबी जाना था, जब मन की ललक, चाहत मरने लगती है तो समुद्र में डूबते जहाज की तरह उसके साथ और भी न जाने कितना कुछ डूब जाता है।

हमारे साथ जब ऐसा हुआ तो आपस की बातचीत, खिलखिल, एक-दूसरे के सुख-दुख को जानना, छूना, समझना, सपने और सबसे बढ़कर, हाँ अब तक हमारे जीवन में सबसे महत्त्वपूर्ण–आपस का प्यार भी करीब-करीब डूब गया था, उसके साथ। और फिर तो मेरी डूबती जाती चाहत अपने साथ जैसे बाकी हर बात को भी सागर की तलहटी में खींच ले गई। प्यार

अगर बचा रहा तो बस किसी डूबते हुए, मौत और जिन्दगी के बीच झूलते आदमी के पानी की सतह के ऊपर कभी-कभी दिख जाते हाथ की तरह।

उसने कई बार मौका देखकर इस मामले पर कुछ कहना चाहा। कभी बहुत गम्भीर चेहरे के पीछे से तो कभी बेहद मासूमियत के साथ, उसने कोशिश की जब मैं यूँ ही टैरेस पर खड़ा होता या फिर काम में बहुत डूबा रहता या फिर जब मैं एकदम सुबह-सुबह जागता या फिर नींद की गोद में जाने से ठीक पहले।

हमें इस बारे में बात करनी चाहिए।

हाँ।

तुम बात करना चाहते भी हो?

जरूर।

यह हो क्या रहा है?

पता नहीं।

क्या कोई और आ गया हमारे बीच?

अरे नहीं।

तो फिर मेरा कोई कसूर?

अरे नहीं।

तो फिर यह सब क्यों, किसलिए?

मैं कुछ नहीं जानता।

किसी बारे में तुम कुछ कहना चाहते हो मुझसे?

पता नहीं।

इस 'पता नहीं, मैं नहीं जानता' का क्या मतलब?

पता नहीं। मतलब यह कि मैं नहीं जानता।

टक टक टक

और इस पूरे दौर में मैं उस डूबते प्यार के सतह से ऊपर दिखते 'बचाओ, बचाओ' पुकारते हाथ को पकड़कर ऊपर खींचने की कोशिशें करता रहा। पानी की सतह से ऊपर दिखता, डूबता हाथ, प्यार का संकेत–एक संकेत था, आखिरी उम्मीद कि शायद किसी दिन हम प्यार के डूबते जहाज को डूबने से बचा सकें। अगर यह डूबता है तो फिर हम एक-दूसरे को पूरी तरह खो देनेवाले थे–और फिर तो हम यह भी नहीं जान सकेंगे कि प्यार कहाँ और कब डूब गया था। और हम उसे कहाँ ढूँढ़े!

अपने उस उलझाव में भी बरबादी की यह तस्वीर मेरे दिल को कँपा जाती थी।

काफी दिन इसी ऊहापोह में बीत गए। अपने स्वाभिमानी स्वभाव के चलते उसने मदद के लिए किसी तरफ नहीं देखा–न दोस्त, न परिवार के लोग। कारण यही था कि उसे लगता था यह दौर भी जैसे-तैसे बीत जाएगा। लेकिन अपनी इसी झूठी उम्मीद पर उसका भरोसा आखिर डिग ही गया और धीरे-धीरे यह डरावनी सच्चाई उस तक पहुँच गई कि शायद अब कभी पुराने दिन लौटकर आनेवाले नहीं–अब तक इस डूबते-टूटते सम्बन्ध को जोड़े रखने की उसकी हर कोशिश बेकार रही थी–उसकी विरक्ति, उदासी, नाराजगी, रिझाना, फुसलाना, प्यार जताना, धमकियाँ–सब।

तर्क, प्यार, वासना।

आखिर अब वह जान ही गई थी कि सब कुछ खत्म होने जा रहा है। हाँ, अब इस भयानक सच को स्वीकार करने का समय आ पहुँचा था।

कितनी अजीब बात थी, मैंने इस बात की तह में जाने की जरा भी कोशिश नहीं की कि आखिर यह सब क्यों हो रहा है। इतना तो मैं जरूर जानता था कि बात बहुत गड़बड़ा गई है पर यह मुझे कभी नहीं लगा कि सब कुछ टूटने के आखिरी कगार पर आ पहुँचा है। अपनी जिन्दगी की एक बेवकूफाना धुन की तरह मुझ पर उन दिनों बस एक ही बात सवार थी। कभी-कभी मन में यह जरूर आता था—अब वह मुझे अकेला छोड़ देगी और खुद को मेरी नई चिन्ताओं के गिर्द जैसे-तैसे ढाल ही लेगी। इस सबमें महत्त्वपूर्ण बात यह रही कि मैंने उसके बारे में कभी नहीं सोचा—उस पर क्या बीत रही है, वह कैसा महसूस कर रही है। मुझ पर तो बस एक ही धुन सवार थी। उसके परे मैं और कुछ नहीं देख पा रहा था।

और फिर एक रात वह घर नहीं लौटी। मैं स्टडी में नोट बुक्स पढ़ रहा था, उससे नोट्स ले रहा था—उसी में डूबे-डूबे मुझे टूटे हुए सोफे पर ही नींद आ गई। यह ज्यादा आरामदेह था क्योंकि उस पर कई कोणों से पसरा जा सकता था। अगली सुबह जब वह स्टडी में आई तो मैं कुछ नहीं बोला। मुझे तो यह भी खबर नहीं थी कि वह पूरी रात बाहर रही थी।

दिन भर वह कहीं न गई। बेडरूम में बन्द रहकर आँसू बहाती रही। दूसरी मंज़िल पर हमारी बरसाती की एक ईंटवाली पतली दीवारों को पार करके उसकी सुबकियाँ पूरे घर में घूमती रहीं। मैंने लापरवाही से एक-दो बार यूँ ही पुकार लिया उसे।

यह बन्द करो।

दरवाजा खोलो न।

यों कहना सचमुच बेवकूफी थी। इससे कुछ बात बननेवाली नहीं थी।

फ़िज़।

फ़िज़!

फ़िज़?

ऊपरी मन से यों औपचारिक ढंग से पुकारने के बाद अपनी जिम्मेदारी पूरी हुई मान मैं स्टडी में चला गया। कुछ देर बाद उसकी सिसकियाँ ज्यादा ही तेज हो गईं और मैंने उस तरफ ध्यान देना बन्द कर दिया। जब मैं दोपहर में अपने लिए खाना लेने रसोई में गया तो मैंने सिसकियों को फिर से सुना। मैंने फिर से वही दिखावटी कोशिश की लेकिन उसने कोई जवाब नहीं दिया।

बहुत देर बाद रात में मैंने बेडरूम का दरवाजा खुलने की आवाज़ सुनी, पर मैं बाहर नहीं निकला। गुसलखाने में कुछ आवाजें सुनाई दीं। दाँतों पर ब्रश की रगड़न, नाक सफाई, कुल्ला करना, कमोड में पानी बहने की आवाज, बदन पर साबुन मलना, पानी का उछलना, बदन रगड़ना और हेयर ड्रायर की गरम सीटी। जब एक मकान में मौजूद दो लोग सम्बन्धों की टूटन की ऐसी खामोशी के शिकार हो जाएँ तो ऐसी मामूली आवाजें भी कितनी तेज होकर कानों में आने लगती हैं।

मैंने सुना गुसलखाने का दरवाजा खुला, बेडरूम का दरवाजा बन्द हुआ और कुछ देर बाद मैं टैरेस पर निकला। शायद ताजी हवा खाने के लिए, लेकिन असल में तो मन में एक उत्तेजक उत्कंठा घुमड़ रही थी, मैंने उसे कमरे से बाहर आते देखा काले रंग की पैंट और उस पर सफेद सूती शर्ट में वह बेहद खूबसूरत दिखाई दे रही थी। उसके बाल खूब फूले हुए थे और उसने चेहरे पर हल्का मेकअप किया था—जो उसके लिए एक असामान्य बात थी। अगर उसकी यह

छवि मैंने कुछ महीने पहले देखी होती तो उसने मुझे अपना गुलाम बना लिया होता। मैं उसे खींचकर बन्द दरवाजे से भिड़ा देता और उसके कान के नीचे अपनी नाक में उसकी खुशबुएँ भर रहा होता। लेकिन अब...अब वैसी कोई इच्छा नहीं जागी मन में।

मैं टैरेस से अन्दर चला आया–वह मुझसे कुछ कहे–इसका एक मौका दिया गया था लेकिन काजल और मसकारा के पीछे से झाँकती उसकी आँखें लाल और उदास लगीं और वह मेरे बगल से एक खुशबू बिखेरती झपटती निकल गई, सीढ़ियों पर उतरती हुई बारी-बारी से स्विच दबाकर रोशनी करती उँगलियाँ और फिर...

रात के साढ़े नौ बजे थे। पिछले पन्द्रह सालों में ऐसा कभी नहीं हुआ था कि रात में इस वक्त वह कभी मेरे बिना बाहर निकली हो। मैं स्टडी में वापस जाकर टूटे हुए सोफे पर ढह गया। मैं अपने साँसों की आवाज सुन पा रहा था।

पता नहीं वह किस वक्त लौटी थी पर जब अगली सुबह मेरी नींद टूटी तो मेरे पासवाले तकिए पर व्हिस्की की बासी गन्ध मँडरा रही थी और उसके मुसे हुए कपड़े सब तरफ बिखरे थे–लेसदार ब्रा कुर्सी पर किसी लता की तरह झूल रही थी।

मैंने कुछ नहीं पूछा। उसने कुछ बताया नहीं। और अगली रात वह उसी तरह तैयार होकर बाहर निकल गई। और उससे अगले दिन फिर बगलवाले तकिए पर वही व्हिस्की की बासी गन्ध थी और ब्रा भी उसी तरह कुर्सी पर झूल रही थी। लेकिन दो दिन बाद एक सुबह मेरी नींद टूटी तो मैंने उसे पूरे कपड़ों में नींद में डूबी हुई पाया।

बाद में मैंने कहा था–फ़िज़, मेहरबानी करके पीकर गाड़ी चलाते समय सावधान रहा करो।

उसने नजर घुमाई और मैंने देखा कि उसकी आँखों में कितनी चोट तैर रही थी, मैं मुड़ा और स्टडी में वापस चला गया। मैं एकदम नहीं ज़ानता था कि इन दिनों वह क्या कर रही थी और सच मुझे इसकी रत्ती भर भी परवाह नहीं थी। पर इतना जरूर था कि मैं उसे नाखुश नहीं देखना चाहता था। लेकिन साथ ही मैं उसे खुश करने के लिए कुछ करने की हालत में नहीं था। मन में कहीं एक हल्की-सी उम्मीद थी, कि शायद मुझसे परे होकर वह अपने लिए खुशी तलाश सके। (वाह रे स्वार्थी प्रेम! कैसा मतलबी है–औरों के बारे में तभी सोचता है जब उसकी अपनी जरूरतें पूरी हो चुकी होती हैं) हाँ, मैं इस बारे में उसकी कोई मदद नहीं कर सकता था।

दो सप्ताह तक चलने के बाद, जबकि मैं इस सबका अभ्यस्त होने लगा था, उसका रातों में यों तैयार होकर निकल जाना थम गया। सुबह नींद खुलते ही बगल के तकिए से उठनेवाले बासी व्हिस्की के भभके भी गायब हो गए, बदन के उतरे हुए कपड़े दोबारा वहीं पहुँच गए जहाँ वे हुआ करते थे। गुसलखाने के दरवाजे के पीछे मैले कपड़ों की टोकरी में।

एकाएक घर में उसकी सहेलियों का आना शुरू हो गया--दिन में किसी भी समय। उसकी दोस्त, हमारे मित्र नहीं। जया, मिनि, छाया, आत्मविश्वास से भरपूर, तनी हुई औरतें जो आजाद और तेज-तर्रार जिन्दगी जीने की आदी थीं। उनके लिए फ़िज़ तो जैसे कोई प्यारी-दुलारी दुर्लभ पुरानी कृति थी, कुल मिलाकर एक पहेली। उन्होंने उसकी आजादी देखी थी, उसकी जरूरतें समझी थीं, बस एक ही बात उनकी समझ से परे थी कि फ़िज़ उन दोनों के साथ अपना मिलाप कैसे बैठा पाती थी और शायद इसी वजह से वे उसकी खिल्ली उड़ातीं तो साथ ही उससे ईर्ष्या भी करतीं। और अब उनकी भारी-भरकम उपस्थिति से हमारी छोटी-सी बरसाती जैसे खूब ठसाठस भर गई थी। वहाँ की हवा में एक उग्रता का–अपने अधिकारों के लिए लड़ने का भाव भर गया था। यह एक ऐसी बात थी जो हम लोगों के जीवन से अब तक दूर ही रही थी।

मैं अपनी स्टडी में ही बना रहता ताकि टकराव से बचा जा सके। वे मुझसे शिकायती अन्दाज में मिलतीं। फिर बड़े कमरे में सिर जोड़कर लगातार फुसफुसाती रहतीं।

कभी-कभी वे बेंत की कुर्सियों को खींचकर टैरेस पर ले जातीं और वहाँ बैठकर कोक के साथ ओल्ड मोंक रम की चुस्कियाँ लेती हुई दिल्ली की खुशगवार रात में देर-देर तक बतकही करती रहतीं। मन में कभी नहीं आया कि छिपकर उनकी बातें सुनूँ लेकिन उनका इस तरह टैरेस पर कब्जा जमाए बैठे रहना मुझे नापसन्द था। उन्होंने मुझसे वह एकमात्र जगह छीन ली थी जहाँ मैं कभी-कभी ताजी हवा खाने के इरादे से जाता था—और पूरा दिन स्टडी में बिताने के बाद शाम के समय कुछ देर के लिए टैरेस पर चहलकदमी करना अच्छा भी लगता था।

उनमें फ़िज़ हमेशा ही कम बोलती दिखाई देती थी लेकिन हमारे बीच की इस लड़ाई में बाहरी मदद जुटाने की ऐसी पहल उसने पहली बार की थी। बीते पन्द्रह वर्षों के दौरान हमने इस बात को सदा ही बेहद नापसन्द किया था कि कोई हमारे प्यार को लेकर उस पर अपनी राय दे, हमें कोई सलाह दे या फिर इस बारे में बातें करे। कोई भी आपसी तनाव, मन का दुख, हमारी कैसी भी कोई परेशानी हमारे दोनों के बीच से निकलकर बाहर नहीं गई थी कि कभी दोस्तों या परिवारवालों को हमारे बारे में कुछ भी कहने या उँगलियाँ उठाने का मौका मिल सके।

लेकिन तब ऐसा भी तो कभी नहीं हुआ कि हम दोनों चाहत खोकर साथ-साथ रहते रहे हों।

कभी-कभी मैं लिविंग रूम से गुजरता तो देखता खूबसूरत जया आगे झुककर बहुत गम्भीर भाव से जल्दी-जल्दी कुछ कह रही है और फ़िज़ अपना चेहरा हथेलियों पर टिकाए हुए बड़े ध्यान से सुन रही है, हाँ इस बीच उसकी आँखें जरूर मेरा पीछा करती होतीं—और मैं समझ जाता कि यह नाटक मुझ पर दबाव डालने के इरादे से ही हो रहा है। यानी यह दिखाना कि बेचारी फ़िज़ कितनी दुखी है, उसके मन में कितनी तड़प है और मैं कितना बेदर्द।

असल में जया ने तो अपने तेज-तर्रार अन्दाज में मुझ पर अपना दबाव बनाने की कोशिश की भी थी, कुछ बातों के जवाब माँगे थे—वह मेरे सामने बैठकर बोलती तो मेरी आँखें उसकी नाक के बड़े से छल्ले की थिरकन पर टिकी होतीं, पर मैंने उसे हमेशा ही विनम्रता से जैसे झिड़क दिया था। मैं अभी अपने जीवन में किसी भी बाहरी हस्तक्षेपं के लिए तैयार नहीं था क्योंकि मुझे तो खुद पता नहीं था कि आखिर मैं किसी से चाहता क्या था? वैसे इस बात से कुछ फर्क भी नहीं पड़ता था। जल्दी हमारे जीवन में जया-मिनि-छाया का ऐसा हस्तक्षेप फीका पड़ने लगा। फिर एकाएक उनका आना एकदम ही बन्द हो गया। इसी के साथ उग्रता का भाव और 'अपने खोए हुए अधिकार' पाने के लिए लड़ाई की तैयारी भी खत्म हो गई।

एक बार फिर बस हम दोनों ही रह गए थे।

आखिर फ़िज़ ने अपना आत्मसम्मान और पीड़ा को पीछे किया और बीच की खाई पाटने की नई कोशिश करने लगी। एक शाम उसने पूछा कि क्या हम डिनर पर बाहर जा सकते हैं?

और मैंने हाँ कह दी। उसने साउथ एक्सटेंशन के डाइची का सुझाव दिया, पर मैं किसी ऐसी जगह नहीं जाना चाहता था जहाँ हमारी यादें बिखरी पड़ी हों। इसलिए हम एक पिज्जा रेस्ट्राँ में चले गए, जो डिफेंस कॉलोनी मार्किट में था और बड़ी शीशा मढ़ी खिड़की के पासवाली मेज पर आमने-सामने जा बैठे।

वह छोटी-छोटी-सी, अनमनी और अन्दर से कमजोर पड़ी नजर आई।

अगर मैंने हाथ बढ़ाकर उसकी कलाई पर रख दिया होता तो वह झट तनाव से उबरकर एकदम पिघल गई होती और इतने दिनों का सारा मैल बह जाता। पर मैं खुद को इसके लिए तैयार न कर सका। रेस्त्राँ में भावहीन क्रोम, शीशे और सेरेमिक टाइल्स की चमचम सजावट ने मुझे भी जैसे अपने जैसा विरक्त कर दिया। मेरे मन में कोई भाव न जागे। गाढ़ा प्रेम ऐसे स्थानों पर खुलकर नहीं बोलता जबकि डाइची के अन्दर के तरह-तरह की खुशबुओं से भरे पुराने माहौल में, कोनों पर तानाबाना, घिसे परदों, तिरछी आँखोंवाले वेटरों, हवा में तैरती तरह-तरह के भोजन की मिली-जुली खुशबुओं और दिमाग में घूमती यादों ने शायद मुझे पिघला दिया होता।

हम चुपचाप कुरकुरे पिज्जा खाते रहे। हमारे चारों ओर बैठे परिवार खूब बतिया रहे थे।

आखिर उसने कहा—तुम करना क्या चाहते हो?

मैं नहीं जानता।

क्या तुम कहना चाहते हो कि सबकुछ खत्म हुआ?

मुझे पता नहीं।

तो तुम चाहते हो कि मैं कुछ समय के लिए कहीं और चली जाऊँ?

पता नहीं।

मुझे कुछ पता नहीं, मुझे कुछ पता नहीं। मैं कुछ नहीं जानता।

टक टक टक

मैं उसकी तरफ देख तक नहीं पा रहा था।

हम घर पहुँचे और पलंग में धँस गए। उसने मेरी तरफ देखे बिना कहा—प्लीज, यहाँ आओ न।

मैंने सारी बत्तियाँ बुझा दीं। और झरोखे की राह अन्दर पहुँचती सड़क की बत्तियों की रोशनी में अपनी लुँगी की लपेटन खोली और उसके ऊपर लुढ़क गया।

वह मुझे चूमने लगी, उसकी जीभ और दाँत अपना काम कर रहे थे, वह मुझमें वही पुराना जादू जगाने की कोशिश में थी। मैंने मुँह फिरा लिया। हाँ, चेहरा उसके हवाले कर दिया। उसके हाथ पूरे बदन पर घूम रहे थे—बीते हुए पलों का इतिहास खोज रही थीं उसकी उँगलियाँ। मैं एक कूल्हे के बल परे सरक गया और अपना हाथ उसके पैरों के बीच ले गया। यह मेरे लिए तैयार उसकी देह में फिसलता गया। मैंने फिसलती त्वचा को सहलाया और उसके कूल्हे कसमसाए। उसने मुझे खींचकर फिर से खुद पर ले लिया। पर उसे देने के लिए मेरे पास कुछ न था। उसके कूल्हे फिर हिले। मैंने आँखें मूँदकर दबाव डालने का प्रयास किया। मैं कोशिश कर रहा था। लेकिन इस तरह आप कपाल की चोट से दीवार नहीं तोड़ सकते। और फिर एकाएक वह पत्थर हो गई। हम दोनों ही खामोश पड़े रहे। मैं उस पर बेवजह भारी बोझ की तरह पड़ा था। उसकी तो साँस भी चुप थी। मैं परे लुढ़क गया। वह उसी तरह बिना हिले-डुले लेटी रही। मैं उसकी आँखों को खुलते हुए देख सकता था। वह सीधे छत में ताक रही थी।

मुझे माफ करना। मैंने कहा।

वह कुछ न बोली।

इस सबका तुमसे कोई लेना-देना नहीं। मैंने कहा—मेरी अपनी ही उलझन है।

वह पहले की तरह बे आवाज लेटी रही।

मैं कुछ पल विनम्र खामोशी से लेटा रहा, फिर खड़ा हुआ और गुसलखाने में चला गया। मैंने डिटाल साबुन उठाया और हाथों पर चढ़ी उसकी गन्ध धो डाली।

मैं वापस गया तो वह अब भी उसी तरह खामोश लेटी थी। टी शर्ट कमर पर लिपटी हुई और हाथ सिर के नीचे गुँथे हुए—वह उसी तरह चित लेटे छत में नजरें टिकाए थी। सड़क से छनकर आता नीम अँधेरा उसके पेट के ढलान पर पड़ता हुआ उसके बालों में गायब हो रहा था। वह अन्दर घुमड़ती तूफान को थामने की कोशिश में लगी थी। मेरे सामने खुद को और अपमानित करने के लिए तैयार नहीं थी फ़िज़।

मुझे कहने के लिए शब्द नहीं सूझ रहे थे। मैंने अपनी लुँगी उठाई, कमर के गिर्द गाँठ देकर कसते हुए स्टडी में चला गया।

हफ्ता बीत जाने के बाद मैंने एक ऊनी थैले में सामान भरा और तिपहिया में बैठकर पुरानी दिल्ली रेलवे स्टेशन जा पहुँचा। राक्षस मुझे देखकर हतप्रभ रह गया—उस समय दिन निकला ही था—उसने मुझे एक मारूति गाड़ी से अकेले ही निकलते देखा। इतने वर्षों में ऐसा दृश्य शायद उसने पहली बार देखा था कि मैं ऊपर पहुँचा था फ़िज़ के बिना। या शायद उसने मेरे साथ न आकर गलती की थी।

एक सप्ताह बाद उसने ठाकुर की दुकान से फोन किया, तब तक मैं शायद उससे काफी दूर जा चुका था—शायद मैंने अपनी बातचीत से अपने घोर अजनबीपन का भाव दिखाया क्योंकि जब मैंने फोन उठाया तो उसके पास कहने को कुछ था नहीं। वह सिर्फ बघीरा के बारे में पूछकर ही रह गई। वह जानना चाहती थी कि मैंने उसे एंटी रेबीज के इंजेक्शन दिलाए थे या नहीं?

वह चार दिन बाद एक जिप्सी गाड़ी को धीरे-धीरे चलाती हुई यहाँ आई थी।

राक्षस उसके साथ बहुत ही भद्रता से पेश आया। शायद उसने जान लिया था कि फ़िज़ का मन दुखी था।

शायद फ़िज़ जल्दी ही यह समझ गई कि मैंने न सिर्फ फोन पर किसी अजनबी की तरह बात की थी, बल्कि अब सचमुच वैसा हो भी गया था। तब तक मैं बिदेशी लाल और उसके बातूनी छोकरों को छुट्टी दे चुका था। उनके जाते ही मकान में एक अजीब खामोशी छा गई थी। उस माहौल में हम दोनों के बीच की खाई कुछ और भी चौड़ी हो गई थी।

हम एक-दूसरे के स्पर्श से बचते रहे। बातचीत भी बस कभी-कभार होती थी। मैं अपना दिन अधूरे बने पढ़ने के कमरे में बिताता था, जैसलमेरी पत्थरों की पटिया पर बैठकर नोटबुकों को उलटते-पलटते हुए। देर-देर तक घाटी में ताकता बैठा रहता। और फ़िज़ अपना स्लेटी पाजामा पहने मकान के गिर्द अहाते में चक्कर काटती अपने पौधों की कटाई-छँटाई करती हुई। उसके हाथ में रहती सन्तरे के रंग के हैंडिलवाली कैंची और राक्षस हाथ में खाद की बोरी थामे चिन्तित भाव से उसके पीछे-पीछे चलता रहता।

सफेद बलूत—एक साल पहले हमने जिनको रामगढ़ की एक खस्ताहाल पौधशाला से खरीदा था, तब ये हाथ की उँगलियों जितने छोटे थे लेकिन अब जैसे उन्होंने अपनी जमीन पहचान ली थी और तेजी से बढ़ रहे थे, जबकि उस समय लगाए गए बाकी पौधे अभी बढ़ने के लिए संघर्ष ही करते दिखाई दे रहे थे।

निचले दरवाजे के पास लगा सेमल गर्मियों के मौसम में अच्छा बढ़ा लेकिन सर्दी में पाला न सह पाने के कारण काला पड़कर मुरझा गया था। अमलतास और गुलमोहर के छह पौधे जिन्हें हम दिल्ली की जोर बाग पौधशाला से लाए थे, हमें बताना चाहते थे उन्हें मैदानी गरम मौसम ज्यादा पसन्द है और ये बहुत जल्दी मुरझा गए थे।

बाहरी दरवाजे के पास लगाया गया पीपल का पौधा, जिसे हम दिल्लीवाले मकान के छज्जे में लगा रखे गमले से लेकर आए थे–एक ऐंठे हुए हरे अंकुए के रूप में डोरी से लटका हुआ था, लेकिन इसी से उसके इरादे का पता चल रहा था। छोटे हाथ जितने लम्बे बड़गद को भी फ़िज़ के दिल्लीवाले गमलों से लाकर यहाँ फिर से रोपा गया था, वह जरा भी नहीं बढ़ा था। वह कठोर पौधा मुरझाने को तैयार नहीं था, लेकिन बढ़ने की जल्दी भी नहीं दिखा रहा था। हापुड़ की एक पौधशाला से लाया गया चीनी बाँस का पौधा ऊँचाई में नहीं बढ़ा था, हाँ किसी झाड़ी की तरह दाएँ-बाएँ फैल रहा था। लेकिन हल्द्वानी से लाकर घर तक आगेवाले रास्ते पर लगाए गए जकरांदा और कचनार खूब हरे-हरे हो गए थे।

शीशम–यह भी फ़िज़ के दिल्लीवाले घर का बच्चा था–पर पत्ते आ रहे थे और वह ऊँचा भी हो रहा था लेकिन उसका तना इतना पतला था कि हमें उसकी चिन्ता हो रही थी। हम सोचते थे जब हम तने को सहारा देनेवाली बाँस की छड़ी हटाएँगे तब क्या यह अपने सहारे से खड़ा रह जाएगा। लेकिन ज्योलीकोट से लाकर निचले ढलान पर लगाए गए आम के पौधे आश्चर्यजनक रूप से हरे पत्तों से भर उठे थे। यूँ ही लापरवाह ढंग से रोपे गए तुन और मकान के पिछवाड़ेवाले रास्ते पर लगाए जामुन खूब बढ़ रहे थे।

तल के पास लगे विपिंग विलो के पेड़ की बढ़त देखते ही बनती थी। फ़िज़ नौकुचिया ताल से टहनी तोड़ लाई थी और यहाँ लाकर लगा दी थी, जिसने तुरन्त बढ़ना शुरू कर दिया था।

हम दोनों एक-दूसरे से बचकर चलते थे और अब राक्षस ही हमारा रसोइया, घर का रखवाला और हमारा बिचौलिया बन गया था। हम दोनों के बीच भोजन और चाय के पुल बनानेवाले इंजीनियर की भूमिका वही निभाता था और उसी के कारण हमें साथ-साथ बैठने के मौके मिलते थे। राक्षस की उम्र साठ के पार जा चुकी थी और उसका सिर्फ एक हाथ था। एक बार अपने बचपन में वह जंगल में अपने भाई-बहनों के साथ लकड़ियाँ इकट्ठी करने गया था, तभी एक तेन्दुआ उस पर आ कूदा और उसका बायाँ हाथ अपने जबड़े में दबा लिया था। लेकिन उसकी दो बड़ी बहनों ने हिम्मत दिखाते हुए सात बरस के भाई का दायाँ हाथ और दायाँ पैर कसकर पकड़ लिए थे। तेन्दुआ उसे खींचने के लिए पूरा जोर लगा रहा था, पर बहनों ने भाई को नहीं छोड़ा।

तेन्दुए का इरादा अपने शिकार को पूरा ही चबा डालने का था तभी उसकी सबसे बड़ी बहन, 15 साल की रामप्यारी जोर से चीखकर तेन्दुए पर झपटी और लकड़ी काटने की दरांती से उस पर जोर का वार किया। तेन्दुए को शायद ऐसे किसी हमले की उम्मीद नहीं रही होगी। वह घबराकर जरा पीछे हटा और लड़के का हाथ साथ लेता गया। लेकिन घबराए तेन्दुए की आफत अभी खत्म नहीं हुई थी। क्योंकि रामप्यारी एक बार फिर चीखी और उस पर हमला करने दौड़ी। डरे हुए तेन्दुए ने खून से लथपथ उखड़े हाथ को वहीं फेंक दिया और तीर की तरह भाग निकला। रामप्यारी का वार तेन्दुए के सिर के बीचोबीच हुआ था।

तब उसका नाम रक्षक था। इस तरह बहनों ने हिम्मत दिखाकर उसके प्राण बचा लिए। हाथ की जगह छह इंच लम्बा नुकीला ठूँठ बच गया था। जब वह जोर से बोलता या गाना गाता तो दाएँ हाथ को एक तरफ बदन से सटा लेता और ठूँठ को चारों ओर जोर-जोर घुमा सकता था–किसी आर्केस्ट्रा नियोजक की छड़ी की तरह। उस इलाके के लोग बताया करते हैं कि गाँव की औरतें उसके साथ करतब का खूब आनन्द उठाया करती थीं।

वैसे उसके लिए यह करना सम्भव था क्योंकि वह दुबला-पतला, लम्बे कद और मजबूत हाथ-पैरोंवाला था। उसका रंग आश्चर्यजनक रूप से गोरा था और होंठों पर घनी मूँछें थीं। इतनी

उम्र हो जाने पर भी बदन की खाल लटकी नहीं थी और वह सेना के जवान की तरह सीधा और तेज चलता था। मेरे ख़याल से ऐसा कोई काम नहीं था जिसे वह न कर सकता हो। लकड़ी काटने से लेकर, सफाई करना, खाना पकाना, बिगड़े नल की मरम्मत करना, बिजली के फ्यूज बाँधना और खिड़कियों-दरवाजों को ठोक-पीटकर सही हालत में रखने जैसे सारे काम उसके लिए आसान थे। उसमें स्थानीय लोगों की तरह निर्माण व ज्यामिति की खूब समझ थी। वह दीवार बना सकता था। वह टिन, लकड़ी के काम जानता था। प्लिंथ, बीम और एंगल की सटीक जानकारी थी उसे। पानी के नल बैठाना, बिजली के तार डालना जैसे काम भी आसानी से कर लेता था। जब कहीं काम करते मजदूरों के सामने कोई भी समस्या आती तो सब उसी से राय माँगने दौड़े चले आते थे।

और तब वह नाराज स्वर में कह उठता—"मादरचोद कारीगर तुम हो या मैं।"

शायद अपने स्कूल में वह खेलों में अव्वल आया करता था। वह फुटबॉल और हॉकी की टीमों में सेंटर फारवर्ड पोजीशन में खेला करता था। उसी तरह क्रिकेट के मैदान में बल्लेबाजी और गेंदबाजी में भी खूब जोश दिखाता था। साठ बरस से ज्यादा उम्र हो जाने पर भी उसके इकलौते हाथ में गजब की ताकत थी। मैं अपने दोनों हाथों का सारा जोर लगाकर भी उसका हाथ नहीं मोड़ पाता था। वह आठवीं कक्षा से आगे नहीं पढ़ सका था लेकिन खेल-कूद में उसकी कुशलता का लाभ लेने की गरज से स्कूलवालों ने इसके बाद भी कई वर्षों तक उसी स्कूल में रहने दिया था। अगर उसे गुस्सा आ जाता तो फिर वह किसी को भी धूल चटा दे सकता था। शायद स्कूल के दिनों में ही उसकी असाधारण शारीरिक शक्ति को देखते हुए ही उसका नाम 'राक्षस' रख दिया होगा।

वह बहुत जल्दी गुस्से में आ जाता था। गुस्सा यों आता जैसे तूफानी बारिश में एकाएक आनेवाली बाढ़। तब वह खूब जमकर गालियाँ बकता, मारता-पीटता लेकिन गुस्सा जितनी तेजी से उबलता था, उसी तरह छूमन्तर भी हो जाता। एक पल बाद वह आराम से बैठा काम की देखरेख करता होता लेकिन अगले ही पल गुस्से में उबलकर कारीगर की गरदन पकड़कर उसे हवा में उछाल देता गाली बकते, मारते-पीटते हुए—मादरचोद, गाँडू। तू भी भोसड़ी वाले ऊँट जैसा है जो एक सीधी रेखा भी नहीं खींच सकता।

उसकी उम्र के कारण सब राक्षस का लिहाज करके चुप हो जाते थे—क्योंकि उसकी बात हमेशा सही निकलती थी। लेकिन शाम होते-होते वह नरम पड़ जाता। तब वह कारीगरों से गलबहियाँ डालकर बतियाता, अपनी चिलम सुट्टा लगाने को दे देता, चाय पिलाता और अच्छी-अच्छी बातें समझाता।

उसके गुस्से से मैं और फ़िज़ भी अछूते नहीं रह पाते थे।

हमारे मुँह पर तो बस वह इतना ही कहकर रह जाता—अरे, छोड़िए भी—लेकिन उसकी चुप्पी जो कुछ कहती उसे आप दुनिया की किसी किताब में नहीं पा सकते।

लेकिन हमारे परे जाते ही हमें सुनाकर कहता—अरे उनकी क्या बात है, वे तो अपनी गाँड़ कागज से पोंछते हैं। वे इस दुनिया को बस कागज के नजरिए से समझने की कोशिश करते हैं। फिर भला वे इस दुनिया की भाषा को कैसे जान और समझ सकेंगे। माटी के रहस्यों की जानकारी कैसे मिलेगी उन्हें। जरा बताओ तो क्या तुम कभी अपनी गाँड़ को कागज से पोंछोगे। भई ऐसी बेवकूफी करने से तो मरना भला।

हमारी शौच प्रक्रिया को लेकर वह सदा ही हमारा मजाक उड़ाया करता था।

वह वहाँ जमा कारीगरों के सामने कहता—भला बताओ, अगर तुम कुर्सी पर बैठकर पाखाना करोगे तो क्या तुम्हारा पेट कभी पूरी तरह साफ हो सकेगा? अरे भाई आप कुर्सी पर बैठते हैं अपने दोस्तों से, अपने ससुर साहब से मिलने के लिए या फिर होटल में कुर्सी पर बैठकर...खाना खाते हैं। या उस पर बैठकर परीक्षा देते हैं। क्या तुम कुर्सी पर बैठकर जा सकते हो? तुम लगातार इस तरह करोगे तो समझो सारी गन्दगी तुम्हारे पेट में जमा होती रहेगी। तुम सबने देखा तो होगा कि शहरी लोग कब्ज से कितने परेशान रहते हैं? गोरे लोग अपने पीछे जो गन्दगी छोड़ गए हैं। बस यह वही है।

अगर वह किसी कारीगर से नाराज होता तो कह देता—"क्या परेशानी है तुम्हारे साथ! लगता है आज तुमने अपनी गाँड़ कागज से पौंछी है।

राक्षस दरवाजे के पास बने खस्ताहाल आउटहाउस में रहता था एकदम अकेला! बला का आत्माभिमानी था राक्षस। उसकी पत्नी तो बहुत बरस पहले स्वर्ग सिधार गई थी। वैसे उसके बेटे अपनी बीवियों के साथ आसपास के गाँवों में रहते थे लेकिन वह किसी के साथ भी रहने को तैयार नहीं था।

उसके चारों बेटे सेना में थे। लम्बे-तड़ंगे लेकिन वे किसी भी दुश्मन से ज्यादा अपने पिता से भय खाते थे।

राक्षस बहुत आशावादी था लेकिन फ़िज़ और मैंने मिलकर जो बेवकूफी भरा भावुक माहौल बना दिया था, उससे राक्षस भी अछूता नहीं रह सका था। अब तो वह दिन में भी गम भरे गीत गुनःगुनाने लगा था। राक्षस की दिनचर्या एक बँधे-बँधाए ढर्रे पर चलती थी कि सुबह मुँह अँधेरे और साँझ का समय धार्मिक और दर्द भरे गीतों का होता था और बाकी समय पाँचवें और छठे दशक की फिल्मों के खिलखिलाते, खुशी भरे गीतों के नाम। उसकी आवाज को मधुर नहीं कहा जा सकता था लेकिन आजकल उसके लगातार गुनगुनाते रहने के कारण मुझे तसल्ली रहती थी। कम से कम घर में छाई उदासी कुछ तो कम हो जाती थी इस तरह।

जब वह घर में काम करती फ़िज़ के पीछे-पीछे चलने की ड्यूटी नहीं निभा रहा होता था तो वह जाकर नल के पास अड्डा जमा लेता था। दोनों घाटियाँ उसके नीचे दूर तक पसरी होती थीं और वह जोर-जोर से रामधुन गाता रहता था—हाँ, वही रामधुन जिसे बापू ने आजादी की लड़ाई के दौरान बहुत मशहूर कर दिया था।

रघुपति राघव राजा राम पतित पावन सीता राम
ईश्वर अल्लाह तेरो नाम सबको सन्मति दे भगवान

वह धुन बदल-बदलकर इस धर्मनिरपेक्ष पद को दोहराया करता था—उसकी गूँजती आवाज जैसे हमें सन्देश भेजती होती थी—उसका बायाँ ठूँठ धीरे-धीरे घूमता रहता। लेकिन जिस रामधुन ने कभी लाखों भारतवासियों को जगा डाला था, वह मुझ पर कोई प्रभाव नहीं डाल पाई थी। और फ़िज़! उसे अपना दुख बढ़ाने के लिए किसी बात की जरूरत नहीं थी।

फ़िज़ के आने के पाँच दिन बाद एक कठिन शाम पहाड़ों पर भयानक तूफान उठा। सूरज डूबते ही हवा तेजी से बहने लगी। जल्दी ही उसके थपेड़ों से देवदार और बलूत वृक्ष शोर करने लगे। उस समय मैं पहाड़ी के ऊपरी हिस्से पर बैठा था। मैंने तूफान का खयाल नहीं किया और अन्यमनस्क-सा देवदार के पुराने गिरे तने पर बैठा था। मुझे पता नहीं था कि तब फ़िज़ कहाँ थी लेकिन अपने निचली तरफ मैं राक्षस को नल के पास एक बेंच पर बैठे हुए देख सकता था। घंटे भर से उसके गीत के बोल मुझ तक पहुँच रहे थे।

लेकिन अब बाकी सब आवाजों को दबाती हुई तूफानी हवा की आवाज कानों में आने लगी—तूफानी हवा पेड़-पौधों के पत्तों और टहनियों को झकझोरती हुई जैसे हजारों पैरों से दौड़ती जा रही थी और लोगों को बता रही थी कि अब क्या आफत आनेवाली है।

झाड़ियों में खूब शोर उभरने लगा। हिचकाक की किसी भी हारर फिल्म का थर्रा देनेवाला संगीत भी पहाड़ों में चलनेवाली तूफानी हवा का मुकाबला नहीं कर सकता।

मन ने कहा—यहाँ से उठ जाना ठीक है और मैं वहाँ से उठ खड़ा हुआ। जब मैंने नीचे की तरफ देखा तो राक्षस बैंच पर खड़ा था। और आँखों पर दाएँ हाथ की आड़ किए हुए पर्वतों की चोटियों की तरफ ध्यान से देख रहा था। और जब उसकी दृष्टि का अनुसरण करते हुए मैंने भी उधर देखा तो पाया घाटी की पूरी लम्बाई में काले बादलों की परत दर परत जमती जा रही है। उनका आकार डरानेवाला था। वे बादल आनेवाली आफत की पूर्व सूचना जैसे दिखाई दे रहे थे। इसके बाद जल्दी ही काले बादलों का घटाटोप पहाड़ों की चोटियों पर, हम पर हमला बोलने जा रहा था—अब इसमें कोई सन्देह नहीं था। मेरे देखते-देखते पहाड़ियों का रंग बदलकर काला पड़ गया। राक्षस ने मेरी ओर मुँह घुमाते हुए चिल्लाकर कुछ कहा लेकिन दूसरी दिशा में तेजी से दौड़ती हवा उसके शब्दों को मुझसे परे ले गई। लेकिन उसका तेजी से हिलता हुआ हाथ स्पष्ट संकेत दे रहा था कि वह क्या कहना चाह रहा था।

मैं देवदार के नुकीले पत्तों से ढके ढालवा मार्ग पर तेजी से उतरता गया। लेकिन चारों ओर लगे कँटीले तारों के बीच से निकलकर दूसरी तरफ आया तो हवा गीली हो गई थी—बड़ी लहर के सागर तट से टकराने से पहले आकर चेतावनी देनेवाली फुहारों की तरह।

राक्षस मुझे दिखाई नहीं दे रहा था। शायद वह बाहर पड़ी कुर्सियों और सूखते कपड़ों को अन्दर ले जाने और दरवाजों व खिड़कियों को मजबूती से बन्द करने में लगा हुआ था। बघीरा बन्द रसोईघर में भूँकता हुआ इधर-से-उधर घूम रहा था। उसके भूँकने में डर और 'आ जाओ मैं नहीं डरता' जैसा भाव दोनों थे। वह लगातार हवा और नीचे उतरते गरजते बादलों पर भूँक रहा था। मकान के दूसरी तरफ कहीं एक खिड़की का पल्ला जोर-जोर खट-खट करता हुआ चौखट से टकरा रहा था। शायद किसी ने वहाँ जाकर पल्ले को ठीक से बन्द किया था क्योंकि तभी वह शोर रुक गया था। मकान की छत टीन की बनी हुई थी और तूफानी हवा ने उसकी नींद खोल दी थी—छत से चटर-चिर की आवाजें सुनाई देने लगी थीं। मैं जानता था कि बस थोड़ी देर और फिर छत चलना शुरू कर देगी। पहले कुछ धीमी चाल से और बाद में जब तूफानी हवा इसके नीचे से थपेड़े लगाएगी तो फिर चारों दिशाओं में भागना शुरू कर देगी। बिदेशी लाल और उसके कारीगरों ने इस छत को मजबूती प्रदान करने के इरादे से जितनी भी कीलें लगाई थीं, जहाँ-जहाँ से इसे रोकने के इन्तजाम किए थे, उस सबकी परीक्षा की घड़ी आ पहुँची थी।

गीली और कँटीली हवा मुझे थपेड़े मारने लगी थी। हवा से कमीज फूल उठी थी और मैं चलते हुए सन्तुलन नहीं रख पा रहा था। मैं पानी की टंकी के पास से जल्दी-जल्दी नीचे की तरफ उतरता हुआ ऊपरी टैरेस तक, पत्थर की उस पटिया तक आ गया था जिसे हमने मकान खरीदते समय लगवाया था। इसके बाद मैंने बढ़कर अपने अधूरे गुसलखाने की ओट में जाकर तूफान से बचने की कोशिश की।

वहाँ से घाटी का दृश्य भयावना, और आतंकित कर देनेवाला था। एक डरावनी स्लेटी छाया ने पूरी घाटी को ढँक लिया था। उमड़ते-घुमड़ते बादलों ने दिन का गला घोंट दिया था। गरम मौसम तथा उतरती गर्मियों में तूफान गेथिया में प्रायः आ जाते थे लेकिन अकसर ही यह

दोपहरी में होता था और उनके साथ बारिश नहीं आती थी। बस चीखती, चिल्लाती, उखाड़ती-गिराती हवा वस्तुओं को उनकी जगह से बेदखल करती हुई भागती आती थी और लोग उससे बचने के लिए इधर-उधर भागने-छिपने पर मजबूर हो जाते थे। दिन की तेज रोशनी में ऐसे सूखे तूफानी बवंडर आपको सिर्फ डराते हैं लेकिन ढलती साँझ में या रात में उठनेवाले तूफान अपने साथ तेज बारिश लेकर आते हैं। इसके साथ चीखती-चिल्लाती हवा की साँय-साँय लोगों को बुरी तरह आतंकित कर देती है।

मैं देख रहा था, पहाड़ियों के हर ढाल पर पेड़-पौधों और घास-पात में अफरा-तफरी मची थी। पत्ता-पत्ता हिल-डुल रहा था—काँप रहा था, कभी इधर कभी उधर। इस हिल-डुल की भी अपनी एक डरावनी भाषा थी जो उस समय बहुत मुखर हो उठी थी। जो कुछ आँखें देख पा रही थीं वह इस भयानक उद्वेलन का एक छोटा-सा हिस्सा था, लेकिन बिना देखे ही इसे बखूबी समझा जा सकता था कि घाटी में रहनेवाले मनुष्य और पशु स्वयं को और अपनी बहुमूल्य चीजों और पशु सम्पदा को जल्दी से जल्दी इस तूफान से परे सुरक्षित स्थानों में ले जाने में लगे थे जहाँ तूफानी हवा के इस भयानक हमले से कुछ तो बचाव हो ही सकता था।

आज की रात बकरियाँ, कुत्ते, घोड़े, गायें अपने मालिक-मालकिन के साथ ही सोनेवाले थे। मकान के नीचे लगी मोटी लंटाना झाड़ियों की सुरक्षा में हजारों परिन्दे शरण लेनेवाले थे। नाइटजार बुलबुल और थ्रश के साथ पंख से पंख सटाकर सोएँगे। लाखों पतिंगे खोखले तनों में शरण लेंगे और उनकी रात भूखे ही बीतेगी। सैकड़ों परिवारों के लोग अपनी चिकनी रजाइयों में दुबके हुए अपने देवताओं से मिन्नतें करेंगे कि इस भयानक रात में उनके मकानों की छतें उनका साथ छोड़कर चीखती हवा में उड़ न जाएँ।

काफी पहले से अपने आने की सूचना देने के बाद अब बारिश ने हमला बोला जैसे कोई मुक्केबाज पहले राउंड में ही अपने विरोधी पर घूँसे बरसाता चला जाए। बड़ी मोटी-मोटी बूँदें कंक्रीट की टैरेस पर पटापट टकराने लगीं और मुझे उन्होंने जहाँ भी छुआ एक डंक-सा लगा। टैरेस से सोने के कमरे तक जाने में दस सैकेंड से ज्यादा न लगे होंगे, पर इतनी ही देर में मेरे शरीर का पोर-पोर भीग गया।

राक्षस नीचे रसोईघर में था—उकडूँ बैठा हुआ हरिकेन लालटेनें जला रहा था। तूफानी हवा का पहला थपेड़ा लगते ही बत्ती गुल हो गई—बारिश तो इसके काफी देर बाद शुरू हुई थी। बिजलीघर के कर्मचारी सदा ही तूफान आते ही यह सावधानी जरूर बरतते थे, कहीं मौसम के देवता अप्रसन्न न हो जाएँ। वे कल सुबह फिर से सप्लाई शुरू करने की कोशिश करेंगे, और अगर बिजली नहीं आई तो पहाड़ियों पर जाकर मरम्मत में लग जाएँगे।

राक्षस अदरकवाली चाय उबाल रहा था। उसकी तीव्र सुगन्ध ने लालटेनों में भरे जाते किरोसीन की दुर्गन्ध को कम कर दिया। आज बहुत दिन बाद वह एक अलग लेकिन लोकप्रिय धुन गुनगुना रहा था शायद इसका कारण तूफानी मौसम ही था। गीत में भगवान राम द्वारा बुरे युग की भविष्यवाणी की गई थी। वही जिसमें आजकल हम लोग रह रहे थे। ऐसा बुरा जमाना जिसमें बुरे लोग दुनिया का आनन्द लूटेंगे जबकि भले लोगों को जीने के लिए संघर्ष करना होगा।

रामचन्द्र कह गए सिया से ऐसा कलजुग आएगा
हंस चुगेगा दाना-तिनका, कव्वा मोती खाएगा।

मैंने केनवस की फोल्डिंग कुर्सी उठाई और उस पर बैठकर चाय का इन्तजार करने लगा। राक्षस को काम करते देखना हमेशा ही मन में अचरज जगाता था। बड़ी चतुराई से अपने एक

हाथ से लालटेन की टंकी का ढक्कन खोला, उसमें कीप लगाई और टंकी में प्लास्टिक के डिब्बे से किरोसिन उड़ेलकर फिर से ढक्कन कस दिया—यह सब करते हुए उसने लालटेन को अपने दोनों पंजों के बीच मजबूती से पकड़ रखा था। इसके बाद उसने लालटेन की चिमनी ऊपर उठाई। बत्ती को ऊपर खिसकाया। मोमबत्ती उठाकर लालटेन की बत्ती जला दी। शीशे की चिमनी को फिर से ठीक जगह बैठा दिया। उसे एक गन्दे कपड़े से रगड़ा। अब जली हुई लालटेन को परे सरकाकर दूसरी बुझी हुई लालटेन को पैरों के बीच दबाकर वही सब क्रियाएँ दोहराने लगा जो उसने पहली लालटेन के साथ की थीं। और इस बीच उसके बाएँ हाथ का ठूँठ हिलता हुआ उस गीत के साथ ताल देता रहा।

क्या इस तूफान में बिदेशी लाल के मकान की छत टिकी रह सकेगी? मैंने पूछा।

बिलकुल टिकी रहेगी साहब—उसने अपने विशेष आशावादी स्वर में कहा। यह तूफान उतना भयानक नहीं है जितना एक बार पहले आया था।

क्या इस मकान की छत भी तूफान में उड़ गई थी कभी?

उसने तीसरी लालटेन को जलाकर बाकी दोनों जलती लालटेनों के पास रख दिया। अपनी कमीज की जेब से हरे-काले रंग के गाँजे का गोला निकाला। उसे मुँह से काटकर परे थूकते हुए उँगलियों से मसलकर अपनी छोटी-सी चिलम में रख लिया और मोमबत्ती से जलाने के बाद होंठों से लगाकर एक गहरा कश खींचा तो सिर चकरा देनेवाली मीठी-मीठी खुशबू कमरे में तैरने लगी। उस गन्ध ने किरोसिन और अदरक दोनों की गन्धों को जैसे दबा दिया। फिर वह दीवार से टिककर बैठ गया। चिलम से निकलती पीली लौ उसके तीखे नाक नक्श पर झलमला रही थी। उसने हाथों का प्याला-सा बना कर धुआँ खींचा और बोला—साहब, जब ऐसा तूफानी समय आ जाता है तो फिर उसे कोई भी नहीं रोक सकता। कुशल से कुशल बढ़ई, लम्बी से लम्बी, मजबूत से मजबूत इस्पात की पट्टियाँ—बस फेल हो जाते हैं।

तो क्या यह भी उड़ गई थी? मैंने फिर पूछा।

कोई जवाब न देकर वह उठ खड़ा हुआ। चाय को उबालना खत्म किया। दो गिलासों में उसे छाना और एक मुझे पकड़ा दिया, फिर लौटकर अपनी उसी जगह, उसी भंगिमा में फिर से आ बैठा। चिलम से जोरदार लम्बा कश लेकर गाँव के कथक्कड़ के गम्भीर अन्दाज में बोला—सुनो साहब। मैं आपको उस घटना के बारे में बताऊँगा जब इस मकान की छत पहली बार तूफान में उड़ गई थी।

हाँ, बताओ। मैंने कहा।

उसने कहा—हिन्दुस्तान तब तक आजाद नहीं हुआ था। अभी अंग्रेजों को भारत से जाने में कई साल का समय बाकी था। उन दिनों नैनीताल जानेवाली सड़क बस घोड़ों के लिए पगडंडी भर थी। पहाड़ियों में गुलदार का राज था और तालों का पानी अमृत जैसा पवित्र था। उन दिनों मैं छह साल का था और रामगढ़ के पास माँ के साथ रहता था। मेरे पिता का ज्यादा समय घर से दूर ही बीता था। वे गेथिया में काम करते थे। हम एक बार अपने चाचा से मिलने बीरभट्टी आए। चाचा जी शराब के कारखाने में काम करते थे और सप्ताह में एक बार जब वह घर आते तो बीयर का डिब्बा साथ लाते। हम सभी उसे पीते थे। उनके बेटे का नाम बीर बहादुर सिंह था। लोग सोचते थे उसका नाम 'बीर' इसलिए रखा था कि वह बहादुर बने। लेकिन असल में तो उसका नाम अंग्रेज 'बीयर' पर रखा गया था, जिसे हम पिया करते थे।

मुझे हँसी आ गई। लेकिन राक्षस की मुखमुद्रा गम्भीर बनी रही। बाहर हवा और बारिश मिलकर उत्पात मचा रही थीं। खिड़कियों और दरवाजों पर उनके हमले जारी थे। खिड़कियों के शीशों पर बूँदें टकराने से तड़तड़ की आवाज़ हो रही थी। बिना रंग-रोगन वाली खिड़कियों की चौखटों में जगह-जगह से पानी रिसने लगा था।

गाँजे के आनन्द में उसकी आँखें मुँद गईं। वह कहता गया–जाती गर्मियों की ऐसी ही साँझ थी और मेरे चाचा बीयर का डिब्बा लेकर घर में आए ही थे। हम सभी अपनी झोंपड़ी के बाहर बैठे बीयर पी रहे थे। तभी चाचाजी ने सिर उठाकर घाटी की तरफ देखा जहाँ नदी काठगोदाम की तरफ उतरती है। वह उछलकर खड़े हुए और चिल्ला उठे–सब लोग उठ जाओ, जल्दी करो। बाहर रखी हर चीज अन्दर ले चलो। जिधर देखते हुए उन्होंने यह कहा था, हम भी उधर ही देखने लगे। काले-काले बादल हमारी तरफ ऐसे दौड़े आ रहे थे जैसे दिल्ली से धुआँ उगलता आता भाप का कोई इंजन हो।

मेरी चाची जोर से चीखीं और हम सब जल्दी-जल्दी अन्दर भागने लगे। बाहर बड़ी चीजों को अन्दर की तरफ खींचते हुए। पल भर में सारा गाँव चीखता-चिल्लाता इधर से उधर भागने लगा–हर कोई दूसरे को पुकार रहा था–चीख रहा था। पता नहीं उस रात ऊपर वाले को क्या हो गया था। शायद भगवान ने हमें पाठ पढ़ाने का फैसला किया था। तब की वह रात थी और आज की रात है। साहब, पिछले पचास सालों में मैंने न जाने कितना कुछ देखा-भोगा है पर वैसी रात तो मैंने फिर कभी नहीं देखी। सच कहूँ तो जितना डर मुझे उस रात लगा था, उतना तो तब भी महसूस नहीं किया था जब गुलदार ने अपने जबड़ों में मेरा हाथ चबा डाला था।

मैंने चाय का घूँट भरा। बहुत अच्छी चाय बनाई थी राक्षस ने। हम ऐसी चाय को सुर्रचाय कहा करते थे–तेज चीनी और एकदम गरम-गरम जिसे जोर से सुड़कते हुए पीने का अपना ही मजा था।

मैंने सुड़कते हुए चाय का घूँट भरा तो राक्षस ने भी वैसा ही किया और कहता गया–मैं माँ से चिपक गया। तूफान चारों तरफ से हम पर टूट पड़ा था।

हवा इतना शोर कर रही थी कि पास-पास खड़े रहकर भी हमें दूसरे को अपनी बात चिल्लाकर कहनी पड़ रही थी। और ऊपर से वह बारिश। मादरचोद बरसात। ऊपर से बारिश की बूँदें नहीं गिर रही थीं, लगता था जैसे कोई कभी खत्म न होनेवाली नदी का पानी हम पर डाल रहा था बादलों से। और फिर रात में घरों की छतें तूफानी हवा में उड़ने लगीं।

बघीरा खामोशी से आया और मेरे पैरों के पास पसर गया। मैं आगे झुककर उसकी घने रोओंवाली खाल को सहलाने लगा। उसका रंग एकदम काला था–बिना चाँदवाली रात जैसा। भूटिया प्रजाति का। उसका बायाँ कान सदा मुड़ा ही रहता था, कभी खड़ा नहीं होता था। वैसे भी वह पहाड़ जैसे शान्त स्वभाव का था। वह कभी भोजन के लिए चिरौरी नहीं करता था। न ही कभी अकारण भौंकता ही था। फिर भी इलाके के सब लोग उससे डरते थे। पहाड़ों में भूटिया कुत्तों के खूँखारपन से सब परिचित हैं। और लोग तो यहाँ तक कहते थे–अगर दो भूटिया कुत्तों के सामने किसी दिन तेन्दुआ भी पड़ जाए तो वे उससे भी दो-दो हाथ कर लेते थे।

राक्षस ने कहा–जब मकानों की छतें तूफानी हवा के थपेड़ों से हिलने लगीं तभी हमारे दरवाजे पर खटखटाहट हुई। और मेरे चाचाजी बाहर की तरफ दौड़ पड़े। वह समझ रहे थे कि कोई जरूर मुसीबत में है। हवा इतनी तेज थी कि एक बार हमने दरवाजा खोला तो फिर

हम सारे घरवाले मिलकर भी उसे बन्द न कर सके। हम लोग घर में दस जने थे—माँ, चाची, और चचेरे भाई लोग। सब मिलकर जोर लगा रहे थे लेकिन तब तक हवा पूरे घर में भर चुकी थी और घर की हर चीज अपनी जगह छोड़कर हवा में उड़ने लगी थी।

छत में लगी चीड़ की कड़ियाँ हिलनी शुरू हो गई थीं। फिर तो उनमें जड़ी कीलें, मजबूती से बाँधी गई रस्सियाँ और इस्पात की पट्टियाँ ढीली हो गईं और थरथराती छत उछलने लगी। फिर टूटने-फटने की आवाज आई और हमने देखा कि हम तेज बारिश में खुले आकाश के नीचे खड़े थे। हमने अब भी उस दरवाजे को थाम रखा था जिसके होने न होने का अब कोई मतलब नहीं रह गया था।

मैं उठा और बघीरा के लिए एक मारी बिस्किट लाया—उसने बिना लालच दिखाए धीरे से मुँह में पकड़ लिया।

राक्षस ने बताया—पुरानी साड़ियों की मदद से माँ ने मुझे मेरे चचेरे भाई बीर की कमर से बाँध दिया। मेरी छुटकी बहन को रामप्यारी के साथ इसी तरह बाँध दिया गया क्योंकि जो तूफानी हवा मकान की छत उड़ाकर ले जा सकती थी उसके लिए बच्चों को उड़ा ले जाना कुछ मुश्किल न था। घना डरावना अँधेरा और सब तरफ से तरह-तरह की आवाजें आ रही थीं, और ऊपर से धुआँधार बारिश, मकानों की टीनवाली छतें हिलती हुई आवाज कर रही थीं—कड़ियाँ हवा के झपेटों से अलग हो रही थीं। बिजली कड़क रही थी। लगता था यह दुनिया बस खत्म होने जा रही है। डरे हुए लोग चीख-पुकार रहे थे, पशु भी बेहद डरे हुए थे और अजीब आवाजें निकाल रहे थे। तभी एक चिल्लाहट उभरी कि हमारे ऊपरवाला पहाड़ खिसक रहा है। हर कोई तेजी से ढाल पर बेतरतीब भाग चला। तब किसी को कुछ पता नहीं था कि कौन कहाँ जा रहा है। मिट्टी पहले ही पानी के कारण कीचड़ की तरह नरम हो गई थी और जगह-जगह पानी के छोटे-छोटे नाले बह चले थे। मैं और बीर एक साथ गिरे और लुढ़कते चले गए। फिर उठकर चले तो दोबारा फिसल गए। बार-बार गिरने, फिसलने, लुढ़कने के बावजूद हमने दौड़ना बन्द नहीं किया। कानों में जोर-जोर की आवाजें आ रही थीं—यह पता लगाना मुश्किल था कि वे आवाजें नीचे घाटी में बहनेवाली नदी से आ रही हैं अथवा हमसे ऊपर से नीचे फिसलते पहाड़ की हैं, या फिर वह आवाज जोर-जोर से नसों में दौड़ते खून की थी जो हमारे सिर के अन्दर जैसे धक्के मार रहा था। आखिर हमें एक तरफ लटकती चट्टान दिखाई दे गई और हम एक दूसरे से लिपटे हुए उसके नीचे सिमट गए।

बस सिर्फ दोनों—मैंने पूछा।

हाँ, साहब, हमें कुछ पता नहीं था घर के बाकी लोग कहाँ हैं—और उस समय हमारी जो हालत थी उसमें यह सब सोचने-जानने का कोई मौका था भी नहीं। न जाने कब हमें नींद आ गई और फिर जब आँख खुली तो आँखें चौंधियाँ गईं। दिन बहुत चमकीला था और आसमान एकदम नील कंच। हमारे कपड़े सूख गए थे, रात में लिथड़ी कीचड़ की परतें कपड़ों पर जम गई थीं। अगर आप ऊपर देखते तो सब कुछ कितना सुहाना था, लेकिन नीचे नजर डालते ही मन काँप जाता था। लगता था जैसे चंगेज खाँ की सेना ने पूरी घाटी को, गाँव को उजाड़ डाला था, तहस-नहस कर दिया था। देवदार और बांज के जंगल उखड़े पड़े थे। आकाश में सीधे खड़े पेड़ों की तुलना में जमीन पर उखड़कर गिरे पेड़ों की तादाद कहीं ज्यादा थी। सैकड़ों स्थानों पर जमीन धँस गई थी—हर रास्ता कीचड़ और चट्टानों से रुका पड़ा था। हमारे गाँव में एक भी मकान ऐसा नहीं था जिसकी छत रात के तूफान से बच गई हो—सब

मकानों का सारा सामान पहाड़ी ढलानों पर छितरा पड़ा था—कपड़े, बरतन, छतें और फर्नीचर—सभी कुछ।

और यह मकान—मैंने पूछा।

इस मकान की छत को हवा ने उड़ाकर घाटी में फेंक दिया था। वहाँ यह पड़ी थी किसी विशाल टोपी की तरह। उस समय इस इलाके में यह सबसे बड़ी और बहुत शानदार छत थी। इसमें लगी लकड़ी सही-सलामत थी, टिन का भी कुछ नहीं बिगड़ा था। कुछ भी तो नहीं टूटा था। लगता था जैसे किसी दानव ने इस मकान की छत को धीरे से उठाकर 1500 फीट नीचे घाटी में हौले से रख दिया हो। खबर मिलने पर हम सब इसे देखने गए। इसके नीचे घुसे, ऊपर चढ़े। और फिर दोपहर में मेम साहब आईं अपने हाथ में राइफल थामे हुए। उन्हें देखकर हम सब परे चले गए। उन्होंने घाटी पर जमीन पर पड़ी इस मकान की टोपी का पूरा चक्कर लगाया। फिर गज सिंह को कुछ इशारा करके वहाँ से चली गईं। शाम को गज सिंह कोई सौ आदमी लेकर वहाँ आ पहुँचा। उन लोगों ने उस छत को उठाया और रातोरात वापस इस मकान तक ले आए। अगली सुबह तक छत मकान के ऊपर फिर से लगाई जा चुकी थी और बहुत से बढ़ई ठोकने पीटने में लगे थे। कोई लम्बी-लम्बी कीलें ठोक रहा था, तो कुछ लोग लोहे की मजबूत पत्तियों को जगह-जगह मजबूती से बाँध रहे थे। हम बाकी गाँववालों को अपने मकानों की छतें ठीक करने में कई सप्ताह लग गए थे। इसके बाद से गाँववालों में एक कहावत चल पड़ी थी—अरे भाई, उसकी क्या बात करते हो। जो हमारे लिए छत है, उसके लिए तो सिर्फ एक हैट है। हम अपने भाग्य के भरोसे बैठे रहते हैं, और एक वह है जो अपनी किस्मत खुद बनाती है।

और तो तुम्हारे कहने का मतलब यह है कि उसके बाद से यह छत इसी तरह अपनी जगह टिकी है, फिर कभी टस से मस नहीं हुई?

जहाँ तक मुझे याद पड़ता है, यही बात है और यह तभी अपनी जगह से हिली थी जब आपने इसकी जगह नई छत डलवाने का फैसला किया था।

तो जिस छत को हमने बदलवाया था, वह वही थी जो मकान बनते समय लगाई गई होगी।

अरे, आपने देखा नहीं कि पुरानी छत में लगा टिन कितना मोटा था—एकदम इस्पात। याद नहीं गाँव के लोग कैसे आपसे पुरानी छत पर लगी टीन की चादरें माँग रहे थे और आप जगदेवपुर के नवाब की तरह उन्हें दे रहे थे।

मैंने चाय का मग नीचे रखा और सामनेवाले बरामदे में चला गया। गाँजे के कारण सिर एकदम हल्का—हल्का लग रहा था। राक्षस आराम से बैठा चिलम के कश ले रहा था।

बारिश की बड़ी और मोटी बूँदें जमीन को मानो उधेड़ डाल रही थीं। बेदर्द तूफानी हवा पेड़ों को बुरी तरह झकझोर दे रही थी, कक्षा के बच्चों पर बिफरते किसी स्कूल मास्टर की तरह। इस हिल-डुल में हमारा देवदार, त्रिशूल ही मजबूती से खड़ा था।

आँधी-पानी के उस तूफान में सेंट जोसफ भवन के नीचे नैनीताल के ढलान पर कहीं-कहीं चमकती बत्तियों की धुँधली जगमग देखी जा सकती थी।

हमारे मकान के सामनेवाला पहाड़ अँधेरे में डूबा खड़ा था जैसे कुछ सोचता हुआ सा। उसका अन्धकार बारिश से, रात से भी अधिक गहरा काला था। उसके कगार पर बने मन्दिर में कहीं प्रकाश का एक बिन्दु तक नहीं था। छत से दो मंजिल नीचे बरामदे में टीन पर बूँदों की पटर-पटर कुछ दबी-दबी जान पड़ती थी। भले ही आवाज उतनी तेज नहीं थी लेकिन नरम मिट्टी पर टकराते हुए बेदर्द पानी का स्वर ज्यादा ही तीखा था।

मैं काफी देर से बरामदे में खड़ा था तभी एकाएक मुझे लगा कि मैं अकेला नहीं हूँ। एकदम दाएँ पत्थर के चौकोर स्तम्भ को घेरकर बनी बरामदे की एकमात्र सीढ़ी पर फ़िज़ बैठी थी। तेज बारिश उसका पोर-पोर भिगो रही थी।

वह इतनी स्थिर थी, और अँधेरे में डूबे साँझ से यों चिपककर बैठी थी कि मुझे उसके वहाँ बैठे होने का अहसास ही नहीं हुआ। वह जैसे किसी खँडहर महल के एक द्वारपाल की प्रतिमा की तरह लग रही थी। एक सुन्दर छाया जो वहाँ किसी को भी, मनुष्य या अमूर्त आत्मा को आने से रोकने के लिए मौजूद थी। उसके घुँघराले केश भीग कर सीधे ढलक गए थे। उसकी कमनीय छायाकृति उस गीली रात के ऊपर जैसे उकेर दी गई थी। उसकी बाँहें कुहनियों पर लिपटी थीं और हथेलियाँ आपस में जकड़ी हुईं।

मेरे दिल में कुछ होने लगा। अब तक मेरे मन में यह खयाल नहीं आया था कि तूफानी दौर में वह आखिर कहाँ है। मन हुआ तुरन्त उसके पास पहुँच जाऊँ लेकिन कुछ था जिसने मुझे पीछे खींच लिया। मुझे पता था एक बार शुरू हुआ तो फिर यह भाव रुकनेवाला नहीं था। एक से दूसरे जुड़ाव का सिलसिला चल निकलेगा।

मैंने बस इतना ही कहा—फ़िज़, बारिश में यों मत भीगो। तुम बीमार पड़ जाओगी।

उसने कोई जवाब नहीं दिया।

मैंने दोबारा कहा, इस बार लहजा जरा सख्त था—फ़िज़, बेवकूफी मत करो। अन्दर आ जाओ।

उसने कुछ नहीं कहा। उसने जरा हिल-डुलकर यह भी नहीं जताया कि उसे मेरे वहाँ होने का पता है। मैं भावहीन-सा वहाँ खड़ा था। समझ नहीं पा रहा था कि मैं क्या करूँ।

व्यर्थ भाव से मैंने फिर पुकारा—फ़िज़।

मैं न उस तरफ बढ़ सकता था, न ही छोड़कर पीछे हट सकता था, मैं मुड़ा और अन्दरवाले दरवाजे के पास पड़ी लोहे की कुर्सी पर धम से ढह गया।

राक्षस रात के भोजन के बारे में पूछने आया तो मैंने कह दिया—तुम जाकर सो रहो।

बारिश की तेजी कम न हुई और हम दोनों भी अपनी जगह से नहीं हिले। बीच-बीच में मुझे ऊँघ आ जाती थी, लेकिन उसकी छायाकृति हर बार मुझे उसी मुद्रा में दिखाई दी। फिर न जाने कब उसके कंधे हिल उठे, ऐसा ठंड से था या सिसकियों के कारण मैं नहीं जानता था, और न ही मैं खुद को उसके पास जाने के लिए तैयार कर सका। मैं उसे देखता और बीच-बीच में ऊँघ जाता और जब मेरी आँख खुली तो मैंने फिर उधर ताका फ़िज़ की तरफ।

दिन की पहली उजास फूटी लेकिन क्या उसे सच में उजाला कहा जा सकता था? उजाला था लेकिन कालिख मिला। बारिश और बादलों से लड़कर अपने फैलने के लिए जगह तलाशता हुआ। यह एक ऐसी लड़ाई थी उस अशुभ दिन में पूरी तरह कभी नहीं जीती जानेवाली थी। लेकिन फिर धीरे-धीरे उजाला कुछ उजला होना शुरू हुआ और आसपास की चीजों की रेखाकृतियाँ कुछ उभरने लगीं।

पेड़, पहाड़ियाँ, दूर दिखाई देते मकान, हर चीज पानी में तर, उदास और टपकती हुई। बघीरा खामोशी से अन्दर आ गया और बरामदे के बीच में खड़ा हो गया। उसने अपने बदन को जोर से झटकारा तो लाखों नन्ही-नन्ही ठंडी बूँदें सब तरफ उछल गईं।

फ़िज़ पर भी अब रोशनी की नजर पड़ने लगी थी। और वह नहीं चाहती थी कि उजाले में मेरी नजरें उसकी हालत को देख पाएँ क्योंकि वह सिर से पैर तक, बाहर से अन्दर तक बुरी तरह तर हो गई थी और रात में पानी की तगड़ी बौछार में भीगते हुए वहाँ बैठे रहकर

शायद वह कोई सफर भी तय कर चुकी थी। आखिर उसके बदन में सुगबुगाहट हुई, वह जरा हिली-डुली। स्तम्भ का सहारा लेकर वह उठ खड़ी हुई। कुछ पल अपने घुटनों को धीरे-धीरे हिलाती-डुलाती खड़ी रही। उसकी पैंट और कमीज गीलेपन में जगह-जगह बदन से चिपके हुए नजर आ रहे थे। और फिर वह तेज बरसात में ही दरवाजे की तरफ चल दी।

हल्के ढाल पर धीरे-धीरे उतरती उसकी काया को पीछे से देखता रहा मैं। वह किसी किसान के मजबूत कदमों से चल रही थी। किसान जिसका अपनी जमीन से कहीं गहरा रिश्ता होता है।

पुराने, टूटे हुए दरवाजे पर उसने कलाइयाँ टिका लीं और उन पर ठोढ़ी रखकर अँधेरे में डूबी भूमियाधर घाटी को देखने लगी। उतनी दूर से और बारिश के हिलते-डुलते परदे के पार उसके चेहरे पर आए भावों को देखना-जानना मुश्किल था। पर मैं महसूस कर सकता था कि उसका निचला होंठ कँपकँपा रहा है। वह गहन रुदन और आत्माभिमानी निराशा के बीच झूल रही थी।

उस तरफ देखते-देखते वह खड़ी रही—एक अकेली, भुतहाकार आकृति की तरह। सामनेवाली सड़क से इक्का-दुक्का ट्रक कभी-कभार गुजर जाता, मोड़ पर गुर्राता घुरघुराता हुआ, हल्के ढलान पर तेज बारिश से जूझता हुआ।

फ़िज़ काफी देर उसी मुद्रा में खड़ी रहने के बाद जरा हिली और झुककर दरवाजे के दोनों ओर लगे पीपल और गुलमोहर के पौधों को देखने लगी और फिर धीरे-धीरे पत्थरों की दीवार के साथ बढ़ चली अपने लगाए हर पौधे को जाँचती-निहारती हुई—अखरोट, नाशपाती, सफेद बांज, कदम, बाँस, बाटलब्रश, विपिंग विलो, कचनार, जेकरंडा, कैल, सोपनट, चितकबरा के पौधे। फिर वह आँखों से ओझल होकर मकान के पिछली तरफ निकल गई। वहाँ थे—देवदार, टन, शीशम, चीड़, बांज, नीबू, जामुन, बोगनबेलिया, अमरूद, तेजपत्ता, मोरपंखी, सुरई और आम। उसने झुककर हर पौधे को टटोला, उनके पत्तों को सहलाया। कुछ को नाक से लगाकर सूँघा, तो कुछ के पत्तों को अपने चेहरे से स्पर्श कराया। इस दौरान मैं बिना हिले-डुले खामोश खड़ा रहा—अलगाव और यादों के बीच जमा हुआ।

कई मिनट यूँ ही बीत गए और फिर वह मकान के दूसरी ओर से निकलती हुई दिखाई दी। उसकी मुँदी हथेलियों में तरह-तरह के पत्ते दबे हुए थे। वह मेरे पास से ही गुजरी थी लेकिन उसने मेरी तरफ एक बार भी नहीं देखा। मैं वहीं बैठा रहा, समझ नहीं पा रहा था कि जाऊँ तो कहाँ जाऊँ। जैसे जिन्दगी अपना पूरा अर्थ ही खो चुकी थी मेरे लिए।

बाकी पूरा दिन उसने अधूरी स्टडी में गुजारा। खिड़की पर लगी जैसलमेरी पत्थर की पटिया पर बैठी रही ज्योलीकोट घाटी को निहारती हुई। बस, बारिश उससे थोड़ा आगे ही हरहरा रही थी। दिन के तीखे उजाले में मैं अपने अन्दर इतनी हिम्मत नहीं जुटा सका कि जहाँ वह थी, वहाँ जा सकूँ। मैं मकान के चारों ओर घूमे हुए ऊपरी बरामदे में बैठा रहा—बरसाती बूँदों की आवाजें सुनता हुआ। मेरे अन्दर के सारे शब्द, सारी भावनाएँ मर गई थीं।

दोपहर ढलने के बाद मैंने कमरे के फर्श में लगे तख्तों की चर-मर सुनी। यह उसके दृढ़ और भारी कदमों की आवाज़ थी। वह वहाँ से निकलकर हमारे कमरे में चली गई और कुछ पल बाद मैंने जरा गरदन घुमाई तो वह चमड़े के बैग में अपने कपड़े भरती दिखाई दी।

जब हम नीचे उतरे तो बरामदे में राक्षस और बघीरा इन्तजार कर रहे थे। उसने कई बार बघीरा की ठुडी थपथपाई और उसके कंधे के निचले हिस्से के घावों के बारे में पशु डॉक्टर के निर्देशों को दोहरा दिया।

राक्षस ने कहा—दीदी, जल्दी लौटना।

मैं हरे रंग की बड़ी जे एंड बी छतरी खोलकर उसकी प्रतीक्षा कर रहा था। मेरे स्पर्श से बचते हुए वह छतरी के नीचे आ गई। और हम एकदम खामोश रहते हुए कदम-ब-कदम बढ़ चले। पिछले पन्द्रह वर्षों में हम इस तरह हजारों बार साथ-साथ चले होंगे लेकिन इस बार का चलना...हम पत्थर की पुरानी सीढ़ियों पर उतरते हुए दाएँ घूमकर अपने पुराने देवदार के ठीक नीचे पहुँचे। पेड़ से बारिश का पानी टपक रहा था और वहाँ से चलते हुए पुराने टूटे हुए निचले दरवाजे तक आ गए। यही वह दरवाजा था जिससे होकर पहले पहल हम गुजरे थे जब यह मकान देखने आए थे।

अब वहाँ कोई दरवाजा नहीं रह गया था। गुजरने का रास्ता बनाने के लिए मैंने कँटीले तारों के दो पल्ले परे खिसका दिए। जब मैं तारों को खम्भे में लगी मुड़ी हुई कीलों से अलग कर रहा था तो उसने सहज भाव से छतरी का हैंडिल थाम लिया। मैंने पीछे घूमकर देखा–राक्षस की एक हाथ वाली छायाकृति खुले बरामदे पर फैली लताओं के नीचे खड़ी दिखाई दी। वह हमें ही देख रहा था।

हमने सड़क पार की और टूटी हुई पथरीली पटरी के साथ खड़े हो गए। यही वह जगह थी जहाँ हम पहले पहल आकर बैठे थे–तब आकाश एकदम नीला था और धूप शानदार। वहाँ बैठकर हम देर तक मकान को निहारते रहे थे। हमें पहली नजर में ही वह भा गया था। लगा था जैसे यही वह जगह थी जिसकी हमें न जाने कब से प्रतीक्षा थी और हमारा शेष जीवन अब यहीं बीतनेवाला था।

खुशनुमा धूप और ताजी हवा ने फ़िज़ की त्वचा पर जैसे एक अनजानी चमक चढ़ा दी थी। फ़िज़ ने कहा था–लगता है हमारा इस जगह से कोई बहुत पुराना सम्बन्ध है।

लेकिन आज तेजी से बरसते पानी में ही हम भुवाली से आनेवाली बस की प्रतीक्षा कर रहे थे जो उसे मुझसे दूर नीचे काठगोदाम तथा और भी परे ले जानेवाली थी। इस घनघोर बरसात में सड़क पर ट्रेफिक नहीं था, निरन्तर बरसात और घने होते जाते अँधेरे में ऐसा लग रहा था जैसे हम आज नहीं, सैकड़ों साल पहले की पहाड़ी के कगार पर खड़े प्रतीक्षा कर रहे हैं–तब जब न बिजली थी, न मोटरें। गाँधी से, आजादी से भी पूर्व। प्यार से पहले।

मेरे माता-पिता, दादी-बाबा, उसके माँ-बाप और दादा-दादी और उनके जमाने के और लोगों की तरह उन लोगों की समझ में रोमानी या कामासक्त प्यार की बात नहीं आती थी। शादी, पैसा, कर्तव्य, सहवास, और बच्चे पैदा करने का अर्थ वे लोग भली भाँति समझते थे। लेकिन हमारा खयाल एकदम उलट था। प्यार के अलावा और सब बेमानी, व्यर्थ था हमारे लिए। लेकिन इस वक्त उस धुआँधार बारिश में सैकड़ों साल पार करके उस जगह आ खड़े हुए थे। वह समय जब वहाँ न बिजली थी, न मोटर यातायात, देश गुलाम था और वह क्षण हम दोनों के प्यार में भी डूबने से भी पहले का था। लेकिन अब मैं सोचता था शायद मैं कुछ भी नहीं जानता-समझता था। फ़िज़ यह सब समझती थी या नहीं, यह जानने का कोई उपाय नहीं था मेरे पास।

हमें बस की प्रतीक्षा में वहाँ खड़े-खड़े काफी समय बीत गया था, और छतरी की हिम्मत जवाब देने लगी थी। पानी न जाने कहाँ किधर से आकर हमें भिगोए दे रहा था। इसी बीच राक्षस ऊपर से वहाँ चला आया। उसने हरे रंग की भारी बरसाती पहन रखी थी। उसने सुझाया कि फ़िज़ कल सुबह भी जा सकती हैं। लेकिन यह सुझाव बस एक औपचारिकता ही थी। वह फ़िज़ के स्वभाव को बखूबी जानता-पहचानता था। वह वापस जाकर फिर से खुले बरामदे में छत के आगे निकली मुँडेर के नीचे जा खड़ा हुआ, जहाँ से वह हमें देख सकता था।

सात बज चुके थे तब हमने अपने ऊपर बस की रोशनियाँ देखीं जो धीरे-धीरे धड़-धड़ करती बढ़ी चली आ रही थीं।

बस आखिरी मोड़ घूमकर सीधे हमारी तरफ बढ़ती चली आ रही थी। बस हमारे नजदीक आई तो आँखें एकदम चौंधियाँ गईं। बस की गति लगातार कम होती जा रही थी। बस हमारे सामने से गुजरकर रुकी और उसका अगला दरवाजा ठीक हमारे सामने था। हैडलाइटों की चौंधियानेवाली रोशनी हमारे आगे पड़ रही थी। ज्यादातर दूसरी पहाड़ी बसों की तरह यह बस भी पुरानी थी और इसका इंजन अजीब ढंग से धड़-धड़ कर रहा था जैसे किसी ने मशीन के अन्दर कई रोड़ियाँ डाल दी हों।

दुबले-पतले युवा कंडक्टर ने जरा जोर लगाकर बस का दरवाजा खोला। बारिश से बचाव करनेवाले चौड़े खाकी लबादे के नीचे उसने चुस्त नीली जीन्स पहन ली थी। होंठों पर पुराने फैशन की ऊपर की ओर उमेठी हुई मूँछें थीं। फ़िज़ ने कंडक्टर को अपना बैग पकड़ा दिया। जिसे कंडक्टर ने दरवाजे के पासवाली सीट पर रख दिया। फ़िज़ ने सहारे के लिए डंडा थामा, तो कंडक्टर परे सरक गया। एक ही उछाल में फ़िज़ बस में चढ़ गई।

मैंने सिर अन्दर करके बस का जायजा लिया। बमुश्किल दर्जन भर यात्री थे बस में। वे सब मुड़े हुए पुराने लबादों में लिपटे हुए थे। फ़िज़ बस में दूसरी तरफ चली गई थी और अब ड्राइवर के ठीक पीछे बैठी हुई थी। युवा कंडक्टर मेरे बस में चढ़ने की प्रतीक्षा कर रहा था। लेकिन मैंने हरा छाता बन्द करके उसे थमा दिया। वह उलझन भरे भाव से प्रतीक्षा करता रहा।

मैं पीछे हटकर हाथ उठाए हुए तेजी से बस के सामने से गुजरकर दूसरी तरफ आ गया। बारिश की बूँदें हैडलाइट्स की पीली रोशनी को काटती हुई गिर रही थीं। धड़धड़ाता इंजन धुआँमारी गरमी छोड़ रहा था जो बूँदों में तैर-सी रही थी। मैंने ड्राइवर की तरफ का छोटा दरवाजा खटखटाया तो बूढ़े सरदार जी ने दरवाजा खोल दिया। वह सेना की पुराने हरे रंग की टोपीवाली जैकेट पहने हुए थे।

मैंने कहा—सरदारजी, जरा खयाल रखना।

बेटा कुछ डर नहीं—उन्होंने कहा। फिर दरवाजा बन्द कर लिया। एक खड़खड़ाहट गूँज गई।

उन्होंने बस चालू की तो मैं परे खिसक गया, पिछले पाइप से काला धुआँ निकला और कर्र-कर्र की आवाज के साथ उन्होंने बस को गीयर में डाल दिया।

बस थर्राई। फ़िज़ खिड़की के पास बैठी थी। उसके केश कसकर पीछे बँधे हुए थे। लगता था जैसे वह एकदम ठीक सामने देख रही है। मेरे लिए यह कहना मुश्किल था कि उसका चेहरा बारिश से भीगा था या वहाँ आँसुओं का गीलापन भी था।

और अब मैं दूर जाती बस के पीछे धुँधली लाली में चमकती रोशनियों को देख रहा था।

कुछ ही देर में बस ने अगला मोड़ पार किया और आँखों से ओझल हो गई।

मैं देर तक सड़क के बीच में खड़ा रहा—ऊपर खुले आकाश से बारिश तेजी से गिर रही थी। मैं देर तक भीगता रहा। गीलापन मेरे रोम-रोम में समा गया था। शुरू में ठंडी लग रही थी जो अब अरामदेह गरमाई में बदल चुकी थीं।

मैं घर वापस पहुँचा। सीढ़ियाँ चढ़कर अपने कमरे में गया और सारे कपड़े उतार डाले। मैंने खुद को नंगा और खाली महसूस किया उस दिन की तरह जब मैं पैदा हुआ था।

उत्तराधिकारी

दुनिया में दिल्ली से अधिक पुराने शहर कम ही हैं। हजारों सालों से रोमांचप्रिय यात्री, खोजी, लुटेरे, हमलावर, बादशाह, विद्वान, सूफी, संसार त्यागी भिक्षु—तरह-तरह के लोग अपने-अपने ढंग से दिल्ली के दरवाजे पर पहुँचे क्योंकि उनमें हरेक की मंजिल अलग-अलग थी।

नई दिल्ली पुरानी दिल्ली के ऊपर लगातार फैलती जा रही है। स्थितियाँ तो अदलती-बदलती रहीं लेकिन सत्ता प्राप्त करने की उथल-पुथल लगातार एक-सी बनी रही। 1987 की सर्दियों में हम दिल्ली चले आए अपना सामान लेकर। हम वहाँ जमने का इरादा करके आए थे। शुरू-शुरू में हमारे साथ बस दो सूटकेस भर थे। हम टिकने का सही ठिकाना तलाश रहे थे।

फिर एक बरसाती हमारा घर बन गई। इसके बाद हम अपना सामान ले आए और फिर सदा के लिए दिल्ली के हो गए। जब हम पहले-पहल दिल्ली आए थे तो मानसून का मौसम उतार पर था। दो सूटकेसों में समाए घर की मदद से दिल्ली में बिताए दो महीनों में हमने पेड़ों को अपने पत्ते गिराते देखा था, फिर पतझड़ भी बीत गया था।

दिन छोटे हो गए थे। सड़कों पर यातायात कम हो चला था। और अब आधी रात के बाद किसी कार के इंजन की आवाज कभी-कभार ही सुनाई पड़ती थी। हैडलाइट्स बहुत कम दीख पड़तीं। सुबह और रात के समय पाले की ठंडी उँगलियों की छुअन महसूस होने लगी थी। और जल्दी ही कुहरा नींद से जागकर हम पर छा जानेवाला था।

हम भारत के केन्द्र में आ पहुँचे थे। यह भारत पहलेवाला निरीह भारत नहीं रह गया था। नब्बे के दशक में आतंकवाद में आए उभार ने अपने पूरे देश के आलस को झकझोरकर रख दिया था। अंग्रेजों को गौरवपूर्ण ढंग से देश से बाहर निकालने का तीस वर्ष पुराना आत्मगौरव गायब होता जा रहा था।

आनेवाले वर्षों में यह सब कुछ गायब हो जानेवाला था—चाय के आरामदेह दौर मेरी और जान कान्वेंट्स में मदर सुपीरियर तथा देवदूतों के ईशगान, ऑक्सफोर्ड और केम्ब्रिज विश्वविद्यालयों में पढ़कर आए अखबारों के सह सम्पादक, शानदार गांधी टोपियों से गौरवान्वित होते गांधीवादी लोग, नैतिकवादी डाकू जो केवल अमीरों को लूटते थे, अंडरवर्ल्ड के सरगना, जो तस्करी में तो लिप्त थे पर किसी की हत्या नहीं करते थे, क्रिकेट का सम्मान जात-पात और संविधान के अधिकार, नैतिक और भौतिक दायित्व, कर्म और धर्म—सब कुछ।

सत्ता में बैठा आदमी अब जल्दी ही अपनी धोती उठाकर सबकी अपनी...दिखानेवाला था। सड़क पर यही दृश्य आम आदमी द्वारा दोहराया जाएगा। हम मध्य वर्ग के लोग और कुछ नहीं तो दर्पण के आगे ही सिर झुका लेंगे, अपनी रेडीमेड पैंट नीचे खिसकाकर खुद को ही अपनी वो दिखाने लग जाएँगे। अधिकारहीन वंचित शक्तियों, उत्तर औपनिवेशिक पुनर्निर्माण, ग्रामीण

बदहाली, तीसरी दुनिया की अक्षमता, दलित उठान, सांस्कृतिक राष्ट्रवाद तथा ऐसे ही मुद्दों पर पांडित्यपूर्ण शब्दाडम्बरवाली चर्चाएँ मीडिया के विश्लेषण आम हो जाएँगे। लेकिन अन्त में यही होगा कि सब एक दूसरे को अपनी-अपनी...दिखाते रह जाएँगे।

और आखिर में यह देश इस तरह अपनी-अपनी...दिखानेवालों का ही एक महासंघ बनकर रह जाएगा।

अपने उड़ाऊ-खाऊ बेटों के बारे में मेरे नाना कहा करते थे कि उन्होंने अपनी बेसिर पैर की 'स्कीमों' पर सब कुछ स्वाहा कर दिया था।

उन्होंने क्या कुछ नहीं किया—बाजार से टूथ ब्रशों को उखाड़ने की गरज से नीम की छह इंची दातुनों के पैकेट बनाकर बेचे, ऐसी पैंटें बनाईं जो पीछे से खुल जाती थीं ताकि शौच जाते समय आपको उन्हें नीचे सरकाने की जरूरत न पड़े। उन्होंने मुर्गियों को बासी स्टियराइड्स खिलाए ताकि वे नियत से हर आठ घंटे पर अंडे देने लगें। यह और बात है कि उन मुर्गियों के शरीर दवा के असर से फूलकर फट गए। और जब वे इन शेखचिल्ली स्कीमों के दुखद अन्त की बात करते थे तो उनका लकड़ी व काँसे से बना हुक्का गुस्से से गुड़गुड़ाने लगा था। शायद अँधेरे में एक आदमी की...भी किसी के चेहरे जैसी लग सकती है।

1987 की सर्दियों में भारत में असफल स्कीमों की भरमार थी—कृषि स्कीमें, राजनीतिक योजनाएँ, आर्थिक स्कीमें, शैक्षिक स्कीमें, धार्मिक योजनाएँ, काला धन पर अंकुश लगाने की योजनाएँ, पशु संरक्षण स्कीमें, महिला कल्याण स्कीमें, बच्चों के उचित विकास की स्कीमें, लड़की भ्रूण का पता लगानेवाली मशीनों पर रोक की स्कीमें, पुरुष की नली के प्रति सम्मान दिखानेवाली तुरन्त नसबन्दी स्कीम, स्वच्छ भारत स्कीमें, प्राचीन भारत स्कीमें और नवीन भारत स्कीम—हमने नए शब्द गढ़ने की गोरों की चतुराई को बड़ी सफाई से सीख लिया था।

शानदार शीर्षक असभ्य अपराधों पर परदा डाल सकते हैं।

देश में हर कहीं ढीले-ढाले कपड़ों और गम्भीर मुख-मुद्रावाले स्त्री-पुरुष कमेटियों की बैठकों और दफ्तरों में बैठकर एक के बाद दूसरी स्कीमों के खयाली पुलाव पेश कर रहे थे। हाँ, उनके नाम जरूर सार्थक थे। इन स्कीमों को सरकार के जबड़ों में लगातार यों पीसा जा रहा था जैसे सड़क के किनारे खड़े गन्ने का रस बेचनेवाला लगातार गोल-गोल घूमती गन्ने की पोरियों से रस निकालता जाए। इस तरह निकाले गए रस को सुरक्षित रखकर लोगों को रस निकले गन्ने की छोई पेश की जाती थी और लोग चाहत भरी आँखों से गन्ने के रस को देखते हुए उसी गन्ने की छोई को खाते जाते थे।

जैसा कि मेरा दोस्त अकसर कहा करता था—हिन्दुस्तान एक जिमखाना क्लब की तरह है जहाँ लोगों के पास वोट देने का अधिकार है लेकिन क्लब की सदस्यता राजनेताओं और अफसरशाही की मुट्ठी में है।

मेरे नाना बस इतना ही कहकर चुप हो जाते थे—अँधेरे में आदमी के चूतड़ भी उसके चेहरे जैसी दिखाई दे सकते हैं।

1987 की सर्दियाँ। इन्दिरा गांधी नहीं रही थीं। असल में तो उनकी मृत्यु को तीन साल बीत चुके थे। जब उनका बदन गोलियों से छलनी हुआ तो मेरे पिताजी खूब रोए थे और मैं हिकारत से उनकी ओर देखता रह गया था। इन्दिरा गांधी को बहुत सारे सवालों के जवाब देने थे और अब किसी ने तो उनसे हिसाब माँगा था।

राजीव गांधी मौजूद थे और उलझंन को जल्दी सुलझाने की कोशिश कर रहे थे। उन्होंने हमें अपने सपने के बारे में बताया था। लेकिन उस समय तो वह सब उनके भोलेपन के कसाई खाने में उधेड़ा जा रहा था। उनकी माँ में अहं का विष था तो राजीव गांधी में उनका भोलापन जहर बन गया था।

इस सब का दुखद अन्त होनेवाला था। और इसके घटने के बाद अब सवाल उन्हें पूछने थे और उनका जवाब ऊपरवाला ही देनेवाला था।

हिन्दू दक्षिणपंथ अभी अपने पागलपन की हद तक नहीं पहुँचा था। लोगों को अपने ऊँचे पायदानों से नीचे उतरने में कुछ वक्त तो लगता ही है। 1947 की घटनाओं ने हमें एक मुश्किल स्थिति में डाल दिया था, जहाँ हमारे साथ कोई न था। पागल दक्षिणपंथियों का समय जल्दी ही आनेवाला था क्योंकि हम आधुनिकतावाद और प्रजातंत्र के उन महान विचारों से दूर होते जा रहे थे जिनका पाठ हमें उपनिवेशवाद के विरुद्ध संघर्ष करनेवाले सूरमाओं ने पढ़ाया था। और इसके बाद हम जात-पात, और धर्म के ओछेपन के गड्ढे में गहरे गिरते जा रहे थे।

पागल दक्षिणपंथी इस बात को खूब समझ चुके थे कि अँधेरे में आदमी का चूतड़ उसके चेहरे जैसा दिखाई दे सकता है। लेकिन असल में तो वह चूतड़ ही रहता है। लेकिन चूतड़ को चूतड़ की तरह जानना उनके बीच एक संवाद शुरू करना ही होता है।

यह सच जानकर कितनी तसल्ली मिलती है कि असल में वह किसी का चेहरा नहीं बल्कि चूतड़ ही है। कुछ इसी तरह जैसे छुरी-काँटे की नफासत का दिखावा करना छोड़कर खाने पर हाथों से टूट पड़ा जाए।

अपनी पैंट नीचे खिसकाकर अपना चूतड़ दिखाना ओफ कितनी राहत मिलती है। जैसे चूतड़ों के महासंघ में शामिल हो जाना। इन्दिरा गांधी का विष उनका अहं था, वहीं राजीव गांधी में उनका भोलापन था। और पागल दक्षिणपंथ में वही था उनका ओछापन।

1987 की सर्दियाँ—इन्दिरा गांधी की मृत्यु हो चुकी थी। राजीव गांधी जीवित थे और पागल दक्षिणपंथ अभी भ्रूण में बढ़ रहा था। ऐसी स्थितियों में फ़िज़ के साथ मेरा हमेशा के लिए दिल्ली चले आना—मृत, जीवित और गर्भस्थ इन तीनों ने मुझे नहीं अटकाया था। राजधानी में आ बसने का निर्णय एकदम आकस्मिक था। लेकिन मेरे अन्दर कहीं न कहीं यह शायद काफी दिनों से था।

इसे हम दोनों की खासियत कहा जा सकता था। किसी भी बात पर लगातार बातें करते चले जाना लेकिन उसे हल न करना। और फिर एक दिन ऐसा होता—कहीं एक झटका लगता, लहर उठती—और बस एक विचार हम पर हावी हो जाता, और इससे पहले कि दोनों में से कोई कुछ जान या समझ पाते हम मुस्तैदी से उसे करने में लगे होते थे।

इस मामले में शुरुआती प्रेरणा मेरी नौकरी बनी, और फिर विचार आया कि हम भी क्यों न चलें और बस...

उस साल मार्च में मैं 26 का हो गया था। दोपहर ढलने के बाद मैं घर लौटा और किडनी के आकार के बाथटब जितने बड़े रसोईघर में जा पहुँचा—फ़िज़ चाय बना रही थी और मैंने कहा—मैं नौकरी छोड़ना चाहता हूँ।

फ़िज़ शान्त भाव से, बड़ी से बड़ी बात पर भी धीर-गम्भीर बने रहना उसकी विशेषता थी, मेरी ओर घूमी और कहा—तो छोड़ दो।

और फिर भौंहों का धनुष तानते हुए कहा था—जो भी हो, मुझे कुछ दिखाना है तुम्हें। कुछ बातें करनी हैं तुम्हारे साथ।

चाय तैयार थी लेकिन उसे पीना छोड़ मैं कुछ और करने में जुटा था। मैंने अपना लाल रंगवाला ब्रदर टाइपराइटर डाइनिंग टेबल पर जमाया। उसका काले रंग का कवर खोला, एक फूलस्केप कागज की शीट उसमें लगाई, हाशिए ठीक किए और फिर बिना हिचकिचाहट या गलती के अपना त्यागपत्र टाइप कर डाला अपने सम्पादक के नाम।

त्यागपत्र का मसौदा बड़ा नहीं था। उसमें मैंने बस इतना कहा था कि मुझे छह महीने की छुट्टियाँ चाहिए थीं। यदि मुझे बिना वेतन के अवकाश मिल जाए तो मैं आभार मानूँगा। यदि ऐसा करना सम्भव न हो तो फिर इस पत्र को ही मेरा त्यागपत्र समझ लिया जाए। मैंने वह कड़क नया कागज जरा अदा के साथ टाइपराइटर से निकाला और फ़िज़ को थमा दिया। पढ़ना खत्म करते ही वह मुझसे लिपट गई। उसके चेहरे पर उत्तेजना की चमक थी। और फिर उसने मुझे चूम लिया। मैंने झट उसे ऊपर उठाया और मेज पर लिटा दिया। कुर्सी पर बैठकर मुँह से उसकी पूजा करने लगा और तब तक करता रहा जब तक मुझे उसकी आवाज़ सुनाई देनी बन्द न हो गई।

फ़िज़—पगली फ़िज़।

निष्ठा, उदारता या फिर कलाँ के प्रति पागलपन की कोई भी बात उसे सदा जगा दे सकती थी जैसे कुछ औरतें बढ़िया कारों, शानदार कपड़ों, पौरुष और पैसे से मचल उठती है।

डाइनिंग टेबुल से हम सीधे बिस्तर पर पहुँच गए और फिर रात में ही उठे वहाँ से। फिर हमने बाइक निकाली और लम्बी सैर पर निकल पड़े—चंडीगढ़ की चौड़ी-चौड़ी सड़कों पर तेजी से घूमते रहे। हम झील से विश्वविद्यालय गए और मोहाली तक जानेवाली लिंक रोड पर बाइक दौड़ाते रहे। सड़क के दोनों तरफ हरे-भरे खेत पसरे थे। सड़क पर यातायात कम था और रात सर्द। हम सब तरफ पसरी खामोशी को चीरते हुए, अपने पीछे छोड़ते बाइक दौड़ाते रहे। हवा मेरे चेहरे से टकरा रही थी और फ़िज़ ने मुझे कसकर पकड़ रखा था। उसकी नरम-नाजुक हथेलियाँ कमीज के अन्दर मुझे छू रही थीं।

नौकरी से निजात पाने से मन में जो खुशी थी, वैसी कम बातों से ही मिलती है। जैसे मानो आप अपनी खोई हुई जिन्दगी को फिर से पा लें, फिर चाहे ऐसा बस थोड़े समय के लिए क्यों न हो। और उस दौर में आप खुद को अपना मालिक पाते हैं। हम सड़कों के चक्कर काटते रहे—हमने अपने हाथों को मनचाहा करने के लिए आजाद छोड़ दिया था। और जब हाथों के लिए करने लायक कुछ न बचा तो हमें घर की याद आई। हाथों ने जो कुछ शुरू किया था उसे पूरा करने के लिए और हम वापस चल दिए।

अगली सुबह नींद खुली तो हम बेहद खुश थे, वह खुशी दिन भर बनी रही और खुशी का यह दौर इसके बादवाले कई दिनों तक भी चलता रहा। लेकिन मैंने सुस्ती न दिखाने का पक्का इरादा कर लिया था। और मेरे इस पक्के इरादे ने फ़िज़ को भी छू लिया था कहीं। उसके चेहरे की चमक सब बता रही थी।

अगली सुबह फ़िज़ ब्रदर टाइपराइटर की सर्विसिंग कराने सेक्टर 21 की मार्किट गई तो मैं घर में अपनी योजनाओं के साथ अकेला रह गया। टाइपराइटर ठीक होकर शाम को आया। उसका लाल रंग चमचमा रहा था। उसकी कीज में चिकनाई तेज लगाई गई थी ताकि वह खटाखट टाइप करता जाए और नया रिबन डाल दिया गया था ताकि जो कुछ भी टाइप किया

जाए उसे खूब आराम से पढ़ा जा सके। फ़िज़ बढ़िया कागज का एक रीम भी ले आई थी। हार्ड लीड पेंसिलों का एक डिब्बा, नोट करने के लिए स्पाइरल डायरी। हरे-सफेद रंग का बड़ा रबर, करेक्शन व्हाइटनर की एक छोटी शीशी और पुस्तक की शक्ल वाला एक पेंसिल शार्पनर। खास तौर से मुझे चिढ़ाने के लिए वह स्टैंडवाली लकड़ी की तख्ती भी लेकर आई थी। उस पर घने केशवाली एक लड़की की शक्ल बनी थी दोनों हाथ जोड़ने की मुद्रा में—और लिखा था माई हीरो।

अपने लिए मैंने टाइमटेबुल और कोड आफ कंडक्ट तैयार किया था ताकि मैं काम में जुटा रह सकूँ। मैंने वह सब एक नोट बुक में लिखा, उसे सुधारा सँवारा, टाइप किया और बाथरूम में दर्पण पर टेप से चिपका दिया। कुछ-कुछ मजाक में—लेकिन पूरी तरह नहीं—मैंने उसका शीर्षक रखा था—एक युवा कलाकार के लिए नियमावली। समय—1987

नाश्ता, सेक्स, अखबार, स्नान 9.00 बजे तक।

9.30 पर काम शुरू।

1.00 बजे अवकाश।

1.00 से 4.00 तक हल्का लंच और कुछ आराम।

4.00 बजे काम फिर शुरू और 7.00 बजे तक जारी।

5.30 पर एक प्याला चाय काम करते हुए ही, काम में रुकावट नहीं आनी चाहिए। हर दिन कम से कम 800 शब्द अवश्य लिखे जाएँ।

हर सप्ताह दो दिन की छुट्टी।

इसका मतलब हुआ 4000 शब्द हर सप्ताह याद रहे।

लेखन का अनुशासन प्रेरणा से कम महत्त्वपूर्ण नहीं।

सप्ताह के दौरान कोई फिल्म नहीं देखनी है। काफ्का, जायस और फाकनर की रचनाएँ नहीं पढ़नी हैं। सोने से पहले कविताएँ पढ़ना—हार्डी, लर्किन, स्टीवैंस, व्हिटमैन, यीट्स, इलियट।

हर शाम शेक्सपियर की रचना का एक पृष्ठ पढ़ना है।

काम के दिनों के दौरान शराब नहीं काम करते हुए सेक्स से परहेज रखना है।

हर शाम जागिंग पर जाना ताकि रक्त संचार ठीक-ठाक रहे।

वास्तविक लेखन कर्म को लेकर कुछ निषेध थे जिन्हें बाकी नियमावली से एक काली रेखा खींचकर अलग किया गया था।

महत्त्वाकांक्षी बनो—दृष्टि को भविष्य की ओर रखो याद रहे महान पुस्तकों में कथाक्रम की कोई परवाह नहीं की जाती। नए विचार और चरित्रों पर ध्यान केन्द्रित रखो। कथा सूत्र जितना ही महत्त्व शैली का है, नए ढंग से लिखो।

अन्य पुरुष शैली का लेखन करो, यह दर्शाओ कि लेखक सर्वज्ञानी होता है। गद्य ऐसे लिखो कि अविस्मरणीय बन जाए। उसे पढ़ना अपूर्व आनन्ददायी रहे।

भावावेग लेखन में नहीं झलकना चाहिए। एकदम यथार्थवादी लेखन क्योंकि यह दुनिया बहुत कठिन-कठोर है। इसे बखूबी समझ लो। अपनी बात को तर्क की कसौटी पर सही उतारने के संघर्ष से दूर रहो क्योंकि अपना देश भारत अविश्वसनीय स्थिति में है। यहाँ कुछ भी सम्भव है।

सेक्स के बारे में लेखन से बचो। इसका सही चित्रण बहुत मुश्किल है, हाँ, गन्दगी फैलाना आसान होता है।

जो लिख रहे हो उसके बारे में चर्चा से बचो। दुनिया में न पढ़ने लायक कूड़ा साहित्य ढेरों है। मेहरबानी करके उसमें और वृद्धि न करो।

लिखना जिन्दगी नहीं, लेकिन फ़िज़ जिन्दगी है। फ़िज़ ने उसे पढ़ा। फिर एक फैल्ट पैन लेकर 'नहीं' शब्द को काट दिया। फिर दूसरे वाक्य में फ़िज़ जोड़ दिया। अब दोनों वाक्यों को यों पढ़ा जा सकता था–लिखना जिन्दगी है। फ़िज़ फ़िज़ है।

मैंने उससे कुछ कहा नहीं, पर मैं उसकी राय से सहमत था।

हर सुबह मैं दाँत साफ करते हुए उस सूची को पढ़ता और उस पर लिखे निषेधों को याद करता जिनकी सीमाओं में मैं चल रहा था। शुरू-शुरू में कार्यक्रम ठीक-ठाक चला। टाइमटेबुल के हिसाब से काम सुबह ठीक 9.30 पर शुरू हो जाता और शाम को 7 बजे ही बन्द होता। बीच-बीच में अवकाश और आराम के क्षण तो होते ही थे। इसके बाद फ़िज़ साथ में होती और दिन भर की मेहनत का इनाम माँगने और मिलने का सिलसिला चलता। लेकिन एक मुश्किल थी जिसके बारे में टाइमटेबुल शीट पर कुछ भी लिखा नहीं था। मुश्किल यही थी पूरे दिन वहाँ फ़िज़ भी मौजूद रहती थी। और उस पर मेरा बनाया कोई नियम-कानून कभी नहीं चलता था।

हर सुबह की शुरुआत उसकी देहगन्ध सूँघने के साथ होती थी और जब मैं नाश्ते के लिए मेज पर बैठता तो मेरा मन सन्तुष्ट हो चुका होता था। मैं लंच टाइम तक और फिर आराम के दौरान उसी अनुभूति को बनाए रखना चाहता था। आराम का सीधा-सा मतलब था–कुछ नींद और बाकी मैं और फ़िज़–उससे गुजरने के बाद फिर कुछ देर नींद में बीतती थी। लेकिन कई बार अनसोचे व्यवधान भी आ जाते थे बीच में जब मुझ पर एकाएक जुनून सवार हो जाता और तब मेज पर बैठे हुए काम करते रह पाना असम्भव हो उठता मेरे लिए।

उस जुनून की शुरुआत कैसे होती थी यह ठीक-ठीक बता पाना मुश्किल है। वह तो किसी भी बात से हो जाती थी। फ़िज़ के साथ बिताए चरम आनन्द के क्षणों के बाद मन को भिगोनेवाली अनुभूति या फिर लगातार किसी बात को लेकर मन में बनी रहनेवाली चिढ़। चेहरे के आसपास मँडराती उसकी देहगन्ध अथवा उसका न होना। जब मुझे लगता मैं बढ़िया काम कर रहा हूँ तो मन में उन्मत्तता का ज्वर उमड़ने लगता या फिर जब कभी काम कार्यक्रम के हिसाब से ठीक न चलता होता तो उस खालीपन को भरने के लिए मैं सीधा उसी के पास जा पहुँचता था।

मुझे खिझानेवाली उसकी उपस्थिति अथवा मुझे परेशान करनेवाली उसकी अनुपस्थिति। जब जब ऐसा होता तो मैं तुरन्त उसे ढूँढ़ता–गुसलखाने में, रसोईघर में, लिविंग रूम में। उन क्षणों में हम दोनों एक दूसरे के प्रति निर्दयी-निर्मम हो उठते। शायद अनुशासन तोड़ने का दंड देते होते थे हम खुद को।

तूफान एक मिनट में गुजर जाता और मैं अपनी कुर्सी पर वापस लौट आता। मेरी उँगलियाँ टाइपराइटर पर हौले से तन जातीं जैसे कोई पिआनो वादक मनपसन्द धुन की तलाश में निकल पड़ा हो।

पहलेवाली पांडुलिपि की तरह, यह भी ठीक ढंग से शुरू हुई थी। पहला वाक्य मेरे मन में यों उभरा जैसे कोई पतंग हवा में हौले-हौले उड़ती चली आए। यह मेरे त्यागपत्र देनेवाली रात थी जब हम चंडीगढ़ की सड़कों पर बाइक दौड़ा रहे थे। उसके हाथ मेरी कमीज के अन्दर

सक्रिय थे। अभय जब-जब अपनी धड़धड़ाती मोटर साइकिल को चाँदनी चौक की भीड़-भाड़ भरी और गहमा-गहमी वाली सड़कों में दौड़ता तो उसे लगता गोया पूरा भारतीय इतिहास उसकी पिछली सीट पर सवार हो। मानो शाहजहाँ से रानी विक्टोरिया और गाँधी-नेहरू-पटेल, आज़ाद तक सब उससे आ लिपटे हों और उसे दबा रहे हों, और उससे न जाने कौन-कौन से सवालों के जवाब माँग रहे हों। फिर चाहे वह आपकी मोटर साइकिल को कैसे भी धीमी या तेज दौड़ाए वह उन सबसे अपना पीछा नहीं छुड़ा पाता था।

काम की पहली सुबह—मैं जागा और उसके साथ भरपूर प्यार किया, पूरे जोश और उमंग से भरा था मैं, फिर नहाया, एक आमलेट और टोस्ट का नाश्ता किया। अब थोड़ी प्रतीक्षा करनी थी, फ़िज़ ने फुर्ती से मेज की सफाई कर डाली। फिर ब्रदर को झट से उठाकर मेज पर जमा दिया। उसे खोला, कवर को दूसरी तरफ रख दिया। फिर कागज को लहराकर रोलर में लगा दिया। रोलर को जरा घुमाया, मार्जिन सेट किए। और फिर जोर से खटखटाते हुए लिखा—मसौदा नं 1, 15 मार्च 1987। फिर दो लाइन नीचे खिसका कर टाइप किया—अध्याय। फिर दो बार रोलर और घुमाने के बाद टाइप करना शुरू कर दिया—हर बार अभय जब अपनी धड़धड़ाती मोटर साइकिल पर सवारी करता था...

घर में एक गम्भीरता छा गई थी। कला की वेदी पर टाइपराइटर की खटखट एक प्रार्थना की तरह लगती है। फ़िज़ दबे पाँव एक से दूसरे कमरे में बे आवाज आती-जाती और थोड़ी देर के बाद आनेवाली नौकरानी से फुसफुसाकर बोलती। वह टेलीफोन रसोईघर में ले गई। और पहली घंटी बजते ही जवाब दे देती, कोई भी फोन मुझ तक नहीं आने देती थी।

मैं मन से लिखता रहा। पहले वाक्य मेरे दिमाग में घूमते, पकते फिर मैं उन्हें कागज पर उतारता। शुरू के कुछ हफ्तों तक हर रोज आठ सौ शब्द टाइप करने के नियम का अच्छी तरह पालन हुआ। पेंसिल के पिछले हिस्से से छूकर मैं टाइप हुए शब्दों की गिनती करता। हर शाम को लिखना खत्म करने के बाद सावधानी से स्पाइरल डायरी में लिख लेता।

15 मार्च : 887 शब्द; 16 मार्च : 902 शब्द; 17 मार्च : 845 शब्द। जल्दी ही एक बुरी आदत में ढल गया—मैं लगभग हर पैरा टाइप करने के बाद शब्द गिनने और जोड़ने लगता। रोलर पर चढ़ा कागज फड़फड़ाता रहता और इस तरह मैंने न जाने कितना समय बर्बाद कर डाला।

फ़िज़ ने मेरे प्रति गहन आस्था बनाए रखी और इस बारे में कभी कोई प्रश्न नहीं किया कि मैं क्या लिख रहा हूँ। वह इस बारे में मेरे मुँह से सुनना चाहती थी। कई दिन ऐसे भी आए जब मेरे मन में यह इच्छा जोर मारती कि मैं उसे अपना लिखा हुआ पढ़ने को दूँ और उसकी राय पूछूँ। लेकिन मैंने खुद को रोके रखा। जैसे मैं खुद के साथ ही कोई खेल खेलने में लगा था। शायद मैं खुद का इम्तहान ले रहा था, यह देखना चाहता था कि आखिर मैं कब तक इस तरह अपने को रोके रख सकता था। अपने प्रति खुद की आस्था कब तक बनी रहनेवाली थी। और उसे अपनी ओर से बताने, दिखाने से पहले मैं ज्यादा से ज्यादा कितना और क्या लिख सकता था।

और यह भी कि उसे कब तक उम्मीद में यों लटके रहने दे सकता था।

जानबूझकर काम के दौरान उसे अपने परे रखने के इस फैसले ने एक आनन्ददायी उत्तेजना से भर दिया था मुझे। चमचमाते ब्रदर टाइपराइटर पर से एक के बाद दूसरा टाइप हुआ कागज उतारना और नया लगाना किसी रहस्य में ढल गया था। मैं खुद उस रहस्य का हिस्सा बन गया था। इस सबने मेरे प्रति उसकी उत्कंठा और उमंग को जैसे कई गुना बढ़ा दिया था। कोई

अप्रत्याशित जादूगरी। टाइप किए कागजों के पिरामिड के आसपास वह खामोश कदमों से आती जिसे मैंने हम लोगों की जिन्दगी में ला खड़ा किया था। वह हर तरह और हर तरफ से मुझे समझने-पढ़ने की कोशिश में लगी रहती।

लिखते समय तो मैं उसके लिए जैसे कुछ बहुत ही खास हो जाता था।

पहल उसकी तरफ से शुरू हुई।

यह होता था तब जब मैं अपना लिखना खत्म कर चुका होता। मैं चौड़ी कुर्सी पर या अपने पलंग पर बैठा बीथोवन को सुनता होता जिन्हें पढ़ने के लिए मैं खुद को तैयार कर रहा था और तब एकाएक आगे झुकती और कान के नीचे चूमना शुरू कर देती या अपनी उँगलियाँ हौले-हौले मेरे चेहरे पर फिराने लगती। अपनी नम जीभ का छोर मेरी छाती पर स्पर्श कराती या फिर अपना सिर मेरी गोद में रख लेती और मुझे कपड़ों के भीतर चबाने लगती नरमाई से।

एक बार उसने मुझे छुआ नहीं कि बस मैं खुद से बाहर हो जाता—बेकाबू। इस तरह वह जैसे मुझे बलि के लिए तैयार करती अपनी देहगन्ध में बाँधकर। चतुराई से सवारी गाँठती, देह की टीस उठानेवाले बिन्दुओं को जकड़ती-पकड़ती और फिर अपने पुष्ट नितम्बों के सहारे कायदे-तरीके से मेरी जान ले लेती। मैं चीखता, वह चिल्लाती। बीथोवन का कोरस धीरे-धीरे तेज हो उठता। और जब सब खत्म होकर चुक जाता तो वह मेरी नम जाँघ पर अपना सुन्दर चेहरा रखकर लेट जाती। खुली खिड़की से अन्दर आती चाँदनी हर कहीं पसरे गीलेपन को चमचमा देती।

कभी-कभी मैं पुराने फिलिप्स कैसेट प्लेयर को चलाता। उसके स्विच बहुत कड़े पड़ गए थे और घुमाने पर कड़-कड़ की आवाज़ करते थे। मैं हाथ बढ़ाकर स्विच घुमाता और नौवीं सिम्फनी को फिर से बजाने लगता और जब तक कोरस शुरू होता वह फिर से शुरू हो जाती।

हर रात मैं लेटा हुआ प्रतीक्षा करता रहता। अपने पर उसका यों हावी होना, अपना यों हारना, कितना मजेदार, कितना आनन्ददायी था।

उन महीनों के दौर में हमने अपने जीवन का चरम आनन्द भोगा। और जल्दी यह सब मेरे लेखन का सबसे बड़ा इनाम बन गया। सारा दिन काम करते हुए मैं लगातार यह सोचता रहता था—आज की रात, हाँ, आज की रात...मेरे लिए क्या सौगात लेकर आनेवाली है।

शुरू के छह हफ्तों के दौरान लिखने का काम ठीक-ठीक चला। लेकिन फिर मैं उलझने लगा। अपने दिमाग में मैंने कथा का भव्य ताना-बाना तैयार कर रखा था। उस समय मैंने तय कर लिया था कि छोटे-मोटे कथानकों पर कोई छोटी और मामूली किताबें नहीं लिखूँगा। आम तौर पर लेखक लोग साधारण सामाजिक, भावनाप्रधान सम्बन्धों पर ही कलम चलाते रहते हैं। माँ-बेटे, बेटे और पिता, परिवार में चलनेवाले षड्यंत्र, प्रेमियों के बीच होनेवाला मामूली मनमुटाव, अध्यापक और छात्र, अपराध और दंड, किसानों की भावनाएँ, मनुष्य को मिलनेवाले प्रकृति के सबक, दोस्ती और निकटता जैसी बातें ही हेरफेर कर कही और लिखी जाती हैं।

मैं कुछ अलग ढंग की, कोई बड़ी रचना करना चाहता था। जीवन का महानाटक, इतिहास के पन्नों में छिपे प्रसंग, नए विचार और सभ्यताओं से जुड़े सूत्र मेरे मन में खुल रहे थे। लम्बे समय तक चलनेवाले आन्दोलन जो संसार की नियति तय करते थे। उसे बनाते, बिगाड़ते हैं। मैं जो पुस्तक लिखने की कोशिश में लगा था उसकी शुरुआत देश के बँटवारे से पहले होनी थी। उसमें तीन पीढ़ियों की कथा थी जिसे आधुनिक भारत की विडम्बनाओं का प्रतीक होना

था। आजादी के मन में पलनेवाला नासूर। एक नवयुवक अभय—जो चाँदनी चौक की सड़कों पर अपनी मोटर साइकिल धड़धड़ाता घूमा करता था। उसी को तीसरी पीढ़ी का कथानायक बनना था। यही वह पीढ़ी थी जिसे आजादी की लड़ाई की गाथाओं-कथाओं के भव्य वर्णन विरासत में मिले थे—सरकार तथा उसके माता-पिता ने जिन्हें बार-बार दोहराया था। लेकिन इन सबके बावजूद वह वर्तमान की भ्रष्ट व्यवस्था में रहने-जीने के लिए अभिशप्त था।

उसके पिता महेन्द्र प्रताप दूसरी पीढ़ी का प्रतिनिधित्व करते थे। आजादी के लिए लड़ाई और संघर्ष का दौर उनकी जवानी का था। वह नरम मिजाज के थे।

अपने पिता की इच्छा के विरुद्ध उन्होंने स्वाधीनता संग्राम के दौर में सत्याग्रह, हड़ताल और आन्दोलनों में हिस्सा लिया था। यह दिशा देश को गांधी ने दिखाई थी, कांग्रेस ने उपनिवेशवादी अंग्रेज सरकार के विरुद्ध इन कार्यक्रमों को पूरे देश में चलाया था।

पहली पीढ़ी थी महेन्द्र प्रताप के पिता पंडित हरदयाल की। वह मजबूत कद काठी के, दिखावा पसन्द और कठोर स्वभाव के आदमी थे। उन्होंने 1930 के बाद वाले वर्षों में शान-शौकत से भरपूर जीवन जिया था। वह रनिंग बोर्ड से लैस रोल्स रायस में सवारी किया करते थे। और अपनी जमीन जोतनेवालों को बेदर्दी से मार-पीट कर अधमरा करने के आदी थे—वह अगर झुकते थे तो बस लाल सुर्ख चेहरेवाले अंग्रेज जिलाधीश टिम एंडरसन के सामने। छावनी में सप्लाई का धंधा करते थे, अपनी बैठक में बादशाह जार्ज छठे का चित्र लगाकर रखते थे और यह सिर्फ दिखावा नहीं था। पंडित हरदयाल सचमुच यह मानते थे कि भारत के लिए अंग्रेजी राज ही अच्छा है। पंडित हरदयाल की हवेली में औरतों के लिए बहुत कड़े नियम-कानून थे। औरतें कभी हवेली का मुख्य द्वार नहीं खोल सकती थीं, या बाहर से अगर कोई पुकारता तो उन्हें जवाब देने की भी मनाही थी। अगर किसी मौके पर घर में कोई पुरुष न होता तो आनेवाले मेहमान को चुपचाप लौट जाना पड़ता था क्योंकि घर की औरतों को तो किसी भी आनेवाले से बोलने-बतियाने की सख्त मनाही थी।

उपन्यास का आरम्भ समय से होना था। फिर तेजी से पीछे की तरफ लौटते हुए महेन्द्र प्रताप और पंडित हरदयाल की जीवनधारा से मिल जाना था। मैंने कथा का जो ताना-बाना बुना था उसे लेकर मैं काफी उत्साहित और उत्तेजित था। पुस्तक के प्रत्येक खंड में तीन अध्याय होने थे—अभय की कहानी, फिर प्रताप का जिक्र और फिर पंडित हरदयाल की जीवन चर्चा आनी थी। कथा का हर खंड एक सॉनेट के-साथ समाप्त होना था जिसमें बसे थे उनके पात्रों के जीवन के सुख-दुख और फिर इसके साथ जुड़नेवाली थी हमारे भारत में फैली उथल-पुथल, अराजकता के संकेत। मेरा खयाल था गद्य में इन पूरी स्थितियों को उसी तरह साररूप में व्यक्त नहीं किया जा सकता था, जैसे काव्य में। और फिर मेरा खयाल था कि लेखन की यह शैली अपने में नई थी।

शुरू के दो खंड लिखना कुछ मुश्किल न लगा। मैंने तीन मुख्य पात्रों को प्रवेश कराया और उनकी अलग-अलग चारित्रिक विशिष्टताएँ भी उनके साथ आ गईं। वे अपने में पूरे चरित्र थे—कुछ वैसे ही जैसी उनकी छवि मैंने मन में बनाई थी।

अपने पिता से हर वक्त गांधी-नेहरू के प्रेरणादायक भाषणों का जिक्र सुन-सुनकर अभय उकता चुका था। वह भले ही कुछ उलझा हुआ हो लेकिन है समय के साथ चलनेवाला फेशनेबुल युवक। 21 वर्ष का अभय राष्ट्रीय नाट्य विद्यालय में प्रवेश लेकर अन्ततः मुम्बई में एक फिल्म अभिनेता बनने के सपने देखता है। वह नीली जीन्स पहनता है, चार्म्स के कश और बीयर का

मजा लेता है, एक लड़की से उसकी दोस्ती है जिसके साथ वह सिनेमा देखने जाया करता है। शायद वह उसे...

अभय सत्ता और पैसे की ताकत को खूब पहचानता है और एक्टर के रूप में मशहूर होने का सपना देखता है। वह अपने पिता को सनकी समझता है। उसका खयाल है पिता जमाने की रफ्तार को नहीं पहचानते।

यह चौथे दशक का पंजाब था। अभय के पिता प्रताप एक जोश और उत्साह से भरपूर नौजवान थे। उन्होंने अमृतसर में गांधी को बोलते सुना था। तब प्रताप की उम्र सिर्फ 16 वर्ष थी। गांधी ने देश के जवानों से बलिदान माँगा था। प्रताप ने गाँधी का भाषण सुना। सीधा घर पहुँचा और अपने महँगे फेशनेबुल विदेशी कपड़े उतारकर खादी का कुरता-पाजामा पहन लिया। और यहीं पर नहीं रुका अभय। उसने कॉलेज छोड़ दिया और कांग्रेस की स्थानीय शाखा का सदस्य बन गया। और उसने यह साहसिक कदम उठाया अपने तानाशाह निरंकुश पिता की नाक के नीचे।

इससे पहले प्रताप ने कभी पिता का सामना करने की हिम्मत नहीं दिखाई थी। लेकिन उस दोपहर गांधी को सुनने के बाद सब कुछ एकाएक बदल गया। उसे अपने पिता की शान-शौकत के दिखावे से वैसे ही चिढ़ थी। वह खूब जानता था कि उसके पिता जो आम आदमियों पर रोब गाँठते थे, गोरे साहबों के सामने कैसे मिमियाते रहते थे—औरतों और नौकरों के प्रति उनका हीन व्यवहार उसे लज्जा से भर देता था।

कड़े स्वभाव के पंडित हरदयाल अपनी मेहनत के बल पर यहाँ तक पहुँचे थे। वह बड़े डील-डौल वाले मजबूत आदमी थे। उनका कद छह फीट से ऊँचा था और मुँह पर घनी मूँछें थीं जिनके छोर हमेशा ऊपर उठे रहते थे। उनका मानना था कि आदमी वही होता है जो कुछ बनना चाहता है। यह दुनिया सिर्फ उनकी थी और उन्हीं की हो सकती थी जो इसे अपनी ताकत से हिलाना और उसका मनचाहा उपयोग करना जानते थे। उनके पिता गाँव में मिठाई की छोटी-सी दुकान चलाते थे। पंडित हरदयाल ने जवानी में कदम रखते ही उस तरफ से मुँह मोड़ लिया और अपना रास्ता खुद बनाने की ठान ली। वह लाहौर छावनी जा पहुँचे। उन्होंने गोरे साहबों को अपनी बेबाकी से प्रभावित कर लिया और उन्हें बैरकों में मुर्गियाँ व अंडे सप्लाई करने का ठेका मिल गया।

शुरू के कई सालों तक वह सारा काम खुद किया करते थे—उन्होंने दूध, अनाज, मांस, जूते, आदि क्या कुछ सप्लाई नहीं किया छावनी में। लाहौर, अमृतसर और दिल्ली में उनकी हवेलियाँ थीं और गाँव में था एक लम्बा-चौड़ा फार्म। वह अरबी नस्ल के घोड़ों पर सवारी करते, सेविल रो में तैयार सूट पहनते और विदेशों से मँगाए गए मीरशुम पाइप से धुआँ उड़ाते। मेज पर बैठकर छुरी-काँटे से खाना खाते। जिले में सबसे पहली मोटर कार उन्हीं की आई थी। कराची, लखनऊ और बम्बई से मुजरेवालियाँ उनका मनोरंजन करने आया करती थीं। उनकी तीन बीवियाँ, पन्द्रह बेटियाँ और एक बेटा संगमरमर की जालीदार दीवारों के पीछे से छिप-छिपकर यह सब देखा करते। मशालों के लपलपाते प्रकाश में नाचनेवालियाँ पंडितजी का मनोरंजन करती रहतीं। और वह बैठे-बैठे अपनी मूँछें उमेठते रहते। पहले बाएँ हाथ से और फिर दाएँ से। यह सिलसिला जारी रहता।

पुस्तक का पहला खंड पूरा हुआ, अन्त हुआ एक सॉनेट के साथ। देश की आजादी के अनिश्चित भविष्य की गूँज थी उस सॉनेट में। हमने अपने को एक कैद से आजाद कराने के लिए संघर्ष किया था तो सिर्फ इसीलिए कि फिर से नई गुलामी में जकड़ जाएँ। इसका ताना-बाना बुनने में पूरे दो दिन लगे।

जिस दिन यह खंड पूरा हुआ वह पूरी दोपहर मैंने गिनने में बिता दी। तीन सप्ताह से दो दिन कम—इतना समय लग गया था मुझे। 14 कार्य दिवस। ग्याहर हजार सात सौ बयासी शब्द। 34 पन्ने में चली कथा और एक पन्ने में अन्तिम अंश सॉनेट। फिर मैंने डायरी के हर पृष्ठ के नीचे खुद बनाए गए नक्षत्र और खोपड़ियों के निशानों को गिना—डायरी में मैंने रोज कितना काम किया—इसका हिसाब रखता था। उसमें शब्दों की सही संख्या भी लिखी रहती थी। डायरी के हर पृष्ठ पर नक्षत्र और खोपड़ी के निशानों को बड़ी मेहनत से बनाया था—पंचकोणीय क्षेत्र तो आसानी से बन जाते थे लेकिन खोपड़ियों के चिह्न को बनाने में खासी मेहनत लगती थी—आँखों के गड्ढे, भयानकता से हँसते दाँत और सब।

नक्षत्र उन क्षणों का संकेत थे जब मैं और फ़िज़ साथ-साथ होते थे और खोपड़ियाँ दर्शाती थीं जब मैं अकेला काम करता होता था।

मैंने गिना चौवन नक्षत्र और चौदह खोपड़ियाँ।

फ़िज़ ने अब तक मेरा लिखा कुछ भी नहीं पढ़ा था। लेकिन उस दोपहर को मैंने पहले खंड की अब तक लिखी कथा का हिसाब-किताब उसे दिखाया। हम पलंग पर बैठे थे और वह बिना बाँहों की नीली बनियान और चौड़े घेरेवाली स्कर्ट में थी। इन कपड़ों में वह कभी घर से नहीं निकलती थी। उसने कागज पर नजर दौड़ाई। उसकी आँखें हँस रही थीं।

दिन : 19

काम के दिन : 14

शब्द : 11,782

टाइप किए पृष्ठ : 35

नक्षत्र : 54

खोपड़ियाँ : 14

उसने पेंसिल उठाई और कुछ हिसाब लगाने लगी। प्रति नक्षत्र दो सौ अट्ठारह शब्द। उसने मेरी तरफ देखते हुए कहा। इस अन्दाज में जैसे मुझसे सवाल कर रही हो।

यह बताओ—मैंने जो कुछ किया वह अच्छा है या बुरा।

वेरी गुड बैड—उसका जवाब था।

खराब काम को अच्छी तरह किए जाने पर हम इन्हीं शब्दों का इस्तेमाल किया करते थे।

जरा ध्यान से काम करो—उसने सख़्त लहजे में कहा। मैंने देखा पेंसिल का पिछला हिस्सा उसके होंठों में था। अगर काम करने का यही ढंग रहा तो तुम हेमिंग्वे लिमिट को लेकर परेशानी में पड़ जाओगे।

अरे, वहाँ तक पहुँचने में तो बरसों लग जाएँगे मुझे—मैंने कहा।

उसने पेंसिल मेरी तरफ हिलाई और मैंने आगे झुककर अपना चेहरा उसकी बगल में दबा दिया, वहाँ छोटे-छोटे बाल बस निकलने ही शुरू हुए थे। उसके सुगंधित पसीने की गन्ध ने मुझे घेर लिया।

असल में तो मुझे उस तरफ तुरन्त ही ध्यान देना चाहिए—क्यों?

दूर हो जाओ जानवर कहीं के। उसने पेंसिल चुभाते हुए कहा—सूं-सूं करनेवाले सूअर साहित्य नहीं रच सकते।

साहित्य से बड़ी है जिन्दगी—मैं बुदबुदाया और उसकी देह पर जहाँ-जहाँ से खुशबू उठ रही थी वहीं-वहीं अपना चेहरा धँसाने लगा।

बाद में–हम कपड़ों से अलग लेटे थे तो उसने वह कागज फिर से उठा लिया जो अब तक मुड़तुड़कर सलवटों से भर गया था। और फिर से हिसाब लगाने में जुट गई।

प्रति खोपड़ी आठ सौ चालीस शब्द, वह पेंसिल को लहराती हुई बोली। वैसे यह तो कुछ ज्यादा बुरा नहीं। इतना तो चल सकता है।

असल में तो यह जितना दिखता है उससे कहीं ज्यादा खराब है, बेवकूफ औरत। मैंने कहा।

क्यों?

हेमिंग्वे लिमिट का सही-सही अनुमान लगाने के लिए तुम्हें नक्षत्रों और खोपड़ियों को साथ मिलाकर फिर शब्दों से भाग देना होगा। उसने वही किया।

54 नक्षत्र + 14 खोपड़ियाँ = 68

शब्द = 11,782

कुछ पल बाद उसकी आवाज सुनाई दी–ओह मेरे भगवान–इस तरह हर एक सौ तिहत्तर शब्दों के बाद तुमने मेरे साथ...

हाँ।

वह बोली–अगर तुम इस रफ्तार से चलते रहे तो तीन किताबें लिखते-लिखते तुम अपने जीवन का कोटा खत्म कर बैठोगे। क्या करोगे फिर?

तुम्हारा मतलब है क्या मुझे लिखना बन्द कर देना चाहिए? मैंने पूछा।

उसने घूरकर देखा।

या फिर मुझे...मैंने बात अधूरी छोड़ दी।

हाँ, तुरन्त एकदम। उसने कहा।

हो गया फिर...अब इसके एकदम बाद नहीं।

वाह मेरे दोस्त, उसने कहा।

हमने कहीं पढ़ा था हेमिंग्वे मानते थे हर आदमी को जीवन में सहवास की निश्चित संख्या मिलती है शायद भगवान की तरफ से। इसलिए जरूरी है उन पर रोक लगाई जाए, उसका राशनिंग किया जाए। जब-जब हम दोनों साथ होते तब हम मजाक में अपने इस कोटे के बारे में जरूर चर्चा करते थे। लेकिन इस बार हमें फिक्र करने की जरूरत नहीं थी। जब दूसरा खंड पूरा करते समय मैं अन्त में आनेवाली काव्य पंक्तियों को ठीक-ठीक जमाने में जूझ रहा था तो लिखने का जोश जैसे ठंडा पड़ने लगा। एक और अजीब बात हुई, मेरा लिखना शिथिल होने के साथ ही सेक्स की इच्छा भी कम हो चली। बावन दिन बाद जब मैंने नए खंड को लिखना शुरू किया तो नोट बुक के पृष्ठों के निचले हिस्से पर अंकित होनेवाले नक्षत्रों और खोपड़ियों की संख्या कम और कम होती चली गई।

मैंने पाया लिखते समय मुझे मिलनेवाला महत्त्व भी अब कम हो गया था। यानी हेमिंग्वे लिमिट को लाँघ जाने का खतरा कम हो गया था।

लेकिन यह सब तो बाद में हुआ था। शुरू के छह सप्ताह बहुत बढ़िया बीते और दूसरा खंड अच्छा लिखा गया। इस खंड में मैंने पिताओं और पुत्रों के आपसी सम्बन्धों के विवरण को विस्तार दिया था।

सबको अपनी धौंस में रखनेवाले पंडित का मानना था कि पन्द्रह बहनों का अकेला भाई उनका बेटा प्रताप बहुत कमजोर दिल का है–उनकी नजर में तो वह बस एक लड़की जैसा ही नरम और दब्बू है। उसमें एक मजबूत पुरुषवाली महत्त्वाकांक्षा और तेजी नहीं है। मैंने

प्रताप को उसके छोटे कद की सुन्दर माँ कमला के ज्यादा निकट दिखाया और पंडित के मुँह से अपनी पत्नी के लिए बुरी बात ही कहलवाई थी–अच्छा होता अगर पन्द्रह बेटियों और एक बेटे की जगह भगवान सोलह बेटियाँ ही दे देता। बेटी जैसे इस बेटे के होने का क्या मतलब था भला।

दूसरी ओर प्रताप है जो अपने पिता को दुर्बल चरित्र का मानता है। उनके अन्दर एक खालीपन, एक शून्य है जो धन के प्रति उनके लालच के कारण आया है। घर की औरतों–अपनी बहनों और माँ–से प्रताप ने कोमलता पाई है और साथ में एक दृढ़ता भी। उसकी जिन्दगी के खालीपन को इन्हीं गुणों ने भरा है। उसे एक सन्तुष्टि दी है। उन्होंने ही उसे सहनशीलता का पाठ पढ़ाया है। नीचे झुककर चलना सिखाया है ताकि कैसा भी तूफान तुम्हें उखाड़-पछाड़ न सके। पंडित हरदयाल बहुत कोशिश करते हैं कि किसी तरह उनका बेटा उनके बड़े कारोबार में दिलचस्पी लेने लगे। लेकिन प्रताप को कोई रुचि नहीं है चूजे और जूते खरीदने-बेचने में। वह नहीं चाहता कि हर हफ्ते कड़क-रोबदार छावनी में जाए और गोरे साहबों की गाँड़ को सलाम करे। लेकिन फिर भी उसे अपने पिता से, उनके गुस्से से, उनके तमाचे से डर लगता है जो उसके मुँह पर बिजली की कड़क की तरह पड़ता है। इसी वजह से उसके पिता जहाँ भेजते हैं वह न चाहते हुए भी वहाँ जाता है। ऐसे अवसरों पर उसका शरीर तो पिता की आज्ञा मानता है, पर दिल तो पीछे घर में ही छूट जाता है–तालाबन्द औरतों के बीच।

और फिर वह दिन आया जिसने उसे बदलकर रख दिया–लोगों की भीड़ में शामिल होकर वह भी गांधी जी का भाषण सुनने जा पहुँचा। लोगों के हुजूम का हिस्सा बने खड़े प्रताप को ऐसा महसूस हुआ जैसे गाँधीजी सिर्फ उसी की ओर मुखातिब हैं। उनके मुँह से निकलता हर शब्द जैसे उसके लिए ही था। पवित्र आत्मा किसी से नहीं डरती। केवल दुर्बल लोग ही हिंसा का सहारा लेते हैं। सत्य तो हमारे अन्दर ही रहता है–हम वैसे ही बन जाते हैं जैसा हम करते हैं। और हम जो कुछ करते हैं वह तभी सार्थक होता है जब समाज में दीन-हीन लोगों के काम आए, उनकी मदद करे। भारत पर भारतवासियों का ही राज होना चाहिए। सच्चा साहस ही नैतिकता है। हमें कम से कम चीजों से अपना काम चलाना चाहिए। कम ही सदा अधिक होता है।

अपने कॉलेज वापस जाने से पहले प्रताप अपने शानदार कपड़ों को त्याग देता है। और जब वह अपने पिता की हवेली में घुसता है तो डर, आतंक सब कुछ अपने दूर कर चुका है। उसकी नजरों में उसके पिता देश के दूसरे अमीर आदमियों जैसे हैं जो गोरे साहबों द्वारा हिकारत से फेंके गए टुकड़े खाकर अपने लोगों पर रोब जमाना अपनी शान समझते हैं।

यह खंड चौथे दशक के मध्य में समाप्त होता है–यह वह समय है जब प्रताप और पंडित हरदयाल देश की राजनीति में दो छोरों पर आमने-सामने खड़े हैं। उनमें से एक पिता, ब्रिटिश राज की जकड़बन्दी को मजबूत करने में जी-जान से जुटा है तो दूसरा, प्रताप, उसे उखाड़ फेंकने में लग गया है।

दूसरे पिता-पुत्र प्रताप और अभय के आपसी सम्बन्धों का चित्रण मेरे लिए ज्यादा कठिन साबित हुआ। इनका ध्रुवीकरण इतना आसान नहीं था। प्रताप था मुक्ति दाता और देश की आजादी की विरासत पानेवाला उत्तराधिकारी। वह विरासत थी महान भारत बनाने का सपना–आजादी की लड़ाई के समयवाली पवित्रता अब नहीं रह गई थी। उसका बायाँ कान पुलिस के लाठी चार्ज में टूट गया था। कई साल उसने जेलों में बिताए थे। और 15 अगस्त, 1947 के आधी

रात से ठीक पहले जब नए स्वाधीन भारत के लिए नेहरू का भाषण उन्होंने रेडियो पर सुना और तब अपनी जवानी के दिन याद करके वह खूब रोए थे।

प्रताप के पिता निरंकुश पंडित हरदयाल की मृत्यु 1942 में हो गई थी। अपने ही लोगों के बीच अकेले और बदनाम हो चुके थे पंडित हरदयाल। इतिहास तथा महात्मा गांधी से उत्प्रेरित करोड़ों साधारण जन पंडित तथा उनके गोरे भगवानों को समय के कूड़ेदान में फेंक चुके थे। प्रताप पिता के दाहकर्म में शामिल नहीं हो सका था क्योंकि 1942 में गांधीजी के 'अंग्रेजों भारत छोड़ो' आन्दोलन के तहत वह जेल में था। वह जब जेल से बाहर आया तो समय की गति को पहचानते हुए उसने पिता की विशाल धन-सम्पत्ति को दो भागों में बाँटने में जरा भी संकोच नहीं किया। फिर आधे भाग को उसने अठारह टुकड़ों में विभाजित करके माँ-बहनों के बीच बाँट दिया। बाकी आधा हिस्सा उसने कांग्रेस के स्वाधीनता संग्राम को समर्पित कर दिया। अपने लिए उसने एक कौड़ी भी बचाकर नहीं रखी। शायद वह महात्मा से पूछता तो वह भी यही कहते।

श्रम के प्रति उसके मन में सम्मान का भाव जाग चुका था। उसने दादा के मिठाई व्यवसाय को फिर से शुरू करने का निश्चय किया। भीड़-भाड़ भरे चाँदनी चौक में मिठाई की दुकान खोल ली। उसे दादा की गाँववाली दुकान याद थी—जहाँ भट्ठियों पर दूध और तेल के कड़ाहे चढ़े रहते। कारीगर भट्टियों में ईंधन झोंकते रहते। मिठाई की दुकान में चीनी खुले बोरों में पड़ी रहती थी। दुकान के आगे रखे गन्दे शीशेवाले शो केसों में सफेद बरफी और केसरिया लड्डुओं के थाल सजे रहते। हवा में मिठाई की सुगन्ध सदा तैरती रहती। उसके दादा ऊँची गद्दी लगाए बैठे रहते। और मक्खियों के झुंड हर कहीं मँडराते रहते। मिठाई पर, शो केस के शीशों पर, वहाँ काम करते कारीगरों पर—यानी हर कहीं। प्रताप को लगता है व्यवसाय की इच्छा उसे विरासत में मिली है और इसके साथ ही व्यापारियों वाली मिलनसार आदत भी जैसे गलती से उसके साथ आ जुड़ी थी।

आजाद भारत का समय गुजर रहा था। गांधी जी नहीं रहे, पटेल की मृत्यु हुई, फिर नेहरू और आजाद चले गए, राधाकृष्णन भी हमारे बीच नहीं रहे। लेकिन प्रताप का मिठाई का कारोबार समय के साथ चमकता गया।

प्रताप है आदर्शवाद का अनाथ, उसका मलबा। और आदर्शवाद के मलबे में पड़ी मिलेंगी अत्यन्त त्रासद जिन्दगियाँ।

आदर्शवाद के अनाथों को अन्ततः देर-सबेर यह पता चल ही जाता है कि इतिहास के जिस राजपथ पर वे सिर ऊँचा करके, कठिनाइयाँ सहते हुए बलिदानी धुन गुनगुनाते हुए, मन में अटूट जोश लिए अब तक चलते चले आए थे वह अन्त में बाजार में जाकर खत्म होते हैं। इतिहास के सभी राजपथों का अन्त ऐसा ही होता है, हुआ है। बाजार का एक नियम होता है जिसे जानना जरूरी है, इसे बाजार में हर आनेवाले को जानना ही होता है। बाजार में आना, वहाँ काम करके जीवन जीना, सौदेबाजियाँ करना—इन सबके लिए आपको अपने सिर पर पहना उच्च आदर्शों का कवच और उच्च विचारों की टोपी उतारकर फेंकनी होती है—बाजार में घुसने से पहले ठीक उसी जगह जहाँ इतिहास का राजपथ समाप्त होता है और बाजार शुरू होता है।

भारतीय इतिहास का राजपथ 15 अगस्त, 1947 की आधी रात को समाप्त हो गया था और इतिहास को गौरवान्वित करनेवाले वीरों ने अपने को बाजार की आवश्यकताओं के हिसाब से लैस करना शुरू कर दिया था। लेकिन प्रताप उस अवसर को ठीक-ठीक नहीं पहचान सका। वह इतिहास के राजपथ को छोड़कर बाजार में प्रवेश तो करता है लेकिन उच्च आदर्शवाद का कवच व महान विचारों की टोपी उतारकर फेंकना शायद भूल गया। बाजार में चलते हुए उसकी

मुलाकात अपने पुराने साथियों से होती है लेकिन इसे प्रसन्न मन की मुलाकात नहीं, चिड़चिड़ी टकराहट जरूर कहा जा सकता है। ये वही लोग थे जिन्होंने उसके साथ-साथ चलते हुए आजादी की लड़ाई में लाठियाँ खाई थीं। उन्होंने प्रताप को प्रेरणा दी थी–उसमें आगे बढ़ने का उत्साह जगाया था।

लेकिन सातवें दशक तक पहुँचते-पहुँचते आजादी के बड़े सेनानी या तो मर चुके हैं, या मरनेवाले हैं। बाकी योद्धाओं की भूमिकाएँ भी बदल गई हैं। वे इस महासमुद्र में बिना आधार के तिर रहे हैं। अब आदर्शों की जगह लालच ने ले ली है। वे बन गए हैं छोटे व्यापारी जो छुटभैया राजनीति की सँकरी गलियों में ओछी राजनीति और छोटा व्यवसाय करने में जुटे हैं। कभी महान रहे लोग अब ओछे हो गए हैं, उन्हें उनके परिवार वालों की व रिश्तेदारों की हर वक्त सुख-सुविधाओं की माँग ने ऐसा बना दिया है।

कभी जो अपने अडिग सिद्धान्तों के लिए जाने जाते थे, उनका रुतबा धन-सम्पत्ति से नापा जाता है।

आदर्शों के सम्राट अब सौदेबाजी के सरताज बन गए हैं।

धीरे-धीरे लेकिन अनिवार्य रूप से प्रताप भी आदर्शों व उच्च विचारों के बोझ से मुक्ति पा लेता है और वह बहाव में लहरों के साथ बहना-तैरना जान लेता है औरों की तरह।

वह फिर से पार्टी में प्रवेश करता है।

मंडी समितियों के लिए नामांकन होने लगते हैं।

वह गैस एजेंसी प्राप्त करने में सफल होता है जिसके लिए उसकी पत्नी कब से हाय तौबा कर रही थी।

पार्टी के बड़े नेता उसे अपनी मीटिंगों में बुलाने लगते हैं।

पार्टी में प्रवेश के इच्छुक लोग उसके घर के बाहर भीड़ लगाने लगते हैं।

वह दो विरोधियों के बीच मध्यस्थ की महत्त्वपूर्ण भूमिका निभाने लगता है।

वह जरूरतमन्द के बीच पुल बन जाता है।

उसके पास आने से लोगों की इच्छाएँ पूरी होने लगती हैं।

वह निगम पार्षद बनने की तैयारी करता है।

स्वाधीनता दिवस समारोह के लिए सरकारी स्कूल उसकी दुकान से मिठाइयाँ खरीदने लगते हैं।

लेकिन आश्चर्य। इस सबके बावजूद वह अपने को अब भी वह युवक मानता है जिसने देश को आजादी दिलाने में महत्त्वपूर्ण भूमिका निभाई है। वह अब भी गांधी का भक्त है। प्रताप समझता है कि उसका जीवन देश की सेवा में समर्पित है। अपने मन में उसकी पुरानी छवि अब भी वैसी ही है लेकिन...

प्रताप के चरित्र चित्रण से मैं सन्तुष्ट था लेकिन अभय को लेकर समस्याएँ उठ खड़ी हुईं। उसे अपने पिता के विरुद्ध खड़े दिखाना उस तरह सम्भव नहीं था जैसा मैं प्रताप और पंडित हरदयाल को लेकर कर पाया था। प्रताप और हरदयाल की तरह इन दोनों पिता-पुत्र के बीच कोई वैसी बड़ी समस्या नहीं उभरकर आई थी।

मैं अभय को एकदम बेकार आदमी नहीं दिखाना चाहता था। जिसका व्यक्तित्व अपने पिता के चरित्र की तुलना में एकदम विपरीत होता।

आजादी से पहले के भारत में लोग एकदम अलग-अलग पहचाने जा सकते थे। वे जो गोरों के भक्त थे और वे जो आजादी की लड़ाई में अपना सब कुछ झोंकने को तैयार थे।

लेकिन आठवें दशक का हिन्दुस्तान! क्या वातावरण था—मानवाधिकार हनन, आणविक विस्फोट, अप्रत्याशित हमले, युद्ध, शिखर वार्ताएँ, छात्र आन्दोलन, जबरन नसबन्दी, कालेधन को वैद्य करने के षड्यंत्र, मीसा, काफीपोसा, फेरा जैसे दानवी कानून और नैतिक मूल्यों का निरन्तर पतन। अस्सी के दशक का भारत—जहाँ समाज के सपने और व्यक्तिगत इच्छाएँ व महत्त्वाकांक्षाएँ इस तरह गड्ड-मड्ड हो रही थीं कि आपको ईमानदार आदमी ढूँढ़े मिलना मुश्किल था।

इसलिए मैंने अभय का चरित्र उसके समय के अनुरूप विकसित किया। न बहुत बुरा तो न बहुत अच्छा। एक ऐसा आदमी जिसे इन दोनों यानी अच्छाई या बुराई की कोई चिन्ता नहीं थी।

अभय एक लम्बा-तगड़ा सुदर्शन युवक है। अपने दादा पंडित हरदयाल जैसा। उन्हीं की तरह वह जल्दी क्रोधित हो जानेवाला, गर्म मिजाज और सिनेमा का दीवाना है। उसमें कुछ बनने और सबकुछ पाने की महत्त्वाकांक्षा कूट-कूटकर भरी है। उसके लिए जीवन में मूल्य अगर कुछ हैं तो दोस्ती और जीवन में सफल होना, बस।

अपने दोस्तों के हर छोटे-मोटे अपराध और झगड़ों की जमकर हिमायत करता है और जब मौका पड़ता है उनके पक्ष में खुलकर सामने भी आता है। हर मुठभेड़, तकरार के बाद वह अपने अन्दर एक अजीब खुशी महसूस करता है। लगता है जैसे उसने जीवन में कोई बड़ा काम कर दिखाया है।

उसके दोस्त अभय को 'यारों का यार' पुकारते हैं।

जब उसकी मुलाकात किसी अत्यन्त सफल व्यक्ति से हो जाती है तब भी वह एक अनजानी खुशी से फूल उठता है। कोई धनवान व्यापारी, कोई शक्तिशाली राजनेता, या फिर कोई मशहूर अभिनेता। ऐसे लोगों से मिलने पर अभय उसी तरह श्रद्धा भाव दिखाता है जैसे उसके बाबा टिम एंडरसन के प्रति दिखाते थे। उन लोगों से अभय उनकी सफलता का रहस्य जानना चाहता है। जिज्ञासु भाव से, बहुत ध्यान से इन लोगों की बातें सुनता है। अभय को पक्का विश्वास है आदमी वही बनता है जो वह खुद अपने को बनाता है। उसके अनुसार यह दुनिया उन्हीं की है जो मिलनेवाले हर मौके का फायदा उठा सकते हैं।

दोस्ती निभाना उसका धर्म है और सफलता ही उसका भगवान है।

अभय को मिठाई की दुकान और गैस एजेंसी से नफरत है। वह इन छोटी-छोटी महत्त्वाकांक्षाओं को लेकर मन में दुखी होता है। उसे दोनों में से कोई नहीं चाहिए। उसे पिता के छोटे व्यापारीवाले मामूली तौर तरीके से नफरत है। इसके साथ ही उनकी सफेद कुरते-पाजामे की पोशाक को लेकर भी वह चिढ़ता है। सबसे ज्यादा चिढ़ उसे कपड़े की सफेद टोपी से है। उसके पिता जब-जब भी घर से बाहर निकलते हैं तो सफेद गांधी टोपी लगाना कभी नहीं भूलते।

उसकी समझ में नहीं आता कि उसके पिता वह टोपी क्यों लगाते हैं—इस बारे में उसका गुस्सा माँ के सामने फूटता है। कहते हैं, स्वयं गांधी जी भी वह टोपी पहनने में परेशानी महसूस करते थे।

अभय की पोशाक है नीली जीन्स, चुस्त टी शर्ट और काफ लेदर के जूते। उसके पिता हरे रंग के फट-फट करते बेडोल बजाज स्कूटर पर चलते हैं तो अभय काले रंग की भारी-भरकम रायल एनफील्ड मोटर साइकिल पर सवारी करता है। जिसके इंजन की धड़धड़ाहट तीन गली दूर से ही सुनी जा सकती है। अभय ने अपने कमरे में अपने बाबा का घिसा हुआ पुराना ब्राउन फोटोग्राफ लगा रखा है जिसमें वह अपनी लम्बी कार के बोनेट पर कुहनी टिकाए खड़े दिखाई

देते रहे हैं। जब भी बाबा की इस तस्वीर पर नजर पड़ती है तो मन करता है दौड़ता हुआ जाए और जूते से पिता की पिटाई करे।

अभय बम्बई जाकर एक प्रसिद्ध एक्टर बनना चाहता है। उसे अपने लिए चाहिए बड़ा मंच, कोई बड़ा नाटक—अपनी मुट्ठी में उस बड़ी दुनिया को बन्द करना चाहता है जो मिठाई की दुकान और गैस एजेंसी से परे उसे पुकार रही है। उसमें गजब का आत्म विश्वास है। उसने अपने फोटोग्राफ्स का एलबम तैयार करवाया और उसे बम्बई में कई डायरेक्टरों के पास भेजा है। हर दिन वह फोन की घंटी बजने का इन्तजार करता है, पोस्टमैन की पुकार की प्रतीक्षा में उसके कान खड़े रहते हैं।

हर दिन वह अपने कमरे में लगे लम्बे दर्पण के सामने आ खड़ा होता है। पैरों में रहते हैं काफ लैदर जूते, स्ट्रेटसन पहने रहता है। उस समय उसके घुटने कुछ मुड़ी हुई मुद्रा में होते हैं और फिर वह पिस्तौल निकालकर चलाने का अभ्यास करता है। जब गोली चलाता है तो होंठों से आवाज़ आती है रिशूऊंड...

फिर वह पिस्तौल की नली से निकलते धुएँ के छल्ले बड़े अन्दाज से उड़ा देता है।

प्रताप की राय में उसका बेटा निकम्मा, आलसी है। दिन में सपने देखनेवाला शेखचिल्ली। उसे मालूम है कि अभय सिगरेट पीता है, शराबखोरी करता है और अपनी मोटर बाइक के पीछे लड़कियों को बिठाकर घूमता-फिरता है। उसे अभय के कपड़े पहनने के तौर-तरीके पर भी एतराज है—साथ ही उसके दोस्त, उसकी महत्त्वाकांक्षाएँ—ये सभी बेकार लगते हैं प्रताप को। और सबसे ज्यादा नफरत तो उसे खाकी स्ट्रेटसन से है जिसे पहनकर अभय इधर-उधर घूमता है।

वह पत्नी पर गरजता है—भला बताना तो कौन बेवकूफ पहनता है ऐसे हैट—वह बेवकूफ खुद को लंदन में रहनेवाला समझता है।

पिता के मन में एक पीड़ित इच्छा है कि बेटे में उसकी अपनी जवानी के आदर्शवाद की कोई तो झलक मिले। वह कुछ बड़ा काम करे, पिता कभी-कभी उसे भारत के गौरवशाली इतिहास के बारे में बताता है। गांधी और नेहरू के सपनों के भारत की चर्चा करता है। लेकिन इतिहास में अभय की कोई रुचि नहीं। वह अपने समय की पैदाइश है। बदलते समय के साथ कदम मिलाकर चलना चाहता है अभय। उसे तो कहीं कोई दानव नहीं दिखाई देते कि जिनका संहार उसे करना हो। वह तो बस इतना चाहता है कि जैसे हो पिता द्वारा बार-बार दोहराई जानेवाली नैतिकता और आदर्श से भरपूर बलिदान कहानियों से उसे छुटकारा मिल जाए। उसके पिता यह बताने से कभी नहीं चूकते कि आजकल के युवकों को जो कुछ मिला है उसके लिए उन्हें कृतज्ञ होना चाहिए। और कृतज्ञता का यह भाव उनमें लगातार बने रहना चाहिए।

अभय की नजरें फिल्मिस्तान और रीगल तथा गोलचा के बाहर लगे बड़े-बड़े पोस्टरों पर अटकती हैं। अमिताभ बच्चन और धर्मेन्द्र के शोख, भड़कीले पोस्टर जिसमें उन्हें पिस्तौल चलाते हुए दिखाया गया है। उन्होंने हीरोइनों को आलिंगन में बाँध रखा है। उनके लम्बे-लम्बे बाल हवा में उड़ रहे हैं और चेहरों से खून की धाराएँ बह रही हैं। वह इन पोस्टरों को देखता रह जाता है। मन में हूक उठती है—काश वह भी होता वहाँ उन पोस्टरों में।

वह चाहता है उसके पिता उसे उपदेश देना बन्द कर दें।

उसकी अभिलाषा है अपने पिता को एक मंत्री के रूप में देखने की।

वह चाहता है पिता मिठाई की दुकान बन्द करके डिपार्टमेंटल स्टोर खोल लें।

उसकी इच्छा है पिता गैस एजेंसी बेचकर पेट्रोल पम्प खरीदें।

आखिर उसके पिता एक सफेद फिएट कार क्यों नहीं लेते।

सबसे ज्यादा चिढ़ उसे पिता के गांधी टोपी पहनने से है। वह तुरन्त सफेद टोपी पहनना बन्द क्यों नहीं कर देते।

अभय माँ के सामने लगातार उनके पति की बेवकूफियों की आलोचना करता रहता है। लेकिन फिर भी वह पिता से सीधे-सीधे कुछ कहने की हिम्मत नहीं करता। इसलिए नहीं कि वह उनसे खौफ खाता है बल्कि इसलिए कि उसे उन पर दया आती है। अभय को बखूबी पता है कि दुनियादारी के मामलों में उसके पिता एकदम फेल हैं। असल में तो वह हैं अनुयायी, एक खामोश चुप्पा अनुयायी। यों उन्होंने आजादी की लड़ाई में संघर्ष किसी से कम नहीं किया लेकिन उस सबका कुछ फायदा नहीं उठा सके वह। उसे पता है जवानी में पिता ने बहुत त्याग किया था और एक बार–हाँ, बस एक बार अपने पिता पंडित हरदयाल के सामने सीना तानकर जरूर खड़े हुए थे। यही था उनका विद्रोह–इन्हीं कच्चे धागों के सहारे ही उनका जीवन जैसे अटका-लटका हुआ है।

मान लो अगर वह इन कच्चे धागों को काट दे तो...तो निश्चय ही पिता का अस्तित्व बिखरते देर नहीं लगेगी।

मैंने इस खंड के अन्त तक पहुँचते-पहुँचते दिखाया कि किस तरह अभय अपने पिता की जगह अपनें दादा को अपना हीरो मानने लगता है। पिता प्रताप के तौर-तरीकों को लेकर उसके मन में घृणा बढ़ती ही जाती है। उसके दादा जो कई पीढ़ियों पहले देशद्रोही कहकर नकार दिए गए थे अब अभय के लिए प्रेरणा बन गए हैं। एक ऐसा योद्धा जिसे अपमानित किया गया था। जब यह खंड समाप्त होता है तो प्रताप अब पुराना प्रताप नहीं रह गया है। वह नगरपालिका के चुनावों में टिकट पाने की जोड़-तोड़ करता दिखाई देता है। अपनी विनम्रता को त्याग कर अब वह भी भ्रष्टाचार की नई दुनिया में प्रवेश कर गया है।

और अभय को अभी तक बम्बई से बुलावे की प्रतीक्षा है। वह पलक झपकते ही पिस्तौल निकालकर गोली चलाने का अभ्यास करता रहता है। समय बीतने के साथ अभय के दादा का प्रेत अधिक प्रकट, मुखर, ज्यादा मजबूत होता नजर आता है। नई दुनिया की बुराइयाँ ही उसे शक्ति प्रदान कर रही हैं। अन्तिम अंश को लिखने में कई सप्ताह बीत गए। आखिर मैंने वीरों और खलनायकों को लेकर एक सॉनेट तैयार किया। उसमें मैंने कहा था कि एक दिन ऐसा भी आएगा जब लोग भारत की अधूरी आजादी के लिए, अनसुलझी समस्याओं के लिए गांधी-नेहरू को जिम्मेदार ठहराएँगे। उन्हें दुर्बल कहेंगे। और उनकी तुलना में जो सच में दुर्बल और कट्टरपंथी थे उन्हें ही यह क्षुद्रनुमा युग अपना नायक घोषित करेगा।

लेकिन मेरी भरपूर कोशिशों के बावजूद, छन्द के प्रति मेरी रुचि और समझ रहते हुए भी यह अटपटा, अधूरा ही रहा। आखिर मैंने कोशिश वहीं छोड़ दी।

उस शाम हम सेक्टर-22 में सूजी वोंग गए और चाइनीज डिनर किया। मैंने खुद को अन्यमनस्क और चिड़चिड़ा महसूस किया। चापस्वे बहुत तीखी थी और मैं खिंची हुई आँखोंवाले वेटर से उलझ पड़ा। वह जाकर अपनी जैसी खिंची हुई आँखों वाले हैड वेटर को बुला लाया। चीनी रेस्त्राँ चलाने का यह पंजाबी तरीका है–वे उत्तरपूर्वी राज्यों में रहनेवाले चेहरे-मोहरे से चीनी जैसे दिखनेवाले लोगों को रेस्त्राँ में नौकर रखते हैं और ग्राहकों के सामने गाढ़े नोडल्स पेश करते हैं–बाकी भोजन फिर चाहे कैसा भी रहे इससे कोई फर्क नहीं पड़ता। भारत में इन खिंची-खिंची

आँखोंवाले इन लोगों का दो चीजों पर तो एकाधिकार ही है—चीनी रेस्त्राँ और कुंग फू मानसिकता। जिस चीनी रेस्त्राँ में ये लोग न हों वहाँ जाकर चीनी भोजन नहीं खाते लोग। और जब से 'एंटर द ड्रेगन' फिल्म आई है प्रायः लोग इनसे उलझने से बचने की कोशिश करते हैं। पर मैंने यह सब नहीं सोचा। मैं अपनी भड़ास निकालने पर आमादा था। मैं हैड वेटर पर जोर से चिल्लाया तो वह जाकर रेस्त्राँ मालिक को बुला लाया। वह निकले मोटे थुलथुल पंजाबी जौली जी।

क्या बात है?—जौली जी ने पूछा। वह खतरनाक ढंग से मुस्कुरा रहे थे।

यह चापस्वे बकवास, बेस्वाद है। मैंने कहा।

जौली जी वेटर की तरफ मुड़े और मिठास भरे स्वर में बोले—बेटा, क्या गड़बड़ है?

यह तो ठीक है। वेटर ने कहा। वह जैसे एक साथ सबको देख रहा था।

इसे कौन खा रहा है बेटे। जौली जी की आवाज में अब भी मिठास थी।

यह!—वेटर ने कहा।

इसका बिल कौन अदा करेगा?

यही करेंगे। वेटर ने कहा। वह जैसे सीधा खड़ा नहीं रह पा रहा था।

तो फिर अच्छे-बुरे का फैसला कौन करेगा। जौली जी फुसफुसाया। वही—वेटर ने पीछे खिसकते हुए कहा। तो फिर इस मादरचोद कचरे को ले जा और ताजा तैयार करके ला। जौली जी चिल्लाए। उनका थप्पड़ वेटर के कान पर पड़ा और वह झटपट वहाँ से रफूचक्कर हो गया।

शायद जौली जी ने 'एंटर द ड्रेगन' फिल्म नहीं देखी थी।

अगर दोबारा भी आपको पसन्द न आए तो आप उसे भी वापस कर दें—हमारी तरफ मुड़कर जौली जी ने कहा। वह खुलकर मुस्कुरा रहे थे और अपने मोटे थुलथुल हाथ आपस में रगड़ रहे थे—मेरे रेस्त्राँ में ग्राहक को ही बादशाह माना जाता है।

शुक्रिया—मैंने कहा।

मैंने उससे पूछा कि रेस्त्राँ का यह नाम उन्हें कैसे सूझा। वह लज्जालु भाव से मुस्कुराए। उन्होंने बताया कि एक बार उन्होंने फिल्म देखी थी। बस वहीं से यह नाम सूझा था उन्हें। वह यह बताने से भी नहीं चूके कि फिल्म की अभिनेत्री उन्हें बहुत पसन्द आई थी। हम दोनों हँस दिए और उन्होंने मेरी पीठ थपथपा दी।

इस दौरान फ़िज़ एकदम खामोश रही थी।

जब जौली जी चले गए तो उसने कहा—आखिर तुम्हें हुआ क्या है?

मैं चुप रहा।

अगली बार जब तुम जौली जी के साथ मिलकर बेचारे वेटरों की पिटाई करवाओ तो मुझे अपने साथ मत लेकर आना।

मैं अब भी चुप रहा और फ़िज़ ने भी बात को ज्यादा तूल नहीं दिया। हम खामोशी से घर लौटे और प्यार किया लेकिन यह हमेशा जैसा नहीं था बस हमारे बदन भर टकराते रहे थे। अगली सुबह मैं खाने की मेज पर नहीं आया। पलंग पर पड़ा रहा। फ़िज़ ने भी कुछ नहीं कहा।

दोपहर हुई तो मैंने कहा—चलती हो फिल्म देखने।

वह हँस दी। बोली—क्यों? क्या सिनेमा हाल के अन्दर भी वहाँ काम करनेवालों को पीटने का इरादा है?

हम केसी जा पहुँचे। हवाई जहाज के हेंगर-सा बेहूदे आकार का। हमने दोपहर में चल रही हिन्दी फिल्म देखी। फिल्म में खूब शोर-शराबा था—पर उस सबके बीच भी मेरा मन परेशान बना रहा।

फिल्म के बाद हम चहलकदमी करते हुए सेक्टर-17 के चौक में जा पहुँचे और न्यू वेराइटी बुकस्टोर पर जाकर रुके। स्टोर में इतनी कम किताबें थीं कि हर किताब को पोस्टर की तरह दीवारों पर लगाया गया था। दुकान का मालिक एक विचित्र आदमी था। वह अंग्रेजी पुस्तकें पढ़ने का शौकीन तो मालूम नहीं देता था लेकिन फिर भी चंडीगढ़ में अंग्रेजी पुस्तकों का सबसे अच्छा संग्रह उसी की दुकान में मौजूद था। पन्द्रह वर्ष पुराने संस्करण पेपरबैक संस्करण के साथ वहाँ थे। ऐसा संग्रह किसी और के पास पूरे चंडीगढ़ में मौजूद नहीं था।

दुकान में घुसते ही बासी गन्ध से सामना होता था। लेकिन वह हर पुस्तक को बड़े करीने से सेलोफीन की थैली में बन्द करके रखता था। जब आप सेलोफीन को हटाकर किताबों को खोलकर देखते तो उनके पन्नों के किनारे पीले दिखाई देते लेकिन किताबों की पुश्त एकदम ठीक-ठाक हालत में होती। और किताब के कागज एकदम कड़क। वह अपनी दुकान में केवल साहित्यिक पुस्तकें ही रखता था, न कोई पाठ्य पुस्तक, न कोई गाइड, न कोई स्टेशनरी। किताबों के शेल्फ मैग्जीन रैकों की तरह लगे हुए थे। पूरी दीवारों पर ऊपर तक हर पुस्तक का आवरण प्रदर्शित था। दुकान के बीच में खड़े होकर आप इस तरह छत तक लगी हुई हर पुस्तक का शीर्षक आराम से पढ़ सकते थे।

हम दुकान मालिक को सर जी कहकर बुलाते थे और हमारा यों कहना उन्हें पसन्द था। सर जी ने दुकान में एक एल्यूमीनियम की सीढ़ी रखी हुई थी। दुकान का सारा काम वह अकेले ही सँभालते थे। वह अंग्रेजी में बात नहीं करते थे। हैरानी की बात यह थी कि सर जी कोई सिरफिरे बूढ़े आदमी न थे। वह अंग्रेजी राज के उन भक्तों में न थे जिन्होंने गोरे साहबों की शान-बान देखकर यही समझा था कि गोरे लोग जो कुछ करते थे वही श्रेष्ठ था। अंग्रेजी भाषा और अंग्रेजी पुस्तकों में उन्हें बेशुमार खूबियाँ नजर आती थीं। सर जी की उम्र तीस से कुछ ही ज्यादा होगी और हम जब कभी वहाँ जाते तो सूनी दुकान में काउंटर के पीछे भड़कीले आवरणवाला कोई हिन्दी उपन्यास पढ़ते हुए पाते। हमें देखते ही वह झट उसे छिपा लेते। लपककर उठ खड़े होते, हाथ मिलाते और वे किताबें निकालने में जुट जाते जो उनके खयाल में हमें पसन्द आ सकती थीं।

पहले पहल मैं उनकी दुकान में सात वर्ष पहले एक छात्र के रूप में पहुँचा था। मेरी जेब में बहुत कम रुपए थे। दुकान मुझे एकदम भा गई। और फिर तो मैं वहाँ लगातार आने लगा। हमारे बड़े घरेलू संग्रह में ज्यादातर पुस्तकें उन्हीं की दुकान से खरीदी गई थीं। श्रेष्ठ यूरोपीय लेखक, बड़े अमेरीकी लेखक। साहित्य में नई लहर चलानेवाले लातीनी अमरीकी लेखक। उनकी दुकान में हमें ऐसी-ऐसी किताबें दिख जाया करती जिनके वहाँ होने की कल्पना भी नहीं होती थी। फ्रेंक हेरिस की इरोटिक मेमोरीज, कोराजार कृत हापस्काच, दासानी की आल अबाउट एच हैटर, वालेस स्टीवेंस की संकलित कविताएँ–शायद इन पुस्तकों के नाम भी न सुने होंगे शहर वालों ने।

फ़िज़ और मुझ पर किताबें खरीदने का जुनून हावी था। सबसे आश्चर्य की बात यह थी कि सर जी ने कभी भी पुस्तक पर छापे मूल्य से एक पैसा भी ज्यादा नहीं वसूला। जबकि कोई महँगा संस्करण आते ही दूसरे दुकानदार छपे मूल्य पर स्टिकर लगाकर बढ़ा हुआ मूल्य लिख देते थे। और वही वसूलते। लेकिन सर जी की तो बात ही अलग थी।

वह वही पुराना मूल्य वसूलते। ऐसा भी कई बार हुआ जब हम जेब में सिर्फ पचास रुपए लेकर दुकान में घुसे और तीन-चार बहुमूल्य पुस्तकें खरीदकर बाहर आए।

यह ठीक है किताबों पर लिपटा सेलोफीन कवर गन्दा होता था, पर कवर के अन्दर वे एकदम ठीक-ठाक मिलती थीं।

हम घर जाकर सेलोफीन का कवर उतारकर किताबों को हौले से उलटते-पलटते, देर तक एक विचित्र अनुभूति घेर लेती हमें। अगर हम ज्यादा देर तक ऐसा करते तो शायद किताबों को कुछ कहते जरूर सुन सकते थे।

वैसे जब-जब हम सर जी की दुकान में पहुँचे हमने वहाँ किसी दूसरे ग्राहक को कभी नहीं पाया। जब पहली बार मैं काम के सिलसिले में दिल्ली आया तो मन में यह चिन्ता जरूर थी अब सर जी की दुकान कैसे चलेगी।

शायद हमारे बल पर ही चलती थी उनकी दुकान—या यह मेरा वहम था।

मैंने फ़िज़ से कहा कि वह कभी-कभी वहाँ चक्कर लगा लिया करे। मुझे पता चला कि वह नियमित रूप से वहाँ जाया करती थी। हर सप्ताह कोई न कोई किताब खरीदने, सर जी में उत्साह भरने और उन तक कुछ पैसे पहुँचाने की गरज से।

उस दिन लिखे गए उसके पन्ने के अन्त में कुछ न कुछ ऐसा जरूर लिखा होता। सर जी को तो काम ने बचा लिया। अब फ़िज़ जी को कोई बचानेवाला चाहिए।

कितनी अजीब बात थी। फिल्म के शोर-शराबे से ज्यादा असर मुझ पर सर जी की दुकान के सन्नाटा ने डाला था—ध्यान बँटाने के मामले में। कोई एक घंटे तक मैं किताबों के बीच रहा। मैं सेलोफीन का टेप हटाकर किताबें निकालकर देखता और उसे सर जी को पकड़ा देता जो फिर सफाई से टेप चिपका देते।

गोया मैं उन किताबों में अपने लेखन का स्तर जाँच रहा था। महान कथाकारों की पुस्तकों के पन्ने उलटता-पलटता और मन ही मन उनके लेखन की शैली, चरित्र चित्रण, मूड और संवादों की तुलना करने लगता। इस तरह मुझे अनलिखे की पीड़ा से जैसे कुछ राहत मिल गई जो पिछले सप्ताह से हर पल मुझ पर बोझ बनती जा रही थी।

हम सर जी की दुकान से बाहर आए तो हाथ में दो किताबें थीं लेकिन मैं जिस प्रेरणा की खोज में भटक रहा था वह अब भी मुझसे दूर थी।

मैंने अभी तीसरा खंड लिखना शुरू नहीं किया था क्योंकि मुझे सूझ नहीं रहा था कि कथा को आगे कैसे बढ़ाऊँ। मैंने कुछ दिन और इसी तरह बरबाद किए—इस दौरान फ़िज़ की प्रश्नभरी निगाहें हर पल मुझे टटोलती रहीं। आखिर मैंने मेज पर बैठकर लिखनी शुरू करने की सोची। तीन दिन बेकार गुजरे लेकिन इसके बादवाली सुबह मैं दर्पण के सामने खड़ा था और जोर-जोर से अपनी बनाई नियमावली को पढ़ने लगा। मानो किसी भाषण कला प्रतियोगिता में भाग ले रहा होऊँ। छोटे से गुसलखाने में मेरी आवाज गूँज रही थी।

एक निषेध वाक्य मुझे खास तौर पर चुभ गया—दुनिया में बिना पढ़ा कितना कूड़ा लेखन भरा पड़ा है, उसमें तो बढ़ोतरी मत करो।

जब मैं गुसलखाने से बाहर आया तो फ़िज़ ने कहा—तुम्हारे गाने से तो बहुत बेहतर था यह।

मैं टाइपराइटर पर जा बैठा और खटाखट टाइप करता गया। लेकिन यह लिखना नहीं, टाइप करना था। कहीं कैसी भी कोई प्रेरणा नहीं थी, न कोई आवेग-उमंग। जैसे मुझे पता नहीं था कि मैं जा कहाँ रहा हूँ।

उस रात मैंने पहली बार फ़िज़ को पांडुलिपि पढ़ने के लिए दी। मुझे कोई आश्वासन चाहिए था। फ़िज़ ने पढ़ा और रोमांचित हो उठी। बीच में ठहर-ठहरकर वह नाटकीय अन्दाज में जोर-जोर से पढ़ने लगती और जब-जब कोई अंश पढ़ना खत्म करती तो बच्चों की तरह मुझसे लिपट जाती।

पढ़ने के बाद मुझे मेरी मेहनत का पुरस्कार मिला। वह तो मिलना ही था। फ़िज़ ने मुझे पेट के बल लिटा दिया, अपनी टी-शर्ट मेरे मुँह पर लपेट दी और फिर अपनी नम जीभ के छोर से काम लेते हुए मेरे साथ कुछ ऐसा किया कि मैं पंडित, प्रताप, अभय, भारत, अपना लेखन और बाकी सब कुछ भूल गया। अगर कुछ याद रहा तो बस...

मैं किसी शिशु की तरह कराहता, सिसकारता रहा और फिर वैसे ही नींद की गोद में चला भी गया।

लेकिन अगली सुबह एक बार फिर दर्पण से सामना हुआ जिस पर नियमावली वाला कागज मैंने अपने हाथों से चिपकाया था। वही हिम्मत पस्त कर देनेवाली सख्त हिदायतें जैसे मेरा मुँह चिढ़ा रही थीं और मेज पर लाल ब्रदर टाइपराइटर मेरी प्रतीक्षा कर रहा था। मैंने जैसे चुनौती स्वीकार कर ली और लगातार टाइप करता गया लेकिन सच कहूँ मुझे पता था मेरे लेखन में कोई रस नहीं है, न कहानी में, न उसे कागज पर उतारने में।

उस शाम मैंने सुझाव दिया क्यों न कुछ दिन के लिए इस सबसे छुटकारा पा लिया जाए। मेरे अन्दर एक खालीपन आ गया था जैसे रीत गया कोई घड़ा। मैं उसे फिर से भर लेना चाहता था। शायद कुछ बूँद-बूँद रिसकर मेरे अन्दर के खालीपन को भर दे। अगली सुबह मुँह अँधेरे हमने झोले में सामान डाला, दरवाजे पर ताला लगाया और मोटर बाइक पर कसौली के लिए चल दिए। हम पिंजौर पार कर गए तब आकाश में भोर की धुँधली उजास उभरने लगी थी। फिर हम भीड़भाड़ भरे कालका मार्ग से गुजरे—यातायात चल रहा था, पर भीड़ बढ़ रही थी।

अब हम हिमालय की निचली पहाड़ियों में जा पहुँचे थे—इसके बाद चढ़ाई शुरू हुई। देवदार के वृक्ष हमें सब तरफ से घेरने लगे—मन प्रसन्न हो उठा। हमने तेजी नहीं दिखाई—मजे से चलते रहे। कुछ किलोमीटर का सफर तय होते न होते फ़िज़ मेरा चेहरा अपनी तरफ घुमाती और मुँह सटा लेती—मैं जो चाहूँ कर सकता था।

टिम्बर ट्रेल से पहलेवाले मोड़ पर जाकर मैं हमेशा की तरह ठहर गया। आठ साल पहले की घटना की याद ताज़ा थी। तब हम कॉलेज में थे। इस जगह मैंने अपने दो मित्रों को खो दिया था। हम हल्की बारिश में शिमला से नीचे आ रहे थे। जवानी पर बीयर का असर था। तभी उनकी येज्दी फिसल गई। दोनों सड़क के बीचोबीच जा गिरे। पीछे सवारी कर रहे बिल्ला ने गाड़ी चला रहे सरदार टिम्मी को पकड़ रखा था। गिरते समय दोनों साथ-साथ सड़क पर फिसलते चले गए। तभी तेजी से आता एक ट्रक उनको बीच से रौंदता हुआ निकल गया।

जब ट्रक के दोहरे पहिए उन पर से गुजरे तो बिल्ला टिम्मी के ऊपर था। वे दोनों कमर से नीचे एकमेक होकर आपस में चिपक गए। हड्डियाँ, मांस, खून का न पहचानने लायक लोथड़ा। कुछ मिनट बाद हम सब भी वहाँ पहुँच गए। उस समय भी दोनों बातें करते दिखे—दोनों के सिरों के बीच बस कुछ इंच की दूरी थी—उन्हें पता ही न था कि अब वे कमर के नीचे खत्म हो गए हैं।

हरी आँखोंवाला बिल्ला कह रहा था—मैं इस बेवकूफ से कह ही रहा था कि हम फिसलनेवाले हैं।

टिम्मी का साफा दूर जा गिरा था। सड़क पर उसके लम्बे केश फैले हुए थे। उसने कहा; मैंने इस चोदू को कहा था कि मुझे इतना कसकर मत पकड़। इस तरह मेरे लिए गाड़ी मोड़ना मुश्किल होगा।

बिल्ला बोला—ऑए मूरख, अगली बार गाड़ी मैं चलाऊँगा।

और टिम्मी बोला—दुर। अगर गाड़ी टूट-फूट गई तो मेरे पापा मुझे मार ही डालेंगे।

मिलर ने घुटनों के बल झुकते हुए अपनी धीमी आवाज में कहा—सब कुछ ठीक है। घबराने की कोई बात नहीं।

टिम्मी बोला—ध्यान रखना, उन्हें पता न चले वरना वह तो...

और फिर कुछ ही मिनटों में दोनों मर गए। कितनी विचित्र घटना थी। अभी एक पल पहले तक तो दोनों बातें कर रहे थे और वह पल बीतते न बीतते दोनों खामोश हो गए सदा के लिए। उनके शरीर आपस में इस तरह गुँथ गए थे कि दोनों के शव एक ही स्ट्रेचर पर ले जाने पड़े। बाद में उन्हें एक ही चिता में जलाया भी गया। हम सबके लिए यह पहला इतना बड़ा हादसा था—हमने मौत को इतने पास से पहले कभी नहीं देखा था। मौत की इस भयानकता ने हमें हिलाकर रख दिया था। अब हम जान गए थे कि मौत सिर्फ़ बूढ़ों को ही नहीं ले जाती।

इसके बाद के कई सप्ताह तक जीवन हमें एक चमत्कार की तरह लगता रहा और फिर दुख की अनुभूति धूमिल पड़ती गई, स्मृतियाँ सुन्दर हो गईं और फिर तो हमें नशे की हालत में ही दुख की अनुभूति होती थी।

मोड़ पर सड़क से परे खड़े कदम वृक्ष के तने पर हमने ये शब्द उकेर दिए थे—टिम्मी और बिल्ला, 26 जुलाई, 1979, हिमाचल होस्टल, कमरा नं 102, महान मित्र और उस्ताद। जो अब सदा-सदा के लिए साथ रहने लगे हैं और अगर कोई वार्डन उन्हें अलग करने की हिमाकत करता वे उसे...

हमने फैसला किया कि हम लोगों में से कोई जब भी यहाँ से गुजरेगा, तो पेड़ के तने पर अपना निशान जरूर छोड़ जाएगा। मैं छायादार रपटीले मार्ग पर होता हुआ कदम तक जा पहुँचा और मैंने कदम के तने पर उकेरे गए अपने निशान गिने—वे सत्ताईस थे। उनमें से चार मेरे थे। मैंने नुकीला पत्थर उठाया और अपना नाम पाँचवीं बार उकेर दिया। सच में बिल्ला और टिम्मी अकेले नहीं थे। दोस्त लोग नियम से उनके पास आते रहे थे।

अगला मोड़ पार करते न करते उनकी स्मृति पीछे रह गई और अब फ़िज़ नाश्ते की माँग कर रही थी। हम एक गुमटी पर रुक गए और दो अंडों का खूब तेलिया आमलेट और डबलरोटी के स्लाइसों का नाश्ता किया, जो सीधे अँगीठी पर सेंके गए थे। साथ में जाने चाय के कितने छोटे-छोटे गिलास सुड़क गए। सूरज निकल तो आया था लेकिन अभी तक उसकी रोशनी ढलानों पर फिसलकर सड़क तक नहीं पहुँची थी।

धरमपुर पहुँचकर हमने मुख्य सड़क छोड़ दी और कसौली तक ले जानेवाली आखिरी सड़क पकड़ ली। रास्ता बहुत ही सुन्दर था। ताजी हवा हमें थपेड़े लगा रही थी, मन में एक अनजानी खुशी आ गई थी। सफर के आखिरी तेरह किलोमीटर में सड़क सँकरी हो गई थी जैसे वह कोई सड़क नहीं एक फीता था हवा में ऊँचे-नीचे लहराता हुआ। यहाँ तक आते-आते सड़क पर यातायात नहीं के बराबर रह गया था। अब पेड़ हमारे ज्यादा नजदीक आ गए थे और लाल चोंचवाली खूबसूरत नीली मँगवाई जोड़ों में पुलियों पर लापरवाह अन्दाज में चुहल करती नजर आने लगी थीं। सड़क से कुछ ही परे वन के बीच सुन्दर खुले स्थानों का सौन्दर्य जादू डाल रहा था। हमने बाइक रोकी और पेड़ों के बीच एक खुले स्थान पर जा पहुँचे। हम एक पुराने

देवदार के खुरदुरे तने के सहारे टिक गए—हमारे नीचे देवदार के सुइयों जैसे पत्तों ने बिछौना तैयार कर रखा था—और हम जल्दी-जल्दी पी गई प्यार की शराब के सुरूर में खो गए।

उसने एक लाल रंग का ढीला-ढाला पुलओवर पहन रखा था। मैंने उसे और उसके नीचे की हर चीज को ऊपर किया और उन्हें उसकी गरदन के गिर्द लपेट दिया। उसकी कमर में एक बाँकपन उभर आया। सच कहूँ वह आसपास खड़े देखते पेड़ों, शोर मचाते परिन्दों और चुप खड़े पहाड़ों के बीच सबसे ज्यादा खूबसूरत लग रही थी। उसकी त्वचा पर उत्तेजना के छोटे-छोटे उभार दिखाई देने लगे, उसके गुलाबी होंठ मुझसे कुछ पूछ रहे थे और उसके इन्हीं सवालों के जवाब देने के लिए ही तो मैंने जन्म लिया था। मैंने उसके एक चुप सवाल का जवाब खुले मुँह से दिया—और दूसरे प्रश्न का उत्तर मेरी खुली फैली हथेली देने लगी। उसके चेहरे पर सूर्योदय के रंग खुलकर बिखर गए। उसने हौले से मेरा हाथ थाम लिया और उसे हर कहीं ले गई, ले जाती रही। मेरे चेहरे पर सुबह की ओस की चमक उभर आई। और फिर जब मैंने अपना प्यार उसमें उँड़ेला तो मेरे होंठ उसका नाम पुकार रहे थे। वहाँ घूमती हवा भी मेरे साथ-साथ उसका नाम दोहराने लगी। दोहराती गई।

फिज़्ज़्ज़्ज।

हम लोअर माल पर एक सरकारी रैस्ट हाउस में जा ठहरे। कमरे की हवा में बासीपन था और फर्श पर सीले हुए कारपेट, खिड़कियों के परदों पर फफूँद देखी जा सकती थी। गद्दे तो मोटे थे लेकिन पलंग चर्र-चूँ करनेवाला था और गुसलखाने के दरवाजे का यह हाल था कि अगर उसे एक बार अन्दर से बन्द कर लिया जाता तो वह अटककर रह जाता और हमें उसे बाहर से धक्के मारकर खोलना पड़ता। अगले चार दिनों में ऐसे मौके पर हम दोनों इस तरह दरवाजा खोलने से पहले एक दूसरे को सावधान कर देते—सँभलकर। ठीक है—दरवाजे से परे रहो। हम अपने तलवों से दरवाजे पर चोटें मारते। यह किसी एक्शन फिल्म दृश्य की तरह होता। बाथरूम में आधुनिक फिटिंग्स लगी तो थीं पर कोई भी काम नहीं करती थी। उसी तरह चमचमाती सफेद टंकी और गीजर भी बेकार थे। एक को खोला जाता तो गड़गड़ की सूखी आवाज आती और गीजर की लाल बत्ती कभी अपनी आँख नहीं खोलती थी। पुरानी हिन्दुस्तानी परम्परा के अनुरूप ठंडा पानी पाट में बाल्टी से डाला जाता था और इसी तरह नहाने के लिए गरम पानी भी हमाम से हम तक बाल्टी में पहुँचता था। दुबला-पतला केअरटेकर भरी हुई बाल्टियों के बोझ को सँभाले लड़खड़ाता हुआ आता था।

लेकिन हम तो जैसे नशे में थे। कैसी, कोई भी समस्या हमारा मूड खराब नहीं कर सकती थी। अन्दर पहुँचते ही फ़िज़ ने सारे खिड़की-दरवाजे खोल डाले और चौकीदार तथा उसकी बीवी को बुलाकर कमरे की साफ-सफाई करवा डाली। दो घंटे बाद हम बरामदे में आरामकुर्सियों पर बैठे थे—सामने घने पेड़ों से ढकी पहाड़ियाँ फैली थीं। उसने केअरटेकर को समोसे लाने बाजार भेज दिया था।

फ़िज़ ने केअरटेकर और उसकी पत्नी और तीनों बच्चों के लिए फालतू समोसे मँगाए थे। बात की बात में वे उसका हर आदेश बजा लाने के लिए तैयार हो गए। फिर चाय आई तो समोसे साथ थे। चाय खूब अच्छी बनी थी। एकदम गरमागरम और चीनी से भरपूर। आप उसके घूँट नहीं भरते थे, सुड़कते थे।

अभी दस बजे थे। धूप में चमक तो थी, पर गरमाई नदारद थी। हाँ, सुबह की ठंड जरूर दूर हो गई थी। और खाली कमीज में बैठना सुहा रहा था। बरामदे में हम दोनों के अतिरिक्त और कोई न था। वहाँ बैठना अच्छा लग रहा था। सड़क पर यातायात का शोर एकदम नहीं

था। चूँ-चर्र की आवाज थीं झाड़ियों में फुदकते परिन्दों की। लॉन पर सफेद मुँहवाली बुलबुलों ने अड्डा जमा लिया था और कई तो बेखौफ बरामदे तक भी चली आई थीं। वे गरदन और कलंगी झुलाती, फुदकती हुई कई सुरों में बतिया रही थीं। सचमुच पार्टी जम गई थी।

मैं तो यहाँ हमेशा-हमेशा के लिए रह सकती हूँ—फ़िज़ ने कहा।

वह किसी पहाड़ी की एक आकर्षक भावपूर्ण पेंटिंग की तरह दिख रही थी। लहराते केश खुलकर फैले थे, उसने पुरानी मेज पर पैर टिका रखे थे, देह में एक चमकीली कौंध थी। सफेद कार को दोनों हाथों में पकड़े हुए वह कहीं दूर नजर टिकाए थी।

मैं भी रह सकता हूँ। मैंने जोड़ लगाया।

वह बोली—तुम यहाँ लिख सकते हो, मैं मुर्गियाँ पाल सकती हूँ या फिर पहाड़ों पर मिलनेवाली जड़ी-बूटियों का भी कोई काम किया जा सकता है।

तुम जड़ी-बूटियों के बारे में कुछ जानती भी हो? उसने कहा—अरे यह कुछ मुश्किल नहीं है। तुम्हें जुड़ी-बूटियाँ उगाने के लिए ढलान पर थोड़ी जगह ही तो चाहिए। कौन जाने पंडितजी और उनके उत्तराधिकारी इस काम में कुछ पैसा बना ही लें।

ठीक है हम प्रकाशक से कहेंगे कि वह किताब लेकर रायल्टी के बदले में यहाँ ढलान पर हमें कुछ जमीन दे दे—क्यों? तीन टुकड़े पंडित, प्रताप और अभय—हरेक के लिए एक-एक।

तो तय रहा। एक टैरेस पर दो कमरों की कॉटेज बनाएँगे—एक स्टडी और एक आलिशदान के साथ। और बाकी दो पर मैं तरह-तरह की जड़ी-बूटियाँ उगाऊँगी।

और मैं इस पर एक किताब लिखूँगा। एक फार्म पर रहनेवाले युगल के बारे में जो कामोत्तेजना के लिए जड़ी-बूटियों का इस्तेमाल करते हैं।

मैंने सामान्य देशी-विदेशी जड़ी-बूटियाँ कहा है। कामेच्छा पैदा करने की बात बीच में कहाँ से आ गई।

यह इसका साहित्यिक रूप होगा। लिखने में तो कुछ भी कहा जा सकता है।

मैं अपनी जड़ी-बूटियों का इस्तेमाल गन्दे काम में नहीं होने दूँगी।

अरे भाई मैं साहित्य के लिए सहयोग माँग रहा हूँ—समझीं। साहित्य के लिए।

लेकिन इसका सेक्स से कोई सम्बन्ध नहीं होगा।

हाँ, एकदम नहीं, बिलकुल नहीं। जड़ी-बूटियों पर आधारित पुस्तक में पौधों के बारे में जानकारी रहेगी, साथ में रहेगा आवेग और एक खास मकसद। बड़े भावपूर्ण शब्दों में बदन और क्लोरोफिल की चर्चा रहेगी—और उसका माध्यम बनेंगे कहीं झटके-अटके हुए दो प्रेमी पौधों से घिरी उदासी और आकस्मिक कामुक उत्तानों और आवेगों से लड़ते हुए।

हाँ, उस हालत में मैं तुम्हें अपनी जड़ी-बूटियों का उपयोग करने की इजाजत दे दूँगी।

मैंने कहा—इस उदारता के लिए साहित्य सदा-सदा ऋणी रहेगा तुम्हारा।

नाश्ते के बाद हम ऊपर माल पर घूमने निकले। बड़े-बड़े पुराने बंगलों के सामने से गुजरते हुए जो पेड़ों और झाड़ियों के पीछे छिपे-छिपे खड़े थे—केवल उनकी चिमनियाँ और लाल छतें ही दिखाई देती थीं। हमारे लिए कसौली एक खास जगह थी। मैं यहाँ आठ सालों से आ रहा था और फ़िज़ के साथ पिछले छह सालों से। सोबर्स से मिलने से पहले मैंने कसौली के बारे में कुछ नहीं सुना था। वह कॉलेज में मेरा पहला सप्ताह था। एक कमरे में हम चार छात्र रहते थे। उनमें एक सोबर्स था। बहुत उदार स्वभाव का था सोबर्स। उसके पिता कसौली की पशुचिकित्सा विज्ञान अनुसन्धानशाला में काम करते थे। वह वहीं रहकर बड़ा हुआ था।

सोबर्स का असली नाम अर्णव दास गुहा था लेकिन कॉलेज में उसका नाम महान क्रिकेट खिलाड़ी गेरी सोबर्स के नाम पर रख दिया गया।

हम छात्रों के क्रिकेट मैच में उसने खुद को आलराउंडर बताया। वह नाटे कद और गठे बदन का था और पता नहीं क्यों उसमें गहरा आत्मविश्वास था। उसने कहा, वह लेगस्पिन है और मध्यम तेज गेंदबाजों से दस ओवर करवाने के बाद हमारे कप्तान ने गेंद उसे थमा दी।

वह ओवर होस्टल के इतिहास में दर्ज हो गया। उसमें सत्रह गेंदें फेंकी गईं क्योंकि अर्णव एक भी गेंद मैटिंग पर नहीं फेंक सका। असल में पहली ही गेंद उसके हाथ से फिसली और स्क्वायर लेग अम्पायर से जा टकराई। अन्ततः उससे अन्डर आर्म गेंदबाजी करके ओवर खत्म करने को कहा गया। बाद में वह लेग गार्ड बाँधकर बल्लेबाजी करने आया। पहली गेंद पर ही उसने कमर दिखा दी और गेंद उसके मोटे थुलथुल पुट्ठों में फँस गई। एक पल के लिए तो किसी को भी पता न चल सका कि आखिर गेंद गई तो कहाँ। फिर गेंद नीचे गिरी तो बात पता चली।

बाऊंड्री के बाहर कप्तान की नजरें मुझसे मिलीं और उसने कहा—चूतिया, यह गेरी सोबर्स कहाँ से पकड़ लाए तुम।

जब मैदान पर मच रहा हल्ला-गुल्ला रुका तो अगली गेंद फेंकी गई। गेंद उसके पैर से टकराकर विकेट में जा घुसी। वह बोल्ड हो गया। वह पिच पर गिर पड़ा और जोर से चीखकर गेंदबाज की माँ के साथ रिश्ता जोड़ने लगा बंगला में।

गनीमत थी कि गेंदबाज जाट था इसलिए वह कुछ न समझा।

बस इसके बाद से ही वह सोबर्स के नाम से मशहूर हो गया। छह महीने बाद उसके पिताजी होस्टल आए तो उन्हें कोई यह बताने को तैयार नहीं था कि अर्णव दास गुहा कौन था, कहाँ था।

मैं पहली बार कसौली में उसके घर गया तो हम पाँच जने थे। हम सभी मुश्किल से अट्ठारह के रहे होंगे। अब तक मैंने भीड़भाड़ भरे मैदानी शहर ही देखे थे, पर्वतों का नजारा देखकर मैं तो फिदा हो गया। न कोई भीड़ न शोरगुल, सब तरफ पेड़ों की—हरियाली—फेफड़ों को ताजादम करनेवाली ठंडी हवा। मैं तो एकदम मुग्ध हो गया। बस तभी से छावनीवाला पुराना शहर मेरा प्रिय बन गया। जब भी कहीं जाने की बात सोचता तो सबसे पहले कसौली का ही नाम सूझता। जब भी मौका मिलता मैं सोबर्स के साथ हो लेता। फिर धीरे-धीरे ऐसा भी हुआ कि चाहे वह साथ न भी होता उसके अद्भुत माता-पिता खुले दिल से मेरा स्वागत करते जैसे वह मुझे न जाने कब से जानते हों।

बाद में जब मैं एक बार फ़िज़ को अपने साथ वहाँ ले गया तब भी उन्होंने उसे उसी प्यार से अपनाया। उन्हें पता था कि हम विवाहित नहीं हैं, फिर भी उन्होंने हमें एक ही कमरे में ठहराया। परम्परागत भारतीय मध्य वर्गीय मानसिकता की दृष्टि से उनका व्यवहार एक चमत्कार ही था मेरे लिए। सुबह-सुबह आन्टी दरवाजा खटखटाने के बाद ही चाय लेकर अन्दर आया करती थीं। लोग फ़िज़ को इसी तरह अपना लिया करते थे। वह थी ही कुछ ऐसी कि कोई भी उस पर सहज विश्वास कर बैठता, उससे स्नेह करने लगता। उसकी मुस्कान, सहज ही घुल-मिल जाना। वह मौका देखती तो तुरन्त प्लेटें धोने में जुट जाती या रसोई में जाकर सब्जी काटने में आन्टी का हाथ बँटाने लगती। मैं चुप रहता लेकिन वह आन्टी से खूब बातें करती, उनके घर-परिवार, उनकी शादी के बारे में ज्यादा से ज्यादा जानना चाहती। और फिर उनके बच्चों के खिलंदड़पन की चर्चा छिड़ जाती। उनकी पकाई लिवर करी की तारीफ तो कोई उससे सीखे।

बीच-बीच आन्टी द्वारा पहनी सुन्दर रेशमी साड़ी की तारीफ करना न भूलती और वैट 69 की पुरानी बोतल में लगा कमजोर-से मनी प्लांट के फैलाव का जिक्र भी आ जाता। यह कहने की जरूरत नहीं कि आन्टी उससे खूब खुश थीं।

इंस्टीट्यूट की ओर से उन्हें मिला मकान अपर माल के ऊपरी छोर पर बना था। वहाँ से मैदानी क्षेत्र का खूब बढ़िया नजारा दिखता था। मकान पुराना था और शायद काफी समय से उसकी मरम्मत नहीं हुई थी। खिड़कियों के तड़के हुए शीशों को ब्राउन टेप से टिकाए रखा गया था। खिड़कियों और दरवाजों की चौखटें गल चुकी थीं। छतों में लगी लकड़ी की कड़ियों को दीमकों ने खोखला कर डाला था। लेकिन फिर भी वहाँ के वातावरण में एक दुर्लभ गरमाहट और अपनेपन का भाव था। सुबह सोबर्स के पिता इंस्टीट्यूट चले जाते और आन्टी स्थानीय मिशनरी स्थूल में पढ़ाने निकल जातीं। यह मेरे लिए फ़िज़ की देह पर धावा बोलने का खुला मौका होता।

मैं जिद करता कि वह घर में केवल छोटी शर्ट पहनकर घूमे-फिरे। और जब वह नाश्ता बनाती होती तो मैं उसे पीछे से थाम लेता, मेरे हाथ उसकी टाँगों के बीच पहुँच जाते। कितने विचित्र थे हम। हम एक दूसरे को अपने मुँह से खाना खिलाते और हमारे हाथ एक दूसरे की देह का स्वाद चखते होते। अकसर ही मैं उसे पकड़कर डाइनिंग रूम की खिड़की से बाहर झुका देता और फिर उसके पीछे फर्श पर नीचे होकर टखनों के उभारों को होंठों से लगाता और जाना-पहचाना पुराना सफर शुरू हो जाता।

मैं उसके टखने की सख्त गोल हड्डी को मुँह में भरकर चूसने लगता और मेरे लिए वह एक गहन उत्तेजना का स्रोत बन जाती। फिर मेरा सफर उसकी गुदाज पिंडलियों पर आगे बढ़ता, मैं उन्हें इतने जोर से चूसता रहता, वे मेरे लिए कामेन्द्रियों में ढल जातीं और धीरे-धीरे बढ़कर मेरा मुँह घुटने के गुम्बद पर जा टिकता—और होंठ अपना काम करते रहते। दूसरी ओर पहुँचकर मेरी जीभ उसकी जाँघों के चिकने राजमार्ग पर फिसलने लगती और आँखें अन्दरूनी उठानों पर टिकी रहतीं, हाँ वही तो होता मेरा लक्ष्य। मेरा मजेदार सफर बहुत धीरे-धीरे आगे बढ़ता। मुझे तलाश रहती उस आदिम गन्ध के स्रोत की। ऊपर की ओर बढ़ता तो गन्ध तेज होने लगती और मैं खुद पर से काबू खोने लगता। मेरा मुँह नाक बन जाता। आनन्द देने के बदले मैं उसे पाने के लिए मचल उठता। दिमाग की सब खिड़कियाँ एक-एक करके बन्द होती जातीं और फिर दिमाग सो जाता—तर्क, बुद्धि, विश्लेषण, अवधारणा—एक-एक करके सब कुंद हो जाते, खो जाते।

उस समय मैं बन जाता एक आदिम पशु जो अपने हाथ-पैरों पर रेंगता हुआ उसी आदिम गन्ध और उस सुरक्षित गुफा की तलाश में इधर से उधर घूमता होता।

सभ्यता-संस्कृति के दायरे से बाहर की बात।

इस पशु को अपनी इच्छा-पूर्ति से रोकना किसी के वश में नहीं।

और फिर मैं स्रोत पर पहुँचकर देर तक अपनी प्यास बुझाने में जुट जाता। फिर उठता और पीछे से उसे कमर से थाम लेता। तब शायद उसकी दृष्टि सामने पसरी हरी-भरी पहाड़ियों से परे नीचे फैले गर्द गुबार और गर्मी और उमस से भरे मैदानों को छूती होती। वह होता मेरा आदिम नृत्य। हवा उसकी धीमी आहों-कराहों को इस उपमहाद्वीप के कोने-कोने तक पहुँचा देती।

हम एक से दूसरे कमरे में जाते। जैसे हर बदलाव के साथ देह का व्यवहार भी बदलता जाता। अलग-अलग स्थानों पर हम भी कोई दूसरे ही हो जाते।

गुसलखाने में होते अभिजात, कुलीन, शिष्ट। रसोई में वही कुलीनता निचले पायदान पर उतर जाती।

बरामदा हमें छात्रों में बदल देता और लिविंग रूम में हम बन जाते परगामी।

डाइनिंग रूम हमें प्रेमियों में बदल देता और बैडरूम में पहुँचकर बन जाते साथी, एक-दूसरे के दीवाने।

इन यात्राओं के दौरान हमने पाया कि सबसे बड़े प्रेमी वे नहीं जो सदा ही एक तरह का व्यवहार करते हैं बल्कि वे हैं जो सदा ही खुद को बदलते रहते हैं। हर नई परिस्थिति, नया स्थान उन्हें भी नया बना देता है।

हमारी देहों में आया तूफान गुजर जाता तो मैं जोर-जोर से अपने संकलन का कोई अंश पढ़ने लगता। लुईस मेक्नाइस और यह दुनिया उससे कहीं ज्यादा पागल है जितना हम इसे जानते हैं; इलियट और क्योंकि मुझे फिर लौटने दो वरना मौके की उम्मीद नहीं। मुझे आशा इसलिए नहीं कि फिर से लौटना सम्भव ही नहीं। मनुष्य होने का यह उपहार और उसकी क्षमताएँ, सीमाएँ इन्हें फिर से पाना; कानराड आइकन और वस्तु में निहित व्यवस्था, धुँधलाया तर्क, पारमाणविक संरचना और स्फुल्लिंग, हृदय में निहित काल और मस्तिष्कीय क्रम—इन्होंने ही रिम्बाड को नष्ट कर दिया, परलेन को दिग्भ्रमित कर डाला...यह तथा और भी बहुत कुछ मैं पढ़ता चला जाता हूँ और वह मेरी जाँघ पर अपना सुन्दर चेहरा रखे लेटी होती है। उसकी गरम साँसें मेरे उलझे केशों को फुरफुरा रही हैं। पढ़ते-पढ़ते मैं खुद को किसी बड़ी बात से जुड़ता हुआ महसूस करता हूँ—मेरा जीवन, हमारी जिन्दगी—इसका एक निश्चित उद्देश्य है, इनके होने का कुछ मतलब था जो बाकी लोगों से अलग, और अधिक महत्त्वपूर्ण था।

कभी-कभी वह बिना हिले-डुले कह उठती—जरा फिर से तो पढ़ना। मैं फिर शुरू से पढ़ता हूँ।

एक बार, कई बार मैं पढ़ता जाता हूँ। उन्हें इतनी बार पढ़ता हूँ कि उन कविताओं की लय हमारे खून में दौड़ने लगती है। वहाँ छाई शान्ति भंग हो जाती है। उसकी साँसें कहीं मुझे अन्दर तक स्पंदित कर रही हैं। वह अपना मुँह खोलती है और हम दोनों संगीत लहरियों पर बहने, थिरकने लगते हैं। यह संगीत उन सभी कविताओं से एकदम अलग और ज्यादा साकार है। जिन्हें अब तक मैं पढ़ता और वह सुनती आई थी।

हमने एक बजे स्नान कर लिया। हम गीजर से तीन बाल्टियाँ भर लेते हैं। और फिर मगों में भर-भरकर एक-दूसरे पर धीरे-धीरे उँड़ेलते हैं। मैंने कहा था न गुसलखाने में हम कुलीनों जैसा व्यवहार करते थे। इसके बाद जब सोबर्स के माता-पिता दो बजे दोपहर को भोजन के लिए लौटते हैं तो मेज पर भोजन करीने से लगा है—सब्जियाँ गरम हो चुकी थीं, चपातियाँ तैयार की जा चुकी थीं। फ़िज़ दोनों से बातचीत में मशगूल हो गई। और मैं, हाँ, मैं मन ही पन सन्तुष्ट था।

दोपहर में हम कस्बे में घूमने निकल पड़े। हमने जंगली पगडंडियों का सहारा लिया फिर पत्थरों से पटी सड़कवाले बाजार में जा पहुँचे, चाय और समोसे खाने। हम यूँ ही कुछ देर बस अड्डे पर घूमते रहे, आती-जाती भीड़ को देखते हुए। इसके बाद कब्रिस्तान से गुजरे। कब्रों पर हृदयविदारक शोक सन्देश उकेरे दिखाई दिए। स्थानीय मिशनरी स्कूल के स्वस्थ-प्रसन्न बच्चों को खेल खिलाती ननों से बातें हुईं। माहौल में शोर गूँज रहा था। बुलबुल और गुच्छेदार चिड़िया अपर माल के छोर पर लगी पत्थर की बैंचों पर बैठी सूरज को पश्चिम में डूबते देख रही थीं।

मैंने वहाँ के बंगलों के बारे में सोबर्स से सुनी कहानियाँ लोगों से फ़िज़ को सुना दीं। कसौली में बस दो ही सड़कें थीं–अपर और लोअर माल। उनके दोनों ओर ऊँचे शानदार पेड़ गर्वीले भाव से सिर उठाए खड़े थे–और उनके पीछे ब्रिटिश राज्य के दिनों में बने भव्य बंगलों की झाँकी ली जा सकती थी। उनके मालिकों में अनेक प्रसिद्ध नाम थे।

ऐसा नहीं था कि तब हमारे लिए इस सबका कोई खास मतलब था। तब हम जवानी में कदम रख रहे थे और बड़ी से बड़ी बात भी हम पर कोई खास प्रभाव नहीं डालती थी। अपने तईं हम ही सब कुछ थे। सबसे ऊपर, अजेय, अनश्वर। हम बूढ़े जोड़ों को सड़कों पर धीरे-धीरे टहलते देखते। उनके जीवन का, उनके होने का तब शायद हमारे लिए कोई अर्थ नहीं था। वे लोग वहाँ तक कैसे पहुँचे? उनका जीवन कैसा बीतता था। उनकी जिन्दगियों का क्या मतलब था, क्या मूल्य था उनका? उनमें से ज्यादातर लोग बूढ़े और झुके शरीरवाले थे लेकिन पहाड़ों से मिलती ताजगी और लालिमा की झलक भी थी। हम आश्चर्य से सोचते कि आखिर वे चुप-चुप क्यों चलते हैं। हमारे कानों ने उन्हें कभी बोलते नहीं सुना। वे पुरानी अवाक् फिल्मों के चरित्रों की तरह सामने आते और चुप गुजर जाते।

कसौली की उन्हीं यात्राओं के दौरान हमारे मन में पहाड़ों के प्रति एक अनुराग जड़ें पकड़ने लगा और उस बारे में हमारी योजनाएँ आकार लेने लगीं।

सोबर्स का खँडहर सरकारी मकान, कसौली में शान्त शिथिल घुमक्कड़ी, बूढ़े पेड़ों के बीच गुजरती बोलती हवा। चौबीसों घंटे, हर पल आपको छूनेवाली ठंड जो अपने स्पर्श से त्वचा को जगा देती थी, पुराने पेड़ों से घिरे कुछ सोचते खड़े शान्त, अंग्रेजी नामों वाले बंगलों से जुड़ी रहस्यात्मकता। जलता सूर्यास्त, अविश्वसनीय रूप से शान्त रातें, और एक सिकाडा की पाँतों के स्वरों पर तना सन्नाटा, दिप-दिप करते तारे, बहुत चमकदार और असंख्य, शायद उतने दुनिया में और कहीं न देखे जा सकते हों–ये सब हमारे प्रेम के अनुष्ठानों और आविष्कारों के साथ अन्तरंग हो गए थे।

हम दोनों ने इस बारे में आपस में कभी कोई चर्चा नहीं की थी लेकिन जैसे हम बखूबी जान गए थे कि हमारे प्यार की मंजिल इन्हीं पहाड़ों में थी। आगे क्या होनेवाला है इस बारे में हमने कोई कल्पना नहीं की थी।

इस यात्रा के दौरान ही हमने आपस में चर्चा की थी कि हमें पहाड़ों में अपना घर बनाना चाहिए। वह स्कूल में पढ़ाती थी और मैं लिखता था। हम अपर माल के एक खूबसूरत छोर पर लगी पत्थर की बैंच पर बैठे थे। वहाँ पर्वत किसी मोटे आदमी की तोंद जैसा लग रहा था और उस मोटे पेट पर बँधी बैल्ट की तरह एक पगडंडी उस पर घूमती चली गई थी। उस फूले पेट, उसकी नाभि के विवर में पगडंडी से थोड़ी दूर पर कुछ बैंचें पड़ी थीं।

आसपास कोई न था, हम अकेले बैठे थे। जैसे इस ब्रह्मांड के अन्तिम दो जीव। आकाश एकदम साफ था। रात में इस समय हम दूर चंडीगढ़ की झिलमिलाती रोशनियाँ बखूबी देख सकते थे जो उतने दूर से भी अनाकर्षक ज्यामितीय आकार में भी दिखाई दे रही थीं।

फ़िज़ ने कहा–कभी न कभी हमारा घर पहाड़ों में ही होना चाहिए। तुम लिख-पढ़ सकते हो, मैं अध्यापन कर लूँगी।

हाँ जरूर। मैंने कहा।

मेरा हाथ उसके हाथों में था और उसकी मोटी नीली जैकेट चाँदनी में चमक रही थी।

लगा नहीं कि तुम मेरी बात से कुछ ज्यादा सहमत हो–क्यों?

नहीं, ऐसा एकदम नहीं। मैंने कहा। तुम तो जानती ही हो पहाड़ों से कितना प्यार है मुझे। मैं तुम्हारे बारे में सोच रहा था। तुमने हमेशा कहा है कि तुम्हें समुद्र ज्यादा पसन्द है।

हाँ, पहले यह बात जरूर थी। लेकिन इस बारे में मैंने बहुत सोचा है। अब मेरा मानना है मैं समुद्र सिर्फ देखने के लिए जाऊँ लेकिन रिहायश पहाड़ों में रहे।

क्यों?

तुम तो जानते ही हो कि मैं समुद्र को क्यों पसन्द करती हूँ। यह सदा ही जीवन्त और बेचैन रहता है। जबकि पहाड़ एकदम ठोस और कभी नहीं बदलते–कुछ ऊबाऊ होते हैं। लेकिन अब मेरा विश्वास है कि मैं अपने जीवन में दो बेचैनियों से एक साथ नहीं जूझ सकती।

मैंने सख्ती से उसका हाथ थाम लिया। वह मेरी ओर घूमी तो होंठों पर मुस्कान थी बोली–तो फिलहाल मैंने फैसला लिया है कि समुद्र के बजाय तुम्हें चुन लूँ। मैं स्नेह से उसे निहारता रह गया। उसने कहा–और कहीं पढ़ाने के बजाय मैं ऐसे पहाड़ी स्कूल में पढ़ाना पसन्द करूँगी जहाँ सेब जैसे लाल गालोंवाले बच्चे मेरे सामने रहे।

मैंने कहा–वे सभी तुम्हें प्यार करने लगेंगे।

तो क्या हुआ। तुम अमर गद्य की रचना करके मुझे उनसे जीत लेना।

मैंने कहा–मेरा खयाल है हमें समुद्र का रुख करना चाहिए।

उसने आगे झुकते हुए मुझे चूम लिया। बोली–नहीं मेरी राय में तुम समुद्र की अपेक्षा पेड़-पौधों पर बेहतर लिख सकोगे।

मैंने उसका चेहरा हाथों में भर लिया और देर तक चूमता रहा–आंकाश में चाँद अपना सफर तय कर रहा था और सुदूर चंडीगढ़ की रोशनियों की तादाद कम हो गई थी।

हमारे चार दिन एक खुशनुमा अहसास में घिरे-घिरे बीत गए–या यूँ कहूँ अहसास सदा नहीं तो ज्यादातर बना रहा क्योंकि आवेग और खिलंदड़पन के बीच मैं अपने दिमाग को पूरी तरह चिन्ता मुक्त नहीं कर सका, क्योंकि पांडुलिपि को लेकर मेरे मन में कई उलझनें थीं। मेरी रचनात्मकता की पिटारी में कुछ रिसकर इकट्ठा हो भी रहा था तो बहुत धीमी गति से-अगर यही रफ्तार रही तो फिर मुझे शायद ताजिन्दगी कसौली में रहना होगा–रचनात्मक ऊर्जा को पूरी तरह भरने के लिए।

हम चंडीगढ़ के लिए चले तो बेचैनी मुझ पर फिर से हावी होने लगी। और जब मैंने मकान के सँकरे बाहरी हिस्से में बाइक खड़ी की तब तक यह बहुत बढ़ चुकी थी।

मैं वापस मुड़ने को बेताब हो उठा। हम शाम को घर पहुँचे थे। उस रात ठीक से सो नहीं सका मैं।

फ़िज़ ने मेरी बेचैनी भाँप ली। वह जान गई कि मैं अपने लेखन को लेकर परेशान हूँ। उसने यूँ ही सरसरी तौर पर कहा–क्या सुबह जल्दी काम शुरू करना चाहोगे। एक बदलाव आ जाएगा रूटीन में।

विचार नया था। लेखकों के लिए एच. जी. वैल्स ने सुझाई थी यह बात। काम पर तब हल्ला बोलो जब उसे तुम्हारे ऐसा करने की उम्मीद न हो। एकदम अप्रत्याशित आक्रमण।

मैंने पाँच बजे का अलार्म लगाया और जल्दी सो गया। लेकिन अलार्म बजने से घंटों पहले ही मैं अध जागी स्थिति में लेटा था। करवटें अदलते-बदलते हुए तकिए को कभी सिर के नीचे से निकालकर पैरों के बीच दबा लेता तो फिर उसकी जगह बदल देता।

मैंने एक अजीब सपना देखा—मैं अदालत में गवाह के कटघरे में खड़ा हूँ—जैसा आप हिन्दी फिल्मों में अकसर देखते हैं। लकड़ियों के फट्टों से बना कमर तक ऊँचा—और वहाँ खड़ा-खड़ा मैं अपनी बनाई नियमतालिका पढ़ रहा हूँ जोर-जोर से। हर वक्तव्य के बाद विग पहने बैठा जज अपने हथौड़े को ठकठकाता है और एक दुबला पतला, डरी-डरी आँखोंवाला पुलिस कांस्टेबल आगे बढ़ता है और मेरे पिछवाड़े पर अपनी छड़ी जोर से जमाता है।

हर शाम शेक्सपियर का एक पृष्ठ पढ़ो।

सटाक्!

काम के दौरान कोई सेक्स नहीं।

सटाक्!

भावनाओं को मन से बाहर मत आने दो।

सटाक्!

जब-जब मुझ पर कोड़े बरसते थे तो अदालत में मौजूद सारे लोग खड़े होकर तालियाँ बजाने लगते। और हर बार मैं चीखता—ओह शेक्सपीयर...कुछ देर बाद मैंने लक्ष्य किया अदालत में मौजूद ज्यादातर लोग पार्टी में पहनी जानेवाली विचित्र-सी टोप लगाए हुए थे, उनके हाथों में ढेर-ढेर गुब्बारे थे और वे भोंपू बजा रहे थे—अगली पंक्ति में बैठे एक युवक ने आँखों पर सेलोफेन के शीशोंवाला चश्मा लगा रखा था। और जब-जब मुझ पर कोड़े बरसते वह दोनों हाथ उठा-उठाकर फूहड़ ढंग से नाचने लग जाता। उसके सिर पर खरगोश टोपी के कान ऊपर-नीचे झूलने लगते।

हर बार नाचना बन्द होते ही वह मेरी नकल उतारने लगता—ओह शेक्सपियर र र। उसके सुर में सुर मिलाकर बाकी सब भी चिल्लाने लगते—ओह शेक्सपियर र।

मेरा नियमावली का पढ़ना और कोड़े खाना जारी रहा—इसके साथ ही माहौल किसी त्योहार जैसा हो चला—हँसी-ठट्ठा, बिगुल फूँकना, जोर-जोर से एक दूसरे की पीठ थपथपाना, एक साथ मिलकर तालियाँ बजाना—गोया मैं नए वर्ष की पूर्व संध्या वाली किसी पार्टी के बीच जा पहुँचा था। जोड़े हाथों में हाथ थामे नाच रहे थे। और फिर वे चेहरे मेरी पहचान में आने लगे।

मेरे स्कूल के पुराने साथी, कॉलेज के सहपाठी, अध्यापकगण, मेरे होस्टल का वार्डन, काला सूट पहने हुए मेरे पिता भी मौजूद थे और माँ ने मैरुन रंग की साड़ी पहन रखी थी। छोटे केशों और कसे वक्षस्थल में बीबी लाहौरी, मेरे चाचा, मामा, चाची, मौसी, और चचेरे, ममेरे भाई-बहन।

सत्यानाश! पीले सेलोफेन चश्मेवाला नचैया मिला था, जिसकी खरगोश टोपी के लम्बे कान ऊपर-नीचे हिल रहे थे। वहाँ सोबर्स भी था जो पीछे रखी कुर्सी पर नाच रहा था। उसने इन्स्पेक्टर क्लाउसे की तरह नकली नाक लगा रखी थी और कॉलेज के बाहरवाली फलों की दुकानवाला मोटा गोविन्द जी। भला वह क्या कर रहा था यहाँ? वह सेब, सन्तरे और केले उछालता और घर-घराते मिक्सर-ग्राइंडर के स्टील जार में लपक लेता।

इस सारे शोर-शराबे के बीच फ़िज़ जज की मेज के नीचे क्लर्कवाली कुर्सी पर खामोश बैठी थी। वह वकील की पोशाक में थी और दत्तचित्त होकर कुछ नोट करने में लगी थी।

वह गम्भीर दिखाई दे रही थी।

मैंने देखा जज ने लाल रंग का तिकोना पार्टी हैट पहन लिया जिसके ऊपर चाँदी के रंग वाले कागज की घंटी लगी थी। वह जोर-जोर से भोंपू बजा रहा था—उसके गाल फूल उठे थे और इस समय जजवाली हथौड़ी की जगह उसके हाथ में एक अनन्नास दिखाई दे रहा था।

मैंने याचनाभरी दृष्टि से देखते हुए कहा—मी लार्ड, अगर अब आपकी आज्ञा हो तो घर जाकर मैं लिखने का काम खत्म कर लूँ।

मी लार्ड ने कहा—क्या?

मैंने कहा—मी लार्ड, त्रोलस और क्रेसिडा। भीड़ चिल्लाने लगी—मी लार्ड ग्लाइकोडिन और पेरासिटामॉल।

जज ने बड़ा अनन्नास उठाया।

उसे किसी ट्राफी की तरह थामे रखा और फिर शोर मचाती भीड़ के सामने उसे जोर से मेज पर दे मारा।

वह किसी बम की तरह फट गया। अनन्नास की फाँकें सारी अदालत में बिखर गईं।

पगलाई भीड़ चीखी—ओह शेक्सपियर...और फिर लोग इधर-उधर बिखरी अनन्नास की फाँकों को उठाने दौड़ पड़े।

जज ने ढीली आँखों से देखते खड़े पुलिस वाले पर नजर डाली और चिल्लाया—फ्रांज! फ्रांज आगे झुका और मुझ पर कोड़े का जोरदार वार किया।

मैं चीखा—शेक्सपियर। लोग खुशी से झूम उठे। फिर हाथ झटकाते हुए थिरकने लगे।

फ़िज़ ने सख्त नजरों से ताका। अपने मुँह से भोंपू निकाला और अदालत बर्खास्त होने की घोषणा करनेवाली घंटी में विस्फोट कर दिया।

मैं चौंककर जाग गया। और अलार्म बन्द कर दिया।

मैंने फ़िज़ की नींद में खलल डाले बिना अपने लिए चाय बनाई और बाल्कनी में खड़े होकर पी गया। अभी सब तरफ घना अँधेरा था। आस-पास के मकानों में कहीं रोशनी नहीं थी। छह बजते ही पन्द्रह मिनट के भीतर उन सब में जगाहट हो जाएगी, बच्चों की आवाजें, आज बम वाले का आना, चाय और फिर लोगों का सैट पर निकल पड़ना। सन्नाटे के आखिरी मिनट थे। रात भर जलती रहने के बाद सड़कों की बत्तियाँ भी मद्धिम मालूम दे रही थीं।

चाय खत्म करके मैं अन्दर गया और टाइपराइटर का ढक्कन हटाया। और अब तक जितना कुछ लिखा था, उस सबको फिर से पढ़ गया। लेकिन जब मैंने पढ़ना खत्म किया तो पाया मैं अभी वहीं अटका था जब हम एक सप्ताह पहले सूफी वांग रेस्त्राँ गए थे।

लेकिन मैंने पक्का निश्चय कर लिया था कि अब ढील नहीं बरतूँगा—लिखना भी प्रेरणा जैसा ही अनुशासन है। मैं खटाखट टाइप करने लगा। तीसरा खंड आगे बढ़ चला था।

मैं पूरे हफ्ते उसी तरह काम करता रहा लेकिन लेखन में आनन्द नहीं था। फ़िज़ ने मेरी बेरुखी भाँप ली और मुझे सहज बनाने के लिए उसने लिखने पर बिलकुल बात नहीं की। लेकिन लिखने के अलावा भी कई समस्याएँ थीं हमारी जिन्दगी में। कहानी की पकड़ मुझसे छूटती जा रही थी और उधर हमारे पैसे भी खत्म हो चले थे।

मुझे उम्मीद थी कि नौकरी छोड़ने के दो महीने के अन्दर मेरा प्राविडेंट फंड मिल जाएगा। उससे हम तीन महीने और काम चला लेते। लेकिन अब लगता था प्राविडेंट फंड की रकम मिलने में शायद कई साल लग जाएँगे। हमने बचाकर कुछ नहीं रखा था और मेरा आखिरी वेतन तो कब का खत्म हो चुका था। फ़िज़ ने हमारा ब्लैक-एंड वाइट अकाई टेलीविजन बेच दिया—उससे तीन हजार रुपए मिले। अब उसी से काम चल रहा था।

लेकिन हम पहले ही फैसला कर चुके थे कि इस बात को लेकर कतई परेशान नहीं होंगे।

और तो और इस बारे में हम आपस में बात करने के लिए भी तैयार न थे।

फ़िज़ ने बस इतना कहा—मैं नौकरी कर लूँगी। पर मैं नहीं चाहता था कि मैं लिखने में लगा रहूँ और उसे नौकरी करनी पड़े। मेरा खयाल था इससे मेरे लेखन की चमक जरूर फीकी पड़ जाएगी।

उसने कहा—वह सेंट सीजर्स स्कूल, मैं वहाँ अंग्रेजी और भूगोल पढ़ा लूँगी। मि. शर्मा तो हमेशा ही मुझसे वहाँ ज्वाइन करने के लिए कहते रहे हैं।

मैंने कहा—बेहूदा जगह है वह! वह आदमी भी एक ही चाइयाँ है। उसका असली बिजनेस तो मोटर पार्ट्स बेचना है। वह पैसे गिनने में उस्ताद है पर मुझे शक है उसे ए बी सी भी आती है।

उसने कहा—होने दो, इससे क्या फर्क पड़ता है। सुबह के थोड़े समय की हो तो बात है और वह भी बस कुछ महीनों के लिए ही।

हम अपनी लव सीट पर साथ-साथ बैठे थे।

उसने हौले से मेरा हाथ थाम लिया। खुलकर मुस्कुराई और कहती गई—और फिर मुझे पूरी उम्मीद है पंडित हमें इस सबसे निकाल ही लेंगे।

अगली सुबह वह प्रोग्राम के मुताबिक सड़क पर बने स्कूल में गई और उस गेराज स्कूल में उसे तुरन्त जूनियर टीचर की नौकरी मिल गई। उससे अगले दिन काम शुरू करने के लिए कह दिया गया। भारत में जगह-जगह फलते-फूलते इन गेराज स्कूलों का यह एक रहस्य ही है कि सदा ही इनका नामकरण काल्पनिक ईसाई सन्तों के नाम पर किया जाता है और उन्हें हमेशा ही अध्यापकों की आवश्यकता रहती है। वहाँ हमेशा ही किसी नए छात्र को दाखिला मिल जाता है, इसी तरह एक अध्यापक को नौकरी भी मिल जाती है।

कक्षाएँ बाल्कनी, बरामदे या सीढ़ियों के नीचे लगती हैं। छात्रों को अध्यापक के एकदम निकट बैठाया जाता है। क्योंकि जगह ही उतनी होती है इसलिए नहीं कि अध्यापक उन पर ज्यादा ध्यान दे सके। क्या क्लासरूम में छात्र बहुत अधिक होते हैं? जी नहीं, एकदम नहीं। हमारे स्कूल में इस बारे में कड़े नियम हैं कि एक क्लास में कितने छात्र लिए जाने चाहिए।

फ़िज़ की तनख्वाह बारह सौ रुपए तय हुई। खर्च के मामले में कंजूसी बरतकर हम उस रकम से जैसे-तैसे काम चला सकते थे। टेलीविजन के बेचने से मिली रकम में से अभी हमारे पास पाँच सौ रुपए बचे हुए थे।

फ़िज़ स्कूल जाने लगी और मैं काम के मामले में पुराने ढर्रे पर आ गया। वैसे सच यह था कि मैं सुबह का समय उसके साथ बिताना चाहता था क्योंकि उस तृप्ति से मिलनेवाली शान्ति के बिना काम में मन लगाना मुश्किल था।

लेकिन बैठकर लिखना भी कुछ आसान नहीं हुआ।

मौटे तौर पर मैंने अभय, उसके पिता और दादा के चरित्रों की डोर में बँधी कहानी को एक रूप तो दे ही डाला था। यह उन तीनों के जीवन की कहानी थी। लेकिन मैं महसूस कर रहा था कि इस सबका कोई मतलब नहीं था। अब आवश्यकता थी इस पूरे क्रम को कहानीपन में ढालने की। समस्या यह थी कि मौटे तौर पर तो मैंने चरित्रों को गढ़ लिया था। लेकिन मैं उनके जीवन से जुड़ी साधारण बातें भी नहीं जानता था। वे कैसा भोजन खाते थे? नहाने में कौन-सा साबुन-तेल इस्तेमाल करते थे? उनके यात्रा के माध्यम क्या थे? कैसे आते-जाते थे वे लोग। कौन से अखबार पढ़ते थे। कितना पैसा खर्च किया जाता था। उनके विचारों और भावनाओं की भी मुझे कैसी भी कोई जानकारी नहीं थी। तत्कालीन राजनीतिक व सामाजिक स्थितियों के बारे में उनकी क्या राय थी? क्या कभी प्रेम-वेम के चक्कर में भी पड़े थे? अगर

कभी कुछ ऐसा हुआ भी था तो उन्होंने तब कैसा व्यवहार किया था। क्या अपनी-अपनी पत्नियों के साथ इन बातों को लेकर कभी कोई चर्चा करते थे? कैसी होती थी वह चर्चा? और क्या अपने बच्चों से भी उनकी बातें हुआ करती थीं?

इन सबके बारे में मेरी जानकारी बहुत सतही थी और वह भी अपने पिता तथा उस दौर में रहे दूसरे बड़े-बूढ़े लोगों से होनेवाली बातचीत के आधार पर। अस्पष्ट ऐतिहासिक जानकारियाँ यहाँ-वहाँ से पढ़ी गई पुस्तकों से मिली थीं। लेकिन इतने भर से काम चलनेवाला नहीं था। मैं समझ गया था कि इन सबके आधार पर पाँच हजार शब्दों का लेख तो लिखा जा सकता था लेकिन एक लाख शब्दों का उपन्यास एकदम नहीं।

मेरा शुरुआती जोश ठंडा पड़ने लगा था। अब मुझे यह डर सता रहा था कि मैं रेत का किला बनाने का प्रयास कर रहा था। मैंने अज्ञान, झूठ और कोरी कल्पना का ही सहारा लिया था इसे बनाने में। लेकिन पहले समीक्षात्मक पाठ में ही ढह जानेवाला था रेत का यह किला।

मैंने मन को यह तसल्ली देनी चाही कि मेरी असली मुश्किल थी उपन्यास का प्लाट। सही जानकारी और भोगे हुए यथार्थ की मुश्किलें नहीं। इसलिए तीसरे खंड में मैंने कल्पना का सहारा लेकर इन विकृतियों से पिंड छुड़ाना चाहा, पर बात बनी नहीं...बननेवाली थी भी नहीं।

मैंने खुद को दिलासा देना चाहा—भाई वास्तविक जीवन भी तो घटनाओं के अकल्पनीय, गँठजोड़ से चलता है। और इसे लेकर मुझे बहुत अधिक परेशान होने की जरूरत नहीं है।

मैंने पिताओं और उनके बेटों के बीच नाटकीय मुठभेड़ों की कथा गढ़ी। वे दर्शन, नैतिकता और भौतिकतावाद पर एक-दूसरे को जोर-जोर से लम्बे-चौड़े भाषण देते हैं, अपनी बात के समर्थन में खिड़की-दरवाजों पर जोर-जोर से हाथ मारकर अपनी बात रखते हैं।

घटनाक्रम तेजी से आगे बढ़ता है। पंडित जेलर को घूस देता है ताकि जेल में बन्द उसके बेटे को और कैदियों से बेहतर खाना और अच्छा बिस्तर मिल सके। प्रताप को जब यह मालूम होता है तो वह गुस्से और ग्लानि से आपा खो बैठता है। अभय को बम्बई से एक फिल्म निर्माता का बुलावा आता है। लेकिन अपनी फिल्म में अभिनय का मौका पाने के एवज में उसे एक बड़ी रकम देनी पड़ती है और इस काम में वह पिता की मदद चाहता है। वह अपने पिता को इस बात के लिए जैसे-तैसे राजी कर लेता है कि वह रिश्वत लेकर उसका बम्बई का रास्ता आसान कर सकते हैं। और ऐसा होता भी है। अभय की प्रेमिका गर्भवती हो जाती है। अभय उससे छुटकारा पा लेता है। अभय की प्रेमिका उसके पिता के पास जाती है। प्रताप उस लड़की के लिए नौकरी का जुगाड़ करता है, फिर होता है गर्भपात। अभय की प्रेमिका और उसके पिता के बीच रिश्ते गहरे होने लगते हैं। कहानी के दूसरे हिस्से में पंडित द्वारा छावनी के लिए सप्लाई की जानेवाली खाने-पीने की वस्तुओं में मिलावट करते पाया जाता है। एंडरसन के साथ उसकी एक आपात् बैठक होती है। अत्याचारी पंडित गोरे साहब के पैरों पर गिर पड़ता है। आखिर दोनों में एक समझौता हो जाता है। पंडित जिला कार्यालय में उस क्षेत्र में मिलनेवाले सबसे अच्छे लौंडे की सप्लाई करने लगता है।

उधर घटनाएँ नए नाटकीय मोड़ लेती हैं और अभय को बम्बई में पैर जमाने के लिए अपने फिल्म निर्माता की सेवा में जुट जाना पड़ता है।

संक्षेप में किताब का सारा ताना-बाना बिखर चुका था।

कसौली से लौटे हुए हमें दो महीने बीत चुके थे लेकिन मैं अभी तक नियमावली के पालन की पुरानी रस्म निभाने में लगा हुआ था। समय की सख्त पाबन्दी, शाम को काम खत्म करने के बाद टाइप किए हुए शब्दों की गिनती करना—लेकिन यह सब अब एक दिखावटी समारोह में बदल चुका था जैसे महलों के सामने चुस्त-सजे-सँवरे प्रहरियों का पैर पटक-पटक कर चक्कर काटने का प्रदर्शन जो महज एक दिखावा बनकर रह जाता है।

मिलर के शब्दों में कहूँ तो मैं पेशाब में मछली पकड़ने की कोशिश में लगा था। हर कुछ दिन के बाद मैं अपना लिखा फ़िज़ को पढ़ने के लिए देता। उसके हाव-भाव से लगता था कि वह ठीक-ठीक कुछ समझ नहीं पा रही थी। मेरा खयाल था, वह भी जान गई थी कि मैं ठीक से लिख नहीं पा रहा था—कहानी पर से मेरी पकड़ फिसलती जा रही थी। लेकिन वह मुझ पर विश्वास बनाए रखने की कोशिश कर रही थी। इस सब को जानते-बूझते हुए भी हमने इस छद्म को चलते रहने दिया। केबिनेट के ऊपर डबल स्पेस में टाइप किए हुए पृष्ठों का ढेर ऊँचा होता गया। उस ढेर पर वही लकड़ी की पट्टी रखी थी—जिस पर घने केशोंवाली लड़की की आकृति बनी थी और लिखा था 'माई हीरो।'

सबसे ऊपरवाले पृष्ठ पर साफ-साफ पढ़ा जा सकता था—'उत्तराधिकारी'। उसके नीचे छोटा शीर्षक था--एक भारतीय शताब्दी। और ठीक उसके नीचे लिखा था—पहला मसौदा।

जैसे-जैसे कथा पर मेरी पकड़ ढीली होती गई थी सितारों और खोपड़ियों की संख्या भी कम हो चली लेकिन अब फिर से उनकी तादाद बढ़ने लगी थी। अपनी रचना को लेकर मैं जितना अधिक उलझता उतना ही फ़िज़ की देह में मानसिक शान्ति की खोज में डूबता जाता।

शुरू-शुरू में लेखन ने मुझे सन्तुष्टि दी थी। अन्दर से खुद को भरा-पूरा महसूस करने लगा था पर अब वह सन्तुष्टि गायब हो गई थी—खुद को अधूरा-अधूरा लगने लगा था। मैं टूट चुका था। मन आशंकित रहने लगा था। मैंने अपने खालीपन को उसकी देह से भरने का प्रयास किया। सम्भोग के बाद मन में आनेवाली शान्ति की खोज में था मैं। बस सितारों की संख्या फिर बढ़ चली थी।

सचमुच कामना को कभी पूरी तरह जाना-समझा नहीं जा सकता।

लेकिन उस पर इसका उल्टा प्रभाव हुआ था। जब मैं दत्तचित्त होकर लिख रहा था तो उसे मेरी जरूरत कहीं ज्यादा महसूस होती थी। वह मेरी पूर्णता को परखना चाहती थी, खुद भी उसमें शामिल होना चाहती थी। उसकी देह का गीलापन हर समय माँगता था मुझे। लेकिन अब इस इच्छा में कमी आ गई थी। उसने पहल करनी बन्द कर दी। अब वे दिन हवा हो गए थे जब मैं पीठ के बल लेटा हुआ अपनी पराजय की प्रतीक्षा करता था। पुराना ढंग लौट आया था। अब तो मुझे ही आगे बढ़कर बताना होता था कि मैं क्या चाहता था।

और फिर नियमावली में दर्ज निषेध एक-एक करके टूटने लगे। मैं अपने लेखन के बारे में उससे खुलकर बातें करने लगा—हर शाम न पीने का निषेध टूट गया। मैंने हर दिन ट्रोलस और क्रेमिडा का पाठ भी बन्द कर दिया। हर तीसरे दिन हम फिल्म देखने जाने लगे। मैं न जाने कैसे एक घबराए, निराश प्रेत में बदल गया।

प्रताप एक भ्रष्टाचारी मुख्यमंत्री बनने जा रहा था। इसी तरह अभय भी भारतीय सिनेमा जगत में रोमांस का बादशाह बननेवाला था। पंडित के चरित्र में नया मोड़ आ गया था। असल में वह उतना बुरा नहीं था। अब उसका चरित्र नए रूप में ढलनेवाला था जो छिपे तौर पर स्वाधीनता सेनानियों की मदद करता था।

लेकिन क्या सच में। एक नेत्रहीन भी बता सकता था कि मैं सच में पेशाब में मछलियाँ पकड़ने की कोशिश में लगा था।

और सबसे बुरा, अगर यह सच में बुरा था, तो यह हुआ कि मैं फिर जोर-शोर से उपन्यास पढ़ने में जुट गया था। मैं फ़िज़ को सर जी की दुकान में खींच ले जाता—वहाँ से हमने सेलोफीन के कवर में लिपटी नई पुस्तकें खरीद डाली।

मैं अन्य लोगों के लेखन में डूब गया। धीरे-धीरे मैं भूल ही गया कि मैं खुद भी लिख रहा था।

फ़िज़ ने मुझे सावधान नहीं किया।

एक दिन मैंने खुद की ही चोरी पकड़ ली अपनी नजर में।

वह दिन जब मैं टाइपराइटर पर अपना त्यागपत्र टाइप करने बैठा था, पाँच महीने पीछे जा चुका था। शाम को मैंने उसे रसोई में खाना पकाते हुए जा घेरा और कह दिया—बहुत हुआ। मैं लिखना बन्द कर रहा हूँ।

वह सिर्फ डेनिम शर्ट में थी और एक फीके हरे रंगवाली गोभी को छल्लेदार परतों में काट रही थी। जब आप चाकू को बन्द गोभी के पास ले जाते हैं तो वह कितनी हल्की हो जाती थी। और तभी 'उत्तराधिकारी' शीर्षक याद आ गया।

अपना हाथ रोके बिना उसने कहा—फिक्र करना छोड़ दो। हाँ, कुछ दिन के लिए जरूर छुट्टी ले लो।

पिछले दो महीने हम दोनों के लिए कठिन बीते थे। हम अब भी आपस में पैसों को लेकर चर्चा नहीं करते थे, लेकिन यह हमारे लिए गम्भीर चिन्ता बन गई थी। मुझे पता था फ़िज़ ने हर खर्च के लिए अलग-अलग लिफाफे बना रखे थे—अखबार, दूध, पंसारी, पेट्रोल, नौकरानी, किराया, बिजली, गैस—और वह हरेक का हिसाब रखती रहती थी।

हालाँकि जाहिर तौर पर हम यह दिखा रहे थे कि हम वैसा कुछ नहीं कर रहे थे—लेकिन फिर भी पैसों की कमी से लड़ने के लिए हम घंटों तरह-तरह से जमा-घटा में जुटे रहते थे।

अखबार बन्द किया जा सकता है—नीचेवालों से पढ़ने के लिए लिया जा सकता है। इस तरह तीस रुपए बच सकते हैं।

नौकरानी की छुट्टी। मैं प्लेटें साफ कर लूँगा। फ़िज़ झाड़ू पोंछा कर सकती है—पचहत्तर रुपए की बचत।

हर दूसरे दिन पैदल जाकर बिजवाड़ा चौक की थोक सब्जी मंडी से सब्जी ला सकती है। 500 ग्राम की जगह अमूल मक्खन के 100 ग्राम के पैकेट खरीदकर उन्हें ज्यादा दिन चलाया जाए।

हर समय मोटर साइकिल पर न चलें। पैदल भी आया-जाया जा सकता था। वैसे इसमें तो हम माहिर थे।

बाल्कनी के टिकट न खरीदें। अपर स्टाल्स में फिल्में देखी जा सकती थीं।

जो भी सिक्का हाथ लगता उसे फ़िज़ बोर्नविटा के पुराने डिब्बे में डाल देती। हफ्ता बीतने पर उसे उलटकर देखा जाता कि उसने इस तरह क्या बचत की है।

मैं इस बात से बहुत परेशान था कि पैसों की चिन्ता लेखन से भी भारी हो गई थी।

यह बोदे लेखन से कहीं बड़ी असफलता थी। अनेक वर्ष पहले मैंने और फ़िज़ ने यही तय किया था कि चाहे जो हो जाए पैसे को लेकर जीवन में कभी किसी तनाव को नहीं आने

दिया जाएगा। अगर पैसा होगा तो उसे खर्च कर डालेंगे। अगर नहीं होगा उसे लेकर हैरान-परेशान कतई नहीं होंगे। अपनी बड़ी से बड़ी चिन्ताओं के बीच भी फ़िज़ इस बात को नहीं भूली थी। मैं जानता था यह कठिन दौर था उसके लिए। वह ऐसे दुश्मन से जूझ रही थी जिसका नाम तक नहीं ले सकती थी।

लेकिन मेरे लिए यह सबसे बड़ा दुश्मन था। इसे लेकर मन में बेहद परेशान था। मैंने देखा था कि पैसे के अभाव और उसकी चिन्ता ने किस तरह मेरे परिवार और मित्रों को अन्दर तक हिला डाला था। आज भी यह मध्य वर्ग की सबसे बड़ी चिन्ता है। महामारी फैलानेवाली मादा ऐनोफील्स मच्छर की तरह यह दोहरा काम करती है।

इससे प्रभावित लोग अपनी भद्रता का मुखौटा उतारकर लालच के फेर में फँस जाते हैं। इस दुश्मन का हर वार हमारे जीवन में लगातार अप्रिय बदलाव ला रहा था।

पैसा ही है जो बड़े लोगों को छोटेपन के निम्न स्तर तक ले आता है। मैं ऐसे अनेक उदाहरण जानता हूँ।

जब फ़िज़ ने कहा कि वह दोपहर में स्कूल में अंग्रेजी की विशेष कक्षाएँ लिया करेगी तो मेरी चिन्ता और भी बढ़ गई–इन विशेष कक्षाओं के लिए ऐसा प्रचार किया जाता था–साठ दिन में फर्राटेदार अंग्रेजी बोलना सीखिए–सफलता की फुलम फुल गारंटी।

ये अंग्रेजी कक्षाएँ स्कूल में शाम के समय लगा करती थीं। हर कक्षा एक घंटे तक चलती थी। उसमें समाज के सभी वर्गों से छात्र आते थे। पंजाब, हरियाणा और हिमाचल के छोटे कस्बों से आनेवाले युवक, लड़कियाँ जो अंग्रेजी सीखकर अपने लिए शादी को आसान बनाने के सपने देखती थीं, ऐसे सनकी प्रौढ़ जो समझते थे कि कुछ अंग्रेजी बोलने-सीखने भर से उनका जीवन न जाने क्या से क्या हो जाएगा। मिस्टर शर्मा बेहद फायदे में थे। हर शाम छह कक्षाओं में खूब भीड़ होती थी। अगर फ़िज़ एक कक्षा को साठ दिन तक खींच ले जाए तो उसे दस हजार रुपए मिल सकते थे।

यह खतरे की घंटी थी। यह छोटा कस्बा हम पर कुछ दूसरी ही तरह हावी हो रहा था।

रसोई छोटी थी, इसलिए मैं चौखट पर हाथ टिकाए दरवाजे में खड़ा था।

मैंने कहा–मुझे लिखना बन्द करना ही होगा।

वह बोली–इसे जल्दी से पूरा करो। फिर तुम ठीक-ठीक समझ पाओगे।

मैंने कहा–खत्म। अब कुछ नहीं बचा।

वह बोली–ऐसा सोचना गलत है।

मैंने कहा–यही सच है।

उसने कहा–तुम अपने साथ कुछ ज्यादा ही सख्ती बरत रहे हो।

मैंने कहा–फ़िज़ याद है न–इस संसार में ऐसे कूड़ा लेखन की भरमार है जिसे कभी पढ़ा नहीं गया–उसमें एक की बढ़ोतरी न करो–

उसने चाकू रख दिया। मुड़कर पास आई और मुझे बाँहों में भर लिया। मैंने उसे चूमने के लिए सिर झुका दिया। माथे पर उसके केश नम थे और उसके ऊपरी होंठ पर पसीने की भीनी परत चिपकी थी। उसकी देहगन्ध ने मेरे अन्दर किसी को जगा दिया। मैंने आँखें मूँद लीं और उसके धीरे-धीरे खुलते होंठो को खाने लगा। उसने मेरा चेहरा हाथों में भर लिया–मैं उसके हाथों पर लगे हरे रस की गन्ध सूंघ सकता था।

उस शाम हम सुखना झील पर जा पहुँचे। वहाँ सैलानी और मौज-मजा करनेवालों की भीड़ अब छँट चली थी। शोर मचाते लोग जा चुके थे—गोलगप्पे और आइसक्रीम की ठेलियाँ अपने आखिरी ग्राहकों से निपट रही थीं, उनमें ज्यादातर प्रेमी युगल और उन पर बुरी नजरें गड़ानेवाले कॉलेज छात्र थे। हमें एक नाव मिल गई जो हमें निरन्तर सिकुड़ती जा रही झील के बीचोबीच ले गई। दूसरी अनेक कृत्रिम चीजों की तरह यह झील भी थी जिसके होने का कोई खास मतलब न था। धुँधली रोशनी में बड़ी क्रेनें इसके रेतीले पाट पर खड़ी दिखाई दे रही थीं।

उन्हें झील का दम घोटनेवाली तलछट निकालने के लिए लगाया गया था। वे पानी पीते बड़े-बड़े कीड़ों जैसी लग रही थीं।

हाँ मुझे लगा कि पानी गहरा है। मैंने पैकेट फ़िज़ को थमा दिया। बोला—ठीक है, अब कर डालो इस काम को।

मैं क्यों? उसने कहा—ताकि बाद में इसके लिए मुझे दोषी ठहरा सको?

हाँ—मैं बोला।

वह खामोशी से पैकेट को थामे रही, गरदन से लटकती लाल त्वचावाले लैपविंग पंख फड़फड़ाते हुए ठीक हमारे ऊपर से गुजर गए। मैं उनके पंखों की फड़फड़ाहट महसूस कर सकता था। वे अपनी तीखी आवाज में जैसे पूछ रहे थे—क्या इसे तुमने लिखा है? क्या तुमने...

मैंने कहा—लेखन जीवन नहीं, लेकिन फ़िज़ है।

उसने जवाब दिया—लेखन ही जिन्दगी है। फ़िज़ तो बस फ़िज़ है।

टीक है, कर डालो इसे। हमें इस स्थिति से निकलकर आगे जाना चाहिए।

पूर्वी उत्तर प्रदेश या बिहार का रहनेवाला श्यामल रंग का दुबला-पतला माझी हमें विभिन्न दृष्टि से घूर रहा था।

वह अपनी सहज प्रवृत्ति से हमारी बातचीत का मतलब जानने के प्रयास में था। क्या हम आपस में झगड़ रहे थे? या फिर कोई षड्यंत्र रचा जा रहा था। आदमी ने औरत के हाथ में जो बंडल थमाया है उसमें क्या है?

मैंने कहा—अब कर भी डालो। उसमें कुछ नहीं है। समय आते एक ठीक चीज फिर तैयार हो जाएगी।

उसकी नजरें पानी पर नहीं, मुझ पर टिकी थीं। उसने बायाँ हाथ आगे बढ़ाया और बंडल को झील के पानी में डुबाया लेकिन उसे पानी में गिराया नहीं क्योंकि छप की कोई आवाज़ नहीं उभरी थी—वह अपना बायाँ हाथ पानी के अन्दर किए रही जैसे पानी को कागजों के रेशे-रेशे में समाने देना चाहती हो ताकि वह बिना किसी आवाज़ के पानी के अन्दर समाधि ले ले। पलटकर ऊपर न तिर आए। काले होते पानी में लटकता हुआ उसका हाथ अपने पीछे एक लकीर-सी छोड़ता जा रहा था। आखिर जब उसने पानी के अन्दर से हाथ बाहर खींचा तो वह खाली था। उसका हाथ कुहनी तक भीगा हुआ था। गीले हाथ से अपने चिकने कपोलों को छूते हुए उसने आँखें बन्द कर लीं।

पंडित, प्रताप और अभय जल समाधि ले चुके थे। पानी में वे धीरे-धीरे विखंडित हो सकते थे।

माझी ने मुड़कर पानी पर वहाँ दृष्टि गाड़ दी जहाँ फ़िज़ ने पैकेट के साथ हाथ पानी में डाला था। मान लो कल अगर पुलिस पूछताछ के लिए आती है तो वह पूरे मामले को सोच-समझकर बता तो सकेगा।

जब हम तट पर वापस पहुँचे तो लैपविंग घूमकर फिर हमारे ऊपर से गुजरे–जैसे पूछ रहे थे–तो यह तुम्हारा कारनामा था। तुम्हारी करतूत थी यह।

हाँ, यह हमने किया।

हाँ, हमने...

हम धीरे–धीरे लौटे गाड़ी को तीसरे गीयर में चलाते हुए। उस पूरी शाम हमने आपस में शायद ही कोई बात की हो। घर पहुँचकर मैंने ब्रदर का ढक्कन लगाया और फिर से लिविंग रूम में बुकशैल्फ के पास टिका दिया। उसका निचला लाल हिस्सा, हिकारत से देख रहा था मुझे। पाँच महीनों तक टाइपराइटर का भार ढोते रहने के बाद मेज अजीब तरह से खाली-खाली लग रही थी। जैसे बिना बेसिन का गुसलखाना। दो खंडोंवाला 'वेबस्टर्स' शब्दकोश हमारे बैडरूम की अलमारी में जा पहुँचा। नए कोरे कागज का मोटा बंडल जिसकी बाहरी पैकिंग अभी पूरी तरह हटी नहीं थी, कपड़ों की अलमारी के ऊपर रख दिया गया और स्टेशनरी का छोटा-मोटा समान–पेंसिलें, क्लिप टंप, पिन आदि अलग ड्रावरों में रख दिए गए। नियमावली को दर्पण से अलग कर दिया गया और गोल-गोल लपेटकर बुकशेल्फों के पिछली तरफ ठूँस दिया गया। माई हीरो की पुकार लगानेवाली लकड़ीवाली तख्ती गुसलखाने में खिड़की से बाहर निकली पट्टी पर पहुँच गई। कुछ दिन बाद वह शैम्पू और तेल की शीशियों के पीछे छिप जानेवाली थी।

यह सब कुछ हमने एकदम खामोशी से किया था।

यह सब हो चुकने के बाद अब इस बात का कोई निशान नहीं रह गया था कि इस मकान में कभी कोई पांडुलिपि तैयार हुई थी, एक पृष्ठ या एक शब्द भी कभी लिखा गया था।

रात में फ़िज़ ने कहा–पहली आग में गई, और यह पानी में–अब अगली के साथ क्या करने का इरादा है?

हम पलंग के सिरहाने से कमर टिकाए बैठे थे। बत्तियाँ बन्द थीं। अँधेरे में उसकी सिगरेट का सिरा लगातार परेशान करनेवाले एक विचार-सा चमक रहा था।

कॉलिज के अनेक वर्ष बाद अब इधर उसने फिर सिगरेट पीनी शुरू कर दी थी। हर रात सोने से पहले बस एक सिगरेट। तीन साल पहले मैं उसके हाथों कागज के पुलिंदे को कसौली में सोबर्स के मकान में आतिशदान के हवाले करवा चुका था। वह भी मेरे हाथों से टाइप की हुई सम्पूर्ण पांडुलिपि थी। लेकिन इस वाली की तुलना में बेहद खराब। उसे लपटों के बीच देखकर मुझे चैन मिला था। लेकिन शायद वह इतनी खराब थी कि आग भी उसे स्वीकार करने को तैयार नहीं थी। आग बुझ-सी गई। फिर धुआँ उठने लगा और पूरे कमरे में जले कागजों की काली-काली पतली परत-सी फैल गई। रात में उस वक्त भी हमें बैडरूम की खिड़कियों और दरवाजे खोलने पड़े ताकि सारा धुआँ और कालिख कमरे से निकल जाए। कसौली की उस बेहद ठंडी रात में हम कँपकँपाते हुए एक घंटे से भी ज्यादा समय तक बाहर खड़े रहे। आखिर धुआँ और कालिख बाहर निकल गई। इस पर हम खूब हँसे थे। और तब फ़िज़ ने मुझे चेतावनी दी थी कि इस तरह धुआँ और कालिख फैलानेवाली दूसरी कोई किताब न लिखूँ।

लेकिन इस बार मिजाज़ एकदम बदला हुआ था।

पहली किताब को यों जला डालना शायद एक शानदार काम रहा हो। लेकिन दूसरी को यों जल समाधि दिलाना क्या ठीक कहा जा सकता था। उसमें से अनेक बेचैन करनेवाले सवाल उभर रहे थे। हालाँकि हम 'सब कुछ ठीक है' का दिखावा करते आ रहे थे। शायद हम दोनों

ही उन मछलियों के बारे में सोच रहे थे जो 'उत्तराधिकारी' पांडुलिपि को कुतरते हुए हमें भला सन्देश भेज रही होंगी।

हवा। मैंने कहा–अगली होगी हवा के लिए–वायुयान में उड़ते समय या फिर पहाड़ों के कगार पर खड़े मकान से।

हाँ। उसने सिगरेट का कश लेते हुए कहा। सिगरेट का सिरा लाल-लाल चमक उठा। आग, पानी। हवा। और शायद इसके बाद हम किसी प्रकाशक के पास जा सकें।

अगली सुबह नींद खुली तो मैं खाली था–करने के लिए कुछ भी तो नहीं था।

फ़िज़ अपने स्कूल गई और मैंने कुछ पढ़ने का प्रयास किया। लेकिन अन्दर से इतना उखड़ा हुआ था कि उसमें मन न लगा।

मैंने पाया कि मैं हर पृष्ठ को दो-दो बार पढ़ रहा हूँ क्योंकि पढ़ते हुए पृष्ठ के अन्त तक पहुँचता तो पता चलता कुछ भी पल्ले नहीं पड़ा है। संगीत सुनने में भी मन नहीं लगा। मैंने अमरेश को फोन मिलाया और चाय के लिए सेक्टर 34 में उसके अनेक्सी में जा पहुँचा। वह भी एक विचित्र जीव था और ज्यादातर मैं उससे बचकर ही चलता था। वह मुझे तभी याद आता जब मैं किसी विषम, विचित्र स्थिति में फँस जाता।

न जाने क्यों उसके सनकीपन में मुझे हमेशा ही एक आराम महसूस होता था। अपना अलगाव और उखड़ापन कुछ देर के लिए दूर हो जाता था।

चंडीगढ़ की भाषा में अनेक्सी का मतलब होता है गैराज के ऊपर बना कमरा। बिलकुल ही अलग तरह का अनुभव होता था वहाँ पहुँचकर। कमरे की दीवारों का एक-एक इंच स्थान उन कागजों की पट्टियों से भरा हुआ था जिन पर प्रसिद्ध उद्धरण लिखे हुए थे। उन उद्धरणों को हिन्दू, पश्चिमी दर्शन से लेकर साहित्यिक कृतियों, कविताओं से लिया गया था। तत् त्वम् असि–तुम वही हो या डेसकार्ट का यह कथन–मैं सोचता हूँ इसलिए मैं हूँ जैसे संक्षिप्त उद्धरण थे तो मार्क्स यूरेलियस और उपनिषदों के लम्बे अंश भी मौजूद थे। दीवारों पर हर उद्धरण को मोटे बहुरंगी फैल्ट पैनों से अपनी घसीट लिखाई में लिखा था अमरेश ने। लाल, हरा, पीला, बैंगनी, सन्तरी, नीला, काला और भूरे न जाने कितने रंगों का प्रयोग हुआ था।

छत पर उसने बड़े-बड़े काले अक्षरों में एक पूरी कविता ही पेंट कर डाली थी--स्टापिंग बाइ वुड्स आन अ स्नोइ इवनिंग (एक बर्फीली शाम को वन के निकट रुककर)। लगता था लिखने से पहले उसने बहुत सावधानी से स्थान की नापजोख की थी। क्योंकि पूरी कविता अंदरूनी छत पर पूरी तरह समा गई थी। कविता का आखिरी पद–द वुड्स आर लवली डार्क एंड डीप–कंट्रास्ट का भाव पैदा करने के उद्देश्य से गहरे लाल रंग में लिखा गया था। इस सबका प्रभाव अत्यन्त उत्तेजक था। जब आप कमरे में खड़े होते थे, वे उद्धरण सब तरफ से आपको घेरकर आप पर हावी हो जाते थे। और जब आप कमरे से बाहर निकलते तो गहरे आराम की अनुभूति होती थी–जैसे छुटकारा मिल गया हो।

हर तरह से वह एक सनकी, सिरफिरा ही कहा जा सकता था।

अमरेश दक्षिण के एक अनजान-से अखबार का रिपोर्टर था और उसका दृष्टिकोण अत्यन्त नैतिक था।

संवाददाता सम्मेलनों में जहाँ सब लोग खाने पर टूट पड़ते थे वह पानी की घूँट तक भी नहीं भरता था। अपनी कमर पर इस्पात की भारी भरकम केंटीन लटकाए रखता था। निश्चय

वह सेना की थी—और साथ में रहता था एक काले रंग का बस्ता। अगर कभी जरूरत महसूस होती तो वह उसी कैंटीन में से घूँट भर लेता था। शहर में आने-जाने के लिए वह किसी मोटर वाहन का इस्तेमाल नहीं करता था। इसके लिए उसने एक एटलस साइकिल रखी हुई थी। जिसे वह एकदम फिटफाट हालत में रखता था। उसके कैरियर पर लोहे की संदूकची वेल्ड करवाई हुई थी जिसमें ताला लगाया जा सकता था। उस पर वह शहर में कहीं भी तुरत-फुरत पहुँच सकता था। लम्बा कद, अच्छी काठी वाले अमरेश को शहर की चौड़ी छायादार सड़कों पर अकसर ही तेजी से साइकिल चलाते देखा जा सकता था। वह अपने दाएँ टखने पर एक हेअर बैंड लगाए रखता। और साइकिल पर चढ़ने से पहले उसमें अपनी पैंट का पाँयचा फँसा लेता। उसकी स्लेटी जुर्राबों पर चेन से ग्रीस की काली धारियाँ पड़ गई थीं।

देखने में वह एकदम पारंपरिक लगता था। कायदे से कपड़े पहनता—क्रीजवाली पैंट, इस्त्री की हुई कड़क कमीज, स्लेटी मोजे और काले चमड़े के जूते। सैनिकों की तरह उसने बाल छोटे कटवा रखे थे। जमकर शेव करता और हमेशा ही नहाया-धोया—तरोताजा दिखता।

उसने वह सब किया था जो पंजाबी मध्यम वर्ग का लड़का कभी न करता। वह खुद ही भोजन पकाता और जूठे बरतन साफ करता। वह भारत-पाक सीमा पर बसे इस अमृतसर शहर का रहनेवाला था जो पौरुष की भावना के लिए मशहूर है, लेकिन अमेरश कुछ अलग था और सबके प्रति आदर का भाव रखता था।

उसने और मैंने आतंकवादी हमलों की कई घटनाओं की रिपोर्टिंग साथ-साथ की थी। जबकि हम सब संवाददाता सूचनाएँ पाने के लिए खूब भाग-दौड़ करते और सम्बन्धित अधिकारियों को घेर लेते—वह सदा ही संयम दिखाता। बड़े विनम्र भाव से सूचनाएँ लेता और बड़े विस्तार से नोट्स लेता। हम किसी सुबह देहाती सड़क पर पहुँचते तब तक चारों ओर बिखरी ओस पर धूप का कुछ खास असर न हुआ होता। चारों ओर फैले खेतों में सुबह जल्दी पहुँचनेवाले परिन्दों की हल्की हलचल दिखाई पड़ती।

कहीं दूर ट्यूबवैल की आश्वस्तिकारक एकरस धड़-धड़ भी सुनाई देती रहती। गाँव के कुत्ते बारी-बारी से भौंकते।

पंजाब रोडवेज की एक खटारा बस सड़क से जरा हटकर टेढ़ी दिखाई देती। दूर गाँववालों का छोटा झुंड खड़ा नजर आता। अस्त-व्यस्त पगड़ियाँ पहने बिना नहाए लोग और औरतें। उनके सिर बदरंग दुपट्टों से ढके होते। गन्दी, बहती नाकवाले बच्चे बड़ों की उँगलियाँ थामे आगे बढ़ने की कोशिश में होते।

यदि मौसम सर्दियों का होता—जोकि ऐसे हादसों में अकसर होता ही है—क्योंकि इसमें हत्यारों के लिए बदन पर लिपटे कम्बलों में ए.के. 47 को छिपाना आसान होता है—तो उतनी सुबह जमीन से भाप उठती नजर आती। खास तौर पर सड़क के दोनों ओर वाली जमीन में पानी भरे गड्ढों से। इस सबसे दूर पुलिस की कई स्लेटी जीपें खड़ी होतीं, साथ में रहती बदरंग एम्बुलेंस या पुलिस ट्रक। हमेशा की तरह यहाँ भी सफेद एम्बेसेडर कारें होतीं। उनकी खिड़कियों पर काली परत चढ़ी होती। एक वरिष्ठ पुलिस सुपरिंटेंडेंट की और दूसरी किसी वरिष्ठ जिला अधिकारी की।

हमारी गाड़ियों की विंडस्कीनों पर बड़े-बड़े अक्षरों में 'प्रेस' लिखा होता। हम अपनी गाड़ियों को सरकारी गाड़ियों के पास जाकर रोकते और फिर कूदकर बाहर निकलते और अपराध स्थल की ओर बढ़ जाते।

फोटोग्राफर आगे दौड़ते, घुटनों के बल बैठकर झुकते हुए फोटो लेते जाते। मृतकों के शव पास के एक खेत में तीन-तीन की पंक्तियों में पड़े होते। कभी-कभी वे सफेद चादरों से ढँके नजर आते। फोटोग्राफर चेहरों से चादरें हटाकर फोटो लेते जाते। प्रायः ही लोगों के शव उसी तरह पड़े रहते जिस तरह वे मरे मिले थे।

मृतकों में पुरुष, कुछ औरतें, कभी-कभी बच्चे भी—सभी रहते। आतंकवाद के शुरुआती दौर के तौर-तरीके आतंकवादी कब के छोड़ चुके थे। मरनेवालों पर ए.के. 47 से अंधाधुंध गोलियाँ दागी जाती थीं। चिथड़े हुए, कटे-फटे हाथ, पैर, खोपड़ियाँ और इधर-उधर बिखरे अंदरूनी अंग उस खूनी क्षण की गवाही देने लगते जब पागल उँगलियों ने ट्रिगर दबाया होगा। कभी-कभी खोपड़ी से बाहर निकलकर फैला मस्तिष्क और अंतड़ियाँ नजर आतीं।

घोर रात में बस को तीन युवा आतंकवादियों ने अपहरण किया होगा। उन्होंने अपने बदन पर लिपटे कम्बलों में छिपे हथियार बाहर निकाले होंगे। एक ने बस का अगला दरवाजा सँभाला, और दूसरा पीछे खड़ा रहा और तीसरा ड्राइवर को बताने लगा कि उसे बस सुनसान इलाके में ले जानी है।

बस के अन्दर की हवा में बासी भोजन, अचार, बदबूदार साँस और डकारों की आश्वस्तिकारक गन्ध में एकाएक खतरा मँडराने लगा। अभागे यात्री अपने मोटे खुरदुरे कम्बलों के भीतर हिलने-डुलने लगते, उनके हृदय बुरी तरह धड़कना शुरू कर देते। बस में हर आँख की नींद भाग जाती, कपड़े खराब हो जाते।

अगली सीट पर बैठा लुधियाना का एक बातूनी सेल्समैन, जिसे उसके परिवारवाले और मित्र बहुत चलता-पुर्जा समझते थे, और जिसे अपनी समझा-बुझाकर काम निकालने की फितरत पर गहरा भरोसा था—आतंकवादियों से गिड़गिड़ाना और उन्हें समझाना शुरू कर देता। वह कहता बेचारे मुसाफिर निर्दोष हैं और साधारण तथा मुसीबतजदा लोग हैं। वह बन्दूकें थामे खड़े लड़कों की बहादुरी की तारीफ करने लगता और सरकार की गलत नीतियों की आलोचना करने लगता, जो उन जैसे वीरों के पीछे पड़ी थी। वह यह भी पूछ बैठता कि वे किस संगठन से ताल्लुक रखते हैं...खालिस्तान कमांडो फोर्स, बब्बर खालसा? खालिस्तान लिबरेशन फ्रंट? वह उनके शहर के बारे में पूछता, स्कूल व कॉलेज तक के नाम जानना चाहता। और अपनी बातचीत के दौरान खुशनुमा सफाचट चेहरेवाला सेल्समैन वातावरण को हल्का बनाने की कोशिश में लगा रहता।

बाज जैसी आँखों और नुकीली दाढ़ी वाला आतंकवादियों का नेता ड्राइवर के पास खड़ा हुआ इधर-उधर नजरें घुमाता। उसके चेहरे की हल्की दाढ़ी उसकी कम उम्र की गवाही देती लगती। वह अफीम के नशे में होता और दाँतों में चुमलाते हुए ही ए.के. 47 की छोटी नाल उस आदमी के बुरी तरह धड़कते दिल पर रखकर ट्रिगर दबा देता। एक दबी हुई आवाज उभरती। इस आवाज से थोड़ी देर में ही बस को घेरनेवाले तूफान का कोई संकेत नहीं मिलता था। सेल्समैन वहीं ढेर हो गया। उसकी बड़ी आँखें चौड़ी फैली हुई थीं—और होंठों से हँसी की छाप अभी तक मिटी नहीं थी। एक वीर योद्धा की तरह उसने अपनी जिन्दगी की बाजी लड़ते हुए हारी थी। उतनी पास से चली गोली के विस्फोट ने उसके दिल को उसके पूरे शरीर में बिखेर दिया होगा। अपनी जिन्दगी बचाने के दाँवपेच सोचने में उलझे बाकी यात्री भी स्तब्ध रह गए थे।

ड्राइवर ने आतंकवादियों का जरा भी विरोध नहीं किया। वह खुद को उन लोगों के साथ दिखाने की कोशिश में था। वह नम्रता से पूछ रहा था कि उसे क्या करना है। क्या मैं यहाँ

से बाएँ मुड़ जाऊँ? खक्खड़ गाँव की तरफ? क्या मैं बस की स्पीड कम कर दूँ? यहीं रोक दूँ बस को सड़क के एक तरफ। आप हुक्म करो मालिक। आपका हुक्म होना चाहिए बस।

न जाने क्यों हम सभी के मन में यह विश्वास होता है कि हम मौत को परे ठेलकर बच सकते हैं।

हमें भरोसा होता है कि हम हत्यारे आतंकवादी के दिल में अच्छे भाव जगा सकते हैं।

बस में उस समय बैठा हर व्यक्ति यह मान रहा था कि वह कैसे न कैसे मौत के मुँह में जाने से बच ही जाएगा।

लेकिन आतंकवादी युवकों के दिल इस्पात के बने थे। वे अपनी फौज के अनुशासित सिपाही थे। वे पूर्व निर्धारित योजना के अनुसार ही काम को अंजाम देनेवाले थे। पहले सिख बस से उतारे जाएँगे और उन्हें कीकर के पेड़ के नीचे धरती पर मुँह के बल लिटा दिया जाएगा। इसके साथ औरतों व बच्चों के साथ भी यही क्रिया दोहराई जाएगी। एक खुड़बुड़े दाँतोंवाला, दुबला-पतला आतंकवादी युवक उन पर पहरा देगा। उसके हाथ में होगी लकड़ी के हत्थेवाली ए.के. 47–आतंकवादी को उस पर गर्व है।

बाज जैसी तीखी नजरवाला उनका नेता थर-थर काँपते लोगों पर फिसलती नजर डालकर बस से नीचे उतर जाएगा। और फिर अपनी ढांढी हिलाकर संकेत देगा। नए रंगरूट का दिल उत्तेजना और आतंक से उछल पड़ेगा। वह बस में बाकी बचे लोगों को बस में बीचवाली सीटों पर आने का इशारा करेगा। लड़खड़ाते कदमों से बढ़ते अपने मोटे कम्बल लपेटते हुए वे उसका आदेश पालन करेंगे। और कुछ किया भी तो नहीं जा सकता। हर आदमी की आँखों के सामने मौत आ खड़ी हुई है–क्या उसे प्राणों की भीख माँगने की आखिरी कोशिश करनी चाहिए या फिर वह खुद को इतना छोटा, महत्त्वपूर्ण बनाने में सफल हो जाए कि उस लड़के की ए.के. 47 और उसका भाग्य दोनों ही उसे अनदेखा कर आगे निकल जाएँ?

जोर-जोर से भगवान को याद करके मुँहासे भरे चेहरेवाला वह युवा आतंकवादी चीखेगा–जो बोले सो निहाल और फिर अपनी खूबसूरत ए.के. 47 को कमर से सटाकर उसका ट्रिगर दबा देगा। उसके शब्द गोलियों के शोर में डूब जाएँगे। गोलियाँ चलती रहेंगी। चलती रहेंगी।

तरह-तरह की आवाजें उभरेंगी–गोलियाँ चलने की तीखी आवाज, कम्बलों से टकराने की हल्की छप-छप और फिर खोपड़ियाँ चटखने, हड्डियाँ तड़ककर बिखरने और गोलियों के एल्यूमीनियम हेंडिलों तथा बस की इस्पाती दीवारों से टकराकर परे उछलने की अलग-अलग आवाजें–मरते लोगों की चीखें, और नए आतंकवादी रंगरूट के मुँह से निकलती गालियाँ, और अपने हाथ से बरसती मौत बाँटने की अपनी ताकत पर उसका गर्वोन्नत भाव।

कुछ क्षण बाद, जैसे कई युग बीत गए हों, बस में फैले मौत के सन्नाटे को वह अपनी ए.के. 47 में नई मेग्जीन डालने की आवाज से भंग कर देगा। जो लोग अब तक बचे रह गए थे उनकी जीवन की क्षणिक आशा अब उनके साथ ही मर जानेवाली थी क्योंकि अब वह युवा आतंकवादी सीटों के बीच के गलियारे में बढ़ता हुआ हिलडुल रहे लोगों को मौत के गाल में भेजता गया। मृतकों में बस का ड्राइवर भी था। उसका खुला हृदय किसी फूल जैसा दिखाई दे रहा है। उसका शव गुरदासपुर के पासवाले गाँव के वासी के ऊपर झूल गया है। जिसकी पत्नी और बेटी बस के बाहर धरती पर औंधे मुँह पड़ी हैं। खुले आकाश के नीचे।

रात के अँधेरे में आखिरी चीख घुल जाने के बाद आतंकवादी युवक बस का पिछला दरवाजा खोलकर नीचे उतरेगा और घूमकर बाज जैसी तेज आँखोंवाले अपने सरदार की तरफ देखेगा

जो फैली चाँदनी में स्थिर खड़ा है। उसके बदन पर लिपटा कम्बल बैटमैन के लबादे की तरह नीचे झूल रहा है। उसकी ए.के. 47 नजर आती है जिसकी नस्ल धरती की तरफ झुकी हुई है। अब सरदार आदिम विजयघोष करते हुए अपनी ए.के. 47 ऊपर उठाएगा–आवाज गूँजेगी जो बोले...उसमें नए रंगरूट की आवाज भी आ मिलेगी...सो निहाल...और फिर कीकर के नीचे औंधे मुँह पड़े लोगों की पहरेदारी करता तीसरा आतंकवादी भी उस जयघोष में शामिल हो जाएगा...सत सिरी अकाल।

वे धर्म योद्धा थे, कोई ठग या भाड़े के हत्यारे नहीं।

किसी हठी धार्मिक फतवे के तहत हथियार उठानेवाले सैनिकों की तरह वे भी नैतिकता की बैठकों से बाहर निकले थे गहरी अनैतिकता के पथ पर चलने के लिए।

मैंने अपनी रिपोर्टिंग के दौरान अनेक ऐसी बसों का खूनी नजारा देखा था। सीटों के बीच वाला गलियारा सदा ही गाढ़े खून से रपटीला रहता था हालाँकि शवों को वहाँ से हटाया जा चुका होता था। महाविनाश की अनुभूति–सब तरफ फैली पोटलियाँ और कम्बल, सीटों पर बिखरा काला पड़ गया खून, हर कहीं गोलियों के निशान, सफेद हड्डियों के चिटके हुए टुकड़े, इन्हें पहचानना आप सीख जाते हैं और एक-दूसरे का बताते रहते हैं। सीटों के अन्दर भरी सामग्री पेट से निकली अंतड़ियों की तरह बिखरी हुई। मुझे सीट पर एक हारमोनियम दिखाई दिया था–किसी अति यथार्थवादी पेंटिंग की तरह। इसका ढक्कन पूरा खुला हुआ था। अंदरूनी हिस्सा साफ देखा जा सकता था। गोली पालिशदार लकड़ी के बीचोबीच से गुजर गई थी।

ताजे, बासी खून की भयानक कड़वी गन्ध मेरी नाक में भर जाएगी जिससे मैं कई दिनों तक छुटकारा नहीं पा सकूँगा।

घटनास्थल पर मैं तथा दूसरे युवा संवाददाता बस का मुआयना करने में लगे थे–पर गाँववाले मोटे पेट वाले पुलिस एवं वरिष्ठ संवाददाता अपने बँधे-बँधाए करीनेदार आत्मविश्वास से लबरेज सीधे पुलिस के वरिष्ठ सुपरिंटेंडेंट तथा जिला अधिकारियों की तरफ बढ़ गए। अपने हाथ मसलते, शोर मचाते हुए उन्होंने घटना की जानकारी पाने की कोशिश शुरू कर दी। हम वहाँ के माहौल और रक्तरंजित घटनाक्रम में अपनी कल्पना का रंग भर रहे थे। उन लोगों ने पुलिस से खबर के पीछे की खबर जाननी चाही–ऐसा कुछ जो सबसे अलग हटकर हो–प्रायः यह होता था सरकारी बयान, सरकार और अन्य पक्षों के बीच चलते प्रचार युद्ध का एक पैंतरा और बस। लेकिन यह एक पक्षीय पत्रकारिता नहीं थी। एक अन्य घटनाक्रम में स्वर्ण मन्दिर के एक कक्ष में आतंकवादी प्रेस को कुछ और ही अन्दर की बात बतानेवाले थे–यह होनेवाली थी एकदम अलग खबर–इसे वे पूरी दुनिया की प्रेस को भेजने में पूरे जोश से लगे थे।

मुझे अमरेश का रिपोर्टिंग का तरीका पसन्द था। वह पूरी गम्भीरता और मेहनत और करीने से काम करता। यह तरीका बाकी हम सबसे एकदम अलग था। वह घटना स्थल पर काफी देर तक रहता, सब कुछ कैसे होगा इसे क्रम से संजोता। उसके मन में सरकारी वक्तव्य पर सदा सन्देह बना रहता था। हममें अकेला वही था जो सूचनाएँ देनेवालों के साथ कभी सख्ती से नहीं बोलता था। वे निर्दोष जो अनचाहे ही इतिहास के मंच पर धकेल दिए गए थे। वह किसी से कुछ पूछने में जोर-जबरदस्ती कभी न करता। वह मृदुभाषी था और हमदर्दी का भाव रखता था। वह जमीन पर बैठे घबराए, हताश किसानों की आहत भावनाओं, सिर को हाथों में दिए और उद्विग्न मन के शान्त होने की धैर्य से प्रतीक्षा करता ताकि जो कुछ वह जानना चाहता था उसे ठीक-ठाक जान सके।

मैं उसे यों काम करते देखता और वह मुझे अखबार की समय सीमा के अन्दर खबर इकट्ठी करके हर हाल में भेजने पर उतारू बड़बोले संवाददाताओं के मुकाबले कोई सामाजिक कार्यकर्ता ज्यादा मालूम देता। जिसका उद्देश्य जैसे-तैसे लोगों के पेट से खबर निकालना न होकर उनके घावों पर मरहम रखने का होता।

वह हर मौके पर लोगों की ज्यादा-ज्यादा मदद करने की कोशिश करता। अपनी जुटाई खबरें हमें बता देता, साथ ही हमारी गलतियों की ओर भी संकेत करता। हम चंडीगढ़ और अमृतसर में मौजूद संवाददाताओं की बढ़ती फौज का हिस्सा थे। हम सदा ही कभी खत्म न होनेवाले घटनाक्रम की बड़ी खबरों को जुटाने में सिर खपाते रहते। इन प्रयासों ने अनेक संवाददाताओं का भविष्य परवान चढ़ाया था तो कुछ का कैरियर चौपट भी हो गया था। और यह क्रम अब भी जारी था। 1983 में पंजाब में आतंकवाद का विस्फोट हुआ था–पूरा भारत उन्हें लेकर चिन्तित और उत्सुक था। एक ऐसा देश जो सदा किसी उद्देश्य और फोकस की तलाश में रहता था। इन गतिविधियों की खबरों से खूब दिलचस्पी रखने लगा था। हमने अपनी खोई पहचान को बस पचास साल पहले ही पाया था आजादी की लड़ाई और अतिशयोक्तिपूर्ण प्रतीकवाद के माध्यम से। हमें खुद को पहचानने के लिए शायद एक दुश्मन की आवश्यकता थी।

वयस्क होने की अपनी दौड़ में अगर आपात्काल संकट का आरम्भ था तो पंजाब का मामला मानो पहली बड़ी रक्तरंजित समस्या थी। लोगों की मानसिकता को पूरे जोर से हिलाया, खंगाला गया था, नए-नए वादे किए जा रहे थे, देश की आत्मा को चोटें मारी गई थीं और खतरनाक भावनाओं को उभारा जा रहा था। एक स्तर पर यह पूरी रक्तरंजित समस्या एक थर्रानेवाले मजाक का रूप ले चुकी थी। कुरोसावा की फिल्म में एक युद्ध के दृश्य की तरह जिसमें वह 'कट' कहना भूलकर एकाएक अपनी पत्नी के पास घर चला गया था। सेट पर मौजूद लोगों में से किसी में भी ऐसा कहने की हिम्मत नहीं थी, तो बस दृश्य बार-बार दोहराया जाता रहा–घोड़े दौड़ते रहे, सेनाएँ आपस में भिड़ती रहीं, सामुराई चीखते-चिल्लाते हुए अपनी चौड़ी तलवारों से मारते-काटते रहे–होशो, होशो कोशो पोशो वोशो!

होशो! आखिर निर्देशक वापस आया–वह अधिक पैसों की माँग लेकर फिल्म निर्माता के पास गया था–लेकिन तब तक फिल्म का वह सेट, जिरहबख्तर घोड़े, अभिनेता–सब कुछ मटियामेट, नष्ट हो चुका था।

कुछ समय बाद युद्ध का भ्रम सच्चे युद्ध में बदल गया था। इसमें अस्वाभाविक कुछ नहीं। मनुष्य भावनाओं का पुतला है और कई बार काठ की तलवारों के वार भी उग्र भावनाएँ भड़का सकते हैं।

जब पंजाब और दिल्ली के मालिक सोने चले जाते थे तो छोटे अभिनेता मंच सँभाल लेते थे। मालिकों के खेल पैंतरेबाजी और बनावटी थे। उनके तर्क नकली थे। उनकी तकलीफें काल्पनिक थीं। जबकि दूसरी तरफ छोटे अभिनेताओं की तकलीफें असली थीं। वे तीन लड़के जिन्होंने बस का अपहरण किया था कोई नाटक नहीं खेल रहे थे। वे सच्चे कागजों से प्रेरित होकर असली लक्ष्य के लिए अपना जीवन हथेली पर लेकर निकले थे। वे असली घाव लगा रहे थे। लकड़ी की तलवारों से वे बुरी तरह घायल हो चुके थे।

अब वे असली लोगों की हत्या करनेवाले थे। वे जब मरेंगे तो वह सच्ची मौत ही होनेवाली थी। बहुत जल्दी ऐसा होनेवाला था।

उधर पुराने और नए मालिक उलझ गए थे। वे भ्रमित थे स्थितियों पर। उनका नियंत्रण नहीं रह गया था। वे तो बस वास्तविक उद्देश्य की नकल भर कर रहे थे। अगस्त 1987 में जब मैं अमरेश से उसके पागल कमरे में मिलने गया—तब तक 'उत्तराधिकारी' की पांडुलिपि सुखना झील की तली में पड़ी गल रही थी। अब तक छोटे अभिनेताओं ने मंच सँभाल लिया था—और वे हर कहीं वही दृश्य दोहराते घूम रहे थे। अब एक मेगाफोन पर आदेश देकर उनसे रुकने को नहीं कहा जा सकता था। अब तो किसी को सिलसिलेवार तरीके से उनके पीछे जाकर, उन्हें दंडित करके उनका सिरफिरापन ठीक करना था।

खैर स्थिति चाहे जैसी भी थी भारतीय पत्रकारों और अखबार पढ़नेवालों को खूब मसाला मिल रहा था। इन रक्तरंजित आकस्मिक, नाटकीय हमलों, कत्ल, बड़े नरसंहार के घटनाक्रमों ने लोगों का ध्यान अपनी तरफ खींच लिया था। सिखों को सदा से भारत में सबसे वीर और देशभक्त माना जाता था लेकिन इस समय वही लोग अपने अलग देश के पागल विचार के वशीभूत होकर भारतीय शासन के साथ मरणांतक लड़ाई छेड़े हुए थे। इसमें अतिरंजना और नैतिकता दोनों के छोर आ मिले थे। और लोकप्रिय बम्बइया किस्मों की तर्ज पर इसे घातक मनोरंजन भी कहा जा सकता था।

पंजाब में आतंकवादी लहर के चलते ही खबरों ने एक मनोरंजन माध्यम का रूप ले लिया था। इसके अनेक साल बाद, जब मेरी जिन्दगी, मेरा प्रेम एक सफर तय कर चुके थे और अचानक घटनाओंवाली इस शताब्दी का अन्त हो गया था। मैंने पत्रकारिता छोड़ दी थी लेकिन खबरों के प्रति लोगों का रुझान बहुत बढ़ चुका था। कोई आधा दर्जन राष्ट्रीय टेलीविजन चैनल चौबीसों घंटे एक के बाद दूसरी सिरफिरी घटनाओं का रोमांचक मसाला पेश करके लोगों को अपने साथ खींचे लिए जा रहे थे। हर आदमी इस या उस घटना से जुड़ने में ही अपनी सार्थकता तलाश कर रहा था। लेकिन तब तक पंजाब घटनाक्रम के वे छोटे अभिनेता नाटक के मंच से खदेड़ दिए गए थे। उन्हें समाप्त कर दिया गया था। और बाकी पूरा देश अपने मनपसंद काम में फिर से लग गया था—नफा-नुकसान और उससे जुड़े मेले ठेले का शोर-शराबा। इन रक्तरंजित दिनों को पीछे छोड़कर पंजाब फिर से मुफ्त बिजली, दीवाला, गेहूँ के मूल्य और नदी जल का बँटवारा, सेक्स और शराब से जुड़े छोटे-मोटे भ्रष्टाचार जैसे सस्ती और ऊबाऊ विषयों में उलझ गया था।

लेकिन पीछे नजर डालता हूँ तो 1987 में पंजाब में आतंकवाद की समस्या का कोई हल दिखाई नहीं दे रहा था।

हर कोई इसकी तुलना आयरलैंड से कर रहा था। बहुत पुरानी और लगातार चल रही उलझन। लेकिन पंजाब के हालात आयरलैंड से कहीं ज्यादा बुरे थे क्योंकि तब यहाँ के आतंकवादी आयरलैंडवासियों से अधिक सनकी और कहीं ज्यादा निडर थे।

मैं और अमरेश सिखों के प्रशंसक थे। हम अकसर ही उन कारणों का विश्लेषण करने बैठ जाते थे जिनके कारण भारत की वीर, निडर जाति देश का दुश्मन बन बैठी थी।

तब हम युवा थे और इतिहास की जिन गलियों में हम घूम रहे थे उन्हें ही राजमार्ग समझ बैठे थे। हमारी जवानी का जोश हमें भरोसा दिलाता था कि हम उस पूरे परिदृश्य को, इतिहास के उन राजमार्गों को बखूबी जानते-पहचानते थे। लेकिन आज मैं जानता हूँ कि पूरे देश की क्या बात करें हम तो दो लोगों का भविष्य भी नहीं बता सकते थे।

कोई नहीं जानता कि घटनाक्रम क्या मोड़ लेगा क्योंकि किसी को पता नहीं कि लोग क्या कर डालेंगे।

आज मैं इस बात को बखूबी समझ चुका हूँ कि मुझे अपने भविष्य के बारे में ही कुछ पता नहीं था।

इतिहास के राजमार्गों की बात करें तो इतिहास की घटनाएँ घटती रहती हैं—इधर-उधर, हर कहीं। उसके कोई निश्चित राजपथ नहीं होते कि लोग इतिहासक्रम की जटिलताओं को जान-समझ सकें। जैसे असली पिता की सही पहचान बतानेवाले डी.एन.ए. परीक्षण बाद में विकसित होनेवाले थे। इतिहास के राजपथों का निर्माण भी बाद में चलकर होनेवाला था। सब कुछ बीत जाने के बाद ही हत्यारे बीज का सफर जाना जा सकता था, वह तो दिखावटी रोबदार मूँछों के साथ एक अति साधारण व गौरवशाली स्रोत से उपजा था। एक जो अपने लहराते लबादों के साथ अरबी महलों से आया था। लहराती दाढ़ी वाले वीर अमृतसर के पास स्थित धार्मिक संस्थान से धर्म सैनिक बनकर निकले थे। और एक वह जो विशाल भारत के मध्यवर्गीय घर से डरता-झिझकता बाहर निकला था, ढीली-ढाली नेकर में थे।

बीज जो विश्वव्यापी संहार, मृत्युगान गुँजाता है। हर बीज ने एक ऐसे अग्निपथ का निर्माण किया जिस पर उसके इतिहास की दिशा ही बदल गई।

लेकिन हम तब इतिहास के राजपथ की खोज में गलियों में भटक रहे थे। शायद हमें इतिहास की समझ ही नहीं थी। हम जैसे-तैसे आगे बढ़ने के तरीकों की खोज में जुटे थे। इस काम में अमरेश जो खाँटी पंजाबी था, मेरा बहुत अच्छा पथ प्रदर्शक या गाइड साबित हुआ। उसे उस इलाके की, वहाँ की भाषा और वहाँ बसनेवालों की खूब अच्छी जानकारी थी। हम अँधेरे में भटक रहे थे और हमें परस्पर विरोधी सूचनाएँ खूब मिल रही थीं। उसने हममें से कई लोगों को प्रचार के दुरुह जंगल में भटकने से बचाया।

वह दूसरे संवाददाताओं से अलग था, मैंने उस जैसा कोई दूसरा नहीं देखा था। वह हममें सबसे ज्यादा मेहनत करता, लेकिन फिर भी खबरें जुटाने को लेकर उसे किसी से भिड़ते हुए कभी नहीं देखा। यदि कोई विशेष खबर उसे पता चलती तो दूसरों को बताने से न हिचकता—और फिर आगे भी हर मौके पर मदद करता जाता। सच कहूँ उसका रिपोर्टिंग का तरीका सबसे अलग था।

हम बाकी लोग छोटे-छोटे नोट पैडों पर बेतरतीब ढंग से नोट करते, वह अपने साथ एक बड़ी छल्लेदार नोटबुक रखता। उसमें साफ-साफ शब्दों में विस्तार से नोट करता। उसके कमरे में स्पाइल बाईडिंग की सारी नोटबुक करीने से इंडेक्स करके लगाई हुई थीं। गोया वे लांगप्लेइंग रिकार्ड हों।

शाम के समय हम सब डाकखाने में जाते। हम लोग टेलीप्रिंटर पाकर—यदि लाइनें काम करतीं—तुरन्त अपनी रिपोर्ट भेजने लग जाते। लेकिन वह लकड़ी की डगमग पुरानी मेज पर बैठकर साथ वाले छोटे कमरे में इन्तजार करता। अंग्रेजों के जमाने की ऊँची छत वाली पुरानी इमारत के उस कमरे में मकड़ी के जाले तने होते, उनके बन्द झरोखे धूल व गन्दगी से अँटे रहते। और लम्बे डंडों के सहारे पंखे छूलते रहते। वहाँ बैठकर खरखटाती टेलीप्रिंटर मशीनों से दूर अपनी रिपोर्ट तैयार करने में जुट जाता।

हम अपनी-अपनी रिपोर्ट भेजने के बाद होटल में मौज मजा करने चले जाते, तब वह टेलीप्रिंटर के सामने जा बैठता और सावधानीपूर्वक अपना डिस्पैच टाइप करने लगता। जहाँ हममें से अधिकांश की रिपोर्ट में 500 से 700 शब्द होते उसकी रिपोर्ट 1500 शब्दों से छोटी न होती। उसमें घटनाक्रम की गहरी जानकारी के साथ घटना स्थल का पूरा वातावरण भी मौजदू रहता—

इस समस्या से जुड़े नैतिकता के बिन्दुओं पर भी राय रहती थी। और इस तरह की पंक्तियाँ भी–'अकेली बच्ची पेड़ के नीचे सिकुड़ी-सिमटी बैठी थी। उसके सुन्दर चेहरे पर न सूखनेवाले आँसुओं की छाप देखी जा सकती थी। शायद वह यही सोच रही कि उसने आखिर ऐसा क्या किया कि उसके अकेले पिता को इतनी निर्ममता से उससे छीन लिया गया।'

उस जैसे, परदुख कातर भावुक लोगों को पुराने संवाददाता बहुत नापसंद करते थे–लेकिन उसके मुँह पर क्या उसके पीछे भी कभी कोई कुछ नहीं कहता था–क्योंकि उसने किसी न किसी मौक़े पर हरेक की मदद की थी। उसके व्यवहार से ऐसा निर्दोष भाव झरता था कि आप कुछ न कहकर बस उससे दूर हो जाना चाहते। उसकी आलोचना करना किसी को भी अच्छा नहीं लगता था।

हममें से ज्यादातर लोग उससे कम ही सम्पर्क रखते थे। मैं जरूर मिलता था उससे जब कभी मेरे सामने कोई समस्या होती और उसके कठोर कठिन नैतिक मूल्यों की दीवार मुझे एक लड़ने-भिड़ने का आधार प्रदान करती थी।

मैं उसके कमरे में मौजूद इकलौती कुर्सी पर बैठ गया तो उसने कहा–आज तुम दोपहर का खाना मेरे साथ खाओगे। मैं चीनी भोजन बनाना सीख रहा हूँ–फ्राइड चावल और साथ में खटमिट्ठी सब्जियाँ।

इस बारे में बहस की कोई गुंजाइश नहीं थी। वह एक गम्भीर मेहमान नवाज था।

तुम्हें यह सब बनाना कौन सिखा रहा है?

अरे, यह तो एकदम आसान है। उसने एक पेपरबैक हिलाकर कहा। वह अपने कमरे से सटे बिना खिड़कीवाले रसोईघर में खड़ा था। गनीमत थी दोनों के बीच कोई दरवाजा नहीं था। वरना तो यह एक मकबरा ही बन जाता।

वह संगमरमर की पट्टी पर रखकर फ्रेंच बीन्स काट रहा था बहुत करीने से। धीरे-धीरे काम में लगे हाथों के पास कटे हुए प्याज और आलुओं की छोटी ढेरी रखी थी। दोनों को लम्बाई में काटा गया था।

गैस पर चढ़ा छोटा हाकिन्स प्रेशरकुकर धीरे-धीरे सूँ-सूँ कर रहा था। कमरे में पकते हुए भोजन की भारी गन्ध भरी थी। सान्यो कैसेट प्लेयर पर शिवकुमार बटालवी का कैसेट बज रहा था। गीत में प्रेम के सुख-आनन्द का बखान करने के साथ उसके दुखद अन्त का जिक्र था।

मैंने कमरे में यह देखने के लिए नजरें घुमाईं–कि उसने क्या कुछ नया चिपकाया था। लेकिन कमरे की दीवारें तरह-तरह के उद्धरणों से इस बुरी तरह पटी हुई थीं कि नए-पुराने की पहचान मुश्किल थी। हाँ, इतना जरूर पता चलता था कि दीवारों पर अधिक पंक्तियाँ हैं। मेरा मन कर रहा था कि मेज पर पड़ा मोटा काला फैल्ट पैन उठाऊँ और सारी दीवारों पर बड़े-बड़े अक्षरों में...लिख दूँ।

उसने रसोई से गरदन निकालकर झाँका। उसके माथे पर पसीने की बूँदें नजर आ रही थीं। हाथ में एक छोटा चाकू था। उसने टेपरिकार्डर की ओर देखकर सिर हिलाया और बोला–'वह जानता था कि सच्चा प्यार क्या होता है लेकिन आजकल इस बात को कोई नहीं समझता।'

वह चमकती आँखों से मुस्कुराया, गोया कह रहा हो लेकिन हम–वह और मैं–बखूबी समझते हैं उसे।

मैंने कहा—लेकिन उसने शराब पीकर मौत को गले लगा लिया था।

बॉस, यही तो गलत किया था उसने। हर आदमी इस गलती को दोहराता है। वे सोचते हैं बिना शराब पिए न प्यार हो सकता है, और न कविता लिखी जा सकती है। पर तुम जिन्दगी और प्यार दोनों में गहरे उतरे हुए हो।

उसकी आँखें चमक रही थीं—जो कुछ वह जानता-समझता था, वह किसी और को जरा भी पता नहीं था।

मुझे पता था वह सिगरेट और शराब को हाथ नहीं लगाता था। और मुझे इस बात का भी विश्वास था कि उसने अभी किसी के साथ देह सम्पर्क नहीं बनाया था। उसका कौमार्य भंग नहीं हुआ था। रोमांस और सेक्स को लेकर उसके मन में कुछ निश्चित विचार थे। मैंने सोचा क्या उसने कभी हस्तमैथुन किया होगा। और फिर जब मैंने दीवार से सहारा लगाने के लिए उसका तकिया उठाया तो मुझे 'जे 'लिखित' सेक्सुअल वुमेन' की प्रति दिखाई दी। उसने पलकें झपकाईं बोला—सेक्स क्रान्ति पर बहुत अच्छा अध्ययन है यह पुस्तक।

प्रेम और लेखन के बारे में मैं कतई बात नहीं करना चाहता था। जब वह पहली बार हमारे घर आया था तो उसे हर कहीं—शेल्फों, मेजों पर और तो और कुर्सियों तक पर किताबें रखी दिखाई दी थीं और उसने कहा था—तो तुम्हें किताबें पढ़ना खूब पसंद है, क्यों!

वह रसोई से बाहर आ गया। अन्दर से पैन की धीमी सूँ-सूँ सुनाई दे रही थी। उसके हाथ में एक बड़ी कड़छी थी। वह मेज के पास चला आया। अपना बायाँ हाथ जीन्स से पोंछते हुए एक जिल्दवाला मोटा रजिस्टर उठा लिया—हाजिरी रजिस्टरों जैसा। पन्ने पलटते हुए वह एक जगह रुका। फिर मोटी जिल्दवाला रजिस्टर मुझे थमा दिया। और बोला यहाँ से पढ़ो—अनेक नई हैं। पंजाबी और हिन्दी की कविताएँ छोड़ सकते हो।

कुकिंग की तरह कविता भी उसने एकदम शुरू से लिखनी सीखी थी। सब कविताएँ मुक्त छंद में थीं। हर पन्ने पर एक कविता सुलेख में लिखी गई थी। कुछ पंक्तियाँ तो एक शब्द की थीं। विराम चिन्ह का प्रयोग हर कविता के अन्त में हुआ था। एक फुल स्टाप, एक प्रश्नचिन्ह या विस्मयादिबोधक। कुछ महीने पहले मेरे यहाँ आने के बाद से उसने करीब 50 नई कविताएँ लिख डाली थीं। गनीमत थी उनमें बहुत-सी पंजाबी और हिन्दी में थीं और जैसा उसने कहा मैं उन्हें बिना पढ़े आगे बढ़ सकता था। और बाकी को तो मैं एक बार में ही पढ़ ले सकता था। प्रेम शब्द कविताओं में बार-बार, सबसे अधिक बार आया था। इसके बाद दिल, चाँद, खून, उषा, फूल, ओस की बूँदें और सुनहरी सूरज जैसे शब्द आए थे। कुछ लम्बे-लम्बे शीर्षक भी थे—छत पर उकेरी गई फ्रास्ट की कविता की तरह। एक शीर्षक था—दा हार्ट आफ रिसाइडूस इन द रचेइंग फील्ड्स बाइ फ्लांइग केनाल।

जब मुझे लगा कि रजिस्टर हाथ में पकड़े हुए काफी समय बीत गया है तो मैंने रजिस्टर बन्द कर दिया। रजिस्टर पर लिखा था—अमरेश शर्मा : कविताएँ और विचार-खंड VI। मैंने कहा—तो तुम काफी व्यस्त रहे हो लिखने में। मुझे तुम्हारी वह कविता अच्छी लगी जिसमें तुम अपनी प्रेमिका की तुलना ए.के. 47 से करते हो जो तुम्हारे शरीर में आग लगाकर तुम्हारे दिल को घायल कर देती है।

वह चमकती आँखों से रसोई से बाहर निकला। लेकिन उसकी कविताओं पर बात शुरू करने से पहले मैंने कहा—मैं दिल्ली जाकर बसने की सोच रहा हूँ। उसने पूछा—क्यों? क्या कोई नौकरी मिल गई?

नहीं, अभी मिली नहीं, पर मेरा इरादा वहाँ जाकर नौकरी ढूँढ़ने का है।

उसकी आँखें मुस्कुराना छोड़ गम्भीर हो गई थीं। वह चिन्तित दिखाई दे रहा था।

मैंने कहा--मुझे नौकरी चाहिए। मुझे फिर से काम शुरू करना है। मुझे पैसे चाहिए।

लेकिन दिल्ली क्यों? तुम चंडीगढ़ को दिल्ली के लिए क्यों छोड़ना चाहते हो?

मैं बोला--कुछ खास नहीं। यहाँ से जाने का मन बन गया है।

पर बोस, वह सब तो तुम यहाँ रहकर भी कर सकते हो। सब कुछ तो है इस शहर में।

मैंने अचानक नजरें उठाईं और रसोई के दरवाजे के ऊपर बड़े काले अक्षरों में नत् त्वम असि--वह तुम हो--लिखा देखा। थकान ने घेर लिया मुझे। मैं घर जाना चाहता था। उससे और बात करने का मन नहीं हो रहा था। मुझे मालूम नहीं था कि मैं उसके पास आया ही क्यों था? वह भला आदमी था लेकिन उसके दिमाग में अधकचरी बातें भरी हुई थीं। उसकी सुन्दर दृष्टि में एक तरह का विष था। उसे दुनिया के उलझावों का कुछ अता-पता नहीं था।

लेकिन उस सुबह मेरे पास करने को कुछ नहीं था और मैं जैसे खुद के लिए जमीन की तलाश में था, तब मैंने कल्पना भी नहीं की थी उसका कैसा विचित्र अन्त होगा। दस साल बाद मैं हम दोनों के एक परिचित से मिला तो पता चला उसकी मृत्यु हो गई थी, अपने उद्धरणों से भरी दीवारोंवाले कमरे में पंखे से लटकता मिला था वह। आत्महत्या का कारण बतानेवाला कुछ नहीं मिला था वहाँ। किसी को उसकी आत्महत्या के कारण की जानकारी नहीं थी।

नैतिकता का असह्य बोझ।

मैंने कहा--मुझे जाना होगा। फ़िज़ ने मुझे कुछ काम बताया है।

लेकिन जब तक मैंने उसके पकाए फ्राइड राइस नहीं खा लिए, वह मुझे रोके रहा। लेकिन मैंने बातचीत को पंजाब पर ही केन्द्रित रखा। हमने पुलिस मुखबिरों की बात की जो मर चुके थे--यह कि कौन से आतंकवादी गुट प्रमुख बनकर उभरेंगे। मेरा मानना था वह गुट खालिस्तान कमांडो फोर्स होगा लेकिन वह बब्बर खालसा का नाम ले रहा था। इस गुट में बम बनानेवाले विशेषज्ञ होने के कारण वह औरों पर भारी पड़ता था--अमरेश यही मानता था। मैं खाना खत्म करते ही उठ खड़ा हुआ। फ्राइड राइस कुछ इतने बुरे भी नहीं थे। हमने उन पर ढेर सारी किसान टमाटर चटनी डालकर खाया और खाने के बाद में थम्सअप पिया।

उसने प्लास्टिक लंच बॉक्स में फ्राइड राइस डालकर मुझे थमा दिए। उसने आँखें मिचकाकर कहा--मुझे इस पर फ़िज़ की राय चाहिए, तुम्हारी नहीं।

रात को मैं लव सीट पर अधलेटा पढ़ रहा था तभी अमरेश का फोन आया।

मैंने कहा--भाई फ़िज़ को तुम्हारे बनाए चावल बहुत अच्छे लगे। लो तुम उससे बात करो।

नहीं। मैंने दिल्लीवाली नौकरी के बारे में जानने के लिए फोन किया था।

पर-दुखकातर अमरेश शाम को प्रेस क्लब गया और हर टेबल से खबरें सुनी-सुनाईं। उसे कुछ एकदम चटपटी खबरें हाथ लगी थीं। एक किसी अखबार के बारे में थी जो अपने फीचर पृष्ठों की संख्या बढ़ाना चाह रहा था। और एक दूसरा प्रकाशन एकदम आधुनिक अखबार निकालने की योजना बना रहा था। अमरेश ने सम्पर्क करने के लिए लोगों के नाम और टेलीफोन नम्बर तक जुटा लिए थे। अगर मैं सचमुच ही सुन्दर, शान्त चंडीगढ़ को छोड़कर बड़े और बुरे दिल्ली शहर में जाने की सोचता था तो वह मेरे लिए कहीं न कहीं नौकरी का जुगाड़ कर ही देगा। बस मुझे फोन उठाकर सिर्फ बात करनी थी।

मैंने कहा–वैसे मुझे तुम्हारी वह कविता भी अच्छी लगी थी जिसमें प्रेमिका के शरीर को चाँदनी जैसा बताया गया है–आप हमेशा उसका आनन्द तो ले सकते हैं। पर उसे छू नहीं सकते।

और उसके जवाब देने से पहले ही मैंने फोन फ़िज़ को थमा दिया।

अगली सुबह बाजार जाकर मैंने दिल्ली फोन मिलाया। कई बार कोशिश करने के बाद ही सही सही सम्पादकों से बात कर पाया। उन्होंने घुमा-फिराकर बातें कीं, कोई आश्वासन नहीं दिया– अपना प्रार्थना पत्र तथा दूसरे जरूरी कागज भेज दो। फिर आकर हमसे मिलो।

दो दिन बाद ,एक शनिवार की सुबह–मैंने दिल्ली के लिए भोर से पहले निकलनेवाली बस पकड़ ली। फ़िज़ साथ में थी। हम हमेशा ही ऐसा करते थे। हमें अलग रहने से नफरत थी। अन्धेरा छाया था और मौसम ठंडा था। हमें पीछे सीटें मिली थीं–हम दोनों एक बड़े भूरे शाल में लिपटे बैठे थे। नई यात्रा की उत्तेजना भी साथ चल रही थी। हम दोनों के हाथ एक दूसरे की गोद में पहुँचकर हमें जगा रहे सफर की दावत दे रहे थे–ऊँची चोटियों से चढ़ते-उतरते हुए। घंटे गुजरते जा रहे थे पंजाब रोडवेज की पागल बस की तरह।

सफर ने काम बना दिया। साथ-साथ सफर ने मदद की। अपनी चपल-चंचल उँगलियों के छोरों पर हम अपनी जिन्दगी और दुनिया को छू-पिरो सकते थे। प्यार में डूबा मैं खँटीली देह पर सफर करता गया और जब-जब मैं किसी आनन्ददायक स्थान पर पहुँच जाता तो वह सिहरकर आँखें मूँद लेती। फिर हमने हाथ थाम लिए और उसने मेरी इच्छा को फूलने-फलने का पूरा मौका दिया। हम इतना खुश कभी नहीं हुए थे।

हमने दिल्ली में घुमन्तुओं की तरह दिन बिताया। बसों में सफर किया–सड़कों के किनारे बने ढाबों में नाश्ता किया और दफ्तरों के बाहर प्रतीक्षा करने में समय लगाया। लोगों से भेंट ठीक-ठाक रही। और इस बीच समय निकालकर हम कनाट प्लेस में रीगल में फिल्म देखने जा पहुँचे। एक भद्दी हिन्दी फिल्म। हॉल खाली पड़ा था। लेकिन इससे क्या फर्क पड़ता था। हम कुछ नया करने निकले हुए थे। हम साथ-साथ थे, खुश थे।

मेरा परिचय तो ठीक था, पर मुझमें महत्त्वाकांक्षा न देखकर सम्पादक लोग भ्रम में पड़ गए।

मैं एक संवाददाता था पर अब मुझे संवाददाता की नौकरी नहीं चाहिए थी। कितनी अजीब बात थी। नब्बे के दशक में हर युवा पत्रकार संवाददाता बनने का सपना देखता था–रिपोर्टर होने का मतलब ही पत्रकार होना था। रिपोर्टों के साथ नाम भी छपता था, खूब घूमने की छूट मिलती, बड़े लोगों से सम्पर्क सधते, साथ में होता ग्लैमर, एक से दूसरी नौकरी में जाने के आसान मौके और पैसा तो मिलता ही था। पर मैं सम्पादन का काम तलाश रहा था। वह भी एक अतिसाधारण उपसम्पादक जो सबसे निचली सीढ़ी पर खड़ा मिलता था। मुझे कोई जिम्मेदारी का काम नहीं चाहिए था। ऐसा कुछ भी जो शारीरिक और मानसिक तनाव बढ़ानेवाला हो।

'उत्तराधिकारी' की पांडुलिपि को भी झील में डुबाने के बाद के लम्बे होते दिनों में मैंने खूब सोचा था–तब फ़िज़ स्कूल चली जाया करती थी और मेरा जीवन एक शून्य बन गया था।

मैं निश्चित था कि अब रिपोर्टिंग का काम नहीं करूँगा। ऊबाऊ राजनेताओं, गैर जिम्मेदार नौकरशाहों और बात-बात पर लाठी-गोली चलानेवाले पुलिसवालों से बात करने के लिए तो मैं एकदम ही तैयार नहीं था। मुझे उन रिपोर्टों को तैयार करने में कोई दिलचस्पी नहीं थी जिनमें यह बताया जाता था कि किसने किसके बारे में क्या कुछ कहा। इस काम को तो कोई भी

कर सकता था। और हर कोई इसी में लगा हुआ भी था। भावनाओं के सहारे अपने लिए माहौल तैयार करने और नकली ढंग से उसमें दुनिया के रंग भरना भी मुझे पसन्द न था। मैं उन रिक्शा चालकों और दुकानदारों के बारे में सोचने को तैयार नहीं था, जिसके मुँह से मैं अपने सोचे हुए शब्द कहलवा सकूँ।

मैं नई थ्योरियाँ पेश करना नहीं चाहता था। मुझे यह दिखावा करना पसन्द नहीं था कि मुझे पता था कहाँ क्या हो रहा था।

इसी तरह मैं इस छद्म से भी दूर रहना चाहता कि मुझे घटनाओं की जानकारी नहीं थी।

मैं जटिल समस्याओं को सरल ढंग से पेश करने के खिलाफ था।

इसी तरह आम बातों को बड़ी उलझन के रूप में भी नहीं दिखाना चाहता था।

खोया-पाया के खेल खेलने में मेरी कोई दिलचस्पी नहीं थी।

यह काम तो कोई भी कर सकता था और लोग इसी सब में लगे थे।

मैं इस तरह की पत्रकारिता करना चाहता था जिसमें छलावे की गुंजाइश बहुत कम हो।

मैं खुद को दूसरे कामों के लिए बचाए रखना चाहता था।

अगर संक्षेप में कहूँ तो सबसे निचले पायदान पर रहकर मैं केवल भाषा, तारीखों और काल की गलतियों को सुधारने और फुलस्टॉप और कोमा लगाने जैसे अति सामान्य दिखनेवाले कामों को ही करना चाहता था।

सामग्री को प्रस्तुत करने से पहले उसकी सुधार और शब्द शालीनता को तो बनाए रखना चाहता था लेकिन चालाकी से रचे जानेवाले समाचार नहीं तैयार करना चाहता था।

इस सबके लिए मुझे चाहिए था थोड़ा पैसा और ढेर सारा समय। अभय, प्रताप और पंडित तो कब के मछलियों का चारा बन चुके थे। लेकिन अभी एक कहानी कहीं मेरी प्रतीक्षा कर रही थी। और मुझे पूरी ताकत से उसे ढूँढ़ना था।

और सबसे बढ़कर यह कि मैं अब फ़िज़ से जरा भी अलग रहने को तैयार नहीं था।

रिपोर्टिंग के बारे में यह सबसे कठिन समस्या थी मेरे लिए।

मैं इस व्यवसाय में एक पैदल सैनिक बने रहना चाहता था–साधारण सिपाही जो सबसे नीचे खड़े रहकर सेनाओं को उनके अभियान चलाने में खूब मदद करता है, लेकिन उसे आराम की नींद आती है, नुकसान-फायदे की चिन्ता नहीं होती–मौत और आपदाओं का बोझ उसे विचलित नहीं करता।

कम से कम धोखा और भ्रम फैलानेवाली पत्रकारिता।

उपसम्पादक।

डरपोक, मनोरोगी, पुस्तकें पढ़ने का शौकीन, हिचकिचाने, हकलानेवाला। कक्षा में एक ऐसा लड़का जो सब कुछ जानता है पर कभी बोल नहीं पाता। दफ्तर में एक ऐसा आदमी जो पूरी दुनिया की घटनाओं का विश्लेषण करता है लेकिन उसे बना नहीं सकता।

हलिकारनासस के हेरोडोटस की तरह जिसने केवल लिखा था। मैं भी लिखनेवाला उपसम्पादक बनना चाहता था। आखिर में वही बड़ों से सबसे बड़ा साबित हुआ था। मेरे रुख से सम्पादकगण भ्रमित हुए। लेकिन इससे उनका काम आसान हो गया। शाम को जब मैं और फ़िज़ बस अड्डे पर पहुँचे तो मुझे दोनों काम मिल गए। ऐसा कोई जिसका अंग्रेजी ज्ञान अच्छा था, और जो ज्यादा पैसे भी नहीं चाहता था। ऐसे सस्ते आदमी की खोज में हर साधारण अखबार रहता था। पत्रकारिता का इंजन उत्सुक युवा कर्मियों के बल पर ही धड़धड़ाता है।

हम आधी रात के बाद घर पहुँचे। प्यार का खेल खत्म करने के बाद बत्तियाँ बुझ गई थीं। फ़िज़ हर दिन की अपनी पहली और आखिरी सिगरेट पी रही थी। उसने कश लेकर कहा—मेरा मन कहता है कि हमें फिर कभी चंडीगढ़ नहीं लौटना होगा।

मैं जानता था—वह सही कह रही थी।

अब हम चंडीगढ़ लौटनेवाले नहीं थे।

मैं यह निश्चित रूप से नहीं जानता था कि हम कितनी दूर तक जा सकेंगे।

इस समय यह कहना मुश्किल था, क्योंकि हम कभी क्या थे।

खंड : 2

कर्म

भाग्यविधाता के दरबार में

सामान बाँधना आसान नहीं था।

मैंने एक आधुनिक समाचार पत्र में नौकरी कर ली। उन्होंने ज्वाइन करने के लिए मुझे दो सप्ताह का समय दिया। फ़िज़ ने स्कूल की नौकरी छोड़ दी। साथ ही इंस्टा इंग्लिस कोर्स से भी विदा ली। उसके छात्रों ने उसे एक कार्ड भेंट किया–सुन्दर मैडम, हमें तुम बहुत याद आओगी। एक छात्र ने गहरे भूरे रंग की पेंसिल से उसका रेखाचित्र बनाया था। उसमें उसकी तीखी नाक, घनी केशराशि और धनुषाकार होंठ साफ पहचाने जा सकते थे। सचमुच वह बहुत भव्य लग रही थी।

हमने दोस्तों से गत्ते के कुछ डिब्बे जुटा लिए और कुछ हमें सर जी से मिल गए। उनके अन्दर हमने सावधानी से पोलीथीन की परतें लगा दीं। भुने हुए नीम के ढेर सारे पत्ते अन्दर डाल दिए ताकि कीड़े उनसे दूर रहें। फिर उनमें अपनी किताबें जमा दीं। इस तरह कि एक पृष्ठ पर भी सिलवट न पड़े। हमने पैकिंग खत्म की तो सामने अलग-अलग आकार के चौदह कार्टून थे। और इतने भारी कि आप अपने पैरों को ठीक तरह से जमाए बिना उन्हें खिसका नहीं सकते थे

बाकी कुछ ज्यादा नहीं था। किचन का सारा सामान बड़े स्टील के ट्रंक में आ गया।

पलंग की चादरों और परदों को ताजे नीम के पत्तों के साथ एक छोटे ट्रंक में रख दिया गया। म्यूजिक सिस्टम के लिए उसका अपना डिब्बा था ही। टेलीविजन तो पहले ही बेचा जा चुका था। पलंग मकान मालिक के थे। डाइनिंग टेबुल और कुर्सियाँ बेच दी गईं। केवल एक फर्नीचर रह गया था, जो शुरू से ही हमारे साथ था–वह थी लव सीट। उस पर हमने लाल ब्रदर को रख दिया। और इस तरह पैकिंग का अपना काम खत्म कर लिया।

हमारा मकान मालिक रिटायर्ड सेना कर्नल था–मुँहफट लेकिन बढ़िया आदमी। वह सुबह सबसे पहले कलफ लगा साफा और सूट पहनता था और दाढ़ी पर कसकर इस तरह जाली बाँधता कि एक भी बाल उससे बाहर न झाँक सके। मकान मालिक ने अत्यन्त उदार भाव से हमें अपने गैराज में जगह दे दी थी। जहाँ हम अपनी चीजें रख सकते थे।

हमने उससे वादा किया कि हम दो हफ्ते में लौटकर अपना बाकी सामान ले जाएँगे–बस हमें दिल्ली में रहने की कोई जगह मिल जाए।

उन्होंने हो-हो करके हँसते हुए कहा–बेटे, ध्यान रहे कि चीनियों के आने से पहले यहाँ आ जाना। 1962 के भारत-चीन युद्ध में उन्होंने भाग लिया था और उसे लेकर अब भी लोग काफी आशंकित थे। मैंने कहा जरूर।

दिल्ली जाकर हम एक पुराने दोस्त के वसन्त कुंज स्थित फ्लैट में ठहर गए। सब जगह खालीपन का साम्राज्य था। फ्लैट बड़ा था–तीन बैडरूम और एक बड़ा लिविंग रूम। मेरे दोस्त

फिलिप ने सस्ते में ही दे दिया था। वैसे यह भी हो सकता था वह खुद इसके लिए कुछ न दे रहा हो। यह केरल में उसके नगर के सांसद का था और बाजार में इसका किराए पर उठाना मुश्किल था।

उन दिनों वसन्त कुंज शहर से बहुत दूर हुआ करता था। आप शहर से निकल कर झाड़-झँखाड़ और कँटीले कीकर से भरे इलाके से गुजरते, बाईं ओर ऊँची कुतुबमीनार दिखाई देती और फिर आप कंक्रीट के एक जंगल में जा भटकते। निश्चय ही उस कॉलोनी की योजना किसी खाली दिमागवाले सरकारी अधिकारी का करिश्मा रही होगी जिसका इरादा पहले से ही पैसे वाले ठेकेदार की जेबें और भारी करने का रहा होगा। यदि आप अपने अन्दर कुछ आग लेकर नहीं चलते हैं तो फिर यहाँ आकर शरीर ही रह सकता था—देह जिसमें आत्मा नहीं थी।

फिलिप का फ्लैट एक ऐसे ही कंक्रीट के कबूतरखाने की दूसरी मंजिल पर था। सारे फ्लैट देखने में इतने एक जैसे थे कि आपको यह सोचने में समय लगाना पड़ता था कि आपको कौन-सा फ्लैट चाहिए। उसमें पड़ा था एक चरमर करता पलंग। उस पर बिछा था पुराना गददा जिसमें जगह-जगह गाँठें पड़ चुकी थीं। और गद्दे पर बिछी थी एक बदरंग चादर। बेंत की दो कुर्सियाँ भी थीं, एक लकड़ी की मेज और एक हीटर था खाना पकाने के लिए। वह हीटर ही पूरे फ्लैट का ऊर्जा केन्द्र था। रसोई में हीटर के अलावा और कुछ नहीं था। गरम पानी, चाय और खाना पकाने के लिए बस उसी का सहारा था। इसमें लगी चीनी मिट्टी की प्लेट और तारों पर उबली चाय की पत्तियों की परत जमी थी—कहीं-कहीं दाल के पीले दाने भी चिपके नजर आते थे। हीटर का प्लग गायब था—नंगे तारों को साकेट में लगाकर वहाँ माचिस की तीलियाँ फँसा दी गई थीं ताकि तार निकलने न पाएँ। यह पूरा जुगाड़ देखने पर जला-फुँका मालूम देता था लेकिन जैसे ही आप स्विच दबाते तो तारों से चिंगारियाँ निकलती : सूँ-सूँ की आवाज खतरनाक ढंग से आती और फिर धीरे-धीरे हीटर के तार लाल होने लगते—पहले धुआँ निकलता, आवाजें आतीं व कुछ जलने की गन्ध आती और फिर हीटर गरम होने लगता।

पूरे फ्लैट में अपनी कही जा सकनेवाली अकेली चीज थी लोहे का संदूक। वह उस कमरे में रखा रहता था जिसमें फिलिप सोया करता था। उसका सारा सामान उसी अकेले संदूक में ठुँसा हुआ था। फ्लैट की सारी अलमारियाँ खाली थीं। मोजों से लेकर टूथपेस्ट, किताबों से लेकर कंडोम तक हर चीज फिलिप उसी संदूक में से निकाला करता था। संदूक पर पीतल का मोटा ताला लगा था—इतना भारी कि उससे किसी की खोपड़ी तड़काई जा सकती थी। संदूक के ढक्कन पर फिलिप के केरल वाले घर का नाम-पता-पिन कोड के साथ लिखा हुआ था। यानी अगर आप संदूक को लैटर बॉक्स में डाल सकते तो वह ठीक उसके घर पहुँच सकता था।

जब मैंने पहली बार फ्लैट का जायजा लिया था तो मेरे दिमाग में खयाल आया था कि अगर जरूरत पड़े तो वह सिर्फ पाँच मिनट में फ्लैट को खाली कर सकता था और कोई न जान पाता कि कभी कोई वहाँ रहा भी था। शायद उस राजनेता ने फिलिप को यही सलाह दे भी रखी होगी।

फिलिप ने हमें बाकी कमरों में से कोई भी एक लेने की छूट दे रखी थी। हमने उसे चुना जिसमें बाथरूम था। हम एक सस्ता जूट का गद्दा ले आए, साथ में एक झाड़, एक पोंछा और फिनाइल की बोतल भी लाए। शाम को मैं पास के एक सस्ते ढाबे से दाल-रोटी ले आया करता था। खाने के बाद जब फिलिप रुककर हमसे बातें करना चाहता तो हम थकान का बहाना बनाकर खिसक लेते। मैं इस दौरान फ़िज़ की बाँह को थपकाता रहता और मुझे उसके चेहरे पर धीरे-धीरे एक रंग चढ़ता नजर आता।

शाम के समय हम व्यवहार के उस बिन्दु पर पहुँच जाते जब हम आपस में बातचीत नहीं कर रहे होते थे। फिर से संवाद की स्थिति तक पहुँचने का रास्ता हमारा देहों से होकर गुजरता था–

कामना हमसे हमारे सारे शब्द छीन लेती थी। अब जरूरत होती थी उसमें तपने-सुलगने और उससे बाहर आने की। इसके बाद ही शब्दों को अपने लिए जगह मिल पाती थी।

हम इतना तो जरूर जानते थे कि आसपास क्या कुछ हो रहा है। हम एक अनजान शहर में थे। हम खुद को इस बात की तसल्ली देना चाहते थे कि हम बाकी सबसे ज्यादा जानते हैं। हमने जिन्दगी में एक बड़ा कदम उठाया था और हमें अब वही इनाम चाहिए था जिसके लिए हम पागल थे। हाँ, मैं इस शहर में पहले भी आ चुका था। जब-जब हम कगार पर चले थे तो उस समय हर बार ही एक-दूसरे को थामने और साथ-साथ रहने का आनन्द बढ़ता गया था। फर्श पर पड़ा गद्दा एकदम बढ़िया था–यह हमें पागलपन की छूट देता था। दरवाजा बन्द करके कपड़ों से बाहर आते-आते अपने अन्दर कुछ होने लगता था। फ़िज़ प्रतीक्षा में होती। यही होता वह जादुई क्षण, समस्त सम्भावनाओं और आनन्द का आरम्भ बिन्दु।

कमरे में हल्की रोशनी थी। फ़िज़ ने कम पावरवाले बल्ब को तौलिए से ढक दिया था। वह गद्दे पर दीवार के सहारे बैठी थी। टी शर्ट के नीचे उसके पैर नंगे थे। अँधेरी छायाओं में एक गीलेपन का अहसास तैर रहा था। उसके केश खुले थे। वह अविश्वसनीय रूप से सुन्दर दिखाई दे रही थी।

मैं लेटा तो उसने अपनी नम देह को पूरा खोल दिया और मुझे पूरी तरह उसके अन्दर समा लिया। मेरी नाक, मेरा मुँह, मेरी उँगलियाँ और मेरी तड़प–सब कुछ। उसके प्यार की सुगन्ध मुझ पर पूरी तरह छा गई–और मेरा जीवन बस एक नाम में खो गया–फ़िज़।

बाकी सब बाद के लिए छोड़कर मैं वहाँ जा पहुँचा जहाँ...उगते थे। और उससे फूटती सुगन्ध की पगडंडी पर चलकर वहाँ तक जा पहुँचा जहाँ...नहीं थे। फिर मैं उसकी सुलगती गुफा के अन्तर्मार्ग के केन्द्र तक जा पहुँचा था–छककर पीने के बाद मैं फिर चला और उसकी देह पर भटकने लगा, लेकिन घूम फिर कर मुझे फिर वहीं लौटना पड़ता था। अनबुझी रहनेवाली प्यास बुझाने के लिए।

हमने शिखरों पर चढ़ना शुरू किया, वहाँ पहुँचे और ऊँचाई से नीचे गिरे। हम सब कुछ नए ढंग से कर रहे थे और नई बातें पुराने तरीके से घट रही थीं। कभी-कभी यह करते हुए जैसे हम अतियथार्थवादी चित्रकारों की कलाकृतियों में ढल जाते। देह का कोई भी भाग कहीं भी दूसरे भाग से जा मिलता। और फिर बन जाती एक महान कलाकृति। पैर का अँगूठा और जीभ, कुचाग्र और शिश्न, उँगली और कली, बगल और मुँह, नाक और योनि, और फिर वहाँ देर तक चला आखिरी नृत्य। वर्ष 1987, वसन्त कुंज, साल्वाडोर डाली, चित्र-विचित्र नक्शा बनाने में जुटे नक्शानवीस फ़िज़ और मैं।

फ़िज़ चीखी थी इस पूरे दौर में खामोशी से। दाँत भींचे हुए, मुँह खोलकर–और केवल वही लोग इस चीख की गूँज सुन सकते हैं जो जानते हैं कि कामोद्दीपन के चरम बिन्दु पर पहुँचकर औरत की खामोश चीख कितनी तेज होती है। उस चीख ने पूरे कमरे को झकझोर दिया था और मुझ पर एक वहशीपन सवार हो गया था।

बीच-बीच में वह इतने ऊँचे शिखरों पर चढ़ जाती थी कि मैं उसे देख न पाता। और मुझे धैर्य के साथ उसके नीचे लौटने का इन्तजार करना पड़ता ताकि मैं उसे फिर से छू सकूँ।

कभी-कभी वह लौटती तो मन में दूसरे शिखर पर चढ़ने की इच्छा लिए हुए। बीच-बीच में लगता वह थक रही है तो मुझे उसे फिर से जगाना, तैयार करना पड़ता। यह जानने का

कोई उपाय नहीं था कि अगली बार वह कितनी ऊँचाई पर जा चढ़ेगी। मैं उसके पीछे-पीछे चलता जाता ताकि देख सकूँ कि वह कहाँ और किधर जा रही है। लेकिन यह हर बार सम्भव नहीं होता था।

मैं इसे बखूबी समझ चुका हूँ कि काम-क्रिया में पुरुष केवल नीचे ही नीचे मँडराते हैं। वे ज्यादा से ज्यादा पर्वत की आधी ऊँचाई पर मिलनेवाले आनन्द को ही पा सकते हैं लेकिन सिर घुमा देनेवाले शिखरों पर चढ़ना उनके वश में नहीं। उनमें इसके लिए आवश्यक ऑक्सीजन क्षमता, कल्पनाशीलता, मस्ती और देह रचना की कमी होती है। उनका काम होता है शिखर पर पहुँचनेवाली औरतों को तैयार करना जो बहुत आसानी से चोटियों पर पहुँच जाती हैं। चंचल-चपल पहाड़ी बकरियाँ जो एक चट्टान से दूसरी चट्टान, एक चोटी से दूसरी चोटी पर बढ़ती रहती हैं और फिर और ऊपर चढ़ने के लिए कुछ नहीं बचता–रह जाता है अनन्तता का असीम विस्तार–पुरुष इस जानकारी के साथ हजारों वर्षों से जूझते रहे हैं। वहाँ की जानकारी जहाँ वे नहीं जा सकते। सच, दूसरों के मुकाबले में छोटा होने की भावना के साथ जीना आसान नहीं।

हिरनों के बीच बनैला सूअर बनकर रहना भी तो आसान नहीं।

चालाक पुरुष प्रतीक्षा करते हैं और वे जगह बदलते रहते हैं। वे अश्लील रचना करते हैं और दूसरों के आनन्द का आनन्द भोगते हैं। वे पर्वतारोहियों का हौसला बढ़ाते हैं, दूर से उन्हें देखते हैं और खुश रहते हैं।

मूर्ख पुरुष चपल पहाड़ी बकरियों को जंजीरों में बाँधते हैं, नैतिकता गढ़ते हैं, कानून बनाते हैं, सुरक्षा-बाड़े बनाते हैं और पहाड़ों से दूर हो जाते हैं। शायद वे सोचते हैं जहाँ वे नहीं जा सकते वहाँ कोई नहीं जाएगा। इस तरह उच्च शिखर पहुँच से दूर हो जाते हैं सदा के लिए।

हम घंटों देह छंद गान में डूबे रहते। जल्दी ही उस छोटे कमरे से सेक्स की गन्ध आने लगी। फिर उसके बदन से भी वही सुगन्ध उभरने लगी। मुँह में उसका स्वाद बना रहने लगा। मैं जहाँ-जहाँ भी उसकी देह चूमता था–चेहरा, उरोज, कमर–हर कहीं से वही पागल बना देनेवाली सुगन्ध उभरने लगती थी। एक निष्ठावान धर्म प्रचारक की तरह मैंने उसकी देह के पोर-पोर की यात्रा की थी और उसके पिघले हुए केन्द्र के स्वाद का सन्देश सर्वत्र प्रचारित कर दिया था।

काफी रात बीत जाने के बाद आखिर मैं समझ गया कि अब वह थक-चुक गई है और अपने आखिरी उतार पर है। मैं उसके पीछे चल पड़ा कदम से कदम मिलाता हुआ और हम फिर ऊँचे और ऊँचे उठते चले गए। आखिर मेरा खून तेजी से खौलने लगा। मैं खुद अपने काबू से बाहर हो गया–फेफड़े फटने को हो गए, घुटने जवाब दे गए और मेरी रीढ़ का सिरा जैसे पिघल उठा–मुझे वह दिखाई न दी और मैं खालीपन के विस्फोट में खो गया।

जब अगली सुबह मैं आपे में लौटा तो एक बार हम दोनों...यह अभियान बीती रात जितना बड़ा और थका देनेवाला तो नहीं था पर प्यार और आवेग जरा भी कम नहीं हुआ था।

मैं काम पर गया तो मन में विचित्र सन्तोष था। वैसे निष्ठावादियों का यह विचार कुछ गलत नहीं कि दिन भर मन लगाकर काम और फिर आराम और आनन्द। छह महीने तक कला के संसर्ग में रहने का अनुभव बहुत अच्छा रहा था लेकिन दैनिक कामकाज का रूटीन भी कम आनन्ददायी नहीं था। उस शाम काम करके निकला तो मन में दिहाड़ी मजदूर का

आत्मसन्तोष था। मैंने दूसरे लोगों की बुरे ढंग से तैयार रिपोर्टों को शब्द विन्यास और वर्तनी की दृष्टि से ठीक किया था, सँवारा था और उन्हें सुन्दर रूप दे दिया था। अब वे अखबारों का हिस्सा बनकर बाहरी दुनिया में जाएँगी और खबरों के शौकीन उनका मजा ले सकेंगे। उनसे एक उद्देश्य जरूर पूरा होगा। मैं एक ऐसी उत्पादन शृंखला का हिस्सा बन गया था जो तात्कालिक उपयोग की मूल्यवान सामग्री प्रस्तुत कर रही थी।

मैंने रात को भोजन पाने लायक काम कर लिया था।

कला की समस्या यह है कि जब कुछ कलात्मक न घट रहा हो तो कला की छीलन को ही कला समझना। यह काम बहुत ऊबानेवाला हो सकता है। मूर्ख लोग सौन्दर्यशास्त्र की व्याख्याएँ करने लगते हैं। और भावुक लोग किसी बड़े विचार की प्रतीक्षा में समय गुजारते हैं। जब मैं अमरेश के उद्धरणों से रँगे-पुते कमरे में पहुँचा तो मेरा जी मिचला रहा था।

कला की छीलन–जब सच्ची कला के क्षेत्र में कुछ न घट रहा हो।

मैंने फ़िज़ को यह सब नहीं बताया। कुछ भ्रमों को कभी नष्ट नहीं करना चाहिए क्योंकि वे मजबूत यथार्थों का बोझ सँभाले रहते हैं। हमारा इरादा कुछ और करने का था इसलिए इस स्थिति को सहना जरूरी था।

फ़िज़ ने हमारे कमरे को आरामदेह बना दिया। वह बेंत के दो मूढ़े खरीद लाई। इसलिए पलंग के अलावा उस पर भी बैठा जा सकता था। कमरे में चमकीले हरे रंग का गलीचा बिछा दिया गया। कमरे में एजरा पाउंड का फ्रेम किया हुआ श्वेत-श्याम पोस्टर टाँग दिया गया। इसे हमारे लिए कोई इंग्लैंड से लाया था। सुनहरी स्याही में बना रवीन्द्रनाथ ठाकुर का छोटा प्रिन्ट भी था। सदा हमारे साथ सफर करनेवाली पुस्तकों का ढेर हमारे गद्दे के पास रख दिया गया। ताकि हम उनकी गरमाहट महसूस कर सकें।

अनाकर्षक गुसलखाने में उसने गोवा के समुद्र तटों का सर्दी में लिया गया चित्रोंवाला खुशनुमा कैलेंडर लटका दिया–देखने से लगता था जैसे गोरी औरतें नग्न धूप स्नान का आनन्द ले रही हो। इनके अलावा एकरसता भंग करने के लिए उसने प्लास्टिक के कुछ रंगीन गिलास और साबुनदानियाँ भी रख दी थीं।

लेकिन जैसे ही गुसलखाने के दरवाजे से बाहर कदम रखते आप जैसे एक उजाड़ में पहुँच जाते। गन्दगी की गोलियाँ फर्श पर लुढ़कती नजर आतीं। फर्श, दीवारें और खिड़कियों पर हर कहीं भूरी-धूसर धूल की आधी इंच मोटी तह जमी हुई थी। धूल लोहे की जालियों के बीच, अलमारियों में और इस्तेमाल में न आनेवाले गुसलखाने में, कमोड और नलों पर खूब जमा थी। यों फ्लैट नया था, पर पेंट जगह-जगह से उतरने लगा था। पेंट की पपड़ियाँ यहाँ-वहाँ तने मकड़ी के जालों में उलझकर झूलती रहतीं और ये उनके भीषण सौन्दर्य को भी जैसे उनसे छीनती लगतीं। वैसे हैरानी की बात यह थी कि मैंने वहाँ कभी कोई मकड़ी नहीं देखी। ऐसा लगता था धूल की तरह मकड़ी के जाले भी मानो आप से आप पैदा हो रहे थे। कमरों में आते-जाते समय आपको सावधानी बरतनी होती थी कि आप धूल का गुबार न उठा दें वरना दमेवाली खाँसी उठने की पूरी-पूरी सम्भावना रहती थी।

वहाँ पहुँचने के पहले दिन, उम्मीद के मुताबिक फ़िज़ ने कई बार ऐसा जताया कि उसका इरादा फ्लैट की सफाई करने का है। लेकिन इसके लिए मैं एकदम तैयार नहीं था। मैं खूब जानता था कि सफाई की कोई भी कोशिश सफल होनेवाली नहीं थी। गर्दागुबार और अदृश्य

मकड़ियों के सामने फ़िज़ की सफलता की कोई आशा नहीं थी। जैसे ही फ़िज़ थकेगी, पुरानी गन्दगी फिर छा जाएगी। उसके लिए यही बेहतर था कि वह उस उजाड़ गन्दखाने से बचने के लिए दरवाजा बन्द करे और फिर अपने घर में जो चाहे करे।

फिलिप का मामला तो और भी बेढब था। मैं अपनी पहली नौकरी के समय से उसे जानता था। मुझे उसके विचार पसन्द थे और हम बहुत देर-देर तक लेखकों, राजनीति, सिनेमा और खेलों पर बातें करते रहते थे। मेरी तरह वह भी अली का फैन था। और मेरी ही तरह अपने स्कूली दिनों में वह कैसियस क्ले, मोहम्मद अली पर सूचना सामग्री जुटाने में लगा रहता था। दैनिक पत्रों के खेल पन्नों पर उसकी कुश्तियों की संक्षिप्त खबरें जोश से पढ़ता और काटकर सँजोता था। मुझसे उलट वह कम्युनिस्ट घोषणापत्र का अन्धभक्त था।

तब का फिलिप छरहरा, लगभग दुबला-पतला था लेकिन, अब 26 का होते न होते उसकी तोंद निकल आई थी। और चेहरे पर चर्बी चढ़ गई थी। उसने पत्रकारिता छोड़कर टेलीविजन का रास्ता पकड़ लिया था। केरल में उसके एक चाचा प्रसिद्ध कला फिल्म निर्माता थे। उनकी फिल्में सामाजिक अत्याचारों और मनुष्य की पहचान के संकट को उजागर करती थीं। उनकी फिल्में केरल के बाहर कभी व्यावसायिक रूप से रिलीज नहीं हुईं लेकिन गम्भीर सिनेमा के शौकीन जरूर उन्हें मनोयोग से देखते थे। वैसे अधिकांश बातों पर फिलिप की राय नकारात्मक थी–अपनी नापसन्दगी जाहिर करने के लिए वह अपना दायाँ हाथ जोर से हिलाया करता था। अपने चाचा को भी वह समय से पीछे मानता था लेकिन छिपे तौर पर मैं जानता था–उसके चाचा फिलिप के दिशा नियन्ता थे। फिलिप भी यह बात स्वीकारता था कि उसमें फिल्मों के प्रति रुझान उसके चाचा के कारण ही आया था लेकिन, इसे सीधे-सीधे स्वीकार न करके उसने दूसरा रास्ता अपना लिया था। वह टेलीविजन की ओर झुक गया था जिसके पंजे भारत की जनता के बीच फैलने शुरू हो चुके थे।

जब हम वसन्त कुंज में उसके साथ रहने आए तो उसने बताया कि वह एक बड़े सीरियल पर काम कर रहा है। पिछली बार हम साथ-साथ काम करते थे, तो वह बम्बई में अपने घर चला गया था और फिर लिखने के लिए यहाँ आ जमा था। बम्बई में उसने टेलीविजन निर्माता कम्पनी के साथ एक साल काम किया था और इस दौरान वहाँ की शब्दावली भी सीख गया था। वह कहता था–टेलीविजन भारत को बदलकर रख देगा। हमारे विचार, हम कैसे जीते हैं, खाते हैं, सहवास करते हैं–उन सबको बदल देगा टेलीविजन। उसने कहा था–यह माध्यम हमारी राजनीति को, हमारे समाज को बदल देगा–उसके अनुसार ऐसा दिन आएगा जब दिन में सौ टी.वी. चैनल हमसे मुखातिब होंगे।

वह कहता था–वह आराम से बैठेगा और समाज पर टेलीविजन की विजय को देखेगा।

हम और कुछ नहीं सिर्फ टेलीविजन को सुनेंगे।

हम टेलीविजन के अतिरिक्त और कुछ नहीं देखेंगे।

हम खुद को गुदगुदाने के लिए कुछ भी कर गुजरेंगे।

लेकिन मुझे और फ़िज़ की इस सबमें कोई रुचि नहीं थी। हमारी नजर में यह सब बेकार, ऊलजलूल था। हमें उसे यह सब कहते हुए सुनना पड़ता था और हम यह सोचते रहते थे कि हम कब कमरे में जाकर गद्दे पर लेट पाएँगे और...

हम उससे बचकर भागना चाहते हैं, यह अनुभूति उसे गुस्से से भर देती थी।

हर रात वह एक ही बात कहता था,...तुम दिल्ली कुछ करने आए हो या सिर्फ सोने के लिए।

फिलिप की अपनी जिन्दगी में जैसे कोई नियम-कायदा नहीं था। सोना, कपड़े पहनना या किसी भी बात का। वह पैंट-कमीज पहनता और काले रंगवाला मोटा कार्डिगन जो उसके कूल्हों तक आता था। वह कई-कई दिनों तक वही कपड़े पहने रहता–उसी में सोता–जागता, घर से बाहर भी वही पहने हुए जाता। अगर उसे कहीं न जाना होता तो वह उन्हीं कपड़ों में पलंग पर पसर जाता। किसी भालू की तरह उसके लम्बे बाल सिर पर फैले रहते बस बाहर जाते समय पानी लगाकर गीली उँगलियों से बालों को थपथपा देता था। फिर डाइनिंग रूम में वाश बेसिन पर टँगे छोटे धुँधलाए दर्पण में खुद को निहारता, बालों को कुछ और नीचे करता और जेबों में हाथ डालकर बाहर निकल जाता।

एक शाम मैंने उसे वाश बेसिन के सामने खड़े देखा–उसने कमीज, बनियान, कार्डिगन उठाकर गरदन में फँसा रखे थे। फिर नल खोलकर वह झुका और अपने बालों को धोने लगा। वहाँ के उलझे बालों पर साबुन लगाया। फिर पानी डाल-डालकर धोता रहा। पहले एक बगल फिर दूसरी। सब तरफ पानी ही पानी हो गया–फर्श पर, पैरों पर, कपड़ों पर। यह काम पूरा हो जाने पर उसने बगलों को सूँघकर देखा। फिर उसी तरह दोनों हाथ सिर से ऊपर उठाए-उठाए और कपड़े उसी तरह गले में अटकाए हुए अपने कमरे में चला गया, गोया कोई मोटा आदमी फाँसी पर चढ़ाने के लिए ले जाया जा रहा हो। उसने एक गन्दा तौलिया उठाया और बालों को जोर-जोर से रगड़कर सुखाने लगा। फिर अपने ट्रंक में क्यूटीक्यूरा पाउडर का गुलाबी डिब्बा निकालकर और जोर-जोर से बालों पर छिड़कने लगा। सब तरफ पाउडर फैल गया–फर्श, उसके पैर, उसके कपड़े–सब पर पाउडर नजर आने लगा। फिर एक कुश्तीबाज पहलवान की तरह हाथों को कई बार जोर-जोर से हिलाया। और अपने कपड़े नीचे करके जाने को तैयार हो गया।

शायद फिलिप की कोई प्रेमिका जरूर थी लेकिन उसके बारे में वह कभी चर्चा नहीं करता था।

इस बात का कोई ठिकाना नहीं था कि आखिर कब नहाएगा और किस दिन कपड़े बदलेगा। इसी तरह कई दिन गुजर जाते। फिर हम उसे एक शाम बड़े जतन से हीटर पर पानी गरम करते देखते। वह बाथरूम में काफी समय लगाकर बाहर निकलता तो तौलियों में लिपटा, भाप छोड़ता हुआ। नए कपड़ों और मन लगाकर की गई शेव से उसका हुलिया ही बदल जाता। वह लज्जालु भाव से हँसता और सुर्ख पड़ जाता। आखिर स्नान करना एक बुर्जुआ आदत जो ठहरी। उसके अपने हिसाब से यह ब्राह्मणवादी तौर-तरीकों के सामने सिर झुकाने जैसा ही था।

आधे दिन उसके बदन से ओल्ड स्पाइस कोलोन की महक फूटती और तब उसके पास बैठा जा सकता था लेकिन मिलावट का सिलसिला फिर जल्दी ही शुरू हो जाता और मामला इस हद तक बिगड़ जाता कि उसके कार्डिगन के धागों में दाल के दाने अटके नजर आते और जब वह बोलता दाँतों में फँसे अन्न कणों की दुर्गन्ध बाहर फैलने लगती।

वह कुत्ते की तरह खाता था। आपको लगता शायद खाते समय वह अपने हाथों का इस्तेमाल ही नहीं करता था, बस भोजन में अपना मुँह धँसा देता था। और फिर आपकी नजर उसके नाखूनों पर पड़ती। वे पीले पड़ चुके थे और नाखूनों के नीचे अन्न के दाने अटके दिखाई देते।

लेकिन ठीक तरह से भोजन न करने की बड़ी समस्या थी–रम।

मैंने किसी को भी फिलिप की तरह पीते नहीं देखा। वह एक दिन में एक बोतल पी जाता। उसके कमरे में ओल्ड मौंक की बोतलें दीवारों के सहारे कतारों में दिखाई देतीं जैसे सैनिक किसी अशान्त सीमान्त की रक्षा के लिए तैयार खड़े हों। दिन भर उसके गिलास में भरे पीले द्रव का

स्तर ऊँचा-नीचा होता रहता। वह गिलास में रम डालता। पानी मिलाता और पीता जाता, यह क्रिया बार-बार दोहराई जाती। इस सबके बीच वह काम करता रहता। अपने पलंग पर दीवार से सहारा लगाए बैठा हुआ—सफेद कागजों पर लिखता जाता। लिखने के बाद कागजों को उलटकर एक-दूसरे पर रखता जाता। वह रात में काफी देर तक पीता रहता और सोते समय एक गिलास में रम भरकर अपने पलंग के नीचे रख लेता। जब नींद खुलती तो अपना मोटे शीशोंवाला चश्मा लगाने से भी पहले गिलास को एक ही घूँट में खाली कर डालता। जैसे नीबू-पानी या चाय पी रहा हो। फिर पलंग से उतरता, बाथरूम में जाकर ब्रुश करता, पेशाब करता।

यह अनोखी बात थी इसीलिए बुर्जुआ विरोधी थी।

किसी मंत्र की तरह वह यह वाक्य दोहराता—रम इन द टम इज बैटर दैन शिट इन द बम।

मुझे नहीं पता इसका क्या मतलब था।

फिलिप जिस मेगा सीरियल पर काम करा रहा था वह बीसवीं सदी के आरम्भ में शुरू होता था फिर वर्तमान तक पहुँचता था। उसमें तीन पीढ़ियों की कथा कही गई थी, भारत के निर्माण की कहानी। यह एक महागाथा थी। इतिहास का विस्तार जिसमें उसकी विडम्बनाएँ भी शामिल थीं। वह पहला मसौदा लिख रहा था।

'उत्तराधिकारी' की पांडुलिपि सुखना झील की तली में पड़ी-पड़ी गल गई थी। मैं यह सोच रहा था जब लैपविंग उड़ते हुए आएँगे और अपनी तेज आवाज़ में पूछेंगे—क्या इसे तुमने लिखा है? क्या इसे तुमने लिखा है? तो वह क्या कहेगा?

लेकिन फ़िज़ उसे विचित्र ढंग से पसन्द करती थी। वह उसके नैतिक-अनैतिक पागलपन की कायल थी। अमरेश के पवित्र उन्माद से कहीं अधिक। उसे फिलिप की राय दिलचस्प लगती थी। वे कई विषयों पर लम्बी बातचीत करते थे। उसका व्यवहार फ़िज़ के प्रति मृदुता से भरा था। और उसके सामने वह अपने बेशऊरपन पर काबू करने की कोशिश करता था। वह फ़िज़ के लिए जब चाहे बाजार जाने को, प्लेटें साफ कराने में हाथ बँटाने को तैयार रहता था। मैंने पहले उसे ऐसा दोस्ताना व्यवहार करते कभी न देखा था। एक दिन उसने हमें लम्बे समय के लिए फ्लैट की सह किराएदारी देने तक का प्रस्ताव कर डाला। लेकिन फ़िज़ को फ्लैट और उसके बदन की गन्दगी एकदम बरदाश्त नहीं हो रही थी। घृणा और पसन्द के दो भाव उसके मन में गड्ड-मड्ड हो रहे थे और देर रात पर्वतारोहण के दौरान ऊँची चोटियों पर अगली चढ़ाई से पहले आराम करते हुए हम उसके बारे में चर्चा किया करते थे।

आखिर हमने वहाँ न रहने का फैसला ले लिया। उसकी गन्दगी भी कई कारणों में से एक कारण थी। अधिक महत्त्वपूर्ण बात यह थी कि मैं शहर में रहना चाहता था। मैं ऑफिस में देर तक काम करता था और मैं नहीं चाहता था कि फ़िज़ शहर के छोर पर यों अकेली रहे। वसन्त कुंज तक बस सेवा बहुत अनियमित थी और तिपहिया स्कूटरवाले अपनी मनमर्जी से चलते थे। फिर एक अन्य कारण भी था। हम केवल खुद तक ही सीमित रहना चाहते थे। एक-दूसरे में समाने, खोने की जरूरत तात्कालिक और लगातार बनी रहनेवाली थी। जब वह अन्तिम शिखरों पर चढ़ती थी तो उस समय मैं उसकी आवाज की तेज गूँज साफ-साफ सुनना चाहता था।

हमने कुछ प्रापर्टी डीलरों से बात की लेकिन जैसे हम अपना बजट बताते उनमें से ज्यादातर फोन काट देते। लेकिन हमने भी हार नहीं मानी। आखिर ऐसे दो लोग मिल ही गए जो हमसे

बात करने और फ्लैट दिखाने को तैयार थे। दोनों ही पंजाबी थे, तुन्दियल, गंजे होते सिरवाले और चलती-फिरती बातें करनेवाले। आगे चलकर ऐसे व्यक्ति दिल्लीवालों की खास पहचान बन जानेवाले थे हमारे लिए। फ़िज़ ने दोनों के नाम नो प्राब्लम मैडम, वैरीगुड मैडम रख दिए थे। वे बोलते समय दोनों हथेलियाँ रगड़ते और मुस्कुराते रहते। बीच-बीच में आदरपूर्वक सिर झुकाते। वे केवल फ़िज़ से ही बात करते थे।

हमें पहली या दूसरी मंजिल पर मकान चाहिए लेकिन जिसमें किसी और का दखल न हो।

नो प्राब्लम मैडम।

मकान मालिक से कोई झंझट नहीं हो। आने-जाने का रास्ता अलग रहे।

वैरी गुड मैडम।

मकान में टैरेस या बाल्कनी जरूर होनी चाहिए।

नो प्राब्लम मैडम।

अगर मकान के आसपास कुछ पेड़ भी रहें तो अच्छा रहेगा।

वैरी गुड मैडम।

शुरू के कुछ दिनों में उन्होंने हमें कोई दो दर्जन मकान दिखा डाले। लेकिन उनमें से कोई भी हमें ठीक न लगा। हमें वे प्रापर्टी डीलर से कहीं ज्यादा धोखेबाज लगे। वे हमें ऐसे मकानों पर ले जाते जिन पर ताला लगा होता। फिर वे दोनों बड़बड़ाते हुए पंजाबी में झगड़ने लगते।

मैंने तुमसे कहा नहीं था कि उससे बात करके चाबियाँ जरूर ले लेना।

अगर सब कुछ मुझे ही करना है तो फिर तुम क्या करोगे? जाकर ताजमहल में टूर गाइड बन जाओ।

नहीं, मैं तुम्हारी माँ का बिस्तर गरम करूँगा।

पहले अपनी माँ के बिस्तर से तो बाहर आओ।

और वे फ़िज़ की ओर मुड़कर अपने परिचित अन्दाज में हथेलियाँ मसलने और मुस्कुराने लगते।

नो प्राब्लम मैडम। हम आपको इससे अच्छा मकान दिखाएँगे।

अगला मकान एक सर्वेंट क्वार्टर होता तो उसके बाद वे हमें एक बहुत बड़े मकान पर ले जाते, जिसका कराया हमारे बजट से चौगुना होता। और इसके बाद जो मकान दिखाया जाता उसमें न टैरेस होता न बाल्कनी। और फिर मिलती चीखकर बातें करती बदमिजाज बुढ़िया मकान मालकिन। हर बार वे आपस में जोर-जोर से पंजाबी में झगड़ने लगते।

मूर्ख, तुम्हें कभी कुछ मिला भी है।

अगर मैं ही सब कुछ करूँगा तो फिर तुम क्या करोगे? बादशाह जार्ज की तरह दरबार की शान बढ़ाने आओगे।

हम उनका झगड़ा खत्म होने का इन्तजार करते। वे एक-दूसरे की माँ-बहन, बीवी और बेटी को भी गन्दी गालियों में घसीट लेते। एक-दूसरे...कहते। और जब इस सबसे निपटते तो उनके होंठों पर चिकनी मुस्कान होती, हथेलियाँ आपस में रगड़ते हुए।

नो प्राब्लम मैडम। वैरी गुड मैडम। हम आपको इससे अच्छा मकान दिखाएँगे।

जल्दी हमें दिल्ली की मानसिक विकृति और डर साफ नजर आने लगे। हमारे लिए काफी नहीं था कि मकान हमें पसन्द आ जाए और हम उसके लिए किराया भरने को तैयार हों। इसके बाद मकान मालिकों द्वारा की जानेवाली पूछताछ की लम्बी सूची थी। मकान मालिक तरह-तरह

के सवाल करते, हमसे व्यक्तिगत बातें पूछी जातीं। नौकरी, हम कौन हैं, कहाँ से आए हैं, हमारे दोस्त कौन हैं, हमारी शादी से जुड़े सवाल उठते, हमारा धर्म, हमारे काम और फुरसत के समय क्या हैं। तय है उनके अनेक प्रश्नों के हमारे उत्तर उनकी कड़ी कसौटी पर खरे न उतरते।

हम दक्षिण भारतीय नहीं थे—हम थे तेज-तर्रार उत्तर भारतीय। दिल्ली के मकान मालिकों ने हमेशा यही वहम पाला है। किसी भी दक्षिण भारतीय किराएदार को डरा-धमकाकर आसानी से मकान खाली कराया जा सकता है। उनमें से ज्यादातर लोगों ने शायद वेलुपिल्लै प्रभाकरन का नाम नहीं सुन रखा था।

हमारे बच्चे नहीं थे। इस बात से मकान मालिकों की नजर में हमारी प्रतिष्ठा कुछ बढ़ जाती थी। लेकिन फिलिप ने हमें उन दोस्तों के बारे में बताया था जो मकान की तलाश में निकलते समय दूसरे लोगों से बच्चे उधार लिया करते थे।

हम दोनों अलग-अलग जाति के थे। कम-से-कम दो मकान मालिकों ने उन दोनों दलालों से फ़िज़ के मुस्लिम होने की बात कही थी। वे जानना चाहते थे कि क्या हम घर से भागकर आए थे। एक ने तो हमारी शादी का सर्टिफिकेट देखने की माँग तक कर डाली।

वैसे दोनों दलालों ने ऐसे लोगों को देश की छवि बिगाड़नेवाले सिरफिरे बताया था। तुम मकान किराए पर दे रहे हो या आनेवाले से अपनी बेटी की शादी का इरादा है? शायद ऐसे लोगों की अगली माँग जन्मपत्री की होनेवाली थी।

और फिर हममें एक कमी और थी—क्योंकि हम किसी विदेशी बैंक या बहुराष्ट्रीय कम्पनी में नौकरी नहीं करते थे इसलिए हम कम्पनी लीज का जुगाड़ नहीं कर सकते थे। कम्पनी लीज! दिल्ली में किराए के मकान की तलाश में निकलने से पहले मैंने ये शब्द कभी नहीं सुने थे।

अनेक मकान मालिक डिपाजिट में बड़ी रकम गारन्टी चाहते थे। वे सम्भावित किराएदार की जिन्दगी को न जाने किन कायदे-कानूनों की जकड़बन्दी में फँसाना चाहते थे।

उनके सवाल मुझे गुस्से से भर देते। इस तरह सफाई देते फिरना मेरी आदत नहीं थी। इसलिए मैं पीछे रहता और पूछताछ के जवाब फ़िज़ ही देती। मुझे दोनों दलालों का जोकरी अन्दाज भी ऊब से भर देता, लेकिन फ़िज़ अपना धीरज न खोती। वह खुशनुमा बनी रहती। हर किसी की तरह वे दोनों भी उसी को पसन्द करते थे। वे सिर्फ उसी से बातें करते। मेरी तरफ तो नजर उठाकर भी न देखते। शायद उन्हें डर था कि कहीं मैं चिढ़कर इस पूरे मामले को ही न बिगाड़ दूँ। वे दोनों भूरे रंग के सेकंड हैंड लेकिन लकदक सूट पहनते और हल्के हरे रंग का पुराना लैम्ब्रेटा चलाते। वह इतना भारी था कि उसे स्टैंड पर खड़ा करते समय दोनों को जोर लगाना पड़ता और जब-जब वे ऐसा करते तो हैलमेट पहननेवाला वैरी गुड मैडम, जो स्कूटर चलाया करता था, नो प्राब्लम मैडम से कहता—मूरख, लगता है तुमने आज फिर नाश्ता नहीं किया है।

और हर बार नो प्राब्लम मैडम को ही खरी-खोटी सुननी पड़ती। वह कह देता—तो तुम चाहते हो मैं अपने बाटा शू से तुम्हारी...को बुलन्द दरवाजा बना दूँ।

उनके जूतों की हालत भी खस्ता थी। उन्हें चमड़े के फीतों और रबड़ से बाँध जोड़कर रखा गया था। वैसे जूतों की यह हालत शायद लैम्ब्रेटा के ब्रेकों के कारण थी। ब्रेक पूरी तरह नहीं लग पाते थे। हर बार जब भी उन्हें स्कूटर रोकना होता तो दोनों ब्रेक लगाने के साथ-साथ अपने पैर जमीन पर तब तक घिसटाते रहते जब तक स्कूटर रुक न जाता। कई बार तो इस

चक्कर में कारों और दीवारों से भी जा भिड़े थे। हैलमेट खड़खड़ करता उछलकर दूर जा गिरता–और दोनों आपस में टकरा जाते।

वेरी गुड मैडम झट कहता–अब क्या चाह रहे हो। क्या मेरी...मारने का इरादा है?

और नो प्राब्लम मैडम उलझन से निकलता हुआ चीखता मादर...यह स्कूटर है या पगला घोड़ा! तुम इसके ब्रेक ठीक क्यों नहीं कराते हो?

हम उनके पीछे-पीछे तिपहिया में चलते। इस चक्कर में हमारी जेबों के छेद बड़े होते जा रहे थे। दो बार मकान की तलाश में मैं सीधा ऑफिस से आया था, और मैं चाहता था कि उस वक्त उसके और मेरे बीच दूसरा कोई न हो। उस तड़प में मैंने उन दोनों पागलों को मकान मालिक से सवाल पूछने भेजकर फ़िज़ को दीवार से सटा दिया और...एक बार डुपलेक्स की सीढ़ियों पर मैंने उसकी जीन्स नीचे खिसकाई और उसके अन्दर गहराई से चूम लिया। तब वह सबसे ऊपरवाली सीढ़ी पर बैठी थी और उसकी टाँगें मेरे कन्धों के गिर्द कसी हुई थीं। उस कोण से तो उसने मेरी गरदन तोड़ ही डाली थी।

हमने इस बात का सच पाया कि खाली मकानों में काम विद्युत गति दौड़ती है। एक विचित्र शून्य जो निरन्तर अपने भरने की माँग करता है।

लेकिन चोरी छिपे भोगा गया सेक्स और उन दोनों दलालों की हरकतें भी मुझे ज्यादा देर तक अटकाए न रख सकीं। मैं थक चला था। मैंने खुद को मकान की खोज से हटाने का निश्चय किया। लेकिन फ़िज़ का धीरज नहीं डिगा। उसे उनसे कोई परेशानी नहीं थी। असल में उसे उनका मकान दिखाने का तरीका पसन्द आया था। वह उनके उत्साह से चमत्कृत थी। उसे ज्यादा कदर, चिकनी-चुपड़ी बातें करनेवाले चुस्त शहरियों से डर ही लगता था। पर मेरा धीरज जल्दी ही पूरी तरह चुक गया। मैंने फ़िज़ को बता दिया कि या तो हम नए लोगों से मकान ढूँढ़ने में मदद लें अन्यथा मैं नहीं सह सकता। उसने अकेले ही स्थिति से जूझने का फैसला किया। वैसे भी मेरी नौकरी नई थी और हर रोज मैं मकान खोजने की बात कहकर घंटों-घंटों ऑफिस से गायब नहीं हो सकता था।

फ़िज़ ने अपनी बड़ी-बड़ी आँखें मुझ पर टिका दीं–लेकिन अगर मैं मकान ढूँढ़ लूँ तो तुम वहाँ आकर रह तो लोगे?

मैंने कहा–मैं मकान के दरवाजे पर ही तुम्हें दबोच डालूँगा और...

मैंने उन दोनों से भी साफ-साफ कह दिया कि क्योंकि आगे से मैं साथ नहीं रहूँगा इसलिए ये ठीक से व्यवहार करें।

उन्होंने एक स्वर में कहा–नो प्राब्लम सर, वैरी गुड सर। हम मैडम को अच्छे-अच्छे मकान दिखाएँगे। हम उनके लिए दिल्ली में सबसे अच्छे मकान का इन्तजाम करके ही दम लेंगे। मकान ऐसा होगा कि वह उसे कभी नहीं छोड़ेंगी। और वह इसके लिए हमें खूब याद करेंगी।

मैंने फ़िज़ की ओर देखा तो वह मोहक ढंग से मुस्कुरा दी। उसने मोर्चा सम्भाल लिया था।

एक सप्ताह बीत गया। एक दिन मैं कांग्रेस पार्टी के गहराते संकट पर आई बकवास रिपोर्ट पर माथापच्ची कर रहा था तभी मेरे एक्सटेंशन की घंटी बज उठी। फ़िज़ ने कहा–कुछ है जो मैं तुम्हें दिखाना चाहती हूँ।

मैं उससे भारतीय आयुर्विज्ञान संस्थान के पास मिला और फिर हम दोनों ग्रीन पार्क जा पहुँचे। वहाँ उसने मुझे एक बरसाती दिखाई जहाँ से डीयर पार्क दिखाई देता था।

सीढ़ियाँ सँकरी और घुमघुमौवल थीं। लेकिन एक बार आप दूसरी मंजिल पर पहुँच जाएँ तो सामने एक अनोखा दृश्य उपस्थित हो जाता था। बड़ा टैरेस था, एक बड़ा और दो छोटे कमरे। एक गुसलखाना जिसमें एक गुलाबी रंग का कमोड लगा था। एक रसोईघर जिसमें हम दोनों साथ-साथ खड़े रह सकते थे। शर्त यही थी कि हम अपनी बाँहें न हिलाएँ। साँझ की रोशनी में वहाँ सामनेवाले पार्क में छायाएँ हिलती-फिरती नजर आतीं। पेड़ों के नीचेवाली धरती पुराने और नए नरम पत्तों से ढँक जाती। पार्क की घुमघुमौवल पगडंडियों पर लोग सैर करते नजर आते। उनमें से कुछ जोड़े भी होते—हाथों में हाथ डाले हुए।

मकान के बाहर गुलमोहर का एक पेड़ था। निचले तलों में धूप आने देने के लिए पेड़ ऊपर से नीचे तक लगातार इस तरह काटा-छाँटा गया था कि वह जैसे अपने फैलने-बढ़ने का प्राकृतिक ढंग भूलकर एकदम सीधा उठता गया था और किसी ताड़ वृक्ष की तरह उसने अपनी फूलदार डालियाँ ऊपर दूसरी मंजिल पर खोल दी थीं। पेड़ की टहनियाँ टैरेस पर झूलती रहतीं। गर्मियों के मौसम में हम केसरिया और लाल फूलों की चमक से जैसे नहा उठते। शायद गुलमोहर को देखकर ही फ़िज़ ने वह मकान लेने का मन बना लिया था। मैं भी देखकर उसकी पसन्द की दाद दिए बिना न रह सका। गुलमोहर के फूलों से भर जाना तो खूब भला लगता था मुझे। उसके पत्तों का फैलाव भी पसन्द था जो टहनियों पर शान्त भाव से लटके रहते। एक पतली टहनी तोड़कर उसे बदन पर धीरे-धीरे फिराना आनन्द देता था। बचपन में हम इसका एकदम उलट करते थे। हम डाली के सारे फूल पत्ते साफ कर डालते और फिर उससे छड़ी की तरह एक-दूसरे को मारते।

हमने फिलिप को बरसाती किराए पर लेने की बात बताई तो उसे बेहद निराशा हुई। अपने गिलास में भरी शराब एक बार में पी डाली और बोला—रम इन द टम इस बैटर देन शिट इन द बम। फिर अगले कुछ दिन वह चुप-चुप बना रहा। हमने उसके जीवन को एक परिभाषा दी थी, अपनी उग्रवादी जीवन शैली को बताने-दिखाने के लिए हम दो मिल गए थे उसे। लेकिन अब हमारे जाने के बाद उसकी जिन्दगी का अर्थ खो जानेवाला था। वह फिर से अपनी गन्दगी में वापस चला जानेवाला था।

मेरे खयाल से फिलिप का साथ छोड़ने के अन्य कारण भी थे। सच तो यह है कि दो शरीरों को एक-दूसरे का नशा हो जाता है। आप जल्दी ही एक दूसरे के आदी हो जाते हैं। उनकी बनावट, उनकी हिलडुल, उनकी ऊष्मा—सब। फ़िज़ के साथ तो यह बात और भी सच थी। सीलन और ऊब से भरे उस गन्दे फ्लैट को उसकी उपस्थिति रोशनी से भर देती थी। फिलिप जानता था, उसका दरवाजे से बाहर जाना बत्ती बुझाने जैसा था।

जिस सुबह हमने फ्लैट छोड़ा—हम नटखट शरारत के मूड में थे। हमने अपना गद्दा और सूटकेस एक टैक्सी में लाद दिए। फिलिप अपने पलंग के बिलकुल किनारे पर बैठा था। वह दिन का दूसरा ड्रिंक ले रहा था। उन दिनों उसके बिना नहाए, गन्दा रहने का क्रम चल रहा था। वह एकदम बेशऊर, अस्त-व्यस्त दिखाई दे रहा था। फ़िज़ ने छोटा हरा गलीचा और बेंत के मूढ़े उसके लिए वहीं छोड़ दिए। वह उसके लिए ओर्सन वैल्स की जीवनी और यामिनी राय के चित्र का प्रिंट भी ले आई थी।

फ़िज़ ने उसे आधी लिपट में बाँधा तो वह करकश आवाज में बोला—अगर यह कभी तुम्हारे साथ दुर्व्यवहार करे तो तुम जानती हो कि किसे बुलाना है मदद के लिए।

फ़िज़ मधुर भाव से मुस्कुराई। बोली—अगर वह ठीक-ठाक व्यवहार करे तब भी मैं जानती हूँ कि किसे पुकारना है।

फिलिप की वालरस जैसी मूँछें मुस्कान से खिल उठीं। और वह अपने उलझे बालों में उँगलियाँ फिराने लगा।

मैंने कसकर उसे आलिंगन में बाँध लिया और कहा—मैं जल्दी ही आऊँगा।

वह बोला—हरामी तू इसके लायक नहीं।

हालाँकि मकान में कुछ भी नहीं था, फिर भी दो दिन में वह घर में बदल गया। फ़िज़ पास की नर्सरी में जाकर पौधों के गमले ले आई—एक ताड़, एक रबर का पौधा, एक बाँस और दो फाइकस के पेड़। चार पौधे, 20 किताबें, एक एजरा पाउंड का फ्रेम किया चित्र, एक रवीन्द्रनाथ ठाकुर का और एक गद्दे के सहारे उसने खाली बरसाती को जैसे भर दिया। मुझे पता था उसके बनाए भ्रम कैसे काम करते हैं। मैं पहले भी खुश-खुश उनमें फँस चुका था। वह खाली जगहों को इस तरह भरती थी कि आपको पूरे घर में एक वही नजर आती थी। वह किसी खाली हॉल में अकेली खड़ी होती तो आपको कभी अहसास होता कि वह खाली है क्योंकि आपका पूरा ध्यान तो उसी पर टिका रहता। ग्लेमर से भरपूर फिल्मी सितारों और महापुरुषों से अलग उस जैसे लोग भी होते हैं। फ़िज़ ऐसे लोगों का अद्‍भुत उदाहरण थी।

जब भी मैं घर आता तो मुझे सिर्फ वही दिखाई देती और मैं खुश हो जाता।

हर रात जब ऑफिस से उठने का समय निकट आता तो मेरा दिमाग तरह-तरह की बातें सोचने लगता। उसके साथ मिलनेवाले आनन्द की स्मृतियाँ मुझे चिढ़ाने लगतीं। तब मैं जिस रिपोर्ट का सम्पादन कर रहा होता वह मेरी आँखों के सामने धुँधलाने लगती। मैं एक ही पैराग्राफ को बार-बार पढ़ने लगता। दिमाग में बस यही आने लगता कि घर पहुँचकर मैं क्या-क्या करूँगा। मैं अजीब आवाजें निकालता और लोग मुझे अजीब उलझन भरी नजरों से देखने लगते।

मैंने बहुत जल्दी यह बात समझ ली कि ऑफिस पागलपन से भरा है। वहाँ से कोई अपने घर जाना ही नहीं चाहता था। पूरा दफ्तर अनन्त असुरक्षा के भाव से घिरे रहकर काम में लगा रहता था। अगर आप दफ्तर से जल्दी चले जाते तो जल्दी ही पता चल जाता कि कोई दूसरा आपको पीछे छोड़ता हुआ आगे चला गया है। ज्यादा घंटे काम, अधिक शब्द ठीक करने या लिखने, अधिक खबरें जुटाने का मतलब लोगों के मन में एक ही काल्पनिक भाव जगाता था कि उनके नम्बर बढ़ गए हैं। तरीका यही था कि जब बॉस लोग पास से गुजरें आप कुर्सी पर बैठे हुए मैटर तैयार करते, शीर्षक बनाते, दूसरों को चीख-चीखकर आदेश-निर्देश देते नजर आएँ।

यदि ऐसा न होता तो इसका एक ही मतलब था कि आप तरक्की के खम्भे पर ऊपर चढ़ने के बजाय नीचे फिसल गए हैं और आपको पीछे छोड़ ऊपर चढ़ते हुए सहकर्मियों के जूते आपके चेहरे पर टकरा रहे हैं।

और जल्दी ही मैं जान गया कि सहकर्मियों को इस बात की खास मनोवैज्ञानिक ट्रेनिंग दी जाती है कि एक बार जब वे ऊपर चढ़ते हुए आपके मुँह पर जूते टकराएँ तो फिर इसे दोहराते ही रहें।

इससे पहले मैंने तो कभी इस तरह के माहौल में काम नहीं किया था। मेरी इससे पहले की नौकरियों का माहौल एकदम अलग होता था। वहाँ तो हर कोई आराम से काम करने का आदी था। एक दूसरे से होड़ करने की आदत को बेवकूफी समझा जाता था। यह सब चाक-चौबन्द एमबीए तथा भारतीय प्रशासनिक सेवा के मेहनती लोगों के लिए था जो अपनी परीक्षा पास

करने तथा भारत के भाग्यविधाता बनने तक खूब खटते थे। पत्रकारिता के क्षेत्र में तो मैंने अकसर ज्यादातर लोगों को कमोबेश फिलिप जैसा पाया था–परदोषदर्शी लेकिन जानकार, बेशऊर, पैसे तथा करीने से कपड़े पहनने की आदत को नापसन्द करनेवाले। हरेक जो कुछ करता होता था, उसके दिमाग में उससे कहीं बड़ी योजना की रूपरेखा बन रही होती थी। कुछ पत्रकार भद्दा गद्य, अपठनीय कविताएँ लिखते होते या असुन्दर फोटो उतारने में लगे होते। और बाकी लोग ओल्ड मोंक पीते हुए प्रेरणा पाने की प्रतीक्षा में लम्बी-लम्बी हाँकते रहते।

पेट में रम होना गाँड़ में गन्दगी भरी रहने से कहीं बेहतर होता है।

उन सबकी तुलना में यह ऑफिस तो अत्यन्त चिकनाए हुए मल्लखम्भ की तरह था जिसके चमचमाते तैलीय खम्भे पर हर कोई ऊपर चढ़ता और नीचे फिसलता रहता था लगातार। सबसे ऊपर जहाज के मस्तूल पर बहुत ऊपर बने दूर-दूर तक नजर रखनेवाले मंच की तरह एक आरामदेह गुम्बदनुमा कक्ष था जहाँ एक आदमी बैठता था। लोगों की कोशिश यही रहती थी वे उस गुम्बद तथा उसमें बैठे आदमी के ज्यादा-से-ज्यादा निकट जा सकें। वैसे इसके बाद क्या स्थिति बनती होगी इसे मैं अभी तक ठीक-ठीक समझ नहीं सका था। निश्चय ही गुम्बद में बैठा आदमी अपने आप तो किसी को अन्दर बुलाने से रहा। लोग उस तैलीय खम्भे पर ही चढ़ने और फिसलने की वर्जिश में लगे रहते थे। लेकिन लगातार चलनेवाली इस हड़बड़ी में कुछ तो बदला ही था।

गुम्बद में बैठे व्यक्ति के व्यवहार से समस्या और भी बढ़ जाती थी। रह-रहकर वह खम्भे पर और चिकनाई पोत दिया करता था। इससे जो उसके सबसे ज्यादा निकट होते थे उनके फिसलने और गिरने के अवसर बढ़ जाते थे। लोगों के जूते एक-दूसरे के चेहरे से टकराते रहते। लोग चिकनाए खम्भे पर औरों से पहले ऊपर चढ़ने की कोशिश में फिसलते और फिर चढ़ने की कोशिश में दूसरों के चेहरों पर जूतों की चोट करते रहते। दूसरे चेहरों पर जूते टकराने और खुद अपने चेहरे पर जूतों की मार झेलने का यह सरकस निरन्तर जारी रहता था। लोग ऊपर चढ़ने की कोशिश में फिसलते और दोबारा ऊपर चढ़ने की हड़बड़ी फिर शुरू हो जाती।

उनमें कुछ लोग दूसरों से अधिक चतुर-चालाक थे। उनके कपड़े गन्दे और हाथ चिकनाई से सने रहते और चेहरे ग्रीस से चमकते पर उनकी आँखों में एक उत्तेजित चमक नजर आती। उनका लक्ष्य होता जैसे भी हो गुम्बद में बैठे भाग्यविधाता तक पहुँचना। वह खम्भे पर जितनी ग्रीस पोतता जाता, उतरते-फिसलते, फिर चढ़ते लोगों के चेहरों पर साथियों के जूते और भी तेजी से टकराते रहते। लेकिन इस तरह जूते खाने के बाद भी उनका यह विश्वास कभी न टूटता कि उनके जीवन, उनके कैरियर से जुड़ी सारी समस्याओं का हल ऊपर बने गुम्बद में बैठे भाग्यविधाता के पास है।

कुछ दूसरों से ज्यादा चतुर लोग, जिनके चेहरों पर ग्रीस ज्यादा नजर आती अपनी इस चढ़ने, फिसलने, फिर चढ़ने की कोशिश में जरा भी ढील न आने देते। वे इसमें जी जान से लगे रहते।

उन लोगों में एक युवक विशेष था, वह था मेरा बॉस–कॉपी चीफ। वह ग्रीस की गन्दगी की परवाह न करके चढ़ने की कोशिश करते लोगों के ऊपर से निकलता, चढ़ता जाता। फिसलन भरे खम्भे पर चढ़कर ऊपर गुम्बद में बैठे भाग्यविधाता तक पहुँचने के इस गन्दे खेल में वह दूसरे लोगों के मन में गहरी निराशा, हताशा पैदा कर रहा था। यह स्पष्ट था जल्दी से जल्दी कुछ पा लेने की उसकी भूख बढ़ती ही जाती थी। वैसे वह योग्य और व्यवहारपटु था। उसने

उपयुक्त पुस्तकें पढ़ी थीं, अच्छी फिल्में देखी थीं। ऐसा लगता था जैसे वह दुनिया में घट रही हर बात के बारे में थोड़ा-बहुत जरूर जानता था। वह बहुत अच्छे शब्दों में अपने को अभिव्यक्त कर सकता था।

मामूली घटनाओं की आलोचक ढंग से तैयार रिर्पोटें उसकी मेज पर पहुँचतीं लेकिन, जब वे वहाँ से आगे जातीं तो उनका रूप एकदम बदल चुका होता था। वे पठनीय और आकर्षक हो गई होती थीं। उसकी सम्पादित रिपोर्ट में खूब शब्दाडम्बर होता, ग्रीक त्रासदी, डेमोक्लीज की तलवार, स्वर्ग का उपहार, सिसीफस का मिथक, अन्तिम मोहिकन्स की रोमांचक कथा, अनेक फनवाला जल सर्प, जादूगरनी की अनुगूँज, सत्य के प्रयोग, भारत की खोज, बाइबिल कथाओं के उदाहरण, वेदान्त के उपदेश, नकलचियों के कारनामे, कैसे-कैसे सपने और महत्त्वाकांक्षाएँ, सत्ता और भव्यता, सारतत्व, अँधेरे के संकेत, कष्ट और परमानन्द, मुट्ठी से फिसलती समय की रेत, स्फिक्स की पहेली, नशा, नैतिकता की बातें, जोकर राजनेताओं के झूठे वादे, डिकेंस की रचनाओं में ज्यादा निराशा का स्वर, होमर की संक्रामकता, चौसर के सेक्स प्रतीक—इस सबकी घुलमिल समा जाती थी उनमें।

उसे शुल्टेरी कहा जाता था—जिसका पंजाबी में मतलब था—फुर्तीला, सजग जिसे कोई न पा सके—ऐसा। उसका यह नाम कम्पनी के जनरल मैनेजर ने दिया था। वह बात-बात पर चुटकुले छोड़नेवाले आदमी थे। यह नाम इसलिए कि तनख्वाह पर ले-दे के मामले में उसने उन्हें पछाड़ दिया था। इस नाम का ज्यादा ताल्लुक उसके चरित्र से था उसके व्यवहार से नहीं। क्योंकि देखने में तो शुल्टेरी सहज और बात-बात पर हँसने-मुस्कुरानेवाला आदमी था।

शेर की खाल में छिपा तेन्दुआ।

वह सामयिक मामलों पर अपनी मेज पर आनेवाली कूड़ा रिपोर्टों को सुधारकर उन्हें पठनीय बनाने में माहिर था—मैं उसकी इस योग्यता पर हैरान हो जाता। लेकिन इससे भी ज्यादा शुल्टेरी की मिलनसारी और भद्रता दूसरे योद्धाओं को नुकसान पहुँचानेवाली थी। अनजाने ही फिसलन भरे खम्भे पर चढ़ते समय लोग अपने जूतों को उसके चेहरे से दूर रखते, पर इसके तुरन्त बाद ही उन्हें पता चलता कि वह खम्भे पर चढ़कर उनसे आगे, ऊपर निकल गया है। वे शेर के लिए रास्ता छोड़ते थे पर आगे निकलता था तेन्दुआ। अपनी भूल पता चलते ही लोग उसके पैर पकड़कर नीचे खींचने की कोशिश करते लेकिन पैर पकड़कर खींचने की नाकाम कोशिश से ज्यादा खतरनाक होती है आपके चेहरे पर आपसे आगे निकलने की कोशिश करते साथी के जूतों से पड़नेवाली चोट।

मैं देख सकता था कि गुम्बद में बैठा भाग्यविधाता उससे खुश था। उसने खम्भे पर चढ़ने, फिसलने और फिर चढ़ने की निराश कोशिश को अधिक नाटकीय बना दिया था। वह चाहता था कि शुल्टेरी अधिक ऊँचाई तक जा पहुँचे। वहीं जहाँ बड़े योद्धा पहुँचने की कोशिश में थे। यह था सबसे बड़ी इनामी कुश्तियों का बड़ा अखाड़ा—वह शुल्टेरी के रास्ते में चिकनी ग्रीस नहीं लगाता था। उसके इस उदार व्यवहार से दूसरे लोग भ्रम में पड़ जाते। चिढ़कर वे शुल्टेरी पर और भी गहरी चोट करना चाहते थे लेकिन वे इसका खयाल रखते थे कि गुम्बद में बैठा भाग्यविधाता उनकी यह कोशिश न देख सके।

मैं देखता शुल्टेरी किसी सीनियर, जूनियर से बड़ी प्यार से बातें कर रहा है तो मैं एक-दूसरे आदमी को खुलकर मुस्कुराते देखता क्योंकि वह तुम्हारा अंडकोष पकड़े रहता, धीरे-धीरे सहलाते

हुए लेकिन जाने कब उन्हें भींचना शुरू कर देता। उसे वहाँ आए अभी सिर्फ एक साल हुआ था। इतने थोड़े समय में ही उसने कितने लोगों के अंडकोष अपनी मुट्ठियों में भींच लिए थे।

मेरे जैसे उपसम्पादक इतने निचले स्तर पर खड़े थे कि हम मल्लखम्भ के नीचे भी नहीं पहुँचे थे। हमारे जैसे लोग तो केवल दर्शक थे। अनन्त असुरक्षा के सिद्धान्त से भ्रमित लोग। बस अच्छी बात यही थी हम ग्रीस के छींटों से बचे हुए थे। हाँ, कभी-कभी खम्भे पर चढ़ते-उतरते लोगों की हड़बड़ी से ग्रीस के छींटें हम तक छिटक जरूर आते थे। ऊपर चढ़ने की फिसलन भरी कोशिश में मुँह पर दूसरों के जूते खाने से भी बचे हुए थे हम। लेकिन तब यह भी सच था कि हम ऐसा करने की स्थिति में थे भी नहीं। सबसे बुरी बात तो यह थी कि गुम्बद में बैठे राजा के लिए तो मानो हमारा अस्तित्व ही नहीं था। उन रपटीली ऊँचाइयों पर पहुँचनेवालों को जो इनाम मिलते थे वे हमें कभी नहीं मिलने वाले थे।

जल्दी ही मैं शुल्टेरी की नजरों में चढ़ गया। शायद इसका कारण मेरा अच्छा भाषा ज्ञान और महत्त्वाकांक्षी न होना था। जल्दी ही उसने सबसे गन्दी रिपोर्टें सुधारने के लिए मेरी मेज पर भेजना शुरू कर दिया। ज्यादातर उनमें राजनीतिक संवाददाताओं की रिपोर्टें होती थीं—अनगढ़ भाषा, गलत संयोजन। ऐसे-ऐसे बेरंग वाक्य होते थे जिनका अर्थ लगाने में आपको अनुमान का सहारा लेना पड़ता था।

कुछ रिपोर्टों में इधर-उधर के अबूझ सन्दर्भ देकर बात को और भी उलझा दिया जाता था। हालाँकि लिखनेवाला इसे अपना ज्ञान प्रदर्शन समझता था—डेमोक्लीज की तलवार और सिसीफस के मिथक जैसे वाक्य बिना सन्दर्भ के उसमें जोड़ दिए जाते थे।

शुल्टेरी मेरे पीछे खड़ा होकर देखता और कहता—कोरी बकवास—मुँह पर मार दो—ठीक कर दो उन्हें।

लेकिन किसी को ठीक करने में मेरी कोई रुचि नहीं थी। मैं तो बस जल्दी-से-जल्दी दफ़्तर से घर जाना चाहता था। फ़िज़ और अपनी किताबों के पास। शुल्टेरी मेरी इस बात पर कुछ हैरान तो थे पर साथ ही खुश भी थे। हमारे बीच जैसे एक समझौता हो गया था। मेरे सम्पादन को अपना बताकर सारी वाहवाही लूटने की पूरी छूट थी उन्हें। और मुझे यह छूट मिल गई थी कि जैसे ही रात में शहर के बड़े बाजारों की दुकानें बन्द होने लगे मैं घर जा सकता था।

वह गुम्बद में बैठे राजा के सामने झुकता था और मैं फ़िज़ के पुष्ट नितम्बों पर...

उसे थोड़ी जिन्दगी चाहिए थी और मैं चाहता था थोड़ी मौत।

वैसे हमारे दफ्तर में कुछ ज्यादा होशियार लोग भी मौजूद थे। उनके चेहरे ग्रीस से चमकते रहते। वे गुम्बद के नीचे खम्भे पर चढ़ते, फिसलते और दूसरों के चेहरों पर अपने जूते टकराने में लगे रहते थे।

उनमें कई तो हार्वर्ड और ऑक्सफोर्ड विश्वविद्यालयों से पढ़कर निकले थे—ब्राडस्थी के भाषणों और मेस्ट एंड पर खेले गए नाटकों की बड़ी-बड़ी बातें करके वे दब्बू उपसम्पादकों पर सदा रौब झाड़ते रहते थे। कुछ बड़े नामों की माला जपते थे—फिल्मी सितारे और लेखक—उनके साथ अपने इतने घनिष्ठ सम्बन्ध बताया करते थे कि विश्वास नहीं होता था। ऐसे भी थे जो आधी रात में फोन करके सरकार के शक्तिशाली मन्त्रियों को उनसे बात करने पर मजबूर करते थे और फिर अपने इस व्यवहार के लिए उन लोगों से क्षमा भी नहीं माँगते थे।

कुछ लोग ऐसे थे जो सदा विदेशी दौरों पर रहते थे–उनके पासपोर्ट ऑक्सफोर्ड अंग्रेजी शब्दकोश से भी ज्यादा मोटे थे।

और एक था जो हर बात के बारे में सब कुछ जानता था। अफगानिस्तान में बुजकशी के उद्‌भव से कू क्लक्स कलान की राजनीति और गन्दे जाँघियों के प्रति अंग्रेजों की पसन्द तक। वह अपने को मजाकिया आदमी भी समझता था। खुद तो वह लोगों को इकट्ठे करके उन्हें हँसाता लेकिन क्या मजाल जो कोई दूसरा उससे मजाक करने की हिम्मत करे। अगर कोई ऐसा करता तो उसकी आँखों में एक विचित्र भाव आ जाता। उसके होंठों की मुस्कान ठहर जाती और उस व्यक्ति के लिए ठोकर खाकर प्रगति के खम्भे पर कुछ नीचे फिसलने का खतरा मुँह बाकर खड़ा हो जाता था।

वे लोग उसे हेल सिलासी कहते थे। वह पटना मे आया तेज-तर्रार बिहारी था–जरा-जरा सी बात पर नाराज हो जाता था। मुक्केबाज की तरह मस्ती से चलता और शाइस्ता दिल्लीवालों के सामने अपने को ऊँचा दिखाने का बहुत मसाला था उसके पास। शायद कई साल पहले ऑफिस पार्टी में उसने इथियोपिया पर एक भाषण झाड़ा था। बस तभी से लोग उसे हेल सिलासी कहने लगे थे।

जब वह एकालाप के बाद उपसम्पादकों के कक्ष से बाहर आता तो वहाँ मौजूद हर व्यक्ति खड़ा कर अपना दायाँ हाथ आगे बढ़ाता, थोड़ी कमर झुकाकर कहता–हेल सिलासी।

एक अनजाने प्रशिक्षु ने एक बार सचमुच उसकी रिपोर्ट पर हेल सिलासी नाम छपने दिया। अगले ही दिन बेचारे की नौकरी चली गई।

हेल सिलासी एक ऐसा हँसोड़ व्यक्ति था जिसके खुद के साथ हँसी का कोई ताल्लुक नहीं था।

उसका कहा गया, हर शब्द, रखा गया हर कदम जैसे उसे ब्रह्मांड का स्वामी बनाने के लिए था। वह शुल्टेरी से भी अधिक बड़ा पत्रकार था। लेकिन इसके बावजूद उसके मन में चिन्ताएँ थीं जो उसे इस भागदौड़ के लिए मजबूर करती थीं और इसी हड़बड़ाहट में वह प्रगति के लक्ष्य तक ले जाने पर खम्भे पर चढ़ते हुए बार-बार फिसल जाता था।

हेल सिलासी फिसलन भरे खम्भे पर चढ़कर ऊपर तक पहुँचने की कोशिश करनेवाला वह आदमी था जिसे गुम्बद में बैठे राजा का आशीर्वाद प्राप्त था। खम्भे पर चढ़ने की कोशिश में हेल सिलासी केवल मजाक के हथियार का ही प्रयोग नहीं करता था। खूब चतुर था वह। अपनी योजनाओं और चालों को वह जरा भी हवा नहीं लगने देता था लेकिन दूसरों को उकसाता कि वे अपने पेट की सारी बातें उसे बता दें। उसके होंठ मुस्कुराते थे लेकिन आँखें जाँच-परखकर हिसाब लगाने में लगी रहती थीं। उसकी दिखावटी हँसी के पीछे खतरनाक चालें छिपी होती थीं। वह कुछ ऐसा जरूर जानता था जिससे चिकने खम्भे पर चढ़ने और फिसलनेवालों को कुछ-न-कुछ फायदा जरूर हो सकता था।

आपको महसूस होता था कि शुल्टेरी के साथ आपकी दोस्ती परवान चढ़ सकती है लेकिन हेल सिलासी के बारे में आपका मन कहता था उससे कभी दोस्ती नहीं की जा सकती। उसके लिए दफ्तर का हर व्यक्ति एक प्रतिद्वन्द्वी था क्योंकि दोस्ती निजी स्वार्थ के रास्ते की बाधा जो बन सकती थी।

मैं महसूस कर सकता था शुल्टेरी और हेल सिलासी के बीच खम्भे पर चढ़ने के और पहले ऊपर पहुँचने के मामले में कभी-कभी मुठभेड़ हो सकती थी। हँसी के साथ संकट और सम्मोहन, शब्दजाल और शेर की खाल में मौजूद तेन्दुए के बारे में हर बात पता थी उसे।

यह एक असाधारण बात थी। अनन्त असुरक्षा का ग्रीस लगा खम्भा। और अत्यन्त होशियार लोग भी उस पर फिसलते-चढ़ते-फिसलते रहते थे लगातार।

वाराणसी से आए भिक्षु जी ने अपनी रक्षा के लिए सबसे अच्छा फार्मूला खोज लिया था। वह छोटे कद का अन्दर से एक कमजोर आदमी था जो सफेद चूड़ीदार पाजामा-कुरता पहनता और सारा दिन पान चबाता रहता था। वह एकाउंट्स, प्रशासन और सम्पादकीय विभागों के बीच सम्पर्क सूत्र था। दफ्तर की हर समस्या का हल करना जैसे उसकी जिम्मेदारी थी। फोन, टिकट, बुकिंग। गाड़ी का इन्तज़ाम, सब कुछ वही निपटाता था। संस्था के दूसरे लोगों से उलट उसके मन में पत्रकारों के लिए जरा भी सम्मान नहीं था। क्योंकि सारा दिन उसका पाला पत्रकारों से ही पड़ता था और वह अच्छी तरह जानता था कि पत्रकार लोग पैसे के लिए क्या-क्या करने को तैयार रहते हैं। वह सबसे बतियाता हुआ सारा दिन ऑफिस में घूमता रहता था। जब भी वह एक चुटकुला छोड़ता तो उसके बाद सीटी जरूर बजाता।

भिक्षु जी सचमुच एक मजाकिया आदमी था। उसका सिद्धान्त था उठाओ और लगाओ। और वह इसे कर के भी दिखाता था। वह कहता जब किसी अपने से वरिष्ठ को देखें तो आपको पीछे से कुरता उठाकर झुक जाना चाहिए–उठाओ और लगाओ। उठाओ और लगाओ–शी ई ई और इसी तरह जब आप अपने से किसी कनिष्ठ को देखें तो कुरते को आगे से उठाकर उसकी तरफ बढ़ जाएँ–उठाओ और लगाओ। उठाओ और...शी ई ई...

रात में फ़िज़ के साथ रजाई की गरमाई में लेटे हुए मैं फ़िज़ को यह सब बताया करता था। मेरा हाथ उसकी जाँघों के बीच होता जहाँ मैं कुछ देर पहले जा चुका था। जहाँ की दुनिया सबसे ज्यादा गरम और सबसे अधिक गीली होती है। अगर वैसा मौका फिर मिलता तो वह भी दोबारा प्रस्तुत हो जाती। और पलक झपकते ही मैं रजाई में उसमें समा जाता इस दुनिया से परे।

मेरी बातें सुनकर फ़िज़ चकित हो उठती और सुनते हुए हँसती रहती–वहाँ के पागलपन पर, लोगों में फैली निराशा, बेचैनी पर लेकिन फिर भी इस सबका अपना एक तरीका था। मैंने उसे बताया कि गुम्बद में बैठा सबका भाग्यविधाता उदार मालिक के वेश में किसी निरंकुश सैनिक तानाशाह जैसा था। वह था एक व्यापारी जो सेना में व्यवहार में लाए जानेवाले प्रमाणित सिद्धान्तों पर चलता था।

सुरक्षा कवच, भ्रम, सनसनीखेज प्रचार और काम।

सीमाएँ सील कर दो ताकि तोड़-फोड़ करनेवाले गुप्तचर अन्दर न घुस सकें।

ऐसा दिखाओ जैसे सब लोग किसी महान उद्देश्य के लिए अपनी जान झोंक रहे हैं ताकि कोई खराब माहौल की शिकायत न कर सके।

लोगों में यह भ्रम भर दो कि वे औरों से कहीं बहुत अच्छे हैं, श्रेष्ठ हैं।

लोगों के सामने काम का इतना ऊँचा पहाड़ खड़ा कर दो कि वे उसके पार देख ही न सकें।

सेना के जवान हर चलते-फिरते को सलाम ठोकते हैं और जो स्थिर है उसे रंग से पोत देते हैं। हमारे मामले में यह इस तरह सच था कि हम अपने सामने आनेवाली हर सामग्री को दोबारा लिख देते थे। पुनर्लिखित रिपोर्टें हमारे कम्प्यूटरों से बाहर आती थीं। ऑफिस की कुछ अन्य मशीनों से टकराकर आगे जाती थीं और फिर वापस आ जाती थीं। फिर से इतनी बार लिखी जाने के लिए कि वे बद से बदतर होती जाती थीं। लोग जो कुछ कहना शुरू करते थे

अन्त में वे उसके एकदम उलट कहने लगते थे। लेकिन सेना को सक्रिय बनाए रखने के लिए यह तो एक छोटी कीमत थी।

मुझे लगता था जैसे मैं पत्रकारिता की सैन्य छावनी में हूँ। सच पर इसकी पकड़ बहुत कमजोर थी लेकिन, वहाँ चमक-दमक चौंधियानेवाली थी। सैनिकों की वर्दी लकदक नजर आती थी और सैनिक लगातार इधर से उधर मार्च करने में लगे रहते थे। यहाँ काम करने के दौरान मुझे पता चला कि व्यवसाय के सिद्धान्त और सेना के नियम एक जैसे होते हैं। रक्षा-कवच, सनसनी फैलाना और सक्रियता बनाए रखना।

सेना के मामले में यह अनुशासन विजय के रूप में सामने आता है।

कम्पनी के सन्दर्भ में इसका मतलब होता है असुरक्षा की भावना और मालिकों को फायदा।

दोनों ही मामलो में स्वाधीनता और सत्य आपकी पकड़ से दूर ही रहते हैं।

दो महीने पूरे होने से पहले ही मुझे लग गया कि मैं यहाँ और ज्यादा दिन काम नहीं कर सकूँगा। ग्रीस से चिकने खम्भे पर चढ़कर ऊपर तक पहुँचने की बार-बार फिसल जानेवाली कोशिश मेरा सिर धुमाए दे रही थी। मैं समझ गया कि मेरे लिए सबसे अच्छा यही होगा कि गुम्बद में बैठे भाग्यविधाता की नजरें मुझ पर कभी न पड़े। यही अच्छा था कि मैं चुपचाप काम करता रहूँ, खामोश भाव से इधर-उधर आता-जाता रहूँ। चतुराई की कोई बात न करूँ। घिरघिराते कम्प्यूटरों की भीड़ में छिपा रहूँ। किसी काम की वाहवाही न लूँ, केवल शुल्टेरी के माध्यम से ही काम करूँ। और अपने कम्प्यूटर पर दोबारा लिखकर भेजी गई कॉपी के बारे में कुछ ज्यादा न सोचूँ। मुझे इतना जरूर पता था कि हर बार अगर ऊपर बैठा भाग्यविधाता तुम्हें ग्रीस से चिकनाए प्रगति के खम्भे पर चढ़ने की चूहा-बिल्ली दौड़ में शामिल कर ले तो समझो तुम गए फिर। यह खेल चुम्बकीय खिंचाववाला था। ग्रीस, चिकनाए खम्भे पर चढ़ने की असफल कोशिश में बार-बार नीचे फिसलना और चेहरों पर जूतों की टकराहट और इस फिसलने के खेल में मिलनेवाला आनन्द जिसे मैं दूर से ठीक-ठीक समझ नहीं पाता था।

एक बार उस सत्यानाशी खम्भे को मैंने छुआ नहीं कि मैं निश्चय ही अपने लेखन को अलविदा कह दूँगा और अपनी जिन्दगी के सत्य को भी।

जिस दिन मुझे दूसरे महीने का वेतन मिला, मैंने तीन दिन की छुट्टी ली और फ़िज़ के साथ चंडीगढ़ रवाना हो गया, वहाँ पड़ा अपना बाकी सामान लाने के लिए। अब तक फ़िज़ खाली-खाली बरसाती को देखते रहकर परेशान हो चुकी थी। वह उसे भर देना चाहती थी। लगातार एक जगह से दूसरी जगह आते-जाते रहने की संक्रमणवाली अनुभूति उसे बेचैन कर रही थी। वैसे मुझे इस सबसे कोई फर्क नहीं पड़ता था। मैं जब घर आता था तो मेरी जरूरत बस एक ही होती थी—फ़िज़। मेरा काम तो बिना एक गद्दे के भी मजे से चल सकता था।

चंडीगढ़ तक का सफर अजीब था। हम जानते थे कि वहाँ की हमारी यह आखिरी यात्रा है। इस बार वहाँ पहुँचकर हम इस विचित्र और जड़ शहर से अपना अन्तिम निशान तक मिटा देनेवाले थे। यह शहर जिसे बिना जरूरत बस ज्यामिति को झंडा गाड़ने के लिए बनाया गया था। ऐसा शहर जहाँ थे केवल पहरेदार, शासक और जिसे आवेश, भावना, भूख और रचनाशीलता के बदले सेट कंबायरों और डिवाइडरों से बनाया गया था। इसे बनानेवाले फ्रांसीसी वास्तुविद ने इसमें फ्रांसीसियों की विलास प्रियता और हिन्दुस्तानियों की कामप्रियता का जरा भी उपयोग नहीं किया था।

उसने ज्यामितीय मकानों की कतारें खड़ी कर दी थीं। अब तो कभी वक्त ही इसे एक शहर में बदलेगा। लेकिन इसमें बहुत अधिक समय लगनेवाला था।

लेकिन हमारे लिए यह शहर अपनी तरह का एक ही था। क्योंकि यहीं हमने एक-दूसरे को पाया था, दोनों में दोनों को खोजा था। हमारी भावुकता ने हमारे अविश्वास को सदा-सदा के लिए जीत लिया था।

सिख कर्नल ने दरवाजा खोला। और कहा—तुमने बहुत देर लगा दी। गनीमत यही रही कि चीनी यहाँ तक नहीं पहुँच सके। वह और उनकी पत्नी दोनों फ़िज़ को पसन्द करते थे। हमें सोने के लिए उनका गैस्ट रूम मिल गया। मैंने अपने एक मित्र को फोन किया। वह प्रदेश शिक्षा विभाग में एक सरकारी अफसर, पढ़ने का शौकीन और सदा दूसरों के काम आनेवाला आदमी था। उसने हमसे कहा कि वह दिल्ली सामान ले जाने के लिए ट्रक का इन्तजाम कर देगा।

मैंने कहा मुझे ऐसे विश्वासी आदमी चाहिए जो मुझसे धोखाधड़ी न करे। खाँटी पंजाबी की तरह उसने कहा--समझो तुम्हारी मुश्किल हल हो गई। अब रवाना होने की तैयारी कर लो।

अगली दोपहर शहर सर्दी की गुनगुनी धूप में नहाया हुआ था। हम एक साइकिल रिक्शा में जा बैठे। रिक्शावाला हमें सेक्टर 9, 10, 11 से विश्वविद्यालय होता हुआ 15, 16, 17 सेक्टरों से घुमाता लाया। हमें पुराने दिन याद आ रहे थे। सड़कों पर ट्रैफिक बहुत कम था और ऊपर आकाश एकदम नीला दिखाई दे रहा था। चारों तरफ खूब हरियाली थी। रिक्शावाला उत्तर प्रदेश के जौनपुर का था। उसने समझ लिया कि हम हड़बड़ी में नहीं हैं, इसलिए वह बड़े मजे से रिक्शा चला रहा था। जब उसका पैर पैडल पर नीचे जाता तो उसका पिछला हिस्सा ऊपर उठ जाता।

हम हाथों में हाथ डाले बातों में मस्त थे। मुझे इसमें अब भी उत्तेजना मिलती थी—सबके सामने उसका हाथ थामना। उसे स्पर्श करने की गहन अनुभूति कभी फीकी नहीं पड़ती थी। मेरे लिए यह हमेशा ही एक बेहद असाधारण स्थिति होती थी।

मैं स्मृतियों में गहरे उतर गया था—घटनाएँ, दोनों का साथ-साथ घूमना, ढाबों में खाना खाना।

एक चुम्बन।

बहुत साल पहले, जब देह की दुनिया की खोज अधूरी थी। मैं और वह एक दिन झमाझम बरसात में रिक्शा में बैठे थे। जैसे दोपहर में ही अँधेरा हो गया था। काले मटमैले बादल आकाश में एकदम नीचे उतर आए थे। आकाश में लगातार गर्जन गूँज रहा था। कभी-कभी बिजली कड़क उठती। रिक्शा पर छाजन तो था, पर उससे पानी की एक भी बूँद नहीं रुक पा रही थी। रिक्शावाला अपनी सीट पर बैठा किसी पेंटिंग जैसा दिख रहा था।

उसने भूरे रंग का बोरा ओढ़ रखा था। और उसके ऊपर चढ़ा रखा था पारदर्शी पोलिथीन थैला। उसका एक सिरा फाड़कर खोल दिया गया था। और फिर एक कोना सिर पर अटकाया हुआ था। गरीबों का अक्षय लबादा। सड़क के किनारे पानी धाराओं में बह रहा था। थोड़ा आगे लोग टपटपाते गहरे हरे पेड़ों के नीचे झुंडों में खड़े थे। सड़कों पर ट्रैफिक धीमा और बहुत कम था। हर कहीं स्कूटरों, मोपेड्स, साइकिलों पर सवार लोग तेज बारिश से बचने के लिए आगे झुके हुए थे। हर आदमी बूँदों की मार से बचने के लिए नजरें नीचे झुकाए बढ़ा जा रहा था।

हम रिक्शा में सटकर बैठे थे। विश्वविद्यालय से उसके घर जा रहे थे। बारिश में भीगकर पहने हुए कपड़े बदन से चिपक गए थे। पतले कपड़े के नीले टॉप में उसकी सफेद ब्रा की रूपरेखा उभर आई थी। मेरी पसलियों ने मेरी शर्ट पर अपनी छाप छोड़ दी थी। हमें ठंड लग रही थी और हम एक-दूसरे से बहुत प्यार करते थे। अचानक हमने एक-दूसरे को देखा और फिर परस्पर चूमने लगे। हमारे होंठ गरम जल रहे थे। ठंडी बरसात के बीच भी हमारे मुँह खूब गरम हैं। पानी हमारे बालों और चेहरे से टपटप टपकता जा रहा है। हम परस्पर होंठों को चूस रहे हैं। दोनों की जीभें एक-दूसरे का स्वाद ले रही हैं। सच में हमारे मुँह बहुत गरम हैं। ऐसा तो मैंने पहले कभी महसूस नहीं किया। पानी थपेड़े लगा रहा है। मैं बत्रा थिएटर का धुँधला आकार देखता हूँ दाईं ओर और फिर पीछे गुम होते हुए गरीब रिक्शावाले को अपने पीछे चलते, इस सबका कोई आभास नहीं होने देता। अपने फड़फड़ाते लबादे को सम्भालते हुए वह उसी तरह रिक्शा खींच रहा है।

हम साँस लेने के लिए रुकते हैं। हर क्षण अँधेरा गहरा रहा है। वैसे इसकी परवाह किसे है। हर आदमी किसी जानवर की तरह आश्रय स्थल की ओर भागा जा रहा है। हमारे मुँह ठंडे पड़ गए हैं। बारिश की बूँदें उनमें घुसी जा रही हैं। हम एक-दूसरे की ओर ताकते हैं और फिर शुरू हो जाते हैं। हमारे होंठ जलने लगते हैं। मुँह फिर तप उठते हैं। मैं हैरान हूँ कि मुँह इतने गरम कैसे हो सकते हैं। तेज बारिश हमें थपेड़े मार रही है। मैं अपनी दाईं ओर बत्रा थिएटर का धुँधला आकार देखता हूँ जो अब पीछे चला गया है। हम थमते नहीं, साँस लेने के लिए भी नहीं। क्या सच में मुँह इतने गरम हो सकते हैं?

हम रिक्शावाले का भाड़ा चुकाते हैं—नोट गीले और मुड़े हुए हैं। उन्हें गीली उँगलियों से अलग-अलग करना मुश्किल है। वह लबादे में से ही हाथ बढ़ाकर पैसे लेकर चला जाता है। मकान का बाहरी दरवाजा खुला हुआ है। उसकी पड़चाची लिविंग रूप में बैठी मटर छील रही है। एक प्लास्टिक प्लेट पर मटर के छिलके का ढेर निस्पन्द टिड्डों जैसा दिख रहा है। उनका चश्मा मोटे शीशों का है। एक अकेला पीला बल्ब उनकी ट्रे पर प्रकाश फेंक रहा है। वह हमारे अन्दर आने को शायद ठीक-ठीक देख नहीं पाई है। नौकरानी भी नहीं दिखाई देती। हम फ़िज़ के बैडरूम से होते हुए गुसलखाने में चले जाते हैं। यह तो मुठभेड़ों के लिए ही बना है। इसके दो दरवाजे दो बैडरूमों में खुलते हैं एक फ़िज़ का, दूसरे उसकी पड़चाची का।

हम कपड़ों को खाल की तरह उतारते हैं। वे गीले ढेरों में नीचे पड़े हैं। अधखुले झरोखे पर पानी की बौछार शोर कर रही है। उछटकर फुहार अन्दर तक आ रही है। मैं उसे इनामेल के सिंक पर झुका देता हूँ। उसकी कामेच्छा की गन्ध मेरे नथुनों में भर जाती है। मैं उसके चौड़े नितम्बों की चौड़ाई थाम लेता हूँ। वह अपने पंजों के बल खड़ी है। मेरा प्यार उसे पाने को बेचैन है। मैं चूक-चूक जाता हूँ, फिर एक फिसलन भरे क्षण में उसे पा ही लेता हूँ—मैं ऐसी जगह जा पहुंचा हूँ जो उसके मुँह से ज्यादा गरम है। यह सबसे अलग, अनोखी है।

मैं हिलता हूँ, वह झट झुक जाती है। अपने सिर को झटका देकर...हमारे नंगे शरीर नम और ठंडे हैं। हमारे शरीर की सारी गरमी एक अजानी अँधेरी जगह में समा गई है। अब हम दोनों वहाँ आ पहुँचे हैं। मुझे ऐसा लगता है जैसे असंख्य चिकनी उँगलियाँ मेरी मालिश कर रही हैं, सहला रही हैं। मैं बढ़ता हूँ—वह हिलती है और फिर...एक पागल विस्फोट मेरे अन्दर कुँलाचे भर रहा है, मुझे उकसा रहा है। मैं जूझते हुए पीछे होता हूँ। वह बहुत-बहुत गरम है। मेरा सिर जैसे फटने को हो रहा है। मैं आँखें मूँद लेता हूँ। लेकिन इससे भी मैं सँभल नहीं

पाता। वह फिर लड़खड़ाती है और खो जाती है। मेरे घुटने काँपने लगते हैं। मेरा पूरा बदन थरथरा रहा है। मैं भी चुकने जा रहा हूँ, लेकिन मैं लड़ाई हारना नहीं चाहता, टिके रहने की कोशिश करता हूँ। मैं आँखें खोलता हूँ–लेकिन मुझे दिखाई नहीं पड़ता। महसूस करता हूँ कि मेरा मुँह बाहर आने की बेचैन चीख के कारण विकृत हो गया है। मुझे पता है अगर मैंने नीचे देख लिया तो फिर सब खत्म हो जाएगा। मुझे नहीं लगता कि मैं साँस ले पा रहा हूँ। हाँ यही सच है।

मैं पीछे खींचता हूँ। उसे पाने की कामना मुझसे टकरा रही है। फूल से खिले हुए मैं उसकी परतदार मांस के अन्दर गहरे चला जाता हूँ। एक पल के लिए भीगी अनन्तता में ठहरता हूँ और फिर एक विस्फोट होता है।

विस्फोटों का प्रभाव देर तक बना रहता है। उनमें हर चीज उड़ जाती है। मैं सफेद टाइलोंवाले फर्श पर धीरे-धीरे अपने घुटनों पर नीचे ढलक गया हूँ। मेरा कपोल अब उसके ठंडे, नम नितम्ब पर आ टिका है। मुझे उसकी भारी-भारी साँसों की आवाज सुनाई दे रही है। वह भी वापस लौट रही है। मुझे बाँहों से घेरकर मेरे गीले केश सहला देती है और अपने पंजों से नीचे उतर आती है। मैं बहक रहा हूँ। मेरा सब जो विस्फोट में उड़ गया था अब धीरे-धीरे मुझसे जुड़ता जा रहा है। बारिश की झड़ी झरोखे पर प्रहार कर रही है लगातार। मैं उसकी महीन जाली से होकर अन्दर आनेवाली फुहारों को महसूस कर रहा हूँ। पता नहीं कितना समय बीत चुका है। जब हम कमरे में घुसे थे तब से अब अन्दर ज्यादा अँधेरा समा गया है। जहाँ मेरा सिर टिका है वहाँ से एक तरल धीरे-धीरे ढलक रहा है। उनींदे ढंग से मैं अपनी जीभ की नोक को पुष्ट मांस की परत से सटा देता हूँ और अपने बहते प्यार को मुँह में भरता चला जाता हूँ।

लेकिन सर्दी, इस समय की धूप में रिक्शा में बैठते हुए फ़िज़ की नजरें भविष्य पर टिकी हैं।

उसने एक बार कहा था कि वह हमारे बच्चों को इन सभी स्थानों पर घुमाने लाएगी और उन्हें बताएगी कि हमने कहाँ-कहाँ क्या-क्या किया था।

रिक्शावाला उसी तरह पैंडल घिसघिसाता बढ़ा जा रहा है। सर्दी के बावजूद उसके पीले, निस्तेज चेहरे पर पसीना चमक रहा था।

लेकिन हमेशा ही यथार्थवादी, व्यावहारिक दृष्टि वाली फ़िज़ ने फट कहा–भला बताओ हम सब एक रिक्शा में कैसे समाएँगे?

मैंने कहा–मैं रिक्शा चलाऊँगा और तुम तीनों रिक्शा में बैठना।

उसने कहा–अद्‌भुत। तुम्हारे पास हर बात का जवाब मौजूद है।

उसने मेरा हाथ दबाया। फिर मेरी ओर घूमी और बड़ी-बड़ी आँखों से देखती हुई बोली–लेकिन क्या तुम रिक्शा चलाते हुए भी बातें कर पाओगे? यह काम आसान नहीं होता–जानते हो ना।

मैंने कहा–मैं प्रेक्टिस कर लूँगा–प्रशिक्षण ले लूँगा।

तो तुम वादा करते हो कि टक्कर मारकर हमें गिराओगे नहीं। क्योंकि तुमने मुझे कहा था न एक बार तुमने मिलर और सोबर्स की टक्कर करा दी थी।

मैंने कहा, मेरे रिक्शा का सफर तुम्हारी जँघाओं की यात्रा से अधिक सहज होगा।

इसका मतलब यही हुआ कि यात्रा खूब हिचकोलेवाली होगी–और वैसे भी मुझे पता है तुम मेरी जँघाओं को पसंद नहीं करते।

नहीं, मैं तुम्हारी जाँघों से खूब प्यार करता हूँ।

तुम्हें उनका क्या पसंद है इसे मैं खूब जानती हूँ।

नहीं वे जिस तरह दिखती हैं उसे मैं पसन्द करता हूँ।

उसने सख्ती से कहा–लेकिन यह मेरी जाँघों के बारे में नहीं है। इसका सम्बन्ध हमारे बच्चों से है।

हम हिचकोले खाते रिक्शा में सेक्टर 16 से गुजर रहे थे। सड़क के दोनों ओर अमलतास के पेड़ों की कतारें थीं। गर्मियों की दोपहर में उनकी कौंध इतनी ज्यादा होगी कि उनकी तरफ ताकना मुश्किल होगा। पेड़ों के पीछे और भी हरियाली थी। उदमान, झाड़ियाँ, पेड़। छात्र अपनी साइकिलों, मोपेड्स और स्कूटरों पर दो-दो, तीन-तीन बैठे हुए हमारे पास से गुजर रहे थे–बातें करते, चुटकुले और कहकहे उड़ाते हुए। कॉलेज जल्दी ही बन्द होनेवाले थे। इसके बाद शहर के प्रवासी छात्रों की बड़ी संख्या शहर को खाली कर जाएगी। कभी हम भी उनमें से ही थे–फ़िज़ और मैं। लेकिन हम ऐसे प्रवासी थे जो कुछ पाने के लिए आए थे। उससे कहीं बहुत ज्यादा मिल गया था हमें। हम चले गए थे और अब हमेशा के लिए यह शहर छोड़कर जा रहे थे।

ठंडे मौसम में फ़िज़ की सुन्दर त्वचा और भी चमक उठी थी। उसका दायाँ हाथ मेरे हाथ में था और बायाँ उसकी चमकदार नीली जैकेट की जेब में। उसकी देहगन्ध हमेशा की तरह मुझमें नशा कर रही थी–ताजा पानी–साबुन और लोशन, मादाम रोश और खुद वह। उसके होंठ प्रसन्न मुस्कान में अधखुले थे और आँखों की झील में जिन्दगी तैर रही थी। ये सब उसके सम्मोहन को और बढ़ा देती थीं–उसके आकर्षण से बचना असम्भव था। अगर मैं इस समय उसे टैक्सी में ले जाता तो वह मुरझाकर मर गई होती।

अचानक उसने मेरी ओर देखा और बोली–लेकिन क्या तुम्हें लाइसेंस की जरूरत नहीं होगी?

मैंने कहा–मैं जुटा ही लूँगा–जब मैं कार का लाइसेंस लूँगा तो उस पर रिक्शा भी लिखवा लूँगा।

बहुत बढ़िया।–वह बोली–और मैं उन्हें फीतों वाले ढीले-ढाले पाजामे पहनाकर उनके बालों की चोटी गूँथ दूँगी।

हमें जैसे इस बात का पूरा भरोसा था कि हमें लड़कियाँ ही होंगी।

मैंने कहा–नहीं, उनके खुले बाल अच्छे लगेंगे।

ठीक है–वह बोली–अगर चोटी ठीक ढंग से न गूँथी जा सके तो तुम उन्हें ब्रश से सँवार देना।

बेबी–मैं कुछ भी करूँगा तुम्हारे लिए।

कुछ भी?

हाँ, कुछ भी, तुम्हारे लिए कुछ भी कर सकता हूँ डार्लिंग।

क्या तुम रिक्शा चलाओगे?

कुछ भी।

तूफानी बारिश में मेरे साथ चलोगे?

कुछ भी।

बोर तो नहीं करोगे कभी?

कुछ भी।

मुझे उदयपुर ले जाओगे?

हाँ, हाँ, क्यों नहीं।

मेरी हर कमी को अनदेखा कर दोगे?

एकदम।

घासपात खानेवाले पशुओं पर पुस्तक लिखोगे?

हाँ, वह भी और भी बहुत कुछ।

अब वह मुझे देखकर मुस्कुराई।

मैं ऊँची आवाज में गाने लगा–मैं कुछ भी करूँगा तुम्हारे लिए प्रिय। कुछ भी, हाँ, प्रिय, तुम्हारे लिए...तुम्हारी खातिर...कहीं भी जा सकता हूँ। तुम्हारी मुस्कान मिले तो हर जगह। हाँ, तुम्हारी मुस्कान की खातिर कहीं भी...तुम्हारे लिए।

यह पुराना रूटीन था–बस हर बार जरा बदल जाया करता था। यह हमारी एक प्रिय फिल्म से था। रिक्शावाला, बिना रुके मुड़कर मुस्कुराया, गन्दे खुड़बुड़े दाँतों से।

फ़िज़ ने उसकी मुस्कान का जवाब मुस्कान से दिया–बोली–साहब का खयाल है उन्हें गाना आता है।

रात को डिनर के लिए हम उस रेस्त्राँ में गए जिसमें हमने वर्षों पहले पहले-पहल साथ-साथ खाना खाया था। यह सेक्टर 17 में गोल्डन ड्रेगन नाम का रेस्टोरेंट था–तहखाने में बना हुआ। हमारे अतिरिक्त वहाँ और कोई ग्राहक नहीं था। हालात बता रहे थे कि वह बन्द होने के कगार पर था क्योंकि ऐसी स्थिति से पैदा होनेवाली उदासी हवा में तैर रही थी–लेकिन हमें कोई परेशानी नहीं हुई। हमने मजे से खाना खाया।

हमने फोल्डर में पैसे रख दिए। फ़िज़ ने कहा–हम अपनी लड़कियों को यहाँ कभी नहीं लाएँगे।

नहीं-नहीं लाएँगे। मैंने कहा।

सुबह नींद खुलते ही हमारे सामने एक अजूबा मौजूद था। मेरे दोस्त ने हमारा सामान दिल्ली पहुँचाने के लिए जो गाड़ी मँगवाई थी, वह असल में दूसरे महायुद्ध के समय का एक ट्रक था जिसे बस का रूप दे दिया गया था। इसे पास के जिले से वहाँ लाया गया था। वहाँ यह एक छोटे कस्बे के स्कूल के लिए काम में आती थी। इसका अगला हिस्सा नाक की तरह कुछ आगे निकला और खुला हुआ था मानो इसे साँस लेने में तकलीफ होती हो। लगता था, हाल ही में इसे नीले रंग से रँगा गया था। लेकिन उसके बावजूद पुरानापन छिप नहीं पा रहा था। मोटे टायर एकदम घिसे हुए। अन्दर दो के बैठने लायक सीटों की कतार थी, एक सँकरे गलियारे के दो तरफ।

कर्नल ने उसका ऐसे मुआइना किया जैसे किसी घोड़े को जाँच रहे हों। उन्होंने चारों ओर घूमकर देखा, उसे सब तरफ से छू-छूकर देखा। उन्होंने दरवाजे खोले और बन्द किए जैसे होंठ ऊपर उठाकर मसूड़ों की जाँच कर रहे हों।

उन्होंने कहा–पचास के दशक में हमारी रेजिमेंट में ऐसे कई ट्रक थे। बहुत मजबूत। इन्होंने अल आमीन के युद्ध में जर्मनों के खिलाफ जनरल माटगुमरी की सेना का अच्छा साथ दिया था।

लेकिन क्या इन्हें आजकल भी सड़कों पर चलना चाहिए? मैंने पूछा।

इन्हें तो संग्रहालय में होना चाहिए। लेकिन हमारे हिन्दुस्तान में वह हर चीज जिसे संग्रहालय में होना चाहिए वह सड़कों पर दिखाई देती है। विचारों से लेकर, हस्तशिल्प की कारीगरी, भवन और पुराने लोग भी।

मैंने कहा—कर्नल साहब क्या यह दिल्ली तक सही-सलामत पहुँच सकेगी?

उन्होंने विचारमग्न मुद्रा में उसका पिछला भाग थपथपाया। बोले—पहुँचना तो चाहिए। अरे भाई ऐसे ट्रक लम्बा सफर तय करके उतरी अफ्रीका के रेगिस्तान तक जा पहुँचे थे। बोलो है कि नहीं?

लेकिन जल्दी ही हमें पता चलनेवाला था कि कुछ और भी बस से ज्यादा पुराना था—वे दोनों जो उसमें सामान भरकर हमें दिल्ली पहुँचानेवाले थे। वैसे चेहरे-मोहरे से ठीक दिखते थे। अधेड़ उम्र के लम्बी दाढ़ियोंवाले सिख। हाँ, ड्राइवर दूसरे से ज्यादा उम्र का था। उनके सिर पर ढीली-ढाली पगड़ियाँ थीं और वे कर्कश आवाज में पंजाबी बोलते थे। वैसे थे हँसमुख। उन्होंने सामान लादने में हमारी मदद की।

जब ड्राइवर ने पहला डिब्बा उठाया तो बोला—क्या आप दिल्ली पत्थर ले जा रहे हैं?

मैंने हँसकर कहा—नहीं, इसमें किताबें हैं।

उसका अगला प्रश्न था—क्या दिल्ली में किताबें नहीं मिलतीं।

मैंने डिब्बों की ओर इशारा करते हुए कहा—ये मेरी अपनी किताबें हैं।

वह बोला—किताबें खरीदना तो पैसे की बरबादी है। मेरा बाप कहा करता था—एक खेत जोतने से तुम्हें जिन्दगी के बारे में जितनी जानकारी मिलती है उतनी सौ किताबें पढ़ने के बाद भी नहीं मिलती। मैं पाँचवीं क्लास में था तभी उन्होंने मुझे स्कूल से उठा लिया था। वह कहा करते थे—अगर किताबें पढ़ने से सारे सवालों के जवाब मिल जाते तो मुल्क में यह गधापचीसी न होती। गांधी से नेहरू तक हमारे सब लीडरों ने हजारों किताबें पढ़ी थीं।

मैंने कहा—बात सही है। किताबों में वह सब नहीं होता जैसा बताया जाता है।

उसने कहा—केवल एक ही किताब अच्छी है गुरु ग्रन्थ साहिब। आपको उसे पढ़ने की जरूरत नहीं। आप उसे सुन सकते हैं।

छोटे सरदार ने कहा—किताबें खरीदना, पढ़ना सिर्फ पैसे की बरबादी नहीं, ये तो बीमारी है। किताबें पढ़नेवाले यह समझते हैं कि उन्हें पढ़कर वे जिन्दगी को समझ सकते हैं। साहब, आप तन्दूरी-चिकन के बारे में सौ किताबें पढ़कर भी उसका स्वाद नहीं ले सकते।

ड्राइवर उसकी कमर पर एक धौल जमाते हुए चिल्लाया—फिर वही बात। तू हर बात में चिकन को क्यों घसीट लाता है।

मैंने तो बस एक मिसाल दी है—हेल्पर बोला।

दोनों की मदद से हमने सामान लाद दिया। किताबों के डिब्बे हमने सीटों के नीचे और सीटों के बीच में जमा दिए। मोटर साइकिल बीच के गलियारे में खड़ी कर दी। उसे कई जगह पर सीटों से बाँध दिया ताकि वह हिलडुलकर इधर-उधर लुढ़क न सके।

फ़िज़ कर्नल के लिए स्पाइक मुलिगन कृत दूसरे विश्वयुद्ध के चार खंड खरीद लाई थी।

उसने कहा—अंकल यह सैन्य लेखन अलग तरह का है, मेरी तरह।

कर्नल ने विभ्रम के भाव से उनके विचित्र आवरणों पर नजर डाली—कुछ देर तक उन्हें बार-बार उलटते-पलटते रहे फिर कर्नल और उसकी पत्नी ने फ़िज़ की कौली भर ली प्यार से। उन्होंने अपने मजबूत हाथ से मेरा हाथ थाम लिया—उसे जोर से हिलाकर बोले—लड़के तुम इसके लायक तो नहीं हो लेकिन फिर भी इसकी अच्छी तरह देखभाल करना। वरना इस बूढ़े कर्नल को तुम्हारी खबर लेने आना पड़ेगा।

मुझे हमेशा ही इस तरह की सलाह मिलने की जैसे आदत हो गई थी।

काश, वे जान पाते कि इस सबका कैसा अन्त होगा।

एक ऐसा आदमी जो कभी कोई सलाह मानता ही न था।

जब इंजन ने घड़घड़ाना शुरू किया तो हमें गिरने से बचने के लिए सीटों के हेंडिल थामने पड़े।

गाड़ी ऐसे थरथरा रही थी जैसे बस तुरन्त टूट-बिखरने को है। हम ड्राइवर के पीछे दूसरी लाइन में बैठे थे। जबकि उसका हेल्पर दूसरी तरफ से आनेवाली अकेली सीट पर बैठा था। गनीमत यह हुई कि कुछ मिनट बीतते न बीतते वह पागल थरथराहट काफी कम होकर एक नियमित धड़-धड़ में बदल गई। हमने सीटों पर बैठे-बैठे कर्नल और उसकी पत्नी से हाथ हिलाकर विदा ली। उधर ड्राइवर इंजन को गरमाने में लगा था। सर्दी की सुबह के साढ़े सात बजे थे। उस समय भी कर्नल ने सूट और टाई पहन रखी थी। उनकी दाढ़ी करीने से जाली में बँधी थी—चमचमाती हुई। मिसेज कर्नल ज्यादा प्रेक्टिकल थीं। उन्होंने फूलदार कफतान पर शाल ओढ़ रखा था। कफतान की बाँहें बहुत चौड़ी थीं। जब उन्होंने विदाई में हाथ उठाकर हिलाया तो मुझे उनकी मांसल बगलें दिखाई दीं।

ड्राइवर ने बस को गीयर में डाल दिया और बस किसी खरगोश की तरह उछल पड़ी। कर्नल और उनकी श्रीमतीजी भी उछलकर पीछे हट गए। काफी काला धुआँ छोड़ने के बाद धड़धड़ाती हुई बस रवाना हो गई। बस में आगे बैठे दोनों आदमियों ने अपनी-अपनी पगड़ियाँ सँभाली जो उनकी आँखों तक खिसक आई थीं।

यात्रा उतनी हड्डियों को हिलानेवाली नहीं थी। क्योंकि बस केवल तीस किलोमीटर प्रति घंटे की रफ्तार से ही चल रही थी। ड्राइवर बस को दाईं पटरी के सहारे धीरे-धीरे बढ़ा रहा था। सड़क पर हर यातायात हमें पीछे छोड़ता हुआ आगे बढ़ रहा था—ट्रक, बसें, कारें, मोटर साइकिलें, स्कूटर—सब। और तो और मोपेड और ट्रैक्टर ट्रालियाँ भी हमें पछाड़ते हुए आगे निकल रहे थे। हमारी बस इतनी धीमी रफ्तार से बढ़ रही थी कि साइकिलें चलाते छोटे-छोटे लड़के भी बस का पिछला मडगार्ड पकड़कर बिना पैर चलाए सफर का मजा ले रहे थे। हमारी चाल इतनी धीमी थी कि रास्ते में लगे पुलिस के आड़े-तिरछे बैरियरों पर भी उन्हें ब्रेक लगाने की जरूरत नहीं पड़ती थी। हम सचमुच ग्रांड ट्रंक रोड पर चलनेवाले सच्चे वारिस थे। वह जो इस उपमहाद्वीप की सबसे महान सड़क थी—उसमें देश का पाँच सौ सालों का इतिहास सिमटा था।

हड़बड़ी में तेज गति से चलने का इतिहास।

दोनों सरदार आपस में सहज भाव से बतिया रहे थे। बीच-बीच में शायद हमारा हाल-चाल जानने के लिए पीछे गरदन घुमाकर जब-तब देख लिया करते थे। यात्रा के पहले घंटे में हम अपनी सीटों के किनारों पर अटके रहे थे—हम समझ नहीं पा रहे थे कि आखिर हमारी यात्रा कैसी रहेगी। फिर धीरे-धीरे सुबह की धुँध छँटी तो हम थोड़ा सहज हो गए क्योंकि आगे सड़क साफ थी। लेकिन यह सहजता ज्यादा देर रहनेवाली नहीं थी। एक बार ड्राइवर ने तेज आवाज में हेल्पर से कुछ कहा तो उसने एक गन्दी लाल ईंट उठाकर उसे थमा दी। ड्राइवर ने आगे झुककर सादे अन्दाज में अपना दायाँ पैर एक्सीलरेटर से हटाकर वहाँ ईंट रख दी। बस जरा थरथराई, फिर वह एक हाथ से स्टियरिंग सँभाले बस चलाने लगा और दूसरे हाथ से अपने पैर की मालिश करता जा रहा था।

डर के मारे हम बुरी तरह घबरा गए।

फ़िज़ ने कहा—सरदार साहब, तो आप हमें दिल्ली नहीं, भगवान के पास ले जा रहे हैं।

ड्राइवर बोला—बीबीजी, आप भगवान के पास तभी जा सकती हैं जब उनका बुलावा आए। कोई भी आपको वहाँ नहीं ले जा सकता।

फ़िज़ बोली—लेकिन सरदार जी आप भगवान का निमंत्रण लेने की पूरी कोशिश कर रहे हैं। क्यों मैं गलत तो नहीं कह रही?

हेल्पर बोला—डरने की कोई बात नहीं। बीबीजी आपको कुछ नहीं होगा। हमारे सिंह साहब बूढ़े हो चले हैं। उनके पैरों में दर्द रहने लगा है। थोड़ा आराम करने के बाद वह अपना पैर फिर से पैडल पर रख लेंगे। यह एक अच्छी ईंट है। ईंटें तो बड़े-बड़े मकानों को खड़ा रखती हैं, फिर यह तो एक पुरानी बस ही है।

अब हम कुछ और नहीं कह सकते थे। बाएँ हाथ से अपने पैरों की उँगलियाँ को सहलाते हुए वह बोला—बीबीजी, घबराओ मत। अगर कुछ हुआ तो पहले हम मरेंगे।

हम बैठे-बैठे उनकी इस तसल्ली पर सोचते-विचारते रहे।

फ़िज़ ने मुझसे कहा—वैसे मेरा खयाल है इतनी धीमी स्पीड पर कोई घातक एक्सीडेंट नहीं होगा।

उनके आश्वासन के अनुसार कुछ नहीं हुआ और पन्द्रह मिनट बाद ड्राइवर का पैर दोबारा एक्सीलरेटर पर पहुँच गया। सफर लम्बा था। दिन बीतता चला और हमें लगा हम लम्बी यात्रा पर निकल पड़े हैं। हम पानी के लिए, चाय के लिए रुके। पेशाब करने के वास्ते। फिर इंजन को ठंडा करने के लिए भी रुकना पड़ा। कभी रेडियेटर में पानी डालने के लिए। हम पंक्चर लगवाने के लिए रुके। हर तीस-चालीस किलोमीटर के बाद टायर गुब्बारों की तरह फट जाते थे। हम प्रार्थना करने के लिए रुके। गुरुद्वारों में, सड़क के किनारे मन्दिरों में। एक बार ड्राइवर ने कहा कि उसे पाकिस्तान जाना है। उसने डिब्बे में पानी भरा और खेतों में गुम हो गया। पानीपत के पास इंजन चुप हो गया। दोनों ने भारी रिंच निकाले और बस के नीचे घुस गए। हम गेहूँ के लहलहाते खेतों के बीच घूमने लगे। फिर जब वे ग्रीस से पुते चेहरे और हाथ लिए बस के नीचे से निकले तो इंजन चालू हो गया था। उन्होंने हमसे बस का ध्यान रखने को कहा—और फिर नहाने के लिए धड़धड़ करते ट्यूबवेल पर चले गए।

सारा सिलसिला ग्रांड ट्रंक रोड के गौरव के अनुरूप ही था।

हम ग्लुकोज बिस्किट चबाते हुए भविष्य के बारे में सोच-विचार करते रहे।

इस सबके बीच दोनों शांत दिखते हुए आपस में बातचीत में मशगूल रहे और बीच-बीच में दार्शनिक ढंग से हमें समझाते रहे।

ईंट बीच-बीच में एक्सीलरेटर पर रखी और हटाई जाती रही। जब भी ईंट रखी जाती तो फ़िज़ आँखें मूँदकर मेरा हाथ दबा देती।

चंडीगढ़-दिल्ली सफर में आम तौर पर पाँच घंटे लगते हैं लेकिन हमारे सफर में बारह घंटे लगे। दिल्ली के बाहरी हिस्से में पहुँचते-पहुँचते अँधेरा हो गया।

पानीपत के बाद दुहरी सड़क के कारण सफर आराम से कटा लेकिन दिल्ली के निकट पहुँचते ही उन दोनों के व्यवहार में एक नाटकीय और खतरनाक परिवर्तन आ गया—हम दिल्ली को दोनों ओर से घेरनेवाली रिंग रोड पर आए तो उनकी आवाजें धीमी पड़ने लगीं। ट्रैफिक काफी बढ़ गया था, हैडलाइट्स इधर से उधर होती हुई कौंध रही थीं। ट्रक और बसें आगे निकलने की कोशिश कर रहे थे। हाँ, कुछ मिनट बाद दोनों में से कोई एक हमारी ओर देखता और कहता—क्या यही रास्ता है? क्या हम सही रास्ते पर हैं? यहाँ से आपका घर कितनी दूर है?

हड़बड़ाए अन्दाज में रुकते-चलते हुए हम ट्रैफिक जाम से निकलकर बाएँ घूमकर सर्कुलर रोड पर पहुँच गए। अब उनकी घबराहट कुछ कम हो गई थी। वे पटरी से सटकर चलते हुए तेजी से बढ़ती कारों, बसों और ट्रकों को आगे निकलने देते रहे। वे फिर से आपस में बातें करने लगे थे। लेकिन पहले का सा दार्शनिक अन्दाज गायब था। उनकी आवाजों में घबराहट साफ झलक रही थी।

वे भारी यातायात के बारे में डर के साथ बातें कर रहे थे। स्टियरिंग ह्वील पर जमा हाथ कुछ-कुछ काँपने लगा था। फ़िज़ और मैं अपनी सीटों के किनारों पर आ लटके थे।

हम मजनूँ का टीला के बाद बिना किसी परेशानी के अन्तर्राज्यीय बस अड्डे को पार कर गए, लेकिन बस में तनाव बढ़ता दिख रहा था। अब ईंट को हटा दिया गया था। ड्राइवर ध्यान से शीशे के पार देखता हुआ बस चला रहा था। उसका साथी भी वही कर रहा था। और अपने साथी को तेज आवाज में सलाह देता जा रहा था। उस मारूति से बचो। दाईं तरफ काटो। तुम्हारी बाईं तरफ बस आ रही है। अरे उस...साइकिलवाले को कुचल मत देना सरदारजी।

ड्राइवर खतरनाक ढंग से एकदम चुप हो गया था।

वह अपने थरथराते पशु को सँभालने और आगे बढ़ाने की कोशिश में जी-जान से लगा हुआ था।

हम मध्यकालीन लाल किले के पीछेवाली सड़क पर आ पहुँचे। वहाँ ट्रैफिक का सैलाब उमड़ रहा था। यहाँ ट्रैफिक की नदी में बाढ़ आई हुई थी। शाम को ऑफिस खत्म होने के बाद बाहर निकलनेवाले यातायात के साथ शाहदरा और दरियागंज का भारी ट्रैफिक भी आ मिला था। सैकड़ों बसें, कारें, स्कूटर, तिपहिए हमें सब तरफ से घेरकर एक दूसरे से आगे निकलने की होड़ में थे। हार्न बज रहे थे, ब्रेक लगने की किर-किर और चीख-पुकार मची थी। ऐसे में हमारे ड्राइवर साहब की हिम्मत आखिर जवाब दे गई। ऐतिहासिक लाल किले और शान्त गांधी समाधि के बीच की लाल बत्ती पर उसने बस रोक दी—वह किसी भी तरह आगे बढ़ने को तैयार नहीं था।

मुझे यह मालूम नहीं कि हुआ क्या था लेकिन जब सिग्नल की रोशनी लाल से हरी हुई तब भी वह अपनी जगह जमा खड़ा था। न जाने कैसे गियर जाम हो गया था और बहुत कोशिश करने पर भी लग नहीं रहा था। वह गियर के साथ खींचतान करने में लगा था और क्रॉसिंग पर कुहराम मच गया था। हमारे पीछे कतार में खड़े सैकड़ों ड्राइवर एक साथ हार्न बजाने लगे—पल गुजरने के साथ ही लोग बस पर सब तरफ से जैसे मुक्के बरसाने लगे, गालियाँ देने लगे। खिड़कियों में गुस्साए लोगों के चेहरे उतर आए। वे भद्दी गालियाँ दे रहे थे, चीख रहे थे। हमने भी उन दोनों से बस को आगे बढ़ाने को कहा। लेकिन दोनों की लगातार कोशिशों के बाद भी गियर लग ही नहीं रहा था। ड्राइवर का चेहरा पीला पड़ गया। हेडलाइट्स की चमकती रोशनी में उसका पसीने से भीगा घबराया चेहरा साफ दिखाई दे रहा था।

हम सीटों के नीचे छिपकर गरियाते लोगों की नजरों से बचना चाहते थे।

कटे नारियल बेचते एक छोकरे ने हमारी खिड़की खोली, अपना हँसता चेहरा अन्दर धँसाता हुआ गाने के सुर में बोला—फटी तो हर कोई बोला हाजमोला—हाजमोला।

लोग बस के दरवाजे धपधपा रहे थे, खोलने की कोशिश कर रहे थे।

फिर उस शोर में दो आवाजें एकदम साफ सुनाई दीं—एक पुलिस की सीटी और दूसरा पुलिस गाड़ी का तेज सायरन। मैंने देखा चौराहे पर खड़ा पुलिसवाला पागलों की तरह सीटी

बजाता हाथों को जोर-जोर से हिलाता हुआ इधर ही भागा चला आ रहा था। उसके बाईं ओर से ट्रैफिक के बीच से रास्ता बनाती, जोर-जोर से सायरन बजाती पुलिस जीप चली आ रही थी। सिगनल फिर लाल हो गया था।

जीप में से कोई आदमी बाहर झाँकता हुआ मुक्का हवा में लहरा रहा था।

हेल्पर ने कहा—सिंह साहब तैयार हो जाओ मरवाने के लिए।

ड्राइवर ने कुछ नहीं कहा। वह गीयर के साथ खींचतान में लगा रहा। अब वह घूमकर दोनों हाथों से जोर आजमाइश कर रहा था। इंजन खामोश था।

सिगनल की बत्ती फिर से लाल हो गई थी।

जो लोग अपने वाहनों में हमारे पास से गुजरकर आगे बढ़ने की कोशिश कर रहे थे अब निराश क्रोध से बस पर मुक्के मारने लगे।

बस धीरे से हिली।

पुलिसवाला ड्राइवर की तरफवाला दरवाजा खोलकर चीखा—मादरचोद, इस डबलरोटी के डिब्बे को शहर में लाने की इजाजत किसने दी तुम्हें। आखिर बस को आगे क्यों नहीं बढ़ाता?

बस के बगल वाले दरवाजे से केवल उसका सिर ही दिखाई दे रहा था। लेकिन उसके पीछे गालियाँ उछालते अनेक चेहरे देखे जा सकते थे। कई सिरों पर चमचमाते हेल्मेट थे, जिसके वाइजर ऊपर उठे थे। बस का इंजन अब भी खामोश था, किसी की समझ में नहीं आ रहा था कि आखिर ड्राइवर बस को आगे क्यों नहीं बढ़ा रहा है।

टिशू पेपर बेचते एक दूसरा छोकरा हमारी खिड़की में सिर धँसाकर चिल्लाया—चिंचपोकली, चिंचपोकली, हेलो मिस्टर चिंचपोकली।

नारियल बेचनेवाला लड़का उसके पीछे खड़ा मुस्कुरा रहा था।

ड्राइवर में घूमकर पीछे देखने की भी हिम्मत नहीं रह गई थी। उसकी आँखें धुँधला गई थीं और वह पूरी ताकत से गीयर को खींच रहा था।

फ़िज़ ने कहा—कुछ तो करो, मि. चिंचपोकली ,वह मरने को है।

मैंने उसकी ओर देखा। उस छोकरे ने तो अपने गाने से मार ही डाला था मुझे। चिंचपोकली एक काल्पनिक नाम था जहाँ से फिल्मी गानों की हजारों फरमाइशें हरदम आया करती थीं। फ़िज़ ताउम्र मुझे इस उपाधि से विभूषित करती रहेगी।

मैं उठ खड़ा हुआ और बोला—अरे साहब, गीयर अटक गया है।

पुलिसवाला अब मुझ पर पिल पड़ा—मादरचोद, तो तुम्हीं हो इस डबलरोटी के डिब्बे के मालिक!

जीप से उतरा पुलिसवाला भी उसके पीछे था। वह चीखा—इन सब बदमाशों को ले जाकर बन्द कर दो और इस चोदू बिस्कुट के डिब्बे को जब्त कर लो।

पहला सिपाही चीखा—इस टीन के डिब्बे को एक किनारे लगाओ और इन सब पागलों को नीचे उतार लो।

तभी बत्ती फिर हरी हो गई और सैकड़ों हार्नों का मिला-जुला कानफाड़ शोर फिर गूँजने लगा। हवा में गालियाँ उछाली जा रही थीं।

तभी हेल्पर निराशा के पागल जुनून में बोला—सरदारजी, तुम पीछे हो जाओ, मुझे करने दो।

उसने ड्राइवर को परे किया। फिर गीयर को दोनों हाथों से पकड़कर जोर लगाने लगा। इस कोशिश में उसका सिर पीछे चला गया और वह दहाड़ा—जो बोले सो निहाल, सत सिरी अकाल!

और फिर जोर के झटके से उसने गीयर स्टिक को बाहर निकाल लिया।

फ़िज़ बोली—ओ माइ गाड, ओ माई फकिंग गाड।

शाहजहाँ के लाल किले और गांधी समाधि के बीच सड़क पर सब तरफ से ट्रैफिक से घिरी खड़ी बस में हेल्पर हाथ में गीयर राड लिए झूमता खड़ा था जो उसके हाथ में एक तलवार जैसी लग रही थी। बस उसके नीचे किसी शिकार हुए चीते-सी खामोश थी। आधुनिक युग में आ पहुँचा एक मध्ययुगीन योद्धा। उसने उसी वन्य जीव को मार डाला था जिसे बचाने के लिए वह आगे आया था।

उसके चेहरे पर हैरानी का भाव था—उसने कहा—यह...यह क्या है!

गीयर राड के एक सिरे पर लकड़ी का मुट्ठा और दूसरे सिरे पर गहरेवाले रंग की ग्रीस टपक रही थी।

ड्राइवर ने कहा—हे मेरे रब—किरपा कर और उसने आँखें मूँद लीं।

ड्राइवर की सीट के पास फर्श में पहले जहाँ गीयर लगा था, वहाँ अब एक काला तेलहा सुराख दिखाई दे रहा था।

इंजन अब भी खामोश था।

फ़िज़ ने कहा—क्या तुम गीयर के बिना गाड़ी चला सकते हो?

हेल्पर के चेहरे पर ऐसा भाव था जैसे गन्ने के बजाय उसके हाथ में कोई साँप आ गया हो।

बस में चढ़ आए सिपाही ने कहा—अब टिन के डिब्बे को किनारे लगा लो। वैसे कैसे चलाते हो इसे। कहाँ है...गीयर?

खामोश खड़े हेल्पर ने सम्मानपूर्वक झुकते हुए तेल टपकते गीयर को उसे थमा दिया।

सिपाही चीखा—मादरचोद...यह क्या है। इस टीन के डिब्बे को किनारे करो—इसका गीयर कहाँ है?

ड्राइवर बुदबुदाया—हे मेरे रब्बा खैर...

खामोश!—सिपाही चीखा। फिर उसने इधर-उधर नजर दौड़ाई। उसे गीयर जैसा कुछ भी नजर नहीं आया। गुस्से से उसे जैसे मिर्गी का दौरा पड़ गया।

...तुम बस को बिना गीयर के ही दिल्ली में घुसा लाए हो। बिना गीयर की बस। मादरचोद...चूतिए...बिना गीयर की बस को दिल्ली में ले आए। बिना गीयर की बस। तुम्हारा मुँह है या गाँड़...पंजाब के किस गटर से निकले चले आ रहे हो तुम लोग।

फ़िज़ ने कहा—गीयर तो आपके हाथ में है कांस्टेबल साहब!

यह!—वह चीखा...तो यह है चोदू गीयर...लेकिन मेरे हाथ में इसका क्या काम!

उसके चेहरे पर ऐसा भाव था जैसे उसने हाथ में साँप पकड़ रखा हो।

उसने गीयर को हेल्पर की तरफ फेंक दिया। सड़क पर खड़ा सिपाही बोला—इन सभी सालों को अन्दर डाल दो। और इस बिस्किट के डिब्बे को जब्त कर लो।

हेल्पर पर जैसे दूसरा दौरा पड़ा। वह चीखा—तेरी माँ दी फुदी मारी। और गीयर की राड को दोनों हाथों से पकड़कर उसे सुराख में धँसा दिया। लेकिन गीयर लगा नहीं। उसने गीयर राड को बाहर खींचकर दोबारा अन्दर घुसा दिया। फिर किसी कम बजट की हारर फिल्म के खतरनाक हत्यारे की तरह वह पागल होकर उस सुराख पर जोर आजमाने लगा। हरेक की माँ की फुदी मारते हुए।

मैंने घुसा दिया इसे तुम्हारी माँ की...और तुम्हारी माँ की...न जाने कितने लोगों की माँओं के साथ इस तरह गन्दे रिश्ते जोड़ डाले उसने।

सिपाही घबराकर पीछे हट गया। ड्राइवर की मुँदी आँखें भी खुल गईं।

फ़िज़ ने कहा, मि. चिंचपोकली हमारी माँएँ गहरे संकट में पड़ गई हैं।

हेल्पर धक्के लगाता रहा...और साथ ही न जाने किस-किस की माँओं से रिश्ते जोड़ता रहा...और तुम्हारी माँ की...और तेरी माँ...और तेरी...

सड़क पर खड़ा सिपाही बोला–यह सरदार तो पागल हो गया है–इसे बाहर निकालो।

बस में खड़े सिपाही ने सख्त लहजे में कहा–सरदार, सँभाल ले अपने को।

हेल्पर बीच में रुक गया और पगलाई दृष्टि से सिपाही को घूरने लगा।

सिपाही ने थके स्वर में कहा–सरदार, आराम से...सब ठीक है।

हेल्पर ने गीयर राड को भाले की तरह हवा में उठाया तो सिपाही डर गया–और फिर हेल्पर ने पूरी ताकत से गीयर को फिर सुराख में डाल दिया–वह रट रहा था–ओ मादरचोद...मैं इस गीयर को तुम्हारी गन्दी फुदी में डालता हूँ ताकि जिससे तुम किसी कुआँरी की तरह चीखो-चिल्लाओ।

उसका चेहरा विकृत हो उठा था और ढीला साफा टेढ़ा होकर खुल चला था।

फ़िज़ ने कहा–वह बस के साथ रेप कर रहा है।

लेकिन जब हेल्पर ने इस बार गीयर को बाहर निकालना चाहा तो नहीं निकाल सका–गीयर लग गया था।

उसके चेहरे पर एक विक्षिप्त मुस्कान फैल गई। गीयर लग गया है–सुना तुमने–सब सुन लो, गीयर...

ड्राइवर ने दोनों हाथ जोड़ दिए, आँखें बन्द कर लीं। प्रार्थना की मुद्रा में चेहरा आकाश की ओर उठा लिया और फिर उसने गीयर बदल दिया–गीयर काम करने लगा था–बस एकाएक किसी खरगोश की तरह उछल पड़ी। हम बुरी तरह डगमगा गए।

फ़िज़ ने कहा–देखो जैमिनी सरकस सड़क पर।

बस को घेरे खड़े लोग तितर-बितर हो गए। चौराहों की बत्तियाँ लाल थीं। लेकिन सड़क पर खड़े सिपाही ने सीटी बजाकर कहा–इन्हें निकलने दो–जाने दो इन्हें।

बस में चढ़ा सिपाही चीखा–ओ सरदार, मुझे तो उतर जाने दे। तुमसे परिचय करके ही मर गया मैं। तुमसे दोस्ती की इच्छा नहीं मेरी, मैं वादा करता हूँ रिटायर होने तक मैं तुम दोनों को कभी नहीं भूलूँगा।

हमारी बरसाती में पहुँचने तक के रास्ते भर दोनों एक शब्द नहीं बोले। सामान उतरवाने के बाद मैं उन्हें ऊपर ले गया और टैरेस पर बैठा दिया। मैंने उन्हें व्हिस्की का एक पव्वा थमा दिया और बाजार से खाना लाने निकल पड़ा। उनके हाथ अब तक काँप रहे थे। पर वे चुप थे।

व्हिस्की गले में उतारने और खाना खाने के बाद उन्होंने मुझे बता दिया कि वे इससे पहले कभी दिल्ली में नहीं आए थे। सच तो यह था कि कभी चंडीगढ़ के दक्षिण में निकले ही नहीं थे। उन्होंने अपने कस्बे से बाहर कभी बस नहीं चलाई थी।

जब उनसे इस यात्रा के लिए कहा गया था तो उन्होंने इसे नई जगह देखने का अच्छा मौका समझा था–वे लाल किला, कुतुबमीनार और चाँदनी चौक घूमना चाहते थे।

मैंने कहा–हाँ, तुम लोग ये सब कल देख सकोगे।

हेल्पर बोला–साहब हमने तो जो देखा वही जिन्दगी भर याद रहेगा हमें। बस अब तो हम दिल्ली को अपनी गाँड़ दिखाना चाहते हैं।

ड्राइवर ने कहा -हम समझते थे दिल्ली चंडीगढ़ से तो बड़ी होगी।

लेकिन यह तो हाथी की चूत से भी ज्यादा बड़ी निकली–हेल्पर बोला!

उनका खोया रंग लौट रहा था। वे बस में सोने चले गए। लेकिन रात में दो बजे मैं और फ़िज़ घंटी की तेज घनघनाहट से जागने पर मजबूर हो गए।

जब मैंने टैरेस से नीचे झाँका तो वे दरवाजे के पास खड़े ऊपर की तरफ ताक रहे थे, अपने स्लेटी कम्बलों में लिपटे, अपनी पगड़ियों को कसते और खोंसते हुए।

पता चला वे सो नहीं पा रहे थे। वे तुरन्त ही निकल पड़ना चाहते थे। तब जब दिल्ली गहरी नींद में थी, पुलिसवाले सो रहे थे, गाड़ियाँ खामोश थीं–ट्रैफिक सिग्नल शान्त थे। वे चाहते थे मैं उन्हें सीधी सड़क बता दूँ जो उन्हें एकदम शहर से बाहर ले जाए। मैंने उन्हें धैर्य के साथ कालोनी से बाहर निकलने की राह समझाई। फिर वहाँ से एम्स तक की सड़क, फिर वहाँ से दाएँ मुड़कर रिंग रोड पर बढ़ते जाएँ और फिर से दाएँ घूमें। मैंने कागज पर रास्ते का एक बड़ा-सा नक्शा भी बना दिया। उन्होंने गर्मजोशी से मेरा हाथ बारी-बारी अपने हाथों में दबाया और कहा–हमारी गलतियाँ माफ करना जी।

मैंने कहा–अरे नहीं, आप दोनों के साथ सफर बहुत शानदार रहा। बहुत-बहुत शुक्रिया। और सच मैं झूठ नहीं कह रहा था।

दोनों ने एक स्वर में कहा–बीबीजी से हमारी नमस्ते कहना। उनसे कहना वह सौ बेटों की माँ बनेंगी।

बस का इंजन जोर से धड़धड़ाया। फिर काँप उठा और फिर उसकी धड़धड़ नियमित हो उठी। ऐसा लग रहा था मानो उसका खुला थूथन रात की ठंडी हवा अन्दर खींच रहा था। ड्राइवर ने विंडशील्ड के ऊपर लटके गुरु नानक के चित्र के सामने प्रार्थना की और बस को गीयर में डाल दिया। बस किसी खरगोश की तरह उछल पड़ी। उन्होंने हाथ हिलाए। उनके चेहरे अब तक भी सफेद और खिंचे-खिंचे लग रहे थे। उन तीनों, ड्राइवर, हेल्पर और बस की मिली-जुली उम्र आधुनिक भारत से भी ज्यादा थी। वह जिन्दगी के एक बड़े अनुभव से गुजरकर वापस जा रहे थे। और फिर वे आँखों से ओझल हो गए। उन दिनों तक दिल्ली की कालोनियों को अपने अन्दर बन्द करनेवाले लोहे के बड़े मजबूत दरवाजे नहीं लगे थे।

कुछ पल बाद इंजन की आवाज भी खो गई। हमारी सँकरी सड़क पर खामोश ठंडा सन्नाटा पसरा था। दस मकानों के बाद लगी पीली स्ट्रीट लाइट के अलावा सब तरफ अँधेरा था। चाँद पहले ही डूब चुका था। मकानों की कतारों और पेड़ों के कारण आकाश में तारों को देखना मुश्किल था। हिरन उद्यान से कभी-कभी उल्लू की आवाज सुनाई दे जाती थी। इस सन्नाटे, ठंडे अँधेरे के बीच मैं सड़क के बीचोबीच लम्बे समय तक खड़ा रहा। मेरा मन उदास था। ऐसा क्यों था, पता नहीं चल रहा था।

मुझे याद नहीं पिछली बार मैं कब रोया था। मेरी आँखों में आँसू मुश्किल से आते थे। लेकिन अब मैं सड़क पर बैठकर ऐसा चाहता था।

मुझे उन दोनों का खयाल बेचैन कर रहा था जो रास्ते में चुपचाप चले जा रहे थे। उनके उच्च विचार और यह कमीनी दुनिया। मैं जानता था वे कितने बड़े दिलवाले थे और कितनी

आसानी से उन पर हावी हुआ जा सकता था। सब जगह ग्रामीण और कबीलाई लोगों की यही कथा है। उन सब लोगों की कहानी जिनका सब कुछ बहुत जल्दी छीन लिया जाएगा। वे नई दुनिया का सामना अपने बड़े दिल और उदार भावों से करते हैं–और यह भाव जमीन को जोतने-बोनेवाले लोगों में ही हो सकता है लेकिन आधुनिक दुनिया के लिए ऐसे लोगों की कोई कीमत नहीं। वे इतिहास के चौराहे पर दिग्भ्रमित खड़े रह गए हैं। विकास और प्रगति का तेज ट्रैफिक उन्हें जल्दी ही पीछे छोड़ता हुआ निकल जाता है। आर्थिक तानाशाहों के कारिन्दे उन्हें नए कानूनों, और आर्थिक सिद्धांतों की लाल बत्ती से रोक लेते हैं।

जो इस स्थिति से सीधे भिड़ जाना चाहते हैं वे पाते हैं कि स्थिति एकदम उलट-पलट चुकी है।

वे बस अपने जीवन की गीयर स्टिक को पकड़े खड़े रह जाते हैं, जीवन का इंजन कहीं दूसरी जगह धड़धड़ाता है। उनके सामने कहीं जाने का कोई रास्ता नहीं बचा है।

लेकिन यह दुनिया वैसे ही उदारमना लोगों पर टिकी और बची हुई है लेकिन जो लोग इसके मालिक बन बैठे हैं उनका मन भाव और भावनाशून्य है।

सीढ़ियों पर चढ़ते समय मेरे मन में एक विचार उमड़ रहा था, मुझ पर हावी होता जा रहा था।

फ़िज़ गुड़ी-मुड़ी होकर गहरी नींद में डूबी थी। मैं रजाई में वहाँ घुस गया जहाँ उसने गरम किया हुआ था। उसकी टी शर्ट कमर पर लिपटी हुई। उसकी देह गरम और मखमली थी। अगर आप देह के उन स्थानों की खोज में जाएँ जो एकदम गरम और नम रहते हैं तो...मेरा मन उदास था। मैं किसी गरम क्षण में जाकर पूरी तरह खो जाना चाहता था। यह उपहार मुझे फ़िज़ ने दिया था–एक गूढ़ पहेली। वह मेरे लिए सारे आवेग, आवेश और शान्ति का घर थी। मैं इन्हीं दोनों की खोज में उसकी देह में जाता था और मुझे मनचाही मुराद मिल जाती थी। हमेशा ही जो देह मुझे उन्मत कर देती थी, अपने स्पर्श से मुझमें एक गहन शान्ति का संचार भी कर देती थी जैसे कोई हंस झील के शान्त जल में तैरने लगे। मैं लेटकर उसकी कमर को बाँहों में भर लेता और मेरा चेहरा उसके उरोजों के उठान और उतार पर टिका होता और वहाँ पहुँचकर मेरे मन की सारी अशान्ति, उत्कंठा निकल जाती और वहाँ छा जाती गहरी शान्ति।

इससे मुझे प्यार की परिभाषा मिल गई थी।

आवेग और शान्ति, एक व्यक्ति में दोनों साथ-साथ।

मैंने पीछे से उसे छुआ। मुझे चाहिए थी रहने की गीली जगह। वह सीधी हो गई और मैं उसके ऊपर हो गया–मेरा सारा भार मेरी कुहनियाँ झेल रही थीं। मैंने दो उँगलियों को होंठों से स्पर्श किया और खुद को तैयार करने लगा। हल्की से हल्की छुअन, दबाव, गरम प्रतिरोध। मैं केवल इसी तरह अपने हर स्पंदन पर ध्यान केन्द्रित कर सकता था। कूल्हा हिला, मैं पीछे हुआ, बस एक नाजुक स्पर्श मुझे बाँधे-समेटे हुए था, और फिर मैं उसके अन्दर डूबता चला गया। मैंने खुद को आनन्द में डूब जाने दिया।

सब कुछ खो गया।

विचार, उदासी, अहं, महत्त्वाकांक्षा, कला–सब कुछ। मेरा चेहरा उसके बाएँ कान के नीचे था। मेरी साँस उससे टकरा रही थी। मैं आँखें मूँदकर उस सबके बारे में सोचने लगा, जो कुछ मैंने उसके साथ किया था। फिर बिना हिले ही मैं सक्रिय हो उठा। धीमा आनन्द पीड़ादायक था, किसी प्रभावशाली दवा की तरह मेरे अन्दर फैलता हुआ। आवेग-आवेश दो जनों का खेल

है। पर कई बार मैं अपनी गति से इस आनन्द को पाना चाहता हूँ। एक सचमुच की औरत की देह के साथ मैथुन का निरंकुश आनन्द। जल्दी ही एक आन्तरिक ऐंठन मेरे शरीर के पोर-पोर में फैल गई–अपनी तरह का अनोखा, अकेला अनुभव। फ़िज़ जरा भी नहीं हिली थी और मैंने भी कुछ खास नहीं किया था।

कभी-कभी एक पत्ते की सरसराहट ढोल की आवाज से भी तेज सुनाई पड़ती है।

नींद की ऊँची तूफानी लहर मुझे अपने में डुबा रही थी, पर मुझे अपने अन्दर उभरते आराम का खूब अहसास था। दोनों बस वालों की अनगढ़ उदासी ने मेरे अन्दर सोच की लहर उठा दी थी। शायद मुझे वह मिल गया था जिसे मैं खोज रहा था।

पर नहीं, बाकी बातों की तरह इस बारे में भी मैं गलत था।

नट कसने वाला कारीगर

कभी मैंने स्कूल में पढ़ा था कि कवि लोग अपनी कविताओं को काफी समय तक अपने दिमाग में पकने, विकसित होने देते हैं। आम धारणा के विपरीत काव्य लेखन कोई तुरत-फुरत उठनेवाली प्रेरणा से नहीं चलता। एक बार कोई विचार मन में आने पर अच्छे कवि उस पर तुरन्त ही कलम नहीं चलाने लगते। वे धैर्य के साथ उस विचार को और अधिक विकसित होने की प्रतीक्षा करते हैं। वे उस विचार से जुड़े हर भाव को और अधिक अच्छे रूप में सामने लाने के ठीक समय का चुनाव करके ही कलम चलाते हैं जिससे कविता में व्यक्त विचार प्रभावशाली ढंग से पाठकों के सामने आ सकें।

लिखी जाने के बाद भी रचना पर मेहनत करनी जरूरी होती है। जैसे आप किसी बढ़िया रसोइए द्वारा बनाए गए पकवान का आनन्द लेते हैं, उसी तरह अच्छे कवि की सशक्त कविता का रस पाठक ग्रहण करते हैं। एक साधारण रसोइघर या साधारण कवि और एक कुशल रसोइया या श्रेष्ठ कवि में यही अन्तर होता है।

कोई भी श्रेष्ठ रचना तुरत-फुरत सामने नहीं आती।

कुछ भी लिखते समय यह बात सदा मेरे मन में रही और मैंने इस पर गम्भीरता से अमल भी किया।

मेरे दिमाग में एक विचार आया था।

अश्लील और अरोचक के बीच का कुछ। उस विचार को साकार रूप देने के लिए सही क्षण की प्रतीक्षा करनी आवश्यक थी। और मैंने वही करने का फैसला लिया।

उप-सम्पादकीय कतारों में मेरी दैनिक चर्या ने एक नया अर्थ ग्रहण कर लिया था। मैं उस पर ध्यान केन्द्रित कर सकता था। मुझे पक्का विश्वास था कि मेरा असली काम मेरे मन में सही रूप लेने की प्रक्रिया से गुजर रहा है। शुल्टेरी से मिलनेवाली प्रशंसा अब मुझे आनन्द देने लगी थी।

मैं रिपोर्टों का पुनर्लेखन करते समय सही शब्दों का प्रयोग करने लगा था। अब क्रिया-प्रतिक्रिया की सीमाओं से आगे बढ़कर शुल्टेरी से शीर्षकों और रिपोर्टों के परिवर्तित रूप पर नए कोणों से विचार करता था। अपने सहकर्मियों के साथ मेरा रवैया अधिक मैत्रीपूर्ण हो गया था। अब शुल्टेरी और होल सिलासी के बीच लगातार बढ़ता तनाव हमारी चर्चाओं का विषय बन गया था।

लेकिन ऐसा करना खतरनाक था।

न जाने कैसे मैं ग्रीस से चिकने खम्भे के निकट पहुँचने लगा था।

शायद एक या दो बार गुम्बद में बैठे भाग्य-विधाता की नजरें मुझ पर आ ठहरी थीं। अप्रत्याशित सिहरन दौड़ गई थी मेरे अन्दर। उसके झटके पूरे कार्यालय में महसूस किए गए थे।

ऑफिस के दैनिक रुटीन के चक्रव्यूह में फँस जाना आसान था। खबरों का माहौल व्यस्त था। लोग, मुद्दे, घटनाएँ, स्कैंडल भारतीय राजनीतिक परिदृश्य पर तेजी से उभर रहे थे। जैसे फटते पटाखों की कभी न समाप्त होनेवाली लड़ी। इस सबके केन्द्र में थी देश की राजनीति में राजीव गांधी का उदात्त जीवन क्रम। इन्दिरा गांधी और आतंकवादियों की लाशों पर महान चुनावी जीत के रूप में उन्हें मिले जनता के विश्वास की चमक फीकी पड़ने लगी थी। भारतीय राजनीति के उस भद्र पुरुष की मुखमुद्रा अपनी सौम्यता खोने लगी थी। केश झड़ने लगे थे, सहज मुस्कान कुछ कठोर हो चली थी—सदा प्रसन्न भाव वाली आँखें कुछ सतर्क हो गई थीं।

चौदह की उम्र में भोलापन अगर एक वरदान है तो चालीस की उम्र में एक गहन संकट।

भारतीय सार्वजनिक जीवन के ताने-बाने में जातपात और वर्ग, धर्म और क्षेत्र, कथनी-करनी के बीच का गहरा अन्तर, पवित्रता और अमरत्व के बीच का छल, प्रतीकात्मक और सच के बीच का अन्तर्सम्बन्ध, मध्ययुगीन विचार और आधुनिकता के अन्तर्विरोधों का पागल पाखंड रचा-बसा है और उस पर भोलेपन का संकट इसे और भी खतरनाक बना देता है। युवा राजीव ने अपनी माँ या नाना से कोई सीख नहीं ली थी। वह जवाहरलाल की तरह भारत को अपने उच्च विचारों और सपनों के अनुरूप नहीं ढाल सके और इसी तरह खुद को भी भारत के सामन्ती मनोविज्ञान और अविश्वासी गलाकाटू सत्ता हथियाने के खूनी खेल के अनुरूप उस तरह नहीं मोड़-तोड़ सके जैसे इन्दिरा गांधी कर पाई थीं।

उनकी विशेषताएँ, उनके गुण, उनके अपने काम आ सकते थे यदि उन पर आकांक्षाओं-आशाओं और दिवास्वप्नों का बोझ न होता। वह राजवंशीय परम्परा के उत्तराधिकारी थे, भारतीय जिन्हें पूजते हैं, सहज बुद्धि और कड़ा अनुशासन उनका मार्गदर्शन कर सकते थे।

लेकिन उनका अन्तर्ज्ञान उन्हें यह नहीं बना पा रहा था कि उन्हें क्या करना या बनना चाहिए। वह विषम स्थिति में फँस चुके थे। अनुयायी अपने नेताओं से स्पष्ट आदेश सुनना चाहते हैं। फिर चाहे वह गलत ही क्यों न हो। अपने डर और असुरक्षाओं के बीच उन्हें यह पता लगना चाहिए कि ऊपर बैठा कोई उनसे ज्यादा जानता है।

यह प्रवृत्ति खतरनाक है। क्योंकि मूर्ख, निराश अनुयायी केवल अल्प बुद्धि खतरनाक नेताओं की ही रचना कर सकते हैं। और वे सत्तर के दशक से लगातार ऐसा करते आ रहे थे। आठवें दशक के दौरान उन्होंने इस काम को और भी गति प्रदान कर दी थी। वैसे इस तरह का अधिकतम उत्पादन अभी कुछ वर्ष बाद होना था। अन्ततः ऐसा हर भारतीय जो और कुछ करने लायक नहीं था कम से कम यह दावा तो ठोक ही सकता था कि वह देश के मूर्ख नेता उत्पादन उद्योग का जुड़ा एक प्रतिष्ठित कार्यकर्ता है।

मूर्ख नेता देश में कहीं भी उत्पादित हो सकते थे। वे विभिन्न वंश परम्पराओं, जाति और धर्म की मिट्टी से उपज सकते थे, किसी जातपात या समुदाय विशेष का नेता बन सकते थे।

और आप नशेड़ियों की तरह जो कुछ मिल जाए उसी से अपने नशे का इन्तजाम करने को तैयार थे—फिर इस बात से क्या फर्क पड़ता था कि आप क्या पीना पसन्द करते थे।

हमने तरह-तरह के मूर्ख नेताओं का उत्पादन किया और फिर उन सभी को पी गए।

युवा गांधी वंशानुक्रम के ऊँचे स्थल से जुड़े थे लेकिन उनकी खुद की पहचान अनिश्चित हो चली थी। वह अपनी विशिष्ट पहचान भूलकर घुलने मिलने की कड़ी कोशिश में लगे थे।

भारतीय सार्वजनिक जीवन में वह आत्मचेतना की सीमाओं से टकराकर भटकने लगे थे। भारतीय राजनीतिक मंच एक कठिन, कठोर, कभी क्षमा न करनेवाला स्थान है। उनसे अधिक अच्छे लोग यहाँ असफल हो चुके थे और भविष्य में उनका भी यही हश्र होनेवाला था। आनेवाले समय में हर पल वह अपने स्पष्ट विचारों व उद्देश्यों से दूर होते जानेवाले थे। और एक ऐसी प्रक्रिया को शुरू करनेवाले थे जिसमें भारतीय स्वाधीनता का महोत्सव एक झाड़ का रूप ले लेनेवाला था जिनसे केवल इधर-उधर लगे बुरे दीखते जाले ही झाड़े जा सकते थे। जबकि भारतवासी ऐसे तेज चाकू की खोज शुरू करनेवाले थे जिनसे किसी भी पहचान को गहरे उकेरा जा सके।

खतरनाक लोग ये तेज छुरे उपलब्ध करानेवाले थे। व्यक्तियों की कँटीली पहचान गहरे कटाव से उभरनेवाली थी।

इस सहस्राब्दी का अन्त होते--और मेरा जीवन व प्यार मिटने के साथ ही ये कठिन कठोर आकृतियाँ एक दूसरे के पेट में चाकू घुसाकर उधेड़ने को तैयार थीं।

लाशों की गिनती मुश्किल थी। इतनी अधिक पीड़ा थी कि सांत्वना छोटी पड़ गई।

लेकिन तब 1988 में यह हड़बोंग, उथल-पुथल हम पत्रकारों के लिए खुशखबरी थी। हर खबर हमारे कारखाने के लिए खूब कच्चा माल जुटानेवाली थी। हर नई दुर्घटना हमारे आफिस में लहरें उठा देती--फोन बजने लगते, मीटिंगों का दौर शुरू हो जाता, लोग इधर-उधर दौड़ने लगते, गुम्बद में बैठा भाग्य-विधाता हँसता और गुस्से से घूरता नजर आता। हेल सिलासी बेचैनी से इधर-उधर होता, शुल्टेरी आराम से मुस्कुराता और शब्द हमारे पास आकर, फिर आगे निकलते जाते।

ग्रीस से चिपके ऊँचे चढ़ने के खम्भे पर तल्लीनता और सक्रियता का बोलबाला था, मुझे लगता था। गोया हर कोई यह मानता था कि खबरों की रिपोर्टिंग नहीं उनका सृजन भी वही करता है। दूधिया रोशनी से जगमगाते गलियारों में लोगों की भागदौड़ देखते ही बनती थी। लोगों के बाल उड़ रहे थे, लेकिन षड्यंत्र रचने में उनकी महारथ दिनोंदिन बढ़ रही थी। आप अपनी आँखें बंद करके भी महसूस कर सकते थे कि नंगे लोग अपने खड़े, फड़कते शिश्न उठाए आ-जा रहे थे। प्रकाश उनके शिश्न के अग्रभाग से टकराकर छिटक जा रहा था। उनकी टेढ़ी-मेढ़ी शिराओं में खतरनाक योजनाएँ बहा करती थीं। मैंने इससे पहले ऐसा कुछ नहीं देखा था।

चमकते शिश्नधारियों का जमावड़ा, हमारे जैसे छोटे स्तर के लोग उनकी पगलाई भागदौड़ से आतंकित हो उठते थे। औरतें दूर से उन्हें देखकर डरी-डरी मुस्कुरातीं, कोनों में छिप जातीं या दरवाजे बंद कर लेतीं।

एक और अजीब बात मेरे देखने में आई। जो लोग अभी उत्तान शिश्नोंवाली स्थिति में नहीं पहुँचे थे वे भी अपने को तीसमार खाँ समझते थे। एक पत्रकार जो उस चिकने खम्भे पर चढ़नेवालों की कतार में एकदम नीचे होता, जिसके मुँह पर दूसरों के जूते टकराते रहते, जो खुद भी बार-बार फिसलने और फिर ऊपर चढ़ने की कोशिश में होता था वह भी अपने को एक सतर्क बुद्धिवादी दिखाने की भरपूर कोशिश करता। वैसे इसे आत्मश्लाघा का भ्रम ही कहा जा सकता था। हर कोई अपने आत्मसम्मान का हिसाब उसकी रिपोर्टों को पढ़नेवाले पाठकों की संख्या के अनुपात से लगाता था। वैसे इस बात का इससे कोई मतलब नहीं था कि आप कितना कुछ जानते थे या कितने अच्छे इनसान थे। कुछ-कुछ सरकार की तरह--लोगों का पद, निचले स्तर के कर्मचारी--यानी आप अपनी स्थिति का हिसाब अपने अन्दर मौजूद गुणों से नहीं लगाते। यह तय होता था बाहर की स्थितियों से।

मनुष्यों का सार्वभौम नियम। आप वह नहीं जिसे आप दर्पण में देखते हैं–आप वह हैं जिसकी छवि आप दूसरों की आँखों में देखते हैं।

हेल सिलासी!

हर कीमत पर आगे बढ़ने को तैयार लोग–जिंदाबाद!

चमकते शिश्नधारी जिंदाबाद!

इन उत्तेजित स्थितियों में मैं जैसे समय को भूल गया। कई महीने गुजर गए।

एक शाम जब मैं पीछे के चमचम रोशनीवाले कमरे से निकलकर सँकरे गलियारे से होकर बाहर की तरफ आया तो यह देखकर चौंक गया। न सिर्फ सारी दुकानें बन्द हो चुकी थीं बल्कि पार्किंग भी खाली हो चुका था। दोपहर में आकर मैंने अपनी बाइक को मुश्किल से मारूति और अम्बेसेडर के बीच फँसाया था। तब चारों ओर गाड़ियों की मारामारी थी लेकिन अब मेरी बाइक पार्किंग में अकेली खड़ी थी। पार्किंग को सँभालनेवाला पंगु व्यक्ति भी, जो एक हाथ से कारों को पीछे करता था, जा चुका था। वह अपने पीछे एक छोकरा छोड़ गया था–उसका नाम पकौड़ा था। वह गन्दी निकर पहने पटरी के किनारे बैठा हुआ मूँगफली छील-छीलकर खा रहा था। उसने सलाम में हाथ हिलाया। मैंने बाइक स्टैंड से निकाली और उसे एक रुपए का सिक्का थमा दिया। इधर-उधर आवारा घुमक्कड़ भी जा चुके थे और रात के जानवर–वेश्याओं के दलाल, अवैद्य नशीली दवाएँ बेचनेवाले और लौंडे–खम्भों के बीच खड़े थे, या पार्क में टहल रहे थे।

मैंने पकौड़ा से टाइम पूछा–रात के ग्यारह बज गए थे।

एक अनाम आतंक मुझ पर हावी हो गया।

सड़कें सुनसान थीं। मैं बाइक पर लोधी गार्डन के पास से गुजर गया–तो महसूस हुआ कि सर्दियाँ गुजर चुकी हैं। इससे पहले यहाँ से गुजरते समय मैं सिहरकर सिकुड़ जाया करता था। लेकिन अब हवा बदन पर भली लग रही थी। मैंने हैल्मेट परे करके हवा को चेहरे से टकराने दिया। रात निर्मल थी, मैं सफदरजंग फ्लाईओवर के ऊपर पहुँचा तो मुझे दिल्ली का सबसे पुराना हवाईअड्डा दिखाई दिया जहाँ अब सिर्फ ग्लाइडर उतरा करते थे। एम्स क्रॉसिंग की बत्ती लाल थी, लेकिन वहाँ ट्रेफिक न होने के कारण मैं बिना गीयर बदले वहाँ से गुजरता-चला गया।

फ़िज़ टैरेस पर बैठी थी। वह मेरे पहुँचने से पहले पढ़ रही थी लेकिन अब बत्तियाँ बुझी हुई थीं। किताब पत्थर की बैंच पर केले के चिप्स के कटोरे के पास रखी हुई थी। वह ग्रीन पार्क मार्किट से उन्हें नियमित रूप से खरीदा करती थी, पर मुझे उनसे नफरत थी। उनका चॉक जैसा स्वाद नापसंद था।

मैं ओल्ड मोंक ले आया और फिर बेंत की दूसरी कुर्सी भी वहाँ खींच ली। हम पंचकुइयाँ रोड से दो कुर्सियाँ और शीशे की टापवाली मेज खरीद लाए थे। गोल शीशा बेंतों के ऊपर अनगढ़ ढंग से टिका था। और चाहे हम उसे कितना भी साफ करें वह सदा गन्दा ही दिखता था। मैंने गिलास में शराब डाली, कुछ पानी मिलाया और बैंच पर पैर टिकाकर बैठ गया। कालोनी खामोश थी कभी-कभी गुलमोहर के पत्ते मीठे ढंग से सरसरा उठते थे। फ़िज़ ने कंधों पर हल्का शाल डाल रखा था लेकिन उसके पतले हाथ शाल में नहीं ढके थे। उसका गिलास पथरीले फर्श पर टिका था। उँगलियाँ गोदी में आपस में गुथी हुई थीं। बिना कुछ भी कहे मैं जान गया कि हम संकट में हैं।

मैंने कहा–मैं माफी चाहता हूँ।

उसने कहा–तुम अपने काम को ज्यादा से ज्यादा पसंद करने लगे हो। क्यों?

मैंने कहा–सब पागलपन है। आप बस देखते-देखते ही इसमें उलझ जाते हैं। और वहाँ कुछ ऐसे अधपगले हैं कि आप अव्यवस्था को ठीक करने लगते हैं।

उसने कहा–उन्हें तुम्हारा काम पसंद है!

मैंने कहा–हाँ, अपने बेवकूफाना अन्दाज में तो जरूर। लेकिन यह बेमतलब है। सुनो, मैं उनके लिए बस एक नट टाइट करनेवाला भर हूँ। शायद दूसरों से कुछ बेहतर–लेकिन कुल मिलाकर मैं एक पेच नट कसनेवाला ही। अगर कल काम करते-करते मेरी मौत हो जाए तो ये मुझे कुर्सी से परे हटाकर वहाँ किसी और को बैठा देंगे।

वैसे सच कहूँ, वे खुद को चाहे जो समझते हों, पर वहाँ मौजूद हर व्यक्ति नट कसनेवाला ही है। और उनमें से कोई भी मर जाए तो वे उसे कुर्सी से हटाकर उसकी जगह दूसरे को ले आएँगे। यह एक अच्छा कार्यदक्ष कारखाना है। मैं वहाँ नट टाइट करता हूँ। हम सभी वहाँ वे यही काम करते हैं। हाँ, शायद उन्हें मेरा तरीका पसन्द है।

वह बोली–तुम बहुत अच्छे नट टाइट करनेवाले हो, सबसे अच्छे।

उसका स्वर धीमा और सपाट था। वह सीधे मेरी ओर ताक रही थी। लगता था वह लगातार कुछ सोच रही थी। अपने अबूझ व्यक्तित्व के बावजूद उसमें किसी भी बात की तह तक पहुँचने की अद्‌भुत क्षमता थी।

मैंने कहा–मैं ठीक हूँ। अच्छा हूँ। लेकिन हूँ तो मैं एक नट टाइट करनेवाला ही।

उद्यान में उल्लू ने अभी बोलना शुरू नहीं किया था। हमने उसका नाम मास्टर उलूकपिल्लू रखा था। हर रात हम उसकी आवाज सुनने के लिए कान लगाए रहते थे। उसे लेकर हम एक खेल खेला करते थे। हम अनुमान लगाया करते थे कि उसकी आवाज का मतलब क्या था।

हम उलूकपिल्लू की आवाज का मनचाहा अर्थ निकाल लिया करते थे–जैसे, क्या मुझे एक गिलास पानी दोगी, मेहरबानी करके लाइट बन्द कर दो जैसी बातों से लेकर धर्मग्रंथों के अर्थ तक।

उसने कहा–तुम बहुत अच्छे नट कसनेवाले हो, सबसे अच्छे।

मैं बोला–आखिर हुआ क्या है! तुम क्यों परेशान हो रही हो। मैंने कहा न देरी से आने के लिए माफी माँगता हूँ।

उसने फिर कहा–तुम इतने अच्छे नट टाइट करनेवाले हो कि यह काम सोते-सोते भी कर सकते हो।

मैं खामोश रहा–मेरी समझ नहीं आ रहा था कि इस पूरी बात का क्या मतलब है?

आखिर उलूकपिल्लू की आवाज सुनाई दी–तेज और स्पष्ट। फिर भी अगर आप खास तौर से इसे सुनने के लिए कान लगाए न बैठे हों तो आप इसे रात में सुनाई देनेवाली कोई भी अस्पष्ट आवाज समझ सकते थे।

उसने सिर हिलाकर संकेत किया–मास्टर उलूक की भी यही राय है। तुम सबसे अच्छे नट कसनेवाले हो।

मैं बोला–मास्टर उलूक कह रहा है–अब जाने भी दो। उसे पता है नट कसनेवाले कारीगर गली-गली में भरे पड़े हैं।

उसने कहा–लेकिन वे अच्छे कारीगर नहीं। उनमें सबसे अच्छा तो कोई भी नहीं।

मेरे मन में एक कुढ़न सिर उठाने लगी। मैं भी कुछ कह देना चाहता था, मन में क्रोध आ रहा था लेकिन मुझे पता था वह नाराज नहीं है। एकदम शान्त थी। वह मुझसे कुछ कहना चाह रही थी।

मैंने कहा—ठीक है, मैं सबसे अच्छा हूँ। दुनिया में सबसे अच्छा नट कसनेवाला हूँ मैं। तो अब कहो तुम मुझसे क्या करने को कहना चाहती हो?

मि. चिंचपोकली इसकी चिन्ता बाद में करना।

उसने अपना गिलास उठाकर खाली कर दिया। खड़ी हुई—टैरेस के किनारे तक चली गई और गुलमोहर की एक टहनी तोड़कर अपनी बाईं हथेली पर चोट करने लगी।

उसने कहा—तुम्हें याद है न तुमने पंडित के बारे में क्या कहा था।

मुझे बताओ।

उसने कहा—मामूली सफलता का दूसरा नाम बरबादी है।

पंडित हरदयाल अपने बेटे और पोते के साथ सुखना झील की तली में पड़े पानी में घुल रहे हैं।

उसने धीमे-धीमे दोहराया—मामूली सफलता ही विनाश है। फिर उसने गिलास, किताब और केले के चिप्स का पैकेट उठाया, और अन्दर चली गई।

मैं रम पीता हुआ देर तक बाहर बैठा रहा।

मास्टर उलूकपिल्लू फिर बोला—एक बार—दो बार। अब आवाज ज्यादा पास सुनाई दी थी—शायद सड़क पर लगे तारों पर आ बैठे थे महाशय। मैं जानने की कोशिश में था वह क्या कह रहा था।

मेरा खयाल था उसने कहा था—दुनिया में सबसे अच्छा नट कसनेवाला।

अगले दिन मैंने आफिस में फोन कर दिया कि आज मैं नहीं आ रहा हूँ। शुल्टेरी बार-बार जानना चाहते थे कि आखिर मेरे न आने की क्या वजह है? क्या तुम्हारी तबीयत ठीक नहीं? क्या तुम कुछ घंटों के लिए भी नहीं आ सकते? असल में वह मुझ पर ज्यादा से ज्यादा निर्भर रहने लगे था। ग्रीस से चिकनाए खम्भे पर चढ़ने की कोशिश में अच्छे मजबूत कंधों की जरूरत थी। और अगर वे उन लोगों के कंधे हैं जो खुद उस खम्भे पर चढ़ने की दौड़ में शामिल नहीं हैं तो इससे अच्छी बात और कुछ नहीं थी।

मैं उनके किसी सवाल का जवाब देने के मूड में नहीं था, न ही मैं झूठ बोलना चाहता था। मैंने चुपचाप रिसीवर नीचे रख दिया। कुछ देर बाद उनका फोन फिर आया। मैं झट अगले द्वार से बाहर निकलकर सीढ़ियाँ उतर गया ताकि फ़िज़ उन्हें बता सके मैं घर पर नहीं था।

मैं डीयर पार्क में चला गया और उदास तारों वाले बाड़े के सामने से गुजरा जिसमें बुझी आँखोंवाले पशु मौजूद थे। फिर पुल पर से टहलता हुआ डिस्ट्रिक पार्क में जा पहुँचा। धूप अब सहनीय हो गई थी। हर कहीं हरी घास फैली थी। पीले गलेवाले लैपविंग हौजखास के खँडहरों के नीचे वाले तालाब की सूखी फटती तली का मुआयना करते हुए उड़ रहे थे। वहाँ स्थिर खड़े हिरनों और शान्त खरगोशों के लिए कोई बाड़ नहीं थी। लाल शिमला मिर्च के पेड़ों के नीचे एकाएक चमकीले ललछौंह कोकल पक्षी के पंखों की फड़फड़ाहट सुनाई दी। एक हुदहुद अपनी पतली नुकीली चोंच से धरती में सुराख कर रहा था, ड्रोंगो पक्षी काली चमकदार त्वचा में दोपहर में दावत की तलाश में इधर-उधर टहल रहे थे। क्षीणकाय गुलाबों की क्यारियों में माली अपने फुर्तीले हाथों से गोबर और मिट्टी को धीरे-धीरे उलट-पलट में लगे थे। इधर-उधर झाड़ियों में आयाएँ मौजूद थीं, मूँगफलियाँ छीलतीं, बतियातीं, बाबा लोगों को बच्चा गाड़ियों में सुबह की सैर कराती हुई—कामकाजी युगल अपने काम पर निकल चुके थे।

फ़िज़ सदा कहा करती थी—जब हमारे बच्चे हो जाएँगे तो हम दोनों ही नौकरियाँ छोड़ देंगे।

बेकार युगल और दो बच्चे!

पगडंडियों पर सुन्दर युवा माताएँ चहलकदमी करती दिखाई देती थीं, भावहीन मुखमुद्रा, उन सँकरी गलियों में रास्ते तलाशती हुई जहाँ उनकी जीवन धारा आ पहुँची थी। अकेला पति, एक की आमदनी, एक बच्चा केवल एक व्यक्ति।

मैं पोखर के सामनेवाले हरी घास के उठान पर जा बैठा। लेकिन तुरन्त उठ भी गया। क्योंकि इस समय तो घूमना बेहतर था। मैं एक झूठी शान्ति के भ्रम में था।

मैं सोचे बैठा था कि मैं काम कर रहा हूँ–मन में आगे की योजनाएँ पक रही थीं–लेकिन यह एक भ्रम ही था–असल में तो मैं ग्रीस से चिकनाए खम्भे के पास और पास पहुँचता जा रहा था। और फ़िज़ ने उस झूठी शान्ति के बाँध को तोड़ डाला था। मैं नदी के बेचैन प्रवाह में जा पहुँचा था–वह बेचैन प्रवाह मेरे अन्दर से तेजी से गुजर रहा था–बचने के लिए मुझे और भी तेजी से चप्पू चलाने थे।

मामूली सफलता तो एक विनाश है।

संसार का सबसे अच्छा नट कसनेवाला कौन–मैं।

रात को हम मद्रास कैफे में उपमा खाकर लौटे और बिस्तर में घुस गए, तो मास्टर उलूकपिल्लू की पुकार सुनाई दी–जैसे वह रात का जायज़ा ले रहा था।

फ़िज़ ने कहा–मास्टर उलूकपिल्लू कह रहा है–जीवन में कुछ बड़ा करने–दिखाने की योजनाएँ बनाते समय समझदार पुरुष अपनी पत्नियों की सलाह मानते हैं।

मैं अँधेरे में खामोश रहा–उसका हाथ थामे हुए। तभी दूसरी पुकार सुनाई दी।

मैंने कहा–सुना, वह कह रहा है आप योजना बनाए बिना मकान का निर्माण नहीं कर सकते।

और जब उलूकपिल्लू फिर बोला तो उसने कहा–अच्छे वास्तुविद पहले अपनी योजना को कागज पर उतारते हैं–उन्हें अपने दिमाग में ही बन्द नहीं रखते।

कुछ समय बीत गया। शायद उलूकपिल्लू सोच रहा था कि अब उसे क्या कहना है। हम खामोश लेटे थे। आवाजें थीं केवल घड़ी की टिक-टिक और कभी-कभी रेफ्रिजिरेटर से उठनेवाली फिट-घुर की। मद्धिम नीली रोशनी में मैं सामने की दीवार पर लगे एजरा पाउंड के फ्रेममंडित चित्र को देख पा रहा था। मुझे उनकी दाढ़ी और नुकीली नाक पसंद थी। वह उस पागल रूसी सामंत जैसा मालूम दे रहे थे जो अपने घोड़ों को दौड़ा-दौड़ा कर मार डालता था। एक दिन में एक पीपा शराब पी जाता था और अपनी नजरों में पड़नेवाली हर वेश्या को मसल डालता था। उसकी आँखें गहरी छाया कूपों में धँसी हुई थीं। पर मुझे पता था कि उसकी कठोर दृष्टि मुझ पर ही टिकी हुई थी। सच वह आधी सफलता के प्रति अपनी हिकारत छिपा नहीं पा रहा था। लेकिन वह भी तो अपने में एक बहुत बड़ा नट कसनेवाला ही था। एक उच्च शिल्पी। टाम भी इस बात की तसदीक करेगा।

मास्टर उलूकपिल्लू की आवाज आई। साफ और तेज। रात के सन्नाटे में उसकी आवाज ने जैसे एक सुराख कर दिया। लेकिन फ़िज़ के कुछ बोलने से पहले ही मैंने कहा–मास्टर उलूकपिल्लू कहता है कि बात बेकार है–कर्म ही सब कुछ है। और मैं उस पर लुढ़क गया। मैंने और कुछ भी सुनने से इनकार कर दिया। भले ही मास्टर उलूकपिल्लू चाहे कुछ भी कहना चाह रहा हो।

हमने लाजपत नगर के पुराने फर्नीचर की मार्किट से एक छोटी स्टडी टेबल खरीद ली थी। इसमें बाईं तरफ दो छोटे ड्रावर थे और पैर टिकाने के लिए एक डंडा लगा था। ड्रावर झटके से खुलते

थे और उन पर एंटीक होने का भ्रम देनेवाली घुंडियाँ लगी थीं। मेज पर चमकदार गहरे ब्राउन रंग की पालिश की गई थी और देखने से मेज कोई पुरातन शिल्प मालूम देती थी। और मैंने भी उसे एंटीक पीस ही समझा था। लेकिन जब फ़िज़ ने उस पर अपनी उँगलियों के पिछले हिस्से से टकटकाया तो उसमें पोली ध्वनि सुनाई दी और जब उसने उसकी सतह को नाखूनों से खुरचा तो मेज के सुराखों और दरारों में भरी गई पुटी निकलकर उसके नाखूनों के नीचे भर गई।

उसने हँसकर कहा—लगता है जैसे इसे कल ही ठोक-पीटकर तैयार किया गया हो।

वैसे मुझे इससे कोई फर्क नहीं पड़ता था। मुझे तो बस काम करने के लिए एक मेज की दरकार थी। हम उससे मिलती-जुलती बिना हत्थों की कुर्सी भी खरीद लाए थे। कुर्सी का पिछला दायाँ पैर कोई आधा इंच छोटा था। हमने तुंदियल दुकान मालिक से यह कहा तो वह नाभि में गन्दगी की खोज में उँगलियों फिराते हुए और अपने फर्नीचर की तारीफों का पुल बाँधता हुआ बोला कि वह हमारे पास भेजने से पहले कुर्सी को ठीक-ठाक करवा देगा।

फर्नीचर मार्किट के ऊबड़-खाबड़ बेतरतीब फैलाव के बीच से गुजरते हुए सब तरफ से असली और नकली के बारे में चल रही, जोरदार बहस लगातार हमारे कानों में पड़ रही थी। हर कोई टीक, टीक, टीक कह रहा था। हर किसी को टीक चाहिए थी। हर ग्राहक टीक से बना फर्नीचर माँग रहा था। टीक के बारे में जानकारी चाहता था। अगर आप कानों पर जोर देते तो दुकानों के पिछवाड़े तुरत-फुरत एंटीक फर्नीचर को तैयार होते सुन सकते थे। टीक-ठक-टीक-ठक, टीक-ठक की आवाजें उभर रही थीं।

मेज और कुर्सी को छोटे कमरे में पहुँचा दिया गया। कमरे में खिड़की तो थी लेकिन वह मकान के पिछवाड़े की सर्विस लेन में खुलती थी। लोग उस गली से कम ही गुजरते थे। जगह-जगह झाड़-झँखाड़ उग आए थे। हर कहीं कूड़ा पड़ा था। लोहे की सँकरी जालियों ने छोटे मकानों के पिछवाड़े के छोटे नन्हे आँगनों और सामान से ऊँचे बरामदों को अपनी कैद में ले रखा था।

यह था भारत के महान मध्य वर्ग का हवा और रोशनी और सुरक्षा का मिला जुला स्थापत्य। वैसे ज्यादातर सुरक्षा—सुरक्षा और सुरक्षा ही देखने में आती थी।

हर कहीं कपड़े सुखाने के लिए रस्सियाँ तनी हुई थीं। उन पर रंगीन प्लास्टिक की चिमटियाँ टहनी पर अंकुओं की तरह लटकी हुई थीं। दोपहर के करीब, कपड़े धोने का समय बीतने के बाद, उन रस्सियों पर तरह-तरह के रंगीन कपड़े लटकने लगते थे। कपड़ों को देखने भर से आप वहाँ के निवासियों की जीवनचर्या की अन्तरंग झाँकी पा सकते थे। कुछ मकानों के पिछवाड़े छोटी पेंटीज खुलेआम सूखती देखी जा सकती थीं।

पिछवाड़े की इस गली की पूरी लम्बाई में तारों का बेतरतीब जंगल-सा था। टेलीफोन व बिजली के तार। वहाँ से वे बड़े अनियोजित ढंग से मकानों के अंदर पहुँचे हुए थे।

छोटे कमरे में मेज लगाते समय मैंने खिड़की के बाहर स्लेटी काला कौआ उल्टा लटका हुआ देखा। लगता था कौआ अभी-अभी मरा था। बिजली के झटके ने उसके शरीर पर कोई निशान नहीं छोड़ा था। उसके पंख चमकदार थे। उसके मुँह पर भी कोई निशान नहीं था और देखने में वह एकदम शांत दिखाई देता था। उसके शव पर मौसम और कीड़ों ने अभी हमला नहीं किया था।

क्या यह एक अपशकुन है?—मैंने फ़िज़ से पूछा। वह बोली—कौआ मेहमान के आने का संकेत होता है।

मैंने कहा—यह मरकर उल्टा लटका हुआ है।

वह बोली—लगता है बेचारे को बहुत देर तक प्रतीक्षा करनी पड़ी। वह प्रतीक्षा करते-करते हुए ही अपनी जान दे बैठा।

फ़िज़ ने दीवारों पर प्लाईवुड के तख्ते लगा दिए। बढ़ई ने कहा—यह एक नई तरह की प्लाईवुड थी—उस पर पानी और दीमक का असर नहीं होता था और यह किताबों से भी ज्यादा दिन तक चलनेवाली थी।

यह बात उसने बहुत बार दोहराई थी। हर कोई अनन्तकाल तक रहने की योजना बनाता है। वैसे किताबों को देखते ही मैं बता सकता था कि उनमें से कई तो पहले ही मर चुकी थीं।

उल्टे रखे गत्ते के डिब्बों पर महीनों से किताबों के कई ढेर लगे थे। किताबों के ढेर आपस में एक दूसरे पर झुके थे लेकिन अब उन्हें खोलकर सीधे रखे जाने का मौका मिला था। फ़िज़ ने किताबों को उनके आकार के हिसाब से लगाया था। अगर उनकी रंगीन पुस्तों पर उँगली फिराई जाती तो आप चढ़ाव-उतार-चढ़ाव-उतार को महसूस कर सकते थे गोया आप एक स्लोफोन पर उँगलियाँ फिरा रहे हों।

फ़िज़ ने खिड़की पर हल्के रंग का परदा लटका दिया। परदा हल्के कपड़े का बना था जो हवा में झूल उठता था और धूप को अंदर आने देने में भी बाधा नहीं डालता था। मैं परदे के पास खिड़की के बाहर उल्टे लटके मृत कौए को बखूबी देख सकता था। वह वहाँ कई हफ्तों तक उसी तरह लटकता दिखाई देता रहा। हवा, धूप और पानी उस पर धीरे-धीरे असर डालते रहे। कुछ समय तक किसी फटी पतंग की तरह दिखाई देता रहा। उसकी देह में जगह-जगह छेद हो गए और फिर वह गायब हो गया। मैं बाहर झाँकता तो लगता आसपास के परिसर में नाटकीय बदलाव आ गया था।

मेज पर ब्रदर एक प्लेट की तरह खुल जाता था। उसकी लाल देह चमचमाती रहती थी और काली चमकदार चीज उँगलियों को निमंत्रण देती लगती थी। इजरा पाउंड के पोर्ट्रेट को बैडरूम से हटाकर डैस्क के सामने लगा दिया गया था। उनकी गहन दृष्टि का अहसास पाने के लिए मुझे बस उस तरफ ताकना भर होता था। सुनहरी स्याही से बना रवींद्रनाथ ठाकुर का रेखाचित्र दरवाजे के पास लटका हुआ था। टाइपराइटर के ऊपर किसी उग्र पर्यवेक्षक की तरह झुका हुआ गोया मेरे काम पर नजर रखने के लिए। एक चार फीट लम्बा और दो फीट चौड़ा सस्ता कालीन गरमाई देने के लिए फर्श पर बिछा था। बच निकलने के सारे रास्ते बन्द हो चुके थे। दरवाजा बन्द करते ही फर्नीचर पालिश की तीखी गन्ध। इसने पूरी तरह गायब होने में बेचारे कौए से भी अधिक समय लिया था।

कई सुबह तो मैंने कुछ नहीं लिखा। मैंने ब्रदर को परे खिसकाया और लिखने का कार्यक्रम बनाने में जुट गया। मैंने चरित्रों और कथानक की अलग-अलग रूपरेखाएँ बनाईं। मैं उनके कई अस्पष्ट प्रारूप तैयार करता और फिर उन्हें रद्द कर देता—फिर नई रूपरेखा बनाने में लग जाता। फ़िज़ सम्मान के भाव से जरा परे ही रहती। मैं बार-बार कमरे से बाहर जाता—वार्निश की गन्ध और अपने दिमाग के खालीपन से पीछा छुड़ाने के लिए। मैं जब भी बाहर जाता तो फ़िज़ छोटे कमरे में लव सीट पर अधलेटी पढ़ने में मग्न दिखाई देती। वह मेरी ओर प्रश्नभरी दृष्टि से देखती पर कुछ न बोलती—सिर्फ इतना पूछती, मुझे कुछ चाहिए तो नहीं।

कला मंदिर की स्थापना हो गई थी। अब चमत्कार होने की आशा थी।

मैंने शुल्टेरी से कहा कि वह मेरी ड्यूटी स्थायी रूप से दोपहर की पाली में लगा दे। मैं सोचता था इससे मुझे सुबह अपने मंदिर में काम करने का मौका मिल सकेगा।

मेरे साहित्य कला मंदिर ने मेरे दफ्तर के काम काज पर जैसे जादुई प्रभाव डाला। ग्रीस से चिकने खम्भे पर चलनेवाली गतिविधियों में मेरी दिलचस्पी खत्म हो गई। हेल सिलासी और शुल्टेरी की एक-दूसरे के चेहरों पर जूते टकराने की कलाबाजियाँ दयनीय मालूम पड़ने लगीं। अब मुझे इस बात की जरा भी चिंता नहीं रह गई थी कि कौन है जिस पर गुम्बद में बैठे भाग्यविधाता की कृपा दृष्टि है। और यह कि वह किस पर कितनी ग्रीस लथेड़ रहा था। मैं उप-सम्पादकीय कतारों में और गहरे चला गया। मेरी भाषा में एक सुधार आ गया। उसमें घुसता शब्दाडम्बर गायब हो गया और पुनर्लिखित रिपोर्ट फिर से व्यावहारिक हो गई।

क्या साधारण असफलता मामूली सफलता से अधिक सम्मानजनक थी।

मैं समझता हूँ पंडित ने तो इस बारे में कुछ कहा नहीं था।

हैरानी की बात यही थी कि शुल्टेरी इससे बहुत सन्तुष्ट था कि मैं फिर से अपनी आरम्भिक उदासीनता के खोल में वापस चला गया था। ग्रीस से चिकने खम्भे पर पहले ही काफी लोगों की भीड़ थी। उसने खुशी-खुशी समय परिवर्तन की मेरी बात मान ली। वह मुझे प्रोत्साहित करता—जिन्दगी का मजा लेना चाहिए। इससे जीवन में एक स्वस्थ सन्तुलन बना रहता है। जब दुकानें बन्द होने लगतीं तो मैं दफ्तर छोड़ देता। शुल्टेरी के साथ एक उप-सम्पादक आधी रात के बाद तक तैनात रहता—उसके हाथ चिकने खम्भे के इर्द-गिर्द मजबूती से कसे हुए और आँखें टिकी थीं गुम्बद पर जिसमें भाग्य-विधाता बैठता था।

पहले सप्ताह के दौरान फ़िज़ कुछ उलझन में दिखाई दी। क्योंकि टाइपराइटर की खटखट नहीं सुन पड़ती थी। लेकिन उसने पूछा नहीं। वह पहले मेरे बोलने की प्रतीक्षा में अपने को रोके रही और फिर एक सुबह एक पंक्ति सामने उभर आई—वह युवा सिख उस जगह कभी नहीं गया जहाँ वह अपने घोड़े को नहीं ले जा सकता था।

मौन उत्तेजना के भाव से मैंने रोलर पर चढ़े कागज को फिर से एडजस्ट किया और टाइप करने लगा। खटखट की आवाज पूरे मकान में मंदिर की तेज घंटियों की तरह गूँजने लगी। इससे कमरे से उठी आश्वस्ति की साँस को मैंने साफ-साफ सुना। मैंने हड़बड़ाए भाव से उँगलियों को कई बार मोड़ा और कागज पर अगली पंक्ति उभरने लगी। वह समझता था कि दुनिया में आदमियों के लिए जितनी जगह थी उतनी ही घोड़ों के लिए भी थी।

उस रोज जब मैं आफिस के लिए घर से निकला तो जैसे हवा में तैर रहा था। मैंने कुल जमा दो पैराग्राफ ही लिखे थे, लेकिन उससे क्या फर्क पड़ता था। इंजन आखिर चालू हो ही गया था। गीजरों की अदल-बदल, गति को तेज करना आदि तो बाद में भी हो सकता था।

रात को मास्टर उलूकपिल्लू की आवाज उभरी तो फ़िज़ ने कहा—वह जानना चाहता है क्या तुम बताओगे कि आखिर हो क्या रहा है।

मैंने अपना हाथ उसके सिर के नीचे रखा। उसे अपने पास खींचते हुए अपने आलिंगन में बाँध लिया।

जब उलूकपिल्लू की दूसरी पुकार सुनाई दी तो मैंने कहा—वह कह रहा है हर बात की जगह और समय होता है।

उसने अपना मुँह चादर में छिपा लिया और कुछ मिनट बाद भीगे स्वर में बुदबुदाई—क्या सच, तुम मानते हो कि वह यही कह रहा है।

हाँ।–मैंने कहा–हाँ, हाँ, हाँ।

मैंने काम का जो पुराना टाइमटेबल बनाया था उसे एक तरह से त्याग दिया पर उसके वह निषेध अब भी मेरे मन पर हावी रहे। इस बार मैंने तय कर लिया कि अनुशासन को खामख्वाह ही इतना महत्त्व दिया जाता है। मैंने सोच लिया कि इस बार मैं अपने मन का कहना मानूँगा। फिर चाहे वह मुझे कहीं भी क्यों न ले जाए। मैंने अपने लिए काम की कोई रूपरेखा या चौखटा नहीं तय किया। अब रोज शाम को लिखे गए शब्दों की गिनती गिनने में भी मेरी कोई दिलचस्पी नहीं थी। बस केवल एक बन्धन अपने ऊपर लगाया कि हर रोज मैं कम से कम दो घंटे काम जरूर करूँगा। मैं लिख सकूँ तो उतनी देर तक लिखूँ वरना मैं उसे छोड़कर उठ भी सकता था–और मुझे कोई अपराधबोध नहीं घेरेगा।

कला की सहजता।

लेकिन मैं इस राजनीति की सिफारिश नहीं करूँगा। शायद इससे कवि जन्म लेते हों लेकिन गद्य लेखक तो कभी नहीं। काव्य की उद्‌भावना के प्रकट होने की प्रतीक्षा आपको एक अस्पष्ट लापरवाही के मंच में डुबा सकती है–और उस दौरान आप कुछ भी नहीं कर पाते। कवियों को तो छह प्रेरणाएँ, छह कविताएँ भी मशहूर कर दे सकती हैं। लेकिन बेचारे गद्य लेखन अपने लिखे छह या साठ पन्नों से भी भविष्य में अपने लिए कोई जगह नहीं बना सकते।

पहले सप्ताह के दौरान मैं हर रोज सुबह कुछ पैराग्राफ लिखा करता था–और लिखकर मन में खुशी आती थी। 'उत्तराधिकारी' को सुखना झील में डूबे हुए लगभग एक वर्ष बीत चला था। इतने अन्तराल के बाद दोबारा कुछ लिखने की कोशिश–

मुझे लगता था जीवन में मैं भी कुछ तो जरूर कर सकता हूँ। पुराना टाइमटेबिल छोड़ देने का भी अच्छा प्रभाव पड़ा था। मैं हर दिन लिखे हुए शब्दों को जोड़-घटाव के चक्कर से बाहर निकल आया था। अपने पुराने तौर-तरीके मुझे उकताहट से भर देते थे। नियम-कानून, हर शाम शब्दों की गिनती करना और लिखे हुए को सहेजना जैसे लेखन नहीं उसका विकल्प बन गए थे।

सबसे बढ़कर टाइपराइटर की खटखटाखट मुझे पसंद थी। आफिस में मैं पहली बार कम्प्यूटर उपयोग में ला रहा था। उसके की बोर्ड को बस हल्के से स्पर्श करना होता था, उस छुअन में टाइपराइटर से उभरनेवाली खटखट का संगीत नदारद था। चमकती स्क्रीन पर उभरते और गायब होते शब्द टाइप से कागज पर उतरनेवाले शब्दों की तरह स्थायी नहीं लगते थे। दफ्तर में काम करते समय ऐसा लगता जैसे मैं काम नहीं, काम का दिखावा कर रहा हूँ। लेकिन घर पर काम करते समय लगता जैसे टाइपराइटर पर मैं कोई स्थायी महत्त्व की कृति तैयार कर रहा हूँ।

क्या अजीब स्थिति थी–दफ्तर के काम का यथार्थ मुझे नकली लगता था और अपने टाइपराइटर पर तैयार होनेवाली बेकार कृति एकदम जीवन का सत्य मालूम देती थी।

जैसे वृद्ध हिन्दू यह बताते हुए कभी नहीं थकते कि संयम जैसा दिखाई देता है वैसा होता नहीं।

इस दौरान फ़िज़ स्कूलों के चक्कर काट रही थी। वह अपने खालीपन से ऊब गई थी और फिर से हम पैसे की तंगी से गुजर रहे थे, हालाँकि इस बारे में हम दोनों आपस में बात करने से बचते थे और फिर कहीं नौकरियाँ थीं भी नहीं। पूरे भारत को जैसे डिग्रियों के बुखार ने घेर लिया था–नैसर्गिक क्षमता, प्रतिभा, योग्यता अच्छे गुण थे, लेकिन डिग्रियों के घोड़ों पर सवारी

करके ही उनकी कीमत जताई जा सकती थी। हिन्दुस्तानी लोग यों डिग्रियों के घोड़े हासिल करने के फेर में लगे थे मानो वे कहीं हमला करने जा रहे हों।

डबल एम.ए., एम.ए., बी.एड., एम.ए., एल.एल.बी., एम.फिल, एम.एड–शादी, नौकरी, प्रतिष्ठा, यानी हर चीज इन अन्तहीन उपाधियों पर ही आश्रित थी। ज्यादातर मामलों में लोगों ने बहुत देर से जाना कि वे असली नहीं, लकड़ी के घोड़ों की सवारी कर रहे थे, जो उन्हें कहीं नहीं ले जा सकते थे।

मध्यवर्गीय भारत का बड़ा वर्ग लकड़ी के घोड़ों पर सवारी करके परेशान हो चुका था।

फ़िज़ ने सिर्फ बी.ए. किया था और उसने अपनी डिग्री भी नहीं ली थी--कॉलिज के दिनों की हमारी नकचढ़ी लापरवाही। इसलिए नौकरी पाने की उसकी कोशिशें असफल होनी ही थीं। हो सकता है दरवाजों पर खड़े दरबान ही उसे अंदर जाने से रोक देते–अगर ऐसा नहीं हुआ तो इसलिए कि उसके हाव-भाव से लगता था जैसे उसके पास डिग्रियों के न जाने कितने घोड़े मौजूद हैं।

मैंने दफ्तर में अपने साथियों से भी जानकारी ली। सबसे उचित सुझाव यही लगा कि वह पुस्तक सम्पादन का काम करे तो ठीक रहेगा। मेरा एक सहकर्मी कभी एक प्रसिद्ध प्रकाशन संस्थान में काम कर चुका था। उसने बताया कि वह बहुत बड़ा स्कैंडल था। उस प्रकाशन संस्थान ने कुछ प्रतिष्ठित विदेशी पुस्तकों का प्रकाशनाधिकार लिया था। लेकिन वह नकली संस्करण धड़ल्ले से छापता था–और जिनके मुद्रण अधिकार लिए गए थे उनके हिसाब-किताब में भी पूरी बेईमानी बरती जाती थी।

हाल में उन्होंने स्थानीय लेखकों की पुस्तकें छापनी शुरू की थीं। ये ऐसे व्यापारी, उद्योगपतियों तथा राजनेताओं की भद्दे ढंग से लिखी गई जीवनियाँ थीं, जो उनकी छपाई और कागज के लिए पैसे देते थे। इसके अतिरिक्त वह प्रकाशन कभी-कभी रिसर्च पेपर भी छापा करते थे जिन्हें पहले ही कुछ संस्थाओं को बेच दिया जाता था। कथा साहित्य की कुछ पुस्तकें भी छापी गई थीं लेकिन वे बिलकुल ही नहीं बिकीं। उस प्रकाशन गृह का दरवाजा खटखटानेवाले उपन्यासकारों का तो असम्मान होना ही था।

संस्थान का नाम था धर्म बुक्स–सदाचारी पुस्तकें। फर्म के मालिक की बड़ी-बड़ी मूँछें थीं। मूँछें उसके गालों पर यों छाई रहतीं जैसे चम्बल घाटी के डाकुओं की मूँछें। वह सिगार का शौकीन था और सफेद मर्सीडीज कार में चलता था। नाम था दम अरोड़ा। वह कभी कोई किताब नहीं पढ़ता था। उसकी आमदनी का बड़ा स्रोत था पेट्रोल पम्प और गैस एजेंसियाँ। मेरे एक सहकर्मी ने कहा कि एक बार दम अरोड़ा ने उसे अपनी मनपसंद पुस्तक का नाम बताया था–जोनाथन लिविंग्स्टन सीगल। दम ने कहा था कि उस किताब ने उसे जीवन का अर्थ बताया था और उसमें छपे पक्षियों के चित्र असाधारण थे।

मेरे साथी ने मुझे वे तीन कारण गिनाए जिनकी वजह से उसके साथ काम किया जा सकता था। वह काम के पैसे तो कम देता था लेकिन ठीक समय पर भुगतान करता और आपके काम में कोई दखलंदाजी न करता। वह प्रति पृष्ठ सम्पादन के पाँच रुपए देता था और प्रूफ पढ़ने के तीन रुपए। अगर कभी किसी को घर पर बुलाता, एक डी बोतल से जानी वाक़र ब्लैक लैबुल शराब पेश करता। ऐसे मौके पर वह काफी उदार दिखाई देता था। यदि कोई पी सकता तो वह पूरी बोतल पी सकता था। जब कोई उसके घर पहुँचता तो वह जोर से कहता–हाँ-जी, जानी-शानी हो जाए।

उसकी बड़ी-बड़ी मूँछें रँगने के लिए नाई घर पर आया करता था। इसके बाद उसकी त्वचा पर कई दिनों तक काले-काले धब्बे देखे जा सकते थे।

फ़िज़ दम से मिलने चली गई। फ़िज़ को वह मुँहफट लेकिन दोस्ताना लगा। उसने फ़िज़ को अपने पुस्तक प्रेम के बारे में विस्मय से बताया। उसने कहा–वह किताबों से कोई कमाई नहीं करता था, पर किताबों से उसे आध्यात्मिकता की अनुभूति होती थी। और फिर जैसा कि हम सभी जानते हैं पैसे जुटाने का कोई अर्थ नहीं होता, धन दौलत को तो पीछे ही रह जाना है। बस भगवान का नाम ही हमारे साथ जाता है। अन्त में उसने कहा कि वह फ़िज़ को सम्पादन के लिए तीन रुपए प्रति पेज की दर से भुगतान करेगा। फ़िज़ ने कहा कि उसने तो सुना था कि सम्पादन की दर प्रति पेज पाँच रुपए है। इस पर दम ने कहा–ठीक है। वह पाँच रुपए प्रति पेज ही देगा क्योंकि उसे फ़िज़ अच्छी, भली औरत मालूम दी थी।

दम ने फ़िज़ को एक प्रशासनिक अधिकारी की जीवनी सम्पादन के लिए दी। फ़िज़ ने पाया मोटी पांडुलिपि को अच्छे ढंग से टाइप करके सुंदर बाइंडिंग में बाँधा गया था। यह एक आत्मकथा थी। वह आदमी काफी पहले रिटायर हो चुका था। पांडुलिपि उसके द्वारा अपनी प्रशंसा ही थी कुल मिलाकर। पुस्तक में उन उत्तम कार्यों का विस्तृत विवरण था, जो अपनी तैनातीवाले जिलों में किए थे–उसने भारत की जनता की खूब सेवा की थी। मैं जब फ़िज़ को काम करते देखता तो वह पांडुलिपि पर काम करती दिखाई देती।

वह कहती–उसे एक सामुदायिक गौशाला शुरू करने पर सम्मानित किया गया है या वह अभी-अभी यह बता रहा था कि रोटरी क्लब में नगरपालिका सुधारों पर उसके भाषण पर लोगों ने कितनी तालियाँ बजाई थीं।

पूरा दिन काम में जुटी रहने के बाद वह सुस्ताती हुई नाटकीय अंदाज में कहती–पंद्रह पृष्ठ–पचहत्तर रुपए।

मेरा अपना लेखन भी सही चल रहा था। मुझे लगता था चंडीगढ़ से दिल्ली तक के पगलाए सफर तथा अखबार में छपी एक रिपोर्ट से मुझे एक महान आईडिया हाथ लग गया था। यह किताब 'उत्तराधिकारी' से एकदम उलट होगी। यह बहुत बड़ी नहीं होगी, न ही इसमें कई पीढ़ियों की कथा रहेगी। मैं अपनी कथा का ताना-बाना एक घटना के इर्द-गिर्द बुनने की सोच रहा था। एक घटना, एक यात्रा, एक चरित्र। मैं एक सुंदर हीरे की रचना करते जा रहा था रचना के रूप में। मेरा खयाल था कि मैंने संक्षेप में बड़ी बात कहने का रहस्य जान लिया था।

वह युवा सिख उन स्थानों पर कभी नहीं गया जहाँ उसका घोड़ा नहीं जा सकता था।

तो मैंने इस तरह शुरुआत की। मेरी कहानी का मुख्य चरित्र एक युवा अनाथ सिख था जिसका लालन-पालन पंजाब के एक छोटे गाँव के सिख धार्मिक संस्थान में होता है। वह अन्तर्मुखी स्वभाव का व्यक्ति है जिसे धर्म में गहरी आस्था है। वह वीर कर्म में रचा-बसा एक योद्धा सन्त है। वह धार्मिक शिक्षण संस्थान की सीमाओं से कभी बाहर नहीं निकलता। गुरु ग्रंथ साहिब के पाठ तथा गुरुवाणी गाने के अतिरिक्त अगर कोई दूसरी बात उसे आकर्षित करती है तो वह है स्कूल में रखे जानेवाले घोड़ों की सवारी करना।

ले-देकर वे हैं उसका परिवार। वह घंटों घोड़ों की सवारी में बिताता है, उन्हें अपने हाथ से खिलाता है, उनकी मालिश करता है। अपने संस्थान के दूसरे छात्रों की बजाय उसे घोड़ों का संग-साथ अधिक प्रिय है, क्योंकि बाकी पात्र केवल अपने परिवारों और मित्रों की बातें

करते हैं। कभी-कभी रात में नींद टूट जाती है तो खुद को बहुत अकेला महसूस करता है। और तब बिस्तर से उठकर इमली के पेड़ के नीचे बाँधे गए घोड़ों के पास जा पहुँचता है। और उनके पास लेट जाता है।

घोड़ों को हिनहिनाते और हिलते-डुलते सुनता है। साँस के उठती-गिरती उनकी देहों को महसूस करके उसका मन शांत हो जाता है। अकसर उसे वहीं लेटे-लेटे नींद आ जाती है।

घोड़े उससे फुसफसाते हैं। उन्हें सुनना उसे बहुत अच्छा लगता है।

वहीं रहकर वह इक्कीस बरस का हो जाता है। और फिर एक घटना घटती है। वह घटना क्या होगी यह मैंने अभी तय नहीं किया था—जो उसे देश की राजधानी दिल्ली की यात्रा करने पर मजदूर कर देती है। वह अपने धार्मिक संस्थान के अध्यक्ष सन्त से अनुमति माँगता है। अपना कम्बल लपेटता है, कमर से कसकर बाँधता है। एक हाथ में भाला उठाता है और घोड़े पर सवार होकर निकल पड़ता है। वह अमृतसर पहुँचकर स्वर्ण मंदिर का दर्शन करता है, और पूछता हुआ रेलवे स्टेशन पर आ जाता है।

अब मेरी कहानी का केंद्र बिंदु कथा में उभरता है। वह स्टेशन के अन्दर जाकर देखता है कि दिल्लीवाली ट्रेन जा रही है। वह अपने घोड़े समेत डिब्बे में सवार हो जाता है। उसे रोकने का दुस्साहस कोई नहीं करता। वह नीली धार्मिक वेशभूषा में है। उसकी कमर से तलवार लटक रही है, उसका भाला भी साथ में है। उसकी आँखों में ऐसा भाव आ ठहरा है जो दूसरों को आनन्दित कर देता है। पंजाब और हरियाणा से गुजरती वह रेल यात्रा न केवल उसके लिए बल्कि अन्य लोगों—सहयात्री और अधिकारीगण—के लिए भी अविस्मरणीय बन जाती है। हर कोई इस घटना को नए दृष्टिकोण से देखता है।

ट्रेन दिल्ली में प्लेटफार्म पर रुकती तो जैसे बंवडर उठ खड़ा होता है। वह युवा योद्धा सन्त अपने घोड़े के साथ डिब्बे से बाहर आता है। उसे देखते ही मुसाफिर तितर-बितर हो जाते हैं। सामान बेचनेवाले उछलकर पीछे हट जाते हैं। कुली लोग अपनी पगड़ियाँ हटाकर सिर खुजलाने लगते हैं। रेलवे अधिकारियों को बुलाया जाता है। प्रेस वाले आ पहुँचते हैं। मध्ययुगीन हिन्दुस्तान आधुनिक भारत में आ पहुँचा है।

भोलापन और अचरज, चालाकी और हैरानी पर भारी ठहरते हैं।

एक विचित्र संवाद शुरू हो जाता है।

मैंने इस तरह की नई किताबें पढ़ रखी थीं। नीति व सदाचार कथाएँ। यह ब्रह्मांड एक गिरी जैसा है। पूरे ब्रह्मांड के रहस्य को उजागर करनेवाली एक घटना। यह किताब छोटी रहनेवाली थी। इसका घटनाक्रम भी धीरे-धीरे बढ़नेवाला था। लेकिन इससे बड़े प्रश्न उभरनेवाले थे। मैं कल्पना की आँखों से अपनी पुस्तक की प्रतियों को बुकशेल्फों पर सजे हुए देख रहा था—छपाई का बढ़िया कागज, बड़ा टाइप और हर तरफ चलती प्रशंसा-चर्चा।

मुझे उम्मीद थी कि पंजाब में रिपोर्टिंग का अनुभव, मेरे दिल्ली प्रवास और ट्रेन यात्राओं के अनुभव इस कथा के विकास में मेरे खूब काम आएँगे।

मैंने इस बार लिखने में जरा भी हड़बड़ी नहीं करने का निश्चय किया। कई-कई दिन तक तो मैं टाइपराइटर को छूता भी न था। मैं छोटे कमरे में इधर से उधर चहलकदमी करता रहता कि किसी तरह कोई लिखने लायक पंक्ति या विचार दिमाग में उभरे तो काम बन जाए। या मैं बिना हत्थेवाली कुर्सी पर बैठकर मेज के नीचे लगे पैर टिकाने के डंडे पर पैरों से जोर देता रहता कि तड़कने से पहले लकड़ी को कितना झुकाया जा सकता है। मुझे हैरानी हुई कि मनुष्यों

की तरह खराब कही और माने जानेवाली लकड़ी में इतना लचीलापन हो सकता है जिसकी आप कल्पना नहीं कर सकते।

और इधर एजरा पाउंड मुझे सामने से घूरते रहते और पीछे की तरफ तो रवींद्रनाथ ठाकुर थे ही।

मैं कथा को इतना धीरे-धीरे बढ़ा रहा था जैसे गुसलखाने के फर्श पर गिरी पानी की बूँद अदृश्य ढलान पर किसी घोंघे की चाल से लुढ़कती जाए। मैं पगड़ी बाँधने की हर घूम, ठंडे पानी के हर मग, घोड़े की पूँछ की हर हिलन-झुलन, तलवार की धार की हर सान का वर्णन करना चाहता था। अपने स्वभाव के विपरीत मैं संक्षिप्त लिखने में विश्वास करने लगा था। मैंने अपने नायक के हर विचार को गहराई से खँगाला। और इस तरह आराम से कागज पर उतारा जैसे दादी माँ सन्दूकों से सामान बाहर निकालती जा रही हों।

किसी अकेले और सरल व्यक्ति के मन में प्रवेश करके वहाँ मौजूद विचारों को जानने की यह कोशिश मुझे अत्यन्त उत्तेजक लगी। मुझे पता चला कि परत-दर-परत उघाड़ते हुए ही वहाँ तक पहुँचना होगा। एक मुश्किल और थी—मुझे अंग्रेजी में उन शब्दों का चुनाव करना था जो देहाती वातावरण से निकले एक पंजाबी के भावों को उनके सही-सही रूप में अभिव्यक्ति दे सकें। इसके लिए मैंने हमें दिल्ली लानेवाले उन दो सरदारों की अनगढ़ बातों को दिमाग में रखा। वही इस उलझन की चाबी थे।

मैंने एक बार में उनके एक वाक्य का उपयोग किया।

और अपने लिखे को मैंने फ़िज़ को नहीं दिखाया।

वह कभी-कभी टाइपराइटर की खट-खट सुनकर ही सन्तुष्ट थी।

महीने गुजरते गए और फिर वर्ष। हमने दोस्त बनाए। उसने, मैंने और हमने। कई शामों को हमारी बरसाती उनकी उपस्थिति से भर-सी जाती। उनमें सभी थे—डिजाइनर, कलाकार, अभिनेता, पत्रकार, फिल्म निर्माता, सक्रिय कार्यकर्ता, और कुछ वे जो कहीं जमने की कोशिश में हाथ-पैर मार रहे थे—जिंदगी का कोई दरवाजा तो खुल जाए। हम बाहर निकलते, पीते-खाते, फिल्में देखते। कभी-कभी शाम को किसी विषय पर चर्चा छिड़ती तो आधी रात के बाद तक भी चलती रहती। हम राजनीति, साहित्य, सिनेमा, जात-पाँत, समुदाय और शहरों के बारे में बातें करते रहते। भारतीय समाज और राजनीति में आया उफान हर दिन तेज होता जा रहा था। हर कहीं विरोध-विभेद की खाइयाँ उभर रही थीं—सामाजिक, राजनीतिक, व्यक्ति, क्षेत्र, धर्म, भाषा, जात-पाँत, सामुदायिकता हर कहीं, हर जगह वे खाइयाँ जिन्हें पचास साल पहले पेबन्द लगाकर एक राष्ट्र का निर्माण किया था। अब सब कुछ फिर से अलग हो रहा था, सींवन उधड़ रही थी।

राजीव गांधी का शासन समाप्त होने को था। धार्मिक मिथकों पर पुष्ट हुआ एक नया दानव आँखें खोल रहा था। वह हर कहीं हमले की तैयारी में था—दूसरे दानवों से मुठभेड़ के लिए तैयार।

लाखोंलाख विद्रोह होनेवाले थे। फ़िज़ और मैं इस सबके बीच एक अयथार्थ स्थिति में जी रहे थे। वही पुराना भाव कि हम मंच पर मात्र अभिनय कर रहे हैं। असल में हमारे जीवन का सच तो कहीं और धड़क रहा था। आज मैं महसूस करता हूँ कि यह कोई वैसी असामान्य स्थिति नहीं है। ऐसे बहुत से लोग हैं जो यह समझकर जीते चले जाते हैं कि जो कुछ हो रहा है वह सच नहीं है, उनका असली जीवन तो कहीं और है। लेकिन अन्त में मेरी ही तरह उनके पास भी कुछ नहीं बचता।

वह समय, वे दिन जिनसे होकर वे गुजरे थे।

वे भी नहीं जो यह समझते रहे थे कि सही रास्ते पर हैं।

और फिर वे दिन कुछ इतने बुरे भी नहीं थे। उनमें कहीं न कहीं आनन्द-उल्लास भी था।

हमें नई-नई बातें पता चलीं, हमने कुछ सीखा। उनमें सबसे आनन्ददायी था विस्की पीना और परिन्दों का अवलोकन। कुछ रातों में हम एक काम करते तो कई सुबहों को दूसरा। हमने पालिका बाजार से दो सैकेंड हैंड मिनोल्टा दूरबीनें खरीदीं। वे इतनी भारी थीं कि उन्हें गले में नहीं लटकाया जा सकता था। उन्हें तो हाथ में ही सँभालना होता था पर उनमें से सब कुछ बड़ा-बड़ा दिखाई देता था। वे उन प्लास्टिक की दूरबीनों से कितनी अलग थीं जिन्हें हमने अपने बचपन में देखा था। हम सारा समय मिनोल्टा से खेलते रहते। मैं तो अकसर उसमें से फ़िज़ को देखता। इस चाहत के साथ कि जो कुछ मैं पा चुका हूँ, उससे कहीं और ज्यादा मिल जाए।

सुबह मुँहअँधेरे ही हम घर से निकल पड़ते। डिस्ट्रिक्ट पार्क, रिज, यमुना बैराज, और बाद में सुल्तानपुर और भरतपुर के पक्षी अभयारण्य। मैंने जीवन में पहली बार उन पक्षियों को इतने ध्यान से देखा था जिन्हें मैं जीवनभर देखता आया था। चितकबरे किंगफिशर और मुश्किल से नजर आनेवाले कापस्मिथ देखकर उतना ही आनन्द आता था जितना तरह-तरह की व्हिस्की पीने में–हम उनके स्वाद और गन्ध को अलग-अलग पहचानना सीख रहे थे और धीरे-धीरे उसमें पानी मिलाना बंद कर दिया था ताकि असली स्वाद का आनन्द ज्यादा-से-ज्यादा पास से लिया जा सके।

एक दिन मैं कनॉट प्लेस के बैंक में अपनी बारी की प्रतीक्षा कर रहा था तभी मेरी नजर बाहर गई और मैंने स्लेटी धनेश को नीम के पेड़ पर उतरते देखा। मैं उत्तेजित होकर लगभग चिल्लाता हुआ सलाखों वाली खिड़की के पास दौड़कर जा पहुँचा। वह मुझे पहली बार दिखाई पड़ा था। मुझे तो यह भी मालूम नहीं था कि कंक्रीट के जंगल दिल्ली के ऐसे इलाके में उसे देखा भी जा सकता था। मुझ पर लोगों की हैरान निगाहें गड़ रही थीं–और जब मेरा नम्बर आया तो टैलर ने कड़क आवाज में मुझसे टोकन माँगा।

सच, वे दिन इतने बुरे नहीं थे। कभी-कभी तो मैं खुद ही इस भ्रम में पड़ जाता था कि मैं एक भरी-पूरी जिंदगी जी रहा हूँ। लेकिन तभी एकाएक फिल्म खत्म होती, बत्तियाँ जल उठती और मैं अपने दिवास्वप्नों से बाहर निकल आता। यह मेरी जिंदगी तो नहीं थी। यह थी एक फिल्म–उसका आनन्द तो लिया जा सकता था, पर वह सच नहीं थी। यह अनुभूति किसी भी समय आकर मुझे घेर लेती थी। ज्यादातर तो ऐसा तब होता जब मैं अँधेरा होने पर दफ्तर से घर की तरफ जा रहा होता। वाइजर हटा होता!

या जब मैं दोस्तों के साथ तो होता पर चल रही बातचीत में हिस्सेदार न होता। ऐसे हर क्षण में मुझे लगता आसपास के लोग अपनी असली जिंदगी जी रहे हैं, लेकिन मेरी जिंदगी एक झूठ है।

एक बात मेरे जीवन का सबसे बड़ा सच थी–वह थी फ़िज़ से मेरा लगातार सम्पर्क। उसकी देह मेरे जीवन का केन्द्र बिन्दु थी। मैं दिन में कई-कई बार उसकी देह तक पहुँचता और जब उससे अलग दफ्तर में, या टाइपराइटर पर बैठा होता तो मेरे मन में बस वही-वही बसी रहती। हमने क्या किया था, और अब हम क्या करेंगे? उन क्षणों का आनन्द अपूर्व था। मैं एक घुमक्कड़ दरवेश जैसा महसूस करता जिसने इस ब्रह्मांड का भेद पाने का सिरा पकड़ लिया था और वह किसी भी कीमत पर उसे छोड़ने को तैयार नहीं था।

और जब तक इस ब्रह्मांड के सारे रहस्य न जान लिए जाएँ तब तक यह चक्कर चलते रहना चाहिए।

जब तक चेतना मूर्च्छा में न बदल जाए।

जब तक ब्रह्मांड के केन्द्र में मौजूद विस्मरण का आनन्द न पा लिया जाए।

मैं उस विस्मरण का आनन्द हर दिन पाता था और मेरे लिए उस जैसा और कुछ नहीं था।

अब मैं समझ पाया था कि क्यों हमारे पूर्वज काम के आनन्द को पाना भी चाहते थे और उससे डरते भी थे। इसमें प्रत्येक को उसका ईश्वर मिल जाता है। वहाँ तक पहुँचने के लिए न किसी राज्य की जरूरत होती है न ही कोई पुरोहित चाहिए। राजा और पुरोहित के बन्धनों से मुक्त राज्य ही चाहिए—और कुछ नहीं। इस ब्रह्मांड की कुंजी न राज्य के पास, न धर्म के हाथ में, वह तो अपने प्रिय की देह में छिपी होती है।

मुझे वह चाबी मिल गई थी और मैं हर दिन इस ब्रह्मांड का रहस्योद्घाटन कर लेता था।

फिर भला मुझे गुम्बद में बैठे भाग्यविधाता या ग्रीस से चिपकाए खम्भे की परवाह क्यों होती। मेरे पास पैसा नहीं था, पर फ़िज़ तो थी। उन वर्षों के दौरान हमने एक दूसरे में वे बिन्दु खोजे और वह सब किया जिसके बारे में न कभी सुना था, न ही पढ़ा था। इतने वर्षों में हमने खुद को लज्जा, संकोच और शर्म की जो पोशाकें पहनाई थीं उन्हें हम लगातार उतारते रहते थे। लाज की उन परतों के नीचे हमें भोलेपन का ऐसा अहसास मिला जिसकी कभी कल्पना ही नहीं की जा सकती थी। ऐसे दुर्लभ आनन्द का भाव जो किसी से कुछ लेता नहीं था, बस देता ही चला।

मैंने पाया धरती को हिलाने के लिए केवल देह की नग्नता नहीं, अनावृत आत्मा भी चाहिए।

जब प्रेमी युगल अपनी देहों को वस्त्रों से परे करते हैं तो वह काम क्रीड़ा का क्षण होता है।

जब प्रेमी अपनी आत्मा को अनावृत करते हैं तो ईश्वर से साक्षात्कार होता है।

जब-जब मैं कपड़ों से बाहर होकर फ़िज़ पर लेटा होता तो मुझे महसूस होता हम दोनों के शरीर और आत्माएँ—दोनों निर्वस्त्र हैं।

हम तो चिर घुमक्कड़ थे।

सब प्रेमियों की तरह हम उन सभी जगहों पर गए जहाँ लगता था हमारे कदम सबसे पहले पड़े हैं।

हमने पाया कि प्रेमी की देह के सारे रहस्य कोई पूरी तरह नहीं जान सकता।

हमने जाना कि अलग-अलग क्षण में वही रहस्य अलग-अलग सच्चाई बताते हैं।

मैं फ़िज़ की देह की कन्दराओं और परतों की निरन्तर यात्राएँ करता। वे मुझे और भी लुभाती थीं। अगली यात्राओं की प्रेरणा देती थीं।

कभी-कभी आवेश-आवेग का ज्वर इतना उग्र हो जाता कि प्रथम स्पर्श से पहले ही देहों में कम्पन भर जाता था।

हम बारूदी सुरंगों को निष्क्रिय करनेवाले विशेषज्ञ थे। पता नहीं प्रथम स्पर्श के बाद क्या हो जाए। मैं उस क्षण को पाने की कामना में उसे कुछ पल और दूर भी रखना चाहता था। वह लाज से लाल पड़ जाती, उसके होंठ थरथराने लगते—और फिर हम एक दूसरे को स्पर्श करते और सदा की तरह इस बार भी विस्फोट होता। हम घायल और उदात्त हो उठते—पशु और देवदूत, मांस और रोशनी—फ़िज़ और मैं...

कभी-कभी आनन्द इतना पीड़ादायी हो उठता कि मैं उसकी देह का हिस्सा काटकर चबा डालना चाहता। और कभी-कभी मैं इतनी जोर से चीखना चाहता कि आवाज़ आकाश में जा पहुँचे।

मैं जानता था प्रेम में पागल दो जन परस्पर जो कुछ करते हैं वह कभी गलत नहीं होता।

मैंने जान लिया था प्रेम देश में कानून, माता-पिता-दोस्त–किसी का कोई दखल नहीं होता।

मुझे पता चल गया था कि सच्चे प्रेमी ही यह रहस्य जान पाते हैं कि इस ब्रह्मांड की चाबी प्रेमी की देह में छिपी होती है।

मुझे वह चाबी मिल गई और मैं हर दिन इस ब्रह्मांड के हिस्सों पर लगा ताला खोलता था।

मैंने जो ब्रह्मांड खोजा था उसका निर्माण केवल और केवल कामना से हुआ था।

आफिस में स्थितियाँ बिगड़ने लगी थीं। लोगों की भागदौड़ और उनकी लिखी रिपोर्टों में मेरी दिलचस्पी कम हो गई थी। चिकने शिश्न वाले लोगों की एकजुटता मुझे कभी आतंकित नहीं कर पाती थी। धीरे-धीरे उनके बारे में जानने की उत्सुकता भी जाती रही। उत्तान स्थिति उत्तेजक लगती है क्योंकि यह तो आती-जाती रहती है। 24×7 वाली सदा बनी रहनेवाली स्थिति ऊब पैदा करती है। मेरे पास सम्पादन के लिए आनेवाली रिपोर्टों की भाषा मुझमें और भी ज्यादा चिढ़ पैदा कर रही थी। इनमें लगातार कृत्रिमता बढ़ती जा रही थी–उनमें जो कुछ कहा गया था उनका अर्थ कुछ और ही निकलता था।

जब मैं उन्हें पढ़ता तो मन में अजीब कड़वाहट भर जाती थी।

आफिस के आला अफसरों की नजरों में मैं बेकार साबित हो रहा था। लोग मेरा अपमान करते थे। मैं सदा अपनी मेज पर जमा रहता, जो काम जरूरी होते उन्हें निपटाता लेकिन मैं खुद को पूरी तरह आफिस में डुबाने को एकदम तैयार नहीं था। उनकी नजरों में यह खराब व्यवहार था। ऐसा करनेवाले पशु ग्रीस से चिकनाए प्रगति के खम्भे पर चढ़ने की जोर आजमाइश और आपाधापी को ही बेकार सिद्ध किए दे रहे थे। मेरी आदत की छूत औरों को भी लग सकती थी। मेरे शुरुआती वादे को ध्यान में रखते हुए मुझे ज्यादा जिम्मेदारियाँ सौंपने की कोशिश की गई लेकिन मैं साफ बच निकला–मैं जमकर मेहनत करता ताकि उन...वालों के सम्पर्क में आने से बचा रह सकूँ। मैं उनसे कोई बात ही नहीं करना चाहता था। मैं उनसे नजरें मिलाने से बचता था।

किसी रिपोर्ट को दोबारा लिखने के बाद मैं एक बार फिर सावधानी से पढ़ जाता और शब्दों से खिलवाड़ की हर कोशिश को काट देता। उसे एकदम सपाट बना देता, ताकि पढ़नेवाले की दृष्टि और संवेदना उस पर कहीं अटकने ही न पाए।

एक दिन शुल्टेरी मुझे लंच पर बाहर ले गया। उसने कहा–मैं तुम्हें आज तक समझ नहीं पाया।

मैंने कहा–मैं तो एक बेहद मामूली पत्रकार हूँ।

इस पर वह उदास हो उठा और दिल खोलकर बातें करने लगा। उसने कहा–गुम्बद में बैठा भाग्य-विधाता शायद आफिस में औरों के लिए देवता हो सकता है। पर उसके देवता तो और ही थे जो अब इस दुनिया में नहीं हैं। वे सभी साहित्यकार थे। उसने बताया कि वह बारह वर्ष पहले पत्रकारिता में आया था क्योंकि तब लेखक बनने का कोई और तरीका पता न था। वह सोचता था कि जल्दी ही पत्रकारिता के दौर से गुजर कर लेखक बन जाएगा लेकिन यहाँ

आकर वह फँस गया है। कुछ सफलता जरूर मिली है, थोड़े पैसे भी हाथ लगे हैं। साल दर साल गुजरते गए। उसने शादी की, दो बेटे हैं, एक उम्दा फ्लैट भी है और है एक लाल मारूति कार। बड़ा लड़का एक महँगे स्कूल में पढ़ रहा है। वहाँ टिफिन बॉक्स तहाए गए नेपकिनों के साथ दिया जाता है।

उसने बताया कि कई रातों को उसे ठीक से नींद नहीं आती क्योंकि वह सोचने लगता है कि वह क्या करने आया था और क्या बनकर रह गया।

मैं तो हैरान रह गया। उसका लापरवाह अंदाज़ इस समय गायब था। प्रगति के खम्भे पर चढ़नेवाले जूते खाने और जूते मारनेवालों की भीड़ में शामिल नहीं लगता था। मैंने जानना चाहा कहीं मेरे साथ कोई खेल तो नहीं खेल रहा है शुल्टेरी। लेकिन ऐसा नहीं लगा।

हम कॉटेज इम्पोरियम के पास वाले एक रेस्त्राँ में परांठे खा रहे थे। रेस्त्राँ का नाम तो मशहूर था पर उसका भविष्य अंधकारमय लग रहा था। वेटरों के चेहरे उदास थे, उनकी पोशाक मुसी हुई थी। उनके पैरों में रबड़ की चप्पलें थीं–मामूली परांठों का ऑर्डर भी काफी देर में मेज पर आया। और जब अचार, प्याज, मक्खन वगैरह माँगा गया तो वे खाना खत्म होने के बाद ही परोसे गए।

शुल्टेरी ठीक से खा नहीं रहा था। मैं अपना परांठा खत्म कर चुका था, पर उसने अभी आधा ही खाया था। एक पल को मुझे लगा कि आज मैं असली शुल्टेरी की झलक देख रहा हूँ।

मैंने कहा–अब भी वक्त है।

वह बोला–मैं भी खुद से यही कहता हूँ। उस समय उसके होंठों पर सदा रहनेवाली व्यंग्यपूर्ण मुस्कान गायब थी। आखिर नकली मुस्कान उसने किससे और कहाँ से सीखी। क्या जवानी में अपने प्रतिद्वंद्वियों से संघर्ष करते हुए या फिर बाद में जब उसे एक अनजाने संसार में अपने लिए लड़कर जगह बनानी थी।

उसने कहा–तुम क्या सोचते हो! क्या मैं खुद को बेवकूफ बना रहा हूँ?

मैंने कहा–हम सभी तो वही कर रहे हैं।

वह खामोश बैठा था, खा नहीं रहा था, चेहरा तनाव से भरा था। वह मौन मेज पर ठंडे मक्खन-सा जम गया था। मैं तुम्हें बताता हूँ कि समस्या क्या है?

मैं सुनने की प्रतीक्षा में था–और वह कहीं दूर देख रहा था।

उसने कहा–मुश्किल यही है कि मेरे जैसे लोग कहीं के नहीं होते। हम पृथ्वी के हाशिए से आते हैं न जाने कहाँ से। इस धरती के मध्य में पहुँचने के लिए काफी जद्दोजहद करनी पड़ती है। और फिर अपने खड़े होने के लिए जगह बनाने में तो और भी बहुत कुछ करना होता है। अगर आप अपनी कोई जगह बनाने में कामयाब हो जाएँ तो फिर उसे छोड़ना, किसी दूसरे के लिए खाली करना बहुत कठिन होता है। आपने जो कुछ पाया है, जीता है उसे क्या छोड़ा जा सकता है?

मैंने कहा–हाँ, यह आसान नहीं होता।

फ्लैट, लाल मारूति, नैपकिनों के साथ मिलनेवाला टिफिन।

जब वह चुप हुआ तो मैंने कहा–लेकिन ऐसा करना ज्यादा मुश्किल भी नहीं। मेरा खयाल है हमें खुद को यह बताना होता है हमारे लिए क्या ज्यादा महत्त्वपूर्ण है। अगर...नहीं उस बात का कोई मतलब नहीं–उसने चहककर कहा।

मजाक उड़ाती मुस्कान फिर से होंठों पर आ गई थी। शरीर फिर से आराम की मुद्रा में ढलक गया था। उस जैसा आदमी भला किसी से क्या सलाह ले–उसका अहं इस बात की इजाजत ही नहीं देगा। थोड़ी देर के लिए उसने खुद को खुलने दिया था लेकिन इतना नहीं कि कोई उसे सलाह देने की हिमाकत करे।

उसने कहा–फिर भी मैं मानता हूँ कि हम बहुत अच्छा काम कर रहे हैं। अच्छी पत्रकारिता अत्यन्त मूल्यवान है।

मैंने कहा–आप एकदम सही कह रहे हैं।

बस वह पहली और अन्तिम बार था जब मैंने उसके होंठों पर सदा चिपकी रहनेवाली व्यंग्यपूर्ण मुस्कान को थोड़ी देर के लिए गायब होते देखा था। अजीब बात हुई। उसकी स्वीकारोक्ति ने मुझे उसका दोस्त नहीं बनाया, बल्कि वह मुझसे और भी ज्यादा खफा हो गया। शायद उसे डर था कि उसने मेरे सामने अपनी कमजोरी प्रकट कर दी थी। यह गलत हुआ था उसने अपनी नजर में उस जैसे चिकने...वाले योद्धाओं के लिए कमजोरी का छोटा-सा संकेत भी घातक हो सकता था।

शुल्टेरी का वरदहस्त मेरे सिर से उठ गया। अब मेरी ओर ध्यान देनेवाला कोई नहीं था। मैंने समझा शायद मैं तरीके से काम करते हुए थोड़ा समय और गुजार सकता हूँ और कोई मुझे निकालने की नहीं सोचेगा। नट कसनेवाला एक छोटा कर्मचारी। मैं अब अपने भरोसे था। दफ्तर में चलनेवाली कोई भी व्यक्तिगत या सामूहिक सनक मुझे आसानी से अपना शिकार बना सकती थी।

दशक के बीतते न बीतते हम अपने अन्दर ज्यादा टूटन महसूस करने लगे थे। आफिस में तो जैसे मेरा कोई अस्तित्व ही नहीं रह गया था। किसी प्रेत की मानिन्द मैं दफ्तर में आता-जाता रहता था, कुछ मामूली नट बोल्टों को टाइट करते हुए। ग्रीस से चिकनाए खम्भे पर चढ़ने-फिसलने और फिर चढ़ने की कोशिश में लोगों को भला मेरी तरफ ध्यान देने की फुरसत कहाँ थी। देश जातपात के भूकम्प से थरथरा उठा था–विहंगावलोकन करने वाले लिखने की भाग-दौड़ में लगे थे। हरेक को एक बात का विश्वास था कि औरों को रुलानेवाले नेता की गलत न्याय धारणा भारत की सामाजिक स्थिति जातिप्रथा के इस पिरामिड को एकदम उलट-पलट कर देनेवाली थी।

भारत का अभिजात वर्ग घबराया हुआ था। उसे पता था कि वह इस तूफान को रोक नहीं पाएगा।

मालिक, मालकिन और ठंडी मार्गरिटा।

लेकिन उनके इस तरह घबराने का कोई कारण नहीं था। लोगों को रुलानेवाला वह नेता अपनी ही धुन में बेखबर बढ़ा जा रहा था। और जल्दी वह दरवाजे से बाहर धकेल दिया जानेवाला था। उसने जिस आदमी–राजीव गांधी–को अपना निशाना बनाया था, वह जल्दी ही इस दुनिया को छोड़ जानेवाला था। इसके बाद जल्दी ही जात-पात फिर से अपनी सही स्थिति में आ जाएगी। औरों को रुलानेवाला वह आदमी खुद अन्तरिक्ष में खो जानेवाला था–

उसके कारनामों ने यह बता दिया वह एक मजबूत शत्रु को तो हरा सकता है लेकिन अपनी कमजोरी से पार नहीं पा सकता।

भारत के अभिजात वर्ग सुरक्षित रहेंगे। वे इससे पहले भी पाँच सहस्राब्दियों की कठिन चुनौतियों को झेल चुके थे और बुद्ध, महावीर, कबीर और गांधी जैसे महापुरुषों को इतिहास

में सिमटते हुए देखा था। इन लोगों ने उन महापुरुषों का सम्मान किया। उनके अनुसरण करते-करते उन्हें आत्मसात करके उन्हें लगभग शोभा बढ़ानेवाली वस्तुओं में बदलकर रख दिया था। जल्दी ही दूसरों को रुलानेवाले उस नेता का कहीं ढूँढ़ने पर भी सुराख नहीं मिलनेवाला था।

मालिक, मालकिन और ठंडी मार्गरिटा। ये संरक्षित थे चिकनाए चमकदार...वाले लोगों के समूह द्वारा।

मुझे यह सब यों विचार करने का समय इसलिए मिला क्योंकि मुझसे 'ब्रदर' पर कुछ लिखा नहीं जा रहा था। कई-कई दिन यों ही पीछे खिसक जाते और मैं टाइपराइटर को हाथ तक न लगाता। मैं जो कुछ कर रहा था उसे लेकर मेरे अपने मन में परस्पर विरोधी विचार उभर रहे थे। किसी-किसी दिन मैं युवा सन्त वीर की धीरे-धीरे आकार लेती कहानी पढ़ता और तब मुझे लगता मैं कुछ सार्थक काम कर रहा हूँ। मैंने उसके मन मस्तिष्क में प्रवेश करके जान लिया था कि इस दुनिया के तौर-तरीकों ने उसके सरल मानस को कितना चौंकाया था। जब वह अपने घोड़ों के पास जाता तो मैं भी उसके साथ होता। और घोड़ों के लिए उसका स्नेह देखकर मेरा मन द्रवित हो उठता। मैं उसकी दैनिक धर्मचर्या को बारीकी से देखता और उसकी सामान्य सहजता से मन बहुत प्रभावित हो उठता। जब वह अपने घोड़े के साथ रेलगाड़ी के डिब्बे में चढ़ा तो मैं भी उसके साथ था। उसके प्रति लोगों का विभिन्न अकबकाया व्यवहार देखकर मैं हैरान रह गया।

लेकिन यह सब लिखने के बाद जब मैंने उसे पढ़ा तो लगा वह एकदम बेकार, थोथा था। मैं इस जटिल समस्या में उलझकर रह गया—मेरा मन पूछ रहा था क्या साहित्य तभी श्रेष्ठ हो सकता है जब वह सच हो? मेरी कहानी का ताना-बाना ठीक था—पढ़कर भी अच्छा प्रभाव पड़ता था। क्या इतना काफी नहीं था?

लेकिन मन को समझाना काम न आया।

दो दिन निश्चय और आस्था के साथ लिखने के बाद, टाइपराइटर पर मेरी उँगलियाँ खामोश पड़ गईं।

मैंने फ़िज़ को कहानी की रूपरेखा तो बताई लेकिन अपना लिखा हुआ नहीं पढ़ाया। वह धैर्य के साथ प्रतीक्षा में थी। उसने अब तक मुझसे कोई प्रश्न नहीं किया था लेकिन जब-जब मैं स्टडी से टाइपराइटर को छुए बिना बाहर आता तो उसके चेहरे पर आशंका की एक छाप मेरी नजरों की पकड़ में जरूर आ जाती।

यह खराब स्थिति थी। न जाने क्यों अब हम जरा-जरा-सी बात पर अकसर ही झगड़ उठते थे। नल का खुला रह जाना, अखबार को गलत ढंग से क्यों मोड़ा? दरवाजे में कुंडी क्यों नहीं लगाई। बत्ती जली रह गई। डबलरोटी नहीं लाई गई। दूध नहीं उबला। चाय नहीं बनी—खिड़की पर परदा क्यों खींचा गया? क्यों, क्यों, क्यों?

किताब नहीं लिखी जा रही थी।

सड़क पर सफर रुक गया था।

अकसर हम जल्दी ही झगड़े का कारण भूल जाते। क्योंकि कुरेदने पर न जाने कहाँ से कौन-सी असम्बद्ध बात बाहर आ जाती थी। हमारा झगड़ा पुराने जख्मों को हरा कर देता। परिवार-मित्र-नुकसान-दोस्त। किसको किसने क्या किया और क्या नहीं किया। वह चीखती। मैं पलटकर वार करता—हमारी बातों के तीर एक-दूसरे को घायल कर देते—हम कसक महसूस करते।

एक दिन उसने कटे हुए खीरों की प्लेट मुझ पर फेंकी। मैं लुंगी पहने लव सीट पर बैठा पढ़ रहा था। वह मुझसे खफा थी कि टायलट की टपकती हुई टंकी को ठीक करवाने के लिए प्लम्बर को क्यों नहीं लाया था?

टंकी कई दिन से लगातार टपक रही थी, और मैं इस बात को बार-बार याद दिलाने पर चिढ़ उठा था। मुझे कमोड को साफ करने के लिए बाल्टी से पानी डालने में कोई दिक़्क़त नहीं थी। खैर जो भी था, उसने खुद ही क्यों नहीं बुलवाया प्लम्बर को?

उसने कहा—तुमने प्लम्बर से बात की?

मैंने ऊँची बनावटी आवाज में कहा—प्लम्बर, हाँ, प्लम्बर। प्लम्बर से बात करना, आने के लिए कहना।

उसने कहा—मुझे साफ-साफ बताओ कि तुम इसे ठीक करवा रहे हो अथवा नहीं?

मैंने जवाब दिया—हाँ, हाँ, इसे ठीक करवा रही हो या नहीं। बोलो इसकी मरम्मत करवा रही हो या...

उसने कहा—गधे की गुदा की तरह मत बनो।

मैंने कहा—हाँ, हाँ, गधे गुदा की...तरह...हाँ, हाँ उस तरह...

उसने मेलामाइन की प्लेट उठाई और मुझ पर दे मारी। यह मेरे कंधे से टकराई और कटे हुए खीरे मेरी विवस्त्र छाती पर बिखर गए। नीबू के रस में भीगे खीरे के टुकड़े, मिर्च, नमक सब मेरे बदन से चिपककर रह गए—ठंडा बहता हुआ तरल।

मैं अपनी छाती से टपकती बूँदें देखता रह गया। मुझे विश्वास नहीं हो रहा था कि वह ऐसा भी कर सकती है।

मैंने कहा—पागल...कुतिया।

वह बोली—महान लेखक चिंचपोकली। और दरवाजा झटके से खोलकर बाहर निकल गई। बाद में उसने मुझे बताया था, वह सीढ़ियों पर उतरते हुए, पार्क में घूमते हुए इस बात पर लगातार हँसती रही थी। जब तक वह वापस आई मैं नहा चुका था। और लड़ाई का कूड़ा साफ कर दिया गया था।

थोड़ी देर के लिए एकाएक आनेवाली तूफानी बारिश की तरह हमारे झगड़े भी जल्दी ही मिट जाते थे और उसके साथ बह जाती थी कई दिनों की जमा हुई निराशा। शायद वे भी जरूरी थे क्योंकि उसके बाद हम तनाव से मुक्त होकर उससे बाहर आ जाते थे।

लेकिन कुछ तकरारें ऐसी भी थीं जो मामूली तौर पर शुरू होतीं और फिर लम्बे समय तक उनकी आग सुलगती रहती। उन विवादों के पीछे अनकही चिढ़न होती जो एक दूसरी मौन चिढ़ को बाहर निकाल लाती।

वे कार लाइटर की चिनगी की तरह छिपी रहती लेकिन जब-जब आप लाइटर को बाहर निकालते तो वह लाल गरम होता। और फिर वह तपिश तेज-और तेज होती जाती। ये झगड़े अधिक परेशान करनेवाले थे। इनसे शुरू हुआ रूठने का दौर लम्बा चलता—हम बोलना बन्द कर देते और क्रोध घनीभूत हो उठता। आखिर हमें इंजन ही बंद करना पड़ता ताकि लाइटर ठंडा हो सके।

यह रूठना और फिर जमकर देह भोग का क्रम। किसी न किसी बिन्दु पर हमारे शरीर उत्तेजित होकर कुछ माँगने लगते। हम एक दूसरे के गिर्द चक्कर काटते—नाराज़ी की दीवार भेदकर अन्दर घुसने का सही रास्ता तलाशते हुए, ताकि चुपचाप उसी सुखद स्थिति में पहुँचा जा सके। शायद हम दोनों के अन्दर कुछ ऐसी तंत्रिकाएँ थीं जो हमें बताती थीं कि किस समय

पहल करनी है। यह कभी रात में होता, तो कभी अँधेरे में एक अटपटे स्पर्श से। मोटर साइकिल पर जाते हुए अचानक भींच लेना। टैरेस पर अर्थपूर्ण दृष्टि से देखना। उस समय हम दोनों भले मानुस हो जाते। पहल करनेवाले को कभी अस्वीकार नहीं झेलना पड़ता। उसे बदले में मिलती एक आवेशित प्रतिक्रिया और फिर...

हमारे छिटपुट झगड़ों की परिणति आनन्ददायक सहवास में होती। हम इसे स्पैट सेक्स कहकर पुकारते। और लड़ते हुए भी हम इसकी कल्पना में खोए रहते।

मैं सोचा करता था कि हमारे कितने झगड़े इस आवेश को कुन्द करने में कामयाब हो सकेंगे। धार का कुन्द हो जाना। चमत्कारपूर्ण ढंग से ऐसा कभी नहीं हुआ। लेकिन फिर भी मेरी चिन्ताएँ कम न हुईं।

मुझे लगता कि हमारे सम्बन्धों में आनेवाला यह तूफानीपन हमारे अपने कारणों से नहीं था। शायद इसका कारण अब प्रायः ब्रदर का हर समय खामोश रहना था–नक्षत्र और खोपड़ियाँ, चोटियाँ और घाटियाँ, इन सबसे उभरनेवाला गहन सन्तोष और इस ब्रह्मांड की चाबी–यह सब कुछ शब्दों को कागज पर उतारने की क्षमता के साथ कहीं न कहीं गहराई से जुड़ा हुआ था।

कागज खाली रहते तो बाकी सब भी शून्य हो जाता। मैं धोखा जरूर दे सकता था। पागल की तरह बस टाइपराइटर पर खटखट करता रहता। वह झूठी आवाज ही कहानी बन जाए तो भी गनीमत थी।

लेकिन अभी मैं इतना नीचे नहीं गिरा था।

उधर फ़िज़ धर्म बुक्स द्वारा मिलनेवाली पांडुलिपियों में उलझी हुई थी। उसके हाथों से अनेक बेकार रचनाएँ गुजरी थीं। हमारी समझ में यह बात नहीं आ रही थी कि छपने के बाद ये पुस्तकें जाती कहाँ थीं। वे किताबों की किसी दुकान में दिखाई नहीं देती थीं। हमने कभी किसी को उन पुस्तकों का जिक्र करते नहीं सुना। लगता था जैसे वे किसी ग्रंथसूची के अँधे कुएँ में गुम हो गई थीं। वैसे संसार में प्रकाशित होनेवाली ज्यादातर पुस्तकों की नियति यही तो होती है। थोड़ी ही पुस्तकें ऐसी होती हैं जो उस अँधकूप के भँवर से बची रहती हैं। अगर ग्रंथ सूची के अँधे कुएँ अपने अन्दर भरे कूड़े को बाहर उगलने लग जाएँ तो यह दुनिया गन्दे कागजों के ढेर में दबकर रह जाएगी।

खराब लेखन, बुरे-विचार और अत्यन्त घटिया वर्णन।

लेकिन दम अरोड़ा को अपने द्वारा प्रकाशित पुस्तकों के यों गायब होने को लेकर कभी कोई चिन्ता नहीं थी। हमें जो कुछ पता चला उस पर हमें भी विश्वास हो चला। दम द्वारा प्रकाशित पुस्तकों को सरकारी विभागों में खपाने का बढ़िया इन्तजाम था। वे छापेखाने से निकलने के बाद सीधी सरकारी गोदामों में समा जाती थीं और इस तरह बड़ी सफाई से पुस्तकों की दुकानों और पाठकों से बचकर निकल जाती थीं। कभी-कभी उन किताबों का जिक्र अखबारों में दिखाई पड़ जाता था–लेकिन वे ऐसी ऊल-जलूल होती थीं कि लगता है उन्हें कभी कोई निश्चय ही नहीं पढ़ता था। अगर यह सही था तो निश्चय ही सरकारी ग्रंथ-सूची का कुआँ बहुत बड़ा और गहरा होगा।

लेकिन फ़िज़ के मन में अपने इस काम के प्रति कोई दुर्भावना नहीं थी। इसलिए वह इन सब बातों पर ध्यान दिए बिना काम में लगी रहती थी।

दम सदा समय पर भुगतान करता था और फ़िज़ के साथ सदा विनम्रता से पेश आता था।

धर्म बुक्स से फ़िज़ के जुड़ने के बाद एक विचित्र घटना हुई। वह एक असामान्य महिला से मिली और उसके बाद एक विचित्र परियोजना से जुड़ गई। इससे हम कई महीनों तक इस पर चटखारे लेकर चर्चा करते रहे।

यह महिला सम्भ्रान्त और उच्च शिक्षा प्राप्त थी–उसने हार्वर्ड और ऑक्सफोर्ड से दो डिग्रियाँ ले रखी थीं। एक समाज विज्ञान में और दूसरी मनोविज्ञान के क्षेत्र में। उसने एक बहुत ही अमीर आदमी से शादी की थी। वह कारों के कलपुर्जे बनाकर बेचता था। लेकिन हम यह कभी नहीं समझ पाए कि वे कैसे और क्या पुर्जे थे।

वह पाइप पीता था और 'द इकोनॉमिस्ट' के बारे में बातें किया करता था। घुटन पैदा करने की हद तक व्यवहार कुशल था। उसकी बातों में ये शब्द अकसर सुनाई पड़ते थे–'क्या मैं...' मुझे बहुत अच्छा लगा। मैंने लक्ष्य किया कि वह महिलाओं के सामने अत्यन्त शालीन दिखने की कोशिश करता था।

उसके विपरीत उस महिला के पास ऐसी खुशनुमा बातों के लिए जरा भी गुंजाइश नहीं लगती थी। उसके सौंदर्य में एक अजीब नुकीलापन था–इन्दिरा गांधी, मार्ग्रेट थैचर की तरह। वह कठिन, कठोर, संक्षिप्त थी। उसके केश छोटे और फैले-फैले थे। उनमें कहीं-कहीं सफेदी झलकती थी। उसकी आवाज सख्त थी। जिसमें नपातुला और ठंडा तीखापन था। वह जैसे आपको काटकर रख देती थी। हम उसे दुष्ट महारानी कहते थे। हमने उसे किसी व्यक्ति या स्थिति के बारे में कभी कोई नरम बात कहते नहीं सुना था। फ़िज़ बताती थी कि ड्राइवरों और नौकरों के साथ तो वह बेहद सख्ती से पेश आती। वह जब उनसे बोलती तो जैसे काट खाने को दौड़ती। उस समय उसकी भयानक मुद्रा की तरफ देखा नहीं जाता था।

मेरा खयाल है कि वह दुनिया की हर बात को अपने कटु-कठोर और चुस्त नजरिए से देखने की आदी हो चुकी थी। शायद उस जैसे बुद्धिजीवी इस संसार में कम ही होंगे, जो नरमाई को दुर्बलता समझें और सदा ही इसका कड़ा प्रतिरोध करें। वे किसी बने बनाए नियम से नहीं अपने यथार्थ अनुभवों के आधार पर अनुभव और धन कमाते हैं–और भावुकता के प्रति उनका व्यवहार बहुत हिकारत भरा होता है। सच में यह दुनिया अत्यन्त कठिन, निष्ठुर है। यह डारविनवादी सिद्धान्तों के आधार पर विकसित हुई है। इसके बाद में किसी भी तरह का संशय या अनिश्चितता आपको संकट में डाल सकती है। कठोर साफगोई से अपनी बात कहने की उनकी आदत में सामान्य शिष्टाचार का कोई स्थान नहीं होता।

उस दुष्ट महारानी के पास सब कुछ था–डिग्रियाँ, डॉलर, ऐश-आराम के तमाम साधन, आभिजात्य, बच्चे और खुशियाँ मनाने के अनेक अवसर। वह न खुद को छूट देती थी, न किसी और को ही इसकी इजाज़त देती थी। उसकी जिंदगी उसके अपने प्रयासों के बल पर यहाँ तक पहुँची थी। उस पर किसी का कोई अहसान नहीं था। जिन लोगों के पास अगर यह सब कुछ नहीं था तो इसके लिए वे स्वयं ही जिम्मेदार थे। वह दुनिया की कठिन राहों को काटकर अपना रास्ता बनाने के लिए हाथ में जैसे हरदम कटार लिए तैयार रहती थी।

यह संसार अत्यन्त कठिन, कठोर स्थान है।

दम अरोड़ा ने फ़िज़ को उससे मिलने भेजा। दम ने फ़िज़ से कहा कि उस महिला को एक चुस्त शोध सहायक की जरूरत है। उसने कहा–वह एक बढ़िया और निडर महिला है। उसके पास ऑक्सफोर्ड और हार्वर्ड की डबल डिग्रियाँ हैं। बस एक गड़बड़ यही है कि वह हमेशा गुस्से में नजर आती है।

फ़िज़ ने कहा—गुस्सा—किसके प्रति गुस्सा रहता है उसके मन में?

दम ने कहा—वह नाराज है इस दुनिया से। हाँ, उसकी नाराजगी इस संसार से है। कुछ लोग ऐसे ही होते हैं—कुछ लोग अपने माँ-बाप से गुस्सा रहते तो किसी को अपनी पत्नी से शिकायत रहती है। कई लोगों की नाराजगी अपने अफ़सर के प्रति होती है तो कइयों को अपने बच्चों से नाराजगी रहती है। और जैसा मैंने कहा कुछ लोग तो इस दुनिया से ही खफा रहते हैं। लेकिन फिर भी मैं यही कहूँगा कि वह एक बहुत अच्छी औरत है। बहुत बिंदास महिला।

फ़िज़ उससे मिलने गई। वह महारानी बाग में एक बड़े घर में रहती थी, जिसमें ऊँचे-ऊँचे दरवाजे थे और जो औपनिवेशिक काल के पुराने फर्नीचरों और आधुनिक कलाकृतियों से सजा हुआ था। फ़िज़ को सबसे पहले एक गुफा जैसे लीविंग रूम में बैठाया गया, पानी का ग्लास पेश किया गया और इसके बाद गलीचें वाली एक स्टडी में ले जाया गया, जिसमें टीक की लकड़ी से बने बुकशेल्फ और कोणीय लैंप लगे थे। मकान में चुप्पी भरी हुई थी और नौकर सावधान कदमों से टहल रहे थे। मैंने बड़े इस्पाती गेट के बाहर, शिरीष के एक पेड़ के नीचे अपनी बाइक पर बैठकर इंतजार किया। पूरे सड़क पर पीले रोएँ (शिरीष फूल) बिखरे पड़े थे। मैंने साबूत लच्छों को उठाया और उन्हें हवा में बिखेर दिया। धूसर वर्दी और सुनहरी कोर वाली टोपी पहने गार्ड ने विरक्ति से मुझपर नजर डाली।

दुष्ट महारानी उस दिन दुनिया से खास खफा नहीं थीं। सिर्फ थोड़ी सख्त।

उसने फ़िज़ से पूछना शुरू किया। उसका पहला प्रश्न था—क्या तुम नियमित रूप से सम्भोग करती हो? फ़िज़ ने मुस्कुराते हुए जानना चाहा—आप नियमित की व्याख्या कैसे करेंगी?

मुलाकात अच्छी चली। कड़े स्वभाववाली दुष्ट महारानी भी फ़िज़ के सहज विनम्र व्यवहार से अछूती न रह सकी। वह भारतीय पुरुष की हस्तमैथुन प्रवृतियों पर एक अध्ययन कर रही थी। इस क्षेत्र में अभी पूरे आँकड़े उपलब्ध नहीं हो सके थे—उसने बताया।

वह चाहती थी इस सम्बन्ध में आँकड़े जुटाने में कोई उसकी मदद करे। वह चाहती थी कि हर व्यक्ति से अलग-अलग बातें की जाएँ—फिर रिपोर्ट तैयार करके उसे दे दी जाए। शब्दों का खिलवाड़ इसमें आवश्यक नहीं था। बातों में कुछ जोड़-घटाव भी न हो। बस केवल सामग्री दे दी जाए और फिर पैसे ले लिए जाएँ। प्रति इंटरव्यू एक सौ पचास रुपए।

यह याद रहे कि यह कोई कहानी नहीं, कोई शब्दाडम्बर भी न हो। जुटाई गई सामग्री में कोई फेरबदल भी न की जाए।

एकदम सीधा, सच्चा विवरण। विश्लेषण आँकड़ों पर आधारित होना चाहिए।

इंटरव्यू देनेवाले के प्रति भावनाओं को समझ-बूझ कर लिखा जाए। उसे सच-सच कहने के लिए प्रेरित किया जाए।

उसे यह विश्वास दिलाया जाए कि उसकी बातें गुप्त रहेंगी। उसे लगना चाहिए वह किसी बुद्धिजीवी शोधार्थी से बात कर रहा है।

उसे पूरी बातें विस्तार से और साफ-साफ बताने के लिए प्रेरित करें।

व्यक्ति के साथ आत्मीय भाव से बातें करें लेकिन अपने को उसमें उलझाएँ नहीं।

एक आदमी का इंटरव्यू लेने के एक सौ पचास रुपए।

रिपोर्ट देते ही नकद भुगतान।

क्या तुम यह काम कर सकोगी?

और हाँ, रिपोर्ट में अधिक विस्तार न हो। हर बात दर्ज करते समय विवेक से काम लें। तुम चाहो तो इस बारे में अपने पति से बात कर सकती हो लेकिन उसके अलावा और किसी से नहीं।

इंटरव्यू देनेवाले की असली पहचान केवल दो व्यक्तियों तक सीमित रहनी चाहिए–तुम और मैं। और तुम्हारा पति–बस इससे आगे नहीं। वैसे मैं तो इसकी भी सलाह नहीं दूँगी।

फ़िज़ ने कहा कि वह इस बारे में एक दिन बाद फोन करेगी।

दुष्ट महारानी ने कहा–फ़िज़, यह ध्यान रखना, यह एक गम्भीर शोध का काम है। इस बारे में बस यों समझो कि तुम सिकाडा कीट की मलत्याग की आदतों पर शोध कर रही हो।

यहाँ वह कुछ रुकी जैसे अपनी बात पर उसे प्रसन्नता हो रही थी। फिर एक कठोर मुस्कान झलकाती हुई बोली–असल में यह शोध अच्छा रहेगा, बहुत अच्छा। वही तो। पुरुष सिकाडा की तरह ही तो होते हैं। खुद को सहलाते, मसलते रहते हैं–हर समय उनका यह निरन्तर सहलाना, मसलना गोया हमारे जीवन के नेपथ्य की गूँज है। बेचारे दुखी सिकाडा...

उस रात फ़िज़ ने पहली शुरुआत मुझसे ही की, क्या तुम वह करते हो?

हाँ।

क्या अब भी?

हाँ।

क्या सच?

हाँ।

तुमने यह कब शुरू किया था!

तब मैं आठ बरस का था।

क्या यह आठ साल की उम्र में भी किया जा सकता है?

हाँ।

यह हुआ कैसे था?

एक आनन्ददायी दुर्घटना।

यह हुआ कैसे? उस समय तुम कहाँ थे?

ओह, और कहाँ शौचालय में था। पॉट पर बैठा था, बाहर सूरज चमक र   था। खिड़की खुली थी।

और?

और बस मैं मसलता रहा, मसलता रहा।

सिकाडा की तरह।

हाँ, सिकाडा की तरह।

और?

इससे पहले कभी इतना आनन्द नहीं आया था। धरती हिल गई। परिन्दे गा उठे। और दिमाग एक फूल की तरह खिल उठा।

इसके बाद?

फिर मैंने इसे करने में बहुत अनुशासन बरता।

इस बात का क्या मतलब हुआ?

यानी दिन में दो बार। चाहे दूसरे कितने भी जरूरी काम क्यों न रहें।

क्या इस बारे में किसी को कुछ पता चला। माँ-बाप, नौकर-चाकर, दोस्त?

मेरा खयाल है, सभी जानते थे इस बारे में।

क्या तुम्हें लज्जा नहीं आई इस पर?

इतनी नहीं कि मैं इस आदत को छोड़ देता।

क्या कभी तुम्हें किसी ने यह करते देखा?

हाँ, एक बार। तब मैं पलंग पर रजाई में लेटा था। मेरे चचेरे भाई ने देख लिया तो मैंने कहा कि डॉक्टर ने मुझे यह करने की सलाह दी है। उन्हीं दिनों मुझे पीलिया हो चुका था।

और उसने तुम्हारी बात पर विश्वास कर लिया?

पता नहीं। वह जानना चाहता था कि क्या इसे करने से पीलिया से बचा जा सकता है?

और?

मैंने कहा ऐसा हो सकता है।

क्या सचमुच ऐसा होता है?

मुझे ठीक-ठीक तो पता नहीं। लेकिन पूरी दुनिया के लोग इसे आलस्य और शिश्न पर होनेवाली खुजली दूर करने का अच्छा तरीका मानते हैं।

तुमने इसे कहाँ-कहाँ किया?

अनेक स्थानों पर–जैसे गुसलखाना, सोने का कमरा, रेलगाड़ियाँ, बसें, पुस्तकालय, कक्षाएँ, सिनेमा, हवाईजहाज पर और कभी-कभी सड़क के किनारे भी।

सड़क के किनारे?

हाँ, एक बार। बस किसी को जरा देखते ही मन में इसे करने की इच्छा जाग चुकी थी।

क्या वह तुम्हारा जाननेवाला था?

नहीं, लेकिन एक क्षणिक झलक देखकर ही मन में उत्तेजना आ गई।

इसे करने की सबसे पसन्दीदा जगह?

पलंग।

बहुत अजीब बात है।

मोटर साइकिल की पिछली सीट पर सवारी करते हुए। रायल इनफील्ड। उस समय मैं तेरह बरस का था। गाड़ी मेरा चचेरा भाई चला रहा था। यह मेरे निक्कर से बाहर आकर थरथराती सीट से टकराता रहा और इससे पहले कि मैं कुछ जान पाता, यह हो गया। मैंने हाथों का जरा भी इस्तेमाल नहीं किया था।

क्या कामेडी है। हम सिकाडा कीट के बारे में बातें कर रहे थे।

माफ करना। तुम उस समय किसके बारे में सोचते होते हो? मेरा मतलब जब तुम इसे करते हो?

औरतों के बारे में

औरतों के बारे में क्या?

सब कुछ...देखना, करना और...

ठीक है, इतना काफी है! इसकी शुरुआत कैसे हुई थी?

किताबें, पत्रिकाएँ, फिल्म, किसी को भी देखकर, कोई आवाज, कोई सुगन्ध। लेकिन ज्यादा-ज्यादा कोई पिछली घटना याद करते हुए।

स्मृति?

हाँ, जो किया था उसकी स्मृति। कुछ ऐसा जो नहीं कर पाए थे। ज्यादातर कल्पना में खोए रहकर। तो ऐसे मौके पर तुम अपने किसी परिचित के बारे में सोचते हो?

कभी-कभी।

और बाकी मौकों पर?

कोई देखी हुई शक्ल का स्मरण, कोई ऐसा जिसके बारे में मैं जानना चाहता हूँ।

यह तो एकदम बेतरतीब ढंग से करना हो गया।

जिन्दगी से ज्यादा बेतरतीब, आकस्मिक तो और कुछ भी नहीं।

क्या सब पुरुष करते हैं इसे?

हाँ।

क्या तब भी जब वह वास्तविक सहवास का आनन्द लेने की स्थिति में होते हैं?

हाँ।

क्या कुछ पुरुष इसे सहवास से भी अधिक पसन्द करते हैं?

हाँ, यह होना सम्भव है।

क्या कभी तुम भी ऐसा करते हो?

मैंने इसका जवाब नहीं दिया, क्योंकि यह बात मेरे विरुद्ध जा सकती थी। भाई यह तो सिकाड कीटों के बारे में है।

माफ करना। हाँ, नहीं।

क्या मतलब?

नहीं, मैं नहीं करता। सच मानो।

क्या इसे करने के तरीके अलग-अलग होते हैं? मेरा मतलब इसे करने का ढंग?

हाँ, मैं तो यही मानता हूँ

अपने बारे में बताओ?

मेरा तरीका पारम्परिक है।

इसका क्या मतलब हुआ?

लिखनेवाला हाथ, कभी-कभी...धोनेवाला हाथ। अपना हाथ जगन्नाथ।

क्या मतलब?

हम सब पुरुषों को ईश्वरीय हाथ का वरदान मिला हुआ है।

क्या तुम मुझे कोई और बात बताना चाहोगे?

मैं स्वीकार करता हूँ कि कई बार तुम्हारे अनजाने ही मैंने कई बार तुम्हारा गलत उपयोग किया है। यह दिमाग एक अनैतिक पशु है।

तभी मास्टर उलूकपिल्लू की पुकार सुनाई दी।

फ़िज़ बोली—और कुछ मत कहो। मुझे यह सब सुनकर बहुत अजीब लग रहा है। तुम बड़े वो हो।

उसने दुष्ट महारानी को फोन करके बता दिया वह यह काम करने को तैयार है।

उस महिला ने उसे प्रश्नों की एक सूची थमा दी। जिसके आधार पर फ़िज़ को लोगों से बातें करनी थीं। वे प्रश्न फ़िज़ द्वारा मुझसे पूछे गए सवालों से कुछ ज्यादा अलग नहीं थे। महिला ने फ़िज़ को फिर से परानुभूति, स्वीकारोक्ति, निकटता, दूरी बनाए रखना, स्वविवेक और ज्यादा नरमी न बरतना जैसे निषेधों के बारे में बताया।

फ़िज़ ने फिलिप को पहले व्यक्ति के रूप में चुना। वह आँकड़ों में ढलने के लिए हमारे घर चला आया। वह दो स्नानों के बीच की स्थिति में था इसलिए बहुत सुस्त और गन्दा दिखाई दे रहा था।

वह प्रश्नों के बारे में अपनी प्रतिक्रिया ढीले-ढाले ढंग से कन्धे हिलाकर, या सिर खुजलाकर अथवा हल्की मुस्कान से देता था। गोया नर्सरी स्कूल का बच्चा अपने पहले इंटरव्यू से गुजर रहा था।

आखिर वह उठा और बोला—कुछ रम होगी?

रम इन द टम इज बैटर देन शिट इन द बम। सुबह के साढ़े ग्यारह बजे थे।

फ़िज़ ओल्ड मौंक की बोतल ले आई। उसने अपने लिए बड़ा गिलास लिया और बिना कुछ मिलाए एक ही घूँट में पी गया। और फिर उसने बोलना शुरू कर दिया। रात में बिस्तर पर पास-पास लेटे थे तो फ़िज़ ने बताया इसकी तरकीब दृष्टि और बातचीत के तौर-तरीके में होती है। मैंने इसे बखूबी समझ लिया है। बस तुम्हें अपनी मुखमुद्रा स्थिर, भावहीन रखनी होती है। कभी हँसो मत। अगर हँसना चाहो भी तो केवल मुँह से, उस मुस्कान की झलक आँखों में नहीं झलकनी चाहिए। अपनी आवाज को सधी हुई और स्थिर रखो। कभी पूछते समय हड़बड़ाओ मत। साफ और निडर होकर पूछो। व्यावहारिक रूप से बात होनी चाहिए। और तब तुम्हें पता चलेगा कि तुम तो सिकाडा कीट की मलत्याग की आदतों के बारे में बातें कर रहे हो।

क्या यह सब पूछते हुए तुम एकदम दूसरी नहीं हो जाती?

क्या अंजीर ही ऐसे फल हैं जिन्हें देखते ही तुम तुरन्त करने के इच्छुक हो उठते हो?

क्या गरम कस्टर्ड में इसे डुबाने से कस्टर्ड का स्वाद बदल जाता है?

क्या तुम इसे उग्र लेकिन संजिदा रखते हो या फिर विस्तार से...देर तक...एकदम सधे हुए ढंग से।

यह दुनिया बहुत कठिन कठोर स्थान है। हरेक को सिकाडा ही समझो।

दुष्ट महारानी को फ़िज़ का प्रयास पसन्द आया। उसने तुरन्त एक सौ पचास रुपए दे दिए।

हवाई डाक के सफेद लिफ़ाफे में जिसके छोरों पर नीली और लाल धारियाँ बनी हुई थीं। उस समय वह विनम्र दिख रही थी। और लिफाफे पर फ़िज़ लिखकर उसके नीचे लाइन खींची हुई थी। एक नोट सौ का, एक पचास का। दोनों पीले क्लिप से नत्थी किए गए थे। फ़िज़ ने रुपए मुझे दे दिए और क्लिप अपने बैग में रख ली।

हम उस रात बाहर गए। नशा किया—घर लौटे और प्यार करने में जुट गए। पहली बार ऐसा लगा जैसे किसी अन्य व्यक्ति की काम धारा हममें से होकर बह रही है। मैं उसके साथ प्रतिक्रिया कर रहा था, उसमें प्रवेश कर रहा था। मैंने उसके प्रथम इंटरव्यू के बारे में पूछना शुरू कर दिया। और उसने धीरे-धीरे मेरे सामने फिलिप के अन्तरंग रहस्य खोलने शुरू कर दिए। बातों-बातों में हम इतने उत्तेजित हो उठे कि साँसें रुक-सी गईं। बीच-बीच में वह काफी-काफी समय तक खामोश बनी रहती और मुझे अपनी जगह पर बने रहने के लिए संघर्ष करना पड़ता—जीवन विस्मरण के बीच मौजूद वह आनन्ददायी बिन्दु।

वह बिन्दु जहाँ पहुँचने के बाद मरने-खपने से पहले आप खुद को सबसे जीवन्त धड़कता हुआ अनुभव करते हैं।

उस सर्वेक्षण ने हमारे प्यार को और भी नई ऊँचाइयों पर पहुँचा दिया। जब मैं ऐसा सोचने लगा था कि दो प्रेमियों के बीच जहाँ तक यात्रा करना सम्भव था वह हो चली है।

और अब उसमें नई उत्तेजना भरने के लिए केवल झगड़ा-मान-मनोवल और फिर सेक्स का रास्ता शेष बचा है। तभी हमने पाया कि अब एक नई स्थिति आ गई है जहाँ केवल हम दो नहीं कोई तीसरा भी हमारे बीच मौजूद है। पाँच साल पहले उसके मुँह से किसी दूसरे आदमी के जिक्र ने मुझे गहरी ईर्ष्या से भर दिया होता लेकिन अब बदली हुई स्थिति में इससे हममें नई उत्तेजना का संचार हो जाता था।

फिलिप से इंटरव्यू समाप्त होने से पहले ही रवि आ गया और फिर आलोक, अनिल और उदयन भी शामिल हो गए। उनमें से प्रत्येक व्यक्ति कुछ दिनों के लिए पलंग पर हम दोनों के साथ मौजूद रहता था। और हर व्यक्ति अपने साथ अपनी विशेष उत्तेजक स्थिति लेकर आता था। जब हम पलंग पर पहुँचते तो एक शब्द भी न बोलते—लेकिन हम दोनों के अन्दर एक नई उत्कंठा, उत्तेजना की लहर काँपती होती—कठोर, नरम, नम और गरम, शरीर और आत्मा । और फिर उसमें प्रवेश करते हुए हम बतियाना शुरू कर देते।

मैं पूछता जाता और वह बताती जाती। मैं प्रश्न करता, वह जवाब देती। दोनों के बीच संवाद की लहरें शोर करती रहतीं। रात गहराती, उसे पाने की कामना सँजोए हुए मैं धीरे-धीरे शुरू करता और ऐसी-ऐसी बातें कह जाता जिन्होंने अन्य किसी सामान्य अवसर पर मुँह से निकलते ही हमें चीरकर रख दिया होता। और फिर तूफान गुजर जाता। बाद में जब 'ब्रदर' पर बैठकर लिखने की कोशिश करता या उप-सम्पादकीय खाइयों में खुद को खपाता होता तो रात में उस दौरान कही गई बातें याद आकर सचमुच मुझे चीर डालतीं। उस समय मुझे अपना सन्तुलन बनाए रखने में, खुद को उसमें डूबने से रोकने में बहुत कठिनाइयाँ होती। सेक्स लीला के उन चरम क्षणों का वह खिलंदड़ापन एक मरणांतक संघर्ष में बदल जाता।

मुश्किल यही थी यह सब फंतासी के सामान्य खेल से एकदम उलट था। प्रेमियों के बीच चलनेवाली अनाम छेड़छाड़ से अलग। यह भाव सचमुच यथार्थ व्यक्तियों की सच्ची जानकारी पर टिका हुआ था।

यह आपके बीच किसी यथार्थ प्रेमी की उपस्थिति जैसा था। जब उस तूफान को उठाने, उसे झेलने और उसके गुजर जाने के बाद गीले हाथों को थामे अपनी साँसें सँभालते हुए लेटे होते तो मन पर एक पछतावा हावी हो जाता—लगता हमारे बीच अनचाहे कोई दूसरा भी आ मौजूद हुआ है।

कोई विशेष स्थान जो पहले केवल हम दोनों का, वहाँ कोई तीसरा जबरदस्ती घुस आया था।

लेकिन इस आकस्मिक घटना क्रम के प्रभावों से जूझने की कोशिश करने से पहले हमसे थोड़ी ही दूर पर मौजूद नियति हमारे जीवन की कहानी को नए रूप से लिखने की तैयारी में थी। हमें वह शक्ति प्रदान करने के लिए जो हमारे स्वप्नों को सच कर सकती थी। और अगर प्राचीनतम नीतिकथा के हवाले से कहूँ तो हमें कीड़े के केन्द्र की झाँकी दिखाने के लिए।

बीबी लाहौरी

कुरुक्षेत्र के पास एक छोटा-सा गाँव—जहाँ प्राचीन काल में पांडवों और कौरवों के बीच हुए महाभारत ने दुनिया को जैसे स्तम्भित कर दिया था और उन्होंने अपने आचरण से पूरी मानवजाति के लिए नैतिक रूप से अस्पष्ट किन्तु गौरवशाली घात-प्रतिघात का एक साँचा तैयार कर डाला था। वहीं अत्यन्त आशावादी महिला मरने को तैयार थी।

संसार का सबसे महान ग्रंथ माना जानेवाला महाभारत हमें बतलाता है कि हम सभी को अपने कर्म चक्र के अनुसार जीवन और मरण भोगना पड़ता है। और इस तरह इस ब्रह्मांड के लिए एक सुनिश्चित पुरस्कार और दंड, कारण और परिणाम का नियम अस्तित्व में आता है। हम अपने वर्तमान जीवन में वही होते हैं जैसा हमने पिछले जन्म में किया था। किन्तु यह महान नैतिक रोमांच गाथा हमें कार्य और उसके निरंकुश नियमों-सिद्धान्तों के विरुद्ध विद्रोह करने की प्रेरणा भी प्रदान करती है। यह हमें इसमें अदल-बदल करने की बात सिखाती है। और साथ ही यह भी बताती है कि हम अपना वर्तमान जीवन जीते हुए अपने अगले जीवन का भाग्य लेख भी लिखते जाते हैं।

महाभारत धार्मिक उपदेशों का ग्रंथ नहीं। यह उससे भी महान् है। एक कलाकृति है। इसे पढ़कर समझ में आता है कि मनुष्य सदा नैतिक और अनैतिक व्यवहार के बीच बनती-बिगड़ती खाई में गिरता आया है। और आगे भी ऐसा ही होनेवाला है। अनिश्चय की सीमाओं में संघर्ष करके ही मनुष्य मानव बनता है।

पशु नहीं, देवता भी नहीं।

यह महागाथा बतलाती है कि सत्य सापेक्ष होता है, और संदर्भ तथा निहित उद्‌देश्य से परिभाषित होता है। यह मनुष्यों में सर्वश्रेष्ठ कहे-और माने जानेवाले युधिष्ठिर, अर्जुन और स्वयं भगवान कृष्ण को भी सत्य कहने के लिए प्रेरित करता है ताकि अपेक्षाकृत महान सत्य का पोषण हो सके।

इसे पढ़कर हम जान पाते हैं कि संसार इच्छा और कामना के घात-प्रतिघात से ही चलता है और यह कामना है अनजान तत्त्व। कामना में मृत्यु है, विनाश, निराशा, दुख है लेकिन साथ ही इससे प्रेम, सौंदर्य और कला जन्म लेते हैं।

यह हमारा सबसे बड़ा अपकर्म भी है, साथ ही हर क्रिया का कारण भी इसी में निहित है।

और कर्म जीवन है, सक्रियता ही कर्म है।

यह उन लोगों को भी क्षमा कर देता है जो कामना और इच्छाओं के चक्र से अपनी सीमाएँ तोड़ डालते हैं। यह दुर्योधन को क्षमा कर देता है। ऐसा व्यक्ति जो अन्तहीन कामना, इच्छाओं के अनन्त जाल में उलझकर रह जाता है। वह जो महाविनाशक युद्ध को जन्म देता है। वह

लड़ाई जिसमें सब कुछ नष्ट हो जाता है। यह उसे स्वर्ग प्रदान करता है। उसे देवताओं से प्रशंसा मिलती है। असीम इच्छाओं के भ्रम जाल में उलझकर कुकर्म करते चले जानेवाला, सबसे बुरा माना जानेवाला यह मनुष्य मानव के निर्देश का ही तो पालन करता है।

इस संसार के चक्रव्यूह में उलझने से पहले आपको इसके सब रहस्यों को जान लेना चाहिए। इस इच्छाओं को बुरा कहकर उन्हें त्यागने से पहले हमें अपनी इच्छाएँ पा लेनी चाहिए। जिसे आप नहीं जानते इसका त्याग कर देना तो अच्छा नहीं कहा जा सकता।

संसार की यह महानतम पुस्तक संकल्प की इच्छा शक्ति को धर्म से अलग करके उसे मनुष्य को फिर से सौंप देती है।

धर्म एक अध्यापक की अनुशासनात्मक फंतासी है।

महाभारत एक महापुरुष के जीवन का आनन्ददायी गुणगान है।

इस कथा के अन्दर छिपी कथाएँ धर्म को अपनी धुरी पर जैसे घुमाकर एकदम उलट-पलट देती हैं और उसे पढ़कर आप इसके विषय, विषैले ताने-बाने पर हैरान रह जाते हैं।

यह मनुष्यों को अवसर देता है भव्यता का। लोग अपने जीवन को कहीं-कहीं संदेह में डुबा देते हैं। दुर्योधन जैसे लोग जो पराजित होकर भी जीत जाते हैं।

महाभारत की इसी प्राचीन युद्धभूमि में एक बूढ़ी औरत मौत की ओर खिसकती जा रही है। जीवन के कुछ संदर्भों को उसने सही-सही समझा और अपने जीवन में उतारा। वह कर्म से बड़ी है, उसे झुकाया, मोड़ा, बदल डाला था। वह भटके हुए इस स्कूल अध्यापकों और उनकी अनुशासनात्मक फंतासियों और उनके धार्मिक प्रलापों का शिकार बन गई थी।

1947 के मरणान्तक दिन–उसके खेतों पर ऐसी आफत का कहर आ टूटा था जिसकी आशंका बहुत पहले से थी। एक दिन शाम ढलने के बाद लाहौर के बाहर उसके फार्म के बीच बना मकान स्कूल अध्यापक के छात्रों द्वारा तहस-नहस कर डाला गया। उसके भारी भरकम पति जिसके दमघोंटू वजन से खुद को बचाने के चतुर-चालक उपाय उसने अपने विवाहित जीवन के शुरू में ही सीख लिए थे–को घसीटकर आगे वाले अहाते में ले जाया गया। वह उसमें गरजता रहा लेकिन चमकते छुरों ने उसकी आँतें बाहर बिखेर डालीं।

शिष्यों ने अपना काम खामोशी से किया। हाँ, वह एक जरूरी काम को अंजाम दे रहे थे–किसी नाटक में अभिनय कर रहे थे।

मरते-मरते पति ने उसका नाम पुकारा–'शीला' तो उसे जरा भी आश्चर्य नहीं हुआ।

आवाज में वही कड़क थी जैसे हर रात उसे पुकारा करता था।

ज्यादातर खेत मजदूर मानो या मार तो डाले गए थे या जान बचाकर भाग चुके थे।

वह फर्श पर झुकी-झुकी सब देखती रही। उसकी खूबसूरत नीली आँखें खिड़की की पटिया से बस ज़रा ही ऊपर उठी हुई थीं। काम पूरा करके हत्यारे शिष्यों ने बड़े नकचढ़ेपन से अपने छुरे उसके पति के कुरते में पोंछ डाले। उसके बाद वे घर में तोड़-फोड़ करते घूमते रहे। इस दौरान वह पलंग के नीचे छिपी रही। हत्यारों ने उस मकान को जलाकर फूँक नहीं डाला क्योंकि वे जानते थे उनमें से कोई एक जल्दी ही उस पर अपना दावा जताने वापस आएगा।

वे केवल जिन्दा लोगों को तलाश रहे थे।

उनके जाने के कई घंटे बाद वह छिपने की जगह से बाहर निकली। बाहर गीदड़ बोल रहे थे। पहलेवालों ने एक धीमी लम्बी पुकार लगाई। फिर बाकी गीदड़ बोल उठे। वह रो नहीं रही थी। अगर आप मास्टरजी के फटे पेट और बाहर बिखरी लाल अँतड़ियों की तरफ न देखें

तो लगता था जैसे वह सो रहे हैं। उनके चेहरे पर एक भी खरोंच नहीं थी। वह उनकी कुर्ते की जेबें टटोलने लगी। ऊँट की खाल वाला बटुवा अपनी जगह था। उसने वह निकाल लिया और फेवरा घड़ी भी, जिस पर रोमन अंक बने थे। उँगली की बड़ी सोने की अँगूठी और गले में पहनी जंजीर जिसमें मास्टरजी और उनके पिता का चित्र लगा था-लंदन की ऑक्सफोर्ड स्ट्रीटवाला।

दोनों बाउलर हैट और ओवर कोट में थे। उनकी दाईं कलाई से ब्रेसलेट उतारने में उसे जरा मुश्किल पड़ी। उतारने पर देखा उस पर खून लगा था। खून उसने कुरते से पोंछ दिया। जहाँ हत्यारों ने अपने छुरे रगड़कर साफ किए थे। उस पर 'संसार चन्द' नाम घसीट लिपि में उकेरा हुआ था। एस और सी अक्षरों के ऊपर एक अतिरिक्त छल्ली बना हुआ था।

निश्चय ही हत्यारे लूटने के इरादे से नहीं आए थे। वे आए थे गन्दगी साफ करने। इसके बाद लूटपाट करनेवाले आएँगे।

वह अन्दर गई और बदन का एक-एक गहना उतार डाला। उँगलियों पर सख्त पड़ गए बिछुए भी। फिर पेटियाँ खोलकर पैसा और अपने जेवर निकाल लिए। ज्यादा कीमत की छोटी चीजें अलग छाँट लीं–अँगूठियाँ, और नाक की कई लौंग। बस एक चीज जरूर रखी–चाँदी की चार इंच चौड़ी भारी पायलें जो उसे माँ से मिलीं थीं और जिन्हें नानी ने उसकी माँ को दिया था। उसने सबको मलमल के छोटे बंडल में कसकर बाँध लिया। बाकी सब उसने लोहे की पत्तियोंवाली लकड़ी की सन्दूकची में डाल दिए।

फिर उसने बर्मा टोक की बनी भारी अलमारियाँ खोलीं। एक नक्काशीदार बनारसी दर्पण उसमें खड़ा करके उसके सामने जलती मोमबत्ती टिका दी। फिर कपड़े काटनेवाली कैंची लेकर अपने लम्बे केश काटने लगी। बालों को वह बचपन से ही सजाती-सँवारती आई थी। लम्बे बाल उसके नितम्बों तक आते थे। कटते समय अजीब-सी आवाज उभर रही थी। उसने बालों को सफाई से काटा। उन्हें बहुत छोटे-छोटे कर दिया।

लपलपाती पीली रोशनी में उसने खुद को एक गोरे नाजुक लड़के के रूप में बदलते देखा। छोटी तराशी गई नाक, सुगढ़ छोटे-छोटे कान, छोटा सुन्दर मुख और फिर उसके अन्दर के प्रतिरोध का प्रतीक–आगे निकली चिबुक। जब उसने फर्श पर नजर डाली तो कटे बाल उतरी सलवार की तरह इकट्ठे पड़े थे।

उसने कपड़े उतार डाले। गीदड़ों की सम्मिलित आवाज के अलावा रात खामोश थी। स्कूल मास्टर साहब के छात्र भी शायद रात में आराम करने चले गए थे। उसकी बाकी देह की तरह उसके उरोज छोटे लेकिन पुष्ट-सुडौल थे। दो बच्चों को जन्म देने के बाद भी कुचाग्र काले नहीं पड़े थे, अब भी गुलाबी थे। लेकिन वे मोटे-मोटे थे। संसारचन्द अपने मोटे-मोटे होंठों से उन्हें तब तक खींचता रहता था जब तक वह करीब-करीब चीख न उठती। उसने पलभर के लिए उन पर उँगलियाँ फिराईं। वे तने हुए थे। उसमें डर की लहरें उठ रही थीं। उसने पलंग की चादर का एक टुकड़ा फाड़ा और उसे कैंची से काटकर सख्ती से उरोजों पर बाँध लिया। कुचाग्र बन्धन में से आगे निकल आए। उसने धीमे-धीमे साँस लेते हुए उन पर अपनी हथेलियाँ टिका दी और प्रतीक्षा करने लगी। जब उसने हथेलियाँ हटाईं तो उभार दब गया था–उरोजों पर बँधी पट्टी सपाट हो गई थी।

उसने नोटों को कसकर गोल मोड़ा और उन्हें बारीक मलमल के टुकड़े में लपेटकर उसे एक डोरी से बाँध दिया। अपना बायाँ पैर पलंग पर रखकर उसने आँखें मूँद लीं–अपनी देह

के अन्तरंग भाग को धीरे से बाएँ हाथ से खोला और नोटों को अन्दर रख लिया। हर रात संसारचन्द को अपने अन्दर समाने से ज्यादा मुश्किल नहीं था ऐसा करना।

फिर उसने अपने बड़े बेटे केवल के कुछ कपड़े निकाले। उन्हें पहनकर देखने लगी। केवल को उसके छोटे भाई कपिल के साथ तब दिल्ली भेज दिया गया था क्योंकि गांधी-जिन्ना-हिन्दू-मुसलमान-भारत-पाकिस्तान की समस्याएँ बढ़ने लगी थीं। उन्हें दिल्ली गए लगभग छह महीने हो चुके थे। संसारचन्द ने कहा था कि जब यहाँ तनाव शान्त हो जाएगा तो वह बेटों को दिल्ली से वापस बुला लेगा। केवल के स्कूलवाली खाकी पैंट उसे सबसे ज्यादा फिट आई। वह था तो सिर्फ बारह बरस का, लेकिन कद-काठी अपने बाप जैसी पाई थी। और उसकी माँ तो इतने ठिगने कद की थी कि उसे बस एक ही हाथ से ऊपर उठाया जा सकता था। अपने पूरे जीवन में उसका वजन चालीस किलो से ज्यादा कभी नहीं हुआ। केवल की पैंट को कमर से बाँधे रखने के लिए उसे एक डोरी का इस्तेमाल करना पड़ा।

कमीज और कोट पहनने के बाद वह एक ऐसे किशोर की तरह दिखाई दे रही थी जो स्कूल जाने के लिए तैयार हो रहा हो।

.एक बदमिजाज स्कूल मास्टर की दैनिक फंतासी।

लोहे के कब्जोंवाली छोटी पेटी को उसने पूजावाले कमरे के कोने में गड्ढा खोदकर दो हफ्ते पहले ही गाड़ दिया था। फिर गड्ढे के ऊपर मिट्टी डालकर उसे हाथ-पैरों से दबाते हुए उस पर एक गिलास पानी डाला और मिट्टी को एकसार कर दिया। फिर गन्दे और साफ कपड़ों को उठाकर कोने में डाल दिया। छिपाने का इससे बढ़िया और कोई तरीका उसकी समझ में नहीं आया था। अब उसने कपड़े का एक छोटा झोला लिया। उसमें जेवरोंवाली मलमल की पोटली और केवल के कुछ और कपड़े रख लिए। थैले में उसने कुछ खस्ता मट्ठियाँ भी रख लीं। वैसे उसे मट्ठियों का कोई खास शौक नहीं था, लेकिन वे कई दिन तक खराब नहीं होंगी।

अब एक काम करना और रह गया था।

वह रसोईघर में जाकर लकड़ियाँ ला-लाकर अपने मृत पति के शव पर डालने लगी। पूरे शव को ढकने लायक लकड़ियाँ लाने के लिए उसे रसोई के चौदह चक्कर लगाने पड़े। लकड़ियाँ लाते समय हर बार उसे कल्लू और राका की लाशों को लाँघना पड़ता था। मास्टरजी के छात्रों ने उन लोगों के प्रति ज्यादा सम्मान नहीं दिखाया था। उनके चेहरे चीर डाले गए थे, गले काट दिए गए थे। वह उनकी ओर देखने का साहस न जुटा सकी। लेकिन लगा कि उनके खून सने मुँह के पास उनके कटे हुए शिश्न पड़े थे। खून में डूबे माँस के छोटे लोथड़े। उनका खतना नहीं हुआ था।

लुका-छिपी का खेल खेलनेवाले शिश्न। कभी खाल से बाहर तो कभी अन्दर।

लेकिन उसे पता था दूसरे शिश्न अलग थे, हिन्दुओं से अलग–

उसे खेत मजूरों की झोंपड़ियों में जाने की हिम्मत न हुई। रसोईघर से नीची झोंपड़ियाँ दिखाई देती थीं। लकड़ी की कड़ियाँ, फूस का छाजन, और दरवाजे के पास लकड़ी के खम्भे में लगी कील से लटकती हरकेन लालटेन। चौखट के आर-पार लालटेन की रोशनी में जनरैल का लम्बा शरीर पसरा था। उसके पैर छायाओं में खोए हुए थे। उसकी जूड़ी की गाँठ खुल गई थी और वह औंधा मुँह पड़ा था। अपने फैले केशों में छिपा हुआ। उसने लड़ते-लड़ते जान दी थी। उसकी कमर पर खूब निशान थे और हर कहीं खून फैला था। मिट्टी की दीवारों पर भी खून के छींटे थे। उसकी कृपाण अभी तक उसके फैले हाथ की मुट्ठी में थी।

दो सफेद मुर्गियाँ–जिन्हें कलक्टर साहब, और कलक्टर मेम साहब के नामों से पुकारा जाता था–जो खेत मजूरों के साथ झोंपड़ी में रहती थीं, उसकी लाश के इर्द-गिर्द घूम रही थीं। किसी नौसेना अफसर की तरह मुआयना करती हुईं।

गनीमत यही थी लकड़ियाँ एकदम सूखी हुई थीं और रसोईघर के चूल्हे में जलाने के लिए उनके छोटे-छोटे टुकड़े कर दिए थे, इसलिए उन्हें उठाकर लाना और पति के शव के ऊपर फैलाना आसान था। इसके बाद उसने भंडार में रखे घी के दो कनस्तरों का घी काँसे के बड़े लोटे में निकालकर लकड़ियों पर डाल दिए। इस काम में उसे कुछ परेशानी जरूर हुई। रात की हवा में घी की अजीब-सी गन्ध तैरने लगी।

वह फिर अन्दर गई, अपना कपड़े का थैला ले आई और पति के निकट बैठ गई, जो घी से भीगी लकड़ियों के ढेर के नीचे खामोश पड़ा था। वह वहाँ काफी देर तक बैठी रही। उस बड़े फार्म में कहीं कोई आवाज नहीं थी, था एक गहरा सन्नाटा। पिछले सालों में उसके जरा पुकारते ही अनेक कदमों की आहट सुनाई देने लगती थी। जब वह संसारचन्द की पत्नी बनकर यहाँ आई तो उसकी उम्र केवल चौदह साल की थी। छोटे कद की और सुन्दर। लेकिन इस घर में बीबीजी के रूप में मालकिन बनने में उसे ज्यादा समय नहीं लगा था।

उसने अपनी माँ की बताई बातें बहुत ध्यान से सुनी थीं। उसकी माँ ने कहा था–बार-बार बताया था उसे–पुरुष साँपों जैसे होते हैं। लेकिन वे जैसे दिखते हैं, उतने मजबूत नहीं होते। ज्यादातर साँपों के तो दाँत ही नहीं होते। कुछ के दाँत होते भी हैं तो उनमें जहर नहीं होता। लेकिन कुछ साँपों में जहर होता है। उन्हें काबू करने के लिए तुम्हें बहुत चतुर सँपेरा बनना पड़ेगा। वैसे यह काम कुछ ज्यादा मुश्किल नहीं होता। खुद को ऐसा बना लो कि वे हर वक्त बस तुम्हें ही देखते रहें। अपनी आँखों से देखना सिखा दो उन्हें। फिर तो तुम जल्दी ही उनमें से ज्यादातर के जहरीले दाँत उखाड़ने में कामयाब हो सकती हो। और धीरे-धीरे वे तुम्हारे जाल में इतना उलझ जाएँगे कि वे वही देखेंगे जो तुम उन्हें दिखाना चाहोगी। शीला की माँ ने सलाह दी थी–जो औरतें आदमी से भिड़ने की सोचती हैं, वे कहीं का नहीं रहतीं, आदमियों के दिल से निकलने के साथ वे घर से भी बाहर हो जाती हैं। हाँ, एक बात है जो औरतें अपने पुरुषों के साथ अँधेरे में फिरते विषैले साँपों की तरह पेश आती हैं। वे उन्हें अपने मोहजाल में फँसाकर झुकने पर मजबूर कर देती हैं और फिर बेखटके रानी बनकर राज करती हैं।

आदमियों को साँप समझकर ही उनके साथ पेश आओ। उनकी ताकत का भ्रम उनकी सच्चाई से कहीं ज्यादा बड़ा होता है।

शीला थी सिर्फ चौदह की लेकिन उसकी माँ की सीख ने उसके अन्दर की औरत को उसकी उम्र से कहीं ज्यादा बड़ा बना दिया। उसने शुरू से ही संसारचन्द को वैसा ही समझा जैसा माँ ने सीख दी थी–अँधेरे में घूमनेवाला एक रपटीला विषधर।

संसारचन्द उम्र में उससे बारह साल बड़ा और चिड़चिड़े स्वभाव का आदमी था, लेकिन शीला ने उससे ऐसा व्यवहार किया कि संसारचन्द हर समय उसके इर्द-गिर्द रहने की कोशिश करने लगा। शीला ने उसे ऐसा आनंद दिया था जो अपने जीवन में इससे पहले कभी नहीं मिला था। उसने संसारचंद को अपनी देह का मनचाहा उपभोग करने की छूट दे दी कि तेज-तर्रार संसारचंद शीला के इशारों पर नाचने लगा। वह जल्दी ही इस बात को बखूबी जान गई। उसकी अदाओं के जाल में संसारचन्द पूरी तरह उलझ गया है और वह अब उसे छोड़कर और कहीं किसी दूसरी के पास नहीं जा सकता था।

वह जैसा मौका देखती खुद को उसी तरह ढाल लेती। यानी संसारचन्द उसके आकर्षण जाल से अब कभी छूटकर नहीं भाग सकता था।

संसारचन्द बहुत जल्दी जान गया कि उसकी पत्नी में उसे पागल कर देनेवाला आकर्षण है। वह हर समय उसमें समाए रहना चाहता था। खुद को पूरी तरह उसके हाथों में सौंप देने का इनाम वह कभी-कभी नहीं हर पल पाना चाहता था।

शीला ने संसारचन्द के जीवन को आन्नद और सुख से भर दिया था, पर खुद उसके लिए इस सबका कोई मतलब नहीं था। वह हर समय इसी उलझन में उलझी रहती थी कि संसार चन्द को कैसे अपने शिकंजे में फँसाए रखे। इसके लिए अपनी माँ की सलाह को दिमाग में रखना पड़ता था—परिणाम तो ठीक रहा लेकिन खुद आनन्द पाने की इच्छा और शक्ति खो बैठी शीला। उसकी कामना का इंजन पूरी तरह ध्वस्त हो गया था। हमेशा पति को मुट्ठी में बनाए रखने की चालाक तरकीबों ने उसकी देह के अन्दर का सारा आनन्द, रस चूस कर रख दिया था। उसके लिए प्यार से मिलनेवाला आनन्द कुछ नहीं रहा। प्यार एक नाटक बन गया, अपनी योजनाओं को साकार करने का।

शीला की माँ भी अपने पति के हाथों पिसी-कुचली औरत थी जिसके मन में बस कड़वाहट ही बची थी। वह पति के सामने डरी-सहमी रहती थी। उसने मुँह से एक शब्द भी नहीं निकलता था पति के सामने। शायद ही उसके पति ने कभी उससे कोमलता से, प्यार से बात की हो। मन में कोई इच्छा शेष नहीं रह गई थी इसी कारण उसने अपनी बेटी को समझाया था शादी के बाद खुद को कैसे जीवित रख सकती थी। निश्चय ही वह नहीं चाहती थी उसकी बेटी भी उसकी तरह घुट-घुटकर मर मिटे—जीवित रहते हुए भी मुर्दे की तरह न हो जाए। खुद कष्ट सहकर उसने जान लिया था कि चाहे वह खुद पति के सामने खड़ी होने का साहस न जुटा सकी थी लेकिन अपनी बेटी को इन दारुण परिस्थितियों से कभी न जूझना पड़े। आनन्द के पल उसके जीवन में कभी आए ही नहीं, इसलिए उस सबकी उसने कुछ परवाह नहीं की। पति की जिस जकड़बंदी ने उसके व्यक्तित्व को बौना बनाकर रख दिया था, उससे अपनी बेटी को हर हाल में बचाना चाहती थी शीला की माँ।

उसने अपनी बेटी को अनुशासन और नियंत्रण की कला खूब सिखाई थी। बेचारी उसे इसी का तो उपहार दे सकती थी।

लेकिन शीला को उससे मिला क्या, उसने इच्छाओं और कामनाओं का गला घोंटकर दूसरी छोटी-छोटी बातों पर ध्यान देना सीखा था।

टपकता घी ज़मीन पर निशान छोड़ने लगा था। लकड़ियों के ढेर के नीचे दबे पति का शव उसे नजर ही नहीं आ रहा था। उसने इधर-इधर नजर दौड़ाई।

फार्म के बीच बने मकान की नीची मिट्टी की दीवारों के पास देखने की कोशिश कर रही थी शीला। दीवारों के पार फैले लम्बे-चौड़े खेतों में खड़े गेहूँ के छोटे-छोटे पौधे रात के अँधेरे में खो से गए थे। मिट्टी की दीवारों के भीतर अगर कोई आवाज थी तो नाँद से बँधे दुधारू पशुओं की गले से लटकती घंटियाँ टनटनाने की। जुगाली करते-करते पशु बीच-बीच में रम्भा उठते या जोर-जोरं से गर्दन हिलाते तो आवाज गूँजने लगती। घर में तीन कुत्ते थे—एक बड़ा दो छोटे। अगर उन्हें कभी फार्म पर किसी अजनबी के आने का आभास मिल जाता तो वे मिलकर जारे-जोर से भूँकने लगते। तब उनकी आवाज दूर तक सुनी जा सकती थी। वैसे अधिकतर वे दरवाजे के पास खामोशी से पसरे रहते थे।

शीला मोमबत्ती लाना भूल गई थी। वह फिर से अन्दर गई और मोमबत्ती ले आई। मोमबत्ती की लौ हवा में कँपकँपाने लगी, पर बुझी नहीं। उसने घी में भीगी एक लकड़ी उठाई और मोमबत्ती की लौ से लगा दी। घी से तर लकड़ी ने जल्दी ही आग पकड़ ली। जलती हुई लकड़ी को हाथ में लेकर उसने पति की चिता का चक्कर लगाया और उसे चारों कोनों से जला दिया। यह सब करते हुए वह गायत्री मंत्र का पाठ कर रही थी–उसे बस वही धार्मिक मंत्र याद था।

ओ३म् भूर्भुवः स्वः तत्सवितुर्वरेण्यं।
भर्गो देवस्य धीमहि धियो यो नः प्रचोदयात् ॥

वह बार-बार इस मंत्र को दोहराती रही।

लपटें ऊँची उठीं और लकड़ियों से चट-चट की धीमी आवाज आने लगी। तब उसने अपने हाथ की जलती हुई लकड़ी को भी चिता में फेंक दिया। फिर घूमकर अपना थैला और लालटेन उठाई और वहाँ से चल दी। लट्ठों से बना दरवाजा अधखुला था। शिष्यों के जाने के बाद से दरवाजा बंद नहीं हुआ था। बंद करता भी कौन। वह खामोशी से बाहर निकल आई। लालटेन की बत्ती बहुत मद्धिम कर दी और कच्ची पगडंडी को छोड़कर हरे-भरे खेतों में खो गई। पगडंडी आगे जाकर बड़ी सड़क से मिलती थी। तीनों कुत्ते खामोशी से उसके पीछे-पीछे चल रहे थे।

अनन्त आकाश में सितारे जगमगा रहे थे। चाँद किसी छह मास की गर्भवती स्त्री की तरह फूला-फूला लग रहा था।

गीदड़ जोर-जोर से शोर कर रहे थे। घर की चहारदीवारी पार करते समय उसने एक बार पीछे घूमकर देखा था। उस समय वह पड़ोसी के आमों के बाग के साथ-साथ बढ़ रही थी। उसका फार्म पीछे छूट गया था। अँधेरे में हर पल बड़ा होता केसरिया रंग का गोला दिखाई दे रहा था अँधेरे को खाता हुआ।

शीला हर संकट से बच निकलती गई। जीवन में कोई भी कठिनाई उसे परास्त नहीं कर सकी। फिर से अपना फार्म और घर बना पाने में उसे पाँच वर्ष लग गए। इन वर्षों के दौरान हर पल संघर्ष करते हुए उसे एक पल के लिए भी ऐसा संदेह नहीं हुआ कि वह उस सबको नहीं पा सकेगी जो उसके पास कभी था।

तारों भरी एक रात में वह अपने पति के शव को आग को सौंपकर खुले दरवाजे से बाहर निकली थी। तो वह भी उन लाखों प्यादों की भीड़ का एक हिस्सा बन गई थी जो लगातार भटकते फिर रहे थे। वह ऐसा खेल था जिसमें खिलाड़ियों के हाथों से बाजी निकल चुकी थी। कोई भी नहीं जीता था उस खेल में। हिन्दू, मुसलमान, गोरे–सभी। असल में तो वे सभी खेल की मेज छोड़कर भाग खड़े हुए थे–उनका सारा नियंत्रण, सब तर्क और हर योजना एकदम फेल हो गई थी–इसे सभी ने बखूबी समझ लिया था। अब राजा और रानियाँ हाशिए पर दुबके हुए डर से थरथरा रहे थे और प्यादे सिरफिरे होकर आपस में मारते-काटते भिड़ रहे थे–महाविनाश का रक्तरंजित तांडव हो रहा था। उसे रोकना किसी के वश में नहीं रह गया था।

शीला उस खूनी दौर में लगातार एक से दूसरी जगह बढ़ती रही–अपने को बचाए रखने में उसने काफी चतुराई दिखाई। वह दूसरे प्यादों से टकराने से बचती रही–शतरंज की थरथराती खूनी बिसात पर अपने लिए राह बनाती हुई। वह लगातार चलती जा रही थी–कभी अकेली

तो कभी झुंडों में शामिल होकर। उसने बसों में सफर किया, कभी बैठने की जगह मिल गई तो, कभी पूरा सफर खड़ी रहकर पूरा करना पड़ा। रेलगाड़ियों की छतों पर सफर किया, तो कभी डिब्बों के गलियारों में ठुँसी भीड़ का हिस्सा बनकर। उसने उस दौरान इतनी लाशें देखी थीं जिन्हें देखने की कोई कल्पना नहीं कर सकता। लगता था दोनों पक्षों के अध्यापकों ने अपने शिष्यों को खूब ट्रेनिंग दी थी।

पुरुष और औरतें, बच्चे और नन्हे शिशु कहीं ढेरों से मृत पड़े थे तो कहीं अकेले। उन सभी के कपड़े एक से रंग वाले मटियाले लाल खून में रंगे हुए थे। गले कटे हुए, अँतड़ियाँ निकलकर बाहर फैली हुईं, कटे हुए उरोज, कुचली हुई खोपड़ियाँ, काटकर फेंक दिए गए शिश्न–कहीं हिंदू कहीं मुसलमान। कहीं लाशें दिखाई देतीं तो कहीं दृश्य उनसे मुक्त भी होता। वह मरनेवालों की खुली रीती दृष्टि से खूब परिचित हो गई, जब लोग जल्दी में प्राण त्यागते हैं। हाथ और पैर अजीब तरह से मुड़े-जुड़े हुए, गरदन विचित्र कोण से घूमी हुई।

कुछ दृश्य तो उसके मन में गहरे धँसकर रह गए सदा के लिए। बाद में वह लगातार, लगभग हर दिन उन भयानक, बीभत्स दृश्यों को बार-बार देखती रही। वह तरन-तारन के एक छोटे स्टेशन के पास एक छोटे स्टेशन पर लोगों की कसमसाती भीड़ का हिस्सा बनी बैठी थी। वे सभी गर्मी और सुरक्षा पाने के लिए एक दूसरे में जैसे धँसे जा रहे थे। और खेतों के ऊपर दिन की लाली फूट रही थी। तभी उसने एक लम्बी रेलगाड़ी को प्लेटफार्म के सामने से धीरे-धीरे गुजरते देखा–पहियों की खटखट से सुबह चहचहानेवाले परिन्दे छितरा गए थे। उसके चारों ओर मौजूद लोग गहरी नींद में थे। ट्रेन में मौजूद लोग भी कोई हरकत नहीं कर रहे थे–एकदम खामोश–एक भव्य पेंटिंग–कुछ के माथे चीर दिए गए थे तो कुछ के गले। कुछ शव दूसरों पर पड़े थे–अस्तव्यस्त ढंग से। डिब्बों के गलियारों में भी वहीं लोग थे–धीमी खटा-खट के साथ डिब्बे एक-एक करके सामने से गुजर गए। कोई हरकत नहीं, कोई सीटी नहीं सुनाई दी। प्लेटफार्म पर किसी फेरीवाले की आवाज नहीं सुनाई दी। वह इस भयानक दृश्य को देखती रही एक डरावने सपने की तरह।

ट्रेन के आखिरी से पहले डिब्बे में एक गोरे-रंग का युवक दिखाई दिया। उसकी मसें भीग रही थीं, सिर पर घुँघराले केश। उसका सिर डिब्बे से बाहर झूल रहा था। फिर पहिए रेललाइन के एक जोड़ पर खड़खड़ाए, डिब्बा थरथरा उठा और उसी झटके ने लड़के के सिर को धड़ से जोड़नेवाला आखिरी जुड़ाव भी तोड़ दिया। उसके देखते-देखते घुँघराले केशों और गहरी, सदा के लिए खामोश आँखों वाला सिर, किसी गेंद की तरह प्लेटफार्म पर गिरकर लुढ़कता गया। वह चीख उठी, आसपास के लोगों में हरकत हुई। अपने अपना चेहरा हाथों में छिपा लिया। ट्रेन गुजर गई। अनुशासनप्रिय स्कूल मास्टरों के क्रूर फंतासी में गुम हो गई।

उन दिनों वह समझ सकी थी कि किसी मनुष्य की हत्या करना आस्था की एक उछाल है। और एक बार कोई उस स्थिति में पहुँच जाए तो फिर इंसानों को मरना चूजों के कत्लेआम जैसा हो जाता है।

आप खाने की मेज पर परोसने के लिए एक को मार सकते हैं अथवा जरूरत पड़े तो वहशीपन के त्योहार की खातिर हजारों को कत्लेआम भी कर सकते हैं।

और उन दिनों नए जन्मे भारत और पाकिस्तान कत्लेआम का महाभोजन कर रहे थे।

छह लाख मनुष्यों का कत्लेआम कोई खास बात नहीं थी।

कैसा भी आकार-प्रकार-चलेगा।

फिर चाहे वह कत्लेआम किसी भी तरह क्यों न किया गया हो। यहूदी कोशर या कोई भी तरीका हो सकता है।

एक हजार मील के दायरे में जहाँ जो था—वहीं मार डाला गया।

बहुत-बहुत शुक्रिया।

फिर मिलेंगे।

उस रात फार्म पर चमकते छुरों के साये में उसे अपने दिल को सँभालना, मजबूत बनाना पड़ा उदासीन शान्ति की हद तक। लेकिन वही सब उसे एक भयानक अनुभूति की तरह दबोच रहा था। इतनी भयानक अनुभूति के बाद अब दुःख महसूस करने का क्या मतलब रह गया था भला।

वक्त के उस खूनी थपेड़ों ने उसे पहले से कहीं ज्यादा मजबूत बना दिया। शरणार्थी शिविरों की तकलीफें और गंदगी भी उसका कुछ न बिगाड़ सकी।

वहीं वह अपने बेटों से जा मिली। लापरवाह, उदासीन प्रशासनतंत्र से लड़-भिड़कर उसने अपने पति की विशाल जायदाद का हर्जाना पाने में सफलता ण ही ली। उसे हर्जाने के रूप में झाड़-झँखाड़ से भरी 200 एकड़ जमीन मिल गई। अब उसने अपनी योनि में छिपाकर रखे नोट और पोटली में रखे जेवरात निकाल लिए और उस भयानक उजाड़ को ठीक करने में जुट गई।

सलीमगढ़ को दूसरी दिशा में भागकर जाते लोग छोड़ गए थे। उसके नए फार्म पर भी एक मकान था। वहाँ बुरी तरह लूटपाट हुई थी। अहाते में खड़ी शीला सोच रही थी। क्या यहाँ से भी औरत उठी छातियों को कसकर सपाट बाँधने और योनि में नोट ठूँसकर भागी होगी। जैसे वह भागकर आई थी। क्या उस औरत की जिन्दगी में आनेवाले आदमियों के शिश्न काटकर लापरवाही से फेंक दिए गए होंगे। और क्या वह ठीक इस समय लाहौर के शोर-शराबेवाले बाजारों से छह किलोमीटर दूर चौधरी कला में शीला के फार्म के अहाते में उस हरसिंगार के पास खड़ी होगी जिसे शीला ने लगाया था। जो हर रात मीठी सुगन्ध वाले सफेद फूलों से भर उठता था और फिर सुबह उन्हें गिरा भी देता था। उतरते पतझड़ के महीनों में पेड़ की शाखाओं के नीचे चादरें बिछा दिया करती थी और हर सुबह चादरें सुनहरी डंठलों वाले सुन्दर छोटे फूलों से भर उठती थी। वहाँ से उठाकर शीला सुगन्धित फूलों को पूरे घर में बिखरा दिया करती थी।

संसारचन्द शीला को हरसिंगार फूल कहा करता था जो रात को फूलता था और दिन में खूबसूरत दिखाई देता था।

लेकिन सलीमगढ़ में वैसा कोई पेड़ नहीं था। और शीला इसके लिए उस औरत को कसूरवार ठहरा रही थी जो इस जगह को छोड़कर भाग गई थी।

उस झाड़-झंखाड़ भरी जमीन को साफ करने के लिए कोई आदमी तैयार नहीं था इसलिए शीला पुलिस सुपरिंटेंडेंट के पास गई और उसे इस बात के लिए राजी कर लिया कि वह शीला की ज़मीन की सफाई करने के लिए जिला जेल में उम्रकैद की सजा काट रहे कुछ कैदियों को भेज देगा। वे थे कठिन, कठोर और चिड़चिड़े लोग। हत्यारे और डकैत। वे वहाँ आए तो जंजीरों से बँधे हुए। वे जमीन को साफ करने के काम में जुट गए। शीला अपने बड़े ललछौंह घोड़े पर चक्कर काटती, उन पर नजर रखती। उसके बाल अभी भी छोटे थे। वह उन्हें सोला टोपी के नीचे छिपाए रहती। उसे केवल की खाकी पैंट पहनना भी आ गया था। उसने अपने लिए वैसी ही नई पैंटें सिलवा ली थीं।

बीस कैदी पुरानी राइफलों से लैस दो पुलिसवालों के साथ वहाँ आ पहुँचे। शीला ने एक की जाँघ में गोली मार दी थी क्योंकि उसने भद्दे ढंग से जाँघ थपथपाते हुए शीला से वहाँ बैठने को कहा था। उसका नाम जग्गा था। वह गाँव का पहलवान था और ज़मीन के झगड़ों में पैसे लेकर किसी को भी मार देता था, पूरा इलाका उसके खौफ से काँपता था। पुलिस सुपरिंटेंडेंट ने शीला की इस कार्रवाई की तारीफ की। यह बात पूरे जिले में फैल गई। बीबी लाहौरी के बारे में किस्से चल निकले। आगे चलकर लोग शीला के बारे में चर्चाएँ करनेवाले थे कि वह घोड़े पर बैठकर गोरे के साथ शिकार किया करती थी। और जब विभाजन के दंगे भड़के तो वह मारती-काटती सलीमगढ़ आ पहुँची थी।

उस घटना के बाद बाकी कैदियों ने कोई बदतमीजी करने का साहस नहीं किया। वे उससे तमीज से पेश आते थे। बीबी उन्हें अच्छा खाना खिलाती थी और हफ्ते में एक बार एक औंस सरसों का तेल दिया करती थी अपने सिर और बदन पर मालिश करने के लिए। कैदी उसकी इज्जत करना सीख गए थे।

उनमें से कई अपनी सजा पूरी करने के बाद उसके फार्म पर काम करने चले आए थे। मैंने बचपन में उन कैदियों के बारे में सुना था और कुछ को बूढ़ों के रूप में देखा था। बीजा जिसने अपनी बहन के साथ बलात्कार करनेवाले चार ब्राह्मणों को कुल्हाड़ी से मार डाला था। मजहबी घुस्स जो सात फीट ऊँचा था। उसने एक बार घोड़े के माथे पर मुक्का मारकर उसे ढेर कर दिया था। गामा जाट जो एक ही साँस में बाल्टी भर दूध पी जाता था। बीरा मरासी जो साँपों की पूँछ से पकड़कर उन्हें पेड़ों पर टकरा-टकरा कर मार डालता था।

और अब इन्हीं लोगों ने शीला के प्रति निष्ठा दिखाने की कसम उठाई थी। अनुशासित ढंग से फार्म पर काम करने का वादा किया था।

पुरुषों का स्वभाव होता है कि मजबूत इरादों वाली स्त्री के सामने जल्दी झुक जाते हैं, जबकि वैसे पुरुष से जूझने की कोशिश करते हैं। अगर उन्हें किसी पुरुष की आज्ञा माननी भी पड़े तो वे ऐसा आतंक के कारण करते हैं लेकिन उनके मन में प्रतिरोध का भाव बना रहता है। लेकिन मजबूत औरत के प्रति उनके झुक जाने के पीछे डर और उसे पूरी तरह न समझ पाना बड़े कारण होते हैं। पुरुष जानते हैं कि कमजोर पुरुषों और निर्बल औरतों से कैसे निपटा जाता है। लेकिन सशक्त औरतों की अंदरूनी ताकतों के बारे में ये कुछ भी नहीं जान पाते। उन्हें पता ही नहीं होता कि कौन-सी बात ऐसी औरतों को गुस्से से भर देगी। असल में ऐसी औरतें पुरुषों के लिए अबूझ पहेली की तरह होती हैं।

कोई भी पुरुष एक मजबूत इरादों वाली औरत का सामना नहीं कर सकता।

इंदिरा गांधी की मृत्यु के बाद ही भारत के शक्तिशाली कहे और माने जानेवाले पुरुषों ने राहत की साँस ली थी।

इतिहास में ऐसे अनेक उदाहरण मिल जाएँगे। नजरें घुमाइए। हर परिवार में ऐसी मिसालें भरी पड़ी हैं।

झाड़-झँखाड़ का जंगल साफ कर दिया गया। लोमड़ियाँ मार डाली गईं, साँप कुचल दिए गए। साँभर, नीलगाय, चितकबरे हिरन और जंगली सूअर भोजन बन गए। इसके बाद बीबी लाहौरी ने जमीन जोतने-बोने का काम शुरू किया।

दूसरी शक्तिशाली औरतों की तरह शीला भी अपने चारों ओर घटनेवाली गतिविधियों का केन्द्र बिन्दु बन गई; गाँव वाले, स्थानीय प्रशासन तन्त्र, कोतवाली, व्यापारी, मंडी के आढ़ती–

सभी। उसके आसपास की दुनिया को ऐसे कठिन-कठोर स्त्री पुरुष बना रहे थे जिन्होंने अपना सबकुछ खोने के दौरान जिन्दगी के हर पल की कीमत समझ ली थी। वे कठिन से कठिन परिस्थितियों से जूझकर बच निकलनेवाले लोग थे। उन्हें मात देना असम्भव था। और शीला उन सब में सबसे ज्यादा कठिन-कठोर और मजबूत इरादोंवाली औरत थी।

उसने अपनी कामनाओं का गला घोंट डाला था और अब उनके न होने का अभिशाप झेलती हुई जी रही थी।

लेकिन माँ के इस्पाती स्वभाव के विपरीत उसके बेटे बहुत नरम-निर्बल निकले। उसने बेटों को अजमेर के एक महँगे बोर्डिंग स्कूल में पढ़ने भेजा। उन्हें राजपूती रजवाड़ों और दिखावटी शान-शौकत के बीच बड़े होते देखा। बेटे जिस तरह बड़े हो रहे थे माँ को लगा जैसे वे नारियल हो गए थे–जमीन से बहुत ऊपर पत्रों की घनी छाया में हवा में झूलते हुए वे यह मान बैठे थे कि उनका सम्बन्ध किसी दूसरी दुनिया से है, वे नीचे वाली धरती की उपज नहीं। लेकिन शीला जानती थी कि जीवन में कठिनाई का एक ही थपेड़ा लगते ही वे टूटकर ज़मीन पर आ गिरनेवाले थे। उन्होंने कभी मजाक में भी हल चलाना नहीं सीखा, भैंस का दूध दुहना या गेहूँ की बाली की पहचान जैसी बातें उनकी समझ से परे इसलिए रहीं कि उन्होंने कभी जानने की कोशिश ही नहीं की।

दोनों लड़कों ने अपनी माँ की पसंद की लड़कियों से शादी की। सुन्दर, गोरी और मोटी क्षत्रिय कन्याएँ। वे बी.ए. पास थीं। तीन घंटों में शानदार शाकाहारी भोजन तैयार कर दे सकती थीं और तीन दिन में पूरी लम्बाई का स्वेटर बनाना भी आता था उन दोनों को। दोनों बेटों ने शहर में आराम की नौकरियाँ कर लीं। केवल चार्टड अकाउंटेंट बना और बम्बई में जा बसा। उसने विदेशी रंग में रँगी वंश परम्परा की नींव डाली जो न केवल सलीमगढ़ से बल्कि भारत की जमीनी हकीकत से भी दूर रहनेवाली थी। कपिल बन गया डिब्बेवाला। उसने ऐसी कम्पनी में नौकरी कर ली जो साबुन और शैम्पू बेचने को ही बहुत आला दर्जे का काम समझती थी। अपने इसी काम के सिलसिले में कपिल को हिन्दी क्षेत्र के छोटे-छोटे कस्बों और शहरों में जाना पड़ता था। इस तरह उसे भारतीय समाज से ज्यादा जुड़ने के मौके मिले हालाँकि यह भी उसने सुख-सुविधा से भरपूर परिवेश के सुरक्षित दायरे में रहते हुए किया–जहाँ बड़े बंगले, घर में सेवा के लिए अनेक नौकर, ग्रंडिग के महँगे संगीत उपकरण, बढ़िया रख-रखाववाली मोटर कारें, अंग्रेजों के जमाने की परम्परा निभाते हुए ऐसे क्लब थे जिन्हें सेना के सेवानिवृत्त कर्नल चलाया करते थे।

वह कपिल ही मेरे पिता थे। मुझे जन्म देने के लिए डॉक्टर घर पर ही गया था। वैसे मुझे इस दुनिया में आने में कुछ वक्त जरूर लगा। और जब मुझे रुलाने के लिए डॉक्टर ने मुझे चपत लगाया, तो मैंने एक पल को ठहरकर उसे गुस्से से घूरा था।

बाद में जब कड़वाहट बढ़ी तो माँ यह कहने लगीं कि मैं अपने पिता के तौर-तरीकों को एकदम शुरू से ही नापसंपद करने लगा था।

मैं कभी-कभी माँ की इस बात का प्रतिवाद किया करता था कि ऐसा कुछ नहीं था। लेकिन यह सच था। इस सबसे मुझे ऊब होती थी और उस ऊब से एक गहरी खीझ ने जन्म लिया था। मुझे उन अंग्रेजीदां क्लबों में समय-समय पर आयोजित होनेवाले फूहड़ नृत्य समारोह से नफरत थी जिसमें लकड़ी के फर्शों पर लोग 'द बूट्स आर मेड फॉर वाकिंग' की धुन पर नाचते थे। और वे बिलियर्ड कक्ष जहाँ चुस्त छोकरे और बुढ़ाते मार्कर के व्हिस्की के पैगों पर दाँव

लगाया करते थे। दुबली टाँगों वाले पुरुष और मीठी माँसली पिंडलियोंवाली औरतें सफेद स्पोर्ट कमीजों और टेनिस के जूते पहले हाथों में रैकेट झुलाती बेडमिंटन खेल मैदान में इधर-उधर घूमती फिरती थीं। सीलन भरे शराबखाने जहाँ काउंटर के सामने स्टूलों पर बैठे-बैठे अधेड़ लोगों के शिश्न उत्तेजित हो जाया करते थे। मुझे उनके बचकाना चुटकुलों तथा वे मेरे कंधों को जिस परिचित अंदाज में वे थपथपाते थे उस सबसे नफरत थी। मुझे शोर-शराबे से दूर अलग बने रंग उड़े बदहाल रेस्ट रूम नापसंद थे जहाँ मन के मैले—अंकल लोग मुझे पकड़कर अपने पसीने में तर हाथ मेरी नेकर से घुसा देते और फिर मेरा हाथ पकड़कर उसे अपने नैकरों के अन्दर ले जाते। मुझे उन बड़े, थुलथुल, उत्तेजित, पसीने से तर निराश लोगों से नफरत थी जो ऐसी गन्दी हरकतें करते थे, और ऐसे क्षणों में अपनी असहाय स्थिति भी मुझे गहरी हताशा और घृणा से भर देती थी।

मेरे पिता के साथ भी कुछ ऐसा ही था। उनकी उपस्थिति सदा ही मुझे गहरी ऊब से भर देती और उस ऊब से ही मेरे मन में उनके लिए गहरी अवमानना का भाव भर गया। उनकी वह दुनिया जहाँ साबुन बेचे-खरीदे जाते थे। हमेशा ही कंपनी के तिस जिस ब्रांड को चमकाने और बाजारों व ग्राहकों को और ज्यादा अच्छी तरह समझने के बारे में ही बातें होती थीं। इस सबसे भला मेरा क्या मतलब था। वह प्रबंधन, मार्केटिंग और कम्पनी के व्यापार में फायदे की बातें करते रहते और मुझे उनकी यह आदत एक गहरी चिढ़ से भर देती। जब भी अपने दौरों से वापस आते तो और शान से यह बताने लगते कि कैसे इस बार उन्होंने ग्राहकों की मानसिकता को समझने के कुछ नए तरीके जाने हैं। तो मेरा मन करता कि खूब जोर से चीखूँ-चिल्लाऊँ। वे लोगों को हमेशा माल खरीदनेवाली इकाइयों के रूप में विश्लेषित करते तो मैं क्रोध से भर उठता। वे बताते कौन से साबुन की बिक्री बढ़ रही है, कौन-सा टूथपेस्ट लोगों की आर्थिक स्थिति का मानक बन गया है, फिल्म स्टारों द्वारा इस्तेमाल में लाया जानेवाला शैम्पू। और मैं चाहता प्लेटों को दीवार पर फेंककर मारूँ, खाने की मेज को उलट दूँ और फिर एक बन्दर डांस करने लगूँ।

इससे उलट मेरे बारे में उनकी राय थी कि मैं एकदम बेकार हूँ। मैं जिन पुस्तकों को पढ़ता था उन्हें कूड़ा बतलाते। इसलिए मैं किताबों को गद्दे के नीचे, अपनी स्कूल की किताबों के बीच और अलमारी में अपने कपड़ों के बीच छिपाकर रखता—मैं इस बारे में बहुत सावधानी बरतता कि वे किताबें कभी उनके हाथ न लगें। फिर साल दर साल गुजरते गए और मेरे मन से डर निकल गया। अब मैं किताबों के ढेर पूरे कमरे में फैलाए रहता। और तो और शौचालय में पानी की टंकी पर भी उन्हें देखा जा सकता था। वह मेरे कमरे में आते, मैं किताब पर से नजर उठाकर उन्हें देखता और वह कमरे में फैली किताबों के ढेरों को खा जानेवाली नजरों से घूरते। मन ही मन शायद कोई गाली देते और कमरे से बाहर चले जाते।

वह मेरे सामने उन लड़कों का मजाक उड़ाने का कोई मौका न चूकते जो उनकी नजर में औरतों जैसे कमजोर थे। ऐसे लड़के जो अपना वक्त बेवकूफी भरे ऊल-जलूल उपन्यास पढ़ने में बिताया करते थे, जिन्हें अपनी पैंट के बटन बन्द करना भी याद नहीं रहता था।

उनकी नजरों में ऐसे लड़कों का कोई भविष्य नहीं था।

हम दोनों को जोड़नेवाला हर सम्बन्ध जैसे टूटा, कटा हुआ था। यह जीवन का एक ऐसा कड़वा सच था कि हम एक दूसरे के एकदम विपरीत होते हुए भी जैसे आपस में चिपककर रह गए थे।

हाँ, माँ का साथ पसंद था मुझे। वह कभी मेरे साथ एक न्यायाधीश की तरह पेश नहीं आती थीं। सच तो यह था कि वह खुद अब तक उस पीड़ा से गुजरती रही थीं। मैं घंटों उनके पास बैठा उनके बचपन और कॉलेज के दिनों की बातें करता रहता–ऐसी यादें जिन्हें अगर बेटे सुनने का समय निकाल सकें तो उनके दिल चूर-चूर हो जाएँ। लड़कियों का खिलंदड़पन जो उनसे छीन लिया जाता था। उनके सपने, फंतासियाँ, आत्मा को मार डालनेवाले रूटीन में ढल जाते थे। क्योंकि माँ-बाप, सामाजिक परम्पराएँ और रूढ़ियाँ और उनके परिवार एक हरे भरे पेड़ को काट-छाँटकर उसे गत्ते के डिब्बे में बदल डालने के षड्यंत्र में लगे होते हैं।

उन्हें क्या बनना था और लोगों से पहले से तय था और इसका एक ही मतलब था–जीवन की हर खुशनुमा संभावना का गला घोंट दिया जाना। किसी को क्या बनना है इसे अगर पहले से तय कर लिया जाए।

मैंने उनकी पुरानी सेपिया रंग वाली तस्वीरें देखी थीं। उनमें उन्होंने दो चोटियाँ गूँथ रखी थीं, वह खुलकर खिलखिलाती हुई अपनी कलाइयों की नई चूड़ियाँ दिखा रही थीं। और इसके बाद मैंने अपने सामने मौजूद उनका चेहरा देखा था–बुझी-बुझी आँखें और मेरा दिल टूट गया। वे वर्ष जो उन्होंने खो दिए थे, उनसे छीन लिए गए थे। जब पेड़ जवानी की तरफ बढ़ रहा था तभी उसे काटकर गत्ते के डिब्बे की शक्ल दे दी गई। एक खोई हुई जिन्दगी। अनेक बार मैं उनसे बातें करने के बाद पलंग पर लेटा हुआ सोचता होता, काश आप मेरी इच्छा पूरी हो सकती तो मैं उनसे छीने गए सारे वर्ष उन्हें वापस लौटा देता जो उन्होंने मेरे पिता और दूसरे हर परिचित आदमी के साथ बिताए थे–और उनकी पकड़ से दूर चला गया था।

इस वक्त भी जब ये सब बातें अतीत बन गई हैं, मुझे बस उनके दो चोटियोंवाले खूबसूरत चेहरों की कल्पना करनी होती–वह हँसती हुई अपनी कलाइयों की नई चूड़ियाँ झलका रही हैं। और यह तस्वीर आँखों में तैरते ही मन वीराने में भटकने लगता है, अन्दर अजीब खालीपन भर जाता है।

उन क्षणों में मैं अपने डेस्क से उठकर बाहर निकल पड़ता हूँ। ऊपर चढ़कर नल तक पहुँचता हूँ–घाटी में निहारता हूँ और तब कहीं जाकर धीरे-धीरे मेरा मन शांत हो पाता है।

मैंने अपने को समझा लिया है कि उनके बारे में कुछ न सोचूँ।

दुख के पौधे नहीं रोपने चाहिए। यह जिन्दगी जीने का अच्छा ढंग नहीं।

बरेली, झाँसी और इलाहाबाद जैसे शहरों में मैं उनका साथी बना। मैं उन्हें डॉक्टर के पास ले जाता, हम फिल्में देखने जाते, बाजारों में घूमते। मुझे उनके साथ सप्तात में तीन दिन सब्जी मंडी जाना बहुत अच्छा लगता था। मेरा ख़्याल था, पिता ने तो शायद यह काम अपने जीवन में एक बार भी किया हो। यह उन्हें अपनी शान के खिलाफ लगता था।

मैं हाथ में हरे प्लास्टिक की टोकरी थामे रहता और माँ सब्जियाँ छाँटती-चुनतीं। मुझे सब्जियों और फलों के रंग बहुत अच्छे लगते थे। मैं उन्हें छूता, हौले-हौले सहलाता, लगता उनसे मेरा कोई गहरा सम्बन्ध है। शिमला मिर्च, टमाटर को मैं उँगलियों के पोरों से स्पर्श करता, बंद गोभी और सेबों को पूरी हथेलियों में भर लेता। आमों को नाक के पास ले जाकर सूँघता, नारियलों को कान के पास ले जाकर हिलाता। और सबसे ज्यादा तो मुझे सब्जी वालों का गा-गाकर ग्राहकों को बुलाना पसंद था–गोभी-आलू–पुच्ची-पुच्ची, आलू गोभी पुच्ची-पुच्ची, एक रुपैया प्याज–खाए मियाँ नबाव, खाएँ मिया नबाव–एक रुपैया प्याज। अनेक लोग तो मुझे हिन्दुस्तानी शास्त्रीय संगीतकार मालूम देते। उन्हीं शब्दों को बार-बार बड़े सुरीले, दिलकश अंदाज में दोहराते, धीरे-धीरे धीमी और फिर ऊँची आवाजें, लम्बी खींच, मद्धिम, तेज और तेज–भिंडी तोरी, भिंडी ...

लेले भिंडी, ले ले तोरी, तोरी भिंडी, तोरी, भिंडी, थोड़ी तोरी तोरी, भिंडी, भिंडी तोरी की। वे इस तरह गा-गाकर ग्राहकों को बुलाते हुए उसमें डूब जाते थे—अगर आप आँखें बंद करके उन्हें सुनें तो आपको लगता जैसे आप सब्जी बाजार में नहीं किसी संगीत विद्यालय में हैं जहाँ के छात्र एक दूसरे से बढ़कर गलेबाजी कर रहे हैं।

रंगों का भी एक मतलब था—असल में जैसे-जैसे मैं बड़ा हुआ। मेरे लिए सब्जी का रंग भी उसके स्वाद जितना ही महत्त्वपूर्ण हो गया। मुझे वे सब्जियाँ एकदम पसंद नहीं थीं; जिन्हें पका-पकाकर घूसर-लाल लुगदी का रूप दे दिया जाता था। मुझे हरी चमकदार भिंडियाँ पसंद थीं, पीली मसूर दाल, सब्ज काशीफल, कटे हुए तरबूज, कटे हुए केसरिया पपीते, साबुत लाल सेब, हरे पत्ते जैसे हरियाले अमरुद, झक सफेद दही।

मैं जीभ से स्वाद लेने के लिए साथ-साथ आँखों से खाना भी पसंद करता था। यह सौगात मुझे सलीमगढ़ में बिताए दिनों में मिली थी जहाँ हर चीज ताम्बई मिट्टी और पत्तों से चिपकी हुई आती थी और उसे ट्यूबवेल में धुलाई-सफाई करके एकदम चमचमाते रूप से रसोईघर में लाया जाता था।

मुझे सलीमगढ़ जाना पसंद था। विस्तृत दृश्यावली सरसों, चना, गेहूँ और ईख के लहलहाते खेत, अमरूद और आम के बाग, बेर की झाड़ियाँ। वहाँ हर समय बुवाई, रोपाई, और कटाई का कोई न कोई काम चलता ही रहता था। फार्म पर बहुत-सी भैंसें और बैल थे और था एक घोड़ा। वहाँ काम करते छरहरे किसान, माटी की सुगन्ध और तौर-तरीकों को लेकर कोई बँधा बँधाया नियम न होना। बीबी लाहौरी का फार्म एक अद्‌भुत स्थान था। हमारे सन्दूकनुमा घर से एकदम उलट, जहाँ हर समय साबुन, शैम्पू की बिक्री के घटते-बढ़ते आँकड़ों और मनोविज्ञान को समझकर खुद को उससे जोड़ने की ऊबाऊ बातें चला करती थीं।

जब मैं बच्चा था तो हर गरमी और सर्दी के मौसम में वहाँ जाया करता था। वहाँ के दोनों ही मौसम कठिन कठोर थे। गर्मियों में दिन के दौरान ज्यादा समय आप नंगे पैर बाहर निकल ही नहीं सकते थे। और आपकी प्यास बुझाने के लिए कच्ची लस्सी के न जाने कितने गिलास पीने पड़ते थे--कच्ची लस्सी मतलब आधा दूध, आधा पानी, उसमें ढेर सारी चीनी और बरफ के टुकड़े डालकर बरतन में जोर-जोर से चलाया जाता था। बरफ की सिल्लियाँ शहर से हर सुबह आती थीं—बोरों में बुरादे से ढँकी। और सर्दियों में ठंड इतनी ज्यादा हो जाती थी कि आप पानी को गरम किए बिना उसे छू भी नहीं सकते थे। अधिक दूधवाली चाय पीने की आदत मुझे सलीमगढ़ में ही पड़ी। क्योंकि लगातार आनेवाले मेहमानों की भीड़ और मजदूरों के लिए वहाँ चाय लगभग उबलती ही रहती थी। वे काँसे के प्यालों या गिलासों को दोनों हथेलियों में थामकर अपने चेहरों से छुआते ताकि बरफ हुए गालों में कुछ तो गरमाई आ जाए। वे चाय से उठती भाप को अपनी साँसों में भरते। वहीं मुझे पता चला कि सुर्र चाय का अपनी एक अनोखी खुशबू और स्वाद है। सलीमगढ़ में हर कोई, बीबी लाहौरी समेत, सुर्र चाय का शौकीन था।

मैं जब सलीमगढ़ जाता तो मेरे साथ दर्जनों किताबें होतीं। मैं घंटों अन्दर बैठकर उनमें डूबा रहता। क्योंकि पिताजी को फार्म और माँ दोनों से चिढ़ थी, इसलिए इसमें मुझे कोई दिक्कत नहीं होती थी।

गर्मियों में मुँहअँधेरे और शाम के समय तथा सर्दियों की दोपहरी में ही मैं बाहर निकला करता था। मैं खेतों के बीच चलता जाता। सँकरी मेंड़ों पर चलना बहुत मजेदार होता। आप तरह-तरफ के खेल खेल सकते थे। एक कोने से दूसरे कोने तक कदम गिनना, कदम दर कदम

पीछे की तरफ चलना, एक टाँग पर उछलते हुए खेत की पूरी लम्बाई को पार कर जाना। सुबह खेत मजूर दातुन लाते। मैं दातुन तब तक चबाता रहता जब तक उसके तार न निकल आते फिर उसे पूरी तरह थूककर टूथबुश से दाँत साफ करता। इस तरह करते देखकर बीबी कहती– जरा देखो मेरे बेटों ने किन्हें पैदा किया है। वे अपनी पिछाड़ी को पानी से धोने के बाद कागज से जरूर पोंछते होंगे।

कई बार कुछ मर्दनुमा दिखने के लिए मैं फार्म पर काम करनेवालों के साथ खुले में शौच के लिए जाता। नदी के सूखे थाले के पास जमीन का टुकड़ा था–हमारे फार्म की सीमाओं से परे। उसे इसी काम के लिए छोड़ा गया था। नदी के थाले में तरबूज उगाए जाते। जमीन का वह टुकड़ा बंजर था। जगह-जगह गड्ढे और छोटे-छोटे टीले थे और चाकू जैसे तेज झाड़-झँखाड़ वहाँ पहुँचकर सब बिखर जाते, अछूती झाड़ियाँ ढूढ़ लेते लेकिन आपस में बातें चलती रहतीं। हर कोई पानी की बोतल लेकर चलता था। लौटते समय ट्यूबवैल के पास गीली मिट्टी से हाथ साफ किए जाते। मैं भी देखा-देखी औरों की तरह करता। लेकिन घर पहुँचते ही मैं झट गुसलखाने की तरफ भागता और फिर मेरे हाथ में लाइफब्वाय की कड़ी टिकिया आ जाती।

जहाँ हम शौच के लिए बैठते थे उससे आगे वह जगह थी जहाँ हममें से कोई नहीं जाता था। यह नदी थाले से दूसरी तरफ थी। यहाँ झाड़ियाँ एक दीवार की तरह फैली हुई थीं जिनके बीच कोई रास्ता नहीं था।

वह जगह औरतों के लिए थी। वहाँ पुरुषों के न जाने का नियम बहुत कड़ाई से अमल किया जाता था–होटलों के उन गुसलखानों की तरह जिनके दरवाजों पर औरतों की चमचमाती आकृतियाँ बनी होती हैं। लेकिन जब मैं जैसे-तैसे पैर मोड़कर बैठता तो झाड़ियों में भी दरारों के बीच से गोरे-गोरे मुड़े पैरों और नितम्बों की झलक कभी मिल जाती और तब नसों में खून बहुत तेजी से दौड़ने लगता।

असल में मुझे उस तरह जाने से नफरत थी–खास वजह थी पैर मोड़कर बैठने से होनेवाली परेशानी और जैसे-जैसे कोई भी नियम-कायदा न मानने की मेरी आदत ने जोर पकड़ा मैंने उन सभी को एकदम ही छोड़ दिया। दूसरी बात जो मुझे पसंद नहीं थी वह भी ईख के खेतों के बीच चलना। क्योंकि ईख के पत्ते खाल को काट देते। लेकिन उस समय ईख की बुवाई इतने बड़े क्षेत्र में होती थी कि कभी जब तब आपको उनके बीच से होकर गुजरना पड़ ही जाता था।

सलीमगढ़ की ईख जैसे मेरे साथ सदा के लिए चिपककर रह गई। बचपन में मैं गन्ने की पोरियाँ चबाकर गन्ने का रस पीता। और फार्म के उत्तरी छोर पर आम के दो पेड़ों के नीचे बड़े-बड़े कड़ाहों में लगातार खौलते रस से बनते, गाढ़ा होते चिपचिपे गुड़ को सारा दिन खाता ही रहता। मेरे दाँत जल्दी ही खराब हो गए। और दाँतों की तकलीफ सदा के लिए मेरे साथ चिपक गई। अगर मेरे जीवन की तीन विशेषताएँ बताई जाएँ तो मैं कहूँगा–किताबें, फ़िज़ और दाँत दर्द। दर्द निवारक औषधियों–एस्पिरीन, काम्बीफ्लेम, ब्रुफेन और देसी इलाज–लौंग, लौंग का तेल, बरफ की पट्टी, गरम ईंट से सिंकाई–मैं अपने जीवन के शुरुआती दौर में ही इन सबका इस्तेमाल करने लगा था।

किशोर होते-होते मैं दाँत दर्द की उठती-गिरती लहरों पर उसी तरह यात्रा करना सीख चुका जैसे चैम्पियन लोग सागर की मचलती-उछलती लहरों पर सर्फिंग करते हैं। ज्यादा समय हल्का दाँत दर्द मेरे साथ रहता ही था और उसे सहन करना भी मैंने सीख लिया था। मैं दर्द

से कसकते दाँत वाली जगह सारा दिन चूसता रहता और इस तरह दर्द निकल जाता। मुँह में खून और मवाद का कसैला स्वाद बना रहता। रात को मैं अपने गाल को अपनी बंद मुट्ठी से भींचकर तकिए पर दबा लेता। कुछ देर बार कसकता दाँत कुछ शान्त हो जाता। दर्दविहीन स्थिति से दाँत की पीड़ा वाली हालत में पहुँचना और फिर धीरे-धीरे दाँत दर्द का शान्त लहरों से तूफानी उछाल पर पहुँचना, और फिर लौट आने जैसा ही था।

लेकिन कुछ दिन ऐसे भी होते जब दर्द का तूफान उमड़ता, फड़कती नस खुल जाती। और दर्द की लहरें गरज-गरज करती उछलतीं। इसी स्थिति में दर्द सहना लगभग असम्भव हो जाता। मुझे हिम्मत से काम लेना पड़ता। दाँत दर्द की फड़कन इतनी बढ़ जाती कि लगता सिर दर्द से फट जाएगा। फिर मुझे खुद को सम्भालना पड़ता—मैं बड़े खिलाड़ियों की तरह अपनी अनुभूति को कुन्द-बन्द कर लेता और बड़े खिलाड़ियों की तरह धीरे-धीरे परम शान्ति के बीच पागल पीड़ा के केन्द्र में आ पहुँचता। मैं निस्पंद भाव से दर्द की लहर पर शांत भाव से तिरता और फिर दर्द की दूसरी उन्मत लहर आकर मुझ पर टूट पड़ती। मैं मकान के एक शान्त कोने में चला जाता, आँखें मूँद लेता और दर्द की उठती-गिरती पागल लहरों पर तिरता रहता। ऐसे अवसरों पर कहीं उभरनेवाली हल्की-सी आवाज, या किसी की आवाजाही मेरे सन्तुलन को बिगाड़ देती और मैं दर्द से बिलबिला उठता।

फिर जैसे मैं दर्द का आदी हो गया, मैं घर के शान्त कोने में बैठा दर्द की लहरों पर उठता गिरता रहता और जब दर्द थम जाता तो मैं जीभ भी नोक से खुली नस को जैसे छेड़कर जगा देता। दर्द की भयानक कसकन से मेरा सिर फटने को हो जाता—तो मैं फिर से पीड़ा की तरंगों पर उठने-गिरने लगता। दर्द का आना और फिर उसका शान्त हो जाना। भयानक कसक और पीड़ा से मुक्ति का यह दौर बारी-बारी से मुझ पर आता- जाता रहता। कसक, शान्ति, दर्द, आराम, फड़कन और फिर आराम।

एक बार जब आप पूरी स्थिति को अच्छी तरह जान जाते हैं तो खतरनाक लहरों पर सर्फिंग नहीं करते। आप उन्हें खोजने निकल पड़ते हैं। लेकिन बड़े से बड़े चैम्पियन भी एक उम्र तक ही अपने करतब दिखा सकते हैं। बीसवीं दशक शुरू हुआ तो मुझे लगा मेरा कैरियर भी अन्त पर आ पहुँचा है। अब मेरे दाँतों में कसक और दर्द तथा दर्द की लहरों के उठान और उतार पर तिरने की ही बात नहीं थी ठीक से उपयोग में न आने के कारण मेरे दाँत बूढ़े के दाँतों की तरह बेकाम-बेकार हो गए थे। कई तो नुकीले हो गए थे। खाना खाते-खाते उनकी किरचें अलग होने लगती थीं।

किसी-किसी दिन जब मैं फ़िज़ को चूमता तो वह होंठों में दाँत चुभने से खून निकलने की शिकायत करने लगती। मैं अब अपने मुँह के बाईं तरफ से खाने लगा था—दायाँ हिस्सा तो खुली नसों और भयानक खोखलों के कारण बारूदी सुरंगें बिछे मैदान जैसा हो गया था। मैं कड़ी चाकलेट या किसी कच्चे फल में दाँत गड़ाने की तो सोच भी नहीं सकता था।

मेरे दाँतों के पुनर्निर्माण के लिए किसी बड़ी दंत निर्माण कम्पनी की जरूरत थी।

सलीमगढ़ ने मुझे दाँतों का भयानक दर्द दिया था—लम्बे समय तक बना रहनेवाला। पर उसने मुझे सहनशीलता का पाठ भी बखूबी पढ़ाया था।

वैसे उनके साथ खाली बैठने का मौका शायद ही कभी मिलता हो,पर बीबी को ध्यान से देखते रहने से मुझे पहली बार यह जानने का मौका मिला कि शरीर के आकार और औरत या मर्द होने का सम्बन्ध ताकत से एकदम नहीं होता। दुबले छरहरे किसान, बड़े कद्दावर जमींदार,

सूटबूटधारी सरकारी अफसर, मोटे थुलथुल व्यापारी, वर्दीधारी पुलिसवाले–सभी उनके पास परामर्श और सहायता की पुकार लगाते आते थे। वे बरामदे में अपनी जगह बैठने की जगह जैसे लटके-लटके रहते, बीबी के प्रति अत्यन्त सम्मानपूर्वक बोलते, अगर अपनी बात रखनी भी हो तो अत्यन्त धीमी आवाज में। और जब विदा लेते तो बार-बार सलाम करते हुए। बीबी अपनी बात सदा धीमी आवाज में रखती। उन्हें मैंने मेरे पिताजी के साथ तेज आवाज में बोलते सुना था। मेरे पिता के थुलथुलेपन से उनकी आदतों से वह इतनी नफरत करती थीं कि उन्हें पप्पू-टप्पू कहकर पुकारती थीं। लगता जैसे कोई मोटा थुलथुल बच्चा सामने आ खड़ा हुआ है। पिता को सलीमगढ़ जाने से नफरत थी। वह अपनी माँ को पागल पत्थर दिल समझते थे जिन्हें बस दूसरों पर अधिकार जमाना ही आता था।

जब कभी वह पिता को पप्पू-टप्पू कहकर पुकारतीं तो वह गुस्से में भरकर कह उठते–मुझे इस बात का पक्का यकीन है कि माँ ने ही बाबू जी को ठिकाने लगा दिया होगा।

अब वही बीबी लाहौरी खुद मौत की तरफ जा रही थीं। कैंसर ने उनके शरीर पर कब्जा जमा लिया था। डॉक्टर द्वारा किए गए एक्सरे में सफेद-सफेद छायाएँ दिखाई देती थीं। उसने अपना चश्मा उतारकर एक्सरे को पतली ट्यूब-लाइट के सामने रख करके देखा था। अपनी बहन के पोते अनिल की कमर में बाँहें डालकर भी कहा था कि उन्हें घर ले जाओ, सेवा करो, आराम से रहो। अनिल मेरा चेचरा भाई था। एक दुर्घटना में उसके पिताजी की मृत्यु होने के बाद फार्म पर बीबी के पास रहकर ही बड़ा हुआ था।

डॉक्टर भी बूढ़ा था। वह बीबी लाहौरी को बहुत सालों से जानता था। उसके दवाखाने के बाहर लगे बोर्ड पर उसके नाम के आगे आर.एम.पी. लिखा हुआ था–मतलब पंजीकृत चिकित्सक। लेकिन वह छोटे कस्बों के उन आर.एम.पी. डॉक्टरों से अलग था जिनके मन में इलाज के दौरान हर हफ्ते मौत की गोद में चले जानेवाले अपने कुछ मरीजों के प्रति कोई संवेदना नहीं जागती थी। यह ठीक है वह सही तरीके से पढ़-लिखकर डॉक्टर बननेवालों जैसा डॉक्टर तो नहीं था लेकिन फिर भी दवाइयों के बारे में उसे बहुत गहरी समझ थी।

सैकड़ों किताबें आपको उस सबकी जानकारी नहीं दे सकतीं जो आप मरीजों से बात करके जान सकते हैं। डॉक्टर हजारों लोगों का इलाज कर चुका था। पूरी पीढ़ियाँ उसके हाथों से गुजर गई थीं, प्रसव, मृत्यु और वे और उनका चले जाना जिसका उसने प्रसव कराया था। मैं उसके पास गर्मी में परेशान करनेवाली फुंसियों तथा बुखार के इलाज के लिए जा चुका था। पिताजी ने उससे दस्त, फ्लू, घावों, फोड़ों, आदि का इलाज करवाया था।

डॉक्टर का बेटा और बेटी देश से दूर लास एंजिल्स और बोस्टन के अस्पतालों में इलाज करते थे। वे यूरो सर्जरी और अस्थि रोग विशेषज्ञ थे। लेकिन उन दोनों में से कोई भी अपने पिता की तरह हमदर्दी से बातें करके मरीज की आधी चिन्ता दूर नहीं कर सकते थे।

उसने बूढ़ी बीबी से कहा था–मौसीजी, आप ठीक हैं। मामूली इंफेक्शन है। मैं आपको कुछ दवाएँ दे रहा हूँ। कुछ दिन के लिए आराम करना होगा।

बूढ़ी बीबी लाहौरी पहले से भी छोटी लगने लगी थीं। अब उनका वजन पैंतीस किलो से ज्यादा न था।

आप उन्हें बच्चे की तरह एक हाथ से ही उठा सकते थे। यह बात मैं जानता था क्योंकि हँसी-हँसी में मैं एक बार ऐसा कर भी चुका था। वह खूब गोरी थीं, उनकी त्वचा हाथ से बने

कागज जैसी झुर्रीदार लेकिन कड़क थी। उनकी सुडौल नाक, सुन्दर मुँह देखकर आप तुरंत समझ सकते थे कि कभी वह बहुत खूबसूरत रही होंगी। उनकी झुर्रीदार त्वचा पर कमजोर नीली नसें जरदोजी के काम जैसी दिखाई देतीं जैसे वह कोई कलाकृति थीं। लेकिन उनकी जरा आगे निकली ढोढ़ी ने उन्हें खामख्वाह नाजुक बनने से बचा लिया था। उनकी नीली आँखों में एक अजीब दृढ़ता थी। उनमें पनीली नीलिमा नहीं आकाश का अनन्त विस्तार था।

भले ही वह बीमार थीं लेकिन फिर भी वह कुलमाता थीं—अपनी बनाई दुनिया की केन्द्रबिन्दु।

उन्होंने सीधे डॉक्टर की आँखों में झाँका। डॉक्टर हमेशा शांत संयम भाव से बात करता था। उन्होंने उसे एक बच्चे के रूप में अपने लड़के के साथ मकान के आँगन में खेलते देखा था। उसकी माँ मार्च में सब्जियों का अचार डालने आती थी तो गर्मियों में आम का। वह सदा ही अपने गट्टू के शान्त स्वभाव का जिक्र किया करती थी। वह बताया करती थी कि छुटपन में जब वह जमीन पर बैठकर खाना खाता तो इधर से उधर दौड़ते पीले चूजे उसके पैरों से टकराकर नीचे गिरते चावल के चाने खाते रहते। एक बार जब वह दो साल का था तो एक घंटे तक धान के खेत में अपनी पिंडलियों तक डूबा चुप खड़ा रहा था। फिर एक मजदूर ने आकर उसके वहाँ होने की खबर दी थी। बीबी लाहौरी ने देखा कि कैसे गट्टू को पोलियो हुआ था। जिसके कारण वह पीछे रह गया था, जबकि बाकी संगी साथी जाने आगे निकलकर कहाँ-कहाँ उड़ गए—सिर्फ कुरुक्षेत्र तक ही नहीं, बम्बई, दिल्ली, मद्रास जैसे बड़े शहरों से भी आगे लन्दन और न्यूयॉर्क तक। वह उम्र में केवल और कपिल से कहीं ज्यादा बड़ा था और कहीं ज्यादा तेज-तर्रार। बीबी के बेटे अजमेर के महँगे शाही स्कूल में पढ़ने गए तो गट्टू ने स्थानीय म्युनिसिपल और सरकारी संस्थानों में शिक्षा पाई।

जो कुछ उसे नहीं मिला उसे लेकर गट्टू के मन में कोई मलाल नहीं था, उसे किसी से शिकायत नहीं थी। वह सन्तुष्ट था—बीमारी से जूझते रहकर ही उसने अपने जीवन का मर्म समझ लिया था। वह एक ऐसा आदमी था जिसने अपने पेड़ की छाया में ही अपना संसार बसाया था, उसे जंगल में भटकने की जरूरत कभी नहीं पड़ी।

घर में ही रहनेवाला बुद्ध।

वह जानता था कि बीबी अब बचनेवाली नहीं। उसने उन्हें बस छह माह का वक्त दिया था।

उन्होंने कहा—गट्टू, क्या मैं सच मर रही हूँ?

उसने कहा—मैं भी मर रहा हूँ—हम सभी उसी तरफ जा रहे हैं बीबी।

फिर हँसकर बोला था—आपको कौन मार सकता है? आप हिन्दुस्तान-पाकिस्तान के फिर से एक हो जाने पर ही मरेंगी।

उन्होंने कहा था—वह दिन देखने से पहले मैं खुद को मार डालूँगी।

जब वह एक महीने बाद फिर जाँच के लिए आईं तो कैंसर की कोशिकाएँ शरीर में ज्यादा फैल चुकी थीं। वह ज्यादा कमजोर भी हो गई थीं, लेकिन वह अपनी कमजोरी की बात को मानने को तैयार नहीं थीं। गट्टू चाचा ने यह सब मुझे बाद में बताया था। उन्होंने कहा कि उनकी हिम्मत गजब थी। जब डॉक्टर ने दूसरी बार के एक्सरे देखे तो अपने द्वारा पहले बताई गई अवधि से 2 महीने और कम कर दिए। लेकिन बीबी इस सबके बावजूद डेढ़ साल तक और जिन्दा रहीं। इसके पीछे और कुछ नहीं बस उनकी अटल हिम्मत ही थी।

उन्हें कैंसर है, हमें इसका पता छह महीने बाद लगा। माँ उनसे मिलने गईं, लेकिन उन्होंने मुझसे जाने के लिए नहीं कहा। मेरा गुस्सा तो बहुत पहले ही ठंडा हो चुका था। और मैं इस

इंतजार में था कि कोई तो मुझसे वहाँ जाने के लिए कहे। मेरा खयाल है माँ को ठीक-ठीक अनुमान नहीं था कि बीबी इस बात के प्रति क्या कहेंगी और न ही उन्हें यह मालूम था कि उस हालत में मेरी प्रतिक्रिया क्या रहनेवाली थी। और फिर बीबी को इस बारे में पहले कभी कुछ बताया ही नहीं गया था और मेरा एकदम वहाँ जाना शायद उन्हें चौंका देता, वह परेशान हो सकती थीं।

फ़िज़ लगातार कहती रही कि मैं सब बातों की चिन्ता छोड़ूँ और वहाँ जरूर जाऊँ। जिन्दगी गणित नहीं रसायन है। आपको चीजों की कीमियागिरी पर भरोसा रखना चाहिए।

मैंने उसकी बात सुन तो ली, पर फिर भी मैं अभी तैयार नहीं था।

जब मैंने उन्हें खबर दी तो बीबी लाहौरी ने कहा–फ़िज़ा!

फ़िज़ा! मुसलमान। क्या दुनिया की सारी हिन्दू लड़कियाँ मर गई हैं।

तुम कुछ नहीं जानते। मूरख लड़के।

मेरी लाश पर ही सकता है यह।

तब हम सलीमगढ़ के घर के खुले अहाते में बैठे थे। मैं उन्हें बताने के लिए सलीमगढ़ आया था। मैं उनसे स्नेह करता था। वह खास थीं मेरे लिए। माँ और पिता को अनुमान नहीं था कि इस खबर के बाद वह क्या कुछ कहेंगी। इसलिए उन्होंने मुझसे कहा कि मैं खुद ही वहाँ चला जाऊँ। और यह खबर उन्हें अपने आप सुनाऊँ।

शाहाबाद की लोकल बस से उतरकर मैंने फार्म तक जानेवाली पगडंडी पकड़ ली। चलते हुए मेरे मन में जरा भी घबराहट या आशंका नहीं थी। शाम का समय–पश्चिम में डूबता सूरज लाल रंग में रँग गया था। फार्म पर यह दिन का दूसरा सुन्दर मनभावन समय था। सबसे सुन्दर होती थी भोर। ताजी, खूब ठंडी हवा, हर चीज पर थरथराती ओस दिखाई देती–दिन में उसी समय रोशनी सबसे ज्यादा साफ और पारदर्शी होती थी। रसोईघरों से निकलता चूल्हों में जलती लड़कियों का धुआँ। हर कहीं गूँजती पंछियों की चूँ-चपड़। ताजे जुते हुए खेतों में देर तक काम करनेवाले हलवाहे बैलों को हलों से खोल रहे थे। उनमें हरेक ने मुझे देखकर नमस्कार में हाथ हिलाए। धान के खेतों में परिन्दे नई जुताइयों पर फुदकते हुए मानो पूरे दिन में किए गए काम का जायजा ले रहे थ। आम्रवृक्षों के झुंडों में कौए काँव-काँव करते हुए, रात के लिए खामोश होने से पहले की बातचीत में जुटे थे। ट्यूबवैल धड़धड़ाते हुए अभी तक पानी खींच रहे थे लेकिन जल्दी ही उनका शोर थम जानेवाला था। इसके बाद आधी रात के समय दूसरे कामगार नींद से जागकर उन्हें फिर से चालू कर देंगे।

माँ और पिताजी बीबी से मेरी भेंट को लेकर बहुत चिन्तित थे, लेकिन मैं बेफिक्र बढ़ा जा रहा था। आखिर मैं था उनका प्यारा पोता। मेरा खयाल था प्यार और भावावेश के सामने कोई तर्क खड़ा नहीं हो सकता।

लेकिन मैं भूल गया था कि मैं उस औरत से अपनी बात कहने जा रहा था जिसका इन दोनों भावनाओं से परिचय नहीं था। एक ऐसी औरत जिसने इन दोनों भावों को जीवन जीने की रणनीति के रूप में बदल दिया था। वह कील जैसी कठोर लेकिन एक पंगु थी। अब तक उसने अपने जीवन में जीत का ही स्वाद चखा था लेकिन फिर भी उसके अन्दर खुशी एकदम ही नहीं थी।

वह देवताओं को परास्त तो कर सकती थी लेकिन उन्हें स्पर्श नहीं कर सकती थी।

फ़िज़ा!

क्या तुम्हें कुछ पता नहीं, मूरख क्या दुनिया की सारी हिंदू लड़कियाँ मर गई हैं?

उसने अपने बेटों से, हमसे यही कहा था। हम अपने जीवन में जो चाहे कर सकते थे–बस मुसलमान से शादी न करें। दक्षिण भारतीय लड़कियाँ भी ठीक हैं, उसकी जाति की लड़कियाँ लेने में भी कोई हर्ज नहीं है। अगर मामला ज्यादा ही बिगड़ता दिखाई दे तो ईसाई लड़कियाँ भी चल सकती हैं। जिन्दगी में सब कुछ चल सकता है, माना जा सकता है लेकिन बस एक वही नहीं होनी चाहिए, किसी हालत में नहीं। उनके उरोज और गुप्तांग अब भी पुरानी यात्रा के दौरान ढोई गई चीजों की पीड़ा से कसकते थे। उनकी नफरत ने ही उन्हें बचे रहने की ताकत दी थी शायद।

लेकिन उनमें कूट-कूटकर भरी नफरत ने उनके जीवन को बौना भी बना डाला था।

फ़िज़ा!

मेरी मौत के बाद ही होगा यह। तो यही सही।

मैं उनसे कुछ भी कहे बिना लौट पड़ा। रात के नौ बज चुके थे और आखिरी बस निकल गई थी। मैं जी.टी. रोड पर शाहाबाद तक पैदल ही गया।

कारें और बसें घड़घड़ाती, हार्न बजाती मेरे पास से गुजरती जा रही थीं। मैं चलता गया और अम्बाला तक का बीस किलोमीटर का सफर पैदल ही तय किया।

पीले रंग के यूकिलिप्टस की कतारों की छाया में चलते हुए ढाबों में पकाए जाते परांठों की सुगन्ध नाक में आ रही थी। लेकिन तब तक मेरा क्रोध ठंडा हो चुका था। बीबी लाहौरी शायद अपने जीवन की पहली पराजय का मुँह देखनेवाली थीं।

बाद में पिता ने इस मुद्दे पर मुझसे बहस करनी चाही। तब मुझे लगा शायद उन्होंने माँ को भी इस बारे में समझाना चाहा था पर उन्हें माँ के व्यंग्य वचन सुनने को मिले थे–बीवी राय में वह तो बड़े मूरख थे ही उन्होंने मूर्ख को ही पैदा भी किया था। उन्होंने कहा था–'ओए पप्पू टप्पू, मैंने तो तुझे एक बड़े स्कूल में पढ़ने भेजा था लेकिन वहाँ से तू एक बड़ा मूरख बनकर ही बाहर आया। मुझे चाहिए था कि तुझे यहीं रखती अपने पास। तब शायद तू एक छोटा मूरख बनकर छुटकारा पा जाता। मुझे खुशी है कि तेरे पिता तुझे, तेरे भाई और तुम्हारे तुम लोगों से ज्यादा मूरख निकले बेटों को देखने के लिए जिन्दा रहे।

माँ की यह बात पिताजी को कहीं गहरे कचोट गई। उनके मन में दबी शिकायतें बाहर आ गईं। वह मुझसे भिड़ गए। मैंने उसे साफ-साफ कह दिया कि वह अपनी बातें अपने तक ही रखें। फिर तो उन्होंने भी नहीं बख्शा मुझे। वैसे उनसे यह झड़प एक तरह से ठीक ही रही। इतने समय से चला आ रहा नाटक खत्म हो गया। हमने एक दूसरे को जैसे अलविदा कह दिया।

हमारी मुठभेड़ की पृष्ठभूमि में बेचारी माँ पेंडुलम बनी झूल रही थीं–कभी इधर तो अगले पल उधर। वह बिगड़ती बात को सँभालने की कोशिश में लगी थीं।

उस दिन के बाद मैं बीबी लाहौरी से नहीं मिला। जल्दी ही हमारी शादी हो गई, मैंने पिताजी से भी मिलना बन्द कर दिया। माँ कभी कभार मिल जातीं। मैं उनसे बीबी और पिताजी के बारे में जान लेता। लेकिन इतना मैं जानता था कि हमारी मुलाकात के बाद बीबी ने एक बार भी मेरा नाम नहीं लिया था। वैसे माँ कहा करती थीं कि मेरे इस तरह उनसे दूर हो जाने से उनके दिल को गहरा सदमा लगा था। लेकिन मुझे लगता था यह बात मेरा मन रखने के लिए कही जाती थी, क्योंकि मैंने कभी इसका कोई प्रमाण नहीं देखा, और मैं जान भी गया कि माँ की बात सच नहीं थी। बीबी लाहौरी ने अपने पिता को चाकुओं से गोदे जाते देखा

और फिर भावहीन कुशलता से उन्होंने लकड़ियों पर घी डालकर उनकी चिता जला दी थी। उस जैसे लोगों ने जिन्दगी से लड़ते हुए उसे जिया था, उसे लेकर कभी सोच-विचार में नहीं डूबे थे। उन्होंने कामनाओं का गला घोंट दिया था लेकिन उनका न होना उनके लिए अभिशाप बन गया था।

मुझे स्वीकार करना होगा कि उनकी स्मृतियों ने अन्ततः मुझे परेशान करना छोड़ दिया था। मेरे मन में मौजूद उनकी प्रशंसा का भाव धीरे-धीरे कड़वे मूल्यांकन में बदल गया। मैं नहीं कह सकता कि वह कठोरता–जो जिन्दा रहने के लिए चाहे कितनी भी जरूरी क्यों न रही हो–जो किसी भी भावना को पास नहीं फटकने देती, किसी भी तरह सही कही जा सकती थी।

खुद को बचाए रखने की कोशिश में लगे आदमी को क्या इतना कठिन-कठोर होना चाहिए कि वह सारी कोमल भावनाओं को मार दे–मिटा दें।

गट्टू चाचा ने उनके और मौत के बीच छह महीने का फासला निश्चित किया था। लेकिन वह उसके अगले छह महीने बाद भी जीवित रहीं, तब मुझे लगा कि वह मरनेवाली नहीं। मुझे लगने लगा कि जैसे उन्होंने अपने जीवन में आई समस्या को मिटा डाला था, वैसे ही वह कैंसर को भी जीत लेगी। फिर मैंने उनके पास जाने-न जाने की उलझन में पड़ना छोड़ दिया।

आखिर मैंने उन्हें उनकी मौत के बाद ही देखा था। हालाँकि हर कोई जानता था कि मौत कभी भी आ सकती है, लेकिन जब वह गईं तो उनके पास कोई भी न था। उनके बेटे बारी-बारी से आते रहते थे लेकिन वे उनके साथ रहने को तैयार न थे। उन्हें माँ के स्वास्थ्य की चिन्ता नहीं थी, वे तो बस अपना फर्ज समझकर मिलने चले जाते थे। वैसे उनको इतना अहं था कि वह किसी से भी मदद लेने को तैयार न थीं। और तो और उस अनिल से भी नहीं जो उनके साथ रहता आया था और हर रात उनके कमरे के बाहर सोया करता था।

अनिल ने मुझे बताया था कि वह उन्हें बड़ी तकलीफ से फर्श पर घिसट-घिसटकर शौचालय जाते देखता था। कैंसर उनकी आँतों में फैल गया था। और मल-मूत्र त्याग पर उनका कोई नियंत्रण नहीं रहा था। इससे वह ज्यादा परेशान रहती थीं। वह अपनी इस कठिनाई को छिपाने की कोशिश करती थीं। वह एकदम खामोशी से शौचालय तक जाने-आने की कोशिश करती थीं। अनिल नींद में होने का दिखावा करता। शौचालय तक जाने-आने में उन्हें काफी वक्त लगता था। बीच-बीच भी अनिल को झपकी आ जाती और फिर जब जागता तो उन्हें फिर उसी तरह आते-जाते देखता और दुखी होता रहता।

उनके दाहकर्म के लिए जाते समय मैं फ़िज़ को भी साथ लेता गया।

वहाँ गाँववालों के अलावा और भी बहुत सारे लोग मौजूद थे–पूरा आँगन व फार्म तक जानेवाली सड़क भीड़ से भरी हुई थी। पुरुष, औरतें, बच्चे, बूढ़े, जवान, किसान, व्यापारी, सरकारी अफसर–सभी मौजूद थे। मैं उन सबसे गले मिला जिन्हें मैं बरसों से जानता था। हाँ, मुझे हर कोई जानता था। बीबी का यह ऊड़ाऊ-खाऊ बेटा जो मुसलमान लड़की से शादी करने की बात पर बीबी से ही भिड़ गया था। कुछ ऐसे पुरुष-स्त्रियाँ भी थे जिन्होंने मुझे बचपन में गोदी में खिलाया था–मुझसे मिलते ही वे फूट-फूटकर रो पड़े। फ़िज़ ने अपना सिर चुन्नी से ढक रखा था। कुछ ने सहज भाव से उसे भी कौली में भर लिया। उनके कपड़ों से पसीने और लकड़ी के धुएँ की कड़वी गन्ध आ रही थी।

बीचवाले बड़े अहाते में बीबी का शव जमीन पर रख दिया गया। रोने की मिली-जुली आवाजें हवा में गूँज रही थीं। बूढ़ी औरतों का एक झुंड पेशेवर ढंग से रोने का काम कर

रहा था। वे लयात्मक ढंग से अपनी छातियाँ पीट रही थीं। माँ ने हम दोनों को गले से लगाया। रोने से उनकी आँखें सूजी हुई थीं। पिताजी काले सूट में शान्त दिखाई दे रहे थे। उन्होंने मेरा हाथ पकड़कर हिला दिया। फिर कुछ अनिश्चित के भाव से फ़िज़ के साथ भी मेरी तरह किया। हालाँकि पुरुष और औरतें अलग-अलग झुंडों में बैठे थे पर मैंने फ़िज़ को अपने साथ ही बैठाया।

अनिल मुझसे गले मिला। उसने बताया कि आधी रात के बाद बीबी की नींद टूटी थी और उसे पुकारा था। उन्होंने कहा कि उन्हें पलंग से उतारकर फर्श पर लिटा दिया जाए। उन्हें पता चल गया कि उनके जाने का समय आ पहुँचा है। अनिल ने आगे बताया कि उसने बीबी को जमीन पर लिटाकर उनके पैर सीधे ही किए थे कि वह शान्त हो गई। उनके शब्द थे–ओ संसारचन्द्या, मैंने तुम्हें खूब इन्तजार करवाया–क्यों?'

हर कोई एक ही बात कह रहा था–किसी ने भी अपनी जिन्दगी में इससे बड़ी शव यात्रा नहीं देखी थी।

अरथी को कंधा देनेवालों में थे बीबी के दोनों बेटे, अनिल, मेरे अमरीका जाकर बस गए दोनों चचेरे भाई कँवर, तरुण और मैं। उनका शव किसी चादर जैसा हल्का था। लगता था हम जैसे बाँस के लट्ठे ही उठाकर चल रहे थे। गाँव के ठीक बाहर स्थित श्मशान में तिल रखने की भी जगह नहीं बची थी। बहुत सारे लोग श्मशान के चारों ओर खिंची ईंटों की अधूरी चहारदीवारी पर बैठे थे। जब डिप्टी कमिश्नर अपनी सफेद एम्बेसेडर कार में आया तो भीड़ में शोर गूँज गया। क्रीम बुशशर्ट पहने और आँखों पर सुनहरी कमानी का चश्मा लगाए–एक जवान आदमी अपने गुजरने के लिए जगह बनाती शोकाकुल भीड़ के बीच से वह किसी बड़े अफसर की तरह गुजर गया। बहुत से लोगों ने आगे आकर उसके घुटनों को हाथ लगाकर पैर छूने का आभास दिया। उसके हाथों में फूलों का एक बुके था–उसमें रजनीगन्धा, गलेडिओली और कारनेशन सजे थे। वह सीधा मेरे पिताजी और केवल ताया के पास गया–दोनों ने ही काले सूट और और काली टाई लगा रखी थी–उन्होंने गम्भीर मुद्रा में हाथ मिलाए। उसने जब यह देखने के लिए नजरें घुमाईं कि उसे किसी और को तो सांत्वना नहीं देनी है, तो मैं दूसरी तरफ देखने लगा।

पुरोहित क्रियाकर्म के मंत्र पढ़ने लगा।

केवल ताया ने बाँस के लम्बे डंडे को धधकती लपटों के बीच से बीबी के सिर से घुमाकर कपाल क्रिया की रस्म पूरी की। इसके बाद हर किसी ने पम्प पर जाकर अपने हाथ धोए और एक टहनी उठा ली। श्मशान की चारदीवारी के बाहर पगडंडी पर चिता की ओर पीठ करके हम सब पंक्तिबद्ध रोमन सैनिकों की तरह एक के बाद घुटनों के बल बैठ गए। फिर पुरोहित के कहने पर हमने हाथ में थमी टहनी को बीच से तोड़कर दोनों टुकड़ों को कन्धे के पीछे फेंक दिया। इसका अर्थ था कि हमारे पीछे चिता में जलती औरत के साथ हमारे सब सम्बन्ध टूट गए थे। जीवन चक्र सम्पूर्ण हो गया था।

जब उनका नया जन्म होगा तो हम सबके साथ उनके नए सम्बन्ध बनेंगे। इस जन्म और पूर्वजन्म को कर्मफल-लेना-देना-सब चुक जाएगा।

यही बात मृत अभिमन्यु ने अपने पिता अर्जुन से कही थी जब वह अपने बेटों को फिर से पाने के लिए देवराज इंद्र के महल में पहुँचे थे। युवा अभिमन्यु शक्तिशाली कौरवों के समूह से जूझता हुआ मर गया था। क्योंकि उसने चक्रव्यूह में घुसने का दुस्साहस तो किया था–लेकिन

उसे चक्रव्यूह से बाहर आने का मार्ग पता नहीं था। अभिमन्यु सभी वीर योद्धाओं का आदर्श बन गया था, स्थिति के अनुसार बड़े से बड़े संघर्ष करने को तैयार। फिर चाहे उनमें से कोई भी उससे बच निकलने का तरीका न भी जानता हो।

अर्जुन ने देखा अभिमन्यु देवताओं के साथ शतरंज खेल रहा था। अर्जुन को वहाँ भगवान कृष्ण ले गए थे। रोते हुए अर्जुन से अभिमन्यु ने पूछा था। मानव. तुम क्यों इस बुरी तरह से रो रहे हो? तुम हो कौन? तब अर्जुन ने कहा था–"मैं तुम्हारा पिता हूँ और तुम्हारी अकाल मृत्यु पर रो रहा हूँ!"

तब ठहाकों ही के बीच अभिमन्यु ने कहा था–तुम मेरे पिता थे। और इससे पहले के कई जन्मों में मैं तुम्हारा पिता था। मूर्खतापूर्ण ढंग से व्यवहार मत करो। मैंने अपने कर्म पूरे कर लिए। मैंने एक योद्धा के रूप में अपना कर्तव्य पालन किया और युद्ध में सम्मान के साथ प्राण छोड़े। मानव, वापस जाकर तुम भी अपने कर्म करो।

नए नाटक में हम सभी नई-नई भूमिकाएँ निबाहेंगे।

बीबी लाहौरी और मैं–हम फिर से हिसाब-किताब करेंगे। अपना देना-पावना करेंगे।

सब चले गए तो मैं फ़िज़ के साथ इधर-उधर टहलता रहा। हम जाकर श्मशान की चहारदीवारी पर जा बैठे। क्योंकि दीवार नीची और अधूरी थी इसलिए आराम से बैठने लायक जगह मिल गई। दिन करीब-करीब ढल गया था। आवाजें करते तोतों के झुंड अपने ठिकानों की तरफ लौट रहे थे। श्मशान को घेरे खड़े पीपल, आम, नीम, कीकर, इमली, बड़ के पत्तों में काफी हलचल दिखाई दे रही थी। श्मशान की देखरेख करनेवाला अछूत दूर के कोने में पड़ी अपनी नीची झोंपड़ी में चला गया और भोजन पकाने के लिए आग जलाने में अपनी पत्नी का हाथ बँटा रहा था। उसके दो बेटे ढीली ढाली नेकरों में नंगे पैर दाह कर्म वाले मिट्टी के ढूहों के बीच कंचे खेल रहे थे। मैं फ़िज़ का हाथ थामे वहाँ बैठा रहा। कुछ देर बाद बीबी लाहौरी की चिता की काली राख उड़-उड़कर हमारे कपड़ों पर बैठने लगी।

अँधेरा होने पर हम खामोशी से उठे और फार्म की तरफ चल दिए। बीबी की चिता अभी तक लाल-लाल गोले के रूप में धधक रही थी। वैसे रंग का एक छोटा गोला श्मशान के कोने में जल रहा था। ऊपर काले चमगादड़ उड़ रहे थे।

फार्म पर हर कहीं बीबी के परिचित और रिश्तेदार अलग-अलग समूहों में बैठे थे। वातावरण तनावरहित और सहज लगा। लोगों को गिलासों में चाय दी जा रही थी। माँ के मरने से अनाथ हुए उनके दोनों बेटे अन्दर के कमरे में बैठे व्हिस्की के घूट भर रहे थे। शायद दोनों बीबी की मृत्यु की उभरती स्थितियों पर चर्चा कर रहे थे। मैं जाकर गट्टू चाचा के साथ बैठ गया। वह मुझे पिछले डेढ़ साल की घटनाएँ बताने लगे। इसके बाद हमने रात का भोजन किया और मैंने माँ से कहा कि अब हम वापस जाएँगे। वह समझ गई। अनिल हमें गट्टू चाचा की नई मारुति कार में बैठाकर पीपली बस अड्डे तक ले गया। मैंने उसे आलिंगन में भींच लिया। वह अभी छोटा था और मन का बहुत अच्छा।

हम सीमेंट की बैंच पर जा बैठे। मच्छरों के झुंड हमें परेशान करने लगे। वे हमारे सिर पर आक्रामक घूम रहे थे। हम वहाँ से उठे तो मच्छरों का भनभनाता चक्र भी हमारे साथ चल दिया। कई बसें बिना रुके तेजी से गुजर गईं। आखिर एक बस रुकी। वह हरियाणा परिवहन की खटारा बस थी जिसमें बैठकर सवारियों की चूलें हिल जाती थीं। हम पीछे जा बैठे। दिल्ली

के अन्तर्राज्यीय बस अड्डे तक के तीन घंटे के दौरान मैं बस उसका हाथ थामे रहा। इस बीच मैं एक एक भी शब्द नहीं बोला था।

अपनी बरसाती में पहुँचते-पहुँचते आधी रात बीत चुकी थी।

उसके अन्दर प्रवेश करते हुए सिर में पागल प्यार एक तूफान उठा रहा था। बीता पूरा लम्बा दिन उसमें डूब गया। फिर मास्टर उलूकपिल्लू बोल उठा।

उसने मेरी पीठ पर अपना हाथ रखा। यह रुकने का संकेत था। मैं ठहर गया।

वह बोली, उलूकपिल्लू कह रहा है–जो जैसा है वैसा ही मिलता है उसे।

मैंने उसके दाएँ कान के नीचे उसे चूम लिया और उसका मांस खींचकर अपने मुँह में भर लिया। वह अपने सिर को धीरे से परे करने पर विवश हो गई।

मैंने कहा–हाँ, वह ठीक कह रहा है।

बाद के वर्षों में मुझे पता चलनेवाला था उसने जो भविष्य कथन किया था वह एकदम सही था लेकिन...

खंड : 3

अर्थ

पहाड़ी पर बना मकान

जब मुझे माँ ने एक खबर सुनाने के लिए फोन किया तो बीबी की मौत को वर्ष से ज्यादा समय बीत गया था। इस बीच राजीव गांधी को उनके अपने द्वारा बनाए गए दैत्य ने खा डाला था। अयोध्या में स्थित बाबरी मस्जिद-भगवान राम के मिथकीय जन्मस्थल को हाथों से ढहा दिया गया था। अति सक्रिय पागल भावनाओं के वशीभूत होकर। इससे नए दानव जन्म ले रहे थे और उनके संक्षिप्त आकार में पूरे ब्रह्मांड की कथा समेटे मेरा उपन्यास अटक-अटककर यात्रा तय करते हुए एक एकदम ही ठहर गया था।

ईश्वर को काट-छाँट कर ईंटों में बदल दिया गया था। हमारी सामूहिक विचार शक्ति एक दूसरे को पीड़ा पहुँचाने की भावना के लिए हाथों से फिसलती, छूटती जा रही थी।

मूर्ख नेता का उत्पादन करो के सिद्धान्त पर चलनेवाला राजनीतिक उद्योग खूब तेजी से फल-फूल रहा था।

वैसे जहाँ तक मेरी बात थी, मैं उस भोले सिख और आधुनिक संसार से उसकी मुठभेड़ की कहानी को किसी भी तरह आगे नहीं बढ़ा पा रहा था। पहली दो पांडुलिपियों की तरह इस उपन्यास पर भी मैं एक ऐसे उलझाव में जा फँसा था जहाँ मैं अपने विचारों के कंकाल पर अस्थि मज्जा चढ़ाकर उन्हें कोई भी रूप देने में असफल हो गया था। अब मैं सोचने लगा था कि उस युवा योद्धा सन्त और उसके घोड़े पर जो कुछ मैंने सोचा था, वह उपन्यास की तुलना में कहानी के लिए कहीं ज्यादा उपयुक्त था। लेकिन लेखक की यह विधा मुझे अपनी ओर आकर्षित नहीं कर पा रही थी। और इस बारे में फ़िज़ को कुछ भी बताए बिना मैंने करीब-करीब इस परियोजना को लगभग को छोड़ने का मन बना लिया था।

इस बार मैं अपनी असफलता पर सचमुच शर्मिन्दा था। मुझे पक्का विश्वास था कि इस बार फ़िज़ की नजरों में मेरा पतन होना ही था। मैं एक घटिया बहानेबाज था। शानदार योजनाओं को शुरू करनेवाला व्यक्ति जो किसी भी योजना को पूरा नहीं कर पाता था। सिर्फ गाल बजानेवाला। उसने मेरा लिखा कुछ पढ़ा था और उसकी बातों ने मेरा खूब उत्साह बढ़ाया था। लेकिन मैं तो बहुत पहले ही अपने सन्देहों के भँवर में डूब चुका था। मैं यह सोच-सोचकर हैरान रह जाता था कोई कैसे सुनिश्चित भाव से लेखन कर सकता था।

किसी-किसी समय जब मैं लिखने के इरादे से मेज के सामने बैठता था—मेज की पॉलिश की गन्ध बहुत पहले उड़ चुकी थी—और टाइपराइटर पर उभरे अक्षरों की आँखें मुझे लिखने की प्रेरणा देती लगती थीं, तो मेरा दिमाग इस चक्कर में उलझकर रह जाता कि आखिर क्या लिखा जाए। किसी-किसी दिन मुझे लगता मैं शायद कभी कोई सार्थक लेखन नहीं कर पाऊँगा। मुझे यह विश्वास हो चला था कि मेरे द्वारा टाइप किया जानेवाला हर शब्द ग्रन्थसूची के कालकूप में डूब जानेवाला था।

हताश होकर मैं फ़िज़ के नजदीक पहुँचता और जल्दी-जल्दी अपनी निराशा को उसकी देह में भूल जाने की कोशिश करने लगता। और जब दोबारा वह निराशा मुझे घेरती तो मैं फिर उसके पास चला जाता। उसकी कामना का आवेश, आवेग मुझे फिर से जैसे सम्पूर्ण कर देता। लेकिन कई दिन ऐसे भी होते थे जब मुझे निरन्तर उसकी जरूरत महसूस होती कि वह उस दबाव को सह न पाती। वह अपनी देह को बस मुझे सौंप देती और मैं उसकी देह में अपनी खोई शान्ति फिर से पा लेता।

तरह-तरह के सन्देह मेरे मन में जड़ जमाकर बैठ गए थे। इसलिए मैं रात को ठीक से सो न पाता। अचानक नींद खुलती और कोई चीज मेरे मन को मथने लगती। मैं ब्रदर के सामने जा बैठने को बेचैन हो उठता ताकि यह जाँच कर सकूँ कि क्या सचमुच मेरे अन्दर कुछ था जिसे मैं लिख सकता था। मैं बिस्तर पर पड़ा हुआ यह सोचता रहता आखिर अब फ़िज़ मेरे बारे में क्या सोचा करती है। मैं कोशिश करके हार जाता, पर कुछ समझ न पाता। मैं अतीत में झाँकने लगता, मन पीछे दौड़ जाता क्योंकि मैं भविष्य के बारे में कुछ सोच-विचार करने की स्थिति में नहीं रह गया था। ऐसी गड़बड़ मेरे साथ पहली बार हुई थी। रात की दूधिया रोशनी में मैं उसकी साँसों की धीमी आवाज सुनता रहता और फिर मैं उसकी देह गन्ध को सूँघने लगता—इस आशा में कि शायद इस तरह मुझे परेशान करती हर बात—स्मृतियाँ, सन्देह और अस्तित्व की ऊहापोह—मेरे अन्दर से निकलकर बाहर चली जाएगी।

धीरे-धीरे मैं घंटों तक उसकी देह को चूमता चला जाता। उसकी देह के गहरे, नम परिचित रहस्यों को नाक में भर लेता। मैं आश्वस्त और बिखर जाना चाहता था।

सम्पूर्ण आवेशित आवेग और पूर्ण शान्ति मेरे लिए उसकी देह में सिमट गई थी।

सलीमगढ़ से वापस लौटे कई महीने बीत चुके थे। तभी एक बार मेरे मन में आया कि क्यों न बीबी लाहौरी के जीवन पर कुछ लिखा जाए। यह विचार मुझे उत्तेजना से भर गया। अरे, यह बात मेरे दिमाग में पहले क्यों नहीं आई। मेरे अपने घर में ही इतनी उत्तेजक बढ़िया कथा का मसाला मौजूद था। और अब क्योंकि वह मर चुकी थीं तो उनके जीवन की कथा पर खुलकर लिखा जा सकता था। लेकिन इस बार मैंने सावधानी बरतने का निश्चय किया। मैंने सिख सन्त योद्धावाले उपन्यास को ब्रदर पर गोया पकने के लिए छोड़ दिया और बड़ी स्पाइरल डायरी खोलकर मैं वह सब लिखने में जुट गया जो मैं बीबी लाहौरी के बारे में जानता था। अपनी स्मृतियों के ओनों-कोनों में झाँककर मैंने बीबी लाहौरी के सम्बन्ध में सब कुछ लिख डाला लेकिन मुझे यह देखकर धक्का लगा कि वह सारी सामग्री तो केवल सोलह पृष्ठों में ही सिमटकर समाप्त हो गई थी। इसमें वह सब शामिल था। जो उन्होंने टुकड़ों-टुकड़ों में सुनाया था और वह भी जो बातें मैंने उनके बारे में लोगों के मुँह से सुनी थीं तथा जो मैं अपनी कल्पना से उसमें जोड़ सकता था। इस पर भी ज्यादा से ज्यादा एक कहानी ही लिखी जा सकती थी।

मैंने नोट बुक को मेज के ड्राअर में रख दिया और ब्रदर को घूरने लगा।

बस फ़िज़ तथा उसकी देह ने ही मुझे हताशा के भँवर में डूब जाने से बचाए रखा। मैं अपना हर खाली दिन उसकी देह को खाकर ही भरना चाहता था। लेकिन हम दोनों के बीच अब सम्बन्ध इतने अच्छे नहीं रह गए थे। हम आपस में कम बोलने लगे थे। ऐसे बहुत से काम थे जिन्हें अब हम साथ-साथ नहीं कर रहे थे। मेरा उत्साह एक बारगी चुक गया था—और अब मैं फ़िज़ का पुराना विश्वसनीय साथी नहीं रह गया। हम साथ-साथ बैठे रहकर भी

खामोश बने रहते थे। घर में मैं खोया-खोया अन्यमनस्क बना रहता। मैं खुद पर खीझता रहता क्योंकि मैं कुछ भी नहीं लिख पा रहा था। वैसे दोष पूरी तरह मेरा ही था। मेरा समय किताबों को उलटने-पलटने और खामोश ब्रदर को देखते रहने में ही बीतता जा रहा था।

मेरा बाकी समय ऑफिस में बीतता। मैं उस सैनिक जैसा हो गया था जो खाई में खामोश बैठा था, न लड़ता था, न ही मरता था। चमकते शिश्नवाले खुशामदी लोग मुझे कब का भुला चुके थे। मेरा दिमाग उत्कंठा और घटते आत्मविश्वास के भँवर में से धीरे-धीरे फँसता जा रहा था। और तो और मैं अपने सहकर्मियों से भी बात नहीं करता था। कोई-कोई दिन तो ऐसा भी होता जब हम लोगों के बीच एक भी शब्द न बोला जाता। जब मैं और फ़िज़ दोस्तों के साथ बाहर निकलते तो मैं उनके साथ होकर भी न होता। मैं समझ रहा था यह कल्पना का संसार जल्दी ही मिट जानेवाला था। और इसके बाद मेरा जीवन सचमुच शुरू होगा। या फिर वह पूरी तरह मिट जाएगा, खत्म हो जाएगा।

मैं उदास, उचाट और खुद के विरुद्ध खड़ा हो गया था। किसी रेस्त्राँ में भोजन करते-करते या पार्टी के बीचोबीच एकाएक अपने अन्दर चला जाता। अगर कोई मुझे पास लाने की कोशिश करता तो मैं उठता और घर चला जाता। न जाने कितनी बार मैंने और फ़िज़ ने यह किया था।

दिल्ली की उमस भरी रातों में फ़िज़ को लेकर मैं मोटर साइकिल पर लौटता और फिर सावधानी से घूमघुमौवल सीढ़ियों पर चढ़कर हम अपनी बरसाती में पहुँचते। फिर टैरेस पर चले जाते, गुलमोहर की टहनियाँ कंक्रीट पर हौले-हौले सरसराती रहतीं। हम खामोश बने रहते। ऐसे मौकों पर मास्टर उलूकपिल्लू भी हमें आपस में बोलने-बतियाने के लिए प्रेरित न कर पाता।

ऐसे क्षणों में मैं और फ़िज़ जैसे अपने अलग-अलग ग्रहों पर जा पहुँचते। बीच में होती न जाने कितनी दूरी।

आश्चर्यजनक बात यही रही कि फ़िज़ ने इसे कोई मुद्दा नहीं बनाया। बस उसने मेरी उपेक्षा की, जो उसकी राय में मेरे लिए जरूरी हो गया था।

लेकिन मेरे मूड में आनेवाले उतार-चढ़ावों ने उसे भी असन्तुलित बना दिया। उसने खुद को एक अजीब अकेलेपन की स्थिति में पाया। उसी स्थिति में उसने टेलीविजन का आविष्कार कर लिया। फिलिप की भविष्यवाणी सच होने जा रही थी।

खाड़ी युद्ध के बादवाले दो वर्षों में केवुल टेलीविजन हिन्दुस्तानी मकानों के शयनकक्षों में उसी तरह उग आया था जैसे हमारे माता-पिता के ड्राइंगरूमों में स्काच की पुरानी बोतलों में उग आनेवाले मनीप्लांट। हम खुद का मनोरंजन करते-करते मरने को तैयार हो रहे थे।

अजीब बात यह थी कि फ़िज़ को सीरियलों और गेम शो में कोई रुचि नहीं थी। वह सी.एन.एन. चैनल की दीवानी बन गई। विश्व सूचना की दुकान ठीक हमारे सोने के कमरे में ही खुल गई थी। सुबह पलंग से उठते ही वह सबसे पहले खिड़कियों के पल्ले उठा देती और इसी तरह रात में सोने से पहले सबसे पहला काम पल्लों को बन्द करना होता। नई-नई केश सज्जाओं में गोरे पुरुष और स्त्रियाँ अपने अमरीकी उच्चारण और गम्भीर स्वर में खबरें ऐसे सुनाते रहते गोया उन्हें सुनना हमारी अस्तित्व रक्षा के लिए अनिवार्य है। वे सारा समय हमारे सामने बने रहते और यह बात मुझे पागल कर देती। उनके खेल भी हमारे लिए अपरिचित थे। अमरीकी फुटबाल और बेसबॉल के उत्तेजक विवरण कम से कम मेरे लिए तो एकदम बेकार थे। जब कभी रिमोट मेरे हाथ में पड़ जाता तो मैं चैनल बदलकर पुराने हिन्दी गाने

सुनने की कोशिश करता। लेकिन जैसे ही मैं बाहर जाता, टी.वी पर सी.एन.एन. फिर से नजर आने लगता।

फ़िज़ को खबरों का नशा चढ़ गया था। दुनिया के बारे में व्यर्थ की रहस्यमय खबरें जुटाते रहना, पल-प्रतिपल अदलते-बदलते समाचार जिन्हें हमारे जीवन में कभी प्रवेश करने का अवसर नहीं मिलना चाहिए था। ऐसी खबरें जो जन्म लेते ही मिट जाती थीं। फ़िज़ गोलीकांडों, अपहरण की घटनाओं, विज्ञापनों, चुनावों, संगीत कार्यक्रमों, विवादों, अग्निकांडों, बचाव अभियानों, शिखर वार्ताओं, वार्ता कार्यक्रमों, वाल स्ट्रीट, मैनहट्टन, पेंटागन, बीरले हिल्स, सिलिकान वैली डेटिंग प्रवृत्तियाँ, उरोज इम्प्लांट्स-और अन्तहीन मिकी माउस कार्टून कार्यक्रम लगातार रुचि के साथ देखती रहती थी। इन सबका हमारे जीवन से उतना ही सरोकार था जितना तानाशाह बोकासा के खानपान की आदतों का। यह जानकारी दिलचस्प थी कि वह भोजन में अपने लोगों का ही भक्षण करता था। लेकिन इसके बाद क्या? यह जानना भी दिलचस्प हो सकता था कि अमरीका धरती पर मौजूद है और उसके उल्टे सीधे हित उसकी नीतियों के आधार थे जैसे हमारे देश के–लेकिन फिर वही सवाल उभरता था–इसके बाद क्या? जब मैं पलंग पर लेटा कुछ पढ़ता होता तो इस सबके प्रति अपना विरोध जताने के लिए उसकी ओर चिढ़भरी नजरों से देखता। फ़िज़ तुरन्त आवाज तो बन्द कर देती पर टी.वी. के परदे से उसकी आँखें न हटतीं। मैं उसे देखता और वह कह उठती–तुम्हारा क्या खयाल है, मुझे खामोश होंठों की भाषा को समझने में कितना वक्त लगेगा?

कभी-कभी हम आधी रात के बाद लौटते नशे में धुत्-थके हुए। हम पलंग पर ढह जाते और जब मैं नींद में जाता होता तो एक क्लिक की आवाज आती और सी.एन.एन. की परिचित नीली चमक कमरे को भर देती। हाँ, उस समय भी कहीं न कहीं कुछ न कुछ महत्त्वपूर्ण अवश्य घटित हो रहा होता था। अमरीका दुनिया के लोगों को यह बताने में लगा होता था कि उन्हें क्या कुछ अवश्य जानना चाहिए। फ़िज़ टी.वी. की लगभग खामोश आवाज में पूरा बुलेटिन सुनकर ही बन्द करती थी। उसकी यह आदत मुझे जैसे पागल कर देती। मुझे यह पक्का विश्वास हो गया था चौबीसों घंटे तथा सातों दिन लगातर खबरें सुनना एक पश्चिमी बीमारी थी। और यह हमारे पूर्वी देशों को समाचारों की इस बाढ़ में डुबाने जा रही थी। इसे तो चेचक की तरह जड़मूल से नष्ट करना जरूरी था। इसने एक ऐसी खुजलाहट को जन्म दिया था जो हमारी संवेदनाओं को सदा-सदा के लिए क्षत-विक्षत कर देनेवाली थी।

मैंने फ़िज़ को समझाना चाहा लेकिन उस पर तो जैसा नशा चढ़ गया था। मेरी कोई बात नहीं सुनी गई।

हाँ हर बार मुझसे एक ही प्रश्न पूछती थी–क्या तुम यह कहना चाहते हो कि जानकारी लेना बुरा होता है?

नहीं, नहीं, नहीं–मैं चिल्लाकर प्रतिरोध करना चाहता था। लेकिन यह जानकारी पाना नहीं है ये सब बेहूदा बकवास गढ़ी हुई कहानियाँ हैं। इसके ही जरिए वे अच्छी जानकारियों को परे धकेल रहे हैं। अगर हम सिर्फ अपने सामने दिखती स्थितियों के बारे में देखते-सुनते रहेंगे तो फिर हम अपने दिमाग में उभरते विचारों की आवाज सुनना एकदम ही बन्द कर देंगे। और यह होगा विनाश, सत्यानाश।

लेकिन मैंने ऐसा कुछ कभी कहा नहीं क्योंकि मैं खुद भी तो यही सब करता आ रहा था, इन सारे वर्षों के दौरान। खुद मैंने ही कोई सचमुच अच्छी कहानी नहीं सोची थी–एक भी नहीं तो फिर मेरी शिकायत का मतलब क्या था।

सी.एन.एन. समाचार बुलेटिनों के इस अनिश्चय, अपने दफ्तर की स्थितियों, पूर्ण सन्तुष्टि के बिना किए जानेवाले सहवास, ब्रदर की खामोशी यानी उसकी मृत्यु हर समय मुझे घेरे रहनेवाली आत्मग्लानि, और बीच-बीच में आ जानेवाले अति सेक्स के दौर के बीच देर रात फोन की घंटी बज उठी। अजीब बात थी—लाइन में कोई गड़बड़ नहीं थी। माँ का फोन था।

उन्होंने कहा—तुम्हें एक खबर देनी है।

मैंने कहा—क्या आपने यह खबर सी.एन.एन. पर सुनी है?

उन्होंने कहा—क्या?

जब मैंने रिसीवर नीचे रखा तो मैं समझ नहीं पा रहा था कि कैसे क्या कहूँ? टेलीविजन के पर्दे पर एक सफाचट चेहरे और आगे निकली ठुड्ढी वाला एक गोरा बड़ी गम्भीरता से बोल रहा था। उसने पतली कमानी का चश्मा पहन रखा था और गले में बुन्दकियोंवाली टाई थी। और फिर एक दृश्य उभरा जिसमें कई काले सूटधारी गोरे जोर-जोर से आपस में हाथ मिला रहे थे। आवाज बन्द थी इसलिए मैं कुछ सुन नहीं सका। शायद कोई शिखर वार्ता रही होगी—अमीरों के अधिकारों पर बल देने के लिए।

फ़िज़ प्रश्न भरी आँखों से मुझे देख रही थी।

मैंने पूछा—क्या हो रहा है?

उसने कहा—चुप करो और मुझे बताओ कि हुआ क्या है?

मैं टाँगें घुमाकर पलंग से उतरा, दरवाजे तक गया, अपने दोनों हाथ जेबों में डालकर उसकी ओर घूम गया।

उसने कहा—कोई नई मुश्किल

मैंने कहा—मेरा खयाल है हम अमीर हो गए हैं

संक्षेप में कहा जाए तो बीबी अपनी सम्पत्ति का एक भाग मेरे नाम कर गई थी। आखिर कड़े से कड़े स्वभाव के बड़े लोग अपने बेटे-बेटियों द्वारा की जानेवाली नापसंद शादियों के लिए उन्हें एक सीमा तक ही दंड देते हैं। वैसे हर भारतीय भाषा में ऐसे अनेक किस्से प्रचलित हैं जहाँ अमान्य सम्बन्ध जोड़नेवालों का अन्त हत्या या आत्म हत्या में ही होता है।

उनकी सम्पत्ति का बहुत छोटा हिस्सा था यह लेकिन फिर भी उससे बड़ा जरूर था। मैं और फ़िज़ जिसकी कभी कल्पना भी नहीं कर सकते थे। हिसाब-किताब लगाने सरकारी कर अदा करने, बख्शीश आदि देने के बाद बची रकम थी सत्तावन लाख, बत्तीस हजार, सात सौ चालीस रुपए। ये मेरे खाते में जमा करा दिए गए। यह रकम मेरे हिस्से आई बीस एकड़ जमीन को बेचकर मिली थी। मेरी वर्तमान तनख्वाह के हिस्से से यह रकम पचास वर्षों के वेतन बराबर बैठती थी। जब मैंने बैंक के काउंटर पर चैक पेश किया तो पेंसिल जैसी मूँछों और बासाब में खूब तेल लगाए मलयाली टेलर ने उठकर काउंटर के पार से मुझसे हाथ मिलाया। यह पहली बार था जब वह मुझे देखकर मुस्कुराया था।

माँ के फोन करने और चैक आने के बीच लगभग दो महीने का समय बीत गया। यह एक अजीब और डरावना समय था। न जाने क्यों इससे हमें कोई आनन्द नहीं मिला। हम इस तरह अचानक एक बड़ी रकम हाथ लगने से और जहाँ से यह आई थी उससे उलझन में पड़ गए थे। हमने खुद को अमीर लेकिन छोटा महसूस किया। पहले कुछ दिनों तक तो हमने इस बारे में आपस में कोई बात नहीं की। दोनों ही दूसरे की तरफ से पहलकदमी की आशा कर रहे थे।

एक रात टैरेस पर बैठे थे, तो मैंने पूछ ही लिया—क्या मैं इसे लेने से मना कर दूँ?

उसने कहा—अगर तुम्हें इसे लेकर परेशानी महसूस हो रही है तो जरूर मना कर दो।

मेरा खयाल है मैं उसके मुँह से यह बात नहीं सुनना चाहता था। मैं तो चाहता था कि इस सम्मानजनक तरीके से हटकर मुझे वह कुछ ऐसा कहे, कारण बताए ताकि मैं मना कर सकूँ। मैं चाहता था कोई दूसरा मुझे इस उलझन से बाहर आने का कोई अच्छा तार्किक तरीका बता दे।

मैंने चिढ़कर कहा—नहीं, मैं इसे लेकर चिंतित नहीं हूँ। बात इतनी है कि मेरे विचार बीबी से नहीं मिलते थे—और यह रकम मेरी है नहीं। और उनमें से किसी की भी नहीं थी जों उसकी हर बात पर हाँ में हाँ मिलाते थे।

फ़िज़ ने कहा—अगर तुम ऐसा महसूस करते हो फिर इसे ले लो। लेकिन इसे लेने के बाद इसे भूल जाना याद रखना। जीवन भर इस पर सोच-सोचकर पछताते रहने की कोई जरूरत नहीं।

शायद मुझे इस रकम को नहीं लेना चाहिए।—मैंने कहा।

कई हफ्तों तक हम इसी उलझन पर बातें करते रहे। शायद हम दोनों ही जानते थे कि इसे न लेने का कोई तरीका नहीं था। जरूरत इस बात की थी हम दोनों इस बारे में तब तक बहस करते रहे जब तक इसे लेने के बाद हमें घेरनेवाली परेशानी दिमाग से निकल न जाए। शायद दानों को एक दूसरे को यह बताने की जरूरत थी कि हमने इसे बेमन से लिया है—हिचकिचाते-झिझकते हुए।

लेकिन सच यह था कि इसे लेकर मन में आ बैठी बेचैनी कभी खत्म नहीं हुई।

दो महीने क्या दो वर्ष बाद भी हम इसकी जकड़न से मुक्त नहीं हो सके। और सब कुछ निपट जाने के बाद भी नहीं। हमने जल्दी ही जान लिया हमें इस बारे में बहस एकदम नहीं करनी चाहिए। लेकिन जब-जब हमने छप्पर फाड़कर मिले उस धन का आनन्द लिया तब-तब न जाने क्यों एक कड़वाहट मन में भर जाती थी।

सबसे पहले हमने जिप्सी खरीदी। नीली स्लेटी। दो दरवाजें, हार्डटाप और पीछे भी एक दरवाजा था सामने रखने के लिए। पहले फ़िज़ ने ड्राइविंग सीखी एक गैराज ड्राइविंग स्कूल से जो पटरियों के सहारे-सहारे रेंगते हुए नियमित यातायात में बाधा खड़ी करते हैं। बाद में उसने मुझे भी सिखा दी। हमने मोटर साइकिल बेच दी यह कहना लज्जाजनक लग रहा है, लेकिन जिप्सी में चलना अच्छा लगा था।

हमारे बीच एक अलिखित समझौता था कि हम पैसे के बारे में कभी बात नहीं करेंगे। लेकिन अब इसकी अधिकता हम पर हावी होने लगी थी। बसन्त बिहार मार्किट में एक भव्य शोरूम के सामने से गुजरते हुए हमें एक भव्य डबल बैड दिखाई दिया जिसके दोनों ओर किताबें रखने की जगह बनी हुई थी। हमने उसे खरीद लिया। जिप्सी में हमने एक शानदार सान्या स्टीरियो सिस्टम लगवाया जिसमें सामान्य दो ही जगह चार स्पीकर थे। भावहीन ढंग से हमने एक सुन्दर पानासोनिक वी.सी.आर. खरीदा मल्टी रिमोट के साथ। अब हम उन सभी पुरानी प्रसिद्ध फिल्मों का आनंद उठा सकते थे जिन्हें हम न जाने कब से देखना चाहते थे। मैं खरीदारी के लिए निकल रहा था तो मेरे मन ने कहा यह क्या हो रहा है। मुझ अलेखक के जीवन में यह कैसी बाघ गड़बड़ पैदा हो गई थी।

हमने जान लिया कि हम एक अजीब बिडम्बना में उलझ गए हैं। अगर हम इस पैसे को खर्च नहीं करते तो इसका मतलब यही होगा कि हम इसे अनावश्यक महत्त्व दे रहे हैं। हम उसे कीमती समझकर जमा करने में लगे थे। और यह बहुत खराब बात थी। दूसरी तरफ अगर हम उस रकम को इस तरह खर्च करते जाते तो साफ था कि भौतिकतावादी बनते जा रहे थे—मेरे पिता के लाभ-हानि के शाश्वत बीजगणित की उपभोक्ता इकाइयाँ। यह भयानक अनुभूति थी।

हमारे मन में धन को लेकर डर बैठ गया। इस रकम के बैंक में रहने का आतंक। हमारे हाथों से इसके खर्च का डर।

मैं सोचता हूँ हमें लगता था पैसा हमें पैसा नहीं रहने देगा जो हम थे, जैसे हम थे। हमने सहज बने रहने का प्रयास किया। हमने ऐसा दिखाना चाहा कि पैसा कहीं था ही नहीं। मैंने नौकरी नहीं छोड़ी, फ़िज़ भी धर्म बुक्स की पांडुलिपियों का सम्पादन करती रही। 'कुटिलरानी' की अनुसंधान परियोजना पर भी वह पहले की तरह काम करती रही। हम पलंग पर वही सब पुराना करते रहे और उसे नए ढंग से भी किया। यों हम पहले की तरह एक-दूसरे से लिपट-चिपटकर सोते रहे लेकिन यह पैसा हमारे बीच में आ मौजूद हुआ था। यह हमारी पसलियों से चुभता था। हमारे दिल में घुटन भर देता, हमारा गला रूँध जाता है।

सत्तावन लाख, बत्तीस हजार, सात सौ चालीस रुपए।

अगर कोई एकाएक इस रकम को हमसे छीन लेता तो मुझे पक्का विश्वास है कि हम इस उलझन से मुक्त हो जाते।

और ऐसा सचमुच हुआ था। यह उसी तरह हुआ था जैसे यह पैसा हमारे पास आया था।

एक शाम फ़िज़ ग्रीन पार्क मार्किट से अपने मनपसंद समोसे और जलेबियाँ लेकर लौटी। नवम्बर आ गया था और मौसम बदल रहा था। उस दिन रविवार था। मैं टैरेस पर बैठा था मेरे पैर पत्थर की बैंच पर टिके थे और मैं दाँत को समझने में उलझा हुआ था। अपराध और स्वर्ग को लेकर एक ईसाई की लिखाई मेरी समझ से एकदम परे थी। बहुत ही अनगढ़ लेखक था। अगर आपको मृत्यु के बादवाले जीवन के बारे में—अंधश्रद्धा से भरा कुछ मूर्खतापूर्ण पढ़ना ही था तो फिर मुझे हिन्दू कर्मवादी सिद्धान्तों की बकवास कहीं ज्यादा पसंद थी—वहाँ व्यक्ति के लिए इतने सारे रास्ते खुले होते हैं। कुश्ती बनाम शतरंज। कुश्ती के दोहरे दाँव की तरह किसी चेतना को दबाने-कुचलनेवाली कोई बात नहीं, बल्कि इसके विपरीत चेतना के विकासक्रम और ऊँचे वैचारिक स्तर पर विवेचित करना। जब वह अन्दर आई हवा में खुनकी के कारण उसके कपोल लाल पड़ गए थे—रेशों की लटें जीवन्त भाव से इधर-उधर झूल रही थीं। उसे देखते ही मेरी सारी चिन्ता दूर हो गई, मैंने किताब बन्द करके परे सरका दो। कलाकार ने उसकी जिल्द काली बनाई थी। मुझे भी वह किसी बुरी खबर की तरह मालूम दी।

फ़िज़ ने कागज के पैकेट को बैंच पर रखकर अन्दर से एक प्लेट और टमाटर चटनी की बोतल लाने अन्दर चली गई।

मैंने एक जलेबी निकालने के लिए जलेबियों के पैकेट में साथ डाला तभी मेरी नजर एक विज्ञापन पर अटक गई। यह भीगी जलेबियों से ऊपर दिखाई दिया। विज्ञापन पहाड़ी पर स्थित एक जायदाद की बिक्री के बारे में था।

मैंने जलेबी को मुँह में रखते हुए बैग से विज्ञापन वाला हिस्सा सावधानी से फाड़कर अलग कर लिया। मैं कोशिश कर रहा था कि वह जलेबियों के चिपचिपे रस से खराब न होने पाए।

जब फ़िज़ बाहर आई तो कागज का एक बेतरतीब ढंग से फटा टुकड़ा मेरी उँगली से लटका हुआ था। हमने उस विज्ञापन को बेंच पर फैलाकर सावधानी से पढ़ डाला। एक छोटा-सा विज्ञापन। नैनीताल के निकट एक पुरानी जायदाद का जिक्र था। विज्ञापन में यह नहीं बताया गया था कि वह ठीक कहाँ थी। वह पाँच हजार पाँच सौ फीट की ऊँचाई पर स्थित थी। सस्ते में बिक रही थी। उसमें एक फोन नम्बर दिया गया–नम्बर दिल्ली का था।

हमने पैकेट से सारी जलेबियाँ एक प्लेट में निकाल दीं। फिर उसे पूरी तरह फाड़ डाला और उसे उलट-पलटकर देखने लगा। हम जानना चाहते थे कि अखबार किस तारीख का था। लेकिन उसका पता नहीं चल सका।

यह वर्गीकृत विज्ञापन वाले पृष्ठ पर छपा था। तारीख नहीं थी। उस पर कहीं कोई समाचार भी नहीं छपा था जिससे हमें कुछ संकेत मिल सकता। हमें तो यह भी पता नहीं चल सका कि वह पृष्ठ किस अखबार का था। क्योंकि हम जो अखबार खरीदते थे उनके वर्गीकृत विज्ञापनवाले पृष्ठों पर कभी नजर नहीं दौड़ाते थे।

हमने उस नम्बर पर फोन करने का निश्चय किया। अब बात यहाँ आ अटकी कि फोन कौन करे। अखिर यह जिम्मेदारी फ़िज़ पर आ पड़ी।

फोन पर संक्षेप में बात हुई। उधर से कोई महिला बोल रही थी। उसने बताया कि विज्ञापन तीन सप्ताह पहले छपा था। हाँ, उस जायदाद पर पेड़ मौजूद हैं। मकान पुराना, लेकिन रहने लायक था। एक टेलीफोन नम्बर और था उसके चाचा का। सौदा वही तय करनेवाले थे।

इस बार फोन मैंने किया। बहुत पुकारने पर उसके चाचा लाइन पर आए। वह एंग्लोइंडियन अन्दाज में बोल रहे थे–बीच-बीच में हिन्दी के शब्द भी सुनाई दे जाते थे। उन्होंने कहा कि मकान बहुत ही शानदार है जनाब, आप मेरा विश्वास करें यह एक ऐतिहासिक स्थान है। हाँ, वहाँ पेड़ भी हैं। यह बहुत खूबसूरत जगह पर बना है–एकदम सड़क से लगा हुआ। इसके दोनों ओर घाटियाँ हैं। पुराने पत्थर की पुरानी दीवारें। लकड़ी के पुराने फर्श। मैंने बताया न वहाँ कई पेड़ हैं। वहाँ कई तरह के परिन्दे देखे जा सकते हैं। बन्दर और लंगूर। तेन्दुए तो वहाँ हमेशा ही घूमा करते हैं। कभी-कभी बाघ भी चले आते हैं। बाघ क्योंकि कार्बेट पार्क पास ही है न। हाँ, बिजली है, झरने का पानी भी है–एकदम साफ। एकदम मीठा हाँ, हाँ, जनाब मैंने बताया तो कि वहाँ बहुत से पेड़ हैं। आप जब चाहें चले आ सकते हैं लेकिन जल्दी आइए। मेरा विश्वास करें, अगर आपने उस जगह को एक बार देख लिया तो फिर आप इसे छोड़नेवाले नहीं।

वैसे आप कितने पैसे चाहते हैं?

जनाब वैसे तो यह तीस लाख से कम का नहीं? फिर भी मैं कम से कम पच्चीस लाख तो चाहता ही हूँ, लेकिन आपको मैं बीस में भी दे दूँगा।

हमने चिपचिपे कागज को बोर्ड पर पिन से लगा दिया। फिर दो हफ्ते हमने इस बारे में कोई चर्चा नहीं की। इस बार भी हम दोनों दूसरे की ओर से पहल की उम्मीद में थे।

शुक्रवार की रात हम टैरेस पर बैठे व्हिस्की से गरमाई लेते हुए सप्ताहान्त का प्रोग्राम बना रहे थे। एक दूसरे की आँखों में झाँकते हुए। मैंने कहा–क्या इरादा है? तो फिर इसे तय कर लिया जाए?

मैंने उस महिला के चाचा को फिर से फोन मिलाया। काफी चीख-पुकार के बाद वह लाइन पर आए और उसकी आवाज से लगा कि वह भी अपनी टैरेस पर बैठे खुद को गरमा रहे थे।

उसने मुझे हड़काना शुरू कर दिया–तुम कौन हो साले मुरगीचोद? मकान, कौन मकान? मैं किसी मुरगीचोद को कोई मकान बेचनेवाला नहीं। तुम मुझे बेच दो अपना मकान...सालों... दिल्लीवाला।

मैं पलटकर उसकी गालियों का जवाब गाली से देनेवाला था तथी फोन उसके हाथ से छीन लिया गया और एक औरत की आवाज सुनाई दी। माफ कीजिएगा। वह बोली–असल में उनकी तबीयत ठीक नहीं है।

मैंने कहा–मैं उसी मकान के बारे में बात करना चाहता हूँ।

उसने कहा–हाँ, आप कल आ सकते हैं। तब तक उनकी तबीयत भी दुरुस्त हो जाएगी।

मैं उसके चाचा को पीछे जोर-जोर से चिल्लाते हुए सुन सकता था–वह मेरा मकान खरीदना चाहता है। मैं उसके बाप और बाप के भी बाप का मकान खरीद लूँगा। और उसके बाप की माँ के बाप का मकान भी...

फोन पर बातें करती औरत ने बीच में ही चिल्लाकर कहा–शटअप टफन! फिर वह मुझे रास्ता बताने लगी। मैं जोर-जोर से उसके निर्देश दोहराता गया और फ़िज़ उन्हें लिखती गई–हापुड़, गढ़मुक्तेश्वर, गजरौला, मुरादाबाद, रामपुर, बिलासपुर, रुद्रपुर, हल्द्वानी, काठगोदाम, ज्योलीकोट, गेथिया।

जल्दी यह हमारे जीवन का मंत्र बन जानेवाला था।

हम भोर फूटने से पहले ही अँधेरे में निकल पड़े। भोर से पहले ही हापुड़ पहुँच गए। मौसम ठंडा था, उसने जिप्सी की खिड़कियाँ चढ़ा रखी थीं। रास्ते में पड़नेवाले छोटे कस्बे पहले ही जाग चुके थे। सब्जी और फल बेचनेवाले सड़क के किनारे बैठने लगे थे। जब तक हमने गढ़मुक्तेश्वर में गंगा पार की और गन्धाते गजरौला को पार किया तब तक सूरज आकाश में उठ आया था और हमने जिप्सी की खिड़कियाँ खोल दी थीं।

ठंडी हवा हमारे चेहरों से टकरा रही थी। हम जल्दी-जल्दी बातें कर रहे थे। और बहुत अच्छा लग रहा था। बहुत दिन हुए हमने इस तरह हलके और खुशनुमा मूड में बातें नहीं की थी–अतीत के बारे में, अपने भविष्य को लेकर। हमने तारों पर बैठे नीलकंठों और चितकबरे किलकिले देखे, सुबह-सुबह की उड़ान भरने के लिए। खेतों में मनुष्य और पशु कड़ी मेहनत में जुटे थे।

मुरादाबाद का हड़बोंग आँखें खोल देनेवाला था। बाजार में मोटर के कलपुर्जों और मरम्मत की दुकानें, रिक्शाओं, फेरीवालों, ढाबों, रेलवे स्टेशन, स्कूली बच्चों, ट्रेक्टरों के शोर धूल और दुर्गंध से बचने के लिए हमें खिड़कियों के शीशे चढ़ाने पड़े। सब लोग सब तरफ भाग-दौड़ कर रहे थे। शायद वहाँ के यातायात के कायदे-कानून किसी पागलपने में बनाए गए थे। मर्किट किसी चिढ़खाए बच्चे की तरह बेतरतीब ढंग से पसरी थी। हम जैसे-तैसे उसके चंगुल से बाहर निकले तो हमने खुद को एक बन्द रेलवे क्रॉसिंग पर लगी अन्तहीन लाइन में फँसे पाया। हम लाइन में इतना पीछे थे, यह भी देखना मुश्किल था कि रेलवे लाइन सड़क को कहीं से काटती हुई गुजरती थी।

हमें अपने चारों और पसरी शान्ति से डर लगा। अधिकांश ड्राइवर और मुसाफिर अपनी-अपनी गाड़ियों से बाहर निकलकर खड़े थे। कुछ धूप सेक रहे थे, तो कई यूँ ही सड़क के किनारे बैठे थे। वे वहाँ बिकते हिन्दी अखबार, कटे हुए हरे अमरूद, गीली सफेद मूलियाँ खरीद रहे थे। कुछ धूप में जा लेटे थे, तो कई आराम की नींद ले रहे थे। अनेक सड़क से

परे पीले चिकने तनोंवाले यूकिलिप्टस पेड़ों के नीचे गड्ढों में पेशाब कर रहे थे। बीच-बीच यें वे घूमकर उन लोगों की ओर भी देखते जाते जो कुछ दूर खड़े रहकर उनसे बातें कर रहे थे। आवारा कुत्ते ही कहीं पड़े थे—बदरंग, उलझे बालों और रेबीज से ग्रस्त वे आसपास उठते शोर-शराबे में जरा भी दिलचस्पी नहीं दिखा रहे थे।

अपने मनपसंद मकान को देखने जाते हुए हुए सहनशीलता का यह प्रथम पाठ मिल रहा था। जल्दी ही हम भी जीप से उतर गए। मूलियाँ खरीदीं, अमरूद लिए, दोनों पर खूब चाट मसाला लगाया। स्थानीय हिन्दी अखबार पढ़ा। फ़िज़ जिप्सी के गरमाए बोनेट पर बैठ गई। मैं भी दूसरों की तरह गड्ढे में पेशाब करने जा पहुँचा। अब धूप तेज हो रही थी। हमने एक नकली पेप्सी खरीदी। स्वाद ज्यादा बुरा नहीं था। हम बारी-बारी से गाड़ियों की लाइन का मुआयना करते हुए आगे तक देखते गए कि आखिर वह कहाँ तक फैली हुई थी। लाइन किसी अजगर की तरह पसरी हुई थी—कहीं फूली-फैली, कहीं सँकरी, कहीं चौड़ी, कहीं आड़ी तिरछी—लगता था जैसे अजगर ने पहले शहनाई निगली थी, फिर गिटम, फिर सेक्सोफोन और सीलो। और पेट भरने के बाद अब धूप में पड़ा ऊँघ रहा था। लाइन बेतरतीब, बेढंगे तरीके से फैली थी। अनेक ट्रक, कारें, बसें, दुपहिए, ट्रेक्टर-ट्रालिया, तिपहिए, भैंसों को ढोती वैन, लाड़ियाँ जिनमें चूँ-चूँ करते चूजे लदे थे—फूस से लदी बैलगाड़ियाँ, भारी-बोरों से लदी घोड़ा-गाड़ियों और एक पुरानी विली जीप जिसकी नाक इतनी ऊँची उठी हुई थी कि मैं समझ न पाया ड्राइवर को आगे सड़क कैसे दिखाई देती होगी। यह एक दूसरे में ठुँसे-हुए खड़े थे। अजगर निष्क्रिय पड़ा था मानो उसका होश में आना मुश्किल था।

अचानक अजगर में एक कम्पन दौड़ गया। गति की सरसराहट। हमें न किसी ट्रेन का आना सुन पड़ा था, न ही कोई आती दिखाई ही दे रही थी। लेकिन पुरुष, औरतें और बच्चे अपनी गाड़ियों में चढ़ने लगे। इग्निशन घूमने की आवाजें हुईं, इंजन घड़घड़ाए मैं और फ़िज़ भी अपनी जगह जा बैठे। दूर कहीं चेतावनी देनेवाली सीटी सुनाई दी, फिर हमने धरती से कम्पन महसूस किया। फिर रेलपहियों की हल्की धड़-धड़ उभरी। और बिना कुछ दिखाई दिए हम जान गए कि ट्रेन क्रॉसिंग से गुजरकर आगे चली गई है। सब कुछ शान्त था। गड्ढों में पेशाब करते आखिरी लोग आकर अपनी-अपनी सीटों पर जा बैठे थे। अजगर ने अभी तक अपनी साँस रोकी हुई थी और फिर अचानक उभरे शोर के साथ वह हरकत में आ गया। हिलने-डुलने लगा—और जब दूसरी तरफ का अजगर हमारी दिशा में बढ़ता दिखाई दिया तो हमारेवाले अगजर की तरंगित देह भी सीधी होने लगी। चीख-चिल्लाहट, हार्न के शोर, गालियाँ उभरने के साथ अजगर की देह के इधर-उधर निकले अंग सीधे हो चले। अजगर एक सँकरे रास्ते से गुजरकर, सीधा होकर दूसरी तरफ सरकने लगा। खूब हार्न बज रहे थे, ब्रेक लगने, आगे निकलने की आपाधापी के कुछ मिनट बाद हम दोनों पटरियों पर हिचकोले खाते पार जा निकले। दूसरा अजगर दूसरी दिशा में सरक रहा था।

रेलवे क्रॉसिंग गेट बन्द रखने पर चलनेवाला व्यापार—मसालों, अमरूद, ईख, मूली, मूँगफली, आलू टिक्की, कुलचे, गोलगप्पे, दाल मिक्सचर बेचनेवाले लोग अब शान्त भाव से सड़क के दोनों ओर बैठे हुए अपने से दूर जाते खरीदारों को गुजरते देख रहे थे।

अगली ट्रेन आने पर फिर से उनका कारोबार शुरू हो जाएगा।

अभी तीस किलोमीटर का सफर पूरा होने में कुछ दूरी बाकी थी। रामपुर से जरा पहले रेलवे क्रॉसिंग पर पीछे जैसी यातायात की बेतरतीब लाइन खड़ी हुई देख हम घबरा उठे। लेकिन

इस बार ट्रेन गुजर चुकी थी। और अजगर का खिसकना जारी था। वह क्रॉसिंग के सँकरे दरवाजे से गुजर रहा था। हमने भी अजगर की पूँछ पकड़ ली और चलते रहे।

एक दूसरे से बीस किलोमीटर की दूरी पर बने दोनों रेलवें क्रॉसिंगों पर होनेवाली परेशानी हमारी यात्राओं के दौरान होनेवाली तकलीफों का स्तर तय कर देनेवाली थी।

हमें पहले ही चेता दिया गया था। रामपुर में नैनीतालवाले मोड़ का ध्यान रखें। बाजार से गुजरने के बाद वहाँ खड़े दर्जनों ट्रकों के बीच हम बाएँ-दाएँ ध्यान से देखते रहे। अगले पाँच किलोमीटर तक सड़क भीड़भाड़ भरे बाजारों, लकड़ी के गोदामों, मोटर मरम्मत गुमटियों, टायर विक्रेताओं और पशुओं के बाड़ों के बीच से गुजरती थी। इसके बाद अचानक अप्रत्याशित ढंग से सड़क खुले में जा पहुँची–दोनों ओर हरे भरे, सुनहरे खेतों के बीच पेड़ खड़े थे। सड़क पर बेतरह गड्ढे थे। उनके कारण जिप्सी इस तरह हिलने लगी कि हमें म्यूजिक सिस्टम बन्द कर देना पड़ा। गाड़ी की खिडकियाँ खुली थीं। सड़क के किनारे पेड़ धूप की तेजी को हम तक पहुँचने से रोक रहे थे। खेतों पर होकर आती साफ-स्वच्छ हवा भली लग रही थी। मुख्य हाइबे के शोर और धूल-धुआँ पीछे छूट गया था। सड़क पर ट्रेफिक बहुत कम था। आवाज थी तो बस तारकोलवाली सड़क पर टायरों के घिसटन की।

फ़िज़ मुस्कुरा रही थी, उसके केश हवा में पीछे फैल गए थे। उसका दायाँ हाथ मेरे बाएँ हाथ में कैद था।

हम बिलासपुर पर तीखा मोड़ घूम गए। आगे सँकरी सड़क वाला पुल था जहाँ आपको दूसरी तरफ से आते ट्रेफिक के गुजरने का इन्तजार करना पड़ता था। हम रुद्रपुर पहुँच गए। चारों ओर हरे-भरे खेतों और पेड़ों का सिलसिला चल रहा था। रुद्रपुर में भी चौड़ी सड़कें और गोल चक्कर चंडीगढ़ जैसे हैं। हम उससे बिना रुके गुजर गए। रुद्रपुर से बाहर निकलने के कुछ मिनट बाद ही हम फिर से खेतों के बीच आ पहुँचे थे। और अब सड़क के दोनों ओर शानदार सेमल के पेड़ों की कतारें खड़ी थीं।

फिर हम बाएँ मुड़कर एक जीर्ण-शीर्ण रेलवे क्रॉसिंग को पार करके जंगल के बीच से गुजरती चौड़ी सड़क पर चल दिए। ठंडी हवा हमारे कानों में गुनगुना रही थी। सड़क के एकदम साथ लगे पेड़ों में ज्यादातर सेमल, पीपल; बड़ और साल के थे। पर उनके जरा ही पीछे सफेद और पहाड़ी पीपल लगे हुए थे। यह एक आरक्षित वन था। दिल्ली से चलने के बाद पहली बार वहाँ हमें कोई रिहायशी मकान नहीं दिखाई दिए। सड़क पर यातायात बहुत ही कम था। बस आपको सड़क के छोर पर मुआयना करते बन्दरों के झुंडों का ध्यान रखना था।

हम करीब-करीब जंगल से बाहर निकल आए थे और फिर से खेत और मकान दिखाई देने शुरू हो गए थे। तभी फ़िज़ ने सामने देखा और बोल उठी–वाह, पहाड़ियाँ। और सच सामने ही हिमालय की निचली पर्वत शृखलाएँ। काली-काली छायाकृतियाँ जो हमारे हल्द्वानी पहुँचते-पहुँचते हरी-भरी नजर आने लगी थीं। लेकिन हल्द्वानी और काठगोदाम के दो शहरों के गुजरते हुए वन क्षेत्र में सफ़र का मिला सारा आनंद फुर्र हो गया। सँकरी सड़कें, जगह-जगह रुकावट, इधर-उधर हिलती-डुलती बढ़ती साइकिलें, स्कूटर, मोटरें, सड़क पर काफी आगे निकली दुकानें, सड़क के बीचोबीच माल बेचते फेरीवाले, हर तरफ पशु घूम रहे थे। हमारा मन निराश हो उठा था, लेकिन तभी यह हड़बोंग वाला शहर अचानक पीछे छूट गया। और हम बलखाती पहली पहाड़ी सड़क पर चलने लगे। हमने एक ढाल पार किया तो पहाड़ के चित्र दिखाई देने लगे। लाल या हरे रंग में पुती टीन की ढलवाँ छतें, घासीले घासवाले ढाल। शोख चटख बोगनबेलिया

के फैलाव, तराशे पत्थरों की दीवारें और सड़क से मकानों तक उठती सीढ़ियाँ, नालियों की दरारों और दीवारों में उगे पहाड़ी जंगली पौधे और काई। लकड़ियों की पुरानी शहतीरों पर टिके बरामदे में आलथी-पालथी मारे बैठे झुर्रीदार चेहरेवाले लोग। दाना चुगते, इधर-उधर दौड़ते चूजे, घास पर चलती दुबली-पतली पेटू बकरियाँ।

हमने पहला घुमाव पार किया और मन खुश हो उठा।

हर घुमाव के साथ दुनिया ज्यादा हरी-भरी होती जा रही थी। शाल के पेड़ गायब हो गए थे। हमारे ऊपर लम्बे ऊँचे चीड़ दिखाई दिए, उनकी अव्यवस्थित कतार दर कतार। नीचे नदी का चट्टानी तल दिखाई दे रहा था। चाँदी जैसे चमकते जल की पतली धारा उसके बीच से बह रही थी। उसके एकदम बाद शृंखलाएँ फिर से उठती जा रही थीं। ज्यादातर जगह आबादी नहीं थी बस कुछ सीढ़ीदार खेत थे जिनमें कई जगह भूरी पट्टियाँ नजर आ रही थीं, जहाँ भू-स्खलन हुआ था।

हवा ठंडी और ज्यादा ठंडी होती जा रही थी। इसकी सुगंधित ताजगी नशीली थी। फ़िज़ ऐसे खुलकर मुस्कुरा रही थी कि जिसकी घुटन से दुनिया के सारे कष्ट छूमन्तर हो सकते थे। गाड़ी में उस समय गूँज रहा था—मैं जिन्दगी का साथ निभाता चला गया—देव आनंद-'हम दोनों'।

सड़क चौड़ी और चिकनी थी और सरलता से ऊपर चढ़ती जा रही थी।

कुछ मोड़ो के आर-पार साफ पानी की धाराएँ बह रही थीं। कभी-कभी कहीं कँटीले तारों की बाड़ और लोहे के दरवाजे दिखाई दे जातीं, लेकिन किसी के रहने के संकेत नहीं थे। बीच-बीच में टीन और लकड़ी की झोंपड़ियाँ नजर आतीं—वहाँ पेकैट बन्द नाश्ता, चाकलेट, गोलियाँ, सिगरेट, ब्रेड पकौडे और कोला की बोतलें बिक रही थीं। हर कहीं दुबले-पतले लोग नितम्बों के बल बैठे थे—बीड़ी के कश खींचते, चाय पीते हुए अपने सामने से गुजरती दुनिया देखते हुए।

हमने एक अत्यन्त खड़ा यू आकार का घुमाव पार किया तो फुहारें पड़ने लगीं। बहुत बारीक बूँदें गाड़ी से बाहर निकली, मेरी बाँह पर मकड़ी के बारीक जाल सी आ बैठीं। फ़िज़ ने अपना सिर खिड़की से बाहर निकाल लिया। उसकी आँखें मुँद गईं और कुछ देर बाद जब उसने सिर अन्दर किया तो चेहरा गीलेपन में चमक रहा था। मैंने उसे इतना खुश कभी नहीं देखा था।

हमने एक और खड़ा तीखा घुमाव पार किया तो सड़क से ऊपर खाने-पीने का सामान बेचती कई झोंपड़ियाँ दिखाई दीं। पहला था एक खस्ता हाल ढाबा। वहाँ खुले बरामदे में लकड़ी की बैंचे और मेंजें लगी हुई थीं। फ़िज़ ने कहा—लंच कर लिया जाए।

उस जगह का नाम था दो गाँव। अभी दोपहर नहीं हुई थी। हमें सड़क पर चलते छह घंटे से ज्यादा बीत चुके थे।

जवान मालिक ऊँघ रहा था, पर हमें देखते ही फुर्ती से उठा और बरतन खड़खड़ाने लगा। उसने रोटियों के लिए तंदूर चालू कर दिया और गैस स्टोव पर दाल और गोभी में छौंक लगाने लगा। ढाबे के एकदम बगल में बने एक शेर के मुँह से पानी की धार तेजी से गिर रही थी। हमने नीचे झुककर अपने चेहरों पर ठंडे साफ पानी के छपके दिए तो शरीर में सनसनी भर गई। इन दिनों दुकानों पर ग्राहक कम ही आते थे। हम दोनों के अलावा कुछ स्थानीय लोग गोल में आलती-पालथी मारे बैठे बीड़ी-सिगरेट फूँक रहे थे। वे उदासीन भाव से हमें देखते रहे। यह सैलानियों का रास्ता था।

हमने आमने-सामने बैठे रहकर खाना खाया। और आकाश से पड़ती रिमझिम देखते रहे।

पहाड़ों पर बरसात होते देखना बहुत खूबसूरत लगता है। मैदानी क्षेत्रों के विपरीत यहाँ की बारिश में कोई अस्पष्टता, धूल-धुआँ नहीं होता। आप गिरते पानी की हर धारा को अलग-अलग देख सकते हैं। जब पानी तेजी से बरसता है तो आप उसी गति से बढ़ सकते हैं। जब बूँदें तिरछी पड़ती हैं तो आप अपना कोण बदल सकते हैं। हमारे सब तरफ हरियाले पहाड़ी ढलान थे–उन पर खूब झाड़-झँखाड़ उगे थे। और बीच-बीच में पुराने पेड़ थे जो अच्छे लग रहे थे। चौड़े पत्तोंवाली लताएँ ऊँचे पेड़ों की फुनगियों पर फैली थीं। उन्होंने जैसे पेड़ों को आपस में जोड़ दिया था। चीड़ों के परतदार तने गीलेपन से काले-काले दिख रहे थे। छज्जों के नीचे सीटियाँ बजाती एक चिलबिल बैठी थी। वह अपने पंख फुलाए हुई थी–मोटी तंदुरुस्त। शायद उसकी सेहत ढाबे पर मिलनेवाले बचे-खुचे भोजन पर बनी थी। हमारी त्वजा फुरफुरा रही थी। मेरी बाँह के रोए हिल रहे थे। फ़िज़ बेहद खुश, खिली-खुली लग रही थी। चेहरा लाल, आँखों में चमक। हम जान गए वह हमारे जीवन का एक विशेष क्षण था। हम दोनों के जीवन ऐसे ही क्षणों के सहारे टिके हुए थे और काफी लंबे समय बाद हमें ऐसी सुखद अनुभूति हो रही थी। हम उन क्षणों का भरपूर आनंद ले रहे थे। उस सुखद अनुभूति का आनंद भविष्य के लिए अन्दर भरते हुए।

फ़िज़ ने कहा–मुझे लगता है मैं तो यहीं के लिए बनी हूँ।

मैंने कहा–हाँ, यह अजीब है, पर मुझे लगता है जैसे मैं अपने घर लौट आया हूँ।

मैं इसे सहजता से नहीं कह सका। कुछ अजीब था। मैंने महसूस किया जैसे मैं किसी जगह लौटकर आ रहा हूँ–जिसके साथ मैं बहुत आत्मीयता से जुड़ा हुआ था। कुछ ऐसा जिसे मैं जीवन भर खोजता आया था। एक ऐसा स्थान जहाँ मैं पहले रह चुका था। गंगा के बड़े मैदानी क्षेत्रों में बसे मेरे बचपन के कस्बे और शहर मुझे घर जैसे कभी नहीं लगे थे।

वे ऐसे स्थान थे जहाँ मैं मौका मिलते ही दूर चला जाना चाहता था। हाँ एक बार सलीमगढ़ ज़रूर मुझे अपने घर जैसा लगा था। लेकिन वह अनुभूति तो बहुत पहले समाप्त हो चुकी थी। अनेक वर्षों से फ़िज़ का साथ मुझे घर में होने का अहसास कराता था। अब मैंने अपने खालीपन के भरते जाने का विचित्र अनुभव किया। किसी से जुड़ने की अनुभूति। यह आराम देने के साथ-साथ परेशान करनेवाला भी था।

गिरती बारिश में गुँजान, झाड़ियों से भरे ढलानों के बीच छाई खामोशी में, जो यदाकदा गुजरती गाड़ी के गीयर बदलने की आवाज से ही भंग होती थी, वहाँ के पहाड़, पत्थर के सिंह मुख से झरझर गिरता पानी, हमें निरखती मोटी तापी चिलबिल को देखते हुए, ताप्ती रोटियों की उठती महक और तन्दूर में जलती लकड़ियों का धुआँ सूँघते हुए फ़िज़ को देर से झरते आनंद का आनंद लेते हुए वहाँ बैठे रहकर मुझे लगा धरती पर मुझे अपनी जगह मिल गई है वह जिसे हम सभी ढूँढ़ते रहते हैं। इस धरती का ऐसा स्थान जो हमारे पैरों को जकड़कर रोक लेता है और फिर हम चाहें कहीं और कितने भी दूर क्यों न चले गए हों हमें लौटकर वहाँ आना हो होता है।

हमारे खाने का बिल आया केवल अट्ठाइस रुपए।

फ़िज़ ने कहा–मैं तो यहाँ हमेशा रह सकती हूँ।

मैं बोला–सी.एन.एन. के बिना?

मैं धीरे-धीरे गाड़ी चला रहा था। पहाड़ी रास्तों का अनुशासन मानते हुए पहाड़ से सटकर चलते, हर मोड़ पर हार्न बजाते हुए। कहीं भी सड़क तेजी से ऊपर उठती नहीं लगी पर हमें

महसूस हो रहा था कि अनेक पहाड़ों के चक्कर काटते हुए हम धीरे-धीरे ऊपर चढ़ते जा रहे हैं। सूखी नदी का तल तो काफी पहले अदृश्य हो चुका था और हवा ज्यादा ठंडी होती चली जा रही थी। जल्दी ही हमने रिमझिम को पीछे छोड़ दिया। अब आकाश साफ था। रिमझिम यहीं से गुजरकर नीचे की ओर गई थी क्योंकि हवा धुली हुई थी, सड़क तथा पेड़ और झाड़ियाँ पानी से चमक रहे थे।

फ़िज़ थोड़ी देर बाद मुझसे रुकने को कहती। वह चाहती थी कि मैं जल्दी न करूँ। वह उस तीर्थयात्री जैसी थी जिसे पता था कि तीर्थ यात्रा पूरी करने के लिए तीर्थ के प्रति सच्ची आस्था होना जरूरी था। जब जहाँ वह सड़क पर उभरी चट्टान या कहीं सुन्दर दृश्य देखती तो झट से कहती—सुनो जरा गाड़ी यहाँ रोक लो।

मैं गाड़ी रोक लेता। हम कगार तक पहुँचते कहीं भी ढलान एकदम खड़ी नहीं थी। पहाड़ बस धीरे-धीरे पेड़ों और झाड़ियों को समेटे हुए घाटी में उतर जाते, ये मैत्रीपूर्ण ढलान थे। यदि कोई व्यक्ति उन ढलानों पर लुढ़कता जाए तो हर दस गज बाद कुछ न कुछ उसे रोक लेगा। चीड़ के अतिरिक्त वहाँ बहुत सारे शाहबलूत भी थे—वे देखने में सुन्दर नहीं लगते थे और पीले व हरे मोटे-मोटे बाँसों के कई झुरमुट भी थे। कहीं-कहीं एकदम सीधा सटीक सेमल खड़ा दिखाई देता, देखने में शानदार लेकिन अन्दर से खोखला।

मैं उसका हाथ थाम लेता और फिर हम गहरे-गहरे साँस भरते रहते जब मुझे सड़क पर कहीं किसी गाड़ी के इंजन की घड़घड़ाहट न सुनाई देती तो मैं उसके पीछे खड़े होकर अपनी गरदन में अपना चेहरा धँसा देता और नाक में उसकी देहगन्ध भरने लगता। कभी-कभी वह अपना चेहरा मेरी ओर घुमा लेती ताकि उसकी पूरी देह मेरी पहुँच के दायरे में आ सके। एक स्थान पर हम एक बड़ी चट्टान के पास जा ठहरे। एक बड़े पीपल ने अपनी जड़ों को इसके इर्द-गिर्द यों लपेट रखा था जैसे किसी लेग स्पिनर गेंदबाज की उँगलियाँ गेंद के इर्द-गिर्द लिपटी रहती हैं।

पेड़ उस विशाल चिकनी चट्टान के अन्दर से निकलता मालूम देता था और आपको यह देखने के लिए आँखों पर बहुत जोर देना पड़ता था कि कहाँ इसका एक तंतु जमीन के अन्दर गया हुआ था।

फ़िज़ ने कहा—मुझे यह अपने बगीचे के लिए चाहिए।

मैंने कहा—तो हम इसे ले लेते हैं।

हम दोनों चट्टान से सटकर खड़े हो गए। हम इसके उभरे हिस्से की आधी से भी कम ऊँचाई तक ही पहुँच पा रहे थे। अपने पैर मजबूती से जमाते हुए हमने अपनी सारी ताकत लगा दी। चट्टान के ऊपरी हिस्से में पेड़ की जड़ों के बारीक तंतुओं के चट्टान के अदृश्य छिद्रों में घुसकर इस चट्टान को मजबूती से अपनी जगह जमाकर रखा था।

मैंने कहा—एक, दो, तीन, हईया।

फ़िज़ ने कहा—प्यार पर्वतों को भी हिला देता है।

मैंने कहा—अगर तुम प्रेम की बार-बार परीक्षा लोगी तो असफल हो जाओगी—यह तुम्हारे हाथ नहीं आएगा।

उसने कहा—तुम्हारे खयाल में क्या प्यार को यह पता होता है कि उसकी परीक्षा ली जा रही है।

मैंने कहा—हाँ, मैं तो ऐसा ही समझता हूँ।

उसने कहा–तो फिर क्या हमें चोरी-छिपे आकर यह काम करना चाहिए।

मैं बोला–हाँ, यह एक तरीका हो सकता है।

जहाँ मील के पत्थर पर लिखा नजर आया–ज्योलीकोट–तीन किलोमीटर। वहीं एक आदमी ने सड़क पर संकेत किया। हम रुक गए। उसने जीप पर हाथ रखकर कहा–समय हुआ है एक बजकर दस मिनट। फिर उसने अपनी हथेली आगे फैला दी। फ़िज़ ने उसकी हथेली पर दस रुपए रख दिए। उसने बार-बार धन्यवाद दिया और किनारे की पटरी पर रखे तारकोल के आधे कटे ड्रम पर जा बैठा। उसके बाल सेना के किसी रंगरूट की तरह छोटे-छोटे छँटे हुए थे और वह जवान लगता था। उसकी पुरानी खाकी पैंट पायचों पर मुड़ी थी। उसकी कलाई पर कोई घड़ी नहीं थी और पलकें मुँदी हुई थीं। वह नेत्रहीन था लेकिन उसका सिर सीधा तना हुआ था। सामान्य नेत्रहीन की तरह एक तरफ को झुका हुआ नहीं।

बाद में मदारी टफन–स्टीफन–ने हमें बताया था कि हमने ठीक किया था। इस सड़क पर अगर आप उस नेत्रहीन युवक पर ध्यान न दें तो मुश्किल में पड़ सकते हैं।

वह था सफलता और सुरक्षा की गारंटी। वहाँ से गुजरता हर ट्रक और बस ड्राइवर, सौदा तय करने के लिए नीचे हल्द्वानी या मौज मजे के लिए ऊपर नैनीताल जानेवाला हर व्यापारी वहाँ रुककर उससे सुरक्षा जरूर प्राप्त करता है।

सर, मेरी बात का विश्वास कीजिए, अगर आप उसे बिना पैसा दिए यहाँ आ जाते तो मैं यह मकान आपको न बेचता। कुछ न कुछ जरूर ही होता। शायद मुझे आप लोगों के चेहरे पसंद न आते या आपको मैं ठीक न लगता। कुछ भी हो सकता था।

ज्योलीकोट एक पेट्रोल पम्प से शुरू होकर सड़क के घुमाव के साथ बढ़ते हुए अचानक खाद्यान और किराना दुकानों की भीड़भाड़ भरे बाजार में बदल गया। दुकानों के ऊपर ढाल पर ऊपर चढ़ते इखरे-बिखरे मकान नजर आए। ज्यादातर तो साधारण पहाड़ी मकान थे लेकिन कुछ दुमंजिले भी थे जिनकी टीन वाली छतों पर ताजा रोगन किया हुआ था। हवा में निर्माण गतिविधि की गन्ध थी। ईंटों से भरा खड़ा एक ट्रक नजर आया जिसका पिछला पट्टा खुला हुआ था। रेत और बजरी के ढेर पटरी पर पड़े देखे जा सकते थे।

और अगर आप दाईं तरफ सड़क के नीचे नजर डालें तो हवा को बेधते इस्पात के सरिए इस बात की गवाही देते लगते कि उन पर कुछ ही समय में भवन बनकर तैयार हो जाएँगे।

आनेवाले वर्षों में मुझे इन दृश्यों की आदत पड़ जानेवाली थी। पहाड़ियों पर लगातार निर्माण कार्य चल रहा था।

मैंने बाजार के आखिर में जीप रोक दी और बाहर निकल आया। सड़क के पास कूल्हों के बल एक आदमी बैठा था गन्दे पाजामे में। वह बीड़ी के जोर-जोर से कश ले रहा था। चेहरे पर कई दिनों की बढ़ी दाढ़ी थी। मैंने उससे पूछा।

बिना उठे उसने कहा–गेथिया? वह बड़ा मकान? टफेन? वहाँ।

उसने चौड़ी घाटी के पार पर्वत शृंखला की ओर इशारा किया। वह उससे ऊँची थी जहाँ हम खड़े थे। पहाड़ी के आगे निकले हिस्से पर खड़ा पेड़ों से घिरा एक अकेला मकान दिखाई दिया। उस पर दो चिमनियाँ थीं, इतनी दूर से लगता था चिमनियों के सिर पर छोटे टोप पहने हुए थे।

ज्योलीकोट से बाहर निकलने के कुछ मिनट बाद ही हम दाईं तरह अल्मोड़ा की ओर मुड़ गए। फिर उथले दर्रे पर बने सँकरी सड़कवाले पुल को पार करते हुए कई किलोमीटर तक

सीधी चढ़ाई चढ़ते गए। हवा और भी ठंडी हो गई थी—हमारे दाईं तरफ पूरी घाटी का दृश्य सामने जैसे खुल गया था। कहीं-कहीं इक्के-दुक्के मकान। सड़क के किनारे एक बदसूरत आश्रम दिखाई दिया। फिर पहाड़ का चक्कर काटते हुए हम गेथिया सेनिटोरियम पहुँचे—लेकिन फिर उससे भी आगे बढ़ चले। जैसा बताया गया था हम पहाड़ों की तरह खड़े बारह पुराने शानदार शाहबलूतों के पास से गुजरे और एक मील के पत्थर के पास जा पहुँचे जिस पर लिखा था—भुवाली 10 कि.मी.; फिर मैं मोड़ घूम गया। फिर हम जब दूसरी तरफ निकले तो हम पहाड़ी पर बने मकान के नीचे खड़े थे।

मील के दूसरे पत्थर पर लिखा था—काठगोदाम 24 कि.मी.।

मकान तक ले जानेवाले रास्ते पर पहुँचने के लिए मुझे गाड़ी को जरा रिवर्स करना पड़ा। रास्ते पर खूब झाड़-झँखाड़ थे। स्पष्ट था उस रास्ते पर कोई गाड़ी लम्बे समय से नहीं गुजरी थी। जीप उस अनगढ़ रास्ते पर आसानी से बढ़ गई। मैंने बड़े चीड़ के नीचे एक सफेद अम्बेसेडर के पास गाड़ी खड़ी कर दी। गाड़ी में न पहिए थे, न ही सीटें, वह ईंटों के आधार पर खड़ी थी। इसका अगला हिस्सा देवदार के मोटे तने की ओर था। जैसे कोई झुककर खड़ा पेड़ पर चढ़ने की तैयारी कर रहा हो। पत्थरों की कुछ पुरानी पैड़ियाँ हमें मकान तक ले गईं।

जब तक हम उन पर चढ़कर मोटी दीवारों के गिर्द घूमकर पीछे बने स्टैरेस पर पहुँचे, फ़िज़ ने पक्का निश्चय कर लिया था।

जो पहले शब्द उसने कहे वे थे—मुझे चाहिए यह मकान!

और मैंने तो देवदार को देखते ही फैसला कर लिया था।

कहीं दूर कुत्ते के भौंकने की आवाज उठ रही थी। कुछ देर भौंकने के बाद वह गुर्राना शुरू कर देता और थोड़ी देर बाद फिर से भौंकने लगता। फिर इस क्रिया में एक और कुत्ता भी शामिल हो गया। पीछेवाली टैरेस तक जानेवाला रास्ता खरपतवार और पीली पड़ चुकी घास से भरा था। पैरों के नीचे पत्थर के नुकीले टुकड़े फड़फड़ा रहे थे। हमने फिसलने से बचने के लिए एक दूसरे के हाथ थाम रखे थे। टैरेस किसी पुरानी इमारत के खँडहर जैसी लग रही थी। असल में तो वह एक बड़ा कमरा था। वैसे अब तराशे हुए पत्थरों की पाँत के अलावा और कुछ नहीं बचा था। और बची थी एक दीवार जिसमें लगी खिड़की की घुन लगी चौखट आधी बाहर निकली हुई थी। जंग खाए लोहे के कब्जे अब तक उसमें लगे थे। छत गायब थी। बस एक कड़ी का टूटा हिस्सा आकाश की ओर शिकायती उँगली की तरह उठा हुआ था।

कितनी अजीब बात थी, जब आप उस बिना दीवारों और बिना छतवाली जगह में खड़े थे और ऊपर नीला आकाश था और चारों ओर से बेरोकटोक चली आती हवा, तब भी न जाने ऐसा लगता था जैसे आप किसी कमरे के अन्दर खड़े हैं।

जहाँ हम खड़े थे, मुख्य इमारात की छत उसके समान्तर थी। अगर मैं तेजी से दौड़ता हुआ उछाल भरता, गोया मेरे पीछे दानव लगा हो, तब जरूर मैं जंग खाए टीन पर पहुँच सकता था, जिसकी परतें धूप में पड़े गीले गत्ते की तरह उतर रही थीं। दोनों ओर घाटी डॉक्टर जैकाल और मि. हाइड की दुहरी मानसिक स्थिति की तरह नीचे उतरती गई थी। एक तरफ मैं करीनेदार भूरी सीढ़ीदार खेत और हरे व लाल रंग की ढालवाँ छतोंवाले सफेदी पुते मकान देख सकता था—और उसने जरा ही आगे थी ज्योलीकोट की अपनी व्यस्त दुकानों के साथ वहाँ से गुजरती स्लेटी सड़क जो उसे जैसे पहाड़ी पार्श्व से जोड़े रखे थी।

लेकिन जब मैंने दूसरी तरफ देखा तो मुझे वहाँ कोई मनुष्य चिन्ह नहीं दिखाई दिया। वहाँ था हरे पेड़ों से अबाध फैलाव, बलूत और चीड़ के पेड़ों से भरा काला-काला दिखता ढाल नीचे तक चला गया था, वहाँ तक जहाँ मेरी नज़र नहीं जा सकती थी।

हमने एक छोटी पगडंडी ढूँढ ली। वहाँ उगे बौने नीबू के वृक्ष की कँटीली डालों को परे हटाते हुए मैंने फ़िज़ के लिए राह बनाई। यह उस मकान का सबसे ऊँचा बिंदु था। वहाँ एक पुरानी टंकी जमाई गई थी और उसमें गिरते पानी की आवाज साफ सुनी जा सकती थी। जब हम वहाँ खड़े थे तो चोंचवाली नीली शानदार मुट्री चिड़ियों का जोड़ा ढलान पर नजर आया। वे आगे-पीछे लुढ़कती हुई जैसे छुअमछुआई खेल रही थीं। उनकी लम्बी पूँछें हवा में लहरा रही थीं। हमारे चारों ओर वनाच्छादित शिखर थे। जहाँ हम खड़े थे वहाँ से जमीन लम्बे ऊँचे चींटी और शहतूतों के बीच से थोड़ा ऊँचे चढ़ती हुई कुछ सौ फीट दूर एक कगार पर जा सिमटी थी। दोपहर की धूप हम पर सीधी पड़ रही थी, लेकिन तेज बहती हवा में एक खुनकी थी।

घाटी के चौड़े कटोरे के ऊपर एक चील शान से हवा में बड़े-बड़े घेरे बनाती हुई उड़ती जा रही थी।

यहाँ से मकान की मुख्य इमारत ठीक हमारे नीचे दिखाई देती थी। दो चिमनियाँ जैसे कसी हुई मुट्ठियाँ। अगर मैं धीरे से एक पत्थर फेंकता तो वह खड़खड़ाता हुआ छत पर जा गिरता।

मेरे सहारे झुकी खड़ी फ़िज़ ने कहा—मुझे यह मकान चाहिए।

कुत्तों के सम्मिलित भौंकने, गुर्राने की आवाजें नजदीक आती लगीं। नीचे से किसी से चिल्लाकर पूछा—सर, क्या आप लोग हैं वहाँ?

—स्टीफन! मैं चिल्लाया।

—आपका स्टीफन सर। जबाव मिला।

स्टीफन साठ से ज्यादा उम्र का रहा होगा। टी.बी. से ग्रस्त, उसके बाल उड़ चले थे। आवाज करते जोड़, पीली त्वचा और सड़ते दाँत। उसे पेटियों से बँधे चार भौंकते कुत्ते अपने पीछे घसीटे लिए आ रहे थे। उन पेटियों में से दो महज रस्सियों के टुकड़े ही थे। उसने पथरीली सीढ़ियों से ऊपर लोहे की रेलिंग से कुत्तों की डोरियों को बाँध दिया—लेकिन चारों कुत्ते डोरियाँ खींचते हुए इस तरफ जोर-जोर से भूँक और गुर्रा रहे थे कि हमें घूमकर मकान के पिछवाड़े जाना पड़ा ताकि हम बात कर सकें।

सर, मेरा विश्वास कीजिए, ये साधारण नहीं शैतान के खूँखार कुत्ते हैं। ये अगर तेन्दुए से भिड़ जाएँ तो उसे भी भागना पड़ जाएगा, जान बचाने के लिए।

बातें करते समय हम निरन्तर उसके परे खिसकते जा रहे थे। उसके मुँह से व्हिस्की की खट्टी गन्ध आ रही थी। उसने लाल रंग का जो कार्डिगन पहन रखा था उस पर कुत्तों के कई रंग के बाल लगे हुए थे। उसकी स्लेटी पैंट पर भी कई लम्बे बाल चिपके हुए थे।

उसने हमें उन बालों को देखते देख लिया। वह घिसते दाँत दिखाकर भयानक ढंग से हँसा—सर मैं सच कहता हूँ—अन्त में एक कुत्ता ही मनुष्य का सबसे अच्छा दोस्त साबित होता है। कुछ समय बाद तो अपनी बीबी भी आपको अपने पास नहीं फटकते देती। लेकिन कुत्ते इस बात की कोई परवाह नहीं करते। आप दिखने में कैसे हैं या आपके बदन से कैसी गन्ध आ रही है। वे तो बस आपका दिल देखते पहचानते हैं।

फिर उसने फ़िज़ की ओर आँख मारी और कहा—मैडम, बुरा न मानें। लेकिन सच तो यही है कि पुरुष आप औरतों के तौर-तरीके कभी नहीं समझ पाते।

अब हम रसोईघर के बाहर खड़े थे जो ज्योलीकोट घाटी और मकान के बीच में स्थित था। हमसे नीचे ढलान बेतरतीब टैरेसों में कटा हुआ था। पहली कुल पन्द्रह फीट नीचे थी लेकिन बाद में हर टैरेस के बीच पाँच दस फीट का ढाल था। कोई दानव ही सीढ़ीदार कटावों पर डग भरता हुआ नीचे तक जा सकता था। टैरेस के नीचे लेंटाना की झाड़ियाँ उगाई गई थीं।

स्टीफन ने अपनी पैंट की जेब से बैग पाइपर का पौवा निकाला। उसमें दो अँगुलभर व्हिस्की थी। वह बाहरी दीवार पर कीलों से जड़े बेसिन के पास गया और बोतल खोलकर नल के नीचे लगा दी। कुछ पानी मिलाया और एक ही साँस में पी गया। फिर हाथ हिलाकर बोला–एक पहाड़ी का दिल तो बैगपाइपर से ही झूमता है। सर, आइए अब मैं आपको पूरे कुमायूँ का सबसे शानदार मकान दिखाता हूँ।

अब उसने पूरे कुमायूँ के सबसे शानदार मकान का बाहरी दरवाजा जरा खोलकर तब तक खड़खड़ाया जब तक अन्दर की सिटकिनी नीचे न खिसक गई। अन्दर अँधेरा था। हम कई मिनट तक डाइनिंग रूम में खड़े रहे, उसके बाद ही कुछ देखने लायक हुए। सबसे पहले मेरी नजर उस कड़ी पर जा टिकी जिसने हमारे सिर के ऊपर वाले फर्श को सँभाल रखा था। उस पर लकड़ी के तख्ते कीलों से ठोके गए थे। लकड़ी के फर्श मुझे बचपन से ही आकर्षित करते रहे हैं, अब तक हम कंक्रीट और ईंटों के बीच ही रहते आए थे। अब मेरी नज़र सामने दीवार में बने चौड़े आतिशदान पर जा टिकी। उसमें जली हुई लकड़ियों के कुंदे अब तक पड़े थे। मैंने फ़िज़ का हाथ थामकर उस तरफ देखने को कहा। उसकी आँखों में देखे बिना मैं जान गया कि वह कितनी उत्तेजित हो उठी है।

सब खिड़कियों को बड़े अनगढ़ तरीके से कीलें जड़े तख्तों से बन्द किया हुआ था। जहाँ-जहाँ कीलें या ठोकी गई थीं वहाँ-वहाँ से लकड़ी फट-चिर गई थी। उन छेदों से अन्दर आती तीखी रोशनी के सहारे ही आप उस अँधेरे में चल सकते थे। हम स्टीफन के पीछे-पीछे बड़े आकार की बैठक या लिविंग रूम में जा पहुँचे। वहाँ एक चौड़ा आतिशदान नजर आया। यह हूबहू डाइनिंग रूम वाले आतिशदान जैसा ही था। उसके ऊपर लकड़ी का एक क्रास लटका हुआ था। उस पर यीशु की आकृति बनी थी–नीले, सफेद और भूरे रंगों में। कमरे का फर्श अनगढ़ था, हर कहीं मलबा पड़ा था। लेकिन पूरे मकान का भार सँभालनेवाली केन्द्रीय कड़ियाँ यहीं लगी थीं। उनमें से दो तो पेड़ के तने जितनी चौड़ी थीं। उन्हें इस्पात की पट्टियों में लम्बी-लम्बी कीलें ठोककर आपस में जोड़ा गया था। मैं जानता था कि अब वैसी मजबूत और चौड़ी लकड़ी की कड़ियाँ आप वैध या अवैध किसी भी तरीके से नहीं हासिल कर सकते थे।

मैंने पूछा–स्टीफन, मकान कितना पुराना है?

वह बोला–बहुत पुराना, सर। बहुत ही पुराना, आपके या मेरे जन्म से भी पहले का बना हुआ सर। यह ऐतिहासिक मकान है। समझिए आप इतिहास के ऊपर खड़े हैं। अनेक पुरुषों के चरण पड़े हैं यहाँ। जहाँ आप खड़े हैं वहाँ कभी महात्मा गांधी आकर खड़े हुए थे।

गांधी! महात्मा गांधी!

और आप क्या सोचते हैं सर जी, हाँ जी, हाँ, महात्मा गांधी। उन्होंने उस मेज के सामने बैठकर चाय पी थी। उनकी पत्नी और वह खुद। अहिंसा और सत्याग्रह और आजादी की लड़ाई से जुड़े और मुद्दों पर बातें।

तुम मजाक कर रहे हो स्टीफन–मैंने कहा।

—आप मेरी बात का विश्वास नहीं कर रहे हैं, पर मैं एकदम सच बात बता रहा हूँ—गांधी जी यहाँ बैठकर मुस्कुराते हुए चाय पी रहे थे। अपनी वही सफेद धोती पहने हुए वह भुवाली सेनिटोरियम में कमला नेहरू को देखने आए थे।

—क्या जवाहरलाल नेहरू भी उनके साथ थे?

—नहीं सर, नहीं, क्योंकि वह तब जेल में थे। उन्होंने हमेशा देश को पत्नी से ज्यादा महत्त्व दिया मैडम, मेरी बात का बुरा न मानें। उसने फ़िज़ की ओर देखते हुए कहा।

फ़िज़ बोली—स्टीफन, मैं चाहूँगी कि यह बात तुम अपनी पत्नी के सामने कहो।

स्टीफन खिलखिलाया—मैडम, मैं जवाहरलाल नेहरू तो हूँ नहीं।

बैठक की पिछली दीवार के साथ पहली मंजिल पर जानेवाली सीढ़ियाँ बनी थीं। मैं स्टीफन के पीछे और फ़िज़ मेरे पीछे थी। एक सीढ़ी खतरनाक थी और उसके बारे में स्टीफन ने हमें चेता दिया था। हम लाबी में आ पहुँचे जहाँ हर दीवार में दरवाजे खुलते थे। तीन शयन कक्षों में और एक आगे की तरफ बालकनी में जो पूरी लम्बाई में बनी थी। कड़े व सख्त फर्शों पर चलने के आदी हमने डरते-सकुचाते हुए फर्श के तख्तों पर कदम बढ़ाए। हर कदम से एक डरावनी चर चूँ की आवाज उठ रही थी। स्टीफन ने हमें यों सावधानी से चलते देखा तो खुलकर हँस दिया।

सर, मेरी बात पर विश्वास कीजिए। यह इतना मजबूत है कि एक हाथी गेंडे के साथ नाच सकता है। इन फर्शों पर और फिर भी कुछ बिगड़ेगा नहीं।—उसने कहा

और जैसे अपनी बात को प्रमाणित करने के लिए वह जोर-जोर से कम सेप्टेम्बर की धुन गुनगुनाते हुए कूदने लगा—पा पा पा पान-पान पानका पान-पान-पानपाह,पाह, पानपाह, पाह, पहानयाह!

फर्श थरथरा उठा। हम बुरी तरह डर गए।

फ़िज़ ने कहा—स्टीफन, अपने को सँभालो, आप तो मेरा मकान तोड़े डाल रहे हैं।

यहाँ ज्यादा रोशनी थी, जो आगे की बालकनी से तथा हमारे ऊपरवाले लकड़ी के तख्तों की दरारों से होकर अन्दर आ रही थी। मैं एकदम खड़ी सीढ़ी चढ़कर दुछत्ती में झाँक आया। यह बड़ी और सूनी थी। दोनों छोरों पर तख्ताबन्द खिड़कियाँ थीं। छत पर जगह-जगह पैबन्द लगाकर उसे रोके रखा गया था, छत के नीचे लगी लकड़ी पानी रिसने के कारण गल-सड़ चुकी थी।

जब हम सीढ़ियाँ उतरकर नीचे पहुँचे तो स्टीफन ठहरकर अपनी दाईं तरफवाले दरवाजे को खोलने की मशक्कत करने लगा। ऊपर जाते समय यह हमारी नजर से बच गया था। खींचने खाँचने के बाद वह जैसे-तैसे दरवाजा ढकेलने में सफल हो ही गया।

यह है आखिरी कमरा...मेरा मतलब कमरे—उसने शेखी के भाव से कहा।

हम अन्दर घुसे और नजरें उठाईं तो आकाश नजर आया। नीला रंग, बस एक पतली कड़ी उसे दो भागों में बाँट रही थी। वह थी वहाँ छत होने का अन्तिम प्रमाण। उससे ऊपरवाला कमरा गायब था। आप लकड़ी के लट्ठों के ठूँठ देख सकते थे जिन्होंने कभी ऊपरवाले फर्श को सँभाल रखा होगा। कुछ को सफाई से बाँटा गया था तो कुछ बेढंगेपन से बीच में टूटे-चटके हुए थे—हम एक ऐसे बन्द सन्दूक में खड़े थे जिसका ढक्कन नहीं था। अगर हमारे पैरों के नीचे मलबा न बिखरा हुआ होता तो वह एक खुले स्क्वैश कोर्ट जैसा दिखाई दे सकता था। मुझे लगा मैं, बैटल आफ ब्रिटेन शृंखला की एक फिल्म में दिखाए गए किन्हीं बमों से ध्वस्त मकान में खड़ा हूँ।

फर्श पर मलबा बिखरा था, घुन खाई सड़ती हुई लकड़ियाँ पड़ी थीं, भीगी हुई घास के गुच्छे, बकरी की मींगनें, कई जंग लगे क्लैम्प या शिकंजे, मुरझाई टहनियाँ, फटी हुई बोरियाँ, खाली बोतलें, दबे पिचके डिब्बे, टीन की मुड़ी हुई छोटी-छोटी चादरें। एक दरवाजा और दो खिड़कियों को कब्जे निकालकर दीवार के सहारे टिकाया हुआ था। नेत्रहीन चौखटे जिनके शीशे गायब थे, लकड़ी पर फफूँद नजर आ रही थी। स्थिर दीवारें हमारे गिर्द दो मंजिल ऊँची चली गई थीं। पीला चूने का प्लास्टर उखड़कर झूल रहा था। नीचे के पथरीले कंकाल झाँक रहे थे।

दिन खूब उजला था, ऊपर नीला कंच आकाश दिखाई दे रहा था और स्टीफन लगातार बोले जा रहा था। इस सबके बावजूद माहौल डरावना था मानो किसी ने हमें अचानक यह दिखा दिया हो कि इसका अन्त कैसे होगा। दरवाजे के दूसरी तरफवाला पक्का मकान शायद ऐसा ही खँडहर बनते जा रहा था।

हर निर्माण के अन्दर विनाश छिपा होता है। जब हम इस मकान को फिर से ठीक ठाक करा रहे थे तब यह वीभत्स भाव रह-रहकर मुझ पर छा जाया करता। हर बार जब ईंटों की पंक्ति उठाई जाती, जब ताजी लकड़ी चीरने के बाद साफ करके ठोकी जाती, टीन की चादरों को सीधा काटा जाता—तब हर बार मेरी आँखें इस सबकी अन्तिम परिणति को देखने लगतीं। न जाने क्यों।

रचना के साथ ही क्षय की प्रक्रिया शुरू हो जाती है।

बीजों को रोपते समय, मुझे पेड़ नहीं जलावन लकड़ी नजर आती है जो अन्ततः वन बन जाएँगे। और हमेशा इस ऊँचे दोहरे कमरे की छवि आँखों के सामने उभरती, जिसमें न पहले कमरे की छत थी न ही उससे ऊपरवाले कमरे की। और जो कभी जीवंत घर रहा उसका मलबा मुझे अपने सामने पड़ा दिखाई देने लगता।

स्टीफन ने कहा—मेरा विश्वास कीजिए। सर इन कमरों की हालत सुधार दिए जाने के बाद आप इन्हें फिर कभी छोड़कर नहीं जाना चाहेंगे। ये दोनों पूरे मकान में सबसे अच्छे होंगे।

मेरी नजर वहाँ बिखरे मलबे पर गायब फर्श, अदृश्य छत और आकाश को थामे खड़ी अकेली कड़ी पर जा ठहरी।

हम सब वैसा ही तो देखना और सुनना पसन्द करते हैं जैसा हम चाहते हैं।

तुम बन्द होते दरवाजों की आवाज सुनते हो और मैं खुलनेवाले दरवाजों की।

क्या मुझे उससे पूछना चाहिए कि क्या कभी अबुल कलाम आजाद भी यहाँ आए थे? और उन्होंने भी औरत के साथ बैठकर चाय का स्वाद लिया था।

हम सामनेवाले दरवाजे से बाहर निकले पर वह अन्दर ही रहा। उसने कहा—मैं बस एक मिनट में आया। हमने उसे कुंडी लगाते सुना।

हम पथरीले बरामदे में इन्तजार करते रहे। हमारे सिर पर बालकनी के सड़ते हुए तख्ते लटके थे—सड़ती हुई काली स्लेटी लकड़ी जिसमें बीच-बीच में कई जगह वे भी गायब थे। स्टीफन मकान के पीछे से घूमकर मुस्कुराता हुआ आया। वह रसोई की खिड़की से कूदकर बाहर निकला। फिर उसे बन्द करता हुआ आया।

संसार का सबसे सुरक्षित स्थान—उसने कहा। यहाँ बस एक ही बार चोरी हुई थी पाँच साल पहले। गेथिया पड़ाव के पास प्रेम सिंह के खेतों से आठ बन्द गोभियाँ गायब हो गई थीं। पुलिस चौकी ने तफतीश की और चोर को पकड़ लिया। उसे प्रेम के खेतों में एक महीने तक मेहनत करनी पड़ी थी।

अब स्टीफन हमें मकान को चारों ओर से घेरकर फैले मैदान दिखाने ले चला। मकान के सामनेवाली टैरेस पर भी एक खँडहर मौजूद था। बस पत्थरों की चौकी बची हुई थी। उसने बताया यह ढँकी हुई पौधशाला थी। दरवाजे के पास दो मंजिले कमरे बने हुए थे और इसी तरह दो मन्जिली इमारत पिछले दरवाजे के पास थी। दोनों ही खस्ताहाल हो रहे थे। दरवाजे और खिड़कियाँ टूटी हुई थीं, छतों पर लगी टीन की चादरें उखड़ चुकी थीं। ज्यादातर जमीन झाड़-झँखाड़ से भरी थी और मुश्किल से उनके बीच से चल सकते थे–हर तरफ लालटेनिया, झाड़ियाँ, घास, लताओं की भरमार। पेड़ों को भी काट-छाँट की जरूरत थी। कुछ तो झुरमुटों में बदल गए थे।

जब हम चीड़ के नीचे पहुँचे तो मैंने पूछ लिया–क्या मकान के साथ यह कार भी मिलेगी?

उसने कहा–सर, मैं आपसे सच कह रहा हूँ, भले ही इस समय इसका हाल बुरा हो, लेकिन अनेक प्रसिद्ध लोगों ने इस कार में सफर किया था।

मैं कहना चाहता था–हाँ, जैसे लुईस और एडिवना माउंटबेटन।

हमने हाथ मिलाए और कहा कि हम जल्दी ही उससे सम्पर्क करेंगे।

उसने फ़िज़ की ओर देखकर कहा–मैडम, अगर आप इस मकान को खरीदती हैं तो स्टीफन को कभी नहीं भूल पाएँगी।

हमारी कल्पना से अधिक सटीक भविष्यवाणी की यह।

वह चला, भूँकते कुत्ते उसे अपने पीछे-पीछे खींचे लिए जा रहे थे। मैंने एक चितकबरे कुत्ते को देखा जिसका पिछला एक पैर टूटा हुआ था। वह सबमें ज्यादा उग्र था। वह हरेक की तरफ दाँत निकालकर गुर्रा रहा था। और तो और बाकी तीन कुत्ते भी उससे खौफ खाते महसूस हुए। हम उस सरकस के पीछे धीरे-धीरे चल दिए। लंगड़ा कुत्ता। बार-बार घूमकर हमारी तरफ दौड़ने की कोशिश कर रहा था। हम निचले दरवाजे से बाहर निकल आए। वहाँ कोई दरवाजा था ही नहीं, थे तो टूटे हुए पत्थर के खम्भे। हमने सड़क पार की। भुवाली 10 किलोमीटर की घोषणा करते मील के पत्थर के पास पत्थर की एक छोटी-सी पटिया लगी थी। इस पर बैठकर आप मकान का नीचे से ऊपर तक पूरा जायजा ले सकते थे। हमारे नीचे का नंगा, बिना कंक्रीटवाला पत्थर गरम था।

जल्दी ही धूप ने हमारी देह को अन्दर तक गरमा दिया–हमें बहुत अच्छा लग रहा था। हमारे ठीक पीछे गहरी और हरी घाटी कहीं बहुत नीचे उतरती चली गई थी। हमारे सामने थी ऊपर उठती पहाड़ी जिसके शीर्ष पर मकान खड़ा था अपनी चिमनियों के साथ। इसके पास खड़ा था चीड़। इसके कुल तीन सिरे मकान से भी ऊँचे पहुँचे हुए थे। आकाश बहुत बड़ा और पानी नीला था। आकाश में बादलों के बेतरतीब टुकड़े रुई के गोलों की तरह बिखरे हुए थे। पहाड़ी के गिर्द गाड़ियों के इंजनों की आवाज कभी धीमी होती तो फिर तेज होती सुनाई दे रही थी। झाड़ियों में टिट, चेट, फिंच, नटहेच चिड़ियों के पंख-फड़फड़ाने और चूँ-चिर्र की बहुत-सी आवाजें सुनाई दे रही थीं। इन छोटी चिड़ियों को पहचानना असंभव था। हम वहाँ बैठे-बैठे सूँघते, देखते, सुनते रहे।

हम दोनों जानते थे कि हम आगे क्या करने जा रहे थे।

फ़िज़ ने कहा–श्री चिंचपोकली, मैं तो यहाँ हमेशा के लिए टिक सकती हूँ।

मैंने कहा–वहाँ खड़ी कार ऐतिहासिक है! है कि नहीं?

उसने कहा–नहीं, यह तो स्टीफन का जादू है। कुत्तों के वे बाल जिन्हें वह अपने कपड़ों, सर पर लगे रहते देता है।

हम वहाँ देर तक बैठे रहे। फिर सूरज सामने के शिखर के पीछे डूब गया और आकाश में लाल सुर्ख रंग की छटा बिखर गई। ग्रामीण सामने से टहलते हुए गुजरते रहे, कारें, बसें और ट्रक घूँ-घूँ-धड़-धड़ करते सामने से जाते रहे। कई लोगों ने हमें अजीब नजरों से देखा जरूर, पर कोई कुछ बोला नहीं। सूरज डूबने से पहले ही हवा ठंडी हो गई थी। मैंने कमीज की बाँहें नीचे कर लीं, फ़िज़ ने अपने बदन पर दुपट्टा लपेट लिया। हम मकान तक वापस चल लिए और सबसे ऊँचे टैरेस पर जा बैठे। पाइप में पानी की आवाज आ रही थी। हमने साँझ ढलने के धुँधलके को घाटी पर पसरते देखा। सब तरफ प्रकाश के बिन्दु उभरते अँधेरे में सूराख करने लगे। दुर्गम ढलानों पर संकेत दीप चमक उठे। ये दिन में बिना बसावट के लगते थे। लेकिन अब पता चला कि लोग कहीं भी पहुँच सकते हैं।

हमसे नीचे खड़ा मकान गहरे अँधेरे में डूबा हुआ था। इसकी दो चिमनियाँ किसी विशाल पशु के झुके कानों जैसे लग रही थीं। एक पल तो आकाश अँधेरे में डूबता लगा लेकिन फिर यह दिप-दिप करते सितारों से जगमगा उठा। कुछ साल पहले कसौली में ऐसा दृश्य देखने को मिला था। हमने आपस में हाथ थामे हुए थे और धीरे-धीरे घूमकर इस अद्भुत दृश्य को आँखों में भरते जा रहे थे।

फ़िज़ ने कहा–क्या खयाल है अगर मैं सितारों की संख्या को सही-सही गिन दूँ फिर हम यह मकान खरीद लेंगे?

मैंने कहा–हाँ, एकदम। लेकिन अगर तुम्हारी गिनती गलत हुई तो फिर हम जिप्सी में बैठकर वापस चल देंगे।

वह बोली–बस एक मिनट दो मुझे।

वह आकाश की ओर देखती रही, उसके होंठ खामोशी से हिल रहे थे। फिर उसने कहा–बत्तीस लाख सत्तर हजार, सात सौ तैंतीस।

मैंने कहा–वाह! मकान तुम्हारा हुआ। और उसे बाँहों से भरकर अपने से सटा लिया। निकट और निकट, ज्यादा निकट। हमारे पास ही पानी शायद गुस्से से आवाज़ कर रहा था। उसकी देह से मोहक सुगन्ध आ रही थी। वह संसार की हर दूसरी चीज से कहीं अच्छी; मेरे लिए सबसे अच्छी थी। जो कुछ मैंने जीवन में उससे पहले देखा था उसमें से कोई भी, कुछ भी फ़िज़ के सामने नहीं ठहर सकता था।

बाद में उसने कहा था–आखिर हमने इसे खोज ही लिया। क्यों?

मैं बोला–मेरा खयाल है–हाँ।

इस पृथ्वी का यह स्थान जहाँ हमारी जड़ें मौजूद हैं, हमारे पैर उस बिन्दु से किसी ने जकड़ दिए हैं। हम चाहें कहीं भी क्यों न चले जाएँ, हमें यहाँ लौटना ही होगा, हाँ, आना ही होगा।

एक वह स्थान जो हमारी उस सम्पूर्णता को लौटा देगा जिसे हमने बीते वर्षों में खो दिया था। वह स्थान जहाँ ब्रदर फिर से पागल की तरह खटखटाने लगेगा।

तभी ढलान के नीचे झाड़ियों में चुप-चुप घिसटन ने व्यवधान डाला। हमें कुछ दिखाई नहीं दे रहा था। लेकिन हमें पता था कि यह बड़े वन्य जीवों–तेन्दुए-बाघों का क्षेत्र था। हम सावधानी से नीबू के पेड़ों के पास से गुजरकर बढ़ चले। मैं पेड़ों की नुकीले काँटोंवाली टहनियाँ परे हटाता चल रहा था। तारों तथा अर्धचन्द्र की रोशनी हमें फिसलने से बचाने के लिए काफी थी। कभी-कभी

किसी कुत्ते का भौंकना रात के सन्नाटे को भंग कर देता। जब हम जिप्सी में बैठे तो चीड़ के नीचे खड़ी बिना पहियों वाली अम्बेसडर किसी बड़े निद्रालीन तिलचट्टे जैसी लग रही थी। मुझे लगा मेरी गाड़ी का इंजन चालू करते ही सोता हुआ विशाल तिलचट्टा वहाँ से भाग खड़ा होगा।

देवदार का मोटा तना जमीन से आठ फुट ऊपर से ही एकदम सीधी तीन सटीक शाखाओं में बँटकर ऊपर उठता हुआ जैसे आकाश को भेद रहा था–उसे त्रिशूल कहा जाता था, यह हमें बाद में पता चलनेवाला था। वह मानवपूर्व युग के एक प्रहरी-सा दिखाई दे रहा था, शिव का हथियार जो गेथिया में पहाड़ी पर पीछे छूट गया था–हमारी और हमारे सपनों की रक्षा करने के लिए।

मेरे लिए तो अकेला वही मकान का मूल्य था।

जब हम ढाल से उतरते हुए तेजी से सड़क पर आए तो हमने एक काली बड़ी आकृति को किनारे से खँडहर आउट हाउस की छायाओं में गुम होते देखा।

यह सब अत्यन्त आकस्मिक और चौंका देनेवाले ढंग से हुआ था। हमने कुछ भी तो नहीं देखा था और जब गाड़ी की रफ्तार कम करके मैंने गर्दन घुमाकर पीछे देखा तो वहाँ देखने को कुछ नहीं था।

वह क्या था? मैंने कहा।

फ़िज़ बोली–वह जो कुछ भी था–बहुत डरावना था देखने में।

मैं मोड़ घूमा, जिप्सी की हेडलाइट्स पर्वत के पथरीले मुख से टकराकर लौट आईं; और गाड़ी नैनीताल की चढ़ाई चढ़ने लगी। हम वहाँ रात गुजारने की सोच रहे थे।

फ़िज़ ने कहा–मेरा खयाल है, वह जो भी था उसके हाथ नहीं थे।

सड़क पर

हमने घर खरीद लिया।

इस काम को पूरा होने में लगभग छह महीने लग गए। पूरा काम अत्यन्त उबाऊ था और ऊपर से टफन के ऊल-जलूल व्यवहार ने हमें और भी परेशान कर डाला। टफन एक नहीं दो थे। एक अत्यन्त शालीन, मृदुभाषी था—सर, यह सब कुछ आपका है। आप इसे मुझसे मुफ्त में भी ले सकते हैं। वाह, क्या मकान है? भगवान की यही इच्छा है कि हम सब खुले आसमान के नीचे रहें।

और दूसरा टफन बहुत ही गाली-गलौज करनेवाला था—मैं यह मकान कभी बेचनेवाला नहीं। कभी नहीं। और कम-से-कम तुम्हारे जैसे मुरगीचोदू को तो एकदम नहीं।

आपकी टक्कर किस समय दोनों में से कौन से टफन से होगी, यह इस बात से तय होता था वह कब कितनी शराब पीता है। वैसे आमतौर पर शाम को उसका व्यवहार, बहुत शान्त और दोस्ताना होता था लेकिन सवेरे आपकी मुलाकात गालियाँ बकते नशेड़ी दैत्य से होती थी। बहुत कुछ इस पर भी निर्भर करता था कि बैगपाइपर की बोतल कब उसके हत्थे चढ़ती है। हमने भी स्थिति को समझकर उसके साथ व्यवहार करना सीख लिया। लेकिन परेशान होकर मैं भी उसे तुर्की ब तुर्की जवाब देने लगा। अगर वह अंट-शंट बकता तो मैं भी गालियों पर उतर आता। हम एक-दूसरे पर खूब आरोप लगाते, उलझते।

स्टीफन तुम पूरे कुमाऊँ में सबसे बदसूरत पिछाड़ी वाले आदमी हो। जब तुम पेट में थे तो तुम्हारी माँ ने पानी की जगह कुनैन का घोल पिया था।

तुम बदमाश दिल्लीवाला! तो तुम पहाड़ पर बना एक मकान खरीदना चाहते हो। तुम जरा मेरे पास तो आओ, यह टफन तुम्हारी खूबसूरत पिछाड़ी में अपना मोटा गरम लोलू घुसेड़ देगा।

स्टीफन, तुम आदमी नहीं साँप के बेटे हो!

और तुम सेही का जूँजी!

टफन की भूल जाने की आदत ने मामले को और भी उलझाकर रख दिया। एक दिन मकानवाली जमीन को चालीस नाली में फैला बताता तो अगले दिन वह संख्या घटकर तीस रह जाती, और फिर बढ़कर पैंतीस हो जाती। इसी तरह एक दिन वह जमीन के दाम बाईस लाख बतलाता तो अगले दिन चौबीस लाख माँगने लगता और फिर बीस लाख। जिस दिन हम जमीन की रजिस्ट्री के लिए स्टाम्प पेपर तैयार कराने गए तब भी हमें ठीक-ठीक मालूम नहीं था कि हमें मकान के लिए कितनी रकम अदा करनी है।

मुझे बाद में पता चला कि इलाके में वह टफन बाजीगर के नाम से मशहूर था। अंग्रेजी जानने और बेलगाम नशेड़ी होने के कारण वह जैसे दो अलग-अलग दुनियाओं में रहता था। वह शहर से आनेवाले सम्भ्रान्त लोगों और सरकारी अफसरों की चापलूसी करता और उनके साथ चाय पीता।

अपने अंग्रेजी बोलने के ढंग से और उस क्षेत्र के बारे में अपनी गहरी जानकारी से उन पर प्रभाव जमा लेता। वह इलाके के गाँववालों और स्थानीय लोगों के साथ शराब पीता, खाता-सोता। पहाड़ी लोगों के बीच पहाड़ी बन जाता। लोग उसे बाजीगर कहते थे–वह प्रशासन के साथ निर्माण और सड़कों तथा तटबन्धों की मरम्मत के ठेकों के सौदे पटाता, सरकारी ठिकानों पर पड़ी निर्माण सामग्री और सेनिटोरियमों तथा अस्पतालों से दवाएँ चोरी करता। गैरकानूनी ढंग से लकड़ी और पत्थरों को खरीदता-बेचता, इसी तरह वैध और अवैध तरीकों से जमीन को खरीदने का धन्धा करता और फिर सारी कमाई पूरी ईमानदारी से बैगपाइपर के मन्दिर में चढ़ाकर नशे में धुत हो जाता।

एक दिन जब वह पूरी तरह नशे में डूबा नहीं था तो मुझे अपने मकान के पिछवाड़े ले गया और वहाँ कोई दस फीट लम्बे-चौड़े गड्ढे को दिखाने लगा। बोला–लोग पूछते हैं–टफन बाजीगर, तुमने अपनी जिन्दगी का यह क्या कर डाला है? और तब मैं उन्हें यहाँ लाकर दिखाता हूँ कि मैंने अपनी जिन्दगी का क्या किया है? तुम मेरे जैसे किसी दूसरे आदमी को जानते हो जिसने यह किया हो?

गड्ढे में शराब की विभिन्न आकार और हर रंग की बोतलों का ढेर लगा था। लम्बी बोतलें, चपटी और मोटी बोतलें, गोल बोतलें, षट्कोणीय बोतलें, आयताकार बोतलें, अद्धे, पव्वे–हरे, पीले और भूरे रंग की, हलके पीले और पारदर्शी शीशे की बोतलें। ऊपर पड़ी कुछ बोतलों के ऊपर जरूर गीले, फटे लेबुल लगे थे लेकिन बाकी पर ऐसा कुछ नहीं था। गड्ढे में बोतलों की कई परतें लगी हुई थीं। ज्यादातर मिट्टी से गन्दी हो चुकी थीं लेकिन शाम की धुँधलती रोशनी में वे बोतलें चमक रही थीं।

टफन ने बताया–जब मैं छोटा था तो मेरे पिता के भाई ने कहा था–दुनिया में दो तरह के लोग होते हैं। एक वह जो शराब पीता और जीता है–एक पुरुष की तरह। और दूसरा वह जो उसके बारे में एक औरत की तरह बात करता है जो पीकर भी जिन्दा रहता है। उसने कहा था–बेटा, तुम खुद फैसला करो कि तुम पीकर एक पुरुष की तरह बनना चाहते हो या बात करनेवाली औरत जैसा होना चाहते हो।

स्टीफन अपने जीवन का जो स्मारक बना रहा था, वह उसके किनारे पर चूतड़ों के बल बैठा था अपना सिर हाथों में थामे हुए।

उसने कहा–मरने से पहले मैं इस गड्ढे को जरूर भर जाऊँगा।

अभी गड्ढे में दो फीट की जगह और बाकी थी।

टफन एक दिलचस्प आदमी तो था, पर वह मुझे क्रोध से भर देता। लेकिन फ़िज़ दुविधा में थी। वह उसके यों निरन्तर गलत व्यवहार और शराबखोरी से नफरत करती थी लेकिन वह अपने कुत्तों के प्रति उसके प्यार की कायल थी। वह कहती–देखो, वह अपने कुत्तों के साथ सोता है। यह एक खास बात है।

लेकिन ऐसा और कौन कर सकता है?–मैं कहता।

असल में यह उसके बैगपाइपर की लत के कारण है–वह कहती–पर इतना ज्यादा पीना ही उसे मुश्किल में डाल देता है। लेकिन ऐसा तो किसी के साथ भी हो सकता है–क्यों?

फ़िज़ ने चाहे उसके बारे में जो भी कहा हो, पर मुझे तो तभी चैन पड़ा जब मैंने नैनीताल जाकर जमीन पंजीकरण ऑफिस में काम निपटने पर उसे बाकी रकम थमा दी। और फिर ऑफिस के बाबू को कुल रकम के दो प्रतिशत भागवाला लिफाफा भी दे दिया। वहाँ रिश्वत का यह तय रेट था। फिर अपने दस्तावेज लेकर मैं बाहर निकल आया। सब जगह दोपहर की धूप

फैली थी। पिछले छह महीनों के दौरान उसने मुझे जोंक की तरह बूँद-बूँद चूसा था। मैं उसकी झाँसापट्टी से बहुत परेशान हो चुका था।

लेकिन टफन ने पीछा नहीं छोड़ा। वह मेरे पीछे-पीछे बाहर आया और जोर से चिल्लाया—सर, मैं सच कहता हूँ आप मुझे कभी भुला नहीं पाएँगे। मैंने आपको इतिहास और भूगोल का एक हिस्सा सस्ते में दे दिया है।

वह उस मौके के लिए नहा-धोकर और सज-सँवरकर आया था। उसने चमकीला काला सूट और बदरंग होती लाल टाई पहन रखी थी। फ़िज़ के प्रति आभार जताते हुए बोला—मैडम, आप इस बात का ध्यान रखें कि कामगारों के मन में आपकी इज्जत न घटे।

स्टीफन का दावा था कि उसे तो इस बिक्री से मिली रकम का छोटा-सा हिस्सा ही मिलनेवाला है। बाकी उसके सगे भाई-बहनों में बँट जाएगा। और सच पाँच खस्ताहाल दीखते लोग मुरादाबाद, देहरादून और बरेली से वहाँ पहुँचे हुए थे। वे कैंटीन के पास वाले विशाल चीड़ वृक्ष के नीचे अपना-अपना हिस्सा लेने के लिए बैठे थे। उनमें तीन आदमी बीमारी और शराबखोरी के शिकार लगे। उन तीनों क्री उँगलियों में जली हुई सिगरेटें थमी थीं। दो औरतें बरामदे के किनारे बैठी थीं। साड़ियों में लिपटी चिन्तित, फूहड़ और भावहीन आँखों से देखती हुईं।

टफन ने कहा—ये सबके सब नशेड़ी हैं। मैं पीता हूँ तो काम भी करता हूँ। वे सिर्फ पीते हैं और आपस में मारपीट करते हैं।

पुरानी औपनिवेशिक इमारत बस स्टैंड और झील के कई घुमाव ऊपर बनी थी। मैंने फ़िज़ से जिप्सी ड्राइव करने को कहा—मैं पैदल चल दिया।

उसने कोई सवाल नहीं किया। मैं जल्दी-जल्दी चल रहा था। मैंने आसपास आराम से गुजरते स्थानीय लोगों तथा सुस्त व्यावसायिक गतिविधियों पर ध्यान न दिया। सड़क पर धूप-छाँह के पैबन्द लगे थे। मैं भव्य झील के किनारे जा पहुँचा। उसके छोर पर काफी सक्रियता दिखाई दी—दुकानें, बसें, सैलानी, फेरीवाले, खच्चर। मैं खुश था। मैंने सही फैसला लिया था और अब स्वामित्व की मीठी अनुभूति मुझमें दौड़ रही थी।

अब मैं पीछे देखता हूँ तो लगता है उस समय मेरा एंटीना जरूर कीचड़ में गहरे धँस गया होगा। इतिहास और भूगोल और जल्दबाजी का प्रेतघात।

एक सस्ता सौदा।

नकल पहले।

कीमत बाद में अदा करो।

हम पर मकान का नशा छा गया था।

यह कुछ-कुछ एकदम किसी एकदम बड़े बच्चे को गोद लेने जैसा था। एक शिशु का आना एक आंगिक क्रिया होती है। और आप उससे खुद को धीरे-धीरे जोड़ते हैं और फिर धीरे-धीरे यह जुड़ाव बढ़ता जाता है। हर पल, हर दिन, हफ्ता-दर-हफ्ता, वर्ष-दर-वर्ष। लेकिन अगर आप किसी बड़े बच्चे को अपनाते हैं तो यह तुरन्त आपसे पूर्ण जुड़ाव की माँग करता है। आपको सब कुछ एकदम सोचना-समझना और निर्णय लेना होता है—तुरत-फुरत। क्योंकि आपको इसके लिए ज्यादा समय ही नहीं मिलता। अगर आपको उसमें कहीं कोई दोष, खामी नजर आती है तो एकदम सीधे उस पर ध्यान केन्द्रित करना होता है, उसे सुधरने के लिए अप्रत्यक्ष सुझाव देने और धीरे-धीरे इच्छित दिशा में ले जाने का समय ही कहाँ होता है।

बीबी का पैसा हमें मिल चुका था। हम तुरन्त मकान तथा उसके परिवेश को सुधारने में जुट गए। हम जल्दी-से-जल्दी उसे अपने मनमुताबिक रूप देने को उतावले थे। मकान के चारों ओर की जमीन से झाड़-झँखाड़ की सफाई के पहले दौर में हम जान गए कि हमने जितना पैसा चुकाया उससे ज्यादा पा लिया है। गाँव से चार छोकरे हँसिया लेकर सफाई में जुट गए। उनकी दैनिक मजदूरी पचास रुपए तय हुई थी। वे फटाफट झाड़-झँखाड़ और बेतरतीब उगी घास की सफाई करने लगे। और साफ की हुई जमीन पर अचानक नए-नए मार्ग दिखाई देने लगे। फ़िज़ की देख-रेख में झाड़-झँखाड़ के झुरमुट कटे-छँटे शाहबलूत के रूप में उभर आए। और पुराने मलबे की सफाई से छज्जों की चौड़ाई बढ़ गई।

टफन अपने भूँकते चारों कुत्तों के साथ वहाँ आया। उसके सारे कपड़ों पर कुत्तों के बाल लगे हुए थे। उसने कहा—मैडम, लगता है मकान के सुनहरे पुराने दिन लौट रहे हैं।

मैदानी क्षेत्र से आई उसकी नाटी गठीली पत्नी दमयन्ती, जो शाहजहाँपुर में अध्यापिका रह चुकी थी उसे झिड़कती हुई बोली—सुनहरे दिन! मैडम, इसे टफन बाजीगर नहीं, शेखचिल्ली कहिए। अगर इसकी आधी बकवास को भी आपने सच माना तो आप पागल हो जाएँगी। जब यह मुझसे शादी की जुगत में लगा था तो शानदार क्रिसमस पार्टियों के किस्से सुनाया करता था—रम, केक और आलू बुखारे की पुडिंग के चर्चे, उन अंग्रेजी अखबारों का जिक्र जो दिल्ली से आया करते थे। यह मुझे एक बड़ी कार के सपने दिखाकर ललचाता था—इतनी बड़ी कार जिसमें हमारा पूरा परिवार एक ही बार में समा जानेवाला था। लेकिन जब मैं यहाँ आई तो जानते हैं मैंने क्या देखा। मैंने देखा शराब की खाली बोतलों से भरा एक छोटा गड्ढा। अब तीस साल बाद यह गड्ढा नहीं शराब की खाली बोतलों से भरी खाई में बदल गया है।

टफन ने बनावटी ऊँचे स्वर में कहा—बेवकूफी की बात मत करो शेखचिल्ली। बड़ा गड्ढा खोदो और फिर उसे जल्दी से भर दो।

दमयन्ती ने कहा—देखा आपने। यह तो बस यही सिखा सकता है। अब मेरा बड़ा बेटा ब्रायन पिथौरागढ़ में रोडवेज की बस चलाता है और अपनी खाली बोतलें इकट्ठी करता रहता है। उसका दावा है कि एक दिन वह अपने बाप से भी गहरा गड्ढा खोदकर दिखाएगा।

बड़ा गड्ढा खोदो और फिर उसे जल्दी से भर दो—टफन ने कहा।

पत्नी बोली—देख लीजिए कितना मूरख है यह। लेकिन मेरा दूसरा लड़का माइकल अच्छा है, मैंने उसे अपने पिता से बचाकर रखा है। वह मेरा बेटा है। वह नहीं पीता शराब।

टफन ने कहा—हाँ, वह नहीं पीता। वह इंजेक्शन लगाता है, दाएँ-बाएँ—बीच में...

पत्नी बोली—अपने शराबी मुँह को बन्द रखो। मैडम, वह हल्द्वानी में नर्सिंग असिस्टेंट है। यह सही है कि वह हरेक को इंजेक्शन देना चाहता है। वह कहीं जाता है तो साथ में उपहार नहीं ले जाता, वह ले जाता है इंजेक्शन। उसका कहना है संसार में अच्छे स्वास्थ्य से बड़ा उपहार और कोई दूसरा नहीं। हर कोई बेचारे माइकल से नफरत करता है। अपने काले बैग के साथ जहाँ भी पहुँचता है लोगों को इंजेक्शन लगाता है। मुझे देखिए। मुझे उसने सौ से ज्यादा इंजेक्शन लगाए हैं—मेरे दोनों हाथों में, पेट में, कूल्हों में, जाँघों में—हर कहीं। वह कहता है—माँ यह टिटनेस के लिए है और यह रेबीज के लिए। यह हेपाटाइटिस के लिए, यह ए के लिए और यह बी के लिए। वह कहता है—माँ यह ईश्वर के इंजेक्शन हैं। जब लोग मेरे घर आना चाहते हैं तो वे पहले पूछते हैं क्या माइकल घर में है? जब वे एक दूसरे से मिलते हैं तो यह पूछना नहीं

भूलते—क्या तुम माइकल से मिले हो? क्या वह तुम्हें इंजेक्शन देता है? जब बच्चे उसे आता देखते हैं वे चीखते हैं—जैक्सन माइकल आ गया। जैक्सन माइकल आ गया। और चीखते-चिल्लाते दूर भाग जाते हैं। तब मेरा मन रोने को करता है। यह बदमाश टफन और इसका ब्रायन—दोनों पियक्कड़ हैं और फिर भी सब इन्हें बुलाते हैं। बेचारा माइकल सबकी मदद करना चाहता है लेकिन उससे कोई नहीं मिलना चाहता।

टफन गुनगुनाया—हे परमपिता मैं मजाक नहीं करता, मुझे भी सूई लगा दो। लगा दो मुझे इंजेक्शन। एक गहरा गड्ढा खोदो और फिर उसे जल्दी से भर दो। और फिर उसने पव्वा मुँह से लगा लिया।

पत्नी ने नाराजी से कहा—इसने तो माइकल से यहाँ तक कहा कि वह इसे व्हिस्की का इंजेक्शन लगा सकता है।

उस रात मैंने फ़िज़ को बताया—इन बेवकूफों को यहाँ से दूर ही रखो। मैं उन्हें बरदाश्त नहीं कर सकता। मिले-जुले मिश्रित रक्त ने उन्हें मनोविकृत कर दिया है।

फ़िज़ ने कहा—इस तरह की हलकी बात न करो। अच्छा माइकल के बारे में बताओ। तुम चाहते हो मैं उसे यहाँ बुलाऊँ एक इंजेक्शन के लिए।

मुझे पता है इंजेक्शन के लिए मुझे कहाँ जाना है—मैं बोला।

हम डाइनिंग रूम के ठीक ऊपरवाले कमरे में थे। यहाँ फर्श में लगे तख्ते पुराने पड़कर काले-भूरे पड़ गए थे। कुछ तख्तों में इतनी बड़ी-बड़ी दरारें पड़ चुकी थीं वहाँ खड़े रहकर नीचे का पूरा कमरा देखा जा सकता था। जब भी आप किसी तख्ते पर कदम रखते तो पूरा फर्श डरावने ढंग से चर्र-चर्र कर उठता। हमें अभी तक लकड़ी के फर्श पर सहज होकर चलने की आदत नहीं पड़ी थी। उस कमरे में सिर्फ एक खिड़की थी और वहाँ से ज्योलीकोट घाटी का बढ़िया नजारा लिया जा सकता था। उस खिड़की में खड़े होकर ही वहाँ की पथरीली दीवार की मोटाई का सही-सही अनुमान लगाया जा सकता था। खिड़की पर लगी पटिया दो फीट चौड़ी थी। और उस पर बैठकर आपको वैसी आराम और सुरक्षा महसूस होती थी जैसे बैठक में बिछे सोफे पर बैठकर।

खिड़की से आप दाईं तरफ काफी नीचे बीरभट्टी तक देख सकते थे, और बाईं ओर थी ज्योलीकोट घाटी। आपको वह कटाव भी नजर आता था जहाँ से सड़क नैनीताल और अल्मोड़ा के लिए कटती थी। एक नम्बर : पहलेवाले टैरेस के नीचे की खाली जगह में छपकावाली लालटेनिया झाड़ी थी। उसने अभी तक आवाज करनी शुरू नहीं की। अभी तो दस भी नहीं बजे थे। हम यहाँ जरा जल्दी आने की कोशिश करते थे क्योंकि साफ-सफाई की देखभाल का काम हमें बुरी तरह थका देता था।

आज चाँद आकाश में खूब बड़ा-बड़ा दिखाई दे रहा था। चाँदनी हमारे कमरे में गिर रही थी और नीचे घाटी को चाँदी की आभा से चमका रही थी। सामने वाली सड़क जैसे एक चमकदार फीता बन गई थी जिस पर धीरे-धीरे बढ़ती गाड़ियाँ खिसकते जुगनुओं जैसी मालूम दे रही थीं। ऊपर पहाड़ के तरंगित शिखर पर देवदार पेड़ों की एक पाँत एक-दूसरे के पीछे मार्च करते सैनिकों जैसी लग रही थी—जो रात के गश्त के लिए बड़े-बड़े हैलमेट लगाकर निकले थे। हम खिड़की के नीचे बैठे हुए नीचे का दृश्य आँखों में भर रहे थे। दोनों की टाँगें आपस में फँसी हुई थीं, उसके हाथ मेरे हाथों में थे।

इस मकान को खरीदने के बाद चार महीने के अन्दर हमने मकान के चारों ओर फैले मैदान की सफाई करवा डाली थी। झाड़-झंखाड़ को साफ करने, काटने, जलाने के बाद मलबे में से पत्थर चुन-चुनकर त्रिशूल के नीचे करीनेदार ढेरियों में लगा दिए गए थे। हल्द्वानी से क्रेन मँगवाकर माउंटबेटन की कार को सड़क पर जरा ऊपर की तरफ एक दुकान के बाहर रखवा दिया गया था। एक हफ्ते में ही ठाकुर ने कार के बाकी बचे दरवाजे निकालकर अन्दर तख्ते जमा दिए थे और वहाँ चाय की दुकान चलने लगी। हम स्थापत्य की बारीकियाँ समझने के साथ यह भी जान गए थे कि पहाड़ी क्षेत्रों में उसे कैसे काम में लाया जाता था। और जो इस तरह का काम करते थे, उनसे भी परिचित हो गए थे।

शुरू में टफन अपना काम चलाना बखूबी जानता था इसीलिए वह शराब के नशे में रहकर हमसे बकवास किया करता था। लेकिन उसकी यह गड़बड़ तभी तक चल सकी, जब तक हमने राक्षस की सारी विशेषताओं को नहीं जान लिया। मकान को हमारे मनमाफिक सही रूप देने और रहने लायक बनाने के लिए सभी को पूरी गम्भीरता से काम करना था। हमें बढ़ई, राजमिस्त्री, मजदूर, नल बैठानेवाले और बिजली के कारीगर चाहिए थे। हमें यह भी पता करना था इन कामों के लिए आवश्यक सामग्री कहाँ से मिल सकती थी–लकड़ी-पत्थर, रेत, ईंटें, सीमेंट, बजरी, टिन। वहाँ के कायने-कानून और मौसमी परिवर्तनों को भी जानना जरूरी था। कब तूफान उठते थे, कब बारिश होती थी, और कब ओले पड़ते थे। खिड़कियाँ कितनी बड़ी होनी चाहिए, और दरवाजे कितने मजबूत। छतों पर लगाई जानेवाली टीन की मोटाई कितनी। बन्दरों, तेन्दुओं और भेड़ियों से सचमुच किस तरह का खतरा हो सकता था। छोटे कीड़े-मकोड़ों, तिलचट्टों और कपड़कीड़ों से बचने के उपाय भी करने थे।

वैसे सबसे बड़ी चुनौती एक सुविधासम्पन्न गुसलखाना बनाना था। मकान में इस नामवाली कोई चीज नहीं थी। था एक विशाल कमरा। बेहूदा ढंग से यह रसोई के एकदम पास था। फर्श में एक सूराख था। यह सूराख कोने में फर्श से ऊपर उठी कंक्रीट की पट्टी में बना था। तीन फीट चौड़ा और तीन फीट लम्बा। इस छेद को घेरकर आधी ऊँचाई की ईंटों की चिनाई की गई थी और उसमें ढीले-बेदम कब्जों पर आधी ऊँचाई का ही दरवाजा था, बड़े कमरे का ही हिस्सा बना एक बदनुमा कोना। दूर के कोने में एक काँसे का नल लगा था और उसके ऊपर लटका था एक छोटा दर्पण। उसके ऊपर गन्दगी से भरा झरोखा था। पास में ही दीवार पर लगी थी सीमेंट की एक सँकरी पटिया जिस पर साबुन, टूथपेस्ट, तेल और शेम्पुओं की शीशियाँ कतारों में लगी थीं। कभी-कभी हम दोनों में से एक स्नान करता होता तो दूसरा उस छेद के ऊपर उकड़ूँ बैठा होता। आपस में हम दोनों की बातें चलती रहतीं। जब आप खड़े होते तो कुछ पलों के लिए उस आधी दीवार का सहारा लेकर अपने पैरों में भर गई जकड़न दूर करनी पड़ती। तब आप दूसरे कोने में लगे नल से बाल्टी भरकर फिर वापस लौटते।

फ़िज़ कहती–सुबह-सुबह की यह कसरत देह की हर मांसपेशी को मजबूत करने के लिए है।

ऐसा लगता था मकान में शुरू-शुरू में रहने आए लोग इस काम के लिए टीन के डिब्बों और तसलों का इस्तेमाल करते होंगे। उनके बाद जो आए उन्होंने फर्श में छेद कर दिया। लेकिन अब हमारे लिए सोने के कमरों के पास दो गुसलखाने बनाने जरूरी थे। उसके लिए फर्श व दीवारों के अन्दर नल डालना एक मुश्किल काम था, लेकिन सबसे कठिन था गुसलखानों को कमरों से जोड़ने के लिए दो फीट मोटी दीवारों में सूराख करके दरवाजे लगाना। और क्योंकि

सोने के कमरे ऊपर की मंजिल पर थे और उनके फर्श लकड़ी के थे, इस कारण यह काम ज्यादा ही कठिन था। अभी तक हम इस समस्या का हल नहीं खोज पाए थे।

झाड़ियों में कँपकँपाते सुर निकालते कीड़े सक्रिय थे और हम हाथों में हाथ लिए बैठे थे। चाँद घाटी की तारों भरी छत पर अपना रास्ता तय कर रहा था और हर पहाड़ी ढाल पर जलती रोशनियाँ बुझती जा रही थीं।

फ़िज़ ने कहा—अगर पहाड़ इंजेक्शन के लिए देवता के पास नहीं आएँगे तो वह खुद यह काम करने के लिए पहाड़ के पास चला आएगा।

उसने अपना दायाँ हाथ मेरी पकड़ से मुक्त किया और मेरी ट्रेक पैंट के ऊपर रख लिया। मेरे कूल्हे आप से आप थिरक उठे।

उसने पूछा—क्या टफन राक्षस से नफरत करता है?

मैंने कहा—हाँ।

वह बोली—आज उसने मुझसे फिर कहा मैडम, उस घूसखोर से सावधान रहिएगा। मैं सच कहता हूँ, भले ही उसका एक हाथ है, लेकिन आँखें चार हैं। चार आँखें और आठ कान। आठ कान और अस्सी विचार। लोग कहते हैं वह भूत-प्रेतों से बातें करता है। आपने कुछ सोचा नहीं कि उधर उसे पता चल जाता है। सर, उदारता दिखाते रहेंगे और वह उनका बहुत बड़ा नुकसान कर डालेगा।

मैंने कहा—हाँ।

अब तक फ़िज़ के हाथ काफी व्यस्त हो गए थे। और मैं अब घाटी के ऊपर उड़ रहा था—दोपहर में आकाश में उड़ती चील की तरह।

वह बताती गई—टफन ने कहा—मैडम, ठीक है मैं पियक्कड़ हूँ लेकिन वह तो गंजेड़ी है। मैं मरकर अपनी कब्र में जाऊँगा, सभी का यही हश्र होनेवाला है। लेकिन वह जाएगा जेल के सींखचों के पीछे। सीधा जेल जाएगा।

मैंने कहा—हाँ, हाँ!

मेरी ट्रेक पैंट उतरकर लकड़ी के फर्श पर जा पड़ी थी। सारी दुनिया उसके नाजुक छोटे हाथ में सिमटकर रह गई थी। मैं संसार की सब घाटियों के ऊपर आकाश में ऊँची-से-ऊँची उड़ती चीलों से भी न जाने कितनी ऊपर जा पहुँचा था।

फ़िज़ ने कहा—लेकिन मेरे खयाल में हमें स्टीफन की बात पर ध्यान नहीं देना चाहिए। राक्षस एकदम सही आदमी है मेरी नजर में।

मेरी आँखें बन्द थीं, पर मैं महसूस कर सकता था कि उसका बदन हिल उठा है। वह पटिया पर नहीं थी। लेकिन अब फिर से वहाँ आ गई थी।

राक्षस-टफन, राक्षस-टफन, राक्षस-टफन, राक्षस-टफन। हाँ, लगातार धक्के लग रहे थे।

राक्षस-टफन, राक्षस-टफन, राक्षस-टफन

फ़िज़-मैं, फ़िज़-मैं, फ़िज़-मैं

हिन्दू-मुस्लिम, हिन्दू-मुस्लिम, हिन्दू-मुस्लिम

अच्छा-बुरा, अच्छा-बुरा, अच्छा-बुरा...

अन्दर-बाहर, अन्दर बाहर, अन्दर-बाहर

प्यार-सेक्स, प्यार-सेक्स, प्यार सेक्स...

राक्षस-टफन, राक्षस-टफन, राक्षस-टफन।

हम अपनी नग्न देहों के गिर्द कम्बल लपेटे बैठे थे। वह मुझमें झुकी जा रही थी। अब घाटी में बहुत कम प्रकाश बिन्दु रह गए थे। वे सभी एक-दूसरे से बहुत दूर थे। बरामदे और दरवाजे पर जल रही रोशनियाँ–रात के अन्तिम प्रहर के पहरेदार। हम दोनों ही बहुत आराम महसूस कर रहे थे–सारा तनाव बाहर बह गया था। हम दोनों के शरीर एक-दूसरे के लिए इतने पागल हो चुके थे कि जब वे सुलगते तो हमें लगता न जाने कब-कब के घाव भर रहे हैं। खरोंचें मिट रही हैं, उन पर फिर से नई खाल आ रही है। विचित्र बात थी कि मकान को पाने के बाद हम अत्यन्त उत्साहित हो उठे थे लेकिन वह उमंग, आवेग हमारी देहों में नहीं समा सका था। अकसर तो नई स्थितियाँ, नए स्थान, हर बार साथ होने का मौका पाते ही हम उत्तेजना से भर उठते थे। लेकिन यहाँ ऐसा नहीं हो पाया था। हालाँकि जब पहले दिन हम सबसे ऊँचे टैरेस पर खड़े नीचे मकान पर नजर डाल रहे थे तो हमें लगा था ऐसा ही होगा। और शायद अब हम दोनों ही ऐसा न हो पाने के कारणों के बारे में सोच रहे थे। क्यों, क्या, क्यों? लेकिन सच में हमें पता नहीं था कि अब क्या किया जाए। लेकिन मुझे लगता था इस उलझन पर आपस में कोई भी संवाद किए बिना हमने इसे गहरी शारीरिक थकान के हवाले कर दिया था।

जब से हमने मकान खरीदा था हम जैसे लगातार भागमभाग में सफर करनेवाले सैलानी बन गए थे। हम हर सप्ताहान्त में यहाँ चले आया करते। बिला नागा, हर बार। हर शनिवार को मुँह अँधेरे दिल्ली से निकल पड़ते और यहाँ से सोमवार को दिन निकलने से पहले ही दिल्ली के लिए वापस लौट पड़ते। मैंने इस बारे में शुल्टेरी से बात कर ली थी। मुझे इस शर्त पर शनिवार की छुट्टी मिल गई थी कि बाकी दिनों मैं दफ्तर में ज्यादा घंटे तक काम किया करूँगा। और सोमवार को देर रात वाली ड्यूटी करूँगा। क्योंकि मैं उसकी किसी योजना का अंग नहीं रह गया था इसलिए इस बात से उसे कुछ फर्क नहीं पड़ता था। पिछले साल के दौरान वह प्रगति के खम्भे पर ज्यादा-से-ज्यादा चढ़ने की दौड़ में पिछड़ गया था। क्योंकि गुम्बद में बैठनेवाले सबके राजा, भाग्यविधाता ने उसकी दिशा में खम्भे पर कुछ ज्यादा ही ग्रीस पोत दी थी। वह ज्यादा कोशिश कर रहा था ताकि अपनी पुरानी स्थिति में लौट सके।

हर शनिवार को मैं और फ़िज़ सुबह चार बजे उठ जाते और साढ़े चार बजते-बजते हम जिप्सी में बैठ चुके होते। शुक्र की रात में सोने से पहले हम सारा सामान पैक करके गाड़ी में लाद देते। पिछली सीट और सामान रखने की जगह घरेलू आवश्यकता की छोटी-मोटी चीजों से ठसाठस भरी होती, कीलें, बोल्ट, कब्जे, पावर प्लग, बिजली के तार के बंडल, परदे के डंडे, चाकू, छुरी, काँटे, शीशे के बरतन, बल्बों के शेड, बरतन भांडे, रिंच, कैन ओपनर पेचकस, बोतलों के कार्क निकालनेवाले आँकड़े, बाल्टियाँ, मग्गे, पलंग की चादरें, टेबुलक्लॉथ, तकिए, रजाइयाँ, परदे, रैक, कपड़े टाँगने की खूँटियाँ, कीड़े मारने की दवाइयाँ, मच्छर भगाने की क्रीम, शैम्पू की शीशियाँ, साबुन की बट्टियाँ, तौलिए, चाय की पत्ती से भरपूर प्लास्टिक के डिब्बे, बिस्किट के पैकेट, दूध पाउडर, दालें–चावल, आटा, मसाले, गाढ़े दूध के डिब्बे, भुने हुए बीज, रसगुल्ले और कभी-कभी आई.एन.ए. मार्किट से खरीदे गए बेस्वाद सोसेज। सामान में बीयर, व्हिस्की व रम की बोतलें भी रहतीं, चादरों से ढकी हुई।

गाड़ी के फर्श पर होते वृक्षों के पौधे–शीशम, पीपल, बड़, जकरांदा, गुलमोहर, अमलतास, शाहबलूत, कचनार, नीम, सेमल, बोतल ब्रश, बाँस। उन्हें हम जोरबाग नर्सरी से लाते थे। कुछ प्लास्टिक के गन्दे डिब्बों में होते तो कुछ गमलों में, जो टैरेस पर उगे फ़िज़ के 'जंगल' से लाए

जाते। पौधों की टहनियों को सावधानी से टिकाया जाता, कुछ को सुरक्षित ढंग से मोड़ दिया जाता ताकि वे गाड़ी की छत से न टकराएँ। कई को खिड़की से बाहर निकलने दिया जाता जहाँ से वे भूतों की उँगलियों की तरह रास्ता चलते लोगों को इशारे करतीं।

और होतीं हमारी किताबें–जिनकी संख्या लगातार बढ़ती जा रही थी, संगीत कैसेटों का एक डिब्बा, और ब्रदर जो हमारे साथ यात्राएँ करता था। वह पिछली सीट पर रखा रहता अपने काले आवरण में ढका हुआ, जिसे मेरी ही तरह रोशनी की किरण का इन्तजार था।

मुझे ब्रदर को खटखटाए कई महीने बीत चुके थे। पहाड़ों पर बना मकान और उसमें चलता सुधार का काम मेरे लिए इसे न छूने का एक बहाना बन गया था। मैं इसे सदा ढके रहता ताकि मेरी आँखें उस पर न पड़ें। संक्षिप्त सूत्रों में अन्तहीन विस्तार को समेटे युवा सिख की कथा खामोश हो गई थी। आधा टाइप किया गया आखिरी कागज अब भी ब्रदर के रोलर पर चढ़ा हुआ था–अँधेरे में खोया। शायद इसे इन्तजार था कि कब दया दिखाकर इसका अन्त करके इसे ग्रन्थ सूची के अन्धकूप में डाल दिया जाएगा। हम चलते तो गरम चाय का फ्लास्क फ़िज़ के हाथों में होता। उस समय दिल्ली नींद में डूबी होती। हमारी गाड़ी तेजी से खाली सड़कों पर भागती हुई निजामुद्दीन पुल पार करके हापुड़ से गुजरकर उसे पीछे छोड़ती हुई आगे निकलती तो आकाश में उजाला उभरने लगता। और एक के बाद दूसरा कस्बा हमसे पीछे छूटता जाता। एक के बाद दूसरे ट्रैफिक जाम को झेलते, एक के बाद दूसरा रेल क्रॉसिंग पार करते हम तेजी से पहाड़ियों की ओर बढ़ते चले जाते। फिर काठगोदाम से निकलने के कुछ देर बाद हल्द्वानी के हड़बोंग से जूझते हुए हम पहले ढाल का प्रथम मोड़ घूमते और तब सब कुछ पीछे रह जाता, हमारे मन की निराशा व खीझ दूर हो जाती और मनःस्थिति उत्साह बढ़ाने की दवाओं के प्रभाव में जूली एंड्रयू जैसी हो जाती।

हमें लगता हम केरुयक और केसेडी हो गए थे और गंगा के मैदान में गाड़ी दौड़ा रहे हैं–पहाड़ों पर चढ़ते हुए हम 5,438 फीट की ऊँचाई को छू लेते और फिर पलटकर दिल्ली की ओर उतर चलते। ई.एस.जी.एन. चैनल पर स्केट पहनकर फिसलते उन बच्चों की तरह जो तिरछी दीवारों पर बिना गिरे ऊपर-नीचे आराम से फिसलते जाते, कभी रुकते न दिखाई देते–एक ऐसी लय-ताल में जिसका अपना तर्क होता है और अपना ही अन्त।

थोड़े ही समय में यह सड़क जीवन का सबसे ज्यादा जाना-पहचाना मार्ग बन गया। मैं जान गया था कि कहाँ इसके घुमाव सँकरे और कहाँ चौड़े हैं, कहाँ सड़क की सतह ऊबड़-खाबड़ है तो कहाँ एकदम चिकनी। कहाँ छायाओं में खतरा मँडराता था तो कहाँ के लोग अत्यन्त भोले-भाले थे।

मैंने सड़क के कायदे-कानून भी अच्छी तरह समझ लिए। मैं जान गया था कि अगर कहीं ट्रैफिक जाम हो तो कैसे जल्दी से उसके अगले सिर पर जाया जा सकता है, और जब ट्रैफिक चल निकलने लगे तो कैसे उसके बीच में घुसा जाता है। कैसे सड़क के नीचे कच्चे में उतरते हुए बाईं तरफ से ओवरटेक किया जा सकता है, एक बार हापुड़ में हम लगभग आधा किलोमीटर तक दुकानों से एकदम सटकर ड्राइव करते चले गए थे। वहाँ मौजूद लोगों और बच्चों और चूजों को आतंकित करके इधर-उधर भागने पर विवश करते हुए, क्योंकि मुख्य सड़क पर शुरू से आखिर तक भयानक जाम लगा हुआ था। इसी तरह मैंने यह भी जान लिया था कैसे बैलगाड़ियाँ और ट्रेक्टर ट्रॉलियों से हमेशा बचकर निकलना चाहिए। इन देहाती दानवों का खुद कुछ नहीं बिगड़ता। हाँ, इनसे उलझनेवाला जरूर मुश्किल में पड़ जाता है। और यह भी चाहे कुछ भी

हो जाए किसी को भी आगे निकलने का रास्ता मत दो, क्योंकि कोई भी आपके लिए कभी यह उदारता नहीं दिखाएगा। मैं सीख गया था कि एक बार ट्रकवाले से चाहे पंगा ले लो, पर बस के ड्राइवरों से कभी उलझने की भूल न करो। बेचारे ट्रक ड्राइवर बस ड्राइवरों की कमीनगी का कोई मुकाबला नहीं कर सकते। सड़क पर हुए झगड़े को लेकर पुलिस स्टेशन कभी न जाओ। हमने एक बार गजरौला में यह भूल की थी और दो घंटे तक गुस्से से भर देनेवाले बेकार के सवालों की उलझन से जैसे-तैसे निकलकर हमें बताया गया-समझाया गया कि इस सबको भूलना ही ठीक रहता है। आपको बस चलते रहना चाहिए।

हमने यह भी पता लगा लिया था कि किस ढाबे की चाय अच्छी है, और कहाँ स्वादिष्ट परांठे खाए जा सकते हैं, तो किसके सैंडविच सबसे बढ़िया हैं। इन महीनों की ताबड़तोड़ भागदौड़ में मेरा एक और सन्देह पक्का हो गया, जो मेरे मन में वर्षों से था–कि भारत के ज्यादातर ढाबे मूर्खों द्वारा चलाए जाते हैं। ये बेवकूफ होते नहीं, जन्मजात कमियाँ होती हैं उनमें। मैं समझता था देहाती इलाकों में माँ-बाप जिन्हें शहरों के बढ़िया मनोचिकित्सक संस्थानों की कोई जानकारी नहीं होती, अपने कमअक्ल बेटों के लिए ढाबों को ही उनके इलाज और पेशवर ट्रेनिंग के सबसे अच्छे ठिकाने मानते हैं। और इन ढाबों के काइयाँ मालिक इन लड़कों को पाँच सब्जियों के नाम रटाने के साथ-साथ ग्राहकों को खाना परोसने और प्लेट-गिलासों को धोना भी सिखा देते हैं। कोई ताज्जुब नहीं उन लड़कों को सिर्फ भोजन मिलता हो, कोई पगार न दी जाती हो।

ज्यादातर ढाबों में होता है एक चतुर चालाक मालिक, एक ठीक-ठाक पकानेवाला रसोइया, एक चुस्त और समझदार मुख्य वेटर और साथ में मूर्खों का झुंड। ऐसा ही एक ढाबा मुरादाबाद से ठीक पहले मौजूद था–पंजाबियाँ दी पसन्द। जहाँ ढाबा मालिक को छोड़कर बाकी सब बौराए-बौराए-से दिखाई दे रहे थे। मैं ढाबे की बाहरी दीवार के पीछे से घूमकर पेशाब करने गया। वहाँ खुली खिड़की से मुझे ढाबे की रसोई के अन्दर का हाल दिखाई दिया। बेहद गरम मौसम था और रसोइया एक खाकी सोला टोपी लगाए आग के सामने बैठा था–टोपी पर गन्दगी और पसीने के धब्बे नजर आ रहे थे। वह जोर-जोर से हिन्दी फिल्मी गाना गा रहा था। उसने मुझे देखा तो जलने से काली हुई कड़छी को गत्ते पर टकटकाता हुआ पुकारने लगा–चिरिमिरी कालोनी से दालफ्राइ? चिरिमिरी कालोनी से दालफ्राइ?

उसके पीछे फटी नेकर में एक बदहाल छोकरा चलते नल के नीचे प्लेटें धोने में जुटा था। वह मुस्कुराते हुए अपने उस्ताद के गाने की तारीफ करता हुआ दो प्लेट लेकर बाजा बजाने लगा। चिरिमिरी चिरिमिरी, चिरिमिरी-चिरिमिरी! ये दोनों सिरफिरे एक पगलाई जुगलबन्दी में लग गए। स्टील प्लेटों को बजाते और गत्ते को टकराते हुए–खुलकर मुस्कुराते हुए गला फाड़कर गा रहे थे दालफ्राइ–दालफ्राइ। चिरिमिरी-चिरिमिरी। दालफ्राइ–चिरिमिरी-दालफ्राइ-चिरिमिरी।

अचानक बाहर से एक दहाड़ सुनाई दी–फुदिहोंदओ। मुँह बन्द करो। क्या तुम्हारी माँ लुट गई है।

दोनों एकदम खामोश पड़ गए जैसे सिर में गोली आ लगी हो।

मैंने जिप चढ़ाई और भाग चला।

रसोइए की बात छोड़ दें–वहाँ तो एक ठीक-ठाक हेड वेटर भी नहीं था जो कम-से-कम बिल तो ले सके। खाना खत्म करने के बाद आपको खुद काउंटर पर जाकर वहाँ बैठे हट्टे-कट्टे सरदार से हिसाब-किताब करना पड़ता था। वही वहाँ का मालिक था।

आपको छुट्टे पैसे देता हुआ वह कहता—अजी, यह उनका कसूर नहीं। वे तो भोले-भाले हैं, यह दुनिया ही पागल हो गई है।

मुझे पक्का विश्वास हो चला था कि आप भारत भर में फैले ढाबों में जाकर सिरफिरे रंगरूटों की एक फौज खड़ी कर सकते हैं जो सही दिमागवालों से भिड़ सकती है। और फिर ऐसा घमासान मचेगा कि आपके लिए यह मुश्किल हो जाएगा कि कौन पागल है और कौन...

मैंने और फ़िज़ ने इससे पहले ऐसी सड़कों पर सफर में इतना समय कभी नहीं बिताया था। जब हम किशोर थे तो मोटरसाइकिल और कार से हमारा कोई खास मतलब नहीं था। न ही हमने सैलानियों की तरह मन्दिरों और स्मारक देखने के लिए यात्राएँ की थीं। लेकिन सफर के इस दौर ने हमारे सम्बन्धों में एक नया आयाम जोड़ दिया। हम गोया सड़क के ही हो गए। हमने कई बैटरियाँ खरीद लीं, सुरक्षा के लिए एक छोटी कुल्हाड़ी। ऐसा पॉप संगीत जो सिर्फ सफर के लिए ही होता था। एक सफर से लौटकर हम अगले सफर के बारे में चर्चा करने लगते। क्या-क्या चीजें खरीदनी हैं, कौन-सा सामान साथ ले जाना है—सफर के लिए, मकान में काम आने के लिए। हमने आरामदेह टीशर्टें और ट्रेक सूट खरीदे, प्रसाधन सामग्रीवाले बैग कभी पूरी तरह खाली नहीं किए जाते थे। हम अपने दोस्तों से धीरे-धीरे दूर होने लगे।

मुझे गाड़ी चलाना पसन्द था। खुली सड़क, सामने खुलती जाती दृश्यावली। स्टीयरिंग व्हील से नियन्त्रित किया जानेवाला संसार।

शनिवार की सुबह हमारी जिप्सी हमारी गली से बाहर निकलती, सड़कों की पीली बत्तियाँ अभी जल रही होतीं, और मेरा मन खुशी से भर उठता। फ़िज़ शायद मुझसे भी ज्यादा प्रसन्न रहती—नहाई-धोई, साफ-सुथरी, चेहरा चमकता होता। वह गरम चाय का फ्लास्क हाथ में थामे बैठी रहती। एक यात्रा अविस्मरणीय बन गई। मार्च के आखिरी दिन थे—दिल्ली से पहाड़ तक की पूरी यात्रा में उसका हाथ मेरी जाँघ पर ऊपर रखा रहा। स्मृति का जादू—वह पूरा सफर जैसे मेरे दिमाग में कहीं गहरे नक्श हो गया।

मैं चौंधियाए भाव से गाड़ी चलाता रहा लेकिन कोई भी बात, कोई क्षण मेरी पकड़ से छूटा नहीं।

सुबह जल्दी लगनेवाली सब्जी की दुकानों पर प्याज और गहरे हरे रंगवाले तरबूज बिक रहे थे। एक तरफ झुकी खड़ी ठेलियों में लदे बड़े-बड़े आलू जो सेबों की तरह चमक रहे थे। खुले खेतों में गेहूँ की घनी बालियाँ जो हरी से सुनहरी रंग की होती जा रही थीं। सुनहरी बालियों से अगला खेत हरे रंग का होता, दो भाइयों की तरह। एक तेजी से बढ़ गया, तो दूसरा पकने में कुछ पीछे रह गया। ईख की कहानी और भी ज्यादा अलग थी। ट्रॉलियों और ट्रकों में लदे, कटे और गट्ठरों में बँधे गन्ने चीनी मिलों की ओर ले जाते समय यातायात में काफी बाधा डालते। पीछे से काफी बाहर निकले मीठे तीर जो खतरनाक ढंग से हिलते हुए मुसाफिरों के लिए खतरा बनते, और उधर लम्बे रेशोंवाले गन्नों के खेत दूर-दूर तक गेहूँ की बौनी बालियों के समुद्र से घिरे दिखते। जगह-जगह दुर्गन्ध फैलाते और धुआँ छोड़ते जलते गोबर के ढेर जैसे पुराने जमाने के बम जो फटने की तैयारी में थे। देहाती क्षेत्रों को पाट देने के लिए निरन्तर लाल-लाल ईंटें तैयार करते आकाश में सीधी खड़ी चिमनियोंवाले अन्तहीन भट्टे।

ब्रजघाट पर गोलाई में बहती गंगा की क्षीण धारा के तट पर देवता की अनेकानेक झोंपड़ियाँ और वहाँ मौजूद खस्ता हाल नौकाएँ।

बिना नहाए आकाश का धुँधला नीलापन, हवा में धूल की धुँध लटकी हुई। हर कहीं–दीवारों, मकानों, ढाबों, दुकानों पर जरा भी जगह नजर आती वहीं बड़े-बड़े अक्षरों में कोला, सिगरेट, बीड़ी, साबुन के भौंडे और सेक्स सम्बन्धी हर मुश्किल के आसान हल के बेशर्म समाधान का न्योता देते विज्ञापन। डॉक्टर डाक्टरोला से सम्पर्क करें, ए बी सी डी ई एफ जी (लन्दन), एच आई जे के एल एम एन ओ (अमेरिका) और दिन वाली मर्दाना ताकत रात के अँधेरे में हासिल करें। हर कहीं नजर आते सफेद टोपी में सजे कांग्रेस के गलाफाड़ लोग–उसी तरह जैसे कांग्रेस आज नए भारत का प्रतीक बन गई है। और जगह-जगह पी.सी.ओ. और एस.टी.डी. के खोखे–हर कहीं, हर गाँव, हर दुकान में। ग्रामीण भारत जैसे पागल होकर दुनिया भर को फोन मिलाने में लग गया हो। हैलो, नमस्कार, यहाँ हम सब कुशल से हैं और अभी मरे नहीं हैं।

टायरों और कार मरम्मत की दुकानें, ढाबे, हर कहीं, हर तरफ नजर आते लोग–बैठे, चलते, खाते, सोते, शौच, पेशाब करते, सवारी करते कुछ-न-कुछ देखते हुए–यह नजारा हमारे घर से लेकर रुद्रपुर तक के उगाए जाते वन क्षेत्रों तक। इस दृश्य में कहीं कोई विराम नहीं नजर आता था–त्रस्त-व्यस्त मानवता का अगम्य सैलाब और इस हड़बोंग से निजात दिलाते साथ-साथ चलते लाखों वृक्ष। सड़क के दोनों ओर कई समानान्तर पाँतों में लगे पीले तनोंवाले सफेदे के पेड़–कद में ऊँचे लेकिन पतले और छोटे–अकसर ही पानी से घिरे दिखाई देते, जिसका कारण भी वे स्वयं थे। और फिर दिखाई देते शीशम, तना मुड़ा-ऐंठा हुआ लेकिन हरे पत्ते चमकते हुए। हर पेड़ के तने पर सफेद रंग की पट्टी-सी पुती दिखाई देती जो यह बताती थी कि यह पेड़ राज्य की सम्पत्ति है, लोगों की नहीं। आप और आगे बढ़ते तो आम के पेड़ झुंडों में नजर आते–मटमैले हरे पत्तों की छतरी पर सफेद-सफेद छीटों जैसे फूलों से लदे हुए जो बाद में फलों के राजा का रूप ग्रहण कर लेंगे। इन्हें उगानेवाले प्रार्थना करते कि तूफान न आए, कीड़ा न लगे।

फ़िज़ ने कहा–इस बार तो हम आमों में नहा जाएँगे जैसे।

मैंने कुछ कहा नहीं, बस हूँ करके रह गया।

आगे जैसे ही आप रामपुर से घूमकर बढ़ते हैं तो पाँच मील का सफर ट्रकों और दुकानों की गन्दी कतारों के बीच से गुजरता है। फिर आप बिलासपुर और रुद्रपुर के कृषि क्षेत्र में आ पहुँचते हैं। वहाँ नए पहाड़ी पीपल ज्यामितीय पंक्तियों में दिखाई देने लगे। इलाके के मेहनती प्रवासी किसान नई पैसा देनेवाली व्यावसायिक फसलें तैयार करने में लगे थे। पहाड़ी पीपल उगाना भी कमाई का जरिया था। लगाने के सात साल बाद आप इसे काटकर बेच सकते हैं। सड़क के दोनों ओर हरे सुनहरी गेहूँ के खेतों के बीच नए पेड़ सकुचाते हुए उठ रहे थे–उन पर शानदार हरे पत्ते आ रहे थे। पहाड़ी पीपलों को दो तरीकों से लगाया था–खेतों की सीमा पर और दूसरा था वर्गाकृति झुरमुटों के रूप में एक दूसरे से ठीक-ठीक आठ फीट की दूरी पर–आप किधर से भी देखें पेड़ एकदम सीधी सटीक पंक्ति में नजर आते थे। अपने छुटपन में ही वे दो आदमियों जितने ऊँचे हो गए थे। बस उनके तने का पतलापन ही उनकी कम उम्र होने की पोल खोल देता था।

इसके विपरीत पूरे सफर के दौरान कई तरह के पुराने गूलर पेड़ नजर आते थे जो अपने पुष्ट तने और पत्तों के फैलाव में दूर से नजर को खींचते थे। कुछ बड़, कुछ पीपल और कुछ ऐसे पेड़ जिन्हें हम पहचान नहीं पाए थे। वे अकेले और दूर-दूर नजर आते थे–गाँव के स्कूल

के पास, स्थानीय अदालतों के बाहर, मंडी के चौक के बीचोबीच, पुलिस थाने के अहाते में। अपना हाथ मेरी जाँघों पर रखे-रखे फ़िज़ ने कहा—ये वृक्ष साम्राज्य के शेर हैं और वनपीपल हैं हिरन।

सबसे शानदार शेर का फैलाव रामपुर लेवल क्रॉसिंग से पहले आखिरी मोड़ पर देखा जा सकता था। एक पोखर के बीचोबीच उभरे मिट्टी के ढूह पर एक विशाल वट वृक्ष दिखाई देता। इसके तने की गोलाई को घेरने के लिए छह लोगों की दरकार होती और इसकी पुरातन छतरी के नीचे एक हजार लोग नींद ले सकते थे, और इसकी लटकती जड़ों के कारण इसका फैलाव निरन्तर बढ़ता जा रहा था। इसकी मोटी जड़ों के उलझे फैलाव में पत्थर का एक छोटा-सा मन्दिर था। एक तिकोनी केसरिया पताका इस पर फहरती रहती। पेड़ के तने पर सिन्दूर पुता हुआ था। दूर से तेजी से गुजरते हुए यह जानना मुश्किल था कि वहाँ किस देवता का वास था, लेकिन फिर भी इतना कहा जा सकता था कि हिन्दुओं के त्रिदेव इसके नीचे आश्रय पा सकते थे।

पर्वत माला की निचली पहाड़ियों तक पहुँचने से पहले आपको जो शानदार पेड़ देखने को मिलते वे होते भव्य सेमल। जैसे-जैसे आप रुद्रपुर के निकट पहुँचते जाते, ये पेड़ बहुतायत से दिखने लगते। जब आप शहर से निकलकर आरक्षित वृक्ष रोपण क्षेत्र की ओर बढ़ते तो इनकी संख्या और भी ज्यादा होती जाती। वह क्षेत्र हल्द्वानी तक फैला था। सेमल थे अफ्रीका के जुलू योद्धाओं जैसे सीधे-मोटे, मजबूत तनेवाले, लम्बे-ऊँचे। मार्च के उस दिन उनमें से अधिकतर पेड़ों पर न पत्ते थे, न फूल। उनकी अनेक डालियाँ और टहनियाँ नीले आकाश की ओर अपनी उँगलियाँ उठाए हुए थीं। वे सड़क के साथ शान से दूर-दूर तक चले गए थे और ज्योलीकोट तक के पहाड़ी रास्तों पर चढ़ते समय भी उन्हें देखा जा सकता था। वृक्ष रोपण क्षेत्र से गुजरते हुए फ़िज़ मेरी गोद में सिर रखकर लेट गई और मुझे पूरी सड़क की बादशाहत मिल गई, मैं जीवन सम्राट, दुनिया का बादशाह बन गया। मैं खुद को सेमल जितना ऊँचा महसूस कर रहा था, मेरी नसें इस्पात में ढल गई थीं। लेकिन अपनी ताकत का यह अहसास एक भ्रम था। वन क्षेत्र खत्म होते ही जैसे उसने अपना सिर हटाया तो मेरा भ्रम पिघल गया। बाद के वर्षों में मैंने सेमल के बारे में भी यही जाना था। असल में बाहर से चाहे ये जितने भी शानदार और मजबूत दिखते हों, उनकी लकड़ी कमजोर थी और वह आसानी से खराब हो जाती थी।

मुझे और भी बहुत कुछ याद आ गया।

गजरोला के बाद मैं पेशाब करने उतरा, पर मुझे देर तक इन्तजार करना पड़ा, खून में दौड़ती उत्तेजना को शान्त करने के लिए। फ़िज़ ने सड़क के किनारे उगे गाँजों-भाँग के पौधों की ओर संकेत किया। कोई भी वहाँ से पत्ते तोड़कर सावधानी से घंटों तक उसे हथेली पर मलते रहकर शान्ति और निर्वाण की राह पा ले जानेवाले काली गोली का रूप दे सकता है या फिर दूध में घोटकर नशीले विभ्रम का आनन्द ले सकता था। फ़िज़ ने कुछ रसीली टहनियाँ तोड़कर जिप्सी के पिछले हिस्से में डाल दीं सूखने के लिए। उस सम्भावित हरे नशे की कल्पना करके मैं हवा में और भी ऊपर उठ गया।

और फिर पूरे रास्ते शानदार तरीके से झूमते, हिलते सरसों के खेत, उन पर खूब फूल आ रहे थे—सुनहरे-पीले झुंडों में—उन्हें देखना भी गाँजा के कश लगाने जैसा ही अनुभव देता था।

ज्योलीकोट के बाद हमने दो हिस्सों में कटती सड़क का एक नम्बरवाला कटाव पकड़ा और पहाड़ी पर खड़े मकान तक ले जाने वाले रास्ते के दो मोड़ों को पार करते हुए वहाँ पहुँच गए। मेरा हाल उस भूखे आदमी जैसा था जिसे खाने की मेज तक ले जाकर बिना खिलाए

ही वापस भेज दिया गया—एक नहीं, शायद सौ बार। हर सफर पर उसे जरा-सा स्वाद चखाया जाता पर पेटभर भोजन करने का मौका उस बेचारे को कभी नहीं दिया गया।

बाद में उस रात फ़िज़ ने मुझे छककर स्वाद से मन भरने का पूरा अवसर दिया—सचमुच शहंशाहों जैसी दावत थी वह!

मेरी आवाज उस घाटी में खूब गूँजी होगी तब।

आधी रात पीछे चली गई थी—हम दोनों खिड़की के नीचे लगी पटिया पर बैठे थे। पिछले महीनों के दौरान केवल यही दूसरी उत्तेजक घटना थी जो आज भी मुझे याद है। हम विवस्त्र थे। दिन के पहाड़, मनुष्य और कारें—नींद ले रहे थे—और रात के पहाड़—वन्य जीव और ट्रक—अपनी यात्रा पर निकल पड़े थे। हमें यह अनुभूति थी अभी-अभी जो कुछ हो चुका था वह बहुत समय से नहीं हो पा रहा था। ज्यादातर तो हमारा समय जिन्दगी से जुड़े काम की उलझनों की सलवटें निकालने में ही बीतता था—दिलचस्प, सन्तोषजनक, नई-नई जानकारियाँ, लेकिन जिन्दगी के रोजमर्रा के काम से जुड़ी बातें—बस।

मुझे और फ़िज़ को कभी वह सब रास नहीं आया था। हमने उस तरह जिया भी नहीं था।

हम अपनी त्वचा के जादू के सहारे जीते आए थे।

और जब यह सिलसिला टूटता था तो हम घबरा उठते थे।

लेकिन ईमानदारी से कहूँ तो जिन्दगी के दूसरे काम ठीक-ठाक चल रहे थे—नए-नए आविष्कार।

जल्दी ही हमने हर काम के लिए सही कामगारों को खोज निकाला।

जल्दी ही हमें राक्षस की अनेक विशिष्टताओं का पता चल गया।

और हमने नए गुसलखाने बनाने की समस्या भी सुलझा ली और इस तरह अपनी जिन्दगी की नई-नई परतों को खोलने की राह पर बढ़ने के नए दरवाजे खुल गए।

हमारे कामगारों में सबसे प्रमुख था बिदेशी लाल। वह बहुत ही अच्छा बढ़ई था और वह अपने साथ कई सहायक छोकरों को लाया था। उनमें सबसे छोटा सिर्फ छह वर्ष का था। उसे सब डोलंकी कहकर पुकारते थे। जब दूसरे लोग लकड़ी के तख्तों पर कीलें ठोकते या उन्हें छीलकर समतल बनाते तो वह अपने छोटे-छोटे हाथों से थामे रहता। और काम के बाद जब दूसरे सब आराम करते तो लकड़ियों से उतरी छीलन को बोरों में भरता रात में आग जलाने के लिए। कभी-कभी बड़े छोकरे उसके लिए लकड़ी की तलवार, पिस्तौल या बोतलनुमा हथगोला बना देते। जब उस पर किसी की नज़र न होती तो वह युद्ध का अभ्यास करता। बरामदे के पास खड़े नाशपाती के पेड़ पर जोरदार हमले बोलता और दूर घास में छिपे दुश्मनों पर हथगोला फेंकता।

पेड़ पर हमला करते समय ढिश, ढिश, ढिश की आवाज निकालता।

घास में हथगोला फेंकता तो आवाज आती घुम्म, घम्म...

बाद में जब डोलंकी लड़ाई से फुरसत पाकर आराम करता होता तो राक्षस उससे पूछता—आज तुमने कितने पाकिस्तानियों को मारा।

डोलंकी मुस्कुराकर कहता—एक सौ दस।

राक्षस अपने अच्छेवाले हाथ से उसकी पीठ थपथपाकर कहता—अरे बहादुर, इतनों को तो मैं अपने एक ही हाथ से मार देता। कल तुम्हें दो सौ बीस को जरूर ठिकाने लगाना है—समझे।

विदेशी और उसके छोकरे बहेड़ी से आए थे। विदेशी की उम्र पैंतीस साल थी और वह दस बच्चों का बाप था—नौ लड़कियाँ और दसवाँ बेटा। उसके साथियों में सबसे बड़ा इक्कीस

साल का था। सभी छोटे कद के, दुबले-पतले थे लेकिन हाथ-पैरों में जबरदस्त पकड़ थी। वे खिड़कियों के बाहर लगी टूटी-फूटी पटियों और ढालवाँ छतों पर घंटों खड़े रहकर लगातार ठोकापीटी करते रह सकते थे। कई महीनों से मैं सोच रहा था, कोई गिर न जाए, लेकिन वे सभी अपने काम में खूब निपुण, निडर थे। बिदेशी लाल की टोली में चेहरे अदलते-बदलते रहते। कभी कोई जाना-पहचाना चेहरा अदृश्य हो जाता। और उसकी जगह कोई नया छोकरा दिखाई देने लगता। लेकिन एक छोकरा हमेशा बना रहता। बिदेशी उसे दीवारों और छत पर कभी न चढ़ने देता—हालाँकि लकड़ी को चीरने, छीलने और ठोक पीटने में वह दूसरों जितना ही होशियार था।

उसका नाम था चतुरलाल। वह सबसे ताकतवर था और उसके हाथ बहुत मोटे-मजबूत थे। वह एक तरफ को झुककर चलता। और एक ललछौंह मुर्गी सदा उसके साथ रहती थी। वह मुर्गी को बगल में दबाए चलता। छोकरे मुर्गी को उसकी बेगम कहा करते थे। जब वह लकड़ी के गाँठ-गँठीले तख्तों को छीलकर साफ करने में जुटा होता तो बेगम के एक पंजे में डोरी बाँधकर किसी खूँटे से लपेट देता। जब ये सब दोपहर का खाना खाने बैठते—रोटी और अचार—तो चतुरलाल बेगम को अपनी गोदी में बैठा लेता और वह उसकी हथेली से चुगती रहती। मैंने उसे बोलते कभी नहीं सुना। लेकिन कभी-कभी सुबह-सुबह या दिन ढलते समय मैं उसे मकान के इर्द-गिर्द घूमते और आ आ आ आ पुकारते सुनता। इस तरह वह बेगम को पुकारता जो तब दिखाई न देती। जब वह उसे हाथों में भींचता तो मुझे लगता जैसे वह मुर्गी से फुसफुसाकर कुछ कह रहा है। लेकिन यह कभी पता न चल पाया कि वह बेगम से क्या कहता था।

बिदेशी लाल बताता कि चतुरलाल उसके बड़े भाई का बेटा है। जब वह पाँच साल का था तो उसके सिर पर एक पत्थर का टुकड़ा आ गिरा था। उस चोट के बाद से उसमें कुछ बदलाव आ गया। वह कम समझता था लेकिन स्वभाव से मृदु और सहनशील था और वह पशु-पक्षियों से बातें कर सकता था। मैंने हमदर्दी दिखाई तो बिदेशी बोला—भगवान कुछ लोगों से उनका दिमाग छीन लेता है तो कुछ लोगों से उनके प्राण ले लेता है। बिदेशी का बेटा, उसकी दसवीं सन्तान, पोलियो ग्रस्त था और मुश्किल से ही चल पाता था।

बिदेशी दुखीराम को लेकर आया था। वह प्रमुख राजमिस्त्री था और बिहार से आया था और इतना दुबला था कि उसके गाल मुँह के बहुत अन्दर तक धँसे हुए थे।

उसकी उम्र का अनुमान लगाना मुश्किल था। वह पैंतालीस से पैंसठ के बीच किसी भी उम्र का हो सकता था। वह अपने क्षेत्र की बोली में बात करता था जो ज्यादातर मुझे और फ़िज़ को समझ नहीं आती थी। बिदेशी लाल बहुत बातूनी था। वह चाहता था हर बात के बारे में उसकी राय पूछी जाए और बताए कि कौन-सा काम किस तरह हो सकता था। उससे उलट दुखीराम एकदम चुप्पा आदमी था। उसे पसन्द नहीं था कि काम के बारे में उससे कुछ पूछा जाए। उसका रवैया स्पष्ट था—बताओ क्या करना है और फिर जब तक काम हो न जाए उससे कुछ न पूछा जाए। वह छोटी-सी सफेद धोती पहने रहता था और सदा अपने पुट्ठों के बल बैठा नजर आता। चलने के समय के अतिरिक्त मैंने उसे कभी खड़े हुए नहीं देखा।

उसके साथ आए छोकरे मधुबनी जिले के थे। वे चार थे—सभी की उम्र बीस से तीस के बीच थी। बिदेशी के सहायक बीड़ी पीते तो दुखी के चेले चूना और तम्बाकू से तैयार खैनी खाते। उनमें से एक साँवले रंग का गोल-मटोल था। मोटे होंठ और घुँघराले केश। उसकी आवाज बहुत सुरीली थी। कभी-कभी रात में उसका गाना सुनाई देता। वह मीठे गले से दुख भरे लोकगीत गाता। बिदेशी के छोकरे खिलंदड़ थे। वे आपस में एक-दूसरे को छेड़ते हुए खिलखिलाते रहते।

जबकि दुखी के साथी दुखी दिखाई देते। मुझे लगा बिदेशी के छोकरों के सहज उल्लास के पीछे आसपास के इलाके में उनका घर होना था। शायद उन्हें लगता था वे जब चाहें जाकर अपने घरवालों से मिल सकते हैं, जबकि दुखी और उसके सहायक बहुत दूर से वहाँ काम करने आए थे। उन्हें घर जाने में कई दिनों का सफर करना पड़ता था। वे खुद को परदेस में एक अनजान जगह पाते थे। यहाँ की ठंड उन्हें कुछ ज्यादा ही परेशान करती थी। वे बेचारे जैसे निर्वासन का दुख झेल रहे थे।

दुखी और उसके सहायक केवल ईंटों की चिनाई और कंक्रीट का काम करते थे। वे दीवारों की चिनाई करते–उन पर सीमेंट का प्लास्टर करते और छतों में इस्पात की छड़ों की जालियाँ बाँधकर सहारे के लिए लकड़ी के फट्टे लगाकर कंक्रीट की भराई करते। लेकिन उन्हें पत्थरों का काम जरा भी नहीं आता था। फिर चाहे वे तराशे हुए हों या बिना कटे।

पत्थरों का कारीगर राक्षस लेकर आया था। वह ऊपर बसे भूमियाधार से था। वह बड़ी उम्र का था और सदा अभय के पिता प्रताप की तरह गांधी टोपी लगाए रहता था। मुझे लगा इसका राजनीति से कोई सम्बन्ध नहीं था। कभी उसने चतुर्थ श्रेणी के कर्मचारी के रूप में सरकारी दफ्तर में काम किया था लेकिन नौकरी के बाद भी टोपी पहनना चालू रहा था। राक्षस उसे गोली कहकर बुलाता। लेकिन हम उसकी बड़ी उम्र के कारण उसे गोली जी कहते।

इस बात पर राक्षस ने हँसकर कहा था–वाह गोली जी! हम तो उसे गोली इसलिए पुकारते हैं क्योंकि उसने एक बार न जाने कौन-सी गोलियाँ खिलाकर आधे गाँव को तो लगभग मार ही डाला था। तब वह सेनिटोरियम में चपरासी था।

गोली को काम करते देखना दिलचस्प था। उसकी बाँहें बहुत मजबूत थीं। अपने हाथों से हथौड़े और छेनी के सटीक वार से वह पत्थर तोड़ता और उन्हें तराशता। यह धीमी रफ्तारवाला कठिन काम था। तीन फीट की दीवार करने में ही उसे और राक्षस को कई दिन लग जाते। जबकि ईंटों की चिनाई करनेवाले राजमिस्त्री तेजी से काम करते–ईंटों की चिनाई फिर ऊपर से सीमेंट का प्लास्टर और बस दीवार तैयार हो जाती। बार-बार इसी क्रम को दोहराया जाता और पूरी दीवार एक ही दिन में ऊँची उठ जाती।

कामगारों की फौज में कुछ ऐसे भी थे जो अदलते-बदलते रहते–बिजलीवाला, नलवाला, रंगरोगन का कारीगर, लोहे की जाली तैयार करनेवाला, लकड़ी और पत्थर पर पालिश करनेवाले–आते, अपना काम करते और चले जाते, दोबारा फिर काम निकलता तो ये फिर चले आते। बुलाने पर ये प्रायः हल्द्वानी और नैनीताल से आते थे। फिर दिहाड़ी मजदूर भी थे। वे गाँव से ही आते रहनेवाले थे। ये साठ रुपए रोज पर कोई भी काम करने को तैयार थे।

नियमित काम करनेवालों में थे–बिदेशी और उसके छोकरे, दुखी के साथी, गोली जी और राक्षस। वे वहीं रहते। राक्षस रहता बाहरी दरवाजे के पास बने आउट हाउस में। और बाकी लोग ऊपरी दरवाजे के साथ बने दुमंजिले हिस्से में। वे मालिकाना अन्दाज से रहते, काम करते और मकान को हमारा मनचाहा रूप देने में जी जान से जुटे हुए थे।

खाली वक्त में उन्हें आपस में मकान बनाने को लेकर तरह-तरह की बातें करते सुना जा सकता था–दीवारें कैसे तैयार हों, छत का कोण क्या हो, खिड़कियों का आकार, शहतीरों की चौड़ाई कितनी हो, दो कड़ियों के बीच ठीक-ठीक कितनी दूरी रहनी चाहिए, सेप्टिक टैंक कहाँ बनने चाहिए, किस किस्म की कौन-सी लकड़ी काम में लानी चाहिए–साल या तोण। न्यूजीलैंड का देवदार या कुमाऊँ वाला। खिड़कियों के पल्ले मुड़नेवाले हों, या शीशेवाले पल्ले लगाए जाएँ।

सिरेमिक टाइलें लगें या सफेद संगमरमर का इस्तेमाल किया जाए। इस्पात की नालीदार चादरोंवाली छतें बनें या नैनीताल के मकानों जैसी।

इस फौज का एक फील्ड कमांडर या मोर्चे का सेनापति था और एक था सर्वोच्च सेनापति।

फील्ड कमांडर था अपने ठूँठ हाथ को हिला-हिलाकर आदेश देता राक्षस।

वह हर सुबह अपनी सेना को मोर्चे पर ले जाता। पहले हाथ के ठूँठ को हिला हिलाकर काम समझाता फिर उनके साथ कन्धे-से-कन्धा मिलाकर खुद भी जूझता रहता—साथ ही लगातार चीखना-चिल्लाना भी चलता। शाम होते ही अपने साथी कामगारों का दोस्त बनकर उन्हें खूब हँसाता अपनी चुटकुलेबाजी से।

सर्वोच्च सेनापति थी फ़िज़।

उसने मकान पुनर्निर्माण की योजनाएँ बनाईं, फिर आवश्यक निर्माण सामग्री को मँगवाने का प्रबन्ध किया। शाम को खर्च का ब्योरा रखना और भुगतान जैसे जरूरी काम भी उसी के जिम्मे थे।

नरमी लेकिन साफगोई से बात कहने की आदत के कारण फ़िज़ ने जल्दी ही कामगारों का विश्वास और सम्मान जीत लिया। फ़िज़ उनके लिए कोई घमंडिन मेम साहिबा नहीं थीं। वे उसे स्नेहिल भाव से दीदी कहकर पुकारते थे। हाँ, मैं उनके लिए जरूर 'साहब' था—जो सदा से ही एक मूर्ख लेकिन धनवान समझा जाता था। असल में मकान पुनर्निर्माण करते समय फ़िज़ ने कमरों से जुड़े गुसलखानों का जो शानदार विचार सामने रखा था उसने तो सबको उसकी प्रतिभा का लोहा मानने पर मजबूर ही कर दिया। वे सब सचमुच उसे अपनी नेत्री मानने लगे।

एक शाम वह देवदार के नीचे बैठी हुई मकान की ओर देख रही थी। हम दोनों ही लाल पत्थर की उस बेंच पर बैठे थे जिसे हमने मकान की चहारदीवारी के साथ बनवाया था। खूब गर्मियाँ थीं। और तब से कुछ घंटे पहले ही हमने भयानक अँधड़ का प्रकोप झेला था जो हर दोपहर में दो से तीन बजे के बीच हम पर टूट पड़ता और सबको उखाड़ता, पछाड़ता, गिराता, उड़ाता हुआ मकान के पास से गुजर जाता। अँधड़ हमेशा ही ज्योलीकोट की तरफ से चीखता आता और भूमियाधार की तरफ दौड़ जाता। खुले में पड़ी हर चीज—कपड़े, कुर्सियाँ, किताबें—उड़ जातीं और उस शैतान के गुजर जाने के बाद उन्हें मैदान के हर कोने में पड़े पाया जाता। अगर आप उसके सामने खड़े होते तो वह आपको इंच-इंच करके पीछे धकेलता जाता। ऐसे में अगर आँखें खुली रह जातीं तो तूफानी हवा पलकों को केले के छिलके की तरह जरूर उखाड़ डालती। जैसे ही धूँ-धूँ की पहली आवाज होती, चेतावनी देनेवाला पहला झपाटा आता, सारे कामगार अपने औजार छोड़ देते और मकान की आड़ में उकड़ूँ बैठकर बीड़ी सुलगा लेते या चूने और तम्बाकू की खैनी मलते हुए तूफान का तांडव देखते रहते। आधा घंटा बीतते न बीतते तूफान गुजर जाता, अपने फड़फड़ाते वस्त्र समेटता हुआ जाने कहाँ खो जाता। तब शोर-शराबे के बाद एकाएक सन्नाटा छा जाता। ऐसे में घास का एक पत्ता तक न हिलता।

तब राक्षस अपना ठूँठ हिलाते हुए कहता—ठीक है, अब गुजर गया तूफान। अब जरा अपनी काली पड़ गई...को हिलाते हुए काम में लग जाओ जल्दी से।

राक्षस बताया करता था तूफानी हवा असल में पर्वत की प्रेतात्मा है जो साल में उनचास हफ्तों तक सोती रहती है और फिर जागकर तीन हफ्ते तक इस क्षेत्र में भयानक तांडव करती है। असल में तो यह हम मनुष्यों को याद दिलाती है कि मानव कुदरत के सामने निरा बौना

है। कभी-कभी मनुष्य इतने घमंडी हो जाते हैं कि वे इस चेतावनी पर कोई ध्यान ही नहीं देते। तब भूमि खिसकने लगती है। उसने कहा कि वैसे पर्वत की आत्माएँ अच्छी हैं लेकिन अगर हम बार-बार उनका तिरस्कार करें तो फिर वे बिफरकर मृत्यु और विनाश का भयानक खेल खेलने लगती हैं।

त्रिशूल के नीचे बैठी फ़िज़ ने ऊपर की ओर देखते हुए कहा—बरामदा। इस मुसीबत से बचने का एक ही उपाय है—बरामदा। हमें तो पहले ही इसका खयाल आ जाना चाहिए था। इसका जवाब है—बरामदा।

उसने जैसे मुझे धक्का देकर बैंच से हटा दिया, फिर एक नरम पत्थर का नुकीला टुकड़ा हाथ में लेकर लाल पटिया पर अपने विचार को साकार रूप देने लगी। उसने एक बड़ा वर्ग बनाया—यह था मकान का मुख्य ढाँचा। फिर उसने वर्ग के दोनों ओर दो छोटे-छोटे वर्ग और बना दिए। दाएँ हाथवाला वर्ग था बकरियोंवाला शेड—इस समय वह दीवार के सहारे से बना एक बड़ा शेड था जिसकी टीनवाली छत गिरने को हो रही थी—उसमें लगाया आधी ऊँचाई का दरवाजा और पथरीली दीवारों में बकरियों की मींगन की दुर्गन्ध गहरी बसी हुई थी। बाईं ओरवाला वर्ग दूसरी तरफवाली दीवार के सहारे खड़ा शेड था—यानी फर्श में सूराखवाला वर्तमान गुसलखाना। फिर पत्थर की पटिया पर नुकीले टुकड़े को किरकिराते हुए उसने एक अर्धवृत खींच दिया जो बकरियों के बाड़े की बाहरी दीवार को जोड़ता था। अर्धवृत की रेखा बाहरी बरामदे के किनारों को छूती हुई आगे तक बढ़ाकर ले जाती दिखाई गई थी।

फिर उसने जरा शान दिखाने के अन्दाज से वह नुकीला पत्थर का टुकड़ा मुझे पकड़ाते हुए कहा—तो क्या खयाल है मि. चिंचपोकली?

मैंने कहा—अच्छा विचार है। यानी हम बरामदे को गुसलखाने की तरह इस्तेमाल करनेवाले हैं।

उसने कहा—जी, जनाब। आप चिंचपोकली के अन्दाज से बरामदे का इस्तेमाल करें। गुसलखाना होगा मेरे लिए।

फिर पत्थर मेरे हाथ से लेते हुए उसने बकरियों के बाड़े और फर्श में छेदवाले गुसलखाने की ढालवाँ छतों को मकान के दोनों ओर सीधा खींच दिया। फिर उन दोनों चौरस छतों पर उसने छोटे गोल निशान लगा दिए और ढालवाँ छतों को पुरानी जगह से हटाकर उनके ऊपर लगा दिया।

अब उसने कहा—चिंग चो कहता है कि कोई भी आदमी ढालवाँ फर्श पर...नहीं कर सकता।

मैंने कहा—ओह तो यह बात है! वाह!

अपने नक्शे के नीचे उसने फ़िज़ के हस्ताक्षर कर दिए और उसके नीचे एक रेखा खींच दी, फिर पत्थर के टुकड़े को पीछे उछाल दिया।

सचमुच बहुत शानदार विचार आया था उसके दिमाग में—मकान के चारों ओर बरामदा बनवाकर उसके ऊपर क्रंकीट की छत डलवाओ और छत पर बनाओ गुसलखाने। अब कमरों की दीवारों में सूराख करके इन गुसलखानों को कमरों से जोड़ दो। कितना सरल लेकिन शानदार उपाय खोज निकाला था उसने। इस योजना में मकान के मूल ढाँचे से कोई छेड़छाड़ नहीं थी, बस निर्माण उसके इर्द-गिर्द बाहर होना था। असल में तो बरामदा पुरानी लकड़ी और पत्थरों से बने इस मकान के लिए कंक्रीट की बनी एक सुरक्षा पेटी का काम देनेवाला था। इसमें मकान की दोनों मंजिलों पर दीवारों से बाहर ढके हुए ऐसे बड़े स्थान की योजना थी जिसे खराब मौसम में काम में लिया जा सकता था। और जब हमने उस विचार पर विस्तार से सोचा तो यह पाया कि इसमें हमें सोने के तीन अतिरिक्त कमरे भी मिल जाएँगे।

राक्षस ने उत्साह के भाव से अपने हाथ का ठूँठ हिलाते हुए कहा—अगर दुनिया की सारी औरतों की खोपड़ी में दीदी जितना दिमाग होता, संसार के सारे मर्द खुश हो जाते।

मेरी ओर तिरछी दृष्टि डालते हुए बिदेशी लाल बोला—अरे कुछ देवता मनुष्यों को दिमाग देते हैं तो कुछ देते हैं धन-सम्पत्ति।

फर्श पर पुट्ठों के बल बैठा दुखीराम बोला—तो हम शुरू कर दें?

उसके दुखी साथी हताश भाव से उसे घूरने लगे।

पीछे डोलंकी ने नाशपाती के पेड़ पर हथगोला छोड़ दिया था। आवाज आई थी—धुम्म्।

फ़िज़ ने कहा—आप सब बाद में, पहले गोली जी!

फ़िज़ का विचार था कि नए कमरे, रसोई और गुसलखानों को ईंटों से बनाने में कुछ बुरा नहीं था। क्योंकि ईंटों के ऊपर प्लास्टर हो जाता था, लेकिन बरामदे की चौकी को वह पत्थरों का बनाना चाहती थी। ताकि मकान के मूल स्वरूप से उसका साम्य बैठाया जा सके।

एक सुबह हम वहीं थे तभी गांधी टोपी पहने गोली जी ने सफेद सूत का गोला लेकर एक छोर एक बड़े पत्थर के गिर्द लपेटा। फिर बकरियों के बाड़े की बाहरी दीवार से लेकर बारह फीट तक सीधी रेखा खींच दी। इसके बाद उन्होंने दूसरा सिरा एक दूसरे बड़े पत्थर पर लपेट दिया। राक्षस ने दो पत्थरों के बीच तने हुए धागे को गिटार के तार की तरह टंकारकर जाँचा। बाकी कामगार आसपास खड़े देखते रहे।

अब राक्षस और गोलीजी ने दिहाड़ी मजदूरों की मदद से उस तने हुए धागे के नीचे उथली खाई खोद दी। दस इंच तक की खुदाई में ही ऊपर की मिट्टी निकल गई और इसके बाद खोदनेवालों की गेंतियाँ चट्टान से टकराने लगीं। राक्षस ने अपनी जेब से एक पुराना छेदहा सिक्का और ताँबे का बना टेढ़ा-मेढ़ा छोटा-सा साँप निकाल लिया। उसने उन दोनों को लाल धागे से साथ-साथ लपेट दिया और फिर श्रद्धापूर्वक खोदी गई खाई के एक छोर पर अन्दर दबा दिया। एक दर्जन खास खुशबूदार अगरबत्तियाँ जलाई गईं। उस खुली जगह में भी उनकी मीठी सुगन्ध सब तरफ फैल गई। और सब मकान में रहनेवाली अदृश्य आत्माओं के प्रति आदरपूर्वक झुक गए। गीले केसरिया लड्डुओं का एक डिब्बा खोला गया और सबने एक-एक लड्डू मुँह में रख लिया।

अब गोली जी ने एक तरफ चुने पत्थरों के ढेर से एक बड़ा पत्थर उठाया और छेनी की हल्की-हल्की चोटों से उसके अनगढ़ छोर तराशने लगे। फिर उसके बोझ तले डगमगाते हुए उसे उठाकर गड्ढे के बकरियोंवाले बाड़े के छोर में डाल दिया। अब नीचे झुककर वह पत्थर को तब तक इधर-उधर खिसकाते रहे जब तक एकदम फिट न बैठ गया। अब गोली जी दोबारा पत्थरों के ढेर की ओर घूम पड़े और फलों के किसी नकचढ़े खरीदार की तरह पत्थरों को उठा-उठाकर तब तक जाँचते रहे जब तक उन्हें अपने मनपसन्द आकार-प्रकार का पत्थर न दिखाई दे गया। उन्होंने छेनी की हल्की-हल्की चोटों से उसके अनगढ़ किनारों को जरा छीला, फिर उस पर कुछ सीमेंट मिला मसाला—वे पत्थरों के लिए बजरी का गाढ़ा घोल और ईंटों के लिए पतला घोल तैयार करते थे—गड्ढे में पहले रखे पत्थर पर फैलाकर दूसरे पत्थर को धीरे से उस पर जमा दिया। फिर हथौड़ों से धीरे-धीरे ठक-ठकाकर उन्होंने दोनों पत्थरों को एक-दूसरे पर एकदम ठीक-ठीक बैठा दिया।

राक्षस ने यही क्रम गड्ढे के दूसरे छोर पर दोहराया। वह अपने एक ही हाथ से गोली जी जितनी तेजी से काम कर रहा था। हाँ, उसके काम में भले ही उतनी सफाई न थी।

मैं और फ़िज़ सारा दिन वहाँ बैठे उन्हें काम करते देखते रहे। शाम होते-होते दीवार गड्ढे से ऊपर दिखाई देने लगी। हमें पता चला कि अलग-अलग आकार के पत्थरों में भी ईंटों जितनी ही रूप साम्यता हो सकती है।

काम का प्रारूप तैयार हो गया। हम एक सप्ताहान्त में निर्माण का नया चरण शुरू करते और अगले हफ्ते में लौटकर तब तक पूरे हुए काम का आकलन करके, नया काम शुरू करवा देते। राक्षस और गोली जी लम्बे-चौड़े बरामदे के निर्माण में जुटे थे तो दुखी और उसके साथी ऊपरी दरवाजे के पास आउट हाउस को नया रूप देने के लिए ईंटों की चिनाई में लगे थे। पत्थर मुश्किल से मिलता था। यदि आप वैध तरीके से कुछ पत्थर खरीदने में सफल हो भी जाएँ तो उसके दाम बहुत बैठते थे। इसलिए ऊपरी आउट हाउस से पत्थर निकालकर मुख्य इमारत में इस्तेमाल किए जा रहे थे और आउट हाउस को दोबारा बनाने में ईंटों का प्रयोग किया जा रहा था।

ईंट-पत्थरों से लैस राजमजूरों की सेना ने तो मामूली तैयारी के बाद से काम शुरू कर दिया था लेकिन विदेशी के छोकरे उन तीरन्दाजों की तरह थे जिन्हें हमला करने से पहले सैकड़ों तेज तीर तैयार करने पड़ते थे। सुबह मुँहअँधेरे से लेकर शाम का झुटपुटा होने तक वे छोकरे लगातार चीड़ और शीशम के तख्ते काटते, छीलते और एक तरफ ढेर लगाते जाते। लकड़ी हल्द्वानी के बड़े-बड़े गोदामों से खरीदकर लाई जाती थी। उन लोगों ने बड़े कमरे में लकड़ियाँ छीलने के लिए लम्बा फट्टा लगा लिया था। और सारा दिन वहाँ से लकड़ी पर रन्दा घिसने की आवाज आती रहती, जैसे कोई बड़ा कीड़ा शिक-शिक की आवाज निकाल रहा हो। और शाम को जब वह कीड़ा सो जाता तो पूरे मकान में एक विचित्र सन्नाटा छा जाता। तब डोलंकी अपने छोटे-छोटे हाथों से लकड़ियों की पीली-पीली छीलन को दो बोरों में ठूँस-ठूँसकर भर देता और मजबूत बदनवाला चतुर उन्हें उठाकर आउट हाउस में ले जाता। उसकी मुर्गी डोरी से बँधी उसके पीछे-पीछे चलती जाती।

रात को वे लकड़ियाँ जलाते और उसके चारों ओर बैठ जाते। तब मोटे होंठों वाला दुखी का साथी अपनी दुखभरी आवाज में गाने लगता। उसकी विरह वेदना जैसी घाटी को भर देती। हम दूर पिछवाड़ेवाली टैरेस पर बैठे-बैठे उसकी आवाज सुनते तो मन भीग उठता।

कई बार हम रविवार की शाम को वापसी यात्रा पर निकलते, लेकिन अकसर सोमवार की सुबह मुँहअँधेरे चलते और नौ बजते-बजते दिल्ली के बाहरी क्षेत्र में जा पहुँचते। वैसे हम घर कब पहुँच पाते यह यातायात पर निर्भर करता था। उसमें एक से दो घंटे का समय लग सकता था। दिल्ली वापस आना हमेशा ही हमें हताशा से भर देता, यों पहाड़ की ऊँचाई से चलते समय अच्छा लगता था।

उस समय पहाड़ी सड़कें प्रायः खाली मिलतीं, ढलान तब तक जागे न होते। तारों के नन्हे प्रकाशबिन्दु फीके पड़ने से पहले अपनी आखिरी चमक बिखेर रहे होते। अकसर ही चाँद उस समय चमक रहा होता, घाटी में भरे अँधेरे को अपने जादुई प्रकाश से उजला करता हुआ। कभी-कभी हम हैडलाइट्स बुझा देते और चारों ओर पसरे चाँदी से मढ़े नीम अँधेरे में कई किलोमीटर तक बढ़ते चले जाते। तब यह भूला जा सकता था कि आप कौन हैं, कहाँ हैं और चारों ओर के परिवेश में क्या कुछ हो रहा है। एक बार बीर भट्टी पुल से ऊपर देवदार से भी ज्यादा मोटे तनेवाले विशाल तोण के पास हमने झाड़ियों में गुम होते तेन्दुए की पूँछ देखी थी। यह बात कई दिन तक हमारे मन को घेरे रही।

लेकिन दिल्ली के निकट पहुँचते-पहुँचते हम परेशान हो उठते। बढ़ती गरमी और उड़ती हुई धूल के बादल। हापुड़ के बादवाला रास्ता बहुत तंग था जैसे चूड़ीदार पाजामा और अनेक टाँगें एक साथ उसके अन्दर घुसने की कोशिश करती हुईं। बसें आपकी तरफ यों गुर्राती-घुरघुराती आतीं जैसे नरक से आते चमगादड़ सड़क के किनारे हमेशा ही हाल में हुई सड़क दुर्घटनाओं के भयानक अवशेष पड़े होते—पिचके हुए इस्पाती खोल, जैसे किसी विशाल हाथ ने उन्हें पिचका दिया हो।

गाजियाबाद के बादवाला मोड़ घूमते ही सड़क चार लेनवाली चौड़ी और सुविधाजनक होती जाती लेकिन अब एक नई निराशा घेर लेती। पूरे रास्ते सड़क के दोनों ओर अधूरी इमारतों की कतार दर कतार नजर आती। इस्पात की छड़ें आकाश की ओर उठी हुईं—आधी-अधूरी छतें, बिना प्लास्टर की दीवारें, दरवाजे, खिड़कियाँ गायब। टैरेस के आगे लगी अधूरी रेजिंग। परिदृश्य यह आभास देता लगता था जैसे मकान बनानेवाले उसे पूरा करना ही न चाहते हों। शायद हर कोई मकान को हर दिशा में बढ़ाने का विकल्प खुला रखना चाहता था। हिन्दुओं के मत से—मनुष्य सदा जीवित रहता है। किसी भी अधूरी चीज को पूरा करने की कोई जल्दी नहीं लेकिन सफर के आखिरी हिस्से में सड़क के दोनों ओर दिखाई देता शहरी बस्तियों का अधूरापन बहुत भयानक लगता था। आँखों में चुभता हुआ। कहीं जरा-सी भी हरियाली नहीं। छोटे-छोटे, नंगे मकान। ईंटें-सीमेंट की भद्दी जुड़ाई से आपस में गुथीं सिली हुईं। सभी थोड़ी-सी हवा पाने के लिए आपस में धक्का-मुक्की करते हुए। ज्यादातर मकान दोमंजिले सन्दूकों जैसे थे—शायद ही कहीं कोई खिड़की नजर आती। अधूरे मकानों के बीच की सड़कें कच्ची, ऊबड़-खाबड़, खुली नालियाँ गन्दगी से रुँधी हुईं। जहाँ भी नजर अटकती कूड़े के ढेर नजर आते। घने बालों वाले काले सूअर कूड़ों के उन ढेरों में अपना भोजन तलाशते घूमते होते। काले-हरे जल के पोखर में भैंसें और मनुष्य दोनों दिखाई देते।

यह था निराशा-हताशा के धुँधलके का क्षेत्र। यहाँ आधुनिक और पुरातन दोनों जमाने के ऐसे लोग बसे थे जिन्हें कुछ पता नहीं था कि उनकी समस्याएँ क्या हैं और उन्हें कैसे हल किया जा सकता है।

गाँव-देहात की प्रतिष्ठा से हीन जीवन जिसके सामने नगर जीवन की किसी सम्भावना का द्वार उन्मुक्त नहीं था।

जमीन को फिर से जीवन देने का पुराना जादू न जाने कहाँ खो गया था।

चतुराई और कौशल से परिपूर्ण जीवन बहुत दूर था अभी।

ऐसे भाग्यशाली कम ही होंगे जो इस अनिश्चय, असम्भावना के धुँधलके से बाहर निकलकर अपना सफर पूरा करेंगे।

बहुत थोड़े लोग—बहुत ही कम लोग।

और जो इन स्थितियों की जकड़न से बाहर आने में सफल हो भी जाएँगे वे अपने को पाएँगे रेत के शहर में।

ड्राइवरों, सुरक्षाकर्मियों, चपरासियों, वाहन सवारों, मजदूरों, वेटरों, कुलियों, दफ्तरों में भागदौड़ करते छोकरों, प्लेटे धोनेवालों, धोबियों, सफाई करनेवालों और भिखारियों को तैयार करती विशाल मशीन का एक निम्न उत्पादन।

ऐसे तीर्थयात्री जो छोटे नरक से निकलकर महानरक में जा पहुँचेंगे।

ओ, यहाँ आनेवालों, छोड़ दो, त्याग दो सब आशाएँ।

महीनों-दर महीनों की अपनी आवाजाही के दौरान हमने इन बस्तियों के हताशा से भर देनेवाले विस्तार को एक सड़ते घाव की तरह पाया। शहर की तरफ, शहर से दूर; सड़क की ओर, सड़क से परे। एक आशाहीन विस्तार। त्वचा कटी-फटी, इस पर कोई भी दवा असर नहीं करेगी। और तो और बारिशें भी–जब इस उपमहाद्वीप को कुछ चैन आता है–इसे चमकाने में असफल हो जाती थीं। दूर-दूर तक हरियाली की जरा सी भी कौंध नहीं। ईंटों के नंगे सन्दूक, धूल और बहती गन्दगी, जो सीलन में और भी उदास हो उठती थी। हर कहीं, हर चीज पर मच्छरों के झुंड भनभनाते, घूमते हुए इसे और भी नारकीय बना देते थे। जिस दिन हवा का रुख सड़क की तरफ होता तो विष्ठा की महा भयानक दुर्गन्ध नथुनों में भर जाती और वहाँ से गुजरने के बीच भी घंटों तक हमें घेरे रहती। साबुन, पानी और कोलोन से धोकर भी उस दुर्गन्ध से पीछा न छूट पाता।

हताशा और उदासी से भर देनेवाले इस नागर विस्तार को देखकर एक ही बात मन में उभरती–शायद कोई नहीं जो इस नारकीय स्थिति से इन्हें मुक्ति दिला सके।

इस समस्या का समाधान खोजने के लिए शायद गांधी को भी न जाने कितना गहरे उतरना पड़ता।

जब हम दिल्ली से चलते तो कुछ अच्छा लगता। कूड़े और गन्दगी का महाढेर अँधेरे कुहरे में ओझल रहता और हम अपनी प्रतीक्षा करते पहाड़ों की ओर जैसे उड़ते चले जाते। उलझन होती थी तो रेलवे फाटकों पर जहाँ दोनों ओर यातायात के अजगर ऊँघते हुए मोटे होते जाते।

इसमें सन्देह नहीं कि पहाड़ हमें दिल्ली में भी बचाए रखते थे। मेरा लेखन तो जैसे मर गया था–और उस उद्वेलित मानसिकता में मैं उत्फुल्ल, प्रसन्न फ़िज़ का एक बुरा साथी सिद्ध होता। जब तक हम कोटला मुबारकपुर और हौज खास मार्किट में सेनिटरी और लोहे की चीजें बेचती दुकानों के चक्कर काटते रहते, या महरौली रोड पर पत्थर विक्रेताओं से भाव-ताव करते, मैं ठीक रहता। फ़िज़ आगे बढ़कर खुद बात शुरू करती, फिर मैं भी शामिल हो जाता।

'मकान' एक ऐसा विषय हो गया था जिस पर हम घंटों बातें कर सकते थे। स्थापत्य, निर्माण सामग्री, मकान में कहाँ-कहाँ से कैसे-कैसे दृश्यों का आनन्द लिया जा सकता है, वहाँ लगाए जानेवाले पेड़, कुछ वर्ष बाद दिल्ली को अलविदा कहने और सदा के लिए पहाड़वाले मकान में बस जाने की हमारी योजना। वहाँ जाकर आउट हाउस में बड़ी उम्रवालों को पढ़ाने का कार्यक्रम, मासिक स्वास्थ्य क्लीनिकों का गठन, जहाँ हम अपने डॉक्टर मित्रों को गाँववालों का इलाज करने के लिए बुलाएँगे, कलाकारों के लिए आयोजित होनेवाला वार्षिक शिविर, घने जंगल से भरी अँधेरी घाटी के नजारे लेते कमरों को लेखकों का विश्राम स्थल बनाना। लालटेनिया झाड़ीवाली टैरेस जिसे हम जड़ी-बूटियाँ उगाने के लिए खरीदनेवाले थे। हमारी बेटियाँ पास के नैनीताल में जन्म लेकर उस मकान में ही बड़ी होंगी। ऐसी उन्मुक्त आत्माएँ जो किसी कार्टून चरित्र को पहचानने से पहले पेड़ का नाम बताएँगी।

सूअर से पहले पीपल की पहचान होगी उन्हें।

गोरे अमेरिकी से पहले हरी गुच्छेदार चिड़िया बारबेट।

इस बिन्दु पर फ़िज़ कह उठती–लेकिन मैं उन्हें घर पर नहीं पढ़ाऊँगी। वे नियमित स्कूल में जाकर पढ़ाई करेंगी और मधुर गीत सुनानेवाली नन उन्हें नैतिक शिक्षा देंगी।

हो गया। हम मकान बेच देंगे।

पहाड़ों में हम खुश थे–सारा समय टैरेस पर बैठे रहते–चाय पीते, व्हिस्की की चुस्कियाँ लेते। पन्द्रह वर्ष बाद स्क्रेबल का खेल फिर से याद हो आया था। हम खेल में माहिर हो गए। पौधों की देखभाल में काफी समय बीत जाता। जगह-जगह से नए पौधे लाकर रोपते जाने का तो जैसे फ़िज़ पर जुनून सवार हो गया था।

वहाँ पहुँचना हमें प्रसन्नता से भर देता। वहाँ से जुड़ी बातें करना अच्छा लगता लेकिन जैसे ही मकान को लेकर चल रही बातें बन्द होतीं मैं अपने अन्दर वापस चला जाता। मेरे पास कुछ कहने को न बचता। शायद मैं कुछ कह पाने की स्थिति में नहीं रह गया था। मुझे याद नहीं पड़ता कि उन महीनों के दौरान मैंने कभी अपनी ओर से सिनेमा देखने, रात का खाना बाहर खाने या अपने किसी दोस्त से जाकर मिलने जाने की बात कही हो। जब फ़िज़ ऐसा कुछ कहती तो कभी मैं उसकी बात मान लेता तो कभी मेरी पथरीली खामोशी उसे निराश कर देती।

अब मैं पीछे देखता हूँ–जबकि सब कुछ खत्म हो चुका है, तो मैं उसके प्रति तब के अपने व्यवहार को याद करके मैं खुद को कोसने लगता हूँ। ऐसा अनेक बार हुआ जब शाम को दोस्तों के साथ बैठे-बैठे मैं एकाएक उठकर कहता–मैं घर जा रहा हूँ। कितनी ही बार फिल्म देखते-देखते बीच में ही यह कहते हुए उठ जाता–बस बहुत हुआ मैं इसे और बरदाश्त नहीं कर सकता। मैं खाना खाते हुए कई बार यह कहकर उठ जाता कि हमें यह खाना नहीं खाना चाहिए या कि यह रेस्त्राँ तो एकदम बेहूदा, बकवास है।

घर लौटकर मैं टैरेस पर गुलमोहर के नीचे जा बैठता और वह फिर से सी.एन.एन. की शरण में चली जाती। जब मैं अन्दर पहुँचता तो कभी-कभी वह सो गई मिलती, लेकिन ज्यादातर तो मैं उसे जागी हुई पाता। एक बार बत्तियाँ बन्द थीं–हम दोनों निकट खिसक आए और फिर से पुराने दिन लौटते हुए लगे और हम दोनों मिलकर हृदय और केश, गरमी और नमी, कड़ेपन और नरमाई, गन्ध और स्वाद तथा स्मृति और कामना की कूट पहेली सुझलाने में जुट गए। वे चरम आनन्द और परम शान्ति के क्षण थे।

मेरे मूड में आनेवाले इन उतार-चढ़ावों को फ़िज़ सहजता से लेती थी। वह जानती थी कि मैं न जाने किन विभिन्न दैत्यों से जूझ रहा था। लेकिन कभी-कभी वह भी बिफर उठती–उस समय हम एक-दूसरे पर पूरी निर्दयता से वार करते। मैं उसे ओछी कुतिया कह देता और वह मुझे महान लेखक चिंचपोकली कहकर मर्मांतक वार करती। मैं कह देता–मेरे पास उसे देने के लिए कुछ नहीं बचा है। मेरी समझ में नहीं आता कि मैं क्या करूँ। वह मुझे पूरी तरह मनोविक्षिप्त करार देती। कहती कि मुझे अपनी जाँच करवानी चाहिए कि आखिर मुझे हुआ क्या है।

फिर हम एक-दूसरे के लिए खुद के दरवाजे बन्द कर लेते–वे तब तक बन्द रहते जब हमारे शरीर आने-जाने के लिए फिर से पुल न बना लेते। या फिर मकान से जुड़ी कोई बात हमें उस बारे में बात करने पर मजबूर कर देती।

मैंने कई बार खुद को स्टडी में ब्रदर के साथ बन्द करने की कोशिश की ताकि इसी तरह कुछ लिखा जा सके, लेकिन वैसा कुछ न हुआ। मैंने मध्ययुगीन सरदार पर खुद का लिखा कई-कई बार पढ़ा लेकिन मुझे एकदम बनावटी, कूड़ा लगा। मैंने अपना छल्लेदार पैड खोलकर उसमें अपने घसीट में लिखे सूत्र वाक्य पढ़े लेकिन उनमें कहीं भी कुछ ऐसा नहीं लगा जिसमें आगे

बढ़ाने का कोई आधार नजर आए। मैंने चाहा कोई एक वाक्य ही ऐसा लिख सकूँ जो मुझे आश्वस्त कर सके कि अभी मैं चुका नहीं हूँ, मेरे अन्दर का लेखक जीवित है। लेकिन सच कहूँ तो एक भी वाक्य दिमाग में नहीं आ सका। मैं उस छोटे कमरे में बेचैन कदमों से चहलकदमी करता रहा और कुछ घंटे बाद जब मैं कमरे से बाहर आया तो मेरा मूड पहले से भी ज्यादा खराब था। मुझे खुद पर ही विश्वास नहीं रह गया था। ऐसे में फ़िज़ को मुझसे और भी बुरा व्यवहार ही मिल सकता था।

जब ऐसी मानसिक स्थिति से घिरा-घिरा मैं कमरे से बाहर निकलता तो फ़िज़ मुझ पर एक नजर डालती और समझ जाती कि मेरे मन में क्या घट रहा है।

उन दिनों मेरा ज्यादातर समय इसी तरह की उल्टी-सीधी बातें सोचते हुए बीतता था। लेकिन आज जब सोचता हूँ तो कुछ याद नहीं आता कि आखिर तब मैं क्या सोचा करता था। हाँ, आज मैं इतना जरूर जानता हूँ। उस तरह का मानसिक सन्ताप भोगनेवाला कोई मैं अकेला व्यक्ति नहीं था। न जाने और ऐसे कितने लोग थे जो इस जानकारी से जूझते हुए जी रहे थे कि वे गलत जगह आ फँसे हैं। लेकिन वे यह भी तो नहीं जानते थे कि उन्हें ठीक कहाँ होना चाहिए था।

जैसे बिना पानी के केंकड़े, न तैर सकते हैं, न अपनी इच्छा से मर सकते हैं। बस जैसे-तैसे जिन्दगी को ढोए जा रहे हैं, ढोए जा रहे हैं। पग-पग पर अपने अन्दर के बियाबान में भटकते हुए। और उनमें ज्यादातर के पास कोई फ़िज़ नहीं थी उनके कठिन जीवन को थोड़ा सहनीय बनाने के लिए।

मैं ऑफिस जाता रहा। लेकिन हर समय भागमभाग और उत्तेजना से भरे उस परिवेश में मैंने खुद को सबकी आँखों में एकदम दमनीय बना डाला था। मैं जानता था कि लोग हर समय मेरी खिल्ली उड़ाया करते थे—पर मैं उन्हें अपने बचाव में कुछ भी नहीं कहना चाहता था। और सच तो यह था कि मैं जानता ही न था कि मुझे क्या कहना चाहिए। मैं जब चाहता नौकरी को लात मार सकता था, लेकिन यह सोच-सोचकर ही मैं थरथरा उठता था। मेरा खयाल था ऑफिस का रुटीन वह रस्सी था जो मुझे जमीन से जकड़कर जोड़े हुए था। उस रस्सी के कटते ही मैं सदा के लिए उड़कर न जाने कहाँ चला जानेवाला था। शायद किसी ऐसी जगह जहाँ कोई मुझ तक नहीं पहुँच सकता था और जहाँ से मैं कभी वापस नहीं आ सकता था। एक विचित्र ढंग से दफ्तर का वेतन भी मेरे लिए महत्त्वपूर्ण था। उससे मुझमें यह अनुभूति बनी रहती थी कि मैं खुद पर टिका हूँ क्योंकि हमने यों एकाएक मिले पैसे को स्वीकार करने से पहले उसे लेकर खूब बातें की थीं और अन्ततः उसे ठीक ठहरा दिया था। लेकिन फिर भी पैसा किसी तीसरे की तरह हमारे बीच आकर ठहर गया था।

सत्तावन लाख, बत्तीस हजार, सात सौ चालीस रुपए, या अब उसमें से जो कुछ बच गया था। वह हमारी अपनी कमाई नहीं थी फिर भी हमने उसे खुशी-खुशी खुले हाथों उड़ा डाला था।

लेकिन जो बचा था, वह हमारी पसलियों में चुभ रहा था।

मेरा खयाल है कि शायद इन्हीं सब कारणों से फ़िज़ ने भी अपनी स्वतन्त्र पत्रकारिता बन्द नहीं की थी। वह पहले की तरह ही दम अरोड़ा से मूर्खतापूर्ण पांडुलिपियाँ सम्पादन के लिए स्वीकार करती रही। और जल्दी-जल्दी उन्हें सुनकर न जाने किस ग्रन्थसूची के अन्धकूप के लिए भेजती रही। इसी तरह दुष्ट महारानी के लिए भी उसी तरह एक के बाद एक नए साक्षात्कार लेती गई। समय बीतने के साथ ही यह पता चलता गया कि वह औरत बाहर से

जितनी कठिन-कठोर दिखाई पड़ती थी, अन्दर से भी वैसी ही थी। अपने कुल्हाड़ी छाप चेहरे से जीवन को काटती हुई।

परिचय पुराना होने के बावजूद दोनों के बीच सहजता नहीं पनप सकी। हर बार जब फ़िज़ उससे मिलती तो हमेशा की तरह ही उसमें दुनिया के प्रति खूब गुस्सा झलकता और एक नैतिकतावादी तिरस्कार का मुखौटा लगाए रहती कुछ यों जैसे उसे लोगों के बारे में कुछ ऐसे अप्रिय सच पता थे जिसे वे खुद नहीं जानते थे।

फ़िज़ को कभी उसकी दुश्चिन्ता का कारण पता नहीं चल सका। उसे लगता था शायद इसके पीछे उसके धनवान पति का उड़ाऊ-खाऊ होना था, जो समाज में अपने उल्टे-सीधे सम्बन्धों के बारे में लगा रहता था। और वह खुद एक बुद्धिजीवी महिला थी जो नारीवादी नारों में विश्वास रखती थी। इस तरह उसकी मानस छवि अपने जीवन की सच्चाई से मेल नहीं बैठा पाती थी। वह पाँचतारा डिस्को के जॉज बैंड की तरह थी। वह उस भव्य होटल को छोड़ना नहीं चाहती थी, पर यह भी जानती थी वहाँ उसका संगीत किसी को पसन्द नहीं है। इसीलिए वह खुद के लिए जगह बनाने में जुटी थी। उसने तय कर लिया था श्रोताओं का कोई महत्त्व नहीं है। और खुद को कैद रखनेवाले होटल के प्रति उसके मन में गहरी घृणा का भाव भर गया था।

यह संसार अत्यन्त कठिन-कठोर है—यहाँ हर किसी को सिकाड़ा समझो।

फ़िज़ में अपनी तरह की एक विशेष परानुभूति मौजूद थी, इसलिए वह उसे एकदम नापसन्द भी नहीं करती थी। फ़िज़ उसके कठोर कवच के पार झाँकने में सफल होकर अपने काम में लग जाती थी। हाँ, फ़िज़ उसके पति को जरूर सहन नहीं कर पाती थी। उसके चिकनाए हावभाव और आँखें हर वक्त फ़िज़ के पीछे चिपकी-लगी रहती थीं।

फ़िज़ ने देखा था कि उसके साथ महारानी किस तरह सर्द भलेपन से पेश आया करती थी जिसमें एक अन्दरूनी हिकारत छिपी रहती थी। पर इससे फ़िज़ को कुछ फर्क नहीं पड़ता था। हर बार हाथ में पारिश्रमिक के रुपयोंवाला लिफाफा थामे फ़िज़ दरवाजे से बाहर निकलते ही कहती—निकल चलो यहाँ से—कम-से-कम एक सप्ताह के लिए इस भयानक नाटक का अन्त हुआ।

हस्तमैथुन पर फ़िज़ की सूचनाएँ हमारा मनोरंजन करती रहीं। फ़िज़ उस विषय की अत्यन्त कुशल विश्लेषक बन गई। उसने पाया कि इस विषय पर पुरुषों में ऐसी अद्‌भुत कल्पनाशक्ति है जिसका श्रेय प्रायः कोई उन्हें नहीं देता। आखिर पुरुषों ने उस चक्कर में अपने साथ क्या-क्या नहीं किया है। खुद को हिलहिलाते हुए वाशिंग मशीनों को आलिंगन में बाँधा है, रेक्सीन के सोफों पर रखी गद्‌दियों के बीच की दरारों में धक्के लगाए, उनकी गहराइयों में पतले तार डालकर धीरे-धीरे घुमाया, कुत्तों की जीभ से उत्तेजना हासिल करने में मदद पाई। कम वोल्टेज वाले प्लगों से हौले-हौले लगनेवाले झटकों का आनन्द लिया, गरम पानी गिराते चौड़े नलों पर हल्ले बोले, भीड़भाड़ भरी बसों में मांसल स्थलों पर रगड़ने का आनन्द लिया, केक, बन, तरबूज और पुडिंग की शालीनता भंग कर डाली। मौका देखकर ताकाझाँकी की, ऐंठा, मरोड़ा, टपकाया, कपड़े, जूते, हैंड बैग, पलंग की चादरें, तौलिए काम में लाए, दोस्तों, सहकर्मियों, अध्यापकों, चचेरे-ममेरे रिश्तों, नौकरानियों, आंटियों, पड़ोसियों, नर्सों, बच्चों, सासुओं, फिल्मी सितारों, मशहूर खिलाड़ियों, टी.वी. स्टार्स, टूथपेस्ट माडलों, दूसरों की पत्नियों, दूसरों की बेटियों, दूसरों की माँओं, और तो और दूसरों के भाइयों, चाचा, पिता, मित्र—कोई भी नहीं बचा। एक साहब ने एक विशेष प्रजाति के कुत्ते को भी इसी सूची में शामिल कर डाला।

हस्तमैथुन के इन पुजारियों के पास इस क्रिया से जुड़ी विचित्र क्रियाओं की लम्बी सूची मौजूद है।

इन लोगों ने जब-जब इस देवता की वेदी के सामने नमन किया तो उसने इन्हें झटपट उपकृत किया, जरा भी विलम्ब नहीं किया।

फ़िज़ ने कहा–एक बात बताऊँ ओननर (हस्तमैथुन) का राजा ओमान के शाह से भी कहीं ज्यादा अमीर है।

मैं बोल उठा–क्योंकि धरती के अन्दर से तेल निकालने से अधिक मजेदार अपना आनन्द इस तरह बाहर निकालना होता है।

उसने कहा–भद्दे शब्दों का इस्तेमाल मत करो।

मैं बोला–माफ करना पर यह तो बताओ तुम्हारे इतने अनुसन्धान का परिणाम क्या है? कौन है इसका शहंशाह?

फ़िज़ ने कहा–असल में हस्तमैथुन का राजा खुद इसका दास भी है जो क्षणिक उत्तेजना के आवेश में आकर इसके चक्कर में फँस जाता है, वही है इसका राजा। उसका यों इसके सामने झुकना ही उसकी विजय है। आत्मसमर्पण करके वह अपने अन्दर के डर, अन्धविश्वास, वासना और लोलुपता पर काबू पाने में कामयाब हो जाता है।

मैंने कहा–और थकान?

वह कहती रही–हाँ, थकान थी। स्वयं की खोज करते हुए वह चरम शान्ति पा लेता है। तब वह कुछ और नहीं चाहता, फिर चाहे यह स्थिति क्षणिक ही क्यों न हो। खुद को प्यार करना सीखकर वह औरों से भी प्यार करने लगता है। वही है सच्चा सूफी शाह। स्वयं में सम्पूर्ण, जो सबको केवल देते रहना चाहता है। महान हस्तमैथुन वादी ही सच्चे महान प्रेमी हैं।

मैंने पूछ लिया–डॉक्टर डॉक्टोरोला, तुम्हारे इतने गहन शोध-अनुसन्धान के बाद तुम्हारी नजर में वे महान लोग आखिर हैं कौन?

उसने झट कहा–माई हीरो। और कौन।

तर्क की धार

जब उन लोगों के हाथ वह गुप्त खजाना लगा तब हम वहाँ नहीं थे।

फोन रात को साढ़े नौ के बाद घनघनाया–जब लम्बी दूरी की कॉल दरें आधी हो जाती थीं। बिदेशी लाल की आवाज थी। वह ठाकुर की दुकान से फोन कर रहा था, पीछे से मुझे दुखी का स्वर भी सुनाई दिया। वह उसे बोलने के लिए उकसा रहा था। टेलीफोन में गड़बड़ थी। बीच-बीच में उसकी आवाज सुनाई देनी बन्द हो जाती। मैंने अनुमान लगाया वे किसी चीज को खोलने की अनुमति माँग रहे थे। लेकिन यह न समझ आया कि वे किस चीज के बारे में बात कर रहे थे। हम उनकी बातों का मतलब निकालने की कोशिश करते रहे, कुछ समझ में ही नहीं आ रहा था।

आखिर मैंने चिढ़कर कहा–खैर जो भी है। हम दो दिन में तो वहाँ आ ही रहे हैं। तब देखा जाएगा।

बिदेशी की आवाज सुनाई दी–ठीक है साहब। अगर आप कहते हैं तो हम इसे खोल लेते हैं। मैं फोन रखकर सोचने लगा कि आखिर बिदेशी और दुखी ने मुझे फोन क्यों किया था? क्योंकि जब भी वे मुझ तक कोई बात पहुँचाना चाहते तो वे अपने एक हाथवाले फील्ड कमांडर के माध्यम से पूछा करते थे। आखिर राक्षस कहाँ था? अगली सुबह मैंने राक्षस को फोन करने का प्रयास किया, पर फोन मिला नहीं। फिर मैं इस बात को भूल गया।

शनिवार को सुबह दस बजे हम जिप्सी में वहाँ जा पहुँचे और गाड़ी को त्रिशूल के नीचे खड़ी कर दिया। बिदेशी के छोकरे काम बन्द कर चाय पी रहे थे। डोलंकी ने कुछ देर पहले ही नाशपाती के तने पर अपना हथगोला फोड़ा था। और अब उसे उठाने जा रहा था। चतुर अपनी बेगम को अपनी पुष्ट बाँह में दबाए उससे फुसफुसाते बातों में मशगूल था। मुझे लगा मुर्गी की आँखों में दिलचस्पी की चमक है।

राक्षस मकान के पीछे से आया। हाथ में थमी छोटी-सी छड़ी को टेनिस रैकेट की तरह हिला रहा था। उसे देखते ही मुझे बिदेशी के फोन की याद आ गई। तब मेरी समझ में कुछ नहीं आया था। आखिर बात क्या थी? मैंने पूछा–क्या चीज खोलने की बात कर रहे थे तुम?

उसने भावहीन आँखों से मुझे देखते हुए कहा–मैं ऐसा नहीं चाहता था। मैंने उन लोगों को खोलने से मना भी किया था। पर उन्होंने मुझे बताया कि आपने खोलने की अनुमति दे दी है। बेवकूफ कहीं के।

जमीन पर उकड़ूँ बैठे दुखी ने निरीह भाव से बिदेशी की ओर देखकर कहा–उस बारे में कुछ न कहना ही ठीक है। खोदा पहाड़ निकली चुहिया।

बिदेशी बोला—अरे साहब, हमारी हालत कुछ न पूछो। हमें लगा हम सबकी मुसीबतें खत्म हो गईं। लेकिन वह जो ऊपरवाला है न—गरीबों को सिर्फ अक्ल देता है, और अमीरों को देता है हीरे-मोती।

मुझे पता चला उन्होंने पिछले कमरे की पत्थरोंवाली मोटी दीवार को तोड़ा तो उन्हें वहाँ एक लकड़ी की पेटी मिली। मुझे वह दिन याद आया—जब मैं उस कमरे में आकाश की ओर देखता खड़ा था। ओफ, उस समय एकदम खँडहर लग रहा था—सब तरफ मलबा फैला हुआ। इन लोगों को पेटी खिड़की के नीचेवाली दीवार हटाने पर नजर आई थी। देखते ही कामगारों में हड़कम्प मच गया। पेटी बड़ी और बहुत भारी थी। ये लोग उसे लेकर उल्टी-सीधी कल्पनाओं में डूब गए थे। उन्हें पक्का विश्वास हो गया था फ़िज़ मैडम पेटी में बन्द खजाने का कुछ हिस्सा तो इन लोगों को जरूर ही देंगी।

पेटी को बाहर निकालने में इन्हें सावधानी बरतने की जरूरत नहीं पड़ी। क्योंकि वह पत्थरों से पटे गड्ढे में रखी थी। पेटी तथा पथरीली दीवार के बीचवाली एक इंच जगह में लकड़ी की छिपटियाँ, छीलन भरी हुई थीं जो अब काली पड़कर सड़ चुकी थीं। पेटी के कुंडे में एक बड़ा ताला झूल रहा था। वैसा जिसे खोलने के लिए पोली चाबी की जरूरत पड़ती है और उसे कई बार छेद में घुमाना पड़ता है। इसके बाद ही इन लोगों ने मुझे फोन किया था और न जाने मेरी बात को पेटी का ताला खोलने की अनुमति समझ लिया। दो ताला खोलने में घंटों जुटे रहे और तब भी ताला न खुल सका तो विदेशी के एक छोकरे को हल्द्वानी जाकर एक तालेवाले को बुलाकर लाना पड़ा।

लकड़ी की पेटी पहली मंजिल पर लाबी में पड़ी थी। फ़िज़ तो देखते ही लट्टू हो गई। पेटी देवदार के मोटे पट्टों से बनी थी और उसके सब जोड़ों पर लोहे की पत्तियाँ लगी हुई थीं। लड़कों ने मिलकर पेटी की साफ-सफाई कर डाली थी और अब लकड़ी चमक उठी थी। लोहे के बड़े ताले से जंग की किरचें झर रही थीं, उसका खुला मुँह हाँफते कुत्ते के मुँह जैसा लग रहा था। तालेवाले ने ताला खोलने की कोशिश में उसे एकदम ही खराब कर दिया था।

फ़िज़ ने ताला हटाकर ढक्कन उठाने से पहले पेटी को सब तरफ से छू-छूकर देखा—उस पर जड़ी लोहे की पत्तियाँ, कीलें और उसकी चिकनी सतह। कई बार हाथ फेरा। बत्ती नहीं थी, इसलिए हमें घेरे खड़े छोकरों से दरवाजों से जरा हटकर खड़े होने के लिए कहना पड़ा ताकि कुछ तो रोशनी मिल सके।

हमेशा की तरह जमीन पर बैठा दुखी चिल्लाया—अरे बदमाश, अब क्या देखना चाहते हो? क्या तुम समझते हो कि अब इसमें से सोने की ईंटें निकलनेवाली हैं?

बिदेशी की ऊँची आवाज सुनाई दी—हरेक को एक-एक दे देना। स्कूल में ये हमेशा किताबों से दूर भागते रहे। कोई भी दरजा पाँच से आगे नहीं गया। और अब हर कोई दूसरे से पहले लेने की कोशिश कर रहा है!

पेटी अन्दर से चार बराबर-बराबर खानों में बँटी हुई थी। और खाने में रूप-रंग में एक जैसी दिखाई देती किताबें रखी थीं। मैंने झुककर एक खाने में रखी सबसे ऊपरवाली किताब उठाई तो ठीक उसके नीचे वैसी ही दूसरी रखी दिखाई दी। चारों खानों में सबसे ऊपरवाली किताबें ताँबई चमड़े की जिल्द वाली थीं। अपने हाथ में उठाई किताब उलटने-पलटने से पहले मैंने दूसरी उठाई तो उसके नीचे भी हूबहू वैसी ही किताब नजर आई। दूसरी को उठाया तो उसके नीचे भी वैसी ही चमड़े की जिल्द नजर आई। एक उजड्ड मुस्कान के साथ बिदेशी बोला—साहब देखते रहिए, अभी तो तमाशा शुरू हुआ है।

मैंने छोकरों से कहा कि वे पेटी को लाबी से उठाकर हमारे सोने के कमरे में रख दें—खिड़की के पास जहाँ से ज्योलीकोट घाटी का दृश्य दिखाई देता था। वहाँ रोशनी की। बिदेशी, दुखी और बाकी सब इन्तजार कर रहे थे कि हम क्या कहेंगे। मैंने कहा—पहले देखें तो सही कि इसके अन्दर है क्या। हो सकता है कुछ लोगों के लिए ये सोने से भी ज्यादा कीमती हों।

बिदेशी बोला—अरे साहब, हमारे भाग्य में तो बस दो जून की रोटी ही लिखी है। अगर कोई हमें सोना दे भी दे तो हमारे हाथों में आते ही वह मिट्टी हो जाएगा।

फ़िज़ ने कहा—बिदेशी, यह पेटी बहुत खूबसूरत है। क्या तुम मेरे लिए एक और ऐसी पेटी बना सकते हो?

बड़बोलेपन की पुरानी आदत की झोंक में बिदेशी कह उठा—अरे दीदी, मैं आपके लिए इससे भी अच्छी पेटी बनाकर दूँगा।

पेटी में ताँबई चमड़े के कवरवाली चौंसठ नोटबुकें या डायरियाँ भरी थीं—हर खाने में सोलह। हर डायरी दो इंच से भी ज्यादा मोटी थी।

जब मैंने जरा कोशिश करके एक की जिल्द खोली तो पहला पन्ना कोरा था, दूसरे पर ऊपर से नीचे तक गोल-गोल लिखाई में लिखा हुआ था। दो लाइनों के बीच बहुत कम जगह छोड़ी गई थी। मैंने आखिरी पन्ने को देखा तो भी शुरू से आखिर तक वैसी ही लिखाई थी। फिर मैंने बीच-बीच में से पन्ने खोलकर देखे—हर कहीं वैसी ही गोल-गोल सघन लिखावट नजर आई। शब्दों के छोटे-छोटे पहिए आगे ही आगे बिना रुके फिसलते चले गए थे। जहाँ तक मैं देख पा रहा था। कहीं नए पैरे का संकेत नहीं था। शायद न कोई आरम्भ था और न ही कोई अन्त। शब्दों के साँस लेने की भी जगह नहीं छोड़ी गई थी। गोया लिखनेवाले को डर था कि अगर ऐसा किया तो शब्द जीवित होकर डायरी से बाहर भाग जाएँगे।

इसके बाद मैंने दूसरी डायरी उठाकर देखी, उसमें भी वैसी ही सघन लिखाई नजर आई। कहीं जरा-सी भी जगह नहीं छोड़ी गई थी। बाहर की तरह अन्दर से भी एक जैसी ही थी। पृष्ठ दर पृष्ठ फीकी नीली स्याही में लिखे हुए। कागज मोटा था जिस पर अब महीन लकीरें पड़ने लगी थीं। रंग सफेद से हल्का पीला और गहरा पीला पड़ गया था। फ़िज़ भी मेरी तरह नोटबुकों को बाहर निकालकर उलट-पलट रही थी—कहीं कैसा भी कोई अन्तर नहीं था।

साफ था कि छोकरे हमसे पहले यह सब कर चुके थे, क्योंकि पेटी अन्दर से एकदम साफ थी। हो सकता है नोटबुकें पहले किसी और क्रम से रखी हों, लेकिन अब वह क्रम तो निश्चित रूप से गड़बड़ा चुका था।

वैसे सावधानी से देखने पर यह पता चल सकता था कि कौन-सी नोटबुक सबसे नीचे रही होगी। क्योंकि नीचेवाली नोटबुकों के पन्ने आपस में लगभग चिपक गए थे और आपको बहुत सावधानी से उन्हें एक-दूसरे से अलग करना पड़ता था। एक दूसरा संकेत स्याही से पाया जा सकता था। कुछ नोटबुकों में स्याही इतनी फीकी थी कि साफ-साफ पढ़ना मुश्किल था। कुछ पन्नों पर धब्बे थे—वे लिखते समय पड़े थे या बाद में—यह भी नहीं कहा जा सकता था।

उन्हें सब नोटबुकों के गैर सिलसिलेवार ढंग से उलटने-पलटने में कई घंटे बीत गए। राक्षस हमें दोपहर के खाने के लिए बुलाने आया तो ताँबई आवरणवाली नोटबुकें सब तरफ फैली थीं। उसे देखते ही मैं समझ गया कि कहीं कुछ गड़बड़ थी—उसके सुन्दर कठोर चेहरे पर जरा-सी भी मुस्कान नहीं थी। उसके बाएँ हाथ का ठूँठ खामोश उदासी से ढलका-ढलका था। मैंने यह भी महसूस किया कि पिछले कई घंटों के दौरान जो कुछ हुआ था, उसमें वह कहीं भी नजर नहीं आया था।

मैंने पूछा–राक्षस, यह पूरा मामला है क्या?

दरवाजे में खड़े-खड़े उसने कहा–बीते हुए को दबा ही रहने देना चाहिए। हम तो वर्तमान को ही नहीं सँभाल पा रहे हैं। लेकिन वे मैदानों से आए मूरख तो कुछ भी नहीं जानते–जरा भी नहीं समझते।

मैंने दोहराया–आखिर बात क्या है राक्षस?

मेरी तरफ देखे बिना वह बोला–मैं नहीं मानता। कुछ नहीं जानता मैं। मैं तो बस इतना जानता हूँ कि बीते हुए को मत छेड़ो, उसे अकेला छोड़ दो। मेरे पिताजी कहा करते थे–वर्तमान मेहनती लोगों का है, तो भविष्य सोच-विचार करनेवालों का–बीता हुआ जमाना तो हारे हुए लोगों का है। जो बीत गया उसे वैसा ही छोड़ देना चाहिए।

उस शाम टफन चला आया, उसे पता था हम दिल्ली से आ गए हैं। हमेशा की तरह उसकी साँस में व्हिस्की का भभका था और कपड़ों पर कुत्तों के बाल लगे थे। लेकिन वह भी कुछ ज्यादा गम्भीर था। हम टैरेस पर जा बैठे। घाटी पर सूरज डूब रहा था। सेना के ट्रकों का काफिला बीरभट्टी से ऊपर आ रहा था। जैतूनी हरे रंग के ट्रक बीच में बराबर की दूरी रखते हुए बढ़ रहे थे। पहाड़ थरथरा उठा था।

टफन ने पूछा–आपने उनका क्या किया?

मैंने कहा–वह पेटी, वे नोटबुकें? वे तो हमारे कमरे में रखी हैं।

वह बोला–उन लोगों को पेटी खोदकर बाहर नहीं निकालनी चाहिए थी। साहब अब आप उन्हें जला डालो। मैडम, मैं सच कहता हूँ जो बीत गया उसे कभी मत छेड़ो। पहाड़ में इस बात को हर कोई जानता है। यही वजह है कि पहाड़ों में शान्ति है और मैदानों में परेशानी। आप अब लोग खोद-खोद कर मन्दिर-मस्जिद, मुर्दे और मृत विचारों को बाहर निकालते हो। इस तरह पुरानी मुश्किलों को बाहर लाकर नई समस्याओं में मिला देते हो और इस तरह मौजूद समस्याएँ और भी ज्यादा बड़ी हो जाती हैं।

मेरा बेटा माइकल कहता है–मैं आपको इंजेक्शन लगा देता हूँ–यह सब बीमारियों को दूर रखेगा लेकिन मैदानों में आप लोग कहते हैं–आओ हम पुरानी बीमारियों के इंजेक्शन नई बीमारियों में लगा दें और इस तरह एक ऐसी भयानक बीमारी फैल जाए जिसका कोई इलाज ही न हो। लोग कहते हैं अतीत महत्त्वपूर्ण है। पर मेरा मानना है अतीत एक फन्दा है। मैडम, इस दुनिया में कोई भी आदमी इतना अक्लमन्द नहीं जो बीते हुए जमाने से कुछ सीख सके। वे अतीत को खोदते हैं और मुश्किलों में घिर जाते हैं।

मैंने पूछा–नोटबुकें कैसी हैं स्टीफन?

वह बोला–मुझे कुछ पता नहीं साहब, मैं तो कहता हूँ फिर से गाड़ दो उन्हें। जला डालो, कहीं दूर फेंक दो। बीते हुए कल के साथ क्यों खेलना चाहते हो? आखिर उसमें हम लोगों के मतलब का है क्या?

सूरज शिखरों से नीचे उतर चुका था और अब चमकते हुए लैम्पशेड जैसा दिखाई दे रहा था। सेना के कुछ ट्रक अब हमारे पीछे चले गए थे। वे भूमियाधार, भुवाली के रास्ते पर बढ़ते हुए रानीखेत की छावनी में जा पहुँचेंगे। ट्रकों की एकरस घड़घड़ाहट भी डूबते दिन की शान्ति को भंग नहीं कर पा रही थी।

मैंने कहा–स्टीफन, कुछ ऐसा जरूर है जिसे तुम मुझसे छिपा रहे हो।

वह बोला—सर, मेरी बात पर विश्वास करें। मैं तो आपको बहुत कुछ बता रहा हूँ। मैं कहता हूँ जमीन में दबे हुए को अकेला छोड़ दो। दुनिया को जीवित इनसान चाहिए, भूत-प्रेत नहीं।

मैंने कोशिश की ताकि वह मुझे कुछ और बता दे लेकिन वह तो टस-से-मस नहीं हुआ। वह बार-बार एक ही बात दोहराता रहा—अतीत को नहीं छेड़ना चाहिए।

वह जाने के लिए उठा तो अँधेरा छा गया था। ढलानों पर और घाटियों में हजारों प्रकाश-बिन्दु चमक उठे थे। चाँद फीका और छोटा था। उसने पूरे होने की यात्रा अभी शुरू ही की थी—दस दिन बाद वह पूरी घाटी को अपने ठंडे प्रकाश से भर देनेवाला था।

स्टीफन चाहता था कि कोई उसे सड़क के मोड़ तक छोड़ आए। वहाँ से वह पगडंडी पर अपने मकान की तरफ चढ़ जाता था। वह अब अपने कुत्ते को साथ नहीं लाता था क्योंकि कामगार छोकरों को देखते ही उन पर जैसे जुनून चढ़ जाता था। हमेशा ही यह अन्देशा रहता था कि अगर कुत्ते उसकी मुर्गी पर झपटे तो वह कुल्हाड़ी लेकर उन पर टूट पड़ेगा। अब कोई नहीं था जो उसका साथ दे सकता। सब कामगार अपने ठिकानों पर चले गए थे—वे नहाने, शौच, कपड़े धोने, खाना पकाने में जुट गए थे। राक्षस से तो पूछने का सवाल ही नहीं था। स्टीफन तनाव में आ गया। आखिर उसने कहा—सर, क्या आप मेरे साथ मेरे मकान तक चलेंगे?

रास्ते में उसने बताया कि उसे अँधेरे से बहुत डर लगता है। उसने कहा, जब वह उन्नीस साल का था—तब वह लम्बे-चौड़े डील-डौल का हुआ करता था—तो निचले दरवाजे के पास उसे शैतान ने घेर लिया था। शैतान सात फीट से भी ज्यादा लम्बा था। आँखों की जगह दहकते अंगारे थे। और उँगलियों की जगह मुड़े हुए पंजे। जब वह मुँह खोलता तो एक गरजदार आवाज निकलती, उसके मुँह में दाँत नहीं, एक गहरा अँधेरा अन्तहीन गड्ढा था।

स्टीफन बता रहा था कि वह स्कूल की मुक्केबाजी टीम में था। और उसने शैतान से खुद को बचाने की कोशिश की थी। लेकिन शैतान ने उसे गरदन से पकड़कर उठा लिया और सड़क के ऊपर हिलाने लगा। स्टीफन का कुत्ता बिल्ली के छोटे बच्चे की तरह मिमियाने लगा और पुलिया के नीचे जा छिपा। जब स्टीफन को लगने लगा कि बस अब वह नहीं बचेगा तभी मोड़ घूमकर एक ट्रक वहाँ आ गया और तेज हेडलाइट्स का भरपूर प्रकाश शैतान पर पड़ा। उसने स्टीफन को फेंक दिया और अदृश्य हो गया।

हम उस घुमावदार पगडंडी के ठीक नीचे थे—जो सीधी उसके मकान पर जाती थी। जहाँ रास्ता आखिरी चढ़ाई से पहले एक मोड़ घूमता था, वहाँ रीठे के पेड़ से लटका हुआ एक बल्ब पीली रोशनी का घेरा बना रहा था।

मैंने कहा—स्टीफन, क्या मैं ऊपर तक तुम्हारे साथ चलूँ?

उसने कहा—नहीं, अब कोई डर नहीं। मुझे तो आउटहाउस के पास से अँधेरे में गुजरते हुए डर लगता है।

मैंने कहा—लेकिन राक्षस तो वहाँ अकेला रहता है।

वह बोला—लेकिन राक्षस है एक हिन्दू। शैतान भागता है ईसाई आत्माओं के पीछे।

एक लम्बा दिन—हम दिल्ली से मुँहअँधेरे चार बजे चल दिए थे। हम दस बजे से पहले कमरे में पहुँच जाना चाहते थे। पेट में पहुँच चुकी थीं दो व्हिस्की और रात का खाना। राक्षस ने टैरेस पर ही खाना लगा दिया था। दाल, गोभी, चावल परोसते हुए और खाना खत्म होने के बाद वहाँ से सफाई करते हुए वह एकदम खामोश, गुम बना रहा था। अँधेरे में नैनीताल के ढलान

पर रोशनियाँ झिलमिलाते, चमकते हीरों के झरने जैसी दीख रही थीं। सबसे ऊपर जहाँ से प्रकाश का झरना शुरू होता था, आप सेंट जोसफ की धुँधली नुकीली मीनारें देख सकते थे।

फ़िज़ मुझसे पहले कमरे में चली गई। जब कुछ देर बाद मैं पीछे-पीछे अन्दर पहुँचा तो वह बिखरी हुई नोटबुकों को फिर से पेटी में लगा रही थी। मैं भी उसका हाथ बँटाने लगा। सोलह-सोलह की चार कतारें। नोटबुकों को पेटी में रखने के बाद फ़िज़ ने पेटी का ढक्कन बन्द कर दिया और टूटे हुए ताले को कुंडे में अटका दिया। वह खुले मुँह से जैसे हाँफ रहा था। फिर न जाने क्यों अपना सूटकेस पेटी पर रख दिया–लगभग उसे दबाते हुए।

मैंने उसकी ओर देखा। उसने ऐसा अनजाने में ही कर डाला था।

अब हम रजाई के अन्दर थे। चारों तरफ इतना अँधेरा था कि हम एक-दूसरे को भी नहीं देख पा रहे थे। तब फ़िज़ ने कहा–तुम क्या सोचते हो, क्या यह ठीक है?

मैंने हथेली में दबा हाथ जोर से दबा दिया। कहा–हाँ, एकदम। उन दोनों जोकरों की उल्टी-सीधी बातों से डर मत जाओ।

उसने कहा–वे विचित्र व्यवहार कर रहे थे। मैंने पहली बार किसी बात पर दोनों को एक राय होते हुए देखा है।

मैंने कहा–वे पहाड़ों के रहनेवाले हैं। ये लोग ऐसी ऊलजलूल बातों पर आसानी से विश्वास कर लेते हैं। सुनो वह पागल स्टीफन मुझे बता रहा था कि एक बार उसकी मुलाकात शैतान से हो गई थी। हमारे घर के निचले दरवाजे पर।

फ़िज़ चुप मुस्कुरा दी–फिर क्या हुआ? निश्चय ही शैतान भाग खड़ा हुआ होगा।

नहीं, उसने स्टीफन को हवा में उठाया और सड़क के ऊपर हिलाने लगा। भुवाली के मील पत्थर के ठीक सामने।

ठीक है, ठीक है। अब बन्द करो यह सब। तुम मुझे ही डराए दे रहे हो।

स्टीफन ने बताया कि प्रेत की आँखें नहीं सुलगते अंगारे थे–और मुँह के स्थान पर डरावना गहरा विवर था। जिसमें से भयानक आवाजें निकल रही थीं।

बन्द करो–चुप हो जाओ।

मैंने उसे बाँहों में दबा लिया और मेरा मुँह उसके माथे पर जा टिका। वह लेटी थी मेरी छाती पर माथा टिकाए। उसका पैर और हाथ मुझे घेर रहे थे। उसकी टीशर्ट खिसककर ऊपर चढ़ गई थी देह छूने पर गरम-गरम मालूम दे रही थी। उसके रोम त्वचा से ऊपर उठने लगे थे और मुझे उनकी हल्की चुभन उत्तेजक लगी। यह शुरुआती खुरदुरापन रेशमी चिकनेपन से कहीं ज्यादा सेक्सी था।

उसने पूछा–क्या तुमने उनमें से कुछ पढ़ा?

नहीं, मैं तो बस ऐसे ही उलट-पलट रहा था। मैं जानना चाहता था क्या कहीं कुछ अलग भी है या नहीं।

उसने कहा–आखिर वे हैं क्या?

साफ है–किसी की डायरियाँ या वैसा ही कुछ। मैंने बताया।

हम उनका करेंगे क्या?

छपका की पहली टक धीमी सुनाई दी।

मैंने फिर से मन में कहा–न जाने यह कौन-सी बार था–मैं लालटेनिया झाड़ी में खोज करूँगा। मुझे पता था कि अगर मैं नीचे उतरकर कुछ घंटों के लिए खामोश बैठा रह सकूँ तो निश्चय ही मैं छपका को जरूर देख सकूँगा।

उसने फिर कहा—हम उनका करेंगे क्या?

मैंने कहा—पढ़ेंगे और क्या, पता लगाएँगे। और फिर लन्दन के किसी मूरख को दस लाख डॉलरों में बेच देंगे। वैसे अगर वे ऊबाऊ लगीं तो निश्चय ही उन्हें किसी को दे देंगे।

उसने पूछा—तुम्हारे खयाल से इन्हें किसने लिखा होगा?

कोई गम्भीर मनोविकारी। ओफ, कितना ज्यादा लिखा गया है।

वह बोली—और वह भी ब्रदर की सहायता के बिना।

सच—मैं बोला—सचमुच पागल।

वह बोली—नहीं पागल नहीं, मिस्टर चिंचपोकली कोई अत्यन्त उत्प्रेरित, अनुशासित व्यक्ति। अब यहाँ यह सवाल उठता है जो कुछ उसने कर डाला, क्या तुम भी वह सब कर सकते हो?

मैंने कहा—अच्छी डॉक्टर डॉक्टोरोला साहिबा, असली सवाल यही है क्या वह इसे कर सकता है?

मैं उसके ऊपर आ गया, मेरे नीचे उसका मुँह दबकर रह गया। मेरे हाथों ने उसकी हथेलियों को उसके सिर के दोनों ओर जकड़ लिया। मेरा मुँह उसके बाएँ कान के एकदम पास था। उसके केशों और देह से उठती खुशबुएँ मेरे अन्दर गहराई तक उतर गईं। वह जहाँ सर्वाधिक उर्वर थी मैं वहीं उगने लगा। उसकी देह ने हिल-डुलकर मेरे लिए जगह बना दी। मेरी कामना, लालसा बढ़कर एक पशु में ढल गई जो अपने घर का रास्ता खोज रहा था। वह पशु, हाँ वह नम जगह पर फिसल गया और फिर आगे बढ़ चला। मैंने उसकी गरदन के पीछे केश राशि के नीचे चूम लिया। वहाँ था उसका उत्तेजना बिन्दु। वह कराही और तिरछी हो गई। वह पशु अन्दर धँसता चला गया। वहाँ की गरमी को झेलते हुए।

क्या वह इसे कर सकता है?

उसने दूर से आते स्वर में कहा—कोई भी कर सकता है इसे।

मैंने खुद को उसके भरेपूरेपन से पल भर को ऊपर उठाया और फिर से अन्दर प्रवेश कर गया।

कोई भी?

उसकी आवाज और भी ज्यादा दूर से आ रही थी—कोई नहीं।

मैंने उसके उत्तेजना बिन्दु से उसके मुँह तक सारे रास्ते पर चुम्बन चिह्न छोड़ दिए।

मैं उसके गीलेपन की आवाज सुन रहा था।

जब भी मैंने पूछा—कौन? कोई भी? तो उसका जवाब आया—कोई नहीं।

और हर बार वह और ज्यादा दूर हो गई।

मैंने पैरों से भारी रजाई को हटा दिया। अब खेल के लिए ज्यादा गुंजाइश थी। मैं उसके कान में फुसफुसाया—कोई नहीं? और उसने कहा—सिर्फ तुम। और मैंने बदले में कहा—कोई नहीं। उसकी आवाज फिर आई—सिर्फ तुम। मैंने शायद दर्जन बार उससे यह पूछा होगा—और अब न वह मुझे सुन पा रही थी और न मैं उसे। लेकिन हम दोनों पूरी तरह उस एक बिन्दु पर आ चुके थे जहाँ शायद हमें होना चाहिए था। बाद में उसने रजाई को ठीक करते हुए कहा था—मिस्टर चिंचपोकली, क्या तुम एक बात जानते हो? तुम्हारा उत्तर सदा ही एक नया प्रश्न होता है।

नींद के रपटीले ढलान पर तेज़ी से फिसलते हुए मैं बुदबुदाया—हमारे सब प्रश्नों में ही तो हमारे सब उत्तर छिपे हैं। यह कहते हुए मैं नहीं जानता था कि इसका क्या मतलब था?

अगले दिन मैं शाम तक पलंग से नहीं उठा।

जब मैं उठकर नहाने गया तब तक कारीगर लोग दिन का काम बन्द कर चुके थे और फ़िज़ सूरज को आकाश में ढलते देखते टैरेस पर बैठी थी।

सुबह नींद खुलने पर मैंने फ़िज़ से कहा था कि मुझे एक नोटबुक पकड़ा दे। ताकि मैं चाय पीते समय उसे उलट-पलटकर देख लूँ। मैंने नाश्ता और लंच पलंग पर ही लिया और लकड़ियाँ छीलने, ठोकने से होनेवाली फिश-फिश, खट-खट की आवाजों के साथ कामगारों की बकवास सुनने के बीच ही पढ़ता रहा।

जब राक्षस मुझे दोपहर का खाना देने आया तो उसने कहा—मेरे पिताजी कहा करते थे सबसे ज्यादा बुद्धिमान वही होते हैं जो अपनी बुद्धिमत्ता की सीमाओं को जानते-समझते हों—यह सब कहते हुए वह गम्भीर बना रहा, उसके होंठों पर जरा भी मुस्कान नहीं थी।

फ़िज़ राजमिस्त्रियों और बढ़इयों से बातचीत में इतनी व्यस्त रही कि उसे मेरे बारे में सोचने की शायद फुरसत ही नहीं थी पूरे दिन। बीच में कई बार कमरे पर आई जरूर और यही कहकर चली गई—महान मिस्टर चिंचपोकली खूब मन से काम में लगे हैं।

मैं पलंग के सामनेवाली खिड़की से दिन को गुजरते देखता रहा। सुबह चूँ-चिर्र करते परिन्दों के साथ जैसे शाहबलूत के पत्ते भी बोलने लगे थे, दोपहरी की धूप ने पत्तों को चमक से चिकना कर दिया तो दोपहर भी शोर मचाती, भागती-दौड़ती हवा ने बलूत के पत्तों को नाचने, थरथराने पर विवश कर दिया। जब शाम ढली और रात उतरने लगी तो पत्ते भी धुँधलके में खोकर शान्त पड़ गए। मैं नींद की गन्ध से भरी रजाई को परे फेंककर उठा और नहाने गया तो दिन बीत गया था और मैं बस केवल दस ही पृष्ठ पढ़ पाया था।

लेकिन वे भी मुझे चौंका देने के लिए काफी थे।

गोल-गोल लिखाई में ढले शब्दों को पढ़ना कठिन था। वाक्यों में व्याकरण और वर्तनी की भयानक गलतियाँ थीं। प्रायः ही आगे-पीछे के वाक्यों का आपस में कोई तालमेल भी नहीं दिखाई देता था। समझने के लिए पढ़ते-पढ़ते आपको पीछे लौटकर फिर आगे आने पड़ता था ताकि जो कहा जा रहा है, उसका अर्थ समझा जा सके। लेकिन इतनी भूल भरी गड़बड़ लिखाई, विकृत शब्दावली के बावजूद उन चौंसठ नोटबुकों को ठसाठस लिखकर भर देनेवाला कोई निश्चय ही अद्‌भुत आत्मविश्वास से भरा रहा होगा।

लेकिन जो कुछ कहा गया था—कथ्य...

जब मैं टैरेस पर गया तो फ़िज़ ने कहा—तो आखिर क्या कहता है वह?

मैंने कहा—कुछ नहीं कहता वह।

उसने कहा—फिर?

मैंने—वह कहती है।

मेरी बात को ग्रहण करने में फ़िज़ को कुछ पल लगे, फिर बोली—तुम्हारा मतलब लिखनेवाली कोई महिला है?

हाँ, हमें लिखाई देखकर ही समझ जाना चाहिए था।

तो है कौन वह?

मैं अब तक कुल जमा दस पृष्ठ ही पढ़ पाया हूँ।

इतने से तो कुछ बता नहीं सकता।

शायद वही जो इस मकान में रही होगी।

हो भी सकता है! वरना इतनी सारी नोटबुकों से भरी पेटी कहाँ से आई? यह वही औरत होनी चाहिए जिसका जिक्र ये लोग करते हैं, जिसने यह मकान बनवाया था।

उसका नाम क्या है?

अभी तक तो पता चला नहीं। टफन उसे बस मैडम कहता है। मेरा खयाल है वह भी उसके बारे में कुछ ज्यादा नहीं जानता। मैंने उससे कई बार पूछा भी है, पर वह साफ-साफ कुछ नहीं बोलता। बस इतना ही कहता है कि वह बहुत साहसी और हिम्मतवाली थी। उसके शब्दों में कहूँ तो–मेरी बात पर विश्वास कीजिए सर, गोरे लोग भी डरते थे उससे।

तुम्हें क्या पता चला?

मैंने तुम्हें बताया न–बहुत थोड़ा। क्योंकि मैं अब तक सिर्फ दस पन्ने ही पढ़ पाया हूँ। पढ़ना बहुत ही मुश्किल है। वाक्य रचना खराब है, लिखावट समझ में आती नहीं–मतलब भी कुछ पल्ले नहीं पड़ता।

फ़िज़ उठी और पैरों से शाहबलूत के चारों ओर की मिट्टी को पैरों से थपकने लगी। पेड़ हमने टैरेस पर लगाया था। कुछ कड़ी थपथप पौधे की दाईं ओर होते ही पौधा थोड़ा सीधा हो गया। इसके पत्ते किनारों पर काले-काले हो गए थे। शायद पाले का असर था। अपने कैनवस के जूते घास के गुच्छे पर रगड़ती हुई बोली–इतना पढ़ने के बाद क्या समझ पाए तुम?

मैंने कहा–सिर्फ दस पेज पढ़कर। वैसे उसने बहुत कुछ कह दिया है। और फ़िज़ को अपनी बात समझाने में मुझे दस मिनट लग गए। सुनकर वह अत्यन्त चकित हो उठी। वह ठीक-ठीक समझ न पाई कि मैं उसे सच बता रहा हूँ या मजाक कर रहा हूँ।

अन्ततः उसने कहा–खैर, यह है क्या–एक तरह का उपन्यास।

इस बारे में तो कुछ नहीं कहा जा सकता। हाँ, लेकिन कथ्य अद्‌भुत है, पर पता नहीं यह सब सच है या केवल कल्पना।

फ़िज़ बोली–पर एक बात मैं जरूर कहूँगी–किसी भी किताब में तुरन्त गन्दे अंश ढूँढ़ लेने की तुम्हारी क्षमता अद्‌भुत है। चौंसठ डायरियाँ और उनमें तुमने सही दस पृष्ठ आखिर खोज ही लिए।

•

रात में–पलंग पर लेटकर मैं फिर से नोटबुक उठाने का इरादा कर रहा था–एक अस्पष्ट स्मृति के अंश सतह पर तिर आए। तुरन्त मैंने तैयार होकर जैकेट पहनी और फ़िज़ से भी तैयार होने को कहा।

आखिर इस वक्त कहाँ जाने का इरादा है?

हम जाकर टफन से मिलेंगे–मैंने कहा।

इस वक्त?

हाँ, मैं उससे कुछ पूछना चाहता हूँ।

इस समय?

हाँ, अभी, इसी वक्त।

बधीरा अभी आठ सप्ताह का पिल्ला ही था। उसे हमने भीमताल में सेना के एक सेवानिवृत्त कर्नल से लिया था। काले रोओं का एक गोला–जो सारा दिन रसोई में रखी बेंत की टोकरी में ही खाता और सोता रहता था। इसलिए हमारा साथ देने के लिए कोई कुत्ता नहीं था। मैंने जनपथ से खरीदी एक सुगन्धित अगरबत्ती उठा ली। फ़िज़ के हाथ में काली टार्च थी। उसकी

रोशनी अँधेरे में नुकीला सुराख बना रही थी–निचले दरवाजे के पास हम पर किसी शैतान ने हमला नहीं किया।

हमने सड़क से टफन के मकान की ओर चढ़ती-घूमती पगडंडी पकड़ ली। शाहबलूत के गिरे पत्ते और बजरी पैरों के नीचे आवाज कर रहे थे। उस आवाज को सुनकर कुत्ते चीखने लगे। जहाँ से पगडंडी पीछे की ओर मुड़ती थी वहाँ खड़े रीठे के पेड़ पर लटका नंगा बल्ब विचित्र छायाएँ फेंक रहा था। आखिरी मोड़ घूमने तक कुत्ते बुरी तरह भौंकने लगे थे। कभी तेज भौंकते, कभी धीमे-धीमे गुर्राते, तो फिर तेजी से शोर मचाने लगते। उनके लगातार भौंकने से नींद में डूबी घाटी में सुगबुगाहट होनी तय थी। लेकिन मकान खरीदने के सिलसिले में हम यहाँ पहले भी आ चुके थे–इसलिए हमें पता था कि शाम ढलते ही टफन अपने कुत्तों को दो बड़े-बड़े इस्पाती छड़ोंवाले पिंजरों में बाँध देता था। गुलदार को कुत्तों का मांस प्रिय था और चार कुत्तों के लिए उसके पंजे के चार झपाटे ही काफी थे। किसी-किसी रात तेंदुआ आकर कुत्तों के पिंजरों के सामने बैठ जाता–आतंकित कुत्ते पिंजरों को गन्दा कर देते और पिनपिनाने लगते।

टफन गहरे नशे की हालत में अपनी आरामकुर्सी पर ढलका पड़ा था। उसकी पतली बाँहें नीचे झूल रही थीं। उँगलियों के छोर हरे लिनोलियम फर्श को छू रहे थे। सुनहरी द्रव से आधा भरा गिलास दाईं उँगलियों के पास रखा था। कुर्सी के आसपास फर्श पर सैंकड़ों गोल-गोल निशान बने थे एक-दूसरे को काटते हुए–वर्षों से इसी तरह बीतती आ रही उसकी सुनहरी शामों के गवाह। उसके सामने रखा छोटा टेलीविजन सेट अजीब आवाजें कर रहा था। यहाँ केवल दूरदर्शन के कार्यक्रम दिखाई देते थे। और आपको कार्यक्रम देखने के लिए हर रोज छत पर लगे एंटीना को घुमाना, हिलाना पड़ता था। उस समय तो कड़-किर्र की आवाज़ें और धुँधली, विकृत आकृतियाँ ही दिखाई दे रही थीं।

हम फूलदार डिजाइनवाले सोफे पर जा बैठे।

दमयन्ती ने कहा–इसमें मेरे साथ आपकी भी हिस्सेदारी क्यों न रहे। आखिर सिर्फ दमयन्ती को ही कुमाऊँ के शेखचिल्ली टफन बाजीगर का पूरा फायदा क्यों मिले। और वह खाली गिलास लाने अन्दर चली गई।

मैंने कहा–स्टीफन, कुछ तो बताओ हमें।

वह बोला–मैं तुम्हें क्यों बताऊँ। और किसी को भी क्यों बताऊँ? क्या कोई कभी मुझे कुछ बतलाता है? तुम हो कौन?

मैंने कहा–स्टीफन, जब मैं पहली बार तुम्हारे मकान में आया था तो मैंने दीवार पर एक औरत का पोर्ट्रेट लगा देखा था। कहाँ है वह चित्र? और वह औरत कौन है?

वह बोला–शीबा की महारानी है वह और इस वक्त सो रही है। वह तुम जैसे कालों के साथ नहीं सोती।

दमयन्ती एक प्लास्टिक ट्रे में दो छोटे चपटे गिलास ले आई थी। उनके साथ बैगपाइपर की आधी बोतल थी। लेकिन मैं पीने के मूड में नहीं था।

मैंने कहा–स्टीफन, बकवास बन्द करो और मेरे सवाल का जवाब दो।

फ़िज़ ने मेरी बाँह छूकर कहा–मेरा खयाल है हमें चलना चाहिए।

लेकिन मैं पीछे हटने को तैयार न था। स्टीफन लाल-लाल आँखों से मुझे घूर रहा था। उसने अपना गिलास एक ही घूँट में खाली कर दिया–फिर अपनी पतली जाँघें फैला लीं।

दमयन्ती बोली–स्टीफन, इस समय कुछ भी मत कहो।

स्टीफन ने कहा–तुम साले दिल्ली वाले, क्या कभी...की सवारी की है? आओ, मैं तुम्हें...की सवारी करवाऊँ। एक धक्के में पूरे कुमाऊँ की सैर और दो में पूरे हिन्दुस्तान के दर्शन हो जाएँगे। तीन...में पूरी दुनिया इम्पायर स्टेट बिल्डिंग से इफित टावर तक–आओ।

फ़िज़ उठ खड़ी हुई–मैं जा रही हूँ।

दमयन्ती ने कहा–अपनी बकवास बन्द करो। माइकल तुम्हें भी एक इंजेक्शन क्यों नहीं लगा देता कि तुम्हारी सारी बीमारियाँ दूर हो जाएँगी।

मैंने कहा–टफन, तुम कुत्ते हो, और एक कुत्ते की ही मौत मरोगे।

फ़िज़ ने कहा–चुप रहो। तुम्हें हुआ क्या है?

इतने में स्टीफन ने कमर से पेटी खोल ली और अब अपनी स्लेटी पेंट को खोलने के लिए जूझ रहा था।

फ़िज़ मेरा हाथ खींच रही थी। दमयन्ती ने कहा–इससे पहले कि यह हम सबको शर्मसार करे, मेहरबानी करके चले जाइए।

हम दरवाजे से बाहर निकले और कुत्तों ने भौंकना, गुर्राना शुरू कर दिया। वे बार-बार पिंजरों की सलाखों पर झपट्टा मारते, मुँह से लार गिरा रहे थे। दोनों पिंजरों में पानी के लिए एल्यूमीनियम के कटोरे रखे थे–पिचके और दरके हुए। कुत्ते कटोरों से टकराते तो वे हिलने लगते, उसमें भरा पानी छलक उठता।

बाहर दमयन्ती ने हाथ जोड़कर कहा–आप हमें माफ करें। कभी वह आदमी होता है तो कभी जानवर बन जाता है। मैं खुद भी नहीं जानती कि वह किस वक्त क्या बन जाएगा।

फ़िज़ उसे तसल्ली दे पाती, इससे पहले ही मैंने कहा–दमयन्ती, तुम्हें पता है न मैं किस तस्वीर की बात कर रहा हूँ? वह औरत कौन है? और वह तस्वीर कहाँ गई?

अन्दर से स्टीफन की गलाफाड़ आवाज गूँजी–दोगले, स्साले, मेरी औरत से खुसफुस करता है। आकर स्टीफन के लोलू से बात करो तब पता चलेगा तुम्हें। कौन है वह? वह है तेरी माँ की माँ। आज की रात वह मेरे साथ सोएगी।

मेरा हाथ खींचते हुए फ़िज़ ने ज्यादा सख्त लहजे में कहा–हम जा रहे हैं यहाँ से।

दमयन्ती बोली–साहब, माफ करना।

फ़िज़ आगबबूला हो रही थी–वह घर तक पूरे रास्ते मुझसे आगे-आगे चलती रही। उसके हाथ में थमी टार्च गुस्से में हिलडुल रही थी। जब हम पलंग पर लेटे तो उसने कहा–यह तुम्हें हुआ क्या है! आखिर मामला क्या है?

मैंने कहा–माफ करना!

असल में तो मैं खुद ही खुद पर हैरान था। मैं सोचता था मैंने स्टीफन जानवर से बच निकलना सीख लिया था लेकिन शायद नहीं...

और वह कैसी तस्वीर है जिसे लेकर तुम यों पागलपन कर रहे थे।

मैंने कहा–कुछ नहीं, सचमुच कोई बात नहीं।

फ़िज़ गुड़ी-मुड़ी होकर नींद की गोद में चली गई थी–वह सारा दिन काम की देखरेख करते हुए जिस तरह भागदौड़ करती घूमती-फिरती थी उसमें इस बुरी तरह न थकना शायद विचित्र होता। लेकिन मैं तो आराम कर-करके थका हुआ था और नींद को सफलता मिलनी कठिन थी। मैं डायरियाँ उठाकर कुछ पृष्ठ और पढ़ जाना चाहता था। फ़िज़ के लिए एक समस्या

से निपटना कठिन था–सोते समय सिर के ऊपर लाइट जलना उसे एकदम बरदाश्त नहीं था। दिल्लीवाले घर में मेरे पलंग के पास शेडवाला लैम्प लगा था लेकिन यहाँ तो ठीक ऊपर सफ़ेद प्लास्टिक होल्डर में लटका 100 वाट की तेज रोशनी फेंकता नंगा बल्ब लटका हुआ था–हमारे सिरों पर नीले रंग में पुती दीवारों को तेज रोशनी में नहलाता हुआ।

मेरी आँखों में वह चेहरा घूम रहा था। बड़ा तैल चित्र लकड़ी के मोटे फ्रेम में लगा हुआ। रंग शोख नहीं बल्कि कुछ-कुछ फीके थे। बहुत हल्का, रंग उड़ा पीलापन–पृष्ठभूमि एकदम शून्य। कहीं और कुछ नहीं बस चेहरे ने पूरे फ्रेम को भर दिया था। उसमें दिखती औरत का चेहरा एक कोण से चित्रित किया गया था, दायाँ कन्धा जरा आगे को निकला हुआ। निश्चित रूप से वह एक गोरी महिला थी–इसके लिए आपको उसे उसके चौड़े गलेवाले गाउन से अनुमान लगाना आवश्यक नहीं था। नाक-नक्शा तीखे लेकिन मुँह चौड़ा और भरपूर–देखकर समझा जा सकता था कि उसमें संयम और उतावलेपन का विचित्र मिश्रण था। केश पीछे की ओर उसके कानों को ढकते हुए–केनवस के पिछले हिस्से से खोसे हुए यह चित्रण कई परतों में किया गया था। केश उसके कपाल से चिपके हुए नहीं थे।

हालाँकि पेंटिंग में चेहरा एक कोण से चित्रित किया गया था, लेकिन चित्रकार द्वारा चेहरा इस तरह बनाया गया था कि वह केनवस से सीधे देखती हुई लगती थी। चित्रकार का कौशल महिला की आँखों में झाँक रहा था। आँखें जीवन्त थीं। लगता था जैसे वह विचलित करनेवाली आँखें सीधे आपके अन्दर झाँक रही हैं। खुलेपन से उसके सामने एक दरार-सी उभरी थी–एक सीधी रेखा के दोनों ओर दो उठान। उसकी गरदन में एक पेंडेंट था–एक चेन में लटका धार्मिक प्रतीक।

इस तैलचित्र को मैंने पहले भी दो बार सरसरी दृष्टि से स्टीफन की बैठक में प्लास्टिक की सजावटी चीजों के बीच रखे देखा था। शोख रंग में पकाई मिट्‌टी के बने जीसस की कई छोटी-छोटी प्रतिमाएँ और उनकी उत्पत्ति के कई दृश्य। वह चित्र मेरी स्मृति में धँसकर रह गया था क्योंकि धार्मिक प्रतीक सलीब नहीं, ओम का था।

तब मैंने सोचा था कि वह चित्र साइनबोर्ड बनानेवाले किसी ऐसे पेंटर का मामूली काम था जैसा सातवें और आठवें दशकों के दौर में स्वाधीन भारत के छोटे-छोटे शहरों में भद्र कुलीन लोगों का ध्यान आकर्षित करने के लिए किया करते थे–सुन्दर और कलात्मक अंग्रेजी ढंग की आकृतियाँ।

मैंने सोचा ओम एक अश्रद्धालु पेंटर का विखंडनकारी हस्तक्षेप था।

अँधेरे कमरे में गहरा सन्नाटा था। बहुत देर तक जागनेवाले कुत्ते भी सो गए थे और आज तो छपका की आवाज भी सुनाई नहीं दी थी। अगर वह बोला भी होगा तो मैंने नहीं सुनी होगी उसकी आवाज। मैं पीठ के बल आँखें खोले लेटा था। लेकिन कुछ दिखाई नहीं दे रहा था। ठीक सिर के ऊपर लगी मोटी-मोटी कड़ियाँ भी नहीं। जो कुछ पढ़ा था, वह उबल रहा था दिमाग में–कल्पनाओं की तरंगें उठ रही थीं। तैलचित्रवाली महिला ही नोटबुकों के शब्दों में भर गई थी। मैंने पढ़े शब्दों को महिला की आकृति से अलग करने का प्रयास किया, लेकिन मैं सफल नहीं हुआ। मैं जैसे बिना देखे ही देख रहा था। तैलचित्रवाली औरत अब वही सब कर रही थी जो कुछ उसने लिखा था। मैंने आँखें मूँद लीं। रजाई को सिर पर खींच लिया। और फ़िज़ को बाँहों में भींचकर चेहरा उसके लहराते केशों में धँसा लिया। लेकिन वह औरत अब भी मुझे दिखाई दे रही थी। वह सीधे मेरी आँखों में देख रही थी।

मैं भी उसकी आँखों में देखने लगा और यही करते-करते मैं नींद की गोद में चला गया। फिर मैंने एक ऐसा सपना देखा जैसा पहले कभी नहीं देखा था। पोर्ट्रेटवाली औरत पलंग पर मेरे साथ आ लेटी थी और मेरे साथ वही सब कर रही थी जो कुछ उसने डायरी में लिखा था। जब उसका चौड़ा और भरपूर मुँह मुझे स्पर्श करता तो दर्द होता। उसके हाथ मुझे न जाने कैसे-कैसे छू रहे थे–ऐसा तो इससे पहले मैंने कभी महसूस नहीं किया था। वह मेरी पूरी देह को ऊपर हिला रही थी। वह मुझ पर पूरी तरह हावी हो रही थी, उसने मुझे जीत लिया था, उसने मुझे अपने अन्दर समा लिया था।

जब सुबह आँख खुली तो लगा मैं स्कूली दिनों में लौट आया हूँ। एक ऐसा किशोर जिसके शरीर के रहस्य तब तक अच्छी तरह जाने जा सकते हैं, जब तक उसका दिमाग सोया रहता है। मुझे याद आ रहा था उसके कुचाग्र मोटे-भरपूर थे। और उसके बाएँ उरोज के नीचे एक बड़ा मस्सा था। उससे हुई मुठभेड़ की स्मृति धुँधली थी। अब याद नहीं आ रहा था कि उसने मुझे पूरी तरह पराजित कर दिया था। शायद वह नहीं कर पाई थी। मैं अपनी उत्तेजना को फ़िज़ के पास ले गया था और फिर उसकी देह को सीधी करते हुए उसके अन्दर बेचैनी से समा गया था। उतनी व्यग्रता इससे पहले मैंने लम्बे समय से महसूस नहीं की थी।

बाद में डायरी पढ़ने की ललक पर काबू पाते हुए मैं तैयार हुआ और टफन के मकान की तरफ चल दिया। तब तक हमारे घर में तो कई तरह की आवाज़ें गूँजने लगी थीं–सामग्री लाने को कहती, आदेश देती, डाँटती-फटकारती, हथौड़ी की ठक-ठक, रन्दों की घिस-घिस और लिपाई की आवाज। राक्षस अब भी चुप-चुप था। मैंने उसे फ़िज़ से पूछते हुए सुना था कि हम दोनों पिछली रात टफन के घर क्यों गए थे। वैसे राक्षस की नाराजगी मुझसे थी, मेरा खयाल है वह फ़िज़ को किसी बात का दोषी नहीं मानता था। न तब, न कभी बाद में।

टफन घर पर नहीं था। दमयन्ती ने बताया कि जब टफन की नींद खुली तो उसकी तबीयत बहुत खराब थी। उसने माइकल को फोन किया था कि वह हल्द्वानी से आकर उसे अस्पताल ले जाए।

दमयन्ती खुद भी थकी हुई लग रही थी। वह पोर्च की पैड़ियों पर बैठी थी। कुत्तों के पिंजरों के बीच। उसके अधपके केश खुले हुए थे। उन पर तेल चमक रहा था। वह धूप सेक रही थी। चारों कुत्ते भी उसके सामने कंक्रीटवाले हिस्से पर फैले हुए वही कर रहे थे। उन्होंने आँखें खोलकर मुझे देखा पर हिले नहीं। दमयन्ती ने बताया कुत्तों की रात बहुत बुरी बीती। आधी रात के बाद तेंदुआ आया था और कुत्ते आतंक से अधमरे हो उठे थे। उसने बताया कि सुबह पिंजरों में फैली गन्दगी साफ करने में उसे बहुत समय लग गया था।

मैंने कहा–मैं वह पोर्ट्रेट देखना चाहता हूँ।

उसकी आँखों में सतर्कता का भाव झलक रहा था। उसने सब तरफ नजर दौड़ाई–अपने पैरों पर, आकाश में, कुत्तों को देखा जैसे मेरे प्रश्न से बचना चाहती हो।

एक थकी-चुकी औरत जो हर रोज अपने अन्दर की शक्ति के भरोसे मुश्किलों से जूझती चली आ रही थी।

कुछ पल तक वह ऐसा दिखावा करती रही जैसे उसे पता न हो कि वह चित्र कहाँ रख दिया गया है। लेकिन जब उसने जान लिया कि मैं तस्वीर को देखे बिना टलनेवाला नहीं तो उसने हार मान ली। तस्वीर एक बन्द बरामदे–एक तरह का स्टोर–में रखी थी। यह सोनेवाले कमरे के पीछे था। वहाँ टूटी हुई कुर्सियों के पास रखा था वह चित्र। उस पर पीली-हरी, किनारों

पर घिसी चादर ढकी हुई थी। चादर पर लिली के सफेद फूल छपे हुए थे। मैंने चादर हटाकर तस्वीर उठाई और उसे एक कुर्सी पर टिका दिया। मुझे लगा तस्वीर को इस कबाड़ से मुक्त करना जरूरी था।

फ्रेम का निचला हिस्सा फट गया था। उसके टुकड़े बाहर निकल आए थे। किनारों पर रोगन की पतली-पतली परतें चटख गई थीं। क्रीम रंग के वक्ष भाग पर नुकीली चीजों द्वारा पड़े छेद दिखाई दे रहे थे–पेंसिल, पैन, फर्नीचर के नुकीले हिस्सों ने अपना काम कर डाला था। शायद किसी बच्चे ने बहुत हल्की स्लेटी पेंसिल से स्तनों के अग्रभाग उभारने की कोशिश भी की थी। रूपहले नीले रंग से गले में चेन में बनाया गया ओम केनवस की बदहाली को और भी स्पष्टता से दिखा रहा था।

मैं एक कुर्सी खींचकर उसके सामने बैठ गया। आश्चर्यजनक रूप से चेहरे पर कोई खराबी नहीं आई थी। त्वचा चिकनी और गालों पर गुलाबी झलक। नाक का नुकीलापन भी बरकरार था। मुँह जैसे अपनी ओर बुलाता हुआ–चित्र का सबसे मुखर भाग। उसका आमन्त्रण का भाव, नाक पर ठहरे दर्द को सन्तुलित कर रहा था। दमयन्ती मेरे लिए चाय बनाने चली गई थी। वह औरत अपने सामने मौजूद आदमी को पारखी नजरों से जाँच रही थी–एक छरहरा व्यक्ति, जवानी में ही जिसके बालों में सफेदी आ मिली थी–नीली जींस और मैरून पुलोवर में, दो दिन की बढ़ी दाढ़ी–बाएँ कान में दमकती सोने की कील। औरत ने उसकी आँखों में देखा और जान गई कि वह उस व्यक्ति को परेशान कर सकती है। वह एक ऐसा आदमी जिसे दानवों का संग-साथ पसन्द था। ऐसे पुरुषों को जल्दी समझ जाती थी वह। वह सोच रही थी क्या यह आदमी जानता था कि वह क्या कर रहा था। और इस बात पर मुस्कुरा उठी।

एकाएक मुझे लगा उसकी आँखें कुछ हिली हों। मैंने नजरें घुमा लीं और पेड़ों से ढके भूमियाधार के पहाड़ी ढलानों को देखने लगा। मैं अपना मन स्थिर करने का प्रयास कर रहा था। खूबसूरत सुबह–नीला आकाश, सुन्दर शान्त धूप बिखरी हुई–आकाश में चीलें चक्कर काटती हुई हवा में चक्र बना रही थीं। तभी दमयन्ती चाय ले आई। सिरेमिक का बड़ा भाग जिस पर डोनाल्ड डक को उछलते हुए दिखाया गया था। मैंने फिर औरत की तरफ नजर घुमाई। उसने मुस्कुराना बन्द कर दिया था पर अब भी मेरी तरफ देखे जा रही थी।

मैंने कहा–बैठो दमयन्ती।

दमयन्ती ने अपने केश बाँध लिए थे। तेल से चिकनाए केश सपाट होकर सिर पर चिपके हुए थे। बीच में से खोपड़ी नजर आ रही थी। वह अपनी बेचैनी छिपा नहीं पा रही थी। मैंने अपनी बात फिर दोहरा दी। वह सोने वाले कमरे से बैंत का मूढ़ा उठा लाई–और बैठ गई। मूढ़े की तीलियाँ जगह-जगह निकली हुई थीं।

मैंने कहा–यह है कौन?

उसने कहा–मैं तो उतना ही जानती हूँ जितना टफन मुझे बतलाता है। वह कहता है यह औरत उस मकान में रहती थी।

क्या वह मकान इसी ने बनवाया था–जिसमें इस समय हम रहते हैं?

हाँ, टफन तो यही कहता है।

और क्या कहता है वह?

कुछ भी तो नहीं। वह तो इसके बारे में बात करने को ही तैयार नहीं। शुरू में जब मैं उससे पूछा करती थी तो वह मुझ पर खूब चिल्लाता था। जब वह अपने होश में होता है तो

कहता है—वह अपनी तरह की एक ही थी। दूसरी कोई नहीं उस जैसी—एक देवी, बहुत प्यार भरी, सबको सब कुछ देनेवाली। लेकिन जब शराब के नशे में होता तो पूछते ही चीखने-चिल्लाने लग जाता—क्या जानना चाहती हो तुम? पागल कुतिया! वैसे वह तुमसे सौगुनी ज्यादा पागल थी। वह थी भयानक चुड़ैल। एक गोरी डायन। अच्छा अब उसके बारे में और कुछ न पूछो अगर वह तुम पर चढ़ गई तो पहाड़ी सड़कों पर मदद की गुहार लगाती दौड़ती फिरोगी।

मैंने कहा—खैर, तुम क्या जानती हो इस औरत के बारे में?

वह बोली—मैं कुछ नहीं जानती साहब। पहले यह पेंटिंग उसी बड़े मकान में थी जहाँ आप आजकल रहते हैं। लेकिन जब टफन मकान के ग्राहक खोजने लगा तो इसे यहाँ ले आया। और हमारे ड्राइंग रूम में लगा दिया। जब मैंने इसकी झाड़-पोंछ करनी चाही तो वह मुझे गालियाँ देने लगा—इसे हाथ मत लगाना, पागल कुतिया कहीं की। जहाँ है वहीं लटकी रहने दो इसे।

तुमने पूछा नहीं कि वह इस तरह क्यों बोलता था?

साहब, क्या आप टफन से कोई अक्ल की बात पूछ सकते हैं? कुछ महीने पहले की एक शाम थी। वह नशे में धुत यहाँ बैठा-बैठा चिल्लाने लगा—दमयन्ती, दमयन्ती, इसे हटा लो यहाँ से। देखो तो कैसे घूर रही है मुझे। वह मुझे मकान बेचने की सजा देना चाहती है। बस मैंने पेंटिंग दीवार से उतारकर यहाँ रख दी।

अगली सुबह उसका नशा उतर चुका था। उसने कहा तुमने ठीक किया दमयन्ती। अब इसका चेहरा चादर से ढक दो। जानती हो लोग क्या कहा करते थे इसके बारे में—आपने इसकी आँखों में देखा नहीं कि गए काम से।

यह मकान टफन के कब्जे में कैसे आया? मैंने पूछा।

वह बोली—इस बारे में मैं कुछ नहीं जानती। वह कुछ बताने को ही तैयार नहीं होता, पर मेरा खयाल है टफन के पिता इस औरत के पास काम किया करते थे। वह अपना मकान उन्हीं को दे गई थी।

इसके अलावा और क्या जानती हो तुम!

कुछ भी नहीं। बस टफन इतना ही बताया करता था कि वह औरत इमारत से शायद ही कभी बाहर गई हो। नैनीताल या हल्द्वानी या भीमताल या सात ताल, नौकुचिया ताल या रानीखेत या अल्मोड़ा कहीं भी नहीं। आसपास के बहुत-से लोग ऐसे हैं जिन्होंने उसे कभी देखा ही नहीं। टफन कहता है उसके पास एक राइफल थी और जो कोई बिना बुलाए वहाँ आ जाता तो वह उस पर गोली चला देती थी। टफन के अनुसार उसे गोरे लोगों का भी अपने पास आना पसन्द नहीं था। कभी-कभी वहाँ मिलने आनेवाले गोरे अफसरों को दरवाजे से ही लौटा दिया जाता था।

क्या टफन कभी उससे मिला था?

इस बारे में वह कुछ नहीं बतलाता। टफन कहता है औरत जब मरी तो वह बहुत छोटा था। उसने मरने से पहले कह दिया था कि उसे नैनीताल रोड के उस बड़े कब्रिस्तान में न दफनाया जाए जहाँ सारे गोरे दफनाए जाते थे। वह अपनी कब्र गेथिया में चाहती थी।

गेथिया में कहाँ?

मकान के पीछे पहाड़ी पर।

क्या तुम्हारे पास इसकी कोई और तस्वीर भी है?

नहीं साहब कोई नहीं। वैसे मैं चाहती भी नहीं। इसे तो देखकर ही डर जाती हूँ मैं।

क्या टफन के पास इस औरत की कोई और चीज भी है? कुछ भी।

ना, कुछ नहीं। कम-से-कम मेरी जानकारी में तो नहीं। जिस दिन दुखी और बिदेशी को यह पेटी मिली थी और उन्होंने इसे खोल डाला था–तो टफन तो जैसे पागल हो उठा था। जैसे कुत्ते तेन्दुए के पास आने पर डर से पगला जाते हैं और रिरियाने लगते हैं, वैसा ही हो गया था वह। वह घर के सारे कमरों में चक्कर लगाता फिरा–दीवारों पर मुक्के मारता हुआ। वह रह-रहकर चिल्लाता–खोदो, खोदो, खोद डालो। हर कोई खोदता है अपनी आफत बुलाने के लिए। एक-दूसरे के अतीत को खोद डालो। मस्जिद, मन्दिर गिरजाघर, मकान–सब कुछ खोद डालो। जितना खोदोगे उतना ही कीचड़ में सनते जाओगे। अच्छा होगा इसे दूर फेंक दो और फिर सब कुछ भूल जाओ। फेंको और भूल जाओ, फेंको और भुला दो।

मैं घूमकर उसकी ओर देखने लगा–वह कुर्सी पर वैसी एकदम मुझे देखे जा रही थी। उसकी आँखें स्लेटी-नीली थीं–मैं उन आँखों में इतनी देर तक देखता रह गया था कि पलकें दर्द से भर उठीं। उनमें एक पहचान, एक जानकारी आ गई थी। क्या थी वह पहचान, वह सूचना मैं सब जानना चाहता था।

मैं उठने लगा तो उसकी आँखों ने मुझे जैसे जकड़ लिया। आँखें मुझे चुनौती दे रही थीं–जाना चाहते हो? जाकर तो देखो। मैं अपनी जगह जमा-सा खड़ा रह गया।

तब दमयन्ती ने आगे बढ़कर उस चेहरे को उसी फूलदार चादर से ढाँप दिया। अब मैं जाने को आजाद था।

क्या टफन ने तुमसे इस बारे में कुछ कहा कि उन लोगों को पेटी में क्या मिला था?

टफन और मेरे बीच किसी बारे में बातचीत या राय! आप दूध देनेवाले गधों के बारे में जानते हैं?

बाहर धूप चौंधियानेवाली थी। सुस्ताए कुत्तों ने मेरे सीढ़ियाँ उतरते समय कान पूँछ कुछ न हिलाए। मैं पुराने शाहबलूतों के बीच से गुजरते, घूमकर मुख्य सड़क तक जाते रास्ते पर चल दिया।

दोपहर में जब मकान में तरह-तरह का शोर गूँज रहा था, मैं चुपचाप आया और रिज तक जाती पतली पगडंडी पकड़कर ऊपर जा पहुँचा। हालाँकि वह जगह मकान के ठीक ऊपर थी लेकिन हम आज से पहले वहाँ कभी नहीं गए थे। हाँ, मकान से आप ऊपर तक का सारा दृश्य देख सकते थे। बड़े-बड़े देवदार के पेड़ एक पंक्ति में चोटी तक पहुँचकर वहाँ झुंड में ढल गए थे जैसे वे वहाँ से घाटी का नजारा करते हुए कोई योजना बनाने में जुटे हों।

यहाँ घास सुनहरी घने गुच्छों में उगी हुई थी। रास्ता चट्टानी था। फिसलन भरा। मुझे सँभलकर कदम रखने पड़ रहे थे। जहाँ कदमों के नीचे नुकीले पत्थर नहीं थे, वहाँ देवदार के शंकुओं का गलीचा-सा बिछा था। मेरे जूते के रबर के तले सपाट थे इसलिए ज्यादा ध्यान से हर कदम जमाकर रखना अनिवार्य था। इस समय पहाड़ी ढलान पर कहीं-कहीं बकरियाँ चरती हुई दिख जाती थीं लेकिन जल्दी ही गडरिए उन्हें इकट्ठा करने के बाद ले जाकर बाड़ों में सुरक्षित बन्द कर देनेवाले थे।

शिखर पर पहुँचने में मुझे पन्द्रह मिनट से ज्यादा नहीं लगे। वहाँ से दृश्य अद्‌भुत था। मकान से घाटी के जो हिस्से दिखाई नहीं पड़ते थे वे भी अब आँखों के आगे खुल गए थे। मेरे दाएँ ओर ठीक नीचे एक कुंड था जिसका शान्त जल चिकने शीशे-सा फैला था। सतह

पर कहीं एक भी सलवट नहीं थी। बाद में मुझे पता चला सर्दियों में वह होता था क्रिकेट का मैदान तो मानसून के मौसम में बन जाता था गाँव का तरण ताल। इसके पास घाटी में एक कटाव अपेक्षाकृत गहरा था और आपको उसमें कुछ छोटी-छोटी झोंपड़ियाँ ठुँसी हुई दिखाई दे सकती थीं। मेरे चारों ओर ये देवदार के बूढ़े पेड़। कई तो पचास फीट से भी ज्यादा ऊँचे थे। वहाँ बहुत सारी कँटीली झाड़ियाँ थीं। उनमें फतिंगों की चटचट और परिन्दों की चूँ-चिर्र गूँज रही थी। जब आप घूमकर मकान की ओर देखते थे तो बस सिर्फ छत नजर आती थी। इसकी चिकनी लाल त्वचा पर कई करीनेदार उतार-चढ़ाव थे–नैनीताल जैसे स्टाइल में–और थीं दो हैटदार चिमनियाँ।

पूरी कोशिश के बावजूद मैं उसकी कब्र नहीं खोज पाया। कँटीले झाड़-झँखाड़ हर कहीं बाधा डाल रहे थे। यों दूर से पहाड़ी की चोटी छोटी मालूम देती थी लेकिन असल में वह काफी जगह में फैली थी और कुछ घंटों में उसकी पूरी तरह टोह ले पाना मुश्किल था। एक जगह झाड़ियों में ईंटों की झलक मिली और मैं समझा कब्र का पता चल गया लेकिन जब मैंने लताओं को परे हटाकर रास्ता बनाया तो मालूम हुआ वह पानी की छोटी-सी टंकी थी–जो न जाने कब से बेकार पड़ी थी–टहनियों ने उसके ढाँचे में घुसकर जगह-जगह दरारें डाल दी थीं।

मैं वापस लौटा तो फ़िज़ कुछ नहीं बोली। वह थी फ़िज़ जो आसानी से शक नहीं करती थी–दिन का काम पूरा हो चुका था। विदेशी और दुखी आगेवाले बरामदे में बैठे हुए फ़िज़ के साथ अगले सप्ताह का प्रोग्राम बना रहे थे। चतुर अपनी मुर्गी को अपनी मुँदी हथेलियों से सरसों के दाने खिला रहा था। हर बार चुगने के बाद बेगम अपना सिर उठाकर उसकी तरफ देखती थी–उसकी गरदन दानों के कारण हिल रही थी। जब मैं झुककर कँटीले तार पार करता हुआ मैदान में आया तो मैंने राक्षस को रसोई की दीवार के पास खड़े देखा। उसकी नजरें मुझ पर ही थीं। उसका चेहरा गम्भीर था। हम दोनों ही चुप रहे।

मैंने ताँबई आवरणवाली डायरी उठाई और टैरेस पर जा बैठा। और जब फ़िज़ कामगारों से छुटकारा पाकर नहाने गई, मैं तब भी वहाँ था। जब धूप धुँधला गई रोशनी कम हो गई तब भी मैं वहीं बैठा था। बाद में डायरी को लेकर ही मैं पलंग पर चला आया। फ़िज़ ने दिन के काम के बारे में कुछ कहना चाहा तो मेरी चुप्पी ने उसे जैसे कुछ भी बोलने से रोक दिया। उसका हाथ मेरी जाँघ पर आकर ठहरा तो मैंने कोई प्रतिक्रिया नहीं दिखाई। बाद में दिन की थकान उसे नींद की गोद में ले गई तो मैंने चैन की साँस ली।

मैंने छत से लटकता बल्ब बुझाया और हरिकेन लालटेन की बत्ती ऊपर खिसका ली। मैंने राक्षस से लालटेन वहीं छोड़ जाने को कहा था।

फ़िज़ का अलसाया स्वर उभरा–तो कुछ गन्दी बातें और पता चल गईं?

और फिर वह गहरी नींद में डूब गई। मैंने अपने बाएँ कन्धे को जरा झुकाया और रोशनी में पढ़ने लगा–कई घंटे बाद जब मैं सोया तब भी डायरी मेरी बाँह में दबी थी।

रात में न जाने कब अचानक मेरी नींद टूटी थी। लालटेन की बत्ती लगभग बुझकर एक हल्की चिंगारी भर रह गई थी। न जाने क्यों मैं नींद से निकल आया था। मैंने भारी रजाई को परे हटा दिया और पैर घुमाकर पलंग से उतर गया। बहुत ही सावधानी से धीमे-धीमे कदम रखते हुए मैं दूसरी तरफ जा पहुँचा। फर्श के तख्तों से आवाज उभरती-उभरती रह गई। मैंने हल्के हाथ से दरवाजा खोला फिर लाबी के किनारे-किनारे पंजों के बल अपने कदम दीवार से सटे तख्तों के छोरों पर रखता हुआ बढ़ा। वहाँ वे पूरी तरह पत्थर की दीवार पर टिके थे इसलिए

कोई आवाज नहीं हुई। सीढ़ियों पर उतरते समय मैं सावधानी से गिनते हुए छठी पैड़ी के ऊपर से गुजर गया। जब मैं सबसे निचली सीढ़ी पर पहुँचा तो अँधेरा कुछ हल्का हो गया था। यहाँ खिड़कियों की राह चाँदनी अन्दर आ रही थी। मैं सावधानी से बैठक पार करता हुआ डाइनिंग रूम में पहुँचा तो वह पुरानी आरामकुर्सी पर बैठी थी। उसकी देह के कोण चाँदनी में चमक रहे थे।

देखते ही समझ गया कि वह मेरी ही प्रतीक्षा में थी।

उसने मैरून रंग का रेशमी गाऊन पहन रखा था। उसकी लेस से सजा कमरवाला हिस्सा काफी नीचा था। ऊँचे कालरोंवाला गाऊन, कालरों से उसकी गरदन और केश ढके थे। उसकी वे आँखें–कलाकार का सारा कौशल उन्हीं में जीवन्त हो उठा था–रहस्यमय भाव से मुझे घूर रही थीं। वह हौले से मुस्कुराई। उसका भरपूर मुँह एक आमन्त्रण दे रहा था। मैं पास पहुँचा तो उसने हाथ बढ़ाकर मेरे कन्धों पर टिका दिए और मुझे घुटनों के बल झुका लिया। मैं कुर्सी के सामने झुका हुआ देखता रहा–उसने अपने बड़े गाऊन को धीरे-धीरे ऊपर उठा लिया। उसकी टाँगें भरपूर थीं, जंघाएँ गोल और पुष्ट और त्वचा एकदम चिकनी। उसके अन्दर से आभा फूट रही थी। उसने टाँगें फैला दीं यानी वह प्रस्तुत थी।

उसके हाथ मेरे बालों में उलझ गए। उसने मुझे अपनी तरफ खींचा और वहीं टिका लिया। सब कुछ खामोश था बस मेरे होंठ और जीभ सक्रिय थे। उसका भरपूर स्वाद मेरे मुँह में भर गया। उसकी देह जैसे चील के चौड़े पंखों पर फैलकर खुल गई। मैं उसमें डूब चला। उसने मेरे सिर को पीछे से थाम रखा था और वह मुझे एक पालतू पशु की तरह राह दिखा रही थी। फिर एक विचित्र घटना घट गई। उसने गाऊन मेरे सिर के ऊपर डाल दिया और फिर मुझ पर बरसात होने लगी। मैं तरबतर हो गया।

मैं सरसराती अँधेरी रेशमी गुफा में जा पहुँचा था। मुझे अपनी राह ढूँढ़ने की कोई जरूरत न थी। अपने मजबूत हाथों में थामकर वह मुझे अपने मनचाहे स्थानों पर ले जाती रही। मेरी उत्तेजना बाँध तोड़ रही थी। बचपन के इतने वर्षों बाद पहली बार मुझे लग रहा था मैं बिना छुए ही स्वयं को खो दूँगा।

उसने पैरों की चतुर उँगलियों में मुझे थाम लिया और फिर मुझे धीरे-धीरे हिलाने लगी–लग रहा था वह सब कुछ जानती थी। मेरे अन्दर सब कुछ खौलने लगा। लेकिन इस हद तक नहीं कि मैं छलक जाऊँ।

मैं नहीं जानता था कि मेरी आनन्द यात्रा कहाँ से आरम्भ हुई थी और कहाँ जाकर थम जानेवाली थी।

मैंने चील के पंखों को मुँह में भर लिया और उड़ने लगा।

बहुत ऊपर उड़ गया मैं। अब साँस नहीं ली जा रही थी। गला रुँधने लगा। अचानक संसार धसक गया और फिर बारिश होने लगी। मेरा चेहरा तर हो गया और वह सुगन्धित द्रव–उसमें तैर रहे थे शैवाल और धूप–मेरी नाक और बढ़ी दाढ़ी वाली चिबुक को छूता हुआ–बह चला। मैं गिरने लगा, उसके पैरों की उँगलियाँ मुझे और भी तेजी से नीचे ले जा रही थीं। मैंने आँखें मूँद लीं। गीले पंख मेरा चेहरा सहलाने लगे। मेरा सिर चकरा रहा था, पर मन में परम शान्ति थी। मुझे अतल में गिरने में आनन्द आ रहा था। इससे अधिक सुखद अन्त और दूसरा नहीं हो सकता था।

पूर्ण समर्पण का मधुर आनन्द-उल्लास।

सुबह नींद टूटी तो मैं बेहद थका-थका महसूस कर रहा था। सुबह की हमेशावाली शुरुआत–फ़िज़ मेरे पास खिसक आई थी–मेरे उदर पर रखा उसका हाथ गरम था। मेरे मुँह को उसकी सुगन्धित साँस छू रही थी। पर मैं बेहद थका हुआ था। मैंने उसे आलिंगन में कसा, उसका कपोल चूमा और हम दोनों के बीच ठहरा उसका हाथ थाम लिया। उसने दोबारा कोशिश की, मेरे कान के नीचे चूम लिया। वह मेरी कामना का द्वार खोलने के प्रयास कर रही थी, लेकिन वह द्वार तो अन्दर से मजबूती से बन्द था। उसे यों संघर्ष करते देख मेरा मन पीड़ा से भर गया। हमेशा ही तो ऐसा हुआ था–उसका हल्का-सा स्पर्श, केवल जरा-सा देखना–और बस कामना का द्वार पूरी तरह उन्मुक्त हो जाया करता था। लेकिन आज कुछ अलग घट गया। मैंने खोल डाला उसका दरवाजा और उसे पास लाकर तब तक प्यार करता रहा जब तक वह अस्थायी रूप से मुझसे मुक्त नहीं हो गई।

फिर मैं पलंग से उतर पड़ा और डायरी उठाकर गुसलखाने में चला गया।

जब हम दिल्ली वापस गए तो मैं दो डायरियाँ साथ लेता गया। शेष मैंने सावधानी से उसी पेटी में रखकर उन्हें ऊपर से प्लास्टिक की शीट से ढक दिया। फिर विदेशी से कहकर उसका कुंडा ठीक कराया। और गोदरेज का बड़ा ताला लगाकर बन्द कर दिया। काँसे की चाबी मेरी जींस की जेब में समा गई। अपने स्वभाव के विपरीत हम पूरी यात्रा में खामोश बने रहे। ऐसा पहली बार हुआ जब चारों ओर के किसी दृश्य या गतिविधि पर मेरी नजर बिना अटके गुजर गई। मैं जैसे पूरी तरह अपने दिमाग में कैद होकर रह गया था।

सफर के दौरान संगीत के कैसेट अदलने-बदलने का काम फ़िज़ ही करती रही। वह एक नए अनुभव की बेचैन यात्रा पर चल पड़ी थी जिसे वह कभी पूरी करनेवाली नहीं थी।

और न ही मैं।

हम अपने जीवन को सुखी-सन्तुष्ट होने के भ्रम में उलझाए रखते हैं। जो कुछ हम देखते हैं–जिनके बारे में पढ़ते हैं–उनमें जीवनधारा इसीलिए व्यवस्थित दिखाई देती है क्योंकि हम उनके बारे में बहुत कम जानते हैं। सामने दिखते चेहरे के पीछे कितना अधिक छिपा होता है। हरेक का जीवन अदृश्य दानवों–पैसे का लालच, ईर्ष्या, छल, वासना, हिंसा, अविश्वास–की पकड़ में छटपटाता होता है।

सच तो यह है किसी–बड़े या छोटे–के जीवन में व्यवस्था का कोई तत्त्व मौजूद ही नहीं है–यह है एक भ्रम, भ्रान्ति। हर कोई इसी में जीवन जिए जाता है। दरवाजे पर दिखाई देते हर चेहरे की सबसे बड़ी उलझन यही है।

सभी लोग उलझनों, समस्याओं से घिरे रहकर जीवन जीते जाते हैं।

कुछ समय पहले मेरे साथ भी तो यही हुआ था। अगर कोई व्यवस्था रही भी होगी तो वह चूर-चूर होने लगी थी। और अब एकदम विखंडित होकर रह गई थी। क्योंकि मैंने खुद को एक के बाद दूसरा बन्द दरवाजा खोलकर अन्दर झाँकने की पहेली में उलझा लिया था। वहाँ थे केवल अनुत्तरित प्रश्न और सीमाहीन अनजान जीवन धाराएँ।

पहली बार मुझे लगा था जीवन में दिखाई देती ऊपरी व्यवस्था असल में कितनी खोखली है, कितनी घुटनभरी और सीमित है।

पहली बार समझ में आया था–व्यवस्थित जीवन ही जड़ जीवन है।

और जल्दी ही मेरे जीवन की सबसे बड़ी उपलब्धि–फ़िज़–बिखरने, छूटने लगी थी।

आज, इतने वर्षों बाद भी मैं यह पूरी तरह नहीं समझ पाया हूँ कि यह सब इतनी जल्दी कैसे घट गया। उन ताँबई जिल्दवाली डायरियों का हर शब्द हमारे सम्बन्धों की उखड़ी सीवन बन गया—सम्बन्ध सूत्र टूटता जा रहा था। और मैं था कि अपने हर खाली पल में पढ़ता चला जा रहा था, पढ़े जा रहा था। और सम्बन्धों के धागे एक के बाद एक करके टूटते चले जा रहे थे।

मैं उन डायरियों में ऐसे डूबा जैसे कुएँ का मेंढक। मेरी जिन्दगी उन्हीं डायरियों में सिमटकर रह गई। मेरे लिए चुनौती बन गई—शब्दों के पहिए—कहीं कोई तिथि क्रम नहीं व्याकरण कैसा भी प्रयोग नहीं, शैली में पुरानापन और वर्तनी की बेशुमार भूलें। कभी-कभी तो किसी वाक्य का अर्थ समझने के लिए मुझे उसे दस-दस बार पढ़ना पड़ता। छह महीने लगाकर मैं कुल आठ डायरियाँ ही पढ़ पाया। लेकिन उन्होंने मेरे जीवन को गहरे भँवर में डाल दिया। सब कुछ किस्सों में बदल गया।

मैं ऑफिस जाने में बहुत अनियमित हो गया। और फिर जल्दी ही मैंने त्यागपत्र दे डाला। लेकिन इस पर किसी का ध्यान नहीं गया। शुल्टेरी ने त्यागपत्र को दफ्तर के भाग्यविधाता, राजा के पास भेज दिया। इस संक्षिप्त टिप्पणी के साथ—इसे मंजूर कर लें। एकाउंट्स विभाग से मोटा-थुलथुला अग्रवाल आया। उसने मेरा पहचान पत्र ले लिया और कई कागजों पर मुझसे हस्ताक्षर कराए। उसने मुझसे कहा कि हिसाब लगाकर जो पैसा बचेगा वह एक महीने के भीतर ही आपके पास पहुँच जाएगा। मैंने सोचा दफ्तर में एक चक्कर लगाकर लोगों से अलविदा तो कह दूँ। पर फिर लगा भले ही मेरा जीवन उलट-पलट गया हो लेकिन मुझमें किसी की कोई दिलचस्पी नहीं थी और ऑफिस में कुछ भी तो नहीं बदला था। ग्रीस से चिकनाए गए प्रगति स्तम्भ पर ऊपर चढ़ने और फिसलने की पागल दौड़ पहले जैसी थी—दफ्तर में आनेवाले नए लोग उस दौड़ को ज्यादा गलाकाटू बनाए दे रहे थे। उत्तान शिश्नवाले लोग आपस में एक-दूसरे के चेहरे पर पहले की तरह जूते मारने से बाज नहीं आ रहे थे।

इसके नियम—गलाकाटू प्रतियोगिता और किसी भी तरह जीत हासिल करना—जरा भी नहीं बदले थे। हर कर्मचारी जैसे एक उत्तेजित तने हुए शिश्न में बदल गया था।

और मैं अँधेरे में घुलती छाया की तरह वहाँ से गायब हो गया। मैं इतना क्षुद्र, महत्त्वहीन हो गया था कि मेरे लिए औपचारिक विदाई पार्टी की बात भी नहीं सोची गई।

मेरे नौकरी छोड़ने से फ़िज़ चिन्तित थी। लेकिन हमारे बीच का संवाद गरमी की सूखी नदी जैसा हो गया था। हम रोजमर्रा की व्यावहारिक बातें अब भी करते थे—हर सप्ताहान्त में दिल्ली से वहाँ जाना जारी रहा। मकान का नया रूप उभरने लगा था। छतें डाल दी गईं, गुसलखाने बन गए, बिजली के तार बिछा दिए गए, खुदाई करके पानी के पाइप बैठा दिए गए। लेकिन हर यात्रा के साथ ही हमारे सम्बन्धों में मौजूद पोषक तत्त्व तेजी से सूखता जा रहा था। फिर तो हमारे सम्बन्धों की धारा सूखे नदी तल में पानी की एक बूँद की खोज की तरह हो गई।

मैंने बाहर जाना एकदम बन्द कर दिया। जब हमारे दोस्त मिलने आते तो मैं किसी जरूरी काम को निपटाने का बहाना करके खुद को स्टडी में बन्द कर लेता। कभी अगर मैं फिल्म देखने जाता भी तो फ़िज़ तुरन्त महसूस कर लेती कि इस तरह मैंने उसे एक मामूली छूट ही दी थी। उसका सोचना सही था। मैं उन डायरियों से जरा देर की दूरी भी बरदाश्त नहीं सह पाता था। उनमें एक ऐसा जीवन बह रहा था, मैं जिसका स्वाद ले सकता था, उससे अपनी प्यास बुझा सकता था। वहाँ से अगली खोज यात्रा पर जा सकता था। दोस्तों की साधारण

बातचीत भी मेरे लिए असह्य हो गई थी–इसके साथ ही फ़िज़ की रोजमर्रा की चिन्ताएँ भी मुझसे परे चली जा रही थीं।

उदासी और खिन्नता उस पर हावी होने लगीं। लेकिन कितने दुख की बात थी–मुझ पर इस सबका कोई असर नहीं था।

असल में तो मैं अपने अन्दर खुद से चलती लड़ाई में उलझा हुआ था। शायद मेरा मानसिक सन्तुलन गड़बड़ा रहा था। मैं जीवन भर अनीश्वरवादी और नकचढ़ा पर दोषदर्शी रहा। अपने परिवार और वेश से जुड़ी धार्मिकता और रीति-रिवाजों का मैं सदा ही कट्टर आलोचक था। मेरा हर परिचित अन्धविश्वास की जकड़न में था–अगर कोई जा रहा है तो पीछे से आवाज कभी न दो। यात्रा के नवें दिन रुक जाओ, आगे सफर न करो। यदि कोई मृत सम्बन्धी सपने में आपसे कुछ माँग करे तो समझो आप संकट में फँसनेवाले हो। अगर बिल्ली रास्ता काट जाए तो ठहर जाओ।

मेरे हर परिचित का अपना कोई-न-कोई गुरु या पंडित था, उसे मार्ग दिखाने के लिए। मैंने देखा था किस तरह मेरे माँ-बाप या दूसरे कुटुम्बी–पश्चिमी पोशाक पहननेवाले मेरे पिता और मेनहट्टनवाले चचेरे भाई तरुण और कुँवर बड़ी श्रद्धा भक्ति के साथ घुटनों के बल झुककर मैले-कुचैले और अशिक्षित, साधुओं, सूफियों, रहस्यवादियों, भविष्यदर्शियों को प्रणाम करते थे। ये पवित्र लोग अपने भोलेभाले अन्धविश्वासी भक्तों से माल खसोटने में ही लगे रहते थे।

जैसे-जैसे मैं बड़ा हुआ इन बातों के प्रति मेरी चिढ़ व हताशा भी बढ़ती गई। मैंने पश्चिमी साहित्य, दर्शनशास्त्र के विशाल ग्रन्थ भंडार खोज निकाले थे और अनुभववादी तार्किक बन गया था।

मैं नेहरू के विचार समझता था, पर गांधी मेरी पहुँच से सदा दूर रहे।

मैं विज्ञान और कला को समझता था, लेकिन रीति-रिवाज और धर्म से मुझे चिढ़ थी।

रोमांस और कामेच्छा को मैंने महसूस किया था, भोगा था लेकिन अलौकिक और दैवीय भक्ति की बात नहीं मानता था।

हम आगरा जाते अपने चाचा के पास। हम ताजमहल, किला और फतहपुर सीकरी देखते तभी शाम के समय कोई कह उठता–भाई साहब, क्या आपने बाबा गोलबोल का नाम सुना है? वह मुँह से कभी नहीं बोलते। बस आपके सिर पर लात मारकर आपको आशीर्वाद देते हैं। लोग कहते हैं अगर उनसे लात खाते समय आपके मन में कोई इच्छा–केवल एक–हो वह जरूर पूरी हो जाती है। ऐसे मौके पर कुछ लोगों का मन भटक गया और बाबा की लात सिर पर पड़ते समय उनके दिमाग में कोई गलत विचार आ गया तो वही सच हो गया। बेचारे बरबाद हो गए। एक हैं श्री पांडे। स्टेट बैंक में काम करते हैं, सिविल लाइंस में रहते हैं। बाबा के पास जाते समय वह अपनी पत्नी से लड़ बैठे–और जब उनके सिर पर बाबा की लात पड़ी तो वह गुस्से से यही सोच रहे थे कि उन्हें पत्नी से छुटकारा कैसे मिले।

अगले दिन से ही पांडेजी की पत्नी बीमार हो गईं–उनकी हड्डियों में भयानक दर्द होने लगा। हर दिन उनकी हालत बिगड़ती ही गई। डॉक्टर उनकी बीमारी को समझ ही न पाए। एक दिन वह लगभग मौत के मुँह में चली ही गई थीं तभी पांडेजी को अपनी गलती याद आ गई। वह भागे-भागे बाबा गोलबोल के पास जा पहुँचे। बाबा के चेलों ने उन्हें बताया कि एक बार बाबा की लात पड़ जाए तो फिर उसका प्रभाव समाप्त नहीं होता।

पांडेजी बहुत रोए-गिड़गिड़ाए। बाबा के चेलों ने आपस में सलाह-मशविरा किया। उन्होंने पांडे से कहा–एक उपाय है, अगर बाबा फिर से उनके सिर पर लात लगाएँ, और उस समय मन में सही इच्छा मौजूद रहे तो शायद बात बन जाए।

पांडे फिर से बाबा के सामने गए। बाबा छह फीट ऊँचे लकड़ी के मंच पर विराजमान थे। उनके पैर नीचे झूल रहे थे। पैर की हर उँगली में चाँदी के बिच्छू चमचमा रहे थे। पांडे ने हाथ जोड़े और झुककर प्रणाम किया। बाबा की लात पांडे के सिर पर पड़ी। उस क्षण उनके मन में अच्छा विचार था। दो दिन बाद ही पांडे की पत्नी के स्वास्थ्य में सुधार दिखाई देने लगा। अब वह एकदम स्वस्थ है और पहले की तरह बात-बात पर उन्हें लेक्चर पिलाने लगी हैं।

उन्होंने यह भी बताया कि अगले दिन मेरा पूरा परिवार बाबा गोलबोल से सिर पर लात खाने जाएगा।

मेरे हर परिचित के पास सुनाने के लिए कोई-न-कोई बकवास थी कि कैसे उन्होंने चमत्कार होते देखा। अप्रत्याशित ढंग से रोगमुक्ति, कोई चमत्कारिक सूचना या कोई भूत-प्रेत दिखाई देना। हमारे सलीमगढ़ गाँव में मेरा एक चचेरा भाई था। वह खेतों में काम करता था। उसने बताया था कि एक रात बबूल वन से जाते हुए उसे परशुराम मिले थे–फरसाधारी दिव्य पुरुष जिन्हें क्षत्रियों का नाशक कहा जाता है। उसने कहा कि वह देवमानव दस फुट ऊँचे थे, उनके हाथ में एक विशाल फरसा था। उनके केश कन्धों तक झूल रहे थे। मेरा भाई उन्हें देखकर बुरी तरह डर गया था। लेकिन परशुराम रुक गए और दयापूर्ण ढंग से मुस्कुराए। उनकी मुस्कान ने मेरे भाई के मन में आया डर भगा दिया और वह अपने अन्दर पहले से भी चौगुनी ताकत महसूस करने लगा। अगले दिन जब खेत जोतते समय एक बैल अड़ गया तो उसने अपने एक ही थप्पड़ से बैल को जमीन पर गिरा दिया।

मेरी एक लड्डू मौसी–मेरी माँ की चचेरी बहन–थीं। वह अमृतसर के पास ही एक गाँव के खस्ताहाल मकान में रहती थीं। उन्होंने भी स्टोव से बात करने का जादू सीखा था। हमारे कुटुम्ब में कई लोगों ने उनका चमत्कार देखा था। लड्डू मौसी छठी क्लास फेल थीं और नौ साल में चार बेटों और तीन बेटियों को जन्म दे चुकी थीं। वह काँसे के तीन टाँगवाले पम्पवाले स्टोव को तब तक रगड़ती रहीं जब तक वह चमचमा न उठा। फिर उन्होंने चौड़े और गहरे काँसे के थाल के बीचोंबीच स्टोव को रख दिया। थाल भी सरसों के तेल से चमक रहा था। स्टोव के चारों ओर उन्होंने हल्दी, लाल मिर्च, नमक, काली मिर्च और पीपल के पत्तों से रहस्यमय आकृतियाँ बना दीं। साँझ ढल रही थी–रोशनी फीकी पड़ चली थी। स्टोव देवता को सूर्यास्त के बाद और रात होने से पहले ही बुलाया जा सकता था। लड्डू मौसी अब कुछ मन्त्र पढ़कर स्टोव देवता से प्रकट होने के लिए प्रार्थना करने लगीं। वह बार-बार अपनी प्रार्थना को दोहरा रही थीं। प्रार्थना करते हुए दस ही मिनट बीते थे कि स्टोव हिलने लगा। अब लड्डू मौसी ने आँगन में मौजूद सब लोगों से आँखें जोर से बन्द करने और एकदम चुप रहने को कहा।

उन्होंने पहला प्रश्न पूछा–स्टोव देवता, मेरा बेटा नगालैंड में बागियों से लड़ रहा है। वह कितने दिनों में घर लौटेगा? वह गोरखा राइफल्स में कैप्टन था। बन्द आँखों और चौकस खुले कानों से आँगन में बैठे लोगों ने साफ तौर पर टन-टन की चार आवाजें सुनीं। वहाँ मौजूद हर आदमी उत्तेजना से हाँफ उठा।

लड्डू मौसी ने फिर पूछा–क्या चार दिन?

इस बार कोई आवाज नहीं आई।

अब उन्होंने पूछा–क्या चार सप्ताह?

इस बार टन की आवाज साफ सुनाई दी।

इसके बाद हर किसी को सवाल पूछने का मौका मिला। यह सिलसिला देर तक चलता रहा आखिर स्टोव देवता थक गए और फिर उन्होंने जवाब देने बन्द कर दिए।

कुटुम्बी जन बताते हैं कि स्टोव देवता की हर भविष्यवाणी सच निकली थी।

मेरे मेनहट्टनी चचेरे भाइयों और उनके फैशनपरस्त माँ-बाप के भी एक गुरुजी थे। वह बम्बई के बाहरी इलाके में रहते थे। वे लोग पैसा, सम्पत्ति के मामलों, दुख या खुशी–हर बात में गुरुजी से सलाह लिया करते थे। युवा गुरुजी–हाँ, उनकी उम्र 25 वर्ष से ज्यादा नहीं थी। असाधारण शक्ति सम्पन्न थे। क्योंकि उनके अनुसार उन्होंने माँ के गर्भ में रहते हुए ही गीता का पाठ शुरू कर दिया था। युवा गुरुजी स्कूल रजिस्टर के पन्नों से कागज फाड़कर उन पर प्लास्टिक बॉल प्वाइंट पैन से मन्त्र लिखा करते थे। फिर उनकी छोटी-छोटी पुड़िया बनाकर अपने भक्तों को दे देते। मेरे चचेरे भाइयों ने स्टैनफोर्ड और हार्वर्ड में शिक्षा पाई थी और लाखों-करोड़ों डॉलर के सौदे पटाते हुए खूब पैसा कमा रहे थे। लेकिन हर रात वे लंदन, न्यूयॉर्क और बम्बई के नाइटक्लबों में सैकड़ों डॉलर लुटाकर शराब और दूसरी नशीली दवाओं के सुरूर में पुरुषों और औरतों के साथ बेफ्रिक यौनाचार करके लौटते तो दोनों ही गुरुजी से मिले जादुई मन्त्रपूत कागजों को खाली गिलास में डालते, उसे पानी से भरते और एक ही साँस में पवित्र जल पीकर नींद में लुढ़क जाते।

हाँ सोने से पहले जादुई मन्त्र लिखे कागज को गिलास से निकालकर पलंग के पास वाली छोटी मेज पर सूखने के लिए रखना कभी न भूलते। सूखने के बाद वह कागज अगली सुबह फिर से उनके बटुओं में चला जाता। उनमें गुरुकृपा से चमत्कारी मन्त्र शक्ति भर जाया करती थी हर रात, जो उन्हें हर संकट से बचाते हुए सफलता की नई-नई ऊँचाइयों पर ले जाती थी। मेरे चाचा मुझे यह सब बताते और बेटे अपनी बात पर मुहर लगाते। वे कहते–इस संसार में न जाने कैसी-कैसी विचित्र अनजान शक्तियाँ मौजूद हैं। हमें हर पल सावधान रहना चाहिए।

हाँ, इस बात को हर किसी को जानना चाहिए। असावधान क्यों रहें, हो सकता है आपके भाग्य के ताले की चाबी किसी देवपुरुष, साधु, गुरु, बाबा, ज्योतिषी, तान्त्रिक, भविष्यवक्ता, पागल, सिरफिरे के पास हो। हम सभी इस तरह के सच्चे चमत्कार की सच्ची घटनाएँ जानते हैं। फिर मौके का फायदा क्यों न उठाया जाए।

इसलिए भारत में कोई भी इस मामले में पीछे नहीं रहना चाहता था। हरेक की पैंट की पिछली जेब में किसी दैवीय शक्ति से मिला संकटमोचक टिकट मौजूद था। ऐसी दैवीय शक्तियों तक हरेक की पहुँच थी।

मैं ताजिन्दगी इस तरह के ऊल-जलूल विचारों से लड़ता रहा था। लेकिन यह भी सच है कि बादवाले वर्षों में मेरी इस उग्रता में थोड़ी कमी जरूर आई थी। मैंने सदा कहा था कि अगर कहीं कोई दैवी शक्ति है तो उसके सिद्धान्तों में कहीं कुछ गहरी गड़बड़ जरूर है। उसे देखना चाहिए मनुष्य की अन्दरूनी अच्छाई को, उनके दैनिक कार्यों में होनेवाली भली बातों को। मूर्खतापूर्ण रीति-रिवाजों और दिखावटी पूजा-अर्चना का कोई अर्थ क्यों हो भला। आखिर वह पाखंडी बिचौलियों की इस बहुरूपी फौज को अपना कपट जाल फैलाने की अनुमति क्यों देता है? हर कोई अपनी शरण में आने वाले भोले-भाले अन्धविश्वासी लोगों को भगवान के

दर्शन कराने का दावा करता है—एक मोटी फीस ऐंठने के बाद वह इस पाखंड को क्यों चलने-पनपने देता है?

अगर वह भगवान भी अपने इस पाखंडी बिचौलियों जैसा है तो उसमें मेरी कोई दिलचस्पी नहीं, दूसरी ओर अगर वह सचमुच सच है तो फिर मेरा जीवन एकदम सही ढर्रे पर चल ही रहा है। फिर और क्या चाहिए?

तब मेरे इन प्रश्नों का उत्तर कोई नहीं देता था। लेकिन आज जब सब कुछ खत्म हो चुका है और किसी भी बात को कोई मतलब नहीं रह गया है—मैं जान पाया हूँ यह सब पूजा-पाठ हम उस ऊपर बैठे सर्वशक्तिमान किंग डांग के लिए नहीं, खुद अपने लिए करते हैं ताकि हममें शालीनता-नम्रता के गुण आए।

अपने अहं पर काबू पाने के लिए यह पूजा हमारा दैनिक पाठ बन गई है। ताकि वह बेकाबू न हो सके। हृदय के स्वास्थ्य का ध्यान रखनेवाले लोगों को चालीस मिनट में चार किलोमीटर तय करनेवाले फार्मूलों की तरह सप्ताह में सातों दिन सात मिनट में सात साष्टांग दंडवत प्रणाम—यह है अपने अहं के घोड़े को नियन्त्रण में रखने का सही फार्मूला।

हमें यह स्मरण कराते रहना कि हमें पता है कि हमें कुछ पता नहीं है। लेकिन इस समय मेरी आस्था और विश्वास का बीजगणित एक कठिन कसौटी पर परखा जा रहा था। मैं नास्तिक से अविश्वासी हो गया था। मुझे लगा अभी मुझे और ज्यादा अपमानित होना है। 'कुछ नहीं' से शुरू होकर 'कौन जाने' से 'शायद हो सकता है' तक का सफर। मैं अपनी इस विचलित मनःस्थिति से अपने में लज्जित था। मेरे कानों में अपने द्वारा दिए गए उन कठोर तर्कों की गूँज सुनाई देती थी—जब मैं अनुभववाद, तार्किकता और विकासवाद की बातें किया करता था। मैं और फ़िज़ हँसते हुए उन ऊल-जलूल रीति-रिवाजों और परम्पराओं का मजाक उड़ाया करते थे जिनके असर से मेरे समझदार से समझदार दोस्त भी नहीं बच सके थे।

और मैं अपने पिता की हिकारत भरी आवाज भी सुन सकता था जब उन्होंने कहा था—तुम जिसे ज्ञान कहते हो, वह असल में गहन अज्ञान है।

मैं समझ सकता था कि मैं फ़िज़ के जीवन में कैसा संकट खड़ा कर रहा हूँ, लेकिन इससे भी अधिक खतरनाक थी मेरे अपने जीवन में उतरती अव्यवस्था। मैं इसे लेकर किसी से भी बात करने की हालत में नहीं था। आखिर मैं किसी से कहता भी तो क्या? क्या यही कि मैं कुछ अजीब डायरियों में गहरे डूब चुका हूँ। कि उनमें छिपे गहरे रहस्यों को भेदना ही मेरे जीवन का एकमात्र लक्ष्य बन गया है। और इतना ही क्यों, हर रात मुझ पर भ्रम के दौरे पड़ते थे कि मुझे किसी की उपस्थिति का आभास होता था। कि जब मैं डायरी पढ़ने बैठता था तो मैं उसे अपने एकदम निकट खड़ी पाता था। कि जब मैं पलंग पर सोता तो लगता जैसे वह मेरे साथ लेटी है। कि कई सुबहों को जब मेरी नींद टूटती तो मैं खुद को बेहद थका, चुका महसूस करता—मन में किसी की चाहत सिर उठाती रहती और मुझे कुछ भी अच्छा न लगता। कि मैंने खुद को इस सबसे दूर ले जाना चाहा था लेकिन मैं ऐसा नहीं कर पाया था। कि मुझे पता था कि जो मेरे पास होती थी मैं उसे जानता था। हालाँकि मुझे यह पता नहीं था कि आखिर वह मुझसे क्या चाहती थी। लेकिन उसका खिंचाव, एक सम्मोहन अपने अनहुएपन के कारण मुझे अपनी ताकत से आतंकित कर देता था।

आखिर मैं यह सब किससे और कैसे कह सकता था। कि मुझे एक अशरीरी अनुभव हो रहा है। मैं अपने चचेरे भाई जैसा हो गया था जिसे जंगल में दस फीट ऊँचे परशुराम के दर्शन

हुए थे जिनके हाथ में विशाल फरसा था। जो क्षत्रियों पर अगले सर्वनाशी हमले की तैयारी कर रहे थे। मैं खुद पर हँसना चाहता था। मुझे भी अपनी खोपड़ी पर बाबा गोलबोल की लात खाने की जरूरत थी। शायद मुझे अपने सब परिचितों की ठोकरें चाहिए थीं।

पर मेरे पास कहने को कुछ भी तो नहीं था और फ़िज़ मेरी हालत देख-देखकर हताश होती जा रही थी।

खरीदने के कुछ महीने बाद हमने मकान का नामकरण किया और ऊपरी दरवाजे को टिकाए खड़े पत्थर के खम्भे पर संगमरमर की एक पट्टी लगवा दी। हल्द्वानी के एक मुसलमान संगतराश ने बड़े और सुन्दर अक्षरों में नाम 'फर्स्ट थिंग्स' उकेर दिया। उसके नीचे इटेलिक शैली में हमारे नाम खोद दिए। मैंने उसे जो प्रिंट आउट दिया था, उसने खूबसूरती से उसे पत्थर में हूबहू उकेर दिया था। इसके बाद अपनी तरफ से भी कुछ कारीगरी कर डाली—नीचे उसने नीम की एक टहनी बना दी बहुत कलात्मक ढंग से। उसने टहनी के पाँच पत्तों को बहुत ही सफाई और खूबसूरती से उभारा था।

'फर्स्ट थिंग्स'

शुरू में क्या था आखिर।

महत्त्वाकांक्षा से पहले, नौकरी से पहले, दफ्तर से पहले, पद से पूर्व अखबार में मेरी रिपोर्ट पर मेरा नाम प्रकाशित होने से पहले कार, मकान, शादी से पहले, किसी भी आवश्यकता से पहले

हाँ, आवश्यकता से पहले, जरूरत से पहले, जरूरत से पहले...

प्राथमिक की पवित्रता, आरम्भ की सम्पूर्णता।

प्रेम और कामना।

हृदय और कला। फ़िज़ और मैं।

'फर्स्ट थिंग्स' अत्यन्त कलापूर्ण अक्षरों में उकेरा हुआ नाम।

कैसी विडम्बना थी। 'फर्स्ट थिंग्स' के बाद अब हम आखिरी कामनाओं के भँवर में भटक गए थे। जहाँ फल पकने से पहले ही डाली पर सड़ जाता है। जहाँ गिरती हुई बारिश जिसे भी स्पर्श करती है उसी को जला डालती है। जहाँ हर साँस फेफड़ों को झुलसा जाती है। जहाँ प्यार में कोई आवेग नहीं है। और बस बीते हुए समय की स्मृति भर है।

फ़िज़ को बहुत-सी बातें पता नहीं थीं। पर इतना वह निश्चय ही जान गई थी कि मेरी देह ने उसके शरीर के विरुद्ध विद्रोह कर दिया था। इसने हमारे जीवन की बहुरंगी उल्लास छटाओं में व्यवधान ला दिया था।

यह एक बड़ा गहरा विश्वासघात था—एक के बाद दूसरे का आरम्भ...।

खंड : 4

काम

एक विचित्र अमरीकी

कैथरीन का भारत से प्रथम परिचय अपने पिता की दुकान में हुआ था। जॉन की दुकान ओरियंटल क्यूरियो शिकागो की लेक स्ट्रीट में खामोश खड़ी थी। उसका माथा सँकरा था और यह दूसरी इमारतों के मुकाबले जरा पीछे हटकर बनी थी क्योंकि आगे था चौड़ा बरामदा। अगर आप तेजी से उस सड़क से गुजरते तो बहुत मुमकिन था कि इस अखरोट की लकड़ी से बना दूसरा सजावटी द्वार आपकी नजरों में न आता, जिस पर एक उछलते बाघ की आकृति बनी थी और दरवाजे के चारों कोनों पर काँसे की मोटी-मोटी फूलदार कीलें जड़ी हुई थीं। हाँ, अगर आप चहलकदमी करते हुए वहाँ से गुजर रहे होते, जो लोग 1897 में भी नहीं किया करते थे तो खिड़कियों पर तने चीनी रेशमी परदे, द्वार के ऊपर लगा मुँह चिढ़ाता श्रीलंकाई दैत्य मुखौटा, दरवाजे के एक तरफ लटकी लोहे व लकड़ी की बनी भारी राजपूताना ढाल, जिसके बीचोबीच सूर्य की आकृति बनी थी, और उसके ठीक ऊपर एक-दूसरे को काटती हुई लटकी चमचमाती तलवारें आप जरूर देख लेते। और आपके गुजरते समय यदि दरवाजा खुल रहा होता तो अन्दर पिछली दीवार पर लगे भारतीय हाथी के शानदार तिरछे दाँत देखकर आप जरूर ठगे से रह जाते, गोया वे नुकीले दाँत दुकान के अन्दर पसरी भारी बासी हवा को बेध रहे हों।

यदि आप हाथी दाँत की नन्ही पशु आकृतियों से बने परदे को हटाकर दुकान में घुसते तो मानो भूगोल और इतिहास की सीमाएँ लाँघकर कहीं और जा पहुँचते। कमरे में चतुराई से लगाए गए गैस जैटों की रोशनी थी जो छायाओं की लहरें बनाती लगती थी। जॉन अपने पारखी ग्राहकों को बहुत अच्छी तरह जानता था इसलिए वातावरण की रहस्यमयता को बढ़ाने के लिए प्रकाश को मद्धिम रखता था। वैसे कोई नेत्रहीन ग्राहक भी वहाँ आते ही यह जरूर समझ जाता था कि वह एक असामान्य स्थान पर आ पहुँचा है। साँस में विचित्र मसालों, भारतीय इत्रों, संरक्षित पशु खालों, पॉलिशदार चन्दन काष्ठ, अफीम पीने के हुक्के और खुश्क मेवों, देवदार की पेटियों, सुगंधित रेशम और असम की चाय की भीनी-भीनी गन्ध भर जाती।

इस विचित्र परिवेश के सम्पूर्ण दृश्य ने प्रभाव में खो जाने के लिए वहाँ केवल एक बार आना ही काफी नहीं था। हवा को चीरते मुड़े हुए सफेद हाथीदाँतों के अलावा वहाँ दीवारों पर बाघों की चमचमाती खालें लटकी हुई थीं—सुन्दर काली-केसरिया धारियों वाली। आपके सिर की ऊँचाई पर चमकते लम्बे दाँतोंवाले वन्यजीव की भूसा भरी देह की परिचय पट्टिका लगी थी। कैथरीन को दुबले चेहरेवाला पशु पसन्द था जिसकी एक आँख खराब हो चुकी थी। कालाढुंगी कुमाऊँ की एक आँखवाली राजकुमारी, संयुक्त प्रान्त, 1892। एक दिन जब जॉन ने इसे बेच दिया तो उसकी दस वर्षीया बेटी बहुत उदास हुई थी। वह बेटी को किसी भी तरह यह बात

नहीं समझा सका था कि दुकानदार दुकान में रखे किसी भी सामान से खुद को इस तरह भावनात्मक रूप से नहीं जोड़ सकता। फिर भी बेटी के कहने पर उसने एक आँखवाली कालाढुंगी की राजकुमारी को वापस पाने की कोशिश की थी, पर खरीदार बोस्टन का कोई नव धनाढ्य सम्पत्ति दलाल था। उसे नहीं खोजा जा सका था।

दुकान में एक पंक्ति में रखे बड़े-बड़े मर्तबानों में रासायनिक रूप से जमाए हुए साँप तैरते देखना कैथरीन को मोहाविष्ट कर देता था। उनमें थे करैत, वाइपर, रैट स्नेक, ग्रास स्नेक, और शानदार कोबरा, उसका फन मृत्यु में भी डरावने ढंग से फैला हुआ था। वहाँ एक गेरूए रंग का चट्टानी अजगर भी था। लेकिन वह इतना भारी और बड़ा था कि उसका बड़े से बड़े मर्तबान में भी समा पाना मुश्किल था, इसलिए अजगर को एक बड़ी चौकोर जलजीवशाला में संरक्षित रखा गया था। उसमें उसकी भारी देह भद्दे ढंग से शीशे की दीवार पर जोर देती मालूम देती थी। नन्ही लड़की मोहाविष्ट स्थिति में घृणा से मुँह बिचकाते हुए भी घंटों-घंटों उस तरफ देखती रहती थी। वहाँ वन्यजीवों के अन्य संरक्षित अंग भी मौजूद थे। लेकिन ये कैथरीन को उतने दिलचस्प नहीं लगते थे। शीशे की सन्दूकचियों में थे सेही के काँटे, उड़न लोमड़ियों, हिंसक वन्य जीवों और जंगली कुत्तों की खालें। विशाल कपड़कीट, तितलियाँ, तिलचट्टे संरक्षित रखे गए थे। उल्लुओं की भूसा भरी खालें, बड़े आकार के भारतीय धनेश, कुरंग और चितकबरे हिरनों के चमकदार सिर, बहुरंगी परों के सुन्दर पंखे, कहीं-कहीं चीते की चिकनी खाल भी लटकी हुई थी। गेंडे का स्लेटी मुड़ा हुआ सींग जिनमें कैथरीन को कोई आकर्षण नजर नहीं आता था।

उसका पिता गेंडे का सींग दुकान में महोगनी लकड़ी के काउंटर के पीछे रखा करता था—वहाँ बैठकर वह हिसाब-किताब जोड़ता। और कभी-कभी उसके मित्र आते तो वे उसे हाथों में उठाकर दिलचस्पी भरी नजरों से देखते—उसे हौले-हौले थपकते और हँसते।

दुकान में कैथरीन को एक काम और अच्छा लगता था—दुर्लभ मसालों की थैलियाँ खोलकर उनकी खुशबू नाक में भरना। उसे देवदार की पेटियों से उठती महक सूँघना पसन्द था। वह अपने चिकने कपोल ठंडी लकड़ी से सटाकर बैठ जाती और आँखें मूँदकर हल्की सुगन्ध के बादल पर तैरने लगती। भारतीय इत्रों की तीखी महक उससे सहन नहीं होती थी पर वन्यपशु खालों की विचित्र और तेज गन्ध उसे प्रिय थी, जो मरकर भी विचित्र लगते थे।

हाथियों के दाँतों की छाया में प्रदर्शित स्याही से बने चित्रांकन और जलरंगों के चित्र देखना पसन्द था उसे। ज्यादातर भारतीय उपमहाद्वीप से लाए गए थे। एक चित्र में दो सेनाओं की लड़ाई दिखाई गई थी। एक तरफवाली सेना में सैनिक टोपियाँ लगाए और कोट पहने हुए थे तो दूसरी ओर के लड़ाके सिर पर पगड़ियाँ और बिना बाँहोंवाली पोशाक तथा चौड़े पॉयचोंवाले पाजामे में थे। कई चित्रों में शानदार जुलूसों के दृश्य थे—सजे-धजे हाथी, जंजीरों में बँधे चीते। सड़क के दोनों ओर साँवले लोगों की भारी भीड़। दरबार में राजसी वैभव से सिंहासन पर बैठे बड़ी-बड़ी मूँछोंवाले राजा जिन्हें बड़े-बड़े चँवर डुलाए जा रहे थे।

भीड़-भाड़ भरे बाजार—सब तरफ सामान लाते-ले जाते लोगों और पशुओं की भीड़—शिकागो में बैठकर इन दृश्यों को देखते हुए इस सबकी कल्पना कठिन थी। मुर्गों की लड़ाई और चारों ओर जुटे तमाशबीन, ज्यादातर भारतीय, हाँ कहीं-कहीं यूरोपीय चेहरे भी दिखाई पड़ जाते थे। नदी किनारे घाटों पर जलती चिताएँ और प्रार्थना करते हुए लोग, शिकार के दृश्य—सब तरफ से घिरा हुआ चीता अन्तिम उछाल भरने को तैयार, और हाथी पर बैठे गोरे उस पर निशाना

साधते हुए। घूँघट में चेहरा छिपाए तीखे नाक-नक्श, पुष्ट देह और बादामी आँखोंवाली भारतीय महिलाएँ।

काउंटर के पीछे जहाँ जॉन बैठता था वहाँ एक ड्राअर में कुछ चित्र और रखे थे। कैथरीन ने उन्हें तब खोज निकाला था जब वह तेरह साल की थी। उन्हें देखते ही वह जैसे लपटों में घिर गई। हथेली के आकार के वे चित्रांकन 'द इंडियन कामसूत्र : प्ले ऑफ लव' पुस्तक में थे। उसमें पुरुष और स्त्रियों को कुछ ऐसी क्रियाएँ करते हुए दिखाया गया था जिसकी उसे कभी कल्पना ही नहीं थी। इतना स्पष्ट, इतना जीवन्त, इतना उत्तेजक, इतना नंगा, इतना लचीला, आह! कितना आनन्दमयी। बादामी आँखोंवाली औरतों को किस खुलेपन से इनमें हिस्सा लेते हुए दिखाया गया था। किस तरह सब पर हावी होती दिखाई गई थीं वे। कैथरीन जब स्टोर में अकेले होती तो छिपकर उन चित्रों को देखती और उसे अपनी गरम देह पिघलती हुई लगती।

एक चित्र ने उसे खासतौर पर अपनी ओर खींच लिया था।

साँवले रंग का बलिष्ठ पुरुष। उसके सिर पर पगड़ी नहीं थी–चेहरे पर लम्बी मूँछें, नंगा धड़। उसके सामने थी बादामी आँखोंवाली कामोत्तेजित सुन्दरी, उसके उरोज बॉडिस से जैसे बाहर निकले जा रहे थे। उसके वस्त्र किमखाब के बने थे, शायद कोई राजकुमारी रही होगी। उस पुरुष की धोती लपेटन से बहुत सूजा, तना हुआ शिश्न बाहर निकला हुआ था जिसे उस औरत ने अपने हाथ में थामा हुआ था। उसके अधोवस्त्र कमर तक ऊपर उठे हुए थे। राजकुमारी ने अपना नंगा दायाँ पैर पुरुष की चौड़ी कमर पर रखा हुआ था और उसके शिश्न को उभरी हुई योनि के अन्दर ले जा रही थी। दृश्य एकदम स्पष्ट था। महिला थी हमलावर और पुरुष था उसका दमन। दोनों के चेहरे खुशी से खिले पड़ रहे थे। जब भी कैथरीन उस चित्र को देखती तो उसका हाथ अपनी जाँघों के बीच चला जाता। वह एक चिपचिपाहट महसूस करती और उस पर अजीब बेहोशी छाने लगती।

पिता की दुकान में सबसे ऊबाऊ अगर कुछ लगता था तो रेशम और साटन के वस्त्रों से भरे काउंटर। वहाँ थे सेबल की खाल से मढ़े किनारेवाले कोट, फैंसी कश्मीरी दुशाले और फर के आकारवाले गाउन। उसे नक्काशीवाले जेवरात भी लुभा ना पाते। नेकलस, कानों की बालियाँ, नाक की लौंग, पैरों के बिछुए, माणिक, हरे रत्न। चाँदी की नक्काशी वाले सजावटी दर्पण भी उसे अपनी ओर न खींच पाते। उसे स्टोर में आने वाली औरतों पर आश्चर्य होता था जो इन चीजों को देखने से उत्तेजित हो उठतीं और वहाँ घंटों बिताया करतीं। लेकिन वे बेचारी वहाँ मौजूद अन्य मूल्यवान उपहारों से अनजान ही बनी रहतीं। वह क्रोध में भरकर सोचती अगर इन औरतों को यही सब चाहिए तो फिर वे स्टेट स्ट्रीट पर बनी संगमरमर मढ़ी उन इमारतों में क्यों नहीं चली जातीं जहाँ अनेक लोग विनम्र भाव से उन्हें वहाँ मेहराबदार कक्षों में प्रदर्शित छोटे-छोटे सजावटी गहनों और महँगे परिधानों के बीच ले जाने को हर समय तैयार खड़े रहते थे। तेरह वर्ष की होने से पहले ही कैथरीन ने खूब समझ लिया था ज्यादातर महिलाएँ इस संसार के आनन्दपूर्ण रहस्यों को कभी नहीं जान पाती थीं और इस कारण अपना ध्यान बँटाने के लिए ही कपड़ों और जेवरों के बीच उलझकर इन अद्भुत अनुभवों का आनन्द ग्रहण करने से वंचित रह जाया करती थीं।

वैसे उसकी माँ भी इन औरतों से कुछ अलग नहीं थीं।

कैथरीन ने अपने बचपन में ही अपनी सुन्दर और उपभोग पसन्द माँ, एमिली को देखा था कि वह किस तरह उसके पिता की घुमक्कड़ी के प्रति घोर उपेक्षा का भाव प्रदर्शित करती

थी। उसके पिता अकसर यात्राओं पर जाते, पर उसने माँ को कभी पिता से उन यात्राओं के बारे में कभी कुछ पूछते नहीं सुना। वह कभी दुकान के बारे में भी कुछ नहीं पूछा करती थी। कैथरीन कभी सोच ही नहीं पाती थी कि माँ कभी दुकान में जाकर पिता की गुप्त ड्राअरों में वह सब देखेंगी जो उसने खुद न जाने कितनी बार देखा था। वह अपनी माँ को विवस्त्र देखने की भी कल्पना नहीं कर पाती थी।

जब दोनों पहले-पहल मिले थे तो जॉन की उम्र मिली से दोगुनी थी। वह चालीस का हो गया था, जिसमें से 24 वर्ष उसने दुनिया में घूमते हुए बिताए थे। वह दूसरे अमरीकियों से अलग, एक दूसरा ही इनसान था। अपने दुर्गम महाद्वीप की खोज में उसकी कोई रुचि नहीं थी। न ही वह सोने की खोज में लोगों की पागल भीड़ में शामिल हुआ। लोगों को मिली ज्यादा से ज्यादा जमीन पर अधिकार करने की सरकारी छूट के बावजूद उसमें कोई रुचि नहीं जागी। वह सबसे मुँह मोड़कर सागर यात्रा पर निकल पड़ा। एक दिशा में वह जापान, जावा, सुमात्रा तक जा पहुँचा तो दूसरी ओर मिस्र, टांगानिका का बार और जंजीबार तक। लेकिन दक्षिण एशिया उसका प्रिय क्षेत्र था। विशाल भारतीय उप महाद्वीप जहाँ के वनों में बाघ और दूसरे जंगली जीव भरे पड़े थे, जो अत्यन्त प्राचीन सभ्यताओं और गहन ज्ञान का केन्द्र था, उस विशाल भू-भाग पर थोड़े से गोरे लोगों का शासन था, लेकिन लाखोंलाख स्थानीय भी बसते थे वहाँ।

वह बम्बई, मद्रास व कलकत्ता बन्दरगाह में जलयानों से पहुँचा था और फिर स्थल मार्च से कानपुर, आगरा, दिल्ली, लाहौर और सीमा क्षेत्र तक की यात्राएँ की थीं। कभी घोड़े से तो कहीं ऊँट और हाथी से, कहीं-कहीं कहारों द्वारा कन्धों पर ढोई जानेवाली हिलडुल पालकियों का भी उपयोग किया था। वह मरुस्थलीय जंगलों के बीच बारिश और तूफानों से जूझता बीमारी और महामारियाँ झेलता चलता गया था। मुगल स्मारकों, प्राचीन हिन्दू मन्दिरों, सीधी-सरल स्थापत्य शैली में बने बौद्ध विहारों को देखता हुआ महान हिमालय पर्वत शृंखलाओं में दूर तक घूम आया था। सचमुच हिन्दुस्तान ने उसे बहुत प्रभावित किया था।

बाद के वर्षों में शादी के बाद उसने यात्राएँ बन्द कर दी थीं। वह थक-चुक गया था। कभी-कभी बस इतना ही कहता—उस क्षेत्र में ईश्वर के अजब-अनोखे प्रयोग देखे जा सकते हैं। वैसा कोई और दूसरा स्थान नहीं है—विचित्र और भव्य। मैं पूरी दुनिया घूम आया हूँ लेकिन वैसा कुछ अन्यत्र नहीं पाया। वहाँ का जिक्र करता तो उसके वर्णन में वहाँ के निवासी, पशु-पक्षी, मौसम, भूगोल, इतिहास, रोग-महामारियाँ, वहाँ की सम्पदा और वहाँ के लोगों की चतुराई—सबका जिक्र चला आता।

अगर सुननेवाला पूछता—इन सब यात्राओं से मिला क्या? सुनकर वह उदास होकर कहता—यह कहना असम्भव है। शायद वहाँ जाकर ही आपको अहसास होता है—आप एक ही पल में धनवान होने के साथ-साथ कितने निर्धन भी हैं। एक ही क्षण में निडर और साथ ही आतंकित, चतुर और मूर्ख, महान और हीन हैं।

जब उससे अपनी बात स्पष्ट करने को कहा जाता तो वह बताता, उस क्षेत्र के मूल निवासियों को ठीक-ठीक समझना मुश्किल है। आपके मन में उनके प्रति गहरी श्रद्धा का भाव उभरता है तो घृणा भी महसूस होती है। वह कुछ भी जानने-समझने को तैयार नहीं होता। भरे-पूरे स्वस्थ लोग, लेकिन जादू-टोने में भयानक विश्वास। उन्होंने भव्य और विशाल स्मारकों का निर्माण किया है, पर स्वयं साधारण झोंपड़ियों में रहते हैं। उसे अपने लिए अधिक कुछ नहीं चाहिए।

लेकिन कितना कुछ है जिसे उसने अस्वीकार कर दिया है। कोई उसका सम्मान नहीं करता, लेकिन फिर भी उसके अन्दर कितना आत्म गौरव है। उनके पास देने को कुछ नहीं लेकिन फिर भी वहाँ के लोग अत्यन्त उदार हैं। वह गोरों के बूटों तले दबा-कुचला जाता रहा है लेकिन उसे अब तक पूरी तरह जीता नहीं जा सका है। उसे ठीक-ठीक जानने-समझने की हर कोशिश असफल रही है।

जॉन ने भारत की आठ यात्राएँ की थीं। उनमें से दो बार वह भड़ैत सैनिक बनकर गया था तो और छह बार एक व्यापारी के रूप में। एक यात्रा में मध्य भारत में ग्वालियर के पास जंगलों से मलेरिया होने पर वह मरते-मरते बचा था। तीन हफ्तों तक जॉन भयानक बुखार की जकड़न में जिन्दगी और मौत के बीच झूलता रहा था। उस दौरान देह इतनी अधिक दुर्बल हो गई थी कि उसने अपने लिए मौत की प्रार्थना की थी ईश्वर से। गाँव के हकीम द्वारा उसे कड़वे पत्ते चबाने के लिए दिए जाते थे, पर उससे भी कोई फायदा नहीं हुआ और फिर एक रोज गाँव के मुखिया की पत्नी ने उसे काठ का बना एक ताबीज दिया जिस पर ओम का पवित्र चिह्न अंकित था। जॉन ने ताबीज सिर के नीचे गोल करके रखी कमीज के नीचे रख लिया था और फिर ज्वर तुरन्त ही कम होना शुरू हो गया था। तब से आज तक जॉन उसे गले में पहनता आया था। रात में सोते समय उसे उतारकर अपने तकिए के नीचे रख लिया करता था।

वैसे ताबीज के इस चमत्कार का जॉन की पत्नी पर कोई प्रभाव नहीं पड़ा था। एमिली के लिए उसकी यात्रा के विवरण भी उतने ही प्रभावहीन रहे थे। जब वह पत्नी को अपने कथित रोमांचक अनुभव सुनाता तो उसकी आँखें न जाने कहाँ खो जाती थीं। नुकीली नाक, करुण, सदय नेत्रों और बालों को ढीली पोनीटेल में बाँधनेवाले रोमांच यात्राओं के इस शौकीन ने अपनी भावी पत्नी को पहली बार न्यूयॉर्क यात्रा के दौरान देखा था। उस दिन वह अकारण ही 32वीं सड़क पर रहनेवाली अपनी चाची से मिलने पहुँचा था कि तभी एमिली एक नवप्रकाशित बाइबिल की प्रति पहुँचाने वहाँ आ गई थी जिसे चाची ने उसी दिन खरीदा था। एमिली के गालों पर भरपूर गुलाब खिले थे और वह जान को एकाएक इस कदर खूबसूरत लगी थी कि उसके दिल में कुछ होने लगा।

जॉन था एक बहुत अनुभवी पुरुष। उसकी कामेच्छा उसे हर कहीं हर रूप-रंग वाली औरतों के पास ले गई थी जिन्होंने उसे अलग तरह के आनन्द दिए थे। उस रोमांच प्रिय आदमी की उत्कंठा और आनन्द ने उसे सिखाया था कि चाहे लोग जो भी कहें हर औरत सदा ही दूसरी से अलग होती है। और ज्यादातर पुरुष जिस अनुभव को सदा एक-सा ही बताते हैं वह हर बार ही कितना अलग होता है। जहाज के डेक से कोई नया देश दिखाई देता और वह वहाँ की अनजान औरतों से मिलनेवाले सम्भावित आनन्द व कामक्रीड़ा की कल्पनाओं में खो जाया करता था।

एक नारी के गुप्त स्थलों की खोज में माहिर पारखी था जॉन। वह जानता था कि हर औरत की खुशबू अलग होती है, स्वाद भिन्न होता है और वह पुरुष के सामने हर बार एक नए ढंग से ही खुलती है। शुरू करने से पहले और खत्म होने के बाद उसकी खास आदत थी–एक मोमबत्ती जलाकर इस तरह रखना कि जाँघों का आन्तरिक भाग खूब रोशन दिखाई दे। उसे वह आखिरी इंच ज्यादा रोमांचित करता था जहाँ का मांस सबसे नरम होता है और जाँघें अन्तिम बार फैलती हुई उस रहस्यमय उठान में खो जाती थीं जहाँ बाल उगते दिखाई देते थे। कभी-कभी वह आँखें मूँदकर उस अन्तिम बिन्दु को अपनी उँगलियों से छूकर देखता और तुरन्त यात्रा पर निकल पड़ता। वह देखने, सावधानी से जाँच-परख करने और विश्लेषण जैसी क्रियाओं

पर बहुत ध्यान दिया करता था। एक मर्मज्ञ विशेषज्ञ की भाँति वह सामने प्रस्तुत सामग्री को धैर्य और प्यार से जाँचता-परखता और फोटो स्मृति के आधार पर उस छवि को सुरक्षित कर लेता। भविष्य में फिर जब चाहे उसका आनन्द लेने के लिए।

अनेक औरतें उसकी बेशर्म निगाहों के सामने शरमा जातीं तो कुछ उससे प्रेरित होकर अपना और भी कामुक अंग प्रदर्शन करने लग जातीं। औरतों की इस जाँच-परख ने जॉन को यह बता दिया था कि ईश्वर एक अभूतपूर्व, असीम कलाकार था। उसने यहाँ-वहाँ अपनी उँगली की छुअन मात्र से एक ही शरीर को दूसरे से कितना अलग, भिन्न बना दिया था। और यह बदलाव वह अनन्त काल से करता आया था। एक पुरुष पूरा जीवन खर्च करने के बाद भी एक औरत की देह को दूसरे से जरा भी अलग नहीं कर सकता था। जॉन ईश्वर के इस चमत्कार की भिन्नता को देखता, और चमत्कृत रह जाता। बारीक से बारीक अलगाव उसके अन्दर कहीं गहराई में नक्श होते चलते।

ऐसे गुप्त स्थान थे जो त्वचा के एकदम निकट थे, और सख्त नारंगी में ताजे चीरे की तरह खुल जाते थे तो कुछ ऐसे स्थल थे जहाँ नरम फूली हुई ऊँचाइयाँ थीं, आड़ू सी खूबसूरत, स्कूली छात्र जिनके सपने देखा करते हैं। और वे स्थान जो एक कोबरा के फन की तरह फैले हुए थे जो देह के हर द्वार को संरक्षित रखते थे तो कुछ वैसे थे जो चील के पंखों जैसे चौड़े खुलकर ऊपर उठने को आतुर रहते और वे जो टर्की पक्षी के गले की लटकन जैसे नीचे झूलते हुए चूसनेवाले मुँह का आह्वान सा करते थे। और कुछ पिछली ओर इतनी दूर स्थित थे कि उन तक पीछे से ही पहुँचा जा सकता था तो कुछ उनकी तुलना में एकदम सामने स्थित थे कि घुटने झुकाए बिना सीधे ही उनमें प्रवेश किया जा सकता था। कुछ ऐसे जो अमेजन के घने जंगलों-से हरे-भरे और गुँजान थे। और वे जो सहारा के मरुस्थलीय रेत कणों-जैसे सपाट चिकने थे और वे भी जिनकी जड़ें उभरी हुईं थीं और उनकी पुष्ट मांसपेशियों को उँगलियों की पकड़ में महसूस किया जा सकता था। कुछ ऐसे स्थान भी थे जिनकी जड़ों को कई दिनों तक छूने की कोशिश के बाद भी नहीं पाया जा सकता था। और कुछ ऐसे स्थान थे जो छुए जाने की बेचैन आशा में खुल-खुल जाते थे तो ऐसे भी थे जो बहुत सख्ती से इस तरह बन्द रहते थे कि उन्हें खोलने की लगातार कोशिश करनी होती थी। कुछ ऐसे भी स्थान थे कि लम्बी-से-लम्बी उँगली से भी उनकी गहराई की पूरी तरह थाह नहीं ली जा सकती थी तो ऐसे भी थे जो सबसे छोटी उँगली की पहुँच से ही अपने सारे रहस्य खोल देते थे। कुछ ऐसे थे जो सारा दिन इच्छा द्रव के स्राव से गीले रहते थे। उनकी तुलना में ऐसे स्थान भी थे जो प्यार के रस से निरन्तर भिगोए जाने के बाद भी मामूली गीले हो पाते थे। कुछ सिर्फ एक नली जैसे थे, मांस की सुरंग एकदम शुष्क और कई स्थानों पर गलीदार गली का सिलसिला था कि उनका रहस्य समझने की कोशिश में सिर ही घूम जाता था। उनके आकर्षण अनन्त थे। और फिर एक अविस्मरणीय छवि थी कलकत्ता की सर्पिल गलियों की जहाँ उसने एक नहीं दो को देखा था बस बीच में मांस की दीवार उन्हें अलग करती थी। दोनों में प्रवेश किया जा सकता था—एक का गरम-गीला स्पर्श दूसरे से एकदम अलग था।

जॉन जैसे शोधार्थी के लिए यह तो सबसे बड़ा आविष्कार था। उसने दोनों को भरपूर प्यार किया था, देर तक देखता रहा था उन्हें। वह जानता था कि ईश्वर एक भला आदमी, एक चतुर कामुक था जो अपने बनाए अनाड़ी लोगों के लिए अत्यन्त आनन्दकर स्थितियों का सृजन करना चाहता था।

जॉन की इन काम यात्राओं से मिली शिक्षा ने उसे सिखाया था कि कोई पुरुष किसी औरत को तब तक पूरी तरह नहीं समझ सकता जब तक उसके शरीर को पढ़ न ले। औरत के चेहरे से उसकी देह के रहस्यमय क्रियाकलापों का जरा भी आभास नहीं मिल सकता था। एक सुन्दरी अपने हाव-भाव से भले ही किसी वेश्या की तरह लज्जाहीन दिखाई क्यों न दे पर वह उस चरम क्षण में एकदम ठंडी पड़ जा सकती थी। जबकि एक नाजुक लजीली नारी जिसे नासमझ मानकर चला जाता था एकाएक बहुत उग्र, आक्रामक हो सकती थी, एक बाघिन जिसे अपने हिस्से का भोजन पाने से रोका नहीं जा सकता था। हो सकता है आप किसी औरत को जीवन भर जानते रहे हों लेकिन उसके गुप्त स्थानों में प्रवेश करना आपको गहरे भ्रम में डाल सकता है। हर बार आपको नए सिरे से शुरुआत करनी होती है।

जॉन के लिए हर बार हर औरत नई चुनौती बनकर आती थी। और जॉन ने उसकी देह को उसी अचरज और आनन्द के भाव से खोजा था जिसे वह अपने साथ उन अनजान देशों में ले गया था। और अपनी इस खोज यात्रा में जॉन का साक्षात्कार हर बार नए-नए अचरजों से हुआ था।

एक नियम ऐसा था जिसका पालन जॉन हमेशा करता था। वह जब भी नई औरत के पास जाता तो उसके चेहरे में कोई आकर्षण बिन्दु अवश्य खोजता। त्वचा की चिकनाहट, तराशे हुए नाक-नक्श, भरपूर मुँह, आमन्त्रण देती हुई आँखें या ऐसा ही कुछ और।

जब वह यात्राओं को अलविदा कर चुका था तो अपने स्टोर में आने वाले दोस्तों से कहा करता था—देह का कोई खास मतलब नहीं होता, हमें बस चेहरा देखना चाहिए। जब आप किसी औरत की देह से प्यार करते हैं तब आपकी आँखें सिर्फ उसका चेहरा ही देखती हैं। अगर उसका चेहरा आपको बाँधे रख सके तो समझो सब ठीक है—और फिर बाकी सब कुछ नहीं हो सकता।

जवान एमिली के चेहरे में अद्भुत आकर्षण था। जैसे ही जॉन ने उसे देखा उसके दिल में एक तूफान उठ गया। ऐसा नहीं कि वह प्यार की भावना से कुछ अपरिचित था पर पुरुष तो प्यार उसी समय महसूस करते हैं जब वे औरत की गहराइयों में खुद को उड़ेल रहे होते हैं। और जॉन ने भी तो एकदम यही अनुभव किया था, फिर चाहे वह कोई एकदम मामूली औरत ही क्यों न रही हो। लेकिन यह तो उन सबसे एकदम अलग ही अनुभव था। यह थी एक नई तरह की चाहत की उछाल। उसे केवल अपने लिए संरक्षित कर लेने की इच्छा। उसे अपने आलिंगन में बाँध लेने की कामना और अब से उसे ही अपनी दुनिया का केन्द्र बिन्दु बनाने और समझने की अभिलाषा। उसकी हर इच्छा पूरी करना, प्यार से दुलराना। यह एक नया ही प्रेम था—उससे एकदम अलग जो वह आनन्दातिरेक के चरम क्षणों में अनुभव करता था—सम्भोग से भी बहुत पहले और उसके बीत जाने पर भी उसका अस्तित्व बना रहता था।

पुरुषों पर औरतें अत्यन्त विचित्र ढंग से प्रभाव डालती हैं। क्षणिक आवेग का पल आता है और उनका जीवन सदा-सदा के लिए बदल देता है।

अन्ततः उनका विवाह हो गया। और तब जॉन को महसूस हुआ कि उसकी सुन्दर पत्नी खुद की देह में छिपे आवेग-आवेश से एकदम ही अनजान, भोली थी। उसमें उमंग जैसे कहीं थी ही नहीं। लेकिन वह घबराया नहीं। अपने पिछले तमाम अनुभवों के बल पर वह धैर्यपूर्वक उसकी छरहरी काया को जाँचने-परखने-मापने में जुट गया। उसकी उँगलियाँ सक्रिय हुईं—उन्होंने दबाया, अन्दर की थाह पानी चाही—उसे चुम्बनों से आक्रान्त कर डाला, चाटा, सहलाया, पिया और नजरों ने पढ़ना चाहा कि इस सबकी अनजान एमिली पर क्या प्रतिक्रिया होती है।

जॉन उन बटनों की खोज में था जिनके दबाने-मसलने से उसकी देह जाग उठे। उसे पता था हर नारी का एक गुप्त सूत्र होता है जो एक आवेशित प्रेमी से ज्यादा समय तक छिपा नहीं रह सकता। लेकिन वह यह नहीं जानता था कि किसी-किसी देह के गुप्त सूत्र इतने जटिल और उलझे हुए होते हैं कि उनका सुलझना लगभग असम्भव ही होता है।

वह और आगे बढ़ा। उसने कामोद्दीपन विधियों का सहारा लिया। जॉन के पास एक अलमारी में ऐसे चूर्ण और द्रव थे जिन्हें उसने भारत और सुदूर पूर्व की यात्राओं में जुटाया था। गिनसेंग, बाघ की हड्डियाँ, छिपकली का तेल, लौंग और लाल मिर्च से तैयार नुस्खे। जिनमें लहसुन, अदरक, अनाम जड़ी-बूटियों का रस, जायफल और केसर आदि का मिश्रण था। जॉन ने एमिली पर इन सबका उपयोग किया, कभी चुप-चुप चालाकी तो कभी खुलेपन से। कभी एक को उपयोग में लाया तो कभी सबके मिश्रण का सहारा लिया—सप्ताह में एक बार, फिर हर दिन वह एमिली की देह में शोला भड़कने की प्रतीक्षा करता रहा। लेकिन महीनों तक चले धैर्यपूर्ण परीक्षणों, प्रयोगों के बावजूद युवा एमिली की देह की नींद नहीं टूटी।

हाँ, उसने अपनी देह के द्वार जॉन के लिए बन्द नहीं किए। वह सम्भोग सहवास की क्रियाओं से गुजरती रही लेकिन यह सब करते हुए भी उसका मन इससे विलग, विरक्त बना रहा। जॉन ने उसमें चाहत का कोई संकेत नहीं पाया कभी।

लेकिन जॉन की अपनी देह में कुछ विचित्र, अप्रत्याशित घटने लगा। वह अपनी पत्नी की विरक्त देह के प्रति मोहाविष्ट हो उठा। अपने अनजाने ही एमिली ने अपनी देह में जॉन की इच्छाओं का निश्चित केन्द्र खोल दिया था। उसकी त्वचा का स्पर्श, सँकरी कमर के ढलान, गुप्त स्थानों से उठती गन्ध, उसके कुचाग्रों, और तो और एमिली की साँस में भी मिठास थी, जो उस जैसे अनुभवी घुमक्कड़ को एक अनजानी उत्तेजना से भर देती थी। उसने पूरी दुनिया में घूम-घूमकर छककर मनभाती दैहिक दावतों का लुत्फ लिया था लेकिन यह पकवान, हाँ, यह पकवान तो इससे पहले कहीं कभी नहीं चखा था उसने। वह हर वक्त इसी का स्वाद लेते रहना चाहता था।

सुबह नींद खुलती तो वह तड़प उठता। रात में करने के बाद भी चाहत का उफान ठंडा न होता। उसकी कुरेदन बनी ही रहती। रात को एमिली के पलंग पर आने से काफी पहले से ही वह अकुला जाता। अपने कैशोर्य की इस तड़पन को बीच के वर्षों में उसने कभी महसूस नहीं किया था। वह शौचालय में होती तो जॉन ताक-झाँक करता रहता। जब एमिली नींद में खोई होती तो जॉन उसे अपनी नजरों के सामने धीरे-धीरे अनावृत करता जाता। कभी वह परदे खींचने के लिए खिड़की के सामने खड़ी होती तो वह घुटनों के बल बैठ जाता। उसकी स्कर्ट उठाकर उसकी जाँघों के पीछे अपना चेहरा गड़ा देता—उस समय अन्दर से खुद को कमजोर, चाहत का मारा महसूस करता।

एमिली उसका हर ऐसा व्यवहार सहन करती रही। उसने खुद को जॉन को सौंप दिया था, उसे न शिकायत थी, न कोई आवेग। बाईबिल की भक्त उसकी माँ ने नैतिकता और जिम्मेदारी के बारे में एमिली को सख्त हिदायतें दे रखी थीं। उन निर्देशों ने एमिली को अगर पति का विरोध करने से मना किया था तो इस क्रिया को स्वयं के लिए नितान्त रसहीन भी बना डाला था।

जॉन ने चार महाद्वीपों की अपनी घुमक्कड़ी के दौरान न जाने कितनी चपल हूरों और आनन्द से सिसकती सुन्दरियों से देह सम्बन्ध बनाया था लेकिन वह अपनी पत्नी की इस विरक्ति का अर्थ नहीं समझ पाया था जो उसमें विचित्र आवेग-आवेश भर देती थी। समय बीतने के

साथ उसने एमिली की ओर से कोई प्रतिक्रिया या पहल की आशा करना भी छोड़ दिया। जब उसका जी चाहता वह एमिली की देह से खिलवाड़ करने लगता। जॉन के मन में एमिली की देह को बार-बार पाने की चाहत बढ़ती ही गई।

जीवन की सच्चाइयों के प्रति उसकी आस्थाएँ एक-एक करके मरती गईं।

उसने सदा कहा था कि कामना दोतरफा छाया है। यह हो ही नहीं सकता कि आप किसी को चाहते रहें जबकि वह आपसे विमुख बना रहे।

उसने यह माना था कि एक औरत के समग्र आकर्षण की अलग-अलग परतें उसकी चाहत में खुलती हैं। वह मानता था कि वह जब तक जीवित रहेगा एक नारी के गुह्य स्थलों की खोज धरती के अन्तहीन चक्रों की तरह उसके जीवन की सबसे बड़ी उपलब्धि बनी रहेगी। जब-जब आप किसी औरत के अन्दर प्रवेश करते हैं तो वह आपकी आत्मा पर एक अमिट चिह्न छोड़ जाती है और उसे कोई नहीं मिटा सकता।

लेकिन अब वे सब मान्यताएँ बदल गई थीं।

एमिली के साथ शादी होने तक वह बता सकता था कहाँ किस औरत के साथ समागम किया था और वह कितनी उत्तेजक थी। लेकिन अब हाल यह था कि युवा एमिली विरक्त, अनासक्त लेटी रहती और वह उस पर न्योछावर होता जाता। उसके अंग-प्रत्यंग, उसकी देह के घुमाव, नम प्रवेश द्वार, और वहाँ से उभरनेवाली गन्ध में उन सैकड़ों महिलाओं के अस्तित्व धीरे-धीरे खोते चले गए, जिनसे वह जाने कहाँ-कहाँ मिला था।

धरती के घुमावों का पीछा करने की इच्छा जाती रही। पागल बना देने की हद विरक्त, अनासक्त रहनेवाली अपनी पत्नी से एक पल के लिए भी दूर रहना असह्य हो गया जॉन के लिए। उस दिन के तनाव से मुक्ति पाने के लिए हर रात एमिली की निस्पृह देह चाहिए ही थी।

उसने अपनी एक नई अयथार्थ दुनिया बनानी शुरू कर दी। उसने अब तक अपनी यात्राओं के दौरान जो कुछ देखा था, जिन्हें भोगा था उन सबके बारे में लिखना शुरू कर दिया ताकि वे छवियाँ सदा के लिए सुरक्षित रह सकें। स्टोर में ग्राहक कम ही आते थे। वह अपने महोगनी के काउंटर के पीछे बैठा बड़े रजिस्टर में लिखने लगा, लिखता गया। वह हड़बड़ी में था, उसे डर था अगर उस सबके बारे में झटपट नहीं लिख डाला गया तो वे सब गायब हो जाएँगी। उसे कुछ पता नहीं था, यह सब वह किसके लिए कर रहा है और क्यों? अपनी अनपढ़ भाषा शैली की चिन्ता किए बिना वह लिखता चला गया—उसमें जिन्दगी भरपूर थी। उसने कभी नहीं सोचा था कोई कभी उसके लिखे को पढ़ेगा, इसलिए वह बेहिचक, खुलेपन से सारे अनुभवों को कागज पर उतारता गया।

लेकिन उसे क्या पता था कि उसके लिखे शब्द स्वयं बोल रहे हैं। वह जितनी तेजी से लिख रहा था कोई उतनी ही गति से उसे पढ़ता जा रहा था।

कैथरीन को श्रीमती मिल्स के नृत्य विद्यालय से घृणा थी जहाँ संस्कृति और अच्छे व्यवहार की शिक्षा दी जाती थी। उसे शिकागो की गन्दगी भरी नालियों और गीली रहनेवाली सड़कों से शिकायत थी। हर समय इधर-उधर घूमती कचरा बीननेवालियाँ और प्रवासी इटैलियन नापसन्द थे जो हर मोड़ पर जोर-जोर से पुकारते हुए फल बेचा करते थे। लाल चेहरेवाले, नशे में धुत आयरिश पुलिसवाले तथा सारा दिन चीख-चीखकर अखबार बेचते अश्वेत किशोर उसे कतई पसन्द नहीं थे। शिकागो की सर्दी तो जैसे उसकी नस-नस में घुसकर उसके सारे उत्साह का गला घोट डालती थी। इसी तरह स्टेट स्ट्रीट पर बने शोरूम भी अच्छे नहीं लगते थे जहाँ पेरिस

और लन्दन की झूठे अहं को हवा देनेवाली सामग्री बिकती थी। उसे पाटर पामर इम्पोरियम से खरीदे गए रेशमी परिधानों में सजी और लेसमढ़े छाते लगाए सड़कों पर इतराती घूमती महिलाएँ नापसन्द थीं। पीले निस्तेज चेहरेवाली माँ के साथ घोड़ागाड़ी में बैठकर घूमना उसे ऊब से भर देता था। इसी तरह वह मिशिगन झील के किनारे अपने चचेरे भाई-बहनों के साथ जाकर पिकनिक मनाने से भी घृणा करती थी। वह कालुमेट ऐवेन्यू पर रहनेवाले अपने मामा के पास जाने से भी बचती थी क्योंकि वहाँ सब कुछ बनावटी लगता था उसे। जब उसकी सहेलियाँ बोन टोन डायरेक्टरी में अपना नाम शामिल करने की बचकानी कोशिशें करतीं तो वह गुस्से से भर जाती थी। उस डायरेक्टरी में शिकागो की सबसे महत्त्वपूर्ण और फैशनुबल महिलाओं के नाम-पते प्रकाशित किए जाते थे। शिकागो का समाज उसे नापसन्द था जहाँ पुरुष देवता थे और औरतें केवल उनकी सजावटी पूँछ। ऐसे परिवेश में ऊब से भरी नाराज, हताश, घृणा से घिनाती युवा कैथरीन को बस अपने पिता के शब्दों में ही मात्र सम्बल मिल पाता था।

सिर पर पोनीटेल बाँधे रहनेवाले उसके घुमन्तू पिता लिखते जाते और वह पढ़ती जाती। जैसे ही जॉन दरवाजे से बाहर निकलता वह तुरन्त काउंटर के पीछे जा पहुँचती। जब पढ़ने को कुछ बाकी न रहता तो वह छिपाकर रखी गई उन कामोत्तेजक तस्वीरों को देखती रहती। एक ओर जॉन की दुकान में रखी पूर्वी देशों से लाई गई सामग्रियों का रहस्मय आकर्षण और दूसरी तरफ पिता द्वारा भोगे गए यथार्थ का जीवन्त विवरण। अंग-अंग में पिघलन भर देनेवाला उन गुह्य कामुक चित्रों का गहन आकर्षण—इन सबके बीच कैथरीन एक औरत का रूप लेती गई। हाँ, सच उसके लिए शिकागो सही स्थान नहीं था।

कैथरीन में एमिली अगर कहीं मौजूद थी तो केवल उसकी देह में, उसकी आत्मा केवल और केवल जॉन की थी। पिता को बुढ़ाते देखना उसे गहरे दुख से भर देता। वह देह से दुर्बल हो चला था। जब कैथरीन सत्रह की हुई तो जान साठ का हो चुका था। शराब उसे मारे डाल रही थी। आँखों से सदा पानी बहता रहता और लगता जैसे वे कहीं और देख रही हैं। कभी-कभी वह पिता से अपने संस्मरण सुनाने को कहती, वही जिन्हें वह पहले भी कई-कई बार सुन चुकी थी। वह सदा ही कहते-कहते बात को अधूरी छोड़कर ठमक जाता। वहाँ की बातें जहाँ वह एक युवक के रूप में गया और अब कभी जानेवाला नहीं था।

ऐसा कभी-कभी ही होता था। दिन में शराब का पहला घूँट भरने से पहले वह अपनी प्यारी बिटिया के कहने पर दुकान में इधर-उधर चहलकदमी करता हुआ उन शिल्पों और कलाकृतियों के बारे में बताने लगता। बात बताते समय वह एक-एक चीज की ओर इशारा करता जाता। उसकी मलिन पोनीटेल इधर-उधर झूलती रहती। वह उनके बारे में रहस्यात्मक ढंग से कहता—कभी छूकर, तो कभी हाथ में लेकर सिर से ऊपर उठाते हुए। उस समय उसके बूढ़े मुख पर एक विजेता का भाव होता। उसने दूर देशों के भव्यतम उपहार लाकर जमा किए थे वहाँ। लेकिन बेटी के मन में उत्साह भरने की उसकी कोशिश जल्दी ही थक जाती। और हर ऐसे प्रदर्शन के बादवाले पलों से अकेलेपन की खामोशी में और भी गहरे डूब जाता।

यह देखकर कैथरीन का दिल टूट जाता। वह एक बार फिर से अपने पिता को पहले जैसे जीवन्त और खुशनुमा देखने के लिए कुछ भी कर सकती थी—ताकि वह एक बार फिर वैसे ही एक और नए सफर पर निकल जाए, लेकिन...।

एमिली अपने उदासीन भाव और विरक्ति के बावजूद जॉन के लिए अत्यन्त प्रिय थी। अब चालीस की उम्र में पहुँचने के बाद धर्म के प्रति उसकी रुचि निरन्तर बढ़ती जा रही थी। अपनी समान रुचिवाली महिलाओं के साथ उसने 'वर्ल्ड सेवियर्स बाइबिल क्लब' (विश्व रक्षक बाइबिल क्लब) का गठन किया था। वे हर दिन मिलतीं और बाइबिल के अंशों का जोर-जोर से पाठ किया करतीं। उन्होंने जरूरतमन्द लोगों की एक सूची तैयार की थी। उनमें से कुछ लोगों से मिलकर उन्हें अपनी ओर से ही अयाचित परामर्श देतीं तो बाकी लोगों को बाइबिल के चुनिंदा अंशों की हाथ से तैयार प्रतिलिपियाँ भेजी जातीं। यह काम क्लब की सदस्याएँ किया करती थीं। कुछ धर्मादि के कार्य भी करने होते थे। तब तक साल्वेशन आर्मी ने शिकागो में अपनी जड़ें मजबूत कर ली थीं और इसमें एमिली का बाइबिल क्लब दीन-हीनों की मदद के लिए पैसा और सामग्री इकट्ठा किया करता था। क्लब के सदस्य अपने द्वारा किए हर ऐसे कार्य आध्यात्मिक और वास्तविक का विस्तृत विवरण रखा करते थे–एमिली और उसकी सहेलियाँ बहुत हड़बड़ी में थीं। वे दुनिया में सत्धर्मों का पहाड़ खड़ा करना चाहती थीं। उन्हें इस बुरी दुनिया के अन्त की भविष्यवाणी पर अगाध विश्वास था। उनके हिसाब से इस संसार का अन्त होने में सौ वर्ष से भी कम समय बचा था। वे हर रोज परोपकार और धार्मिक कार्यों का बोझ कम करने की कोशिश में थीं।

कैथरीन अपनी माँ को पागल समझती थी।

जॉन ने उसे बताया था कि भारतवासी इस संसार के अन्त के आतंक की आशंका से कभी ग्रस्त नहीं रहते। उनका मानना है कि एक विनोदप्रिय ईश्वर ने एक खिलंदड़ भ्रमजाल का निर्माण किया है। यह सदा चलता रहता है। मनुष्यों का जीवन खेल के मैदान में खेले जानेवाले मैचों की तरह होता है। कुछ में आप जीतते हैं तो कई में हार का सामना भी करना पड़ता है। लेकिन आपको खेलने से कभी नहीं रोका जाता, यदि अच्छा खेलते हैं तो आप अच्छी टीमों में शामिल हो जाते हैं। इसी तरह अगर आपका खेल ठीक नहीं है तो फिर आप सीढ़ी पर नीचे उतार दिए जाते हैं। अब यह आप पर है कि आप कहाँ कैसे खेलना चाहते हैं। ईश्वर कोई कठोर, गम्भीर निर्णायक, या जल्लाद नहीं। वह तो एक भला रैफरी है। उसने खेल के नियम बनाए हैं और वह लोगों की हार-जीत का हिसाब भी रखता है। अगर आप चाहें तो मैच के निर्णय पर रैफरी से तर्क भी कर सकते हैं, उसका निर्णय स्वीकार करना अनिवार्य नहीं होता। क्योंकि स्वयं रैफरी भी कुछ विनोदपूर्ण गलत फैसलों और अपने स्वयं के बनाए नियमों में मनचाहा उलटफेर करता रहता है।

कैथरीन ने पूछा था--जो कुछ आप कह रहे हैं उसके बारे में 'वर्ल्ड सेवियर्स बाइबिल क्लब' के क्या विचार हैं?

जॉन ने कहा–वे सोचते हैं कि यह ईश्वर का एक दुष्ट विचार है।

दुनिया को बचाने के अभियान से एमिली को जब फुर्सत मिलती तो वह पूरी निष्ठा से अपनी बेटी के लिए योग्य वर खोजने में लगी रहती। अच्छे ईसाई विचारों और एक बड़े स्टोर का मालिक अथवा ईसाईयत के प्रति समर्पित लेकिन मामूली दुकानदार। लेकिन वह बेटी का मन बिलकुल नहीं समझती थी। पर कैथरीन को अपने पिता के अलावा अपने गिर्द मँडरानेवाले हर जवान-बूढ़े आदमी से नफरत थी। वह उनकी उद्दंडता, मिथ्याभिमान से उनके द्वारा हर समय व्यापार की बातें करने और उनकी गोरी चमड़ी से घृणा करती थी।

उसे अश्वेत पुरुष पसन्द थे। एकदम यथार्थवादी, जमीन से जुड़े हुए उन लोगों में अपने पूर्वजों द्वारा सहे गए शोषण की छाया देखी जा सकती थी। उनमें मौजूद विनम्रता और विद्रोह

का भाव। उनकी सुचिक्कण काली त्वचा और उसके अन्दर चमकती मजबूत उभरी नसें। लेकिन वे उन छायाओं की तरह थे जिन्हें हर कहीं देखा तो जा सकता था लेकिन उनसे बातें करना, मिलना कठिन था। हाँ, रसोई में एक बार इसका मौका आया था। जिम नामक युवा अश्वेत हफ्ते में दो बार बाग की खरपतवार की सफाई और गुड़ाई करने आता था। उसने कैथरीन को अलबामा में बीते अपने बचपन की कहानियाँ सुनाते हुए उसमें प्रवेश किया था तो बेहद पीड़ा हुई थी। और पीड़ा आनन्द में ढल पाती इससे पहले ही करके वह चला गया। पिछला दरवाजा अधखुला था। बाहर बहुत चमकीली धूप फैली थी। अन्तिम ऐंठन संकुचन थमने से पहले ही जिम बाहर भाग गया था। हाँ, उसकी तीखी गन्ध अवश्य पीछे रह गई थी।

उसी रसोईघर में एक बार और हुआ था दोपहर से पहले। बाहर सूर्य अपनी तीखी कौंध बिखेर रहा था। वह मेज पर औंधी हो गई थी। मेज की लकड़ी की शीतल सतह पर उसे खुद का चेहरा गरम-गरम लगा था। और इस बार भी शरीर में उठती दर्द की लहरें कुछ कम हो पातीं इससे पहले ही जिम बाहर भाग गया था—वही तीव्र गन्ध और फर्श पर पड़े धब्बे छोड़कर। कैथरीन ने इस अनुभव को फिर नहीं दोहराया, लेकिन इसे लेकर मन में कोई अपराध बोध भी नहीं था। वह क्षणिक सम्बन्ध अपने में कुछ नहीं था, लेकिन इसकी आशा और अपेक्षा का आनन्द भाव पहले और बाद की दोनों स्थितियों में अनुभव किया था उसने। अपनी सहजवृति से, अध्ययन से उसने जाना था कि इस क्रिया का आनन्द फिर जरूर मिलेगा, किसी अन्य पुरुष के साथ, जो कुछ अलग तरह का होगा। पर उसे यह भी मालूम था कि वैसा पुरुष उसे शिकागो में नहीं मिलेगा।

उसने कभी मुँह से नहीं कहा, लेकिन वह हमेशा शिकागो को त्यागने की तैयारियाँ करती रही। और अचेतन भाव से इसके निर्देश उसे पिता की ओरिएंटल क्यूरियो में मिलते रहे थे। उसे अकसर ऐसा लगता था वह जिस शहर में जन्म लेकर बड़ी हुई थी उसके बारे में उसे उतना पता नहीं था जितना वह पिता के छोटे से स्टोर में मौजूद रहस्यमय भव्य देशों के बारे में जान गई थी। छोटे-छोटे मर्तबानों में तैरते साँपों को देखते हुए वह खुद को भी एक ऐसे ही दमघोटू बन्धन में महसूस करती थी। जैसे उन मृत जीवों और उसके बीच एक सम्बन्ध बन गया था। वह कभी गेंडे के सींग को सहलाती तो कभी दीवारों पर लटकती बाघों की खालों को छू-छूकर देखती। एक अनजानी लालसा मन को मथती रहती। उसने जॉन द्वारा एक फोल्डर में रखे चर्मपत्रों पर अंकित नक्शों को देखना, पढ़ना शुरू कर दिया। वह मन-ही-मन सागर यात्रा का कार्यक्रम बना रही थी मन में।

और जब उसकी माँ कई युवकों को चाय पर निमंत्रित करने लगीं तो वह भी अपने मन की बात पिता से कहने लगी। वह पिता से अपने बच निकलने के रास्ते जानना चाहती थी।

जॉन को अपनी बेटी अपने जीवन जितनी ही प्रिय थी। वह कैथरीन के वहाँ से चले जाने की कल्पना ही नहीं कर पाता था। लेकिन जैसे-जैसे उसकी देह ज्यादा और ज्यादा थकती गई वह अपने पीछे कैथरीन को एमिली के संरक्षण में छोड़ जाने की कल्पना से ही भय खाने लगा। वह दुनिया के विभिन्न देशों के शहरों में मौजूद अपने दोस्तों की सूची तैयार करने में लग गया। वह युवा कैथरीन को विभिन्न देशों, बन्दरगाहों, वहाँ तक ले जाने वाले समुद्री मार्गों, जलयानों और उनके किराए, भाषाएँ और संस्कृतियाँ, लोगों के पहनावों, उनकी नैतिक मान्यताओं के बारे में बताने लगा। इस सबसे अलग और भी कुछ बताया उसने—अलग-अलग देशों के भोजन, वहाँ की मुद्राएँ, धर्मों और रीति-रिवाजों का एक विस्तृत खाका बेटी के सामने खींच दिया। यह सिलसिला चलता ही गया।

एक सुबह एमिली ने बाइबिल क्लब की मीटिंग घर में आयोजित की। उसने एक युवक को विशेष रूप से बुलाया था—वह एक निबन्ध तैयार कर रहा था, शीर्षक था—भविष्य कथन का विज्ञान और उससे बचने की कला। पीले चेहरेवाला युवक अत्यन्त विनम्र हाव-भाव लेकिन कुशलता से अपनी बात कर रहा था। जब उसने बताया कि जब ईश्वर पूरी दुनिया का लेखा-जोखा सुनाएगा, हर आदमी के पाप-पुण्य का हिसाब बताएगा तो कैसे पूरी दुनिया भयानक आग की लपटों से जलने लगेगी। पाताल से उठती वह प्रलयंकारी आग पृथ्वी को जलाने के साथ आकाश को भी झुलसा देगी। तारे जल उठेंगे, सूर्य जलकर काला पड़ जाएगा। यह बताते हुए उसका चेहरा थरथरा उठा था।

वहाँ बैठी औरतें हाथ बाँधे गम्भीर भाव से यह भयानक वर्णन सुन रही थीं।

वह निष्ठापूर्वक बता रहा था। जिन लोगों ने दूसरों के प्रति हिंसा की थी, वे जिन्होंने जरूरत से ज्यादा जमा किया था, जो ईश्वर से विमुख हो गए थे। वे औरतें जिन्होंने बुरी आत्माओं के राजा बीलज़ेबब को अपने अंगों में पापपूर्ण इच्छाएँ भरने की छूट दे दी थी। वे सब प्रलय की इस आग में भून डाले जाएँगे। उन्हें मरकर भी छुटकारा नहीं मिलेगा। सदा यही होगा, ऐसा ही होगा, विश्वास कीजिए घटनाएँ इसी तरह घटेंगी—दया, उन्मुक्ति कुछ नहीं मिलेगी। अतीत या भविष्य कुछ नहीं होगा। होगा चिरन्तन दहन।

शाम को एमिली ने जॉन और कैथरीन से कह दिया कि वही युवक बेटी के लिए उसकी पसन्द है। अगले दिन जॉन ने हर रोज की तरह पहली घूँट नहीं भरी—बल्कि आखिरी यात्रा की तैयारी करने में जुट गया। दोपहर में कैथरीन दुकान पर आई तो जॉन की तैयारी पूरी थी। अगली सुबह वे न्यूयॉर्क के लिए चल दिए। तब तक एमिली को पता नहीं था कि अब वह बेटी को फिर कभी नहीं देख पाएगी। माँ से बिछुड़ते हुए कैथरीन के मन में थोड़ी पीड़ा जरूर थी। इकलौती बेटी अब तक माँ के साथ ही रहती आ रही थी—पर फिर भी वे आपस में अजनबी हो रहे थे। एक जीवन जीने की तैयारी कर रही थी और दूसरी को बड़े प्रलय की प्रतीक्षा थी। ऐसी दो सड़कें जो आपस में कभी नहीं मिली थीं। कैथरीन ने चाहा कि माँ से बिछुड़ने की कुछ तो छवि मन में उभर आए लेकिन उसकी कोशिश बेकार रही। हाँ, अनेक वर्ष बाद जब कैथरीन हजारों मील दूर मृत्यु की ओर जा रही थी, तब जरूर माँ को याद करके उसकी आँखों में आँसू भर आए थे।

इसके एक सप्ताह के बाद वह पिता के साथ न्यूयॉर्क बन्दरगाह में रीती आँखों वाली आव्रजकों की भीड़ के बीच खड़ी थी। वह पिता से लिपटकर बच्ची-सी फूट-फूटकर रो पड़ी थी। जॉन के दाँत गिर चुके थे—बाल झड़ रहे थे। हड्डियों पर बदरंग त्वचा ढीली होकर लटकने लगी थी और हाथों में कमजोरी महसूस करता था। लेकिन बेटी को उसने खूब मजबूती से चिपटा लिया था। कभी-कभी माँ-बाप अपनी आत्मा का एक अंश अपने किसी बच्चे में भर देते हैं। यह एक उदासी भरा सम्बन्ध होता है, बिछुड़ने का शोक, फिर मिलने की कामना। अपनी बेटी को विदा करते समय जॉन को लगा जैसे उसका जीवन शेष हुआ। वह समझ नहीं पा रहा था कि वह शिकागो वापस जाए तो किसलिए! कल सुबह वह नींद से जागेगा तो किसके लिए? उसने ओम के पवित्र चिह्नवाला अपना ताबीज निकाला, जिसके बल पर उसने मलेरिया तथा दूसरी सब मुसीबतों से छुटकारा पाया था—और बेटी के गले में लटका दिया।

अब उसे भला सुरक्षा क्यों चाहिए थी! लेकिन अनजान दुनिया के लम्बे सफर पर निकलती बेटी को हर बुराई से सुरक्षा चाहिए थी।

बच्ची की तरह बिलखती कैथरीन मन-ही-मन मना रही थी काश पिता उसे जाने से रोक लें, ताकि लहरों पर डगमग करते जहाज को छोड़कर उनके आलिंगन में खो जाए।

लहरों पर डगमग करते डेक पर बैठी कैथरीन के आँसू बहते रहे-बहते रहे।

ठंड से ठिठुरा लन्दन कैथरीन को जरा भी पसन्द नहीं आया।

उसके पिता के दोस्त बूढ़े सेलिसबरी की एक आँख खराब थी जिसके ऊपर वह हमेशा काली गोल पट्टी लगाए रहता था। वह गिरवी गांठे का काम करता और पुरानी चीजों की दुकान चलाता बांड स्ट्रीट पर। यह जॉन की बोस्टन वाली 'ओरियंटल क्यूरिओ' से एकदम अलग थी। वह छोटे-छोटे सजावटी गहने बेचता–उनमें से कुछ तो बहुत ही दागी थे। इन्हें उसने भारत के भव्य राजसी परिवारों से पाया था। वैसे ज्यादातर तो वे लूट के माल के रूप में उसके पास पहुँचे थे। उन्हें लूटने, खसोटनेवाले थे घुमक्कड़ सैलानी, भड़ैत सैनिक, ईस्ट इंडिया कम्पनी के कर्मचारी, ब्रिटिश राज के अधिकारी और सैनिक, कमांडरों के सहायक सैन्य अधिकारी और सचिव, राजमहलों के नौकर तथा राजा-महाराजाओं और राजकुमारों की पत्नियाँ और रखैलें। कुछ मूल्यवान चीजें खुद राजा-महाराजाओं द्वारा बेची गई थीं क्योंकि वे एक ओर लालची ब्रिटिश लोगों की धौंस पट्टी से प्रताड़ित थे तो दूसरी ओर उभरती राष्ट्रीयता का दबाव भी उन पर भारी पड़ रहा था और वे इसी तरह अपनी लम्पटता का चक्र चला रहे थे।

चाँदी और सोने की ट्रे और गिलास, फारसी कालीन, स्फटिक के झाड़फानूस और लैम्प, हाथी दाँत की बनी शतरंज की बिसातें और मोहरें, मुगल और कांगड़ा की लघु चित्र शैली में बनाए गए तैलचित्र, राजसी मुद्रा से अंकित रेशमी परदे तथा सजावटी वस्त्र, हरे रत्नों से जड़े पक्षियों के पानी पीने के पात्र, सोने से मढ़े हुक्के, हीरों जड़े कटोरे, बाघ के पैरों से सजी कुर्सियाँ जिनके हत्थे साँपों की खालों से मढ़े हुए थे। नीलम जड़ी संगमरमर की काफी मेजें। अत्यन्त बारीक गुलकारी की हीरे-जवाहरत वाली सन्दूकचियाँ, प्रसिद्ध नामों से अंकित पोलो की छड़ियाँ, नहाने के इतने बड़े-बड़े टब कि जिनमें पुरुष और स्त्री दोनों साथ-साथ कामक्रीड़ा कर सकें। बेलबूटेदार चायदानियाँ जिन्हें तैयार करने में शिल्पियों को बरसों लग गए होंगे, हाथ से विशेष तौर पर बनाई गई पिस्तौलें और लम्बी नाल वाली बन्दूकें, शानदार पगड़ियों में सजे राजा-राजकुमारों की संगमरमर और काँसे की आवक्ष प्रतिमाएँ, सोने-चाँदी से बने सुन्दर चम्मच, काँटे, मूँगा और लाल माणिक जड़े अन्य सामान जैसे छड़ियाँ, तलवारें, शराब की सजावटी बोतलें, सिगरेट होल्डर, एसट्रे, थूकदान, दर्पण, हेअर ब्रश, मन्दिर की घंटियाँ, घोड़ों की काठियाँ, बैठकर शरीर के निचले अंग धोने के लिए बने तसले और श्रीलंकाई आबनूस से बना बड़े आकार का तना हुआ शिश्न जिसे खासतौर पर करीमथला के बुढ़ाते राजकुमार द्वारा अपनी चेकोस्लोवाक रखैल को आनन्द देने के लिए बनवाया गया था। लेकिन जब राजकुमार ने उसे निकाल दिया तो उसने भी वह बेच डाला। यह एक अनूठी कलाकृति थी जिसमें सारे उभार बहुत अच्छी तरह दिखाए गए थे। उसे सही जगह टिकाए रखने के लिए डोरी भी लगी थी। सेलिसबरी ने उसे धो-पोंछकर उस पर फिर से वार्निश की नई परत चढ़वा दी थी।

सेलिसबरी और जॉन दोनों एक बार भाड़े के सैनिकों के रूप में सीमाप्रान्त के इलाके में गए थे। वहाँ एक कबायली की छर्रे की गोली से उसकी एक आँख जाती रही थी। तब जॉन ने उसकी मदद की थी, इलाज करवाया था। शायद युद्ध के मैदान की दोस्ती सबसे ज्यादा मजबूत होती है। इसलिए वह अपने दोस्त की बेटी की हरसम्भव मदद करना चाहता था। लेकिन कैथरीन

के हाव-भाव उसे चकित कर देते थे। सेलिसबरी समझ ही नहीं पाया था कि आखिर वह लन्दन क्यों और किसलिए आई थी। वह तो सेलिसबरी से बस भारत तथा उसकी दुकान में भरी वहाँ की विभिन्न चीजों के बारे में ही पूछती रहती थी। सेलिसबरी को लगा जैसे यह लड़की भी अपने मुड़ी नाकवाले पिता जैसी ही थी जिसे अपने देश से ज्यादा दूसरे देश के बारे में रुचि थी।

सेलिसबरी ने अपनी सबसे छोटी बेटी फ्लोरी से कैथरीन को लन्दन की सैर कराने को कह दिया।

दोनों लड़कियों ने मादाम तुसा का तथा ब्रिटिश संग्रहालय देखे। वेस्टमिस्टर ऐबे, लन्दन टावर, बकिंघम पैलेस, कियु गार्डंस, ट्राफल्गर स्क्वायर घूमती रहीं। अकसर ही फ्लोरी का प्रेमी उनके साथ होता। वह पीले चेहरेवाला दुबला युवक, मेकेनिकल इंजीनियरिंग का छात्र था। स्मारकों में वे दोनों अपने गुह्य प्रेमालापों के लिए गुमनाम कोने खोजते ही रहते थे। कैथरीन को उनके रक्तिम उत्तेजित चेहरे देख-देखकर ऊब होने लगी। कैथरीन देखती थी कि वे दोनों प्रायः ही किसी चौड़े खम्भे या अँधेरे कोने की खोज में रहते थे। उनके लिए लन्दन के पर्यटन का मतलब था खुद जगह-जगह ठिठकते-रुकते रहना तथा औरों को अपने आगे निकल जाने देना ताकि एक हड़बड़ाया प्रवेश और पकड़न के अबाध मौके लगातार मिलते रह सकें। बीच-बीच में वह पीले चेहरे वाला युवक उन अप्रत्याशित उड़न मशीनों की आश्चर्यजनक कहानियाँ सुनाया करता था जो निकट भविष्य में मनुष्य को हवा में उठाएँगी, उसे अन्ध महासागर के भी पार ले जाएँगी। कैथरीन अचरज से सोचती रह जाती—आखिर वह अनुभव पाने के चक्कर में पुरुषों को क्या हथकंडे नहीं अपनाने पड़ते होंगे। दैहिक प्रहसन के इन दृश्यों को झेलते हुए वह अमरीकी लड़की शाही भव्यता और सैन्य शक्ति के बारे में अन्तहीन प्रलाप सुनते-सुनते जल्दी ही गहरी ऊब से भर उठी। मूर्तियाँ, स्मारक, घोषणाएँ—क्या पुरुष हर कहीं एक जैसे ही होते हैं? उद्दंडता और प्रलय की भविष्यवाणी के बीच तरह-तरह के प्रहसन करते हुए।

कैथरीन के उखड़ते मूड को सम्भालने के लिए फ्लोरी उसे ब्राइटन ले गई। लेकिन यह अनुभव भी बुरा रहा। ये जब पहुँचे तो धूप खिली हुई थी, आनन्द मनानेवाले लोग सागर तट पर हो-हुल्लड़ मचाने आ पहुँचे थे। और फिर जल्दी ही बारिश होने लगी जो दो दिन तक रुकी ही नहीं। मेट्रोपोल में शोर-गुल मचाते परिवार मौजूद थे। कागजों पर लिखी सूचना को जोर-जोर से पढ़ते हुए और वे अपने शाब्दिक खेलों में मस्त थे। उनके बच्चे चीखते-चिल्लाते गलियारों में धमा-चौकड़ी मचा रहे थे जैसे नरक से निकलकर प्रेतात्माओं ने हल्ला बोल दिया हो।

वहाँ बिताए तीनों दिनों में दोनों युवतियों के पास अनेक युवक मौज-मजे के प्रस्ताव लेकर आते रहे। लेकिन कैथरीन उनकी पीली त्वचा और बेशर्म तौर-तरीकों के प्रति नफरत से भर उठी। बेचारी फ्लोरी—उसके मन में जरूर कुछ मौज-मजा पाने की इच्छा थी—को भी कैथरीन के कारण उस सबको सहने पर विवश होना पड़ा।

कैथरीन की विरक्ति और उदासी के बारे में फ्लोरी ने पिता को सब बता दिया। सेलिसबरी कैथरीन के लिए और ज्यादा कोशिश करने लगा, क्योंकि आखिर वह आज अगर जीवित था तो केवल जॉन के कारण। वह रोज 'द टाइम्स' को ध्यान से देखता और कैथरीन को बताता कि शहर में आजकल कहाँ क्या चल रहा है : नाटक, आपेरा, भाषण, पाठन। वह कैथरीन को घुड़दौड़ दिखाने के लिए एस्काट ले गए। उन्होंने उसे कैम्ब्रिज और ऑक्सफोर्ड भेजा। कैथरीन उस पुराने शहर की पत्थर मढ़ी सड़कों पर घूमी और चाहा कि वहाँ उच्च ज्ञान और प्रभुतासम्पन्न परिवेश के प्रति उसके मन में कोई सुगबुगाहट जाग उठे।

लेकिन इन सबमें कैथरीन को संसार के कला और ज्ञान की उपलब्धियों और परिष्कृति सम्पन्न केन्द्र की कहीं झलक नहीं मिली। उसे लगा यहाँ पाखंड और वर्ग चेतना का बोलबाला है, ज्ञान और चेतना की सतह के जरा ही नीचे हर कहीं शोषण मौजूद था। मूर्खतापूर्ण उच्चारण और काले ज्ञान की ऊँची पगड़ियाँ लगाए थे लोग वहाँ।

कुल मिलाकर यहाँ भी उसे शिकागो जैसा ही लगा। बस फर्क इतना था कि यहाँ के परिवेश पर परिष्कृत सहज विश्वास की परत चढ़ी हुई थी। यह भाव दमित गुलाम भारत से उभरा था, तो वहाँ शिकागो में सड़कों पर मँडराती काली छायाओं के रूप में सामने आता था।

उसका एक ही निष्कर्ष था हर कहीं मनुष्य को जब जहाँ जिसे भी दबाने का मौका मिलेगा वह ऐसा जरूर करेगा।

तीन महीनों में ही वह वहाँ से भागने को तैयार थी। वह यहाँ पहुँचने के लिए तो शिकागो को छोड़कर नहीं आई थी। तभी उसे जॉन का पत्र मिला। एमिली ने भी चिट्ठी लिखी थी कैथरीन को। माँ का पत्र लम्बा, कई पृष्ठों का था। उसमें प्रेम, निष्ठा, पवित्रता, कर्तव्य, कृतज्ञता की बड़ी-बड़ी बातें थीं। माँ ने कैथरीन को हर कसौटी पर असफल घोषित किया था। एमिली ने लिखा था—यह स्पष्ट हो गया है कि पिता का बीज माँ की हर सदिच्छा पर भारी पड़ा था। माँ ने विस्तार से बताया था कि कैसे उसने बेटी में छुटपन से ही सद्विचारों के अंकुर बोने की कोशिश की थी। अगर यह न हो सका तो सारा दोष उसने जान और उसकी 'क्यूरियो शाप' पर मढ़ा था। काश उसने बेटी को पिता के उस भ्रष्ट स्टोर में समय न बिताने दिया होता—जहाँ हर तरफ जादू-मंतर, साँप, पशुओं की खालें, रहस्यमय चूर्ण, पीठियाँ और कामेच्छा जगानेवाले सींग तथा दूसरी भयावह सामग्री बिखरी थीं। एमिली ने इसे अपना दुर्भाग्य माना था कि उसकी बेटी इस भयानक फेर में पड़कर पथभ्रष्ट हो गई थी। और अब यह स्पष्ट था जब प्रलय आएगी, बेटी के पापों के लिए उसकी माँ को अनन्त काल उस आग में झुलसते रहना होगा। लम्बे पत्र में बीच-बीच में बाइबिल से कई अंश शब्दशः उद्धृत किए गए थे।

अन्त में लिखा था—तुम्हारी भग्नहृदय अभागी माँ—एमिली।

कैथरीन ने एक उत्तेजित मानसिक स्थिति में पत्र पढ़ा और एक तरफ डाल दिया। पत्र में उसके लिए कुछ नहीं था।

जॉन का पत्र कागज के एक ओर लिखा हुआ था। उसने लिखा था, न्यूयॉर्क से शिकागो तक की वापसी यात्रा उसके जीवन का सबसे लम्बा सफर थी। उसने लिखा था कि जब एमिली को बेटी के जाने के बारे में सच पता चला तो वह देर तक फूट-फूटकर रोती रही थी और उसे जीवन में पहली बार दो रातें दुकान में ही सोकर बितानी पड़ी थीं। लेकिन अब स्टोर भी कोई अच्छी जगह नहीं रह गई थी। लगता था वहाँ रहनेवाली आत्मा एकाएक निकलकर चली गई थी। उसने कैथरीन को तसल्ली दी कि वह चिन्ता न करे। उसे बस यही याद रखना चाहिए कोई दिन, कोई क्षण हमारा अपना नहीं है। हरेक का इस दुनिया में एक ही नैतिक कर्तव्य है—हमें जिन्दगी मिली है इसे भरपूर जीकर देखें—और आगे-पीछे की कुछ न सोचें।

हरेक के देवता का यही आदेश है। एमिली के देवता ने भी कुछ अलग नहीं कहा है।

संसार में अपनी जगह बनाने के लिए तुम्हें आगे देखना होगा। सड़क पर हरेक के लिए चलने की गुंजाइश है और कहीं न कहीं एक आश्रय स्थल भी है। जब जहाँ से खुशी मिले उसे

प्राप्त करो, वह क्षण हाथ से निकलने न दो। जहाँ आनन्द-चैन मिले वहीं जाओ। तुम्हारा मन जो कहता है वही करो। उसकी आवाज जरूर सुनो।

प्रेम और कामना।

जॉन ने लिखा था—समस्त कामनाएँ, सारे प्रेम उचित हैं, सही हैं। सच्चा प्रेम पाने के लिए तुम्हें कोई साल नहीं चाहिए और न ही चाहिए सौ लोग। प्यार है एक भागता, छिटकता पल, एक पल की कामना भी उतनी ही सच्ची है जितनी सत्तर साल की। कोई कुछ और बताए तो मत सुनो। जिस पल किसी का प्यार, उसकी कामना तुम्हारे मन को स्पर्श करे तो समझो वही सबसे अनोखा दैवी पल है। उसे थामकर रखो, मेरे जीवन में ऐसे न जाने कितने ही पल आए। इसमें मैं सौभाग्यशाली रहा। मेरी बेटी, तुम्हारे लिए मैं उसी सौभाग्य की कामना करूँगा। प्रलय की भविष्यवाणी सच होगी या नहीं यह नहीं कह सकता। लेकिन उससे पहले हम उस स्वर्ग का आनन्द ले सकते हैं जो इसी धरती पर हमारे लिए मौजूद है। लेकिन याद रहे स्वर्ग का यह सुख केवल उन्हीं को मिलेगा जो इसकी कामना करेंगे, प्यार का उपहार पाने के लिए। तुम्हारी माँ को वह अधूरा मिला। मेरा आशीर्वाद है तुम्हें वह अपनी सम्पूर्णता में मिल सके। तुम्हारे लिए तुम्हारे पिता की यही विरासत है।

पत्र यों समाप्त होता था—तुम्हारा प्यारा पिता जो सदा तुम्हारे साथ मौजूद रहेगा हर स्थिति में, हर कहीं।

जॉन द्वारा कैथरीन को लिखा गया यह पहला पत्र था। उसने अनुभव किया इससे पहले पिता ने उससे इस तरह कभी बातें नहीं की थीं। उनके घुमन्तू खिलंदड़ शाहना प्रकृति की झलक कैथरीन ने पिता की अनुभव कथाओं में देखी थी। बहुत कुछ उसे चोरी-चोरी पिता की डायरियाँ पढ़ने से भी पता चला था। इससे पहले जॉन ने जब-जब उसे अपने बीते जीवन के बारे में बताया था तो उसने उन्हें अतिरंजना की उड़ान समझा था या फिर वे कथाएँ किसी ऐसे आदमी की थीं जो जान-बूझकर दुनिया में छले जाने के लिए निकल पड़ा था।

उसने पिता का पत्र धीरे-धीरे तीन बार पढ़ा। फिर उसे गोदी में रखे घंटों सोचती बैठी रही, पहली मंजिल के कमरे की खिड़की से लन्दन के काले मटमैले आकाश को झरता देखती हुई। उसने वहाँ से निकल चलने का फैसला कर लिया।

पिता की बात याद थी उसे—जहाँ जाने का मन हो, वहाँ की राह मिल जाती है और ठौर-ठिकाना भी मिल ही जाता है।

पेरिस ने उसे बाँध लिया था। उसके मन को वहाँ की हवा में बसी स्वच्छन्द यौनाचार की अराजकता जैसे भा गई। यहाँ दम्भ और अकड़ धन-सम्पत्ति से उतने नहीं जुड़े थे जितनी कलाप्रियता की सनक से। पेरिस की हवा में हर कहीं कामना और किसी की निकटता पाने की इच्छा प्रखर थी। जीवन को उसकी सम्पूर्णता में जी लेने की चाहत। यहाँ उसे लन्दन की तरह पिता के किसी बूढ़े मित्र की खोजी दृष्टि और सहारा देते हाथ की जरूरत महसूस नहीं हुई। उसने बहुत कम सामान लेकर इंग्लिश चैनल पार किया। अपना सब भारी-भारी सामान, पेटियाँ और ट्रंक वह पीछे छोड़ आई थी—साथ में थे बस दो बड़े सूटकेस।

फ्लोरी के छैला ने—उड़न मशीनों की रोमांचक कहानियाँ सुनाते-सुनाते जिसके हाथ उसकी पोशाक में रेंगने लगते थे—उसे अपने एक दोस्त से बूलवम् द्‌यु मों पारनासे के पास एक फ्लैट किराए पर दिलवा दिया। मित्र एक अमीर बाँका जवान था। उसके पिता ने अफ्रीका में तेज-तर्रार

ढंग से व्यापार करते हुए काफी पैसा जमा कर लिया था। वह लन्दन के एक रेस्तराँ में भोजन करते हुए मौत की गोद में चले गए थे–उनके चारों ओर दोस्त लोग शोर-शराबा करते शराब पीकर मस्ती कर रहे थे। आखिर कुछ देर बाद किसी ने उनसे कुछ पूछना चाहा तो पता चला कि सैकड़ों कबीलों का वह दमनकारी व्यक्ति तो काफी देर पहले ही इस दुनिया से सिधार चुका था। मरने के बाद भी उसका चेहरा काफी शान्त दिखाई दे रहा था। युवा रुडयार्ड पिता के अपार धन को ठिकाने लगाने के नए-नए तरीके सोचने लगा। लन्दन में मनचाहा करने के बाद वह पेरिस चला आया। वहाँ उसने जैसे योजना बनाकर यह काम शुरू कर दिया। उसकी अदम्य लिप्सा के लिए पेरिस एकदम उपयुक्त था। और यह स्पेन, इटली और रिवेरा में मौज-मजे के लिहाज से बिलकुल उपयुक्त आधार था।

कैथरीन फ्लैट में पहुँची तो रुडयार्ड उसी तरह के एक आनन्द अभियान पर निकलने को तैयार था। उस टोली में सात लोग थे–चार पुरुष, तीन महिलाएँ। वे बड़े हॉल में जाने को तैयार खड़े थे। उन्होंने व्यंग्यपूर्ण मुख से उसका स्वागत किया। कैथरीन को यह सब विचित्र लगा, वह तय न कर पाई कि क्या करे। वे सब ऐसे मालूम पड़ रहे थे गोया हल्का इशारा पाते ही मदिरापान और सहवास में तत्पर हो जाएँगे। रुडयार्ड उससे गर्मजोशी से मिला, उसकी प्रशंसा करने लगा। बोला कि कैथरीन को देखकर उसका मन हो रहा है कि अपना जाना स्थगित करके वहीं रुक जाए। फिर उसने कैथरीन का हाथ थामा और उसके कमरे में ले गया। फिर वे एकाएक अपना सामान उठाकर शोर मचाते हुए बाहर निकल गए। फ्लैट में विचित्र सन्नाटा छा गया।

उसका कमरा बड़ा था। खिड़कियों पर साटिन के परदे और दीवारों पर मशहूर लोगों के तैलचित्र। पलंग का फ्रेम काँसे का बना और कुछ ज्यादा ही ऊँचा था। पलंग से उतरते समय फर्श पर पहुँचने के लिए उसे हल्के से कूदना होता था। एक छोटी बालकनी थी जहाँ लोहे की रेलिंग लगी थी। वहाँ खड़े होकर आप नीचे की भीड़-भाड़ भरी सड़क का खूब नजारा कर सकते थे। गुसलखाने में एक बेसिन रखा था जिसमें बैठकर शरीर के निचले अंगों को धोया जा सकता था। कैथरीन ने जल्दी ही उसका मजा लेना सीख लिया।

फ्लैट में भारी फर्नीचर की बहुतायत थी–लकड़ी की ड्राअरवाली अलमारी, भारी सोफे, नक्काशीदार कुर्सियाँ, एक शानदार पिआनो और सुनहरी फ्रेमों में मढ़े बड़े-बड़े तैलचित्र जिन पर निश्चय ही काफी रकम खर्च की गई होगी। सब कुछ जैसे पूर्व नियोजित था। किसी वस्तु पर भी कोई व्यक्तिगत छाप नहीं थी। हाँ, रुडयार्ड के शयन कक्ष के प्रवेश द्वार पर जरूर व्यक्तिगत छाप नजर आई–एक बड़ा अफ्रीकी मुखौटा–मोटे होंठ फैले हुए–चौड़े-चौड़े दाँत। कानों की लवें पेन्सिलों की तरह लम्बाई में खिंचकर लटकी हुईं।

अकेली रह गई कैथरीन ने वही किया जो कुछ उसके लन्दनवाले मेजबान ने करवाया था–पेरिस के दर्शनीय स्थानों की सैर। लेकिन राजमहल और स्मारक देखकर वह जल्दी ही ऊब गई, हाँ, नोत्र दाम और इफिल टावर ने उसे खूब आकर्षित किया–उनके विशाल आकार और एक विचित्र भद्देपन के कारण। वह बारी-बारी से दोनों के सामने घंटों बैठी यह समझने की कोशिश करती रही कि आखिर मानव की भव्यता और मन में छिपा भय क्या और कैसे-कैसे रूपाकार ग्रहण कर सकता है। पर लूव्र ने तो उसे जैसे निचोड़ ही डाला और उसने दर्शनीय स्थलों की घुमक्कड़ी से तौबा कर लिया। उसके चारों खंडों में घूमते-घूमते शाम ढल आई। इतनी थकान जीवन में इससे पहले कभी नहीं हुई थी। जो कुछ देखा था वह सब एक उलझन की तरह लगा था–

यूनानी और रोमन प्रतिमाएँ, रेनेसाँ (पुनर्जागरण) और रिफारमेशन (धर्म सुधार) के दौर के तैलचित्र और मोनालिसा की व्यंग्यपूर्ण मुस्कान जिसे देखने के लिए उसे लम्बे-लम्बे गलियारों का सफर करना पड़ा था–और तब जाकर वह छोटा भूलने योग्य चित्र दिखाई पड़ा था।

वह पैर घसीटती हुई बाहर आई तो दिन का प्रकाश खोने लगा था और अपनी कला पिपासा को शान्त करके लौटे लोग खुद को सँभालने में लगे थे। लगा जैसे ज्यादातर वहीं लेटकर मौत की गोद में जाने को तैयार थे। कुछ बच्चे थकान और भूख के कारण रो रहे थे। वहाँ मौजूद लोगों की भीड़ में उसकी आँखें खोजती रहीं कहीं एक तो सन्तुष्ट चेहरा नजर आ जाए। कैथरीन सोच रही थी यह उच्च संस्कृति भी क्या बोझिल चीज है। लोगों को कितनी मानसिक और दैहिक थकान से भर देता है इसका सम्पर्क।

रात को गरम पानी से नहाकर वह कमरे की बालकनी में जा खड़ी हुई और देर तक नीचे से गुजरते लोगों की भीड़ देखती रही। फ्रांसीसियों के विचित्र सीत्कार और इत्रों की मिली-जुली सुगन्ध ऊपर उस तक आ रही थी जिसमें काम ऊर्जा की उत्तेजनाएँ मिली हुई महसूस हो रही थीं। तो यह था पेरिस–उसके मन में आया कि खुद को इसका हिस्सा बना ले तो कैसा रहे। ऊपर खड़ी-खड़ी तेजी से कदम बढ़ाते युगलों को देखती और सोचती रही–उत्तेजना का कैसा बहाव बह रहा था उसके नीचे। वह उन्हें अपने पिता के हिसाब-किताब वाले रजिस्टर में लिखी बातों के सन्दर्भों में देख रही थी। हाँ, उसने उन्हें चित्रों में देखा था, विलास से भरे युवा जिम की हड़बड़ी में नजर आए थे वे–पीछे से उसमें प्रवेश करता हुआ वह किस अनियंत्रित भाव से थरथराता रहा था।

उन खुशबुओं ने, उन काम भावनाओं ने, स्मृतियों से छनकर आती मुद्राओं ने उसे इतना उत्तेजित कर दिया कि उसे अन्दर आकर बेसिन पर बैठना पड़ा। उसने अंगों को सहलाते पानी को तब तक बहता रहने दिया, जब तक तन-मन की सारी उत्तेजना निकल न गई।

रुडयार्ड और उसके दोस्त अगली सुबह लौट आए तब तक कैथरीन पलंग पर ही अलसा रही थी। लूव्र की थकान को भूलने की कोशिश करती हुई उनकी तेज आवाजों और कहकहों ने फ्लैट का सन्नाटा भंग कर दिया। कैथरीन प्रतीक्षा करती रही और जल्दी ही दरवाजे पर थप-थप की आवाज हुई। उसने जवाब दिया और रुडयार्ड अन्दर चला आया। उसके सुनहरी केशों में बीचोबीच माँग निकाली हुई थी और वे उसके चेहरे पर झूल रहे थे। उसने जैकेट उतार दी और उसके अँगूठे काली गेटिस में दोनों ओर फँसे थे! कड़क सफेद कमीज पैंट से आधी बाहर निकली हुई थी। वह दीवार के सहारे सुन्दर ढंग से झुका हुआ उसकी तारीफों के पुल बाँध रहा था–

शाम को वह कैथरीन को रात्रि भोज के लिए गार मोंमपसॉसे के निकट र्‌यू द ओडेसा में लेशौ ब्लांक ले गया। उसने बताया यहाँ हमेशा ही जल्दी प्रसिद्ध होनेवाले लेखकों और कलाकारों की भीड़ रहती है। वे नीचे एक कोने में जा बैठे। कमरे की हवा में वार्तालाप और गिलास खनकाने से एक तरंग-सी दौड़ रही थी। रुडयार्ड ने उससे कहा कि वह दूर कोने में बनी लकड़ी की सीढ़ी पर नजर रखे–प्रायः ही आपको किसी प्रसिद्ध लेखक को उस सीढ़ी से नीचे उतरते देखने का अवसर मिल जाता है। लेकिन वह तो किसी प्रसिद्ध नाम को पहचान न पाई और उसे इसकी कुछ परवाह भी नहीं थी। रुडयार्ड उसे वाइन के अनेक कठिन नाम बताता चला गया जिनका उसके लिए भला क्या मतलब हो सकता था। और फिर वे पीने लगे। पहले शैम्पेन और फिर वाइन। जल्दी ही उसने अपने अन्दर बहुत अच्छा महसूस किया। रुडयार्ड उसे पेरिस में बीते

अपने तूफानी दिनों के बारे में बताता रहा और बीच-बीच में अपनी बात रोककर यह जरूर कह उठता—ओफ, वह कितनी खूबसूरत लग रही थी।

डिनर का ऑर्डर देने या खाने का मौका नहीं आया। रुडयार्ड उसके दाएँ हाथ को अपनी कोमल पकड़ से सहलाता रहा और उसके इतना निकट झुका रहा कि वहाँ गूँजते शोर में कैथरीन उसकी आवाज सुन सके। वह एक मीठी अनुभूति में तैर रही थी। वह रुडयार्ड के बदन से आती खुशबू महसूस कर रही थी। उसकी साँसों में बिखरती शराब की गन्ध देह पर टकरा रही थी। रुडयार्ड कैथरीन के इतना निकट था कि वह उसकी ठोढ़ी पर दिखते काले-काले बिन्दु देख पा रही थी जहाँ बालों को बहुत सफाई से शेव किया गया था। उसके होंठ गीले और भरे-भरे थे। और फिर एकाएक बिना कुछ कहे वह रुडयार्ड को चूमने लगी, चूमती रही देर तक। उस पर एक नशा हावी हो गया। अब रुडयार्ड के होंठ उसकी पूरी देह क़ो चूम रहे थे, उसके होंठों को चूस रहे थे। वह अपनी जीभ कैथरीन के दाँतों पर फिरा रहा था।

वाइन और उसके मुँह की छुअन ने कैथरीन को सब कुछ भुला दिया—चारों ओर का परिवेश—सब। वे एक-दूसरे के मुँह से मुँह सटाए बैठे रह गए। उनके हाथ अब भी मेज पर टिके थे।

कैथरीन को रेस्त्राँ से बाहर लाते समय रुडयार्ड ने उसे मजबूती से थामे रखा। दो पहियोंवाली घोड़ागाड़ी में घर लौटते हुए वह कैथरीन का चेहरा अपने हाथों में थामे रहा। उसके कुशल होंठ कैथरीन के मुँह को तरह-तरह से छूते-चूमते रहे। जब वह कैथरीन को अपने कमरे में ले गया तो उसकी नजर दरवाजे पर लटके अफ्रीकी मुखौटे पर जा टिकी। वह सोच रही थी—अगर उतने मोटे होंठ मुझे चूमें तो कैसा लगेगा? रुडयार्ड ने उसे अपने पलंग पर लिटा दिया और फिर सधे हाथों उसके सारे रहस्यों के द्वार खोल डाले। कैथरीन ने उसे मनचाहा करने दिया। रुडयार्ड ने उसके कुचाग्रों पर काफी समय बिताया। उसकी मोटाई से वह उत्तेजित हो उठा था। जब रुडयार्ड ने उसके बाएँ उरोज के नीचे मस्सा देखा तो उसने बताया कि यह इस बात का संकेत है कि उसका जीवन दिमाग से नहीं हृदय से चलेगा।

इस सबके बीच वह आनन्द, कामना और विलगाव के मिले-जुले भावों के बीच डूबती-उतरती रही। उस खेल में एक जागरूक दर्शक के साथ-साथ वह उत्साही खिलाड़िन भी थी। अनुभव कुछ बुरा भी नहीं रहा लेकिन सबसे स्मरणीय अंश था, हाँ यह सबसे अच्छा था। जिसकी स्मृति बाद में उसमें सदा एक उफान उठा दिया करती थी, लेशौ ब्लांक में प्रथम चुम्बन। वाइन और कुशल होंठों का सम्मिलित नशीलापन।

सुबह रुडयार्ड ने फिर रातवाला अनुभव दोहराया। इस बार जरा ज्यादा लापरवाह अन्दाज से। वह एक तरफ करवट लेकर सोई हुई थी तो रुडयार्ड पीछे से उसमें चला आया, कैथरीन को कुछ बुरा नहीं लगा। खत्म करने के बाद रुडयार्ड ने गर्दन पर झूलते केश उठाकर वहाँ चुम्बन लिया।

अगले नौ महीने जैसे अनियन्त्रित घूमते—मेरी गो राउंड की नशीली सवारी में बीत गए। वह हर समय सनसनी की खोज में रहनेवाले रुडयार्ड के गुट की अन्तरंग सदस्या बन गई। हर रोज प्रश्न एक ही होता था आनन्द की लहर में कहाँ और कैसे डुबकी लगाकर वह चरम क्षण पाया जाए। हर रात वे नए-नए रेस्त्राओं में जाते, खूब वाइन पीते, गिराते, रात की नायिकाएँ खोज ली जातीं। चरम भोग की नई-नई बेधड़क बेशर्म चुनौतियाँ दी जातीं और उन्हें स्वीकार करने से कोई भी पीछे न हटता।

एंतोनी ने लाल अंगूरों की शराब की पूरी बड़ी बोतल पी डाली एक साँस में, लेकिन बाद में हालत बिगड़ने पर उसकी छाती और पेट जोर-जोर से दबाने के बाद ही होश में आ सका।

मेरी ने अपने भारी-भरकम गाउन को ऊपर उठाया और बुलेवर सेंट जरमैन के बीचोबीच खड़ी होकर जोर-जोर से पेशाब करने लगी। काउंट ब्लादिमीर ने बिना काठी वाले घोड़े पर सवारी करने का प्रयास किया। उस समय काउंट पर एनी चढ़ी हुई थी। घोड़ा उछला और काउंट गिरा तो उसका शिश्न लगभग टूटते-टूटते बचा। वे ऐसे भोजनालय में जा फँसे जहाँ फिर कभी न आने की कसम उठाई उन लोगों ने। वहाँ से बाहर निकलते समय कैथरीन ने पीछे से अपनी स्कर्ट ऊपर उठाई और लोगों के सामने अपने चुस्त सफेद ब्लूयर मटकते हुए दिखाए तो सब अपलक ताकते रह गए। रुडयार्ड ने अपना कारनामा देर रात दिखाया—हैरानी की बात यही थी कि वाइन के नशे में इतना धुत होने के बावजूद वह सही-सही कर पाया—उसकी पेंट की जिप खुली हुई थी, और उसका तना शिश्न बेधड़क बाहर झाँक रहा था और वह लापरवाह अन्दाज में रेस्तराँ के गलियारे से निकलता चला आया था।

रुडयार्ड के इसी तरह के अजीबोगरीब बेधड़क-बेशर्म व्यवहार ने उसे अपने ग्रुप का लीडर बना दिया था—इसमें उसके धन की खास भूमिका नहीं थी।

कामवासना हर चीज में धड़कती है—हर अभियान में, हर थका देनेवाले अभियान में, प्रत्येक मनबहलाव में। हर रात इसी में डूबती जाती थी। रुडयार्ड अपने झुंड के साथ जोशीले ढंग से पेश आता था और जिसे मन चाहता रात के साथी के रूप में चुन लेता था। वैसे कैथरीन को यह कुछ बुरा नहीं लगता था। वह रुडयार्ड को बहुत पसन्द करती थी। उसमें आकर्षण था, उदारता थी, गर्मजोशी और ऐसे आदमी की बेवफाई थी जो जिन्दगी को अपना सब कुछ देने पर उतारू था, तो सिर्फ इसलिए कि कहीं से भी कुछ मौज-मस्ती के क्षण मिल जाएँ। दोनों कभी कैथरीन के कमरे में अस्वाभाविक रूप से ज्यादा ऊँचे पलंग पर या फिर रुडयार्ड के कमरे वाले ज्यादा बड़े पलंग पर एक-दूसरे का आनन्द लिया करते थे। लेकिन कैथरीन को खूब पता था कि यही इसका अन्त था। वह जानती थी कि रुडयार्ड के लिए वह एक नए खिलंदड़ मनोरंजन से ज्यादा नहीं थी। और कैथरीन के लिए रुडयार्ड था आनन्दातिरेक की नई सीमाओं का सफर करानेवाला एक अद्‌भुत गाइड। वह कैथरीन के सामने इस चरम आनन्द के द्वार नए-नए कोणों से खोलता चला जाता था।

उसे रुडयार्ड के साथ बिताया समय अच्छा लगा। लेकिन तब यह भी सच था कि आनन्द का चरम क्षण उसे बेसिन पर बैठे हुए अपने गुप्तांगों को धोते हुए बहते जाते पानी के स्पर्श से ही मिलता था। उन क्षणों में वह स्मृतियों में खो जाया करती थी।

रुडयार्ड, एंतोनी और काउंट ब्लादिमीर के साथ समय बिताते हुए उसने अपनी देह के चरम आनन्दकर रहस्यों का भेद जाना था। वह जो उसकी देह को जगा देता था, उसे आकाश की ऊँचाइयों में ले जाता था और वह जो इसका अन्त भी कर देता था। अन्य खिलवाड़ भी थे जो आधी रात के बाद शराब के नशे और निडर बेशर्म आनन्द अभियानों के दौरान खेले जाते थे, क्षणिक, प्रायोगिक, नए-नए अनुभवों के द्वार खुलते जाते थे तब। उसके पिता का हिसाब-किताब वाला रजिस्टर और ड्राअर में छिपाकर रखे हुए उन्मत-उत्तेजक चित्रों ने भी उसे इन भूमिकाओं के लिए तैयार करने में एक भूमिका निभाई थी। फादर जॉन का उपदेश स्पष्ट था—जहाँ मिले वहीं से आनन्द प्राप्त करना चाहिए हमें।

प्यार और कामना—इसके बारे में शंकालु मन से प्रश्न करना जैसे अपने जीवन को ही कसौटी पर कसना है—इसलिए उत्तर पाने के लिए किसी प्रश्न की जरूरत नहीं।

एक सप्ताहान्त में फ्लोरी का लम्बतड़ंग छैला पेरिस आ पहुँचा अपने दोस्त से मिलने। रात को नशे में धुत् होकर लौटते समय घोड़ा गाड़ी में उसने कैथरीन को उड़न मशीनों की सुनी-सुनाई कहानी फिर सुनानी शुरू कर दी। कैथरीन का दिमाग नशे की उड़ान में था। उसे आनन्दपान कराने के इरादे से कैथरीन ने उसका सिर दोनों हाथों में थामा और अपने पैरों के बीच ले गई। अगली सुबह वह जागा तो भावुक दौर में था और प्रेम-प्यार की बातें करने लगा। लेकिन कैथरीन पहले ही उससे ऊब चुकी थी। उसके पतले होंठ और गम्भीर मुद्रा देखकर सोच रही थी आखिर उसने उसमें दिलचस्पी ही क्यों ली थी—बाद में उसने रुडयार्ड से इसकी चर्चा की तो वह उदार भाव से कहने लगा—तुम्हें इस बारे में कोई कंजूसी नहीं बरतनी चाहिए। असल में लोगों को इसकी जितनी जरूरत होती है उतना वे कभी प्राप्त नहीं कर पाते हैं।

वैसे अपने आनन्द अभियानों का भी आलोचक था रुडयार्ड। सचमुच ही यह सब कुछ ज्यादा ही हो गया था। और कैथरीन भी कुछ पीछे नहीं रही थी। अफीम, चरस का सेवन, शहर के वेश्यालयों में जाना, र्‍यूऐंट सिसेल में उसने देखा था कि किस तरह दो इतालवी बहनें मेरी और राशेल ने काउंट ब्लादिमीर को निचोड़ डाला था। काले केश और काली आँखोंवाली बहनों के नितम्ब जैसे पालिशदार संगमरमर के बने थे। रुडयार्ड ने शर्त लगाई कि अगर दोनों बहनें उसके दोस्त को दस मिनट में पी जाएँ तो वह दुगनी फीस चुकाने को तैयार है। युवा काउंट ने, जिसे रूस छोड़कर भागना पड़ा था, अपने को रोक सकने की बहुत कोशिश की लेकिन समय पूरा होने से पहले ही वह छुटकारा पाकर चैन से पिन-पिनाने लगा था।

बूलेवार ह्यूसमान में उसने गुब्बारे जैसे उरोजों वाली लूसी क्राउन को आबनूस जैसे सेलिन पर्ल के साथ इस तरह उत्तेजक ढंग से करते देखा कि उनके ग्रुप के शोर करते सब लोग कामुक उत्तेजना से खामोश पड़ गए थे।

उन दिनों पेरिस में सब चलता था। वहाँ हर बात की छूट थी। र्‍यू द अन्तिन में उसने शहर की नई सनसनी अल्जीरिया से आई पन्द्रह वर्षीय श्यामला जेन को तूफान उठाते देखा था। अभी उसका कौमार्य भंग नहीं हुआ था। हाँ, बढ़-चढ़ बोली लगाई जा रही थी। जेन ने खुद की नुमाइश इस बेलौस खुलेपन से लगाई थी कि देखने वाले बेचैनी से कसमसाते बड़बड़ाते बैठे रह गए। जब वह उत्तेजना के चरम पर पहुँचती तो छोटी उँगली के आकार का उसका भगशिश्न वहशी उत्तेजना से थरथराने लगता। लोग हर रोज उसे देखते और पगला उठते। रुडयार्ड ने भी अपनी बोली लगाई लेकिन उसे बताया गया कि जब नीलामी खत्म होगी तो उसे सूचित कर दिया जाएगा।

सबसे उत्तेजक सनसनी थी श्यामल आँखोंवाली गायिका मार्गरिते द बरा की जो कटलोनियर से आई थी। कैथरीन ने उसे द्यु नोत्र दाग द लौर में देखा था। उसके तने हुए उरोज आकाश की ओर उठे हुए थे और उसके नितम्बों को लेकर ऐसी चर्चा चला करती थी कि वह अपने धड़ को जरा हिलाए बिना ही एक पुरुष को निचोड़कर बेहोश कर डालती थी। वह ऐसे मकान में रहती थी जहाँ ढेर सारे पशु और आकर्षक विदेशी पक्षी थे। भड़कीले, शोख तोते और काकातुआ, एक मोर, एक शिकारी बाज, चूँ-चिर्र करते बजी, सुनहरी पिरोला का जोड़ा, कलंगीदार सूर्य चील, वहाँ कुत्ते-बिल्लियाँ, मुश्क बिलाव, लोमड़ियाँ, बन्दर, सेही और एक छोटा शाखालम्बी भी था। कई को पिंजरों में रखा जाता, तो बाकी बन्द कमरों में घूमते-फिरते। मकान में एक विचित्र दुर्गंध तैरती रहती और जब आप अन्दर जाते तो पलभर को मन घृणा से भर उठता। उसका अपना कमरा मकान के पूर्वी खंड के सुदूर कोने में था। वह अपने ग्राहकों को देखने और आनन्द लेने के लिए कमरे की खिड़की खुली रखा करती थी।

बहुत महँगी थी वह। और क्यों न होती, उसे बहुत से लोगों के भरण-पोषण का इन्तजाम जो करना पड़ता था। लेकिन फिर भी पूरे पेरिस में उसकी अदा सबसे निराली कही जाती थी। वह बहुत ही खूबसूरत थी और पुरुषों की चरम पागलपन से भरी समस्त उत्तेजनाओं को शान्त करने को प्रस्तुत भी रहती थी। विकृत उत्तेजना से ग्रस्त लोगों के लिए प्रायः ही अपने मकान में मौजूद पशुओं की भी सेवाएँ उपलब्ध करा देती थी। जब कोई पुरुष मार्गरिते के पास पहुँचता तो उसे वहाँ अपने मन की सबसे वहशी उड़ान के लिए भी गुंजाइश मिल जाती थी। कुछ समय बाद तो महज एक नावल्टी रह जाता है। वैसे किसी भी पुरुष के लिए मार्गरिते से ज्यादा उत्तेजक और आनन्ददायी कोई दूसरी औरत उस समय पूरे पेरिस में नहीं थी।

यह कहा जाता था कि उसने पश्चिमी भारत के एक बुढ़ाते राजा को इतना ज्यादा काम सुख प्रदान किया था कि राजा ने उस पर माणिक-मूंगों की बौछार कर दी थी, और उसे एक प्रशिक्षित चीता भेंट में देने का वादा किया था।

कैथरीन ने उसे वह सब कामक्रियाएँ करते देखा जो भविष्य में उसे फिर कभी देखने को नहीं मिलनेवाली थीं। वैसे यह एक तरह से ठीक भी था कि मार्गरिते की अनियन्त्रित वहशी काम-क्रीड़ाओं के साथ ही कैथरीन के इन सब अभियानों का अन्त होनेवाला था। हर रात अपने मन और देह को काम-वासना के भँवर में गोते खाते महसूस करना अब उसके लिए असहनीय हो गया था। उसकी सब उत्कंठाएँ शान्त हो चुकी थीं, उत्साह चुक गया था और कुछ नया खोजने और करने के आवेश का उफान मिट चला था। शराबखानों और वेश्यालंयों में बीतनेवाली एक और हुड़दंगी रात की कल्पना उसे उत्तेजित करने के स्थान पर विरक्ति और ऊब से भरने लगी थी। पीली त्वचावाले उस पुरुष द्वारा दबाए, मसले जाने के एक और दौर से गुजरने के बारे में सोचने से न आनन्द मिलता था, न कामना का उफान शान्त होता। अब हर ऐसे पागल आनन्द की अभियान योजना उसे हताशा से भरने लगी थी।

कैथरीन अपनी अनुभूति और संवेदना के एक महत्त्वपूर्ण मोड़ पर आ पहुँची थी। प्यार की चिकनाई के अभाव में आप एक ही व्यक्ति को लगातार चाहते नहीं रह सकते।

फिर उस सम्बन्ध से चाहे कितना ही आनन्द क्यों न मिले। कामना की मशीन प्यार की चिकनाई से चलती है। यदि प्यार नहीं है तो इससे पहले कि खड़खड़ाती मशीन रुक जाए आपको उसे छोड़कर आगे बढ़ना ही होगा।

कैथरीन के पिता के अन्तर्मन को यह सब पहले ही मालूम था। शायद यही कारण था कि नई से नई कामना की खोज में वह एक को छोड़कर दूसरी औरत के पास भटकता फिरता रहा था। वह किसी एक के पास ज्यादा समय तक नहीं ठिठका तो इसीलिए कि कहीं प्रेम की चिकनाई की आवश्यकता न पड़ जाए। और अन्त में उसने एमिली को पा लिया। उसमें कामना और प्यार दोनों का संगम था। और इसके बाद कहीं और जाने की उसकी इच्छा सदा के लिए शान्त हो गई थी।

कैथरीन ने इसे समझ लिया था। उसके लिए साथ में रात बिताने वाले पुरुष की अपेक्षा गुप्तांगों को धोते हुए बहते चले जाते बेसिन के पानी की आवाज कहीं ज्यादा आनन्ददायी हो गई थी।

किसी को पाने की कामना अपने उबाल में अत्यन्त प्रीतिकर लग सकती है लेकिन जब यह किसी एक में केन्द्रित हो जाती है तो फिर प्यार के बिना इसका अन्त हो जाता है।

भागमभाग, उद्दंड आनन्द अभियानों के नशे में भी रुडयार्ड इस बात को समझ गया कि कैथरीन अब धीरे-धीरे उससे दूर होती जा रही है। कैथरीन प्रायः रुडयार्ड को उस गहन दृष्टि से देखते पाती, शायद वह सोच रहा होता कि नई उद्दाम काम-क्रीड़ाओं वाली रात में वह उसे कितना आनन्द दे पाएगी। रुडयार्ड ने कैथरीन की बढ़ती विरक्ति को समझ लिया। और जल्दी ही वह रात में घटने वाली कुछ काम-क्रीड़ाओं से खुद को परे समेटने लगी। शुरू-शुरू में रुडयार्ड ने उसकी खिल्ली उड़ाते हुए उसे भोगवाद के कुछ नए गुर बताने की कोशिश की थी–जीवन में जवानी एक ही बार मिलती है। उसका भरपूर उपयोग करो, आनन्द लो। आने वाला कल किसी ने नहीं देखा। मृत्यु के बाद क्या है इसे बताने के लिए कोई आदमी मौत के मुँह से लौटकर नहीं आया कभी। जब जीवन का अन्त होता है तो शेष सब समाप्त हो जाता है। देह मन्दिर है और शिश्न उस मन्दिर का पुरोहित–योनि पूजालय है और आनन्द का चरण क्षण ही इसका देवता।

कैथरीन उससे कहना चाहती थी, मन्दिर और पुरोहित उसे देवत्व की ओर नहीं ले जा रहे हैं। लेकिन वह खामोश रहकर–रुडयार्ड का प्रलाप सुनती रही। और फिर अपने स्वभाव के विपरीत उसमें परिवर्तन दिखाई देने लगा। जैसे उसे कोई दंड मिल गया हो। उसकी उछाल-उफान की ऊँचाइयाँ कम होती गईं। वेश्यालयों और शराबखानों की अन्धी पागल दौड़ रुक गई। उन्होंने–रुडयार्ड और उसके सभी साथियों ने–पाया कि अब लगातार बनी रहनेवाली उत्तेजना के फन्दे से निकलकर वे अधिक सहज होते जा रहे थे। अब वे शान्त चित्त से रात में भोजन करते–उनकी बातचीत कामासनों और उत्तेजक व्यवहार की सीमाओं को पीछे छोड़कर आगे निकल चली थी।

कैथरीन ने पाया कि काउंट ब्लादिमीर–छोटे कद का आदमी जो वेश्याओं के सामने हर बार खुद तमाशा बनने पर विवश होता था–कला और साहित्य का गहन जानकार था। वह रूसी, फ्रांसीसी और अंग्रेजी उपन्यासकारों के बारे में तर्कपूर्ण चर्चाएँ करता और बताता कि उनमें से कौन दूसरे से किस तरह अलग है। वह इस बात की समझ रखता था कि प्रभाववादियों ने चित्रकला शैलियों को किस तरह गहराई से प्रभावित किया था। एक रात उसने ले शॉ ब्लांक में कोने की मेज पर अकेले बैठे आदमी की ओर संकेत किया जो भोजन के साथ जैसे बहुत अदब से पेश आ रहा था। काउंट ने कहा–वह व्यक्ति एक युवा अंग्रेज उपन्यासकार है जो आरम्भिक लेखकीय कठिनाइयों से जूझ रहा है। वह उनसे छुटकारा पाने के लिए ही पेरिस चला आया था। और रात में अकसर वहीं भोजन किया करता था। उसका नाम था मॉम।

एक अन्य अवसर पर उसने उत्तेजित भाव से एक मेज पर सुन्दर स्त्रियों से घिरे बैठे एक खुशनुमा चेहरे और गठीली देहवाले व्यक्ति की ओर संकेत करते हुए उसे ध्यान से देखने को कहा था। उसने बताया कि इस आदमी ने कला के क्षेत्र में एक तूफान उठा रखा है। वह पुराने कला संसार की कमियाँ उजागर कर रहा है–उनमें प्रभाववादी भी शामिल हैं जिन्हें अपेक्षया नया माना जाता था। वह कैनवास पर ऐसी चित्रकारी कर रहा है जैसी इससे पहले देखने में नहीं आई। उसका नाम था पाब्लो। लोग कहते थे वह सार-सारा दिन एक उत्तेजित आवेग से चित्र बनाता रह सकता है तो रात में अपने पास मौजूद किसी भी औरत को अतीव आनन्द से पागल कर देने में भी सक्षम है। काउंट का कथन कैथरीन को सच लगा था। उस भीड़भाड़ वाले कमरे में उस व्यक्ति की जीवनी शक्ति कुछ अलग प्रभाव बिखेर रही थी। वह किसी भी–पुरुष या स्त्री को अपनी मेज पर बुला सकता था। चाहता तो कैथरीन को भी चाहे एक ही बार के लिए क्यों न सही–कामना के उद्दंड आवेग की परीक्षा लेने के लिए।

उस मेज के गिर्द बैठे अनेक लोगों में केवल एक पुरुष ऐसा था जिस पर कैथरीन की दृष्टि टिकी रह गई थी। छोटे नाज़ुक नाक-नक्श का वह आदमी उन सबमें उसे सबसे शान्त नजर आया। वहाँ उसे घेरे बैठी औरतें बातों के दौरान उस पर झुकी चली जा रही थीं पर वह उसी शान्त–संयत भाव से हौले-हौले मुस्कुराता हुआ सहज भाव से बोलता रहा। उसने बाईं ओर माँग निकाल रखी थी और केश बड़े करीने से सँवारे गए थे। होंठों के कोनों को छूती हुई मूँछें भी बड़ी सफाई से तराशी गई थीं। उसके बाएँ कान में हीरा जड़ी लौंग कौंध रही थी। उसकी त्वचा का रंग उसे वहाँ बैठे लोगों से अलग दिख रहा था, शायद अपनी बातों के प्रति सबकी दिलचस्पी बनाए रखना उसकी एक विशिष्टता थी। कैथरीन को उनके वे दोनों गुण विशेषतः भारतीय लगे। उसकी त्वचा जैसे धरती के रंग की थी और उसका संयत आत्मविश्वास उसके ऐसी सभ्यता से जुड़े होने के संकेत देता था जिसमें हर बात की पूर्व निर्धारित स्थिति के बीच खुद के सही जगह होने का आत्मविश्वास साफ झलकता था।

फिर उसकी नजरों ने कमरे के दूसरे छोर पर बैठी कैथरीन को खोज लिया और उसे देखता रहा अपलक बड़े अपनेपन से। कैथरीन भी उसे उसी तरह देखती रही। फिर कैथरीन ने नजरें घुमा लीं। कुछ देर बाद दोबारा उस तरफ देखा तो पाया वह व्यक्ति अब भी उसे देखे जा रहा था।

जैसे बीस वर्ष पहले न्यूयॉर्क में उसके पिता जॉन ने महसूस किया था–कैथरीन को भी तुरन्त प्यार की अनुभूति हुई–पता नहीं वह क्षण सच था भी या नहीं।

अगली रात कैथरीन अकेली ही ले शौ ब्लांक में पहुँची तो वह वहाँ पहले से मौजूद था। अकेला उसकी प्रतीक्षा करता हुआ। चेहरे पर वही संयत भाव। कैथरीन जाकर पिछली रातवाली मेज पर जा बैठी। जल्दी ही वह भी वहाँ चला आया। दोनों में परिचय का आदान-प्रदान हुआ। कैथरीन की बातें सुनकर वह चमत्कृत हो उठा। पहली भेंट में उस व्यक्ति ने कैथरीन से उसके जीवन के बारे में इतना कुछ पूछ लिया जितना पिछले पूरे बारह महीनों में रुडयार्ड और उसके साथियों ने कभी नहीं पूछा था। उसने कैथरीन के गले में पड़े ओम के चिह्नवाले ताबीज को छूकर देखा। कैथरीन से उसने पिता जॉन और माँ एमिली के बारे में जान लिया। वह जान गया कि कैथरीन के मन में भारत के प्रति एक गहन आकर्षण है। शिकागो से वहाँ तक पहुँचने के उसके यात्रा अनुभवों के बारे में पूछता गया। वह यह बात समझने की कोशिश में था कि आखिर कैथरीन उस यात्रा पर क्यों निकल आई थी।

अगले दिन दोनों फिर मिले। और फिर उसके बादवाले दिन भी। कैथरीन उसके ज्ञान और अनुभवों की गहनता में काफी लम्बी-लम्बी यात्राएँ कर चुकी थी। उसके पास एक यात्री से जुड़े विविध अनुभवों के साथ एक विशिष्ट ज्ञान भी था। उसके पास घूमे हुए देशों की बहुरंगी जानकारी के साथ-साथ वहाँ की अर्थव्यवस्था, इतिहास और राजनीति की भी गहन समझ थी। कैथरीन को लगा कला, संगीत और साहित्य की उसे खासी समझ है। उसने कैथरीन से उन क्षेत्रों में अमरीका की स्थिति जाननी चाही, पर कैथरीन को तो कुछ पता ही न था।

उसका नाम था मुस्तफा सैयद। उसने कैथरीन के मन में एक अजानी अस्थिर उत्तेजना को जगा दिया। पिछले बारह महीनों के दौरान कैथरीन अपनी देह को अजानी सीमाओं तक ले गई थी।

उन दिनों उसके मन में केवल काम सम्बन्धी विचार की भागमभाग होती रही थी। लेकिन सैयद की बातें सुनकर वह सोच रही थी कि क्या किसी की बातों में इतनी गहराई इतना प्रभाव हो सकता है। उसे तो इसकी कल्पना ही नहीं थी। फिर तो हर दिन वह सैयद से मिलने के लिए बेचैन रहने लगी। वे मुलाकातें धीरे-धीरे लम्बी और लम्बी होती चली गईं। वह सदा रेड

वाइन मँगवाता और पीना शुरू करने से पहले वाइन की विशेषता बताना न भूलता। वे धीरे-धीरे पीते रहते। जब बोतल खत्म हो जाती तो वह दूसरी के लिए ऑर्डर देता। इस बार लाल वाइन कोई दूसरी होती और सैयद एक बार फिर से नई वाइन की खासियतें बताने लगता।

वह अंग्रेजी धीरे-धीरे बोलता—उसके स्वर में एक गहरी खनक होती। उसके वाक्य संगीत रचना की तरह धीरे-धीरे कैथरीन के सामने खुलते जाते। उसे बोलते देखना ही सम्मोहक लगता। कैथरीन ने इससे पहले इतने गहन परिष्कार के भाव से किसी को अंग्रेजी बोलते नहीं सुना था। इसकी तुलना में शिकागो में अम्मा द्वारा घर पर बुलाया गया प्रलय की त्रासदी की भयानकता बताने वाला सिद्ध वक्ता एक कबीलाई ढोल पीटने वाले से बेहतर नहीं लगा, हालाँकि सैयद को सुनने से पहले वह उसी की वाक्पटुता की कायल थी।

सैयद से दूर रहती तो कैथरीन के मन में वही बातें बार-बार उमड़ती-घुमड़ती रहतीं। सैयद से मिलने के बाद कैथरीन को यह दुनिया एक नए ही क्षेत्र में दिखाई देने लगी थी—एक विशाल गतिशील संयोजन जो निरन्तर उद्देलन में था जिसे अलग-अलग लोगों के विचार और कार्य हर पल नया से नया रूप देते जा रहे थे। यह सब उसकी अपनी सोच से कितना भिन्न था जिसमें उसके लिए दुनिया एक स्थिर स्थिति जैसी थी और जिसमें आप जब जहाँ चाहे हिस्सेदारी कर सकते थे।

जॉन ने कहा था कि यह दुनिया घूमने के लिए बहुत अच्छी है।

सैयद ने बताया था कि जानने-पढ़ने-समझने की दृष्टि से दुनिया अत्यन्त भव्य है।

हर बार उससे मिलने के बाद कैथरीन को लगता उसके दिमाग में एक नई खिड़की खुल गई है।

सैयद अकसर ही अपने बारे में बहुत कम कहता। पूरी दुनिया की बातें करने के बाद धीरे-धीरे भारत उनकी बातों के केन्द्र में आ पहुँचा था लेकिन जॉन के विपरीत सैयद एक भारतीय था—वहाँ की आन्तरिक स्थितियों का गहन जानकार। दूसरों की तरह सैयद ने भारत के धर्मों, भाषाओं, वन्य जीवन, संस्कृतियों, इतिहास और उसकी प्राचीनता की एक विचित्र रम्य छवि कैथरीन को नहीं दिखाई। प्रायः ही वह भारत के बारे में त्रासद उपेक्षा, दायित्वहीनता और वहाँ के दीन-हीन वंचित लोगों के बारे में बातें करता था।

एक सच्चे राष्ट्रवादी की तरह वह न केवल देश के अतीत के गौरव की बात करता बल्कि उसके साथ-साथ अत्यन्त कटुता से भरी बातें भी करता था। एक खाँटी राष्ट्रवादी की तरह वह बीमारी के बारे में बात करके ही सन्तुष्ट नहीं था। वह सचमुच भारत की समस्याएँ हल करना चाहता था। वह चाहता था कि रोगी स्वस्थ होकर सुख और सम्मान से जिए और अपनी खोई हुई शक्ति को फिर से पा ले। केवल निष्क्रिय भाव से बातें करते रहकर भ्रम में पड़े रहने में उसकी आस्था नहीं थी। वह जानता था कि देश का अतीत चाहे कितना भी गौरवशाली क्यों न रहा हो, अब बीत चुका था और हम अधिक-से-अधिक उससे बस कुछ सीख ही ले सकते थे। लेकिन उसके साँचे में देश के वर्तमान और भविष्य को नहीं ढाला जा सकता था। वह जानता था अतीत का आडम्बरपूर्ण विजयगान करने और उसका सहारा लेकर कुछ कर दिखाने की बात केवल वर्तमान की ऊर्जा को नष्ट करके देश को नीचे ही धकेलेगी।

उसका मौन क्रोध और आवेग कैथरीन को कहीं गहरे छू गया। एक अनजाने, अदेखे देश के प्रति उसका आकर्षण और भी बढ़ गया। उपनिवेशवादी अंग्रेजों के प्रति सैयद के मन में रोष था लेकिन वह भारत की सारी समस्याओं का दोष केवल उन्हीं के सिर पर मढ़कर सन्तुष्ट

नहीं था। वह भारत के शासक, राजशाही, सामन्तशाही और राजकुमारों के प्रति कहीं ज्यादा नाराज था। उसने कैथरीन को बताया कि भारत के लोग, गरीब किसान हजारों वर्षों से अपने शासकों द्वारा शोषित, पीड़ित हैं। कमरतोड़ मेहनत करके, बोझ तले दबे, शोषित लोगों को आज तक कभी आशा की किरण नहीं दिखाई दी। यह कहा जा सकता है कि भारत की राजशाही ने अपने खुद को आनन्द-मनोरंजन के लिए कला, साहित्य, स्मारकों और संगीत को प्रश्रय दिया था। लेकिन उन्होंने आम जनता का जीवन-स्तर सुधारने के लिए कैसी भी कोई योजना नहीं बनाई, उन्हें शिक्षित करने के लिए कोई संस्थान खड़े नहीं किए। उन्होंने बुद्धिमानों की तरह नहीं बेलगाम स्कूली छात्रों की तरह व्यवहार किया।

दुनिया के अन्य देशों में तार्किकता, सार्वजनिक मानव गौरव का जो दौर चला था भारत को बिना छुए ही गुजर गया। पिछले तीन सौ वर्षों में यूरोप ने विज्ञान, चेतना और व्यक्तिगत अधिकारों के क्षेत्र में तिहरी छलाँग भरी थी और वहाँ के देशों में समाज सुधारक और कानून व्यवस्था का सुशासन खड़ा हुआ। भारत में राजा और नवाब अपने शिक्षित लोगों को बेहूदे रहस्यवाद और विकृत धार्मिकता की ही अफीम खिलाते रहे। न कोई स्कूल, न कॉलेज, न अदालतें, न अस्पताल, न सड़कें, न बिजली, न पानी, और नतीजा यह कि प्रगति के नाम पर एक बड़ा शून्य बना रहा। बस उसी बेहूदे रहस्यवाद और विकृत धार्मिकता का दौर-दौरा रहा।

खुद के लिए ज्यादा-से-ज्यादा जमा करने में लगे लोग जनता को कम-से-कम में गुजारा करने के गुण बताते नहीं थकते थे।

उनके महलों में माणिक, मूंगा, हीरे-मोती के जेवरों के अम्बार जमा होते गए, उनके महल, अधिक कलात्मक, भव्य बनते गए। उनके लिए राल्स रायस कम्पनी से विशेष रूप से बनी हुई कारें आया करतीं—और उनके निवासों में सुन्दर-सुन्दर स्त्रियों की इतनी भीड़ लग गई कि उन सबको सन्तुष्ट रखने के लिए एक पुरुष को कम-से-कम सौ शिश्न चाहिए थे। उनका भोग-विलास बढ़ता गया। नए-नए यूरोपीय खिलौनों के लिए उनका आकर्षण हर दिन दोगुना होता गया—उनकी जनता, भारतीय जन गरीब से और भी ज्यादा गरीब होते चले गए। भारत की एक महान सभ्यता जो कभी विज्ञान और खगोल विद्या, औषधि विज्ञान, साहित्य और दर्शन के क्षेत्र में महान उपलब्धियाँ प्राप्त कर चुकी थी—अब ऐसे अज्ञानी, दमित, दीनहीन लोगों का घर हो गई, जिन पर झूठे, अहंकारी और तड़क-भड़क में रहनेवाले गलत लोग शासन कर रहे थे।

लेकिन इस सबके बावजूद सैयद के मन में अभी आशा बची थी। इस उपमहाद्वीप में एक बार फिर स्थितियों में बदलाव आता दिखाई दे रहा था। लोग नए विचारों के साथ सामने आ रहे थे। नई सृजनकारी शक्तियाँ अस्तित्व में आ रही थीं। उसने बताया कि पूना, बम्बई, पंजाब और बंगाल में नई हवा बह रही थी। एक ऐसा आदमी था जिसने दक्षिण अफ्रीका में नई हवा बहा दी थी—हर किसी में नया आत्मविश्वास भर गया था। सब नई सार्थक भाषा में बातें कर रहे थे। गोरों ने शिक्षा की जो नई राहें बनाई थीं उन पर चलकर लोग एक-एक, दो-दो करके सामने आ रहे थे—उनमें वकील थे और थे अध्यापक। सैयद को आशा थी कि ये नए आनेवाले लोग जल्दी ही ऐसे प्रश्न पूछने जा रहे थे जो भारत के गैरजिम्मेदार राजशाहों और लालची उपनिवेशवादियों को शर्म से मुँह छिपाने पर विवश कर देंगे।

ये सवाल जो राजाओं की चूलें हिला सकते हैं—आखिर तुम लोगों को मेरे अधिकार छीनने का अधिकार किसने दिया?

कैथरीन ने फिर जल्दी ही रुडयार्ड और उसके झुंड के साथ जाना बन्द कर दिया। वे लोग उसे अब नौसिखिए छोकरों जैसे लगते थे जो सिर्फ खिलंदड़पन में उलझे वक्तकटी कर रहे थे। और तो और कला और साहित्य के बारे में काउंट ब्लादीमीर की जानकारियाँ भी उसे केवल कलात्मक वाग्विलास, एक उद्देश्यहीन थोथा अहं लगती थीं। केवल खुद के मानसिक आनन्द के लिए होने वाली मामूली, उनके जीवन की थोथी खुशफहमी—जो कभी कैथरीन को अत्यन्त प्रिय थी, अब एकदम नीरस, बेकार लगती थी—उसमें से सड़ांध उठती महसूस होती थी अब उसे।

उसे अब यह बरदाश्त नहीं था कि उनमें से कोई उसे जरा भी छुए। और मुस्तफा सैयद ने कभी उसे छूने का प्रयास भी नहीं किया था। वह ग्रैंड होटल में मुस्तफा से मिलने जाती और वह कैथरीन को कभी अपने कमरे में न बुलाता। दोनों घंटों लॉबी में बैठे बतियाते रहते। वह धीमी और गहरी आवाज में कहता रहता, कैथरीन सुनती रहती। वह उससे मिलकर लौटती तो कामना के गीलेपन से भीगी हुई। उसके सुन्दर शब्द किसी भी स्पर्श से कहीं ज्यादा उत्तेजक लगते थे कैथरीन को।

एक दिन, उन्हें मिलते हुए अभी पूरे दो महीने भी नहीं हुए थे, सैयद ने कहा कि वह उससे प्यार करता है। उसने कैथरीन का हाथ थामकर कहे थे ये शब्द। वह चौंधियाई स्थिति में होटल से लौटी थी।

अगले दिन कैथरीन उससे फिर मिली तो अभी तक वह उसी चौंकी हुई स्थिति में थी। तब सैयद ने कहा कि वह जल्दी ही भारत के लिए रवाना हो रहा है, और क्या कैथरीन उसके साथ भारत जाना पसन्द करेगी?

कैथरीन ने झट हाँ कह दिया लेकिन वहाँ से लौटने के बाद अपने निर्णय पर देर तक सोचती रही।

कैथरीन अब तक भी सैयद के बारे में करीब-करीब कुछ नहीं जानती थी। सैयद ने खुद के बारे में जो कुछ बताया था उसके अनुसार उसने ऑक्सफोर्ड से दर्शनशास्त्र में डिग्री ली थी। वह क्रिकेट का अच्छा खिलाड़ी था और अगर वह अपने राजनीतिक विचारों को जरा छिपाकर रखता तो उसे इंग्लैंड की ओर से खेलने का मौका मिल सकता था। उसने कहा कि शाही परिवारों से आए उसके अनेक साथी काफी सफल रहे हैं। सैयद ने कहा खेल सिर्फ उन लोगों के लिए बने हैं जो जन्मजात धनी हैं, या फिर धनवान देशों के वासी हैं। शोषितों और दलितों के लिए तो हर चीज लड़ाई का हथियार है। ऐसा संघर्ष जिसमें वे अपना जीवन और सम्मान बचाने के लिए जूझ रहे हैं।

कैथरीन को अपने देश अमरीका की उन काली छात्राओं का स्मरण हो आया और उसने सैयद की बात का मर्म समझ लिया।

अगले दिन उसने फैसला किया कि वह सैयद से कुछ सीधे-सटीक सवाल पूछेगी। वे लंच के समय मिले और वाइन आने से पहले उसने पूछा—मैं कहाँ रहूँगी।

—मेरे साथ। सैयद ने कहा।

—किस रूप में?

—तुम जिस रूप में रहना पसन्द करो।

—तुम्हारे साथ और कौन-कौन रहता है?

—मेरा परिवार, मेरे भाई, मेरे चचेरे भाई-बन्धु, चाचा, चाचियाँ, भतीजे, भतीजियाँ, मेरे बाबा-दादी, चचेरे बाबा-दादियाँ, मेरी पत्नी।

—पत्नी?

—हाँ, मेरी शादी बहुत पहले ही हो गई थी। तब मैं चौदह का था। लेकिन उससे कुछ फर्क नहीं पड़ता।

—लेकिन मुझे फर्क पड़ता है। तुमने कहा, तुम मुझे प्यार करते हो। तब मैं वहाँ किस तरह रहूँगी?

तुम जैसे चाहो।

सवाल यह है तुम मुझे वहाँ किस रूप में रखना चाहते हो? तुम मुझे क्या बनाकर ले जा रहे हो?

अपनी पत्नी, साथिन।

लेकिन फिर तुम्हारी पत्नी...

कोई फर्क नहीं पड़ेगा। वह कुछ नहीं कहेगी, मुझे उम्मीद है उसे बुरा भी नहीं लगेगा। वह समझ जाएगी पूरी बात।

यह तो एकदम ही अलग बात हुई। मुझे सोचना पड़ेगा इस पर।

असल में तुम्हें इस उलझन में फँसने की कोई जरूरत नहीं। तुम न जाने इसे लेकर क्या-क्या सोच गई हो, लेकिन फिर भी अगर तुम चाहो तो खूब सोच लो इस पर।

कैथरीन घर वापस नहीं गई। वह जाकर नोत्र दाम के विशाल भवन के सामने जा बैठी। और इस बारे में गहराई से सोचती रही। उसे पता था कि वह सैयद के साथ हिन्दुस्तान जा रही है। वह चाहती थी कि सैयद की बातें लगातार सुनती रहे, सुनती रहे। लेकिन इसका मतलब परिवार के सागर में पड़े एक अतिरिक्त पत्नी की हैसियत से जाना भी नहीं था—एक अनजान देश, अपरिचित लोग, और नया धर्म। वह इस बारे में गहराई से सोचना चाहती थी ताकि सही फैसला ले सके। उसने ऊपर देखा तो परनालों पर बने पशुओं के मुँह जैसे उसे चिढ़ाते हुए चुनौती दे रहे थे।

कुछ समय बाद वह उठ खड़ी हुई। और कथीड्रल के अन्दर चली गई। पीछे रखी लम्बी बैंच पर जा बैठी। वह संध्या पूजा का समय था। लैम्पों की मद्धिम रोशनी में अनेक सिर विनीत मुद्रा में प्रार्थना में झुके दिखाई दिए—दिव्य संकेत मिलने की प्रतीक्षा में कुछ लोग आशापूर्वक खामोशी से मोमबत्तियाँ रोशन कर रहे थे। तभी एक दाढ़ी वाला युवक कुछ बड़बड़ाता हुआ गलियारे से गुजरा—ईश्वर आस्था में रहता है, हमें भी वैसे ही होना चाहिए। ईश्वर आस्था में निवास करता है, हमें भी आस्था में विश्वास करना चाहिए। तब वह सोच रही थी—आखिर किसी देवालय को कितना बड़ा होना चाहिए कि ईश्वर उसमें वास कर सके। आखिर गहन आस्था के लिए कितने तर्क आवश्यक हैं? वह माँ के धार्मिक पागलपन को सदा नापसन्द करती थी लेकिन अब नोत्र दाम में बैठकर मन में साहस जुटाते हुए उसने खुद को धर्म के आतंक से अनजान व डर से एकदम निर्बंध, उन्मुक्त महसूस किया।

इसके बाद पूरे जीवन में वह किसी गिरजाघर या किसी दूसरे देवालय में नहीं गई।

वह नोत्र दाम के विशाल द्वार से बाहर आई तो सब तरफ अँधेरा छा गया था। इस बार उसने ऊपर देखा तो पशुमुखवाले परनाले अँधेरे में गुम हो गए थे, और वे उसे डरा नहीं रहे थे।

उन्होंने मर्साई में जलयान से यात्रा शुरू की थी। इससे पहले पेरिस रेलवे स्टेशन पर रुडयार्ड उसे विदा करने आया तो कुछ उदास दिख रहा था। उसके साथियों का भी वही भाव था। कैथरीन ने हरेक का चुम्बन लिया और हर किसी ने उसके कानों में 'सावधान रहना' के शब्द फुसफुसाए। कहा कि खाना, शराब और व्यवहार में संयम बरते। उसने उन सभी के साथ समय बिताया था, आनन्द भोगा था। वे कैथरीन के जीवन से यौवन की प्रसन्न अराजकता की तरह गुजर गए थे। जिसमें हरेक की ही हिस्सेदारी होनी चाहिए।

वे कैथरीन को उन मजेदार रास्तों पर ले गए थे जिनके बारे में पहले-पहल उसने पिता से सुना था। उसके दिल में एक हूक-सी उठी।

एनी ने कहा—मेरे लिए एक महाराज लेकर आना। उसके हर हाथ पर एक हीरा जड़ा हो।

काउंट ब्लादिमिर ने कहा—मेरे लिए सीमान्त क्षेत्र का गाँजा चलेगा।

रुडयार्ड ने कहा—सैयद, इसका ध्यान रखना। हम चाहेंगे वह जल्दी ही वापस चली आए।

तब कैथरीन ने सोचा ही नहीं था—वह अब कभी लौटकर नहीं आएगी। कि अब वह आखिरी बार समुद्र पार जा रही है। कि जो मानस यात्रा अनेक वर्ष पूर्व पिता के स्टोर में आरम्भ हुई थी अब अपने अन्तिम चरण में प्रवेश करने जा रही है।

मर्साई में रात उन्होंने होटल में बिताई। उसने पाया कि विचित्र शालीन भाव से सैयद ने दो अलग-अलग कमरे बुक किए थे। रात में भोजन के बाद देर तक दोनों रुडयार्ड और उसके साथियों के बारे में बातें करते रहे। इस बारे में सैयद से बात करना सदा बड़ा सहज अनुभव रहा था उसके लिए। और फिर वह उसे कमरे के बाहर तक छोड़ गया—हाँ, चुम्बन जरूर लिया था उसने। वह उसके इस असीम संयम पर हैरान थी और रात को देर तक जागती पड़ी रही अपनी उतप्त देह को शान्त करने का प्रयास करती हुई।

जलयान पर भी सैयद ने दो केबिन बुक किए थे। उसने कैथरीन को अपने से बेहतर केबिन में टिकाया था। दोनों के बीच एक मंजिल की दूरी थी। वे हर दिन, हर शाम साथ गुजारते डेक पर, भोजन कक्षों में। वह कैथरीन को हिन्दुस्तानी शब्द सिखाने लगा था। लेकिन हर रात सैयद कैथरीन से उसके केबिन के दरवाजे पर ही विदा ले लेता—एक चुम्बन के साथ। वह इन उलझनों का हल जानने के लिए माथा खपाती रही। पिता जॉन ने उसे ऐसे प्रेमियों के बारे में कभी कुछ नहीं बताया था जो देह से प्यार नहीं करते थे। उसने आँखें मूँद लीं—अपनी बाँहों में देह को भींच लिया और लहरों पर उछलते जलयान के साथ इधर-उधर लुढ़कने लगी।

तीन सप्ताह बाद वे बम्बई बन्दरगाह पर उतरे। तब भी दरवाजे पर वह विदाई चुम्बन से आगे नहीं बढ़ा था। उसकी बातचीत अब भी उतनी ही मन रमानेवाली, रोचक थी। कैथरीन का मन भर आता था, लेकिन अब उसे कुछ फिक्र हो चली थी।

दार्शनिक नवाब

उन्होंने रेलगाड़ी में मध्य भारत के गरमी में तपते मैदानों से होकर यात्रा की। उपमहाद्वीप के इस भयानक अनुभव ने कैथरीन को जैसे हिलाकर रख दिया। बम्बई में जहाज से उतरते ही–वह स्वयं को एक अस्वीकृत कुमारी के रूप देख रही थी–वह जैसे रंगों, आवाजों और बहुविध दृश्यों में खोकर रह गई। उसकी संवेदना को झकझोरा जा रहा था। उसने महान भारतीय विडम्बनाओं, उलझनों को बखूबी महसूस किया–लगातार चारों ओर होती हड़बड़ी, शोर और गहरी निष्क्रियता का भाव।

वे सागर किनारे बने शानदार ताजमहल होटल में जाकर ठहरे। इस बार भी वही दो अलग-अलग कमरों की कहानी दोहराई गई। विक्टोरिया टर्मिनस से एक बोगी में सवार हुए पर उसमें भी दो कम्पार्टमेंट थे। कैथरीन अब तक इससे खासी विक्षुब्ध हो गई थी। अपने चारों ओर के परिवेश में अभी उसका मन पूरी तरह रमा नहीं था। ट्रेन तेजी से स्टेशनों को पीछे छोड़ती हुई बढ़ रही थी, कैथरीन को हरे-भरे खेतों के अन्तहीन विस्तार की अनुभूति हुई–उनमें यहाँ-वहाँ बबूल और बड़ के पेड़ नजर आए–खेतों में धीमी चाल से गुजरते ढोर, नंगे बदन किसान लेकिन ज्यादातर सिर पर पगड़ियाँ पहने हुए थे, ऐसा लगता था जैसे उन्हें न जाने कब से वहीं रोप दिया गया था।

कैथरीन को श्यामल वर्णवाले वे वेटर भा गए जो थोड़ी-थोड़ी देर बाद उनके सामने खाने-पीने की ढेर सामग्री पेश कर देते थे। उसके बाद से कभी भी हिन्दुस्तान के मूल निवासियों को देखकर उसके मन में खौफ का भाव नहीं जागा। ये सम्मान प्रदर्शित करते, सदा मुस्कुराते हुए आते लेकिन फिर भी विचित्र आत्मगौरव के भाव से अपने को अलग-थलग बनाए रखते।

उसे अपने पिता की बातें याद आ गईं। उसे लगा पिता की बातों में गहरा सच छिपा था। जीवन में आगे उसे पिता की बातों पर अविश्वास करने का कभी कोई कारण नहीं मिला।

हिन्दुस्तानी लोग–अद्भुत लेकिन पूरी तरह अबूझ।

दिल्ली पहुँचने पर सैयद उसे दिल्ली घुमाने ले गया। उसने देखी मुगल भारत की भव्य इमारतें, और हजारों वर्ष पुरानी ऐतिहासिक छवियाँ। वे झाड़-झँखाड़ भरे मैदानों, कीकर के जंगलों से गुजरकर 12वीं सदी की अद्भुत कुतुबमीनार देखने गए। कुतुबमीनार की पाँचवीं मंजिल से नीचे झाँकते हुए उसका सिर चकरा गया।

तुगलकाबाद का खँडहर शहर घूमते देख उन्हें बन्दरों ने जैसे घेर लिया। पुराने किले में इधर-उधर घूमते फोटोवालों ने उन्हें बताया कि यही पांडवों की राजधानी हुआ करती थी। पुरानी मोटी दीवारों से घिरे शहर ने उसे मोह लिया पर साथ ही उसका मन वितृष्णा से भर उठा।

खासतौर पर विशाल लाल किला, शाही जामा मस्जिद और भीड़ भरा चाँदनी चौक उसे खूब पसन्द आए।

यह शहर जैसे भीड़भाड़ भरे पगलाए भारत का दर्पण था। एक तरफ मिठाइयों की दुकानों पर मँडराती मक्खियों के झुंड, दयनीय भिखारी, जिनके अंग कोढ़ से गल गए थे, चेहरे चेचक के दागों से भरे थे, पिस्सू और जूँ से भरे खजौले कुत्ते जो हर कहीं लोगों के बीच आ जाते थे। यह कहा जाता था कि दिल्ली के चाँदनी चौक में दुनिया की कोई भी चीज खरीदी-बेची जा सकती थी—ईरानी कालीन, पीली रेशम, अरबी घोड़े, भारतीय हाथी, ब्राजीली कोको से लेकर अफगानी अफीम तक—वहाँ तरह-तरह के तुर्की साबुन मिलते थे तो इंग्लैंड से आनेवाला गुसलखानों का सामान भी, आयुर्वेद की जड़ी बूटियाँ थीं तो होम्योपैथी की गोलियाँ भी—रबड़ जैसी लचीली देहवाली वेश्याओं से लेकर भरे-भरे होंठोंवाले छोकरे भी उपलब्ध थे वहाँ। साधुओं-साधकों को देखना तो और भी अनोखा अनुभव था। इसने नग्न साधुओं को देखा जिन्होंने अपनी देह में लोहे की छड़े पिरो रखी थीं, उनके जटाजूट टखनों को छू रहे थे। एक साधु अपने दाएँ पैर पर खड़ा था। उसका शिश्न उसके घुटनों तक लटक आया था—हाथी की सूँड़ की तरह—शिश्न से एक बड़ा पत्थर लटका हुआ था। जब वे दोनों उसके पास से गुजरे तो साधु मुस्कुराता हुआ अपने शिश्न को घड़ी के पेंडुलम की तरह हिलाने लगा।

सैयद ने एक छेदवाला सिक्का उसके कटोरे में डाल दिया। तरह-तरह की दवाएँ बेचनेवाला तो उनके पीछे ही लग गया। वह कैथरीन को एक सफेद चूर्ण बेचना चाहता था। उसका दावा था उसकी दवा के उपयोग से कैथरीन सैयद की सब रखैलों और बीवियों से छुटकारा पाने में कामयाब हो जाएगी। यह दवा उन औरतों का सारा रस चूस लेगी और उनकी कमर के नीचे का हिस्सा सूखे पत्तों-सा सिकुड़कर रह जाएगा।

उसने एक बेहद दुर्बल सींक-से पतले फकीर को देखा, उसकी लम्बी धुमैली दाढ़ी और सिर पर फहराते बाल। वह बाएँ कन्धे पर एक बाँस के सहारे दो टोकरियाँ लटकाए हुए चुस्ती से चला जा रहा था। सैयद ने उसकी ओर इशारा करते हुए कैथरीन को बताया कि उसका नाम बाबा मगरमच्छ है और हर सोमवार की सुबह मगरमच्छ की पीठ पर बैठकर यमुना नदी पार करके व्यापारियों से भिक्षा लेने जाया करता है। उसने कहा, बाबा जब चाहे एक मगरमच्छ को अपनी सवारी के लिए बुलाने की ताकत रखता है।

कैथरीन ने अचरज से सैयद की ओर देखा। यह बात वह ऑक्सफोर्ड में पढ़े उस बुद्धिजीवी के मुँह से सुन रही थी जो सदा तार्किकता और प्रगति की बातें किया करता था। सैयद मुस्कुराकर बोला, दुनिया में बहुत-सी बातें हैं जिन्हें हम नहीं समझ पाते। बहुत ज्यादा वहमी होना भी ठीक नहीं।

उस शाम कैथरीन के मन में उसके प्रति बहुत प्यार उमड़ आया। आगे चलकर कैथरीन को यह पता चलनेवाला था कि यह एक विशेष भारतीय गुण था—खूब तार्किकता, लेकिन जिसके बाहर विशाल अज्ञात का प्रसार है। पूरी तरह तर्क पर आधारित विचार रखनेवाला कोई भी भारतीय दिखाई नहीं पड़ा कैथरीन को। आप तर्क और विज्ञान के देवता के सामने नमन करते हैं। आप अनुभववाद के हिमायती हैं लेकिन इसके साथ ही आप दूसरी अनजान बातों को भी स्वीकार करने को तैयार रहते हैं—छोटी-बड़ी, जानी-अनजानी सब।

आपका जीवन तर्क और तर्कहीनता के बीच चलता जाता है।

आप दोनों धाराओं के देवताओं को नमन करते हैं क्योंकि दोनों में से किसी को भी नाराज नहीं करना चाहते।

इसमें कोई विरोधाभास नहीं। फालतू सोचनेवाले बेकार लोग ही ऐसा कुछ देखते थे।

खैर जो भी हो मगरमच्छ की पीठ पर बैठकर नदी पार करनेवाला फकीर कैथरीन को उस भाषणबाज युवक से कहीं बेहतर लगा जो अपने सत्यकर्मों का बखान करते हुए बाकी सबको प्रलय की आग में झोंकने को तैयार था।

अपने होटल वापस लौटने से पहले सैयद कैथरीन को जामा मस्जिद के पीछे वाली सँकरी घूमघुमौवल गलियों में ले गया—आखिर वे जैसे उस भीड़-भाड़ और शोरगुल के बीच एक शान्त द्वीप पर जा पहुँचे। सफेदी से पुती सादी कब्र, उसके पास एक जालीदार खिड़कियोंवाला छोटा बरामदा और ऊपर छाया करता खड़ा विशाल नीम। यह एक मशहूर पीर की मजार थी। बरामदे में बैठा साधना में डूबा युवा उस पीर का चेला था। सैयद आलथी-पालथी मारकर संगमरमर के ठंडे फर्श पर जा बैठा—कैथरीन ने भी वही किया। सैयद ने कुछ कहा। माथे पर सफेद पट्टी बाँधे छितरी दाढ़ीवाला वह युवक घूमकर देर तक कैथरीन को देखता रहा। फिर आँखें मूँदकर स्थिर बैठ गया। जब वह समाधि से बाहर आया तो सैयद के हाथ पर हाथ रखकर सैयद से कुछ कहने लगा।

कुछ देर बाद दोनों पीर के शान्त मजार से बाहर आए तो भीड़-भाड़ भरी गली से गुजरते हुए कैथरीन ने जानना चाहा कि वहाँ बैठे युवक ने सैयद से क्या कहा था।

सैयद ने उसे बताया कि वह युवक एक ज्योतिषी है। उसने कहा है तुम्हें जीवन में खूब खुशी मिलेगी। धन-दौलत, रुतबा, बच्चे, प्यार और सब इच्छाएँ पूरी होंगी। लेकिन फिर भी न जाने क्यों उनमें भी तुम्हें कुछ न कुछ कमी खटकती रहेगी। सब कुछ रहस्य के अदलते-बदलते आवरण में छिपा रहेगा। बाग में सदा एक साँप मौजूद रहेगा। वह कहता है तुम अपने जीवन में ऊँचाइयों को छुओगी लेकिन सबसे निचले पायदान पर ही खड़ी नजर आओगी।

शायद सैयद उन भविष्यवाणी के सच होने में एक बड़ी भूमिका निभा सकता था।

या शाहजादा सैयद।

कैथरीन अपने प्रेमी के घर में पहुँची तो न जाने कैसे-कैसे आश्चर्य उसका इन्तजार कर रहे थे। सैयद शाही खानदान से था। उसके अब्बा जगदेवपुर के नवाब थे। उनकी रियासत आठ सौ पच्चीस वर्ग किलोमीटर क्षेत्र में फैली हुई थी और हिमालय की निचली पर्वत श्रेणियों के निकट पड़ती थी। दिल्ली से कोई 200 किलोमीटर दूर। अंग्रेजों ने नवाब को ग्यारह तोपों की सलामी का सम्मान बख्शा था। दूसरी रिसायतों से घिरे हुकुमगंज के इलाके में शाही खानदान के अनेक महल बने हुए थे। महलों के स्थापत्य में मुगल, फ्रेंच, इंग्लिश और प्राचीन हिन्दू शैलियों की मिली-जुली छाप देखी जा सकती थी। कैथरीन ने बहुत सारे लोगों को सैयद के सामने झुककर सलाम बजाते हुए देखा। लेकिन सैयद का अपना मकान देखकर उसे कुछ तसल्ली मिली। उसने एक साधारण-सी दिखनेवाली पन्द्रह कमरोंवाली इंग्लिश कॉटेज बनवा रखी थी खुद के लिए। और उसके चारों ओर एक चौड़ा हिन्दुस्तानी शैली का बरामदा बनवा रखा था।

सैयद ने कैथरीन के लिए भव्यतापूर्ण साज-सज्जा वाले कमरे तय कर रखे थे। वहाँ का सारा फर्नीचर बर्मा के टीक, महोगनी और रतन का बना हुआ था। उस भारी फर्नीचर पर गहरे रंग की पॉलिश की गई थी। खिड़कियों के बाहर करीने से कटी-छँटी गुलाब की झाड़ियाँ और फूलदार झाड़ियाँ, जैसे-चम्पा, हरसिंगार तथा चमेली और रंगून की लताएँ झूल रही थीं। समय बीतने के साथ कैथरीन उनकी मिली-जुली महक को बहुत ही पसन्द करने लगी थी। पहले

ही दिन सैयद ने एक बूढ़े खिदमतगार मकबूल तथा एक फुर्तीली लड़की बन्नो को कैथरीन की देखरेख के लिए तैयार कर दिया था। वे दोनों हर समय उसके कमरों के बाहर मँडराते रहते और उसके जरा-से इशारे पर ही उसके सामने हाजिर हो जाते।

कैथरीन को सैयद के मकान में सबसे ज्यादा पसन्द आया उसका दो कमरोंवाला अध्ययन कक्ष। आरामदेह सोफेवाला एक बड़ा कमरा और साथ में एक छोटा कमरा। फर्श से छत तक लगे शेल्फों में किताबें ही किताबें सजी थीं। कमरे में एक, दो, तीन और चार पैड़ियोंवाले चार स्टूल थे जिन पर चढ़कर कहीं से भी कोई मनपसन्द किताब निकाली जा सकती थी। वहाँ लिखने की दो मेजें थीं–दोनों कमरों में एक-एक। और बहुत सोच-समझकर लैम्प लगाए गए थे। शानदार सोफे पर नीले रंग की रेशमी गद्दियाँ थीं–और सोफे के सामने एक नीची लकड़ी की मेज रखी थी। आराम से बैठकर मनचाही किताब पढ़ने का हर प्रबन्ध था वहाँ। सैयद के खुद के लिए चमड़ामढ़ी कुर्सी और नीचे पैर रखने के लिए गद्देदार चौकी थी। साथ वाले छोटे कमरे में एक सबसे अजीब चीज थी चौड़ी और ऊँची लकड़ी की अलमारी। उसे हमेशा बन्द ही रखा जाता था। जब एक दिन कैथरीन ने उसे खोला तो देखा अलमारी ताँबई चमड़े की जिल्दवाली नोटबुकों से ठसाठस भरी हुई थी। उसने गिना तो नहीं पर उनकी संख्या कम-से-कम दो सौ तो जरूर रही होगी।

लेकिन सैयद का परिवार कहाँ था? आने के तीसरे दिन उसने सैयद के नौकर-चाकरों से इस बारे में पूछताछ शुरू की। उसे जल्दी ही पता चल गया कि परिवार में सैयद एक अछूत की तरह है। उसने जान लिया कि लोग इस बात को भी पसन्द नहीं कर पा रहे हैं कि वह एक गोरी औरत को घर ले आया है। लेकिन लोगों को उससे किसी अच्छी बात की उम्मीद ही कहाँ थी। बन्नो ने कैथरीन को बताया कि परिवार के लोग उसे माथे पर कलंक की तरह मानते हैं। उसका बर्ताव परिवार के लिए अपमान जैसा था–भला उसे राजाओं, शहंशाहों जैसा कैसे कहा जा सकता था। उसने सबको लज्जित कर छोड़ा था।

इस बात से कैथरीन के मन में सैयद के लिए और भी प्यार उमड़ आया। उस शाम लाइब्रेरी में हाथों में बरांडी के गिलास थामे दोनों बातें कर रहे थे तभी कैथरीन ने कुरेदना शुरू कर दिया। जब सैयद ने लॉर्ड कर्जन और उसके द्वारा किए गए बंग-भंग पर लम्बी-चौड़ी तकरीर शुरू की तो कैथरीन ने उसे रोक दिया और फिर एक स्कूल शिक्षिका की तरह उससे अपने सवालों के जवाब माँगने शुरू कर दिए–

उसकी बीवी कौन है?

वह कहाँ है?

सैयद उसके पास क्यों मौजूद नहीं है?

असल में खुद उसकी असलियत क्या है?

वह करता क्या है?

अगर कुछ करता है तो किसलिए?

सैयद उसे यहाँ क्यों लेकर आया है?

आखिर वे दोनों वह सब क्यों नहीं कर रहे हैं जो दो प्रेमी आपस में लगातार करते हैं?

इन सवालों के जवाब में सैयद ने उसका हाथ थाम लिया और देर तक हाथ लिये बैठा रहा। फिर भावहीन तरीके से उसे देखता रहा गोया कुछ गहरे सोच रहा है। वह धैर्य से उसे सुनने की प्रतीक्षा करती रही। फिर वह उठा और इधर से उधर चहलकदमी करता हुआ बोलने लगा।

सैयद जगदेवपुर के नवाब का सबसे बड़ा बेटा था। उसकी पत्नी का नाम था बेगम सितारा। लेकिन सैयद का उससे कोई सम्बन्ध नहीं था। सैयद और सितारा की सगाई उनके छुटपन में ही हो गई थी। तब सैयद आठ बरस का और सितारा पाँच साल की थी। छह साल बाद दोनों की शादी हो गई। उस मौके पर इकतीस हाथियों का जलूस निकाला गया था। तीन दिन तक दस हजार लोगों ने शाही दावत का आनन्द उठाया था। इस समय बेगम सितारा सैयद के परिवार के साथ बड़े महल में रहती थी। जब वह परिवार से मिलने जाता तो सितारा से भी मुलाकात कर लेता। सैयद ने कहा कि उसके पास सितारा से कहने की कोई बात नहीं रही है और शुरू-शुरू में पति की जिम्मेदारी निभाने की दो कोशिशें उसके मन में कड़वाहट छोड़ गईं हमेशा के लिए।

वैसे इस असफलता के लिए वह खुद दोषी था, सितारा नहीं। अपनी खुद की जिन्दगी को लेकर उसके मन में हमेशा एक बेचैनी रही लेकिन ऑक्सफोर्ड पहुँचकर तो उसकी जीवनधारा एकदम ही बदल गई। उसने वाल्तेयर, रूसो, बेंजामिन फ्रेंकलिन, थॉमस जैफरसन, जॉन रस्किन, अब्राहम लिंकन, कार्ल मार्क्स और फ्रेडरिक ऐंगेल्स को पढ़ा। इसके बाद उसके मन में नए-नए सवाल उभरने लगे। वह सोचता था—क्या उसके परिवार को इस तरह लोगों पर राज करने का अधिकार था? और अपने इस अधिकार का वे जिस तरह उपयोग करते थे, उसे देखकर उसका मन पीड़ा से भर उठा। उसने गुस्से में भरकर पिता को लम्बे-लम्बे पत्र लिखे। वह चाहता था कि उसके पिता लगान की ऐसी नई दरें तय करें जिनसे आम लोगों पर ज्यादा बोझ न पड़े। उन्हें ज्यादा से ज्यादा स्कूल-कॉलिज खोलने चाहिए। वह चाहता था कि उसके अब्बा नवाब उन शानशौकत वाले तमाशों का दिखावा करना बन्द कर दें जिनसे उनकी रिसायत का खजाना लगातार खाली होता जा रहा था और इसी वजह से उनकी रिसायत की प्रजा गुलामों जैसा जीवन जीने पर मजबूर थी। वह अपने पिता को इस तरह लगातार नैतिकता के उपदेश देता आ रहा था कि नवाब ने उसे अपनी राजशाही का कलंक कहकर, उसे अपनी सम्पत्ति से बेदखल करके उसके छोटे भाई जफर को अपना उत्तराधिकारी घोषित कर दिया।

अपनी डायरी में नवाब ने सुभाषित लिखा था—'ज्यादा पढ़ाई आम आदमी को नवाब बना देती थी और नवाबों को भिखारी।' हर कुछ साल बाद नवाब के इन सुभाषितों का संग्रह करके उन्हें पुस्तक रूप में प्रकाशित करवाया जाता था—नवाब की उक्तियों पर जगदेवपुर के छात्र निबन्ध लिखते थे।

सैयद को इस तरह अपमानित किया गया। नवाब ने उससे कहा कि अगर वह चाहे तो हिन्दुस्तान से बाहर रह सकता है। उसका सारा खर्च नवाब देंगे और उसे इंग्लैंड और यूरोप में जो चाहे करने की छूट होगी।

सैयद ने पिता के इस प्रस्ताव पर विचार किया तो यह उसे अपने विचारों की हार महसूस हुई। सैयद को लगा उसे वापस जाकर अपने नियमों पर अमल करना चाहिए। और कुछ नहीं तो कम-से-कम आम लोग उससे अपने मन की बातें तो कह सकेंगे और वह अपने परिवार को सही रास्ते से न भटकने देने की कोशिश जरूर करता रहेगा।

भावी नवाब उसके छोटे भाई जफर को जब यह पता चला तो वह भड़क गया। सैयद के सामने भला उसकी कौन सुनेगा। परिवार में तनातनी बढ़ गई। आखिर सैयद को यह मानना ही पड़ा कि वह खुले तौर पर रिसायत के किसी भी मामले में हस्तक्षेप नहीं करेगा। बदले में परिवारवाले भी उसे मनचाहे ढंग से जिन्दगी बिताने की छूट देने को तैयार थे।

आखिर उसने यह शर्त क्यों मान ली?

यह बेगम सितारा के साथ क्यों नहीं था?

आखिर सैयद और कैथरीन वह सब क्यों नहीं कर रहे थे, जो दो प्रेमी लगातार किया करते हैं?

ये सभी सवाल एक जवाब से जुड़े थे। जब सैयद तेरह साल का था तो उसे अपने सुन्दर गणित अध्यापक से कामुक प्यार हो गया। उसका नाम था आरिफ। उसके बारे में सोचकर ही सैयद का मन उत्तेजना से भर उठा था। आरिफ के साथ ही सैयद अपने हाथों, मुँह और प्यार का मतलब समझ पाया था। वैसे आसपास घूमते नौकर-चाकरों को दिखाने के लिए दोनों जोर-जोर से पहाड़े रटने लगते जबकि मेज के नीचे दोनों के हाथ काम में लगे होते। कई दिनों तक वे सबको भुलावे में डालने के लिए इतनी जोर-जोर से पहाड़े बोलते रहे थे कि पढ़ाई का टाइम खत्म होते-होते गला बुरी तरह दुखने लग जाता था।

रात में, सैयद आरिफ के बताए ढंग से अपने बदन पर खुशबूदार तेल मल-मलकर उसे नरम, मुलायम बनाने में लगा रहता। सैयद रोमांटिक शायरी पढ़कर गणित की पढ़ाई की तैयारी किया करता था।

समय बीता, सैयद की शादी सितारा से हुई लेकिन युवा नवाब अपनी बीवी के पलंग पर जाने को कतई तैयार न हुआ। नवाब की समझ में नहीं आया कि आखिर मामला क्या था! उन्होंने अपने विश्वस्त कारिन्दों से कहा कि जैसे भी हो सैयद को सितारा के पास ले जाएँ। आखिर सैयद गया तो सही लेकिन उस अनुभव से उसका मन घृणा से भर उठा। सितारा के उरोजों की मांसलता, जाँघों के भीतर की फिसलन—औरत की देह की विचित्र गन्ध। उसका मन हुआ वह सब कुछ छोड़कर भाग खड़ा हो और उसने वही किया भी। लेकिन उसे पकड़कर वापस ले आया गया और एक बार जोर-जबरदस्ती से फिर वहीं ले जाया गया—सितारा के पास। सैयद की पहली नाकाम कोशिश की चर्चा पूरे घर में गूँज रही थी। इस बार बेगम सितारा को सजा-सँवारकर तैयार करने में कुछ ज्यादा ही मेहनत की गई थी। उसके बदन पर न जाने कितनी तरह के उबटन मले गए—क्या-क्या खुशबुएँ नहीं लगाई गईं लेकिन सैयद को उसके पास जाकर मितली आने लगी।

अगले दिन आरिफ और उसका छात्र कुछ ज्यादा ही जोशीले स्तर में पढ़ रहे थे तभी नवाब अन्दर चले आए। अध्यापक और छात्र दोनों फरेब करते हुए रँगे हाथों पकड़ लिये गए।

अगले दिन आरिफ को नौकरी से निकाल दिया गया।

नवाब ने अपने सुभाषितों वाली डायरी में लिखा—गणित के पहाड़े कमरे के अन्दर नहीं बल्कि खुले में पेड़ों के नीचे याद करने चाहिए।

उसके बाद दशकों तक जगदेवपुर के छात्रों ने कभी कमरे में बैठकर पहाड़े याद नहीं किए।

सैयद गहरी उदासी में घिर गया। वह हर पल अपने प्रेमी की याद में डूबा रहता। रात में उसे नींद न आती। उसका शरीर कुछ माँगता रहता। आरिफ के बदन से उठती खुशबू और उसके मुँह, हाथों और बालों, मोटाई और सिहरन उसे सताती रहती। वह चैन और नींद की खोज में खुद को सहलाता, रगड़ता रहता लेकिन थोड़ी देर बाद ही नींद टूट जाती। कुछ रातों में वह उस दौर से छह-सात बार गुजर जाता और जब महल की मीनारों पर नया दिन उगता तो वह चाहत के प्रेतों से लड़कर थका-चुका निढाल पड़ा होता।

नवाब एक दुनियादार आदमी था। वह छोकरों और चाहत दोनों का मतलब खूब समझता था।

जल्दी उसने पास के कस्बे धामपुर से एक नया अध्यापक बुलवा लिया। उसका नाम इकबाल था और वह बेहद खूबसूरत था। पाँचवाँ दिन आते-आते सैयद और इकबाल के हाथ मेज के नीचे वही पुरानी क्रिया दोहरा रहे थे। सैयद के मन में उमड़ती आरिफ की याद कम हो गई। लेकिन नवाब हर दो महीने बाद पुराने टीचर की जगह नया टीचर तैनात कर देता।

नवाब जानता था जवानी के प्यार और चाहत में तालमेल नहीं होना चाहिए। इससे अकसर ही खतरनाक और बरबादी की हद तक पहुँचानेवाली चाहत पैदा हो जाती है।

अपनी डायरी में नवाब ने सुभाषित लिखा—एक अच्छा रसोइया जो अपने बनाए खाने को खुद जल्दी से जल्दी खाना चाहता है, अपनी जान ले सकता है।

अब सैयद जान गया था कि देहों का नयापन प्यार की कसक को दूर कर सकता है।

आठ सौ पच्चीस किलोमीटर में फैले जगदेवपुर में हर गणित अध्यापक महल से बुलावे की उम्मीद में अपने दिन काट रहा था।

लेकिन नवाब का यह तरीका बस थोड़ा ही सफल हुआ। नवाब जान गया था जल्दी ही उसका बेटा यह समझ जाएगा कि दुनिया में मजा लूटने के लिए सिर्फ पुरुष ही काफी नहीं है, उससे आगे भी बहुत कुछ है। दूसरे लोगों की तरह खुद वह भी इस दौर से गुजरा था। इधर-उधर भटकने के बाद आखिर में हर कोई औरत से मिलनेवाले आनन्द की खोज में वहीं चला आता था जहाँ हरेक को पहुँचना चाहिए। और उसके बाद औरत को छोड़कर वह कहीं नहीं जाता। हाँ, बीच-बीच में स्वाद बदलने की तरह पुरुषों से भी सम्बन्ध रखे जाते हैं। लेकिन सैयद अपनी पत्नी की लगातार उपेक्षा करता आ रहा था। नवाब ने उसकी दूसरी शादी तय करनी चाही। लेकिन इस बार उन्नीस साल के हो चुके सैयद ने घर में तूफान ही तो उठा दिया।

आनेवाले सालों में सैयद ने गणित नहीं सीखा लेकिन अपने अध्यापक प्रेमियों का इन्तजार करते हुए उसने उर्दू, अरबी और अंग्रेजी में साहित्य, कविता, और दर्शनशास्त्र पढ़ डाला। वह अपने मन का कहा सुन और कर रहा था लेकिन इस तरह घरवालों और उसके बीच दूरी भी निरन्तर बढ़ती जा रही थी। शायद अब वह शाही घराने के लायक नहीं रह गया था। वह नए विचारों की आदर्शवादी दुनिया में जा पहुँचा था। अपने शाही खानदान की विचार परम्परा के विपरीत सैयद आम लोगों के अधिकारों के प्रति जागरूक हो उठा था।

अपनी जवान बीवी बेगम सितारा को लेकर सैयद के मन में गहरा अपराध-बोध था लेकिन इसे ठीक करने के लिए वह कुछ करने की स्थिति में था ही नहीं। सितारा का स्पर्श ही सहन नहीं होता था उससे। उससे बात करना वैसा ही था जैसे कोई शान-शौकत के माहौल में पले-बढ़े बच्चे से बात करे। सितारा की दुनिया कितनी सिमटी हुई, कितनी चमकदार थी वह बेचारी सैयद को बाँधकर नहीं रख सकती थी। और सैयद इस बात के लिए तो एकदम ही तैयार नहीं था कि कोई दूसरी जवान लड़की उस पर बलिदान कर दी जाए।

नवाब और सैयद के बीच बातचीत बन्द हो गई। वे अकसर झगड़ने लगे। दूसरी हिन्दुस्तानी रियासतों की तरह जगदेवपुर के महलों में भी षड्यन्त्र और स्कैंडल आम थे। लेकिन जिद्दी बेटे के सामने रोज हारते जाना नवाब की शान में बट्टा लगा रहा था। उसने बेटे को विदेश भेजने का फैसला कर लिया। वह सोचता था वहाँ की गोरी औरतें, वहाँ की तालीम और वहाँ

की आबोहवा शायद उसका स्वभाव बदल दे। सैयद क्रिकेट का बहुत अच्छा खिलाड़ी था और यह गुण ऑक्सफोर्ड प्रवास में उसकी हैसियत बढ़ानेवाला साबित हो सकता था। वह फ्रंट फुट पर ऊँचे शॉट लगाकर गेंद को महल के मैदान से बाहर भेजने में तो जैसे माहिर था।

लेकिन ऑक्सफोर्ड में तो उलटा ही हुआ। वहाँ जाकर सैयद को इंग्लैंड के आम आदमी और भारत के गरीब के बीच का गहरा अन्तर और भी ज्यादा गहराई से महसूस होने लगा। उसे समझ में आ गया कि लोगों पर शासन करनेवाले राजा और नवाबों ने भोली-भाली प्रजा को कितना लूटा और गुमराह किया है। इंग्लैंड में गोरे लोगों में कम-से-कम अपने लोगों के प्रति निष्ठा और कर्तव्य की भावना जरूर मौजूद थी। लेकिन हिन्दुस्तान में तो ये सब भावनाएँ हमेशा राजमहलों के दरवाजों पर पहुँचकर ही ठिठक जाती हैं। हिन्दुस्तानी रियासतों-रजवाड़ों की प्रजा राजाओं-नवाबों की पागलपन की हद तक पहुँची अफलातूनी इच्छाओं की आग के लिए सिर्फ चारा होती है।

वह ऑक्सफोर्ड पहुँचकर लगातार पढ़ता ही चला गया। उसने उग्रवादी लोगों से दोस्ती की और फिर सफर पर निकल पड़ा। इससे पहले कि साम्यवादी विचारधारा दुनिया भर में प्रचारित हो पाती, सैयद साम्यवादी बन चुका था। उसने सबसे यह बात छिपाकर रखी कि वह एक नवाबी खानदान से है। यूनिवर्सिटी में पहला साल बीतते न बीतते उसके बढ़िया क्रिकेट खेलने की धूम मच गई लेकिन तभी उसने क्रिकेट को अलविदा कह दिया। सैयद इसे एक छिछोरा खेल मानता था। यह उपनिवेशवादी अंग्रेजों तथा झूठे गर्व से भरे हिन्दुस्तानी राजा-रजवाड़ों का शौक था। बाद में उसने यहाँ तक कह दिया था कि अगर कभी भारतीय जनता में इस खेल का प्रचार हुआ तो वे भी हमारे राजाओं-नवाबों जैसे आलसी और लापरवाह हो जाएँगे। और सचमुच यह बात समझी जा सकती थी कि भारतीय इतिहास में क्रिकेट के लैग ग्लांस के बल पर परिवर्तन नहीं लाया जा सकेगा।

जैसा सैयद को गणित की पढ़ाई के दौरान अध्यापकों का अनुभव हुआ, कुछ वैसा ही दर्शनशास्त्र पढ़ते हुए अपने गोरे साथियों के साथ महसूस हुआ। सफेद देह की छुअन, उसकी गन्ध ने उसके मन में कोई भाव नहीं जगाया—यह ताजा-ताजा नहाई-धोई उबटन और तेल लगी उन कोमल देहों से कितना अलग था जिनसे उसका साक्षात्कार अपने बचपन और किशोर वर्षों में हुआ था। लेकिन फिर भी वह इन नए अनुभवों को ग्रहण करने से दूर नहीं भागा—क्योंकि उसे कुछ तो चाहिए ही था। मन में कुछ नए को जानने की उत्सकुता थी और कुछ था स्नेह का भाव। सैयद मानता था प्यार का भाव आपको किसी की ओर आकृष्ट कर सकता है। अगर आपके मन में किसी की चाहत हो और आप उसे अपनी देह सौंप दें तो इसमें कोई बुराई नहीं। फिर चाहे दूसरा अपने मन में आपके लिए वैसा कोई भाव चाहे न भी रखे। ऐसी स्थिति में सैयद को बस अपनी आँखें मूँदकर उन पुराने दिनों में लौटना होता था जब वह जगदेवपुर में सुन्दर अध्यापकों के साथ कमरे में पहाड़े दोहराया करता था और दोनों के हाथ...।

ऑक्सफोर्ड से पहली बार लौटा तो वह जैसे बौरा गया। उसकी देह की माँग किताबों और नए विचारों की हर अनुभूति पर भारी पड़ी। अब वह कोई किशोर नहीं रह गया था—भरपूर जवान हो गया था सैयद। उसने काफी यात्राएँ की थीं—नए-नए अनुभव आ गए थे उसके अन्दर और मनचाहा पाने का आत्मविश्वास भी पा लिया था उसने। और फिर तो नए-नए पुरुष उसके कमरे में आने लगे। ताँता लग गया। कब किस वक्त कौन इसका कोई बन्धन नहीं था उसके साथ। बेशर्म होकर उसने अपने कर्मियों से यह इन्तजाम करने को कह दिया। उसे जरा मजबूत

कद-काठी और थोड़ा रोब जमानेवाले लोग पसन्द थे। वह चाहता था कोई उस पर धौंस जमाए, उस पर काबू कर ले, उस पर हावी हो जाए। इसके बावजूद उसका मन नहीं भरा। किसी-किसी दिन तो वह दस अलग-अलग लोगों से सम्पर्क साधता था—ये लोग जिनके नाम बाद में दिमाग में नहीं रह जाते थे लेकिन जिनके शरीर कहीं गहरी छाप जरूर छोड़ जाते थे।

सैयद दोबारा ऑक्सफोर्ड जाने को तैयार हुआ तो वह शारीरिक और मानसिक दोनों तरह से थक-निचुड़ चुका था। अन्दर एक शून्यता व्याप गई जो इन कामों में बहुत ज्यादा गहरे डूबने से आती है। दूसरे अनेक अच्छे लोगों की तरह वह भी खुद को टूटा हुआ, पंगु महसूस करने लगा था। वह जानना चाहता था कि आखिर उसके होने का कोई मतलब है भी या नहीं? अपने खालीपन को भरने के लिए उसे कुछ चाहिए था—कुछ भी जो इस सबसे अलग हो। इसलिए हिन्दुस्तान छोड़ते समय मन में एक राहत महसूस हो रही थी। लेकिन ऑक्सफोर्ड पहुँचते ही मन में जगदेवपुर के उन्हीं पुरुषों की वही चाहत उसके शरीर को फिर से बेचैन करने लगी। उस बेचैनी को शान्त करने का एक नया तरीका अपनाया—उसने खुद को पढ़ने-लिखने में डुबा लिया।

यही चक्र रह-रहकर बार-बार दोहराया जाने लगा—नए विचार, नई किताबें और ऑक्सफोर्ड का परिष्कृत परिवेश और वहाँ से घर लौटकर फिर से पुरानी राह पर लुढ़कने लगा। आखिर जगदेवपुर इस नतीजे पर पहुँच गया कि नवाब की नजरों में गिर चुका सैयद भी दूसरे नवाबों की तरह कामुकता के चक्र में उलझा हुआ इनसान है। शायद यह निष्कर्ष सही नहीं था। उन लोगों ने सैयद के नए विचारों और भावनाओं को, उसकी विद्रोही बुद्धिजीविता को एकदम नहीं समझा। उन्होंने जो कुछ देखा उसी को सच मान लिया—वह था सैयद का अति देह भोग।

नवाब चाहता था कि उसका बिगड़ा हुआ बेटा घर से दूर रहे तो ठीक। उन्होंने सैयद को प्रेरित किया कि वह इंग्लैंड या यूरोप में अपनी नई जिन्दगी ढूँढ़ ले और वादा किया वह सैयद के लिए मनचाही रकम भेजते रहेंगे। इंग्लैंड में सैयद के भड़काऊ विचारों पर वायसरॉय के होम ऑफिस की पैनी नजर थी। लन्दन में इंडिया ऑफिस के बड़े अधिकारियों ने सैयद की गतिविधियों पर एक गुप्त रिपोर्ट भेजी कि सैयद भड़काऊ परचे तैयार कर रहा है और खुल्लमखुल्ला राजद्रोह की बातें करता घूम रहा है। वायसरॉय के राजनीतिक एजेंट लेफ्टि. कर्नल सीन ब्रोसनन ने होम ऑफिस की नाराजगी के बारे में नवाब को बता दिया। वैसे होम ऑफिस की नाराजगी कुछ जरूर कम हो गई, क्योंकि नवाब ने सैयद को अपने उत्तराधिकारी पद से हटाकर उसके छोटे भाई को यह अधिकार दे दिया था। लेकिन नवाब यह बात बखूबी जानता था कि अंग्रेजों की नजर उसकी रियासत पर है। और जरा से बहाने की आड़ में वे जगदेवपुर को हड़प सकते थे।

नवाब ने अपनी डायरी में लिखा—अगर बादशाह के पास बड़ी तोप न हो तो उसके लिए अपने किले में चुप बैठे रहना ही कहीं बेहतर होता है।

लेकिन सैयद निर्वासित होने को तैयार नहीं था। वह तो अपनी रियासत की आम जनता में नया आत्मविश्वास जगाकर उनका आत्मसम्मान ऊपर उठाना चाहता था और फिर वहाँ के पुरुषों के शरीर भी तो चाहिए थे। सैयद अपना ज्यादा से ज्यादा समय जगदेवपुर में बिताना चाहता था। वह यूरोप में ज्यादा रुकने को प्रस्तुत नहीं था।

नवाब ने बेटे के इस रवैए से खुद को अपमानित महसूस किया। उसे आभास था कि जल्दी ही उसकी रियासत के न जाने कौन-कौन से छोकरे महलों के आसपास चक्कर लगाते दिखाई देने लगेंगे और लोगों में महल को लेकर न जाने कैसी-कैसी अफवाहें उड़ने लगेंगी। सबसे खराब बात तो यह थी कि नवाब के पास यह जानने का कोई तरीका नहीं था कि कौन-सी

बातें ब्रोसनन और अंग्रेजों को नाराज़ कर सकती थी। नवाब ने सैयद को सदा के लिए जगदेवपुर में टिक जाने से रोकने की पूरी-पूरी कोशिश की। बाप-बेटे में इस मुद्दे पर लम्बी-लम्बी बहसें हुईं—उन्होंने एक-दूसरे को क्या-क्या गालियाँ नहीं दीं—तानाशाह, लौंडेबाज और भी बहुत कुछ। लेकिन आखिर में दोनों के बीच समझौता हो ही गया।

सैयद मुख्य महल से दूर अपने लिए मकान बनवाकर वहाँ रहेगा।

सैयद उसके साथ रहनेवाली पत्नी की व्यवस्था करेगा, ताकि लोगों में अफवाहें फैलनी रुक जाएँ।

वह अपने पुरुष-प्रेमियों के चुनाव और उनकी संख्या के मामले में सावधानी बरतेगा।

वह खुल्लमखुल्ला अंग्रेजों के शासन की बुराई नहीं करेगा।

सैयद का पूरा खर्च नवाब की तरफ से दिया जाएगा।

परिवार के जितने पैसे पर उसका हक बनता है, वह उसे मिल जाएगा।

जगदेव की भव्य लाइब्रेरी उसे सौंप दी जाएगी। उसमें रखी अरबी और फारसी की दुर्लभ पांडुलिपियाँ और मुगल, राजपूत और कांगड़ा शैलियों के शानदार मध्ययुगीन लघु चित्र भी उसे मिलेंगे।

लेकिन सैयद ने इस सारे मामले के साथ एक शर्त जोड़ दी—अगर नवाब ने कभी रियासत की प्रजा के साथ निरंकुशता का बर्ताव किया तो फिर बाप-बेटे के बीच हुआ यह समझौता रद्द हो जाएगा।

दूसरी तरफ नवाब ने सैयद से साफ-साफ कह दिया कि अगर उसके किसी गलत व्यवहार के कारण खानदान पर कोई मुसीबत आई तो फिर नवाब उसे एक कानी कौड़ी भी नहीं देगा।

बाकी बातें आसान थीं। नवाब ने अपने वादे के अनुसार सैयद को काफी धन दे दिया। सैयद ने अपने लिए इंग्लिश स्थापत्य शैली की एक कॉटेज बनवा ली। उसने तुरन्त लाइब्रेरी को अपने कब्जे में ले लिया और उसकी व्यवस्था में अपने मन-माफिक फेरबदल करने शुरू कर दिए। उसने लन्दन से एक बढ़िया जिल्दसाजी करनेवाली कम्पनी को बुलवाया ताकि लायब्रेरी में पड़ी हजारों बिना बँधे कागजों को जिल्दों में करीने से समेटा जा सके। उस कम्पनी का एक और काम जगदेवपुर के कुछ छोकरों को आधुनिक जिल्दसाजी की ट्रेनिंग देना भी था।

लेकिन समझौते की सबसे कड़ी शर्त सैयद की पत्नी के बारे में थी। वह बेगम सितारा को अपने कॉटेज में रखने को तैयार नहीं था—क्योंकि उसकी देह के प्रथम परिचय की याद उसे घृणा से भर देती थी। बेगम के मूर्खतापूर्ण व्यवहार से भी उसका माथा भिन्ना उठता था। सितारा को अपनी उदासीनता के बावजूद वहाँ रखने की हिम्मत सैयद में नहीं थी। लेकिन सारे जगदेवपुर में उसे एक भी ऐसी महिला नजर नहीं आती थी जो मानसिक स्तर पर उसके साथ तालमेल बिठा सकती। अगर वह दिखावे के लिए किसी आम औरत को पत्नी बनाकर रखता तो यह और भी गलत होता। वह खूब जानता था ऐसा करके वह एक मासूम औरत की जिन्दगी बरबाद कर देगा। इसके साथ ही और भी कई षड्यन्त्र शुरू हो सकते थे जगदेवपुर में।

उन दिनों सैयद पेरिस गया हुआ था—हैरान, परेशान, निराश। उस शाम वह एक रेस्त्राँ में अपने कुछ दोस्तों के साथ डिनर कर रहा था—जहाँ एक उभरता हुआ कामुक कलाकार भी निमंत्रित था। उस शोर-शराबे के बीच कमरे के दूसरे कोने में सैयद ने एक खूबसूरत औरत को बैठे देखा। सैयद की आँखें उस औरत के गले में लटकते एक लॉकेट पर टिक गईं—जिस पर ओम्

का चिह्न अंकित था, उन दिनों वैसा कुछ फैशन में नहीं देखा था सैयद ने। वह जानना चाहता था कि आखिर वह विचित्र लॉकेट आया कहाँ से था?

वह औरत शोर-शराबा मचाते एक समूह के बीच बैठी जरूर थी लेकिन ऐसा लगता था जैसे वह उनमें से एक नहीं, उनसे अलग थी। वहाँ बैठी-बैठी वह औरत सैयद की ओर अजीब रहस्यमय नजरों से देख रही थी—उसमें एक दिलचस्पी झलक रही थी।

उसके मन ने कहा और अगली शाम सैयद फिर वहीं जा पहुँचा। लगातार तीसरी शाम भी यही हुआ और जब वह ग्रेंड होटल के कमरे में वापस पहुँचा तो उस अनजान औरत के प्रति एक अजीब-सा खिंचाव महसूस करने लगा था। सैयद को लगा वह उस औरत से प्यार करने लगा है। असल में तो कैथरीन वह पहली औरत थी जिसे लेकर उसके मन में एक गहरी दिलचस्पी जाग उठी थी। कैथरीन उन सब औरतों से अलग थी जो उसके सम्पर्क में आई थीं। वह अलग ढंग से सोचती थी—वह हिन्दुस्तान से पेरिस पहुँचा था, लेकिन कैथरीन तो और भी दूर से आई थी। बहुत खुले दिमाग की लगी कैथरीन सैयद को।

उसने सैयद से एक बार भी नहीं पूछा कि वह कहाँ से आया है, सैयद की आर्थिक स्थिति जानने के बारे में उसने कोई दिलचस्पी नहीं दिखाई। सैयद ने कभी उसे कीमती जेवरों और बढ़िया पोशाकों का जिक्र करते नहीं सुना।

सैयद को कैथरीन से बातें करना बहुत अच्छा लगा था। वह बहुत ही धैर्यशील श्रोता थी जिस कारण उससे बातचीत करना एक आनन्द देता था।

और फिर बिना किसी योजना के सैयद ने फैसला किया वह कैथरीन को जगदेवपुर ले जाएगा अपने साथ रहने के लिए। कैथरीन उसकी संगिनी बनेगी। वह कैथरीन के साथ अपने दिन बिताना चाहेगा। फिर चाहे पलंग पर उनके बीच दैहिक सम्पर्क न भी बने। उसे चाहिए था कोई ऐसा जो उसे बोलते हुए सुनने को तैयार हो, जो उसके विचारों को समझ सके। हर विद्रोह को एक गवाह चाहिए, आदर्शवाद को चाहिए कोई साक्षी, और बलिदान को भी साक्षी की दरकार होती है। काश, वह कैथरीन को साथ ले जा सकने में सफल हो सके। आम लोगों को आत्मसम्मान के साथ खड़ा करने में, उनका आत्मगौरव लौटाने में निश्चय ही कैथरीन उसकी सहायता कर सकेगी। कैथरीन जैसी कोई जरूर चाहिए थी।

लेकिन यह सब सोचते हुए क्या उसने एक पल के लिए भी यह सोचने की कोशिश की थी कि आखिर कैथरीन उससे क्या चाहेगी?

हाँ, उसने सोचा था, जरूर सोचा था। उसने निश्चय कर लिया था कि वह कैथरीन की हर जरूरत का ध्यान रखेगा। और जिन जरूरतों को वह पूरा नहीं कर पाएगा, उनकी सन्तुष्टि का भी कोई-न-कोई रास्ता जरूर निकल आएगा।

कैथरीन एकदम खामोश बैठी खुद पर होती अजीबोग़रीब लेकिन दिलचस्प सूचनाओं की बारिश में भीग रही थी।

सैयद अभी तक स्टडी में इधर से उधर चहलकदमी कर रहा था—कारपेट से ढँके फर्श पर नजरें गड़ाए हुए। वह बातें करता रहा और रात घिर आई। खिदमतगार खामोशी से अन्दर आए और लैम्प रोशन कर गए। गिलासों में भरी शराब बिना पिए पड़ी रही—रोशनी में लाल प्रतिबिम्ब झलकाती हुई। सत्तर एकड़ में फैले महल कॉम्प्लेक्स के दूसरे छोर पर अपने कूलरों से ठंडे पिंजरों में मिली-जुली आवाजों में कुत्ते भौंक रहे थे। नवाब तो जैसे कुत्तों के पीछे पागल था। उसके कुत्ताघरों में हर प्रजाति और हर आकार के कोई 300 कुत्ते मौजूद थे। वह हर वर्ष

अक्टूबर के दूसरे सप्ताह में वार्षिक कुत्ता समारोह का आयोजन किया करता था। उसमें पूरे भारत के कुत्ता-प्रेमी तो आते ही थे, साथ ही दलाल और खरीदने-बेचनेवाले व्यापारी भी लोगों को घेरे रहते थे। नवाब के हर आयोजन की तरह इसमें भी अवैध सेक्स रँगरेलियों का दौर-दौरा तो रहता ही था।

कैथरीन सोच रही थी–माँ इस समय जागकर दुनिया को बचाने का संघर्ष शुरू करने जा रही होगी–सत्कार्यों के पर्वत को थोड़ा और ऊँचा करने के लिए। उसकी देह और हृदय दोनों ठंडे होंगे और इस मानसिक स्थिति में वह भले और बुरे का हिसाब लगाने में जुटी होगी। कैथरीन के पिता भी तो जागकर शराब के कुहासे से बाहर निकलने की कोशिश कर रहे होंगे। थोड़ी देर बाद ही वह स्टोर के लिए चल देंगे–बुढ़ापे से दुर्बल शरीर और भारी मन के साथ। इस अस्त-व्यस्त मानसिक स्थिति में वह अतीत में लौटकर भोगे हुए अपूर्ण आनन्द के क्षणों के बारे में सोचते हुए, हाथ से निकल गए अवसरों पर अपने मन को दुखी कर रहे होंगे।

माँ कर रही है भविष्य के लिए डरावनी तैयारी और पिता अतीत का दुखद समारोह मना रहे हैं।

भोगा हुआ जीवन बनाम पाप-पुण्य के हिसाब-किताब में उलझकर रह गई जिन्दगी।

माँ के जीवन में क्या बचा रह गया है? जीवन को जीकर आनन्द लें या इसी तरह पाप और पुण्य की डरावनी आशंकाओं में छटपटाती रहे।

कैथरीन सोफे से उठी और सैयद को आलिंगन में भर लिया। यह पहली बार हुआ था–इसके पीछे था गहन प्रेम का आवेग। सैयद उसे मजबूती से थामे रहा। उसके मन में कृतज्ञता और प्यार का भाव उमड़-घुमड़ रहे थे।

सैयद ने कैथरीन से विवाह रचा लिया। इसे लेकर जगदेवपुर में काफी अफवाहें फैलीं। जगदेवपुर का शाही खानदान धर्मभीरु शिया मुसलमान था। वे अपने कुलीन में ही शादी-ब्याह करते आए थे। गोरी अमरीकी लड़की से सैयद की शादी ने मुल्ला-मौलवियों को खूब चौंकाया। इंडिया ऑफिस और लेफ्टिनेंट कर्नल ब्रोसनन ने भी अपना असन्तोष नवाब पर प्रकट कर दिया। ब्रिटिश सरकार ऐसी शादियों के पक्ष में नहीं थी। क्योंकि इस तरह के वैवाहिक सम्बन्ध गोरी प्रमुखता की नींव पर भी चोट करते थे। लेकिन चतुर नवाब बखूबी जानता था कि मुल्लाओं के शोर पर कैसे काबू करें और ब्रिटिश राज के बड़े अधिकारियों का कोप कैसे शान्त किया जाए। उसने उन लोगों को बार-बार यह बताया कि इन्हीं सब कारणों से उसने सैयद को गद्दी से बेदखल कर दिया है।

कैथरीन ने सैयद से जानना चाहा कि भारतीय राजघरानों और शाही खानदानों के तौर-तरीके के हिसाब से उसे कैसा व्यवहार करना चाहिए? सैयद ने उसे सिर्फ एक सलाह दी।

किसी के प्रति भी ज्यादा आदर भाव मत दिखाना। क्योंकि हिन्दुस्तानी लोग अपने मालिकों का सम्मान करते हैं लेकिन कमजोर लोगों के साथ वे बहुत सख्ती से पेश आते हैं और बलशाली के सामने झुक-झुक जाते हैं। निर्दयी से डरते हैं और जो डर जाए उससे बहुत बेदर्द बर्ताव करते हैं।

कैथरीन ने मजाक के ढंग से दी गई सलाह को गम्भीरता से ग्रहण करके खुद को जैसे एक कवच में बन्द कर लिया। वह खुद को हुक्म चलानेवाली कठोर बेगम नहीं बना सकती थी लेकिन औरों के लिए खुद को गूढ़, कठिन बनाना सरल था उसके लिए। यह उन लोगों के लिए अच्छा तरीका था जो न औरों पर जोर-जबरदस्ती करना चाहते थे, साथ ही खुद भी उसे सहने को तैयार थे। इसका सबसे अच्छा उपाय एक ही था–खुद को रहस्यमय और अभेद्य बना लेना।

और इस रवैए ने कैथरीन की खूब सहायता की। उसने लोगों का सम्मान जीता और साथ ही उसे उलझाने की कोशिश करनेवालों को भी दूरी पर बनाए रखा। और अपनी निजता के द्वीप को अलग-अलग रखने में भी सफलता पाई। अपने नए घर की विचित्र प्रकृति के कारण इस निजता की कैथरीन को बहुत आवश्यकता थी।

सभी हिन्दुस्तानी राजमहलों का परिवेश परस्त्रीगामी कामुकता के निरंकुश आधिक्य पर टिका था। लेकिन कैथरीन और सैयद के मकान में विशिष्ट समतावादी भाव मुखर था। समय बीतने के साथ-साथ दोनों पति-पत्नी अपनी-अपनी देहों का आनन्द साथ-साथ लेना बखूबी सीख गए थे। दोनों के सम्बन्धों के बीच इस आपसी समझबूझ का सबसे बड़ा सहारा उन दोनों का परस्पर विश्वास और प्यार ही था। उन्होंने एक-दूसरे को खुलकर अपनी देहों का आनन्द लेने की पूरी-पूरी छूट दे दी थी। अपने शयनकक्ष के एक अँधेरे कोने में एक कुर्सी पर बैठकर कैथरीन सैयद के विशाल पलंग पर पहुँचकर खुद की देह को अदेखे-अनजाने सीमान्तों तक ले जाने के रोमांचक दृश्य देखती आँखों में भरती रहती।

कपड़ों के बाहर आकर सैयद का शरीर नाजुक मालूम देता। सँकरे कन्धे और कम चौड़े नितम्ब। और क्योंकि वह सेक्स के इतनी प्रकार के अलग-अलग अनुभवों से गुजर चुका था, इसलिए जब तक कोई पुरुष उसकी देह पर खुद को हावी न कर लेता, तब तक वह पूरी तरह खुलता-खोलता नहीं था। और जब एक बार यह स्थिति आ जाती तो फिर उसकी देह बहुत निर्मम, वाचाल हो उठती। हालाँकि उसे ऐसा करने की कोई आवश्यकता नहीं थी, लेकिन फिर भी वह दूसरे से जितना आनन्द पाता था खुद भी बदले में उतना ही देने को तैयार रहता था। कैथरीन ने न जाने कितने पुरुषों को सैयद के बेडरूम से गुजरते देखा और वहाँ से जानेवाला हर कोई उसे अत्यन्त सन्तुष्ट मालूम दिया था।

इसमें देह की आजादी को फलने-फूलने का पूरा मौका मिलता था। पलंग पर जो कुछ घटता था उसे सैयद नियन्त्रित नहीं करता था। एक अच्छे प्रेमी की तरह वह पहलकदमी को पलंग पर मुक्त छोड़ देता था। वह और उसके पलंग पर आनेवाला पुरुष दोनों ही मनचाहे ढंग से आनन्द लिया करते थे। कभी वह आगे चलता तो कभी उसे दूसरे का कहा मानने में परम आनन्द मिलता।

कैथरीन को अब पता चला कि पुरुष भी दूसरे पुरुषों को उतनी ही गहराई और कोमलता से प्यार और भोग कर सकते थे जिस तरह नारियों को। उसने पुरुष देह के अनेक नए और अप्रत्याशित प्रयोग-उपयोग भी देखे। पिता के काउंटर के नीचेवाली ड्राअर में रखे हिसाब-किताब वाले रजिस्टर में उसने नारी देह के गुप्त स्थानों के बारे में न जाने कैसे और कितने सिर घुमा देनेवाले विवरण पढ़े थे। लेकिन अब उसने जाना था कि इस मामले में पुरुष नारियों से कुछ अलग नहीं थे। सच कहा जाए तो पुरुष देह के रहस्य कहीं ज्यादा ही गूढ़ और रहस्यमय थे। अपने वस्त्र उतारने के बाद पुरुष देह के जिन रहस्यों का उद्घाटन करता था उनका पुरुष के बाहरी रूपदर्शन से कोई सम्बन्ध नहीं था। आकार, रूप, रंग के बारे में कोई एक समीकरण लागू नहीं किया जा सकता था। हरेक दूसरे से एकदम अलग मालूम देता था।

उसने नाटे पिद्दी पुरुषों को किसी बादशाह की हेकडी से आते देखा तो बलशालियों का व्यवहार बहुत ही विनम्र पाया। दुबले-पतले लोग मुड़ी-तुड़ी जड़ों वाले दिखाई दिए तो बदसूरत पुरुष खूबसूरत तनों के साथ वहाँ आए। लम्बे तने हुए लोगों के ढीलेपन को देखा तो मोटे थुलथुल लोग हड्डी की तरह सख्त नजर आए। कुछ ऐसे भी थे जिन्होंने बहुत कुछ कर सकने

का दिखावा किया लेकिन उनका अन्त बहुत निराशाजनक रहा–और मामूली ढंग से शुरुआत करनेवाले कहाँ तक जा सकते थे यह हैरान करनेवाला दृश्य रहा।

वैसे ज्यादातर तिरछे और झुके हुए थे, कुछ फूले हुए तो कुछ तीखे तने हुए, कुछ बाएँ, दाएँ झूलते हुए–हाँ, बनावट दूसरे से इतनी अलग कि कुछ भी ठीक समझना मुश्किल।

वह यह भी जान गई कि पुरुष को गढ़ते समय ईश्वर के हाथ कुछ अस्थिर थे। उस महान कलाकार द्वारा निर्मित अंग विशेष शायद ही कभी सही-सटीक दिखाई दिया।

सैयद के कमरे में पहुँचाए गए कुछ पुरुष औरतों की देह के प्रेमी निकले। ये तो बस मालिक की सेवा करने के लिए आए थे लेकिन हर कोई थकी-चुकी हालत में ही कमरे से निकल पाया। हाँ, एक था सच्चा प्रेमी। उसका नाम था उम्मेद। तीखी नाक और चौड़े मजबूत कन्धे, बड़े-बड़े गलमुच्छे और घने लम्बे केश। वह सैयद की घुड़साल की देखरेख करता था। उम्मेद सैयद को उस तरह सीत्कार करने पर मजबूर कर देता था जैसा कैथरीन ने किसी दूसरे को करने लायक नहीं पाया था।

सब खत्म हो जाने के बाद भी सैयद उम्मेद की–हाँ वैसा उम्मेद ही अकेला था–देह पर अपनी उँगलियों के पोरों से रेखाएँ खींचता रहता, उसके चुके अंगों को प्यार से सहलाता रहता देर तक।

कैथरीन ने सैयद से जानना चाहा कि वह उम्मेद को इस तरह कामुक होकर और खुद कैथरीन को इस तरह वासनारहित रहकर कैसे प्यार कर सकता है? और इसके बाद भी वह इतने अन्य लोगों को क्यों पास बुलाना चाहता है? तब सैयद ने कहा था–सब लोगों में एक ही विष दौड़ता है–दूसरों पर काबू पाने की इच्छा। इससे इच्छा मर जाती है, प्यार का गला घुट जाता है। दोस्ती, हर रिश्तेदारी मिट जाती है। यह प्रवृत्ति विश्व की विशालता को दीवारों के सँकरे बन्धन में समेट देती है–मुट्ठी भर चाँदी और कुछ अंगों में जकड़ देती है। मैं कामना को आनन्द उत्सव की तरह मानता हूँ, स्वामित्व के रिवाज की तरह नहीं। सदा कामना का उत्सव मनाना सीखो, बाकी सब बेकार है। न कोई अहं, न कहीं कोई नियन्त्रण, कोई मालिकाना हक भी नहीं। मैं इसीलिए उम्मेद तथा दूसरे लोगों का उत्सव मनाता हूँ क्योंकि जिन्दगी का सैलाब इन्हें मुझ तक ले आया है। पर मैं किसी का भी मालिक नहीं बनना चाहता।

मैं उम्मेद की कामना करता हूँ क्योंकि मैं उसका स्वामी नहीं हूँ।
मैं कामना की कीमत पर कभी मालिकाना हक नहीं चाहूँगा।
मैंने खुद को जीवन की विशालता को सौंप दिया है।
कामना के दायरे से बाहर यह दुनिया कुछ भी नहीं है।

कैथरीन को लगा जो कुछ कहा गया है उसमें एक गहरी समझदारी है। उसे अपने पिता और माँ याद आए। माँ, जो हमेशा ही दुखी दिखाई दिया करती थी। स्वामित्व पाने की कोशिश में पिता ने कितना कम पाया था। और चिर दुखी माँ और उनकी दुखी सहेलियाँ, जो सदा धरती पर और मृत्यु के बाद वाले जीवन के बारे में हिसाब-किताब लगाने में ही खोई रहती थीं। एक संकीर्ण दायरे में सिमटकर रह गया उनका जीवन और उनकी थोथी नैतिकता।

कमरे के अँधेरे कोने में बैठी-बैठी सैयद की देहक्रीड़ा देखती कैथरीन खुद बहुत उत्तेजित हो उठती थी। अपनी जाँघों के बीच उसकी चंचल हथेलियाँ गीली रपटीली हो जातीं। उसे पता था कि सैयद और उसके साथी यह जानकर और भी उत्तेजित हो उठते थे कि उन्हें एक गोरी महिला लगातार देख रही है।

उत्तेजना चुक जाने के बाद अनेक बार सैयद कुछ लजा जाता। और अपनी लज्जा पर पर्दा डालने की कोशिश में वह कैथरीन के साथ अपनी स्टडी में चला जाता। लाल वाइन की बोतल खोलता और फिर सतही ढंग से अपने अभी-अभी बीते अनुभव के बारे में बातें करने लगता—उसने कैसा आनन्द पाया, वह क्या था जो उसे अच्छा नहीं लगा। वह बीती दो मुठभेड़ों की तुलना करने लगता। तार्किक ढंग से सारी व्यवस्था करता। कैथरीन अपने अनुभव बताती कि सैयद और उसके हमबिस्तर को देखकर उसे क्या लगा? कभी-कभी वह जरूरत से ज्यादा बोल जाती—एक-दूसरे के शरीर से खेल रहे दो प्रेमियों के कामसौन्दर्य का वर्णन करते-करते न जाने कहाँ पहुँच जाती। हालाँकि सैयद अपनी इस बहक को बार-बार सही ठहराता लेकिन कैथरीन को खूब पता था कि अपने पुरुष प्रेमी के कारण सैयद खुद को कितना छोटा महसूस करने लगा था। वह अकसर कैथरीन से कहता—मैं आस्कर वाइल्ड की तरह नहीं मरना चाहता—एक होशियार आदमी जो बोलता बहुत था लेकिन उसके किए कुछ न हुआ। कैथरीन यह भी जानती थी कि सैयद का अपराध-बोध जगदेवपुर की परेशान जनता के लिए कुछ न कर पाने की अपनी असमर्थता के कारण भी है। लेकिन अपनी देह की इच्छाओं का गुलाम बनकर उसने फॉस्ट द्वारा शैतान के हाथों अपनी आत्मा बेचने की तरह ही अपने पिता के साथ एक गलत समझौता कर डाला था—और अपनी आत्मा की आवाज को अनसुनी करके शरीर की माँग को पूरा करने के भँवर में डूबता जा रहा था।

अपनी इंग्लिश कॉटेज की दीवारों में खुद को कैद करके उसने देह देवता की पूजा करने का फैसला कर लिया था जबकि उसे जगदेवपुर की परेशान बेहाल जनता की भलाई में लगना चाहिए था।

बीच-बीच में इस भँवर से उबरकर वह खुद से जूझने की कोशिश जरूर करता था। कोई-कोई सप्ताह बिना पुरुष प्रेम के बीत जाता और वह अपने खिदमतगारों को सख्ती से हिदायत देता कि वे किसी पुरुष को उसके कमरे में कभी लेकर न आएँ। वह खुद को स्टडी में बन्द कर लेता और लाइब्रेरी से लाई गई पांडुलिपियों में आँखें गड़ा देता—फिर ताँबई चमड़े के कवरवाली नोटबुकों में सुन्दर हस्तलिपि में लिखता चला जाता देर तक—उसे देखकर आसानी से समझा जा सकता था कि वह खुद को रोके रखने की बहुत कोशिश कर रहा है।

वह 'द लेजिटिमेसी ऑफ प्लेजर : डिजायर एंड एक्सप्लाइटेशन' (आनन्द की वैधता : कामना और शोषण) जैसे शब्दाडम्बर पूर्ण निबन्ध लिखता। उसमें वह अपने नवाब पिता की जमकर आलोचना करते हुए अपने विचारों को जोर-शोर से सही ठहराता। ऐसे ही अन्य नीरस चिन्तन-मनन से भरपूर लेख समानता, मानवीयता, उपनिवेशवादी पशुता, धर्म के नाम पर होनेवाले पाप कर्म और तर्क की शक्ति जैसे विषयों पर तैयार होते।

वह स्वयं भी तो एक विडम्बना से भरे पशु जैसा ही था—अत्यन्त परिष्कृत साहित्यिक अभिरुचि से सम्पन्न व्यक्ति, जो कठिन-कठोर यथार्थ से खुद को जोड़ना चाहता था। एक बार उसने अपने 'र रूरल फल्लस' : इवोल्यूशेंस कनिंगरियेंज' (ग्रामीण शिश्न : जीव विकास वमन का छलपूर्ण प्रतिशोध) निबन्ध में अजीब स्थापना प्रस्तुत की। उसने कहा कि प्रभावशाली कथित भद्रजनों की श्रेष्ठता दवाब के सामने किसान वर्ग प्रकट रूप से अपनी श्रेष्ठता का विकास नहीं कर पाया लेकिन अन्दर ही अन्दर वह बीते हजार वर्षों के दौरान अपने शिश्न को, पौरुष से भरपूर अपेक्षाकृत बड़े आकार में विकसित करने में सफल हो गया। लेकिन कैथरीन साफ-साफ देख पा रही थी कि सैयद का यह लेखन उसके लिए समुचित रक्षा कवच नहीं था। यह सब

लिखकर वह कहीं ज्यादा तनावग्रस्त हो जाता—थक-चुक जाता। लेकिन निषेध का ताला हर रोज कुछ ज्यादा ही सख्ती से कसता जाता, धीरे-धीरे उसके शब्द खो जाते, वह चुप पड़ जाता—लिखना बन्द कर देता और फिर निषेध का ताला एक तूफानी झटके से खुलकर नीचे लटक जाता—एक खामोश शोर उभरता। और फिर जब कैथरीन उसे स्टडी में देखने आती तो वह अपने शयनकक्ष में पाया जाता—किसी सुन्दर, जवान देह के साथ अपने समीकरण बैठाता हुआ और उसका तब खोया हुआ आनन्द लौट आता, खामोश स्वर फिर से मुखर हो उठता।

उसके उच्च विचार कुछ समय के लिए नेपथ्य में धकेल दिए जाते।

कैथरीन सैयद की तुलना में खुद उतनी जकड़न में नहीं थी। वह हर पल काम का आवेग महसूस नहीं करती थी। वह जब चाहे सैयद के हमबिस्तर होनेवाले पुरुषों में से मनपसन्द का चुनाव कर सकती थी। कभी-कभी सैयद भी किसी को नई भूमिका निभाने का आदेश देता। और फिर नाटक कैथरीन के शयनकक्ष में स्थानान्तरित हो जाता। अब सैयद कमरे के अँधेरे कोने में कुर्सी पर बैठा नजर आता और कैथरीन खुद को आनन्द के समुद्र में डूबने के लिए छोड़ देती। खामोशी से और बिना आक्रामक हुए।

सैयद के विपरीत कैथरीन को नहीं लगता था कि उसे जितना आनन्द मिल रहा है, उतना ही लौटाना भी चाहिए। वह तो बस लेने पर तुली थी जितना जिससे मिले उससे ग्रहण कर ले। और जब एक अध्याय समाप्त होता, वह थक-चुककर अकेली हो जाना चाहती। उसके साथ हमबिस्तर होनेवाले लोग उसे देते जाते। साथ ही उन्हें छूट थी कि वे जो कुछ चाहें कैथरीन की देह से ले सकते हैं। जब चरम क्षण में उसकी देह जोर से थरथराती और होंठों से एक गहरी सीत्कार फूटती तो निश्चित रूप से वह मिलन का अन्तिम क्षण होता। इसके बाद पलंग पर मौजूद पुरुष को अपने को समेटने के लिए बस कुछ ही पल मिलते। उस पुरुष के जाते ही सैयद अँधेरी छायाओं से बाहर निकलता और उसके सिर को गोद में रखकर मीठे भाव से सहलाने, दुलराने लगता।

कितनी विचित्र बात थी कैथरीन के लिए। व्यभिचार के अभी-अभी बीत चुके उन्मत्त क्षणों की तुलना में सैयद का यह प्यार भरा व्यवहार कहीं ज्यादा सुख देता उसे। यह क्रिया उसे अन्दर भरे तनाव के बन्धन से उन्मुक्त कर देती। बच्चों द्वारा उसे मिलनेवाले कामुक संकेतों, सन्देशों और इसमें बस जरा ही फर्क होता। अपने हाथों द्वारा खुद को मिलनेवाली सन्तुष्टि से भी बेहतर होता सैयद का प्यार।

इसमें वह जिद्दी कसक न होती। कामक्रिया से पहले और बाद में निरन्तर बनी रहनेवाली आनन्द की छाप न होती जिसका आभास कैथरीन को बाद के वर्षों में होनेवाला था—वही था सच्चे आवेग का उत्तम पुरस्कार।

चुनिन्दा खिदमतगार सैयद के पास लाने से पहले पुरुषों का सावधानी से चुनाव करते, उन्हें अच्छी तरह तैयार करते और सैयद को सन्तुष्ट करनेवाले पुरुषों को उचित इनाम भी देते। अपने विचारों के अनुरूप सैयद अपने नौकर-चाकरों के प्रति उदार था। सैयद के कमरे से बाहर निकलनेवाले पुरुषों को खिदमतगार अच्छी तरह समझा देते थे कि वे इस पूरे मामले में सावधान और एकदम खामोश रहें। इस तरह चतुर नौकर अपने मालिक सैयद को जगदेवपुर में चलनेवाली अफवाहों के चक्कर में फँसने से बखूबी बचाए रखते थे।

कैथरीन को भी किसी बात की चिन्ता नहीं थी। बीतते समय में उसने किसी बात की परवाह किए बिना खुद के लिए आनन्द का स्रोत खोज ही लिया था। सैयद ने उसे सब लोगों

से थोड़ी दूरी बनाए रखने की जो सलाह दी थी उसे कैथरीन ने खूब समझा था। और इससे भारत में सन्दर्भ में उसे अपनी स्वाधीनता, निजता को बचाए रखने का भरपूर मौका भी मिला था। समय बीतने के साथ उसमें इतना विश्वास आ गया था कि वह खेत-खलिहानों, गाँवों, जंगलों में खुली घूमती-फिरती, वन्य जीवन दर्शन का आनन्द लेती। इस सबके बारे में पहले पहल उसे अपने बचपन के दिनों में पिता जॉन की दुकान 'ओरियंटल क्यूरियोज' में जानकारी मिली थी। हफ्ते में कई बार वह कॉटेज के बन्धन से बाहर निकलकर घूमने चल देती। कई बार वह दूर तक फैले गेहूँ के पकते खेतों के बीच मीलों चलती जाती। उनकी नुकीली बालियों पर अपनी उँगलियाँ फिराती हुई बढ़ती जाती। कभी-कभी बाणगंगा के तट पर जा बैठती और घंटों बैठी चंचल लहरों में कंकड़ फेंकती रहती। तो कभी प्राचीन देवी मन्दिर के ठीक बाहर खड़े पीपल के पेड़ के नीचे जा बैठती और अन्दर गूँजती आवाजें सुनती रहती।

उसके विचित्र व्यवहार की बातें लोगों के बीच जल्दी ही फैल गईं। लोग कहते—उस गोरी औरत में गुप्त शक्तियाँ हैं, वह गुप्त क्रियाएँ करती है।

लेकिन कैथरीन को इस सबकी कोई चिन्ता नहीं थी। वहाँ बिताए गए वर्षों में उसने शाही महलों का जो गन्दा रूप देखा था उससे कैथरीन का मन विरक्ति से भर उठा। इस सबकी तुलना में सैयद और खुद उसका व्यवहार तो जरा भी बुरा नहीं कहा जा सकता था—और सच में ऐसा था भी नहीं।

तुच्छ, ओछे ढंग से मजे लेने की कोशिश ही जगदेवपुर के शासकों की पहली पसन्द थी। नवाब के रसोईघर में बावन रसोइए थे और हर रसोइया सिर्फ एक खास व्यंजन बनाने में ही माहिर था। प्रत्येक रसोइए को अपना विशेष व्यंजन हर रोज तैयार करना पड़ता था। नवाब एकाध कौर मुँह से लगाता और फिर बाकी सारा भोजन प्रशीतित कुत्ता महल में भेज दिया जाता। कुत्तों के सामने वे सारे व्यंजन अत्यन्त उम्दा क्रॉकरी में परोस दिया जाता।

नवाब के हर कुत्ते के लिए अलग रखवाला तैनात था। अगर कुत्ते के साथ जरा-सी भी गड़बड़ी होती तो फिर उस रखवाले की जान गहरी मुसीबत में फँस सकती थी। नवाब के प्रिय ग्रेट डेन गुलबदन की अचानक हुई मौत के बाद उसके रखवाले इम्तियाज को खुलेआम कोड़ों से तब तक पीटा गया जब तक उसकी कमर की खाल रकासने असंख्य टुकड़ों में लटकने न लगी। गुलबदन को राजकीय सम्मान के साथ दफनाया गया। उसके लिए ग्यारह सफेद मोरों की बलि दी गई और लाल सुनहरी डोरियों से मढ़ी पोशाकें पहने मार्च करते सैनिकों की उपस्थिति से गुलबदन के शव को टीक से बने ताबूत में बन्द करके कब्र में उतारा गया।

नवाब सचमुच अपने कुत्तों से बहुत प्यार करता था। और हर रात एक कुत्ते को अपने पलंग पर साथ सुलाने के लिए ले जाया करता था।

नवाब ने अपनी डायरी में यह सुभाषित लिखा था—एक कुत्ता जो कुछ कर सकता है आदमी के लिए कतई मुमकिन नहीं।

नवाब का यह सुभाषित अगली कई पीढ़ियों के बच्चों को चमत्कृत करता रहा था।

महल का जनाना या रनिवास किसी कुत्ता महल जैसा ही था। तरह-तरह के रूप-रंग वाली औरतों की भीड़। सुविधाओं के लिहाज से रनिवास की हालत कुत्ताघर से बस थोड़ी ही बेहतर कही जा सकती थी। कैथरीन जब पहली बार वहाँ गई तो इतनी बड़ी संख्या में सुन्दर औरतों को देखकर बहुत हैरान हुई—वे सौ से ज्यादा थीं। कैथरीन सोच रही थी—किसी भी एक पुरुष

को इतनी औरतों के मालिक बने रहने का कोई अधिकार नहीं है। उन्होंने कैथरीन को घेर लिया। उनकी त्वचा खुशबूदार तेल से चमचमा रही थी, उनकी नाक, कान और उँगलियों में लाल माणिक और हीरे जगमगा रहे थे। उनके बदन रेशम और जरी के कामवाले वस्त्रों में सजे थे, लेकिन आँखों में था एक अजीब खालीपन। और तो और कैथरीन के प्रति उनकी उत्कंठा में भी कोई आग्रह, आवेश नहीं था।

सैयद ने कैथरीन को बताया था कि वे औरतें जानती हैं कि बाहरी दुनिया के बारे में वे चाहे कितना भी क्यों न जान लें, उससे उनकी अपनी जिन्दगी में कोई बदलाव आनेवाला नहीं। और यही है उनके विराग और विरक्ति का असली कारण। अपनी व्यर्थता की अनुभूति ने उनकी हर आशा, हर उमंग को कुचलकर रख दिया था। उनमें से कई औरतों को तो नवाब सालों पहले महल में लाया था। उन्हें अपने और अपने जवान शरीरों की तृप्ति के लिए जनाना महल की भव्य दीवारों के बीच ही रास्ते खोजने पड़े थे।

अपने शौच के लिए नवाब ने एक विशेष प्रकार का बक्सा बनवाया था। उसे इतना बड़ा बनाया गया था कि नवाब के मोटे थुलथुल नितम्ब उसमें आराम से आ जाएँ। उसमें पीछे की तरफ कमर को सहारा देने के लिए गद्दियाँ लगी हुई थीं। शौच का वह विशेष बक्सा एक बड़े कमरे में एक बड़े मंच पर रखा हुआ था। फर्श से मंच तक बारह चौड़ी सीढ़ियाँ बनाई गईं थीं। मंच के बाईं तरफ प्लेटों और गिलासों के लिए संगमरमर से मढ़ी मेज रखी थी। और दाईं तरफ थीं हत्थेदार पाँच कुर्सियाँ रियासत के आला अफसरों के बैठने के लिए। नवाब अपने शौच सन्दूक पर घंटों बैठा कब्ज से लड़ता रहता। इस बीच वह रिआया की शिकायतें सुनता, तथा दूसरे जरूरी काम निबटाता। उससे मिलनेवाले लम्बी लाइन में धैर्य के साथ हाथ जोड़े खड़े रहते और नवाब के नीचे से उठती गड़गड़ और पाद की आवाजों के बीच रियासत के काम चलते रहते।

नवाब की फ़िज़ूलखर्ची हर सीमा पार कर गई थी। उसके चार शानदार महल थे—उनमें था फ्रांस से मँगाया गया फर्नीचर और आबुसान के बने परदे और कारपेट। महलों की दीवारें दुर्लभ लैंडस्केप और पोर्ट्रेटों से सजी हुई थीं। कभी ये चित्र फ्रांस के भव्य सैलूनों की शोभा बढ़ाया करते थे। महलों के गुसलखाने शयनकक्षों से बड़े थे, शयनकक्ष नृत्यशालाओं से भी अधिक विशाल; और नृत्यशालाएँ अपनी विशालता में पोलो के मैदानों को भी मात देती थीं। शाही गैराज में नवाब द्वारा ऑर्डर देकर बनवाई गईं छह राल्स रायस शान से खड़ी रहती थीं। कैथरीन ने उन कारों को सामने से गुजरते तो कई बार देखा था, पर किसी में सवारी एक बार भी नहीं की। घुड़सालों में सौ अरबी घोड़े रखे जाते थे।

बड़े महल में नवाब का मुख्य खजाना था—कैथरीन को उसे देखने का मौका बस एक बार मिला था। उसमें जवाहरात, सोने की सिल्लियाँ, मोती और हीरों जड़े कालर और नेकलेस, सोने की बनी छाती पर लगाने की पट्टियाँ, बड़ी-बड़ी हीरों की अँगूठियाँ, चाँदी के सिक्कों से ऊपर तक भरी पिटारियाँ। एक मजबूत चमचमाते फ्रेम के अन्दर कीमती पन्नों से जड़ा दुर्लभ मुकुट रखा गया था—उस पर हीरे-मोतियों की लड़ियाँ झूल रही थीं। नवाब के कुटुम्बियों का कहना था कि यह मुकुट उनके पुरखों को शाहजहाँ ने ताजमहल के निर्माण में मदद करने पर इनाम के रूप में दिया था।

सैयद कैथरीन को बताया करता था कि जगदेवपुर में फसलों पर लगान की दर पचपन से पचहत्तर प्रतिशत तक थी। और इसकी वसूली में निरीह जनता पर बेहिसाब जुल्म ढाए जाते थे—उन पर जरा भी दया नहीं दिखाई जाती थी। जमीन जोतनेवाले किसानों के लिए भुखमरी

से बचने के लिए दो जून की रूखी-सूखी रोटी जुटाना बड़ा कठिन था। शायद एक-दो लोग ही ऐसे होंगे जो ढोर रख सकते थे।

जगदेवपुर की सारी जमीन का मालिक नवाब और उसका परिवार था। यह उन लोगों की दया थी कि वे किसानों को जमीन जोतने-बोने की छूट देते थे।

सैयद ने कहा–कभी-कभी उसके अब्बा नंगे ही खजाने में जा बैठते और वहाँ रखे सारे जेवर पहन लेते–सिर पर जड़ाऊ मुकुट, छाती पर सोने की प्लेट, कानों में झुमके, गले में नेकलेस से सजे नवाब अपने हरम की सब औरतों को अपने सामने से गुजरने का आदेश देते ताकि वह खजाने की भव्यता देखकर चकाचौंध हो सकें। नवाब की कल्पना थी काश वह अपने तने हुए शिश्न के साथ यह तमाशा कर सकें। क्योंकि उन्होंने सुना था कि पटियाला के महाराज ऐसा कर सकते थे। लेकिन नवाब बहुत दुर्बल थे, और कामासक्त होकर शरीर से इतने खिलवाड़ कर चुके थे कि अब यह सब उनके वश के बाहर था। हर कोई जानता था कि खूब उत्तेजित स्थिति में भी उन्हें अपने शिश्न को खड़ा करने में खासी परेशानी होती थी।

दर्जनों वैद्य, कीमियागर नवाब की नौकरी पर थे। वे लगातार जड़ी-बूटियों को कूटते-पीसते-छानते, तरह-तरह के लेप व चटनियाँ तैयार करने में ही लगे रहते थे, ताकि वे नवाब की उत्तेजना की चरम स्थिति को बढ़ाने और उसके ढीले पड़ चुके शिश्न को उत्तान रखने के कारगर तरीके खोज सकें। नवाब के शिश्न का ढीलापन एक गम्भीर समस्या थी। सिरफिरे खोजियों ने अपनी बेतुकी दवाओं से एक-दूसरे को बीमार बना डाला था। उनके पेट में घाव हो गए, फोड़े निकल आए–बाल झड़ गए, नजर बेहद कमजोर हो गई, पेट हमेशा खराब रहने लगा, उनके शिश्न अपनी शक्ति खो बैठा। कोई-कोई तो पागल भी हो गए।

उनका एक ही घोषित लक्ष्य था–नवाब का लौड़ा बनाएँगे हथौड़ा।

नवाब बेहद फ़िज़ूलखर्च था तो उसका छोटा बेटा, भावी नवाब सैयद का भाई जफर सब कुछ मिटाने-नष्ट करने को तैयार रहता था। वह ठिंगने क़द का था–कई पीढ़ियों तक अपने रक्त सम्बन्धियों के बीच होते चले गए विवाह सम्बन्धों के कारण यह आनुवंशिक गिरावट आई थी–लेकिन प्रतिहिंसा का भाव उसमें कूट-कूटकर भरा था। जफर का बायाँ हाथ पोलियोग्रस्त था। बायाँ हाथ एक तरफ झूलता रहता था लेकिन दायाँ हमेशा ही किसी को घूँसे या थप्पड़ जड़ने में मुस्तैद रहता था।

सैयद के व्यवहार से आहत नवाब ने जफर को ज्यादा पढ़ने-लिखने से दूर रखा क्योंकि वह सैयद की ज्यादा पढ़ाई को ही दोष देता था। जफर को अध्यापकों ने महल में ही पढ़ाया। नवाब ने उन्हें सख्त हिदायत दे रखी थी वे साहित्य, दर्शन और कला-सौन्दर्य पर ज्यादा गहराई से चर्चा न करें। उदार कलाएँ तानाशाही प्रवृत्तियों को नष्ट कर सकती हैं। अपने मानवीय और समतावादी विचारों से उसका ढाँचा ही चरमरा दे सकती हैं और तब शासन करने के ईश्वरीय अधिकार के महान विचार को नष्ट होते देर नहीं लगेगी।

वैसे भी जफर पर इस बात का गहरा असर पड़ा था कि उसका भाई शाही अन्दाज में नवाबोंवाली हेकड़ी अपने स्वभाव में कभी नहीं ला सका था। क्योंकि पिता ने जफर को भावी नवाब का पद दिया था इसलिए वह भी पिता को हर तरह से खुश करना चाहता था। बचपन में नवाब ने जफर पर ज्यादा ध्यान नहीं दिया था और लोग भी उसके बाएँ हाथ को लेकर तरह-तरह की बातें किया करते थे। वे उसे आधा नवाब, अद्धा नवाब कहकर पुकारते थे। उन

दिनों चुस्त छैला सैयद ही सबकी पहली पसन्द था। इसलिए विकलांग जफर बड़े भाई की छाया में छिप-सा गया था। इस उपेक्षा ने ज़फर के मन में जैसे भी हो लोगों का ध्यान आकर्षित करने की प्रबल इच्छा को जन्म दे दिया था। इस तरह उसमें ऐसी विषैली प्रवृत्तियाँ उभर आई थीं जिन्हें माँ-बाप की अच्छी देखभाल से ही दबाया जा सकता था।

अब नवाब द्वारा एकाएक सत्ता व अधिकार के केन्द्र में लाए जाने के कारण जफर क्रूर, अत्याचारी बन गया। उसने अपने पिछलग्गू और ठगों की एक सेना बना ली, जो केवल उसी का आदेश मानती थी। जब वह सिगरेट पीता तो वे ही लोग उसके होंठों से सिगरेट लगाते और हटाते, जफर नहाने जाता तो उसके पिट्ठू कपड़े उतारते और जब उसका मन व्यभिचार की सुरंग में धँसता जाता तो वही लोग उसके लिए औरतों को तैयार करते थे।

पिता सेक्स क्रिया में दुर्बल थे तो जफर बहुत आगे। एक पुरानी हवेली में उसका हरम था। हवेली नवाब की एक मृत बेगम की थी। वहाँ वह खुलकर कामुकता का नंगा नाच नाचता। और कभी-कभी तो यहाँ तक होता कि चिकने और खुशबूदार शरीर वाली सुन्दर नंगी औरतों के नीचे इस तरह फँस जाता कि उसके स्वामिभक्त गुर्गे उसे मुश्किल से बाहर निकालते ताकि उसका दम न घुट जाए।

अनचाहे ही उसे नाराज करनेवाली औरतों के साथ भी वह बहुत क्रूरता से पेश आता। वह उनका बदन जलती सिगरेटों से दागता, उनके नितम्बों को कोड़ों की मार से लहूलुहान कर देता, उन्हें अपने ठगों के हवाले कर देता तो कभी-कभी शाही घुड़साल से घोड़े बुलवाकर उन पर चढ़ा देता और उन लाचार औरतों की जाँघें फटकर अलग हो जातीं।

आगे चलकर उसका दुस्साहस इतना बढ़ गया कि वह पिता के हरम पर धावे बोलने लगा। जफर जिसे चाहता पकड़ लाता। बेचारा नवाब अपने कब्ज से, अपने शिश्न के खड़ा करने की हर कोशिश बेकार होने के कारण इतना हताश हो चुका था उसने जफर को रोकना-टोकना बिलकुल ही छोड़ दिया। काली सलवार-कमीजें पहने उसके गुर्गे–जिन्हें लोग काले कुत्ते कहने लगे थे–अब कहीं अधिक संगठित गुट में बदल चुके थे और यह पहले से ही तय हो गया था कि कौन क्या काम करेगा। अच्छाई की तुलना में बुराई, गुंडागर्दी कितनी जल्दी संगठित होकर समाज के विनाश में लग जाती है, यह देखकर हैरानी ही हो सकती है।

जफर की कामुकता केवल औरतों तक ही सीमित नहीं थी, वह कमउम्र छोकरे भी पसन्द करता था। खूबसूरत किशोरों, जिनके बदन पर ज्यादा बाल न हों, यानी शिश्न वाली औरतों, का शौकीन था जफर। लेकिन विकलांग बौने नवाब के प्रिय लौंडे के रूप में चुना जाना भी खतरनाक था। लड़कों के प्रति अपनी बढ़ती हवस के कारण जफर को अपने बड़े भाई सैयद की गड़बड़ियाँ याद आ जातीं और वह अपने प्रति गहरे क्रोध से भर उठता। अपने प्रति उसका यह क्रोध उसके पास लाए जानेवाले छोकरों पर फूटता। हमेशा ही जफर पूरी उत्तेजक स्थिति में पहुँचे बिना ही खलास हो जाता। उसके गले से एक हुंकार निकलती और फिर कई छोकरों पर अत्याचार होने लगता–उन्हें बेइज्जत किया जाता। मिर्च लगे डंडों को उनकी गुदा में बेरहमी से डाला जाता तो कुछ को शाही कुत्तों के साथ कुकर्म करवाने पर मजबूर होना पड़ता। कुछ अभागों के शिश्न छोटे-छोटे टुकड़ों में कतर डाले जाते और फिर वे टुकड़े बाजों को खिला दिए जाते।

समय बीतने के साथ जफर तथा उसके जालिम गुर्गों के अत्याचार इतने बढ़ गए कि माँ-बाप अपनी सुन्दर बेटी-बेटों को छिपाए रखने पर मजबूर हो गए। काले कुत्तों की जरा भनक पाते ही विवाहित औरतें भी बुर्कों में छिप जातीं।

अपनी डायरी में नवाब ने यह सुभाषित लिखा—अगर किसी आदमी की बीवी खूबसूरत है और उसके पास बन्दूक नहीं है तो उसे बीवी को घर में छिपाकर रखना सीख लेना चाहिए।

जफर के दिनों में सैकड़ों निर्दोष लोग अनाम कब्रों में जा सोए। फिर भी लेफ्टिनेंट कर्नल ब्रोसनन उसके खिलाफ कुछ करने को तैयार न हुआ क्योंकि उसके तथा उससे ऊँचे गोरे अफसरों के प्रति जफर का रवैया उम्दा और विनम्र था। एक बार संयुक्त प्रान्त के गवर्नर तथा लन्दन से आए उसके मेहमानों के लिए जफर ने तराई क्षेत्र में बाघ के शिकार का आयोजन किया। हाथियों के झुंड और जगदेवपुरियों से जंगलों में हाँका लगवाकर बाघों को खुले में निकालने की कोशिश की। जब दिन खत्म हुआ तो काशीपुर के बाहर गेहूँ की फसल लोगों की भागदौड़ से बरबाद जरूर हो गई थी। लेकिन बीच में छह शानदार बाघ मृत पड़े थे।

एक अन्य अवसर पर पंजाब के गवर्नर की भतीजियाँ तीतरों का शिकार करना चाहती थीं। लेकिन उन दिनों इलाके में तीतरों का अकाल था। जफर के काले कुत्ते दिल्ली और लखनऊ के बाजारों में जा पहुँचे और चप्पा-चप्पा छान मारा। जल्दी ही जगदेवपुर के छोटे-से रेलवे स्टेशन पर लकड़ी के बड़े-बड़े बक्सों में बन्द तीतरों की खेप पहुँचने लगी। हजारों तीतर रेल द्वारा वहाँ आ पहुँचे और हफ्तों तक उनकी आवाजें पूरे जगदेवपुर में गूँजती रहीं। गवर्नर की नाजुक भतीजियों और काले कुत्तों ने मिलकर तीन दिन में ही सबका शिकार कर डाला।

इसके बाद शहर में फिर से खामोशी छा गई।

एक पागल दुनिया में कत्लेआम से भी आराम मिल जाता है कभी-कभी।

कई दूसरे तरीकों से भी जफर ब्रोसनन की नाराजगी को बढ़ने से रोके रखता था। उसे जफर के व्यभिचारी स्वभाव से कोई परेशानी नहीं थी इसलिए जफर की औरतें और छोकरों पर भी उसकी कोई नजर नहीं थी। लेकिन एक छिपा पागलपन ब्रोसनन में भी था और उसके लिए वह बड़े से बड़ा समझौता करने को तैयार था। वह रहता था—'ओनन' का सुल्तान और कलाप्रेमी। अपनी इन दोनों इच्छाओं को उसने कामुक भारतीय लघुचित्रों का संग्रह करने में बदल डाला था। इनमें कांगड़ा शैली, राजपूत शैली, पूर्वी भारतीय शैलियों के चित्र सम्मिलित थे। उसके प्रिय लघु चित्रों में लगभग 1755 का बना एक मुगल लघु चित्र *वेरिएशन ऑफ इनएग्जास्टिबुल कांइडनेस पोजीशन* था। इसमें बैठी हुई स्थिति में एक पुरुष द्वारा शिश्न का छोर अपनी प्रेमिका की खुलती योनि से स्पर्श करते हुए दिखाया गया था। उसका एक अन्य चित्र लघु चित्र था 'जेंटल एलीफेंट पोजीशन इन द कांगड़ा स्कूल' (हाथी की सौम्य स्थिति : कांगड़ा शैली)। उसमें एक पगड़ीधारी छोकरा घुटनों के बल बैठा हुआ पीछे से अपनी प्रेमिका के भीतर प्रवेश करता दिखाया गया था। उसके प्रवेश द्वार को छोकरे ने एक फूल की तरह उन्मुक्त कर दिया था, गहरे रंग की गुदा के ठीक नीचे।

लेकिन उसकी दो सबसे प्रिय कलाकृतियाँ थीं—'द हर्ड ऑफ काउज' (गौओं का झुंड)। यह एक राजस्थानी लघु चित्र था जिसमें एक मुच्छड़ व्यक्ति अपनी कमर के बल लेटा पलंग के चारों कोनों पर खड़ी चार औरतों की देह में अपने फैले हुए हाथ-पैरों की उँगलियाँ मजबूती से घुसाकर उन्हें कामोत्तेजना से भर रहा था और पाँचवीं उसके मोटे शिश्न पर सवार थी। दूसरा चित्र बादशाह जहाँगीर के शयन कक्ष का था। उसमें बादशाह का एक हाथ अपने पालतू चीते के सिर पर टिका था और दूसरा अपनी एक रखैल के मस्तक पर। औरत का मुँह बादशाह की गोद में बहुत गहरे फँसा हुआ था। इस लघु चित्र का शीर्षक था 'द आफ्टरनून आव द रॉयल रोर' (शाही दहाड़ की दोपहर)।

जगदेवपुर के बहुमूल्य और भव्य संग्रह–जिसकी कीमत बहुत कम लोग जानते थे–से जफर नियमित रूप से लघु चित्रों को चुराकर आगे पहुँचा रहा था।

ब्रोसनन उन चित्रों को सावधानी से छिपाकर रखता जा रहा था और उनमें प्रदर्शित कामुक सन्दर्भों का उपयोग दूसरे अश्लील प्रदर्शनों में बनवाने का था।

लेकिन दो घटनाएँ ऐसी हो गईं जिनसे गहरी गड़बड़ पैदा हो गई। इन्हीं दोनों घटनाओं के कारण अन्ततः जगदेवपुर से कैथरीन का सम्बन्ध एकदम टूट जानेवाला था।

एक घटना थी–अपनी सत्ता के घमंड में जफर का पगला जाना। वह और उसके काले कुत्ते जो गन्दे काम रात के अँधेरे में किया करते थे, वही अब दिन के उजाले में करने लगे। लड़कियों का उनकी शादी के मंडप से अपहरण किया जाने लगा। व्यापारियों का माल अकारण जब्त होने लगा। किसानों को बिना पूर्व सूचना दिए शिकार अभियानों और निर्माण कार्यों के लिए पकड़ा जाने लगा। नवाब की खुलेआम कड़ी आलोचना हो रही थी। जो भी विरोध में मुँह खोलता उसकी जबान निकाल ली जाती, गला काट दिया जाता, हाथ-पैर बेदर्दी से काटकर फेंक दिए जाते।

सब काले कुत्ते स्थानीय जगदेवपुरी खटकेदार चाकू के निर्मम प्रयोग में कुशल थे। वे मँजे हुए चाकूमार के रूप में बदनाम थे। वे बात-बात में चाकू निकालकर कहीं भी मारकाट मचा सकते थे–किसी की भी हत्या करना, बुरी तरह घायल करके फेंक देना उनके बाएँ हाथ का खेल था।

कभी-कभी मृत व्यक्तियों की क्षत-विक्षत देह चेतावनी के रूप में उनके घरवालों के पास भेज दी जाती, तो कभी लाशें बड़े गड्ढे में फेंक दी जातीं जहाँ पहले से ही अनेक शव पड़े होते थे। फिर विरोधियों को बलात् उस भयानक गड्ढे के सामने से गुजारा जाता ताकि इस आतंक-यात्रा के प्रभाव से वे पूरी तरह टूट जाएँ।

आखिर अंग्रेजी राज की तरफ से ब्रोसनन को हरकत में आना ही पड़ा। भले ही जफर ने उसके लिए कितने ही दुर्लभ लघु चित्र क्यों न जुटाए हों लेकिन उसके क्रूर करतब चित्रों की रिश्वत की आड़ में अब और नहीं छिप सकते थे। उसने सरकारी तौर पर जफर को बुलवा भेजा। जफर को मानना पड़ा कि वह इस तरह खुलेआम यह सब करता नहीं घूमेगा। इस निषेध ने क्लोरोफार्म का रूप ले लिया। पगलाया युवा अद्धा नवाब इस सफेद तरल की विषैली गन्ध के आविष्कार से बहुत ही खुश हो उठा। दिल्ली की कई दवा कम्पनियों से इसके बड़े-बड़े मर्तबान मँगवाए गए। और उन्हें जफर ने अपने महल में सावधानी से छिपाकर रख दिया। अब हत्या ने भी शालीन रूप ग्रहण कर लिया। इसे बेमालूम ढंग से एक रूमाल पर डालकर शिकार तक पहुँचाया जाने लगा। अब बहुत से लोगों को बिना उग्र हिंसा के बेआवाज आसानी से परलोक पहुँचाना सम्भव हो गया था। आम आदमी जान ही न पाते थे कि उन पर कैसे और किसने हमला किया है–लोगों ने इस तरीके का नाम 'काले कुत्ते की बू' रख दिया।

हत्या के इस नायाब तरीके को कामुक लघु चित्रों के पीछे बखूबी छिपाया जा सकता था।

दूसरी घटना भी पहली से सम्बन्धित थी। सैयद के इर्द-गिर्द जफर की क्रूर नीतियों का विरोध करनेवाले लोग इकट्ठा होने लगे। दस सालों के दौरान कैथरीन ने सैयद का अति उदार रूप ही देखा था। वह सदा लोगों की सहायता करता दिखाई देता था। न वह नेता था, न किसी का प्रेरणा-स्रोत। लेकिन अब उसकी कॉटेज में जो नए लोग दिखाई देने लगे थे वे उसकी

कामेच्छापूर्ति के लिए या उससे थोड़ी-बहुत सहायता प्राप्त करने के लिए नहीं बल्कि रियासत की स्थिति पर चर्चा करने आते थे। वे चाहते थे कि सैयद आगे बढ़े और जफर के तानाशाही क्रूर शासन का अन्त करे। सैयद का भद्र स्वभाव और उसके प्रगतिशील विचारों के बारे में सब जानते थे और इसीलिए जगदेवपुर के लोगों का मानना था कि अगर उन्हें अन्याय, अत्याचार के चक्र से कोई छुटकारा दिला सकता था तो वह केवल सैयद था।

यह सुन और समझकर सैयद रोमांचित हो उठा। तो उसके जीवन का सबसे बड़ा क्षण आ पहुँचा था। उसने एक पत्र अभियान शुरू कर दिया। वह कलकत्ता स्थित वायसरॉय के दफ्तर और लन्दन के इंडिया ऑफिस को एक के बाद दूसरे पत्र भेजने लगा। उसका विचार था दूर बैठे देश के शत्रु के माध्यम से सामने मौजूद दुश्मन को खत्म कराने की यह योजना कुछ गलत नहीं थी।

लेकिन जफर के विद्रोही पत्र नहीं, कार्यवाही करना चाहते थे।

उन्हें चाहिए थीं विशेष वर्दियाँ, एक संगठन पद और सीधी लड़ाई।

सैयद इस मुद्दे पर हर दिन कैथरीन से लम्बा विचार-विमर्श करता था। लेकिन वह कुछ स्पष्ट राय नहीं दे पाती थी। जगदेवपुर के शाही खानदान से जुड़ी हर बात से उसे नफरत हो गई थी। वह वहाँ की जनता को इस निरंकुश तानाशाही से छुटकारा दिलाने के लिए वह कुछ भी करने को तैयार थी। लेकिन उसका मानना था कि इसमें सैयद सही भूमिका निभाने की स्थिति में नहीं था। वह भी एक विद्वान, एक बुद्धिजीवी, वह नीतियाँ तो बना सकता था, लेकिन खुद संघर्ष नहीं कर सकता था वह था पथ निर्देशक, एक गाइड, लेकिन सेना का जनरल नहीं।

लम्बे समय से सैयद अपनी रियासत के दीनहीन लोगों के लिए जो कुछ जिस तरह करता आ रहा था—उसके लिए वही ठीक था। वह परेशान शिकायत लेकर आनेवालों से सप्ताह में चार बार अपने बरामदे में मिला करता था। उनकी तकलीफें दूर करने की हर चन्द कोशिश करता था। वह हरेक की बात ध्यान और धीरज से सुनकर सावधानी से अपनी सलाह देता। लोगों से उसके इस जुड़ाव में कहीं भी छल-फरेब नहीं था। वह तो निःस्वार्थ भाव से यह काम करता आ रहा था। वह जरूरतमन्दों की पैसे से भी भरपूर मदद करता था मानो इसके बाद उसे इस तरह का सुअवसर कभी नहीं मिलेगा।

बरामदे में जगदेवपुर के दुखी लोगों से घिरे बैठे सैयद को देखकर कैथरीन के मन में उसके लिए गहरा प्यार हिलोरें लेने लगता। लोगों को अपनी निःस्वार्थ सलाह और पैसा देता सैयद उसे एक सूफी सन्त जैसा दिखाई देता।

हाँ, यही था वह आदमी जिसकी विद्वत्तापूर्ण, गम्भीर बातें सुनकर वह पेरिस में उसे दिल दे बैठी थी—इस बात को काफी वक्त बीत चुका था।

लेकिन अब इस नई भूमिका में सैयद को लेकर वह भयभीत रहने लगी थी। उसे डर था अगर स्थितियाँ और बिगड़ीं तो उसे न सिर्फ उसका दुश्मन भाई बल्कि उसके अपने समर्थक भी मिटा डालेंगे। रातों में जब वह उसके समर्थकों की जोशीली बातें सुनती तो उसे उसके हाथों में छुरे-चाकू साफ दिखाई देते।

लेकिन कैथरीन इस बात को भी जानती थी कि अगर अब सैयद ने कदम बढ़ाकर पहलकदमी नहीं की तो उसका शेष जीवन गहरे अपराध बोध में डूबे रहकर ही बीतेगा। इसलिए उसने कुछ नहीं कहा, वह सैयद का समर्थन करती रही। वह चाहती थी सैयद किस्मत को दाँव पर

लगाए। और वह चाहता था कि खुद कैथरीन उससे आगे बढ़कर पहलकदमी करने को कहे। लेकिन जब कैथरीन ने वैसा कुछ न किया तो सैयद अपने जीवन में पहली बार ज्योतिषियों और मौलवियों से सलाह माँगने जा पहुँचा। हरेक ने उससे एक ही बात कही—हाँ, यही सही मौका है उसके लिए। उसकी भूमिका ही जगदेवपुर का भविष्य तय करेगी। उन लोगों ने ग्रह-नक्षत्र की चाल, गणनाओं, हाथ की रेखाओं को पढ़कर और उसके सपनों की व्याख्या करके यही निष्कर्ष निकाला।

सैयद ने कदम बढ़ा दिया। उसने एक युद्ध परिषद बना दी। उसके समर्थकों ने अपनी वर्दी के लिए सफेद सलवार सूट का चुनाव किया और उनका हथियार था छोटे हत्थेवाली हँसिया। सफेद पवित्रता का प्रतीक था तो हँसिया किसानों का। उनके घोषित उद्देश्य थे :

नवाब से बड़ा खुदा
कुत्तों से बड़ा मनुष्य
काले से महान सफेद
खटकेदार चाकू नहीं हँसिया
बेइज्जती से मौत भली।

वे अपने नेता के विचार भली-भाँति जानते थे इसलिए उन्होंने अमीर-गरीब जैसे विवादग्रस्त मुद्‌दों को परे धकेल दिया। जैसा वर्दीधारी हथियारबन्द लोगों के साथ अकसर देखने में आता है उनमें जोश भर गया। उन्होंने आपस में संवाद लेने-देने के लिए एक कूट भाषा गढ़ ली जिसमें हर वाक्य का तीसरा शब्द ही सार्थक था। उनका एक नमस्कार भी तय हो गया—मिलने पर नाक को स्पर्श करना। इसका अर्थ यही था कि साथियों को धोखा देने के बजाय वे अपनी नाक काटना बेहतर समझेंगे।

अपने काम को अंजाम देने के लिए सैयद के अनुयायी फुर्तीले छोकरे बन गए।

यह सब देखकर कैथरीन बहुत निराश थी। वह देख रही थी कि सैयद को यह सब अच्छा लग रहा था।

वह पुस्तकालय में जाकर किताबों में डूब गई। वह हर वक्त पढ़ती दिखाई देती। उधर सैयद का मकान गतिविधियों का केन्द्र बन गया। सफेद वर्दीधारी दिन-रात में किसी भी वक्त वहाँ आते-जाते रहते। सैयद सदा विचार-विमर्श में लगा रहता। योजनाएँ बन रही थीं। उन्हें असली जामा पहनाने के तरीके तय किए जा रहे थे। किताबों और विचारों की दुनिया से निकल सैयद एकाएक नई दुनिया में आ गया था जहाँ लोगों के व्यवहार और उद्‌देश्यों के पीछे छिपे अर्थ समझकर फैसला लेना ही उसका सबसे बड़ा काम बन गया था। पर सैयद इस सबके लिए नहीं बना था। आम लोगों को सही-सही समझने में उस जैसा सभ्य-सौम्य, शिक्षित व्यक्ति जगदेवपुर के भ्रष्टाचारियों जितना चतुर साबित न हुआ। उससे गलतियाँ होने लगीं। क्योंकि उच्च आदर्शों के अनुसार जीवन को ढालना कहीं ज्यादा कठिन है। लोग बुराई की तरफ आसानी से खिंचे चले जाते हैं। सैयद को नेता बनाकर उसके समर्थक अपने छोटे-छोटे व्यक्तिगत स्वार्थों को पूरा करने में लग गए—जमीन-जायदाद के झगड़े सुलझाना, व्यापारियों को आतंकित करके उनसे जबरन वसूली, किसानों से अन्न जुटाना, जगदेवपुर के किशोरों को बलात् अपने काम में लगाना और कामेच्छा पूर्ति के लिए वेश्यालयों पर धावे बोलना जैसी बातें होने लगीं।

जल्दी ही जगदेवपुर की जनता को डराने के लिए एक नया आतंक पैदा हो गया था—सैयद के सफेद कुत्तों के रूप में।

सैयद और जफर के हथियारबन्द लोग गली-गली में फैल गए—मन्दिर-मस्जिद, खेत-बागान। स्कूल-कॉलेज कुछ भी नष्ट होने से नहीं बचा।

अपने शौच बाक्स पर बैठे, पाद मारते नवाब ने अपनी सुभाषित डायरी में लिखा—सफेद और काली दोनों आफतों के बीच हमें अपनी जिन्दगी की हिफाजत करना सीखना चाहिए।

कुछ महीने बाद इसका बहुत बुरा अन्त हुआ हरेक के लिए—विशेषकर सैयद के लिए। और इसकी शुरुआत एक भौंडे मनोरंजन की कोशिश से हुई। काले और सफेद कुत्तों में हुई कुछ मुठभेड़ों के बाद, जिनमें दोनों तरफ के कुछ लोग घायल हुए। सैयद की सफेद सेना ने दुश्मन पर अन्दर जाकर हमला करने का फैसला लिया। उन्होंने ऐसा लक्ष्य चुना जिससे दुश्मन को बहुत ज्यादा तकलीफ पहुँचती लेकिन खुद उनकी तरफ के लोगों पर बहुत कम असर होता। एक अँधेरी रात में साठ सफेद सूटधारी आगे बढ़े, हरेक के दाएँ हाथ में हँसिया और बाएँ में मटन के टुकड़े थे। उन्होंने नवाब के प्रशीतित कुत्तामहल पर हमला बोल दिया।

वार करते हँसिया और उछलते दाँतों की झड़प के बीच जैसे कहर टूट पड़ा।

सैयद के सफेद वर्दीधारी सैनिकों पर नवाब के कुत्ते भी चढ़ दौड़े—कई लोगों की पिंडलियों, बाँहों, नितम्बों पर कुत्तों ने अपने नुकीले दाँत गड़ा दिए। बूढ़ा मोची मुंगेरीलाल एक ऐंट बर्नार्ड पर सवार होकर उस पर वार करने की पागल कोशिश करता दिखाई दिया। दुबला दर्जी इरफान लट्टू की तरह चकफेरियाँ काटने लगा क्योंकि एक डोबरमैन ने उसके शिश्न पर सख्ती से दाँत गड़ा दिए थे। सफाई का काम करनेवाला पचास साल के भोला को दस जीभें लपलपाते डाक्सहुंड ने घेर लिया, ये सब उसकी टाँगों से जोंकों की तरह चिपक गए। वह बेचारा गालियाँ बकता, अपनी हँसिया घुमाता जान बचाने को दौड़ता फिरा।

दो घंटे बाद जब यह अफरातफरी खत्म हुई—इस बीच नवाब के कमजोर पहरेदारों ने जवाबी हमला भी किया था—तो चार सफेद कुत्ते और नवाब के एक सौ नौ प्रिय कुत्ते मरे पड़े थे। लेब्राडर, अफगानी हाउंड, डाक्सहुंड, रिट्राइवर्स, स्पेनियल, अल्सेशियन, पामेरियन, ग्रेट डेस, बीगल्स, अप्सो, डोबरमान, बाक्सर, बुलडाग, टेरियर—सभी नस्लों के कुत्ते संगमरमर के फर्श पर कटे-फटे मृत पड़े थे, मांस के टुकड़े उनके जबड़ों में अभी तक फँसे हुए थे। दूसरे बहुत से कुत्ते घायल थे, उनके बदन से खून बह रहा था और वे खम्भों का सहारा लिये पसरे हाँफते हुए पीड़ा से चीख व चिल्ला रहे थे।

सैयद के सफेद वर्दीधारी हमले के बाद पीछे हटते हुए अँधेरे में खो गए। उनमें से कई साथियों का सहारा लेकर लँगड़ाते हुए चल रहे थे। पीड़ा की चीखें और हँसने की घुली-मिली आवाजें गूँज रही थीं।

नवाब तो दुख से जैसे पागल हो गया।

वायसरॉय के ऑफिस ने ब्रोसनन को कड़ी फटकार लगाई। उस पीड़ा को मुगल लघु चित्रों का कोई भी उत्तेजक, कामुक दृश्य शान्त नहीं कर सकता था।

कुछ ही दिनों में उसकी जगह यार्कशायर का कर्नल जेम्स बायकाट आ गया। बायकाट कड़वे मिजाज का रूखा आदमी था। उसे कला या कामुक क्रियाओं का कोई शौक नहीं था। नवाब के साथ मिलकर बायकाट उसके दोनों बेटों की अक्ल ठिकाने लगाने में जुट गया।

जफर के काले कुत्तेवाली सेना को भंग कर दिया गया। उसके तीन प्रमुख गुर्गों को जगदेवपुर से निष्कासित कर दिया गया—इस चेतावनी के साथ कि अगर वे जगदेवपुर में दिखाई दिए तो

उन्हें फाँसी पर लटका दिया जाएगा। जफर से उसकी मजिस्ट्रेटवाली शक्तियाँ छीन ली गईं। रियासत की खस्ता हाल पुलिस और सेना पर उसका नियन्त्रण खत्म हो गया। उसे लगान वसूली के काम से हटा लिया गया। हाँ, उसके घर को जरूर नहीं छुआ गया। जफर को प्रेरित किया गया कि वह अपना ज्यादा से ज्यादा समय वहीं बिताया करे।

सैयद का हाल तो और भी बुरा हुआ। उसे घर में ही नजरबन्दी में रख दिया गया। उसके पास आनेवाले लोगों पर कड़ी नजर रखी जाने लगी। बायकाट ने आदेश दिया कि वह कभी जगदेवपुर छोड़कर नहीं जा सकेगा। क्योंकि उसके आग उगलते भाषणों, उसकी नैतिक शक्ति और जगदेवपुर के हालात और लोगों का ध्यान खींचने की उसकी सामर्थ्य से सब डरते थे। उसे नौकर-चाकर रखने की छूट मिल गई लेकिन उसे मिलने वाली रकम में दो-तिहाई कटौती कर दी गई। बायकाट का तर्क था कि अब सैयद की सार्वजनिक गतिविधियाँ तो रही नहीं थीं इसलिए उसे इतने पैसों की कतई जरूरत नहीं थी।

बायकाट को बुद्धिजीविता का आडम्बर करनेवाले हिन्दुस्तानियों से चिढ़ थी। वह उसकी परिष्कृत अभिरुचियों तथा उसके पुरुष प्रेम की लत का भी विरोधी था। सैयद की इन दोनों गतिविधियों पर रोक लगाकर वह खुश था। वह उतनी ही क्रूरता से सैयद के सफेद कुत्तों को नष्ट करने में जुट गया। कुत्तों का कत्लेआम करनेवाले बीस लोगों को पहचानकर कचहरी में पेश किया गया। उनके बदन के ताजे घावों से उन्हें झट पहचान लिया गया। पाँच को फाँसी पर चढ़ा दिया गया और बाकी को उम्रकैद की सजा दी गई। बूढ़े मकबूल ने बताया की फाँसी पर लटकने से पहले उसका मुँह काली टोपी से ढँका जा रहा था तो उम्मेद ने दया की भीख माँगते हुए बायकाट के सामने सैयद का नाम उजागर कर दिया था।

जब बायकाट सैयद के पास आया तो उसने जैसे कैथरीन को देखकर भी नहीं देखा। उसकी नजर में वह गोरी औरत कूड़े से ज्यादा नहीं थी जिसने काले कूड़े (सैयद) से शादी की थी।

उसने सैयद से उसी तरह बात की जैसे एक मालिक अपने दास से करता है। सैयद चुपचाप बस उसे देखता रहा। लेकिन विद्वान राजकुमार अन्दर ही अन्दर बुरी तरह टूट चुका था।

वह अपनी स्टडी में घुस गया। सारा दिन वहाँ बैठा खिड़की से बाहर बड़े-बड़े पत्तों वाले फिरंगीपानी को देखता रहता। वह शायद ही कभी किताब पर नजर डालता था। हाँ, कभी-कभी कुछ लिखता जरूर था। उसके कुछ पुराने प्रेमियों को अब भी उसके पास आने की छूट थी। लेकिन सैयद की देह तो जैसे ठंडी पड़ चुकी थी। अब उसका बदन उन सम्बन्धों के लिए मचलना बन्द कर चुका था। वह अब अपने अन्दर वापस समाता जा रहा था। उसके जीवन का सबसे बड़ा आनन्द था विचारोत्तेजक बातचीत, लेकिन वही मर गई थी। वह शायद ही कुछ बोलता था। वह और कैथरीन किताबों से घिरे बैठे रहते, लेकिन दोनों के बीच शायद ही कोई बात हो पाती। इसी तरह दिन ढल जाता, लैम्प जल उठते, खामोशी परत-दर-परत भारी होती जाती।

उन्हीं दिनों कैथरीन ने रोज कुछ न कुछ लिखने की कोशिश में कुछ आराम महसूस किया। वर्षों से वह सैयद को ताँबई चमड़े की जिल्दवाली डायरियों में निरन्तर नियमित कुछ न कुछ लिखते देखती आ रही थी लेकिन उसने यह जानने की कोशिश कभी नहीं की कि आखिर वह क्या बात थी जो सैयद को लिखने की प्रेरणा देती थी। लेकिन अब अपने बचपन और शिकागो से इतनी दूर जगदेवपुर में बँधी कैथरीन इतिहास के छोर पर अटक-भटककर रह गई थी। वर्तमान में कुछ शेष नहीं था और भविष्य में भी कोई सम्भावना नहीं दिखाई पड़ती थी उसे। अब वह अपने जीवन को कुछ अर्थ देना चाहती थी।

सैयद से उसने कुछ नोटबुक माँगीं और उसकी राय भी पूछी।

सैयद ने कहा–निडर होकर सच लिखती रहो। कुछ भी मत छिपाओ। और जो कुछ लिखो उसे लेकर परेशानी महसूस मत करो। यह समझकर लिखो कि जो कुछ तुम लिख रही हो, वह साहित्य नहीं बल्कि उसकी सामग्री है। हो सकता है, तुम्हारे लिखे पर कभी कोई साहित्य रचना कर डाले।

उसने अलमारी से नोटबुक निकाली, दोपहर में छोटे कमरे में मेज पर जा बैठी और अपने जीवन के भँवर में उतरती चली गई–एकदम आरम्भ बिन्दु तक। वह कल्पना नहीं कर सकती थी कि इस सबमें वह किस कदर डूब सकती थी। फिर तो हर समय उसे मेज के सामने बैठी लिखते हुए देखा जा सकता था। अपने अतीत की गहराइयों से कुछ खोज लाने की कोशिश में वह बस लिखती चली गई। इसमें उसे एक विचित्र मानसिक शान्ति मिली। जीवन में अचानक आ गए खालीपन में एक भराव आता लगा। वह स्वयं को सार्थक अनुभव करने लगी।

लेकिन यह अनन्त काल तक नहीं चल सकता था। शब्द चाहे कितने भी अच्छे और सार्थक क्यों न हों वास्तविक जीवन का स्थान नहीं ले सकते। समय बीतने के साथ यह लेखन सिमट गया–बस वह उसके जीवन के घावों को थोड़ा-बहुत जरूर भर सकता था। और फिर जीवन के अनेक शून्य उसके सामने आ खड़े हुए। अपने को भरे जाने की माँग को लेकर।

उन्हीं दिनों उससे मिलने एक आदमी आ पहुँचा। वह जो उन लोगों के जीवन को फिर से बदल डालनेवाला था और ऐसा अन्तिम बार होने जा रहा था।

बायकाट ने बरामदे में सप्ताह में चार दिन लगनेवाले सैयद के दरबार पर भी रोक लगा दी। लेकिन नवाब के पहरेदारों द्वारा पूछताछ करने के बाद एक-एक करके उसके मिलनेवाले आ सकते थे।

शाम के सात बज चुके थे लेकिन जून की गर्मी अब भी उबल रही थी और हिन्दुस्तान के मैदानी क्षेत्र–वहाँ के लोग, पशु और पेड़-पौधे खामोश बेचैनी में डूबे थे। वे जैसे साँस लेने को जूझ रहे थे। हफ्तों से धूल का बादल जगदेवपुर के ऊपर तना था। और चिड़िया, मैना, कौए, लम्बी पूँछवाले छोटे टूइयाँ तोतों की आवाजें भी बहुत कम देर के लिए–सुबह भिनसार में और साँझ ढलते समय–ही सुनी जा सकती थीं। यदि कोई देहात में पगडंडियों पर घूमकर देखता तो गर्मी से सूखकर तड़क गए खेतों में जगह-जगह मृत ढोरों के कंकाल दिखाई दे जाते जिन पर बाज चोंचें मार रहे होते।

किसान और खुले में काम करनेवाले सभी लोग–सुबह चार बजे बिस्तर छोड़ देते और आठ बजते-बजते अपनी झोंपड़ियों में लौट आते। मुसाफिर रात में ही सफर करते तो दिन में जहाँ भी छाया दिखती वहीं दुबक जाते। लाखों-लाख लोगों की उम्मीद भरी आँखें आकाश को ताकती रहतीं कि वहाँ कब बादल दिखाई देंगे।

हर रोज नवाब के मौसम-विज्ञानी अनुमान लगाते कि मानसून कब आएगा और हर बार उनके अनुमान गलत साबित होते। लेकिन बायकाट के कारण नवाब की बाकी चिन्ताएँ दूर हो गई थीं। दोनों बेटों की मुसीबत से छुटकारा मिल गया था उसे। कुत्तामहल में लकड़ी व तार की जालीवाली पेटियों में नए पिल्ले जगदेवपुर आने लगे थे और कामोत्तेजना के रसायन तैयार करनेवाली नवाब की अनुसन्धानशाला से ऐसी खबरें आ रही थीं कि वैद्यों और हकीमों ने मिलकर एक ऐसा नीला चूर्ण तैयार कर लिया था जो नवाब के ढीले पड़ चुके शिश्न को फिर से मजबूत बनाकर तान सकता था। इसके प्रयोग से सिर दर्द, जुकाम और आँखें कमजोर

होने की आशंकाएँ जरूर थीं लेकिन वे लोग नवाब को तसल्ली दे रहे थे कि इन तकलीफों का इलाज भी जल्दी ही ढूंढ़ लिया जानेवाला था। नवाब गुलाब की पँखुड़ियों से महमह करते तालाब में घुरघुराते हिप्पो की तरह पड़ा रहकर सारा दिन खस के हरे ठंडे शरबत के गिलास पर गिलास पीता हुआ मन-ही-मन अपने अगले सुभाषित की रचना करता रहता। वह कल्पना की आँखों से करामाती नीले चूर्ण के असर से मजबूत और तनकर खड़ा होने वाले शिश्न को देखता रहता।

नंगा जफर दूसरे सुगन्धित तालाब में पड़ा होता। यह तालाब पुरानी हवेली के उसके हरम में था। उसकी सुन्दर रखैलें अपनी क्रीड़ाओं से उसे निरन्तर कामोत्तेजना के दौर में बनाए रखतीं। लेकिन जफर के लिए इसमें अब कोई आनन्द शेष नहीं रह गया था। एक बनावटी उत्तेजना और खालीपन से खलास हो जाना, भला सत्ता और शक्ति के जोश के बिना कैसा आनन्द! वह मानता था कि उसका काम ही शासन करने, आदेश का पालन करवाने और दूसरों पर हावी रहने के लिए हुआ था। वह तो हजारों जिन्दगियों का भाग्य अपनी मुट्ठी में बन्द रखने के लिए बना था। वह चाहता था उसे देखकर ही लोग आतंकित हो जाएँ—उनका डरना ही जफर की सत्ता का आधार था—वही था उसका जीवन रस लेकिन अब जो कुछ उसके पास बचा था वह था हरम में मौजूद उसकी रखैलों से मिलनेवाला झूठा आनन्द। औरतें, लकदक कपड़े, हीरे-जवाहरात, नौकर-चाकर, झूठी शान-शौकत, व्यर्थ कामोत्तेजना!

वह आजाद होने के लिए तड़प रहा था। वह सारा दिन अफीम की पिनक में रहता और बात-बात पर सुलग उठता। उस समय जो भी सामने पड़ता उसी को धुन डालता। वह चाहता था कि सैयद और उसकी गोरी बीवी की गर्दन मरोड़ दे। बेवकूफ भिखारी जिसका अपने विचारों और काम पर कोई नियन्त्रण नहीं था। उसने अपनी बेवकूफियों से ही खुद को और जफर को बरबाद कर डाला था। अब वे दोनों अपने राज्य में ही कैदी होकर रह गए थे। हर पल वह सैयद से छुटकारा पाने का उपाय सोचता रहता था। काश सैयद मर जाता तो वह कुछ तो चैन महसूस करता और शायद तब सत्ता फिर से उसके हाथ में आने की सूरत बन पाती लेकिन...

उसके जासूसों ने जफर को कई बार बताया था कि अब सैयद हर वक्त उदास रहता था। ठीक है गहरी उदासी भी आदमी को मौत दे सकती है, लेकिन उसमें काफी वक्त लग सकता है और जफर था एक बेसब्र आदमी।

कैथरीन और सैयद जालीदार बरामदे में बैठे थे तभी रामआसरे ने आकर खबर दी कि कोई उनसे मिलना चाहता है। राम आसरे बहुत दुबला-पतला था। और बन्नो से शादी करने के बाद वह भी घर के नौकरों में शामिल हो गया था। ऊपर लटका पंखा बहुत धीरे-धीरे हिल रहा था। उससे पसीने से भीगी देह पर गरम हवा के झोंके टकरा रहे थे। कैथरीन ने सात साल पहले जो रंगून की बेलें लगाई थीं वे अब पूरी जाली पर फैल गई थीं। कम-से-कम बाहर से तो अन्दर बैठे लोगों पर किसी की नजर नहीं पड़ सकती थी। आजकल लताओं पर छोटे-छोटे गुलाबी फूल आए हुए थे। बाहर बाग में गुलमोहर जल्दी-जल्दी अपने चटख केसरिया फूलों को खोते जा रहे थे। आरामकुर्सी पर अधलेटे सैयद की गोदी में 'मादाम बोवेरी' की एक प्रति पड़ी थी। वह अभी तक उसे पढ़ नहीं पाया था। सैयद ने हाथ हिलाकर रामआसरे को मना कर ही दिया था लेकिन फिर मन ने कहा, हाँ, कह दो और उसने मुलाकात के लिए आए व्यक्ति को अन्दर भेजने को कह दिया।

अन्दर आनेवाला व्यक्ति लम्बे कद और गठे बदनवाला था–चौड़ा सुन्दर चेहरा। होंठों पर झबरीली ऊपर को उठी हुई मूँछें शान से सजी थीं। सैयद के सामने सलाम की मुद्रा में झुकते समय भी उसका सिर तना हुआ और स्थिर था। उसका नाम था गज सिंह। वह निडर भाव से अपनी बात कहने की अनुमति चाहता था, इस आश्वासन के साथ कि वह जो कहेगा वह बात और किसी को पता नहीं चले।

गज सिंह ने कई सालों तक शाही रसोईघर में काम किया था। नवाब ने उसे पुदीना कोरमा--ए-दिलबहार बनाने के लिए रखा था। इसको अच्छी तरह कुटे हुए मटन में मसाले मिलाकर ऊपर से पुदीने का रस डालकर पकाया जाता था। लेकिन गज सिंह के अनुसार नवाब को यह व्यंजन एकदम पसन्द नहीं था। उसने पिछले चार सालों में सिर्फ एक बार इसका स्वाद चखा था। जबकि गज सिंह इसे हर दिन पकाया करता था। ऐसा लगता है नवाब के प्रिय डोबरमैन इसे खूब पसन्द करते थे क्योंकि जब कभी गज सिंह छुट्टी पर जाता था तो डोबरमैन खाना नहीं खाते थे।

गज सिंह ने बताया कि कोई चार महीने पहले उसे जफर के महल के रसोईघर में भेज दिया गया। जब से वह वहाँ गया है तब से लगातार उसके कानों में गलत और बुरी बातें आ रही हैं। सम्मान के भाव से हाथ जोड़े खड़े गज सिंह ने कहा–आनन्द मनाना बुरा नहीं होता–धन-सम्पत्ति खराब नहीं है, नशीले पदार्थों का सेवन भी गलत नहीं देवताओं ने इन्हें इसलिए बनाया ताकि साधारण मनुष्य भी उन तक पहुँच सके। लेकिन किसी दूसरे का बुरा सोचना, लालच करना ईर्ष्या करना निश्चय ही गलत है। हत्या गलत है, ऐसा करनेवाले देवता भी साधारण मनुष्यों जैसे हो जाते हैं।

इन दिनों अद्धे नवाब जफर के महल में बस एक ही खुसफुस होती रहती है कि किस तरह सैयद को ठिकाने लगाया जाए कि किसी को जरा भी शक न हो। और उसके साथ–और इतना कहकर उसने तिरछी नजरों से कैथरीन को देखा–अंग्रेज बीवी का भी खात्मा कर दिया जाए।

सैयद खामोश बैठा रहा। गोया उसने कुछ न सुना हो। भयानक गरमी से धरती को तड़पाता सूरज अस्ताचल चला जा चुका था। बरामदे के ऊपर अँधेरा घिर आया था। मकबूल और रामआसरे दो-दो लैम्प लेकर आ पहुँचे। लैम्पों को पकड़ने की जगह बाघ के पंजे की शक्ल में ढली हुई थी।

गज सिंह ने बताया, कई चालें चली जा रही हैं। उसने सैयद को चेतावनी दी कि उसे लोगों से सतर्क होकर मिलना चाहिए और खाते समय बहुत ध्यान रखना चाहिए। उसके सामने पहुँचने से पहले मिलने आनेवाले हर मेहमान की तलाशी ली जानी चाहिए और वह स्वयं खाना खाए इससे पहले अनिवार्य रूप से हर ग्रास को किसी और को चखकर देखना चाहिए। जहरीले कीड़े-मकोड़ों की जाँच करने के लिए हर रात पूरे पलंग को अच्छी तरह उलट-पलटकर जाँचना चाहिए। कॉटेज के खिड़की-दरवाजों पर लगे जालीदार पल्ले रात-दिन हर पल मजबूती से बन्द रखे जाने चाहिए। वैसे सबसे अच्छा तो यही होगा कि सैयद जल्दी से जल्दी जगदेवपुर छोड़कर चला जाए।

सैयद खामोश बैठा देखता रहा–उसके चेहरे पर घबराहट या चेतावनी की कृतज्ञता जैसा कोई भाव नहीं था।

आखिर कैथरीन ने कहा–हम आपके बहुत अहसानमन्द हैं। लेकिन यह तो बताइए, आपने इस सबका खुलासा क्यों किया? अगर जफर को इसकी भनक भी लग गई तो वह आपकी खाल उतरवा लेगा।

गज सिंह ने आरामकुर्सी पर ढलके पड़े सैयद की ओर देखा जिसमें पिछले कुछ दिनों में काफी बदलाव आ चुका था। गज सिंह ने कहा–हम लोग इन्हें ही जगदेवपुर का असली नवाब मानते हैं। मैं और मेरे परिवार की जिन्दगी इन्होंने ही बचाई है। पहाड़ों में यह कहावत आम है कि अगर आप किसी का अहसान भूल जाएँ तो देवता कठोर दंड देते हैं।

कुछ साल पहले गज सिंह का बड़ा भाई मुसीबत के दिनों में सहायता माँगने के लिए सैयद के बरामदा दरबार में आया था। भयानक ओलावृष्टि से फसलें बरबाद हो गई थीं, पशु मर गए थे–परिवार भूखा मर रहा था। हालाँकि गज सिंह के बड़े भाई का जगदेवपुर से कोई सम्बन्ध नहीं था, फिर भी सैयद ने पैसों से उसकी मदद की और रिसायत की पुलिस में उसे नौकरी दिलवा दी। एक साल बाद ही वह गज सिंह को जगदेवपुर ले आया था और उसे शाही रसोईघर में काम पर लगा दिया–पुदीना कोरमा-ए-दिलबहार पकाने के लिए जो नवाब को एकदम नापसन्द था लेकिन डोबरमैन उस व्यंजन को बहुत पसन्द करते थे।

कैथरीन ने जानना चाहा–आखिर हम तुम पर कैसे भरोसा कर सकते हैं!

गज बोला–मेरा चेहरा पढ़ लीजिए उस पर सब लिखा है। अगर मुझे कभी सेवा का मौका दिया गया तो वह मेरी जिन्दगी का सबसे बड़ा दिन होगा। मैं जिस इलाके से आता हूँ वहाँ लोग यह मानते हैं कि ईश्वर ने हमें विशेष उद्देश्य से बनाया है शायद मुझे अद्धे नवाब के रसोईघर में किसी वजह से नौकरी मिली थी।

उसकी बात सच थी। वैसे कैथरीन ने पूछा जरूर था लेकिन उसे गज सिंह पर कभी अविश्वास नहीं हुआ। शायद उसके चेहरे में कुछ था–चौड़ी, साफ-शफ्फाक आँखें–उस पर एक किसान के आत्मसम्मान की स्पष्ट छाप थी। अब कैथरीन को लगा असल में गज सिंह शरीर से उतना बड़ा नहीं था–यह था उसका सुन्दर भरापूरा मुँह जिससे उसके शरीर के बड़े होने का भ्रम पैदा होता था।

कैथरीन ने पूछा–तुम कहाँ के रहनेवाले हो?

बीरभट्टी, यहाँ से कोई नब्बे मील दूर पहाड़ों में ऊपर। नैनी की पवित्र झील के नीचे।

वहाँ ऐसा क्या कुछ है जो तुम्हारे दिमाग में हो?

गज सिंह ने कहा–मेरा एक सुझाव है। और एक योजना भी है मेरे मन में।

बनानेवाले/मिटानेवाले

गेथिया बीरभट्टी से सिर्फ तीन मील ऊपर था। और जब कैथरीन ने उसे पहली बार देखा तो वह कुहासे की चंचल चादर में लिपटा था। गज सिंह के मिलने आने के बाद एक महीना बीत चुका था। इस बीच यह पता चला था कि सैयद तपेदिक से पीड़ित है और रोग तेजी से बढ़ रहा है। बूढ़े नवाब ने बायकाट से प्रार्थना की कि उसके बेटे को स्वास्थ्य लाभ के लिए किसी पहाड़ी शहर में भेजना ठीक रहेगा। बायकाट ने नवाब की यह प्रार्थना स्वीकार कर ली।

लेकिन बायकाट ने एक बात साफ-साफ कह दी कि अगर यह मालूम पड़ा कि सैयद वहाँ रहकर लोगों को भड़काने की कोशिश कर रहा है तो उसी समय बुलाकर जेल में डाल दिया जाएगा। इस बीच गज सिंह ने शाही रसोईघर की नौकरी छोड़ दी और सैयद की नौकरी में चला आया। वैसे गज सिंह के नौकरी छोड़ने से वहाँ किसी को कुछ फर्क नहीं पड़ा। नवाब और जफर दोनों को ही गज सिंह के होने के बारे में कुछ पता न था। और वैसे भी उसके द्वारा पकाया जानेवाला पुदीना कोरमा-ए-दिलबहार तो किसी को पसन्द था ही नहीं; सिवाय नवाब के प्रिय डोबरमैनों के।

उस जैसे अनगिनत लोग नवाब के नौकर-चाकरों की भीड़ में शामिल थे। एक के चले जाने पर उसकी जगह लेने के लिए दूसरा तुरन्त मौजूद रहता था।

कैथरीन शायद पहली बार छोटे पहाड़ी खच्चर पर बैठी थी। सैयद की लकड़ी की पालकी को चार दुबले-पतले कुली ढो रहे थे। वे अत्यन्त खूबसूरत लय में कदम रखते हुए चल रहे थे–उन सबके पैर एक साथ उठ-गिर रहे थे। वे साथ-साथ हइशा-हइशा की पुकार लगाते, एक-दूसरे का उत्साह बढ़ाते चलते जा रहे थे।

उस पगडंडी पर कुली अपना बोझ उठाए हुए खच्चर के साथ-साथ चल रहे थे। गज सिंह सबसे आगे-आगे एक पहाड़ी की तरह मजबूत डग भरता चलता जा रहा था। और सबसे पीछे कुलियों की एक और पाँत चलती आ रही थी–उनके साथ दो खच्चर थे–उन पर टेंट, बिस्तर, खाना पकाने का सामान तथा खाद्य सामग्री लदी थी। अभी दोपहर हुई ही थी और उन्हें रास्ते पर बढ़ते हुए नौ घंटे बीत चुके थे। उन्होंने काठगोदाम के अपने शिविर को दिन निकलने से पहले ही छोड़ दिया था। रास्ते में आराम करने और नाश्ते के लिए वे कई जगह रुके थे।

मानसून की बारिश दो सप्ताह पहले शुरू हो चुकी थी। पहाड़ों पर हर कहीं चमचम हरियाली बिखरी थी। हर ढाल पर चीड़, देवदार, बांज और शाहबलूत के जंगल फैले थे। बलूतों के नीचे घनी झाड़ियाँ थीं। अनेक पेड़ों की फुनगियों पर घनी लताएँ थीं जो सैकड़ों मीटर की लम्बाई में फैली हुई थीं। कहीं-कहीं देर से फूले जकरंदा के बैंगनी फूल झाँकते नजर आए थे। और

जब ये दो गाँव और जेलीकोट से गुजरकर ऊपर चढ़े तो पर्वत पार्श्वों पर बादलों के गोले चिपके से नजर आए। हर कहीं नीचे की ओर दौड़ते पहाड़ी सोतों का शोर सुनाई दे रहा था। जीवन से भरपूर प्रसन्न कल-कल हवा में गूँज रही थी।

वहाँ बहुत सारे पक्षी नजर आए। पहाड़ पर चढ़ने से पहले कुछ घंटों में ही कैथरीन को इतने सारे विभिन्न पक्षी नजर आ गए थे कि उतने जगदेवपुर में बिताए दस सालों से अधिक समय में भी नहीं देखे थे। सबसे सुन्दर था नीला कबूतर के आकार का और लम्बी फहराती पूँछवाला पंछी–जो शायद आकार में उससे तिगुना रहा होगा। वह बार-बार पेड़ से रास्ते पर उतरता और फिर उड़कर वापस चला जाता। कभी-कभी ये परिन्दे झुंड में नजर आते, एक-दूसरे पर चीखते हुए, लेकिन ज्यादातर वे जोड़ों में दिखाई दे रहे थे। एक अपने साथी को देखते ही तुरन्त पुकारता। फिर तुरन्त उड़कर दूसरी डाल से पुकारने लगता।

कैथरीन ने उन्हें टीज पक्षी कहा लेकिन अनेक वर्ष बाद कार्पेट साहब से पता चला कि वे लाल चोंचवाले नीले दहिंगल पक्षी थे।

काठगोदाम से ही रास्ता ऊपर चढ़ने लगा था। यह चौड़ा और आरामदेह था। ढाल भी बहुत ज्यादा खड़े नहीं थे। मोड़ और घुमाव भ्रम में डालनेवाले जरूर थे। बहुत जल्दी ही वे काफी ऊपर चढ़ गए थे। हवा एकाएक ज्यादा ठंडी हो गई थी। ये लोग और भी ऊपर चढ़ते चले जा रहे थे। और तभी धीमी-धीमी फुहारें पड़ने लगीं। हवा हल्की गीली हो गई। इस परिवेश में सभी बहुत खुश हो उठे और हर होंठ पर मुस्कान खेलने लगी।

कैथरीन ने खुद को इतना हल्का, इतना प्रसन्न कभी अनुभव नहीं किया था।

दिन निकलने से पहले काठगोदाम में कैथरीन ने मलमल की क्रीम रंग की कमीज और खाकी ब्रीचेज पहन लिये थे। आरामदेह पोशाक, शीतल धूसर आकाश के नीचे खुले में सफर, पैर पटकता खच्चर जैसे सवार होने का निमन्त्रण दे रहा था। अँधेरे में दौड़-भाग करते कुली लोग सामान के बंडल बाँध रहे थे। यह सब देखकर कैथरीन का मन बहुत लम्बे समय बाद खिल उठा था।

वह खच्चर की पीठ पर बैठी ऊपर और ऊपर चढ़ती जा रही थी। तभी दिन की पहली किरण पहाड़ों पर पड़ी। कैथरीन ने अपनी टोपी उतार दी, कन्धों तक लम्बे केशों को ढीला छोड़ दिया। दो घंटे बाद, दोगाँव पहुँचने से पहले ही गुलाब उसके कपोलों पर खिल आए थे। उसने अपनी ब्राउन क्राड्राय जाकेट भी उतार डाली और कॉलर का बटन खोल दिया। अब वह बेफिक्री से गुनगुना रही थी।

बाद में उसने कहा था कि वह उस पर से अपनी आँखें नहीं हटा पा रहा था। उसकी चमकती त्वचा, उसकी नग्न हँसलियाँ, मलमल की कमीज पर आगे दवाब बनाते पुष्ट उरोज, उसके नितम्बों पर खाकी ब्रीचेज का फैलाव देखकर उसके मन में एक लपट उठ गई थी। बाद में उसने और भी कहा था–उसने कैथरीन को उस पहली यात्रा में जितना सुन्दर पाया था, उतना फिर कभी नहीं। उसने कहा–इसका सम्बन्ध कैथरीन के मन में समाई बेहद खुशी से था क्योंकि फिर कभी वह इतनी खुश नहीं दिखाई दी थी।

जब वे सात झोंपड़ियों के गाँव ज्योलीकोट पहुँचे तो गज सिंह ने एक निर्जन घाटी के पार सामने वाले शिखर की ओर संकेत किया–वे वहीं जा रहे थे। उसे देखकर कैथरीन को लगा जैसे वह अपने जीवन के अन्तिम लक्ष्य के काफी निकट पहुँचने जा रही है। जब वे बीरभट्टी के पास से गुजरकर, नैनी से नीचे आते छलछल करते छोटे-छोटे बर्फीले जल प्रवाहों तक उतरकर,

मोटी रस्सी के सहारे उन्हें सावधानीपूर्वक पार करके, फिर गेथिया तक की खड़ी चढ़ान पर चढ़े तो उसके मन ने इस क्षेत्र से अपने जुड़ाव का भाव अत्यन्त गहराई से अनुभव किया। यहीं था घर। दुनिया में एक यही ऐसी जगह थी जहाँ कैथरीन को आना ही था।

गीला कुहरा घूम रहा था–निरन्तर। और इसीलिए दोनों ओर के पहाड़ और घाटियाँ जैसे लुका-छिपी खेल रहे थे। कभी दिखते तो फिर कुहरे के परदे में छिप जाते। कभी-कभी कैथरीन घाटी के पार दूसरी तरफ पगडंडी को भी साफ-साफ देख पाती, लेकिन फिर घूमकर देखती तो उसे सैयद की पालकी के पीछे चलते कुली लोग भी नजर न आते। आश्चर्यजनक रूप से जैसे सैयद भी पिछले महीने की जड़ता से एकाएक बाहर निकल आया था। उसकी आँखें चमक रही थीं और वह अपने कुलियों से ही पहली बार बातें करने लगा था। वह आसपास के स्थानों के नाम भी जानना चाह रहा था। वहाँ का मौसम और वहाँ पाए जानेवाले वन्य जीवों के बारे में भी पूछ रहा था।

वे स्थान थे–भूमियाधार, बीरभट्टी, ज्योलीकोट, नैनी, थोड़ा आगे भुवाली और पनगोट, और अनेक ताल, भीमताल, सातताल, नौकुचियाताल, ट्राउट और कार्प मछलियों से भरपूर लहराती सुन्दर झीलें–और उनसे आगे रामगढ़, नथुआखान और हरजोला। फिर उनसे आगे अल्मोड़ा, रानीखेत फिर ग्वालदम, मुक्तेश्वर, बागेश्वर, जोगेश्वर और हिमालय की ऊँची पर्वत शृंखलाओं की असंख्य गगनचुम्बी चोटियाँ।

मौसम, कुहरा, कुहरा और कुहरा : गेथिया यानी घूमती कुहरे की चोटी। हाँ, सारा साल चमकनेवाला सूरज था जिसके कारण आकाश एकदम नीला कंच नजर आता था और फिर मानसून की भरपूर, झमाझम बरसात, फिर हिमपात जो हर दूसरे वर्ष एक-दो दिन के लिए पहाड़ी ढलानों को सफेदी से पोत देती थी। और फिर अँधड़ों की देवी, जो हर साल गर्मियों के मौसम में कहर मचाने आती थी। वह दोपहरियों में प्रकट होती थी। लोगों और पशुओं को छिपने पर मजबूर कर देती थी। और जब देवता क्रोधित हो उठते तो तूफानों की बारी आ जाती। वह ऐसी भयानक गरर्जन करते जो केवल देवताओं के लिए ही करना सम्भव था। तब कोई कुछ न कर पाता। बस डरे-सहमे लोग हाथ जोड़कर प्रार्थना करने लगते। लेकिन गेथिया था केवल कुहरा, घूमता, उठता, नाचता, प्रकट होता, छिपता कुहरा।

वन्य जीवन। यह बड़े वन्य जीवों के राज्य का हिस्सा था। धारियोंवाला बाघ, बिंदियोंवाला गुलदार। राजाओं की तरह बाघ कभी-कभार ही वहाँ का दौरा करता था–नीचे के घने जंगलों से ऊपर आकर। जबकि गुलदार था जंगल के राजा का एक मामूली सामन्त और लालच में पड़कर वह इलाके में घात लगाकर कुत्तों और ढोरों को अपना निशाना बनाया करता था।

जब बाघ लोगों पर हमला करता तो शायद ही कभी नैनी और काठगोदाम स्थित सरकारी दफ्तरों में इसकी शिकायत पहुँचती। जब सरकारी कार्यालय निरीह ग्रामीणों के बचाव में कोई कदम न उठाते तो हरकारे को नैनी झील के पीछेवाली सड़क के परे हिमालय की निचली पहाड़ियों में स्थित कालाढुंगी भेजा जाता जहाँ भब्बर के विस्तृत जंगल शुरू होते थे। वहाँ एक मशहूर गोरा साहब रहता था जो रात के समय किसी अशरीरी छाया की तरह जंगलों में घूमता था। वह मजे के लिए कभी शिकार नहीं करता था, जब निरीह गाँववालों के प्राण भयानक संकट में होते तभी वह ऐसा करता था। वह सहायता की हर पुकार पर मदद के लिए जरूर पहुँचता था। उसका नाम था कार्पेट साहिब।

सैयद के मुँह से सूचनाओं का झरना झर रहा था और कैथरीन ध्यान से सुनती जा रही थी जैसे कोई प्यासे की प्यास बुझा दे। सैयद का यही रूप कैथरीन के मन में उसके प्रति प्यार की लहरें उठा देता था। एक ऐसा आदमी जो सदा कुछ भी जानने-सीखने की उत्कंठा से भरता रहा था। दूसरों के लिए कुछ करने की इच्छा सदा उसके मन में रहती थी। वह छोटे से छोटे आदमी से भी बात करने को तैयार रहता था।

जैसे ही इन्होंने घाटी में आगे को निकली हुई चट्टान के नुकीले, तीखे घुमाव को पार किया तो गज सिंह ने संकेत किया कि वे पहुँच गए हैं। सैयद ने कुलियों को संकेत किया तो उन्होंने धीरे से पालकी को नीचे रख दिया। कैथरीन भी खच्चर की पीठ से उतर पड़ी। खच्चर हिनहिनाया तो उसके गले में बँधी घंटियाँ टनटना उठीं। एक आदमी ने बढ़कर उसकी रास थाम ली। सब पैदल बढ़ चले। गज सिंह कुछ कदम आगे चल रहा था। उसकी देह सम्मान के भाव से इन लोगों की ओर आधी घूमी हुई थी।

हवा तेजी से बह रही थी। कैथरीन लम्बे-लम्बे साँस लेकर ताजी हवा फेफड़ों में भरने लगी। सैयद मुस्कुराया, बोला—यही वजह है कि हमने अपने सारे देवताओं को पर्वतों पर स्थित किया है और इसी कारण सब पहाड़ी लोग स्वभाव से बहुत अच्छे होते हैं। मैं देखना चाहता हूँ जब हम इन्हें मैदानों में स्थापित करने लगेंगे तो क्या होगा?

यही था असली सैयद। कैथरीन ने उसे न जाने कब से इतने खुले मूड में, इतना प्रसन्न नहीं देखा था। एक इसी अनुभूति ने इस यात्रा को बहुत आनन्दमय बना दिया था।

जमीन का जो टुकड़ा गज सिंह इन लोगों को दिखाना चाहता था, वह तीन छोटी-छोटी पहाड़ियों के ढलानों पर फैला हुआ था। जब वे तीसरी पहाड़ी के अन्त में पहुँचे तो वे नैनी शहर की ओर चढ़नेवाले रास्ते पर एकदम नीचे खड़े थे—वहाँ जहाँ देवी का निवास था एक विशाल और सुन्दर झील में—जिसे वहाँ के निवासियों ने सदियों तक बाहरी दुनिया से छिपाकर रखा था।

देवी ने सबके सामने उनका रहस्य प्रकट करने के अपराध के दंडस्वरूप विदेशी घुसपैठिए को शाप दे दिया। इसीलिए हर वर्ष झील का पानी एक गोरे की बलि ले लिया करता है।

गज सिंह ने बताया यदि कोई अभी चल दें तो दो घंटे में आप झील के किनारे पहुँचकर गरम चाय का आनन्द ले सकते हैं। रास्ते में वह ढलान पड़ता है जहाँ गोरों ने अपने नाते-रिश्तेदारों को दफनाया था; वे जो अपने देश से हजारों मील दूर युद्ध और महामारी के कारण अकाल मृत्यु के ग्रास बन गए थे। इसके बाद कब्रों में सोए लोगों के सिर पर पत्थर लगा दिए जैसे संसार के पास अपने असंख्य मृतकों को दफनाने और उनकी कब्रों को चिह्नित करने का काफी समय और स्थान हो।

गज सिंह ने कहा—यह सब गोरे लोगों का घमंड ही है। मौत के बाद भी उन्हें आत्मा की नहीं, शरीर की चिन्ता रहती है।

तीनों छोटी पहाड़ियों की कुल लम्बाई एक मील से भी कम थी। सचमुच उसकी स्थिति घाटी में आगे निकले एक खच्चर जैसी थी। जैसे केक का एक टुकड़ा जिसके शीर्ष पर तीन असमान उठान नजर आ रहे हों। जब गज सिंह लगभग अदृश्य पगडंडियों पर बलूत और चीड़ के नीचे से इन लोगों को वहाँ तक ले गया तो इन्होंने दोनों ओर घाटी के अद्भुत दृश्य देखे। भूमियाधार की तरफवाली घाटी कुहासे में डूबी डरावनी लगी। वहाँ घने जंगल थे जबकि दूसरी तरफ ज्योलीकोट के ऊपर खुलती घाटी विशाल और सुन्दर थी—और आप मीलों तक का दृश्य आँखों में भर सकते थे।

वह एक जादुई दिन था। कभी वे हल्की रिमझिम में होते जो उनके बालों, त्वचा और कपड़ों पर बारीक परत चढ़ा देती, तो अगले ही पल आकाश खुल जाता और सब तरफ नीली कौंध भर जाती। कुहरा तो सदा ही मौजूद रहता था–साथ-साथ चलता हुआ, हर दृश्य को पल-पल बदलता हुआ। कभी-कभी कुहरा इतना घना हो जाता कि आप जैसे इसके अन्दर घुसकर इसका एक टुकड़ा तोड़ सकते थे।

झाड़ियों में कीट-फतिंगों का शोर था और पेड़ों में इधर से उधर उड़ते पंखों की फड़फड़ाहट। उन्हीं में थे टीज पक्षी अपने शोरगुल में मस्त। घाटी के कटोरे के ऊपर उड़ती हुई चील हवा में घेरे बना रही थी।

कैथरीन जहाँ खड़ी थी वहाँ से बलखाती सड़क लापरवाही से फेंकी गई डोरी जैसी दिखाई दे रही थी। यहाँ-वहाँ डोरी में पिरोए बड़े मनके की तरह टीन की ढलवाँ छतों वाली झोंपड़ियों के समूह अटके थे और सड़क से दूर, ढलानों पर कहीं-कहीं मकान बने थे–हाथों और कुदाल से जोते-बोए सँकरे टैरेसों के बीच।

वे खड़े-खड़े इस अद्‌भुत दृश्य को आँखों में भर रहे थे तभी एक चौड़ा इन्द्रधुनष ज्योलीकोट घाटी के मध्य से बढ़ना शुरू हो गया–और कुछ ही मिनटों में यह उनके सिर पर फैलता हुआ भूमियाधार घाटी में कहीं गहरे जा उतरा। ये लोग उस सप्तवर्णी चाप के नीचे अवाक् खड़े देखते रह गए। कुहरे जितना घना इन्द्रधनुष देर तक बना रहा। अन्ततः इन्द्रधुनष पिघल गया था और कुहरे ने फैलकर फिर से घाटियों को अपने अन्दर छिपा लिया। कैथरीन ने कहा–गज सिंह, हम इसे ले रहे हैं।

सौदा पट गया। पैसे चुका दिए गए।

सैयद के जगदेवपुर छोड़कर चले जाने की सम्भावना से बायकाट खुश था। नवाब को तसल्ली हो गई थी कि कम-से-कम उसकी आँखों के सामने तो बेटे का और अपमान नहीं होगा। उसने कैथरीन को बुलाकर कोमल स्वर में कहा–उसे उम्मीद है कि ऊपर पहाड़ों में जाकर सैयद को चैन मिलेगा, वह खुश रहेगा। नवाब ने उसे भरोसा दिलाया कि उन लोगों को पैसे की कोई कमी नहीं होने दी जाएगी। लेकिन सैयद ने पिता से मिलने से इनकार कर दिया।

इस बारे में जफर की प्रतिक्रिया निराशाजनक थी। अपने अपमान के बोझ से दबे जफर के उग्र, अफीम के नशे में पस्त दिमाग में न जाने क्यों यही बात आई कि हो न हो सैयद के जगदेवपुर से दूर जाने के फैसले के पीछे भी कोई गहरी साजिश छिपी है और दूर रहकर भी वह अपने लिए अच्छे से अच्छे साधन जुटाने में कामयाब हो जाएगा। जैसे वह विदेशी विश्वविद्यालय में शिक्षा पा सका, अपने लिए एक गोरी मेम भी ले आया और न जाने क्यों जगदेवपुर के लोगों का प्यार भी जीत लिया था उसने।

उधर अपने भाई की इस दुर्गति और पतन ने सैयद को बहुत चोट पहुँचाई। चाहे स्थितियाँ कितनी भी क्यों न बदल चुकीं थीं, लेकिन आखिर वे दोनों थे तो सगे भाई ही। बचपन में कितने प्यार से खेला करते थे। रक्त सम्बन्ध की पुकार इतनी जल्दी तो मिट नहीं जाती। लेकिन इस सबके बावजूद वह खुद को जफर से मिलने के लिए तैयार न कर सका।

एक तरह तो सैयद ने नया जीवन पाया था और मन-ही-मन इस अनुभूति से खुश था। वह किसी हालत में इसे नष्ट नहीं होने दे सकता था। कैथरीन और उसके बीच सहज वार्तालाप

फिर से शुरू हो गया था। उनकी पुरानी जीवन्तता लौट आई थी। वे अपने नए मकान के बारे में घंटों विचार-विमर्श करते रहते—उसका डिजाइन कैसा होगा, वे उसकी साज-सज्जा कैसे करेंगे। वे दोबारा वहाँ गए। और इसका प्रभाव भी पहली यात्रा जितना ही जादुई था। कुहरा पहली बार की तरह हवा के साथ लहराता घूम रहा था। उसी तरह बारिश हो रही थी। पहाड़ का चप्पा-चप्पा हरे रंग में रँगा हुआ था।

इस बार वे यात्रा के दौरान ज्यादा सक्रिय रहे। कैथरीन और गज सिंह की तरह इस बार सैयद ने खच्चर पर सफर किया। कुलियों को खाद्य सामग्री तथा आवश्यक उपकरणों के साथ आगे भेज दिया गया था।

जब वे लौटे तो सैयद चाहता था कि मकान के डिजाइन का काम यूरोपीय वास्तुकारों से करवाया जाए। वह स्विस शेले के विचार से बहुत ही प्रभावित था। लकड़ी से बनी आकाश को अपने नुकीलेपन से बेधती खड़ी अकेली सुन्दर कुटिया। लेकिन कैथरीन ने उसका प्रस्ताव सुनते ही अस्वीकार कर दिया। उसके मन में नए मकान की एक स्पष्ट छवि थी। उसने साफ कह दिया कि मकान का स्थापत्य स्थानीय मकानों की शैली जैसा होगा। उसे बनाने में भी स्थानीय सामग्री का उपयोग होगा और यहीं के लोगों द्वारा बनाया जाएगा।

इसका पूरा इन्तजाम करने का जिम्मा गज सिंह के कन्धों पर डाल दिया गया।

वह उसी समय काठगोदाम के लिए चल दिया और वहाँ से चार दिन बाद लौटा। उसके साथ था एक बदसूरत, झुकी-झुकी टाँगोंवाला आदमी प्रेमकुमार। पहाड़ों में निर्माण कार्य संयोजक था वह। वह जमीन पर बैठ गया और उसने चॉक लेकर उलटे-सीधे आकार में दो लम्बी रेखाएँ खींच दीं। और फिर उसके ऊपर एक दो मंजिल सन्दूकनुमा ढाँचा बना दिया। उस पर बनाई एक ढलवाँ छत, फिर चार छोटी रेखाओं में उसने सन्दूकनुमा ढाँचे की निचली मंजिल के अगले भाग में चार खम्भे बना दिए। एक बरामदे की आकृति उभर आई। बरामदे के ऊपर उसने एक सीध में छोटी-छोटी खिड़कियाँ बना दीं—जैसे ट्रेन के डिब्बे की खिड़कियाँ और फिर एक ढँकी हुई बालकनी। अब वह जरा आगे झुका और मुख्य भवन के पीछे दो भागों में विभाजित एक आयताकार ढाँचा बना दिया। रसोईघर तैयार था। फिर वह अपने पुट्ठों पर जरा हिला और मुख्य भवन के दोनों छोरों पर दो आयताकार ढाँचे और बना दिए। उनके पास ही दो आड़ी तिरछी रेखाओं में दो दरवाजों के आकार उभार दिए, अब नौकरों के रहने की जगह पर भी छत बना दी गई थी।

प्रेमकुमार को अपने काम में आनन्द आ रहा था। उसने मकान के चारों ओर दरवाजे के पास पेड़ उगाने शुरू कर दिए। यह नौकरों के क्वार्टरों को मुख्य मकान से छिपाए रखनेवाली बाड़ थी। कुछ पेड़ों के डालियोंवाले तने बनाए तो बाकी को घना छतनार दिखाया। वह पागल हो चला था। उसने उलटे आकार को एक ढलान का रूप देना शुरू कर दिया। फिर घाटी के फर्श पर लहराती धारा बहाने लगा—उस धारा में उसने चट्टानों और घास के गुच्छे बनाए और फिर बनाए पेड़ों और मकान पर परिन्दे उड़ने लगे। फिर वह बादलों का आकार उभारने लगा।

गज सिंह ने कहा—बस।

कैथरीन ने सैयद की ओर देखा। सैयद ने कहा—फैसला तुम्हें करना है। क्योंकि मकान तुम्हारा है।

कैथरीन ने अपनी कुर्सी फर्श पर बनी ड्राइंग के पास खींच ली और उँगली से संकेत करती हुई सवाल करने लगी।

कई घंटों बाद जब प्रेमकुमार वहाँ से चला तो उसके बैग में रुपए थे, चेहरे पर मुस्कान और टेढ़ी टाँगों में एक नई फुर्ती। तरंग की तीसरा उठान–नैनी की तरफ चढ़ने वाले रास्ते के सबसे पासवाला–मकान बनाने के लिए चुन लिया गया था। उस क्षेत्र में यही सबसे समतल स्थान और टैरेस थी और इससे मकान को अन्धड़ों से भी सुरक्षा मिल सकती थी जो गज सिंह के अनुसार गर्मियों में हर दोपहर में नियम से आते थे और कभी-कभी दूसरे मौसम में भी। हाँ, पानी की समस्या थी। क्योंकि आसपास जल का कोई नैसर्गिक स्रोत नहीं था। पर प्रेमकुमार जरा भी परेशान नहीं था। उसने बताया कि उसने इलाके में खोज कर ली है और बीरभट्टी के चढ़ान पर, तीन मील दूर नैनी से ठीक नीचे एक सदानीरा स्रोत है जिसका पानी एकदम मीठा है। वह वहाँ से पाइप बिछाकर पानी को मकान तक ले आएगा।

उसके चलने से पहले कैथरीन ने कहा–हमें तुम पर भरोसा है, पर तुम हमें एक ऐसा मकान बनाकर दो जिससे हमें कभी कोई शिकायत न हो।

गज सिंह ने कहा–और प्रेमी, अगर तुमने जरा भी गड़बड़ी की तो फिर तुम इस इलाके में कोई और मकान नहीं बना सकोगे।

अपनी झुकी टाँगों को हिलाते हुए प्रेम ने कहा–मेम साहब, आप निश्चिन्त रहें, यह मकान पूरे सौ वर्षों तक ठीक-ठाक रहेगा। फिर इसकी छत बदल देने पर अगले सौ सालों तक भी इसका कुछ नहीं बिगड़ेगा। आप देखना आनेवाले समय में मेरे बिछाए पाइप से निकलनेवाला पानी इतने लोग पिएँगे जितने अकबर की पूरी सेना में भी नहीं थे।

सैयद ने कहा–कैथ, तुम तो राजमजदूरों को भी खूब वाचाल बना दोगी।

सैयद लगातार स्वास्थ्य लाभ कर रहा था। कई सप्ताह बाद दिन ढलते ही बीतते नवम्बर में पहली सर्द हवा चलने लगी। कैथरीन ने रोज बाग में टहलना कम कर दिया और सैयद के बड़े शयन-कक्ष में चली गई। उसने सैयद को गज सिंह की देह से सन्तोष पाते देखा। चँदोवे वाले ऊँचे पलंग के पास केवल एक लैम्प रखा था और उसे भी मद्धिम रखा गया था। वह रोशनी की कँपकँपाती धारियों के बीच से गुजरकर अँधेरे कोने में रखी कुर्सी पर खामोश जा बैठी थी।

पलंग के बीचोबीच गज सिंह नग्न था। उसका छरहरा शरीर मांसल था। लैम्प की पीली रोशनी उसकी देह के ढलानों और वक्रों पर खेल रही थी। कभी सैयद की देह भी नाजुक और तराशी हुई हुआ करती थी–लेकिन इस समय सैयद का नंगा बदन छोटा और अत्यन्त दुर्बल मालूम दिया। गज सिंह की देह पर झुका हुआ आनन्द खोजने की कोशिश करता सैयद उसे बहुत दयनीय लगा। कैथरीन के मन में सहानुभूति और क्षोभ की तीखी चुभन उठी, फिर मन में जागी उत्कंठा ने उस भाव को दबा दिया।

वह देख पा रही थी कि सैयद अत्यन्त उत्तेजित स्थिति में पहुँचा हुआ था और वही उसकी नंगी देह की अकेली ताकत मालूम दे रही थी। लेकिन कैथरीन को यह भी महसूस हो रहा था वह पलंग पर मौजूद दूसरे आदमी में वैसी कोई प्रतिक्रिया नहीं जाग्रत कर पा रहा था। सैयद बेचैन भाव से अपने हाथों और मुँह से गज सिंह की देह को प्यार कर रहा था। इससे गज सिंह की देह उठ-गिर रही थी। जब उसकी देह कुछ पल के लिए ऊपर उठती तो उसकी देह से छरहरी सुगढ़ता मुखर हो उठती–एक किसान की देह में बैठा राजकुमार।

यह साफ पता चल रहा था कि गज सिंह इस सबके लिए तैयार नहीं था, वह तो अपनी निष्ठा दिखा रहा था बस। वह सिर के नीचे दोनों हाथ रखे लेटा मालिक को मनचाहा करने

की छूट दे रहा था। कैथरीन को उसका चेहरा एकदम भावहीन लग रहा था। पलंग पर तने चँदोवे को ताकते उसके चेहरे पर न आनन्द था न घृणा।

यह देखती कैथरीन के हाथ कुछ देर बाद अपनी टाँगों के बीच पहुँच गए और फिर वे फिसलने लगे। उत्तेजित सैयद गज सिंह की देह को मसल रहा था, खुद को भी सहला रहा था। उसकी काया पलंग पर उलट-पलट हो रही थी। इस आनन्द-यात्रा के दौरान कैथरीन की देह भी अन्दर से धीरे-धीरे आलोड़ित होने लगी। एक अवसाद उसे जकड़े ले रहा था। वह कुर्सी में गहरे धँस गई—उसके दोनों पैर सामने रखी नीची मेज के किनारे पर जा टिके। सैयद के मुँह से गीली आवाजें निकल रही थीं। कैथरीन की देह से एक न रुकनेवाली ऐंठन गुजर गई। उसने आँखें मूँदकर देह को आगे फैला दिया और भयानक उत्तेजना के बीच उसने खुद को मेज से टकराते महसूस किया।

जब उसकी आँखें खुलीं तो उसने गज सिंह को अपनी ओर देखते पाया। गहरी से गहरी छाया भी एक सुन्दर उत्तेजित नारी को अपने अन्दर नहीं छिपा सकती। कैथरीन उसी स्थिति में बैठी रही। उसने फैली टाँगों को पीछे नहीं किया न ही अपने स्पंदित हाथों को रोका। वह गज सिंह को, खुद को देखते देखती रही। उसने गज सिंह को एक छेड़े हुए कोबरे की तरह फनफनाते देखा। अचानक राजकुमार की कोमल देह में एक किसान की पेशियाँ उभर आई थीं। सैयद ने गज सिंह में उभरी इस अप्रत्याशित कामोत्तेजना को देखा, महसूस किया और एक सीत्कार करता हुआ उस पर आ पड़ा। पर गज सिंह सैयद की देह को निर्देशित करते हुए भी अपलक कामुक छायाओं से घिरी कैथरीन पर आँखें गड़ाए रहा।

अब दो पुरुष एक-दूसरे को धकियाते, खींचतान करते हुए अपना-अपना आनन्द पाने की कोशिश कर रहे थे।

कैथरीन की आनन्द-यात्रा का झूला और भी तेजी से घूमने लगा था। उसे अपना दम घुटता लगता, वह साँस नहीं ले पा रही थी। हर बार जब-जब उसने अपनी आँखें खोलीं तो पलंग पर जूझते उस छरहरे पुरुष को कोबरा की तरह फनफनाते हुए पाया। लेकिन यह सब करते हुए भी उसकी अपलक दृष्टि छायाओं में घिरी कैथरीन पर ही टिकी रही। वह कैथरीन को देखता रहा—वह जिस झूले पर सवारी कर रही थी उसके घूमने की गति तेज और तेज होती जा रही थी।

कामना ही कामना को जगाती है। सैयद बेहद उत्तेजित हो उठा था। उसका शरीर काँपकर नीचे झुका और सीत्कार करता हुआ शान्त पड़ गया। गज सिंह ने अपने मालिक का सिर थाम लिया और उसे जोर-जोर से तब तक हिलाता रहा जब तक उसके शरीर में दौड़ती सारी उत्तेजना का ज्वर उतर न गया। कोबरा का गर्व चूर-चूर कर दिया गया।

इस सबके बीच भी उसकी आँखें फिसलन भरी छायाओं से पलभर को भी अलग न हुईं और फिर वह भी एक अस्पष्ट आह के साथ शान्त हो गया। सब समाप्त हो चुका था, लेकिन गज सिंह की आँखें अब भी छायाओं में छिपी बैठी कैथरीन पर ही टिकी थीं। उसकी सुलगती आँखों ने कैथरीन की तप्त देह में अन्तिम लपट उठा दी और फिर वह जोर से सुलग उठी।

जब वह उस स्थिति से बाहर आई तो देह अब भी थरथरा रही थी। सैयद सो गया था। उसके धीमे खर्राटे कमरे में गूँज रहे थे। लेकिन गज सिंह उसी तरह देखता हुआ बैठा था।

उस रात कैथरीन अँधेरे में पलंग पर लेटी थी–खिड़कियाँ बन्द थीं–चाँदनी पारदर्शी परदों के पार चमक बिखेर उठी थी। वह तकियों के सहारे उठँगी हुई पलंग पर लेटी थी। अन्दर सब कुछ पिघल गया था लेकिन मन में भरपूर कामना जाग उठी थी। उसने दरवाजे को धीरे-धीरे खुलते देखा। गज सिंह चौखट पर देर तक खड़ा रहा जैसा कि उसने बाद में कहा था–ऐसा करने के लिए उसने काफी साहस जुटाया था। अँधेरे कमरे में उसकी छायाकृति और भी सघन दिखाई दे रही थी। उसका भरपूर चेहरा महसूस करती लेटी रही कैथरीन। वह प्रतीक्षा करती रही और उसे अपनी जाँघें गीली होती लगीं। कैथरीन को लगा गज सिंह घंटों वहाँ खड़ा देखता रहा और फिर जरा हिला। तब कैथरीन प्रतीक्षा में इतनी उत्तेजित हो गई थी शायद बिना स्पर्श के ही सुलग सकती थी।

गज सिंह ने धीरे से दरवाजा बन्द किया और चला गया। वह कैथरीन के जीवन की सबसे बेचैन रात रही। शायद उसी तरह जैसे सैयद ने छुटपन में अपने प्यारे पहले अध्यापक के निकाले जाने पर दुख मनाते हुए देह से आराम पाने की बार-बार कोशिश की थी, लेकिन हर बार असफलता हाथ लगी थी।

सैयद ने अगले दिन भी गज सिंह को बुला भेजा। लेकिन इस बार गज सिंह ने यह सुनिश्चित कर लिया कि कैथरीन को पता लग जाए कि वह मालिक के कमरे में जा रहा है। और जब कैथरीन छायाओं में खोई कुर्सी पर आ बैठी और गज सिंह जान गया कि वह उसे लगातार देख रही है तो इसके बाद ही उसकी देह जाग उठी थी। एक क्रोधित कोबरा ने सैयद को हिलाकर रख दिया था।

उस रात भी कैथरीन तकियों के सहारे उठँगी हुई दरवाजे की ओर देखती रही। दरवाजा नहीं खुला। अगले दिन वह फिर छायाओं में छिपी कुर्सी पर मौजूद थी और गज सिंह सैयद के साथ पलंग पर। फिर तो एक अजीब सिलसिला शुरू हो गया। कैथरीन और गज सिंह दोनों इस बात को जानते थे कि वह सैयद की नहीं कैथरीन की देह से खेल रहा है और इस अनुभूति के साथ वह मालिक को अपनी देह से खिलवाड़ करने देता। पलंग पर सैयद के साथ गज सिंह और अँधेरे कोने में कुर्सी पर छिपकर देखती कैथरीन के बीच एक प्रगाढ़ सम्बन्ध स्थापित हो गया। और बाद में कैथरीन उसके लिए जागती हुई लेटी रहती। उसके मन में यह इच्छा सिर उठाती रहती कि दरवाजा अब खुला, अब खुला। लेकिन गज सिंह उसके पास कभी नहीं आया।

सैयद पूरी तरह गज सिंह के प्रति आसक्त हो गया था। वह एक पल के लिए भी गज सिंह को अपनी आँखों से दूर नहीं होने देता था। जब सैयद स्टडी में होता तो गज सिंह को अन्दर दरवाजे के पास खड़ा रहने को कहता, बरामदे में बैठता तो गज सिंह बरामदे के दरवाजे के ठीक बाहर मौजूद रहता। जब सैयद बाग में टहलता तो गज सिंह उसके ठीक पीछे-पीछे चलता और जब वह शयन-कक्ष में जाता तो गज सिंह को भी वहाँ जाना पड़ता। सैयद ने कैथरीन के सामने यह स्वीकार किया कि वह गज सिंह से प्यार करने लगा था। किसी के प्रति उसका इतना लगाव नहीं रहा था। और तो और उम्मेद से भी नहीं।

यह सुनकर कैथरीन को पिता जॉन और माँ एमिली का स्मरण हो आया और याद आई कामना की विचित्रता। उस विरक्ति का विचित्र खिंचाव जो सर्वाधिक आवेशित व्यक्ति को भी कुन्द कर सकती है।

कैथरीन अब अपनी लिखी डायरियों को ताले में बन्द रखने लगी। वह डायरियों को अपनी स्टडी से अपने शयन-कक्ष में ले आई। डायरियों को लकड़ी की मजबूत पेटी में रखकर उस

पर ताला जड़ दिया। अब उसके मन में ऐसे विचार भी आने लगे थे जिन्हें वह सैयद से छिपाकर रखना चाहती थी। आजकल उसे बहुत कम नींद आती थी। उसके बदन में हर समय दर्द होता रहता। और जब सैयद के कमरे में रोज होने वाले देह पर्व के खत्म होने पर लौटती तो उसे आराम नहीं ज्वर महसूस होता।

सामान्य कामक्रिया में शरीर को सहलाना, दबाना आराम देता है लेकिन अधिक आवेश में यह बेचैनी को ज्यादा बढ़ा देता है।

कैथरीन थी एक बम जिसके फ्यूज में पलीता लगा दिया गया था।

प्रेमकुमार हर तीन सप्ताह बाद काम की प्रगति की रिपोर्ट पेश करने आया करता था। जमीन पर टैरेसों की सफाई करने के बाद उन्हें समतल बना दिया गया था। चारदीवारी बना दी गई थी और बाहरी दीवारों पर काम चल रहा था। दीवारों के लिए पत्थर तथा प्लास्टर के लिए चूना मँगाने का ऑर्डर दिया जा चुका था। छत पर लगाने के लिए टीन भी मँगवाया जा रहा था। ढाँचे को टिकाने के लिए लकड़ी की कड़ियाँ और लोहे के गर्डर आनेवाले थे। चीड़ के तख्ते चीरने और छीलने के बाद नमी के सूखने के लिए चट्टों में रख दिए गए थे। वह जब आता तो फर्श पर बैठ जाता, कुछ रेखाएँ खींचता, डिजाइन बनाता और अपनी हाफ जाकेट में रुपए और धनुषाकार टाँगों में फुर्ती भरकर लौट जाता।

योजना बनाकर कुछ चालाकी दिखाते हुए कैथरीन ने फरवरी में सुझाव दिया कि निर्माण कार्य की ताजा स्थिति की जानकारी लेने के लिए उन्हें गेथिया जाना चाहिए। गज सिंह बोला कि यह साल के सबसे ठंडे मौसम का समय है और वहाँ कुहरे के अलावा हिमपात का डर भी होता है। सैयद को मुश्किल से समझा-बुझाकर राजी किया गया कि वह वहाँ जाने का खतरा न उठाए।

जब वे रवाना हुए तो बहुत तनाव में थे।

उन्होंने काठगोदाम से चढ़ाई शुरू की तो वहाँ से जुड़ी रोमांचक खुशी को एक बार फिर महसूस किया। इस बार कुछ दूसरी आशाएँ और आकांक्षाएँ इसका रोमांच और भी बढ़ा रही थीं। मकान का निर्माणस्थल गतिविधियों से गूँज रहा था और आश्चर्यजनक रूप से साल के इस समय भी इस पर धूप खूब पड़ रही थी और खुले में गरमी महसूस होती थी। लेकिन पेड़ों की छाया में जाते ही ठंड फिर से हड्डियों में घुसने लगती थी।

पत्थरों के ढेर लगे थे, लकड़ियों के ढेर थे, बजरी के ढूह, लोहे के गर्डर, गेल्वनाइज्ड टीन की चादरें हर कहीं बिखरी थीं। प्रेमकुमार तराशे गए पत्थरों के ढेर पर बैठा हुआ घास का तिनका चबाते हुए कामगारों पर चीख-चिल्ला रहा था। उसने कैथरीन को देख लिया लेकिन पत्थरों के ढेर से तभी कूदकर नीचे आया जब उसे विश्वास हो गया कि कैथरीन ने उसे कड़ी मेहनत करते देख लिया है। उसने गर्वीले भाव से हाथ को लहराकर बताया—पत्थर की दो फीट मोटी दीवारें खड़ी हो चुकी थीं, हालाँकि अभी छत डालनी शेष थी लेकिन उसके बिना भी मकान की भव्यता और मजबूती का आभास जैसे पूरी घाटी में फैल जाता था, और उसे मीलों दूर से देखा जा सकता था। कैथरीन ने तो उसे ज्योलीकोट से ही देख लिया था। उसने गज सिंह से कहा था—मकान वहाँ किसी शेर जैसा बैठा है अपने साम्राज्य की नजरदारी करता हुआ।

लेकिन इस समय कैथरीन को उसकी कुछ ज्यादा चिन्ता नहीं थी। बस जो कुछ दिखाया जा रहा था वह उसे ही देख रही थी, काम की प्रगति के बारे में जो बताया जा रहा था उसे

ऊपरी मन से सुन रही थी। उसने अनगढ़ ढंग से तराशे गए पत्थर पर अपनी उँगलियाँ फिराईं, सुनहरी लकड़ी को ठकठकाया लेकिन उसका दिमाग तो आगे आनेवाले क्षणों के बारे में सोच रहा था।

जल्दी ही रात घिर आई और ठंड बारिश की तेजी के साथ नीचे उतर आई। कपड़े भीगे तो बदन कँपकँपाने लगा। मिनटों में सारे मजदूर अँधेरे में खो गए और जल्दी ही पास में जलते अलावों की कौंध से ही यह आभास मिलने लगा कि वे कहाँ मौजूद हैं।

गज सिंह के आदमियों ने टेंट लगा दिए थे लेकिन कैथरीन ने कहा कि वे उसका बिस्तर भूतल पर बने एक कमरे में लगाएँ, जिसमें फर्श पर पहले ही चीड़ के तख्ते लगाए जा चुके थे। यह कमरा पीछे की तरफ था। इसका रास्ता बड़े कमरे से होकर था। सबसे पहला लकड़ी के तख्तों का फर्श इसी कमरे में तैयार हुआ था। अनेक दशाब्दियों बाद, लम्बी और भयानक सदी के अन्त में यह फर्श पूरी तरह गायब हो चुका होगा और कहीं-कहीं केवल जंग खाए टीन और फर्श पर घुन खाई लकड़ी के तख्ते बचे होंगे—और ऊपर देखने पर छत के गायब तख्तों और अदृश्य हुई छत से नीला साफ आसमान नजर आएगा।

निर्माण के अन्दर ही छिपा होता है क्षय।

तब तो उस पर ताजी छीली गई लकड़ी की सुनहरी चमक थी—चीड़ के रंग की नशीली गन्ध। किसी सन्दूक की तरह बन्द कमरा आरामदेह था। गज सिंह ने राजमजदूरों द्वारा मसाला मिलानेवाली एक ट्रे में लकड़ी की छिपटियाँ जलाकर उसे गरम रखने का इन्तजाम कर दिया था।

कमरे में जाने से पहले कैथरीन कुछ देर बाहर घूमती रही—ऊन का स्कॉर्फ लपेटकर। आकाश में सर्दी के झीने बादल काफी नीचे उतरे हुए थे और वे सितारों की चमक को रोक रहे थे—लेकिन चाँद बड़ा था और चाँदनी में अगर आप जमीन के उठान के छोर के पास खड़े हों तो ज्योलीकोट घाटी चाँदी का चमत्कार मालूम पड़ती थी। आप सड़कों के फीते, सुदूर बने मकानों के आकार, अँधेरे में छेद करते झिलमिल प्रकाश बिन्दु और पर्वतों के अँधेरे में डूबे आकार के ऊपर देवदार वृक्षों की सैनिकों की तरह मार्च करती कतारें—सिर पर जैसे बड़े जर्मन हैल्मेट जैसे पहने हुए देख सकते थे।

गज सिंह कुछ हटकर उसके पीछे खड़ा था। उसके एक हाथ में लालटेन थी और दूसरे में था एक गँड़ासा, जिसका फाल चाँदनी में चमक रहा था। पिछले बीस वर्षों में उस क्षेत्र के अनेक बाघों के मुँह मानव मांस का स्वाद लग गया था। उन दिनों चर्चा गरम थी की बीरभट्टी के नीचे एक गहरे बरसाती नाले में एक तेंदुए ने अपना ठिकाना बना लिया था।

वे दोनों मकानों से दो टैरेस ऊपर खड़े थे। प्रेमकुमार ने इसी स्थान पर पानी की टंकी बैठाई थी और पहाड़ी तथा घाटी के ऊपर से ले जाते हुए पाइप लाइन को मकान तक पहुँचा दिया था। टंकी में प्राकृतिक स्रोत से आनेवाला ताजा पानी भरने लगा था। टंकी में पानी गिरने की कलछल सुनाई दे रही थी। उसके साथ ही झाड़ियों में कीट-फतिंगों की एकरस चिर-चट्ट भी उभर रही थी। बीच-बीच में कभी कुत्ते का भौंकना सुनाई दे जाता। कैथरीन अपनी दाईं ओर मुड़ी तो उसे मकान की दीवारें दिखाई दीं—ठीक अपने नीचे ऊपर की तरफ उठती हुई। दीवारों का सिर नंगा था, वहाँ अभी छत नहीं पड़ी थी। अचानक उसे टक-टक की ध्वनि सुनाई दी जो नियमित अन्तराल पर लगातार सुनाई दे रही थी। उसने गज सिंह से जानना चाहा कि क्या वह किसी घोड़े की आवाज थी? वह बोला—नहीं, यह एक तरह का परिन्दा था जिसे आप

कभी नहीं देख पाते। यह सिर्फ रात के समय ही बोलता है। यह लोगों को चेतावनी देता है कि जब वे सो रहे हैं समय तब भी भागा चला जा रहा है।

सर्द रात की हवा में तनाव की अनुभूति चाँद से भी ज्यादा घनी थी।

यह हल्ला बोलते गैंडे के झुंडों को भी रोक दे सकती थी।

वे फिसलन भरे रास्ते पर उतरने लगे। गज सिंह उससे जरा ही आगे चलता हुआ एक तरफ लालटेन की रोशनी दिखाता बढ़ रहा था। तभी अचानक कैथरीन, कंकड़ों पर जरा फिसल गई, उसका टखना मुड़ गया। वह चौंक पड़ा, लेकिन उसके दोनों हाथ रुके हुए थे इसलिए वह कुछ नहीं कर सकता था। कैथरीन सँभल गई और डरते हुए धीरे-धीरे कदम बढ़ाती हुई नीचे तक आ गई। दरवाजे पर पहुँचकर वह जरा ठिठक गया। और वह क्षण उनके बीच उबासी लेने लगा—अनिश्चय और सर्पिल इच्छा से भरपूर। समयहीन पहेली को जानना या न जानना। एकदम सही कदम उठाना, जो बर्फ को चकनाचूर किए बिना भी उसे जरा-सा तोड़ दे।

जब गज सिंह ने उसकी ओर देखा तो वह कहीं और देख रही थी और जब कैथरीन की नजरें उसकी ओर घूमीं तो गज सिंह की आँखें नीचे झुकी थीं। वह अनिश्चित क्षण गुजर गया था।

गज सिंह जाने लगा तो बोला कि वह कमरे के ठीक बाहर ही सोएगा। कैथरीन पलंग पर जा लेटी। उसने मोटी डिजाइनदार रजाई नहीं ओढ़ी। उसकी देह जल रही थी, वह क्रोध और क्षोभ से उबल रही थी।

जाना हुआ लेकिन फिर अनजाना।

वह सही कदम जो बर्फ को चकनाचूर किए बिना उसे तोड़ दे।

वह कल्पना की आँखों से गज सिंह को सैयद के विशाल पलंग पर झालरदार रेशमी चँदोवे के नीचे लेटा देख रही थी। उसका सुन्दर छरहरा मांसल शरीर और एक कोबरे की तरह फनफनाती हुई उसकी नग्नता। सैयद गज सिंह को अपने हाथों से, मुँह, गाल, नाक से स्पर्श कर रहा था और वह सिर्फ देख भर सकती थी। लेकिन गज सिंह तो उसे ही देख रहा था और आप बिना देखे बखूबी समझ सकते थे कि वह क्या चाहता था।

और अब कैथरीन साढ़े पाँच हजार फीट की ऊँचाई पर एक अधबने मकान में अकेली लेटी थी। यहाँ न सैयद था, न मकबूल, न बन्नो। कोई नौकर-चाकर नहीं—सिर्फ गज सिंह। कमरे के दरवाजे के ठीक बाहर मौजूद था—उसकी पुकार की प्रतीक्षा करता हुआ। लेकिन यह स्थिति कैथरीन के द्वारा सैयद के कमरे के छिपे कोने में कुर्सी पर बैठे रहने की तरह ही निराशाजनक थी। इच्छा और क्रोध उसके अन्दर एक तालाबन्द बच्चे की तरह मुक्के बरसाते थे। वह बच्चा जो अपना क्रोध व्यक्त करना चाहता था। कैथरीन ने हाथ से जो कुछ किया या मन में सोचा वह सब उग्र भावनाओं को शान्त करने में असमर्थ था।

वह बहुरंगी स्वप्न-संसार में उड़ती चली गई। पेरिस की पुष्ट उरोजोंवाली वेश्याओं के भड़कीले शयन-कक्ष जहाँ अतियथार्थवादी तमाशे किए जाते थे। सैयद के विशाल पलंग पर दो उत्तान शिश्न आपस में भिड़ते हुए, शिकागो में पिता के स्टोर में बचपन में देखी हुई विस्मृत छवियाँ जिनमें एक सुन्दर राजकुमारी अपने दुष्ट नौकर के सामने खड़ी उसके तने, फूले हुए शिश्न को अपने अन्दर समाने का प्रयास करती हुई। वह वहाँ हर जगह मौजूद था—पेरिस में, सैयद के पलंग पर, राजकुमारी के हाथों में।

लेकिन किसी ने दरवाजा नहीं खोला। बीतता समय एक यातना में ढल गया।

बीच में उसे लगा जैसे रात बीत गई है और दिन की पहली किरण फूट रही है। मोटी दीवारों और बन्द खिड़कियों के कारण कमरे में इसका हल्का सा आभास था। छत में लगे लकड़ी के फट्टों की दरारों के बीच से रोशनी की झलक मिल रही थी। अब वह मोटी रजाई में लिपटी थी। जैसे ही नींद खुली, मन में इच्छा भी जोर से अँगड़ाई लेने लगी। अन्दर ही अन्दर वह सिकुड़-सिहर गई। वह पैर घुमाकर पलंग से उतरी। पर जैसे ही उसने अपना दायाँ पैर फर्श पर रखा दर्द की तीखी चुभन उसे तड़पा गई। उसने जोर से गज सिंह को पुकार लिया।

गज सिंह ने कैथरीन को बाद में बताया था कि वह उसके बुलावे की प्रतीक्षा में सारी रात जागता रहा था।

वह दौड़कर अन्दर आया और कैथरीन ने अपना पैर आगे कर दिया। वह फर्श पर झुक गया और अपने दोनों हाथ उसके टखने पर टिका दिए—कैथरीन की टाँगें जैसे अनायास ही कुछ खुल गईं। गज सिंह टखने के नीचे एक हाथ टिकाकर दूसरे से टखने और उँगलियों को सहलाने लगा। फिर उसने कैथरीन की ओर नजरें उठाईं जैसे जानना चाहता हो क्या इस तरह ठीक है। कैथरीन की आँखों ने उसे बाँध लिया और यही वह क्षण था जो एकदम सामने आ खड़ा हुआ था। जब कुछ न जानने की स्थिति से निकलकर आप सब कुछ जान जाते हैं। उसने अपना दायाँ हाथ बढ़ाया और गज सिंह का सिर पकड़कर उसे अपने अन्दर झुका लिया, उसके बाएँ हाथ ने अपनी पोशाक को ऊपर उठा दिया और बहुत दिनों से अन्दर बन्द आदिम गन्ध ने छोटे से कमरे को भर दिया। गज सिंह का मुँह उसकी चमकती जाँघों पर फिसल गया। गज सिंह का मुँह उसे ढूँढ़ पाता, इससे पहले ही वह तिरछी होकर दबी आवाज में चीख उठी।

गज सिंह ने उसके भीगे पंखों को अपने होंठों से पकड़कर उन्हें अपनी जीभ से कोमलता से पोंछ डाला और वह उड़ने लगी। एक घंटा बीत चुका था और वह अब भी आकाश में थी, तभी काम पर आ पहुँचनेवाले कामगारों की आवाजें उसे आकाश से धरती पर ले आईं।

वे दो दिन के लिए वहाँ आए थे लेकिन पाँच दिन तक टिके रह गए। इस विलम्ब का समाचार देने के लिए एक हरकारे को सैयद के पास भेज दिया गया। उन पाँच दिनों में कैथरीन ने अपने अन्दर छिपे उस गहन कामावेश को अनुभव किया जिसकी उसे कल्पना भी नहीं थी। बीते वर्षों में वह इस निष्कर्ष पर पहुँच चुकी थी कि सेक्स के लिए उसकी कामना एक नियन्त्रित आवश्यकता है। वह जब चाहे उसका आनन्द ले सकती है और फिर कुछ दिनों के लिए उसकी तरफ से विरत भी हो सकती है। उस कामोत्तेजना का उस पर कोई प्रभाव नहीं था।

उसे लगा था कि सैयद से संवाद करने में, उसकी बुद्धिजीविता में, सैयद के प्यार में उसे मानसिक और शारीरिक शान्ति मिल गई है। देह की भूख का अर्थ उसके लिए अपनी देह को सहलाना, दबाना, मसलना भर था। और वह समझती थी इसका आनन्द इच्छानुसार जब चाहे प्राप्त कर सकती थी।

पेरिस में रुडयार्ड के दिनों से कुछ ऐसा ही होता आया था कि उसने एक ही आदमी के साथ एक से अधिक बार नहीं किया था। कैथरीन की दृष्टि से कड़ा तना हुआ शिश्न और उत्तप्त शरीर केवल सेक्स प्राप्ति के माध्यम भर थे। उसे सेक्स में विविधता प्रिय थी। और वह जब चाहती आनन्द प्राप्त कर सकती थी। पिता जॉन का यह सन्देश बहुत दिन उसका

आदर्श रहा लेकिन अब वह अति कामोत्तेजना के नए आविष्कार कर पा रही थी—नए सबक सीख रही थी।

पाँच दिनों में उन दोनों ने पच्चीस बार प्यार किया। वह हैरान थी, असीम उत्तेजना के उस दौर में भी वह इस संख्या को याद रख सकी थी। रात में वे एक बार में मुश्किल से एक घंटे से ज्यादा नहीं सो पाते थे। उन्होंने योजना बनाई थी वे दोनों उस जलस्रोत तक होकर आएँगे जिसका पानी नल द्वारा मकान में पहुँचता था। पर वे गए नहीं। क्योंकि दोनों ही ज्यादा से ज्यादा समय मकान के आसपास बिताना चाहते थे ताकि जरा सा मौका मिलते ही मकान में गुम हो सकें।

वे एक-दूसरे के हाव-भाव से इतने परिचित हो गए थे कि चोर नजर से देख लेना ही सम्भोग का आनन्द देनेवाला बन जाता था। कैथरीन अपने अन्दर सदा एक गीलापन अनुभव करती रहती और हर बार जब वह गज सिंह के निकट जाती तो वह प्यार करने के लिए तत्पर, तना हुआ मिलता।

वह उससे दूर नहीं रह पाती थी। हर कुछ मिनट बाद वह गज सिंह को बुला भेजती। उसे लेकर मकान के किसी एकान्त कोने में चली जाती—उसे चूमती-सहलाती रहती। कभी-कभी यह केवल गीले, चिपचिपाते हाथों और मुँह द्वारा होता। तो कभी वह खड़ी होती और गज सिंह उसमें प्रवेश कर जाता—एक पागल उत्तेजना से धड़धड़ाते हुए। उसकी पोशाक ऊपर उठकर उसके उरोजों के नीचे अटक जाती और वह पत्थर की सख्त दीवार का सहारा लिये खड़ी रहती।

यह एक विचित्र स्थिति होती—एकदम अव्यावहारिक, लेकिन वह जरा घुटने झुकाता और उसका आवेशित सिर कैथरीन को आसानी से खोज लेता। यह स्थिति आनन्द पाने के लिए एकदम सटीक सिद्ध होती।

कभी-कभी वे अस्थायी तृप्ति के भाव से अलग हो जाते तो कभी उत्तेजना की आग उन्हें झुलसा डालती।

तीसरी सुबह गज सिंह को भूमियाधार के पास चीड़ के कुछ तनों को जाँचने के लिए जाना पड़ा ताकि फिर उन्हें चीरने के लिए हल्द्वानी भेजा जा सके। वह सिर्फ दो घंटे के लिए गया था। लेकिन कैथरीन को वह विछोह बहुत लम्बा महसूस हुआ। वह आवेग को अपने अन्दर नहीं सँभाले रख सकी और पलंग पर जा लेटी, अपनी उँगलियों से खोजती हुई उस सनसनी के उतार-चढ़ाव झेलती हुई जो इतनी देर से उसे हिलाए डाल रही थी। जब गज सिंह लौटा तो पूरी तरह तैयार था और वह कमर के बल पलंग पर लेटी थी। वह बिना एक भी शब्द बोले उसमें समा गया था।

उस दिन दोपहर के भोजन के समय गज सिंह ने मजदूरों को छुट्टी दे दी। उनसे कहा कि मेम साहब की तबीयत ठीक नहीं है और ठोकने-पीटने के शोर से उनकी तबीयत और भी बिगड़ जाती है। वे लोग मकान की चारदीवारी के साथ बनी अपनी झोंपड़ियों में चले गए और फिर दिन की रोशनी में वह उसकी देह का मुआयना करने में जुट गया। गज सिंह ने पाया कि वह एक गोरी मेम ही नहीं, उत्तेजक रूप से सुन्दर भी है। वह कैथरीन की देह को बार-बार उलटता-पलटता रहा, सहलाते और चूमते हुए। देह के बड़े और लघु अंगों को—उसके चिकनेपन और बालों से घिरे आकार को, उसके तनाव और नरमाई को छूते हुए। बाद में उसने कैथरीन

से बार-बार कहा था—वह सोच भी नहीं सकता था कि आखिर उसने ऐसा क्या बड़ा काम कर दिया था जो कैथरीन ने उस पर इतना प्यार लुटा दिया था।

वहाँ आखिरी रात को वह कैथरीन को टंकीवाले टैरेस पर ले गया। असंख्य तारे तीखेपन से चमक रहे थे—उनकी तादाद इतनी ज्यादा थी कि लगता था जैसे वे परस्पर एक-दूसरे को परे धकेल रहे हों। उन्हें लगा जैसे यह उनकी मात्र कल्पना नहीं थी, सच में ही ऐसा हो रहा था क्योंकि हर कुछ मिनट बाद एक तारा धकेला जाकर आकाश में प्रकाश की लकीर खींचता हुआ लुप्त हो जाता। मजदूरों के अलावों की आखिरी लपटें भी शान्त हो चुकी थीं। घाटी पर पसरे काले लबादे में शायद ही कहीं प्रकाश बाकी बचा रह गया था। झाड़ियों में शोर था और टंकी में नल से पानी शोर करता हुआ गिर रहा था। इन बीते पाँच दिनों में गज सिंह के अन्दर एक नया विश्वास आ गया था। वह गीली घास पर बैठा कैथरीन के पैरों में झुका हुआ था। उसका सिर कैथरीन की पोशाक के अन्दर था और उसकी इस आवेशित क्रिया ने कैथरीन को आकाश में बहुत ऊँचे उठा दिया था।

कैथरीन के हाथों ने उसे वहाँ टिकाए रखा। वे उसे राह दिखाते गए और फिर कैथरीन की आँखें मुँद गईं। वह हल्की होकर बहुत ऊपर उठ गई। वह बन गई थी घाटी की रानी। बाद में जब वे अन्दर गए तो उनके कपड़े पाले से गीले हो चुके थे लेकिन नसों में दौड़ता रक्त गरम और तेज-तेज धड़क रहा था।

अगली सुबह खच्चर की सवारी भी एक कामोत्तेजक अनुभूति बन गई। देह खरोंचों से भरी थी लेकिन वह पीड़ा भी सुखकर थी। जब भी खच्चर का कदम बहकता तो वह दर्द के आनन्द में भरकर सीत्कार कर उठती। गज सिंह साथ-साथ दूसरे खच्चर पर सवारी कर रहा था। जब वह पीड़ा से मुँह बिचकाती तो वह अपना चौड़ा चेहरा कैथरीन की ओर घुमाकर सबकुछ जानने के अन्दाज में मुस्कुरा उठता।

सैयद चिंतित भाव से उनकी प्रतीक्षा कर रहा था। उसने कैथरीन से साफ कह दिया कि उन लोगों के जाने के बाद से वह गज सिंह के विछोह में तड़पता रहा है। उसने गज सिंह की याद में छह कविताएँ लिखी हैं। उनमें उसके हाथों, मुँह, जाँघों, नाभि, कुचाग्रों और शिश्न के गीत गाए गए हैं। दस साल में पहली बार ऐसा हुआ है कि गज सिंह को याद करते हुए वह इतना उत्तेजित हो उठा कि उसे खुद को हाथों से आराम देने पर मजबूर होना पड़ा।

सैयद ने कहा—कैथ, मैं उसके लिए बेचैन हूँ लेकिन मुझे नहीं लगता कि उसे मेरी जरूरत है। मैं समझता हूँ वह सिर्फ कर्तव्य समझकर ही मुझे सहन करता है। लेकिन इसका एक डरावना पहलू यह है कि जब तक मैं उसे हासिल करता रह सकता हूँ, मुझे उसकी इस सोच की कोई परवाह नहीं। हो सकता है उसके मन में मेरे लिए कोई भाव न हो, लेकिन मेरे मन में दोनों के लिए ही इस सबकी काफी गुंजाइश है।

कैथरीन चुप सुनती रही। सैयद के कहे का मतलब समझने की कोशिश करती रही।

वह जानती थी कि नए प्यार की चिन्ताएँ जल्दी ही दुनिया को छोटा कर देंगी।

उसे याद आया कि कैसे अपने स्वभाव के विपरीत शुरू में सैयद उम्मेद के प्रति स्वामित्व भाव रखता था। कैसे उसने घोड़ों के उस रखवाले को किसी और से कोई भी सम्बन्ध रखने से मना कर दिया था। और फिर जब उसके प्रति सैयद के आवेग-आवेश में उतराव आया था

तो कैथरीन ने अपनी आँखों से देखा था कि कैसे उम्मेद उदास आँखों से मालिक के पलंग पर अपनी जगह न जाने कैसे-कैसे लोगों को लेते हुए देखा करता था। अकसर ही वह अपने शयन-कक्ष की खिड़की से बाहर देखती तो उम्मेद को फिरंगीपानी के नीचे पुट्ठों पर बैठे देखती। उसका कोमल चेहरा भावहीन दिखाई देता। सिर पर पगड़ी लिपटी होती और पेड़ से तोड़ा गया पीली सूत उसके हाथ में धीरे-धीरे हिलता होता।

उसे यह भी याद था कि कैसे लोगों ने बताया कि जब उसके गले में फाँसी का फन्दा डाला जा रहा था तो वह जोर से सैयद का नाम पुकार उठा था।

कैथरीन को भी उम्मेद जैसी अनुभूति हो रही थी। कमरे के अँधेरे कोने में रखी कुर्सी पर बैठे हुए उसे लगता था कि वह वहाँ नहीं बल्कि बाहर खड़े फिरंगीपानी के नीचे बैठी है, बेचारे उम्मेद की तरह–एक हताश क्रिया जिसमें उदास विचार मन को मथते रहते थे। उसके हाथ अपनी देह पर थम से गए। वह नहीं चाहती थी कि अब सैयद उसके प्रति उस तरह की कामोत्तेजनावाला खेल करे। उसके मन में तरह-तरह की स्मृतियाँ उभर रही थीं। वह अब गज सिंह की देह की आहट में आनन्द लेना चाहती थी। उसके किसानी हाथों का कठोर लेकिन आनन्ददायी स्पर्श, उसका लचीला मुँह, उसकी जलती हुई उत्तेजना का आनन्द।

वह हर रात गज सिंह की हिस्सेदारी करती थी लेकिन उसका मन कभी भरता ही न था। वह सैयद के सोने के बाद ही आ पाता था और इसमें अकसर देर हो जाती। इस बीच उसका इन्तजार करते हुए कैथरीन के हाथ अपनी देह को दबाते, मसलते, नोचते रहते। उसके आने तक वह अपनी उग्र होती जाती उत्तेजना पर मुश्किल से नियन्त्रण रख पाती थी। जब वह आकर दरवाजा खोलता तो कैथरीन की उत्तेजित चाहत की गन्ध पूरे कमरे में तैर रही होती। और जब वह पास पहुँचकर उसे छूता तो वह कामोत्तेजना के कगार पर अटकी हुई थरथरा रही होती।

वह गज सिंह के प्रथम छुअनवाले क्षण को प्यार करती थी–मुँह पर टिका उसका मुँह। उसकी बीचवाली उँगली का सिरा जो अत्यन्त नरमाई से उसकी देह का द्वार खोलने में लगा होता। गज सिंह की उँगली की यात्रा धीरे-धीरे चलती रहती, बहुत हल्के कदमों से बढ़कर उठान के शीर्ष पर जा पहुँचती जहाँ एक उभार पहरेदार-सा जमा होता। फिर उस पहरेदार और हमलावर उँगली के बीच कुछ देर तक मीठी नोक-झोंक चलती रहती–दोनों एक-दूसरे के इर्द-गिर्द नाचते रहते। उँगली आगे बढ़ती, दूसरी तरफ से बचाव किया जाता। इस खेल में वह जैसे साँस भरना भूल जाती और उसकी देह लहराती हुई सीत्कार करने लगती।

जब तक गज सिंह वहाँ रहता, यह दौर खत्म न होता। चुक जाने के बाद भी वह बस न करता, कैथरीन को चूमता जाता, सहलाता रहता। जब वह अपनी देह पर सफर करते उसके हाथों को थामना चाहती, क्योंकि उत्तेजना की उतनी ऊँची उठान उससे और बर्दाश्त नहीं हो पाती थी, तो वह उसके कानों में प्यार भरी आवाज में फुसफुसाने लगता।

कैथरीन ने कभी किसी दूसरे पुरुष को इस भावपूर्ण ढंग से अपनी देह की पूजा करते नहीं देखा था। रुडयार्ड के पेरिस के व्यभिचार का हुड़दंग, सैयद की गर्मजोशी से भरा कामुक संग-साथ और उसके साथ छोकरों का सही ढंग से शरीर क्रिया करना–इस सबके बीच उसे सन्तोष-सन्तुष्टि की अनुभूति तो होती थी लेकिन इस तरह की पूजा का भाव तो कभी अनुभव नहीं हुआ था। गज सिंह निरन्तर कामातुर स्थिति में डूबा हुआ उसकी देह के निकट आता था। और जब सुबह मुँहअँधेरे उसके जाने का समय आता तब भी गज सिंह की देह का कोई

अंग कैथ की देह के किसी अंश को पागलपन से प्यार करने में डूबा होता। गज सिंह के चले जाने के कुछ मिनटों के अन्दर ही कैथ की नींद रह-रहकर टूटती और वह फिर से उसके लिए मचलने लगती।

उसने इस बारे में सैयद को कभी कुछ नहीं बताया। हालाँकि अगर वह ऐसा करती तो शायद उसे गज सिंह तक पहुँचने में ज्यादा आसानी होती। वैसे गज सिंह के साथ अपने प्रेम सम्बन्ध को यों गुप्त रखना उन दोनों के लम्बे समय से चले आ रहे प्रेम सम्बन्धों के विपरीत ठहरता था। लेकिन न जाने क्यों उसका मेम मन इसको छिपाए रखना का ही सन्देश देता था। उसने सोचा अगर सैयद ने उन दोनों को देह सम्बन्ध बनाते हुए देख लिया तो वह अन्दर से एकदम टूट जाएगा। लेकिन उन दोनों के आवेग-आवेश की गहराई छिप नहीं सकती थी। अगर तेल में आग लगाई जाए तो क्या उससे लपट नहीं उठेगी? कैथरीन ने समझ लिया कि सैयद पहले ही गज सिंह के प्रति अपने अतृप्त प्यार के अधूरेपन से जूझ रहा है। ऐसे में उसके और गज सिंह के प्रेम सम्बन्धों को वह किसी भी तरह सह नहीं पाएगा।

जल्दी ही उसने तय कर लिया कि जब सैयद अपने किसी पुरुष प्रेमी के साथ देह का खेल खेल रहा हो तब वह छाया में डूबी कुर्सी पर बैठी रहकर उसकी मूकदर्शक नहीं बनेगी। यह सब देखकर उसका मन बहुत खराब हो उठता था। लेकिन गज सिंह उसकी यह बात मानने को तैयार नहीं हुआ। उसका तर्क था कि यदि कैथरीन हमेशा की तरह कोने में बैठी नहीं देख रही होती तो उसके अन्दर उत्तेजना का संचार होगा ही नहीं। और इस हालत में सैयद नाराज हो सकता था, गुस्से में आकर सारी बात बिगाड़ दे सकता था।

इसलिए कैथरीन को गज सिंह की बात माननी पड़ी।

कैथरीन के नशे में गज सिंह बुरी तरह डूब चुका था। हर रात उसके साथ जोशीले ढंग से बिताने के कारण वह इतना थक जाता था कि अपने मालिक के शरीर की प्यास बुझाना उसके लिए एक भयानक आफत बन जाता। उसने कैथरीन से इस बात की शिकायत की। उसने साफ कह दिया कि वह इस स्थिति को अब और सहन नहीं कर सकता। सैयद की इच्छा पूरी करने के बाद वह अपने प्रति गहरी घृणा से भर उठता है। इसके बाद लगातार तीन दिन तक वह सैयद के पलंग पर कुछ भी न कर सका, एकदम निष्क्रिय बना रहा। सैयद लाख कोशिश करके भी गज सिंह की देह में उत्तेजना नहीं जगा सका। जब सैयद रुकता तो गज सिंह का शरीर जाग उठता। कमरे में फैली पीली रोशनी में उसका शरीर पसीने से नहा उठता, पर परिणाम कुछ न होता। सैयद के प्रेमी का शरीर गौरव अपने खोल में ही छिपा रहता—उसमें कोई हरकत न होती।

ऐसा नहीं था कि गज सिंह ने कोशिश नहीं की। उसने बहुत प्रयास किया। वह छायाओं में छिपी कुर्सी पर खामोश बैठी कैथरीन की कामुक छायाकृति को देखता और चाहता कि उसकी देह जाग उठे, जैसा कि पहले प्रायः हो जाया करता था। लेकिन अब वह कैथरीन को सशरीर चाहता था, उसके खयाल में डूबकर शरीर को जाग्रत करना सम्भव नहीं रह गया था उसके लिए। उसने आँखें मूँदकर कैथरीन के साथ बीते अपने उन मादक क्षणों को जीकर उत्तेजना को जाग्रत करना चाहा। उसके पीड़ित पैर का वह पहली बार छूना। उसे पत्थर की दीवारों से सटाकर उत्तेजना में भरकर पीछे से चोट पर चोट करते चले जाना। दोपहर के प्रकाश में उसकी देह के अनेक अनजान रहस्यों का उद्घाटन करना। जब वह पानी की टंकी के पास

खड़ी हुई घाटी में निहार रही थी तब उसमें प्रवेश करते जाना बार-बार। हर रात आनन्द-उमंग की परतों को उजाड़ते चले जाना।

गज सिंह जानता था कि कैथरीन ने उसे पागल बना डाला था। अपने सौन्दर्य से ही नहीं बल्कि उसकी उत्तेजना से भरी मस्ती—अबाध आनन्द पर्व के अन्तहीन प्रतीत होते क्षणों, और हाथ की आश्वस्तिकारक छुअन से।

लेकिन जब इन स्मृतियों का आवेग उसे जगाने लगता तो सैयद का व्यवहार बाधक बन जाता। दूसरे दिन गज सिंह और कैथरीन ने महसूस किया कि सैयद गहरे आक्रोश में भरा हुआ है। उसका चेहरा गम्भीर बना रहा, उसके हाव-भाव में क्षोभ समाया था। एक घंटे तक मलने-मसलने और खींचतान के बाद उसने हाथ हिलाकर गज सिंह को अपमानित करने के ढंग से जाने का इशारा किया।

बाद में सैयद ने कैथरीन से कहा—कैथ, मेरा खयाल है मैं उसे खोता जा रहा हूँ। लेकिन मैं ऐसा नहीं होने दूँगा।

उसी रात गज सिंह कैथरीन से कह रहा था—मैं समझता हूँ मुझे चला ही जाना चाहिए। मैं जानता हूँ अगर मैं यहाँ से जल्दी ही न चला गया तो बात बहुत बिगड़ जाएगी।

कैथरीन ने उसे आश्वस्त करना चाहा कि वैसी कोई बात नहीं है। उसने गज सिंह को बताना चाहा कि सैयद का स्वभाव कितना उदार था।

लेकिन गज सिंह की आशंका कम न हुई। उसने कैथरीन से कहा—सुनो, तुम शाही लोगों के स्वभाव की असलियत को एकदम नहीं जानतीं। ठीक है शाही खून कुछ समय के लिए भले ही उदार दिखाई दे—यह उदारता कभी-कभी लम्बे समय तक भी चलती रह सकती है लेकिन यह कभी मत भूलो कि उनके अन्दर एक ऐसा दानव रहता है जो कभी नहीं मरता। जब भी उसे कटघरे में खड़ा किया जाएगा, जब आप उसकी आलोचना करेंगे तो वह दानव तुरन्त फनफनाकर बाहर निकल पड़ेगा और फिर सारी अच्छाई को मिटा डालेगा।

एक राजा की उदारता अपने में एक विचित्र बात है। यह न्याय, योग्यता अथवा दया पर आधारित नहीं रहती, यह तो याचक की दयनीयता को ही देखती है।

तीसरे दिन गज सिंह ने अपनी सोई देह को जगाने की बहुत कोशिश की लेकिन उसने पाया कि कुछ और भी है जो उन दोनों को नियंत्रित करता है। सैयद गज सिंह को जगाने की कोशिश करता हुआ मन-ही-मन जैसे कुछ हिसाब लगा रहा था। आखिर उसने अपनी कोशिश बन्द कर दी और गज सिंह को एक चेतावनी देकर जाने को कह दिया। उसने कहा—नामर्दी, सिर्फ महल के पहरेदारों का गुण हो सकती है। जो तुम अब तक करते रहे हो, उसे बन्द कर दो तो तुम्हारे लिए अच्छा होगा।

उस रात देर से आकर सैयद ने कैथरीन के कमरे का दरवाजा खोलना चाहा तो पाया कि वह अन्दर से बन्द था। वह कैथरीन के शयन-कक्ष के बाहर वाले बड़े प्रतीक्षा-कक्ष में पड़ी बड़ी और सुन्दर नक्काशीदार कुर्सी पर जा बैठा। वह इतना दुर्बल हो गया था कि उस बड़ी कुर्सी पर बैठा हुआ ठीक से दिखाई नहीं दे रहा था। वह बैठा रहा। सुबह होने से ठीक पहले मुँहअँधेरे कमरे का दरवाजा खुला और गज सिंह बाहर आया। वह अँधेरे में कुर्सी में धँसे बैठे सैयद को नहीं देख पाया। जब वह दरवाजे से बाहर निकलने को था तो सैयद ने धीमी आवाज में लेकिन तेजी से कहा—मुझे पता था कि घोड़े एक रात में ही नपुंसक नहीं हो जाते। शक्ति कम होने से पहले ही मर जाते हैं वे या फिर उन्हें मार दिया जाता है।

गज सिंह के होश उड़ गए। वह बुरी तरह घबरा गया था।

लेकिन इससे पहले कि बादशाह सैयद गज सिंह को अपने कोप का शिकार बनाता, घटनाक्रम ने एक विचित्र मोड़ ले लिया। पता चला कि सैयद को सच में टी.बी. का रोग हो गया है, जबकि अब तक वह सिर्फ इससे ग्रस्त होने का दिखावा ही कर रहा था। आपातस्थिति में उसे तुरन्त गेथिया पहुँचाया गया। वहाँ उसे सेनिटोरियम में दाखिल किया गया लेकिन वहाँ पहुँचने के एक महीने के अन्दर ही उसकी मृत्यु हो गई।

जिस तरह पहली बार उसे ऊपर ले जाया गया था—नौकरों द्वारा कन्धों पर ढोई गई पालकी में बैठाकर—उसी तरह उसका शव जगदेवपुर वापस लाया गया। जब तक वह जीवित रहा, नवाब व पूरे खानदान ने उसकी घोर उपेक्षा की, उसे अपमानित किया लेकिन उसके शव को खानदान ने आँसू भरी आँखों के साथ अपना लिया। शाही खानदान में किसी की मौत भी एक समारोह की तरह होती है। अन्तिम क्रिया की तैयारियाँ होने लगीं। कैथरीन को एकदम अलग-थलग कर दिया गया। सैयद के जन्नत जाने के लिए अर्से से दुखी बेगम सितारा को महल से बाहर लाकर मातम मनाने के लिए बैठाया गया। बेगम अब बहुत मोटी हो गई थी। ठिंगने कद के कारण और भी ज्यादा थुलथुल लगती थी। उसकी आँखों के नीचे खाल बेतरह लटक आई थी। अपने भाई के बड़प्पन और चकाचौंध की छाया में सदा परेशान रहकर घुटते रहे जफर ने भी अब भाई के लिए आँसू बहा दिए; वह सिर्फ उनतालीस बरस की उम्र में ही बूढ़ा हो गया था—दुर्बल, निस्तेज शरीर और नपुंसक।

अपने सुभाषितों की पुस्तक में नवाब ने लिखा—मौत में हर कोई जीत जाता है। जिन्दगी में सदा असफल होनेवाले और बेवफा लोग भी।

इस सब मजमेबाजी से दूर अकेली बैठी रहकर परेशान होती रहने के बजाय कैथरीन ने जगदेवपुर छोड़ने का फैसला कर लिया। अपनी जरूरी व्यक्तिगत प्रयोग की चीजों के अलावा उसने अपना सारा सामान नौकरों में बाँट दिया। फिर गज सिंह के साथ, मकबूल, बन्नो और रामआसरे को लेकर गेथिया के लिए चल दी। भारी वजन की बस एक चीज अपने साथ ले जा रही थी कैथरीन। वह थी ताँबई चमड़े की जिल्दवाली डारियों से भरी पेटी—उनमें कई खाली थीं तो कई शब्दों से ठसाठस भरी हुई। उनके अलावा थे कुछ लघु तैलचित्र।

सैयद के मरने से कैथरीन को गहरा दुख पहुँचा था। शाही खानदान ने उसकी भरपूर उपेक्षा की थी। शायद इसी से प्रताड़ित होकर उसने डायरी में सैयद की मौत और उसके बाद की घटनाओं के बारे में ज्यादा कुछ दर्ज नहीं किया—वह सारा विवरण तीन से भी कम पृष्ठों में सिमटकर रह गया। इसके बाद गेथिया पहुँचकर वह पहाड़ी पर बने मकान में जाकर रहने लगी—वहाँ की हवा में थी ताजे चीड़-देवदार की गन्ध। मकान की छत पर लाल रंग का नया-नया रोगन किया गया था। छत को इस्पात की पट्टियों से मजबूती से बाँध जकड़कर रखा गया था ताकि अन्धड़ और तूफानों के हमले उसका कुछ न बिगाड़ सकें।

इसके बाद डायरी में जगदेवपुर के बारे में सिर्फ एक विवरण और दर्ज था—कई महीने बाद गज सिंह जगदेवपुर गया था। उसने लौटकर बताया था कि नवाब ने सारे शाही रिकार्डों में फेर-बदल करने के आदेश दे दिए हैं। कैथरीन के बारे में दर्ज विवरण को निकाल दिया जाना था। और उसकी जगह यह लिखा जा रहा था कि सैयद और सितारा ने शादी के बाद सुखी जीवन जिया था। उन दोनों के सम्मिलित चित्र बनाकर महल में खानदान के दूसरे चित्रों के बीच लगा दिए गए थे। स्वयं को सैयद का दोस्त बतानेवाले या कैथरीन के साथ कोई भी सम्बन्ध रखनेवाले को नवाब के घोर क्रोध का शिकार बनना पड़ सकता था।

इस अन्तिम सम्बन्ध विच्छेद से कैथरीन को खुशी ही मिली, दुख तो एकदम नहीं हुआ। उसने जीवन में कभी धन-सम्पत्ति पाने की इच्छा नहीं की थी; और अब तो वह और भी मुक्त, निश्चिन्त जीवन जीने के दौर में पहुँच चुकी थी।

उसने इस बड़ी दुनिया में अपना ठिकाना ढूँढ़ लिया था।

लेकिन यहाँ उसके साथ वे प्रेत अवश्य मौजूद थे जो उसे अपने पिता जॉन से विरासत में मिले थे।

प्यार और कामना।

वहाँ बिताए गए लम्बे समय के दौरान कैथरीन ने बहुत कुछ बदलते हुए देखा–पहाड़ियों का रूप बदला, तो कभी नहीं भी बदला, हर गुजरते मौसम के साथ घाटी पर पसरनेवाले स्लेटी आवरण में प्रकाश के नए छेद नजर आने लगे। कई सालों में एक बार पुरातन देवदार वृक्षों के झुंड को काटकर उसकी जगह नए पेड़ लगा दिए गए। तो कभी ढलानों पर कहीं एक नई सीढ़ी का आकार उभर आता क्योंकि फलों का बाग लगाने के लिए एक टैरेस काटी जाती। फिर कुशल सर्वेयरों और मेहनती सड़क मजूरों की टोलियाँ आईं और उन्होंने ज्योलीकोट के बाहर से सड़क बनानी शुरू की, जो आगेवाले पहाड़ का चक्कर काटती हुई ऊपर नैनी तक चली गई थी।

अपने मकान के पास खड़ी होकर कैथरीन नीचे उस बिन्दु तक देख सकती थी जहाँ से नई बनी सड़क बाईं ओर चली गई थी, जबकि पुरानी टेढ़ी-मेढ़ी घूमती हुई उस तक चली आती थी। पुरानी सड़क मकान को अपनी शिथिल लपेट में लेती हुई आगे भुवाली, भीमताल, रानीखेत और अल्मोड़ा तक चली जाती थी। गेथिया उस रास्ते पर एक छोटे विचित्र बिन्दु की तरह था–वहाँ था टी.बी. सेनिटोरियम और घाटी पर आगे निकले पहाड़ी छोर पर बना उस गोरी औरत का मकान। कैथरीन इससे प्रसन्न थी।

जिनमें सबसे कम बदलाव आया, वे थीं पहाड़ियाँ। चीड़, देवदार और बांज के जंगल अपनी जगह जमे रहे। और इस दौरान नई बननेवाली बस्तियाँ इतनी धीमी गति से अस्तित्व में आईं कि उन्होंने पर्वतीय ढलानों को ज्यादा बदनुमा नहीं बनाया। टीज पक्षी पेड़ों की शान बढ़ाते रहे और बाघ जैसे बड़े वन्य जीव तराई के क्षेत्रों से आकर गहरी सँकरी घाटियों को आतंकित करते रहे क्योंकि वहाँ खेती के अनियमित, अनियंत्रित विस्तार के कारण जंगल तेजी से काटे जा रहे थे।

गेथिया सदा की तरह कुहरे की चादर में लिपटा रहा। और इसे चमत्कार ही कहा जाएगा कि मकान के इर्द-गिर्द नए आवास नहीं बने। जो कुछ बने भी वे दो उठानों से परे, सेनिटोरियम के पास बने। वे मकान से दिखाई नहीं देते थे।

कैथरीन के वहाँ रहने की बात उस इलाके में फैल गई–उसका अतीत खतरनाक रहा था। वह मैदानी इलाकों के महलों तक ही सीमित नहीं था, उससे भी आगे सात समुद्र पार इंग्लैंड तथा उससे आगे के देशों तक फैला था। उसके पास एक सम्राज्ञी की धन-दौलत थी और हूर जैसी खूबसूरती। वह सजा से बचने के लिए ही पहाड़ों में आकर रहने लगी थी। वह यहाँ अपने गुह्य अनुष्ठान करने के लिए आई थी–वह एक ऐसी गोरी औरत थी जिससे दूसरे गोरे लोग भी भय खाते थे। वह ऐसे काले जादू जानती थी जिनसे अश्वेत लोग तक डरते थे।

कैथरीन को इन अफवाहों की जानकारी थी। जगदेवपुर की तरह उसे यहाँ भी इस सबकी जरा भी चिन्ता नहीं थी। एक तरह से तो वह इन अफवाहों से खुश ही थी। सैयद की कॉटेज से जो कुछ चीजें वह साथ लाई थी उनमें बोल्ट एक्शनवाली विंचेस्टर राइफल भी थी। उसे पता नहीं था कि वह कैसे चलाई जाती है। बस राइफल आतिशदान के ऊपर लटकी रहती थी। लेकिन लोगों में यह बात कही जाने लगी कि अगर कोई उसकी जायदाद पर बिना आज्ञा पैर भी रखता है तो वह उसे गोली मार देती है। और यह कि रात में वह हाथ में राइफल लेकर अपने इलाके के ऊपर उड़ा करती है।

इनमें से कई अफवाहों को तो शुरू में खुद कैथरीन के नौकर-चाकरों ने ही जन्म दे डाला था—उनमें थे मकबूल, बन्नो, रामआसरे और था गज सिंह। इससे इन लोगों का एक खास उद्देश्य पूरा होता था—वह था स्थानीय लोगों के मन पर मेम साहब का एक विशेष तरह का असर छोड़ना ताकि वे सदा उससे डरते ही रहें। और क्योंकि कैथरीन ने अपने को लेकर फैली भ्रांतियों को दूर करने की कोशिश कभी नहीं की, इसलिए हर कोई उसके बारे में मनचाहा कहने को स्वतन्त्र था।

ये चीजें विचित्र ढंग से घटती हैं। उसके लिए अफवाहों ने अपनी तरह की सन्तोषजनक भूमिका निभाई है। कैथरीन को लेकर जो आतंक कथाएँ और अपेक्षाएँ लोगों के मन में थीं, उनके प्रति वह अपने ढंग से प्रतिक्रिया करती थी। वह मानती थी लोग उसके बारे में जैसा सोचते हैं उन्हें वैसे ही दिखाई देना चाहिए। शुरू-शुरू में वह हर कुछ सप्ताहों में एक बार नैनी जाया करती थी। अपनी झील के साथ यह एक व्यस्त और खूबसूरत शहर था। उसके निवासियों में कई तरह के लोग थे—मैदानी तथा ब्रिटिश। और थे जीवन्त गिरजाघर, ढाबे, दुकानें, विद्यालय। वहाँ जाकर कैथरीन की सहज उत्सुकता ने जोर मारा और उसने जल्दी ही वहाँ कई लोगों से परिचय कर लिया—लेकिन जैसे ही उसे लेकर लोगों की उत्कंठा बढ़ने लगी और उसे पता चला कि लोग उससे मिलने आना चाहते हैं तो कैथरीन ने जल्दी से खुद को पीछे करके परे समेट लिया।

अपने मकान के अगले बरामदे से कैथरीन को नैनी के सबसे ऊँचे हिस्से के प्रकाश बिन्दु दिखाई दे सकते थे। और वह हर रात देर-देर तक उन्हें देखा करती थी। लेकिन अपने जीवन के अन्तिम वर्षों में वह वहाँ एक बार भी नहीं गई थी। उसकी वहाँ जाने की आखिरी तारीख डायरी में लिखी गई कुछ स्पष्ट दर्ज तारीखों में एक थी—16 मई, 1924। मित्र की माँ मेरी कार्बेट की शोकसभा में शामिल होने के लिए।

उसने इस भव्य आयोजन का विवरण पूरी गम्भीरता से दर्ज किया था—मेरी मृत्यु के समय लगभग नब्बे वर्ष की थी और उसे नैनी के संस्थापकों में से एक माना जाता था। कैथरीन ने उस सभा का विवरण इन शब्दों के साथ समाप्त किया था—वैसे वह जिस तरह इस दुनिया से विदा होना चाहेगी, यह आयोजन उससे एकदम भिन्न था। उसके शव के साथ केवल एक आदमी, हाँ, सिर्फ एक आदमी होगा, जिसे यह मालूम था कि उसने अपना पूरा मनचाहा जीवन जिया था। कैथरीन ने सैयद के लिए भी ऐसा ही अन्त चाहा था। उसकी कब्र के पास रहती सिर्फ वह औरत जिसे तमाम छलनाओं और चालाकियों के घेरे से परे इस अन्तिम सच्चाई की जानकारी थी।

कम-से-कम मौत के घर में तो सत्य की विजय होनी ही चाहिए।

कैथरीन के उस मकान में आकर रहने के थोड़े दिन बाद ही मेरी के बेटे जिम से उसकी अप्रत्याशित मैत्री हो गई। वह अपने एक आदमी को विदा करने के लिए भूमियाधार आया था। उसे प्रथम

विश्वयुद्ध से वापस लौटे थोड़े ही दिन हुए थे। वह 70वीं कुमायूँ कम्पनी को विघटित कर रहा था, जिसे उसने ही संगठित किया था। पाँच सौ पहाड़ी सैनिकों ने पूर्ण निष्ठा के साथ अपने नायक का अनुसरण किया था। वे सक्रिय मोर्चे पर तो थोड़े ही समय रहे थे पर कष्ट काफी झेले थे उन्होंने। एक को छोड़कर जिम बाकी सबको सकुशल लौटा लाया था। एक की मृत्यु समुद्री यात्रा के दौरान बीमारी से हुई थी। रास्ते में जिम यहाँ आकर बसी उस नई प्रवासिनी से मिलने के लिए रुका था। जिम गज सिंह और रामआसरे से जिस ढंग से बातें कर रहा था, यह देखकर कैथरीन को वह एकदम पसन्द आ गया था। वह विनम्र लेकिन शक्तिशाली और जानने की उत्सुकता के बावजूद दुराग्रह से दूर था। सैयद के विपरीत वह अपने मानसिक जगत में नहीं वास्तविक संसार में जीता था। और अपने बारे में बातें करने में संकोच के उलट शेष विषयों पर बोलते समय अत्यन्त मुखर हो उठता था। वह था एक नैसर्गिक अध्यापक, जिसके साथ कैथरीन का लम्बा परिचय रहा, लेकिन मिलना बहुत कम हुआ क्योंकि गेथिया कालाढुंगी-नैनी मार्ग से अलग पड़ता था जिस पर वह प्रायः आया-जाया करता था। यदा-कदा होनेवाली मुलाकातों के दौरान जिम ने उसे तीन महत्त्वपूर्ण उपहार दिए जिससे कैथरीन को कुमायूँ के पर्वतीय परिवेश में पूरी तरह सामंजस्य बैठाने में बहुत आसानी हुई।

पहली थी उसके आसपास के इलाके में पाए जानेवाले पशु-पक्षियों के बारे में सामान्य जानकारी। पहली आकस्मिक भेंट के कुछ दिन बाद ही जिम ने उनके पास एक कागज भेजा—साथ में संक्षिप्त टिप्पणी थी कि यह उस क्षेत्र में पाए जानेवाले वन्य जीवन की पहली जानकारी थी जो उसने खुद जुटाई थी। और इस जानकारी से उसे बहुत सहायता मिली थी।

पक्षी

(अ) इस प्राकृतिक उद्यान की शोभा बढ़ानेवाले पक्षी :
सहेली, पीलक, शकरखोरा।

(आ) इसे अपनी संगीत लहरियों से गुँजानेवाले पक्षी :
कस्तूरिका, पिद्दा, श्यामा।

(इ) उद्यान को फिर से नया बना देनेवाले परिन्दे :
टुकटुकिया, घनेश, बुलबुल।

(ई) खतरे की सूचना देनेवाले पक्षी :
कोतवाल या भुजंगा, लाल जंगली मुर्गा, लड़बड़िया।

(उ) प्राकृतिक सन्तुलन बनाए रखनेवाले पक्षी :
चीलें, बाज और उल्लू।

(ऊ) सफाई कर्मचारी की भूमिका निबाहनेवाले पक्षी :
गिद्ध, गरुड़ और कौए।

पशु

(अ) प्रकृति का सौन्दर्य बढ़ानेवाले पशु :
हिरन, कुरंग, बन्दर।

(आ) मिट्टी को उलटपलट कर उसे ताजी हवा पहुँचानेवाले पशु :
भालू, सूअर, सेही।

(इ) खतरे की सूचना देनेवाले पशु :
हिरन, बन्दर और गिलहरियाँ।

(ई) प्राकृतिक सन्तुलन को बनाए रखने में मदद करनेवाले पशु :
बाघ, तेन्दुए और जंगली कुत्ते।

(उ) पशु जो सफाई का काम करते हैं :
लकड़बग्घा, गीदड़ और सूअर।

रेंगनेवाले जीव

(अ) जहरीले साँप–कोबरा, करैत और वाइपर।

(आ) साँप जो विषैले नहीं हैं–अजगर, ग्रास स्नेक और धामिन।

इस सूची का आधार वैज्ञानिक नहीं, व्यावहारिकता और प्राकृतिक गतिविधियाँ थीं, जीव विकास अथवा रूपाकार की बातें करने के विपरीत यह सूची एक आम आदमी के लिए कहीं ज्यादा उपयोगी थी। कैथरीन अन्त तक इस सूची का उपयोग एक प्राकृतिक इतिहास गाइड की तरह करती रही। यह भी उसे जिम ने ही बताया था कि जिन्हें वह टीज पक्षी के नाम से पुकारती है वे लाल चोंचवाले नीले दहिंगल हैं।

कार्पेट साहब ने दूसरा उपहार उसे देवदार के तीन पौधों के रूप में दिया था जिन्हें वह ग्वालडैम से लेकर आ रहे थे। कैथरीन ने उन्हें मकान में तीन स्थानों पर लगवाया था–एक निचले दरवाजे के पास, दूसरा ऊपरी दरवाजे के निकट और तीसरा उन दोनों के बीच। लेकिन दस साल बाद उनमें से केवल बीचवाला ही जीवित बचा और अगले पच्चीस वर्ष बाद वह जैसे मकान की एक विशेष पहचान बन गया–एक मजबूत युवा वृक्ष, जो धरती से छह फीट ऊपर तीन शाखाओं में विभाजित हो गया था। उसकी वे त्रिमुखी शाखाएँ मकान से भी ऊपर निकल गई थीं। आसपास के लोग उसे त्रिशूल के नाम से पुकारते थे।

शत्रुओं को दंड देनेवाला शिव का हथियार।

पचहत्तर वर्ष बाद–तब उस पेड़ के नीचे एक पहियाविहीन पुरानी कार खड़ी रहती थी। त्रिशूल को देखकर ही मकान को खरीदने का निर्णय लिया गया था।

कार्पेट साहब द्वारा कैथरीन को दी गई तीसरी चीज थी कुमाऊँनी पहाड़ियों की रहस्यात्मकता की अनुभूति। ज्यादातर इस बारे में कैथरीन ने जिम तथा अपने नौकरों से ही सुना था–और इसकी छाप सदा उसके मन पर बनी रही। इसे शब्दों में बताना कठिन है कि इस अनुभूति ने किस रूप में उसका जीवन समृद्ध किया था।

वह टैरेस पर बैठकर घाटी को निहारती, ढलानों को देखती और चारों ओर सदा मँडराते रहते कुहरे का अनुभव करती और उसे लगता कि वह किसी ऐसे शाश्वत सत्य का हिस्सा बन गई है जो अन्दर-ही-अन्दर आपस में गहरे जुड़ा हुआ है और इसीलिए वह एक विशेष स्थान बन गया था। उन क्षणों में समय और दूरियाँ पिघल जातीं और उसे लगता वह पिता जॉन से कुछ ज्यादा दूर नहीं है।

जिम जब-जब आता अपनी धीमी आवाज में उससे साग्रह बातें करता और तब स्वयं को उस विशेष स्थिति में होने की कैथरीन की अनुभूति और भी बढ़ जाती। वह पहाड़ों के सामान्य

लोगों के बारे में दिलचस्प कहानियाँ सुनाता और साथ में मानव-भक्षी हिंसक जीवों का पीछा करके उन्हें मारने के रोमांचक कारनामे भी रहते। उनमें सबसे रोमांचक घटना थी कोई दस वर्ष पुरानी जब उसने पहली बार चम्पावत के मनुष्य-भक्षी का पीछा किया था। उसने पूरे पहाड़ी क्षेत्र में आतंक फैला रखा था और चार सौ से ज्यादा लोगों को अपना शिकार बना चुका था। उस औरत की बात कैथरीन कभी न भूल पाई जो मानव-भक्षी का शिकार बनने से बाल-बाल बची थी और उस घटना से इतनी आतंकित हुई थी कि उसकी आवाज ही चली गई थी। बाद में जिम उस मानव-भक्षी का शिकार करने के बाद उसकी खाल को लेकर उस औरत के गाँव पाली गया था। जैसे ही उस औरत ने भूत मानव-भक्षी की खाल देखी तो उसकी आवाज आतंक के अँधेरे गढ्ढे से उछलकर एकाएक बाहर निकल आई और फिर वह पूरे गाँव को चिल्ला-चिल्लाकर बुलाती-घूमती रही कि वे आएँ और उस भयानक मानव-भक्षी की खाल को अपनी आँखों से देख लें।

ऐसी ही कहानी रुद्रप्रयाग के मानव-भक्षी तेन्दुए की थी। उसकी मृत्यु से जुड़ा विवरण कैथरीन कभी न भूल पाई। उस इलाके के लोग कहते थे उन्होंने इससे पहले इतना चालाक और भयानक वन्य जीव नहीं देखा था। 1918 और 1926 के बीच इस तेन्दुए ने कोई एक सौ पच्चीस लोगों की जानें ली थीं। उससे आतंकित होकर लोग उस क्षेत्र में स्थित तीर्थों की यात्रा से ही कतराने लगे थे। अनेक वर्षों तक शिकारी उसे पकड़ने, मारने और जहर देने के तरीके अपनाते रहे लेकिन कुछ न हो सका। जिम को भी एक से अधिक बार निराशा ही हाथ लगी। लेकिन जब अन्ततः वह मानव-भक्षी तेन्दुए का शिकार करने में सफल हुआ तो उसने पाया कि इतने दिनों तक सबको आतंकित किए रहनेवाला वह मानव-भक्षी एक बूढ़ा तेंदुआ जिसके बदन पर अनेक घाव थे, उसके दाँत घिस गए थे और उसकी जबान जब तब दिए जानेवाले विष के दुष्प्रभाव से काली पड़ चुकी थी।

शिकारी जिम द्वारा सुनाई गई कई कथाएँ विश्वास और आस्था के अनोखे उदाहरण थीं। एक कहानी जिम के बचपन के दोस्त कुँवर सिंह की थी। एक बार वह जंगल में अपने दोस्त हर सिंह के साथ शिकार पर गया था। हर सिंह ने गलती से अपने शावकों के साथ बैठी बाघिन को चौंका दिया। बाघिन जोर से दहाड़कर झपटी तो डर से काँपता कुँवर सिंह सबसे पास के पेड़ पर चढ़ गया। हर सिंह उतनी फुर्ती न दिखा सका और जब वह पेड़ पर चढ़ने की कोशिश कर रहा था तो बाघिन ने दोनों पिछले पैरों के बल खड़ी होकर उसे तने पर ही दबा दिया। बाघिन के दोनों अगले पैर हर सिंह के दोनों तरफ चिपके थे। क्रोधित बाघिन तने की छाल को अपने नुकीले पंजों से खुरचे दे रही थी। हर सिंह की आतंकित चीख-पुकार और बाघिन की दहाड़ के शोर के बीच कुँवर सिंह ने हवा में गोली दाग दी। बाघिन भाग निकली, लेकिन जाते-जाते एक झपट्टे से उसने नाभि से रीढ़ की हड्डी तक हर सिंह का पेट चीर डाला—बेचारे की अँतड़ियाँ बाहर निकल आईं।

दोनों को डर था कि बाघिन फिर न आ धमके। उन्होंने अँतड़ियों को जैसे-तैसे पेट के अन्दर किया और ऊपर से मिट्टी, टहनियाँ और पत्ते लगाकर पेट को कुँवर के साफे से बाँध दिया। इसके बाद वे कालाढुंगी में एक टीन शेड के नीचे बने अस्पताल की तरफ भागे। वहाँ मौजूद युवा डॉक्टर जो कर सकता था, उसने किया। इस दुर्घटना के बाद हर सिंह काफी बूढ़ी उम्र तक जिन्दा रहा। हाँ, बाघिन के पंजों से नुचा-चिथा रुनी का पेड़ कहीं पहले खत्म हो गया। प्रथम विश्वयुद्ध से पहले लगी जंगल की आग लील गई थी पेड़ को।

आस्था। हाँ, अपने मन की शान्ति के लिए व्यक्ति को आस्था-विश्वास की शरण में जाना ही पड़ता है। भारत में कैथरीन ने अपने हर परिचित को इस भाव से जुड़ा हुआ पाया था। और तो और उच्च शिक्षा प्राप्त सैयद भी इन सामान्य लोगों से अलग नहीं था—हालाँकि यह बात उसके स्वभाव के एकदम विपरीत ठहरती थी।

यहाँ आपका जीवन तर्क और अन्धी आस्था के दो छोरों के बीच चलता है।

लोग दोनों को मानते हैं, आखिर किसी को भी नाराज न करना एक अच्छी नीति है।

इसमें कोई विरोधाभास नहीं था। गलत लोगों को ही इसमें खोट दिखाई देता था।

पहाड़ों में अन्धी आस्था का दौरदौरा था।

गज सिंह ने इसका कारण बताते हुए कहा था—ऐसा इसलिए है, क्योंकि अच्छी-बुरी सब आत्माओं ने अपने निवास के लिए पहाड़ों की ऊँचाई को चुना है। यहाँ देवभूमि में ही आश्रय और मुक्ति दोनों मिलती है।

कैथरीन के नौकर-चाकर अत्यन्त अन्धविश्वासी थे। वे अकसर चामत्कारिक अनुभवों की चर्चा किया करते थे। लेकिन कैथरीन को यह जानकर आश्चर्य हुआ था कि गोरा साहब जिम भी, जो एक प्रकृतिविद्, मेहनत में विश्वास रखनेवाला, अनुभववादी व्यक्ति था, उन सामान्य से कुछ अलग नहीं था। वह हिन्दू मन्दिरों में जाकर पूजा किया करता था। और बाघ के शिकार पर निकलने से पहले एक साँप का शिकार अवश्य करता था। और इस दौर में उसने कैथरीन को भूत-प्रेतों से अपनी मुठभेड़ों के डरावने अनुभव सुनाए थे।

एक घटना चम्पावत के करीब स्थित गेस्टहाउस के पास हुई थी, जिसे बताने में ही वह घबरा जाता था। एक बार आधी रात सुदूर स्थित डाकबँगले में उसे तथा उसके दोस्त को न जाने किसने पहाड़ी ढलान पर उछालकर फेंक दिया था। नैनी के पास ब्रेकर की घटना, रामगढ़ डाकबँगले का भूत, और जब वह चुका के ऊपर ठाक के मानव-भक्षी की घात में एक मचान पर बैठा था तो उसने उल्टे पैरों पर चलनेवाले भूत की खून जमा देनेवाली चीख सुनी थी।

1929 में उसने कैथरीन को एक विचित्र आह्लादकारी अनुभव के बारे में बताया था जो पूर्णगिरि की पवित्र पहाड़ियों में घटा था। वहाँ एक रात भगवती ने उसे तथा उसके शिकारी साथियों को साक्षात् दर्शन दिए थे। देवी कौंधते प्रकाश की चमक के बीच पहाड़ों के खड़े ढलान पर आकाश में चलती हुई दिखाई दी थीं। जिसने कहा कि यह एक शुभ संकेत था, क्योंकि वह टाला दा के मानव-भक्षी की खोज में जा रहे थे, जिसने पूरे क्षेत्र को आतंकित किया हुआ था।

लम्बे अन्तरालों के बाद कभी-कभी उसके पास आनेवाले कार्पेट साहब उसे बाहरी दुनिया की खबरें भी दिया करते थे। इन सबके लिए कैथरीन का अन्य स्रोत थे उसके नौकर-चाकरों द्वारा सुनाए जानेवाले काल्पनिक किस्से। जिम उसके लिए 'इलस्ट्रेटेड लन्दन न्यूज' की प्रतियाँ लेकर आते जिनके पृष्ठों में वह यूरोप में भयानक उथल-पुथल मचा देनेवाली घटनाओं के बारे में पढ़ा करती थी। जब दूसरे विश्वयुद्ध में पेरिस का पतन हुआ तो उसे अपने मित्रों की याद आई। हालाँकि उनसे उसका सम्पर्क टूटे दशाब्दियाँ बीत चुकी थीं। जिम ने उसे भारत में चलनेवाले राष्ट्रीय आन्दोलन के बारे में भी बताया। इस मामले में जिम की बातें गज तथा मकबूल से मिलनेवाली सूचनाओं से कुछ ज्यादा अलग नहीं हुआ करती थीं। इस देश में एक महान भावनात्मक लहर उठान पर थी और उसे चलानेवाले थे एक महापुरुष। थोड़े समय बाद ही भारत का रूप-स्वरूप एक बार फिर बदल जानेवाला था।

जिम ने अपने हाथ हिलाते हुए कहा था—यह सब कुछ बदल जाएगा। तब वह ज्योलीकोट घाटी, नैनी की पहाड़ियों और उनके परे स्थित क्षेत्र की ओर इशारा कर रहा था। वह स्वयं भी टंगानिका और केन्या की नियमित यात्राएँ कर रहा था। वह एक मँजा हुआ शिकारी और अपने क्षेत्र के चप्पे-चप्पे का गहरा जानकार था।

एक दोपहर स्वयं कैथरीन का भी इतिहास के अद्‌भुत पल से सामना हुआ था। दरवाजे के बाहर दो काली कारें रुकीं और पाँच लोग रास्ते पर चढ़कर मकान तक चले आए। एक कार का इंजन ज्यादा गरम हो गया था, उन्हें रेडिएटर के लिए पानी की जरूरत थी। दो लोगों ने सूट पहन रखे थे, तो दो सफेद कुरते-पाजामे में थे। पाँचवें व्यक्ति ने कमर पर एक छोटी-सी धोती लपेट रखी थी—और कन्धों पर खुरदरा धूसर शॉल डाल रखा था। उसकी टाँगें नंगी थीं।

वह आदमी बहुत ही दुबला था। उसके सिर पर बाल नहीं थे और चेहरा भी सफाचट था, इन दो बातों के अलावा कैथरीन को वह राह चलते उस फकीर जैसा लगा था जिसे उसने कोई तीस साल पहले चाँदनी चौक में देखा था—बाबा मगरमच्छ। लेकिन यह फकीर तो शायद अब तक के सबसे बड़े और प्राचीन मगरमच्छ के ऊपर सवारी कर रहा था जिसका निर्माण तीस करोड़ परस्पर विरोधी लड़ते-झगड़ते लोगों से हुआ था। उस विशाल मगरमच्छ की पीठ पर बैठकर नदी पार करने के प्रयास में सन्त अपनी सारी जादुई शक्तियों का उपयोग करनेवाला था। और काम पूरा होते ही वह मगरमच्छ पलटकर उसे ही खा जानेवाला था। और फिर सन्त के जादुई प्रभाव से मुक्त होकर यह मगरमच्छ अपनी उन्हीं पुरानी छल-कपट भरी गन्दी चालबाजियों में जुट जानेवाला था।

वह फकीर मगरमच्छ के पेट में समा चुका है और हम दिल्ली पर राज कर रहे हैं।

गोली द्वारा फकीर की मृत्यु का समाचार सुनने के लिए कैथरीन जिन्दा रहनेवाली नहीं थी। ज्यादा अच्छाई भी खतरनाक हो जाती है। तब तक यह शताब्दी अपनी आधी यात्रा ही पूरी करनेवाली थी।

उस दोपहर उस महान फकीर ने सिर्फ दो घूँट पानी ही पिया था, चाय नहीं ली थी। वह हौले-हौले मुस्कुराता रहा था, उसने कुछ प्रश्न किए थे। कैथरीन सोचती रह गई थी, पर उससे कुछ पूछ नहीं सकी थी और फिर सन्त झटपट वहाँ से चला गया था। तीस करोड़ लोगों में से एक थी बीमार पत्नी जिसे देखने के लिए वह भुवाली आया था। जाते समय उसने कैथरीन की कलाई पर पलभर को अपना हाथ रख दिया था—छोटा और मांस रहित—देश के सबसे गरीब हाथ का स्पर्श।

वह सैयद और उसके द्वारा ऐसे लोगों के लिए कुछ न कर पाने के बारे में सोच रही थी। मन की भावनाओं के संकेत मस्तिष्क तक पहुँच तो रहे थे लेकिन मस्तिष्क के संकेतों को इच्छा और संकल्प ने कभी ग्रहण नहीं किया।

हृदय-विचार और कर्म के बीच कभी पूरा तालमेल स्थापित नहीं हो सका था।

गज सिंह, रामआसरे और बाकी लोग हाथ जोड़े सिर झुकाए दूर खड़े थे। सन्त ने घूमकर उन सबकी ओर देखा था फिर झुककर कार में बैठा और चला गया था। गज सिंह ने कहा था—क्या सचमुच यह वही थे?

इस तरह कार्पेट साहब ने उसे जानकारी, रहस्यमयता और देवदार की भेंट दी थी और वह फकीर उसे जाते-जाते अपने स्पर्श द्वारा इतिहास से जोड़ता गया था। नौकरों ने कैथरीन

की रहस्यमयता को अधिक बढ़ाने के लिए इस घटना का भी बढ़-चढ़कर उपयोग किया था, कार्पेट साहब अपने काम से आते-जाते समय कई बार यहाँ कैथरीन से मिलने के लिए ठहरे थे तो उन्होंने लोगों से कहना शुरू कर दिया कि वह महान शिकारी कैथरीन को अपनी रोमांचक शिकार कथाएँ सुनाने के लिए यहाँ रुका करते हैं। लेकिन शुरू-शुरू में यह सब इतना आसान नहीं था। गज सिंह न जाने क्यों ईर्ष्या की आग से झुलस उठा था। जब जिम और कार्पेट कैथरीन से मिलने आते तो वह उन लोगों के आसपास ही मँडराता रहता। और उनके जाने के बाद घंटों रुष्ट मुखमुद्रा बनाए रहता। लेकिन जल्दी ही स्पष्ट हो गया कि वैसा कुछ नहीं था जैसा वह सोचा करता था।

जिम एक संकोची व्यक्ति था जिसके लक्ष्य कुछ दूसरे ही थे। कैथरीन ने इस सबका जिक्र अपनी डायरियों में किया था। उसने लिखा था कि ऐसा लगता था जैसे उस महान शिकारी की कामना ने कोई गलत गन्ध सूँघ ली थी और फिर वह ऐसे क्षेत्र में अटक गया था जहाँ न शिकार था और न थी सन्तुष्टि।

वह गेथिया में बीस वर्षों से अधिक समय तक रही। उस दौरान उस महान फकीर का आना और कार्पेट साहब से कभी-कभी होनेवाली मुलाकातों को उस पूरे दौर में अत्यन्त दुर्लभ व्यवधान ही कहा जा सकता था। वहाँ बिताए उस लम्बे दौर में उसका न बदलनेवाला अकेलापन ही प्रमुख रहा और मकान उसका केन्द्र और गज सिंह एकमात्र आसक्ति रहा। उसके मन में भावनाओं का जो आवेग सैयद के शयनकक्ष के अँधेरे कोनेवाली कुर्सी पर बैठकर देखते रहने से शुरू हुआ था, और फिर पहाड़ों में पहुँचकर ज्वाला में भड़क उठा था, वह धीरे-धीरे एक गहरी अनुरक्ति में बदल गया था। ताँबई रंग की जिल्दवाली नोटबुकों में हर दिन के विवरणों में उसके खिंचाव में फँसने, फिर उनके सहवास के विस्तृत वर्णन थे। देहों के आविष्कार और उनमें डूबते जाने का अतिरेक, पाने की तड़प और चरम सन्तोष के भाव उन वर्णनों में स्पष्ट देखे जा सकते थे।

उन विवरणों में बहुत खुलापन था। पिता जॉन, पेरिस प्रवास और सैयद से उसे खूब ट्रेनिंग मिली थी और उसमें एक सरल निष्कपटता आ गई थी। वह गज सिंह की दुबली देह के हर भाग का आनन्द पर्व मनाती थी–हर छुअन और छेड़छाड़ के बीच गज सिंह की देह अलग-अलग ढंग से अपने को खोलती थी। कैथरीन की उँगलियों के पोरों के नीचे उसकी त्वचा की सिहरन जैसे संगमरमर पर साटन की फिसलन। जब कैथरीन देर-देर तक उसकी देह से खेला करती तो वह चाहत की तड़प से भीग उठता–जहाँ-जहाँ गज सिंह उसे छूता वहीं एक चिपकन की छाप लग जाती। जब वह पलंग से उतरता तो उसके सख्त नितम्ब कैसे मचल उठते थे। उसकी बड़ी थैली कभी ढीली पड़ जाती तो कभी एकदम सख़्त–यह सब इस पर निर्भर करता था कि कैथरीन उसके साथ क्या कुछ करती थी। उसके भरे पूरे होंठ कैथरीन को असीम आनन्द से सिहरा देते। और उसकी देह पर हर कहीं ऐसे निशान छोड़ जाते जिनकी कसक कैथरीन को जरा भी महसूस न होती; गज सिंह की उँगलियाँ उसके अन्दर गहरे घुसकर उस बिन्दु को खोज लिया करतीं जो कैथरीन को पागलपन से भर देता था। उसे लगता बस वह मरने जा रही है।

यह था सम्पूर्ण आवेशन। गज सिंह की हर बात कैथरीन को एक अजानी त्वरा से सिहरा जाती थी।

वह गज सिंह की बगलों की गन्ध, अपने चेहरे पर उसकी साँसों का स्पर्श, अपनी कलाई पर उसके हाथों की छुअन उसे गहन कामुकता से भर देती। वैसे इस सबके बीच

कैथरीन दूसरों के सामने अपने और गज सिंह के बीच एक शालीन दूरी बनाए रखती। तब वह दूसरे नौकरों के बीच एक नौकर ही हो जाता था, जो कुछ तो विशेष था ही औरों की तुलना में। दूसरे नौकरों की तरह गज सिंह भी एक आउट हाउस में रहता था। लेकिन कैथरीन ने उसे रहने के लिए निचले दरवाजे के पास बना आउट हाउस दिया था ताकि वह हर रात चुपचाप आसानी से उसके पास आ सके। बांज वृक्षों के बीच से होकर, औरों की नजरों में आए बिना।

कैथरीन इस बात को खूब समझती थी कि जिस दिन वह सबके सामने गज सिंह को अपने आलिंगन में भरेगी उसी क्षण से यहाँ वालों की नजरों में उसकी विशेष स्थिति एकदम खत्म हो जाएगी। तब वह अपने प्रति दूसरे नौकरों तथा स्थानीय लोगों का सम्मान खो बैठेगी। उसकी सारी रहस्यमयता पल भर में छूमन्तर हो जाएगी, शायद तब उसके लिए अजाने खतरे भी सिर उठा सकते थे। एक दूसरे स्तर पर उसे गज सिंह के साथ अपने गोपन प्रेम सम्बन्ध गहरे आनन्द से भी भर देता था। इसका जन्म छिपे तौर पर खतरों के बीच हुआ था और इसका स्रोत सैयद की कॉटेज से उन भयानक रातों के छल में छिपा था। इसकी उत्तेजना सदा-सदा के लिए इन सम्बन्धों की अवैधता में जा बसी थी। उसे लेकर मन में बनी रहनेवाली घबराहट और त्वरा के भाव इस अनुभूति को हर पल नएपन से भरपूर बनाए रखते थे।

अन्तर्मन में कैथरीन को खूब पता था कि इस कामना का विचित्र पौधा सदा नम और अँधेरे स्थान में ही उगता था। प्रकाश में रखने से इसके मर जाने का खतरा था।

जब रात में सब घरों में जाकर नींद में डूब जाते और तब पहाड़ियों पर रात के पहरेदारों–पतंगे, रइयाँ और छपका–की आवाजें गूँजने लगतीं, चमगादड़, लोमड़ियाँ, रीछ, तेन्दुए और बाघ बाहर निकलकर चहलकदमी करने लगते। कैथरीन उस कमरे के ऊपरवाले कक्ष में बैठी होती थी, जहाँ उसने पहली बार गज सिंह को बुलाकर अपना पैर थामने को कहा था। उस समय वह उस दरवाजे को खोल देती थी जो मकान से बाहर जाने का था। कितनी अजीब बात थी कि पहली मंजिल का दरवाजा किसी टैरेस या बालकनी में नहीं, टीन की ढलवाँ छत पर खुलता था, जिसके नीचे डाइनिंग कक्ष के साथ छोटा कमरा बना हुआ था। धनुषाकार टाँगोंवाले प्रेमकुमार ने जल्दी-जल्दी मकान पूरा करने की हड़बड़ी में यहाँ एक बड़ी गड़बड़ कर दी थी। कॉटेज के फर्श पर उसके द्वारा बनाए गए मकान के सब डिजाइन तो कभी के मिट चुके थे, उन्हें फिर से देखने और सोचने का अब कोई मौका नहीं था। प्रेम ने डाइनिंग कक्ष के साथ वाले छोटे कमरे के ऊपर एक और कमरा बनाने की जगह वहाँ ढालवाँ छत डालकर घोषणा कर दी कि काम पूरा हो गया। राजमिस्त्रियों ने नियत तिथि तक काम पूरा करने की जल्दी में बाहरी दीवार के साथ-साथ पक्का जीना बना दिया था जो अब उस जगह जाकर खुलता था जहाँ कमरा नहीं, टीन की ढलवाँ छत बनाई जा चुकी थी। प्रेम की गलती के कारण इस सीढ़ी का अब कोई अर्थ नहीं रह गया था। मकान के पिछवाड़े वह मजबूत जीना टीन की एक बेहद ढलवाँ छत तक पहुँचकर खत्म हो जाता था।

कमरे के कोने में रात में वह झूलन कुर्सी पर बैठी होती।

हर रात कमरे के कोने में रखी गैस लालटेन सू-सू करती जलती और कैथरीन झूलन कुर्सी पर प्रतीक्षा में बैठी होती तो गज सिंह इसी जीने से चढ़कर ऊपर पहुँचता। दरवाजा पूरा खुला होता। वहाँ से नीचे पूरी ज्योलीकोट घाटी आँखों के सामने खुली होती। ढलवाँ छत के ठीक

नीचे अँधेरे में यहाँ-वहाँ प्रकाश के कुछ छेद चमकते होते और कभी-कभी कुहरे का घूमता-फिरता बादल वहाँ लटकता रहता।

वह खामोश कदमों से पीछे वाले रास्ते चलकर वहाँ पहुँचता। बजरी पर अत्यन्त हल्की किर-किर उभरकर यह बता देती कि वह जीने के नीचे आ पहुँचा है। फिर वह सीढ़ियाँ चढ़ने लगता—हालाँकि वह रोज रात को नियम से आता था फिर भी इतने-से ध्वनि संकेत से ही कैथरीन की जाँघें तुरन्त गीली हो उठतीं। वह झटपट जीने की दस खड़ी सीढ़ियाँ चढ़ जाता। पहले कैथरीन को कलाई में लोहे के मोटे कड़े और काँसे की अँगूठीवाला उसका दायाँ हाथ दरवाजे की खड़ी चौखट को पकड़ता दिखाई देता। पकड़ बनाए रखने की कोशिश में उसकी कलाई पीछे की तरफ झुकी होती। ढलवाँ छत पर हल्का कदम रखता और टीन में जरा चरमर सुनाई देती और फिर एक ही उछाल में वह कमरे में आ पहुँचता। वह दासे पर अपने चमड़े के जूते रगड़ता। अगर बाहर बारिश हो रही होती तो वह अन्दर आकर बदन को कुत्ते की तरह झटकार देता। फिर अपने पीछे दरवाजा बन्द करके घाटी और रात को बाहर छोड़ता हुआ अन्दर चला आता। दरवाजे का कुंडा बन्द करने में हर बार थोड़ा जूझना पड़ता था क्योंकि चीड़ की लकड़ी सदा ही ठंडी पड़ जाती थी—और फिर वह कैथरीन के सामने पहुँचकर झुककर बैठ जाता। कैथरीन उसे थामकर अपनी पोशाक के अन्दर ले जाती।

कभी-कभी वह गज सिंह को खिझाती, उसके साथ खिलवाड़ करती। वह अन्दर आता तो कैथरीन पलंग पर रजाई के नीचे लेटी हुई यूँ दिखती जैसे सो रही हो।

कभी-कभी वह गज सिंह को खिलवाड़ करती भी न मिलती। वह खोजता-ढूँढ़ता रहता यह सोचते हुए कि वह कहाँ किस हाल में मिलेगी। तो कभी लालटेन बुझी मिलती और वह अँधेरे में पलंग पर झुककर बैठी होती। चाँदनी उसके भरे-पूरेपन पर चमक रही होती।

कभी-कभी वह कैथरीन को बिना कपड़ों के पाता। तो कभी एक भी बाल न होता। तो कभी प्रतीक्षा की नीरसता से छुटकारा पाने के लिए वह अपनी कलाई से अन्दर पहुँचने के रास्ते तक महल की एक रेखा खींच देती। गज सिंह के अन्दर आने पर कैथरीन उसे अपना हाथ चूमने देती और फिर वह रास्ता सूँघता हुआ ठीक उसके अन्दर तक जा पहुँचता।

इस दौर में उन्होंने हर खेल खेलकर देख लिया। यह जानना कितने अचरज से भर देता है, दुनिया में हर चीज अदलती-बदलती रहती है—बस अगर कुछ नहीं बदलता वह है कामेच्छा से उत्तेजित होकर दो जनों द्वारा एक दूसरे के साथ किया जानेवाला...

वे लगातार शिखरों पर चढ़ते और फिर दूसरी तरफ जा गिरते। पुरानी क्रियाओं को नए ढंग से दोहराते और नएपन को पुराने ढंग से करते। वे दोनों गोया अतियथार्थवादी कलाकारों की महान कृतियों में बदल जाते। दोनों की देहों का कोई भी भाग कहीं भी जा मिलता और फिर एक अद्‌भुत कलाकृति उभर आती। पैर की उँगली और पीठ, कुचाग्र और शिश्न, उँगली और फूल का अन्तर्केन्द्र—बगल और मुँह, नाक और भग, शिश्न-योनि के ऊपरवाला घासीला उठान और शिश्न-योनि की बाहरी परतों का अन्तिम नर्तन, समय लगभग 1927, गेथिया।

साल्वाडोर डाली—नक्शानवीस गज और कैथरीन।

इन सब उद्‌दीपनों के बीच वह खामोशी से चीख उठती—भिंचे हुए दाँतों से, पूरे खुले मुँह से और तब सिर्फ गज सिंह ही जानता होता था कि वह कितनी जोरदार चीख होती थी। वह खामोश चीख मकान को चीरती हुई पूरी घाटी में भर जाती। वह पूरी तरह चुक जाती—उसकी आँखों में चमक भर जाती, पोर-पोर में थरथराहट यूँ झनझना उठती कि साफ पता चलता कि

देह ने तनाव के अन्तिम बिन्दु का स्पर्श कर लिया है। ऊर्जा की अतिशक्तिशाली धारा बहानेवाला तार टूटने-तड़कने को हो जाता। प्रायः बाद में गज सिंह कैथरीन को बताने की कोशिश करता कि वह कैसे किस स्थिति में जा पहुँची थी।

उन्होंने सब कुछ कर डाला था, कुछ भी बाकी नहीं रहने दिया था। और यह सब किसी प्रयोगवादी झक में नहीं हुआ था, यह चाहत की उस सघनता से हुआ था जिसे किसी भी तरह नहीं रोका जा सकता।

यह तय था कि अब या तो सब समाप्त हो जाएगा अथवा यह अतिरेक की नई सीमाओं तक जा पहुँचेगा।

और इस तरह एक दिन उनके शरीर ऐसी ही विशिष्ट रचना के निर्माण के बीच उलझे थे, और गज सिंह की उँगलियाँ उसकी गन्ध के स्रोत की खोज में भटक रही थीं तभी फनफनाए साँप की फूत्कार सुनाई दी और जब गज सिंह ने देखा तो उसकी छाती के बाल गीले होकर टपकने लगे थे।

एक स्विच दबा दिया गया था और एक दूसरा दरवाजा खुल गया था।

और फिर कैथरीन उन ऊँचाइयों को छूने लगी थी जो गज सिंह और स्वयं उसकी समझ से परे थीं। शुरू-शुरू में वह ज्यादा उत्तेजित स्थिति में आती तो फुहार सी उछल जाती। ऐसा तब होता जब गज सिंह की उँगलियाँ उसके अन्दर पहुँचकर किसी खोज में लगी होतीं। विस्मित होकर गज सिंह की उँगलियाँ और भी ज्यादा दबाने-मसलने लगतीं, तब कैथरीन किसी फव्वारे-सी फूट पड़ती, नल की तरह बहने लगती। गज सिंह उसकी देह से प्यार करता जाता, कैथरीन की मांसपेशियाँ फूलकर सिकुड़ उठतीं, फूलने और सिकुड़ने की यह प्रक्रिया चलती चली जाती। वह स्वयं को जैसे अपने से बाहर ठेलती चली जाती और फिर बहने लगती, बहती चलती जाती। कुर्सी, पलंग जिस पर भी होती वही एकदम गीला हो जाता।

और तब सारे संयम अँधेरे में चोर की तरह भाग निकलते। यह बहना और गीलापन इतना बढ़ जाता कि फर्श पर लगे तख्तों पर जगह-जगह गीलापन दिखाई देने लगता। तब गज सिंह पोंछा लाकर उस स्थान को सुखाने लगता।

काफी समय तो ऐसा तभी होता था जब गज सिंह की उँगलियाँ उसके अन्दर जाकर खोजने का खेल खेलती होती थीं लेकिन अब तो जब वह उसके अन्दर जाने लगता तब भी वही सब होने लगता। गज सिंह कमर के बल लेटा होता और वह धीरे-धीरे आँखें बन्द किए हिलती जाती—देह एक अत्यन्त तने तार-सी हो जाती जो अब टूटी अब टूटी की स्थिति में पहुँच जाती; फिर उसकी पेशियाँ एकदम फूल उठती। गज सिंह में लहरें उठने लगतीं चुकने के लिए और कैथरीन बहने लगती। गज सिंह का उदर भीग जाता, उसकी जाँघें तर हो उठतीं। और वह फिर से रिसना शुरू हो जाती और उसकी पेशियाँ फिर पहले जैसी तरह फूल उठतीं और वह गज सिंह पर फिर से बरसने लगती। अब गज सिंह तर लेटा होता—एक साथ कई फव्वारे छूटते और जब यह सब समाप्त होता तो चादरें, गद्दे नीचे तक भीग जाते। फिर वे सोने के लिए दूसरे शयन-कक्ष में चले जाते।

इस समय जिस कमरे का अस्तित्व नहीं रह गया था—जो गायब छत के नीचे मलबे का ढेर बना हुआ था—वही तब बहुत लम्बे समय तक आनन्द और उत्तेजना का केन्द्र बना रहा था। हर रात पीछे को तना हुआ हाथ दरवाजे की चौखट को थामता, टीन पर हल्की चर-चर उठती। अन्दर घुसकर वह दासे पर जूते रगड़ता और देह प्रेम का पर्व शुरू हो जाता।

फिर उन्होंने जल्दी ही चादर और गद्दे के बीच में गीलेपन को दूर रखनेवाली तिरपाल बिछानी शुरू कर दी। हर रात वे पलंग की चादरों को दूसरे कमरे में आग के सामने फैलाकर सुखाते। लेकिन गीलेपन और सूखने के इन चक्रों के बीच चादरें जगह-जगह से कड़ी पड़ जातीं तो वे चादरें बन्नो को थमा देते गरम पानी में धुलाई के लिए।

कभी-कभी वे बाद में पलंग पर बिछी चादर हटाते तो नीचेवाले तिरपाल पर जगह-जगह गीलापन नजर आता। वे उसे कोनों से पकड़कर ढलवाँ छत पर लटका देते गीलेपन को टीन पर टपकने के लिए।

यह बात समझ से बाहर थी।

कैथरीन की देह ने अपनी सारी सीमाएँ तोड़ दी थीं। वह कामुक आध्यात्मिक स्थिति में जा पहुँची थी।

गज सिंह ने इसे अमृत नाम दिया था।

वह कहता हर दिन उस अमृत में स्नान करना उसका सौभाग्य था।

वह कहता यह स्थिति शिव-पार्वती जैसी है। जब वे अन्तरिक्षीय प्यार में संलग्न होते हैं तो संसार उनके अमृत में स्नान करके पवित्र हो जाता है।

शिव और पार्वती–आदिम युगल–इस सृष्टि के जनक और संहारकर्ता।

दो दशाब्दियों तक गेथिया में प्रवास के दौरान कैथरीन ने बस केवल एक बार मैदानों की ओर यात्रा की थी। डायरियों में तारीखों के बारे में इतना भ्रम था कि यह ठीक-ठीक बताना कठिन था कि वह कौन-सा वर्ष था, लेकिन अनुमान है यह बीसवीं सदी के तीसरे दशक के शुरुआती वर्ष रहे होंगे। वह आगरा गई थी। शायद उसने ताजमहल, फतहपुर सीकरी और किला भी देखा होगा, लेकिन वह सिर्फ इन्हें देखने के लिए ही वहाँ नहीं गई होगी, क्योंकि वह चार महीने गेथिया से दूर रही थी। असल में डायरी में वहाँ किसी जगह घूमने-फिरने का बहुत थोड़ा वर्णन था। बस इतना भर कि वह गई थी और यात्रा बहुत थकानेवाली रही थी। गज सिंह भी उसके साथ था। बाद वाली डायरियों में आगरा यात्रा का जिक्र कहीं-कहीं ही आया था। लेकिन कहीं यह नहीं बताया गया था कि उसने यह यात्रा क्यों की थी?

इस बात के संकेत थे कि शुरुआती वर्षों में उसके पास शिकागो से पत्र आया करते थे। एमिली की प्रलयंकारी भविष्यवाणी सम्बन्धी प्रलापों के प्रति उसकी हिकारत स्पष्ट थी। एमिली ने बेटी को समझाया था कि उसे ईश्वर से इस तरह इतना विमुख नहीं होना चाहिए और उसे यह भी याद रखना चाहिए कि वह चाहे कहीं भी, कितनी भी दूर क्यों न चली जाए, अगर वह उन्हें याद करेगी तो ईश्वर उस तक पहुँच ही जाएँगे।

जब कैथरीन जगदेवपुर में थी, उन्हीं दिनों जॉन की मृत्यु हो गई थी। सैयद ने बहुत समझदारी से कैथरीन को उन दुख भरे राजों से बाहर निकाला था। डायरियों में पिता की मौत पर उसका असीम दुख बार-बार झलका था। कैथरीन ने अपनी नोटबुक में पिता के लिए पत्र के रूप में एक स्मृति लेख लिखने का प्रयास किया था लेकिन यह उसके लिए संघर्ष ही रहा था। उसने चार बार लिखना शुरू किया था–

मेरे प्यारे पिता,

और फिर वह हर बार भाव भीने शब्दों में भटककर रह गई थी। हर बार बीच में ही ठहर गई थी। और उसने फिर लिखना शुरू किया था। फिर अन्ततः पत्ररूपी स्मृति लेख एक संक्षिप्त

भावपूर्ण उद्भावना के रूप में ढल गया था। बाकी सब नोटबुकों से अलग वही अकेला पृष्ठ था जिस पर पिता के बारे में बड़े-बड़े अक्षरों में संक्षेप में लिखा था, उस पर दूसरे शब्दों की कोई भीड़ नहीं थी–उसने लिखा था–

मेरे पिता जॉन,

मैं आजकल जहाँ हूँ वहाँ लोगों का इस बात पर अगाध विश्वास है कि हम मृत्यु के बाद बार-बार जन्म लेते हैं, ताकि पिछले जन्म के ऋण चुका सकें। अगर यह सच है तो मैं ईश्वर से प्रार्थना करती हूँ मैं फिर से तुम्हारी बेटी के रूप में ही जन्म लूँ।

इस बात का कोई संकेत नहीं मिला कि उसने अपनी माँ को कभी कोई पत्र लिखा था। एमिली की मृत्यु कब हुई इसका कहीं कोई जिक्र नहीं था।

बीसवीं शताब्दी के चौथे दशक के शुरू वाले वर्षों में डायरियों में परेशानी झलकने लगी थी जो धीरे-धीरे बढ़ती ही गई। कैथरीन के बाग में एक साँप घुस आया था। गज सिंह अपनी पत्नी और तीन बच्चों को गाँव से ले आया था, अपने साथ रहने के लिए। उसकी पत्नी कमला छोटी कद की गोरे रंग वाली लेकिन अनपढ़ औरत थी।

लेकिन उसकी पत्नी को इतना अधिकार नहीं था कि वह अपने पति को हर रात बांज के पेड़ों के बीच से होकर पिछली सीढ़ी से चढ़कर ढलवाँ छत से कैथरीन के कमरे में जाने से रोक पाती। उसके आने के बाद भी गज सिंह की यह चर्या चलती रही। लेकिन फिर भी कमला में इतना कुछ तो जरूर था कि वह पति को अपनी ओर आकर्षित कर सके, उसका ध्यान बँटा सके।

लगता है धीरे-धीरे गज सिंह के मन में अपनी पत्नी के प्रति ललक लगातार बढ़ती गई और उसका ध्यान दो छोरों में विभाजित हो गया। सुन्दर बालिका वधू से बड़ी होकर कमला अब एक आकर्षक और भरी-पूरी औरत बन चुकी थी और आखिर गज सिंह उसके मोहपाश में बँध ही गया। अब वह कैथरीन वाले बड़े मकान में पूरी रात नहीं बिताता था। और फिर तो ऐसा भी होने लगा कि कई-कई रातों में वह पारिवारिक परेशानी–अकसर कमला और बच्चों की बीमारी की बात कहकर कैथरीन के पास नहीं भी आता। कैथरीन और उसके बीच तकरार, क्षोभ का माहौल बनने लगा। फिर कैथरीन ने यह भी जान लिया कि गज सिंह के मन में अपनी आकर्षक पत्नी के प्रति उद्दाम आवेश भर गया है। एक रात जब गज सिंह उसके पास नहीं आया तो कैथरीन खुद आधी रात को खामोशी से, बांज वृक्षों के बीच से होती हुई निचले दरवाजे के पास बने दोमंजिले क्वार्टर के बाहर जा खड़ी हुई। कैथरीन ने उसे सीत्कार करते सुना। वह उत्तेजित भाव से लेकिन धीरे-धीरे अपनी पहाड़ी बोली में कमला से कुछ कहता जा रहा था। कैथरीन सुन रही थी–गज सिंह कमला को बता रहा था कि वह कितनी खूबसूरत है, वह उसके साथ जो कुछ कर रहा है, क्या उसे वह पसन्द आ रहा है? उसकी पत्नी ने सपाट स्वर में पूछा था कि क्या वह गोरी मेम जितनी खूबसूरत है। और क्या वह भी उतनी अच्छी लगती है उसे।

हाँ, हाँ, हाँ, उससे ज्यादा, ज्यादा, ज्यादा–गज सिंह का आनन्द से उल्लसित स्वर सुनाई दिया था।

कैथरीन मकान में लौटी तो उसके पंजे और टखने ओस में तर थे। उसे अपने पैरों को तम्बाकू मिले पानी से भरे कठौते में डुबाए रखना पड़ा था ताकि अगर कहीं कोई जोंक हो तो हट जाए। फिर अपने हाथों को पेट के उन भागों तक ले गई जो तर थे, और फिर खुद को हाथों से सहलाती हुई कल्पना के पंखों पर उड़ने लगी थी।

कैथरीन ने गज सिंह पर प्यार बरसाना बन्द नहीं किया पर अब उस बारिश में जैसे तेजाब घुल गया था। प्यार और कामेच्छा का गीलापन, जिसका पर्व उसने जीवन भर मनाया था, अब बेस्वाद हो गया था। उसके मन में एक कुटिलता फन उठाने लगी थी जो उसकी उन्मुक्त आत्मा पर एक धब्बे की तरह थी।

कैथरीन ने कमला और उसके बच्चों के मकान में आने पर पाबन्दी लगा दी, और तो और वे अगले भाग की दोनों और पिछली तरफ की एक टैरेस पर भी नहीं जा सकते थे। वह किसी की स्थिति में उनसे कैसा भी कोई सम्बन्ध नहीं रखना चाहती थी।

कभी-कभी वह ऊपर पानी के नल के पास खड़ी होती तो निचले दरवाजे के पास दो लड़कियों और एक आकर्षक चेहरेवाले लड़के को चपटे पत्थर के टुकड़ों से खेल खेलते देखती लेकिन जब-जब वे उसकी ओर ताकते तो वह झट चेहरा घुमा लेती।

प्रायः ही गज सिंह को मकान के नीचे वाली सड़क पर एक छोटे लड़के को अपने कन्धों पर ले जाते देखती। वह बच्चे को गुदगुदाता और फिर उसकी हँसी सुनाई देने लगती। स्पष्ट था लड़का उसे अत्यन्त प्रिय था। इस बात ने भी कैथरीन को क्रोध से भर दिया।

कैथरीन ने उन्हें कभी कोई चीज नहीं दी। वे उसकी जीवनधारा में एक अनावश्यक व्यवधान डालनेवाले लोग थे–उन्होंने उसके प्यार पर ग्रहण लगा दिया था।

उसने गज सिंह को कई बार संकेत किया कि वह पत्नी और बच्चों को गाँव भेज दे। लम्बे समय तक वह प्रतिरोध करता रहा। वह सोचता था यदि वह हर रात कैथरीन को सन्तुष्ट करता रहे तो शायद इसकी नौबत नहीं आएगी। लेकिन अब इस आनन्द मरहम का प्रभाव केवल अन्तिम कम्पन और फिर होनेवाली फुहार तक ही सिमटकर रह गया था। बाद में जब वह जाते समय चौखट को थामकर धीरे से टीन पर उतरता तो कैथरीन के मन का सोया आक्रोश फिर से जाग उठता। जब उनके शरीर प्यार में डूबते होते तब तो अनुभूति पहले जैसी रहती लेकिन बाकी समय वह गुस्से-भरी कुढ़ती रहती।

गज सिंह को सज़ा देने के लिए कैथरीन ने बन्नो और रामआसरे को अपने ज्यादा निकट आने का अवसर दिया। वे दोनों अब मेरी और पीटर बन गए थे। कभी उन्हें उदार सैयद ने प्रश्रय दिया था, अब वे कैथरीन के स्वामिभक्त बन गए थे–चाहे ऊपरी तौर पर ही सही। वे उस देवी की सेवा कर रहे थे जो ज्यादा ताकतवर थी। एक ऐसी देवी जिसके भक्त भी काफी शक्तिशाली थे। और जो उनके प्रति उतना तिरस्कार-भाव नहीं रखती थी। यह धर्मांतरण वाचाल बन्नो की पहल पर हुआ था। अब वे अपने गले में सलीब लटकाते थे और हर रविवार को सामूहिक प्रार्थना के लिए नैनी जाया करते थे। बन्नो नई तरह की पोशाक में, जरा बदली हुई चाल से हास्यास्पद ढंग से हिलती-जुलती हुई चलती। उन्हें क्रिसमस के अवसर पर केक बनाना, मोमबत्तियाँ जलाना और जोर-जोर से ईसाइयों के भजन गाना सिखाया गया था। गिरजाघर के धर्मांतरण करनेवाले पादरी द्वारा उन भजनों का हिन्दी अनुवाद किया गया था।

गज सिंह था ऊँची जाति का। उसने दोनों को पीटर और मेरी पुकारने से इनकार कर दिया। वह उन्हें पहले की तरह चीखकर रामआसरे और बन्नो के नाम से ही बुलाता रहा। उसने कहा–दोनों मूरख हैं। अगर नाम बदलने से किसी की जिन्दगी बदल सकती तो मैं भी अपना नाम बादशाह जॉर्ज पंचम न रख लेता।

बन्नो ने कैथरीन से कहा था—मैं जानती हूँ। हमारे लिए भले ही कुछ नहीं बदले पर कम-से-कम बच्चों के लिए तो परिवर्तन आएगा ही।

गज सिंह ने कैथरीन को बताया—वह तो बेवकूफ है। जाति सदा आपके साथ रहती है। आप उसे केवल अपने कामों से बदल सकते हैं, अपने नाम या धर्म बदलकर नहीं। वह मूर्ख औरत समझती है कि अगर वह अपने बच्चों को ऐनी, शेनी, पोली, पीटर नामों से पुकारने लगेगी तो शायद उनका जीवन बदल जाएगा। नहीं, ऐसा होनेवाला नहीं।

लेकिन कैथरीन ने बन्नो/मेरी के बच्चों को मकान में आने की छूट देकर गज सिंह को साफ-साफ संकेत दे दिया कि वह उसके परिवार के बारे में क्या सोचती है। बन्नो/मेरी दो बेटों और दो बेटियों की माँ थीं और एक नए बच्चे की माँ बनने जा रही थी। रामआसरे/पीटर और बन्नो/मेरी ऊपरी दरवाजे के पास बने ठिकाने में रहते थे। और उसके बच्चे सामने के रास्ते से होकर मकान तक आ सकते थे—बाद में उन्हें मकान के अन्दर आने की छूट भी मिल गई थी।

बन्नो/मेरी को लगा था कि धर्म बदलने के बाद उसे बहुत कुछ मिल गया था।

अब गज सिंह खीझ और क्षोभ के चक्र में उलझ गया था। वह बात न करता, उदास नजर आता—उसका सुन्दर चेहरा भावहीन बना रहता। कैथरीन को यह महसूस करके अच्छा लगता कि गज सिंह पर उसकी नाराजगी असर दिखा रही थी। लेकिन जब दोनों के शरीर एक-दूसरे के निकट आते तो क्रोध, तनाव की दीवार तत्काल गिर जाती। दोनों एक-दूसरे के लिए पागल हो उठते और फिर माहौल पहले जैसा खुशनुमा बन जाता। गज सिंह इतनी उमंग दिखाता कि उसे अन्दर ही अन्दर अपना सिर फटता हुआ लगता। और फिर कैथरीन उस पर मानसून सी बरसने लगती।

समस्या एक ही थी—प्रेम रहित दैहिक प्यार को कैसे निभाते रहा जाए?

दोनों ही अपनी नाराजगी नहीं छिपाते थे—आपस में तानाकशी से भी बाज न आते। दोनों ओर ही लगातार एक-दूसरे को छकाने की योजनाएँ बनती-बिगड़ती रहतीं। दोनों को अब भी एक-दूसरे की आवश्यकता थी लेकिन अब उसमें प्यार की पवित्रता के साथ अन्य बहुत आ मिला था। वह विकृत हो गया था।

आखिर कैथरीन ने गज सिंह से साफ कह दिया कि उसे अपने परिवार को गाँव भेजना होगा। उसे कैथरीन का आदेश मानने पर विवश होना पड़ा। अब कैथरीन ने उसे फिर से केवल अपने लिए पा लिया था, सिर्फ अपने लिए। वह सिलसिला फिर से शुरू हो गया था—चाँदनी से नहाए पिछले रास्ते से बांज के पेड़ों के नीचे होते हुए उसका आना, एकदम सीधी खड़ी सीढ़ियों पर उभरती बजरी की किर-किर, दरवाजे की चौखट पर पीछे को तने उसके हाथ की पकड़, टीन की चर-चर, अन्दर घुसते समय दासे पर जूतों का रगड़ना और मुँह, हाथ, नाक, शिश्न का रह-रहकर मिलना और फिर लगातार होनेवाली बरसात, गीली चादरें, गद्दे और चादर के बीच बिछी तिरपाल पर गीलेपन के धब्बे, दूसरे कमरे का सूखा बिस्तर और सुबह नींद खुलते ही कैथरीन की हथेली में अपना प्यार फूलते, तनते हुए महसूसना।

हर रात का यह कामुक कार्यक्रम निर्धारित रीतिरिवाज के अनुसार चल रहा था—अब भी दोनों अतुलनीय आनन्द भोग रहे थे। लेकिन फिर भी कैथरीन को महसूस होने लगा था कि कहीं कुछ तो जरूर बदल गया है—गज सिंह का कोई महत्त्वपूर्ण तत्त्व अदृश्य हो गया था। जब गज सिंह कैथरीन के अन्दर जाता, ऊपर आता तो उसकी अन्यमनस्कता कैथरीन को चिढ़ा जाती। उसकी आँखें उसे खोजती रहतीं जो हाथ से छूटकर खो गया था—यदि आप जीवन

भर भरी हुई बोतल को देखने के आदी रहे हों तो अगर वह जरा सी भी खाली हो तो आप तुरन्त उस खालीपन से परेशान हो जाते हैं। और अब यही हो रहा था। कैथरीन जानती थी उसका जो कुछ खो गया था, वह अब कमला के पास है। वह इस आशंका से ग्रस्त सोचती रहती थी कि न जाने कब गज सिंह को पूरी तरह कमला अपनी तरफ खींच लेगी।

गज सिंह हर पन्द्रह दिन बाद अपने परिवार से मिलने गाँव जाया करता था। जैसे-जैसे गाँव जाने का समय निकट आता, कैथरीन उसकी बढ़ती उत्तेजना को महसूस कर लेती थी। वह जाने से पहले खूब ध्यान से दाढ़ी बनाता, अच्छी तरह प्रेस किए कड़क कपड़े पहनता। जानेवाले दिन उसके कदमों में एक विचित्र फुर्ती भर जाती थी, मूड खूब मस्त लगता।

यह देखकर कैथरीन जैसे पागल हो उठती।

वह रात-दिन मकान के चारों ओर पूरे मैदान में चक्कर लगाने लगती–अकेली, अन्यमनस्क। रामआसरे/पीटर और बन्नो/मेरी उसे इस तरह वक्त-बे-वक्त घूमने से मना करते। उन्हें डर था कि कहीं जंगली जानवर उस पर हमला न कर बैठें। वे चिरौरी करते कि जब उसका मन घूमने का हो तो वह दोनों को जरूर बुला ले। लेकिन कैथरीन हमेशा हाथ के इशारे से उनसे जाने को कह देती। वह अँधेरे में भी अपनी निजता सुरक्षित रखना चाहती थी। उसमें किसी का भी हस्तक्षेप उसे सहन नहीं था। अभी गज सिंह उसके मन से पूरी तरह उतरा नहीं था।

कैथरीन चाहती कि गज सिंह उसे पहले की तरह ही प्यार करे--और अगर वह ऐसा नहीं भी करता था, तब भी कैथरीन तो उससे प्यार करती ही थी।

कैथरीन इसे नहीं समझ पा रही थी लेकिन सच तो यही था कि वह सैयद जैसी ही होती जा रही थी। उसी तरह जैसा वह अन्तिम क्षणों में हो गया था।

निरन्तर उसे आगे ले जाता कामना का ज्वार उसे मानसिक रूप से अशान्त किए दे रहा था। वह किसी भी तरह स्वयं को सँभाल नहीं पा रही थी। डायरी में शब्दाडम्बर बढ़ता जा रहा था। शब्द जैसे एक-दूसरे में समाते जा रहे थे। जैसे दूध बहुत देर तक आँच पर रखा रहते-रहते गाढ़ा हो चला हो वैसे ही लिखाई बेडौल, बड़ी और मोटी होती जा रही थी। लम्बे समय से चली आती निष्क्रियता, अन्दर गहराता अकेलापन, सदा मन में घुमड़ती प्रतीक्षा, चाहकर भी किसी का साथ न मिल पाने की कसक ही पृष्ठों पर उतरती आ रही थी और फिर जैसे वर्णन-विवरण चुक गया, क्योंकि वही बातें बार-बार दोहराई जाने लगीं–शब्दों का संयम टूटता जा रहा था, शब्दों में समाई चीख तेज और तेज होती जा रही थी। शब्दों में मतिभ्रम ने जगह बना ली थी और पृष्ठ-दर-पृष्ठ जो कुछ लिखा जा रहा था, उसका अर्थ समझना कठिन होता जा रहा था। इतनी दशाब्दियों का सफर तय करने के बाद अब वर्णन में पाप के प्रति सन्दर्भ दिखाई देने लगे थे–जैसे एमिली की छाया आ ठहरी थी कैथरीन पर–और क्षमा माँगने के रहस्यमय स्वर झलक उठे थे।

उसने लिखा था–जहाँ देना चाहिए था, वहीं नहीं दिया था।

और जहाँ देने की कोई जरूरत नहीं थी, वहीं सब कुछ दे डाला था।

उसने अपने प्रति ही पाप कर डाला था।

अब प्रायश्चित्त और मुक्ति की आवश्यकता थी।

उसने सैयद के प्रति अपने प्यार को स्वर दिया था। चाहा था कि काश, वह पास होता!

उसने गिरजाघर जाने के बारे में लिखा था। दशाब्दियाँ पहले नोत्र दाम जाने के बाद यह पहली बार हुआ था।

चाहा था कि एक बार तो अमरीका हो आए, भले ही वह अन्तिम यात्रा हो।

काश, अधूरे काम पूरे करने का एक अवसर तो मिल जाता!

उसने गेथिया से जो कुछ लिया था, पाया था, उसे गेथिया को वापस देने की बात कही गई थी।

स्पष्ट था एक डर उस पर हावी होता जा रहा था। मानसिक क्लान्ति और व्यामोह दोनों उसके मन पर आ बैठे थे। अब वह बीमारियों का जिक्र करने लगी थी, क्षय होती ऊर्जा, रात को आ घेरनेवाले डरावने पल उसके शब्दों में झलक रहे थे। इन डरावने अनुभवों का विवरण अब इखरे-बिखरे रूप में दिखाई देने लगा था। उसने लिखा कि अब उसे अँधेरे घर में वैसी ही अनुभूति होने लगी थी जैसी कार्पेट साहब को बँगले से बाहर फेंके जानेवाली घटना के दौरान हुई थी। लेकिन फर्क यही था कि उन्हें किसी दूसरे के बँगले से फेंके जाने के डरावने अनुभव से गुजरना पड़ा था, लेकिन कैथरीन को लगता था कोई उसे उसके अपने घर से ही बाहर फेंकने जा रहा था।

एक जगह उसने उस तेन्दुए का जिक्र किया था जो हर रात आकर चाँदनी में उसकी खिड़की के नीचे बैठ जाया करता था और उसे ताने दिया करता था। कभी तेन्दुआ उसे बस घूरता रहता तो कभी वह धीमी आवाज से कुमाऊँनी लोकगीत गाने लगता जिसमें खतरे की चेतावनी होती, उसका पूर्वाभास होता। कैथरीन ने कहा था कि तेन्दुआ उसके सारे रहस्य जानता था और यदि उसने तेन्दुए को सन्तुष्ट नहीं किया तो वह उसे खा डालेगा।

और फिर एकाएक लिखाई रुक गई थी।

मौत ने उसे अपने आगोश में ले लिया था।

खंड : 5

सत्य

इतिहास का कुआँ

अन्ततः जब मैं डायरियों के भँवर से बाहर आया तो तीन साल ज्यादा बूढ़ा हो चुका था। आसपास की दुनिया में अप्रत्याशित बदलाव आ गए थे। दशाब्दी के आरम्भ में जिस पौरुष भाव ने देश को आन्दोलित करना शुरू किया वह अब सहस्राब्दी के अन्तिम वर्षों में अत्यन्त मुखर हो उठा था। महान फकीर के मँडराते प्रेत को मजबूती से दफना दिया गया था। और साथ ही अहिंसा, सहनशीलता, करुणा, सहज हास्य–इन सभी भावों को जमीन में गहरे गाड़ दिया गया था। मगरमच्छों पर सवारी करनेवाले को डाइनासोरों ने चट कर डाला था।

मिथक ने तकनीकी के साथ घालमेल कर लिया था और अब वह दुष्ट हमारे बींच बेरोकटोक घूम रहा था।

अपने महान सुभाषितों को हमने गोला-बारूद में ढाल लिया था।

हम गीता के पंखों पर नहीं उड़ना चाहते थे। हम चाहते थे हमारे हाथों में ब्रह्मास्त्र आ जाए।

हम परमाणु शक्ति सम्पन्न राष्ट्र बन चुके थे और अब पूरा देश उत्तान शिश्नवादियों का महासंघ बन गया था। हर कहीं स्पंदित उत्तान शिश्नों का दौरदौरा था। वे प्रचार और सत्ता की नशीली गोलियों से फूल गए थे और विरोध में खुलनेवाले हर मुँह को बन्द करने पर तुल गए थे।

घृणा बेचनेवाले कीमियागरों ने आखिर हर धर्मांध के शिश्न को मुग्दर-सा कड़ा और मजबूत बनाने का नुस्खा खोज लिया था। हर बेवकूफ का लौड़ा बनाएँगे हथौड़ा।

जो धर्मान्ध और कट्टरपन्थी नहीं थे–वे भी अपना पौरुष दिखाने पर उतावले हो उठे थे। अपने अहं का आकार उन्होंने अपने अंग विशेष जितना ही बड़ा कर लिया था–उनके बम का आकार, उनके इतिहास का कलेवर, उनके लोगों का कद, उनके देवताओं की ऊँचाई सब वैसा ही हो गया था।

फकीर को एक कोने में मरने पर विवश कर दिया गया था। मगरमच्छ पर उसके पीछे बैठा, उसका प्रसिद्ध अनुयायी, हीरा-जवाहर अब हरेक का निशाना बन गया था। साहस, कुलीनता, नए विचारों में जो लोग उसका पासंग भी नहीं थे, वही अब उसके विरुद्ध दुष्प्रचार कर रहे थे। हम अपने सपनों को हिसाब-किताब की इबारतों में बदल चुके थे और हमारे लेखा-जोखा पर चोरों की नजर लग गई थी। अब वे उनके कब्जे में आ गए थे।

हम अपनी शालीनता खोकर एकदम लालची बन गए थे।

अपने महान स्वाधीनता संग्राम वाला जादू न जाने हमसे कब दूर छिटक गया था।

हम सभी क्षुद्रता की भौंड़ी नकल में महारथ हासिल करने में जुट गए थे।

और यह सिलसिला हर दिन, हर कहीं, लगातार चल रहा था—हमारे मामूली घरों से लेकर नई दिल्ली के भव्य औपनिवेशिक भवनों में।

हम जो कुछ हो सकते थे, वह नहीं हो पाए थे।

हम जो कुछ थे उससे भी नीचे चले गए थे।

लेकिन अपनी बात कहूँ तो मुझे इस सबकी कोई परवाह नहीं थी। राष्ट्र और लोग अपने भ्रष्ट पथों पर ही चलते रहेंगे—मूर्खता और साहस के उन अनियमित चक्रों से गुजरते हुए—कभी अँधेरे में गुम होते हुए तो कभी चमकने का आभास देते हुए। और मुझे अपने जीवन की उलझनों से जूझना था। जिन्दगी को लेकर उलझनों में भटकनेवाला हर आदमी जानता है कि कभी-कभी एक अकेली जिन्दगी की समस्याएँ भी किसी राष्ट्र की मुश्किलों से ज्यादा परेशान करनेवाली हो जाती हैं।

शायद मेरी तुलना में एक राष्ट्र को सही पथ जल्दी मिल जाने की सम्भावना थी।

मैं भँवर से ऊपर उभरने के लिए जूझ रहा था और उन डायरियों के फन्दों ने मेरे टखनों को अब तक जकड़ रखा था। मैंने खुद को रिप वैन विंकल की तरह महसूस किया।

मेरी दाढ़ी और केश बढ़ते गए थे, किसी आडम्बर की तरह। केशों में सफेदी ज्यादा से ज्यादा घुलती जा रही थी, दाढ़ी काली थी। मैं दोनों को रबड़ बैंड से जकड़ सकता था। इस सबने मुझे किसी दकियानूस का स्वरूप दे डाला था—जैसे सुदूर पूर्व का कोई तापस। और मुझे अपना यह स्वरूप पसन्द भी आ रहा था।

मुझे यह देखकर हैरानी होती थी कि इलाके के लोग मुझे कितना सम्मान देते थे। जो प्रायः किसी आध्यात्मिक पथ पर चलनेवाले को ही दिया जाता है। वे लोग मुझसे बहुत धीमी आवाज में बात करते। सड़क पर मेरे पास से गुजरते हुए श्रद्धा के भाव से सिर झुका देते। शायद आपका बाहरी रूप ही सब कुछ मान लिया जाता है। उनके बीच जाकर बस गए एक चतुर-चालाक शहरी से बदलकर मैं बड़े मकान में रहनेवाला एकान्तवासी हो गया था।

यह बदलाव मुझे रास आ रहा था। मैं टहलता हुआ पड़ाव पर बने ढाबे पर जाता। वहाँ ट्रक ठहरा करते थे या नैनीताल जानेवाले ईंट पटे पुराने रास्ते पर रोजमर्रा का घरेलू सामान बेचनेवाली छोटी-छोटी दुकानों के सामने से गुजरता, खस्ताहाल सेनिटोरियम तक उतरते रास्ते पर बनी चाय की गुमटियों के सामने से जाता। वहाँ छोटे-छोटे झुंडों में बैठे लोग बीड़ी-सिगरेट पीते होते। मुझे किसी से बात करने की जरूरत नहीं थी। बस अभिवादन की मुद्रा में हाथ उठाना या धीरे से सिर हिला देना ही काफी होता। जब-जब मैं पड़ाव पर भोजन करने जाता, तो वहाँ चुपचुप ही मुझे खाना परोस दिया जाता। दुकानदार और ग्राहक के बीच होनेवाली सामान्य बातचीत भी न होती। वहाँ मेरी उपस्थिति ही लोगों की आवाज को धीमी करने के लिए काफी होती।

मैं मुझे लेकर चलनेवाली अफवाहों के बारे में जानता था कि मेरी पत्नी मुझे छोड़ गई है और अब मैं उसके वियोग का शोक मना रहा हूँ। लोग यहाँ तक कहते थे कि उसकी याद भुलाने के लिए मैं एक किताब लिख रहा था। ये सारी खबरें मुझ तक प्रकाश के माध्यम से पहुँचा करती थीं, शायद वही इस तरह की बातें लोगों को बताया करता था।

अब मूरख प्रकाश ही घर में राक्षस की जगह आया था। उसका चेहरा मुहाँसों से भरा था और वह अल्मोड़ा से मेरे पास आया था—कभी मुस्कुराता तो कभी उसका चेहरा उदास दिखाई

पड़ता–और यही सिलसिला लगातार चलता रहता। शायद कोई ढाबा ही उसके लिए सही जगह थी लेकिन वह सेना में भर्ती होना चाहता था इसलिए हर साल वह रानीखेत में सेना के भर्ती केन्द्र में जाता और अस्वीकृत होकर लौट आता। उस जैसे आदमी के हाथों में राइफल थमानेवाली सेना पागल ही कही जाएगी। लेकिन इस भर्ती की उम्र गुजरने के बावजूद उसकी उम्मीद कायम थी–हर सुबह खूब जोर करता, दंड-बैठक लगाता और नीचेवाली टैरेस पर ऊपर-नीचे दौड़ लगाता। उसे विश्वास था कि पाकिस्तान के साथ जल्दी ही भयानक युद्ध छिड़नेवाला है और तब उसे भी जरूर सेना में रख लिया जाएगा। वह उसी अवसर की प्रतीक्षा में अपने को स्वस्थ और चुस्त रखने में लगा रहता था।

मेरी जीवनधारा का प्रवाह चालू रखने में प्रकाश की भूमिका महत्त्वपूर्ण थी–खाना पकाना, कपड़े धोना, घर की सफाई जैसे सारे काम। लेकिन फ़ुरसत पाते ही वह छोटे श्वेत श्याम टी.वी. पर आँखें गड़ा देता। टी.वी. मैंने भोजन कक्ष के कोने में रखा हुआ था। टी.वी. पर केवल राष्ट्रीय प्रसारण ही दिखाई देते थे–इसके लिए छत पर बँधे एंटीना की मदद की जरूरत पड़ती थी। जब भी प्रसारण में गड़बड़ी होती तो वह घबराकर मुझे पुकारने लगता और दौड़कर छत पर जा पहुँचता और एंटीना को सही करने में जूझने लगता। उसे बारी-बारी से हर दिशा में मोड़ता, घुमाता, साथ-साथ चिल्लाकर मुझसे पूछता भी जाता कि अब तस्वीर ठीक हुई या नहीं। उसने ही मुझे केबल टी.वी. के चमत्कार के बारे में सूचना दी थी।

मैं भी उसे नाराज नहीं करना चाहता था क्योंकि उसके अलावा और कोई नहीं था मेरी जिन्दगी में। अपनी तमाम मूर्खताओं के बावजूद वह मेरे साथ रहता-खाता था। वह मेरा साथी था।

फ़िज़ मुझे ढाई साल पहले छोड़कर चली गई थी। मैं कभी-कभी उसके यूँ चले जाने पर दुखी तो होता था लेकिन फिर भी मैं कैथरीन की डायरियों से नजरें नहीं हटा पाता था। डायरियों में लिखे विवरण को ठीक-ठीक समझना एक धीमी प्रक्रिया थी। उसके गोल-गोल लिखे शब्दों को पढ़कर समझना, आगे-पीछे की बातों में क्रम बैठाते हुए उसके कमजोर वाक्य विन्यास को बूझना अत्यन्त कठिन था। मैं पढ़ते हुए विस्तार से नोट करता जा रहा था–डायरियों को पढ़ने में अकसर दिन के चौदह घंटे खप जाते। हर डायरी को पढ़कर ठीक-ठीक समझने में कई-कई सप्ताह लग जाते। सन्दर्भों को सही-सही समझने के लिए बार-बार पन्नों को आगे-पीछे उलटना-पलटना पड़ता। असम्बद्ध क्रम से लिखी घटनाओं में तारतम्य बैठाना होता था। जगह-जगह दोहराव भी मुझे उलझाता था। मैं अब समझ सका हूँ कि डायरी पढ़ना खत्म करने की बात सोचते ही मैं किस तरह डर जाता था–इसलिए कि जीवन में उनके अलावा कुछ ही नहीं था। न जाने इसके बाद मेरे साथ क्या होनेवाला था!

खामोश ब्रदर टाइपराइटर और घर से जा चुकी फ़िज़।

कभी-कभी मैं उस सबकी नकल करने लगता जो कुछ कैथरीन कर चुकी थी। खास वक्त पर नल के पास जा खड़ा होता, त्रिशूल के नीचे जा बैठता। एक खास रास्ते पर घूमता–मैं सोचता था शायद इसी तरह मैं तब कैथरीन के मन में चलनेवाले संघर्ष की गूँज सुन सकूँगा।

कभी कुछ महसूस होता, तो कभी विचित्र, डरावनी अनुभूतियाँ घेरने लगतीं।

वह सितम्बर के आखिरी सप्ताह की आधी रात थी। आकाश में आधा चाँद ठहरा था। झाड़ियों में तरह-तरह के स्वर उठ रहे थे। कुहरा धीमी लहरों में तरंगित हो रहा था। छपका ने अभी टकटक करनी शुरू ही की थी, मैं बाहरी दरवाजे तक चला गया, वहाँ तक जहाँ से

गज सिंह कैथरीन के पास छिपकर आया करता था। प्रकाश डाइनिंग रूम में सोया हुआ था। इस पर भी मैंने ही जोर दिया था, ताकि मैं मकान में अकेलापन महसूस न करूँ। मैं गज सिंह के रात में इस तरह चोरी-छिपे आने का वर्णन पढ़ रहा था। और जब टेलीविजन से निकलनेवाली लगातार किर-किर थम गई–आधी रात को राष्ट्रीय प्रसारण बन्द हो जाता था–तब मैंने तय किया कि जो पढ़ा है उसे खुद करके देखूँगा।

मैंने बिना जुराबों के जूते पहने। बदन पर जैकेट डाल ली–हाथ में टॉर्च थामी और अन्दर वाली सीढ़ियों से उतर गया। भोजन के कमरे में जीरो पावर का बल्ब टिमटिमा रहा था। प्रकाश ने खर्राटे भरने शुरू कर दिए थे। प्रकाश के पलंग के पास लेटे बघीरा ने गरदन उठाकर मुझे ताका। फिर दोबारा अपने पंजों पर सिर टिकाकर चुप हो गया। मैंने अगले दरवाजे की कुंडी खिसकाई और बाहर निकल गया। अँधेरी रात में मैं सावधानी से बढ़ चला। मैं सावधानी से बढ़ रहा था कि कहीं उन पौधों को न कुचल डालूँ जिन्हें फ़िज़ ने जगह-जगह लगाया था। प्रकाश और मैं उन पौधों की देख-रेख में नौसिखिए थे लेकिन हमारी लापरवाही के बावजूद फ़िज़ के लगाए कुछ पौधे बढ़ रहे थे–अपने परिवेश से अलग वातावरण में भी। कमर तक ऊँचे बोटल ब्रश, सिल्वर ओक, बांज, तोज और घुटनों तक ऊँचे नीम, शीशम के बीच से निकलता बढ़ता गया। पैरों के नीचे घास नम और फिसलनी लग रही थी।

निचले गेट को लकड़ी के फट्टों और काँटेदार तार लगाकर बन्द कर दिया गया था। मैंने घूमकर मकान की ओर देखा। अँधेरे में यह झुककर उछलने को तैयार किसी वन्य जीव जैसा मालूम पड़ रहा था। दोनों चिमनियाँ उसके तिरछे कानों जैसी दिखती थीं। मेरे पीछे चक्कर खाती, घूमती सड़क चाँदनी में खामोश चमक रही थी। इस समय उस पर रबर के पहियों की घिसटन कहीं नहीं थी। जरा आगे भूमियाधार घाटी एकदम गहरे उतर गई थी–खतरनाक ढंग से। सत्तर वर्ष पहले गज सिंह की जगह मैं भी तो हो सकता था। वह भी तो कैथरीन के कमरे की तरफ कदम बढ़ाने से पहले इसी तरह नजरें घुमाकर देखा करता होगा। फर्क अगर था तो बस त्रिशूल का। तब यह आदमी के सिर जितना ऊँचा रहा होगा। तब इसकी शाखाएँ तीन तरफ बस बढ़नी शुरू हुई होंगी। लेकिन अब तो वह त्रिशूल हर चीज पर भारी था। इसकी तीनों शाखाएँ जैसे आकाश को थामे खड़ी थीं। इसकी अनेक रोएँदार टहरियाँ सब तरफ फैलकर बढ़ रही थीं।

मैं धीरे-धीरे चढ़ रहा था–उस खड़े रास्ते पर जो सीधा मकान के पिछवाड़े तक जाता था–उस पर काफी कम आवाजाही होती थी। रास्ते पर बिखरे पत्ते पर कदमों से गीली थपथप उभर रही थी, इसलिए मुझे कदम जमा-जमाकर रखने पड़ रहे थे। मैंने टार्च नहीं जलाई। बढ़ते समय लग रहा था जैसे मेरे सब तरफ हर चीज गहरी खामोशी में डूबी हुई है। कुछ देर पहले तक झाड़ियों में होती आवाजें भी थम गई थीं, जैसे हवा भी रुक गई हो–टिकटिक की हर आवाज चुप हो गई थी। तभी बादलों ने चाँद को निगल लिया। मैं मकान के पीछे वाले छोटे अहाते में पहुँचा तो जीने की ऊँची-ऊँची सीढ़ियाँ मेरी प्रतीक्षा कर रही थीं। सघन पत्थरों की दस सीढ़ियाँ–सीधी ऊपर चढ़ रही थीं–अटल दीवार के साथ लगी हुईं, नंगी पथरीली, एकदम सपाट, साथ में पकड़ के लिए कोई रेलिंग नहीं थी।

मैंने आतंकित होकर ऊपर देखा। परदों के बीच से फीकी हल्की चमक बाहर बिखर रही थी–जैसे लालटेन की रोशनी। मैं उसके प्रेशर पम्प की सूँ-सूँ सुन पा रहा था। मैं पीछे मुड़कर देखना चाहता था लेकिन साहस न जुटा सका। क्या गहरी पूर्वाशा और गहरा डर एक ही तरह

की सनसनी जगाते हैं। तब तो उसकी देह आतंक के पसीने से चिपचिपी रहती होगी और दिल बहुत तेज-तेज धड़कने लगता होगा। मैं दीवार से सट गया और एक बार में एक-एक कदम चढ़ने लगा। मेरा बायाँ पैर जो पीछे मुड़ा हुआ था जैसे पीछे से हमला करनेवाले को रोक लेगा। जूतों के तलों पर चिपकी कंकड़ियाँ धीरे-धीरे किर-किर कर रही थीं।

जब मैं ऊपर पहुँचा तो अब वहाँ टीन की ढलवाँ छत नहीं थी कि छलाँग में उसे पार कर लिया जाए। हमने उस पर कंक्रीट का पटाव डलवाकर नीचे एक आधुनिक रसोईघर बनवा लिया था।

अब मुझे ज्योलीकोट घाटी का अँधेरा आकार दिखाई दे रहा था और दरवाजे के नीचे से जलती लालटेन का प्रकाश बाहर आ रहा था। एकाएक मुझे लगा कि कैथरीन वहाँ बैठी मेरी प्रतीक्षा कर रही है।

मैं डर से घिरा-घिरा देर तक आखिरी पैड़ी पर खड़ा रह गया।

न जाने क्यों एक बार मन में यह अटपटा विचार आया कि मुड़कर वापस उतर जाऊँ और फिर सामने वाले दरवाजे से अन्दर चला जाऊँ। क्या तब यहाँ पहुँचने पर गज सिंह भी ऐसे ही हर बार हिचकिचाता, डरता होगा? और फिर जैसे अपनी जड़ता से एकाएक उबरकर मैंने अपना दायाँ हाथ दीवार से सटाया और पीछे मोड़ते हुए दरवाजे की चौखट को थाम लिया, फिर आँखें मूँद लीं और अपने दाएँ पैर को छत पर टिकाते हुए जैसे वह अब भी टीन की ढलवाँ छत हो—मैं उछलकर कमरे में पहुँच गया। चूँ-चिर्र करता दरवाजा पीछे खिसक गया। फिर आँखें खोलकर ताका तो मुझे विश्वास था कि वह वहाँ मौजूद होगी।

मैं एक घंटे तक पलंग पर बैठा हुआ अपनी तेज धड़कनों पर काबू पाने की कोशिश करता रहा। कहीं तब जाकर चित्त ठिकाने हो सका।

रात में पहले की तरह भयानक भ्रमजाल मुझे घेरे रहता। ऐसा हर रात तो नहीं लेकिन प्रायः ही होता था। उसका लिखा इतना कुछ पढ़ने के बाद तो मुझे आराम से नींद आ जानी चाहिए थी लेकिन फिर न जाने किस समय उससे मुठभेड़ हो जाती। और यह क्रम घंटों तक चलता रहता—ज्यादातर यह सब एकदम वास्तविक मालूम देता। जब सुबह नींद खुलती तो मैं खुद को एकदम थका-चुका हुआ महसूस करता। टैरेस पर बैठकर दो प्याले चाय पीता हुआ नींद से आँखें खोलती घाटी को निहारता रहता और फिर अन्दर जाकर दोबारा नींद में डूब जाता कई घंटों के लिए।

प्रकाश का निर्देश था कि वह लगभग दस बजे ही मुझे चाय और अंडों की प्लेट के साथ जगाया करे।

लम्बे समय तक मैं संकट की आशंका और सच में क्या होनेवाला है इसे अलग-अलग, ठीक-ठीक समझ नहीं पाया। हर रात मेरे मन और देह के अन्दर जो कुछ घट रहा था उसका डर मुझे हर समय घेरे रहता, लेकिन फिर भी रात का विचित्र आनन्द मुझे अपनी ओर लगातार खींचता भी था। रात का वह विचरण और फिर कैथरीन और गज सिंह के बीच सम्बन्धों का खराब होते जाना और फिर एक कुटिल स्थिति का उदय होना इस सबकी जानकारी के बाद कैथरीन की प्रेतात्मा के साथ हर रात मेरा सहवास मुझे प्रताड़ित करने लगा।

अब जब वह मेरे पास आती तो उसका चेहरा अन्दर उबलते क्रोध से विकृत दिखाई पड़ता। वह मुझे प्यार करने के बजाय मुझ पर जैसे टूट पड़ती। मैं उससे छूटने के लिए छटपटाता। वह मुझ पर किसी वन्य पशु-सी हमला करती—पूरी निर्दयता के साथ, जरा भी दया-माया न दिखाती।

और इन मुठभेड़ों के बाद सुबह मैं खुद को बुरी तरह घायल पाता–सारा बदन दर्द से टीसता होता।

अब मुझे रातों को नींद मुश्किल से आती। स्थिति अत्यन्त अस्वाभाविक हो गई थी। मुझे इस बात पर बड़ा गर्व था कि मैं जब चाहूँ नींद की गोद में जा सकता हूँ। फ़िज़ मजाक में कहा भी करती थी कि मैं तो खड़े-खड़े ही सो सकता था। लेकिन अब मन पर एक भारी बोझ आ बैठा था। हर समय सिर भारी रहता–आँखों के सामने अजीब-अजीब दृश्य तिरते रहते–नींद मुझसे दूर ही खड़ी रहती।

इस अस्त-व्यस्त मानसिक स्थिति की छाप पूरे घर पर दिखाई देने लगी थी। जिस बरसाती रात में फ़िज़ मुझे छोड़कर चली गई थी उसी दिन मकान के नवीकरण का काम बन्द हो गया था। उस दिन के बाद न कहीं एक ईंट लगी–न सीमेंट का इस्तेमाल हुआ। कहीं लकड़ी का एक तख्ता तक नहीं लगाया गया। छह स्काइलाइटों में से तीन में शीशा कभी लगाया ही नहीं गया। उन पर मैंने और प्रकाश ने मिलकर टीन की पट्टियाँ ठोक दी थीं। लेकिन पिछले कई महीनों से चल रही लगातार बारिश के कारण ठोके गए टिन उखड़ गए थे और चूने के प्लास्टरवाली दीवारों पर पानी बहने से लकीरें पड़ गई थीं। साथ वाले बरामदे में चीड़ के तख्ते चीरकर करीने से चट्टे लगाए गए थे। उनका रंग अब सुनहरी न रहकर काला-स्लेटी पड़ गया था।

नीचेवाली टैरेस पर पड़े बजरी और रेत के ढेर धीरे-धीरे गायब से हो गए थे–उस पर घास उग आई थी या प्रकाश की इजाजत से गाँववाले उठा ले गए थे। ऊपर वाले आउट हाउस में पड़ी सीमेंट की तीन बोरियाँ नमी के कारण पत्थर बन गई थीं। ज्यादातर कमरे अधूरे पड़े थे–दरवाजे, खिड़कियाँ, अलमारियाँ नहीं बन पाई थीं। जब आप मुख्य द्वार से अन्दर आते थे तो मकान किसी हँसती खोपड़ी जैसा दिखाई देता था। ऊपरी और नीचे वाले बरामदों की बिना शीशा लगी खिड़कियाँ खोपड़ी में आँखों और नाक के छेदों जैसी मालूम पड़ती थीं।

फ़िज़ ने घर में कई फैंसी टोटियाँ लगवाई थीं लेकिन रसोई और ऊपर की मंजिल के गुसलखाने को छोड़कर बाकी सब इस्तेमाल में न आने के कारण जकड़ गए थे। पानी की टंकियाँ और कमोड भी गन्दे, बदरंग हो गए थे। प्रकाश अपनी तरफ से सफाई की पूरी कोशिश करता था लेकिन साथ में कोई दूसरा भी हाथ बँटानेवाला चाहिए था और मैं कुछ करने के मूड में एकदम नहीं था।

इसी तरह फ़िज़ दिल्ली से दरवाजों के लिए काँसे के बने जो कुंडे लेकर आई थी। वे सब अपनी जगह से खिसक गए थे और दरवाजों-खिड़कियों के पल्लों को जोर-जोर से हिलाना-झकझोरना पड़ता था, तब कहीं वे बन्द हो पाते थे–इस बार-बार की उलझन से बचने के लिए मैंने और प्रकाश ने दरवाजों और पल्लों को बन्द रखने के लिए बड़ी-बड़ी मुड़ी हुई कीलें ठोक दी थीं।

दासों पर, कोनों में, घर के खाली कमरों में नल, टाइलें, वाशर, कीलें-कब्जे, कुंडियाँ, छाजन, रोगन के डिब्बे गत्तों के बड़े कार्टनों में बन्द पड़े धूल खा रहे थे। अब वे किसी काम के नहीं रह गए थे।

निर्माण में ही क्षय का आरम्भ छिपा होता है।

खाल के नीचे खोपड़ी।

मैं उस क्षण को कभी नहीं भूल सकूँगा, पहले पहल जब हम मकान देखने आए थे और मैं पिछले कमरों में मलबे के ढेर पर खड़ा गायब छत से परे ऊपर तने आकाश को ताकता खड़ा था। तब यह अनुभूति पहली बार हुई थी।

और अब मैं जब-जब अधूरे अध्ययन कक्ष की खिड़की में पटिया पर बैठकर ज्योलीकोट घाटी, सड़क के पहले कटाव और बलखाती पहाड़ी सड़कों को देखता तो वह पहली बार वाली अनुभूति फिर-फिर मुझे जकड़ लेती। मुझे लगता जैसे मैं वह मुगल शहंशाह हूँ जो उदास आँखों से अपनी कल्पना के हर मकबरे को एक साथ बनते और मिटते देख रहा था।

ऐसी कोई भव्यता नहीं जो जल्दी ही नष्ट न हो जाए।

जो भी हो मुझे इस सबकी अब कोई परवाह नहीं रह गई थी।

हाँ, पौधों को देखकर जरूर मन में कसक जाग उठती थी। मैं जानता था उन पौधों से फ़िज़ को कितना लगाव था और उनकी यह हालत देखकर उसे कितनी पीड़ा होती।

लेकिन गनीमत थी कि हमारी लापरवाही के बावजूद उनमें से कुछ ने जड़ें पकड़ ली थीं और वे आराम से बढ़ रहे थे। मकान के सामने लगे शीशम, जेकरेंडा और पीपल, चारदीवारी के साथ लगे सिल्वर ओक, मजनूँ की वह टहनी जो वह नौकुचिया ताल के पास से उखाड़कर लाई थी और निचली टैरेस के पास लगे नल के निकट रोप दी गई थी। हर कहीं लगे बोटलब्रश, रसोई के पीछे वाले रास्ते पर लगे जामुन और तोज, ज्योलीकोट के ढलान पर लगे कुछ आम, ऊपर वाली टैरेस पर बढ़ने के लिए जूझता लैबरनम और वैसे ही सामने वाले दरवाजे के साथ वाला गुलमोहर। दरवाजे और मकान के ठीक बीच में एक बरगद था जो चार वर्षों बाद भी जमीन से कुल जमा छह इंच ही ऊपर उठ पाया था। वैसे वह मुरझाया दिखाई देता था। बस हर बार बसन्त में जरूर उस पर कुछ हरियाली आ जाती थी। निराशा के बीच आशा की तरह।

उस तूफानी, बरसाती शाम को चले जाने के बाद फ़िज़ लौटकर नहीं आई थी।

शुरू-शुरू में मैंने कई बार फोन किया था लेकिन हमारी बातचीत कुछ शुरुआती शब्दों में ही समाप्त हो जाती थी।

सब ठीक तो है?

हाँ।

मैं इस सबके लिए शर्मिन्दा हूँ।

हाँ।

जब जरूरत पड़े तो बैंक से पैसे निकाल सकती हो।

हाँ।

उम्मीद करता हूँ तुम जल्दी ही वापस आ जाओगी।

देखो।

अगर कोई जरूरत पड़े तो क्या मुझे फोन करोगी?

हाँ।

तुम जानती हो न मैं तुम्हें कितना...

हाँ।

टक टक टक।

कई बार यही सिलसिला दोहराया गया तो उसकी उपेक्षा से चिढ़कर मैंने यह कोशिश भी छोड़ दी। उधर डायरियाँ तो मुझे अपने भँवर में खींच ही रही थीं। फिर पीड़ा कम होने लगी। कुछ हफ्ते बाद ठाकुर की दुकान से राक्षस के लिए बुलावा आया—वह लौटकर आया तो गुस्से से मुझे घूरते हुए उसने कहा—दीदी मकान से चली गई है—चाबियाँ तुम्हारे मकान मालिक के पास हैं।

उसके कुछ दूर जाने पर मैं ठाकुर के स्टोर तक भागा चला गया। मैंने कई बार फोन किया लेकिन उसने फोन उठाया ही नहीं। शायद घर से जाने से पहले आखिरी काम उसने राक्षस को फोन करने का ही किया था।

अब मुझे तुरन्त घबराहट ने दबोच लिया। आखिर वह गई कहाँ? किसके साथ है? आखिर इरादा क्या है फ़िज़ का? वह ठीक तो है? मेरा मन किया कि दौड़कर जिप्सी में जा बैठूँ और दिल्ली के लिए चल दूँ। कुछ देर के लिए मैं बाकी सब भूल गया। मैं अपने कमरे में जाकर चाबियाँ लाया और जीप के निकट जा खड़ा हुआ तभी मैंने राक्षस को बकरियों के बाड़े के निकट खड़े देखा। वह अपने ठूँठ को दूसरे हाथ में थामे हिकारत भरी नजरों से देख रहा था मुझे।

उसकी आँखों में तैरते विजय भाव ने जैसे मेरे उत्साह पर ठंडा पानी डाल दिया। मैं खुद से जूझता हुआ सा सीढ़ियाँ चढ़कर उसके पास से गुजरता हुआ पीछे वाली टंकी के पास जा पहुँचा। मैं वहाँ पड़ी बेंच पर जा बैठा–प्रेमकुमार द्वारा अस्सी साल पहले लगाए गए पाइप से गिरते पानी की आवाज सुनता हुआ ताकता रहा–नीचे घूमघुमौवल सड़कों पर ट्रक घूँ-घूँ करते बढ़-चढ़ रहे थे। मैं देर तक बैठा रहा–जब तक आकाश स्याह न पड़ गया–परिन्दे अपने घोंसलों में नहीं चले गए। कई घंटों बाद मैं उठा तो आकाश में तारे छिटक आए थे, चाँद निकल आया था–और झाड़ियों में रात को सुनाई देनेवाली आवाजों का दौर शुरू हो गया था। मैं अन्दर जाने लगा तो रसोई के पास एक हाथ वाली छाया दिखाई दी। वह खामोश खड़ा मुझे घूर रहा था।

रात बीतते न बीतते कैथरीन ने हर बार की तरह मुझे इस कदर निचोड़ डाला था कि मेरे अन्दर कुछ शेष ही नहीं रह गया था–घबराहट भी नहीं।

इसके दो दिन बाद ही राक्षस मुझे छोड़कर चला गया। उसने कहा था–साहब, दिल्ली वापस चले जाओ और उन्हें खोज निकालो। आदमी को सोने और पीतल में फर्क जरूर समझना चाहिए नहीं तो फिर सिर्फ बरबादी ही होती है।

मैंने चुपचाप उसे पैसे दिए और जाने को कह दिया।

चार दिन बाद ठाकुर प्रकाश को ले आया। उन चार अकेली रातों में मैं बकरियों के बाड़े में सोया था–अन्दर से कुंडी लगाकर–साथ में था एक बोतल पानी और लम्बे हत्थेवाली कुल्हाड़ी। ठीक से नींद नहीं आई। और हैरानी की बात थी उन रातों में मुझे कैथरीन ने परेशान नहीं किया। हाँ, एक हाथ वाली प्रेतच्छाया जरूर डराती रही मुझे।

उस दिन के बाद से लगभग बेमन से शायद अन्दर से उठती किसी कचोट और उत्कंठा को शान्त करने के लिए मैं मकान में फोन मिलाता। उधर उभरती निरन्तर ट्रिन-ट्रिंग नाटकीय लगती। कोई जवाब न मिलता। जर्जर, झुर्रियों भरे चेहरेवाला ठाकुर मुझे अजीब नजरों से घूरता। वह मेरे कहने पर नम्बर डायल करता जाता, करता जाता पर कभी कुछ न कहता। वह आदमी जो शायद फोन को अपनी पत्नी समझता था।

अगर किसी दिन उधर से कोई जवाब देता तो शायद मैं बुरी तरह चौंक उठता।

फिर एक शाम मिलाया तो अजीब धीमी घूँ-घूँ सुनाई देती रही। अगले दिन भी वही स्थिति थी। फोन चुप था ऐसा शायद बिल भुगतान न करने के कारण हुआ था या फिर फोन खराब हो गया था। उसके मकान छोड़ जाने की खबर पाने के छह महीने बाद मैं जिप्सी में बैठकर दिल्ली जा पहुँचा। विचित्र यात्रा थी वह। मैं धीरे-धीरे ड्राइव कर रहा था। कार स्टीरियो पर के. एल. सहगल का दुख भरा स्वर गूँज रहा था। फ़िज़ होती तो मुझे यह कभी न सुनने देती।

मैं पूरे रास्ते बिना रुके चलता गया–खाना, पीना या पेशाब करने–किसी बात के लिए नहीं ठहरा। इससे पहले आते-जाते समय हम दोनों जहाँ-जहाँ रुका कर रहे थे, शायद मैं उस सब स्थानों से बचता चल रहा था। उस दिन मुरादाबाद रेलवे क्रॉसिंग भी खुला मिला, मैं ग्रीन पार्क की अपने मकान वाली गली में जाकर ही रुका था। मकान मालिक व मालकिन मिलकर टी.वी. पर सीरियल देख रहे थे और जब उन्होंने दरवाजा खोला तो टी.वी. का शोर बाहर तक सुनाई दे रहा था। कुछ पल वह रीती आँखों से मेरी ओर ताकते रहे। फिर चाबी लेने अन्दर दौड़ गए ताकि मुझे दे सकें। मैंने उनसे कहा कि मैं सुबह उनके दर्शन करूँगा। उन्होंने जैसे चैन की साँस लेते हुए दरवाजा बन्द कर दिया। मेरे अग्रिम भुगतान के चेक उनके पास थे। वह हर मास की पहली तारीख को बैंक से पैसा निकाल लेते थे। मैं तो वहाँ कभी होता ही न था। मेरे जैसा किराएदार उन्हें सपने में भी दुर्लभ था।

मकान किसी मकबरे-सा खामोश था। सब तरफ धूल की परत बिछी थी। लगता था जैसे फ़िज़ अपने साथ कुछ भी नहीं ले गई थी। और सच में ऐसा ही था। अपने कपड़े और छोटी-मोटी सजावटी चीजों के अलावा और कुछ नहीं जिन्हें इकट्ठा करने का उसे शौक था। सिरेमिक के बने छोटे-छोटे जीव, तरह-तरह के पत्थरों की बनी राखदानियाँ, रंगीन मनके, शीशे की चूड़ियों की पिटारियाँ। बस व्यक्तिगत सामान और इन साधारण चीजों के अलावा और कुछ भी नहीं ले गई थी फ़िज़। किताबें, कैसेट और वीडियो भी नहीं।

चले जाने की प्रक्रिया अपने में सम्पूर्ण थी। सारे प्लग निकले हुए थे, खिड़कियों के दुहरे दरवाजे बन्द थे, रेफ्रिजरेटर की सफाई कर दी गई थी, और उसका दरवाजा थोड़ा खुला छोड़ दिया गया था, परदे और कुर्सियाँ अपनी-अपनी सही स्थिति में थे। हर चीज धोकर, साफ करके, तहाकर रख दी गई थी।

रेफ्रिजरेटर पर पीली परची चिपकी थी–सारे बिल चुका दिए गए हैं। किसी को कुछ देना नहीं है।

मैंने रम निकाली और टैरेस पर बैठकर पीता रहा। गुलमोहर की बिना कटी-छँटी टहनियाँ टैरेस का फर्श बुहार रही थीं। मैंने एक टहनी तोड़ी और बाँह पर सहलाने लगा।

आधी रात को भूख से त्रस्त और नशे में मैं गाड़ी से यूसुफ सराय गया और अंडों के दो पराँठे खाए और कई प्याले चाय पी गया।

वहाँ कई फैशनेबुल युवक बैठे प्लास्टिक के प्यालों से पीते हुए पराँठे खा रहे थे। वे जोर-जोर से बातें करते हुए खाने की तलाश में वहाँ चक्कर काटते कुत्तों को बारी-बारी से लतिया रहे थे। उनके लिए वहाँ बार-आर आनेवाले भूखे कुत्तों को लातें मारकर भगाना एक तरह का दिलचस्प खेल जैसा हो गया था। लात मारना, कुत्ते का रिरियाना, फिर परे भाग जाना, धीमी होती जाती रिरियाहट और उन युवकों का हँसना। इसके बाद कुछ और खाना और फिर से उस खेल में लग जाना। मैंने दखल देने की सोची लेकिन फिर सिर घुमा लिया।

पलंग पर बिना फ़िज़ के सोना अपने में अजीब लग रहा था। नींद ठीक से आई भी नहीं। सपने में वही जाँघों द्वारा बार-बार दबाया जाना, एक हाथ वाली प्रेतच्छाया का भ्रम घेरे रहा। और जब जागा तो वहाँ पहाड़ों की ठंडी हवा नहीं थी और न ही धीरे-धीरे जागती नीचे घाटी की खुलती दृश्यावली।

सुबह मैं बैंक गया–पता लगा उसने सिर्फ 20 हजार रुपए ही निकाले थे। इससे मेरा मन बोझिल हो उठा। काश, उसने काफी बड़ी रकम निकाल ली होती, अगर सारी रकम ले जाती

तो और भी बेहतर होता। हौज खास मार्किट में मैंने एक पी.सी.ओ. खोज निकाला–शीशे के केबिन में एक दूसरा केबिन जिसमें फैक्स और फोटो कॉपियर मशीनें लगी थीं। मैंने वहाँ से फ़िज़ की कई सहेलियों से सम्पर्क किया लेकिन सभी की प्रतिक्रिया उदासीन, ठंडी थी। कोई कुछ भी बताने को तैयार नहीं थी। कोई यह भी बता रही थी कि वह थी कहाँ। आखिर मैंने सिर्फ यही जानना चाहा कि वह ठीक तो थी।

हाँ, वह ठीक थी। धन्यवाद!

माफ करना श्री चिंचपोकली–हमारे पास उसका कोई पता नहीं है जहाँ आप उसे और तकलीफ पहुँचा सकें।

मैंने अपने किसी मित्र को फोन नहीं किया। वरना वे चिन्ता जताते, पूछते और फिर मुझे उत्तर देना पड़ता। मैं इनमें से किसी के लिए भी तैयार नहीं था। सामने शीशे के पार्टीशन पर शोख बैंगनी रंग में एक कार्ड लगा देखा। उस पर लिखा था–मोक्ष का संगीत। उसके नीचे वाली पंक्ति थी–जीवन चक्र का केन्द्र। संसार निरन्तर आन्दोलित स्थिति है लेकिन उसके पीछे एक कारण है। आप अतीत में झाँक सकते हैं, वर्तमान से गुजरकर भविष्य को देख सकते हैं–यहाँ दिए गए तीनों नम्बरों में से किसी भी एक नम्बर पर सम्पर्क करें। कार्ड पर एक युवक की रेखाकृति बनी थी–सूट और टाईधारी आलथी-पालथी मारकर बैठा हुआ–बुद्ध की मुद्रा में। उसकी मुद्रा से शान्ति और गहरी समझ का भाव प्रदर्शित हो रहा था।

टेलीफोन नम्बर उसी इलाके के थे। मैंने पहला नम्बर मिला दिया। फोन शायद किसी नौकर ने उठाया। उसने पूछा–क्या मैंने मोक्ष के लिए फोन किया है?

हाँ–जल्दी चाहिए।

फिर एक औरत की आवाज सुनाई दी–उसकी आवाज शान्त, सान्त्वनापूर्ण थी और उसमें फोन करनेवाले के लिए चिन्ता झलक रही थी। उसने मुझे दोपहर का समय दिया। पंचशील पार्क के एक मकान के एनेक्सी में मोक्ष पार्लर था। सफेद और गुलाबी फूलों से भरपूर बेगन बेलिया की लता दरवाजे की शोभा बढ़ा रही थी। अन्दर पॉलिशदार टोक की नीची मेज रखी थी जिस पर चारों और काँसे की किनारी मढ़ी थी। उसके पीछे ललछौंह केशराशि और सुन्दर शान्त, अंडाकार चेहरेवाली औरत मौजूद थी। उसने नीले रंग की यूरोपीय कट का सूट पहना था। सूट के नीचे पहनी सफेद शर्ट कड़क और झक सफेद थी। उसके नीचे पुष्ट उरोजों का भरापूरा उभार स्पष्ट था।

देवता का प्रसाद भव्य रूप में। सिर पर बाबा गोलबोले की लात की तरह नहीं।

उसने कहा–आप परेशान नजर आते हैं।

मैंने कहा–नहीं, ऐसी कोई बात नहीं।

वह मीठे ढंग से मुस्कुराई, प्रतीक्षा करती हुई।

मैंने कहा–हाँ, आपकी बात ठीक है।

वह धीरे से हँसी–मुझे सारी बात बताइए।

कभी-कभी खेल खेलने का सबसे अच्छा तरीका यही होता है कि सब कुछ स्पष्ट सामने रख दिया जाए। मैं गम्भीर स्वर में बोलता रहा। वह शान्त भाव से सुनती रही जैसे मैं अपना संक्षिप्त शैक्षणिक परिचय दे रहा होऊँ। जब मैं कह चुका तो उसने कुछ सवाल किए। मैंने विस्तार से जवाब दिए। अधिक भ्रांति-भ्रम और ज्यादा-से-ज्यादा सेक्स। वह आई और भरे

पीछे खड़ी हो गई। मेरा सिर अपनी हथेलियों के बीच दबा लिया और फिर मुझसे आँखें बन्द करने को कहा।

उसके चिकने और गरम हाथों से वनिला की सुगन्ध आ रही थी। मैं बहक चला।

उसने धीरे से कहा—जो कुछ देखा है उसे जानो-समझो, और जो कुछ जानते हो, उसे देखो।

लगा मैं चेतना खो रहा हूँ।

कुछ देर बाद उसने अपने हाथ हटा लिये। फिर मुझसे पूछा—आपने क्या देखा?

मुझे कुछ याद नहीं।

कुछ नहीं?

कुछ नहीं।

अच्छा, यह बहुत अच्छा है।

फिर जाकर वह अपनी कुर्सी पर बैठ गई। उसने दोनों हाथों की उँगलियाँ आपस में जोड़ लीं और बोलने लगी—संसार में व्याप्त ऊर्जा धाराओं के बारे में। अच्छी और बुरी। सकारात्मक और नकारात्मक। हम जन्म लेते हैं तो ब्रह्मांड के साथ हम जो समझौता करते हैं, अपने लिए जो जीवनधारा चुनते हैं। कहीं कोई दुर्घटनाएँ नहीं होतीं। आज हम जो कुछ जानते हैं उसे हम पहले भी जानते थे। और वही सब हम फिर से जानेंगे।

मैं उसके हिलते होठों को देख रहा था। बड़े करीने से लगाई गई लिपस्टिक से उसका चेहरा और भी बड़ा-बड़ा लग रहा होगा।

मैंने कहा—क्या मैं गज सिंह हूँ?

उसने कहा—यह बात इस तरह आसानी से नहीं कही जा सकती।

मैंने कहा—सैयद?

उसने कहा—यह कहना भी आसान नहीं। शायद यह कैथरीन के किसी पहले वाले जन्म में हुआ हो—किसी पूर्वजन्म में अधूरा रह गया कोई काम। वह तुम्हें कुछ बताने की कोशिश कर रही है।

मैंने पूछा—कार्पेट साहब?

उसने कहा—क्या?

मैंने कहा—माफ करना।

उसने मुझसे आठ सौ रुपए लिये—यह मोक्ष की पहली किस्त थी। फिर कहा कि मुझे दोबारा आना होगा पूर्वजन्म के घावों से राहत पाने के लिए। इसमें कम-से-कम चार घंटे लगेंगे। इससे मेरे सारे प्रश्नों के उत्तर मिल जाएँगे। उसे मुझमें बहुत अधिक नकारात्मकता दिखाई दे रही थी। हो सकता है उसे इस विकार को दूर करने के लिए मनोवैज्ञानिक ऑपरेशन करने पड़े। वह इस प्रदोष या विकार को बाहर निकालकर नमकीन पानी भरे बर्तन में डाल देगी और फिर नाली में बहा देगी। यह अत्यन्त कठिन कार्य था। अगर इस क्रिया को ठीक ढंग से न किया जाए तो नकारात्मक ऊर्जा बाहर छलककर संसार में बहुत सारी चीजों को नुकसान पहुँचा सकती है। कभी-कभी तो शल्य कर्म करनेवाले सर्जन को भी हानि पहुँच सकती है।

जब मैं चला तो उसने हाथ मिलाकर विदा दी और शान्त भाव से मुस्कुराई। शायद उसने पूरी तरह मेरी समस्या को जान-समझ लिया था।

उसने कहा—आप चिन्ता न करें। चिन्ता ब्रह्मांड की समस्त ऊर्जा धाराओं को बाधित कर देती है। आपने अपने लिए जो चुना है, आप वही जीवन जी रहे हैं।

हाँ, मैडम, ठीक है, शायद ऐसा ही हो।

संसार के अपने तर्क, नियम हैं। आपको इसे देखनेवाली दृष्टि का विकास करना होगा।

सौ साल पहले सैयद ने जिसके विरुद्ध विद्रोह किया था, मैंने उसे ही खोज लिया था।

महान लेखक चिंचपोकली। तर्क और कुतर्क के बीच वाले रास्ते पर चलनेवाला नया राही।

मैं अगली सुबह गेथिया लौट आया—उसके बाद अगले छह मास तक एक बार भी नीचे नहीं गया। और इस तरह वर्ष बीतते गए। मैंने बरसाती को अपने पास रखा तो जरूर पर वहाँ रहकर उसमें रखे सामान को देखने-छाँटने की हिम्मत न जुटा सका। खामोश बरसाती में धूल की परतें मोटी होती चली गईं—वह हमारे प्यार की सांसारिकता का स्मारक बनकर रह गई।

कभी-कभार दिल्ली की यात्राओं के दौरान मैं एक बार फिलिप से मिला और तब मन निराशा से भर उठा था। वह नए टेलीविजन चैनल के साथ काम कर रहा था। वह संवाद कार्यक्रमों का संचालन करता था जहाँ तीन लोग आपस में जूझते रहते थे—नुकीले व भड़काऊ संवाद तथा संयोजक द्वारा उन्हें लगातार कुरेदती रहना। वह धुले और प्रेस किए कपड़े पहनता, पैरों में चमड़े के जूते, जमकर शेव करता और अब पहले जैसा कुत्ते की तरह भोजन में मुँह नहीं धँसाता था। उसकी शादी हो गई थी। उसकी पत्नी एक सफल वकील थी। उसने एक बार भी महाकाव्यों पर फिल्म बनाने की चर्चा नहीं की।

जब हमने विदा ली तो उसने गेथिया का मेरा टेलीफोन नम्बर जानना चाहा और मैंने उसे गलत नम्बर दे दिया। मैं उससे दोबारा नहीं मिलना चाहता था।

उस पूरे दौरे में मैं डायरियों में डूबा रहा। मुझे फ़िज़ का कोई फोन या उसकी कोई खबर नहीं मिली। उसे ढूँढ़ने की हल्की कोशिशें नाकाम रहीं। बैंक से उसने फिर कभी पैसा नहीं निकाला। उसकी उग्रवादी सहेलियों को जरूर उसका पता-ठिकाना मालूम रहा होगा लेकिन उन्होंने कभी कुछ न बताया। मैंने सुदूर असम के जोरहट शहर में फ़िज़ की माँ को फोन किया। लाइन में बहुत खड़खड़ थी। और जब उन्होंने मेरी आवाज पहचानी तो वे रोने लगीं। मैंने रिसीवर रख दिया। मैंने दोबारा फोन मिलाया तो उन्होंने फोन काट दिया। मैं जैसे किसी प्रागैतिहासिक युग में चला गया था।

लेकिन फ़िज़ की अनसुलझी पहेली से बड़ी समस्या थी—सहस्राब्दी के अन्त में जब मैं डायरियों के भँवर से बाहर आया तो कैथरीन का प्रश्न अब भी मुझे परेशान कर रहा था। उसके लिखे लाखों शब्दों से गुजरने के बाद, अपने नोट्स को बार-बार पढ़ने के बावजूद मेरे मन को लगता था अभी उसकी कहानी अधूरी है। मैं खुद उस कथा का नवीनतम पात्र बन गया था—क्या आखिरी? लेकिन क्या थी मेरी भूमिका? मुझे क्या करना था—इस बारे में मैं कुछ समझ नहीं पा रहा था।

मुझे लगता था मुझे उन डायरियों ने जैसे एक कगार पर ला खड़ा किया था पर अब मुझे खुद ही अगली पहल करनी थी। और हर रात को मुझे घेरनेवाला प्रेतबाधा का सहवास मेरी बेचैनी को बढ़ाता जा रहा था—कोई मेरे पीछे पड़ गया था। मुझे नींद से डर लगता और यह कोई भ्रम नहीं था। अब वह जब भी दिखाई देती तो उसके चेहरे पर गुस्सा झलकता होता—वह मुझसे बहुत बेरहमी से पेश आती।

हर सुबह उठता तो त्रस्त, पराजित थका-चुका हुआ।

रातों में नींद रह-रहकर टूट जाती और मैं दिन में नींद न ले पाता।

एक विचित्र घबराहट मुझे घेरने लगी। डायरियाँ पढ़ी जा चुकी थीं लेकिन मैं कहीं अटका रह गया था–आखिर उस दौर को कहीं तो खत्म होना चाहिए था–वह कहाँ क्या बिन्दु था? और यह किस तरह हो सकता था? हम सबका जीवन एक अनियंत्रित, फैलाव लिये होता है, उसे व्यवस्थित करना अत्यन्त कठिन होता है और मेरा जीवन तो जैसे पूरी तरह मेरे हाथों से छूट गया था–कितने प्रेतों ने घेर लिया मुझे–जीवन से जैसे सारी जीवनी शक्ति निकल गई थी।

डायरियों के अन्तिम शब्द पढ़ने के एक मास बाद की बात है। मैं एक सुबह रात भर न सो पाने के बाद अधूरे अध्ययन कक्ष में खिड़की के दासे पर बैठा हिलते-डुलते कुहरे की चादर के परे रीती आँखों से घाटी में झाँक रहा था, तभी मन में एक विचार आया। बस, मैंने तुरन्त बैग में कुछ कपड़े डाले और जिप्सी में बैठकर रुद्रपुर जा पहुँचा। वहाँ से दाईं सड़क पर काशीपुर जाकर मैं रास्ता पूछने लगा। और गेथिया से चलने के दो घंटे के अन्दर ही मैं धान के हरियाए खेतों के बीच गाड़ी दौड़ा रहा था। यहाँ-वहाँ घूमते बगुलों और सीधे खड़े वनपीपलों के बीच से होता हुआ जगदेवपुर की ओर बढ़ा जा रहा था।

हम विस्मृति की गति को सदा कम करके आँकते हैं। कभी नवाबों का केन्द्र रहा जगदेवपुर अब एक जर्जर कस्बा रह गया था। न जाने कहाँ चले गए थे वे महल, वह शानशौकत, शिकार के अभियान, अकसर निकलनेवाले शाही जुलूस, हरम जिनका जिक्र कैथरीन की डायरियों में था। वहाँ तक पहुँचने से काफी पहले ही सड़क भद्दी और गड्ढों से भर गई थी। दूर मीनारें और खँडहरों की अर्धवृत्ताकार दीवारें दिखाई दे रही थीं। शहर में घुसते ही खुली नालियाँ दिखाई दीं–ऊपर तक कीचड़ व गाद से भरी हुई–मोटे बालों से भरे शरीरवाले काले सूअर अपने थूथनों से उनकी जाँच करते घूम रहे थे। बूढ़े धीरे-धीरे रिक्शा खींच रहे थे जिनमें बुरकाधारी औरतें बैठी थीं। हर कहीं हिन्दी फिल्मों के उत्तेजक, शोख पोस्टर नजर आ रहे थे।

खस्ताहाल बस डिपो के पास एक टुटहा चायखाने में मैंने रास्ता पूछा–हर तरफ मक्खियों के झुंड और गन्दगी पसरी थी। वहाँ ज्यादातर मुसलमान थे–कुछ मूँछविहीन दाढ़ियोंवाले थे तो कुछ ने चुस्त टोपियाँ पहन रखी थीं। उनकी आँखों में उत्सुकता का भाव तैर रहा था। एक ने पूछा–क्या तुम कोई प्रोफेसर हो?

एक खँडहर हुए बड़े दरवाजे से गुजरकर आप दूसरी तरफ पहुँचते हैं। आपको रोकने के लिए दरवाजे में पल्ले नहीं लगे हैं, न ही कोई पहरेदार हैं। महल के बाहर वाले विशाल मैदान में झाड़-झँखाड़ भरा था। एक तरफ बूढ़ा बरगद था जिसकी सैकड़ों शाखाएँ हवा में झूल रही थीं और थे कुछ पीपल के पुराने पेड़ जो मर चुके थे और किसी ने उनकी जगह नए पेड़ लगाए नहीं थे। सिर झुकाए आते-जाते लोग, दुबले पशु सूखी झाड़ियों में मुँह मारते हुए।

महलों का बस सूनेपन से गूँजता ढाँचा बचा था, कोई फर्नीचर नहीं था, दीवारों पर कभी लगी हर चीज उखाड़ी जा चुकी थी–दरवाजे, खिड़कियाँ गायब थे। तीन महल–एक विशाल और दो छोटे। मैंने सबसे बड़े महल के बाहर वाले अहाते में गाड़ी रोक दी और फिर तीनों में घूमता-फिरता रहा–कूँ-कूँ करते फाख्ता और कबूतरों के बीच मेरी पदचाप गूँजती रही। हर ऊँचा झरोखा एक बड़े दड़बे में बदल चुका था। फर्श पर हर कहीं बीट के छपके पड़े थे–परत-दर-परत।

कुछ छोटे कमरों में काम-चलाऊ दरवाजे लगे हुए थे–निश्चय ही उन्हें बाद में लगाया गया होगा। उनमें अनगढ़ तरीके से कील-कुंडे ठोके गए थे। अन्दर घुसते ही पशुचर्म, गोबर

और बकरी की मींगनी की मिली-जुली दुर्गंध से सामना होता था। कोनों में फूस और चारे के ढेर लगे थे—पशुओं को बाँधने के लिए पुराने सजावटी फर्शों में लोहे की छड़ें गाड़ी गई थीं।

कई कमरे बहुत बड़े थे—उनकी छतें पचास फीट तक ऊँची थीं—उनमें हजार तक लोग आसानी से समा सकते थे। देखकर मन में आता था आखिर मनुष्य किसलिए इतना दिखावा करता है। जगह-जगह दीवारों का प्लास्टर घावों की पपड़ियों-सा झूल रहा था। खम्भों पर जगह-जगह निशान थे, सजावटी रेखाएँ टूट-फूट गई थीं। सीढ़ियों के खम्भों पर लगी लकड़ी की रेलिंगें गायब थीं। छतों में घुसे मजबूत हुक बताते थे कि वहाँ कभी शानदार झाड़-फानूस लटकते रहे होंगे—गुसलखानों से कुछ और ही काम लिया जा रहा था। उनमें लगी फिटिंग्स उखाड़ी जा चुकी थीं। फर्श पर बिछी संगमरमर की पट्टियाँ खोदकर निकाल ली गई थीं। दीवारों की दरारों में पौधों ने अपने लिए जगह बना ली थी। उनमें से कई पीपल थे। आनेवाले वर्षों में वे दीवारों को बुरी तरह चटखा देनेवाले थे।

निर्माण में ही अन्त छिपा होता है।

महल की ऊँची कुर्सियों के ढाँचे में पौधों ने अपनी घुसपैठ मजबूत कर ली थी। मैं चौड़ी सीढ़ियाँ चढ़कर मुख्य दरवाजे तक जा पहुँचा। अन्दर बड़े अहातों के चारों ओर नक्काशीदार खम्भों पर टिके चौड़े बरामदे थे। टूटे संगमरमरी फव्वारों के पास कभी सजावटी पेड़ शान से खड़े रहे होंगे। वहाँ अब क्यारियों में हरी मिर्चें तथा दूसरी सब्जियाँ उग रही थीं।

सबसे बाहरी भाग के छोटे कमरे आबाद थे। मैंने औरतों को कपड़े धोते-साफ-सफाई करते देखा। छोटे बच्चे खेल-कूद रहे थे, वे लट्टू घुमा रहे थे। यह सब वहाँ की निर्जनता को ही बढ़ा रहा था। मुझे देखकर भी किसी में कोई उत्सुकता नहीं जागी। मैंने भी किसी से बात करना ठीक न समझा। एक छोटे महल में एक ही आकार के कई कमरे थे। लेकिन सबकी बाहरी दीवारें गायब थीं। शायद यह कुत्ता महल रहा होगा। यहाँ भी अहाते में फव्वारों के अवशेष मौजूद थे। खँडहर के खालीपन ने जल्दी ही थका दिया मुझे। मैं महलों के बहुत थोड़े हिस्से में ही घूमा-फिरा था—अँधेरे हिस्सों में तथा महल के ऊपरी भागों में नहीं गया था। मैं बाहर निकला तो धूप बहुत तीखी थी।

एक बड़ को घेरकर कंक्रीट का चबूतरा बना हुआ था। वहीं एक घड़ा और लम्बे हत्थेवाला एल्यूमीनियम का प्याला रखा था। मैंने प्याले में भरकर मिट्टी की सोंधी गन्धवाला ठंडा पानी मुँह में भर लिया, प्याले को ऊँचा करके पानी को चेहरे और छाती पर गिरने दिया। फिर मैं बैठकर इन्तजार करने लगा, न जाने किसलिए? आसपास कहीं कोई झोंपड़ी नहीं नजर आ रही थी। शायद बस्ती कहीं और होगी। महल का पूरा परिवेश इतना भरा हुआ लगता था कि कैथरीन की डायरियों में लिखा इनका विवरण सच मालूम नहीं देता था।

मैं ठंडे सीमेंट पर लेटकर सो गया। नींद में मैंने उसे घोड़े की सवारी करते देखा। पीछे-पीछे मैं खिंचा जा रहा था—वह एक बड़ा सफेद गाउन पहने थी और सिर पर था चौड़ा हैट। मैं जितना विरोध करता वह घोड़े को उतना ही तेज दौड़ाने लगती। बीच-बीच में सिर घुमाकर मुझे व्यंग्यपूर्ण मुसकान से देखती भी जाती। मैं घबराकर तेजी से भागने का प्रयास कर रहा था। मेरे पैर थरथरा रहे थे—मुझे लग रहा था मैं गिरने ही वाला हूँ—दिल इतनी तेजी से धड़क रहा था जैसे फट जाएगा। जब मुझे लग रहा था कि बस अब मैं मरने ही वाला हूँ तभी उसने मुझे थामनेवाली रस्सी काट दी। मैं बड़ के पेड़ के नीचे गिर पड़ा और बेहोश हो गया।

होश आया तो मैं अब भी वहीं लेटा था—महल के मैदान में छायाएँ लम्बी होने लगी थीं। तोतों के झुंड हरी धाराओं के रूप में अपने घोंसलों की ओर लौट रहे थे। उनकी तेज आवाजें

हवा को गुँजा रही थीं। काँव-काँव करते कौए रात का ठिकाना ढूँढ़ रहे थे और गिलहरियाँ यहाँ से वहाँ फुदक रही थीं। महल की छतों के आगे निकली किनारियों के नीचे फाख्ता और कबूतर रात के लिए आराम करने के लिए फड़फड़ाते उतर रहे थे। मैंने ठंडा पानी पिया, मुँह पर छपके दिए और जिप्सी की तरफ बढ़ चला।

बोनेट इतना गरम था कि उस पर नहीं बैठा जा सकता था। इसलिए मैं चौड़ी सीढ़ियाँ चढ़कर ऊपर पहुँचा और महल की ऊँची दीवारों की छाया में जा बैठा। सूर्य बुझता हुआ लाल गोला बन गया था। तभी मुख्य दरवाजे पर एक साइकिल सवार नजर आया। उसे तारकोल से पटे मुख्य अहाते तक आने में कोई दस मिनट लग गए जहाँ कभी सैकड़ों कारें और गाड़ियाँ खड़ी रहा करती होंगी। वह एक पुरानी एटलस साइकिल चला रहा था जो लगातार किर्रखट्-किर्रखट् कर रही थी। शायद उसके कुछ बाल बीयरिंग गायब थे। हैंडिल पर छोटी हेडलाइट लटकी थी और डायनमो पिछले पहिए पर लगा था। मैंने उठकर हाथ हिलाया। वह घूमकर इस तरफ चला आया।

उसने पैंट-बुश्शर्ट पहन रखी थी और धूल से बचने के लिए चेहरे पर रूमाल लपेट रखा था। उसने कपड़ा हटाया तो देखा उसके होंठ पान की पीक से लाल हो रहे थे। कुछ भी कहने से पहले उसने सीढ़ियों के कोने पर पीक की मोटी फुहार छोड़ दी। उसकी छींटें करीब-करीब मुझ तक आ पहुँचीं। मैंने कहा मैं किसी ऐसे आदमी से मिलना चाहता हूँ जिसे नवाब के जमाने का कुछ याद हो।

उसने नाटकीय अन्दाज से मुँह बनाया। फिर होंठों के कोने से आवाज निकली—कौन से नवाब? वे जो भिखारी बन गए या वे जिन्होंने औरों को भिखारी बना दिया?

मैंने उसे कुछ नाम बताए—सैयद, जफर, बायकाट। नवाब की सूक्तियोंवाली पुस्तक का जिक्र किया।

विस्मृति की पकड़ को हम कम करके आँकते हैं।

उसे कुछ पता नहीं था। वह शाही खानदान के जिन लोगों को जानता था वर्तमान पीढ़ी के थे। एक कोई अब्बास था जो सत्तर के दशक में बम्बई जाकर फिल्म स्टार बन गया था। उसने कई फिल्मों में काम किया भी था। उनमें वह विलेन बना था। वह एक बलात्कारी के रूप में बदनाम था—उसने बताया। दूसरा था आबिद, वह लखनऊ में रहता था। वहाँ परिवार की पुश्तैनी हवेली में हेरिटेज होटल चलाता था। एक था मुराद जो दिल्ली जाकर फैशन डिजाइनर बन गया था।

पीक की एक और फुहार छोड़ते हुए उस आदमी ने कहा—उन सबकी हालत तो हमसे भी बुरी है। उन्हें नवाबों की तरह रहना होता है लेकिन पल्ले कुछ नहीं है। आपने इन महलों को देखा—जो कुछ लूटा जा सकता था, वह लूट लिया गया है। उन्होंने ही यहाँ आकर यह सब किया है। अपने पुरखों की हवेलियाँ व दूसरी इमारतें उखाड़ डालीं। यहाँ खड़े होकर वे कहते थे—इसे उखाड़ो, उसे ले जाओ—इसके लिए कितना मिलेगा, उसके लिए कितना? साहब यह शहर मर चुका है। यह उसी दिन मर गया था जब सरकार ने कच्चे लोहे की खुदाई पर पाबन्दी लगा दी थी। और कहा कि पेड़ आदमी से ज्यादा जरूरी हैं। ये महल मर गए हैं। कोई इन खँडहरों को पसन्द नहीं करता—मुफ्त में भी नहीं। आप अगर एक रात यहाँ बिताएँ तो इसके खाली गलियारों में आपको आदमी, औरतों और कुत्तों के भूतों की चीखें सुनाई देंगी। मैं तो यहाँ सिर्फ इसलिए हूँ कि मेरे अब्बा मुझे यहाँ बीस साल पहले छोड़ गए थे—यहाँ के भूत-प्रेत मुझे जानते हैं, इसलिए मुझसे वे कुछ नहीं कहते।

साँझ का धुँधलका घिर चला था। कुछ और लोग वहाँ आ गए। वे सभी बिना फिल्टरवाली सिगरेट फूँक रहे थे और समय, किस्मत, पैसा और अक्ल पर बातें कर रहे थे। पर मुझे तो तथ्यों की खोज थी। मैं इस उजाड़ शहर में रात नहीं बिताना चाहता था। धुँधलाती रोशनी में महलों के खँडहरों का विशाल आकार डरावना लग रहा था। जहाँ कभी हजारों लोग आया-जाया करते थे वहाँ अब सिर्फ सात परिवार रहते थे।

मैंने सैयद की कॉटेज के बारे में पूछा, पर किसी को कुछ पता नहीं था। लेकिन जब मैं चलने को हुआ तब उन्होंने मेरी बातों पर ध्यान दिया। उन्होंने कहा कि यहाँ सिर्फ एक आदमी है जो आपके सवालों के जवाब दे सकता है उसका नाम रोमेल मियाँ है।

मैंने कहा—तो मुझे उसके पास ले चलो।

लेकिन यह सम्भव नहीं था। वह शहर से दूर अपने पोते के खेतों पर रहता था। उन्होंने कहा—हाँ, सुबह यह हो सकता है और मेरे रात के ठहरने का इन्तजाम करने में जुट गए। उन्होंने मेरे लिए उस कमरे में पलंग लगा दिया जिसके दरवाजे पर काम-चलाऊ पल्ले लगे थे। यह पशुओं के बाड़े के पास ही था। उन्होंने मुझे अच्छी तरह खाना खिलाया, खाने के बाद मैंने चाँदनी रात में महल के अहातों में घूमने की सोची लेकिन बड़ के पेड़ के पास पहुँचकर डर लगने लगा। और मैं तेजी से अँधेरे महल की ओर लौट गया।

रात में नींद न आई। मुझे लगा वहाँ न जाने कौन-कौन मौजूद हैं। जब भी नज़दीक बाड़े में कोई पशु हिलता-डुलता या आवाज करता, मैं उठकर बैठ जाता, दिल जोर-जोर से धड़कने लगता। दरवाजों की झिरियों के पार जब अँधेरा कुछ फीका पड़ता नजर आया तभी मैं सो सका। मैं पिता की मीठी आवाज सुनकर जागा था—यह हमारे बीच रिश्तों में कड़वाहट घुलने से पहले की बात थी लेकिन नहीं, वह तो मेरे मेजबान की आवाज थी जो मेरे लिए गरम चाय लेकर आया था। गिलास इतना गरम था कि उँगलियाँ झुलस उठीं।

सलीमगढ़ में बीबी लाहौरी के फार्म पर बिताए गए उन दिनों के इतने समय बाद मैंने मिनरल वाटर की पुरानी बोतल उठाई, महल के मैदान में उगी झाड़ियों में घुस गया। मैंने देखा यह जगह सिर्फ महल में रहनेवालों के लिए ही नहीं थी। वहाँ शहर के दूसरे लोग भी आते थे। वे चारदीवारी के साथ-साथ बत्तखों की तरह लाइन में बैठे थे। नवाब के आमोद उद्यान अब गरीबों के शौचालय बन गए थे। वह सब मुझे एकदम अवास्तविक लगा। मैं जैसे बीते समय में जा पहुँचा था। कुछ देर के लिए भूल गया कि मैं कौन और कहाँ था और वहाँ क्या कर रहा था। मैं मरते हुए मध्ययुगीन शहर में महल के खँहडरों की छाया में फूलदार झाड़ी के पीछे बैठा था, न जाने कहाँ थी वह जगह। मेरे हाथ में थी पिचकी हुई प्लास्टिक बोतल।

बाद में मेरे मेजबान ने हैंडपम्प चलाया और मैं उसके नीचे जा बैठा—ठंडे पानी की धारा आराम दे रही थी।

चारों लोगों ने फैसला किया वे काम पर देर से जाएँगे और जिप्सी में मेरे साथ बैठकर चल दिए। हम ऊबड़खाबड़ पगडंडियों पर हिचकोले खाते हुए बढ़ चले। रास्ता हरे-भरे खेतों, कँटीले बबूलों, आम्रकुंजों के बीच से होकर जाता था। किसान अपना सवेरे का काम खत्म करने को थे। कोई एक घंटे तक रास्ता खराब और ज्यादा खराब होता गया। गाड़ी चलाना मुश्किल होता जा रहा था। पथ और भी सँकरा हो गया था। एक जगह जाकर मिट्टी का उठान इतना ऊँचा हो गया था कि जीप के उलट जाने का डर पैदा हो गया। इस सबके साथ बेतरह धूल तो थी

ही जो बादल की तरह हमें घेरकर चल रही थी। कभी-कभी तो धूल का गुबार इतना घना हो जाता कि हमें रुककर धूल के बैठने का इन्तजार करना पड़ता, उसके बाद हम फिर आगे बढ़ पाते। क्योंकि धूल में रास्ता दिखाई ही नहीं देता था।

तीन कमरों का खेतघर मिट्टी, गोबर से बना और छप्परवाला था–उसके साथ नंगी ईंटोंवाले दो बड़े चौकोर कमरे और थे, जो शायद बाद में ही बनाए गए होंगे। एक भारी भरकम टी.वी. एंटीना नए कमरों की चौरस छत पर एक लम्बे पाइप के सहारे लगा था। हमें जीप से उतरकर कोई दो सौ गज तक खेतों के बीच एक के पीछे करके चलना पड़ा। बेचैनी से उछलते-भौंकते दो कुत्तों ने हमारा स्वागत किया। वे अपनी पूँछें हिलाते चक्कर काटते हमारे साथ-साथ बढ़ते रहे। मकान के मिट्टी से लिपे-पुते चिकने आँगन में दर्जनों मुर्गियाँ कुड़कुड़ाती गर्दन आगे-पीछे झुलाती चहलकदमी कर रही थीं।

रोमेल मियाँ अदरक जैसे ऐंठे शरीर के आदमी थे, वह मिट्टी के बने पहले कमरे में मूँज की चारपाई पर मौजूद थे–न वह लेटने की मुद्रा में थे, न ही उन्हें बैठे हुए कहा जा सकता था–बहुत दुर्बल। उनके पूरे सिर पर अधपके केश थे लेकिन बिना दाँतों के मुँह एकदम पिचक गया था। हमने पैर छुए तो उन्होंने पंजे जैसा हाथ आशीर्वाद की मुद्रा में उठा दिया। मेरे बैठने के लिए लकड़ी की एक कुर्सी लाकर रख दी गई। रोमेल मियाँ के सिर के ठीक ऊपर गोल धरन से एक लम्बी रस्सी लटक रही थी जिसके छोर पर कपड़े का कसा हुआ गोला झूल रहा था। बिना पल्लों के दरवाजे तक फैली धूप में मक्खियों के झुंड बजबजा रहे थे।

वह काफी सतर्क-सचेत दिखे लेकिन उनकी कही गई बातों को समझना मेरे लिए मुश्किल था क्योंकि वह बिना दाँतों के बोल रहे थे और वह भी स्थानीय बोली में। मैंने अपने साथियों के माध्यम से बातचीत आगे बढ़ाई। मैंने माहौल को नरम करने के लिए उनकी तारीफ की। उन्होंने मुझे बताया कि वह दूसरे विश्वयुद्ध के दौरान फौज में भर्ती हुए थे। वह दूसरे लोगों के साथ जगदेवपुर के परेड ग्राउंड में खड़े थे। उनके साथ बूढ़े-जवान सभी थे। तभी एक गोरे अफसर ने चिल्लाकर कुछ कहा जो समझ में नहीं आया। आवाज सुनकर कई लोगों ने एक कदम आगे बढ़ाया तो उन्होंने भी वैसा ही किया। हफ़्तों तक मार्च करने के बाद और बन्दूकों व हथगोलों की ट्रेनिंग पाने के बाद उन्हें पानी के एक जहाज पर सवार करा दिया गया। समुद्री सफर में उनकी तबीयत कई दिन तक खराब रही। फिर वे लोग उत्तरी अफ्रीका के रेगिस्तान में जा पहुँचे। फिर उन्होंने खाइयाँ खोदनी शुरू कीं। और फिर कब्रें, कब्रें और खाइयाँ, खाइयाँ और कब्रें। उन्हें हर दिन लगातार खुदाई करनी पड़ती थी–सुबह से लेकर रात तक–आखिर रोमेल को हरा दिया गया। उन्होंने एक भी गोली दागे बिना रोमेल को हरा दिया था। फिर वे लोग वापस लौट आए। उसके बाद से उन्होंने बिस्तर पकड़ लिया, मेहनत-मशक्कत का काम फिर कभी नहीं किया। लेकिन उनके हाथों में आज तक पीड़ा होती रहती है। वह जब भी सोते हैं तो एक ही सपना परेशान करता है वह कब्र खोद रहे हैं और फिर हर कब्र में खुद लेट रहे हैं।

लोगों ने उनका मजाक उड़ाया तो उन्होंने उस आदमी का नाम बताया जिसे उन्होंने धूल चटाई थी। और उनका नाम शकूर से रोमेल मियाँ हो गया।

पता चला रस्सी के सहारे चेहरे के सामने लटकती कपड़े की ठोस गेंद का इस्तेमाल वह कमरे में घुसपैठ करनेवाले परिन्दों और ततैयों को भगाने के लिए करते हैं। उन्हें चारपाई से उठने की जरूरत नहीं पड़ती।

मैंने उस महान योद्धा की काफी तारीफ कर डाली और फिर मतलब की बात पर आ गया। मैंने चाहा कि वे उन रहस्यों के बारे में बताएँ जो मेरे लिए अबूझे थे। रोमेल मियाँ के बिना दाँतोंवाले पोपले मुँह से फिसफिसाकर बोलना मेरे साथियों की समझ में भी नहीं आ रहा था, फिर मेरी तो बात ही क्या थी। वे उनसे बार-बार अपनी बात दोहराने को कहते।

उनके अब्बा नवाब के महल में बहुत पुराने नौकर थे। वह शाही खानदान की पेंचदार अफवाहें सुन-सुनकर ही बड़े हुए थे। तो तुम सारी बातें विस्तार से नहीं जानना चाहते। तो ठीक है।

मैंने सवाल यों पूछे जिनका जवाब संक्षिप्त ही था।

हाँ, वह उस गोरी मेम को जानते थे जिन्हें छोटे नवाब इंग्लैंड से घर लाए थे।

हाँ, वह बेहद खूबसूरत थी और मर्दों की तरह घुड़सवारी करती थी।

हाँ, वह एक जादूगरनी थी जो गुप्त रहस्यमय करतब करती थी।

हाँ, वे लोग अलग कॉटेज में रहते थे। किसी भी महल में नहीं रहे कभी।

हाँ, छोटे नवाब की एक बीवी थी जिसे उन्होंने कभी छुआ तक नहीं था। वह 1971 में मरी तो बाँझ थीं। उसी साल इन्दिरा गांधी ने राजा-रजवाड़ों की पेंशन बन्द कर दी थी।

हाँ, यह सच है कि छोटा नवाब एक अजीब आदमी था। लोग उससे प्यार करते थे। पर उससे परेशान भी थे।

हाँ, उन्हें बड़े नवाब ने हक से बेदखल कर दिया था।

हाँ, लोग कहते थे कि जगदेवपुर में उतने पुरुष नहीं थे जो उसकी इच्छा पूरी कर सकते।

हाँ, ऐसा लगता है, अपनी जरूरतों के मामले में गोरी मेम भी नवाब से कुछ कम न थी।

हाँ, एक आधा या अद्धा नवाब भी था। जफर का एक हाथ खराब था।

हाँ, लोग उस पर दया दिखाते थे, लेकिन उससे खौफ भी खाते थे। एक अच्छा आदमी जिसे उसकी कमी ने बिगाड़ दिया था।

हाँ, दोनों भाई लड़े लेकिन दोनों ही हार गए।

हाँ, एक आदमी और था—मजबूत और चालाक। वह पहाड़ों से आया था।

हाँ, उसने छोटे नवाब और गोरी मेम दोनों को कठपुतलियों की तरह नचाया था।

हाँ, छोटे नवाब का कत्ल हुआ था। उसे पुदीना कोरमा-ए-दिलबहार में धतूरा मिलाकर खिला दिया गया था।

हाँ, यह काम गोरी मेम ने ही किया था।

हाँ, बड़े नवाब ने इस बात पर कोई बवाल नहीं खड़ा किया था। क्योंकि छोटे नवाब उनके लिए लम्बे समय से परेशानी का सबब बने हुए थे।

हाँ, छोटे नवाब के मरने के बाद कॉटेज तोड़ दी गई। उसका कोई निशान बाकी न छोड़ा गया।

हाँ, पहाड़ से आया आदमी गोरी मेम को पहाड़ पर ले गया—वहाँ कुहरे ने सारी सच्चाई को छिपा लिया था।

हाँ, गोरी मेम फिर कभी जगदेवपुर में नहीं दिखाई दी।

उन्होंने कहा कि जब वह अफ्रीका में रोमेल को हराकर लौटे थे तो सुना था कि गोरी मेम मर गई थी।

हाँ, यह खबर उन्होंने उस पहाड़ी आदमी से सुनी थी जो अपने बाप से मिलने यहाँ आया था। अपने बाप का हाथ थामकर रो पड़ा था, पहाड़ से आया वह आदमी। उसने कहा था

कि वह अपना सब कुछ खो चुका है। ईश्वर से उसे खूब सबक मिला था। उसके साथ ऐसा तो नहीं होना चाहिए था। उसने अपना प्यार, जायदाद, इज्जत, यहाँ तक कि अपना बच्चा भी खो दिया था।

सबसे बुरी बात यह थी उसका प्यारा बेटा भी अद्धे नवाब जैसा बना दिया गया था।

एक चिड़िया अन्दर घुस आई तो रोमेल मियाँ ने डोरी से लटकती कपड़े की गेंद उसकी तरफ उछाल दी। वह भाग गई और कमरे में डोरी से लटकता कपड़े का गोला घड़ी के पेंडुलम की तरह धीरे-धीरे आगे-पीछे झूलता रह गया।

राक्षस।

एक सप्ताह बाद मैंने डायरियों के कुछ अंश दोबारा ध्यान से पढ़ डाले थे और अब मैंने भूमियाधार तक जाने का निश्चय किया। आकाश में बादल घिरे थे और गेथिया को लहराते-मँडराते कुहरे ने घेर रखा था। लेकिन जब तक मैं पड़ाव पर पहुँचा कुहरा छँट गया था–मौसम ठंडा और साफ था। मैं सड़क के दाईं तरफ बढ़ चला ताकि चलते-चलते घाटी की झाँकी भी लेता चलूँ। घाटी में बीच-बीच में ढलानों पर टैरेस कटे हुए थे। आगे बांज वृक्षों के झुंड थे। अगर मैं घूमकर देखता तो त्रिशूल की छाया में मकान नजर आ सकता था। झपटने को तैयार हुआ, किसी झुके वन्य जीव जैसा।

पड़ाव के ढाबे पर दो नौकर शाम के भोजन के लिए आलू, प्याज काट रहे थे–जबकि ढाबे के मालिक दो पहलवान भाई बाहर लकड़ी की बेंच पर बैठे पैरों पर सरसों के तेल की मालिश कर रहे थे। उनके पास कुछ ट्रकवाले बैठे थे–चाय की चुस्कियाँ लेते हुए आराम से बतकही में लगे थे। आवारा कुत्ते हर कुर्सी के नीचे नजर आ रहे थे।

पहलवान भाइयों ने अभिवादन की मुद्रा में हाथ उठाया, मैंने भी जवाब दे दिया।

मैं इससे पहले कभी पैदल चलकर भूमियाधार नहीं गया था। यह मेरी उम्मीद से ज्यादा आसान था। मेरे ऊपर ढलानों पर चीड़ के पेड़ थे और नीचे से भी चीड़ के पेड़ सड़क से ऊपर तक चढ़ते चले गए थे–पुराने शानदार पेड़। सड़क ढलान पर उतरती फिर चढ़ती जा रही थी। किनारे पर घास उगी थी–गाड़ियों को रास्ता देने के लिए आप हटकर घास पर खड़े हो सकते थे। मैंने खुद को हल्का और ताजादम महसूस किया।

उसका मकान ढूँढ़ने में ज्यादा परेशानी नहीं हुई। उसे हर कोई जानता था। वैसे वह गाँव की मुख्य बस्ती से अलग हटकर रहता था। मैं कुछ सीढ़ीदार खेतों से गुजरकर ढाल पर उतरता हुआ उसके मकान तक जा पहुँचा–पत्थरों का बना सन्दूकनुमा मकान–किसी खलिहान जैसा दिख रहा था। उसमें छोटी-छोटी खिड़कियाँ थीं। छत पर पेबन्ददार पुराना टिन लगा था। एक कुत्ता अन्दर रह-रहकर भौंक रहा था। भौंकता, रुकता, फिर शुरू कर देता। भौंकना बन्द होने के अन्तराल में मैंने उसे कई बार पुकारा, फिर इन्तजार करने लगा।

कुछ देर बाद मैं घूमकर मकान के पिछवाड़े जा पहुँचा और बन्दगोभी की कतारों के बीच चलता हुआ टैरेस के अन्त तक जा पहुँचा जहाँ वह एक बिन्दु में सिमट गई थी और उस बिन्दु पर खड़ा था रीठे का एक बड़ा पेड़। मकान में कुत्ते ने भौंकना बन्द कर दिया था लेकिन तभी नीचे कहीं दूसरा कुत्ता भौंकने लगा। वह मेरी तरफ आ रहा था।

राक्षस बांज वृक्षों के बीच से चिलम में गाँजा पीता हुआ आया। भौंकता कुत्ता मचलता-उछलता उससे कुछ कदम आगे चलता आ रहा था। उसने मुझे देखा तो चिलम अपनी बाईं काँख में

दबा ली और सलाम में दायाँ हाथ उठाया। मैंने भी वैसे ही जवाब दिया। बिना खुशामदी अन्दाज के सम्मान दिखाने की उसकी यह विशेषता अपनी थी।

उसने मुस्कुराकर कहा—मैंने आपके नए हेयर स्टाइल के बारे में सुना है।

कुत्ता हमसे आगे-आगे मकान की तरफ भागा। हम खामोशी से पीछे-पीछे चलते रहे। राक्षस ने कुंडी खोली और अन्दर जाकर मेरे लिए कुर्सी उठा लाया। अन्दर वाला कुत्ता दौड़ता हुआ बाहर आया। उसने मुझे चारों तरफ से सूँघा और फिर भाग गया, दूसरा उसके पीछे-पीछे था। मैंने बैठकर अपने पैर आगे वाले हाते की पथरीली नीची चारदीवारी पर टिका दिए। सूरज गेथिया के दूसरी ओर नीचे झुकने लगा था। हम ढलान पर बहुत नीचे बैठे थे, इसलिए रोशनी यहाँ जल्दी बुझ जानेवाली थी।

लकड़ी की खुरदरी सतह वाली ट्रे पर चाय के दो मग लेकर वह आया—एक मुझे थमाया और दूसरा खुद लेक[illegible] दीवार पर पुट्ठों के बल बैठ गया। चाय में कुटे हुए अदरक की तीखी महक और [illegible]।

मैंने कहा—मैंने सारी किताबें पढ़ डाली हैं।

उसने कहा—तो भला मैं क्या कर सकता हूँ।

मैंने कहा—मैं जगदेवपुर गया था।

वह भावहीन ढंग से देर तक मुझे घूरता रहा चुपचाप।

मैंने कहा—मैं नवाब के महल में गया था। मैं रोमेल मियाँ से भी मिला था।

उसने चाय पीकर खाली मग नीचे रख दिया और दाएँ हाथ से बायाँ कन्धा रगड़ने लगा।

मैंने कहा—रोमेल मियाँ ने मुझे बहुत-सी बातें बताईं।

उसने पूछा—उसने क्या बताया?

मैंने कहा—सब कुछ।

वह बोला—तो आप सब कुछ जान गए।

मैंने कहा—हाँ, मैं सब कुछ जानता हूँ।

इस पर वह बोला—तब यहाँ क्यों आए हैं?

मैंने कहा—मैं तुम्हारे मुँह से भी सुनना चाहता हूँ।

वह बोला—क्या जानना चाहते हैं?

मैंने कहा—सब कुछ।

वह बोला—मेरा विश्वास कीजिए, मेरे पिता जी ने छोटे नवाब को नहीं मारा। वह कभी ऐसा करना चाहते भी नहीं थे। इस बात ने आखिरी दिन तक परेशान किया था उन्हें। मैं नहीं समझता कि फिर कभी चैन से सो पाए हों वह।

मैंने कहा—हाँ।

वह बोला—गोरी मेम तो पगला गई थी। वह मेरे पिता से अकसर कहा करती थी कि छोटे नवाब पागल हो गए थे। मेम ने पिता से कहा कि छोटे नवाब उन दोनों को ही मरवा डालना चाहते हैं। वह हर पल उन दोनों की जासूसी करते हैं। कि जलन और अफीम ने उन्हें पागल कर दिया है। कि अब वह शुरू वाले छोटे नवाब नहीं रह गए हैं। मेम ने पिता से कहा कि छोटे नवाब जानते हैं कि शाही खानदान उन दोनों से छुटकारा पाकर बहुत खुश होगा। उसने मेरे पिता से कहा कि अगर वे दोनों साथ रहना चाहते हैं, अगर अपनी जिन्दगी बचाना चाहते हैं तो उन्हें तुरन्त कदम उठाना होगा। उसने पिता से कहा—बढ़िया बात यह है कि अगर वे

दोनों तुरन्त कुछ कर डालें तो शाही खानदान को भी खुशी होगी क्योंकि छोटे नवाब के कारण शाही खानदान को बहुत लज्जित होना पड़ा है। या तो हम या फिर छोटे नवाब–मेम ने मेरे पिता से कहा था। यह सही है मेरे पिता उस पर मर मिटे थे। लोग कहते हैं ऐसा न होना मुश्किल था। क्योंकि वह गोरी और बेहद खूबसूरत थी–मेरे पिता कहा करते थे कि वह एक पुरुष के साथ वह सब कर सकती थी जिसके बारे में सोचा भी नहीं जा सकता। मेरे पिता मानते थे कि वे उसके मोहजाल में फँस गए थे। ऐसे में अगर वह कहती तो वह अपना गला भी काट लेते। लेकिन पिता छोटे नवाब को कभी नहीं मारना चाहते थे। वह सैयद को चाहते थे। क्योंकि उसने एक बार हमारे परिवार की रक्षा की थी। और इसीलिए मेरे पिता उसे छोटे भाई जफर के षड्‌यंत्रों से बचाने के लिए ही जगदेवपुर गए थे। वहाँ वह कैथरीन से मिले थे और फिर सैयद के रक्षक बनने के बजाय वे उसके हत्यारे बन गए। लेकिन सच पूछो तो उन्होंने छोटे नवाब को नहीं मारा। जब ऐसा मौका आया तो पिता ने मेम से साफ कह दिया था कि यह काम उसे खुद ही करना होगा। यह ठीक है उन्होंने खाना तैयार किया था पर बाकी काम कैथरीन ने पूरा किया था। उस रात कैथरीन उनके साथ और अधिक उत्तेजना से पेश आई थी, जैसे वह अपना अपराध-बोध मिटाने की कोशिश कर रही हो। अगले कुछ दिनों तक वह एकदम शान्त बनी रही। जैसा कि बाद में पता चला जो कुछ हुआ उससे सभी को तसल्ली मिली थी। जिन्होंने मेम के लिए काम किया था, उन्हें कैथरीन ने सब कुछ दे दिया। फिर मकबूल, बन्नो और रामआसरे को साथ लेकर हमेशा के लिए जगदेवपुर छोड़कर चली आई। मैं चुपचाप सुनता रहा, कुछ बोला नहीं। मैं चाहता था कि वह सब कुछ कह डाले।

उसने जोर की आवाज के साथ कश लिया लेकिन उसका सुन्दर रेखाओं भरा चेहरा भावहीन बना रहा। फिर उसने चिलम मुझे थमा दी। मैंने चिलम की नली को हाथों में थाम लिया। फिर मुँह से चिलम की सतह को छुए बिना दो बार जोर-जोर से कश लिये। उसने चिलम वापस लेकर फिर से जोर का कश लिया। मैंने देखा उसकी आँखों से पानी बह रहा था। अब उसकी बढ़ती उम्र पता चलने लगी थी।

उसने कहा–वह एक विचित्र सम्बन्ध था। महान सागर मन्थन की तरह। जैसे मन्थन से अमृत और विष बराबर-बराबर निकले थे। मेरे पिता कहते थे कि मेम के साथ उन्होंने अनेक बार स्वर्ग का सुख भोगा था। लेकिन अन्त में अमृत की जगह विष भर गया। लेकिन साहब मेरी बात पर विश्वास कीजिए, वह कैथरीन से सचमुच प्यार करते थे–बहुत ज्यादा प्यार करते थे। वह तो जैसे उसी के लिए जिन्दा थे। वह उसे आनन्द का स्रोत कहा करते थे। वह कैथरीन को सुन्दर झरना कहा करते थे। उसमें नहाकर उन्हें नशा हो जाता था। और गोरी मेम भी उनसे सचमुच प्यार करती थी। पिता कहा करते थे कि वह कैथरीन से जो चाहे करवा सकते थे, वह उन्हें अपना सब कुछ दे सकती थी। लेकिन उन्होंने ऐसा कभी नहीं चाहा। उन्हें और कुछ नहीं बस उसका प्यार चाहिए था। यह सही है कि आखिरी वर्षों में उनके बीच दूरी आ गई थी, लेकिन इसका कारण कैथरीन में आया बदलाव था। मेरे पिता के प्रति उसके प्यार में जलन आ मिली थी और वह हर किसी पर सन्देह करने लगी थी। बेचारी मेरी माँ! उन्होंने पिता से मेम के बारे में कभी कोई शिकायत नहीं की। वह सदा अपनी सीमाओं में ही रहीं–पिता ने उन्हें जो कुछ दिया वह उसी पर सन्तोष करती थीं। लेकिन कैथरीन न जाने मेरी माँ को क्या समझ बैठी थी। पता नहीं कितने साल हम पिता के बिना रहते रहे। मुझे याद है हम कितनी बेचैनी से उनके आने की प्रतीक्षा किया करते थे। कभी-कभी वह छिपकर सुबह-सुबह आया करते थे और शाम

होते ही हड़बड़ाकर चले जाया करते। खुद मेरी माँ ही उनसे जाने को कहती थीं क्योंकि उन्हें पता था कि अगर मेरे पिता समय पर वापस न पहुँचे तो न जाने क्या आफत आ जाए। हमें यह भी पता चला था कि कैथरीन बेतरह गाँजा पीने लगी थी। उसके साथ रहनेवाले वे दोनों उसे धोखा दे रहे थे और इस तरह उसका मानसिक सन्तुलन बिगड़ता जा रहा था।

उसने आगे कहा—जानते हो साहब, अगर वहम के प्रेत घेर लें, तो फिर प्यार नहीं बचा रह सकता। जिस दिन इच्छा पर पहरा बिठाया जाता है, उसी दिन वह मर जाती है।

रात घिर आई थी। कुत्ते लौटकर दरवाजे के पास लेट गए थे। उनके अगले पैरों में जंजीरें डाल दी गई थीं। उसने अन्दर जाकर स्विच दबाया तो एक पीला बल्ब मकान के ऊपर रोशनी फेंकने लगा। चारों ओर ढलानों पर अँधेरे में रोशनी के छेद नजर आ रहे थे। हमारे ऊपर वाली सड़क पर कारें और ट्रक अजीब आवाजें करते हुए चढ़ाई चढ़ रहे थे। नीचे गहरा अँधेरा था। पास-पास खड़े बांज के पेड़ नीचे उतरते चले गए थे लम्बी दूरी के धावकों जैसे।

जब वह बाहर आकर फिर से दीवार पर बैठ गया तो मैंने कहा—आखिर कैथरीन को क्या हुआ था?

उसने कहा—क्या हुआ था उसे?

मैंने कहा—हाँ, क्या हुआ था?

उसने कहा—जो सबके साथ होता है। वह मर गई थी।

मैंने कहा—मैं जानना चाहता हूँ उसकी मौत कैसे हुई?

वह बोला—मैं तो समझ रहा था आपको सब पता है?

मैंने कहा—हाँ, मालूम है, पर मैं जानना चाहता हूँ तुम्हारा क्या कहना है इस बारे में?

उसने कहा—और क्या कहूँ। उन दोनों ने उसे मिटा दिया। हाँ, ऐसा ही हुआ था। वे जो चाहते थे, उन्हें मिल गया था और फिर उन्होंने उसे मार डाला। उसके फेंके टुकड़े पाने के लिए उन्होंने अपने देवताओं को भी त्याग दिया। और कैथरीन मेरे पिता से इतनी नाराज थी कि उसे पता ही न चला कि वह क्या कर रही है? अगर तुम बुरे लोगों को यह विश्वास दिला दो कि वे बहुत अच्छे हैं तो फिर उन्हें उस गलती की कीमत चुकानी पड़ती है। कैथरीन ने उन लोगों से अच्छा बर्ताव किया और उन्होंने ही उसे मार डाला। लेकिन मैं समझता हूँ वह अपने पहले किए कर्मों की सजा पा रही थी। क्या यह सच नहीं कि आप जैसा करते हैं वैसा ही होता है आपके साथ? इसके बाद ही छोटे नवाब की आत्मा को शान्ति मिली होगी। पर इसके बाद मेरे पिता का दिल टूट गया। हफ्तों तक वह उसके दुख में रोते रहे थे। बाद में महीनों तक वह जाकर उसकी कब्र के पास बैठे रहा करते थे। और वे दोनों? हफ्ता भी नहीं बीता था कि वे मकान में आ गए। अपने बच्चों और बाकी सबके साथ। वे उसके कपड़े पहनने लगे। उसके पलंग पर सोने लगे। उसके शौचालय में शौच जाने लगे और फिर उसकी जायदाद के हिस्से बेचने में जुट गए। पर मेरे पिताजी ने इस सब पर कभी ध्यान नहीं दिया। वह उन्हें सदा बुरे लोग ही समझते रहे। पिता सदा यही कहा करते थे—उन्होंने कैथरीन से पाया था—आत्मा और शरीर सब। उन्होंने इस बात की कभी परवाह नहीं की कि कैथरीन की जमीन-जायदाद कौन हड़प रहा था।

मैंने पूछा—उन्होंने कैसे ठिकाने लगाया कैथरीन को?

उसने चिलम पर गहरा कश लेते हुए कहा—धतूरा।

मेरी जेब में फ़िज़ की पतली टॉर्च थी और मैंने सड़क तक पहुँचानेवाली राह आसानी से खोज ली। मैं लेंटाना झाड़ियों में उभरनेवाली सरसराहटों के प्रति सतर्क-सावधान था। घर तक की वापसी यात्रा जैसे जादुई थी। चाँद जल्दी निकल आया था–आकाश तारों भरा और स्वच्छ था। आप अगले मोड़ तक पूरी सड़क चाँदनी में चमकती देख सकते थे। मैं बढ़ता रहा–बीच-बीच कोई गाड़ी धड़धड़ाती हुई इस जादुई परिवेश को जैसे तोड़ती हुई निकल जाती। लेकिन कुछ ही मिनटों में आवाज खो जाती और रात का जादू फिर लौट आता। पड़ाव पर कई ट्रक सड़क के किनारे खड़े थे। उनके दरवाजे खुले हुए और ढाबे में पहलवान तेजी से काम कर रहे थे–अपनी तीखी आवाज में छोकरों को पुकारते ग्राहकों के लिए रात के भोजन की तैयारी में जुटे थे।

ठाकुर की दुकान के पास जहाँ रास्ता नैनीताल की ओर चढ़ जाता था, मेरी चाल धीमी पड़ गई और मैं जरा ज्यादा सतर्क हो उठा। पिछले पखवाड़े में यहाँ शाम को सात और आठ बजे के बीच छह बार तेंदुआ दिखाई दिया था–ज्योलीकोट घाटी से भूमियाधार घाटी की तरफ जाता हुआ। पास में ही तीन कुत्ते मार डाले गए थे और हम बघीरा को समय से पहले ही रात के लिए बाड़े में बन्द कर देते थे। लेकिन उस दिन वैसा कोई वन्य जीव दिखाई नहीं दिया और मैं कुछ ही मिनटों में मकान की चारदीवारी में आ गया। डाइनिंग रूम से टेलीविजन की खड़खड़ाहट और उसकी रोशनी में प्रकाश का अपलक ताकता चेहरा देखा जा सकता था।

मैंने व्हिस्की की बोतल उठाई, खाली गिलास और पानी की बोतल लेकर पिछली टैरेस पर ऊपर चला गया–ज्योलीकोट में रोशनियाँ बिखरी थीं। सड़क नम्बर एक के आसपास काफी यातायात था। हेडलाइटों का प्रकाश आपस में टकराता, काटता इधर से उधर सरक रहा था–चार में से एक गाड़ी हमारी तरफ घूम रही थी, मेरी दाईं तरफ रोशनियों का झरना नैनीताल के ढलानों पर झर रहा था–शहर के फैलाव का एक खतरनाक संकेत। यहाँ रहनेवाले लोगों को उस दिन का डर सता रहा था जब देवता क्रोधित होकर तूफान भेजेंगे और भूस्खलन होने लगेगा–मेरे बाईं ओर पेड़ों से भरा गेथिया के उठान का कूबड़ नजर आ रहा था। और वहीं कहीं चीड़ और बांज के बीच एक कब्र मौजूद थी।

एकाएक मेरा बदन सिहर उठा। मौसम करवट ले रहा था। अन्दर व्हिस्की की गरमाहट और एक हल्के कार्डिगन के बावजूद मुझे ठंड लग रही थी–नई सहस्राब्दी के शुरू होने में चार महीने बाकी थे–सन् 2000। कभी-कभी प्रकाश मेरे लिए भुवाली से अखबार ले आया करता। मैं देखता व्यापार वाणिज्य की सेनाएँ संसार में शाहखर्ची का विशाल पर्व मनाने की तैयारियों में जुटी थीं। यह सब मुझे एक गहरी ऊब से भर देता। लेकिन कभी-कभी मुझे पन्द्रह वर्ष पहले का वह सब याद हो आता जो कुछ मैं और फ़िज़ आपस में कहा करते थे।

–तुम्हारा क्या खयाल है, तब हमारी क्या स्थिति होगी? यह हम दोनों का मनपसन्द वाक्य हुआ करता था। –तब हम क्या कर रहे होंगे?

–हाँ, कहाँ होंगे हम दोनों–विशाल और भयानक भ्रमजाल में उलझे हुए। विवरण दर्ज करते हुए।

मैंने जल्दी से दूसरा गिलास खाली कर दिया। बोतलें अन्दर रख दीं और प्रकाश को बिना बताए कँटीले तारों के बीच से निकलकर सेनिटोरियम की तरफ बढ़ चला।

सड़क से परे बांज वृक्षों के बीच से ऊपर चढ़ते हुए मैंने टार्च जला ली। रास्ते के मोड़ पर खड़े रीठे के पेड़ से इस समय कोई रोशनी नहीं चमक रही थी। टफन के कुत्तों ने जोर-जोर से भौंकना शुरू कर दिया था। रास्ते के मोड़ पर पहुँचकर मुझे टफन के मकान के बाहरी बरामदे के बाहर वाली टीन की छाजन के नीचे लटकता बल्ब दिखाई दिया। मेरे उसके मकान तक पहुँचते-पहुँचते कुत्ते

भौंक-भौंककर जैसे पागल हो उठे थे। वे दरवाजे के दोनों ओर बने अपने पिंजरों में बन्द थे। मैंने टफन को आवाज दी। दमयन्ती बाहर निकली। उसके चेहरे पर भय झलक रहा था।

टफन अपनी हत्थेदार कुर्सी पर बैठा था। फर्श पर बोतल और हाथ में गिलास–सिर पर मंकी कैप। मैं उसके पास कई महीने बाद आया था–वह पहले से बूढ़ा, अधिक जर्जर नजर आ रहा था। बिना शेव किए चेहरे की खाल लटक रही थी। फूली हुई आँखें–सुर्ख लाल।

मैंने कहा–स्टीफन मैं तुम्हारे बारे में सब कुछ जान गया हूँ।

उसने सिर उठाए बिना कहा–भगवान भी नहीं जानता, तुम क्या जानोगे?

मैंने कहा–मैं तुम्हारे मुँह से सुनना चाहता हूँ।

उसका जवाब था–मैं कुछ नहीं जानता।

मैंने कहा–मैं सब जान चुका हूँ।

उसने कहा–यह तो अच्छी बात है–तो फिर यहाँ क्यों आए? जाओ, चले आओ। याद है मैंने तुमसे क्या कहा था–इन भयानक डायरियों को मत पढ़ना। यह सब कहते हुए वह मेरी तरफ नहीं देख रहा था। उसकी नजरें अपनी गोद में गड़ी थीं। दमयन्ती ने मुझे एक गिलास थमा दिया। और मैंने अपना गिलास काफी भर लिया। मैं अपने प्रश्नों के उत्तर लिये बिना वहाँ से जानेवाला नहीं था।

मैंने कहा–स्टीफन, मैं रोमेल मियाँ से मिला था।

उसने कहा–कौन है यह बेहूदा आदमी?

मैंने कहा–स्टीफन, मैं जगदेवपुर गया था।

उसने अचानक नजर उठाकर मुझे ताका और खामोशी से देखता रहा।

मैंने फिर कहा–स्टीफन, मैं अम्बेडकर कॉलोनी जाकर बन्नो की भतीजी से भी मिला था।

उसकी खामोशी वैसी ही थी।

मैंने कहा–माफ करना, बन्नो। मेरी की भतीजी, वह बहुत अच्छी तरह मिली। मेरा खयाल है तुम नहीं जानते कि वहाँ तुम्हारी कोई चचेरी बहन भी रहती है।

मैं झूठ बोल रहा था लेकिन इससे क्या फर्क पड़नेवाला था।

मैंने कहा–वह बता रही थी कि धर्म बदलने के बाद तुम्हारे माँ-बाप ने उन सभी से मेल-जोल बन्द कर दिया था। लेकिन तुम्हारे बारे में उसे सब कुछ मालूम है। उसने मुझे बताया कि कुटुम्बियों ने तुम लोगों की हर बात पर नजर रखी है। वह सोचती है कि पैसे से ही हर चीज नहीं बदल जाया करती है। न ही धर्म बदलने से। लेकिन अगर दोनों मिल जाएँ तो एक फरिश्ता भी भ्रष्ट हो सकता है।

उसने रोना शुरू कर दिया। वह वहीं उसी तरह बैठा रहा। उसके अन्दर धँसे कपोलों पर बड़े-बड़े आँसू बह रहे थे। मैं खामोश था। दमयन्ती आकर दरवाजे में खड़ी होकर उसे देखने लगी।

कुछ देर बाद वह बोला–मेरी माँ एक अच्छी औरत थी–बहुत ही अच्छी थी वह। और मेरी माँ उसे प्यार करती थी–अपने बच्चों से ज्यादा, हमसे भी अधिक। वह पूरी जिन्दगी दासी की तरह उसकी सेवा करती रही। माँ खाना पकाती, घर की सफाई करती और जब वह बीमार पड़ती तो उसे नहलाया करती, उसके कपड़े बदलती। अपनी जिन्दगी का हर पल माँ ने उसके लिए जिया था। कभी-कभी वह माँ को बुला लेती–हम दूध और खाने के लिए रोते रह जाते लेकिन माँ हमें छोड़कर उसके पास दौड़ जाया करती। अगर उन बदमाशों की राय में माँ ने पैसे के लिए धर्म बदला था तो वे झूठ बोलते हैं। अगर उसने धर्म बदला तो सिर्फ इसलिए

कि ये बदमाश उसके साथ जानवरों जैसा व्यवहार करते थे–पिता से भी उनका बर्ताव वैसा ही था–हम बच्चे भी उन लोगों के लिए जानवर ही थे। वह घमंडी मादरचोद गज सिंह अपने बच्चों को हमारे साथ खेलने भी नहीं देता था। क्योंकि हम थे कीड़े, तिलचट्टे, कूड़ा-कबाड़। माँ अगर जीसस की शरण में गई तो मेम साहब की वजह से नहीं, बल्कि इसलिए कि उसे भी सम्मान चाहिए था। आज मैं अगर यूँ बैठकर आपके साथ बातें कर रहा हूँ तो इसलिए कि जीसस ने मुझे इज्जत दी। सत्यानाश हो उन पाखंडियों का। मुझे इज्जत जीसस से मिली।

वह दुख और उत्तेजना से काँप रहा था। अपनी खुद की कहानी से द्रवित हो उठा था।

मैंने कुछ देर उसके चुप होने का इन्तजार किया, फिर पूछ लिया–स्टीफन, उसकी मौत कैसे हुई?

अब उसने आँसुओं पर काबू पा लिया था। बोला–उसने मार डाला–उस मादरचोद ने हत्या कर दी उस औरत थी। उसका खयाल था वह उस गोरी औरत की जिन्दगी में एक रोमियो था। लेकिन सच में तो वह एक शैतान था। उसने उस औरत को अपनी मुट्ठी में कर लिया था। वह उसके भोजन में न जाने क्या-क्या मिला देता था। और वह बेचारी शैतान की गिरफ्त में फँस गई थी। आखिर वही तो था जिसने छोटे नवाब को जहर दिया था और फिर उसे यहाँ ले आया था। मेरी माँ कहा करती थी कि छोटा नवाब बहुत अच्छा आदमी था–एक महात्मा था वह। सदा ही गरीबों और जरूरतमन्दों की मदद के लिए तैयार रहता था। जब वह इंग्लैंड से आया तो उसी ने मेरे माँ-बाप को अपने मकान में नौकरी पर रखा था। महल में कोई और तो उन्हें पास भी न फटकने देता। कैथरीन मेम साहब मेरी माँ को पसन्द करती थीं। वह सदा माँ को अपने पास ही रखती थीं। जब मेरी माँ जीसस की शरण में गई तो उन्होंने ही माँ को मेरी नाम दिया–जीसस की माँ का नाम। और तब उन्होंने माँ से कहा था कि अब कोई उस पर थूकने की हिम्मत नहीं करेगा।

मैंने कहा–यह सब तो मैंने समझ लिया पर यह बताओ कि गज सिंह ने कैथरीन को क्यों मार डाला?

–इसलिए कि कैथरीन अब उसे नहीं चाहती थी, वह उससे परेशान थी, थक गई थी। गज सिंह उसे उँगलियों पर नचा रहा था। उसे ठग रहा था।

इतने वर्षों बाद तब कैथरीन ने गज सिंह की सच्चाई को समझा था, उसका असली चेहरा देख लिया था। वह जान गई थी कि कौन उसकी देखभाल कर रहा था। आपको पता होगा कि वह गज सिंह के बच्चों को घर में नहीं घुसने देती थी क्योंकि वे वहाँ से चीजें चुराया करते थे। और हम? हम मकान में जहाँ चाहे आ-जा सकते थे। वह हमसे प्यार करती थी। वह कहा करती थी–यह स्टीफन, बड़ा होकर एक पादरी बनेगा। मैं इस बात को अभी से देख पा रही हूँ। यह कहते-कहते उसकी दृष्टि नरम हो आई।

मैंने दमयन्ती की ओर देखा। वह भावहीन निर्विकार खड़ी थी दरवाजे की चौखट के सहारे झुकी हुई।

मैंने कहा–स्टीफन, लेकिन इतनी सी बात से किसी को कोई क्यों मार देगा? इससे उसे क्या मिलेगा भला?

सुनते ही स्टीफन गुस्से से भर उठा। उसने गिलास खाली किया, उसे फिर से भरा और फिर एक ही घूँट में पी गया। फिर सीधे मेरी आँखों में देखता हुआ चीखा–तो तुम्हारा खयाल है कि हमने मार डाला उसे–क्यों? वह एक हाथ वाला शैतान यही सब भर रहा है तुम्हारे दिमाग में?

अरे, हमें तो यह भी पता नहीं था कि उन्होंने जायदाद हमारे नाम कर दी है। लेकिन राक्षस के बाप उस रोमियो को मालूम थी यह बात। क्योंकि उसे कैथरीन ने ही यह बात बताई थी क्योंकि वह गज सिंह को उसकी औकात बताना चाहती थी। कहना चाहती थी–पुराना जमाना बीत गया, कि उसे गज सिंह की सारी चालबाजियाँ पता चल चुकी थीं। और यही बात उस शैतान को बर्दाश्त नहीं हुई। वह तो खुद को उसका मालिक समझने लगा था–सोचता था शायद वह हमेशा ही उसकी गुलाम बनी रहेगी। गज सिंह कैथरीन को सदा चरस दिया करता था ताकि उसका दिमाग ठीक-ठिकाने न रहे। वह शैतान उसमें धतूरा भी मिलाया करता था–हर बार धतूरे के कुछ बीज। लेकिन कभी-कभी वह इतनी ज्यादा खुराक दे देता कि कई-कई दिनों तक वह पगलाई-सी बनी रहती–उसे कुछ पता न चलता कि वह क्या कह या कर रही है।

उन दिनों में किसने देखभाल की उसकी?

और कौन, मेरी माँ। हाँ वही। मेरी बन्नो मेरी–जीसस की माँ।

उसने फिर से गिलास भर लिया। मैं प्रतीक्षा करता रहा। अभी उसकी बात खत्म नहीं हुई थी।

उसने कहा–और फिर एक दिन कैथरीन ने उस चूहे का हाथ काट डाला था। क्योंकि उसके मादरचोद बाप ने कैथरीन को खूब चरस पिला दी थी। फिर बेटे को घर से चीजें चुराने भेज दिया। कैथरीन ने उसे देख लिया और फिर अपनी लोहे के किनारेवाली छड़ी से उस पर वार किया। वह उस छड़ी के सहारे चला करती थी–उस छड़ी के वार से छोकरे के हाथ पर गहरा घाव हो गया। और तीन हफ्तों में उसमें सड़न पैदा हो गई। उन लोगों को उसे मिशन अस्पताल ले जाना पड़ा। उसका हाथ काट दिया गया, लेकिन एक हाथ का होने के बाद भी उसमें कितनी शैतानी भरी है ओफ! अगर दोनों हाथ सही-सलामत होते तो सच मानिए वह सुल्ताना डाकू बन जाता।

मैंने कहा–तो कैथरीन ने उसके लिए कुछ भी नहीं छोड़ा?

स्टीफन ने फिर चिल्लाना शुरू कर दिया। अरे उसने पहले ही चूस डाला था मेम साहब को। उसका शरीर, उसकी आत्मा–उसका सब कुछ ले लिया था। और क्या देती वह उन लोगों को? आप तो जानते होंगे कि कैथरीन मेम साहब को पैसे से जरा भी लगाव नहीं था। वह जगदेवपुर से आते समय अपना सब कुछ वहीं महल में छोड़ आई थी। वह तो बस प्यार चाहती थी–सच्चा प्यार। उसके लिए उसने अपना सब कुछ कुर्बान कर दिया।

लेकिन उस शैतान रोमियो ने उसे धोखा दिया। उसने मेम साहब का दिल तोड़ डाला। शैतान ने उसकी बेटी को ही छीन लिया। बहुत सताया उसे। कैथरीन से साफ कह दिया कि अपनी बेटी और उसमें से किसी एक को चुनना होगा। अपनी जिन्दगी के आखिरी दिनों में वह अपनी बेटी को याद करके रोया करती थी। सुबह से रात तक रोती ही रहती थी। सदा आँसू निकलते रहते थे उसकी आँखों से। आँसुओं ने उसके चेहरे पर धारियाँ बना दी थीं। लेकिन तब तक बहुत देर हो चुकी थी। वह शैतान की तरह व्यवहार कर रहा था। और इसीलिए जीसस ने सजा दी उसे। जीसस ने उसके बेटे का हाथ छीन लिया। इसके बाद तो रोमियो ने गुस्से में भरकर बेचारी को जहर ही दे दिया। पुदीना कोरमा में मिलाया था जहर। वैसे ही जैसे उसने छोटे नवाब के साथ किया था। धतूरा मिलाया था उसमें। हर दिन दस बीज। वह कैथरीन को धीरे-धीरे पागल करता जा रहा था। और फिर एक दिन दस की जगह धतूरे के सौ बीज मिला दिए। खलास! खत्म। सब कुछ खत्म हो गया।

और इसके बाद स्टीफन पर जैसे पागलपन का दौरा पड़ गया। वह लड़खड़ाता हुआ उठा और जोर-जोर से चीखने लगा—तो अपने पोनीटेल हेयर स्टाइल और शहर की—लेकर मुझे गाली देने आए हो! हमने तकलीफें झेलीं—उसने बहुत सहा और हमने भी दुख सहा। क्योंकि हम गरीब हो गए इसलिए हमें तुम्हारे हाथों अपना मकान बेचना पड़ा—कैथरीन का मकान—और तुमने मान लिया कि जब चाहे यहाँ आना और मूर्खतापूर्ण सवाल पूछना तुम्हारा अधिकार बन गया है। इससे पहले कि मैं गरम-गरम मोटा लोलू तुम्हारे कान में घुसेड़ दूँ यहाँ से चले जाओ। चले जाओ बदमाश।

उसकी आँखें जैसे लाल पानी में तैर रही थीं। वह तेज हवा में बुरी तरह इधर-उधर हिलते बाँस जैसा मालूम दे रहा था। मैंने समझ लिया कि अगर मैं कुछ मिनट और वहाँ रुक गया तो वह फर्श पर भहरा जाएगा।

लेकिन मैंने काफी कुछ जान लिया था। अब वह मुझे कुछ और बताने की हालत में नहीं था।

मैंने कहा—स्टीफन, तुम कुत्ते हो, और बाहर निकल आया।

बाहर दमयन्ती ने कहा—सच मानिए, उसने बहुत तकलीफें झेली हैं। ठीक है कि वह अच्छा आदमी नहीं है लेकिन उतना बुरा भी नहीं है। हम सभी तो ऐसे हैं—कभी मनुष्य तो कभी पशु।

मैंने कहा—कैथरीन की बेटी के बारे में क्या बात है? उसे किसने मारा था?

वह बोली—उस बारे में मैं कुछ नहीं जानती। लेकिन आप तो जानते ही हैं वह यूँ ही कुछ भी बकता रहता है।

मैंने कहा—क्या वे दोनों सदा एक-दूसरे से नफरत करते रहे थे?

उसने कहा—इस तरह की नफरत में कहीं-न-कहीं अजीब प्यार भी घुला होता है। वे एक दूसरे से कभी बात नहीं करते लेकिन फिर भी मौका पड़ने पर एक-दूसरे की मदद जरूरत करते हैं। कई साल पुरानी बात है, भुवाली के एक दुकानदार से टफन का झगड़ा हो गया—टफन ने उसकी माँ-बहन को खूब गालियाँ दीं। शाम को वे एक झुंड बनाकर टफन से हिसाब चुकाने आए लेकिन तब वही एक हाथ वाला आदमी अपने हाथ में कुल्हाड़ी थामकर उन लोगों और टफन के बीच खड़ा हो गया। उसने कह दिया कि अगर वे लोग उससे दुश्मनी मोल नहीं लेना चाहते तो लौट जाने में ही उनकी भलाई है। और जब आपने हमें मकान का पैसा दिया था तो टफन दस हजार रुपए की गड्डी अखबार में लपेटकर राक्षस के पलंग पर छोड़ आया था। मैंने यह सब देखा है लेकिन चुपचाप। क्योंकि मामला उन दोनों के बीच का है। वे छुटपन से एक-दूसरे को जानते हैं। टफन उसे सारा दिन कोसता रह सकता है लेकिन अगर मैं राक्षस के लिए कभी कुछ कहूँ तो वह मुझे डाँटने लगता है।

अन्दर से टफन की चिल्लाहट सुनाई दी—दमयन्ती, तो अब वह तुम्हारी सलवार के अन्दर घुसने की कोशिश कर रहा है। उस बदमाश को बता दो कि मेरा गोलू लोलू उसके कान में इतना बड़ा छेद बना देगा कि परिन्दे उसके अन्दर आने-जाने लगेंगे।

कुत्ते मुझ पर नहीं भौंके। हवा में तेन्दुए की कोई गन्ध नहीं थी इसलिए वे रात में आराम के लिए पिंजरों में खामोश हो गए थे। कीट-फतिंगों की आवाजों की चुप्पी के बीच बांज वृक्षों के बीच से गुजरते हुए मुझे एक विचित्र अनुभूति हो रही थी। कुछ देर के लिए सड़क पर भी सन्नाटा छा गया था—गाड़ी के इंजनों की कोई आवाज नहीं थी। मुझे लगा जैसे मैं सौ साल पहले के एक अँधेरे घटनाक्रम से गुजर रहा हूँ। चाँद आकाश में ऊँचा उठ गया था और पहाड़

चाँदनी से नहा उठे थे। मुझे मोड़ तक पहुँचने में कुछ ही मिनट लगे, वहीं से मकान की जायदाद का दायरा शुरू हो जाता था।

मकान अब ठीक मेरे ऊपर दिख रहा था—चुप और अँधेरे में डूबा हुआ। इसकी कुछ खिड़कियों की आँखें खुली थीं। कुछ निशाचरी पाखी त्रिशूल की ऊपरी शाखाओं से हिलडुल रहे थे। मैं आउट हाउस के पास निचले दरवाजे के पास खड़ा रहा। उसमें ताला बन्द था क्योंकि प्रकाश ऊपर की मंजिल पर सोया करता था। अनेक साल पहले इसी जगह टफन की मुठभेड़ शैतान से हुई थी—उसी समय एक ट्रक की हेडलाइट के प्रकाश उन पर आ पड़ने के कारण ही उसकी जान बच सकी थी। और यहीं से हर रात गज सिंह पिछले रास्ते से होकर पत्थर की सीढ़ियाँ चढ़कर टीन की चरमर के बीच प्यार और कामना में भीगी औरत के पास पहुँचा करता था।

मैं कँटीले तार के बीच से निकलकर अन्दर नहीं गया। मैं सड़क के साथ-साथ चलता रहा—मैं ऊपर स्थिर मुख्य द्वार से अन्दर जाना चाहता था। खम्भे पर लगी संगमरमर की पट्टिका पर भरपूर चाँदनी पड़ रही थी--'फर्स्ट थिंग्स' और उसके नीचे लिखे गए हमारे नाम और नामों के साथ खूबसूरती से उकेरी गई नीम की टहनी। मैंने दरवाजे का कुंडा खोला पर फिर से बन्द कर दिया और घूमकर सड़क पर भूमियाधार की ओर लौट चला।

पड़ाव पर पीली रोशनी हल्की पड़ गई थी और रात को भोजन करनेवाले भी कम हो चले थे। देर रात वहाँ पहुँचनेवाले कुछ ट्रकवाले ही खाना खा रहे थे। ढाबे में सिर्फ एक पहलवान और उसका एक सहायक नजर आ रहे थे। मैं सड़क के दूसरी तरफ से बढ़ता गया और वहाँ खड़े ट्रकों क पीछे से गुजरा क्योंकि मैं नहीं चाहता था कि कोई मुझे उस समय वहाँ देखे। सड़क चाँदनी में नहा उठी थी। बांज वृक्षों के बीच धीमी हवा बह रही थी। झाड़ियों में कीट-फतिंगों की आवाजें गूँज रही थीं। कभी-कभार कोई कुत्ता भौंक उठता लेकिन यह कहना कठिन था कि आवाज मेरे पीछे से आ रही थी या सामने की तरफ से, नीचे से अथवा ऊपर से।

कई बार मैं कुछ डर गया। गरदन पर बाल खड़े होते महसूस हुए। और डरकर मैं पीछे देखने पर मजबूर हो गया कि कहीं कोई मेरा पीछा तो नहीं कर रहा है। और जब किसी गाड़ी की आवाज कानों में पड़ती और आँखें चौंधिया देनेवाली तेज रोशनी आँखों में चुभती तो मैं उसे रास्ता देने के लिए सड़क के साथ पट्टी पर चला जाता। उस समय मन कुछ आश्वस्त अनुभव करने लगता लेकिन फिर गाड़ी की आवाज खो जाती और अगले कुछ मोड़ घूमते ही डर फिर मुझ पर हावी हो जाता। मैं रह-रहकर फिर पीछे देखने लगता कि कहीं कोई पीछे तो नहीं आ रहा है।

राक्षस के मकान की तरफ उतरता रास्ता पहचानने में दिक्कत नहीं हुई। क्योंकि वहाँ सिगरेट का एक खोखा खड़ा था। उस पर सफेद बनियान और जाँघिए का विज्ञापन बना हुआ था। मैं सावधानी से नीचे की तरफ चलता रहा। मेरे तीन टैरेस नीचे उतरते-न उतरते दर्जनों कुत्ते एक साथ भौंकने लगे। खलिहान जैसा मकान अँधेरे में था। छत पर भी रोशनी नहीं जल रही थी, लेकिन राक्षस के कुत्ते घर के अन्दर जीभ लपलपा रहे थे। मुझे उम्मीद थी वे उसे जगा ही देंगे। इस समय उसका नाम पुकारना अजीब मालूम दे सकता था। मैं इन्तजार करता रहा। फिर कुत्ते शान्त पड़ गए। नीचेवाला बांज वन एक अनचीन्हा पिंड मालूम दे रहा था। चाँदनी उतनी गहराई तक नहीं पहुँच पा रही थी।

अन्ततः मुझे उसे पुकारना ही पड़ा, मैंने जोर से आवाज नहीं दी। तीसरी बार पुकारते समय आवाज जरूर कुछ ऊँची हो गई थी। कुत्तों ने फिर से भौंकना शुरू कर दिया और फिर

उसकी चिल्लाहट सुनाई दी। पहाड़ी लोगों के मन में यह आशंका रहती है कि आत्माएँ रात में आकर पुकारती हैं, अगर आप उनके पुकारने पर बोल पड़े तो वे आपकी सारी ऊर्जा को चूसकर चली जाती हैं। लेकिन आगे बढ़ने से पहले आत्माएँ केवल दो बार आवाज लगाती हैं–इसलिए पहाड़ी लोग तीसरी पुकार पर ही बोलते हैं। वह अपनी लम्बे हत्थेवाली कुल्हाड़ी थामे हुए आया–मटमैले रंग का रूमाल उसके माथे पर बँधा था और कन्धों पर था मोटा शॉल। कुछ घंटों पहले के मुकाबले अब उसकी दाढ़ी कहीं ज्यादा बढ़ी हुई दिखाई दे रही थी। उसकी टोड़ी पर उगी काली सफेद खूँटियाँ ज्यादा बड़ी लग रही थीं।

हम आगे के नीची छतवाले कमरे में जा बैठे। वहाँ खड़खड़ करती कुर्सियाँ और मेजें भरी थीं–बिना पॉलिशवाली, उनमें से कीलें बाहर झाँक रही थीं। साफ था उन्हें स्थानीय बढ़इयों द्वारा ही ठोका गया था। छत में लगी कड़ियाँ और तख्ते पुराने और बदरंग हो गए थे। फर्श पर पत्थर की पटियाँ लगी थीं। दीवार पर एक धार्मिक कैलेंडर लटका हुआ था। सुन्दर नीली त्वचावाले सुन्दर शिशु के रूप में भगवान कृष्ण की छवि बनी थी। उनके केशों में मयूर पंख लगा हुआ था और वह सफेद मक्खन का गोला खा रहे थे। एक दूसरा केलेंडर बॉलीवुड की पुष्ट उरोजवाली अभिनेत्री का था जिसकी आँखें देखनेवालों को निमन्त्रण देती दिखाई देती थीं।

उसने कहा–तो आप उस बदमाश शराबी स्टीफन से मिलने गए थे।

मैंने कहा–हाँ।

–उसने और कितने नए झूठ बताए आपको?

उसने बताया कि कैथरीन ने तुम्हारे हाथ पर तब वार किया था जब तुम उसके मकान से चीजें उठा रहे थे। और इसीलिए तुम्हारा हाथ काटना पड़ा था।

उसकी आँखों में हिकारत भर गई। उसने कहा–उन लोगों के लिए भला सच के क्या अर्थ हो सकते हैं जो कुछ रुपयों के लिए अपने देवताओं को छोड़कर दूसरी तरफ चले जाते हैं। उन्होंने अपनी जिन्दगियाँ झूठ पर टिका रखी हैं। भला ऐसे लोगों की बातों पर आप कैसे भरोसा कर सकते हैं?

मैंने कहा–तो फिर तुम्हारे साथ क्या हुआ?

उसने कहा–यह सच है कि मैंने हाथ तेन्दुए के चक्कर में नहीं गँवाया। और यह भी सच है कि कैथरीन मेम साहब ने ही मेरे हाथ पर वार किया था। और फिर मेरा हाथ सड़ने लगा था। लेकिन उन्होंने मुझ पर इसलिए वार किया था कि मैं जोर-जोर से रोते हुए पिता का स्वेटर खींच रहा थी, तब वह पिता से बात कर रही थी। उसने चिढ़कर मुझ पर वार किया था और मेरे पिता नाराज होकर उस पर झपट पड़ने को हुए थे। मैं समझता हूँ कि वह उस समय गाँजे के नशे में थी जो बन्नो उसे पिलाती आ रही थी। तब घाव बहुत मामूली था, उँगली जितना लम्बा–लेकिन एक सप्ताह बाद मेरा हाथ हरा पड़ने लगा और दर्द बहुत बढ़ गया–मैं हर समय जोर-जोर से चीखता रहता था। हाथ खराब होता गया। हम लोग मिशन अस्पताल गए और अंग्रेज डॉक्टर ने कहा–गज सिंह, तुम्हें हाथ चाहिए या बेटा?

मैंने कहा–तो उसी क्रोध में तुम्हारे पिता ने कैथरीन को धतूरा खिला दिया?

उसने कहा–नहीं साहब, वह कैथरीन से बहुत प्यार करते थे। वह उससे दूर रह ही नहीं पाते थे। वह खुद को रोकने की कोशिश करते लेकिन कुछ दिन बाद उसके पास दौड़ जाते। मरने से पहले पिता ने मुझे बताया था कि उन पर उस गोरी औरत का नशा चढ़ गया था। जैसे कुछ लोगों को गाँजे की लत पड़ जाती है। उन्होंने कहा था अगर आप स्वर्ग देख लें तो फिर आप उस आनन्द को कभी नहीं भूल पाते। अन्तिम दिनों में ही वह कैथरीन से दूर हटने लगे थे। वे दोनों कैथरीन

के मन में जहर भरने में लगे थे। वह थी सरल औरत और बहुत महान। वे उसे मजबूर कर रहे थे कि वह मेरे पिता को कसौटी पर कसे, उनकी परीक्षा ले, पिता ने उसे अपना सब कुछ दे दिया था। अब देने के लिए उनके पास कुछ रहा ही नहीं था। मैं समझता हूँ वह कैथरीन से यह सोचकर परे हटने लगे थे कि शायद इससे दोनों को मानसिक शान्ति मिल सकेगी।

कुछ देर मौन छाया रहा। फिर राक्षस ने कहा—लेकिन मैं समझता हूँ इससे कुछ न हुआ।

—तो फिर उनकी हत्या किसने की?

वह बोला—मैंने बताया तो कि उन दोनों ने और किसने? असल में उन दोनों की आँखें कैथरीन की जायदाद पर थीं। उन्हें डर था कि वह अपना सब कुछ मेरे पिता को दे जाएगी। उसके अन्तिम दिनों में नैनी से पादरी उससे मिलने आया करता था क्योंकि कैथरीन को अजीब-अजीब सपने दिखाई देने लगे थे। वह सोती-सोती उठकर चीखें मारने लगती। उन्होंने पादरी को सिखा-पढ़ा दिया कि वह उससे जायदाद उन लोगों के नाम करवा दें। कैथरीन ने ऐसा ही कर दिया और बस इसके बाद से ही वे दोनों उसे धतूरा देने लगे।

मैंने कहा—क्या वह अपनी बेटी को याद करके रोती-चीखती थी?

उसने खामोशी से कहा—क्या?

मैंने पूछा—क्या वह अपनी बेटी को याद करके रोया करती थी?

उसने कहा—यह सब आपसे किसने कहा?

मैंने कहा—मुझे मालूम है।

उसने पूछा—क्या उसने अपनी डायरियों में इस बारे में भी लिखा है? क्योंकि उसने पिताजी से वादा किया था कि इस बारे में वह कभी किसी से कुछ नहीं कहेगी।

मैंने झूठ बोला—मैंने कहा—हाँ।

वह बोला—तो आपको पता है?

मैंने कहा—मैं तो उसका पक्ष ही जानता हूँ। और हर बात सच है भी नहीं। मैं चाहता हूँ तुम बताओ तुम क्या जानते हो?

दोनों कुत्ते लकड़ी की सीढ़ियों पर चढ़कर उसके पास रखे दीवान पर गुड़ीमुड़ी होकर पड़ गए थे। उनके गलों में नॉयलान की नीली रस्सी पट्टों की तरह बँधी हुई थी। राक्षस दोनों पैर अपने नीचे दबाए बैठा अपनी पलकों पर उँगलियाँ फिरा रहा था। वह किसी बूढ़े जैसा दिखाई दे रहा था। सिर पर लटकता पीली रोशनीवाला बल्ब पहली बार की तुलना में कम प्रकाश फेंकता लग रहा था।

उसने कहा—दोनों उस काम के लिए आगरा गए थे। वह इस बात को लेकर कोई स्कैंडल नहीं फैलाना चाहती थी। मेरी माँ इस सबको लेकर बहुत चिन्तित थीं। पिताजी और कैथरीन चार महीने आगरा में एक मिशन में रुके रहे। मेरे पिता नवजात शिशु को वहाँ से वापस लाना चाहते थे लेकिन वह नहीं चाहती थी और इसी बात पर अड़ी रही। कैथरीन को लगता था अगर यह रहस्य खुल गया तो यहाँ उसकी स्थिति लोगों की नजरों में एकदम खराब हो जाएगी। इस विवाद में उसे डर था कि वह मेरे पिता को भी खो देगी। दोनों एक-दूसरे के प्रति इतने मोहाविष्ट थे कि वे अपने बीच में किसी भी तीसरे को नहीं आने देना चाहते थे।

मैंने पूछा—तुम्हारे कहने का मतलब है कि वह जीवित रही?

उसने तीखी दृष्टि मुझ पर फेंकी। क्यों? उसने डायरी में क्या लिखा है?

मैंने कहा—माफ करना, लेकिन कहते चलो।

उसने कहा—वे लोग बच्ची को मिशन में छोड़ आए। उन्होंने मिशन को इसके लिए खूब पैसा दिया था। मेरे पिता ने बताया कि बेटी उनकी तरह साँवली थी लेकिन आँखें माँ की तरह हल्के रंग की थीं। बच्ची एक मास की हुई और वे उसे छोड़कर चले आए। मिशन की सिस्टर्स ने उन्हें आश्वस्त किया था कि वे जरा भी चिन्ता न करें। उसका लालन-पालन पूरी सावधानी से किया जाएगा। उसके लिए एक घर भी खोज लिया जाएगा। अगर सम्भव हुआ तो इंग्लैंड या अमरीका में। मैं नहीं समझता उन लोगों ने लड़की के बारे में फिर कभी कोई चर्चा की। दोनों ही अपने अपराध के तले दबे हुए महसूस करते थे। वे जानते थे कि उन्होंने एक बहुत ही बुरा काम कर डाला था।

वह रुककर मेरे पीछे दीवार को ताकने लगा। उसे देखकर यह बात बखूबी समझी जा सकती थी कि उसका पिता कितना सुन्दर रहा होगा। बड़ा चेहरा, मजबूत नाक, दृढ़ ठोड़ी, बचपन में मैंने ऐसे अनेक किसानों को सलीमगढ़ में देखा था। ये सिर्फ चेहरे की विशेषताएँ नहीं थीं। चलने का तरीका, अभिव्यक्ति का ढंग अपने में विशिष्टिताएँ लिये होता है। मुझे पूरा विश्वास था कि इस तरह का आभिजात्य केवल उन्हीं में देखा जा सकता था जो जमीन जोतनेवाले लोग होते हैं। मेरा खयाल था इसका प्रभाव ज्यादा मेहनतकश लोगों में ही देखा जाता है। वे मौसम की अनियमितताओं से जूझते हैं, यह काम पशु, पौधों और मिट्टी से सामंजस्य बैठाने जैसा होता है। इसके पीछे एक गहरी समझ काम करती है कि जब सब कुछ आपके विरुद्ध हो जाए तो आपको धरती को जोतना और फिर से बोने का काम शुरू कर देना होता है।

जो लोग जमीन जोतते-बोते हैं उनका काम कभी आसान नहीं होता। यह कोई मशीन नहीं कि जब चाहे उसकी गति बढ़ा दी। कोई सौदा नहीं कि जिसे जल्दी से पटा दिया जाए। यह कोई तनख्वाह बढ़ाने की बात नहीं कि जिस पर फैसला लिया जा सके। आप जमीन पर कितनी मेहनत करते हैं। और जब समय आता है तो धरती ने जो लिया है उसे भरपूर लौटा देती है, और यही आपके जीवन का केन्द्रीय भाव बन जाता है। यानी कुछ भी पाने की उम्मीद करने से पहले देने की आदत डालना। और जो वापस मिलता है, उसे ही सहज भाव से चुपचाप ग्रहण करते जाना। यहाँ मौसम के प्रति आपकी शिकायतें सुननेवाला कोई नहीं। आपकी जमीन से ज्यादा उपज मिल जाए इस पर भी विचार करनेवाला कोई नहीं। होती है तो बस अगली सुबह की आशा। आपका इन्तजार करता हुआ हल और बाट जोहती धरती।

किसान हर दिन कड़ी मेहनत पर ही भरोसा करते हैं, और किसी बात पर नहीं।

इससे अधिक श्रेष्ठ स्थिति दूसरी कोई नहीं।

राक्षस अपने दिवास्वप्नों में खोया हुआ था। उसकी आँखें पनीली हो उठी थीं। मैं प्रतीक्षा करता रहा।

मेरी ओर देखे बिना वह धीरे-धीरे बोलता रहा—मेरे पिता को उसके बारे में डरावने सपने आया करते थे। सपनों में कैथरीन होती एक बच्ची जो एक उमड़ती नदी में गिर जाती है और सहायता के लिए पुकारती है—अपना नन्हा हाथ हिलाती हुई। और पिता खुद स्वयं को नाव से बाहर पानी की तरफ झुकाते हुए हाथ बढ़ाकर उसका हाथ थामने की कोशिश करते लेकिन उनके हाथ में बच्ची की नन्ही उँगलियों के पोर ही आ पाते। और फिर वे भी उनकी पकड़ से फिसलती जाती। वह देखते उसकी बड़ी-बड़ी याचना भरी आँखें सहायता की मौन पुकार लगाती हुईं। वह चिल्लाते हैं कि वह आ रहे हैं, उसे बचाने आ रहे हैं। आखिर घबराहट में वह पानी में कूद जाते हैं और उसे खोजने लगते हैं लेकिन बच्ची का पता नहीं चल पाता—वह तो लहरों में खो गई है।

वह गहरी डुबकियाँ लगाते हैं, एक के बाद दूसरी डुबकी लेकिन फिर उसका कहीं कोई पता नहीं चलता। अपने इस सपने के बारे में वह कहा करते थे—अगर मैं अपने सपने में उसे एक बार भी बचा पाता तो मैं असली जिन्दगी में भी उसे फिर से जरूर पा लूँगा।

मैंने पूछा—क्या सचमुच उन्होंने कभी ऐसी कोशिश की थी?

उसने कहा—हाँ, लेकिन बिलकुल अन्तिम समय में। उन्होंने आपस में तय कर लिया था कि वे इस बारे में कभी चर्चा नहीं करेंगे। क्योंकि वे बखूबी जानते थे यह बात उन्हें एक-दूसरे से अलग कर देगी। पिता इसके लिए कैथरीन को दोष देते थे और शायद वह भी उन्हें दोषी मानती होगी। लेकिन अपने आखिरी दिनों में कैथरीन बच्ची को लेकर जैसे पागल हो गई थी। उसने मेरे पिता को उसके बारे में पता करने के लिए आगरा भेजा। लेकिन तब तक बहुत देर हो चुकी थी। वहाँ सब कुछ बदल चुका था। सब पुरानी नन्स या तो मर गई थीं या मिशन छोड़ गई थीं। और नई ननों ने साफ कह दिया कि इस बारे में कोई सूचना देना नियम के विरुद्ध होगा—इसलिए वे कुछ नहीं बता सकतीं।

एक सप्ताह बाद वह खाली हाथ लौट आए। इस बात से कैथरीन को बहुत निराशा हुई।

मैंने कहा—तो उसे किसने मारा?

राक्षस ने कहा—यह काम उन्हीं का था। मैं तो पहले ही आपको बता चुका हूँ। उन्होंने उस बेचारी को धीरे-धीरे विष खिलाकर मार डाला। उसके मकान के लिए, उसके सामान के लिए, पैसों के लिए। हर दिन दस बीज—

वे तब तक हर दिन उसे दस बीज खिलाते रहे जब तक पूरी तरह पागल न हो गई। और फिर एक दिन उन्होंने उसे सौ बीज खिला दिए।

मेरे घर वापस पहुँचते-पहुँचते दो बजे से ज्यादा समय हो गया था। चाँद गायब था, ढाबा बन्द हो चुका था। और पूरे रास्ते प्रकाश का एक बिन्दु तक नहीं था। कीट-फतिंगों के शोर से गूँजती रहनेवाली झाड़ियाँ भी अब खामोश पड़ चुकी थीं। मैंने धीरे-धीरे हिला-हिलाकर बाहरी दरवाजे का कुंडा खिसका दिया—स्टीफन ने पहले पहल इसी तरह खोला था इसे। और फिर एड़ियों के बल धीरे-धीरे सीढ़ियाँ चढ़ता हुआ ऊपर जा पहुँचा। प्रकाश को जगाना मुश्किल था। बघीरा धीरे-धीरे चलता हुआ आया और मेरे पलंग के नीचे लेट गया।

रात को मैंने उसी लड़की को सपने में देखा जिसे मैं खूब जानता था। हमारे नौका में जाते समय न जाने कौन नदी में गिर गया था और वह नदी में डूब रहा था। उसे बचाने के लिए जो कुछ मैं कर सकता वह सब किया। मैं पानी में कूद पड़ा लेकिन उसे नहीं खोज पाया। मैं नाव का छोर पकड़े हुए उसका नाम पुकार रहा था—फ़ि...ज़...फ़ि...ज़...तभी प्रकाश ने मुझे जगाकर कहा कि कोई मुझसे मिलने आया है।

मुझे लगा दिन काफी चढ़ आया होगा लेकिन नहीं अभी सिर्फ छह बजे थे—दिन चमकदार और ठंडा था—सूरज अभी शिखरों से ऊपर नहीं उठा था। मैं उतरकर अगले बरामदे में चला गया। वहाँ राक्षस एक सीढ़ी पर बैठा कोई पत्ता चबा रहा था। सीटी बजाती एक चिलबिल पानी के नल के पास गड्डे के पानी में चोंच डुबा रही थी। सन्तोष के भाव से अपने पंख फुला लेती थी। सफेद मुँहवाली बुलबुलें झाड़ियों में फुदक रही थीं। राक्षस ने खूब मन लगाकर दाढ़ी बनाई थी—अब उसकी झबरैली मूँछें ज्यादा उभर आई थीं। वह उम्र में अब भी पहले जितना ही दीख रहा था, लेकिन चेहरे पर अब परेशानी के भाव नहीं थे।

मुझे देखकर उसने जेब में हाथ डाला और एक कागज बाहर निकाल लिया—पुराना और बदरंग—शायद किसी कॉपी में से अनगढ़ ढंग से फाड़ लिया गया था, मैंने कागज की गहरी तहों को खोलकर उसे सीधा करने की कोशिश की। इस पर ये शब्द फीकी स्याही में लिखे हुए थ—ग्रामर्सी, न्यूयॉर्क।

राक्षस ने कहा—बस यही दिया पिताजी को मिशन की ननों ने। अपने ढूँठ हाथ के मुड़े हिस्से से उसने एक गोल किया हुआ चर्मपत्र निकाला। उस पर पीले रंग का रिबन बँधा हुआ था। मैंने उसे खोल लिया। उस पर सुन्दर रंगों में चार लघु चित्र बने हुए थे—अत्यन्त बारीक रेखाएँ, चटख रंग।

राक्षस ने कहा—कैथरीन इन्हें उस लड़की के लिए छोड़ गई है।

ईश्वर एक ही है—वही दया करे।

दो महीने से भी कम समय बाद मैं मेनहटन की 55वीं सड़क की सेवंथ एवेन्यू पर स्थित एक होटल की दूसरी मंजिल पर बैठा था। मैं नीचे आते-जाते संसार के सबसे शक्तिशाली लोगों को पागलों की तरह खरीदारी में लगे देख रहा था।

उन लघु चित्रों को देखने के दो घंटे बाद मैं दिल्ली के लिए चल दिया था। मैंने राक्षस से पूछा था कि क्या वह फिर मकान पर रहकर वहाँ की देखरेख करने की जिम्मेदारी उठाने को तैयार है। फिर मैं मकान और प्रकाश की जिम्मेदारी उसे सौंपकर चल दिया था। मुझे वीजा प्राप्त करने में छह हफ्ते लग गए। मैं पहले कभी विदेश नहीं गया था लेकिन एक बार मैंने और फ़िज़ ने विश्व भ्रमण की योजना के तहत पासपोर्ट अवश्य बनवा लिये थे। तब वह काम आसानी से हो गया था—मिश्रजी हर जुगाड़ में माहिर थे। उनके कारण हमें किसी सरकारी दफ्तर के चक्कर काटने की जरूरत नहीं पड़ी—वहीं बैठे-बैठे काम हो गया। लेकिन अब तो न जुगाड़ मिश्रजी थे, न ही मेरे नाम पर पत्रकार का लेबल लगा रह गया था—अब तो केवल फार्म-दर-फार्म भरने, ट्रेवल एजेंटों और रिश्वत का ही चक्र रह गया था।

वीजा पाने की प्रक्रिया के दौरान मैं ग्रीन पार्क मार्केट के पीछे गली में मौजूद साइबर कैफे में जाने लगा। कनेक्टिविटी ठीक नहीं थी। आपको ऑनलाइन बने रहने के लिए खासी मशक्कत करनी पड़ती थी। एक फुर्तीला युवक उस साइबर कैफे का संचालन करता था। वहाँ मौजूद चार कम्प्यूटरों में से एक पर मैंने ही अधिकार कर लिया था। मैं खाना खाने जाने के अतिरिक्त सारा समय वहीं बिताया करता था। रात में जब वह मुझे बताता कि अब बन्द करने का टाइम हो गया है तभी मैं प्रिंट आउट्स का पुलिन्दा उठाकर वहाँ से निकलता था।

मैंने हर सर्च इंजन की सहायता ली। जैसे ही मैं ग्रामर्सी शब्द टाइप करता हजारों सन्दर्भित सूचनाओं का पिटारा खुल जाता। ग्रामर्सी पार्क, ग्रामर्सी ट्रेवलर्स, ग्रामर्सी गैलरीज, होटल, अपार्टमेंट्स, कार्पेट्स, प्रिंटिंग प्रेस, म्यूजियम, रियेस्टर्स, इन्श्योरेंस कम्पनियाँ, किराए की कारें, पोस्टर, बुक्स, एक ब्रास आर्केस्ट्रा, एक एलोमेंट्री स्कूल, वेंचर एडवाइजर्स, अटार्नी, फ्लावर शॉप्स, शल्यक्रिया केन्द्र, लैम्प्स, स्टूडियो, ग्रिल, पिक्चर्स, म्यूजिक, प्लांटेशन्स, ग्रामर्सी, ग्रामर्सी, ग्रामर्सी—एक अन्तहीन सूची। सैकड़ों नाम ऐसे जिन्हें सरसरी नजर से देखने पर ही आसानी से छोड़ा जा सकता था लेकिन फिर भी मैं हरेक का ध्यान से निरीक्षण करने में लगा रहा।

मैंने कॉलेज छात्राओं की सूचियाँ देखीं, टेलीफोन डायरेक्टरी, वंशावली सब पर नजर डाल गया। फिर मैंने ग्रामर्सी के भारत, आगरा, अनाथ, अभिभावक नामों के सन्दर्भों को देखा। हर

दिन में इंटरनेट से सैकड़ों पृष्ठों के प्रिंटआउट निकालता, फिर घर लौटकर टैरेस पर जा बैठता। मेरे पैर पत्थर की बेंच पर टिके होते और मैं उन पर सावधानी से नजर डालता चला जाता। हर दिन मौसम नरम होता जा रहा था और आधी रात के बाद हिरण उद्यान की ओर से आती हवा ठंडी लगती। हवा में गुलमुहर की टहनियाँ हिलकर दीवार से टकराने लगतीं। सुबह मैं रात में तैयार संक्षिप्त सूची को देखता और फिर दर्जनों ई-मेल भेज देता।

लिंग, उम्र, पारिवारिक वंशावली के इतिहास के आधारों पर मैं व्यर्थ नामों को सूची से अलग करता हुआ अपनी खोज का दायरा छोटा करता जा रहा था। कुछ ई-मेलों के जो उत्तर आए उससे वे स्वयं ही खोज के दायरे से बाहर हो गए। फिर वीजा आ गया, मैं ब्रिटिश एयरवेज की उड़ान पर सवार हुआ तो मेरे पास प्रिंटआउट्स से भरा एक पूरा थैला मौजूद था—धीरे-धीरे खोज का दायरा छोटा और छोटा होता जा रहा था। उनमें समस्त सम्भव स्रोतों से जुटाई गई सन्दर्भ सूचनाओं का सार मौजूद था।

टेक्नोलॉजी के पीछे दौड़ लगानेवाला इनसान अब भूत-प्रेतों की खोज में जुटा था।

देर रात अकसर ही मास्टर उलूकपिल्लू की पुकार सुनाई दे जाती।

जब उसने पहली बार ऐसा किया था तो मैं उसकी पुकार के अर्थ लगाने से फ़िज़ से मुकाबला कर बैठा था।

वह कहता है यहाँ हमें अपनी समस्याओं के समाधान स्वयं ढूँढ़ने हैं।

लेकिन जब मास्टर उलूकपिल्लू रह-रहकर बोलता ही रहा तो मैं समझ गया कि उसका सन्देश मेरे लिए कुछ ज्यादा अच्छा नहीं है।

संसार का सबसे महान कील-काँटे दुरुस्त करनेवाला अब स्वयं कील-काँटों के डिब्बे में ही बदल गया था।

मेरी रातें पहले की ही तरह बुरी बीतती थीं। वह अब भी वहाँ मौजूद रहती थी, चेहरे की रेखाओं में ऐंठन और क्रोध की छाया। वह मुझ पर ऐसे झपटती जैसे कोई वन्य जीव किसी मनुष्य को अपना शिकार बनाता है। वह मुझसे न जाने क्या-क्या चाहती थी। जो कुछ माँगती थी वह मुझे एक आतंक से भर देता। लेकिन अब उसके साथ सदा नदी में डूबती-छटपटाती, बचाने को हाथ फैलाती एक लड़की भी रहती थी जिसके हाथ थामकर मैं उसे बाहर नहीं निकाल पाया था। और मौजूद रहता था एक हाथवाला प्रेत जो अँधेरे कोनों से निकलकर मुझे डरा देता था। मुझे कोई ऐसी सुबह याद नहीं आती जब मैं तरोताजा पलंग से उठा होऊँ। फिर भी नींद से बाहर निकलने पर मैं सदा खुश हो जाता था। कम-से-कम रातवाले भयानक जीवों से बचकर तो बाहर आ जाता था, दिन के यथार्थ का सामना करने के लिए।

मैंने बैंक जाकर पता किया वहाँ से कोई राशि नहीं निकाली गई थी। फ़िज़ मेरी कठिनाइयाँ बढ़ाती जा रही थीं। मकान मालिक ने मुझे बताया कि वह जाने के बाद एक भी बार वहाँ नहीं आई थी। मैं उसके बारे में जानना चाहता था लेकिन फिर भी उसकी सहेलियों से कुछ भी पूछना ठीक न समझा। मैं खुद को उन्हें फोन करने से रोकता रहा। मैं जानता कि उनमें से कोई भी मुझे फ़िज़ की कोई खबर देनेवाली नहीं थी। इस बात की पूरी सम्भावना थी कि मैं उन्हें फोन करूँगा तो निश्चय ही कोई चिढ़ानेवाली बात जरूर कह देगी जिससे मैं कुछ भी उल्टा-सीधा बोलने पर मजबूर हो जाऊँगा—और उन लोगों को मैं इस तरह का कोई भी मौका नहीं देना चाहता था।

जब मैं जे.एफ.के. हवाई अड्डे पर उतरा तो कथित मुक्त संसार की इस मक्का के बारे में मन में कोई उत्कंठा नहीं थी। मैं पहले से ही काफी कुछ जानता था इस बारे में और यहाँ की धरती पर पैर रखे बिना ही मैं काफी सूचनाएँ अपने अन्दर पचा चुका था। मैं फ़िज़ से सदा यही कहा करता था कि हम बिना जरूरत के भी ज्यादा-से-ज्यादा अमरीकी खबरों को खाने-पचाने पर मजबूर हो जाएँगे। असल में तो संसार को एक ऐसे अमरीकी फिल्टर या वाल्व की दरकार थी जो यह सुनिश्चित कर सकेगा कि हमारे अन्दर कितना-कितना मिकी माउस, मेकबर्गर श्वार्जनेगर और सी.एन.एन. की खुराक पहुँचनी चाहिए।

कृपया लगातार बढ़ती-चढ़तीवाली आजादी के दो ऑर्डर तुरन्त और हाँ जरा बड़े बनाना—लेकिन ऊपर भाषणबाजी, गप्पों और सनसनीखेज की टापिंग नहीं चाहिए—और हाँ एक बात का ध्यान रहे सबसे ऊपर कृत्रिम गाम्भीर्य की चेरी तो एकदम नहीं चाहिए।

हवाई अड्डे के बाहर एक सिख टैक्सी ड्राइवर मिल गया। वह पंजाब के अलगाववादी खालिस्तानी आन्दोलन के बारे में बातें करना चाहता था। वह पन्द्रह वर्ष पहले गैर-कानूनी तरीके से अमरीका में आया था और तब से वापस नहीं गया था। कुछ ही वर्षों में उसने अपने लिए जरूरी कानूनी दस्तावेजों का प्रबन्ध कर लिया। फिर उसकी पत्नी और बच्चे भी यहाँ पहुँच गए थे। उसके उच्चारण में अब भी अमृतसर की अमिट छाप थी। टैक्सी के डैश बोर्ड पर गुरु गोविन्दसिंह का चित्र लगा था। उसकी दाढ़ी अधपकी हो चली थी और उसे पक्का विश्वास था कि सिखों को अलग राष्ट्र चाहिए ही था। उसकी ओर देखता हुआ मैं यही सोच रहा था कि आखिर उसके दिमाग में उसके तथाकथित राष्ट्र की क्या तस्वीर मौजूद थी—उसमें कितना आडम्बर है और कितना अपराध-बोध।

मनुष्यों की स्मृतियाँ भी उनके दिवास्वप्नों जितनी ही खतरनाक हो सकती हैं।

होटल तक का मेरा सफर एकदम उबाऊ था। तेजी से दौड़ती कारें-दर-कारें—दो भागों में बँटी सड़कें, निरन्तर चलती गतिविधियाँ, स्लेटी आकाश। मैं खुश था कि न्यूयॉर्क उतना भव्य नहीं था जिसका मुझे डर था। फिर मैं मैनहट्टन जा पहुँचा और जब मैं अपने होटल के बाहर उतरा तो जैसे मेरी साँस ही रुक-सी गई।

यह क्षेत्र मानवीय अहं का ग्रेडकैन्यन ही होना चाहिए था। क्रोम और पत्थर, इस्पात और शीशे की मीनारें एक-दूसरे से अधिक ऊँचा उठने की होड़ में मनुष्य के प्रति एक भय की सृष्टि कर रही थीं। जैसे मध्यकालीन गिरजाघर, जिनकी मीनारें ईश्वर में आस्था जगाने की असम्भव कोशिश में सिर ऊपर उठाए थीं। बहुत-बहुत धनवान लोग जिनकी सम्पत्ति उत्पादों के ब्रांडों में निहित थी, जिनके सिपहसलार सारी दुनिया में फैले थे, जिनके दास जाति, धर्म, क्षेत्र, लिंग का भेद भुलाकर साथ-साथ काम में जुटे थे, जिनके उत्पादों के चमचमाते नियोन साइन बड़े-बड़े जलयानों जितने बड़े थे और जो एक दिन में इतनी अधिक बिजली खपा जाते थे जितनी अधिकांश गाँव शायद पूरे महीने में भी खर्च न करते होंगे। इन भीमकाय नियोन साइनों के सामने भी हमें उसी तरह झुक जाना चाहिए जैसे कोई भगवान के सामने विनयपूर्वक नमन करता है।

मुझे होटल के अपने कमरे में घुसकर ही चैन महसूस हुआ। गनीमत है कमरे का आकार सामान्य कमरे जैसा ही था। साज-सज्जा साधारण। आश्चर्यजनक रूप में वहाँ भी हमारे पहाड़ी मकान जैसा कम चौड़ा पलंग था। बाहर के आधुनिक उपभोक्तावादी दर्रे में फैलती वाणिज्य-व्यापार की हड़बड़ाहट से बचने के लिए सही जगह थी वह। वहाँ रहते हुए आगामी कई सप्ताहों के दौरान मैं बहुत ज्यादा जरूरत होने पर ही बाहर निकलता था। वह भी बस

मफिन, सैंडविच, बिस्किट और दूध की बोतलें लेने के लिए। यह सब सामग्री इतनी सुन्दर पैकेजिंग में आती थीं कि मन में श्रद्धा का भाव जाग उठता था। मेरे पलंग के आधे भाग पर प्रिंटआउट्स, कागज, डायरेक्टरियाँ, नक्शों आदि का ढेर लग गया। मैं रात-दिन हर समय टेलीफोन पर लगा रहता था।

यहाँ पहुँचने के बाद ही नींद का सिलसिला और भी ज्यादा बिगड़ गया था।

पलंग बहुत ही नरम था, तकिए कुछ ज्यादा ही ऊँचे थे और मेरे दिमाग में कुछ बातें उलझ गई थीं। रह-रहकर न जाने कहाँ-कहाँ से प्रकाश, फिलिप, स्टीफन, मेरे कॉलेज के दोस्त चले आते। बीबी लाहौरी जादूगरनी की तरह अपनी योनि से नोट के एक के बाद दूसरे गोल बंडल निकालती जातीं, नवाब के महल में नाचते हुए मेरे माता-पिता, फ़िज़ की माँ एक आँसूभरी आँख से रोती हुई और दूसरी से मुझे घूरती हुई। फ़िज़ की सहेलियाँ जैकबूट पहने और हेलमेट लगाए हमारी बरसाती में तेजी से आती-जाती हुईं–सैयद अपनी मीठी आवाज और चपल उँगलियों से मुझ पर डोरे डालता हुआ–वे दो सिख जो हमें दिल्ली लेकर आए थे, पहाड़ी मकान के बरामदे में जिम कार्बेट के साथ शराब पीकर हुल्लड़ करते हुए, हेलसिलासी को चूमता शुल्टेरी, अपने हाथ के ठूँठ से राक्षस बर्लिन फिलटारमोमिक आर्केस्ट्रा को संचालित करता हुआ, टफन बोतलों के पहाड़ पर चढ़कर वहाँ उसके शिखर पर झंडा गाड़ता हुआ। मोक्ष देनेवाली महिला अपनी सुगन्धित उँगलियों से मेरी देह को सहलाती हुई–बुरी रानी गज सिंह की चिकनी सहलाहट में नीचे डेनिश दार्शनिक किर्केगाद की भाषा गुनगुनाती हुई, अभय की तरह हैट पहने हुए किंग कपोला कैथरीन पर सवारी करता हुआ।

और फिर दिशुम।

नींद खुलने से ठीक पहले वाले क्षणों में मैं सदा की तरह बुरी तरह दम घुटता महसूस करता था। सब सनकी चारों ओर जमा हुए मौजूद रहते लेकिन दूर खड़े हुए चुपचाप देखते हुए। उनमें फ़िज़ भी दिखाई देती थी। मैं छटपटाता हुआ हाथ-पैर मारता रहता, लेकिन गले से आवाज बाहर न निकलती। तब फ़िज़ की आवाज आती–ठीक है, शो खत्म! और फिर वह मुड़कर चली जाती, लेकिन उसका पिछला भाग असल में कैथरीन का चेहरा होता, मुझसे हमेशा की तरह कुछ माँगता हुआ और फिर चुप आतंक में मेरे अन्दर से आखिरी चीख निकल पड़ती।

जागने के बाद हर बार यह समझने में मुझे कुछ देर लगती कि असल में मैं हूँ तो कहाँ।

•

खोज का काम ठीक नहीं चल रहा था। ज्यादातर लोग विनम्रता से पेश आते लेकिन मेरी पूछताछ का कारण जानकर पहले हैरान होते तो बाद में चिढ़ उठते। नहीं, उनके परिवार में कभी किसी को गोद नहीं लिया गया। नहीं, उनका भारत से कोई सम्बन्ध नहीं रहा। नहीं, उनके परिवार में पचहत्तर साल की कोई ऐसी औरत नहीं है जिसका रंग साँवला हो और जिसकी आँखें हल्के रंग की हों। अच्छा हो इस समय आप दफा हो जाएँ और फिर किसी ऐसे दिन तशरीफ लाएँ जब घर पर कोई मौजूद न हो।

दिन-पर-दिन, हफ्ता-दर-हफ्ता सूचियाँ और नाम अर्थहीन होते चले गए। और फिर मफिन्स और दूध के साथ मैंने जेक डेनियल की बोतलें भी खरीदनी शुरू कर दीं। बोरबोन से मेरे पिछले दाँत की पीड़ा में आराम महसूस होता था क्योंकि इधर उसमें दर्द रहने लगा था और उसमें दर्द के आरोह-अवरोह की वही बारह-छत्तीस वाली पुरानी प्रक्रिया शुरू हो गई थी–यानी बारह घंटे का दर्द फिर छत्तीस घंटे का आराम।

मैं पीता, फिर टेलीफोन करने में जुट जाता, फिर पीता और टेलीफोन घुमाने लगता। जब मैं वेलिंग्टन होटल के दूसरे माले की खिड़की से नीचे झाँकता तो सड़क पर खरीदारों और माल बेचते फेरीवालों की भीड़ नजर आती। जापानी, पूर्वी, यूरोपीय, दक्षिण एशियाई–उनमें हर कोई चाहे थोड़ी देर के लिए ही सही इस दुनिया के केन्द्र में अपनी मौजूदगी को लेकर उत्साहित नजर आता था। आधी रात में भी यह हड़बोंग, हलचल थमती नजर न आती। कुछ वैसे ही जैसे पहाड़ी वाले मकान के आसपास की झाड़ियों में रात को कीट-फतिंगों की आवाजें गूँजती थीं। और कभी-कभी जब मैं सुबह तीन बजे जागता तब भी नीचे शोर सुनाई देता–एक-दूसरे को पुकारते हुए लोग, सड़क पर कूड़ा-कचरा साफ होता हुआ। आखिरी हुड़दंगिए जैसे-जैसे अपने घर की राह पकड़ते हुए।

हर रविवार की सुबह नीचे वाली सड़क बाजार बन जाती–मालिक नौकर बन जाते। अमीरों का गरीबों वाला दिवास्वप्न। यह तो मेरे बचपनवाले उत्तर प्रदेश के छोटे कस्बे जैसा ही माहौल नजर आता बस यहाँ चमक-दमक जरा ज्यादा नजर आती थी। सड़क पर खोखे लगा दिए जाते–गरम कबाबों और ठंडे शरबतों की सुगन्ध हवा में तैरने लगती। बदन की उतरन, बैग, जाँघिए, बनियान, जेन पाटरी, पूर्वी देशों की कलाकृतियाँ, धार्मिक संगीत, और तकनीकी उपकरण कौड़ियों के दाम बिकते नजर आते। पहले रविवार को मैं भी उस बाजार में घूम गया था। इसके बाद जब रविवार का बाजार लगता मैं खिड़की में जा बैठता और फिर नीचे बाजार की हलचल देखता रहता।

वहाँ पहुँचने के पाँच सप्ताह बाद मुझे वह जादुई शब्द सुनाई दिया। मैं तब बोबरन की हल्की खुमारी में था।

रात को मैं खिड़की के पास बैठा नीचे टाइम्स स्क्वायर की तरफ बढ़ते और वहाँ से आते लोगों की भीड़ को गुजरते देख रहा था। यह मेरे दाँत दर्द के चक्र का मध्यकाल था।

मैं खुशी से जैसे झूम उठा।

कुछ ही मिनटों में मैं नीचे सड़क पर था। भीड़ के भँवर में बढ़ता हुआ। उस समय मैं खुद को बहुत ही हल्का महसूस कर रहा था, मैं एक खुली जगह में भोजन करने बैठ गया। मेरे चारों ओर असंख्य नियोन विज्ञापन कौंध बिखेर रहे थे, और लोगों की भीड़ इधर-उधर आ-जा रही थी। मैंने महसूस किया कि जाने कितने वर्षों बाद मेरी नजरें औरतों पर पड़ रही थीं–सजी-धजी और सुस्पष्ट देहवाली, वे पूरी सड़क पर जैसे छाई हुई थीं। कसे हुए छोटे परिधानों में अपनी देह का प्रदर्शन करती हुईं। अपनी भयानक रातों के अलावा यह पहली बार था जब मैं इस तरह नारी देहों का उन्मुक्त प्रदर्शन देख रहा था।

अगली सुबह मैं जल्दी जाग उठा। मन में भरपूर उत्तेजना थी। मैंने फोन मिलाया, फिर वह जादुई शब्द बोला, फिर मिलाया और वही शब्द कहा। एकाएक खोज का काम कितना आसान हो उठा था। तीन दिन बाद एक धीमी, ठिठकती आवाज सुनाई दी। मैंने अपनी बात कही कि मैं क्यों आना चाहता हूँ लेकिन आवाज धीमी थी और समझ में नहीं आई–उधर से निमन्त्रण का उत्साह भी नहीं नजर आया। तीन घंटे बाद मैंने फिर फोन किया–रिसीवर मुँह के सामने रखकर मैंने अपना उच्चारण बदलने का प्रयास किया और फिर कहा मुझे एक महत्त्वपूर्ण वस्तु आपको देनी है।

मैंने पते को एक बार फिर अच्छी तरह जाँचा, और शाम ढलने से पहले ही निकल पड़ा–मैंने सबवे छोड़कर टैक्सी पकड़ी और हरलेम की तरफ चल दिया। मैं गन्दी बस्ती, सड़क के किनारे

खुलेआम होते बलात्कार और दिन दहाड़े कत्ल की कल्पना कर रहा था। लेकिन वहाँ ऐसा कुछ नहीं था। निश्चय ही मानवीय अहं का ग्रेंड केन्यन वहाँ नजर नहीं आया लेकिन मुझे वह दिल्ली की कॉलोनियों जैसी ही बस्ती लगी। सड़क के दोनों तरफ बड़ी-बड़ी दुकानें थीं, इमारतें मजबूत नजर आ रही थीं।

हम जिस अपार्टमेंट ब्लॉक के सामने रुके उसका बाहरी हिस्सा ललछौंह ईंटों का था जो मौसम की मार झेल रही थीं। वह एक बड़ी चौकोर इमारत थी। उस पर इस्पात थी जर्जर बालकनियाँ थीं और सामने की तरफ हर कहीं लोहे की सीढ़ियाँ ऊपर जाती दिखाई दे रही थीं। आसपास की दूसरी इमारतों की तुलना में वह अधिक जर्जर मालूम दी। अन्दर लॉबी में रोशनी काफी कम थी और सब तरफ गन्दगी की दुर्गन्ध समाई थी। हवा में था बासीपन और दीवार के साथ-साथ गाँठ लगे कूड़े के थैले रखे नजर आए। मैंने एलीवेटर का इस्तेमाल न करने का फैसला किया, यह बन्द दरवाजेवाला था और भरोसे लायक नहीं लगा।

पहली सीढ़ियों पर चढ़ते हुए दिखाई दिया, किसी ने दीवार पर लिख दिया था—जीसस आएँगे और हम भी। इन वाक्यों के नीचे किसी दूसरे हाथ की लिखावट थी—सब कुछ गोरों के आनन्द के लिए—हाँ, सिर्फ गोरों के लिए।

सीढ़ियाँ चौड़ी लेकिन टूटी-फूटी थीं। वहाँ बिछी मैटिंग फटी-पुरानी और सीढ़ियों के खम्भों पर लगी रेलिंग भी कहीं-कहीं गायब थी। जगह-जगह ढाँचे को रोके रखनेवाली इस्पात की पट्टियाँ ढीली होकर झूल रही थीं। मुझे चढ़कर तीसरी मंजिल तक जाना पड़ा—और मंजिल पर रुककर मैं गलियारे में दोनों तरफ अपार्टमेंट के दरवाजों के नम्बर पढ़ता जाता था। हर कहीं गाँठ लगाकर रखे कूड़े के बैग दिखाए दिए। या तो कूड़ा-कचरा इकट्ठा करनेवाली यान्त्रिक प्रणाली गड़बड़ा गई थी या फिर वहाँ रहनेवालों को जब सुविधा होती वे थैलों में कूड़ा भरकर दरवाजों से बाहर रख दिया करते। मैं नम्बर 314 खोज रहा था और गलियारे में चलते हुए पतली दीवारों के पार से आती ध्वनियाँ और स्वर साफ-साफ सुन पा रहा था।

बाईं ओर यह आखिरी से दूसरा दरवाजा था—बाहर से देखने पर वहाँ रहनेवालों के बारे में कुछ भी नहीं जाना जा सकता था। मैंने पहले धीरे से द्वार खटखटाया फिर जरा ज्यादा जोर से। लगा किसी ने दरवाजे में लगी मैजिक आई पर लगा कवर हटाया हो। मैंने अपनी ओर से अधिकाधिक भरसक सहज दिखने का प्रयास किया।

एक थरथराती आवाज आई—जोश घर पर नहीं है। बाद में आना।

मैंने कहा—मैं आपको देने के लिए यह लाया हूँ। और मैंने लघुचित्रों वाला गोल लपेटा चर्मपत्र दिखाया।

पूछा गया—किसके लिए?

मैंने कहा—गेथिया के लिए। गेथिया ग्रामर्सी के लिए।

दरवाजा कुछ इंच खुला। सुरक्षा जंजीर उसे पूरी तरह खुलने से रोक रही थी। खोलनेवाली बूढ़ी, साँवली और हल्के रंग की आँखों वाली थी। उसके बदन पर क्रीम रंग की साधारण पोशाक थी जिस पर जगह-जगह भोजन के दाग पड़े थे। वह भ्रमित स्थिति में दिखाई दे रही थी।

मैंने पूछा—क्या मैं एक मिनट के लिए अन्दर आ सकता हूँ?

वह उलझे ढंग से कुछ सोचती लगी—मुझे ऊपर से नीचे तक जाँचती रही, फिर चेन को खड़खड़ाती हुए दरवाजा खोल दिया। मैंने अन्दर घुसते ही पहली नजर में जान लिया कि वहाँ

ऐसा कुछ नहीं था जिसके चोरी जाने का खतरा हो सकता हो। किसी को उस जैसे मकान से कुछ चुराने की बात सोचने के लिए सचमुच बेहद बदहाल स्थिति में होना होगा।

जो पहली कुर्सी सामने पड़ी मैं उसी पर बैठ गया।

मैंने कहा—मैं भारत से आया हूँ।

वह एकदम रीती आँखों से देखती रही। मेरी बात ने वहाँ कोई भाव नहीं जगाया।

मैं बोला—मैं आपको कुछ देने आया हूँ।

उसने सिर हिलाया, पर लगा नहीं कि वह कुछ समझ पा रही है।

मैंने पूछा—क्या आप जानती हैं आपका जन्म कहाँ हुआ था?

उसने कहा—फिलाडेल्फिया।

मैंने कमरे में नजरें घुमाईं। सब कुछ बेहद खस्ताहाल लग रहा था। दीवार के साथ लगे सोफे के अन्दर का भराव बाहर निकला पड़ रहा था। साफ था कि उसका इस्तेमाल रात में पलंग के रूप में किया जाता था। सोफे के एक छोर पर एक तकिया रखा था। कमरे में एक तरफ रखा टी.वी. सेट धीरे-धीरे बड़बड़ा रहा था। परदे पर टाक शो का संचालक स्टूडियो में मौजूद दर्शकों को उत्तेजित करने के लिए अजीब ढंग से दोनों हाथ हिला रहा था। दीवार में एक दिखावटी आतिशदान था, कहीं कोई सजावट नहीं एकदम सपाट, नकली। उसके ऊपर कॉर्निश पर कपड़े के गन्दे लाल गुलाबों का पात्र रखा था। उसके ऊपर दीवार पर सलीब पर ईसा की एकाई मिट्टी की प्रतिमा थी जो जगह-जगह से चटखी-उखड़ी हुई थी। कमरे से परे आड़ में छोटे कमरेनुमा स्थान था और उसकी दीवारों पर फटे कपड़े लटक रहे थे। हर जगह छोटे बैंगनी फूलोंवाला वालपेपर लगा था लेकिन जगह-जगह से फटता-लटकता हुआ। हवा में एक बासी गन्ध तैर रही थी।

मैंने पूछा—आपके पिता क्या करते थे?

उसने बताया—वह धर्म प्रचारक थे—वह इसके लिए स्थान-स्थान की यात्राएँ करते थे।

मैंने जानना चाहा—क्या वह कभी भारत गए थे?

—वह तो हर कहीं जाते थे। मेरा नाम एक भारतीय फूल पर रखा गया था—यह बताया था उन्होंने।

—उन्होंने और क्या कुछ बताया था भारत के बारे में?

वह बोली—उन्होंने मुझसे कहा था कि वहाँ कभी मत जाना। वह अच्छे आदमियों के जाने की जगह नहीं है। उन्होंने बताया था कि वहाँ पचास लाख देवता हैं क्योंकि पचास लाख बुरी चीजों से बचने के लिए उनकी आवश्यकता पड़ती है।

मुझे लगा जैसे मैं कोई बेहूदा हॉलीवुड फिल्म देख रहा हूँ—मि. चिंचपोकली हरलेम में।

मैंने पूछा—और आपकी माँ?

लेकिन वह पता नहीं कहाँ खो गई थी।

मैंने सवाल दोहराया। मैं देख पा रहा था कि वह मेरी बात समझने की कोशिश कर रही थी।

कुछ देर बाद उसने खोए-खोए अन्दाज में पूछा—तुम्हें किसने भेजा है?

लेकिन मुझे उत्तर नहीं देना पड़ा क्योंकि उसका दिमाग फिर कहीं भटक गया था—उसकी आँखें न जाने कहाँ देख रही थीं।

मैंने कई बार उसके जीवन और बच्चों के बारे में जानने के प्रयास किए लेकिन वह तो जैसे कमरे में मौजूद ही नहीं थी। एक बार तो मुझे लगा मानो वह सो गई हो। मैं प्रतीक्षा करता

रहा। फिर एकाएक एक झटके से उसकी नींद टूट गई और फिर उसने पूछा—क्या तुम्हारे पास पैसे हैं?

मैं कोई जवाब दे पाता इससे पहले ही वह अपनी बेटी की बदहाली के बारे में जाने क्या-क्या बताने लगी।

जब वह बोल रही थी तो मुझे एक गहरी निराशा ने घेर लिया। अब मेरे कान उसकी बातें नहीं सुन रहे थे—मैं सोच रहा था आखिर मैं यहाँ आया ही क्यों? इस दुर्गन्ध से भरी हवा वाले इस कमरे में, एक विचित्र शहर में बैठे रहकर एक अनजान औरत की जिन्दगी का अतीत क्यों कुरेद रहा था मैं? शायद इस सबका मुझसे कोई ताल्लुक नहीं था।

मैंने खुद को एकदम थका हुआ महसूस किया।

अब मैं कुछ और नहीं जानना चाहता था। हर कहानी को अपने सही अन्त पर पहुँचकर ठहर जाना चाहिए वरना फिर एक बेवकूफी शुरू हो जाती है। और अगर कोई यह कहता है कि किसी नासमझी में से ही समझदारी का जन्म होता है या वह मूल्यवान होती है तो यही कहा जा सकता है कि उन लोगों ने असामान्य क्षण की उत्तेजना का कभी अनुभव नहीं किया होता है।

फादर जॉन का आश्चर्यलोक सौ वर्षों में इस गन्दगी में आ समाया था। रोमांच पाने की ललक अन्ततः इस दमघोटू कमरे में आ सिमटी थी। अद्‌भुत उत्कंठा गहरी धिक्कार में ढल गई थी। लाखों देवताओं की श्रद्धा एक अस्वीकार में टल गई थी।

एमिली जीत रही थी यानी संसार का अन्त एक भव्य महाविस्फोट में नहीं, एक अति साधारण रिसन के रूप में होगा।

दूर से कामना एक जादुई चमत्कार मालूम देती है। विवरण के मजबूत आधार के बिना कथा का भवन कभी नहीं खड़ा हो सकता। वह विखंडित, अधूरा ही रहेगा। मुझे अपनी कहानी के लिए एक बढ़िया आधार मिला था और मैंने पूरी लगन से घटनाओं का अनुसरण किया भी था, लेकिन कथा किसी भव्य अन्त तक नहीं पहुँच सकी, इस विचलित कर देनेवाले बिखराव में चुक गई थी।

मैंने ताजमहल को तोड़ डाला था। न जाने क्या बनाना चाहता था मैं, लेकिन अब मेरे पास संगमरमर के टुकड़े ही बचे रह गए थे।

मैं उठकर बाहर भाग जाना चाहता था। उस जर्जर भवन से बाहर खुली हवा में। अपने देश लौट जाना चाहता था। मैंने गोलाई में मुड़े हुए चर्मपत्र को खोलकर उसे थमा दिया। बताया कि वह कितना कीमती उपहार था। मैंने कहा—यह उसके पिता के मित्र का उपहार है जो उसके पिता के बहुत आभारी हैं। मैंने कहा—यह उपहार उसे बाकी जिन्दगी आराम से जीने लायक धन जुटा देगा।

वह एक अनिश्चय की स्थिति में दिखाई दी, अपने मोटे शीशोंवाले चश्मे के पार से उन लघुचित्रों को देखती रही।

तभी एक अश्वेत व्यक्ति अन्दर चला आया। आकर्षक चेहरा-मोहरा—निश्चय ही उम्र में महिला से बहुत कम।

वह बोली—जोश!

वह कुछ और कह पाती, मैंने कहा—मैं भारत से आया हूँ। गेथिया के पिता के एक मित्र इनके लिए एक बहुमूल्य उपहार छोड़ गए हैं। मैं वही देने आया हूँ। इसे सावधानी से रखिए।

सूथबी, क्रिस्टी–इनमें से किसी भी जगह ले जाइए। मेरा खयाल है इसके बाद आप लोगों का शेष जीवन आराम से बीतेगा।

जब वह चित्रों को देख रहा था तो मैंने एक कागज पर नाम-पता लिखा और उसे थमाकर दरवाजा खोलकर बोला–अगर आपका मन करे तो जो कुछ आपको मिले उसका कुछ अंश इस नाम-पते पर भी भेज दीजिएगा। इस व्यक्ति ने इन चित्रों को इनके लिए इतने समय तक सँभालकर रखा था। धन्यवाद, अलविदा!

जोश कुछ कह रहा था पर मैं तब तक गलियारा पार करके सीढ़ियाँ उतर आया था और अब मैं बाहर सड़क पर आ गया था। हवा ठंडी और अच्छी लग रही थी। दुकानों में, सड़कों पर रोशनियाँ चमक रही थीं। लोगों में ढलती शाम का जोश दिखाई दे रहा था। एक अश्वेत व्यक्ति हैट पहने मेंडोलिन बजाता हुआ मुझसे एक डॉलर की आशा में पीछे-पीछे चला आ रहा था। मैं पटरी पर तेजी से बढ़ता चला आया। मैंने पीछे मुड़कर नहीं देखा। मैं जल्दी-से-जल्दी उस इमारत से ज्यादा-से-ज्यादा दूर चला आना चाहता था।

होटल की लाबी में लाल-लाल कपोलों वाले अनेक मेहमानों की भीड़ के बीच से होता हुआ, जो कोई पूर्वी यूरोपीय भाषा बोल रहे थे, मैं रिसेप्शन पर जा पहुँचा। उन मेहमानों में से अनेक तो फर्श पर ही बैठ गए थे। मैंने वहाँ बैठी सुन्दरी से पूछा कि भारत के लिए पहली उड़ान कब मिल सकती है।

जब मैं कमरे में घुसा तो मैं एक हाथवाले राक्षस के बारे में सोच रहा था कि उनमें से एक लघु चित्र मैंने अपने पास क्यों नहीं रख लिया।

तभी फोन बजा। रिसेप्शनिस्ट ने कहा–आप दो घंटे में रवाना हो सकते हैं अथवा कल दोपहर में अगली फ्लाइट मिलेगी।

मैंने कहा–दो घंटे। मैं तो दो घंटे से भी कम समय में यहाँ से चला जाऊँगा।

किस्सागो

मैंने पहली बार उसे 1979 की गरमियों में देखा था। तब वह मकान का दरवाजा खोलने आई थी। लकड़ी के मजबूत दरवाजे के परे एक जालीदार दरवाजा भी था लेकिन उसने बेहिचक उसे भी खोल डाला था। तब भोला समय था, आतंकवादी दौर शुरू होने से पहले वाला। हत्याकांडों, ए.के. 47 और जिलेटिन की विस्फोस्टक छड़ियों से पहले वाला समय। आज कोई वैसा एकदम नहीं करेगा—दरवाजा खोलने से पहले आपसे ऐसे-ऐसे बेतुके सवाल किए जाएँगे कि आप घबराकर रह जाएँ। वह अपने उस भोले दौर की बालिका थी—सन्देह से परे, यह मैं बाद में जाननेवाला था।

दोपहर का समय था—आगे निकले बरामदे से सफेद गरमी जैसी झर रही थी—दुनिया को झुलसाती हुई। शहर की हरी-भरी सड़कों पर एक भी पत्ता नहीं हिल रहा था। मकान के बाहर हरियाली के बीच बाटलब्रश के पत्ते सजायाफ्ता की तरह सिर झुकाए थे।

बाहर धूप में देखने के लिए आपको आँखें सिकोड़नी होती थीं। और अगर आप अपनी साइकिल को छाया में खड़ी करना भूल जाएँ तो वापस लौटने पर उसका स्पर्श उँगलियों की त्वचा को झुलसा दे सकता था। और तो और रेक्सीन की गद्दी तक भभक उठती थी और हैंडिलों के छोरों पर लगे रबर के आवरण भी। मैंने अपनी काली एटलस साइकिल ईंटों की दीवार के सहारे से टिकाकर खड़ी कर दी जिसकी हल्की छाया कोई छह इंच चौड़ी धूपहीन पट्टी के रूप में फैली थी।

मेरी मानसिक और शारीरिक स्थिति से ऐसा कोई संकेत नहीं मिल रहा था कि वह दिन मेरे जीवन में कोई बड़ा बदलाव लानेवाला है। अगर नियति मेरी जिन्दगी की दिशा में बदलाव लाने जा रही थी तो फिर इससे ज्यादा सामान्य क्षण कोई और नहीं हो सकता था।

बाद में मैंने हमेशा यह बात जोर देकर कही थी कि जालीदार दरवाजा बन्द होने से पहले ही मैं उसके प्रेम में उलझ गया था। लेकिन उसने इस पर कभी विश्वास नहीं किया। दरवाजा खोलनेवाली लड़की के सुन्दर चेहरे में एक ऐसी ताजगी थी जो आपके मन की हर दुश्चिन्ता को शान्त कर देती है। और आप चाहते हैं कि बस उसी अहसास में खोए खड़े रह जाएँ। प्राइमरी स्कूल के दिन कब के पीछे चले गए थे और सचमुच की लड़कियाँ मेरे लिए बहुत दूर की चीज बन गई थीं अनेक वर्षों से। मैं अवाक् खड़ा था और फिर मिशनरी स्कूल में बीते वर्षों के एटीकेट ने असर दिखाया। मैंने कहा—गुड आफ्टरनून मैडम।

बाद के वर्षों में वह जब तब मेरी उस औपचारिकता को लेकर मुझे छेड़ा करती थी—गुड आफ्टरनून मैडम। उसी तरह जैसे अनेक वर्षों बाद वह मुझे मिस्टर चिंचपोकली कहकर चिढ़ाने लगी थी। यह फिकरा उसने बस पर एक छोटे सड़क छाप छोकरे के मुँह से सुना था। मुझे

उसकी शालीनता की दाद देनी होगी कि उस वक्त वह जरा भी नहीं हँसी थी अगर वह ऐसा करती तो मुझे न जाने क्या हो जाता।

उसकी आँखें कुछ फैल गईं और उसने बस इतना कहा—तुम जरूर।

मैंने सिर हिलाया तो उसने मुसकान झलका दी—दुनिया जगमगा उठी। उसके दाँत कितने सुडौल और सुन्दर थे यह सब मैंने बहुत बाद में जाना था धीरे-धीरे।

—आओ, अन्दर आओ। मिलर बस आता ही होगा। वह मेरी चाची जी को बाजार तक ले गया है।

मैं अन्दर चला आया—मैंने देखा फर्श शीशे की तरह चिकना-चमकदार था और वह नंगे पैर थी। फर्नीचर एकदम सादा और साधारण था—चौड़े हत्थोंवाली मजबूत कुर्सियाँ और बिना हत्थोंवाला एक सोफा। विशाल ड्राइंग-डाइनिंग इतना बड़ा था कि फर्नीचर कुछ भटका हुआ लग रहा था। मैं सोफे के किनारे पर बैठ गया और अपनी रबर की नीली चप्पलें उतार दीं। फर्श चिकना और शीतल था।

मुझे अपने धूल भरे पैरों और घिसी हुई चप्पलों पर कोई हिचक महसूस नहीं हुई पर फिर भी मैं समझ नहीं पा रहा था कि बात कैसे शुरू की जाए। मुझे पता ही नहीं था कि लड़के लड़कियों से क्या कहते हैं। अगर लड़की सुन्दर हो तो यह मुश्किल कुछ ज्यादा ही बढ़ जाती है। स्कूली छात्र के रूप में मैंने बातचीत करने का जो तौर-तरीका सीखा था, वह दो साल के कॉलेज जीवन में एकदम न जाने कहाँ गुम हो गया था। इसके विपरीत वह जरा भी असहज नहीं दीख रही थी। उसने मुझसे चाय, पानी के लिए पूछा। पर मैंने हर चीज के लिए मना कर दिया और यह सब कहते हुए मैं उसकी ओर नहीं देख रहा था, हाँ मेरी नजरें कमरे में इधर-उधर हर तरफ घूम रही थीं। उसने बताया कि मिलर ने उसे मेरे बारे में बताया है। वह अकसर ही मेरे बारे में चर्चा किया करता था। यह सुनकर मुझे अपने अन्दर साहस लौटता लगा।

मैं उसका नाम पूछना चाहता था लेकिन यह नहीं जानता था कि कैसे पूछूँ?

यह सवाल पूछने में मैं कभी कुशल नहीं हो सका—तुम्हारा क्या नाम है? यह सवाल अपने आप में बेहूदा लगता था। नाम तो खुद बताया जाना चाहिए। इसे पूछा नहीं जा सकता। मुझे याद नहीं था कि क्या दरवाजा खोलते समय उसने अपना नाम बताया था और मैं इतना हड़बड़ाया हुआ था कि शायद भूल गया था।

इसके बजाय यह पूछना कहीं ज्यादा आसान था कि वह क्या पढ़ रही थी? गर्ल्स कॉलेज में मनोविज्ञान और भूगोल। मैं पूछना चाहता था कि क्या वह चंडीगढ़ की रहनेवाली थी या हम जैसे अधिकांश छात्रों की तरह वहाँ सिर्फ पढ़ने के लिए आई थी। लेकिन मैं समझ नहीं पाया कि उससे कैसे पूछा जाए। मैं डर रहा था कि कहीं कुछ ऐसा न पूछ बैठूँ जिससे उसकी किताब में मेरे सारे नम्बर ही कट जाएँ। वैसे मुझे यह जरा भी आभास नहीं था कि एक लड़की की किताब में आखिर क्या कुछ दर्ज होता है?

मैं चुप बैठा भद्दे स्लेटी कार्पेट को देख रहा था। जिसके छोरों पर दो आग उगलते ड्रेगन बने हुए थे। अन्ततः वह तुरन्त लौटने की बात कहकर कमरे से चली गई। और तब मैंने पहली बार भरपूर नजर डाली थी उस पर। उसकी दूर जाती काया पर—नेवी ब्ल्यू रंग की कार्ड्राय जीन्स और उस पर सफेद टॉप और लहराते केश। फिर हॉल के अन्त में वह दाईं ओर मुड़कर ओझल हो गई।

मैंने चारों ओर नजरें दौड़ाईं। दूर सामने वाली दीवार में सामान देने के लिए खिड़की बनी थी। उसमें से होकर मैं सिंक और उसके पास रखी क्रॉकरी देख सकता था। सर्विस विंडो के

नीचे लकड़ी और शीशे का केबिनेट पूरी दीवार की चौड़ाई में फैला था। खाली फूलदानों और ढेर सारे फोटो फ्रेमों के बीच ग्रंडिग का रील प्लेयर खामोशी से टिका था। बाद के वर्षों में मैं इस कमरे में अनेक बार आनेवाला था और वह मेरी जिन्दगी का एक अहम हिस्सा बन गया था। मैंने रील प्लेयर को एक बार भी चलते नहीं देखा था।

केबिनेट के पास मोटे तार द्वारा दीवार से जुड़ा छोटा सफेद रेफ्रिजरेटर था। घूँ-घूँ करता हुआ। इस पर डेनिस द मीनेस का बड़ा स्टिकर चिपका था। मैंने गर्दन उचकाकर फ्रिज का ब्रांड पढ़ना चाहा–यह देखकर निराशा हुई कि वह एल्विन था। मैं एक बेहूदे भावनात्मक अन्दाज से केल्विनेटर का प्रशंसक था। जब मैं छह साल का था तो पिता जी घर में एक केल्विनेटर फ्रिज लाए थे। माँ इतनी सावधानी से उसकी देखभाल करती थीं कि किसी भी नौकर को उसे छूने की इजाजत नहीं थी। उसमें कोई भी चीज बिना ढकी नहीं रखी जाती थी। हर सप्ताह में उसकी बर्फ निकालकर उसे धोया जाता था। दस साल के उपयोग के बाद भी वह उतने ही दामों पर बिका जिस पर उसे खरीदा गया था। उसके बाद एक ज्यादा बड़ा फ्रिज घर में आया तो वह भी केल्विनेटर ही था।

मेरे माता-पिता बेवकूफी की हद तक निष्ठा तथा दोहराव के प्रशंसक थे। सुरक्षित संसार के हिमायती कपड़ों, खाने-पीने की चीजों और उपकरणों तक सब कुछ। उन्होंने पहली बार जिस ब्रांड का उपयोग किया था, वही ताउम्र उनकी अकेली पसन्द बना रहा। हमारे घर में फिलिप्स की जगह फिलिप्स ही आया, बिनाका टूथपेस्ट की जगह भी बिनाका ही खरीदा जाता था–और बॉम्बे डाइंग का स्थान बॉम्बे डाइंग ही लेती थी, किसान जेम की जगह हमेशा क्रिसान जेम, बोर्नविटा के बदले बोर्नविटा और बाटा की जगह बाटा।

मेरी दाईं तरफ दीवार पर एक भद्दा-सा पहाड़ी परिदृश्य का चित्र लटका हुआ था। इसे लटकानेवाला तार फ्रेम के ऊपर दिखाई दे रहा था–पहाड़ी पर बने मकान का नौसिखिए हाथों का बना तैलचित्र–उसके पृष्ठभूमि में पहाड़ थे हरे-नीले। बरामदे में लम्बी स्कर्ट पहने बैठी एक लड़की डूबते हुए लाल सूरज को देख रही थी। दोमंजिला मकान ढलवाँ छतवाला था और बरामदे में मोटे-चौड़े खम्भे थे। हरी लताएँ जगह-जगह दीवार पर नजर आ रही थीं। ऊपरी मंजिल पर शीशेदार खिड़कियों की कतार थी। उनमें से एक में, जो लड़की के ठीक ऊपर थी, खड़ा हुआ एक आदमी आगे झुककर लड़की को ही देख रहा था–फ्रेम के दाईं तरफ एक बड़ा पेड़ उगा हुआ था, मोटा तना, फैली हुई शाखाएँ।

वह नंगे पैरों चलती हुई लौट आई। उसने पूछा–क्या मैं थोड़ा-सा बेल का शरबत लेना पसन्द करूँगा। –वैसे इसका स्वाद एकदम अजीब होता है। मैं इसे अकेले नहीं पी सकती।

मैंने कहा–हाँ, यह देखने में भी खराब लगता है।

–मुझे पता है एक मिलर ही है जो इस बेहूदी चीज को पसन्द करता है।

मैंने कहा–मिलर तो कुछ भी खा-पी लेता है।

और इस तरह मैंने उसे अपनी पहली कहानी सुनाई थी–

कहानी थी कि मैं मिलर से कैसे मिला था।

मैं पहली बार उसके साथ कॉलेज कैफे में मिला था दोसा और कॉफी के बीच। हम शोर मचाते हुए शीशे के गिलास में सिक्का डालने का खेल खेल रहे थे। मेज के बीचोबीच रखे गिलास में मेज के किनारे से अपनी उँगलियों से लुढ़काकर सिक्का डालना होता था। मिलर एक

लम्बा-दुबला सरदार था, ठोड़ी पर हल्की-हल्की दाढ़ी थी और लम्बी चोंचनुमा नाक। वह सिर पर बहुत बड़ी पगड़ी लगाता था। चुम्बक की तरफ खिंचे चले आते लोटे के टुकड़ों की तरह इधर-उधर की मेजों पर बैठे लड़के भी खेल में आ शामिल हुए थे। सोबर्स, शिट और मैं दो दोसों में हिस्सेदारी करते हुए अगली फिल्म देखने का प्रोग्राम बना रहे थे। हम भी इस खेल में शामिल हो गए। सोबर्स दो कोशिशों में असफल होकर खेल से बाहर निकल गया। और शिट ने सिक्का इतनी तेजी से लुढ़काया था कि वह उछलकर दो मेजों के परे साँभर के कटोरे में जा गिरा था।

मैं दूसरी कोशिश में सिक्का गिलास में डालने में सफल हो गया। मिलर ने भी ऐसा ही किया। वह इतना शान्त चित्त दिखाई देता था कि मुझे उसकी यह आदत पसन्द थी। उसकी हिम्मत बढ़ाने के लिए कई साथी थे, वे होस्टल के गलियारों में घूमनेवाले ऐसे छात्र थे, जो इस फिराक में रहते थे कि कोई तो उनकी ओर भी ध्यान दे। अगर आप जरा मुस्कुराकर उनकी ओर देख लें तो वे शाम को आपके कमरे में आ धमकेंगे। और आपसे दोस्ती गाँठने की कोशिश में लग जाएँगे। मैंने चौथी कोशिश में सिक्का अन्दर डाल दिया–मिलर ने भी ऐसा ही किया।

पर शिट ने कहा कि इसे कुछ अलग ढंग से करना चाहिए। उसने कहा–इसे अपनी उँगलियों से नहीं नाक से उछालो।

मिलर ने अपनी बिना हत्थेवाली एल्यूमीनियम कुर्सी को पीछे खिसकाया। फिर फर्श पर झुककर पचास पैसे का सिक्का मेज के किनारे पर टिका दिया। सनमाइका पर लगी एल्यूमीनियम की पाइपों ने मेज को एक डाइनिंग बोर्ड की तरह तिरछा कर दिया था। सावधानी से उसने इसे किनारे तक पहुँचा दिया, अब उसकी आँखें मेज के साथ टिक गई थीं और उसकी पगड़ी ऊपर फैल गई थी।

उसने एक बार प्रयोग के तौर पर करके देखा। पहले कुछ देर तक अपने सिर को ऊपर-नीचे करता रहा फिर धीरे-धीरे सिर को आगे बढ़ाया जब तक कि उसकी नाक सिक्के के किनारे तक न आ पहुँची। सब साँस थामे देखते रहे। उसने अपने दाएँ हाथ से अपने मोटे शीशेवाले चश्मे को हिलाकर एडजस्ट किया फिर अपनी आँखें सिक्के पर टिकाते हुए, नाक को सिक्के के नीचे सटाकर सिर को नीचे झटका दिया।

उसका साफा हल्की एल्यूमीनियम मेज से टकराया और मेज दो अगले पैरों पर अड़ियल घोड़े की तरह खड़ी हो गई। मेज पर एक ओर रखी प्लेटें और गिलास खनखनाते हुए फर्श पर जा गिरे, जोर की आवाज हुई।

शिट चिल्लाया–भागो।

पेंसिल जैसी पतली पूँछोंवाला चालाक मैनेजर चिल्लाया–पकड़ो बदमाशों को।

पंखेनुमा पगड़ियों, सफेद ट्यूनिक और हरे व पीले कमरबन्दवाली पोशाकों में लैस वेटर अनमने ढंग से हमारी तरफ भागे–उनके रबड़ स्लिपर टाइलोंवाले फर्श पर आवाज कर रहे थे।

पलक झपकते ही हम पन्द्रह जने चौड़े दरवाजे से बाहर निकलकर खेल के मैदान की ओर दौड़ चले–हम हँसते हुए जोर-जोर से गालियाँ उछाल रहे थे। मैंने पीछे मुड़कर देखना चाहा कि कोई हमारे पीछे तो नहीं आ रहा है तो पाया कि मिलर फर्श पर पड़ा अन्धों की तरह अपना चश्मा खोजने के लिए हाथ मार रहा था और उसे वेटरों ने घेरा हुआ था।

मैनेजर ने उसे अन्दर बुलवाया। मिलर पैर घसीटता हुआ खामोशी से मैनेजर की मेज के सामने पड़ी कुर्सी पर बैठ गया। मैनेजर एक कागज पर हिसाब लगाने लगा—मिलर उसे शान्त भाव से ऐसे देखता रहा जैसे कोई अध्यापक छात्र का इम्तहान ले रहा हो।

मैंने अन्दर जाने का फैसला किया।

मैंनेजर ने कहा—इक्कीस रुपए।

मिलर ने पहले मुझे, फिर मैनेजर की ओर देखा। वह अपनी पगड़ी को आगे-पीछे से सँभाल रहा था, जो तूफानी समुद्र में हिचकोले खाती नौका जैसी लग रही थी। वह पगड़ी को जैसे-तैसे सिर पर जमाने की कोशिश में थे, लेकिन जब पगड़ी तिरछी होने लगी तो वह सीधा खड़ा हो गया।

मैनेजर ने कहा—तीन प्लेटों के नौ रुपए, तीन बाउल्स के तीन रुपए, तीन गिलासों के साढ़े चार रुपए और तीन दोसों के साढ़े चार रुपए। कुल मिलाकर हुए इक्कीस रुपए, कोई सेल्स टैक्स नहीं लगाया।

मैंने कहा—हमने हर चीज नहीं तोड़ी। और मैंने तो ये दोसे खाए ही नहीं।

मैनेजर ने कहा—उसने खाया है।

मैंने कहा—उसने एक खाया है।

मैंने मिलर की ओर देखा।

उसने सिर हिलाकर हामी भर दी। हर बार सिर हिलाने के साथ ही ढीली पगड़ी और नीचे खिसकती जाती।

मैंने कहा—लेकिन उस सारी टूट-फूट के लिए हम जिम्मेदार नहीं हैं।

मैनेजर बोला—तो फिर कौन है?

मैंने कहा—वहाँ पन्द्रह से ज्यादा लड़के थे।

मैनेजर ने कहा—लेकिन किसके पग्गड़ ने गिराई थी मेज?

मैंने अपनी जेब में पाँच रुपए का नोट खोज निकाला। उसकी तहें खोलीं और मेज पर रख दिया।

मैंने कहा—ठीक है?

मैनेजर ने कहा—सोलह रुपए और।

मैंने मिलर की ओर देखा—अनमने ढंग से उसने कमीज की जेब में हाथ डाला। पाँच रुपए का एक नोट निकाला फिर एक रुपए का—और दोनों को मेज पर रख दिया।

अपनी उँगलियाँ फैलाते हुए मैनेजर ने नोटों को मेज पर टिका दिया और अपने गन्दे नाखून से उनकी सलवटें निकालने लगा।

मुझे अपने अन्दर गुस्सा उभरने लगा। मैं खड़ा हुआ—आओ हम चलें।

उसने कहा—दस रुपए और चाहिए।

मैं बाहर की तरफ बढ़ चला। मिलर पीछे-पीछे था। वह अब भी अपनी पगड़ी से उलझा हुआ था।

मैनेजर चीखा—सरदारजी, मैं जाकर प्रिंसिपल के ऑफिस में शिकायत करूँगा।

सरदारजी ने कहा—वह मेरे अंकल हैं।

मैनेजर ने कहा—हाँ-हाँ, इन्दिरा गांधी तुम्हारी आंटी हैं।

तब तक हम दरवाजे से बाहर आ चुके थे। हमने देखा बहुत से लड़के रंगीन कमीजें पहने बास्केटबाल और हॉकी खेल रहे थे—दूसरे साथियों को ठीक समय पर पास देने के लिए उनकी

पुकार और गलत पासों के लिए उभरती गालियाँ हवा में गूँज रही थीं। क्रिकेट नेट्स में विकेटों पर गेंदों की टकराहट सुनाई दे रही थी जहाँ एक के बाद एक गेंदबाज गेंदबाजी कर रहा था।

मिलर ने मेरी ओर ताका और फिर पहली बार उसके चेहरे पर एक भाव उभर आया–एक मुस्कान–उसने कहा–थैंक्स।

मैंने कहा–क्या वह सचमुच तुम्हारे अंकल हैं?

वह बोला–और इन्दिरा गांधी मेरी आंटी।

हम बास्केटबाल कोट के पास कंक्रीट की सीढ़ियों पर जा बैठे और बातों में मशगूल हो गए जो बिना रुके एक साल से भी ज्यादा समय तक चलती रहनेवाली थीं। हमने शोरगुल से भरी उस धूप से चमकती दोपहर में उस गर्मजोशी की कल्पना नहीं की थी–आवाजें जो गरम हवा में चीलों की तरह ऊपर-ऊपर उठती जा रही थीं।

और उस पहली कहानी के बाद से ही मैं उसके लिए एक किस्सागो या कथक्कड़ बन गया था।

कहानियाँ सुनने-सुनाने की इच्छा ही हमारे सम्बन्धों का आधार बन गई थी।

अजीब बात–और यह सही भी था–उसकी जिन्दगी में पहले से ही एक कहानी मौजूद थी। उसका नाम फ़िज़ा था और वह एक असामान्य परिवार से आई थी। उसकी माँ सिख थीं और पिता मुसलमान। वे एक-दूसरे से प्यार कर बैठे थे और विभाजन की त्रासदी से गुजरने के बाद शादी के बन्धन में बँध गए थे। उन दोनों के परिवारों ने विवाह का विरोध किया था और दोनों ओर से ही उन्हें बहिष्कार झेलना पड़ा था। निराश होकर उत्तर के आन्दोलित परिवेश को छोड़कर पूर्व में असम चले गए। यह छठे दशक की बात है। वे एक ट्रेन में सवार हो गए, यह सफर तीन दिन तक चलता रहा था।

वे जहाँ तक जा सकते थे, वहाँ जा पहुँचे और बेमालूम से शहर जोरहट में नया जीवन शुरू किया। फ़िज़ के अनुसार यह शहर कुछ चीजों के लिए मशहूर था–वायुसेना का अड्डा, नकचढ़े चाय बागान मालिकों के लिए एक जिमखाना क्लब, वार्षिक खच्चर दौड़, एक बड़ा डिपार्टमेंट स्टोर और एक बढ़िया मिशनरी स्कूल। फ़िज़ ने स्कूल को असाधारण बताया था–मुक्त वातावरण में सहशिक्षा। इसे यूरोप से आई एक नन ने यह नया रूप दिया था–सामाजिक हेलमेल, फेट, पिकनिक, और परस्पर आसक्ति का सहज परिवेश।

उसके पिता रिजवान पोशाकों का स्टोर चलाने में जूझ रहे थे, फिर उन्होंने एक सिनेमा खोल लिया। माँ जसप्रीत ने भी कन्धे-से-कन्धा मिलाकर काम किया। वह मिशनरी स्कूल में हिन्दी पढ़ाती थीं। उन दोनों ने ही एक तरह से अपने-अपने धर्मों को त्याग दिया था। और फ़िज़ा उसी मुक्त वातावरण में बड़ी हुई थी–वह किसी ईश्वर के आगे सिर नहीं झुकाती थी–बस आकाश में रहनेवाली एक अस्पष्ट शक्ति के प्रति जरूर एक श्रद्धा भाव था–जिसकी प्रेरणा उसे स्कूल की प्रसन्नवदना उन्मुक्त ननों ने लगातार दी थी। धीरे-धीरे बढ़ती जातीय राजनीति ने असम में जीवन और शिक्षा में बाधाएँ खड़ी कर दीं और तब फ़िज़ा के माँ-बाप ने उसे चंडीगढ़ भेजने का फैसला किया, जो उनकी राय में एक बनावटी सही पर एक अच्छी जगह थी–एक विश्वविद्यालीय नगर। जसप्रीत की एक विधवा चाची ने उन वर्षों के दौरान फ़िज़ की देखभाल की। फ़िज़ा को वहाँ उनके मकान में भेज दिया गया। मिलर जसप्रीत की चाची के भतीजे का बेटा था–एक तरह से वह भी रिश्ते में फ़िज़ा का भाई ही हुआ पर मिलर ने भी फ़िज़ा के बारे में पहली बार परिचय पाया था।

वह चंडीगढ़ में आई तो सोलह की भी नहीं हुई थी और वहाँ की हवा में तैरते जोश ने उसे तुरन्त एक झटका दिया, वहाँ की आक्रामकता और बेढंगापन। वह जब जिस लड़के या पुरुष के सम्पर्क में आई वही उसे प्रपोज करने को प्रस्तुत दिखाई दिया जबकि उसे अब तक अपने शहर में आराम से चलते व्यापार और वहाँ मनपसन्द अलसता को ही जाना था। वहाँ का मिशनरी स्कूल और देखी गई असंख्य फिल्मों ने–पिता के थिएटर में हिन्दी और हर सप्ताहान्त में उनींदे से जिमखाना क्लब में अंग्रेजी–उसकी संवेदनशीलता को रूप दिया था। वहाँ का संसार भला और भोला था। वहाँ के जीवन में एक अपनी तरह की नैतिकता थी और जीवन किसी मनभावन कहानी जैसा था, जिसमें दुर्भाग्यपूर्ण उतार-चढ़ावों के बावजूद अन्ततः सब कुछ ठीक-ठाक हो जाता था। उस आश्वस्ति के लिए फ़िज़ा को बस अपने माँ-बाप की ओर देखना होता था।

सुखी-प्रसन्न शादियाँ बच्चों के जीवन में झूठी आशा जगाकर उन्हें तोड़ सकती हैं।

लेकिन जोरहट से उत्तर में चंडीगढ़ आकर उसने जाना कि वहाँ किसी तरह का कोई नियम नहीं था। जिस पल वह अपनी छोटी-सी नीली बाइसिकिल को मकान से बाहर निकालती तभी से लड़के उसके पीछे लग जाते। छोकरे उसे घर से कॉलेज तक छोड़ने जाते। और जब वह सेक्टर 17 में जाती तो उनका झुंड पीछे-पीछे चलता जाता। वे सिनेमाघरों, रेस्त्राओं, पार्कों में उसका पीछा करते, वे उसकी ओर प्रशंसा के ढेले उछालते, पेड़ों और झाड़ियों के पीछे से खुद को प्रदर्शित करते, मुस्कुराते हुए इशारे करते। वे उसके लेटरबॉक्स के सामने फूल तथा उपहार रख जाते। एक छोकरा तो एक महीने तक हर रोज सुबह वहाँ एक ताजा अंडा रखकर जाता रहा। पर किसी ने उससे बात करने की कोशिश नहीं की। वे दूर से ही तुरन्त सेक्स के प्रस्ताव रखकर प्रसन्न थे और फ़िज़ द्वारा उनकी लगातार उपेक्षा किए जाने से भी उन्हें कोई परेशानी नहीं थी।

कॉलिज का एक छात्र जो रोज इस तरह की हरकतें करता था, इसे पहलवानी या मर्दाना जोश कहता था। उसने मुझसे कहा था–हम लगातार उसके सामने अपनी माँग रखते रहते हैं–उम्मीद है कि एक दिन तो फल मिलेगा ही।

जब मैं उससे पहली बार मिला तो उसे शहर में आए हुए करीब-करीब एक साल हो चला था। और उसने अपने रक्षात्मक कवच में रहने की कला सीख ली थी। और इससे छोकरों द्वारा मर्दानगी के इस दिखावे से उसके मन पर कोई चोट नहीं पहुँचती थी। उसे उन लोगों की हरकतों से कुछ मजा भी आता था। उसकी ताजगी ने कभी उसका साथ नहीं छोड़ा। यह रोज होनेवाला तमाशा उसे अपने पिता के थिएटर में देखी गई किसी फिल्म का सा मजा देता था। सब छोकरे मनोरंजन के लिए यह सब करते आ रहे थे–इसके पीछे कहीं कोई बुरा इरादा नहीं था। लेकिन मैं इससे हैरान रह जाता था, क्योंकि मैं उन लड़कों को जानता था और यह भी अपने अनजाने ही वे किस हद तक उग्र बन सकते थे। मैंने उसे बताना चाहा, लेकिन उनके बारे में उसकी समझ सही थी और मैं गलत था। अगर तुम डरकर खुद को बदलते हो तो एक तरह से हार ही मानना हुआ।

जिन्दगी में खतरे उठाने ही चाहिए–लेकिन हमेशा अपनी शर्तों पर।

मैं बिना कुछ सोचे-समझे हर सप्ताह मिलर के साथ उसके घर जाने लगा। तब तक हम दोनों की दोस्ती को परवान चढ़े पूरा साल हो चुका था। रेस्त्राँ में हुए झगड़े के बाद से हम एक-दूसरे का बहुत खयाल रखने लगे थे। पर यह कोई खामोश मैत्री नहीं थी। हम दोनों आपस

में बहुत बातें किया करते थे। रात की खामोशी के बाद मेरे लिए तो वे पल सुबह चिड़ियों की चहचहाहट की तरह होते थे। हम एक कमरे में रहने लगे थे, क्लास में जाना बन्द कर दिया था और शहर में घुमक्कड़ी करने लगे थे। हमारे दिन किताबों, फिल्मों, क्रिकेट, बॉक्सिंग, दर्शनशास्त्र, राजनीति, अश्लील साहित्य और लोगों पर जमकर बातें करते हुए बीतते थे।

लोगों की आम राय के विपरीत गहरे सम्बन्धों का आधार होता है आपस में असहमत न होना। स्वस्थ मतभेद जैसी कोई चीज नहीं होती। हर मतभेद दोस्ती की कड़ियों में दीमक का काम करता है—उसे खोखला बना डालता है। उसे तोड़ डालता है। जबकि हर सहमति, चाहे वह झूठ ही क्यों न रहे, छत को मजबूती देनेवाली नई कड़ी या धरन जैसी होती है। इसलिए चाहे हमने मन में किसी बात पर अलग-अलग ढंग से सोचा हो, पर प्रकट रूप में उस पर असहमत कभी नहीं हुए। हमने उसे अपनी दोस्ती की परतों में छिपाकर रखना ही ठीक समझा था।

मिलर ने मेरी महत्त्वाकांक्षा को पक्का करने में बड़ी भूमिका निभाई। मुझे उसके लिए तैयार किया। मिलर दिल्ली में रहकर बड़ा हुआ था और बड़े शहरों वाले बहुत से काम किए थे। हवाई यात्राएँ की थीं। शानदार होटलों में खाना खाया था। डिस्को में जाकर डांस किया था, एसिडराक के जैम सेशन्स में शामिल हुआ था, ओसिबिसा कन्सर्ट में गया था। एक तरह से उसने बहुत कुछ समझ लिया था। वह एक दुनियावी आदमी बन गया था। जबकि मैं तब तक वैसे किसी दौर से नहीं गुजरा था। लेकिन एक चीज थी जो उसने नहीं की थी और जिसे मैं कर चुका था—मैंने पुस्तकें पढ़ी थीं। बहुत-सी महान पुस्तकें। और यह सब मैंने बिना कुछ अधिक सोच-विचार के किया था, इसके पीछे कोई महान नैतिक भाव नहीं था। शायद यह उत्तर प्रदेश के छोटे धूल भरे कस्बों की खाली-खाली रहे दिनों की शून्यता को भरने की एक कोशिश थी। वे किताबें मुझे जर्जर स्कूल और क्लब लाइब्रेरियों से मिली थीं। मटमैले जिल्दवाली किताबें जिनकी पुश्त पर पुस्तक का नाम लिखने के लिए एक काली जगह रहती थी। अन्दर दस अलग-अलग पन्नों पर किताबों के स्वामित्व की सूचना बैंगनी स्टाम्प से लगी होती थी—किताबों के कागज पुराने होकर पीले और चुरमुर पड़ गए होते—मौसम और कीड़ों ने उसमें किनारों पर जगह-जगह छेद बना दिए होते और जब आप पन्ने पलटते तो उँगलियों पर पाउडर-सा पुत जाता। मैंने सम्पूर्ण अंग्रेजी साहित्य पढ़ डाला—सोलहवीं शताब्दी तक। मैंने शेक्सपियर के नाटकों के महासंस्करण को भी पढ़ डालने का प्रयास किया। उसका कागज इतना पतला था कि आप उसके आर-पार देख सकते थे और पढ़ने के लिए उसे मेज पर रखना होता था।

मेरी समझ में कुछ ज्यादा नहीं आया। अन्दर तो और भी कम गया। किताबों का महत्त्व तब समझ में आया जब किताबों के बारे में चर्चा करते हुए मुझे मिलर की आँखों में एक चमक दिखाई दी। उसे यह बात अत्यन्त असाधारण लगी कि मैंने उतनी सारी किताबें पढ़ डाली थीं कि मैं बहुत सारे असामान्य शब्दों के बारे में जानता था। ताजे उबले दूध पर आती मलाई की तरह उसकी प्रशंसा धीरे-धीरे मेरे अन्दर समाती गई और इससे मुझमें नई-नई किताबें पढ़ते रहने का नया जोश भर गया—मैंने इससे पहले खुद को अपनी नजरों में इतना ऊँचा नहीं पाया था।

तो यह था वह आदमी जिसे मैं उस तक ले गया और जिसके प्यार में वह पड़ गई थी। बाद में जब सम्बन्धों में दरारें उभरने लगीं तो उसे सचमुच चोट लगी और वह उस व्यक्ति की तरह हैरान-परेशान रह गई जिसने एक मूर्खतापूर्ण धुँधले क्षण के आवेश में आकर आदमी की जगह एक मुखौटे का ही सौदा कर लिया था।

दो कथा परम्पराएँ मेरे प्यार की विकृति और उसका तानाबाना बन गईं–उसे कहानियाँ सुनाना और उसे कहानियाँ दिखाने ले जाना।

वैसे देखना आसान था। क्योंकि हर कोई सही तो कर रहा था। चंडीगढ़ में सिनेमा देखने की आदत महामारी-सी फैली हुई थी। फिल्म के टिकट बहुत ही सस्ते थे–बालकनी के लिए तीन रुपए दस पैसे, और स्टाल्स के टिकट इससे आधे से भी कम दाम पर लिये जा सकते थे। आप एक हफ्ते में पाँचों थिएटरों में फिल्मों का आनन्द ले सकते थे–और शुक्रवार को नई फिल्में रिलीज होती थीं। एक फिल्म को कई-कई बार देखना आम था।

बाकी हर बात के लिए इस क्षेत्र में भी एक वर्गक्रम बना हुआ था। अत्यन्त शान्त संयमित लोग अंग्रेजी फिल्में देखते दिखाई देते थे। यह शानदार पर्व रविवारों को सुबह के शो के रूप में मनाया जाता था–विचित्र हैंगर के आकार के केसी में। फिल्मों में हॉलीवुड की नई-पुरानी सभी होती थीं–द ग्रेट इस्केप, जोज, द डचेज एंड द हर्टवाटर फाक्स, सैटरडे नाइट फीवर, क्लोज इन्काउंटर्स आफ द थर्ड फाइंड, क्रेमर वर्सेज क्रेमर। फिल्म चाहे जो भी हो, सदा ही हाउसफुल रहता था।

तरह-तरह की खुशबुएँ और कोलोन हवा में तैरती रहतीं। घंटों लगाकर सजाए गए चेहरे अपना प्रदर्शन करते, मर्दाना दिखने की कोशिश करते युवक चमड़े के ऊँचे जूते पहनकर वहाँ आते, उनकी जीन्स के पायँचे उनके टखनों पर कसे होते–वे येज्दी मोटरसाइकिलों के सहारे टिककर होंठों से व्यंग्यपूर्ण मुस्कान बिखेरते होते–सुन्दर पंजाबी महिलाएँ, जिनके शरीर की त्वचा उत्तेजना से चमकती होती–जिनके शरीर हर फंतासी यात्रा के लिए तैयार दिखते, युवतियाँ जो उन्नीस की उम्र में ही मुखर सेक्स का प्रतीक नजर आतीं लेकिन तीस पार करते न करते बच्चों और बढ़ती चर्बी के कारण शिखर पार करके ढलान पर उतरनेवाली थीं। वे बहुत करीने से प्रेस की गईं जीन्स और चुस्त कुरते पहने झुंडों में खड़ी हिलती-डुलती रहतीं–इधर-उधर चितवन बिखेरती हुई और खुद को निहारते लड़कों को बेहद उत्तेजित करती हुईं।

सब कुछ अतिरेक में होता था–लगता जैसे हर कोई बस छलकने को तैयार है।

शहर में आने के पहले महीने में ही इसके दिखावे और ढोंग का भेद मुझे एक दुबले-पतले सरदार ने खूब अच्छी तरह समझा दिया। वह कसी हुई पगड़ी लगाता और ढीली ढाली पैंट पहनता। वह किसी के सामने फिएट के बोनेट पर खड़ा हुआ टिकट की आवाजें लगा रहा था। चेहरे पर हल्की दाढ़ी थी, और उसकी दुबली बाँहें पीछे की ओर फैली हुई थीं। इस तरह वह एक धनुष-सा झुका हुआ था–अपनी तीखी आवाज में चीख रहा था–पप्पी लो, ओह पप्पी लो, मेरी पप्पी लो।

टिकटों की एक गड्डी उसके दाएँ हाथ में झूल रही थी और पप्पी लेने के इच्छुक कार को घेरे खड़े थे।

मैं शायद ही कभी सुबह का शो देखने गया होऊँ। सुन्दर चेहरों के आत्मविश्वास के बीच मैं खुद को कमतर महसूस करता और फिर बेहिसाब भीड़ और टिकट लेनेवालों की लाइनें। लड़के तीन घंटे पहले आकर लाइन में लग जाते ताकि ज्यादा टिकटें खरीदकर बाद में लड़कियों को बेच सकें। और इस तरह टिकट खरीदनेवाली लड़कियों के पास बैठने का सुख प्राप्त करते। मैं निचले तबके का हिस्सा बनना ज्यादा पसन्द करता था।

यह तबका हिन्दी फिल्में देखता था। इनमें पंजाब, हिमाचल और हरियाणा के छोटे कस्बों और गाँवों से वहाँ आए छात्र होते। इन स्थानों से इस महानगर में आना उनके लिए एक ऊँची

उछाल की तरह था–शानदार पोशाकों की सरसराहट, यहाँ के व्यवहार का अनूठापन, स्त्री-पुरुष के अन्तर को न माननेवाले तौर-तरीके, रेस्त्राओं और कॉफी हाउसों में जाने की परम्परा, धूम्रपान और शराबखोरी, मोटरसाइकिलें और लड़कियाँ–इस परिवेश को पचाना अपने में एक खतरनाक क्रिया थी। इसे आप उनकी आँखों में देख सकते थे–अनिश्चय के भाव में लिपटी उद्दाम कामना।

वे हर कहीं देखे जा सकते थे। सदा छोटे-छोटे समूहों में गुँथकर चलते–एक-दूसरे की हिम्मत बढ़ाने की हड़बड़ाई कोशिश में अकसर ही देहाती चुहलें करते–अकसर ही सेक्टर 17 में डिस्कवरी के सामने मँडराते मिलते एक रेस्त्राँ के बाहर, एक भव्य म्यूजिक स्टोर, एक फैशनेबल परिधान स्टोर के सामने। होस्टल में आप उन्हें डनहिल फूँकते देखते–उसके लाल पैकेट को बारी-बारी से थामते-थपकते हुए–उसका ढक्कन बहुत सावधानी से खोला जाता ताकि उसका ऐलोफेन सुरक्षित रहे या फिर वे नीली जीन्स को अपनी टाँगों पर फिट करने की जद्दोजहद में फँसे दिखाई देते, जिन्हें उन्होंने बड़ी हिम्मत दिखाते हुए खरीदा होता था।

लेकिन उनकी चूलें हिलाने का काम औरतें करती थीं। वे बड़े शहरों की तेज-तर्रार औरतों की छवि के बारे में अपने छोटे कस्बों की मानसिकता को अपने आसपास दिखाई देती लड़कियों पर ही लागू कर देते थे, लेकिन उनसे निपटने का तरीका उन कस्बाई छोकरों को नहीं आता था। वे हर औरत के पीछे लग जाते, घंटों बाजारों में, सड़कों पर उनका पीछा करते रहते, उनके दिमाग में फंतासी और डर के मिले-जुले भाव हलचल मचाते रहते।

अपनी उत्तेजना और घबराहट को ओढ़े हुए ये छोकरे हिन्दी फिल्मों से चिपके रहते–क्योंकि उस तटहीन सागर में ये फिल्में ही उनमें जाने-पहचाने द्वीपों का आरामदेह अहसास जगातीं। वे बार-बार हिन्दी फिल्मों के अँधेरे गर्भ में आते अपने अधूरेपन को दूर करने के लिए। अपनी विशिष्ट संरचना के कारण हिन्दी फिल्में उनके जीवन में एक खास तरह की निरन्तरता बनाए रखती थीं। थिएटर में लाइटें बुझते ही वे जैसे अपनी चिरपरिचित दुनिया में जा पहुँचते थे जहाँ कोई नजर उनकी निगरानी नहीं कर रही होती थी।

फ़िज़ अपने खास अन्दाज में दोनों ही तरह की फिल्में देखना पसन्द करती थी। जब मैंने पहली बार उसका परिचय पाया–तो बाकी हम सबके विपरीत उसमें कोई घबराहट नहीं थी। वह अपनी आश्वस्ति और भोलेपन के सुरक्षा कवच में आराम से रहती थी। हर कठिनाई साधारण नजर आती और फिर उससे आसानी से निपट भी लेती थी।

वह हिन्दी और अंग्रेजी फिल्में एक ही सहज भाव से देखती थी और फिल्मों का कथानक या मूड उस पर कोई उल्टा-सीधा, कैसा भी प्रभाव नहीं डाल पाता था–वह जैसी थी वैसी ही रही आई।

मैं उसके साथ सप्ताह में एक बार हिन्दी फिल्में देखने जाने लगा लेकिन रविवार की सुबह वाली फिल्मों में जाने से बचता रहा। हिन्दी फिल्में भी पहले हम एक समूह में देखने जाया करते थे–और फिर कई महीने बाद ही हम दोनों अकेले जाने लगे थे। पर यह एक निहायत भोला, विकारहीन कार्यक्रम रहा–इसके दौरान हमने कभी आपस में हाथ नहीं थामे, कभी कोई निकटता दर्शानेवाला शब्द नहीं कहा। यूँ ये सारी ही भावनाएँ हमें घेरे हुए मँडराती रहा करती थीं–अपने लिए परिभाषाएँ गढ़ती हुईं, शब्दों में ढलकर अभिव्यक्त होने के लिए जोर-जोर से चीखती हुईं।

लेकिन हमें नजदीक लाने में देखी हुई कहानियाँ नहीं, सुनी हुई कहानियों ने महत्त्वपूर्ण भूमिका निभाई।

उसे कहानियाँ सुनना बहुत पसन्द था। उसमें एक अद्‌भुत श्रोता का गुण था। उसने मेरे अन्दर एक ऐसी वाचालता, वाक्पटुता को जन्म दे दिया जो मेरे अन्दर शायद थी ही नहीं।

बीस वर्ष बाद जब मैंने उन डायरियों को पढ़ा तो मुझे पता चला कि सैयद इतनी खूबसूरत बातें क्यों करता था। इसका कारण थी कैथरीन, जिसने अपने ध्यान से सुनने की आदत से उसे वैसा बना दिया था—मैं यह बात इसलिए कह सकता हूँ कि मुझे भी अगर वैसा बनाया तो केवल फ़िज़ ने।

वह उस हर बात को सुनना चाहती थी जिसे मैं कहना चाहता था। फिल्मों, किताबों, राजनीति, कला, खेलकूद, लोग, जीवन, नए विचार सबके बारे में जानने का उत्साह था उसमें। बीते सप्ताह में मैंने क्या धमाल मचाया, जो कुछ भी अंट-संट मेरे जीवन में था—उस सबके बारे में जानना चाहती थी फ़िज़। उसे असामान्य, बेसिर-पैर की बातें मजा देती थीं। मुझे लगता है यह गुण उसमें अपने पिता से आया था—सब कुछ जानने की इच्छा और उमंग फिल्मों की नाटकीयता सदा उसे अपनी ओर आकृष्ट किए रहती थी।

लोगों में धन और शक्ति से जो ऊलजलूल बातें आ जाती हैं उस बेढंगेपन और सघनता से बहुत प्रभावित हो जाती थी।

मैं तरह-तरह के नए तरीकों से अपनी बातें कहता था—कभी दर्शन, तो कभी मनोविज्ञान, कभी पीड़ा, तो कभी नाटकीय अन्दाज का सहारा लेता और वह उसका यूँ आनन्द लेती जैसे भयानक गरमी के दमघोटू मौसम में एकाएक बारिश में भीगने का मौका मिल गया हो।

मैं हर शनिवार की शाम उसके—उसकी चाची के—घर जा पहुँचता। शुरू-शुरू में मिलर के साथ जाता था लेकिन छह मास बाद वह कैलिफोर्निया स्थित अपने चाचा के फलों के बगीचे के लिए रवाना हो गया तो मैंने अकेले जाना शुरू कर दिया। अपनी एटलस साइकिल मकान की स्लेटी दीवार से टिकाकर खड़ी कर देता। मैं उसकी चाची को यूँ दर्शाता जैसे मैं अपने मित्र द्वारा शुरू किए गए प्रोग्राम को ही आगे बढ़ा रहा हूँ। मैं ड्रेगन की छविवाले कार्पेट पर पैर रखकर बैठता। सामने होता ग्रंडिग और एल्विन फ्रिज—दीवार पर दाईं ओर लटकता पहाड़ी दृश्य का अनगढ़ तैलचित्र और फिर मैं बातें करने लगता।

वह जीन्स पहने होती, उसके केश पीछे की तरफ एक पोनीटेल में कसे होती, उसके सुन्दर चेहरे पर उत्सुकता तैरती होती और फिर उसकी मुसकान मेरी दुनिया को उजला कर देती। मुझे उसकी ओर देखने में भी कठिनाई होती। उसके आसपास मौजूद रहना ही मुझे एक विचित्र नशे से भर देता था।

मेरा खयाल है शायद उसे इसका कोई आभास नहीं था। अपने सुनने की आदत के कारण उसने मेरी जिन्दगी को कैसे नए रूप में ढाल दिया था।

मैं वह व्यक्ति बन गया जिसे वह बोलते हुए सुनना पसन्द करती थी।

और मैंने उसे कहानियाँ सुनाने के लिए ही अपनी जिन्दगी को जीना शुरू कर दिया।

मैं अपने जीवन को हर सप्ताह ऐसी कहानी में ढाल लेता जिसे उसे सुनाया जा सके। मैं अपने दोस्तों के साथ तेज बारिश में भीगता हुआ नीलम थिएटर में फिल्म देखने गया था। वहाँ हम लोगों ने अपने भीगे कपड़े उतार दिए और फिर हमें नंगे ही थिएटर से बाहर आने पर विवश होना पड़ा क्योंकि शहर को तेज भूकम्प ने हिलाकर रख दिया था। मैंने और मिलर ने दोस्तों में ढोरों के प्रति एक डर बैठा दिया था, क्योंकि जब भी कोई गाय नजर आती हम पेड़ों और झाड़ियों के पीछे छिप जाते। पूरे हफ्ते हम केलों और दूध पर जीवित रहे—इससे मुझे स्थायी कब्ज

ने अपना शिकार बना लिया। हम अपने सारे पैसे किताबों पर खर्च कर चुके थे। हम पाँच लोग कसौली से पैदल चलकर नीचे आए थे–क्योंकि पास में पैसे जो नहीं थे। और चौदह घंटे चलते रहने के बाद चंडीगढ़ में पहुँचे थे–जगह-जगह कटी खाल और फटे कपड़ों में।

मैं सुनाता गया, कहता गया–और फिर वे कथाएँ शहरजाद के किस्सों में ढल गईं, जिन्होंने उसकी जिन्दगी में मुझे जीवित रखा। उसी तरह जैसे मेरे नाना मुझे सदा याद रहे–उन्होंने मुझे महाभारत की कथाएँ सुनाई थीं। जब उनकी कहानियाँ खत्म हुईं तो मैं उन्हें भूल गया। फिर वह अपनी मृत्यु के समय ही मुझे याद आए थे–चामत्कारिक कथापुरुष जो अब बस एक मामूली छाया भर रह गए थे।

तब मैंने महसूस किया था कि कथा उसे सुनानेवाले से सदा ज्यादा महत्त्वपूर्ण होती है। किस्सागो कहानी की आत्मा नहीं होता, बल्कि कहानी ही उसे जीवित रखती है।

लम्बे समय तक मैं अपनी गलतियों और कठिन स्थितियों से बच निकलने की ही कथाएँ सुनाता रहा था–मेरा यही बेढंगापन उसे प्रिय था और यही बातें उसे रह-रहकर हँसा देती थीं। फिर जैसे-जैसे मिलर की उपस्थिति लोप होती गई–कथाओं के विषय बदल गए–अब हम ज्यादा आत्मीय, ज्यादा आवेगपूर्ण बातों की चर्चा करने लगे थे–वे कथाएँ जिन्होंने हमारे जीवन के भविष्य की राहें तय कर दी थीं।

दो दशक बाद मैं मैनहट्टन में सेवेंथ एवेन्यू में होटल के कमरे में बैठा अपनी जिन्दगी के मलबे को उलटते-पलटते हुए–वापसी उड़ान पकड़ने की प्रतीक्षा कर रहा था। मैं इस बात को समझ चुका था कि और किसी से भी ज्यादा दो प्रेमियों को कथा के उपहार की जरूरत होती है। उनके लिए एक-दूसरे को लगातार कहानियाँ सुनाते रहना जरूरी होता है ताकि वे एक-दूसरे के जीवन से गायब न हो जाएँ।

आवेगवूर्ण, आवेशित प्यार को प्रेमी का जातपाँत, वर्ग, प्रतिभा, चेहरे-मोहरे, चरित्र जैसी किसी बात से कुछ फर्क नहीं पड़ता। उसका सम्बन्ध तो बस इस बात से होता है कि प्रेमी उसे कैसी कथाएँ सुनाता है। जब कहानियाँ प्रेरणाप्रद, उत्साह जगानेवाली, उलझी हुई और गहराई लिये हुए मन को छूनेवाली होती हैं–महान साहित्य की तरह ही उनके लिए भी सच होना कोई अनिवार्य शर्त नहीं–तो प्रेम भी वैसा हो जाता है।

लेकिन जब कथा में रोमांच कम होता है, उनका ताना-बाना हल्का, कमजोर पड़ जाता है, उनकी जीवन्तता कम हो जाती है, उनका कथातत्त्व दुर्बल पड़ जाता है तो प्रेम भी वैसा ही हो जाता है।

प्रेमी युगल आपस में जो कहानियाँ कहते-सुनते हैं वे उनकी अपनी ही कहानियाँ तो होती हैं। उनमें होता है दोनों का अतीत, उनका भविष्य, उनका अनोखापन, उनकी नियति, उनकी अजेयता। वे कथाएँ होती हैं उनके सपनों की, दिवास्वप्नों की, उनमें झाँकते हैं उनके अपने आतंक और अपनी विकृतियों के अँधेरे। जो लोग जितनी शक्तिशाली कथाएँ सुनाते हैं उनका प्रेम भी उतना ही मजबूत होता है और जो ऐसा नहीं कर पाते उनके जीवन में प्रेम रस का सैलाब कभी आता ही नहीं।

प्रेम है एक कहानी, बोतल में बन्द शराब। कथा सुनानेवाला होता है सिर्फ एक बोतल, उसका महत्त्व तभी तक है जब तक शराब का स्वाद लिया जाता है। अगर शराब पसन्द न आए तो शानदार सजावटी बोतलें शेल्फों में उपेक्षित पड़ी रहती हैं, उन्हें कोई नहीं छूता। अगर कहानियाँ पसन्द न आएँ तो फिर...

हम ऐसे खूबसूरत लोगों को जानते हैं जिन्होंने प्रेम का स्वाद कभी नहीं पाया।

महान साहित्य की तरह प्रेमियों द्वारा कही-सुनी जानेवाली कथाओं का विषय कुछ भी हो सकता है, उनका आनन्द किसी भी समय उठाया जा सकता है। उनमें डिकेन्स का उल्लास हो सकता है, तो हेमिंग्वे की उन्मुक्तता भी रह सकती है। वे ज्वायस जैसी सर्वांग या काफ्का की तरह उलझा देनेवाली भी हो सकती हैं। वे लेविसकेरोल जैसी ऊलजलूल या टामस हार्डी की तरह दुखपूर्ण हो सकती हैं वे–गम्भीर, हँसोड़, दार्शनिक या फिर पागलपन और विकृति से भरपूर रह सकती हैं।

लेकिन हर हाल में उन्हें सच होना चाहिए।

उसी तरह जैसे एक विचित्र झूठे ढंग से महान साहित्य सच होता है।

वही विचित्र झूठ प्रेम को सच बना देता है।

चुम्बन से पनपते हैं रोगाणु

हम नफरत करते हैं रोगाणुओं से
लेकिन आओ झट चूम लो मुझे
चुम्बन लो मेरा–मैंने टीका ले रखा है
(किसिंग काजेज जर्म
जर्म्स वी नो आर हेटेड
बट किस मी क्विकली बेबी
किस मी, आइ एम वेक्सीनेटेड)।

उसने इस छोटी गीतिका को जोरहट के स्कूल में सीखा था। एक दोपहर मेरे कमरे में उसने इसका प्रयोग मुझे उकसाने के लिए किया। यह किसी बाँध की दीवार में मिसाइल दागने जैसा था। मेरी इच्छाओं की कैद जलराशि दीवार तोड़कर हरहराती बह चली। सब कुछ उस बाढ़ में बह गया–शेष रही तो बस चाहत।

यह विचित्र था, क्योंकि एक साल होने को आ रहा था और मैं उसका हाथ थामकर ही सन्तुष्ट हो जाया करता था। मिलर के चंडीगढ़ छोड़कर चले जाने के बाद हमारे जीवन का दायरा धीरे-धीरे सिनेमा जाने और उबाऊ लिविंग रूम से आगे जा पहुँचा था। मैंने अपनी एटलस साइकिल गँवा दी थी। वह सेक्टर 10 की प्रिया रेस्त्राँ के बाहर से उठ गई थी। और तब से मैंने चलना शुरू कर दिया था। इसमें उसने मेरा साथ दिया था। वह अपनी छोटी नीली साइकिल चलाती हुई हमारे मिलने की जगह पहुँचती। हम साइकिल को पार्किंग में खड़ा करके पैदल चल देते। हर रोज हम घंटों घूमते–एक सेक्टर से दूसरे सेक्टर, सेक्टर 9 में मेरे कमरे से सेक्टर 14 में स्थित विश्वविद्यालय तक और फिर वहाँ से सेक्टर 17 में किताबों की दुकानों और सारे शहर में फैले सिनेमाघरों से सेक्टर 35 में उसके घर तक। उन दिनों चंडीगढ़ पैदल चलने के लिए बहुत अच्छा शहर था। चौड़ी सड़कें, दोनों ओर खड़े अर्जुन, अमलतास, गुलमोहर, नीम, सेमल के पेड़। हर शाम जब उसके घर लौटने का समय होता तो उस आखिरी मिनट में चिपका हुआ मैं उसकी छोटी-सी साइकिल को लुढ़काता हुआ शहर की सड़कें नापता हुआ उसके दरवाजे तक जा पहुँचता।

वैसे प्रेमाचार को आगे बढ़ाने के लिए पैदल चलने से ज्यादा अच्छा दूसरा कुछ नहीं। साथ-साथ चलने की कोशिश करते हुए छोटी-छोटी चिन्ताएँ जताना, सावधान करना, कभी-कभी कुहनी

को छू लेना, खून को नसों में तेजी से दौड़ते हुए महसूस करना, साथ-साथ चलते हुए एक ही मंजिल की ओर बढ़ने का अहसास–चारों ओर घुमड़ते तूफान के बीच बस अपने दोनों के होने की अनुभूति और खूब लच्छेदार बातें बनाना न एक-दूसरे की आकुल दृष्टि की चिन्ता न एक-दूसरे द्वारा कसौटी पर कसे जाने की फिक्र।

जो प्यार की खोज में भटकते फिर रहे हैं उन्हें पैदल चलना सीखना चाहिए।

जब हम चलते थे, तो वह बातें करने को प्रेरित करती, सुन्दर ढंग से बिना रुके लगातार। जिसे मिलर ने आरम्भ किया था उसे सम्पूर्ण बनाया फ़िज़ ने। बिना एक भी शब्द बोले उसने बता दिया कि मैं कौन था, और यह भी कि मैं क्या बनने जा रहा था। उन दिनों मैं पहले से ज्यादा पढ़ने लगा था क्योंकि वह पढ़ी हुई पुस्तकों के बारे में मुझे बोलते हुए सुनना पसन्द करती थी। अब मैं लिखने के बारे में पहले से ज्यादा बातें करने लगा था क्योंकि वह जानना चाहती थी कि मैं क्या लिखने की योजना बना रहा हूँ। जब मैं उसके साथ न होता तो मैं अपने कमरे में किताबों के बीच उलझा होता, खुद को उसके लिए तैयार करता हुआ, अपने को भविष्य के लिए प्रस्तुत करता हुआ।

मिलर के जाने के साथ ही मैंने खुद को बाकी दोस्तों से काट लिया था। मैंने कॉलेज जाना एकदम बन्द कर दिया था। और सेक्टर 9 के एक बड़े जीर्णशीर्ण बँगले के एनेक्सी में एक छोटा कमरा किराए पर ले लिया था। इसके बारे में किसी को कुछ भी नहीं बताया था।

यह कमरा गैरेज के ऊपर था। उसकी खिड़की से आम के पेड़ के गन्दे पत्ते टकराते रहते थे। सँकरी बालकनी पर बेंत की एक कुर्सी के अलावा वहाँ फर्नीचर के नाम पर और कुछ नहीं था। कमरे में फर्श पर जूट की चटाई बिछी थी और उसी पर पड़ा था मेरा गद्दा। उसके चारों ओर जैसे किताबों का सैलाब उमड़ा पड़ रहा था। किताबों की ऊँची-नीची, टढ़ी-मेढ़ी कतारें–उन्होंने कमरे को जैसे अलग-अलग ऊँचाई की बहुमंजिली इमारतों की बस्ती बना दिया था, जिसका डिजाइन ऐसे वास्तुकारों ने बनाया था जो एक रेखा भी सीधी नहीं खींच सकते थे। मैं पिता जी द्वारा भेजी जानेवाली रकम किताबें खरीदने में लगा देता था। वह भी तो वही कर रही थी। वह कागजी थैलों में भरकर किताबें लेकर आती थी, इन्हें खरीदकर वह कुछ दिनों तक अपनी अलमारी में अपने सेंट की शीशियों और कपड़ों के बीच रखती थी। इसलिए उन किताबें में न जाने कितने दिनों तक उसकी गन्ध समाई रहती थी जो मुझे पागल बना देती थी।

पिता के साथ मेरे सम्बन्ध पूरी तरह टूट-फूट गए थे। वह मुझे लम्बे-लम्बे उपदेशों से भरपूर पत्र लिखा करते थे जिनमें कैरियर प्लानिंग, मैनेजमेंट संस्थान, कानून विद्यालय और सिविल सर्विस परीक्षा की तैयारी करनेवाली संस्थाओं के बारे में खूब परामर्श रहते थे। मैं उन्हें पहले से भी ज्यादा बेवकूफ समझने लगा था। मैंने उन्हें पत्र लिखना ही बन्द कर दिया था और सोचता था कि वह भी मुझे पैसे भेजना जरूर बन्द कर देंगे। लेकिन हर महीने दो सौ पचास रुपए के चेक बदस्तूर आते रहे और मैं उन्हें नई किताबें खरीदने में फूँकता रहा।

सप्ताह में एक बार मार्किट जाकर मैं माँ को फोन किया करता था, उस समय जब मेरे अनुमान से पिता जी दफ्तर में होते थे। मैं उन्हें तसल्ली देता था कि मैं ठीक-ठाक हूँ लेकिन जैसे ही वह मुझे पिता से सम्बन्ध सुधारने के बारे में सलाह देना शुरू करतीं मैं फोन काट देता। कई बार उन्हें फोन करने के बाद मैं गुप्ताजी पंसारी की दुकान के बाहर बरामदे के छोर पर जा बैठता। मन को विचित्र उदासी मथने लगती। तब मन करता कि मैं तुरन्त फ़िज़ के पास

जा पहुँचूँ और बस मैं चलना शुरू कर देता। मैं चलता जाता, चलता जाता–दोनों हाथ जेबों में डाले हुए। मेरी आँखें कुछ न देख पातीं–मेरे कदम तब तक चलते जाते जब तक विचित्र उदासी दूर न हो जाती।

एक वर्ष के दौरान पड़ी छुट्टियों में मैं एक बार भी घर नहीं गया। चंडीगढ़ की भयानक गरमियों में भी नहीं। मैं नंगे बदन, पसीने में भीगा धीमे-धीमे हिलते पंखे के नीचे पड़ा रहता–धीमी रफ्तार से पढ़ता हुआ सुदूर जोरहट से फ़िज़ के लौटने की प्रतीक्षा करता हुआ। मुझे हर दिन उसके पत्र पहुँचानेवाले डाकिए का इन्तजार रहता था। उसका हर पत्र कई-कई पन्नों का होता था–करीने से मोड़ा हुआ, बाँस के दबाए पत्ते पन्नों की तहों में रखे हुए, उसका प्रिय सेंट उनमें महकता हुआ। मैं उसका हर पत्र कई-कई बार पढ़ता–हर अक्षर में छिपे अर्थ खोजता हुआ। कभी-कभी मैं खामोश लेटा रहता, सारे पत्रों को चेहरे पर फैलाए हुए–नथनों में उसकी गन्ध भरता हुआ।

वैसे सोचकर अजीब लगता है, बाद में जो कुछ घटा, उसे देखते हुए मैं लम्बे समय तक उसके हाथ थामकर सिर्फ बातें करके ही कैसे सन्तुष्ट हो जाया करता था। लेकिन सच में ऐसा ही था। मैं उसके निकट रहकर ही खुश था। मेरी सुस्ती बातों में ढल गई थी। मुझे लगने लगा था कि मेरे होने का भी कुछ अर्थ है। जो समय मैं उससे परे रहकर बिताता उस दौरान लगातार यही बात दिमाग में बनी रहती–वह मौका कब आएगा जब मैं उसके साथ होऊँगा। जब वह आ पहुँचती तो मैं उसके आने की खुशी में भीग उठता।

इसके बीस वर्ष बाद मैं अब भी उस स्थिति को अनुभव कर सकता हूँ कि वही सच है।

मैं उसका हाथ थामने से आगे नहीं बढ़ पा रहा था तब उसने बिना किसी बनावट के पहलकदमी का फैसला किया। हम किताबों के ढेरों से घिरे हुए गद्दे पर बैठे थे। मैं कानराड आइकन की लिखी कुछ भूमिकाएँ पढ़कर उसे सुना रहा था तभी उसने मुझे टोका। और वही लघु गीत गुनगुना उठी। अन्तिम शब्द अभी उसके मुँह में थे तभी मेरा मुँह उस तक पहुँच गया–फिर तो कई घंटों तक मैंने मुँह परे नहीं हटाया–जब तक रात नहीं हो गई और अब उसे घर लौटना ही था।

9 जनवरी, 1981 के उस दिन से कामना के प्यार ने सब कुछ अपने अन्दर समेट लिया।

चलना, बातचीत और साहित्य।

सुबह दिन निकलते ही मैं उसकी प्रतीक्षा करने लगता–बालकनी के दरवाजे के अन्दर बैठा हुआ नीचे की टूटी-फूटी ड्राइवे पर नजर गड़ाए हुए–मैं पढ़ने की कोशिश करता लेकिन पढ़ न पाता। फिलिप्स कैसेट रिकॉर्ड पर मि. एंड मिसेज 55, या बरसात या और-और के गाने बजते होते। वह कंक्रीट की घुमावदार सीढ़ियों पर चढ़ती आती तो मैं दरवाजा खोल देता। वह कमरे में पूरी तरह प्रवेश भी न कर पाती कि मेरा मुँह उसके चेहरे से जा चिपकता। वह सदा ऐसी दिखती और महकती आती जैसे सीधी नहाकर चली आ रही हो। हालाँकि वह साइकिल चलाकर आधा शहर पार करके वहाँ तक पहुँचा करती थी।

मैंने आविष्कार किया कि एक युवती के कुचाग्र कितने शोख गुलाबी होते हैं।

और जब आप उन्हें चूसते हैं तो कैसे उसके चेहरे का रंग भी वैसा ही हो उठता है।

मैंने जाना कि नारी-देह असीम होती है। आप खोजते जाते हैं और हर पल नारी-देह आपके सामने अपने नए-नए रहस्य खोलती जाती है और फिर सिलसिला चलाता ही रहता है।

मैंने पाया कि प्यार में आपके लिए उसकी देह पर हर कहीं अपना मुँह ले जाना कितना आसान होता है।

मैंने आविष्कार किया कि आप एक औरत को उस वक्त सबसे ज्यादा प्यार करते हैं जब आप उसके अन्दर गहराई में पहुँचे हुए होते हैं।

मुझे पता चला कि मेरे अन्दर उसके लिए कितनी ज्यादा तड़प और चाहत थी कि उसे पाकर भी सदा मैं प्यासा ही रह जाता था, गोया अभी पाना बाकी है। वह आती और मैं उससे प्यार करने में गुम हो जाता। जब मैं उसे छोड़ने पैदल जाता–यह हमेशा दिन ढलने के बाद होता था तब भी उसकी कलाई मेरी मुट्ठी में होती थी। मैं घर के दरवाजे पर तब तक उसे रोके रखता था जब तक बात सन्देहास्पद न हो उठती थी।

जब वह मेरे पास न होती मैं उसकी खुशबुओं और स्वाद के लिए तड़प उठता था–यह बेचैनी मुझे इस हद तक हिला देती थी कि मैं एक घंटे में सिर्फ एक ही पेज पढ़ पाता था। हम न फिल्में देख पाते, न रेस्त्राओं में जाते और न ही बाजारों में मटरगश्ती करते क्योंकि मेरे लिए उसकी जरूरत इतनी बड़ी हो गई थी जिसे सार्वजनिक रूप से सन्तुष्ट नहीं किया जा सकता था।

यह सच था कि पहली बार मैं एक धक्का भी पूरा नहीं कर पाया था, और दूसरी बार भी गिनती एक पर ही टिककर रह गई। लेकिन जैसे-जैसे सप्ताह बीतते गए हम घंटों प्यार करते रहते जब तक कि कमरा उसकी खुशबुओं से पूरी तरह न भर जाता। उसकी खामोश चीखें और कराहें कमरे को झकझोर देतीं। मेरा मन न किसी को देखना चाहता न ही किसी से मिलना चाहता। मैं वहाँ से कहीं भी नहीं जाना चाहता था। मैं तो बस अपने उस छोटे से कमरे में किताबों के बीच उसकी देह में डूबा रहना चाहता था।

वाह! कैसी दुनिया खोज ली थी मैंने–धड़धड़ाती हुई कृतज्ञता से भरपूर।

मैंने अपनी जिन्दगी को इतनी ज्यादा दिलचस्पी और उत्तेजना से भरकर कभी नहीं जिया, औरत पूरे ब्रह्मांड का रूप ले सकती है।

उसकी देह में वह उफान भरपूर था जिसे फोटोग्राफ में पूरी तरह नहीं दर्शाया जा सकता। वह प्रेम करने के लिए ही बनी थी। उसकी देह जितनी देने के लिए थी उतनी ही लेने के लिए थी। मुझे उसकी हर गहराई और उसके हर कोण में–उसके हर गीलेपन और खुशबू में उत्तेजना मिलती थी। उसकी देह मेरी एक खोज-यात्रा थी जो वर्षों तक चलती रहनेवाली थी। उसकी देह का हर अणु मुझमें उफान उठा देता था, उसकी टाँगें, जो खुद उसे नापसन्द थीं, मुझे उत्तेजना से भर देती थीं। वैसे इस आनन्द यात्रा में मैं खुद को रोकता चलता था ताकि मेरी कामोत्तेजना पागलपन की हद तक न पहुँच जाए।

और उसका चेहरा, हाँ, उसका चेहरा अपने में सम्पूर्ण आनन्द था–रेनेसॉ कालीन प्रसिद्ध चित्रकार द्वारा बनाया गया दमकता तैलचित्र। उसके चेहरे में चालाकी या छलना का जरा भी कलुष नहीं था इसलिए उसके मन के सारे भाव वहाँ पूरी तरह प्रतिबिम्बित हो उठते थे। मैं उसके चेहरे में उसके मन में उमगते प्यार के उफान को पढ़ लेता था और यह बात उसके लिए और भी पागल कर देती। उसके पिता जॉन सही कहते थे–चेहरे की चमक में ही सारा आकर्षण छिपा होता है। जब आप किसी औरत में डूबते हैं, उस पर मर-मिटते हैं तो आप सिर्फ उसी को देखते हैं।

मैं एक बेचैन छटपटाहट में जी रहा था। उसे प्यार करने के बाद, कुछ मिनटों के अन्दर ही उसकी गन्ध मेरे चेहरे को छूती और मैं फिर से उफन उठता। और इस तरह घंटा-दर-घंटा

यह क्रम चलता रहता। जल्दी ही मैंने उसकी पोशाक के कुछ हिस्से अपने पास रखने शुरू कर दिए क्योंकि जब रात में मेरी नींद खुलती तो उसकी चाहत मुझे तड़पा देती। मेरे शब्द खोते चले गए। उसने भी पुराने खूबसूरत ढंग से सुनना छोड़ दिया। मैं ठीक से बात न कर पाता। बस कुछ घिसे-पिटे वाक्य ही मुँह से बाहर निकल पाते, लेकिन मेरी भावनाओं को व्यक्त कर सकनेवाले शब्द मेरे पास नहीं रह गए थे।

मैं चाहत का पशु बनकर रह गया था। जब मैं उससे किताबों, विचारों, सपनों और फंतासियों पर चर्चा करता भी सिर्फ उसके अन्दर से कामुक आवेग-आवेश से भरपूर एक और दौर बाहर निकालकर उस आनन्द में भीगने के लिए।

बाद के वर्षों में धीरे-धीरे उसने मेरी बातें सुनना जैसे छोड़ ही दिया। मैं भी अपनी सारी वाक्पटुता खो बैठा। बस एक उसकी चाहत ही थी जो लगातार बढ़ती चली जा रही थी–और हम एक-दूसरे में और भी ज्यादा समाते चले जा रहे थे–यह चाहत का चमत्कार ही था।

मैंने उससे जुलाई 1982 में विवाह कर लिया।

मैं बाईस का था और वह अभी बीस वर्ष की भी नहीं हुई थी। उसके प्रति मेरे मन में कितनी चाहत थी इसे शब्दों में व्यक्त नहीं किया जा सकता, और जो हर समय ज्यादा और ज्यादा बढ़ती जा रही थी। माँ गुमसुम, उदास रहती थी और पिता जी कहा करते थे कि उन्हें मुझसे कभी कोई उम्मीद नहीं रही। बीबी लाहौरी ने मुझे ठोकर मारकर निकाल बाहर किया था।

हुँह! मुसलमान! मेरी लाश पर...

उसके माता-पिता भी खुश नहीं थे।

मेरे प्रति उनकी निराशा का सम्बन्ध धर्म से उतना नहीं था जितना वर के रूप में मेरी योग्यताओं से। मेरे पास अर्थशास्त्र तथा इतिहास में सीधी-सादी स्नातक की डिग्री थी और कैरियर का उठान भी साधारण था। मैंने दिल्ली के एक समाचार-पत्र में प्रशिक्षु उपसम्पादक के रूप में काम करना शुरू किया था। और छह मास बाद चंडीगढ़ के एक स्थानीय अखबार में प्रशिक्षु संवाददाता की नौकरी कर ली थी। मेरी तनख्वाह थी छह सौ रुपए मासिक। इसके अलावा हर रात की शिफ्ट के लिए चार रुपए और मिलते थे। मैं किसी की नजरों में कहीं ऊँचे पहुँचनेवाला नहीं था। एक युवा उपन्यासकार की भारतीय विवाह बाजार में कोई पूछ नहीं थी। दूसरी ओर फ़िज़ बेहद खूबसूरत और समझदार थी। उसमें प्रगति करके किसी भी ऊँचाई तक जाने की सम्भावना मौजूद थी।

लेकिन मुझे कुछ परवाह नहीं थी। न ही इस मामले में किसी की सहमति की दरकार थी।

दिल्ली में बीते वे छह महीने मेरी जिन्दगी के सबसे उदास दिन थे। हर शनिवार की रात मैं चंडीगढ़ के लिए रात की बस पकड़ता, अगला पूरा दिन उसके साथ बिताता और रात की बस से दिल्ली के लिए वापस चल देता। कभी-कभी उसे देखने के लिए मन इतना बेचैन होता कि मैं पूरी रात सफर में बिता देता। सुबह मुँहअँधेरे पहुँचता, और दो घंटे उसके साथ बिताकर दोपहर की शिफ्ट के लिए फिर से वापस लौट पड़ता। मैं एक चौंधियाई हालत में जी रहा था। मैं उसके अगले पत्र, अगली फोनकॉल और अगली बस यात्रा के लिए तड़फड़ाता रहता। रातवाली बस की बासी हवा मेरे नथनों में बस गई थी और फिर बरसों तक वही बनी रही। दिल्ली में मैंने सिर्फ एक दोस्त बनाया था–फिलिप। लेकिन उसे भी मैं कुछ नहीं बता सकता था क्योंकि

फ़िज़ को लेकर मेरे मन में सब कुछ इतना उलझा हुआ था कि मैं उस उलझन से कभी बाहर ही नहीं आ पाता था।

छह महीने बीतते न बीतते मैं बखूबी जान गया था कि अगर मैं जल्दी ही उसके पास नहीं चला गया तो एकदम बेकार हो जाऊँगा। इतना बेकार कि फिर किसी भी काम का नहीं रहूँगा।

फिर जैसे ही चंडीगढ़ में नौकरी मिली मैंने योजनाएँ बनानी शुरू कर दी—मैंने अनायास ही तारीख की घोषणा कर दी और कह दिया कि हम कुछ करने जा रहे हैं। आज बीस साल पहले के दिनों पर नजर डालता हूँ तो लगता है तब सच ही मैंने कुछ असाधारण कर डाला था।

उसके पिता ने कड़ा विरोध किया। इससे पहले फ़िज़ा ने कभी अपने माँ-बाप का विरोध नहीं किया था, लेकिन अब उसने भी अपने मन की बात कह दी और फिर खामोश पड़ गई। आखिर उसकी माँ को बीच में आना पड़ा। उन्होंने फ़िज़ा के पिता को अपने भूले दिन याद दिलाए। आखिर रिजवान काफी नानुकर के बाद मान ही गए। आपकी अपनी जवानी के विद्रोही दिन अपनी सुन्दर बेटी की चिन्ता से आपको मुक्ति नहीं दे पाते।

ज्यादा शोर-शराबा न मचे, इसलिए मैं मामूली रस्म के लिए तैयार हो गया। हमने अदालत में शादी नहीं की क्योंकि मैं कागजी कार्रवाई में उलझने को तैयार न था। हमने हिन्दू या इस्लाम की रीति से भी शादी नहीं की। फ़िज़ा और मैंने सिख रीति आनन्द कारज (विवाह) का रास्ता चुना। जिसे सुबह-सुबह ही पूरा किया जा सकता था बहुत जल्दी और अत्यन्त सादगी से और ऐसे अवसर की गम्भीरता को भी बनाए रखा जा सकता था।

उस अवसर पर उसके माँ-बाप चले आए, इसी तरह मेरे माँ-बाप भी आ पहुँचे, कुछ रिश्तेदार, दोस्त और अखबार के सहकर्मी भी मौजूद थे। मामला शान्त, धीर-गम्भीर रहा और इसे लेकर सभी का मन खिन्न बना रहा। बाद में रबड़ जैसी नान और मसाला चिकन का लंच रखा गया था। उस गर्मी में भी मेरे पिता मैरून टाई और थ्री पीस काले सूट में आए थे। वे हरेक को शक की नजरों से देख रहे थे। हट्टे-कट्टे रिजवान फूलदार बुशर्ट में ऐसे दिख रहे थे जैसे उन्हें दिनदहाड़े लूट लिया गया हो। मेरी और उसकी माँएँ आपस में शालीनता से बतियाती रहीं लेकिन उनके मेकअप और लिपस्टिक को पसीने ने एकदम बिगाड़ दिया था।

सफेद जाकेट, हरी सजावटी पट्टियों और सुनहरी कॉलरों में वेटरों की बगलों में पसीने के बड़े-बड़े धब्बे उभर आए थे। कमरे में पसीने की गन्ध भरी हुई थी। बड़े-बड़े पैडस्टल पंखे शोर करते हुए हवा फेंक रहे थे, सब कुछ बहुत ही फूहड़, निराशाजनक लग रहा था।

क्रीम रंग के कुरता-पाजामे में मैं अजीब दिखाई दे रहा था। न जाने क्यों हर पल मन में गुस्सा बढ़ता जा रहा था। आखिर क्यों मैंने यह सब नाटक करना मान लिया था—क्यों?

कमरे में दूसरी तरफ बैठी फ़िज़ा मेरे अन्दर उमड़ते इस उफान को महसूस कर रही थी।

वह धीरे-धीरे चलती हुई मेरे पास आ गई। मैरून सलवार-कमीज में बेहद सुन्दर दिख रही थी। दुनिया में उजाला बिखेरती हुई मुस्कुराई और बोली—मैं चाहती हूँ कि कोई न कोई कानूनी प्रमाण भी रहे।

उस शाम आखिर हम होटल में अपने कमरे में जा ही पहुँचे। पलंग के चँदोवे से गेंदे और रजनीगन्धा के फूलों की लड़ियाँ झूल रही थीं। और हम सबसे ज्यादा खुश थे।

हमें और कुछ नहीं चाहिए था, और किसी की जरूरत नहीं थी।

अब मुझे उससे दूर नहीं जाना पड़ेगा—इस अनुभूति ने मुझे एक गहरी सुरक्षा और आत्मसन्तोष के भाव से भर दिया।

वह कमर के बल लेटी थी—चेहरा दमक रहा था। उसके केश गहरे गुच्छों में चेहरे के गिर्द बिखरे थे। उसने मुस्कुराकर कहा—माफ करना तुम्हें उस सबसे गुजरना पड़ा।

मैंने कहा—बेबी, तुम्हारे लिए मैं वह सब फिर से करने को तैयार हूँ। तुम्हारे लिए तो मैं कुछ भी, हाँ, कुछ भी कर सकता हूँ।

उसने कहा—सड़क पर नाच सकते हो?

—कुछ भी...

—हजार मटर छील सकते हो?

—कहा न कुछ भी।

—मुझे यूनान ले जाओगे?

—हाँ, कहीं भी।

—एक महान पुस्तक लिखोगे?

—हाँ, जरूर।

—तो जरा मुझे प्यार करो न।

कुछ भी और बार-बार...

और फिर...

प्रिय, तुम्हारे लिए मैं कुछ भी कर सकता हूँ। कुछ भी, हाँ, तुम्हारे लिए...

फर्स्ट थिंग्स

वापसी उड़ान में मैंने खुद को एक पंख-सा हल्का महसूस किया।

मैं यात्रा के दूसरे चरण में हीथ्रो हवाई अड्डे से दिल्ली की उड़ान पर था और एक बड़ी इमारत जितना विमान आधा ही भरा था। मैंने एकदम पीछे की पाँच सीटें हथिया लीं और बारह घंटे की दाँत दर्द यात्रा के बीच में कराहता हुआ अपना बायाँ गाल दबाकर पड़ा रहा। तीसरे जैक डैनियल के साथ बुढ़ाती एयर होस्टेस की मीठी मुस्कान एक चेतावनी भरी गुर्राहट में बदलती लगी। मैं रंगभेद के नाम पर उलझने की स्थिति में नहीं था। मैं तो शून्य में गुम होने की कोशिश कर रहा था।

हम कॉलेज के मैदान में फुटबाल खेल रहे थे। सोबर्स, मिलर, शिट, मेरे स्कूली दिनों के साथी, मेरे चचेरे भाई लोग। मैं गेंद के साथ नहीं बढ़ पा रहा था। मैं जब भी कदम बढ़ाता तो हवा में छह फीट ऊपर उठ जाता और सबके ऊपर से गुजर जाता। मैं बाकी सब खिलाड़ियों से ज्यादा तेजी से आगे जा रहा था, लेकिन फिर भी मेरे पैर गेंद को नहीं छू पा रहे थे। मेरी टीम के साथी चीख-चिल्ला रहे थे कि मैं मैदान पर गेंद के साथ ही रहूँ।

मैं पूरी कोशिश कर रहा था, लेकिन फिर भी न जाने क्यों मैं धरती पर नहीं टिक पा रहा था। असल में तो मैं खुद को बहुत हल्का, ज्यादा हल्का महसूस कर रहा था। और यह अधर स्थिति मुझे बहुत अच्छी मालूम दे रही थी। जब-जब मैं कदम बढ़ाता तो छह फीट ऊँचे उठकर बारह फीट पर जा पहुँचता। हर कोई अचरज और आतंक से मुझे देख रहा था। अब मुझे नीम और गुलमुहर की फुनगियाँ दिखाई दे रही थीं–जिमनेजियम और साइकिल स्टैंड, होस्टल, ऑडिटोरियम, टेनिस स्टेडियम और लेजर वैली नजर आ रहे थे।

मैं धीरे से नीचे आता, जमीन से टकराता और फिर से सीधा ऊपर उठ जाता, पहले से भी ज्यादा ऊँचा।

लेकिन फिर आजादी और आनन्द के भाव की जगह आतंक ने ले ली। मैं कुछ ज्यादा ही ऊपर उठता जा रहा था। मेरा खुद पर कोई काबू नहीं रह गया था, लगता था मैं उड़ता हुआ न जाने कहाँ चला जाऊँगा। नीचे खेल थम गया था। और सब मैदान के बीचोबीच झुंड में खड़े ऊपर की तरफ देख रहे थे। दूसरे खिलाड़ी भी वहाँ आ गए थे–बास्केटबाल खिलाड़ी, ऊँची कूदवाले, पहलवान, मुक्केबाज, एथलीट, हाथी खिलाड़ी, झकाझक सफेद पोशाकों में क्रिकेट खिलाड़ी। हर कोई आकाश में देख रहा था। वे हाथ हिला-हिलाकर चीख-चिल्ला रहे थे।

मैं खुद को नीचे की तरफ धकेलने के लिए अपने अंगों को निराशा से झकझोर रहा था। मैं नीचे खड़े लोगों से मदद की गुहार लगा रहा था कि वे जैसे भी हो मुझे नीचे खींच लें। लेकिन कोई तरीका काम नहीं कर रहा था। मैं डर से बुरी तरह घबरा उठा था। आतंक ने दबोच लिया

था मुझे। फिर वे चेहरे अनचीन्हे लगने लगे—आवाजें दूर जाने लगीं—कॉलेज एक बिन्दु-सा नजर आने लगा और फिर पूरा चंडीगढ़ एक बिन्दु में सिमट गया—हर चीज, सब कुछ नन्हे बिन्दु में बदल गया।

और फिर आतंक का दौर गुजर गया।

मैं ऊपर और ऊपर उठता गया। फिर न मेरे नीचे कुछ रहा और न ऊपर।

मैं आधी रात को ग्रीन पार्क में अपनी बरसाती पर पहुँचा तो सबसे पहले मैंने मकान मालिक की घंटी बजानी शुरू कर दी जोर-जोर से। मैं जानना चाहता था कि क्या फ़िज़ की कोई खबर है? न, कोई समाचार नहीं था।

मैं टैरेस पर पहुँचा तो मास्टर उलूकपिल्लू बोल उठा।

जान बची सो लाखों पाए, लौट के बुद्धू घर को आए।

ईश्वर का धन्यवाद। मूर्ख घर लौट आया सही-सलामत।

अगली सुबह मैं बैंक गया—वहाँ से कोई रकम नहीं निकाली गई थी। मैंने उसकी हर मित्र को फोन किया—जया, मिनी, छाया—सब। वे मेरे फोन से हैरान रह गईं, उन्होंने विनम्रता से मेरे प्रश्नों के उत्तर दिए, पर मदद जरा नहीं की। उन्होंने कहा कि उन्हें फ़िज़ के बारे में कतई कुछ पता नहीं, उनका दावा था कि वे तो वर्षों से उसके सम्पर्क में नहीं हैं। मुझे उन पर भरोसा करना पड़ा। और कोई चारा था ही नहीं। सच में वह चट्टानों के पीछे छिपकर गुम हो जानेवालों में नहीं थी लेकिन यह भी सच था कि वह किसी के सामने अपने मन के घाव दिखानेवाली भी नहीं थी।

मैंने जोरहट में उसके घर फोन किया। उसकी माँ ने कहा कि वह छुट्टियों में वहाँ नहीं आती, फिर मेरी आवाज पहचानकर सिसकने लगीं। मैं प्रतीक्षा करता रहा। वह अनियन्त्रित भाव से सूँ-सूँ कर रही थीं। फिर उसके पिता लाइन पर आए। वह एकदम ठंडी और नाटकीय आवाज में बोल रहे थे। उन्होंने कहा, वह तो मुझे पहली नजर में देखते ही समझ गए थे कि वह गलती करने जा रहे हैं।

यह दुनिया बहुत कठोर-कठिन है। हरेक के साथ सिकाडा की तरह पेश आओ।

मैंने कहा—यह बहुत जरूरी है, मैं जैसे भी हो उससे बात करना चाहता हूँ।

अपने हॉल में दिखाई जानेवाली फिल्मों के अन्दाज में उन्होंने हिन्दी में कहा—जब गोली बन्दूक की नाल से निकलती है तो फिर पीछे नहीं लौटती।

मैंने कहा—प्लीज, मेरी मदद कीजिए।

उन्होंने कहा—बेटा, अब कोई तुम्हारी मदद नहीं कर सकता। ईश्वर भी नहीं। और उन्होंने फोन रख दिया।

मैं कहना चाहता था, सिर पर अगर बाबा गोलबोले की लात खाई जाए तो कैसा रहे। क्या उससे मदद मिलेगी? बाबा गोलबोले की हजारों-हजार ठोकरें। ओ सुन्दरी के पिता रिजवान साहब?

मैंने फिर फोन मिलाया।

उन्होंने कहा—गलत नम्बर। और फिर हर बार नम्बर गलत ही मिला। मैं तो तुम्हें पहली नजर में देखते ही समझ गया था कि गलत नम्बर मिल गया है।

इस बार मैंने फोन काट दिया।

क्रिसमस में दो दिन बाकी थे। शाम को छह बजे ही अँधेरा हो गया था। मैंने लव सीट को टैरेस पर खींच लाया। व्हिस्की उठाई। उस मोटे स्लेटी शॉल को लपेट लिया जिसे हमने कभी कसौली में पुराने सामान के मार्किट से खरीदा था, और बाहर आ बैठा। जब मैं वहाँ नहीं था तो मकान मालिक ने सर्दियों की धूप को रास्ता देने के लिए गुलमोहर के फैलाव को छाँट दिया था। डालियों के घने आवरण के बिना मैंने खुद को नंगा-सा महसूस किया।

हर कहीं ट्रैफिक का शोर था। बारह साल पहले जब हम दिल्ली आए थे तो हमारी गली में एकदम शान्ति रहती थी, लेकिन अब वहाँ भी कारों का शोर और आवाजों की गूँज थी। ज्यादातर स्वर पुरुषों के थे, मौज-मजे की तैयारी करते हुए। दिल्ली में त्योहार का मौसम था। दिन पार्टी मनाने, नशे में डूब जाने और सड़कों पर कारें दौड़ाने के थे। अखबार नई शताब्दी से पूर्व की हुल्लड़बाजी, आनन्दोत्सव के निमन्त्रणों से भरपूर थे। पूरे शहर में दुकानों, कारों और मकानों से संगीत लहरियाँ फूट रही थीं।

मुझे पुराने दिन याद आने लगे–वे साल जब दिसम्बर के आखिरी दो हफ्तों के दौरान हम हर रात दोस्तों के साथ बाहर निकल जाते, प्यार करने की जरूरत ही हमें घर लौटा लाती थी। फिर पलंग पर लेटे हुए हम हर बीते साल को याद करते जाते–हर जीत की खुशी, हर पराजय का गम–1981, 82, 83, 84, 85, 86, 87, 88, 89, 90, 91, 92, 93, 94...

वह कहती–यह साल सबसे अच्छा रहेगा–एक बच्चा, एक किताब और दो छुट्टियाँ।

मैं कहता–पहले किताब, फिर बच्चा, बाद में छुट्टियाँ।

वह कहती–यह तो तुम हर साल ही बोलते हो, और फिर कुछ नहीं होता। मान लो अगर मैं किताब लिखूँ।

मैं कहता–बहुत खासे। तो फिर बच्चा मैं बनाऊँगा।

वह कहती–चिन्ता मत करो। मैं किसी को कुछ नहीं बताऊँगी। मैं तुम्हें ही सारी वाहवाही लूटने दूँगी।

मैं कहता–हाँ, यही...यही तो चाहता हूँ मैं।

गुलमुहर की डालियाँ छाँट दिए जाने के कारण मैं डीयर पार्क में गहराती छायाएँ देख पा रहा था। कुहरा पेड़ों को अपनी उँगलियों से छूने लगा था। मेरा मन चाह रहा था कि मास्टर उलूक कोई अक्ल की बात बताए लेकिन अभी उसके बोलने में काफी देर थी। मैं सुबह काफी देर तब साइब कैफे में निकाले गए सैकड़ों प्रिंटआउट्स को फाड़ता-चीरता रहा। मैंने नीचे काम करनेवाली नौकरानी को बुला लिया। उसे घर की साफ-सफाई करने के लिए पैसे दिए। खोज का काम पूरा हो गया था पर फिर भी कुछ तो बाकी था।

तभी मन में एक विचार आया। मैं अन्दर गया और ठाकुर की दुकान पर फोन किया। फिर फोन रखकर दस मिनट तक इन्तजार किया और फिर से फोन मिलाया। राक्षस हाँफ रहा था।

क्या आप उन्हें ढूँढ़ पाए? वह कैसी दिख रही थीं? क्या उन्हें कुछ याद है? उन्होंने क्या कहा? क्या आपने उन्हें हमारे बारे में बताया था?

मैंने कहा–ठहरो, रुको। मैं वहाँ पहुँचकर तुम्हें सब कुछ बता दूँगा। लेकिन पहले मुझे बताओ। क्या...

–न यहाँ, कोई खबर नहीं। फिर एक पल को मुझे लगा फिल्मों की तरह बिगड़ी स्थितियाँ फिर से सम पर लौट आएँगी। शायद मैं अन्यमनस्क से घंटों बैठा रहा क्योंकि अन्ततः मास्टर उलूकपिल्लू बोल उठा था।

मूरख, तुम्हें पता नहीं, वह छुट्टियों में घर लौट रही है।

और फिर पलक झपकते ही मैं जान गया कि वह कहाँ हो सकती है।

मैं अन्दर दौड़ गया। सेना की मोटी, कनटोपवाली जैकेट पहन ली, अन्दर की जेब में टूथब्रश रखा, बत्तियाँ बुझाईं और पन्द्रह मिनट से भी कम समय में घर से बाहर निकल आया। जब मैंने बस स्टैंड के कार पार्क में अपनी जिप्सी खड़ी की तो दस बजे से ज्यादा समय हो चुका था। जब पिछली बार यहाँ आया था, तब से टर्मिनस का रूप सँवर गया था। लेकिन चंडीगढ़ में सब कुछ वैसा ही था, अठारह साल पहले जैसा। मैं पहुँचा तो हरियाणा रोडवेज की बस छूट रही थी। मुझे आखिरी से पहली कतार में सीट मिल गई। मैंने प्लाईवुड से और लोहे की सीट के पीछे अपने घुटने टिका लिये और यात्रा के मूड में ढल गया।

लेकिन कुछ ही मिनट में पैर दर्द करने लगे। बस में तैरती बासी हवा मेरे नथनों में घुस गई। सारी खिड़कियाँ खड़खड़ा रही थीं और कुछ तो बन्द ही नहीं थीं। ठंडी हवा अन्दर घुसकर हर मुसाफिर को अपना मुँह ढँकने पर मजबूर कर रही थी। ज्यादातर के पास कम्बल और दुशाले थे और मेरे पास जैकेट। गोया हम किसी मिशन पर निकले हुए भीतरखाती थे। पन्द्रह वर्ष पहले जब सिख आतंकवाद अपने चरम पर था तो ऐसी बस में आतंक के कारण मितली आ सकती थी, लेकिन अब हर कोई खर्राटे भर रहा था। कपड़े के गुड्डों की तरह लोग ढीले-ढाले ढंग से सीटों पर फैले-पसरे हुए थे।

आधी रात के बाद ड्राइवर ने मुरथल के पास बस को घुमाकर एक ढाबे के बाहर रोक लिया। बदबूदार पानी से घिरे खड़े पीले तनेवाले सफेदे के पेड़ के पास पेशाब करते हुए, स्टील की प्लेटों में दाल-रोटी खाते हुए, हैंडपम्प चलाकर उसका ठंडा पानी अपने धूल भरे चेहरे पर डालते हुए, ढाबे की रोशनियों से परे-परे सड़क पर चलते हुए मैंने खुद को बीस-साला जवान महसूस किया। मेरे दिल में अथाह दर्द भरा था।

चंडीगढ़ पहुँचकर मैंने बिना पेस्ट के ही ब्रश से दाँत साफ किए और मक्खन लगे बन के साथ कई प्याले गरमागरम चाय पी गया। फिर इधर-उधर टहलते हुए बदन को गरमाने की कोशिश करने लगा। तब तक हिमाचल रोडवेज की बस चलने को तैयार हो गई। नौ बजते-बजते पूरा जोर लगाकर पुरानी बस अन्तिम खड़ी चढ़ाई चढ़ गई और दुकानों के सामने जा रुकी। मौसम ठंडा, बहुत ही ठंडा था। सूरज सुबह की ठंड को भेदकर बाहर नहीं आया था। और प्रायः व्यस्त रहनेवाला चौक और पार्किंग स्थल लगभग खाली पड़े थे। जरा आगे पत्थरों से पटी सड़क वाला बाजार धीरे-धीरे नींद से बाहर आ रहा था। एक बार जब मैं सर्दियों में उसके साथ कसौली आया था तो वहाँ बिताए चार दिनों में हमने दोपहर से पहले बिस्तर कभी नहीं छोड़ा था।

लोअर और अपर माल से दूर जाते हुए मुझे स्कूल तक पहुँचने में दस मिनट से भी कम समय लगा। मैं पत्थर पटे रास्ते पर चलता हुआ कॉन्वेंट की तरफ बढ़ा तो मेरा उत्साह जैसे ठंडा पड़ने लगा। खेल के मैदान में कोई आवाज नहीं थी। खम्भोंवाले गलियारे में किसी पैर की आहट नहीं थी। पत्थरों की दीवारोंवाली कक्षाओं में किसी बच्चे की आवाज नहीं सुनाई दी। बिना छात्रोंवाले स्कूलों में अध्यापक नहीं होते।

ब्राउन पोशाक और मोटे काले शॉल में ढकी विनम्र नन ने बताया कि जब दिसम्बर के पहले हफ्ते में स्कूल बन्द हुआ तो औरों के साथ फ़िज़ भी चली गई थी। नहीं, उन्हें पता नहीं कि वह कहाँ गई है। हाँ, वह बाकी सबके साथ जनवरी के पहले सप्ताह में लौट आएगी। मैं उसका...

मैं उससे प्रतिशोध लेने...उसका...नरक से आया उसका...

महान लेखक चिंचपोकली, सपनों के पीछे भागनेवाला आदमी। भूतों के साथ व्यभिचार करनेवाला, तर्क और कुतर्क के बीच नया रास्ता बनानेवाला–फर्स्ट थिंग्स की भूमि से आया हुआ...

मैंने कागज पर सन्देश लिखा–नन से लिफाफा लेकर कागज उसमें रखा और बन्द कर दिया।

गोरी त्वचा और करुण नेत्रोंवाली सिस्टर ग्रासा, मेरी आशाओं की यह प्रार्थना उसे धीरे से थमा देना। क्रास पर झूलता तुम्हारा पैगम्बर उसे स्वस्थ रखे।

दोपहर बाद मैं चंडीगढ़ लौट आया। मेरा सड़ा हुआ पिछला दाँत ज्वालामुखी के गर्त की तरह खुल गया था–दर्द इतना ज्यादा था कि मैं मुश्किल से आँखें खोल और बोल पा रहा था। बस स्टैंड के परे एक डेंटिस्ट था। उसने दाँत सुन्न करनेवाली कोई दवा लगाई और उसके ऊपर अस्थायी-सी कैप लगा दी। पास वाले छोटे कमरे में बैठकर मैं आधा घंटे तक दर्द कम होने की प्रतीक्षा करता रहा। फिर मैंने एक कॉम्बीफ्लैम खाई और रिक्शा में बैठकर सेक्टर 35 में बने स्लेटी मकान तक जा पहुँचा। बीस साल पहले वाले प्यार भरे दिनों की तुलना में यह शहर जैसे काफी सिकुड़-सिमट गया था। जिन रास्तों पर हम लगातार चलते चले जाया करते थे, वे सिमट गए थे। पेड़ों की पाँतें ट्रैफिक के शोर-शराबे में कहीं पृष्ठभूमि में खिसक गई थीं। साइकिलों को मोटरसाइकिलों और कारों ने कहीं और धकेल दिया था।

मेरी स्मृति में सड़कों की छवि खामोशी के बीच हम दोनों के संवाद से जुड़ी थी। लेकिन अब वहाँ इंजन और भोंपुओं का निरन्तर गूँजता शोर था। मैं सोच रहा था–यहाँ अब सड़क पर चलकर अपने प्यार की मंजिल पाने के दिन गए।

उसके मकान तक पहुँचानेवाले सारे छोटे रास्ते जो पहले खाली प्लाटों से होकर गुजरते थे, और जहाँ से हर हफ्ते मैं और मिलर गुजरा करते थे, अब खत्म हो गए थे। सेक्टर इस छोर से उस छोर तक पूरा बन गया था। लेकिन इस मकान में कोई बदलाव नहीं आया था। वही काले इस्पातवाला दरवाजा, नीची स्लेटी दीवार और अपराध-बोध में सिर झुकाए खड़े बाटलब्रश। हाँ, छोटा-सा उद्यान, जहाँ हम कभी-कभी बैठा करते थे, अच्छी स्थिति में लगा। घास को हाल ही में काटा गया था और पहले छोर पर जवाकुसुम की झाड़ी भी कटी-छँटी लगी। दीवार के सहारे टिकाने के लिए मेरे पास अब कोई साइकिल नहीं थी, लेकिन मेरे मन में आया कि रिक्शा को रुकने को कह दूँ।

एक युवती ने लकड़ी का दरवाजा खोला लेकिन जालीदार कपाट बन्द ही रहने दिए। यह 1979 नहीं था, यह था 1999 और अब डर, भय, आतंक ही हम लोगों के मुख्य भाव बन चुके थे। भारत ने बोतल में बन्द सारे प्रेतों को बाहर निकाल दिया था। एक फकीर ने कितनी चतुराई से इन सबको बोतल में बन्द करके रखा था। लेकिन अब वे चारों तरफ फैलकर हमें हैरान-परेशान कर रहे थे। आतंकित कर रहे थे। पागलपन का दौर ही हमारी नियति बन चुका था। हम तेजी से उसी तरफ लुढ़क-पुढ़क रहे थे–बस बीच महज एक जालीदार दरवाजा था। मुझे उसे यह बताने में कई मिनट लग गए कि मैं कौन था। फ़िज़ की चाची अब नहीं रही थीं। वह युवती उनकी पोतबहू थी और उसने मेरे बारे में सुन रखा था। साफ था कि अगर सम्भव होता तो वह मेरा पहचान-पत्र देखना चाहती लेकिन मैं समझता हूँ कि आप उन अजीबोगरीब रिश्तेदारों से भी यह सब नहीं पूछते जो आधी रात में ऊँचे पहाड़ पर मृतकों के पीछे भागते रहते हैं।

अन्दर जाकर देखा ग्रंडिग गायब था और बड़े लाल फ्रिज ने छोटे सफेद फ्रिज को खा डाला था। सारा फर्नीचर मखमल से मढ़ा था और बीच में शीशे के टाप वाली मेज रखी थी और दीवार पर लटके पहाड़ी मकान वाले तैलचित्र की जगह अब लार टपकाते एक शिशु का बहुत बड़ा चित्र लटका हुआ था।

डाइनिंग टेबल के पास अनिश्चय के भाव से खड़ी उस युवती ने मुझसे चाय के लिए पूछा लेकिन मैंने कहा कि मैं बाथरूम जाना चाहता हूँ। दो दरवाजे वाला बाथरूम। अब यह वैसा श्वेत आश्रम स्थल नहीं रह गया था जहाँ जाकर हम अकसर ही एक-दूसरे में खो जाया करते थे—वहाँ लगे टाइल, कमोड, सिंक सब विचित्र हरे रंगों में बदल चुके थे। सिंक के ऊपर लगा दर्पण, अब पुराने की जगह छह गुना बड़ा था। मैंने उसमें झाँका—और उसमें अपनी किशोर छवि नहीं देख पाया।

मैं बूढ़ा हो गया था।

मेरी लहराती दाढ़ी में यहाँ-वहाँ बेतरतीब स्लेटी धब्बे झलकने लगे थे, पोनीटेल में सफेदी के धागे आ मिले थे। सेना के बड़े-बड़े कनटोप वाली जैकेट में उस थके हुए सैनिक जैसा लग रहा था जो लड़ाई के मोर्चे से घर लौट रहा हो। मैंने अपनी आँखों में झाँका और मैं रोने लगा।

शायद ऐसा मैंने बचपन से नहीं किया था। मैं रोता-सुबकता रहा, और फिर अन्दर का सब कुछ आँसुओं में धुलकर बह गया, कुछ बाकी न बचा।

न प्यार, न कसक, न कोई स्मृति और न कोई इच्छा।

दिल्ली, हापुड़, गढ़मुक्तेश्वर, गजरौला, मुरादाबाद, रामपुर, बिलासपुर, रुद्रपुर, हल्द्वानी, काठगोदाम, ज्योलीकोट, गेथिया—हमारे जीवन को जीवन देनेवाला जादुई मन्त्र। मैं चौंधियाए भाव से धीरे-धीरे ड्राइव कर रहा था। पहाड़ों में पहुँचकर मुझे खुशी हुई। यद्यपि नैनीताल मार्ग पर छुट्टी में घरों से निकले सैलानियों की भीड़ थी लेकिन जैसे ही जिप्सी ने पहाड़ी रास्ते पर ऊपर चढ़ना शुरू किया मेरा मन शान्त हो उठा। मैं एक नम्बर के कटाव पर बढ़ा तो न जाने क्यों मन में यह विश्वास आ बैठा कि मैं उसे वहाँ अपनी प्रतीक्षा करती पाऊँगा। एक पगलाई प्रसन्नता अन्दर उभरने लगी और मैं पुराने बीरभट्टी पुल, आश्रम के बाहर क्रंकीट से बनी गाय के लोहे के थनों के पास से गुजरता हुआ गाड़ी तेजी से दौड़ाने लगा—सेनेटोरियम के नीचे बुढ़ाते सिल्वर ओक पेड़ पंक्तिबद्ध खड़े थे। मैं सड़क का मोड़ घूमा और घर जा पहुँचा।

क्या वह यहाँ है? मैंने प्रकाश से पूछा। जो मेरे अन्दर आने के बाद दरवाजा बन्द कर रहा था।

कौन? उसने पूछा।

उसके पीछे खड़ा था राक्षस—गूढ़, गुप्त रहस्यों का जानकार।

मैं कुछ ही महीनों के लिए यहाँ से दूर रहा था लेकिन न जाने क्यों ऐसा लग रहा था जैसे लम्बे समय बाद यहाँ वापस आ रहा हूँ। फ़िज़ के रोपे पौधे पहले से बड़े मालूम दे रहे थे लेकिन मकान कहीं ज्यादा खस्ताहाल लग रहा था। मेरे सामने ही छोटे होना शुरू हुए बजरी और रेत के ढेर अब एकदम नदारद थे।

मैंने राक्षस को नीली स्वीड जैकेट थमा दी जो मैं उसके लिए लाया था। मैंने उसे बताया कि यह जैकेट उसकी है। रिश्ते की बहन ने भेजी है।

उसने पूछा—क्या वह भी अपने माँ-बाप की तरह सुन्दर है?

मैंने कहा—हाँ, ऐसा ही है।

उस दिन आधी रात तक मैं टैरेस पर बैठा व्हिस्की पीता हुआ सड़क पर नजरें गड़ाए रहा। रात स्वच्छ थी इसलिए आप पूरी घाटी में चमकती रोशनियों को साफ-साफ देख सकते थे। आकाश में उस रात हमेशा से ज्यादा तारे नजर आ रहे थे।

क्या तुम उन्हें गिन सकते हो?

हाँ, तीस लाख, दो हजार और सत्तर हजार सात सौ तैंतीस।

अरे वाह! वह तुम्हारी हुई। जैसी आखिरी बार देखी-दिखाई दी थी वैसी ही।

मैं एक खेल खेल रहा था—ज्योलीकोट से अपनी ओर आती हर गाड़ी को देखकर मैं अनुमान लगाने लगता। क्या वह उस गाड़ी में थी? या फिर इसमें? मेरे नीचे गाड़ी का इंजन जोर से धड़धड़ाता, गुर्राता और फिर वह आगे जाकर लोप हो जाती, कुछ देर बाद मेरे पीछे वह दोबारा दिखाई देती, फिर दूर पड़ाव की ओर जाकर खो जाती। मेरा दाँत फिर कसकने लगा था। मैं तय कर चुका था कि दाँत की पीड़ा को व्हिस्की में डुबा दूँगा।

छपका अपनी सांकेतिक भाषा में रात से बातें करने लगा था। रात बीतने के साथ व्हिस्की की बोतल खाली होती गई। और उसकी आवाज और भी तेज होती गई—लग रहा था जैसे ब्रह्मांड का नगाड़ा बज रहा है।

टक-टक-टक।

जल्दी ही उसकी आवाज मेरे माथे पर हथौड़े की तरह चोट करने लगी मानो सिर फट जाएगा। मैं टैरेस के नीचे कूद जाना चाहता था ताकि लेंटाना की झाड़ी में जाकर इस टक-टक टक करनेवाले छपका की गरदन मरोड़ दूँ।

प्रकाश ने मुझे सुबह देर से जगाया—अंडों और चाय के साथ। मैं व्हिस्की के असर से कुछ अस्थिर महसूस कर रहा था। मुझे कुछ याद नहीं था कि मैं रात में टैरेस से उठकर अन्दर कब आया था? मैंने अपने बालों को रबड़ बैंड में कसा और बाहर निकल गया। सूरज की चमक में आँखे चौंधिया रही थीं। मितली को रोकने के लिए मुझे दरवाजे के अन्दर आ जाना पड़ा। आकाश ऊँचा और हल्के पीले-नीले रंग का था।

दाँत में अब भी दर्द की लहरें उठ रही थीं।

गरम पानी में नहाकर मैं नीचेवाली टैरेस पर उतर गया और त्रिशूल के नीचे पड़ी लाल पत्थर की बेंच पर जा बैठा। छाया में हवा ठंडी लग रही थी। बघीरा छाया से बाहर धूप में बैठा था। मैंने महसूस किया शिव का भव्य प्रहरी—कार्पेट साहब का लाया गया पौधा—भी अब बूढ़ा हो चला था। हवा के रुखवाली इसकी कई डालियाँ गिर चुकी थीं, बची हुई भी कमजोर दिखाई दे रही थीं। इसकी छाल पर बुढ़ापे का खुरदरा गीलापन आ ठहरा था। नीचे से देखने पर मकान भी पुराना-सा मालूम देता था। इसकी बिना शीशेवाली खिड़कियाँ किसी बूढ़े की दृष्टिहीन आँखों जैसी लग रही थीं और इसकी फीकी लाल छत किसी बूढ़ी का बेढंगा हैट जैसा लग रहा था।

जैक्सन माइकल नीचे वाले दरवाजे से चला आया। वह एक छोटा गुलाबी रंग का प्लास्टिक का डिब्बा थामे हुए था। वह देखने में अच्छा था, बाल करीने से कटे हुए और मूँछें थीं किसी सेना के अफसर के फुर्तीले कदमों-सी तीखापन लिये हुए। होंठों पर थी किसान की गर्मजोशी भरी मुसकान। निश्चय ही उसके रोगी उसके प्रति कृतज्ञ थे। बन्नो/मेरी और रामआसरे/पीटर का बीज खूब फला-फूला था। वह मेरे लिए क्रिसमस का रम केक लाया था।

उसने पूछा–आप कैसे हैं? लेकिन मेरा खयाल है आप एकदम स्वस्थ नहीं हैं।

मैंने कहा–मैं ठीक हूँ, माइकल। बस इधर कई रातों में देर तक जागता रह गया, स्टीफन कैसे हैं?

उसने कहा–वह क्रिसमस के असर से उबर रहे हैं। आप तो जानते हैं सर, क्रिसमस के बाद हमेशा ही उन्हें सँभलने में कुछ समय जरूर लगता है।

उसने मेरी कलाई थाम ली और नाड़ी की गति गिनने लगा, फिर उसने हथेली का पिछला हिस्सा मेरे गले पर टिका दिया।

मैंने कहा–माइकल, मेरे दाँत में दर्द है।

उसने कहा–सर, मैंने कहा न आपकी तबीयत ठीक नहीं है। आपको एक इंजेक्शन की दरकार है।

मैंने कहा–माइकल, क्या तुम्हारे पास कोई ऐसा इंजेक्शन भी है जिसके लगाने से घोर निराशा का भाव गायब हो जाए।

वह बोला–मैं क्षमा चाहता हूँ, सर।

मैंने कहा–माइकल, लगा दो फिर। लेकिन एक शर्त है, इसके बाद तुम मुझे मैडम की कब्र दिखाने ले चलोगे।

मैं मकान के पास वाले पहाड़ी उठान पर चीड़ और बांज वृक्षों के बीच उसकी कब्र नहीं खोज पाया था, क्योंकि वह तो स्टीफन के मकान के पीछे एक खँडहर टीन शेड में छिपी हुई थी। वह जगह शराब की बोतलोंवाले गड्ढे के पास थी जिसे स्टीफन लगातार भरने में लगा था। जब जैक्सन माइकल ने जर्जर दरवाजे को धकेलकर खोला तो अन्दर भागमभाग-सी सुनाई दी। अन्दर रोशनी केवल टीन में बने छेदों से ही आ रही थी। वहाँ कोई खिड़की नहीं थी। गिरने-गिरने को हो रहे दरवाजे को पूरी तरह खोला गया तो धूप का बड़ा टुकड़ा अन्दर चला आया। हमने वहाँ काट और चुनकर रखी गई जलावन का ढेर परे खिसका दिया। वहाँ केवल संगमरमर की केवल एक पटिया शेष रह गई थी। बेटे ने बताया कि पिता ने कब्र पर लगे बाकी पत्थरों को उखाड़कर बेच डाला था। मैं बाहर चला गया, एक पुराने डिब्बे में कई बार पानी भर-भरकर लाया और उसे संगमरमर की पटिया पर तब तक उँड़ेलता रहा जब तक वहाँ की धूल और गन्दगी बह न गई।

मोटे काले गोथिक सजावटी अक्षरों में खुदा हुआ दिखाई दिया।

कौन आग के सारतत्त्व को पकड़ सकता है कभी?

कामना के रसायन का रहस्य कौन जान सकता है कभी?

उसके नीचे लिखा था–

सैयद की पत्नी, जॉन की बेटी, गेथिया की कैथरीन, मृत्यु 1942।

इसके फूल घंटिका के आकार के होते हैं, सुन्दर बैंगनी सफेद घंटिका। सब महान पौधों की तरह यह भी मनुष्यों जैसा है–इसके कई गुण हैं। इसमें अच्छाई और बुराई बराबर-बराबर मौजूद हैं।

यह अपने पत्तों से देता है तो अपने बीजों से भी देता है।

आप इसे चिलम में रखकर पी सकते हैं। आप इसे खाने की चीज में मिला सकते हैं–इसे चाय में भी घोला जा सकता है।

इसके अच्छे गुणों का उपयोग त्वचा के फोड़े-फुंसी ठीक करता है। यह बवासीर, वातरोग, दमा, कष्टकर खरोंचों और घावों में आराम पहुँचाता है और टूटी हुई हड्डियों को बैठाते समय यह पीड़ा निवारक का काम करता है।

लेकिन जब मनुष्य का पाला इसके दूसरे बुरे रूप से पड़ता है तो यह नाड़ी की गति तेज कर देता है, गला खुश्क हो जाता है, आँखों की पुतलियाँ फैल जाती हैं, अंगों में फड़कन होने लगती है। चेहरा लाल पड़ जाता है, पेट में गड़बड़ हो जाती है, इसका सेवन करनेवाले निराशा और घबराहट के शिकार हो जाते हैं। यह उन्हें हड्डियों की तरह सुखा देता है, चुकन्दर जैसा लाल बना देता है और उनमें विचित्र उत्तेजना भर देता है।

जब मनुष्य उसके चंगुल में उलझते हैं तो उन्हें विचित्र भ्रमित मानसिक स्थिति में पहुँचा देता है। उन्हें भूलने की आदत हो जाती है। वे बेवजह हँसने लगते हैं, उनकी हर क्रिया अस्थिर हो जाती है–इसके वश में फँसे लोग हर सीमा लाँघ जाते हैं, वे पेटू और व्यभिचारी बन जाते हैं।

लुटेरे इसका इस्तेमाल करते हैं।

हत्यारे इसे काम में लाते हैं।

डॉक्टर भी इसे उपयोग में लाते हैं।

ओझाई करनेवाली औरतें इससे काम लेती हैं।

प्रेमीजन भी इसे इस्तेमाल में लाते हैं।

इसका नशीला धुआँ डेल्फी को भविष्यवाणियों की प्रेरणा देता था।

प्रसिद्ध अरबी हकीम एविसेन्ना ने भी ग्यारहवीं सदी में इसके दो तरह के परस्पर विपरीत दोमुखी प्रभावों का जिक्र किया है।

चीन में इसे बुद्ध की प्रिय वस्तु के रूप में पूजा जाता था।

ईस्टइंडीज में यह अत्यधिक उत्तेजना पैदा करनेवाला माना जाता था।

भारत में प्रागैतिहासिक काल में लोग इसके गुण-दुर्गुण से परिचित थे।

यह पूरे साल उगता है। यह अलग-अलग लोगों पर अलग-अलग प्रभाव डालता है–कहीं अच्छा तो कहीं खराब।

सड़क के किनारे कहीं भी बहुतायत से उग आता है, इसे उखाड़कर ले जाने के लिए कोई दाम नहीं देना पड़ता।

यह विषैले पौधों की प्रजाति का है–यह पौधे की सूखी जड़ से मिलनेवाला क्षारोद है।

कुछ इसे धतूरा कहते हैं, तो कुछ अन्य नामों से पुकारते हैं।

लेकिन भारत में, पहाड़ों में हर कोई इसे धतूरा कहता है।

यह सड़कों के किनारे अपने आप उग आता है। मुफ्त में उखाड़ ले जाने के लिए।

अगले कुछ दिनों के दौरान मेरा दाँत दर्द ज्यादा कसकता रहा। मैं कॉम्बीफ्लैम की गोलियाँ खाता और गिलास भर-भर व्हिस्की पीता रहता लेकिन जैसा सोचा था उस तरह दर्द को व्हिस्की में नहीं डुबा पाया। रात में मैं टैरेस पर तब तक बैठा रहता जब तक शराब मुझे एकदम मदहोश न कर देती। मैं सब भूल जाता, हर विचार, सब कुछ। हर रात मैं बैठा तारे गिनता रहता आखिरी संख्या तक लेकिन वह फिर भी नहीं लौटी।

राक्षस पृष्ठभूमि में मँडराता रहता और मुझे पौ फटने से पहले अपने एक सही हाथ का सहारा देता हुआ अन्दर ले आता।

आश्चर्यजनक रूप से अब मुझे सपने परेशान नहीं करते थे। सपनों में कोई मुझे खींचने, पाने, निचोड़ने के लिए नहीं आता था। हर सुबह मैं कमजोरी महसूस करता। शराब की खुमारी और दाँत दर्द दोनों मुझे घेरे रहते। प्रकाश अंडे और चाय लेकर आता और मुझे जगाता।

लेकिन चौथे दिन आते-आते दाँत का दर्द असहनीय हो उठा। मैंने राक्षस को जिप्सी में बैठाया और हल्द्वानी जा पहुँचा। मैं मोड़ों पर धीमे-धीमे ड्राइव कर रहा था—दर्द की लहरें मुझे बेचैन कर रही थीं। हल्द्वानी में ट्रैफिक एकदम अव्यवस्थित था। हर कोई सड़क पर अपनी मर्जी से ड्राइव कर रहा था, लोग बेफिक्री से इधर-उधर आ-जा रहे थे। राक्षस को सिर खिड़की से बाहर निकालकर लगातार गालियाँ बकते, पुकारते हुए रास्ता बनाना पड़ रहा था। नए लेकिन जीण-शीर्ण शॉपिंग कॉम्प्लेक्स की पहली मंजिल पर एक बड़े, धूल भरे कमरे में जंग खाई डेंटल चेयर रखी हुई थी। दाँतों के डॉक्टर ने ढीली-ढाली पैंट के नीचे पैरों में रबर के स्लिपर पहन रखे थे—उसने बात की बात में मेरे पिछले दाँत पर नंगी कैप हटा दी। मुझे तुरन्त आराम महसूस हुआ। उसने कहा कि दाँत के अन्दर लगातार बढ़ता हुआ दबाव ही दर्द का कारण बना हुआ था। उससे नस में सूजन आ गई थी। उसने दाँत को एंटीसेप्टिक घोल से धोकर उसमें रूई की छोटी-सी गोली रख दी।

उसने कहा—कभी-कभी आपको घावों को खुला छोड़ने की भी जरूरत पड़ती है।

वापसी में ऊपर की तरफ चढ़ाई पर चढ़ते हुए हम नैनीताल की ओर दौड़ती कारों के पास से गुजरे। उनसे जोर-जोर से संगीत की गूँज उठ रही थी। कहीं-कहीं कारें एकदम किनारेवाली पटरी खड़ी दिखाई थीं। और युवक—कहीं-कहीं औरतें भी—बोतलों से बीयर पी रहे थे। उनके चेहरों पर उत्तेजना और प्रसन्नता की छाप थी। वे जोर-जोर से बतिया रहे थे।

हवा ठंडी थी, शरीर पर चुभ रही थी।

आधे रास्ते पर मैंने फ़िज़ वाली, बड़ी चट्टान देखी जिसमें से पीपल का पेड़ उग रहा था। उसकी जड़ों ने चट्टान को ऐसे घेरा हुआ था जैसे लेगस्पिन गेंदबाज की उँगलियाँ गेंद के गिर्द कस जाती हैं।

प्यार पर्दतों को हिला देता है। क्या मैं तुम्हारे लिए इसे खिसका सकता हूँ।

मादाम, इसे हमारे बाग में ले चलिए। वहाँ इसे एक स्मारक की तरह रोप दीजिए।

घर पहुँचने तक मेरा दाँत दर्द गायब हो चुका था। लेकिन घिरती रात में मेरे लिए यह अनुभूति एकदम सुखकारी भी नहीं थी। क्योंकि अब मुझे दर्द से परे कुछ और बातों पर सोचना था, और मेरे पास सोचने के लिए कुछ था नहीं।

मैं जल्दी टैरेस पर जा पहुँचा और पीने बैठ गया। ये आखिरी प्रकाश बिन्दुओं के सोने से पहले के क्षण थे और सड़कों पर यातायात का शोर था। इंजन की आवाजें कभी तेज होतीं तो फिर धीमी पड़ जातीं। उन आवाजों ने घाटी को जैसे भर दिया था। मैं वहाँ बैठा था, तो दिन बुझ गया। और मेरे नीचे ज्योलीकोट और ऊपर नैनीताल में प्रकाश बिन्दु एक-एक कर जागने लगे। जल्दी ही पहाड़ी ढलान अपने निवासियों के फैलाव का विज्ञापन करते दिखाई देने लगे। आकाश ऊँचा था और सितारों से भरपूर—मैं उनकी सही-सही संख्या जानता था।

थोड़ी देर में छपका मेरे साथ बहस शुरू कर देगा और मैं यही सोचता रह जाऊँगा कि आखिर वह क्या बात है जो मुझे टैरेस से नीचे जाकर उसे गला घोटकर मार डालने से रोक रही है।

न जाने क्यों मैं माँ के बारे में सोचने लगा—स्कूलवाले फोटोग्राफ में दिखती लड़की, लहराती हुई चोटियाँ, चूड़ियाँ खनकाती, जो बाद में न जाने क्यों दुख में डूब गई थी। मैं उसके बारे में सोचता रहा और फिर फोटोग्राफ वाली लड़की फ़िज़ में बदल गई।

मैं पीता रहा और फिर मैंने कुछ और तारे गिन डाले।

फर्स्ट थिंग्स। सबसे पहले क्या?

प्यार से पहले, कामना से पहले, फ़िज़ से भी पहले।

नौ बजे प्रकाश बधीरा को अन्दर ले जाने आया और मुझसे खाने के बारे में पूछने लगा। मैं पिछले चार घंटे से लगातार पी रहा था। मैंने उससे कहा कि तीन रोटियाँ बनाकर हाटकेस में रख दे। तभी छपका पहली बार बोल उठा—टक।

एक घंटे बाद राक्षस पिछली सीढ़ियों से ऊपर आया। ये वही सीढ़ियाँ थीं जिन पर उसका पिता सत्तर वर्ष पहले हर रात चढ़ा करता था—टीन की चरमर और अन्दर प्रतीक्षा करती उसकी प्रेमिका। राक्षस ने मुझे बताया कि ठाकुर की दुकान में अभी-अभी फोन आया था। उन्होंने कहलवाया है कि वह ठीक-ठाक हैं और कुछ दिनों में यहाँ आ पहुँचेंगी।

अगली सुबह मैं जल्दी जाग गया। अभी सूरज नहीं निकलता था—मैं खुद को किसी पंख-सा हल्का महसूस कर रहा था।

मेरे पैरों के नीचे घाटी पसरी थी, ओस में भीगी—एकदम खामोश।

धुएँ की कुछ स्लेटी लकीरें आकाश में ऊपर चढ़नी शुरू हो गई थीं।

यह सहस्राब्दी का अन्तिम दिन था—31 दिसम्बर, 1999।

एमिली की भविष्यवाणी सच नहीं होगी। प्रलय नहीं आएगी—हमें अपेक्षाकृत सरल, नम्र मुक्ति की राह देखनी होगी।

मैंने लकड़ी की अलमारी से ब्रदर को बाहर निकाल लिया—उस पर चढ़ा कड़ा काला कवर हटाया और उसकी लाल देह को सावधानी से पोंछने लगा। मैं उसे अधूरी पड़ी स्टडी में ले आया और जैसलमेर के पीले पत्थर की बनी खिड़की की पटिया पर टिका दिया। जब मैं उसके सामने जा बैठा तो ब्रदर की बोर्ड जैसे मुझे अपनी ओर बुलाने लगा।

मैं जान गया था कि ग्रन्थ सूची का कोई अन्धकूप नहीं होता।

जो कुछ भी लिखा जाता है वह सदा-सदा के लिए जीवित रहता है।

हर वास्तविक शब्द, प्रत्येक यथार्थ कथा।

बस आपको अपने लिए शब्द तलाशने होते हैं। आपको अपनी कहानी खोजनी पड़ती है।

न पंडित की कथा, न प्रताप का किस्सा, और न ही अभय की कहानी।

यह युवा सिख और उसके प्यारे घोड़े की कहानी भी नहीं है।

यह है तुम्हारी अपनी कहानी।

तुमने इसे जिया है। जीना पड़ा है तुम्हें। और इससे गुजरने के बाद ही तुमने उसे लिखा है।

आपने जो कुछ जैसा लिखा है, न उससे खराब लिख सकते थे, न ही उसे बेहतर बना सकते थे।

मेरी काँपती उँगलियाँ टाइपराइटर के की बोर्ड पर टिक गईं—मुझे अन्दर एक सिहरन उठती लगी। ऐसा बहुत लम्बे समय बाद हुआ था। एक इच्छा, एक चाहत मेरी नस-नस में समाकर उसे झकझोर गई, उसने मुझे एक विस्तार दे दिया।

सफेद मुँहवाली बुलबुलें बांज वृक्षों पर चहचहाने, फुदकने लगीं।

दिन की पहली चील ने खुद को घाटी के फैलाव के ऊपर आकाश में उन्मुक्त उड़ने के लिए छोड़ दिया—वह उड़ रही थी सिर्फ आत्मविश्वास के सहारे।

मैंने ब्रदर के चिकने रोलर पर एक काग़ज़ लगाकर घुमाया और अपनी थरथराती, काँपती उँगलियाँ की बोर्ड पर टिका दीं—खटखट की आवाज राइफल दागने की गूँज की तरह उभरी।

दो लोगों को बीच से जोड़नेवाला गोंद सेक्स नहीं—प्यार...

❑❑❑